COLLECTION

DE

DOCUMENTS INÉDITS

SUR L'HISTOIRE DE FRANCE

PUBLIÉS PAR LES SOINS

DU MINISTRE DE L'INSTRUCTION PUBLIQUE

PREMIÈRE SÉRIE

HISTOIRE POLITIQUE

NÉGOCIATIONS

LETTRES ET PIÈCES

RELATIVES

A LA CONFÉRENCE DE LOUDUN

PUBLIÉES

PAR M. BOUCHITTÉ

PARIS

IMPRIMERIE IMPÉRIALE

M DCCC LXII

PRÉFACE.

La publication suivante a eu son occasion dans la découverte, aux archives du département de Seine-et-Oise, de deux volumes manuscrits contenant la correspondance avec le roi Louis XIII, alors à Tours, des commissaires qu'il avait envoyés à la conférence de Loudun.

Aux documents fournis par ces deux volumes ayant ajouté des documents nouveaux empruntés à d'autres manuscrits ou à des recueils imprimés devenus rares, nous avons pu en former un ensemble de pièces originales qui présente l'histoire réelle et vivante de cette importante négociation. D'après le mémoire dans lequel nous fîmes ressortir l'intérêt qui s'attacherait à la publication de ces pièces, M. le Ministre de l'Instruction publique, sur l'avis favorable du Comité des monuments historiques, a décidé, par arrêté en date du 6 décembre 1847, que cette publication serait faite sous les auspices de son ministère, qu'elle formerait un volume et qu'elle ferait partie de la Collection des Documents inédits de l'histoire de France; il nous a chargé du soin de la préparer.

Les commissaires chargés de défendre contre le prince de Condé les droits et les intérêts de la couronne étaient le maréchal de Brissac, M. de Villeroy, MM. de Thou et de Vic, Phélipeaux de Pontchartrain. Ces deux volumes sont composés de lettres, rapports, mémoires au Roi, toutes pièces originales et autographes, dont le plus grand nombre est de MM. de Villeroy et de Pontchartrain. Les rapports sont écrits par des secrétaires; quelques lettres sont de M. de Vic, une est du duc de Nevers, une du prince de Condé (Henri de Bourbon), malade, au moment où il surmonte sa faiblesse pour écrire lui-même au Roi. Ces deux volumes, qui se trouvaient dans les archives de Versailles, ont été depuis acquis par le ministère, et font désormais partie des manuscrits de la Bibliothèque impériale; le nombre des pièces qui les composent est de 135.

A ces premiers renseignements nous avons joint d'abord ceux que nous ont fournis deux autres manuscrits dont nous devons la connaissance aux obligeantes indications de MM. Paul Lacroix et Taranne, tous deux alors membres du Comité des monuments historiques.

Le premier appartient à la Bibliothèque impériale, fonds Dupuy, n° 450. Il se compose, indépendamment du titre, de 122 feuillets in-folio, donnant un total de 244 pages. Il est écrit d'une seule et même écriture, assez forte, mais serrée. Le titre est le suivant : *Procès verbal de tout ce qui s'est passé en la conférence tenue à Loudun entre les depputez du Roy, qui estoient messieurs le mareschal de Brissac, de Villeroy, de Thou, de Vic et de Pontchartrain, d'une part, et monseigneur le prince de Condé et autres princes et seigneurs joincts avec luy, qui avoient pris les armes sous prétexte du bien public. Plus, les instructions, dépesches, articles respondus et mémoires escrits de part et d'autre, et les traictez particuliers en faveur de chascun des dicts princes et seigneurs. 1616;* et plus bas, *1636.* Cette dernière date est sans doute celle où a été exécutée la copie.

Le contenu de ce manuscrit se divise en deux. La première partie, qui s'étend depuis le folio 1 jusqu'au folio 32, contient l'histoire résumée de la conférence, attribuée à Pontchartrain ; nous l'avons rejetée comme n'étant déjà plus une pièce originale. La seconde partie, du folio 33 au folio 122, renferme les lettres, dépêches, articles, réponses, édits et résolutions faits et arrêtés devant et pendant la conférence pour la pacification des troubles. Nous avons distribué ces diverses pièces, à leur ordre de date, dans l'ensemble de la collection.

De toutes les pièces renfermées dans ces deux premiers manuscrits, la première partie de ce dernier est la seule qui ne soit pas inédite. Elle a été imprimée, mais avec beaucoup de fautes, dans la collection de M. Petitot, à la suite des mémoires de Pontchartrain, et dans les éditions précédentes de ces mémoires ; d'où il paraît que les éditeurs qui se sont succédé, en se transcrivant successivement sans critique et se passant leurs erreurs, ont néanmoins eu des raisons suffisantes pour lui attribuer ce compte rendu. Avec ce fragment, le manuscrit de la Bibliothèque impériale contient 68 pièces. D'après le choix de celles-ci et le résumé qui les explique, comme il est à son tour expliqué par elles, on peut le considérer comme l'histoire rapide de la conférence et comme pouvant servir de commencement d'explication à tout recueil de matériaux à réunir sur cette époque du règne de Louis XIII. Cette partie du manuscrit fait connaître l'histoire officielle de la négociation dont ceux de Versailles présentent le côté intime et secret, du moins dans les représentants de la cour.

Le troisième manuscrit appartient à la bibliothèque Sainte-Geneviève, où il est classé sous le numéro 1310. C'est un volume grand in-folio, relié en veau, contenant, indépendamment du titre, 157 feuillets, formant un ensemble de 313 pages. Il est écrit d'une écriture forte, belle, régulière et partout la même. D'après un *ex libris* écrit en haut du titre, il appartient à cette bibliothèque depuis 1753. Son titre, qui paraît un abrégé de celui de la Bibliothèque impériale, est conçu dans les termes suivants : *Lettres, actes et traictez faicts en la conférence de Loudun entre les depputez du Roy, d'une part, et M. le prince de Condé et autres seigneurs joincts avec luy, qui avoient pour prétexte la refformation de l'estat. 1616.*

Ce manuscrit ne contient pas toutes les pièces réunies dans celui de la Bibliothèque impériale; moins encore reproduit-il celles qui appartiennent au manuscrit de Versailles, avec lequel il offre néanmoins certains rapports de pièces qui se correspondent.

L'addition des pièces fournies par ces trois manuscrits présente un total de 225, dont 51 appartiennent en propre au manuscrit de la Bibliothèque impériale, 114 au manuscrit de Versailles, 51 à celui de la bibliothèque Sainte-Geneviève; 17 sont communes au premier de ces manuscrits et à ceux de Versailles. Aucune ne se trouve à la fois dans ceux de Versailles et dans celui de Sainte-Geneviève.

Nous ne nous sommes pas arrêté à ces trois sources. L'existence d'autres manuscrits étant venue à notre connaissance, nous leur avons emprunté les documents qui nous ont paru importants.

Le manuscrit n° 1825, in-folio, relié en parchemin, de la bibliothèque Mazarine, portant sur la couverture, à l'intérieur, *MS. Bibliothecæ recollectorum Parisiensium CXII*, ne nous a fourni qu'une seule pièce que nous n'eussions pas; mais, dans celles que nous avions déjà et dont il nous a présenté des doubles, il nous a donné l'occasion de quelques éclaircissements et d'utiles corrections.

Il n'en a pas été de même du tome IV des Procès-verbaux manuscrits des assemblées des protestants de 1615 et 1616 à

Grenoble, à Nîmes et à la Rochelle. Nous avons amplement puisé dans cet important recueil. Nous lui avons emprunté tout ce qui peut faire bien connaître les mouvements intérieurs, l'esprit de ces assemblées, leurs négociations et leurs alliances avec le parti du prince de Condé. Cette collection, composée de plusieurs volumes, appartient également à la bibliothèque Mazarine. Le tome IV, que nous avons consulté, porte le numéro 1504.

Nous avons, de plus, trouvé un corps de ces mêmes documents dans le tome II des Mémoires in-folio d'Arnaud d'Andilly, papiers Conrart, bibliothèque de l'Arsenal; elle a été pour nous l'objet d'une utile comparaison. Ces mêmes papiers nous ont encore fourni quelques pièces isolées, et nous avons puisé dans le Journal d'Arnaud d'Andilly, t. XI de la collection in-4°, des notes et des documents que nous avions cherchés vainement ailleurs. Enfin nous avons emprunté aux archives de l'Empire quelques délibérations d'assemblées et de colloques protestants se rapportant à la prise d'armes du duc de Rohan dans le Midi en 1615, et une liste des concessions faites au prince de Condé à l'occasion de la paix de Loudun, pièces d'ailleurs qui reproduisent celles des bibliothèques Impériale et Mazarine.

Quant aux pièces déjà publiées auxquelles nous avons cru pouvoir donner place dans cette réunion de documents inédits, nous les avons empruntées à des recueils devenus rares, le plus souvent mal et incorrectement imprimés, dans lesquels elles étaient ignorées ou difficiles à atteindre. Telles sont celles que nous a fournies le Mercure français, si intéressant, mais que bien des bibliothèques, même riches, ne possèdent pas, et qui d'ailleurs laisse tant à désirer pour la correction typographique. Nous avons également pris deux lettres du prince de

Condé à un volume de recueils de pièces de la bibliothèque de l'Arsenal, dans lequel se trouvent reliées ces lettres telles qu'elles furent répandues dans le temps par les intéressés, passant de mains en mains, et dont probablement la plupart des exemplaires ont été perdus. Ces sortes de pièces sont quelquefois très-rares, n'ayant été destinées par leurs auteurs qu'à répondre à un besoin du moment.

Les circonstances ne nous ont pas permis de terminer plus tôt ce travail; nous avons été dans la nécessité de le suspendre pendant des années entières. Il a néanmoins gagné à ces lenteurs mêmes; car bon nombre de pièces intéressantes, sur la voie desquelles nous n'aurions pas été mis plus tôt et que nous n'eussions pu trouver ailleurs qu'à Paris, ne nous ont été connues que dans les derniers temps.

L'avantage de cette publication consistera à présenter dans un seul volume toutes les pièces originales sur une époque restreinte, mais une, du règne de Louis XIII. Placée entre les États généraux et la captivité du prince de Condé, la conférence de Loudun est une phase courte, néanmoins importante, de ce règne de faiblesse et d'intrigues dont les désordres semblent se hâter d'appeler un maître. Le prince de Condé, le maréchal d'Ancre, le connétable de Luynes, expliquent et justifient Richelieu.

Plusieurs pièces importantes pour l'intelligence de la conférence, telles que le traité de Sainte-Ménehould, se trouvaient par leur date en dehors du cadre que nous avions dû nous tracer. Nous avons profité de l'occasion naturelle que nous offrait l'introduction pour les y placer en note, afin qu'un simple renvoi facilitât au lecteur la connaissance des documents rappelés dans les actes de Loudun.

Lorsqu'il nous a paru nécessaire de le faire, nous avons

relié, par une exposition rapide des faits, les documents qui eussent été moins facilement compris sans cette précaution. Ces expositions dépassent rarement une page, elles ne sont souvent que de quelques lignes. Nous avons dû les omettre toutes les fois que les documents, très-rapprochés par les dates et souvent analogues, portaient avec eux une suffisante clarté; aussi en avons-nous été très-sobre. Nous avons rejeté en note les éclaircissements utiles, mais qui n'ont pas le caractère de lien entre les unes et les autres pièces.

Nous aurions pu augmenter d'un certain nombre encore les pièces contenues dans ce volume; la richesse de nos dépôts publics y eût facilement fourni. Nous avons dû nous borner, en excluant les pièces qui nous ont paru sans importance, à présenter en note le résumé de celles qui offraient quelque intérêt.

BOUCHITTÉ.

La mort a surpris M. Bouchitté au moment où son travail, presque terminé, était déjà sous presse. Nous nous sommes borné à éditer une œuvre dont la responsabilité et le mérite reviennent tout entiers à son auteur.

E. Levasseur.

INTRODUCTION.

Aussi longtemps que Henri IV avait vécu, son nom seul, indépendamment même de l'édit de Nantes, avait été pour les réformés une garantie qui ne laissait aucun prétexte à des mouvements factieux. Il n'en fut plus de même après sa mort. Son fils était encore enfant, et le gouvernement de Marie de Médicis, favorable aux catholiques et dominé par le clergé, pouvait faire craindre aux protestants qu'on ne méconnût bientôt des droits qui ne leur étaient assurés que depuis quelques années. La cour sentait bien qu'elle n'était point populaire au milieu des Églises dissidentes, et elle redoutait les suites faciles à prévoir de cette impopularité. Aussi, à peine affermie dans sa régence, Marie de Médicis, de l'avis de son conseil, s'empressa de confirmer les édits favorables aux réformés et d'amnistier quelques mouvements qui avaient eu lieu à la nouvelle inattendue de la mort du Roi.

Rien n'autoriserait l'historien à supposer que le gouvernement du Roi mineur ne fût point de bonne foi dans cette conduite, ou n'eût alors que des intentions douteuses en prenant ces mesures. En général, elles furent bien accueillies par les réformés, et l'assemblée qu'ils obtinrent l'autorisation de tenir à Châtellerault d'abord, et bientôt après à Saumur, n'offrit que des difficultés promptement résolues.

Mais, si une grande partie des réformés, sous l'influence du sage Duplessis-Mornay, gardait envers la Régente une attitude respectueuse, il n'en était pas partout de même. L'esprit inquiet des protestants de la Rochelle, de ceux du Languedoc, de ceux de Saint-Jean-d'Angely, préparait de graves complications, trouvait une tête et un appui dans le duc de Rohan et dans ceux qui unissaient leur fortune à celle de ce chef ambitieux. Diverses assemblées à Privas, à Nîmes, à Aigues-Mortes, à la Rochelle, n'avaient laissé aucun doute sur les dispositions remuantes du parti, tour à tour se soumettant, reprenant une attitude menaçante et se soumettant de nouveau, selon qu'il avait confiance ou qu'il se défiait des circonstances et de sa force.

Au milieu de ces alternatives, nous le verrons plus tard obtenir l'autorisation d'ouvrir une assemblée générale à Grenoble, sous la protection, mais aussi sous la surveillance du maréchal de Lesdiguières, gouverneur du Dauphiné et l'un des principaux réformés, et néanmoins transférer la réunion à Nîmes, sans même solliciter l'autorisation du Roi. Nous verrons, en cette circonstance, la cour fermer les yeux sur cette infraction, et l'assemblée de Nîmes répondre à cette condescendance en autorisant une prise d'armes de M. de Rohan et en acceptant du prince de Condé révolté des propositions d'alliance. Mais n'anticipons pas sur les événements.

Sans crainte désormais des assiduités indiscrètes dont sa femme, Charlotte de Montmorency, avait été l'objet de la part de Henri IV, le prince de Condé, fugitif, se prépara à rentrer en France. Il en était pressé par la Régente, et ses amis l'attendaient avec impatience. Il était à Milan lorsqu'il reçut la nouvelle de l'assassinat de Henri. Il se hâta d'arriver à Bruxelles chercher la princesse sa femme, pour rentrer avec elle dans sa patrie. La circonstance était délicate, et Condé se conduisit avec prudence. Il écrivit au nouveau Roi et à la Reine mère pour témoigner de son respect et de sa fidélité ; il refusa d'entrer dans les vues de l'Espagne, malgré les insinuations du comte de Fuentès qui lui faisait entrevoir, dans la possibilité de faire déclarer illégitime le mariage de Marie de Médicis, la voie au trône que Henri IV venait de laisser aux mains d'un enfant.

Le prince de Condé vit d'abord tout ce qu'il y avait de chimérique dans de semblables projets, et n'annonça d'autre intention que celle de reprendre la place que lui donnait près du souverain la qualité de premier prince du sang.

Mais cette modération n'empêchait pas qu'il ne pût être, s'il le voulait, un puissant adversaire pour la Régente. Plusieurs l'y poussaient, et celle-ci ne l'ignorait pas. La méfiance était donc réciproque ; car le Prince ne doutait pas des craintes qu'il inspirait. On le vit bien lorsque la Régente fit prendre les armes aux Parisiens le jour de l'entrée du Prince, et lorsque celui-ci entra dans la capitale accompagné de quinze cents gentilshommes. Il eut beau affirmer qu'il ne contestait point à la Reine la régence dont elle était en possession, il n'en demeurait pas moins le centre, même involontaire, du parti des mécontents. La fréquentation de l'hôtel de Mayenne et de l'Arsenal, ses liaisons avec les Guise, ne laissaient aucun doute sur l'attitude que les événements le détermineraient à prendre.

A la cour, l'influence appartenait alors au comte de Soissons, au duc d'Épernon, au cardinal de Joyeuse. Ils n'avaient pas vu sans inquiétude aller jusqu'à Senlis, au-devant du prince de Condé, le maréchal de Bouillon, le duc de Sully et les princes de la maison de Lorraine ; dès ce moment ils avaient pensé à se défendre.

Devant cette rivalité naissante, le duc de Bouillon, qui s'était empressé de venir protester de sa fidélité, crut pouvoir prendre le rôle de médiateur entre les princes rivaux ; mais en vain le cardinal de Joyeuse, avec l'agrément du comte de Soissons, entama-t-il quelques négociations avec lui ; Marie de Médicis ne vit dans l'union des princes qu'une plus grande résistance qu'elle aurait à vaincre, et elle s'appliqua à entretenir la mésintelligence entre eux. D'ailleurs, sa faveur s'était portée depuis longtemps sur Concini et sa femme ; celui-ci, devenu marquis d'Ancre, gouverneur de plusieurs villes importantes, avait tâché d'acquérir la faveur du prince de Condé. Il réussit à faire rejeter par celui-ci le projet de rapprochement proposé par le maréchal de Bouillon.

La cour d'Espagne, désespérant de faire du prince de Condé un instrument de guerre civile en France, reprit la proposition du double mariage dont il avait déjà été question sous le feu Roi. Les inquiétudes que donnait à cette cour la situation de l'Allemagne, où la couronne impériale semblait devoir passer de la maison d'Autriche sur la tête de quelque prétendant, où les protestants étaient en force, où la guerre venait d'être allumée par la succession de Clèves et de Juliers, lui inspirèrent le vif désir de se rapprocher de la France.

La faveur du marquis d'Ancre croissait rapidement, et, comme toute faveur difficile à justifier, elle excitait de vifs mécontentements et d'ardentes rivalités. Il était déjà l'ennemi du comte de Soissons, du duc d'Épernon, du grand écuyer Bellegarde, des amis du duc de Sully et du duc lui même. Mais ces intrigues, dont le détail tiendrait sa place dans une histoire développée, seraient superflues pour le but que nous nous proposons ; nous ne les rappellerons qu'autant qu'il sera indispensable de le faire. Peu important en ce moment les déceptions des intérêts privés ou les mécontentements de l'amour-propre dans les hommes mêmes qui se partageaient alors ou voulaient attirer à eux les faveurs de la cour.

Devant ces rivalités individuelles et peu dignes de l'attention de l'histoire, les forces vivantes de la société, la liberté religieuse, le droit national, l'intervention du pays dans le règlement de ses affaires, allaient se faire jour immédiatement dans les assemblées des protestants, et, trois ans plus tard, dans les États généraux. L'historien qui s'arrêterait au manége misérable des coteries et condamnerait les tentatives de l'esprit organisateur, parce qu'elles furent impuissantes, manquerait à sa mission. La vie des nations se développe régulièrement sous des milliers d'accidents méprisables qui en dérobent le véritable jeu à nos regards, et d'où la réflexion est appelée à la faire jaillir.

Quelles que fussent les assurances de la cour, Henri IV avait emporté en mourant la sécurité des Églises réformées. La politique incertaine de Marie de Médicis renouvelait les garanties que son mari leur avait assurées; mais en même temps les instructions données au cardinal de Joyeuse faisaient entendre à Paul V que le malheur des temps l'avait forcée à des concessions imposées par la nécessité. Dans ces circonstances, la première pensée des réformés fut de se réunir à Saumur, dans une de ces assemblées que le pouvoir était obligé de tolérer et qui ne se maintenaient pas toujours dans les limites d'une légitime défense. Mais l'accord était difficile à obtenir, et les intrigues du maréchal de Bouillon, vendu à la cour, eussent fait éclater la division, si la froide raison de Duplessis-Mornay n'eût fait adopter le parti de la prudence. L'assemblée se sépara le 5 septembre 1611, non sans quelques essais de résistance, n'ayant reçu, à ses demandes et à ses plaintes, que des réponses insignifiantes, mais s'étant trouvée d'accord pour protéger le duc de Sully, poursuivi par la cour, trahi par le maréchal de Bouillon et défendu par le duc de Rohan, son gendre. En vain les réformés, par des assemblées particulières, essayèrent-ils d'obtenir de plus favorables réponses; en vain le synode de Privas (1612) protesta-t-il contre la duplicité de la cour; en vain les seigneurs protestants divisés se réconcilièrent-ils : les assemblées provinciales demeurèrent interdites, et les espérances qu'avait fait naître l'assemblée de Saumur s'évanouirent.

La politique de Henri IV et ses projets contre la maison d'Autriche avaient été abandonnés par ses impuissants successeurs. La ferveur religieuse de Marie de Médicis, que ne tempérait plus la prudence de son époux, portait cette reine vers la soumission à Rome, qui ne voyait, de son côté, de salut pour l'Église que dans la prédominance de l'Espagne. Le système des alliances était donc entièrement changé, et il n'y a pas lieu de s'étonner qu'on se soit hâté de reprendre la négociation, abandonnée sous le règne précédent, d'un double mariage entre les deux couronnes. Elle ne fut ni longue ni difficile; néanmoins les craintes qu'inspirait l'assemblée de Saumur forcèrent la cour à garder le secret jusqu'à la séparation de celle-ci, et le conseil ne fut appelé à donner son avis qu'au commencement de 1612. Tout y était préparé pour un avis favorable, que le mécontentement muet du prince de Condé et du comte de Soissons ne pouvait contre-balancer, que plus tard leur réconciliation avec la Régente parut approuver. Les contrats de mariage de Louis XIII avec l'Infante d'Espagne et du Prince d'Espagne avec Madame Élisabeth de France furent signés par les ambassadeurs des puissances intéressées avant la fin du mois d'août. Ce succès charma un instant les ennuis de Marie de Médicis. Cette petite-fille d'un médecin de Florence, dont la postérité avait pu être étonnée de s'allier deux fois à la maison de France, vit avec orgueil la famille de Charles V s'unir à la sienne. A côté de l'éclat de ces couronnes, qu'était-ce que de pauvres religionnaires luttant déjà avec persévérance et courage en faveur de la liberté religieuse?

Mais un grand nombre de catholiques avaient applaudi à la politique du feu Roi, et virent avec chagrin ce triomphe de la maison d'Autriche, naguère si menacée. Les intérêts de la politique commençaient à l'emporter dans bien des esprits sur ceux de la religion, et l'on voyait avec peine se perdre l'alliance des princes protestants de l'Allemagne, si nécessaire au maintien en Europe de la prépondérance de la France. Les assurances données par la cour à ces princes, aux Provinces Unies et à l'Angleterre, ne furent accueillies par eux et par la nation française que comme les vaines protestations d'une amitié douteuse, destinées à dissimuler des dispositions hostiles. Aux motifs purement français se joignait, chez les protestants, la juste crainte que le rapprochement de la cour vers l'Espagne ne les livrât à l'influence de ce gouvernement, exclusivement catholique et inquisitorial. L'histoire s'est chargée de justifier leurs craintes, et le siècle ne se passa pas sans que l'édit de Nantes fût révoqué (1685) par le petit-fils de Henri IV, malgré les assurances contraires données par son père et par lui. Il n'est donc pas surprenant que, sous l'influence de ces appréhensions légitimes, les protestants aient trop facilement ouvert l'oreille aux plus ardents de leur parti, à ceux mêmes qui n'avaient d'autre but que de faire tourner au profit de leurs succès personnels les forces dont ils pouvaient disposer.

Le prince de Condé n'avait su mériter qu'imparfaitement la confiance des réformés. Élevé dans la religion catholique, il leur paraissait avoir abandonné la foi de ses ancêtres; les intérêts qui le rattachaient à la cour, son caractère dont ils avaient déjà éprouvé l'incertitude, sa faiblesse dans l'affaire des mariages, étaient autant de raisons pour ne pas se livrer à lui; mais la nécessité amena le rapprochement qu'une juste méfiance aurait empêché. Néanmoins ce rapprochement ne s'opéra pas immédiatement ni sans quelques difficultés; uni au duc de Guise, qui l'abandonna pour une somme de cent mille écus que lui donna la Régente, allié contre les ministres au maréchal d'Ancre, qu'il devait plus tard désigner comme une des personnes dont la réforme de l'état exigeait l'éloignement, le prince de Condé, seul chef du parti des mécontents depuis la mort du comte de Soissons (novembre 1612), n'inspirait point de confiance aux réformés. Son éloignement de la cour au commencement de 1614, concerté avec les ducs de Nevers, de Mayenne, de Vendôme, de Longueville, de Luxembourg, et dirigé par les artifices du maréchal de Bouillon, ne faisait qu'une illusion incomplète au peuple dont les intérêts servaient de prétexte. Lorsque, dans un manifeste où il ne lui avait pas été difficile de réunir de justes plaintes, il demanda la prompte réunion des États généraux, la Régente, qui déjà dans sa réponse[1] avait annoncé l'intention d'appeler une assemblée de notables, s'empressa d'y répondre favorablement, et par là détourna les espérances de la nation des projets du Prince sur une assemblée dont elle se promettait bien de paralyser les efforts. L'importance du prince de Condé se trouva immédiatement diminuée.

Ce résultat de la position incertaine du Prince avait été prévu, et les sages conseils de Duplessis-Mornay à ses coreligionnaires avaient éclairé leur marche. Fidèle à sa doctrine de liberté de conscience, il ne réclamait que l'exécution sincère des édits qui la protégeaient; il ne pensait pas que la réforme de l'état regardât les protestants, en tant du moins que société religieuse dissidente. C'est en ce sens qu'il écrivit à la Régente pour l'assurer de la fidélité de ses frères; c'est en ce sens qu'il écrivit au prince de Condé

---

[1] *Mercure français*, t. III, 1614, p. 317 et suiv.

pour lui ôter tout espoir de l'appui des réformés dans des projets qui pouvaient amener la guerre civile. Plus ardent que Duplessis, le duc de Rohan ne mit pas la même prudence dans sa réponse au même envoyé du Prince ; il sembla disposé à s'engager avec lui, ignorant sans doute que des négociations étaient ouvertes avec la Régente pour un accommodement qui se fit peu après.

Les princes s'étaient réunis à Mézières auprès du duc de Nevers, gouverneur de la Champagne ; le duc de Vendôme, arrêté au Louvre, d'où il s'évada plus tard, n'avait pu se rendre à cette réunion, et s'était hâté d'arriver en Bretagne pour y conserver l'autorité qu'on lui disputait. Tout en prenant les précautions nécessaires pour soustraire les provinces à l'influence de la faction des princes, la Régente ne négligeait aucun des moyens d'amener la paix. Le conseiller Boissise et le duc de Ventadour, envoyés par elle, n'avaient pu joindre le Prince de Condé à Châteauroux, qu'il venait de quitter pour Mézières, et étaient revenus à la cour après une démarche impuissante. Le président de Thou, envoyé à son tour à Mézières, obtint du Prince la réunion d'une conférence à Soissons, ville appartenant à l'Île de France, dont le gouvernement était confié au duc de Mayenne. Les bases de la discussion qui allait s'ouvrir étaient déjà exprimées dans le manifeste adressé à la Régente par le prince de Condé à la date du 19 février 1614, et dans la réponse qu'il en avait reçue en date du 27 du même mois. Néanmoins les princes ligués résumèrent dès l'abord leurs demandes aux trois suivantes : 1° la réunion des États généraux ; 2° l'ajournement des mariages ; 3° le désarmement de part et d'autre.

Les négociateurs désignés par la Reine pour cette conférence étaient le duc de Ventadour, les présidents de Thou et Jaïnin, Boissise et Bullion, conseillers d'état. Ils se réunirent à Soissons le 14 avril 1614, et obtinrent sans peine le consentement de la régente à leurs demandes. L'ajournement des mariages fit seul quelque difficulté ; il fut néanmoins accordé, à la condition qu'il n'en serait pas fait mention au traité et qu'une lettre seule de la Reine en confirmerait l'engagement.

Les intérêts particuliers du Prince firent seuls traîner la conférence en longueur. La Régente en profita habilement pour réunir l'armée du Roi à Vitry et appeler six mille Suisses qu'elle plaça sous le commandement de Bassompierre. Le prince de Condé en prit quelque ombrage et se retira vers Sedan. A l'aide de ses forces et de la faiblesse de ses ennemis, la Régente eût pu facilement détruire le parti du Prince ; elle y était poussée par les ducs de Guise et d'Épernon, par Villeroy, par le nonce, défenseur zélé des intérêts espagnols ; elle préféra le parti de la paix, que lui conseillaient Concini et Sillery, et qui d'ailleurs lui était commandé par le véritable intérêt de la France. Le traité de Sainte-Ménehould fut signé le 15 mai 1614. Aux termes de l'article 12, la Reine adressa à tous les parlements des lettres patentes par lesquelles elle leur fait part de la négociation et de ses résultats, et leur donne l'assurance du bon accord qui règne désormais entre le gouvernement de son fils et le prince de Condé [1].

Outre les trois points importants que nous avons indiqués plus haut, cette convention amnistie les princes, règle quelques intérêts du duc de Vendôme dans son gouvernement de la Bretagne, du duc de Nevers pour Mézières et la Champagne, du prince de Condé, auquel elle accorde la garde du château d'Amboise jusqu'après la tenue des États généraux, et une somme de 450,000 livres à répartir entre les seigneurs liés avec lui, qui s'engagèrent à ne faire à l'avenir aucune *ligue et association avec qui que ce soit, tant dedans que dehors le royaume* [2], vaines concessions qui ne suspen-

---

[1] Voir *Mercure français*, t. III, 1614, p. 434.

[2] « Articles accordez par le duc de Ventadour, pair de France et lieutenant pour le Roy au gouvernement de Languedoc, les sieurs de Thou, Jeannin, de Boissize et de Bullion, tous conseillers au conseil d'estat, et commissaires depputez par Sa Majesté en vertu du pouvoir du cinquiesme jour de may dernier, à monseigneur le prince de Condé, premier prince du sang, tant en son nom que des autres princes, officiers de la couronne et seigneurs qui l'ont assisté, soit présens ou absens.

« 1° Que les Estats généraux du royaume seront convoquez et assemblez en la ville de Sens, en la manière accoustumée, dans le vingt-cinquiesme du mois d'aoust prochain, en laquelle les depputez des trois ordres qui y assisteront pourront en toute liberté faire les propositions et remonstrances qu'ils jugeront en leur conscience estre utiles pour le bien du royaume et le soulagement de ses subjects, affin que, sur icelles, Sa Majesté, par l'advis des princes de son sang, autres princes, officiers de la couronne et principaux seigneurs de son conseil, puisse faire quelques bons règlemens et ordonnances, pour contenir un chascun en devoir, affermir les loix et édicts faicts pour la conservation de la tranquillité publique, et refformer en mieux les désordres qui peuvent donner quelque juste occasion de plaincte et de mécontentement à ses bons subjects.

« 2° Quant aux mariages d'Espagne, la Royne régente a escrit à monseigneur le Prince sur ce subject lettres dont il a receu contentement. Ainsy n'est besoin d'en faire mention en cet article.

« 3° Les fortifications de la citadelle de Mézières qui sont du costé de la ville

dirent ou même ne dissimulèrent qu'un instant les hostilités, destinées à éclater de nouveau après la clôture des États généraux.

seront desmantelées et ostées, et, sur la supplication faicte par M. le duc de Nevers qu'il plaise à Sa dicte Majesté luy ordonner assignation de quelque somme de deniers pour luy aider à construire une maison, au lieu de celle qu'il avoit en la dicte ville de Mézières, laquelle fut desmolie lorsqu'on bastit la dicte citadelle, a esté accordé qu'il sera pourveu cy après d'assignation de la somme dont on conviendra avec luy.

« 4° Le fort de Blavet, dont on s'est saisi depuis ces derniers mouvemens, et que l'on a commencé à rebastir et fortifier, sera entièrement desmoli, razé et remis au mesme estat qu'il estoit auparavant la dicte saisie et surprise, sans que cy après il y ait aucun capitaine ni garnison, et le seront pareillement toutes autres nouvelles fortifications faictes en la province de Bretagne par qui que ce soit pendant et à l'occasion du présent mouvement.

« 5° Et pour faire cesser les ruines et oppressions que le peuple souffre à l'occasion des gens de guerre, tant françois qu'estrangers, qui ont esté levez depuis le premier jour de janvier dernier, et sont à présent espanchez en divers endroits de ce royaume, soit pour Sa Majesté ou pour le dict sieur Prince, seront licenciez, et les dicts estrangers conduits hors le royaume par commissaires qui seront à ce depputez par Sa Majesté et le dict sieur Prince, dans douze jours après la signature des présens articles; et pour le regard des Français, leur sera enjoint de se retirer en leurs maisons douze jours après la signification qui leur en sera faicte, à peine d'estre punis comme vagabonds et gens sans adveu.

« 6° Sa Majesté, voulant gratifier le dict sieur Prince, a très volontiers accordé, sur la prière et instance qu'il luy en a faicte, et l'asseurance qu'il a de son affection et fidélité à son service, la ville et chasteau d'Amboise en dépost, jusques après la tenue des Estats généraux, et pour la garde d'iceluy chasteau cent hommes de garnison.

« 7° M. le duc de Vendosme absent, rendant l'obéissance qui est deue à Sa Majesté pour les causes contenues au présent traicté, elle veut et entend qu'il soit remis en son gouvernement, charges, honneurs, capitaineries et estats, pour en jouir tout ainsi qu'il souloit faire cy devant, et que toutes interdictions faictes par lettres patentes ou autrement soient levées et ostées par autres lettres patentes adressées au mesme parlement de Bretagne, en sorte qu'elles ne luy puissent estre d'aucun préjudice.

« 8° Et sur ce qu'il a faict représenter avoir obtenu le consentement des Estats de Bretagne pour lever dans les pays l'argent nécessaire pour l'entretenement de ses gardes, Sa dicte Majesté a trouvé bon de confirmer et approuver ce que les dicts Estats ont faict en cet endroit.

« 9° Comme aussy ayant esgard à la supplication qui luy a esté faicte de la part de M. le duc de Retz de vouloir entretenir le nombre des gens de guerre dans Machecoul et Belle Isle selon qu'il est contenu au brevet octroyé par le feu Roy, elle a accordé de le faire pour quatre ans.

« 10° L'entreprise faicte sur Hennebon au préjudice du sieur de Camores, qui en est capitaine et gouverneur, sera réparée,

Conférence de Loudun.

A peine signé, le traité fut repoussé par le duc de Vendôme, avec lequel il fallut négocier pour obtenir sa soumission ; encore ne mit-il bas les armes et luy remis en sa charge, comme il souloit estre avant ce mouvement.

« 11° Toutes les garnisons mises dans les villes et places du royaume à l'occasion du présent mouvement, depuis le premier jour de janvier dernier, seront ostées, fors et excepté cent hommes qui seront entretenus à Mézières jusques après la tenue des Estats généraux du royaume, et deux cens hommes pour le mesme temps en la ville de Soissons, dont M. le duc de Mayenne est gouverneur, et demeureront toutes les autres places au mesme estat qu'elles estoient auparavant.

« 12° Lettres patentes seront expédiées, et l'adresse d'icelles faicte à tous les parlemens pour les vérifier, par lesquelles Sa Majesté déclarera avoir esté bien et deuement informée, le dict sieur Prince et les autres princes, officiers de la couronne, de quelque qualité et condition qu'ils soient, et qui l'ont suivi et assisté en ce mouvement, n'avoir eu aucune mauvaise intention contre son service, avec les clauses nécessaires pour leurs seuretez et décharges, et empescher qu'ils ne pussent estre poursuivis et recherchez à ceste occasion à l'advenir, ensemble pour les restablir en leurs charges, estats et dignitez, pour en jouir tout ainsy qu'ils souloient faire avant ce mouvement.

« 13° Et pareillement sera escrit par Sa Majesté aux princes, estats et républiques alliez de ceste couronne, et personnes de qualité envoyées exprès vers eux, pour leur faire entendre ce qu'elle a recogneu de l'innocence et bonne intention des dicts sieurs princes et officiers de la couronne et seigneurs qui les ont assistez.

« 14° Accorde encore Sa Majesté, pour tous les frais que les dicts sieurs princes, officiers de la couronne et seigneurs pourroient avoir faicts à l'occasion de ce mouvement, de donner comptant au dict sieur prince de Condé la somme de quatre cens cinquante mil livres, à départir par luy entre eux ainsy que bon leur semblera.

« 15° Moyennant les choses sus dictes, qui autrement n'eussent esté consenties et accordées par Sa Majesté, se sont les dicts sieurs princes, officiers de la couronne et seigneurs, départis de toute ligue et association avec qui que ce soit, tant dedans que dehors ce royaume, avec promesse de n'en jamais faire à l'advenir.

« 16° Accorde aussi Sa Majesté, en considération des grands et signalez services faicts à ceste couronne, tant par les prédécesseurs du dict sieur duc de Nevers que par luy mesme, de luy donner un brevet et toutes autres expéditions nécessaires pour la survivance du gouvernement de Champagne au nom de son fils aisné.

« 17° Faict et arresté à Sainte-Ménehould, le quinziesme jour de may mil six cens quatorze.

« Signé Henry de Bourbon, Vantadour, Charles de Gonzague de Clèves, Henry d'Orléans, Henry de Lorraine, Henry de la Tour, An. de Thou, B. Jeannin, de Thumery, Bullion, Henry de Luxembourg, Tavanes. »

(Manuscrit n° 1825 de la bibl. Mazarine. — Imprimé *Mercure franç.* t. III, et *Recueil de pièces pour servir à l'hist. de Louis XIII*, par L. Ellies Dupin, I, 78.)

qu'à la condition d'être rétabli dans son gouvernement de Bretagne, ce qui lui fut accordé par lettres patentes du 14 juillet 1614; il dut néanmoins entendre les États généraux de la province exprimer contre lui les plaintes les plus vives et les mieux méritées; il venait d'essayer vainement d'obtenir l'alliance des réformés. Le prince de Condé n'avait pas été plus heureux dans une tentative semblable. Le duc de Rohan ne répondit point à ses avances plus que ne l'avait fait Duplessis-Mornay, fidèle à la politique prudente et loyale dans laquelle il s'efforçait de maintenir ses coreligionnaires. Mécontent de son gouvernement d'Amboise, dont l'importance ne répondait pas à l'idée qu'il s'en était faite, Condé pensa à se rendre maître de Poitiers, et ne réussit qu'à s'en faire fermer les portes par l'évêque, avoué en cela par la cour, qu'il avait prévenue de ce qui se préparait. Retiré à Châteauroux, pendant que ses adversaires triomphaient à Poitiers et étaient honorés de la visite de la Régente et du Roi, ne recevant de Duplessis-Mornay que des conseils respectueux et sages qu'il feignait d'accepter de bonne grâce, ce prince prit le parti de se soumettre, toujours à la veille de se révolter de nouveau.

Au milieu de ces événements, Louis XIII étant entré dans sa quatorzième année, la déclaration de sa majorité avait été faite solennellement, et, dans le lit de justice tenu à cette occasion, les garanties antérieurement assurées aux réformés avaient été renouvelées; mais l'importance de ces mesures s'effaçait devant l'imminence de la tenue des États généraux.

Les États généraux de 1614 tirent leur importance de ce fait qu'ils sont les derniers que convoqua l'ancienne monarchie avant ceux qui la renversèrent à la fin du XVIIIe siècle. Cent soixante et quinze ans les séparent de l'assemblée de 1789. Ni le despotisme de Richelieu, ni la monarchie absolue de Louis XIV, ni la cour dissolue de Louis XV, ne se soucièrent d'appeler la nation au partage de l'autorité et de soumettre à son examen l'orgueil de leur pouvoir et les déportements de leurs vices. L'esprit de la nation, replié sur lui-même, travailla en silence, sans qu'il soit toujours possible de saisir les phases diverses de ces efforts cachés. Ce n'est que vers le milieu du XVIIIe siècle que se laisse apercevoir l'esprit nouveau, sans néanmoins permettre à son secret de lui échapper. On peut donc considérer les États généraux de 1614 comme la dernière et impuissante réclamation publique de la France en faveur de ses droits et contre les empiétements du pouvoir. A ce titre ils sont dignes de la plus sérieuse attention.

Quelles que soient les opinions, souvent contraires, émises par les historiens sur l'origine et les droits des États généraux, l'esprit moderne a tranché la difficulté, et le serment du Jeu de Paume a consacré la doctrine du droit imprescriptible qui appartient aux nations de porter leurs regards sur la marche de leur gouvernement. En tenant compte des exagérations et des erreurs dont eut le malheur d'être marquée la révolution de 1789, elle n'en reste pas moins, surtout dans la forme parlementaire qui en est sortie, l'explication et le dernier mot de ces longues luttes du tiers état dont les réclamations intermittentes et la politique circonspecte ont signalé les assemblées irrégulières de l'ancienne monarchie.

Les rapports de la puissance politique et de l'autorité religieuse, le contrôle de l'emploi des deniers de l'État, la suppression du droit annuel, la diminution des impôts, les droits de chacun mieux définis, les alliances étrangères mieux choisies dans l'intérêt de la France et tenues avec plus de franchise, le mariage du jeune roi, furent les questions qui excitèrent les passions de l'assemblée, questions éternelles, pourrait-on dire, car ce sont encore les mêmes qui, à deux siècles et demi de distance, appellent l'attention de l'opinion et la discussion des pouvoirs représentatifs. Si l'on y voit éclater plus d'un reste des passions de la Ligue, auxquelles la mort de Henri IV avait rendu quelque espoir, ces passions ne revivent-elles pas encore de nos jours sous des formes un peu différentes, malgré les lumières nouvelles et les intérêts nouveaux?

La série des pièces que nous publions donnera avec plus de détails connaissance de ces mouvements de l'opinion qui ont pour base la condamnation de la doctrine régicide des jésuites, l'abolition de la vénalité des charges, l'alliance avec l'Espagne et l'abandon de la politique de Henri IV contre la maison d'Autriche, et, par suite, le refroidissement pour les alliances contractées par ce prince. Le clergé, qui, soixante-six ans plus tard, sous la main impérieuse de Louis XIV, devait signer la déclaration de 1682, se montra, en 1616, défenseur zélé des prétentions ultramontaines, et obtint plus d'une fois la complaisante adhésion de la chambre de la noblesse, peu éclairée sur ces questions, inquiète de l'attitude des protestants et séduite d'ailleurs par les mille moyens que la cour sut employer pour isoler le tiers état et rendre vains les résultats d'une assemblée qu'elle avait été forcée de convoquer et qu'elle avait réunie à Paris pour qu'elle y fût sous sa main [1].

Mais le tiers état ne fut point indigne de sa mission; le dernier éclair de sa liberté témoigna de la vie qui l'animait, et qui, longtemps suspendue en apparence, se réveilla maîtresse et terrible. Robert Miron en fut le président et l'interprète; prévôt des marchands et conseiller du Roi en ses conseils, il adressa au Roi une harangue composée dans une juste mesure d'hommages déçus et de réclamations légitimes. Plus sobre que les orateurs du clergé et de la noblesse de flatteries obligées, il sut se tenir loin de l'exagération et du mauvais goût qu'il est facile de surprendre dans les discours de l'archevêque de Lyon [2] et du baron de Pont-Saint-Pierre [3]. Il eut encore, peu de temps après, l'occasion de s'expliquer avec la même force et les mêmes égards devant la chambre du clergé, qui demanda au tiers état de s'unir à elle pour solliciter du Roi la réception en France du concile de Trente [4]. Il refusa au nom de son ordre, tandis que la noblesse, opposée d'abord, se rendit bientôt après aux arguments du cardinal de la Rochefoucault. Les objets des réclamations du tiers état furent nombreux; il les déposa dans le cahier qu'il présenta au Roi à la clôture, et Miron les résuma dans le discours par lequel il exprima au prince et à sa mère la reconnaissance de la nation et son espoir dans le nouveau règne.

Les États n'avaient pas donné une moindre attention à la situation des

---

[1] Les États généraux avaient d'abord été convoqués à Sens.

[2] Simon de Marquemont, orateur pour le clergé. (Voir *Mercure français*, t. III, 1614, p. 52 et suiv.)

[3] Orateur pour la noblesse. (Voir *Mercure français*, t. III, p. 52 et suiv.)

[4] Le concile de Trente fut clos en 1563, et, dès cette année même, le parlement refusa d'accepter ceux de ses canons qui étaient contraires aux droits des rois de France et aux libertés de l'Église gallicane. En 1579, l'édit de Blois consacra le principe sur lequel ce refus était fondé. Depuis ce temps, le clergé, à plusieurs reprises, demanda inutilement que ce concile fût reconnu par l'état dans l'ensemble complet de ses articles, comme il l'était déjà dans ses articles de foi. Henri IV avait déjà, en 1602, repoussé cette demande comme inopportune, engageant d'ailleurs, non sans quelque malice, les ecclésiastiques à conformer leurs mœurs aux canons de cette sainte assemblée. Le clergé crut l'occasion plus favorable au moment où l'influence de Catherine de Médicis était toute-puissante sur le jeune Roi. Il profita des États généraux pour renouveler sa demande. Après quelques hésitations, la chambre de la noblesse s'unit à lui dans le même vœu; mais les réserves qu'il fit en faveur des droits du Roi et des libertés de l'Église gallicane ne parvinrent pas à décider le tiers état à partager son avis.

finances. Sur la proposition de la noblesse, le tiers état adhérait à la résolution de demander l'établissement d'une chambre de justice contre les financiers, réclamant en même temps des conditions de sévérité qui donnassent à cette institution l'efficacité désirable. Le clergé, d'abord défavorable, s'unit bientôt dans le même but aux autres ordres. Cette manifestation força la cour à donner des explications. Le président Janin fut chargé de les présenter. Il avait eu la principale part dans le conseil chargé, après le duc de Sully, de la direction des finances, et il présenta aux États les comptes de la minorité du Roi. Ce prince lui-même et sa mère s'étaient montrés favorables dans leur réponse aux commissaires de l'assemblée; mais, lorsqu'on en vint à l'examen détaillé des recettes et dépenses, la cour ne fut pas si facile, et les députés furent considérés comme allant au delà de leurs droits. Le Roi pressa la remise des cahiers, et la clôture des États ne se fit pas longtemps attendre.

La question soulevée entre le tiers état et le clergé sur le respect dû par toutes les puissances à l'autorité royale est la question la plus intéressante de celles qui furent traitées à cette époque. La subtilité cléricale du cardinal Duperron, la nature de la science qu'il étale à l'appui de sa thèse, méritent d'être particulièrement étudiées. On trouve les éléments de cette curieuse étude dans le tome III du Mercure français et dans la relation de ce qui se passa aux États de Florimond Rapine. C'est une des formes de la question de l'indépendance nationale et de la liberté religieuse.

La condamnation que le parlement venait de prononcer contre la doctrine régicide du livre de Suarez, par arrêt du 26 juin 1614, avait irrité le clergé. Rangeant ces questions de soumission des sujets envers le prince au nombre des questions de morale, il s'en attribuait le jugement suprême et s'irritait de ce que la puissance laïque en usurpât la décision. Le souverain pontife Paul V était encore plus animé pour ce qu'il regardait comme sa prérogative, et le gouvernement de la Régente n'était capable ni de répondre aux arguments de Rome ni de résister à ses prétentions. Le nonce avait transmis l'expression de mécontentement du pape en insistant sur la nécessité d'un prompt désaveu, et la cour avait adressé successivement à Rome deux actes où, malgré les réserves de la couronne, l'abandon des principes traditionnels n'était que trop visible [1].

---

[1] Les deux pièces qui suivent sont fournies par le manuscrit de la Bibliothèque impériale. Elles sont nécessaires à l'intelligence de la négociation de Loudun; mais

INTRODUCTION.

Mais, les États généraux s'étant ouverts à Paris au milieu du mois d'octobre, ces faiblesses du gouvernement ne pouvaient passer inaperçues, par-

---

comme leur date précède celle de mars 1615, point de départ de ce recueil, nous avons préféré les placer ici en note.

« Brevet envoyé à Rome sur l'arrest du parlement, qui depuis a esté changé.

« Aujourd'huy 22 octobre 1614, le Roy séant en son conseil, s'estant fait représenter l'arrest donné en sa cour de parlement le 26, et exécuté le 27 juin dernier, contre le livre imprimé à Cologne l'an présent, intitulé, *Francisci Suarez Granatensis e societate Jesu doctoris theologi defensio fidei catholicæ et apostolicæ adversus Anglicanæ sectæ errores*, contenant plusieurs propositions contraires aux puissances souveraines des roys ordonnez et establis de Dieu, pour le repos et tranquillité de leurs estats, et qu'il est loisible à leurs subjects et estrangers d'attenter à leurs personnes, duquel arrest Sa Majesté a sceu, tant par son embassadeur à Rome que par les déclarations que luy en a faictes le nonce de nostre Très Sainct Père le Pape, que Sa Saincteté a receu du desplaisir; Sa dicte Majesté, désirant en toutes occasions, autant et non moins qu'ont fait les roys ses prédécesseurs, tesmoigner à Sa Saincteté en quelle recommandation elle a l'honneur et advantage du Sainct Siége apostolique et le contentement de Sa Béatitude, envers laquelle Sa Majesté sera tousjours très dévotieuse, comme envers le dict Sainct Siége, pour se conserver la qualité de Roy très chrétien, premier et très affectionné fils de l'Église, a déclaré et déclare qu'elle n'entend que le dict arrest ni l'exécution qui s'en est ensuivie puissent préjudicier à l'auctorité de Sa dicte Saincteté, ni du Sainct Siége, comme elle a toujours esté

recogneue par ses prédécesseurs, ainsi que Sa dicte Majesté s'efforcera, à leur louable exemple, de la protéger, maintenir et défendre, se promettant aussy que Sa Saincteté prohibera et empeschera que la doctrine contenue au dict livre, d'attenter à la personne et dignité des roys, soit désormais escrite ni enseignée, au contraire pourvoiera qu'elle soit censurée comme méchante et pernicieuse, et que ceux qui la mettent en lumière soient chastiez; de quoy elle sera requise et suppliée de la part de Sa dicte Majesté, très asseurée que, par la piété qui reluit en la personne de Sa Saincteté, elle fera supprimer la dicte doctrine, pour prévenir les périlleux accidens qu'elle pourroit produire entre le dict Sainct Siége et tous les princes de la chrétienté, contre la bonne intention de Sa Saincteté et la paternelle bienveillance qu'elle leur a jusques icy faict paroistre en général, et en particulier à Sa dicte Majesté, laquelle, pour tesmoignage de sa volonté, m'a commandé en expédier cé présent acte, signé de sa main, et contresigné par moy, secretaire d'estat de ses commandemens et finances. » (Man. de la Bibl. impériale.)

« Copie de l'acte qui fut envoyé à Rome touchant l'arrest donné au parlement contre le docteur Suarez.

« Aujourd'huy seiziesme de décembre 1614, le Roy estant à Paris, ayant esté informé par le sieur évesque de Montepulcian, nonce de Nostre Sainct Père le Pape, comme par le marquis de Tremel, son ambassadeur résidant à Rome, des plainctes et mécontentement de Sa Saincteté sur l'arrest donné en la cour du particulièrement devant l'attitude pleine de mesure et de fermeté que prenait le tiers état. Aussi, tandis que la noblesse, entraînée par le clergé, approuvait comme lui les déclarations envoyées à Rome, le tiers état rappelait avec force l'arrêt du parlement et en renouvelait les doctrines dans le premier article de son cahier. Louis XIII, pour rester fidèle à sa politique, fut forcé d'évoquer la question à son conseil, et deux arrêts en interdirent la discussion, soit aux États généraux, soit au parlement [1].

---

[1] Voici le texte des deux arrêts :

« Arrest touchant les différends des Estats généraux, donné au conseil le 6 janvier 1615.

(Extrait des registres du Conseil d'estat.)

« Le Roy, ayant entendu les différends survenus en l'assemblée des trois ordres des Estats de son royaume, convoquez par son commandement en cette ville, sur un article proposé en la chambre du tiers estat, et la délibération intervenue en sa cour de parlement sur le mesme subject, lement de Paris contre le livre du docteur Suarez, Sa Majesté, désirant tesmoigner à Sa Béatitude combien elle révère le Sainct Siége et affectionne la personne et satisfaction de Sa dicte Saincteté, a sursis à l'exécution du dict arrest et commandé la suspension d'iceluy, se promettant que Sa Saincteté, par sa bonté, prudence et justice, fera censurer, comme elle en sera requise et suppliée au nom de Sa dicte Majesté, la mauvaise et pernicieuse doctrine d'attenter à la personne des roys, comme condamnée des saincts décrets et canons de l'Église, ayant Sa dicte Majesté, pour tesmoignage de sa volonté, commandé en estre expédié le présent acte, signé de sa main, et contre-signé par moy, secrétaire d'estat et de ses commandemens et finances.

« Signé LOUIS.
Et plus bas, « BRUSLART. »
(Man. de la Bibl. impériale.)

le deuxième du présent mois, ouï les remonstrances des depputez du clergé et de la noblesse, Sa Majesté, séant en son conseil, assisté de la Royne sa mère, princes du sang et autres princes, ducs, pairs, officiers de la couronne et autres de son conseil, pour bonnes et grandes considérations, a évoqué et évoque à sa propre personne les dicts différends, a sursis et surseoit l'exécution de tous arrests et délibérations sur ce intervenus, faits expresses inhibitions et defenses aux dicts Estats d'entrer en aucune nouvelle délibération sur la dicte matière, et sa dicte cour d'en prendre aucune juridiction ni connoissance, ni passer outre à la signature, prononciation et publication de ce qui a esté délibéré en icelle le dict jour, deuxiesme de ce mois.

« Faict au dict conseil tenu à Paris, le sixiesme janvier mil six cens quinze.

« Signé DE LOMÉNIE.
« Et scellé du grand sceau de cire jaune. »
(Man. de la Bibl. impériale. — Imp. *Mém. de Math. Molé*, t. I.)

[Deuxième arrêt.]

« Louis, par la grace de Dieu, Roy de France et de Navarre, à nos amez et féaux conseillers, les gens tenant nostre cour de parlement à Paris, sçavoir faisons que, suivant l'arrest cy attaché sous le contrescel, cejourd'huy donné en nostre conseil, nous avons, pour bonnes et grandes considérations, évoqué et évoquons à nostre propre

INTRODUCTION.

La tenue des États avait trouvé l'opinion publique attentive. Une sorte de liberté de la presse, irrégulière, mais vive, s'était montrée favorable aux réclamations, particulièrement à celles du tiers état, dans des libelles dont le Mercure français nous a laissé en partie le titre[1]. Dans ce mouvement, qui avait attiré les esprits sur les représentants des intérêts du pays, le prince de Condé avait été rejeté au second plan, derrière la scène que remplissait l'assemblée et la cour. Une fois la clôture des États prononcée et accomplie, il était redevenu l'espérance d'une partie de ceux qui s'apercevaient que les réformes promises se perdaient dans les atermoiements et

personne, les différends survenus en l'assemblée des trois ordres des Estats de notre royaume convoquez à présent, par nostre commandement, en icelle nostre bonne ville, sur l'article proposé en la chambre du tiers estat, ensemble la délibération intervenue en nostre dicte cour sur le mesme subject, le deuxiesme de ce mois ; avons sursis et sursoyons l'exécution de tous arrests et délibérations sur ce intervenus, faict et faisons expresses inhibitions et deffenses aux dicts Estats d'entrer en aucune nouvelle délibération sur la dicte matière, et à tous d'en prendre aucune juridiction ni connoissance, ni passer outre à la prononciation et publication de ce qui a esté délibéré en nostre dicte cour le dict jour deuxiesme de ce mois.

« Si voulons et vous mandons que nostre dict arrest cy attaché et ces présentes vous ayez à faire enregistrer pour avoir lieu et estre exécutez selon leur forme et teneur ; car tel est nostre plaisir.

« Donné à Paris, le sixiesme jour de janvier, l'an de grace mil six cens quinze, et de nostre règne le cinquiesme.

« Signé LOUIS.

« Par le Roy, DE LOMÉNIE.

« Et scellé du grand sceau de cire jaune. »
(Man. de la Bibl. impériale. — Imp. *Mém. de Math. Molé*, t. I.)

Conférence de Loudun.

N. B. L'arrêt du 2 janvier auquel se réfèrent les deux pièces ci-dessus fut rendu par le parlement dans les circonstances suivantes. Cette compagnie, instruite des différends qui venaient de s'élever dans les États, entre la chambre de la noblesse et du clergé d'une part, et celle du tiers état de l'autre, sur le premier article du cahier de celui-ci, ayant pour objet l'indépendance de la couronne et la sûreté de la personne des princes, s'assembla le 2 janvier pour renouveler cette doctrine par un arrêt solennel, dans lequel elle rappela les arrêts précédents sur le même sujet, « affin de tenir les esprits de tous « subjects du Roy, *de quelque qualité et con-* « *dition qu'ils soient,* confirmez et certains « des dictes maximes et règles *pour la seu-* « *reté de la vie du Roy, paix et tranquillité* « *publique.* » Le clergé se hâta de porter à Louis XIII ses doléances sur ce sujet, et en obtint les deux arrêts ci-dessus. De sorte que l'on vit un prince abdiquer les principes conservateurs de son autorité, désavouer la magistrature dans l'exercice légitime de sa puissance et donner raison à ceux qui voulaient mettre la royauté sous la tutelle de l'Église.

[1] *Mercure français*, t. III, 1615, p. 185 et suiv.

les hésitations calculées du pouvoir. Il s'empressa de remettre au Roi le château d'Amboise, averti que celui-ci allait le lui redemander. Les circonstances le désignaient de nouveau comme le chef du parti des mécontents; elles ne permirent pas à son esprit inquiet de manquer à cette mission.

En ce moment une puissance nouvelle se montra sur le théâtre des événements. En présence des États, le parlement n'avait pas jugé qu'il fût sage d'intervenir autrement que pour appuyer l'article du tiers état relatif à la sûreté de la personne du Roi. Les États ayant disparu, il reprit le rôle de conseiller du prince, portant le conseil jusqu'à la résistance. La Reine, le Roi et les ministres s'étaient émus des projets de délibération et de remontrances formés par le parlement[1]. Une défense du Roi de passer outre était intervenue à plusieurs reprises; le parlement n'en persista pas moins, changea en quelque chose la forme de sa délibération, et rédigea des remontrances dignes, par leur sagesse et leur fermeté, d'un prince plus disposé à les mettre à profit et d'une nation plus capable de les défendre[2]. Le Roi insista pour que les remontrances fussent ôtées des registres de la cour, et pour qu'un arrêt du conseil qui les blâmait y fût inscrit; le parlement, de délibération en délibération, tira les choses en longueur, multiplia les protestations de fidélité, et ces difficultés en restèrent là. Mais les remontrances, reprises par le prince de Condé, devinrent la cause de nouveaux embarras.

Il tardait à ce prince de substituer son influence aux États généraux dissous et au parlement réduit au silence. Sa popularité allait en devenir plus visible, et il réunirait dans sa main tous les intérêts du parti des mécontents. Aux démarches qu'avait faites le Roi pour qu'il assistât, en sa qualité de premier prince du sang, à son mariage avec l'Infante d'Espagne, il avait répondu en mettant pour condition à son acquiescement, 1° la réforme des conseils, 2° l'accueil favorable à faire aux remontrances du parlement, 3° quelques concessions pour lui et ses amis, et s'était retiré à Clermont

---

[1] « La raison donnée par les gens du Roi pour justifier la cour estoit que, le parlement ne voyant point encore la déclaration sur les remonstrances et supplications faites par les Estats, la cour avoit délibéré de donner avis au Roy de ce qu'elle croyoit de son service; ce qu'elle n'avoit fait pour entreprendre sur l'autorité royale, etc... » (*Mémoires de Math. Molé*, t. I, p. 22.)

[2] On trouve ces remontrances dans le *Mercure franç.* t. IV, 1615, p. 53, et dans les *Mémoires de Math. Molé*, t. I, p. 28 et suiv.

en Beauvoisis. Les instances de Louis XIII l'y suivirent, et M. de Villeroy fut le négociateur choisi pour le décider à accompagner la cour à Bordeaux. Mais déjà, crainte véritable ou prudence affectée, il s'était renfermé dans le château de Coucy, où il croyait être plus en sûreté au milieu de ses amis. Ce fut là que la négociation s'ouvrit entre ces princes assemblés, d'une part, et MM. de Villeroy et de Pontchartrain, envoyés par la cour. Dans une lettre que les négociateurs remirent au Prince, après avoir rappelé les anciennes promesses qu'il avait reçues de lui d'assister à son mariage, le Roi, sur le point de partir, réclamait une réponse précise et prompte. Elle ne se fit pas attendre, et la lettre du 27 juillet apporta un refus, fondé sur les griefs déjà plusieurs fois exprimés. Le Roi, dans une lettre au parlement en date du 30 juillet, tenta de se justifier, y parvint sur quelques points, et insinua que les intérêts particuliers des princes ligués n'étaient pas étrangers à leur conduite.

A son tour, le prince de Condé répondit par le manifeste de Coucy (9 août 1615), pièce longue, diffuse, dans laquelle, au milieu de reproches injustes ou imprudents, se trouvent des réclamations auxquelles il eût été sage de faire droit[1]. Ce fut vers ce même temps que ce prince sollicita avec quelques instances de s'unir le parti des protestants, représenté alors par l'assemblée de Grenoble.

Les protestants avaient suivi avec attention les phases successives de ces hostilités dissimulées, sans avoir embrassé les intérêts d'aucun des partis. Leur position délicate, les sages avis de Duplessis-Mornay, avaient maintenu la prudence dans leurs conseils, et nulle promesse d'alliance avec les factieux n'avait échappé aux passions dont ils n'étaient cependant point exempts. L'assemblée dans laquelle devaient être choisis les députés généraux chargés de résider auprès du Roi venait de se réunir à Grenoble le

---

[1] Voir ces diverses pièces plus bas, parmi celles qui expliquent la prise d'armes des princes. Ce manifeste fut envoyé aux seigneurs, aux parlements, à quelques cours étrangères. On lit à cette occasion, dans le Mercure français : « On a écrit que toutes les cours souveraines où le prince de Condé envoya son manifeste le firent tenir à Leurs Majestez sans ouvrir le paquet ; que ceux qui le portèrent en Angleterre n'y furent reçus de bon œil ; qu'il se garda bien de l'envoyer à l'assemblée du clergé, qui se tenoit au même temps aux Augustins (pour ouïr les comptes de leur receveur général), sachant qu'ils estoient résolus à une entière obéissance envers Leurs Majestez. » (T. IV, année 1615, p. 191.)

15 juillet 1615, et il était facile de voir que ce choix serait la moins importante de ses préoccupations [1].

La réunion en assemblée des députés des réformés donna aux passions de ce parti un essor qu'on eût en vain espéré lorsque les personnages les plus distingués d'entre eux étaient encore dispersés dans leurs provinces. Ils devinrent plus accessibles aux propositions du roi d'Angleterre, du duc de Rohan, et surtout du prince de Condé. Néanmoins l'hésitation est grande encore ; la fidélité au Roi atténue les dispositions à la résistance ; la crainte d'une issue incertaine suspend des résolutions qui peuvent paraître imprudentes. Ce n'est enfin qu'avec beaucoup de précautions, après plusieurs députations chargées d'assurer le Roi de la soumission de ses sujets réformés, que l'assemblée conclut une alliance avec le prince de Condé, négociant toujours avec la cour, adressant à Louis XIII les cahiers de ses doléances, et ne se décidant qu'après avoir reçu à Poitiers des assurances qui ne pouvaient la satisfaire, ou attendu vainement des réponses dont l'ambiguïté ne lui permettait pas de se rassurer.

Marie de Médicis avait reçu, sans en tenir compte, les sages avis de Duplessis-Mornay et les conseils plus intéressés, mais non moins judicieux, du duc de Rohan. Elle comptait, pour le succès de ses desseins, sur l'influence du maréchal de Lesdiguières et sur les intrigues du duc de Bouillon. Mais, quoique Lesdiguières appartînt à la religion nouvelle, les réformés n'avaient en lui aucune confiance, et le croyaient, avec raison, vendu aux intérêts de la cour. En sa qualité de gouverneur du Dauphiné, il pesait habilement sur les délibérations de l'assemblée, et celle-ci, pour s'y soustraire, prit, sans solliciter l'autorisation du Roi, la résolution de se transporter à Nîmes.

Après avoir publié son manifeste, le prince de Condé n'avait pas tardé à prendre les armes. Quand on suit la marche de l'armée des princes dans cette campagne avortée, ou conduite dans un autre dessein que celui d'une guerre sérieuse, on soupçonne que le chef suprême de ce parti n'avait d'autre dessein que de faire bonne contenance, de manière à motiver de la part de la cour des démarches pacifiques. Le maréchal de Boisdauphin lui-même, qui commande l'armée du Roi, ne se montre pas bien ardent à poursuivre son adversaire, et l'on peut croire qu'il est averti de ne rien entreprendre

---

[1] Assemblées générales politiques de ceux de la religion prétendue réformée ; procès-verbaux manuscrits ; bibl. Mazarine, n° 1504.

qui puisse empêcher un rapprochement[1]. Il est visible que c'est d'un côté et de l'autre ce que l'on désire et ce que l'on espère. La difficulté de lever des troupes, la difficulté plus grande encore de les nourrir, suggère évidemment au prince de Condé le désir d'un rapprochement, et fait pressentir à la cour qu'elle ne tardera pas à être sollicitée d'entrer dans les voies d'une négociation pacifique. Malgré le traité qui les lie, les réformés protestent de leur fidélité. A peine un petit nombre paraît en armes à Thonains, où ils passent la Garonne, sous les ordres du duc de Rohan, du marquis de la Force et de quelques autres seigneurs, et, bientôt arrêtés par les remontrances de Labrosse, enseigne des gardes, envoyé pour leur signifier, de la part de Louis XIII, qu'ils eussent à cesser la guerre, ils se bornent à la prise de quelques places de peu d'importance.

La cour, sous la protection d'une armée aux ordres du duc de Guise, était arrivée à Bordeaux sans que le voyage eût été un instant troublé. Le double mariage était désormais accompli, et le Roi, ramenant la nouvelle Reine, s'arrêta le 29 décembre à la Rochefoucault, et y resta quelques jours. Ce fut là qu'il reçut la lettre par laquelle le prince de Condé proposait des négociations pour rendre la paix à l'état. Louis XIII, en prêtant l'oreille à ces propositions nouvelles, continuait la politique de négociation qu'il avait toujours pratiquée avec son cousin et qu'il n'avait jamais abandonnée que quand le prince de Condé s'y était refusé. Celui-ci, au contraire, au terme d'une prise d'armes sans succès, malgré les grandes espérances qu'il avait tenté de faire naître parmi les princes, donnait à ses partisans une preuve nouvelle de son inconstance et de ses prompts découragements. L'intervention du duc de Nevers et de l'ambassadeur d'Angleterre avait sauvé les apparences, et M. de Thianges avait pu présenter au Roi la lettre dont il était porteur.

Ce n'était pas sans difficulté que l'assemblée de Grenoble s'était transportée à Nîmes. Le Roi refusait de la reconnaître ainsi tenue dans un lieu qu'il n'avait pas autorisé. Le parlement de Toulouse, en rendant un arrêt contre le prince de Condé, frappait en même temps ses partisans: la ville de Nîmes redoutait les embarras et les dangers que pouvait traîner à sa suite une semblable réunion dans ses murs. L'assemblée néanmoins per-

---

[1] Nous donnons plus loin un narré succinct de ces opérations militaires pour l'explication des pièces qui concernent cette partie du sujet.

sista. Mécontente des réponses faites aux cahiers de celle de Grenoble, entraînée de plus en plus par le mécontentement croissant des réformés, elle consomma l'alliance commencée avec le prince de Condé et les princes qui l'assistaient, leur écrivit pour réclamer leur assistance et les assurer de la sienne, et attira sur ses coreligionnaires la déclaration royale de Bordeaux en date du 10 novembre, qui ne tarda pas à être vérifiée dans les divers parlements. Mais, sous toutes ces promesses, et malgré leur expression passionnée, le besoin de repos était visible, et les sages d'entre les protestants ne négligeaient rien pour détourner leurs frères de cette conduite factieuse qui les exposait à de grands dangers en faisant dégénérer en révolte les justes réclamations qu'ils avaient à adresser au pouvoir. Aussi ne fut-il pas difficile, dans la séance du 15 janvier 1616, sur le rapport de leurs commissaires qui avaient trouvé le Roi et sa mère disposés à la paix, de les décider à approuver la démarche faite par ceux-ci auprès du Prince par l'intermédiaire du duc de Nevers et de l'ambassadeur d'Angleterre, démarche à la suite de laquelle M. de Thianges avait été envoyé vers Sa Majesté. Eux-mêmes se préparèrent dès lors à adresser au Roi une lettre qui lui serait remise par leurs députés.

Quelques préliminaires manquaient encore, après lesquels la conférence allait s'ouvrir; ils ne tardèrent pas à être réglés.

L'assemblée des États généraux avait donné au tiers l'occasion de produire des réclamations justes, sensées, et de proposer aux maux de l'état des remèdes efficaces. Il avait fait preuve du respect et de la modération qui accompagnent ordinairement la véritable fermeté; mais, l'assemblée dissoute, il ne restait plus qu'un faible écho de sa voix à peine entendu au milieu de l'ignorance et des passions. Le parlement avait tenté un instant de ressaisir ce rôle; mais la prérogative royale l'avait maintenu dans les limites qu'il avait voulu franchir. Le parlement fut sans doute factieux quelquefois; mais, au sortir de la minorité de Louis XIII, ses remontrances, faites avec mesure, n'étaient que trop justifiées par le déplorable état du royaume. Les protestants, au milieu de fortunes diverses, poursuivaient la conquête définitive des garanties de la liberté religieuse que d'occultes intrigues menaçaient de leur ravir. Malgré la sagesse de plusieurs, il était bien difficile que les passions ne s'émussent pas quelquefois jusqu'à la faction devant un pouvoir dont les promesses demi-menteuses leurraient les jésuites et les réformés d'affirmations contradictoires. Néanmoins l'opposition était partout prompte à s'arrêter, et la Rochelle seule conservait ces tendances républicaines dont plus tard elle fut victime. Lié aux princes révoltés, le parti réformé, comptant d'ailleurs peu sur leur loyauté, se sentait exposé à tous les inconvénients du métier de factieux sans en espérer des avantages qui ne lui fussent pas déjà assurés par les édits. Quant aux princes, réunis sous un chef d'une incapacité éprouvée, aussi désireux de faire la paix qu'il était prompt à provoquer la guerre, leurs avantages personnels étaient les seuls mobiles de leurs démarches. Prêts à se trahir les uns les autres et à abandonner leurs alliés, ils avaient tous des besoins d'argent qui préparaient à la cour une victoire facile, malgré l'arrogance de ses adversaires, qui cachaient sous une apparente résolution la nécessité de leur retraite.

Mais, malgré les éléments de force qu'il eût dû puiser dans sa mission, le gouvernement était faible; faible parce qu'il ne voulait pas sincèrement les réformes demandées; faible parce qu'il préférait les plus indignes favoris à ses propres intérêts et à ceux du royaume; faible parce qu'il ne pouvait justifier ni sa politique antinationale ni les désordres de son administration.

Telle était la situation de la France au moment où se négocièrent les préliminaires de la conférence de Loudun, destinée à s'ouvrir le 10 février 1616.

Dans la lettre présentée au Roi par M. de Thianges, le prince de Condé rappelle qu'il a déjà imploré l'intervention de Sa Majesté pour mettre fin à la guerre civile et ramener la paix dans le royaume[1]; que maintenant il se

---

[1] Voici le tableau que trace Pontchartrain, dans ses Mémoires, de l'état de la France au 1ᵉʳ janvier 1616 : « Cette année se commence en mauvais ordre et en mauvais estat pour toute la France; elle est troublée de tous costés. L'Isle de France et les villes de Soissons, Chauny, Coucy, Noyon, Chasteau Thierry et autres tenoient pour M. du Mayne, et troubloient jusques dans les portes de Paris. La Picardie et Corbie, le Castelet et autres méchantes places tiennent pour M. de Longueville, et encore, dans la Champagne, Épernay, Sédan et quelques autres bourgs et chasteaux de M. de Luxembourg. La Normandie n'a point de places déclarées contre le service du Roy; mais il s'estoit levé et se levoit encore tant de troupes en ladite province, qu'elle en estoit toute ruinée. La Bretagne est sous la crainte des armes de M. de Vendosme, ainsi qu'il sera dit ci-après; le Nivernois, le Berry, la Touraine et autres, toutes ruinées par des passages; le Poitou, la Xaintonge et la Guyenne, toutes remplies de places qui tenoient pour ceux de la religion prétendue refformée, lesquelz s'estoient joints avec M. le prince de Condé. Le Lyonnois, le Dauphiné et la Bourgogne

joint aux députés de la religion réformée pour le prier de rappeler les ministres de son père [1] et faire droit aux remontrances des États généraux, à celles du parlement et aux siennes. Ces réclamations, que nous avons déjà fait connaître, sont exposées dans toute leur étendue et sous la forme qu'elles prirent alors, dans les nombreuses pièces qui composent ce recueil. M. de Thianges était en même temps chargé pour la Reine d'une lettre où le Prince, en l'assurant de son dévouement, sollicite l'honneur de ses bonnes grâces.

A la lettre principale étaient joints sept autres articles proposés à l'acceptation du Roi. Ces articles avaient pour but, 1° que le lieu de la conférence, ainsi que le choix des personnes qui devaient y assister de sa part, fût fixé par Sa Majesté; 2° que l'ambassadeur du roi d'Angleterre et la comtesse de Soissons y fussent admis; que le président Lejay fût rendu à la liberté; 4° que l'assemblée de Nîmes fût autorisée à se rapprocher du lieu de la conférence; enfin que l'on réglât la situation que devraient prendre les armées pendant les négociations.

Dans ses réponses à ces propositions, le Roi témoignait le désir de ne traiter qu'avec le Prince, comme représentant tous ceux de son parti; il permettait aux protestants de s'assembler ailleurs qu'à Nîmes, repoussait l'ambassadeur d'Angleterre, acceptait la comtesse de Soissons, et remettait à la conclusion du traité l'élargissement du président Lejay. Dans une lettre jointe à ses réponses, le Roi rappelle ce qu'il a fait pour la paix du royaume, en portant son attention sur la réforme de son conseil et sur la satisfaction des autres désirs du Prince exprimés dans les articles; il rejette tout le mal sur la retraite inopportune du prince de Condé, et cependant, malgré ses

se maintenoient tellement quellement par le soin des gouverneurs. La Provence s'est conservée par le soin du parlement; et le Languedoc a été tellement retenu, soit par le soin de MM. Montmorency et de Ventadour, ou par le voisinage et réputation que cette assemblée, qui s'estoit faicte au Pont Sainct Esprit, desdits sieurs avec MM. de Lesdiguières, d'Alincourt et autres, avoit apporté pour la manutention et conservation des dictes provinces; mais il y avoit assez d'apparence que, si le trouble eust encore continué, ceux de Languedoc ne fussent par demeurez en paix, et qu'ils eussent esté brouillez par ceux de la religion prétendue refformée, ainsi que ce qui s'en est suivi le fait cognoistre. Voilà l'estat auquel estoit toute la France au dedans, le dehors montrant estre en paix, excepté du costé du Piémont, où les affaires ne paroissoient point accommodées au contentement des parties. » (*Mémoires de Pontchartrain*, t. II, p. 123, édit. Petitot.)

[1] Duc de Sully, de Villeroy, Janin.

justes griefs et les droits de sa couronne, dont il pourrait user plus sévèrement, le désir qu'il a d'assurer le bien de son peuple le décide à accepter la négociation proposée. La Reine chargea également M. de Thianges d'une lettre pour le Prince, dans laquelle elle l'assure de sa bonne volonté envers lui.

En même temps le Roi avait envoyé M. le duc de Nevers auprès du prince de Condé pour poursuivre la négociation. Il revint auprès de Leurs Majestés, à Poitiers, le 7 janvier, apportant de nouvelles propositions. Ces propositions concernaient le lieu à choisir pour la conférence, et quelques détails de moindre importance. Le point capital était la proposition de l'envoi de trois députés à la Mothe-Saint-Éloi pour y arrêter toutes les mesures nécessaires à la tenue de la conférence. Le Roi accepta cette proposition, et envoya, munis des pouvoirs suffisants, le maréchal de Brissac et M. de Villeroy.

Les réponses du Roi à des questions posées par M. de Villeroy font connaître que les intentions de Sa Majesté étaient qu'on reprît les errements de la négociation de Coucy, concernant le règlement général du conseil, la conférence de quelques membres du conseil et du parlement pour la réforme de la justice, le rétablissement en la ville de Poitiers des absents et de l'exercice de leurs offices, et la révocation de l'arrêt donné à Bordeaux contre M. le Prince; le refus aux seigneurs d'envoyer vers les princes étrangers, comme ils s'étaient permis de le faire dans plusieurs circonstances; celui de comprendre le Béarn et la basse Navarre dans le traité, à moins qu'ils ne consentissent à vivre sous l'observation des mêmes édits que le reste des sujets de Sa Majesté. Il assurait, de plus, aux réformés les avantages qui leur avaient été accordés par son père, mais ne permettait pas que ceux qui seraient admis à la négociation avec le prince de Condé s'y présentassent comme organes du corps entier des protestants. Quant à la question de la suspension d'armes et du licenciement des troupes, le Roi restait sur la réserve.

MM. de Brissac et de Villeroy s'acheminèrent vers Niort avec M. de Nevers, munis de lettres de recommandation du Roi et de la Reine pour le prince de Condé; ils y arrivèrent le 14 janvier 1616, et y trouvèrent MM. de Sully, de Thianges et Desbordes-Mercier, avec lesquels ils entamèrent la négociation sur le lieu de la conférence, la suspension d'armes et le licenciement des troupes. Cette négociation ne fut terminée toutefois qu'à Fontenay-le-Comte. Il en résulta les propositions suivantes adressées au Roi : cessation d'armes jusqu'au 1ᵉʳ mars; choix de Loudun ou de l'Isle-Bouchard, à son gré; fixation par lui du nombre, et désignation des députés envoyés de sa part à la conférence. Mais la négociation offrait des difficultés, principalement sur la suspension d'armes, et de la part de MM. de Rohan et de Soubize. Les princes voulaient étendre la cessation d'armes à tout le royaume, tandis que le Roi la voulait restreindre à la distance de quatre lieues autour de la ville choisie pour le lieu de la conférence. La confusion qui s'était mise dans la discussion engagea M. le Prince à séparer la compagnie et à désigner, pour traiter les affaires conjointement avec les princes, des députés, qui furent MM. de Bouillon, de Sully, de Courtenay, de Thianges et Desbordes. D'un autre côté, le Roi fit savoir à M. de Villeroy qu'il gardait neuf mille hommes et quelques compagnies de chevau-légers, dont six mille devant occuper les lieux où il était alors, et trois mille aux ordres du duc d'Épernon pour tenir les garnisons de ses gouvernements[1]; plus tard, l'espérance d'une cessation d'armes fit réduire à mille chevau-légers toute la cavalerie. Enfin il fut décidé, avec l'agrément du Roi, que la conférence se tiendrait à Loudun, qu'elle s'ouvrirait le 10 février et qu'une suspension d'armes aurait lieu jusqu'au 1ᵉʳ mars. Ces conditions, arrêtées le 20 janvier entre les députés de Louis XIII et les princes, furent ratifiées par lui le 23 du même mois à Châtellerault et consignées le même jour dans une ordonnance.

La suspension d'armes régla surtout les positions respectives que devaient prendre pendant la conférence l'armée du Roi et celle du prince de Condé. Louis XIII consentit à ce que ses troupes ne passassent point sur la rive gauche de la Vienne, laissant entre elles et la ville de Loudun une distance d'au moins huit lieues, tandis que les corps qui formaient l'armée du prince de Condé durent se retirer derrière la rivière de Thouay, entre le cours de la Sèvre-Niortaise, celui de la Loire et l'Océan, avec l'engagement formel de ne point entrer dans les provinces d'Anjou et de Bretagne.

Quoique la suspension d'armes ne se bornât pas au lieu de la conférence et qu'elle embrassât tout le royaume, la guerre n'en continua pas moins dans la Guienne et le Béarn entre les ducs de la Force et de Grammont;

---

[1] Le duc d'Épernon était gouverneur d'Aunis et de Saintonge, provinces peu éloignées du lieu de la conférence et des cantonnements de l'armée des princes.

le Maine, le Perche, l'Anjou et la Bretagne eurent à souffrir des courses du duc de Vendôme. Ce fût en vain que les parlements de Paris, de Bordeaux, de Rouen et de Rennes employèrent leur autorité pour faire observer la trêve.

Munis d'un pouvoir que le Roi leur délivra le 8 février, les députés choisis par lui, le comte de Brissac, maréchal de France, de Neuville de Villeroy, de Thou, de Vic et de Pontchartrain, se préparèrent à partir pour Loudun. Leurs instructions, datées de la veille, portaient, en substance, 1° sur les affaires générales de l'état, 2° sur les prétentions des princes, 3° sur les demandes des réformés.

Pour ce qui concerne les affaires générales, dont les principales étaient le règlement du conseil de Sa Majesté, la délibération sur les remontrances du parlement, la réponse aux cahiers des États généraux, les instructions rappellent que déjà M. de Villeroy, avant les mouvements, avait eu charge d'en conférer avec le Prince; qu'il l'avait alors assuré de l'intention où était Sa Majesté de régler son conseil, de désigner quelques-uns de ses conseillers pour délibérer avec sa cour de parlement sur la réforme de la justice, et que le Prince s'était montré satisfait des résolutions prises sur ces deux points. Quant à la réponse aux cahiers des États, le Roi y avait fait travailler jusqu'au moment de son voyage, et était disposé, quand le Prince serait auprès de lui, à lui faire connaître les réponses déjà arrêtées. Les instructions indiquaient que des solutions analogues seraient données au premier article du tiers état concernant l'indépendance absolue de la couronne de France, la réception du concile de Trente et les poursuites à diriger contre les fauteurs de l'assassinat du feu Roi. Elles prévoyaient que plusieurs questions inattendues sur les affaires générales pourraient surgir pendant les négociations, et recommandaient dans ce cas aux commissaires de consulter Sa Majesté s'ils ne trouvaient d'eux-mêmes une réponse, et surtout de prendre garde qu'il ne se glissât dans leur déclaration rien qui pût servir à justifier la prise d'armes du Prince et des siens au préjudice de l'autorité royale.

Sur les affaires particulières qui ne pouvaient être encore connues, les instructions laissent aux commissaires à juger, en soumettant toutefois leurs opinions à Sa Majesté.

Quant aux demandes des réformés, le Roi pense qu'elles ne sauraient être autres que celles qu'ils ont déjà exposées dans les cahiers de l'assemblée de

Grenoble. D'ailleurs, il désire que les commissaires ne reçoivent que par les mains de M. le prince de Condé les réclamations que pourraient encore faire ceux de la religion, et qu'ils les examinent avec intérêt, en lui donnant avis de toutes ces réclamations.

La conférence et la suspension d'armes qui devait la protéger, auxquelles le Roi venait de consentir à Châtellerault, furent sur le point d'être remises en question. M. le duc de Vendôme, malgré les assurances qu'il avait données au Roi de sa fidélité, se ravisa tout à coup, feignit de croire que le duc de Guise dirigeait des troupes sur Angers contre les siennes, et demanda, par l'entremise du prince de Condé, d'être, lui et ses troupes, compris dans la surséance. Le prince de Condé appuya chaudement le désir du duc de Vendôme, et en fit une question de rupture des négociations. Ce n'était pas d'ailleurs la seule condition qu'il mettait à l'ouverture de la conférence; il exigeait encore que la surséance d'armes fût prolongée jusqu'au 1er avril, ou tout au moins jusqu'au 15 mars. Cette dernière prétention pouvait se justifier plus facilement que la faveur partiale et inattendue qu'il venait de témoigner pour les désirs du duc de Vendôme. Il est évident qu'au milieu de février où l'on se trouvait alors, et avec les lenteurs qu'entraînent après elles les questions d'étiquette et les négociations diplomatiques, moins de quinze jours ne pouvait suffire à traiter les sujets importants qui étaient en discussion. De plus, dans ce temps d'anarchie où les hommes influents en étaient venus à se croire autorisés à soutenir leurs prétentions par les armes, le prince de Condé devait se garder d'une mesure qui l'eût offert désarmé à ses ennemis à l'instant où la rupture des négociations eût ramené la guerre. Aussi ces raisons frappaient les commissaires, qui, dans leurs lettres à Louis XIII, se montraient favorables à la prolongation demandée. Il n'en était pas de même à leurs yeux des prétentions du duc de Vendôme; ils auraient bien voulu du moins en rejeter une partie, et ne comprendre que le duc seul et non tous ses soldats dans la surséance; mais si, d'une part, les raisons que donnait le prince de Condé en faveur de celle-ci étaient justes, de l'autre, son opiniâtreté à soutenir les vœux du duc de Vendôme n'était pas moins grande; et, comme la surséance paraissait aux commissaires aussi nécessaire qu'elle pouvait l'être aux yeux du Prince, ils n'étaient pas loin d'accepter M. de Vendôme comme une fâcheuse mais inévitable extrémité.

Le Roi, en insistant sur la nécessité de ne pas prolonger la surséance, se prononçait surtout contre la prétention de M. de Vendôme. Il rappelait ce qu'il avait appris, par M. de Vignolles, des misérables subtilités à l'aide desquelles ce prince prétendait éluder les conditions particulières faites précédemment entre le Roi et lui; il se plaignait de ce qu'il marchât à la tête de ses troupes sur la ville de Nantes et le forçât à faire observer ses mouvements par le maréchal de Boisdauphin en attendant l'arrivée du duc de Guise; enfin il récriminait contre le prince de Condé, lui reprochant de faire loger ses troupes dans des lieux autres que ceux qui étaient désignés dans la convention du 20 janvier, et surtout de n'user d'aucun ménagement, de ne respecter aucune convenance dans les levées qu'il faisait des deniers sur ses sujets.

Mais c'était en vain que Louis XIII s'efforçait de faire prévaloir son autorité; c'était en vain qu'attentif à ménager ses sujets il voulait éloigner d'eux le logement des gens de guerre et les exactions qui en étaient la suite; il fallait toujours céder devant une réunion de princes et de seigneurs factieux et puissants. Louis XIII accorda la trêve, accorda la présence du duc de Vendôme à la conférence, même le maintien sur pied de ses troupes, les restreignant d'abord au nombre stipulé par l'entremise de M. de Vignolles, effaçant le lendemain jusqu'à cette juste réserve. Il fut convenu, il est vrai, qu'un règlement serait fait au plus tôt dans le but de modérer les levées de deniers dont abusait le prince de Condé lui-même, et les commissaires du Roi proposèrent M. de Château-Renault à la surveillance des mouvements de M. le duc de Vendôme, qui dut faire évacuer la Bretagne par ses troupes et licencier celles qu'il avait levées depuis le 30 janvier précédent[1]; le Roi, de son côté, envoya M. de Couvas, et le prince de Condé M. de Thianges, pour le même objet.

La conférence s'ouvrit enfin le 21 février, au logis de Mme la comtesse de Soissons; quelques difficultés sur les pouvoirs des commissaires de la cour, que ceux-ci s'empressèrent de faire réformer, leur laissèrent cependant de l'ombrage, et ils crurent devoir prévenir le Roi que, sans désespérer des négociations, il se tînt prêt à tout événement. La recommandation était sage, car, dès le 1er mars, les princes faisaient entendre des menaces de rupture.

[1] La lettre du Roi du 22 février, donnée par le manuscrit de la bibliothèque Sainte-Geneviève, indique le 3 au lieu du 30: Il est probable que la vraie date est celle du 30 janvier, quelques jours après la trêve accordée à Châtellerault le 22.

Ils avaient, dans les jours précédents, présenté aux commissaires huit articles, demandant les réponses du Roi sur chacun d'eux. Ces articles portaient principalement : sur la recherche à faire des assassins du feu Roi; sur l'indépendance de l'autorité temporelle et la sûreté de la personne du Roi; sur les conditions à remplir envers les réformés, en vertu de l'édit de pacification; sur l'autorité, franchises et libertés de l'Église gallicane; sur le maintien dans leur dignité et autorité des officiers de la couronne et des gouverneurs de provinces; sur la nécessité que le régiment des gardes et les compagnies des gardes du corps ne dépendissent que de l'autorité du Roi. Les réponses de Louis XIII, concertées avec les commissaires, étaient satisfaisantes; cependant un peu moins de netteté sur celles qui avaient rapport à l'indépendance de son autorité, et quelques ménagements pour la puissance pontificale, menaçaient d'être un prétexte de rupture pour les seigneurs excités par le duc de Vendôme, arrivé la veille à Loudun. Ils prétendaient encore que le Roi avait donné rendez-vous à ses troupes pour le 15, et que le parti le plus sage était pour eux de se préparer à la guerre. Il est difficile de croire que ces menaces eussent d'autre but que celui d'effrayer la cour; car, tandis qu'ils répandaient le bruit qu'ils allaient reprendre aussitôt les armes, le prince de Condé jetait quelques paroles aux commissaires sur la nécessité d'assurer la négociation par une nouvelle prolongation de la surséance d'armes.

A la suite des huit articles que nous venons de mentionner, les seigneurs et les réformés en produisaient successivement d'autres, que les commissaires transmettaient immédiatement au Roi avec les projets de réponses qu'ils rédigeaient à mesure. Ils se montèrent promptement au nombre de vingt-neuf et même de trente et un, en comptant les huit dont nous avons déjà parlé, et furent présentés au Roi, à Tours, le 26 février. Ce prince les renvoya, à la date du 28 suivant, avec quelques notes en marge, propres à faire connaître sa volonté, assurant aux députés qu'il « leur aurait volontiers remis « le tout à faire, n'eût été pour satisfaire à leurs désirs et ne perdre point de « temps[1]. » Ses dispositions étaient d'abord peu favorables; il se plaignait de trouver dans ces articles « plusieurs choses spécieuses et captieuses, mises « plutôt à dessein de gagner la bienveillance de tous les ordres du royaume, « abuser et corrompre les esprits, que de procurer le bien public[2]. »

---

[1] Lettre du 28 février. — [2] Même lettre.

Ces articles, en effet, se rapportaient à tous les sujets qui pouvaient, à cette époque, agiter les partis. Telle a toujours été la tactique des oppositions aristocratiques ou populaires, dissidentes ou orthodoxes, et malheur en arriva toujours aux gouvernements dont la négligence ou la partialité prêtèrent aux attaques. Les recherches à faire sur l'assassinat de Henri IV, et, à cette occasion, la sûreté de la personne des rois à garantir; les droits de l'Église gallicane, ceux des parlements et les menaces d'empiétement de l'autorité pontificale; la vénalité des offices à abolir et la jouissance des charges et dignités à régler; les libéralités de la cour à restreindre et les tailles à alléger; les priviléges de la noblesse à maintenir; diverses alliances à conserver, diverses réformes à introduire, et enfin quelques articles concernant des intérêts particuliers, où la personnalité du prince de Condé et de quelques autres ne se dissimulait pas, composaient cet ensemble destiné à tenir en échec l'autorité de Louis XIII. Les réformés, comme pesant d'un grand poids dans le parti et dans l'armée des rebelles, n'avaient pu être oubliés, et l'article 7 réclamait la satisfaction des demandes consignées par eux dans les cahiers présentés à Poitiers. De semblables sujets étaient bien faits pour passionner les esprits au commencement du xviie siècle, sous un roi jeune encore, sous une administration livrée aux intrigues des favoris quelques années avant qu'une main plus ferme ramenât, avec la justice dans le gouvernement, la soumission à l'autorité royale au sein de ces partis indisciplinés. L'effervescence des âmes a son temps, pendant lequel elle est irrésistible, surtout quand elle n'est pas sans fondement; on s'anime sans toujours savoir pourquoi, au risque de reconnaître peu de gravité aux motifs de cette irritation passagère lorsqu'elle se sera calmée; mais, tant qu'elle dure, il est difficile à la raison de se faire jour; il faut que les intentions les plus droites, l'expérience la plus sûre, les lumières les plus certaines consentent à prendre patience.

Louis XIII représentait avec raison que personne n'était plus que lui porté d'affection à venger la mort de son père; qu'il avait donné des ordres exprès pour la poursuite de ceux des coupables qui avaient peut-être échappé jusqu'alors aux investigations de la justice; que, dans ce qui concernait les droits et priviléges de l'Église gallicane et l'indépendance de sa couronne, il avait tout retenu de ce que ses aïeux lui avaient transmis; mais que, dans les rapports avec la cour pontificale, le langage de ces droits devait être adouci, et qu'il le serait toujours, sans préjudice des réserves qui s'étaient perpétuées sur son trône et dans sa famille. Il promettait d'ailleurs d'opérer les réformes désirables, indiquait celles qui avaient été déjà faites, et demandait le temps nécessaire pour accomplir les autres. Quant à quelques demandes mises en avant dans des intérêts particuliers, il accordait les unes, refusait les autres; surtout il ne voulait point admettre la prétention du duc de Longueville et des habitants d'Amiens de faire raser la citadelle de cette ville, persuadé, avec raison, qu'il n'y avait point d'intérêt local qui ne dût céder à la nécessité de la défense du territoire. Pour les réformés, il s'en référait à l'exécution des édits en vigueur depuis le Roi son père.

Ces réponses, indiquées en marge des questions, étaient adressées aux commissaires pour être transmises au prince de Condé; mais, en même temps, MM. de Brissac, de Villeroy, de Pontchartrain, de Thou et de Vic recevaient de la confiance de Louis XIII l'autorisation de les développer, de les modifier, même selon la nécessité des circonstances. Néanmoins le Roi, dans une autre lettre du même jour, se plaint avec raison que le prince de Condé et ses amis ont disposé les articles soumis à son examen beaucoup plus dans le but d'acquérir ou de conserver une popularité utile à leurs projets que dans celui de contribuer au bien public. Et en effet, ce caractère de duplicité cauteleuse des opposants de toutes les époques ressort de ces articles avec une évidence qui frappe le lecteur. Leur grand nombre, les intérêts divers et souvent hostiles qu'ils étaient destinés à concilier, exigeaient, pour être discutés au milieu des passions et des mécontentements des adversaires de la cour, plus de temps qu'il n'en restait jusqu'au 15 mars, époque où devait expirer la suspension d'armes déjà prolongée. La connaissance d'une nouvelle prolongation, que se préparaient à demander les adhérents du Prince, était parvenue jusqu'au Roi, qui se hâta d'en prévenir ses commissaires. Déjà, il est vrai, le prince de Condé les en avait entretenus; il avait donné, à l'appui de sa demande, de justes et loyales raisons; mais le mécontentement élevé parmi ses partisans à la lecture des réponses de Louis XIII, et les coupables forfanteries du duc de Vendôme, arrivé la veille, changèrent en un instant la disposition des esprits : les choses inclinèrent à la rupture. Le prince de Condé ne parla plus de prolongation; il ne fut bruit que du projet formé par ces princes et seigneurs de réunir leurs troupes, à l'exemple du Roi, qui, disaient-ils, avait donné ordre que son armée fût rassemblée pour le 15 mars.

Ces malheureuses dispositions, que le prince de Condé tentait en vain d'adoucir, ne pouvaient s'expliquer que par l'aveuglement qui accompagne toujours l'esprit de faction, et par la déloyauté du duc de Vendôme, dont les prétentions violentes entretenaient l'ardeur inconsidérée des rebelles ; car, indépendamment de la modération que le Roi avait mise dans ses réponses, sur lesquelles d'ailleurs la discussion restait ouverte, il accordait encore avec empressement toutes les grâces particulières qui pouvaient se concilier avec les besoins de la sécurité publique et les devoirs de la royauté, déchargeant la ville de Clermont en Beauvoisis de la garnison qui y était, en faveur de la comtesse de Soissons, rendant à la liberté un sieur Laporte, à la demande du duc de Mayenne.

Pendant ce temps, la suspension d'armes n'était guère observée par les officiers des princes : M. de Soubize ne respectait point les limites déterminées par les conditions de la trêve ; d'autres infractions étaient encore signalées ; et, néanmoins, l'un des motifs mis en avant pour la rupture consistait dans les mêmes reproches adressés aux officiers commandant les troupes du Roi et, par suite, au Roi lui-même. Ces reproches n'étaient pas sans quelque fondement ; dans ces temps malheureux, les amis de la royauté ne lui étaient pas toujours plus soumis que ses ennemis, et l'indiscipline était souvent passée du camp des princes dans celui des serviteurs fidèles, qui n'avaient fait quelquefois que repousser, après une longue patience, les persécutions incessantes de l'ennemi. Malgré ces dispositions peu favorables de quelques-uns des rebelles, l'entremise de M. de Bouillon, celle de la comtesse de Soissons et la prudence du prince de Condé avaient ramené assez de calme pour que les négociations continuassent. Les députés commençaient à examiner les cahiers des réformés ; mais ce commencement d'une marche meilleure allait se trouver rendu inutile par l'expiration de la trêve. Aussi le prince pressait-il pour qu'on obtînt une prolongation, et les députés, convaincus qu'ainsi l'exigeait le bien du service du Roi, prirent sur eux d'accorder un délai de cinq jours, et en référèrent pour le reste à la cour. Mais, sachant que les dispositions du Roi étaient peu favorables, trois d'entre eux, MM. de Brissac, de Villeroy et de Pontchartrain, se décidèrent à aller le trouver, laissant MM. de Thou et de Vic à Loudun pour maintenir la négociation et entretenir la bonne volonté du Prince. Ils emportaient avec eux deux lettres du prince de Condé, l'une à la Reine mère, l'autre au Roi, où il les assurait de son dévouement et de sa soumission.

Le Roi accorda la suspension d'armes jusqu'au 25 mars ; il écrivit à ses officiers pour leur en recommander la stricte observation, ce qui prouve qu'il ne doutait pas qu'elle n'eût été plus d'une fois violée par eux, et en même temps il manda à MM. de Thou et de Vic d'en faire part au Prince, en le pressant de faire, de son côté, observer par les siens plus fidèlement cette trêve. Ceux-ci, dans leur réponse à Louis XIII, lui font part de l'espérance que leur a témoignée le prince de Condé de la voir prolongée jusqu'à la fin du mois, et du désir qu'il exprime qu'il soit sursis aux poursuites dont est l'objet le vice-bailli de Gien, et que, de plus, on ordonne de rendre à la liberté un de ses propres domestiques, nommé La Coudraye, jeté dans les prisons de Chartres malgré la suspension. Ils profitaient de l'occasion pour insister sur la demande de Mme de la Trimouille, à laquelle le Roi fit droit incontinent, en ordonnant à ses capitaines de quitter l'Isle-Bouchard avec leurs troupes pour s'acheminer vers Saumur, à la condition toutefois que cette place resterait sous son obéissance. Dans la même réponse, le Roi faisait connaître qu'il s'était occupé des demandes relatives à La Coudraye et au vice-bailli de Gien.

MM. de Brissac, de Villeroy et de Pontchartrain restèrent auprès du Roi un ou deux jours de plus, d'après son ordre, attendu qu'il voulait s'éclairer avec eux tant sur les vingt-neuf questions et les réponses à y faire que sur les cahiers de l'assemblée de Grenoble et le règlement du conseil. Pendant ce temps, profitant de l'absence du prince de Condé, qui était allé à Fontevrault avec la comtesse de Soissons, les princes, seigneurs et députés réunis à Loudun se fortifièrent mutuellement dans l'opinion que le duc de Bouillon et le prince de Condé avaient l'intention de s'éloigner d'eux et de traiter séparément avec la cour, se promettant pour eux seuls l'honneur et le profit d'une paix dont ils se faisaient fort d'amener la conclusion sans leurs alliés. Déjà, dans un conseil du 10 mars, où assistait, malgré le refus de Louis XIII, l'ambassadeur de la Grande-Bretagne, quelques paroles amères avaient été échangées entre MM. de Bouillon et de Rohan. Le prince de Condé leur paraissait, il est vrai, trop haut placé pour que les faveurs qui lui étaient promises et qui semblaient dues à son rang excitassent leur envie; néanmoins ils s'irritaient de la facilité avec laquelle il se montrait disposé à renoncer au gouvernement de Guienne pour celui de Berry, ce qu'ils exprimaient dans leur langage en disant qu'il voulait quitter les lions de Guienne pour les moutons de Berry. C'était donc le duc de Bouillon qui se trouvait le but de leurs attaques et sur qui leur colère se vengeait de l'inviolabilité que leur opposait la dignité de prince du sang inhérente à la personne de son complice. Aussi disaient-ils que M. de Bouillon avait reçu la promesse qu'on lui accorderait l'entretien de deux compagnies de gens d'armes, l'une pour lui et l'autre pour son fils ; que, de plus, on lui accorderait trois cents hommes de garnison nouvelle, avec quelques autres gratifications.

Ces soupçons n'étaient pas tout à fait sans fondement. M. le duc de Bouillon s'était lié à la fortune du prince de Condé, et tous deux commençaient à être las des pointilleries et de l'égoïsme de leurs alliés. Le prince de Condé pouvait d'ailleurs penser alors ce que son fils disait trente ans plus tard, au milieu des troubles de la Fronde : « Je m'appelle Bourbon, et je ne veux « pas ébranler l'État. » Ils n'avaient entamé aucune négociation particulière, et c'était la conséquence possible et présumée de leurs dispositions que les craintes de leurs alliés transformaient en un projet déjà en cours d'exécution. Quant aux demandes de M. de Bouillon, elles étaient à peu près celles que supposaient les adversaires de la cour à la conférence. Ils ajoutaient, non sans quelque raison, « qu'ils avaient les hommes, les villes et les moyens « d'action dans cette province et dans plusieurs autres pour faire connaître « que le repos qu'ils désiraient à ce royaume dépendait plus d'eux que du « prince [1]. » Une disposition dangereuse qui se manifestait, et qui eût nécessairement causé de grands embarras à la cour, c'est que les députés catholiques de la conférence se rapprochaient des réformés et se montraient résolus à signer en leur faveur les articles auxquels ils avaient refusé leur appui lorsqu'ils étaient d'accord avec le prince de Condé.

A ces motifs de division, qui semblaient pouvoir se justifier, se joignit, pour accroître les préventions, un fait, ridicule en lui-même, et dont il serait difficile d'expliquer l'influence, si la passion politique n'avait pas de tout temps fait accueillir les plus folles appréhensions. Une cordonnière survint, se disant envoyée par la reine, et chargée par elle de faire ses recommandations à monseigneur le prince de Condé, à MM. de Mayenne et de Bouillon, à mesdames de Soissons, de Longueville et de la Trimouille. Ceux des princes, seigneurs et dames assistant à la conférence, auxquels aucune recommandation n'avait été faite par la prétendue envoyée de la Reine, se formalisèrent d'avoir été oubliés ; et ni le ridicule et l'impudence de la démarche, ni le choix fort suspect de Marie de Médicis, ne les empêchèrent de se tenir pour offensés.

---

[1] Lettre de MM. de Vic et de Thou à M. de Villeroy, 12 mars 1616.

D'un autre côté, quelques-uns des seigneurs, irrités de cette prétendue trahison, annonçaient l'intention de se rapprocher de la cour, «jusque-là, « disaient-ils, qu'ils supplieraient le Roy que toutes choses soient remises « comme elles étaient en seize cent six, sans demander autre chose que « servir leurs Majestés en leurs charges [1]. » MM. de Thou et de Vic faisaient tous leurs efforts pour les entretenir dans ces bonnes dispositions; mais il est facile de voir qu'elles étaient dues au dépit qu'ils ressentaient de la prétendue trahison du prince et non au désir désintéressé d'une réconciliation sérieuse. Un changement de M. de Longueville vint encore compliquer ces embarras. Après avoir consenti à quitter son gouvernement de Picardie, il revenait sur cette détermination ou y mettait des conditions telles qu'elles créaient de nouvelles difficultés.

Les bonnes dispositions du prince de Condé n'étaient pas douteuses, et c'est sans doute sur elles que s'appuyaient ces soupçons de trahison qui venaient de mettre en émoi tous ses partisans. Dans deux lettres du 13 et du 14 mars, le Roi et sa mère, instruits par le rapport de MM. de Brissac, de Villeroy et de Pontchartrain, lui en témoignent leur satisfaction et l'assurent en retour de leur sincère amitié. Aussi, à peine arrivé de Fontevrault, il commença, dès le 31 mars, à porter le calme au milieu de cette agitation faiblement motivée. Il y était déjà en partie parvenu, lorsque le retour de M. de Brissac et de ses deux compagnons rouvrit la voie aux négociations.

Ils furent amicalement reçus par le Prince, et, dès le lendemain, la négociation commença sur les articles généraux et les réponses qui y avaient été faites. On ne put tomber d'accord sur le deuxième article, qui concernait le premier du tiers état, ni sur le rasement de la citadelle d'Amiens, ni tout à fait sur le troisième, ayant pour objet la révocation proposée des surséances données par le conseil à l'exécution des arrêts du parlement. On s'entendit plus facilement sur l'article proposé pour la révocation de la déclaration donnée à Poitiers contre la prise d'armes de M. le Prince. Il ne fut pas difficile de lui faire comprendre que, si aucun correctif n'accompagnait cette révocation, il en faudrait conclure que le Roi n'avait aucun droit sur les princes du sang quand ils oubliaient leur devoir; il consentit donc à ce que l'on ajoutât ces mots : « Ils demeureront néanmoins sujets à la justice du « Roi, selon les formes anciennes et accoutumées au royaume [2]. »

---

[1] Lettre de M. de Vic du 12 mars. — [2] Mémoire sur la conférence du 15 mars.

Mais, lorsqu'on en vint aux réponses à faire aux cahiers des réformés, on rencontra encore plus de difficultés et plus d'aigreur. La liberté de tenir des conseils ne leur parut pas suffisamment garantie par les réponses proposées; ils se montrèrent blessés de la rédaction dans laquelle s'était glissé le mot *tolérer*, et, après une discussion longue et animée, les députés du Roi jugèrent prudent de leur accorder qu'on mettrait *qu'ils en useraient comme ils avaient fait du temps du feu Roi*. Mais, pour obvier à l'aigreur qui continuait malgré cette concession, ils leur remirent par écrit les réponses à leurs cahiers, telles qu'elles avaient été concertées selon les volontés et les intentions de Sa Majesté. De pareils obstacles, renouvelés à chaque pas, retardaient l'issue de la négociation; et il était évident de part et d'autre que, dans les limites tracées par la surséance d'armes, elle ne pourrait être achevée. Aussi les députés du Roi ne firent-ils aucune difficulté de la prolonger jusqu'à Pâques [1], à la prière du prince de Condé et des siens; l'acte en fut signé le 17 mars.

M. le duc de Vendôme, dont le caractère difficile ressort de tous les faits de cette négociation, augmentait encore les embarras par des prétentions auxquelles fait allusion une lettre de Pontchartrain, sans cependant dire ce qu'elles étaient [2]. Dans une autre [3], ce ministre se plaint des indiscrétions qui font connaître à leurs adversaires, avant qu'ils en soient instruits eux-mêmes, les décisions et les réponses arrêtées dans le conseil du Roi.

Mais l'observation de la trêve faisait l'objet principal des lettres des commissaires, comme elle faisait le fond persévérant des plaintes de leurs adversaires; c'est ce que rappelle Villeroy dans sa lettre du 17 mars, et les députés dans leur dépêche du 18. Le premier signala, comme ayant fortement ému les princes et leurs amis, une prétendue conférence qui aurait eu lieu à Paris entre le commandeur de Sillery et madame la maréchale d'Ancre.

Au milieu de ces agitations, le plus souvent sans motifs sérieux, la discussion sur les divers points avait commencé. Le prince de Condé insistait sur l'adoption d'un article proposé par lui, qui avait pour but de renouveler le premier article des cahiers du tiers état. Les commissaires conseillaient de se prêter à son désir, sachant que cette concession rendrait la négociation plus facile, et surtout atténuerait les exigences de leurs adver-

---

[1] Pâques tombait, en 1616, le 3 avril. — [2] Du 16 mars, p. 460. — [3] Même date, p. 459.

saires sur la révocation des arrêts du conseil. Si la concession qu'ils conseillaient n'était pas faite, ils annonçaient regarder la négociation comme compromise.

Avec l'objet de cet article, le Prince réclamait le *rasement de la citadelle d'Amiens*, et appuyait l'instance des réformés sur la constitution de la chambre de l'édit de Paris. La question ne portait pas sur l'érection de la chambre, cette érection était accordée depuis longtemps ; les difficultés roulaient sur le choix des personnes. Le prince de Condé tenait à en éloigner le président Séguier, et les députés ne voulaient en aucune façon consentir à sacrifier un aussi digne magistrat. Le président Lejay, que proposait la faction, était trop suspect à la cour pour être agréé ; aussi le prince de Condé y substitua-t-il M. d'Ozembray, qui ne fut pas mieux reçu. On accordait bien à sa demande que la moitié au moins des conseillers fussent changés ; mais les personnes que désignaient les réformés, encore qu'ils tinssent avec force à leurs choix, n'avaient point la confiance du chancelier. Néanmoins les députés conseillaient de les satisfaire, vu la résolution où ils les voyaient de ne se point départir de cette exigence. C'était à regret qu'ils consentaient à cette concession ; mais, quant aux demandes d'argent des réformés, ils croyaient qu'il était facile de les réduire de beaucoup, et en indiquaient les moyens.

Un autre désir dont ils appuyaient la réalisation auprès de la cour, c'était une nouvelle prolongation de la trêve, que leurs adversaires sollicitaient, et qui, évidemment, était nécessaire pour obtenir le résultat tant souhaité des peines que l'on s'était données jusque-là. Du reste, ce qu'ils désiraient dans tous les cas, c'était une prompte réponse, afin de pouvoir avancer la négociation ou aviser à une prudente retraite; car les projets de leurs adversaires n'étaient pas toujours rassurants. Alarmés, ou feignant de l'être, d'une prétendue marche du maréchal de Boisdauphin contre M. de Vendôme, et d'une autre de M. d'Épernon, ceux-ci annonçaient le projet de réunir leurs troupes, encore que les commissaires leur fissent bien comprendre que, le cas se présentant, le Roi en ferait de même. Ce qui paraissait plus prudent aux députés, ce qu'ils conseillaient au Roi avant tout, c'était de prendre en toute hâte les mesures nécessaires au désarmement de part et d'autre, afin que, si la paix venait à se conclure, il pût immédiatement s'effectuer.

Les articles sur lesquels portait alors la discussion étaient, indépendamment de ceux que nous venons d'indiquer, celui qui concernait la déclaration faite à Poitiers, et les demandes des réformés par rapport à la tenue de leurs conseils de province. Dans sa dépêche du 19 mars, le Roi ne répond pas encore à toutes les questions des députés; il annonce qu'il a besoin de prendre le temps de réfléchir. En attendant, il leur fait savoir qu'il a écrit dans les provinces pour assurer jusqu'à Pâques l'exécution de la surséance d'armes; il se plaint des violations auxquelles elle est sujette de la part de ses adversaires, et, sur le bruit venu jusqu'à lui de levées faites en Allemagne pour le compte du prince de Condé, il invite ses députés à surveiller ces mouvements et à l'instruire de ce qui viendra à leur connaissance. De leur côté, les députés, à la même date, pressent le Roi de leur envoyer ses réponses aux demandes du Prince. Celui-ci les attend avec impatience, afin d'envoyer à la Rochelle ceux des réformés qui doivent consulter sur elles l'assemblée de leurs coreligionnaires, et avant le retour desquels rien ne pourra être terminé. D'ailleurs ils expriment de nouveau les esperances qu'ils conçoivent d'une heureuse fin des négociations, se fondant, il est vrai, sur les brillantes gratifications promises à la plupart des seigneurs opposants. En même temps ils donnent avis de la réunion de toutes les troupes du prince de Condé entre Doué et Gonnord, réunion amenée par des motifs qu'ils croient en réalité pacifiques; mais ils n'en conseillent pas moins au Roi de dissiper cette espèce de ligue, en menaçant d'en faire autant.

Les retards que le Roi apportait dans ses réponses définitives, un nouveau courrier envoyé pour que les députés fissent expliquer nettement le prince de Condé sur les levées qu'on lui attribuait, la méfiance qui régnait depuis quelques jours dans toutes les communications venues de la cour, avaient blessé les envoyés de Louis XIII; néanmoins ils avaient pris sur eux, d'après la connaissance qu'ils possédaient de l'état de la négociation, de prolonger la trêve, afin de ne pas perdre le fruit de tant d'efforts. Ils pouvaient d'ailleurs le faire sans manquer à la prudence; ils constataient à chaque instant les bonnes intentions du prince de Condé; ils savaient, de sa propre bouche, qu'aucune levée ne se faisait pour son compte, et ils avaient appris du duc de Bouillon que la réunion de leurs troupes n'avait pour but que de rendre le licenciement plus facile aussitôt que le traité serait signé. Ils instruisent le Roi de toutes ces particularités.

Pendant que la négociation se poursuivait dans ces termes, une grave infraction à la suspension d'armes était dénoncée aux députés, à la fois par le Roi et par les princes ligués. Elle était envisagée différemment par les deux partis. Le Roi leur disait, dans sa dépêche, qu'il venait d'être instruit que le duc de Retz avait défait quelques carabins du duc de Vendôme aux environs de la Roche-Bernard, où ils voulaient s'établir dans un village qu'il avait déjà lui-même choisi pour son logement; qu'à la suite de ce combat vingt ou trente des cavaliers du duc de Vendôme étaient restés sur la place, et que les autres, ayant été faits prisonniers, avaient été immédiatement remis en liberté. La lettre de Louis XIII expliquait en détail comment les divers mouvements des troupes du duc de Vendôme, et la station de plusieurs navires à lui tant à l'embouchure de la Vilaine que sur ce fleuve même, autorisaient à croire qu'il voulait faire quelque tentative sur une des villes de Bretagne voisines de ce lieu; que le Roi avait, en conséquence, ordonné à ses généraux de veiller avec soin, et de repousser enfin la force par la force, s'ils étaient contraints d'en venir à cette extrémité; qu'ainsi l'infraction à la suspension d'armes était le fait du duc de Vendôme, qui avait réduit le duc de Retz et ses officiers à exécuter les ordres qu'ils avaient reçus. Ces projets du duc de Vendôme se trouvaient encore démontrés par quelques autres détails que contenait la dépêche.

Pendant que cette lettre était écrite à Tours, le prince de Condé mandait les députés pour se plaindre de l'attaque dont les troupes du duc de Vendôme venaient d'être l'objet de la part du duc de Retz et des troupes royales. Il ajoutait à cette première plainte des faits non moins graves; il leur apprenait que, dans le Midi, MM. de Gondrin, de Grammont, de Poyannes et de Lauzun, et M. le comte de Carmain, avaient rassemblé toutes leurs troupes, qui se montaient à un nombre assez considérable, et, assistés des forces de M. de Roquelaure, avaient mis le siége devant Aire, pris cette ville, et pénétré jusque dans le Béarn, où il était à craindre qu'il n'arrivât, par suite de ces mouvements, quelque grave accident.

Les députés n'avaient eu garde de tarder à faire connaître ces plaintes à Louis XIII, et les dépêches s'étaient croisées. Ce prince, instruit de ce qui s'était passé entre le duc de Retz et les troupes du duc de Vendôme, présentait à ses commissaires, dans une dépêche du 21 mars, les choses sous leur véritable jour; il en résultait que, contre les conditions de la trêve qui lui interdisaient l'entrée de la Bretagne, le duc de Vendôme menaçait d'entrer dans cette province en manœuvrant sur les bords et dans les eaux de la Vilaine, soit avec ses troupes de terre, soit à l'aide de plusieurs embarcations portant des hommes et de l'artillerie ; que le duc de Retz, s'étant logé dans un village sur la route de la Roche-Bernard, à Guérande et au Croisic, avait dû s'y défendre pour arrêter la marche des soldats du duc de Vendôme ; qu'il s'en était suivi un combat dans lequel il avait fait essuyer quelques pertes à l'ennemi ; que, du reste, les prisonniers faits avaient été mis immédiatement en liberté, et que le vainqueur avait usé de sa victoire avec la plus grande modération. La dépêche royale ajoutait que de telles tentatives contre les conditions de la surséance d'armes devaient être et seraient réprimées.

Les plaintes et les contraventions commises dans le Midi n'étaient pas mieux fondées, au moins pour la prise d'Aire, car, pour celle de Tartas, elle était à regretter ; mais le Roi offrait toutes les réparations nécessaires. En effet, une lettre de M. de Roquelaure assurait les députés que chacun s'était retiré après la prise d'Aire ; que MM. de Gondrin, de Grammont, de Poyannes et de Lauzun ne pensaient point à s'emparer de cette ville quand ils s'étaient mis en campagne ; qu'ils avaient été forcés de prendre les armes pour repousser les desseins du sieur de Vallier, qui y commandait, appuyé des troupes de M. de la Force. Il leur apprenait, de plus, les résolutions du Roi sur la prise de Tartas, résolutions conformes à la sévérité et à la prudence que les députés réclamaient du maréchal. Une lettre de M. de Poyannes entrait dans de plus longs détails sur la prise d'Aire, et justifiait la conduite des officiers commandant les troupes royales.

Malgré les raisons alléguées par le Roi dans sa dépêche du 21, les subtilités ne manquaient pas au duc de Vendôme pour se croire autorisé à entrer en Bretagne comme bon lui semblait et à s'y conduire selon les inspirations de son caractère querelleur. De sorte que les députés, tout en blâmant hautement cette conduite, prenant d'ailleurs en considération les bonnes intentions et le zèle du prince de Condé, étaient d'avis de donner quelque apparence de satisfaction à ces furieux, pour éviter les excès auxquels ils ne manqueraient pas de se porter et qui causeraient la rupture des négociations.

Ils ne dissimulaient ni leur inquiétude sur les dispositions des princes, ni leurs regrets des soupçons dont ils étaient l'objet de la part de quelques personnes à la cour, qui semblaient croire qu'ils se laissaient facilement tromper par leurs adversaires et ne déployaient pas dans cette négociation toute la sagacité désirable. Ils se plaignaient d'ailleurs de ne point

Conférence de Loudun.

recevoir de réponse à leur dépêche du 18 mars, ayant besoin de connaître les volontés du Roi sur les points dont ils l'entretenaient, afin de hâter le départ de ceux des princes ou de leurs amis qui devaient aller soumettre ces questions à l'assemblée des réformés à la Rochelle. M. de Pontchartrain en particulier insistait sur l'inconvénient du désir exprimé par Louis XIII qu'on lui présentât toutes ensemble les demandes des coalisés. Il était sans doute prudent, de la part de ce prince, de vouloir connaître à la fois tout ce que l'on réclamait de lui, afin de ne pas s'engager successivement et en aveugle au delà de ce qui convenait aux ressources et à la dignité de sa couronne; mais c'était remettre la solution des difficultés à une époque éloignée, et il était avant tout urgent d'en finir. Ces indécisions et ces lenteurs décidèrent les députés à envoyer M. de Pontchartrain à la cour, afin qu'il pût éclairer le Roi et sa mère sur le véritable état des choses et rapporter promptement communication de leurs intentions définitives.

Pendant que les députés envoyaient au Roi M. de Pontchartrain, le prince de Condé lui dépêchait le baron de Thianges, afin de lui faire connaître les raisons qui le déterminaient à réunir ses troupes, raisons qui éloignaient toute idée d'hostilité de sa part. Le Roi, satisfait des explications données par M. de Thianges, s'empressait, dans sa lettre du 24 au prince de Condé, de justifier, par les mêmes motifs, les mesures analogues qu'il prenait de son côté. M. de Thianges avait été en même temps chargé de porter plainte des infractions à la trêve dont nous avons parlé plus haut.

M. de Pontchartrain n'avait pas perdu de temps. Dès son arrivée, il avait vu la Reine mère, et le lendemain, 23 mars, il exposait devant le Roi et son conseil le véritable état des choses et l'urgence des mesures à prendre. L'arrivée de M. de Thianges fortifia ses paroles, comme aussi les explications de M. de Pontchartrain aidèrent puissamment au succès de la mission de ce seigneur. Il en résulta de la part du Roi l'emploi de quelques mesures sages et réparatrices dont il fit immédiatement part aux députés restés à Loudun et au prince de Condé.

Ces mesures amenèrent les esprits dans la voie de la paix, et même on remit, d'un commun accord, à un autre temps la réponse à faire sur le premier article du tiers état, comme pouvant entraver, par des contentions inutiles, la négociation que l'on avait hâte de terminer. Il était, en effet, plus urgent que les députés des princes partissent pour la Rochelle, ce qu'ils firent, et qu'on prît des mesures pour réunir l'argent nécessaire au licenciement, qu'il était bon de hâter pour délivrer les provinces de ces hôtes fatigants et coûteux. Les députés prirent donc sur eux de prolonger la trêve jusqu'au 15 avril, et, en instruisant le Roi de cette résolution, ils le prièrent d'envoyer le sieur Duret de Chevry, président des comptes, et M. de Flesselles, secrétaire du conseil, pour s'occuper du règlement des finances et de la levée des deniers.

Le prince de Condé et M. de Bouillon, qui redoutaient les dispositions de l'assemblée de la Rochelle, avaient pris des mesures secrètes avec quelques-uns des députés pour dominer les passions qui s'efforçaient de troubler les espérances de paix qu'ils commençaient à concevoir. Mais ces précautions n'avaient point échappé aux ennemis de la négociation, et nous verrons plus tard comment échouèrent ces bonnes intentions.

Soit que les nouvelles reçues par les princes du Midi et de la Bretagne leur apportassent des informations inquiétantes sur les dispositions persévérantes des officiers du Roi, soit que les fauteurs de troubles ne consentissent pas volontiers à voir le calme se rétablir, le 27 mars, malgré les ordres donnés par le Roi dès le 24, l'agitation durait encore, et même semblait prendre plus de force. Le 28, les députés de Louis XIII écrivaient au maréchal de Roquelaure, à MM. de Grammont et de Poyannes, pour leur recommander, au nom du service du Roi et de l'intérêt de ses peuples, la prudence et l'observation scrupuleuse de la suspension d'armes. Néanmoins, au milieu de cette agitation, peut-être factice, quelques seigneurs cherchaient l'occasion de se distinguer en se rendant utiles à leur parti. On agita la question d'envoyer sur les lieux M. de Rohan, à la tête de quatre ou cinq cents chevaux des meilleurs de l'armée du prince de Condé; il devait s'assurer de l'état des choses, forcer les siens à l'observation de la trêve, ou, si les torts appartenaient à leurs adversaires, appuyer de son secours les démonstrations de M. de la Force. Il eût fallu méconnaître le caractère général des factions et le caractère particulier de M. de Rohan pour ne pas prévoir les désordres qui ne pouvaient manquer de suivre un voyage entrepris certainement dans un but que l'on n'osait point avouer. L'inquiétude seule que devait éveiller une pareille résolution suffisait pour que l'on s'y opposât. Il était, de plus, à craindre qu'en passant par la Rochelle sa présence n'exerçât une fâcheuse influence sur les résolutions de cette assemblée. Les députés du Roi se refusèrent à autoriser cette absence du duc de Rohan, et en cela ils se montrèrent d'accord avec les vœux du prince de Condé et de

MM. du Maine et de Bouillon, qui se portaient sincèrement à la paix. Le conseil des princes se rendit à leurs raisons, et résolut d'envoyer en Saintonge le comte de Châteauneuf pour y faire tenir des troupes, et passer outre, s'il était jugé nécessaire. Ce seigneur partit en effet.

Quelques difficultés secondaires venaient encore compliquer la situation : Mme la comtesse de Soissons rappelait au Roi qu'il avait promis de retirer de Clermont en Beauvoisis la garnison qui s'y maintenait malgré cette promesse; M. d'Épernon pressait le jugement de quelques soldats du vicomte de Châteauneuf, pris par le vice-sénéchal de Limousin, et semblait faire la sourde oreille aux ordres réitérés de sursis donnés par le Roi à la prière du prince de Condé; enfin le maréchal de Brissac, irrité de ce qui se passait en Bretagne, dont il avait le gouvernement, voulait quitter la conférence pour courir sur le théâtre où son autorité lui paraissait méconnue, et blâmait aussi amèrement la défense de M. de Retz que les attaques des troupes du duc de Vendôme.

Ce fut au milieu de ces agitations, dans lesquelles les députés ne savaient à qui entendre, que vinrent à Loudun le sieur Dolchin, gentilhomme, Colombier, ministre de Dauphiné, et Malleret, avocat à Poitiers, envoyés par l'assemblée de la Rochelle, au lieu de la députation plus nombreuse que l'on attendait. Ils étaient surtout chargés de remontrer au prince de Condé que l'assemblée de la Rochelle était « peu satisfaite de ses procédés en ces « affaires et du peu de part qu'on leur y donne, et le peu de soin qu'il a eu à « faire réparer les contraventions, avec le peu de contentement qu'ils ont de « toutes réponses qui ont été faites par les députés du Roi tant sur les articles « généraux que sur leurs cahiers[1]. » Ce même jour, 4 avril, le prince de Condé écouta leurs plaintes en présence de son conseil assemblé, et le lendemain il réunit les députés du Roi chez la comtesse de Soissons, et là, sans leur faire part de ce qu'il venait d'apprendre des dispositions fâcheuses des réformés de la Rochelle, sans laisser entrevoir que ceux-ci fussent en désaccord avec lui, il leur dit seulement qu'ils n'avaient point encore envoyé la

---

[1] Ces reproches des réformés de la Rochelle au prince de Condé n'étaient pas sans fondement; mais l'intérêt des princes lui commandait d'agir de cette manière; et ainsi se vérifièrent les sages prévisions de Duplessis-Mornay. Il avait écrit en 1615 : « Une négociation se renouera, moyen-« nant quoi M. le Prince sera content; nos « Esglises demeureront en croupe, char-« gées de toute la haine et peut estre en-« suite de la guerre mesme. » (Pontchartrain, p. 376 du t. II, édit. Petitot.)

grande députation qu'il attendait, et leur proposa aux réponses quelques modifications qui, leur dit-il, devaient faciliter l'accord des différentes parties. Néanmoins le peu d'importance de ces changements autorise à croire que le prince de Condé n'avait par là d'autre but que de gagner du temps, dans l'espérance de reprendre le dessus et de dérober à la connaissance des députés le peu d'empire qu'il exerçait sur l'assemblée de la Rochelle. Mais les députés exigèrent qu'il fût fait pour ces articles comme pour les autres, et qu'ils leur fussent présentés après qu'ils auraient été mis par écrit. Leur intention était de les soumettre à l'appréciation du Roi, ce qu'ils firent; et la cour ne se trompa point sur l'embarras où se trouvait le prince de Condé par suite des exigences des députés de la Rochelle ; car nous lisons dans une dépêche du Roi du 6 avril : « J'estime que les depputez que vous « me mandez en estre venus (de la Rochelle) luy ont apporté quelque autre « chose qu'il (le prince de Condé) tient cachée, parce qu'il cognoist luy « même que, s'il la déclaroit, elle seroit cause d'une rupture qu'il désire « esviter; en quoy je loue sa bonne intention. »

A ces demandes du prince de Condé se joignait une instance nouvelle de prolongation de la trêve, et il annonçait, en outre, l'intention d'envoyer M. de Sully à la Rochelle pour donner aux esprits une meilleure direction. Mais, dans la même dépêche, le Roi se montre peu disposé à la prolongation, et exprime des doutes sur l'utilité du voyage projeté de M. de Sully. Néanmoins les cinq commissaires ne partageaient point cette manière de voir ; ils croyaient à la nécessité de la prolongation et à l'utilité de ce voyage à la Rochelle, d'autant plus que la communication subreptice d'un mémoire du greffier de l'assemblée leur avait fait connaître la division des réformés, et donné lieu d'espérer qu'avec l'appui du Prince le parti de l'ordre l'emporterait dans cette ville.

Au milieu de ces résolutions diverses, le Roi communiquait aux commissaires les plaintes des habitants de Nantes, sans cesse menacés par les troupes du duc de Vendôme, et celles du baron de Palluau en Poitou, obligé de repousser par la force les attaques dont étaient l'objet, malgré la trêve, les habitants de ses terres. Il oppose à cette conduite du parti des princes le soin qu'il prend lui-même de calmer les mouvements de la Guienne, et les instances de sa part et de celle de sa mère pour empêcher le maréchal de Brissac de compliquer encore, par quelques faits de guerre, les affaires déjà fort compromises de la Bretagne. Il fait d'ailleurs remarquer qu'il ne faut pas trouver étrange si quelques-uns de ses sujets, après avoir longuement enduré les extorsions que les gens de guerre exercent, perdent enfin patience, oublient le respect qu'ils doivent à ses commandements et se résolvent à se défendre [1]. Pendant que le duc de Vendôme s'excuse en faisant demander au Roi par ses commissaires d'assigner à ses troupes des logements dans lesquels il s'engage à les maintenir, on annonce à Loudun que la cavalerie de M. du Maine a chargé les troupes de M. de Retz et en est restée victorieuse, quoique avec des pertes considérables. Ces infractions, ces récriminations de part et d'autre entretiennent entre les parties contractantes une agitation funeste et qui semble devoir écarter l'accord tant désiré.

Néanmoins la modération des commissaires du Roi, leur prudence et la volonté persévérante du prince de Condé de hâter la conclusion du traité, paralysaient le fâcheux effet des circonstances et le mauvais vouloir des opposants. Déjà même étaient arrivés à Loudun MM. de Chevry et de Flesselles; ils s'occupaient activement de trouver l'argent nécessaire au licenciement des troupes, mesure salutaire, pressée, indispensable, qui, en dispersant immédiatement les forces de la ligue, était la meilleure garantie de la paix.

Dans sa réponse du 6 avril, le Roi, après avoir fait part aux commissaires du soupçon qu'il avait que M. le prince de Condé dissimulait son mécontentement des réponses qu'il avait reçues de la Rochelle, continuait dans les ermes suivants : « Mais je découvre que celle (l'intention) des dicts as-
« semblez à la Rochelle est si mauvaise, que, s'il (le prince) s'arreste à toutes
« leurs demandes et en veut tousjours procurer l'effet, il n'y aura point de
« fin en ce traicté, ou elle sera très dommageable à mon royaume. Et d'ail-
« leurs mes subjects sont tous si las et désespérez des maux qu'ils ont souf-
« ferts durant ceste tresve et à l'occasion d'icelle, qu'ils ne la peuvent plus
« supporter, ny moy la prolonger. Et quand j'en aurois la volonté, je doute
« qu'ils en eussent la patience, car je suis adverty qu'en beaucoup de lieux
« ils disent qu'ils aiment mieux la guerre et prendre les armes pour se déf-
« fendre, plus tost que de se laisser ruyner de ceste façon. » Ces sentiments du Roi, faciles à comprendre, et fondés d'ailleurs sur de tristes réalités, n'étaient pas complétement partagés par les commissaires. Plus près du

---

[1] Dépêche du 29 mars.

théâtre des négociations, témoins du désir sincère du prince de Condé d'amener la conclusion du traité, ils regardaient d'un autre œil la demande de prolongation qui leur était faite par leurs adversaires. Mais les faits étaient désormais trop compliqués pour que des dépêches pussent suffire à les bien faire connaître et à développer les résolutions qu'ils devaient suggérer; peut-être même plusieurs étaient-ils de nature à n'être pas confiés à une correspondance trop souvent exposée à des regards indiscrets. Aussi, sur l'instance du prince de Condé, qui voyait dans le refus du Roi la rupture de la conférence, ils résolurent qu'une partie d'entre eux irait à Tours, et, le 8 avril, MM. de Brissac, de Villeroy et de Pontchartrain partirent de Loudun. Ils avaient été précédés la veille par MM. de Chevry et de Flesselles, qui allaient à la cour montrer leur mémoire pour le recouvrement des finances et emmenaient quelques partisans pour arriver au moyen d'en obtenir des avances.

Il semble qu'à mesure que ses alliés, et principalement l'assemblée de la Rochelle, reculaient, par des difficultés sans cesse renaissantes et de misérables chicanes, le moment de la conclusion du traité, le prince de Condé éprouvât un besoin de plus en plus vif de protester auprès du Roi de sa soumission et de son désir de la paix. En effet, en même temps que les commissaires allaient à Tours pour éclairer le Roi sur l'état des affaires, il chargeait la comtesse de Soissons et M. de Nevers, qui faisaient le même voyage, de lettres dans lesquelles il protestait pour le Roi et la Reine sa mère de son respect et de sa fidélité; et dépêchait M. de Courtenay pour appuyer de vive voix auprès de Leurs Majestés ces assurances écrites.

Les explications données au Roi par les commissaires le décidèrent facilement à prolonger la trêve jusqu'au 25 avril, et il écrivit immédiatement à MM. de Thou et de Vic, restés à Loudun, d'en dresser l'acte avec le prince de Condé, annonçant en même temps que son attention particulière était en ce moment portée sur les moyens de licencier le plus tôt possible les troupes de l'un et de l'autre parti, mais surtout les reîtres de la part de ses adversaires, et de la sienne les gens de cheval. Mais M. de Vic, en renvoyant aussitôt l'acte de la suspension signé par le prince, ne put répondre d'une manière aussi satisfaisante sur le licenciement des reîtres.

Indépendamment de plusieurs difficultés matérielles auxquelles il était impossible de ne pas se rendre, une nouvelle infraction à la trêve forçait les princes de demeurer sous les armes. On leur avait fait savoir que le marquis de la Valette avait défait les troupes du duc de Bouillon entre Pons et Tonnay-Charente, et qu'il y avait lieu de craindre que cette dernière place ne fût assiégée par les forces de M. d'Épernon. Ces nouvelles les mettaient dans la nécessité d'y envoyer M. de Soubize, d'y réunir tout ce qu'ils pouvaient de gens de pied, et de compléter par les reîtres cantonnés à Pons le nombre de cavaliers dont ils croyaient avoir besoin pour faire tête à l'ennemi. Aussi, dans la lettre qui contient tous ces détails et à laquelle est joint l'acte de prolongation, M. de Vic supplie-t-il qu'on écrive immédiatement à M. d'Épernon qu'il retienne ses troupes et ne s'expose point à des représailles dont les suites seraient funestes. La réponse du Roi ne se fit pas attendre; mais M. de Soubize était parti, et le duc de Bouillon, à qui M. de Vic en donna connaissance, témoigna la crainte que, telle qu'elle était conçue, elle n'atteignît pas le but désirable et ne laissât encore quelque porte ouverte au désordre.

Les personnages les plus considérables des deux partis s'étaient trouvés dispersés : trois des commissaires du Roi étaient à la cour, le prince de Condé était allé à la Roche-des-Aubiers, MM. de Sully et de Soubize couraient l'un à la Rochelle, l'autre à Tonnay-Charente, et MM. de Thou et de Vic avaient profité de cette absence de tous pour visiter le château de Brissac; mais ils n'avaient point tardé à être de retour. M. le prince de Condé s'était aussi hâté de revenir, et M. de Sully était attendu de jour en jour; M. de Vic pressait le retour de ses trois collègues. Mais une indisposition qui força M. de Villeroy à rester à Tours retarda ce moment justement désiré. Néanmoins M. de Pontchartrain eut ordre de regagner Loudun pour y hâter la conclusion des affaires, autant qu'il était possible, en l'absence de ses deux collègues; il y revint avec Mme la comtesse de Soissons.

La maladie de M. de Villeroy donna lieu au prince de Condé de solliciter une nouvelle prolongation de la suspension d'armes jusqu'au 10 mai. L'opportunité de cette demande n'était pas contestable, et elle le devint moins encore lorsque, le 17 avril, le prince de Condé fut saisi d'une fièvre qui dura plusieurs jours, non sans donner de graves inquiétudes aux siens et à la cour. La prolongation fut donc accordée, mais jusqu'au 5 mai seulement. Ce fut la dernière, car la signature de la paix eut lieu le 3. Il était d'autant plus sage de l'accorder que tout inclinait alors à en amener la résolution dernière, malgré les dispositions de l'assemblée de la Rochelle, plus bruyante d'ailleurs et plus agitée que réellement puissante, et dont les réclamations égoïstes et intempestives avaient inspiré au Prince plus de dégoût que d'intérêt. Une circonstance heureuse venait, de plus, de s'y accomplir, dans le choix fait par l'assemblée de la Rochelle de M. de Loudrière, sénéchal de la Rochelle, pour lui confier le gouvernement de Fontenay en Poitou, vacant par la mort de M. de la Boulaye, son frère utérin [1], quoiqu'il fût ennemi de MM. de Rohan et de Sully et favorable aux intérêts du Roi. De plus, un sieur de Lassé, envoyé par M. de Sully, avait répondu à Leurs Majestés des dispositions des Rochellois à l'obéissance.

En accordant à ses commissaires le droit de prolonger la trêve, le Roi, effrayé des maladies qui commençaient à être fréquentes à Tours, avait annoncé l'intention de s'acheminer vers Paris par Amboise et Blois. Ce départ de la cour inquiétait le Prince et sa faction, d'autant plus qu'ils croyaient au bruit répandu que le duc de Guise resterait à Tours à la tête de forces considérables. MM. de Vic et de Thou avaient fait en sorte de leur persuader qu'il n'en était rien; néanmoins ils témoignaient le désir que le Roi ne partît point avant la signature de la paix, jugeant que, Paris étant disposé, disait-on, à l'esprit de faction, il valait mieux y arriver la paix faite que la paix simplement promise, et que d'ailleurs la proximité de la cour en hâterait la conclusion.

Enfin MM. de Nevers, de Brissac et de Villeroy étaient arrivés à Loudun, où ils avaient trouvé M. le prince de Condé toujours incommodé de la fièvre, et où déjà étaient de retour M. de Sully et l'ambassadeur d'Angleterre, rapportant de la Rochelle l'assurance de bonnes résolutions; cette circonstance avait contribué à amener la signature de la suspension, qui avait eu lieu entre les députés du Roi et le Prince le 21 au soir.

Deux points désormais occupèrent l'activité des membres de la conférence : les articles de l'édit à dresser, le licenciement des troupes à hâter. Parmi les articles de l'édit, il y en avait de généraux et d'autres qui concernaient les intérêts particuliers de chacun des partisans du prince de Condé et de l'assemblée de la Rochelle. Ces demandes, qui se résumaient toutes dans des sommes d'argent, n'étaient pas les moins vives ni les moins difficiles à satisfaire. Aussi les membres de la conférence avaient-ils sagement pris la résolution qu'aucune connaissance ne serait donnée de ce qui con-

---

[1] Cette ville était place de garde pour les protestants; c'est pourquoi l'assemblée de la Rochelle avait droit d'en choisir le gouverneur.

cernait les intérêts particuliers avant que l'on fût irrévocablement d'accord sur les articles généraux. Parmi ceux-ci il en était un qui tourmentait d'autant plus les députés du Roi qu'ils le regardaient comme préjudiciable à l'autorité royale, et qu'ils ne voulaient en aucune sorte l'accorder à leurs adversaires. Les réformés, toujours méfiants, exigeaient qu'ils fussent autorisés à maintenir l'assemblée de la Rochelle, ou du moins une sorte de commission permanente qui la représenterait, jusqu'à l'exécution du traité. Les députés du Roi opposaient d'abord leur opinion personnelle qu'une pareille concession était attentatoire à l'autorité de la couronne, ensuite l'absence d'instructions de la part du Roi sur cette exigence imprévue; et, comme les réformés insistaient, les commissaires du Roi annonçaient l'intention de se retirer à Chinon plutôt que de souffrir toutes ces lenteurs, et de suspendre ou même de rompre la négociation [1].

Dans cette situation des esprits, il était important pour la cour de fortifier, par quelque marque de sympathie, les bonnes dispositions du prince de Condé. M. de Villeroy et M. de Pontchartrain, dans deux lettres distinctes, avaient, le 24 avril, communiqué à M. de Sceaux l'idée d'envoyer de la part du Roi et de sa mère deux gentilshommes à Loudun s'enquérir en personne des nouvelles de la santé du Prince; la cour paraît avoir prévenu cette intention; car, dans la journée du 24, MM. Louis Brante et de Rubentel étaient arrivés à Loudun, chargés par Leurs Majestés de dépêches pour l'auguste malade. Leur présence avait produit le plus salutaire effet, comme en témoigne un échange de lettres entre le Prince et la Reine mère. Ces dispositions ne pouvaient que favoriser le licenciement des gens de guerre, dont le plan, dressé par les commissaires et appuyé des mesures financières de MM. de Chevry et Flesselles, avait reçu l'approbation du Roi, qui, de son côté, venait de donner les instructions nécessaires à M. de la Cour, chargé de l'importante et difficile mission de conduire les reîtres à la frontière.

La santé du prince de Condé s'améliorait sensiblement. Dès le 30 avril, les médecins le regardaient comme guéri, et l'on pouvait avec raison es-

---

[1] « En ce temps là le chasteau de Chi- « non fut mis sous le pouvoir d'un exempt « des gardes du Roy, pour le mettre entre « les mains d'un exempt de M. le Prince, « quand il seroit temps. » (Voir le résumé de Pontchartrain; les lettres de M. de Villeroy des 20 et 26 avril, p. 600 et 617, et les dépêches du Roi au sieur des Réaux, des 19 et 23 avril, p. 585 et 607.)

pérer une prompte solution des affaires ; restait néanmoins la prétention obstinée des députés de la Rochelle. Sur le refus des commissaires du Roi, les députés réformés avaient envoyé à la Rochelle le ministre Chauffepied pour s'appuyer avec plus de force sur la volonté de leurs coreligionnaires, volonté qu'ils présumaient bien devoir être opposée à celle des commissaires de la cour. Quoique quelques-uns désapprouvassent cette obstination et fussent même d'avis de passer outre à la signature de la paix, Chauffepied, de retour, fit valoir avec une énergie nouvelle le refus de l'assemblée d'acquiescer à aucun accommodement qu'elle ne fût rassurée sur son existence ou sur celle du moins d'une commission qui la représenterait. Mme la comtesse de Soissons, redoutant les suites fâcheuses de cette difficulté, insistait, de concert avec MM. de Sully et de Courtenay, auprès de M. de Villeroy pour arriver à quelque expédient efficace ; mais M. de Villeroy se montrait peu favorable aux propositions qui lui étaient faites. Les députés du Roi voyaient avec raison, dans cette persistance de l'assemblée, une sorte de permanence des États ; car on ne pouvait douter que toutes les passions opposées à la politique de la cour ne trouvassent moyen de se grouper autour de ce noyau de résistance.

La comtesse de Soissons, craignant toujours que la négociation ne fût compromise par le refus des commissaires, et tout remis en question, à l'instant où on pouvait compter sur une heureuse fin, insistait néanmoins auprès de M. de Villeroy pour obtenir qu'on leur fît quelque concession ; elle continuait d'être appuyée, dans le désir qu'elle exprimait, par MM. de Sully et de Courtenay, qui l'avaient accompagnée. Le lendemain, 30 avril, elle revint à la charge, et, cette fois, MM. de Vendôme, de Mayenne, de Nevers, de Rohan, s'étaient joints à elle et à MM. de Sully et de Courtenay. Elle demandait une prolongation de six semaines pour l'assemblée de la Rochelle ; les commissaires laissèrent entrevoir l'espérance d'un mois, et l'on se sépara encore sans rien résoudre, après s'être disputé sur la différence de quinze jours. Lorsqu'on reprit ce point de la discussion, le dimanche 1er mai, les réformés et la comtesse de Soissons affirmaient qu'on leur avait accordé six semaines ; les commissaires assuraient qu'ils les avaient seulement engagés à mettre leur désir par écrit, afin qu'il en pût être référé au Roi, et, au milieu de ces prétentions contraires, les dispositions des esprits s'altéraient de nouveau.

Heureusement, par suite de l'ordre et de la fermeté que les commissaires du Roi avaient mis dans la négociation, la résolution, suspendue sur ce point en litige, n'avait pas empêché d'avancer les autres parties du traité, et tout était prêt à signer, lorsqu'un dernier effort fut tenté auprès des députés par MM. de Nevers, de Sully, de Bouillon et par Mme la comtesse de Soissons. Il fut donc convenu qu'on accorderait jusqu'au 15 juin la subsistance de l'assemblée de la Rochelle, à la condition que les députés qui la composaient promettraient expressément de se séparer cedit jour; et cette conclusion fut d'autant plus facile à atteindre immédiatement que les pouvoirs de M. de Villeroy se trouvèrent plus étendus qu'il n'avait jugé à propos de le faire connaître d'abord. Néanmoins les députés de l'assemblée de la Rochelle se firent donner par écrit, par les grands de leur communion, une justification de leur conduite, fondée sur ce qu'ils avaient dû céder à d'impérieuses circonstances. Cette heureuse fin de la négociation fut célébrée le jour même chez M. de Nevers, qui avait convié à dîner tous les princes, les députés du Roi, les députés de la Rochelle et l'ambassadeur d'Angleterre lui-même, tant pour se réjouir de la paix que pour célébrer le jour de sa propre naissance.

Malgré quelques prétentions obstinées des députés de la Rochelle et une question d'étiquette résolue contre l'ambassadeur d'Angleterre qui l'avait soulevée[1], le traité fut signé par tous le 3 mai, grâce à la résolution énergique du prince de Condé, et l'édit de pacification publié par le Roi, à Blois, dès le 4, immédiatement envoyé dans les provinces. Les ratifications néanmoins ne furent reçues à Loudun que le 7, et, le 8, MM. de Brissac, de Villeroy et de Vic partirent, précédés d'un jour par M. de Pontchartrain.

Après avoir retracé les faits principaux qui signalèrent cette négociation, nous allons en résumer les résultats. Ils se classent par leur nature même en quatre catégories distinctes : 1° les articles généraux; 2° les articles qui stipulent les avantages accordés aux particuliers; 3° les concessions faites aux protestants; 4° le projet de réforme des conseils du Roi.

1° *Articles généraux.* — L'édit de pacification commence par ordonner ce qu'aucun pouvoir ne saurait imposer, l'oubli des passions qui ont mis aux partis les armes à la main, des maux que la guerre a entraînés après elle, et des vengeances qui ne survivent qu'avec trop d'emportement au

---

[1] Ces derniers moments de la signature du traité sont racontés en détail, d'une manière vive et intéressante, par M. de Pontchartrain dans son résumé.

fond des cœurs. Il garantit ensuite la sécurité de la religion catholique et de ses ministres, troublés dans l'exercice de leurs fonctions et dans la possession de leurs revenus sur plusieurs points de leur territoire par les violences des réformés. Pour répondre aux insinuations perfides de ceux qui avaient voulu faire supposer qu'un parti à la cour, et peut-être même la Reine mère, n'avaient point été étrangers au meurtre de Henri IV, l'édit ordonne de nouvelles poursuites sur le crime de Ravaillac, et enjoint aux évêques de faire publier dans leur diocèse le décret du concile de Constance concernant la sûreté de la vie des rois ; il lève la surséance à l'arrêt du parlement de Paris du 27 janvier 1615, et promet d'expédier, dans le délai de trois mois, les réponses aux cahiers des États généraux. L'exclusion des étrangers de toutes les charges du royaume, à moins de signalés services, et la confirmation de la pleine autorité des parlements, y sont garanties par les articles 8 et 9, et les difficultés élevées sur la juridiction du parlement de Paris remises par l'article 11 au jugement d'une conférence ; le onzième garantit les dignités et fonctions conférées précédemment; le douzième et le treizième abolissent la vénalité des charges et règlent les conséquences de cette abolition ; les trois suivants concernent les garanties à donner aux réformés.

Les graves désordres qui avaient signalé ces temps de trouble ne s'étaient point accomplis sans qu'il y eût de nombreux coupables. Le point principal était l'amnistie à accorder à tous ceux auxquels la crainte d'un châtiment mérité faisait redouter le retour de la paix, et la régularisation des désordres financiers, suite inévitable d'un temps d'exaction et de trouble. Les articles 17 à 46 en sont le développement. Le dix-neuvième restera comme un monument des maux infligés à la nation par les ambitieuses menées des princes, et du déplorable abaissement du pouvoir, forcé d'accorder l'impunité à de si criminels excès. Nulle part la justification de la sévérité qu'allait déployer Richelieu moins de huit ans après n'est écrite en plus vivants caractères. Les articles 47 à 49 règlent quelques remises de villes, tant de la part du prince de Condé entre les mains du Roi que de la part du Roi entre celles du Prince, et diverses irrégularités qui avaient été la suite de ces confusions. Enfin, après avoir, par les articles 50, 51 et 52, établi quelques impôts devenus nécessaires pour faire face aux nécessités du moment, le Roi garantit, par l'article 53, la sincère exécution des articles secrets stipulés au profit des princes et de leurs partisans.

2° Ces *articles particuliers et secrets* révèlent d'une manière assez piquante le secret de toutes ces oppositions, non moins que celui de ces apaisements rapides. Après quelques-uns qui assurent divers points nécessaires à régler entre les princes et la cour, la cour et les réformés, commencent les largesses au prix desquelles les seigneurs ligués vendaient à leur Roi la paix de leur pays. Ces seigneurs copartageants sont : 1° le prince de Condé, 2° le duc de Vendôme, 3° le duc de Rohan, 4° le duc de Soubize, 5° le duc de Mayenne, 6° le duc de Sully, 7° le marquis de Rosny, 8° MM. de Courtenay, 9° de Luxembourg, 10° d'Araucourt, 11° de Boisse-Pardaillan, 12° de la Boulaye, 13° de Favas, 14° de Chambret, 15° de la Chapelle, 16° de Thianges, 17° de Longueville, 18° de la Trimouille, 19° de la Force, 20° de Bouillon, 21° de Rouvray, 22° Desbordes-Mercier, 23° ceux de la Rochelle, et quelques autres dont les noms sont plus obscurs. De riches indemnités, des pensions considérables, des compagnies entretenues aux frais de l'État, sont la récompense de la rébellion armée, de l'insulte à la majesté royale, de la menace jetée au chef de l'état.

3° *Articles pour les réformés.* — Les prétentions des protestants, quoique avec un caractère égal de rébellion, étaient cependant mieux fondées. Ce n'était pas sans raison qu'ils craignaient que les influences en faveur alors à la cour ne conspirassent contre leur liberté et contre la protection que leur avait assurée l'édit de Nantes. Aussi la plupart de leurs demandes ont-elles pour but les garanties qu'ils avaient conquises depuis plus d'un demi-siècle : maintien de l'édit, chambres destinées à en assurer l'exécution, conseils provinciaux, places de sûreté et de mariages, abolition du passé, rétablissement de l'exercice de la religion dans divers lieux d'où elle avait été exclue, destruction des ouvrages militaires qui menaçaient les réformés ou reconstruction de ceux qui les protégeaient, commissaires pour l'exécution des concessions faites à la suite de la conférence de Loudun, déclaration modifiant la portée menaçante du serment du sacre; tous ces points, de la plus haute importance pour eux, passaient avant les intérêts individuels, concentrés d'ailleurs sur un petit nombre de personnes; l'argent même n'y trouvait sa place que dans un intérêt général et ne s'élevait pas à une somme fort considérable, même en ne la comparant point à l'importance d'un parti redoutable; quelques restitutions de deniers, quelques mises en liberté, étaient sollicitées; l'admission aux charges, sans laquelle la liberté n'existe pas, était instamment revendiquée; quelques concessions étaient réclamées pour les personnes, mais en petit nombre; ils obtenaient enfin que les députés des Églises réformées de Béarn siégeassent avec les ministres dans les assemblées des protestants de France, et qu'une école publique fût ouverte aux réformés au lieu de Saint-Maurice-lez-Charenton ; mais la cour tint à ne pas se départir de l'habitude de les désigner sous le nom de *ceux de la religion prétendue réformée*, malgré leurs réclamations sur le mot de *prétendue*, s'obstinant ainsi à refuser une concession de peu d'importance, une simple concession de politesse, lorsqu'elle se sentait forcée à leur reconnaître des droits qui les constituaient comme parti armé et menaçant au sein de la nation [1].

4° *Réforme des conseils du Roi*. — A une époque où les garanties individuelles étaient rares et où les conseils du Roi ne disputaient que trop souvent aux cours régulières l'autorité définitive de leurs arrêts, l'attention des partis qui réclamaient des réformes ne pouvait manquer de se porter sur la tenue de ces conseils et de demander à leur régime la sécurité des intérêts individuels et le respect pour la justice envers tous. C'est ce qui devait arriver à la suite de la conférence de Loudun ; car, à l'abri de ces légitimes réclamations, se produisait l'ambition du prince de Condé, auquel des favoris disputaient depuis longtemps l'influence due à sa maison et à son rang. Les conseils du Roi, dont on demandait la réforme, étaient au nombre de quatre : 1° le conseil des affaires, 2° le conseil d'état et des finances, 3° le conseil pour la direction des finances, 4° le conseil pour les parties. Les réclamations portaient surtout sur le choix des personnes, sur la réduction du nombre des matières qui devaient être soumises à ces conseils, sur le droit d'y siéger des princes du sang, sur le respect dû aux arrêts des parlements et des autres cours, sur certaines garanties d'impartialité dont on ne s'était que trop écarté, sur les différends élevés à l'occasion des collations d'évêchés et de bénéfices, sur la fixation des impôts, sur l'exactitude des diverses comptabilités. Les princes ne voyaient le plus souvent dans ces réformes nécessaires qu'un prétexte à saisir pour servir et voiler leur ambition ; ces coupables menées ne doivent néanmoins pas faire oublier le droit sérieux qui appartenait au pays de se préoccuper de ces questions, qui, après soixante ans de révolutions et de réformes, trouvent encore place dans nos discussions politiques.

---

[1] Il faut néanmoins reconnaître que la suppression du mot *prétendue* supposait, de la part du roi catholique, l'aveu que le catholicisme avait besoin d'une réforme.

Tels sont les faits dont l'ensemble résulte des pièces que nous publions, en grande partie pour la première fois. Ils donnent la véritable physionomie de la conférence de Loudun et de la paix qui en fut la suite. Paix d'un instant, trêve bien courte au milieu de cette anarchie qui ne fut arrêtée que par l'habile fermeté de Richelieu. On peut dire cependant que le prince de Condé, sorti de cette paix la même année pour mériter, par une nouvelle rébellion, une captivité de trois ans, perdit, par ces capricieuses incartades, son prestige et l'autorité de son nom, laissant à son illustre fils cette amertume imparfaitement contenue, cette soumission incertaine à l'autorité royale, qui eût atténué sa gloire si l'histoire se fût toujours montrée impartiale, et lui attira, de la part de Louis XIV, la méfiance méritée que ce prince conserva toujours envers lui. La plupart des historiens, naturellement favorables aux ennemis de la cour, ont porté sur la conférence de Loudun un jugement prévenu. Les documents que l'on va lire rétabliront les faits dans leur vrai jour, et, sans justifier les influences auxquelles le pouvoir était alors malheureusement livré, ils montreront que le prétexte du bien public ne voilait qu'à peine l'ambition et la cupidité des tristes soutiens de ces luttes funestes, où périssaient la force et la grandeur de la France, lorsque l'autorité fut enfin remise en des mains plus capables de la relever et de la maintenir.

CONFÉRENCE DE LOUDUN.

DOCUMENTS PROTESTANTS.

La conférence et la paix de Loudun, sous le règne de Louis XIII, sont le terme d'une période qui commence à la clôture des États généraux et finit en 1616, par l'édit du 3 mai, pour ne plus laisser de traces au commencement de la troisième guerre civile, à l'arrestation du prince de Condé, 31 août. Ce court espace d'un an et six mois est rempli d'événements importants, dont l'étude est nécessaire pour bien comprendre la suite de ce règne. Il est difficile, en effet, de pénétrer dans les détails authentiques de ces rivalités et de ces luttes, sans en acquérir l'intelligence et sans voir que leur conséquence naturelle est la nécessité de l'avénement prochain d'une autorité capable de commander le respect, de ramener l'ordre, et de faire sortir la royauté des embarras que sa faiblesse et ses fautes d'une part, de l'autre les intrigues de ses ennemis, accumulent autour d'elle. Rien n'explique mieux Richelieu que les révoltes des princes, la turbulence des protestants, la faveur de Concini et celle d'Albert de Luynes.

Tandis que le prince de Condé et les princes unis à lui, mécontents que les États généraux aient été congédiés, sans que leurs intrigues et leurs intérêts, confondus en ce moment, aient apporté le moindre poids dans la balance des déterminations de la cour, reprennent le système d'hostilité suivi par eux depuis la mort de Henri IV, les réformés, dont la position est ébranlée depuis qu'ils ont perdu le prince habile et ferme qui savait d'autant mieux les protéger et les contenir qu'il était sorti de leur sein, inquiets de l'alliance avec l'implacable Espagne, et contraires par conséquent aux mariages qui vont la cimenter, menacés d'ailleurs ouvertement par les indiscrets du parti catholique, se prêtent aux excitations des plus passionnés d'entre eux, pensent à recourir, d'abord aux doléances, bientôt après aux armes, et acceptent enfin les propositions du prince de Condé. Ce rapprochement, en fortifiant le parti contraire à la cour, inspire à celle-ci quelque inquiétude, et l'incline vers des conseils dictés par plus de prudence.

Dans cet état de choses, il est nécessaire, pour bien comprendre les négociations de Loudun, de connaître la situation du parti des princes et celle des réformés à l'instant où elles vont s'ouvrir. Cette nécessité exige que, en réunissant les pièces qui vont suivre, nous remontions, pour les uns et pour les autres, au véritable point de départ de cette période, au moment où commence un nouvel enchaînement de faits. Ce moment précis, générateur des événements qui vont se développer, sera, en 1615, pour les réformés, l'assemblée de Grenoble, 15 juillet, et pour le parti des princes, la clôture des États généraux, 23 février. Nous avons rapidement exposé ces préliminaires dans notre introduction; nous allons placer sous les yeux du lecteur les pièces mêmes, extraites, pour les réformés, des procès-verbaux manuscrits des assemblées protestantes[1]; pour le parti des princes, des diverses correspondances et autres sources à la mise en lumière desquelles est destinée cette publication.

Nous commençons par ce qui concerne les réformés. Quoique fortement engagés dans ces troubles, ils ont cependant leur existence propre, et leurs assemblées s'occupent souvent d'intérêts purement religieux. Mais ils sont auxiliaires, et la direction de ce secours appartient au prince de Condé. Au contraire, l'histoire des mouvements des princes et de la cour est l'histoire même du temps, et il est nécessaire qu'elle ne souffre pas d'interruption dans la succession des documents, comme elle n'en a pas dans les faits. En plaçant donc ici tout ce qui compose les documents protestants antérieurs à la conférence, nous dégageons la voie principale, de manière à la parcourir ensuite sans nous arrêter. Si nous devons plus tard faire allusion à quelques pièces de cette série, de simples renvois suffiront.

---

[1] Bibliothèque Mazarine. Procès-verbaux manuscrits des assemblées politiques des protestants, t. IV. J. 1504. H. — Bibl. de l'Arsenal, Papiers Conrart, in-f°. Ceux des documents qui suivent dont la source n'est pas indiquée en tête proviennent de ces procès-verbaux manuscrits pour les assemblées de Grenoble et de Nîmes. (Note de l'édit.)

ASSEMBLÉE DE GRENOBLE.

I.

Brevet par lequel le Roy change le lieu de Jargeau à celui de Grenoble pour la tenue de l'assemblée généralle de ceux de la religion prétendue refformée au xv juillet 1615.

Aujourd'huy XXIII de may 1615, le Roy estant à Paris, ayant puis naguère, par son brevet du 4ᵉ jour d'avril dernier, sur la très humble supplication que ses subjects faisant profession de la religion prétendue refformée lui auraient faicte de changer le lieu de Grenoble que Sa Majesté leur avoit concédé dès l'année dernière pour tenir leur assemblée généralle, octroyé et assigné la ville de Jargeau pour le lieu de leur dicte assemblée au xvᵉ jour du présent mois de may, et depuis ses dicts subjects luy ayant faict représenter à diverses fois les grandes difficultez et incommoditez qu'ils auroient au dict lieu de Jargeau, tant pour la petitesse du logement que pour la pauvreté du lieu, et ayant, sur ces considérations et autres qu'ils ont mises en avant, faict et réitéré plusieurs supplications pour leur ordonner un autre lieu ou leur permettre de se servir du dict lieu de Grenoble suivant les précédens brevets qu'elle leur en a faict expédier en la dicte année précédente, Sa dicte Majesté, de l'advis de la Royne sa mère et des princes, ducs, pairs, officiers de la couronne et principaux de son conseil, désirant gratiffier et favorablement traicter ses dicts subjects de la dicte religion prétendue refformée, et leur tesmoigner en ceste occasion la continuation des effects de sa bienveillance en leur endroit, leur a accordé et permis de tenir la dicte assemblée génoralle en la dicte ville de Grenoble au xve jour de juillet prochain, pour en icelle faire la nomination de ceux qui doibvent résider près d'elle, pour la poursuitte et sollicitation de leurs affaires au lieu de ceux qui y sont à présent. Et à cet effect elle leur permet aussy de faire une assemblée particulière en chascune province, pour depputer ceux qui auront à se trouver en la dicte assemblée génoralle, si jà les dictes depputations ne sont faictes, ou qu'il leur en soit besoing, à la charge que la dicte nomination de ceux qui auront à résider à la suitte de Sa dicte Majesté sera faicte en la dicte assemblée génoralle de six d'entre eux, desquelz Sa dicte Majesté en choisira les deux qu'elle aura agréable pour faire la dicte commission, laquelle sera pour trois ans entiers ainsy qu'il est accoustumé; voulant aussy Sa dicte Majesté qu'aussy tost que la dicte nomination luy aura esté faicte et présentée, et qu'elle aura sur icelle faict entendre son intention et volonté, la dicte assemblée se sépare, et que les depputez qui auront esté envoyez se retirent chascun en leurs provinces, ainsy qu'il est plus amplement porté par les dicts brevets précédens, expédiez pour le faict de la dicte assemblée. En tesmoing de quoy Sa Majesté m'a commandé leur en expédier le présent brevet, qu'elle a voulu signer de sa main, et faict contresigner par moy, conseiller en son conseil d'estat et secrétaire de ses commandements.

Ainsy signé :
LOUIS, et plus bas Phélipeaux.

L'assemblée se réunit en effet le 16 juillet 1615. Le recueil de ses actes porte pour titre :

Au nom de Dieu. Actes de l'assemblée génoralle des Esglises refformées de France tenue à Grenoble, par permission du Roy, le 16e jour de juillet et suivans 1615.

Le 17 juillet, elle se constitua par une sorte de vérification des pouvoirs, dont les détails nous mettent en mesure de donner le tableau des députés par province. Cette liste est d'autant plus intéressante qu'un certain nombre d'entre eux furent mêlés d'une manière active, à cette époque et quelques années encore, à l'histoire de la réforme.

Provinces.	Députés.
Dauphiné.................	MM. de Morges, gouverneur de Grenoble et du fort de Barraux. de Villars, gouverneur de Gap. de la Collombière, pasteur de l'église de Die. de Bouteroue, pasteur de Grenoble. Linache, avocat.
Bas Languedoc............	MM. de Saint-Privat de Serres, conseiller du Roi et général en la cour des aides de Montpellier. de Gallierres, conseiller du Roi, trésorier de France et alors consul de Montpellier. Fauchier, pasteur de l'église d'Usez. Despérandieu, docteur ès droits.
Poitou...................	MM. de la Cressonnière de Champeaux. Chauffepied, pasteur de la ville de Niort. de Loudrière. Malère.
Saintonge, Aunis et Angoumois..	MM. du Pardailhac de Genouille. Bonnet, pasteur de l'église de Saulion. Roy, avocat au présidial de Saintes. Boisseul, idem au parlement de Paris.
Vivarais et Velay...........	MM. Jouachim de Beaumont, seigneur baron de Brisson. Hanthoine de la Motte, pasteur de l'église du Val. Sancon de Laborie, docteur ès droits.
Provence..................	MM. d'Espinose. Haron, pasteur de l'église de Riez. du Han. le baron de Senas.
Basse Guienne, Périgord et Limousin	MM. de Lusignan, premier baron d'Agénois. de Favas. vicomte de Castelz. de Primerose, pasteur de l'église de Bordeaux. de Manial, conseiller du Roi et lieutenant général à Castel-Moron. de la Nouaille, avocat au parlement de Bordeaux et juge de Pinols.

Provinces.	Députés.
Ile de France, Champagne, Brie et pays Chartrain	MM. le comte de la Suze. Dochain. Desbordes. Durant, pasteur de l'église de Paris. Parenteau.
Normandie	MM. de Berteville. Blainville. Cagny. de la Fresnaye, pasteur de l'église de Caen.
La ville de la Rochelle	MM. de Béraudy, écuyer, sieur de Beauséjour. Huot, écuyer, sieur de Chateauroux, conseiller du Roi et lieutenant particulier en ladite ville. Papin, bourgeois de la Rochelle. Goyer, docteur en médecine.
Haut Languedoc et haute Guienne.	MM. le marquis de Maluze. vicomte de Leran. de Béraud, pasteur de l'église de Pamiers. de Bonnencontre, conseiller du Roi en la chambre souveraine de Castres. de Lagus, juge de Castres. de Crusel. Despérandieu.
Anjou, Touraine, Maine, Loudunois, bas Perche et Vendômois.	MM. Daniel de Saint-Quentin, baron de Blet. Paul d'Espaigne, sieur de Venevelle. Couppe, pasteur de l'église de Tours. Soullet, sieur de la Croix. Abel du Val, sieur de Villeré, procureur du Roi à Château-Gontier.
Bourgogne, Lyonnais, Beaujolais, Mâconnais, Bresse, Beaujour, Véronne et Bez	MM. Jean de Lauriot, seigneur d'Emmeres. Philippe Guy de Saluis, sieur de la Noele. Baille, pasteur de l'église de Lyon. Brusson, avocat. le sieur du Pan, pasteur.
Berry, Orléanais, Blaisois, Nivernais, Bourbonnais	MM. le baron de Briquemault de l'Isle. Granlot. Vignier, pasteur de l'église de Blois. de Chazeray, procureur du Roi, à Gien. Bazin, avocat au parlement.

Provinces.	Députés.
Bretagne	MM. du Bor. de Chargeois du Bordage. Bertrand d'Avignon, sieur de Souvigné, pasteur de l'église de Rennes.
Béarn	MM. de Brasselay, gouverneur d'Orthez. de la Bourgade ou de Borgade, pasteur.
Députés généraux assistant à l'assemblée.	MM. de Rouvray. de la Milletière.

Le maréchal de Lesdiguières, qui gouvernait alors le Dauphiné, appartenait à la religion réformée; mais il avait su, par son habileté, se maintenir dans la confiance de la cour. A ce titre, l'assemblée avait avantage à le choisir pour modérateur. Elle lui offrit cette dignité, qu'il ne jugea pas à propos d'accepter. Voici la partie du procès-verbal de la séance du 17 qui se rapporte à cette démarche :

La compagnie, voulant procéder à la nomination des modérateurs de l'assemblée, est entrée en considération du rang, mérite et auctorité de M. le mareschal de Lesdiguières, qui est de présent en ceste ville, et partant a trouvé bon de depputer par devers luy les sieurs comte de la Suze, baron de Blet, baron de Lusignan, du Parc d'Archiac, Durant, Chauffeqied, Vignier et de la Fresnaye, Huot, de Serres, Parenteau, Bonnencontre, Despérandieu, pour le saluer de la part d'icelle et le prier d'y vouloir venir et y prendre séance conforme à sa qualité, pour assister l'assemblée de ses bons advis; lesquelz retournez ont faict entendre que le dict seigneur la remercioit et tenoit à honneur la depputation faicte vers luy, mais que, tant à raison de ses incommoditez qui sont ordinaires à ceux de son aage, et pour autres causes, il ne pouvoit en ce regard s'accommoder au désir de la compagnie; au surplus, qu'il désiroit se conformer entièrement aux résolutions qui seront prises en icelle, et d'employer pour leur exécution et le bien de nos réglemens tout ce qui seroit de son pouvoir. Pour le remercier de quoy et offrir le service de la compagnie, elle auroit de rechef depputé par devers luy.

Dans la séance du 18 juillet, furent nommés à la pluralité des voix :

Président et modérateur................ M. le baron de Blet.
Adjoint au président................... le sieur Durant.
Secrétaires .... { le sieur Boisseul.
                                        { le sieur Maniel[1].

II.

Formulaire de l'union générale des esglises refformées du royaume.

Nous soubsignez, depputez des esglises refformées de France, assemblez en ceste ville de Grenoble, soubz la permission du Roy nostre souverain seigneur, pour luy faire très humbles remonstrances et supplications des choses appartenantes au bien, repos et conservation des dictes esglises, ayant par cy devant expérimenté et recogneu, par tesmoignages très évidens, combien l'union et concorde leur est à ceste fin nécessaire, et qu'elles ne peuvent longuement subsister sans une bonne et estroite conjonction mutuelle des uns avec les autres, mieux gardée, observée et entretenue qu'elle n'a esté par le passé, et pour ceste raison désirans oster à l'advenir toutes semences de divisions et partialitez entre les dictes esglises, et obvier à toutes impostures, menées et pratiques par lesquelles plusieurs, mal affectionnez à nostre religion, taschent à les dissiper et ruyner, qui leur donne subject plus que jamais de rechercher d'un commun accord et consentement les moyens de leur juste, nécessaire et légitime deffence et conservation, pour les opposer, quand besoing sera, soubz l'auctorité et protection du Roy, aux efforts et violences de leurs ennemis, avons, au nom des dictes esglises, pour leur conservation et seureté, pour le service de Sa Majesté, bien de l'estat, affermissement de la paix et tranquillité publique de ce royaume, en continuant les traictez de l'union cy devant faicts et arrestez entre les dictes esglises, et signez par leurs depputez soubz la protection et obéissance de Sa Majesté, comme dict est,

---

[1] Voir, pour les réformés dont les noms sont cités dans ces documents, la *France protestante*, de MM. Haag. (Édit.)

renouvelé et confirmé, et, en tant que besoing seroit, renouvelons et confirmons par ces présentes, union entre toutes les susdictes esglises, protestons et jurons sainctement devant Dieu, tant ès noms que dessus qu'en nos privez noms, de demeurer inséparablement unis et conjoincts sous la très humble subjection du Roy que nous recognoissons nous avoir esté donné du ciel pour nostre souverain seigneur, le souverain empire de Dieu demeurant tousjours en son entier, et ce, non seulement en doctrine et discipline ecclésiastique, conforme à la confession de foy généralle des dictes esglises arrestée ès synodes nationaux, mais aussy en tous debvoirs et offices de charité publique et particulière, et en tout ce qui dépend de la mutuelle conservation, ayde, support et assistance des dictes esglises les unes envers les autres, mesmement en la présente poursuitte de nos dictes très humbles requestes et supplications; promettons en outre et jurons ès dicts noms de ne faire ny entreprendre chose aucune concernant les dictes affaires publiques et le commun intérest des dictes esglises que de leur commun advis et consentement, par le moyen d'une bonne intelligence et correspondance qui sera cy après, moyennant la grâce de Dieu, soigneusement continuée et entretenue entre les dictes esglises. Ce qu'estant prests de signer de nostre sang propre, nous avons aussy signé les présentes ès dicts noms d'un commun consentement.

Serment prêté conformément au formulaire ci-dessus.

Nous soubsignez, depputez des esglises refformées de ce royaume, assemblez par permission du Roy en la ville de Grenoble, suivant le brevet qu'il a pleu à Sa Majesté nous en octroyer, promettons et jurons devant Dieu de garder inviolablement l'union des dictes esglises, sous la protection de Sa Majesté, et selon qu'il a esté accordé ès assemblées précédentes et qu'il est cy-dessus couché, et de procurer l'observation d'icelle en tous lieux, et spécialement dans les provinces qui nous ont envoyez, et lieux où nous serons; item, de ne proposer et donner aucuns advis en ceste assemblée que nous ne jugions en nos

Conférence de Loudun.

consciences estre conformes à la raison et équité, et que nous déposons toutes passions, affections mauvaises et tous intérests particuliers, pour n'avoir d'autre but que l'honneur de Dieu, le bien, repos et avancement des dictes esglises, service de Sa Majesté et conservation de l'estat; item, d'observer et faire observer et exécuter de tout nostre pouvoir en nos dictes provinces, et tous autres lieux où nous serons en quelque considération, qualité ou dignité, tout ce qui sera conclu et arresté en la présente assemblée, et d'employer nos vies, auctorité et biens pour cest effect, et de nous soumettre entièrement et de dépendre en toutes choses des résolutions, conclusions et réglemens qui ont esté et seront pris ou dressez en ceste compagnie, sans nous en départir jamais en aucune façon, et pour quelque cause que ce soit, jusques à ce que autrement en ayt esté résolu par la dicte assemblée, ou autre suivante géneralle, et de ne révéler directement ou indirectement, par escrit ou par paroles, à aucune personne, quelle qu'elle soit, les propositions et advis des assistans, ny les résolutions qui seront jugées par la dicte assemblée debvoir estre tenues secrètes, et que, si aucun estoit recherché et molesté pour observer et mettre en exécution les dictes résolutions, conclusions et réglemens, ou pour s'estre trouvé aux assemblées génerales ou provinciales et conseils, d'employer pour son indemnité tous nos biens, moyens et vies, et de ne se départir de la présente assemblée.

Les deux autres serments suivants, ayant chacun un objet particulier, furent prêtés dans la même séance.

Premier serment.

Nous soubsignez, depputez des esglises refformées de ce royaume, convoquez par permission du Roy en ceste ville de Grenoble, promettons et jurons devant Dieu de ne briguer directement ou indirectement pour estre depputez généraux des dictes esglises vers Sa Majesté, soit pour demeurer en cour ou autrement, ne bailler nos voix à ceux qui nous pourroient requérir les nommer, ou que nous recognoistrons les avoir briguées en quelque façon que ce soit, comme aussy nous promettons et jurons de ne briguer telle députation à l'avenir, sur peine d'estre déclarés indignes d'avoir voix ès assemblées générales et provincialles, et sur mesmes peines promettons de révéler à ceste compagnie ceux qui auront brigué durant icelle.

Deuxième serment.

Nous soubsignez, depputez des esglises refformées de France, assemblez à Grenoble par permission du Roy, protestons et jurons sainctement devant Dieu que nous nous soumettrons et conformerons entièrement à toutes les résolutions qui seront conclues et arrestées en la présente assemblée par la pluralité des voix, quelque sentiment particulier que nous ayons eu, et quelque advis que nous ayons donné au contraire, et ce, sur peine d'estre exclus et chassez ignominieusement de la compagnie, déclarez indignes d'estre cy après admis en aucunes assemblées générales et provincialles, et déserteurs de l'union des esglises; promettons aussy, sur les mesmes peines, faire nostre possible pour faire exécuter et observer, en nos provinces et partout où nous serons, tout ce qui aura esté en la présente compagnie arresté par la dicte pluralité, de laquelle nous ne nous départirons en aucune sorte, ny pour quelque cause ou occasion que ce soit.

Dans ces temps de guerres civiles, toujours actuelles ou imminentes, les places de sûreté faisaient la force des réformés, et attiraient à leur alliance les princes mécontents, dont les mouvements trouvaient ainsi des points d'appui en divers lieux importants du royaume. Quelques exemples de conversion, quelques dispositions à favoriser la cour ou à pratiquer plus strictement le devoir de la fidélité au Roi, faisaient sentir le besoin de resserrer les liens qui unissaient à l'assemblée les gouverneurs de ces villes, refuges, dans les moments difficiles, de la liberté religieuse. Le formulaire suivant fut peu après soumis à leur signature, pour être garanti par serment.

Serment à prêter par les gouverneurs, etc. des places de sûreté.

Nous soubsignez, ayant cy devant expérimenté et recogneu par tesmoignage très évident combien l'union et concorde est nécessaire entre tous les membres des esglises refformées de ce royaume, et qu'elles ne peuvent longuement subsister sans une bonne et estroite conjonction mutuelle des unes avec les autres, et pour ceste raison désirans oster à l'avenir toutes semences de divisions et partialitez entre les dictes esglises, pour prendre les justes moyens de leur légitime et nécessaire deffence et conservation, et les opposer, quand besoing sera, soubz l'auctorité et protection du Roy, aux efforts et violences des ennemis des dictes esglises, avons, pour le bien, conservation et seureté d'icelles, pour le service de Sa Majesté et bien de l'estat et affermissement de la paix et tranquillité publiques, en continuant les traictez d'union de toutes les esglises refformées du royaume cy devant faicts et arrestez entre les dictes esglises, et signez par leurs depputez, soubz la protection et obéissance de Sa Majesté, comme dict est, renouvelé et confirmé, et en tant que besoing seroit, renouvelons et confirmons par ces présentes la dicte union, protestons et jurons sainctement devant Dieu de demeurer inséparablement unis et conjoincts sous la très humble subjection du Roy, que nous recognoissons nous avoir esté donné du ciel pour nostre souverain seigneur, le souverain empire de Dieu demeurant tousjours en son entier, et ce, non seulement en doctrine et discipline ecclésiastique, conforme à la confession de foy générale des dictes esglises, arrestée aux synodes nationaux, mais aussy en tous debvoirs et offices de charité publique et particulière, et en tout ce qui dépend de la mutuelle conservation, ayde, support et assistance des dictes esglises les unes envers les autres, même d'observer toutes les résolutions et réglemens des assemblées générales, et pour le bien du service du Roy, repos de l'estat, et spécialement pour la manutention des dictes esglises; promettons en outre garder soigneusement et conserver les places dont la garde nous a esté commise ensuitte du brevet du dernier jour d'avril 1598, et autres brevets, desclarations et concessions faictes sur ce subject en faveur des dictes esglises et pour la seureté d'icelles, soubz l'auctorité et obéissance de Sa Majesté; le tout sur peine d'estre recogneus et desclarez indignes du gouvernement et garde des dictes places et de toutes charges et dignitez, comme déserteurs de l'union des dictes esglises, et d'encourir comme telz toutes censures et peines ordonnées par les assemblées ecclésiastiques et politiques.

Pendant que l'assemblée, réunie dès le 15 juillet, se constituait par les mesures que viennent de faire connaître les pièces rapportées ci-dessus, le Roi et son conseil ne perdaient pas de temps pour prévenir les inconvénients qui étaient à craindre de la part d'une réunion que rendaient redoutable et les circonstances présentes et les puissants intérêts qui prétendaient s'appuyer sur elle. Dans l'appréhension que le maréchal de Lesdiguières ne s'y trouvât en qualité de député, et ne fût empêché, par cette condition ou par toute autre, d'y défendre l'autorité royale, Louis XIII confia cette défense à MM. de Créquy et Frère, en subordonnant néanmoins leur intervention au maréchal. Celui-ci, qui voulait ménager la cour et les réformés, se garda bien de repousser cette mission modératrice. Il l'accepta au contraire, mais il choisit M. Frère pour le remplacer au besoin. Les instructions données à ces messieurs insistaient sur les points suivants : presser l'assemblée de désigner les six candidats parmi lesquels le Roi choisirait les deux députés généraux chargés de résider près de sa personne, afin que, cette élection faite, rien n'empêchât la réunion de se dissoudre ; en les assurant de la fidélité du Roi à faire observer les édits, et de son affection paternelle pour ses sujets réformés, les engager à rédiger un cahier de leurs réclamations. Le Roi insiste en particulier sur son alliance avec plusieurs princes protestants et sur le projet de mariage entre sa sœur et le prince de Galles, comme prouvant son impartialité au regard des intérêts des réformés français ; mais il défend à l'assemblée de recevoir dans son sein, sans sa permission, les émissaires des princes étrangers, ou ceux de princes français qui n'appartiendraient pas à la communion protestante ; il interdit toute discussion sur les affaires publiques ; il recommande surtout que, dans le cas où l'assemblée députerait vers lui, les députés fussent accompagnés de M. Frère ou de M. de Créquy.

Dans d'autres instructions plus particulièrement confiées à M. de Créquy, le Roi se justifie en alléguant l'impuissance de ses efforts dans sa négociation avec le prince de Condé, et en insinuant que des avantages particuliers, sollicités et non obtenus, sont les causes principales du refus de ce prince ; il fait comprendre que le manifeste de celui-ci, ses levées d'hommes et ses menaces l'ont mis dans la nécessité de fortifier les provinces contre les tentatives factieuses des seigneurs ligués.

L'assurance réitérée du maintien des édits et la recommandation de se séparer le plus tôt possible sont la conclusion importante de ces instructions, destinées à régler l'action des commissaires sur l'assemblée. Les pièces suivantes en sont le développement.

III.

Instruction envoyée à monsieur le mareschal de Lesdiguières[1] pour servir à luy ou à messieurs de Créquy et Frère pour entrer, de la part de Sa Majesté, en l'assemblée de ceux de la religion prétendue refformée de Grenoble.

Le Roy, désirant faire retourner de sa part en l'assemblée généralle qu'il a permis à ses subjects faisant profession de la religion prétendue refformée de tenir en la ville de Grenoble, le quinziesme du présent mois, quelques personnages de qualité pour y faire entendre ses intentions et volontez, et exhorter ceux qui y seront depputez à ce qui est de leur debvoir, a voulu jetter les yeux sur la personne de M. de Lesdiguières, mareschal de France, et son lieutenant général et administrateur au gouvernement de Dauphiné, pour faire cest office en son nom, et le faire assister des sieurs de Créquy, conseiller en son conseil d'estat, mestre de camp au régiment de ses gardes, et son lieutenant général au dict gouvernement de Dauphiné, en l'absence dudict sieur de Lesdiguières, et Frère,

---

[1] François de Bonne, duc de Lesdiguières, pair, maréchal et connétable de France, chevalier des ordres du roi, naquit, le 1ᵉʳ avril 1543, à Saint-Bonnet-de-Chamfour, de Jean de Bonne, seigneur de Lesdiguières, et de Françoise de Castellane. Quoiqu'il ait longtemps appartenu à la religion réformée et au parti protestant, les réformés n'avaient en lui qu'une confiance médiocre, mesurée sur l'estime qu'ils en faisaient, à cause des scandales de sa vie privée. Il avait, du vivant de sa femme, Claudine Béranger de Gua, vécu en concubinage avec Marie Vignon, qu'il épousa après la mort de la première. Les méfiances de ses coreligionnaires furent d'ailleurs parfaitement justifiées lorsqu'on le vit, en 1622, abjurer le calvinisme entre les mains de l'archevêque d'Embrun. Mort le 28 septembre 1626. (Édit.)

aussy conseiller en son dict conseil d'estat, et maistre des requestes ordinaire de son hostel; ou si, pour quelque considération particulière, le dict sieur mareschal ne se pouvoit charger de rendre le dict office, ce qu'elle remet à son jugement, Sa Majesté a voulu en donner la charge aux dicts sieurs de Créquy et Frère conjoinctement, ou à tel des deux que le dict sieur mareschal adviseroit, ayant jà faict acheminer le dernier, et faisant présentement partir le dict sieur de Créquy, lequel elle a voulu charger du présent mémoire, pour leur servir d'instruction sur ce qu'ils auront à dire et représenter de sa part.

Le sieur de Créquy s'acheminera donc, le plus promptement et en la plus grande diligence que faire se pourra, en la ville de Grenoble, où, aussy tost qu'il sera arrivé vers le dict sieur mareschal, luy rendra les lettres de Sa Majesté, et conférera avec luy du subject d'icelles, afin que il prenne au plus tost résolution s'il voudra entrer en l'assemblée comme en ayant charge de Sa Majesté, et, en ce faisant, se faire assister des dicts sieurs de Créquy et Frère, ou de l'un d'eux, tel que bon luy semblera; ou bien, si le dict sieur mareschal n'estime pas à propos de rendre le dict office, ou qu'il se fust engagé dans la dicte assemblée comme depputé en icelle, a jugé plus à propos de remettre cette charge aux dicts sieurs de Créquy et Frère, ou à l'un d'eux, et, en ce cas, l'on ne prendra son advis de la forme et procédure que l'on aura à y tenir.

Après ceste résolution prise et avoir pourveu au complément nécessaire, tel que le dict sieur mareschal jugera estre à propos et convenable pour leur introduction en la dicte assemblée, ils présenteront en icelle les lettres que Sa Majesté leur escrit; et ensuitte leur feront entendre que, Sa Majesté ayant esté suppliée, dès l'année passée, par leurs depputez résidens près d'elle, de leur octroyer permission de faire une assemblée généralle d'un ou deux depputez de chascune province en la forme accoustumée, pour y faire la nomination d'autres depputez pour demeurer, par cy après, près et à la suitte de Sa Majesté, pour avoir le soin et sollicitation de leurs affaires, au lieu des autres qui debvoient estre changés, elle leur auroit dès lors bien volontiers accordé cette permission, et eust eu à plaisir qu'il n'eust esté apporté aucun retardement à l'effect d'icelle, et que, acceptant ceste grace de Sa Majesté avec l'honneur qui y convient, l'on en eust usé ainsy qu'il a toujours esté cy devant pratiqué, sans vouloir faire difficulté sur le lieu qui leur estoit désigné et accordé par Sa dicte Majesté.

Laquelle néantmoins, ne se voulant souvenir, veut que le dict sieur mareschal de Lesdiguières, ou les dicts sieurs de Créquy et Frère, facent entendre à ceux-de la dicte assemblée l'intention qu'elle a tousjours eue d'aimer et affectionner ses dicts subjects faisant profession de la dicte religion prétendue refformée, et leur en rendre des effets et tesmoignages en toutes les occasions qui s'en présenteront, ce qu'elle croit que ses dicts subjects ont pu assez recognoistre et esprouver depuis son advénement à cette couronne, s'ils y ont voulu considérer le traictement qui leur a esté faict en général et en particulier dans le royaume, et son procédé hors iceluy à l'endroit des princes, seigneurs et républiques estrangères qui font profession de la dicte religion prétendue refformée; Sa Majesté s'estant tousjours portée à ceste résolution, et par inclination particulière et par imitation et exemple du feu Roy son père, de glorieuse mémoire, et par la raison du repos de tous ses subjects.

Sur quoy il semble qu'il seroit superflu de renouveler icy ce qui a jà esté cy devant représenté du soin que Sa Majesté eut, dès son advénement à la couronne, par l'advis, conseil et heureuse conduite de la Royne sa mère, lors régente, de confirmer, par actes et desclarations authentiques, tous les dicts édicts, desclarations, articles et brevets que le dict feu Roy avoit octroyez et concédez à ceux de la dicte religion, comme aussy la confirmation des traictez particuliers d'amitié, alliance et bonne intelligence, tant avec le roy de la Grande-Bretagne, estat des provinces unies des Pays-Bas, princes d'Allemagne que autres princes, seigneurs et républiques estrangères, faisant profession de ladicte religion, et mesme le secours et assistance qu'elle leur a départis aux occasions qui s'en sont présentées. Mais bien leur pourra-t-on dire qu'il ne s'est point présenté d'occasion, tant dedans que dehors le royaume, pour leur tesmoigner la bienveillance de Sa Majesté, qu'elle n'en ayt toujours rendu de bons tesmoignages, et telz qu'ils ont grande occasion d'en prendre une ferme et asseurée créance.

Car si, dans le royaume, il se trouve contravention ou inexécution, et s'il y avoit eu quelque subject de plainte, ç'a esté pour choses si légères, que l'on ne doibt pas en attribuer le manquement à Sa Majesté, mais plus tost à la mauvaise volonté d'aucuns particuliers tant d'une que d'autre religion, qui, portez de mauvaise inclination les uns contre les autres, ou de désir de remuement et désordre, commettent des insolences qui touchent plus tost les particuliers que le public, et lesquelles sont entièrement désagréables à Sa Majesté, mais dont la réparation ne se peut faire tousjours si promptement qu'elle désireroit.

Et pour ce qui est du dehors du royaume, chascun sçayt assez le soin particulier que Sa Majesté, conduite par les advis et prudens conseils de la Royne sa mère, a tousjours eu de maintenir la paix publique de la chrestienté, mesme où il a esté question de l'intérest de ceux de la dicte religion prétendue refformée, comme aussy en particulier l'entretenement qu'elle a tousjours donné et continué de ses troupes de cavalerie et infanterie pour l'assistance de ceux des estats des Pays-Bas, l'envoy de ses armées pour le secours et assistance des princes prétendans en la succession de Clèves et de Julliers, et la continuation des intercessions qu'elle a tousjours faictes sur le subject de la dicte succession en faveur des dicts princes contre les entreprises de ceux qui les y vouloient troubler, et encore tout récemment les offices et intercessions qu'elle a aussy faict faire en faveur du duc de Savoye, qui avoit aussy recherché l'assistance des autres princes de la dicte religion, pour empescher l'effect de ses desseings et entreprises qu'il craignoit se debvoir faire contre luy; en quoy elle a si heureusement travaillé, qu'elle a procuré et faict résouldre un bon accord entre les uns et les autres, par le moyen duquel ils peuvent désormais de-

Conférence de Loudun.

meurer en paix et repos, et toute la chrestienté délivrée du trouble qui en eust pu ensuivre. L'on peut encore adjouster à cela, pour un tesmoignage plus exprès de la bonne inclination de Sa Majesté en leur endroit, l'alliance qu'elle contracte de madame Chrestienne sa sœur avec le prince de Galles, fils du dict roy de la Grande-Bretagne, à l'accomplissement duquel Sa Majesté est tellement disposée, qu'il ne tiendra désormais qu'au dict roy que l'on n'en voye réussir les effects qui peuvent estre désirez de part et d'autre.

Toutes ces considérations sont donc assez suffisantes pour faire cognoistre à ceux de la dicte assemblée les effects de la bienveillance de Sa Majesté en leur endroit, desquelz le dict sieur mareschal ou les dicts sieurs de Créquy et Frère leur donneront encore entière asseurance de sa part, comme aussy de ses bonnes et sincères intentions à la manutention et observation des dicts édicts, desclarations, articles et brevets, ainsy que mesme elle le desclara publiquement dans le parlement à l'entrée de sa majorité, et qu'elle l'a encores depuis faict cognoistre par desclarations expresses envoyées par tout le royaume, en sorte qu'ils ont tout subject de s'en louer et d'en prendre toute confiance.

Mais aussy Sa Majesté veut croire d'eux qu'ils luy conserveront la mesme fidélité, affection et obéissance qu'ils ont tesmoignées par le passé, et à quoy leur naissance les oblige naturellement, et qu'ils rejetteront toutes ouvertures et propositions qui leur pourroient estre faictes au préjudice du service de Sa Majesté, et de la paix et repos de son estat, et rendant en ceste assemblée des tesmoignages de ce zèle et dévotion qu'ils ont toujours protesté en son endroit, en général et en particulier.

C'est à quoy ils seront particulièrement exhortez et conviez par les dicts sieurs de Créquy et Frère, et à demeurer tousjours dans les termes des dicts édicts, desclarations, articles et brevets, se contentant d'en avoir la mesme jouissance et avec les mesmes seuretez qu'ils ont eues jusques au decez du dict feu Roy et qu'ils ont continué jusques à présent, les asseurant qu'ils seront tousjours maintenus et conservez inviolablement par Sa Majesté, sans qu'il leur soit rien changé ny diminué, et que, s'ils ont sur ce subject quelques plaintes ou remonstrances à faire à Sa Majesté, ils en peuvent faire leur cahier, lequel estant apporté et présenté à Sa dicte Majesté, elle le verra et respondra autant favorablement qu'elle pourra pour leur contentement.

Mais, ensuitte de ce, le dict sieur mareschal ou les dicts sieurs de Créquy et Frère leur feront instance particulière, et les presseront de nommer au plus tost à Sa Majesté six personnes desquelles elle en choisira deux, pour demeurer cy après près d'elle, ainsy qu'il est accoustumé, affin que, comme estant le principal subject de la convocation et tenue de la dicte assemblée, cela estant faict, elle se puisse tant plus tost séparer, puisque la longueur et durée d'icelle ne peut apporter que deffiances, jalousies et altercations parmy ses autres subjects. Et se souviendra le dict mareschal que la dicte nomination est l'une des premières actions qui se doibvent faire dans la dicte assemblée.

Sur tout ce que dessus le dict sieur mareschal ou les dicts sieurs de Créquy et Frère adjousteront les paroles, raisons et considérations que, par leur prudence et par la grande expérience et cognoissance qu'ils ont des affaires, ils jugeront estre convenables sur ce subject, et, sans que Sa dicte Majesté soit advertie que aucuns princes et républiques estrangères se mettent en opinion d'envoyer des depputez en la dicte assemblée, s'ils en ont advis, deffendront de sa part à ceux de la dicte assemblée de les y admettre ny recevoir en quelque sorte et manière que ce soit, ny couvertement, ny ouvertement, leur représentant qu'ils ne peuvent le faire sans se rendre notoirement criminels de lèze majesté, n'estant permis ny loisible à aucun de ses subjects de traicter avec aucuns princes estrangers pour quelque cause et prétexte que ce soit. Ils prendront aussy soigneusement garde que aucuns de ses subjects d'une ny d'autre religion, soit par eux mesmes ou par entremise de personnes envoyées, ne facent aucunes propositions préjudiciables à l'auctorité et au service de Sa Majesté et repos de ses subjects, et ne mettent en avant aucune ligue, confédération ny association, sans le sceu, permission et consentement de Sa Majesté; laquelle veut croire que ceux qui sont depputez en la dicte assemblée sont si fidèles, loyaux et affectionnez, qu'ils n'y entendront aucunement, et rejetteront ceux qui voudront en user autrement, comme infidèles et perturbateurs du repos public.

Ceste action estant faicte dans la dicte assemblée, si le dict sieur mareschal de Lesdiguières ou les dicts sieurs de Créquy et Frère sont visitez en leur logis, comme estant là de la part de Leurs Majestez, soit au nom de la dicte assemblée ou autrement, Sa dicte Majesté remet au dict sieur de Lesdiguières de faire rendre des visites, s'il juge qu'il soit à propos et convenable, à ceux de qui ils en auront receu, et non à d'autres, et tiendront à ceux qu'ils verront en particulier les mesmes langages que dessus, leur faisant cognoistre les bonnes inclinations de Sa Majesté en leur endroit, l'obligation qu'ils ont de ne porter à rien qui puisse altérer la paix et le repos public, se contenir, dans leurs demandes, dans les termes du debvoir et de la raison et dans l'observation des édicts, sans se porter à aucunes innovations, ny à recherches ou demandes violentes et desraisonnables, et dont l'impossibilité qui se trouveroit en l'exécution contraindroit Sa Majesté à des reffus qui pourroient estre préjudiciables à la continuation de la bienveillance qu'elle leur porte; les exhorteront aussy de ne s'entremettre d'autres affaires que celles qui touchent l'observation et l'exécution des édicts, sans se mesler d'affaires publiques.

L'on ne baille cy présentement aucun mémoire ny pouvoir au dict sieur mareschal ny aux dicts sieurs de Créquy et Frère pour traicter, convenir ny résouldre avec ceux de la dicte assemblée d'aucunes affaires, Sa Majesté se réservant d'en prendre toute cognoissance et de faire délibérer et arrester le tout en son conseil. Néantmoins, si l'on leur proposoit quelques affaires particulières pour y respondre et en avoir leur advis, ils le pourront tousjours faire à l'advantage de l'auctorité de Sa Majesté et suivant la teneur des édicts et exécution d'iceux, et non autrement, le tout en attendant qu'ils en aient donné advis à Sa

Majesté, laquelle ils advertiront soigneusement de tout ce qu'ils jugeront le mériter. Ce que Sa Majesté recommande particulièrement au dict sieur mareschal, en l'affection et fidélité duquel elle a si particulière confiance, et recognoist en avoir receu, mesme depuis son advénement à la couronne, des preuves si signalées, que elle remet entièrement la conduite et disposition de ses affaires sur sa prudence et intégrité, ayant tousjours pour cet effect désiré que ceste assemblée se tinst à Grenoble plus tost que en autre lieu de son royaume, pour l'asseurance qu'elle a que le dict sieur mareschal ne souffrira point qu'il s'y prenne aucune résolution qui puisse préjudicier à son auctorité et service, et où l'on voudroit traicter de choses importantes ou qui fussent de mérite ou de considération; non seulement le dict sieur mareschal aura soin de l'en advertir à toutes occasions, mais aussy luy donnera sur le tout ses bons conseils et advis pour y avoir tousjours l'esgard qu'ils méritent.

Les dicts sieurs de Créquy et Frère pourront demeurer et s'arrester dans la dicte ville de Grenoble autant que le dict sieur mareschal le jugera à propos, et qu'ils estimeront y pouvoir servir Sa Majesté ou que leurs affaires particulières les y convieront; et néantmoins, si ceux de la dicte assemblée avoient à depputer quelques-uns d'entre eux vers Sa Majesté pour apporter leurs cahiers et la nomination qu'ils auront faicte de leurs depputez, l'un d'entre eux les pourroit accompagner, pour venir représenter de bouche à Sa Majesté ce qu'ils auroient recogneu des bonnes intentions des uns et des autres, et ce qu'ils jugeroient importer au service de Sa Majesté, le tout néantmoins en cas que le dict sieur mareschal le trouve bon, par l'advis duquel ils se conduiront en toutes leurs actions et procédures.

Faict à Paris, le 16e jour de juillet 1615.

IV.

Lettre du Roy à monsieur le mareschal de Lesdiguières, portée par M. de Créquy avec la dépesche cy-dessus.

Mon cousin, il y a cinq ou six jours que je feis partir le sieur Frère pour vous aller trouver et vous porter mes intentions et résolutions sur le subject de l'accommodement des affaires de Piedmont, et aussy pour commencer de conférer avec vous de ce qui seroit à faire en ceste assemblée que ceux de la religion prétendue refformée tiennent à Grenoble; et maintenant je vous envoye le sieur de Créquy, qui vous porte le mémoire ou instruction de ce qu'il semble estre à dire et à représenter en mon nom en la dicte assemblée, par où vous verrez tout ce que je vous pourrois escrire plus particulièrement sur ce subject. Il est seulement question de vous résouldre si vous accepterez la charge de parler de ma part en la dicte assemblée ou non; si l'acceptant, vous trouverez que les dicts sieurs de Créquy et Frère, ou l'un d'eux, tel que vous le voudrez choisir, vous assistent, ou ne l'acceptant pas, si vous approuverez que les dicts sieurs de Créquy et Frère, conjoinctement ou l'un d'eux séparément, facent cet office. J'ay remis tout cela sur vostre choix, prudence et jugement, et veux qu'il soit en cela usé en toute la conduite de ceste affaire, tout ainsy que vous estimerez estre plus à propos, car j'ay une si entière et particulière confiance en vostre zèle et affection au bien de mes affaires, que je sçay qu'elles ne pourront estre que bien conduites et ordonnées quand vous y mettrez la main et y apporterez, avec vostre soin et vigilance, la grande expérience que vous vous y estes acquise. Je remets donc entièrement ces affaires sous vostre direction, et vous prie de les embrasser avec la mesme dévotion et bonne intention que vous avez tousjours tesmoignées et faict paroistre en toutes les autres qui vous ont esté commises, tant par le feu Roy mon seigneur et père que par moy, depuis son decez. Je vous envoye pour cest effect trois ou quatre diverses lettres que j'escris au corps de la dicte assemblée, affin que vous choisissiez celle de laquelle vous ou ceux qui se présenteront de ma part en icelle se devront servir, et faudra brusler les autres comme inutiles. Je ne vous escriray rien icy de particulier sur ce subject. Seulement je vous pricray de faire prendre garde à deux ou trois choses qui importent : à sçavoir qu'il ne soit admis en la dicte assemblée aucun estranger, ny autre ayant charge de prince, seigneur ou république estrangère, pour quelque cause et prétexte que ce soit; puis après, de considérer quels princes ou grands d'entre mes subjects, soit d'une ou d'autre religion, y envoyeront, ou quelles affaires ils y voudront traicter, parce qu'il semble que ces envoys ne doibvent estre permis ny aux uns ny aux autres sans mon sceu et congé, et ne peuvent que me mettre grandement en ombrage de l'affection, fidélité et bonne intention de ceux qui s'y laisseront porter; et, pour fin, tenez la main que l'on ne propose en ceste assemblée que des choses qui y doibvent estre traictées, et que l'on ne se mette en opinion de la vouloir tenir sur pied et la prolonger par delà le temps qui est convenable pour la résolution d'icelles. Ce sont les points principaux dont j'ay estimé vous debvoir escrire sommairement, plus pour vous en ramentevoir que autrement, remettant le surplus à vostre prudence et bonne conduite. Au surplus, je suis tousjours sur les termes de faire mon voyage de Guienne, et ay retardé quelques jours pour essayer de disposer mon cousin, le prince de Condé, de revenir près de moy, y prendre le rang et place qui est dûe à sa qualité. Le sieur de Villeroy est encore près de luy pour cest effect, duquel j'attends icy nouvelles; et je vous feray sçavoir le succès que aura eu ceste négociation.

Ce pendant, je prie Dieu, etc.[1]

---

[1] « Ceste dépesche avoit esté faicte pour « estre portée à monsieur le mareschal de « Lesdiguières par les mains de monsieur « de Créquy, mais son voyage ayant esté « différé, l'on l'envoya par autre voye, et le « dict sieur mareschal trouva à propos que « monsieur Frère seul feist les offices contenus en la dicte dépesche. » (Note du Ms.)

V.

Lettre du Roy à monsieur Frère, envoyant la dicte dépesche.

Monsieur Frère, vous apprendrez, tant par la bouche du sieur de Créquy que par l'instruction que j'envoye à mon cousin le mareschal de Lesdiguières, de laquelle vous pourrez avoir communication, ce qui est de mes intentions sur le subject de l'assemblée de ceux de la religion prétendue refformée qui se tient à Genoble par ma permission. Je me remets à mon dict cousin de tout l'ordre et conduite de ceste affaire; c'est pourquoy je désire que vous vous conformiez entièrement à ce qu'il vous fera sçavoir debvoir estre faict par vous sur ce subject. Et n'ayant rien de plus particulier à vous en escrire, je prie Dieu, etc.

Ici se trouve une lettre du Roi à l'assemblée de Grenoble. On en verra le contenu plus loin, 27 juillet. Il a paru plus à propos de la placer à la date où elle fut présentée à l'assemblée.
« Quelque temps après, le dict sieur de Créquy allant à Grenoble, luy fut
« baillé le mémoire qui ensuit sur le subject du cours des affaires. » (Ms.) — Il était de plus porteur de la lettre de créance ci-après pour l'assemblée. (Édit.)

VI.

Lettres du Roy aux depputez de ceux de la religion prétendue refformée assemblez à Grenoble.

De par le Roy.

Chers et bien amez, parce que nous ne doutons point que l'on ne vous donne de diverses impressions sur ce qui se passe par deçà, mesme que l'on essaye de vous détourner de la fidélité, affection et obéissance que vous nous avez tousjours tesmoignées, désirant vous faire informer de la vérité de toutes ces occurrences, et de nos bonnes et sincères intentions et résolution à la paix et tranquillité publique et au repos de tous nos subjects, nous avons commandé au sieur de Créquy, conseiller en nostre conseil d'estat, mestre de camp du régiment de nos gardes, et nostre lieutenant général au gouvernement de Dauphiné, en l'absence de nostre cousin le mareschal de Lesdiguières, de vous aller trouver de nostre part, et vous représenter ce qu'il a veu et recogneu, comme en estant bien informé. Adjoustez donc toute créance à ce qu'il vous en dira, comme aussy sur les asseurances qu'il vous donnera en nostre nom de nostre bienveillance en vostre endroit.

Escrit, etc.

VII.

Mémoire baillé à monsieur de Créquy allant à Grenoble pour veoir et parler, de la part de Sa Majesté, en l'assemblée de ceux de la religion prétendue refformée, qui y estoit convoquée.

Le Roy considérant que, sur l'occasion des occurrences qui se passent par deçà, l'on pourroit donner de mauvaises impressions à ses subjects faisant profession de la religion prétendue refformée, assemblez par sa permission en la ville de Grenoble, pour essayer à les destourner de la fidélité et obéissance qu'ils luy doibvent, et les porter à s'engager aux passions et intérests de ceux qui pourroient avoir volonté de troubler le repos et tranquillité de son estat, Sa Majesté, voulant les informer au vray du subject de ces mouvemens, a commandé au sieur de Créquy, conseiller en son conseil d'estat, lieutenant général au gouvernement du Dauphiné en l'absence et survivance du sieur mareschal de Lesdiguières, de s'acheminer en toute diligence au dict Grenoble, luy ayant faict bailler le présent mémoire, pour luy servir d'instruction sur ce subject.

Et d'autant que l'intention de Sa Majesté est que toutes les actions qui se feront de sa part dans la dicte assemblée soient réglées par l'advis et conseil de M. le mareschal de Lesdiguières, elle veut que aussy tost que le dict sieur de Créquy sera arrivé audict Grenoble, après luy avoir rendu les dépesches dont il est chargé, il luy communiquera le présent mémoire, pour estre, par le dict sieur mareschal, entièrement supprimé s'il le juge à propos; ou bien augmenter, diminuer ou changer en iceluy ce qu'il verra bon estre pour le bien du service de Sa Majesté.

Et s'il trouve bon que le dict sieur de Créquy fasse cest office, il se rendra au lieu où se tient la dicte assemblée, et, après avoir présenté les lettres que Sa Majesté leur escrit, il leur fera entendre que, dès lors qu'elle prit la résolution de faire son voyage de Guienne pour l'accomplissement de son mariage et de celuy de madame sa sœur, elle feist estat d'estre assistée et accompagnée en iceluy des princes du sang et de plusieurs des autres princes et officiers de la couronne, comme en une occasion des plus célèbres qui puissent arriver durant son règne.

Entre autres, elle y convia verbalement et y feist convier par plusieurs fois monseigneur le prince de Condé, lequel luy avoit tousjours faict espérer de luy donner ce contentement. Mais, l'ayant veu, depuis quelques mois, s'esloigner d'elle, elle estima à propos de s'asseurer plus particulièrement de son intention sur ce subject; et, pour cest effect, elle luy en feist parler par madame la comtesse de Soissons, et depuis par M. le duc de Nevers; et, voyant que, par leur ministère, elle n'y pouvoit avoir aucune asseurée résolution, et que mesme il s'estoit encores retiré plus loing qu'auparavant, elle envoya vers luy le sieur de Villeroy pour le presser de satisfaire à ce qui en cela estoit de son désir, et sçavoir de luy mesme les subjects qui pourroient causer son esloignement. Sur quoy, le dict sieur de Villeroy s'estant rendu près de mon dict seigneur le Prince, et luy ayant sur ce faict instance de la part de Sa Majesté, il luy auroit dit que, auparavant de se résouldre de se rapprocher d'elle et l'accompagner au dict voyage, il désiroit qu'elle feist pourveoir à la refformation de quelques désordres qui estoient dans l'estat, asçavoir sur la tenue des conseils et sur les remonstrances qui luy avoient esté faictes par la cour de parlement, spécialement en ce qui estoit du faict de la justice, avec quelques autres points qui sembloient plus tost toucher son particulier que le général.

Ce qu'ayant esté rapporté à Sa Majesté par le dict sieur de Villeroy, elle le renvoya pour la seconde fois le trouver avec ses intentions sur les dicts points, telles qu'il avoit tout subject d'en demeurer bien content, et de recognoistre combien Sa Majesté est désireuse d'embrasser tous bons moyens qui se proposeront pour la refformation des désordres, soulagement de ses subjects, manutention de son auctorité et grandeur de son estat; et les ayant le dict sieur de Villeroy voulu représenter à mon dict seigneur le Prince, il auroit seulement entendu de luy ce dont elle l'avoit chargé touchant la refformation de ses conseils, ce qu'il montra approuver; et, pour le regard des autres points, le dict sieur de Villeroy luy ayant voulu proposer les bonnes intentions de Sa Majesté sur iceux, il luy desclara qu'il n'en pouvoit traicter sans en avoir conféré avec ses amis, et de faict il partit en mesme instant de Clermont en Beauvoisis lors pour aller, à ce qu'il dit, assembler et rencontrer ses amis.

C'est ce que le dict sieur de Villeroy rapporta à Sa Majesté de son second voyage; mais, Sa dicte Majesté ne voulant rien obmettre qui peust servir pour ramener près d'elle mon dict seigneur le Prince, luy oster tout prétexte d'y apporter davantage de retardement, ayant esté advertie qu'il se debvoit trouver quelques jours après à Noyon ou à Coucy, et qu'il y avoit assigné messieurs les ducs de Longueville et de Mayenne, comte de Sainct-Pol et mareschal de Bouillon, elle advisa d'y renvoyer encores vers luy pour la troisiesme fois le dict sieur de Villeroy, avec charge et pouvoir plus ample sur ce qui pouvoit estre de son contentement pour les affaires publiques, et pour luy donner tesmoignage de ses bonnes intentions et de sa bienveillance à son endroit.

Et quelques jours après que le dict sieur de Villeroy s'y fut acheminé, Sa Majesté considérant combien le temps la pressoit pour faire son dict voyage, pour lequel elle avoit auparavant résolu de partir dès le 25 du mois de juin, affin d'arriver à Bordeaux au commencement du présent mois d'aoust, et depuis l'auroit différé pour donner d'autant plus de temps et de moyen à mon dict seigneur le Prince de se disposer à la venir trouver, voyant qu'elle ne pouvoit plus remettre son dict partement pour se rendre au dict Bordeaux dans le huitiesme de septembre, auquel jour elle avoit assigné ceux qui s'y debvoient trouver pour ces cérémonies, en ayant mesme donné advis au roy d'Espagne, affin qu'en ce mesme temps il disposast de son costé les affaires, elle prit résolution de partir de ceste ville de Paris le premier jour du présent mois d'aoust ; de quoy elle estima debvoir faire advertir mon dict seigneur le Prince et ces autres princes et seigneurs qui estoient avec luy ; et pour cest effect elle dépescha encores vers luy le sieur de Pontchartrain, avec charge de se joindre avec le dict sieur de Villeroy, pour, tous deux ensemble, luy présenter les lettres qu'elle luy escrivoit sur ce subject, luy dire que l'estat de ses affaires ne luy pouvoit permettre de différer davantage son dict voyage, le convier de rechef et luy faire instance de l'y accompagner ainsy qu'il debvoit et le luy avoit faict espérer, et de venir prendre près d'elle et y tenir le rang qui est deu à sa qualité et à sa naissance, et que, s'il avoit à y apporter quelque refus ou difficulté, il la luy feist sçavoir, affin que, sur cela, elle peust pourveoir à ce qui estoit de son service ; elle donna charge aussy aux dicts sieurs de Villeroy et de Pontchartrain de faire les mesmes offices à l'endroit de mes dicts sieurs les ducs de Longueville, de Mayenne, comte de Sainct-Pol et mareschal de Bouillon. Mais, au lieu de tesmoigner à Sa Majesté l'obligation qu'ils luy avoient du soin qu'elle prenoit de les tenir advertis de ses résolutions et de les appeler pour l'assister au dict voyage, mon dict seigneur le Prince luy escrivit une lettre par laquelle il se plaignoit de la trop grande précipitation dont elle usoit pour son dict partement, luy mandant qu'il ne pouvoit l'y accompagner que auparavant elle n'eust pourveu aux propositions qu'il avoit faictes pour la refformation de ses dicts conseils, et sur les remonstrances de la dicte cour de parlement, et autres particularitez qui tesmoignoient assez à Sa Majesté qu'il n'avoit autre desseing que d'esloigner et remettre si longtems son partement pour son dict voyage, qu'il luy en feist perdre la commodité pour ceste année, et possible essayer de rompre le subject d'iceluy, estant secondé en ceste mesme opinion de ne vouloir accompagner Sa dicte Majesté au dict voyage par les princes et seigneurs susnommez, du conseil desquels il se servit pour faire la dicte lettre; et de faict mon dict seigneur le Prince desclara dès lors au dict sieur de Villeroy qu'il ne pouvoit plus entendre à aucune proposition qui luy peust estre faicte de la part de Sa Majesté pour le faire retourner près d'elle, se servant pour rompre ceste négociation de ce leger prétexte du prompt partement de Sa dicte Majesté, et du voyage que le dict sieur de Pontchartrain avoit faict vers luy pour le luy desclarer et le prier de s'y disposer.

De quoy Sa Majesté se trouva d'autant plus déceue qu'elle donnoit à mon dict seigneur le Prince un entier contentement sur tous les points qu'il avoit proposez au dict sieur de Villeroy. Bien est vray qu'elle a esté depuis advertie que aucuns de ses plus confidens serviteurs avoient mis en avant à quelques uns des ministres de Sa Majesté des avantages qu'il désiroit pour son particulier, sur lesquels n'ayant receu la satisfaction qu'il pouvoit désirer, l'on pourroit croire que cela auroit peu ayder à la résolution de ce reffus de venir trouver et accompagner Sa dicte Majesté, lequel ayant esté faict en une occasion si remarquable, et Sa Majesté voyant que, contre son désir et intention, mon dict seigneur le Prince et les autres princes et seigneurs susdicts demeuroient en ces provinces de deçà avec tesmoignage de mécontentement, elle estima dès lors avoir beaucoup de subject de prendre jalousie et deffiance de leurs intentions. Mais elle y a esté depuis bien davantage confirmée, quand elle a veu un escrit ou manifeste que mon dict seigneur le Prince a envoyé de deçà, par lequel, après avoir essayé de justifier toutes ces procédures par les beaux prétextes qu'il prend du bien public, du repos et soulagement du peuple et de la reffomation des désordres qui sont dans l'estat, tous prétextes spécieux desquels se sont ordinairement servis ceux qui ont voulu altérer la paix et la tranquillité publique, il desclare estre résolu à se porter à toutes extrémités pour ce subject, oubliant en cela tout le respect qu'il doibt à l'auctorité de Sa Majesté, et l'obéissance à laquelle sa naissance l'oblige; ayant mesme ensuitte de ce Sa dicte Majesté esté advertie qu'il fait amas et levée de gens de guerre de tous costez, que, pour cest effect, il délivre des commissions de son auctorité, et que il essaye, par praticques et menaces, d'altérer et esbranler la fidélité et obéissance de tous les subjects de Sa Majesté.

Laquelle, pour ces considérations, s'est trouvée obligée de pourveoir à la seureté de ses villes et places, pour empescher qu'il n'y arrive aucun désordre au préjudice de la paix et tranquillité publique, ayant à ceste fin mandé à tous les gouverneurs des provinces, et ceux qui commandent dans les dictes villes et places, d'y prendre soigneusement garde, et d'empescher toutes praticques et menées et toutes levées de gens de guerre que l'on voudroit faire dans les provinces sans commission, et au corps des dictes villes de faire faire gardes exactes aux portes d'icelles, pour observer ceux qui iront et viendront, et en empescher l'entrée aux dicts princes et à ceux qui s'advoueront de leur part, affin qu'ils ne s'en puissent saisir au préjudice de leur bien, repos et fidélité.

Sa dicte Majesté a particulièrement pourveu à ce qui pouvoit estre nécessaire pour la seureté des provinces de deçà, où il semble que mon dict seigneur le Prince et ceux qui l'assistent facent desseing de faire leur plus grand effort pendant son esloignement. A quoy elle a employé le temps qu'elle a retardé icy plus long qu'elle ne se l'estoit proposé, ce retardement estant provenu tant à cause de la maladie dont la Royne sa mère a esté travaillée, et de laquelle elle est maintenant bien guérie, que des grandes chaleurs et intempérie de l'air, ayant résolu de partir de ceste ville le 16 ou 17 de ce mois, pour l'accomplissement de son dict voyage.

C'est ce que Sa dicte Majesté a voulu estre représenté par le dict sieur de Créquy à ses subjects qui sont en la dicte assemblée, affin qu'ils soient informez au vray de ses bonnes et sincères intentions sur les affaires publiques, et qu'ils n'en prennent d'ailleurs autre impression; leur fera entendre le ressentiment et extresme desplaisir que Sa Majesté reçoit de veoir ces désordres et confusions, pour les misères et calamitez que son pauvre peuple en pourra recevoir, ce qui l'a faict résouldre d'embrasser encores cy après toutes propositions et moyens convenables pour y remédier; à quoy le dict sieur de Créquy adjoustera aussy une prière et exhortation bien expresse à tous ceux de la dicte assemblée de continuer sur ces occurrences, à l'endroit de Sa Majesté, les mesmes tesmoignages de leur fidélité, affection et obéissance qu'ils ont faicts par le passé en toutes autres occasions, et dont Sa Majesté prend une entière et ferme confiance par les asseurances qu'ils luy en ont tousjours données, tant au nom du corps général que des particuliers faisant profession de la dicte religion prétendue refformée ; comme aussy Sa dicte Majesté leur fera tousjours cognoistre qu'elle les aime et affectionne, et qu'elle n'a et n'aura point d'autre but ny intention que de les maintenir et conserver en paix, repos et tranquillité, soubz l'observation et entretenement des édicts de pacification, et des desclarations, brevets et articles qui leur ont esté cy devant concédez et octroyez, ainsy qu'elle leur tesmoignera en toutes occasions.

Voilà ce que le dict sieur de Créquy aura à représenter de la part de Sa Majesté en la dicte assemblée, après l'avoir communiqué comme dict est au dict sieur mareschal de Lesdiguières, et en avoir pris son advis ; et essayéra de retirer d'icelle assemblée responce qui tesmoigne à Sa dicte Majesté la sincérité de leur affection et obéissance, laquelle il luy envoyera par la première occasion, et luy donnera aussy advis de ce qu'il apprendra importer au bien de ses affaires et service.

Faict à Paris, le 14 d'aoust 1615.

VIII.

Lettre du Roy aux depputez de la religion prétendue refformée, assemblez par sa permission à Grenoble.

De par le Roy.

Chers et bien amez, ayant à vous faire entendre ce que nous pouvons désirer de vous sur le subject de vostre assemblée, et par mesme moyen vous tenir tousjours asseurez de nos bonnes et sincères intentions en vostre endroit, et à tout ce qui concerne vostre bien, repos et seureté, nous avons donné charge à nostre cousin, le sieur de Lesdiguières, mareschal de France et nostre lieutenant général en Dauphiné, et aux sieurs de Créquy, conseiller en nostre conseil d'estat, et nostre lieutenant général au gouvernement du Dauphiné en l'absence de nostre dict cousin, et Frère, aussy conseiller en nostre conseil d'estat et maistre des requestes ordinaire de nostre hostel, de se trouver à ceste fin en la dicte assemblée, pour vous parler sur ce subject de nostre part, et vous dire pareillement la ferme confiance que nous prenons en la continuation de vostre fidélité et obéissance, et que vous nous en ferez paroistre en ceste occasion les effects que vous debvez, ensemble de l'affection que vous portez au bien et repos de cest estat, pour vous conserver et accroistre ceste nostre bienveillance envers vous, laquelle nous vous avons en toute occasion tesmoignée, comme nous ferons encores à l'advenir. Nous les avons aussy chargez de vous exhorter de vacquer, le plus promptement qu'il vous sera possible, à faire le choix de six d'entre vous que vous aurez à nous nommer et présenter, pour en retenir les deux que nous aurons agréable qui facent résidence à nostre suitte, pour la poursuitte et sollicitation de vos affaires, selon qu'il est accoustumé, et, en ce faisant, abréger la tenue de vostre assemblée, dont la longueur ne pourroit apporter que jalousie, despence et incommodité à tous nos subjects. Sur quoy, remettant aux dicts sieurs mareschal de Créquy et Frère de vous représenter plus particulièrement ce qui est de nos dictes intentions, et nous asseurant que vous y satisferez, nous ne vous en disons davantage par ceste lettre.

Donné à Paris, le 16e jour de juillet 1615.

Signé LOUIS, et plus bas PHÉLIPEAUX.

Et en la suscription :

A nos chers et bien amez les depputez de nos subjects faisant profession de la religion prétendue refformée, assemblez par nostre permission en la ville de Grenoble [1].

---

[1] « Dans l'incertitude où l'on estoit si M. le mareschal de Lesdiguières accepteroit la charge d'entrer de la part du Roy dans ceste assemblée, l'on envoya d'autres lettres semblables à celle-cy en la créance de M. de Créquy seul, et de M. Frère seul,

IX.

Lettre du prince de Condé, remise par M. de la Haye à l'assemblée de Grenoble le 16 août 1615[1].

Messieurs, ma qualité et l'affection que j'ay au service du Roy, bien et repos de l'estat, lequel je sçay dépendre en partie de la manutention des édicts et autres concessions faictes en vostre faveur, m'ont convié de vous envoyer exprès le sieur de la Haye pour vous asseurer de ma bonne volonté et que je m'employeray en tout ce qui me sera possible, tant pour la conservation de vos dicts édicts que de ce qui vous regardera en général et en particulier, vous priant, en outre, adjouster foy à ce qu'il vous dira de ma part comme à moy-mesme ; et m'asseurant de vostre bonne affection au bien de l'estat et en mon endroit, je prierai Dieu, messieurs, qu'il vous ayt en sa saincte garde.

De Coucy, ce 29 juillet 1615.

Ainsy signé :

Vostre très affectionné à vous faire service,
HENRY DE BOURBON.

Et au-dessus :

A messieurs, messieurs les depputez de ceux de la religion assemblez à Grenoble par permission du Roy.

Dans cette séance du 10 et dans celle du 11 août, M. de la Haye communiqua à l'assemblée la lettre écrite, en date du 26 juillet dernier, par le

« et de tous deux ensemble. » (Note du manuscrit.)

[1] Les princes et seigneurs attachés au prince de Condé avaient, comme lui, des gentilshommes qui les représentaient et qu'ils accréditaient auprès de l'assemblée. C'était, pour M. le prince de Condé, M. de la Haye ; pour les ducs de Rohan et de Soubise, le sieur de Haulte-Fontaine ; pour le duc de Sully, le sieur Forin à Grenoble et à Nîmes, le sieur de la Vieux-Vigne à la Rochelle ; pour M. de Bouillon, le sieur de la Forêt ; pour M. de Châtillon, le sieur Dortman ; pour M. de la Trémouille, le sieur Duplessis-Bellay ; pour le duc de la Force, le sieur Dartigues à Grenoble et à Nîmes, le sieur de la Fourcade à la Rochelle ; pour M. de Candalle, le sieur de Magnac. (Édit.)

Conférence de Loudun.

Roi au prince de Condé, alors réuni aux autres princes à Coucy, et là réponse du Prince au Roi, du 27 du même mois, portant refus de l'accompagner au lieu de la cérémonie de son mariage, et rupture des négociations commencées[1]. La harangue du sieur de la Haye, dans cette circonstance, nous a été conservée. On la trouvera ci-après.

X.

Procès-verbaux manuscrits, etc. t. IV. Impr. Mercure franç. t. IV, p. 192.

Harangue du sieur de la Haye, envoyé par M. le prince de Condé en l'assemblée générale de Grenoble, le 10 août 1615.

Messieurs, j'ay eu commandement de monseigneur le Prince de vous venir trouver et vous présenter ces lettres, qui vous tesmoigneront sa bonne volonté en vostre endroit et la créance qu'il luy a pleu me donner de vous en asseurer plus amplement de bouche, en tout ce où il se pourra employer, tant pour la manutention des édicts et autres concessions faictes en vostre faveur que de chascun de vous en particulier, à quoy il se recognoist obligé pour le bien et repos de ce royaume et pour les services que vous y avez rendus. Il n'est besoing de vous représenter les diverses maladies de cest estat. Chascun ne les veoit et ne les ressent que beaucoup plus qu'il ne seroit à désirer, et que les remèdes y sont autant nécessaires, et doibvent estre aussy prompts et rigoureux que les maux sont grands et dangereux. Vous avez peu remarquer, par les actions de mon dict seigneur le Prince, qu'il en a tousjours recherché et proposé les moyens; ce que vous pourrez entendre plus particulièrement par sa response à la lettre du Roy que M. de Pontchartrain luy apporta en la ville de Coucy; et, comme sa naissance luy donne une éminente qualité et un notable intérest en l'estat, aussy en a-t-il tousjours pris un juste soin sous l'obéissance et l'auctorité du Roy, ne refusant point d'en porter le plus pesant fardeau, et y contribuer franchement et courageusement ses biens, son honneur et sa vie, et ce qui fait qu'il vous supplie, mes-

[1] Voir plus loin ces deux pièces.

sieurs, de vouloir joindre vos vœux, vos advis et vos résolutions aux siennes, et à celles de tant de princes, officiers de la couronne, seigneurs et notables corps dans lesquelz restent encore plusieurs bons François. Vous pourrez, par ceste union, arrester en peu de jours le torrent de malheurs qui ne le pourroit estre en plusieurs années, et continuer le mesme debvoir, la mesme vertu et fidélité dont vous et les vostres, en la deffence de la majesté des roys, des princes de leur sang et de vostre patrie, avez gravé les glorieux tesmoignages à la postérité.

En même temps qu'il envoyait à Grenoble M. de la Haye vers l'assemblée des réformés, le prince de Condé envoyait le sieur de Gruiolle vers le maire et les échevins de la Rochelle, chargé pour eux de la lettre suivante.

XI.

Impr. Mercure franç. t. IV, 1615, p. 191.

Messieurs, je vous envoye le sieur de Gruiolle pour vous donner advis que j'ay envoyé à Grenoble à l'assemblée, et pour vous informer particulièrement de ce qui s'est passé en la conférence de M. de Villeroy et moi, et de la résolution que j'ay prise là dessus : de laquelle je vous convie de vous joindre à mes sainctes intentions, tant pour le salut de l'estat que pour vous maintenir particulièrement. Cela vous regarde. L'assistance que messieurs mon père et grand-père ont tousjours receue de vous me fait encores espérer la mesme courtoisie, puisque j'ay la mesme affection qu'ils avoient pour vous servir : à quoy je ne manqueray jamais de vous tesmoigner que je suis, messieurs, vostre affectionné serviteur,

HENRY DE BOURBON.

Dans la même séance où elle venait d'entendre M. de la Haye, l'assemblée nomma MM. de Champeaux, Desbordes et Maleray pour porter ses cahiers au Roi. Nous donnons plus bas les instructions qu'ils reçurent, et dont la rédaction avait été confiée à MM. de Rouvray et de Bonnencontre. Il leur est recommandé d'assurer le Roi du dévouement des réformés à sa personne. Nous ne transcrivons ici que la fin du procès-verbal de la séance, seule partie qui ait quelque importance, par la résolution, annoncée au nom de l'assemblée, de ne se séparer qu'après avoir reçu satisfaction.

XII.

Extrait du procès-verbal de la séance du 10 août 1615.

..... Ce faict, luy présenteront les dicts cahiers et la supplieront (Sa Majesté) très humblement de les vouloir promptement et favorablement respondre, sans que les dicts depputez puissent contester ou composer sur aucuns articles d'iceux. Ains, en estant recherchés, feront cognoistre que la compagnie a jugé les dicts articles, notamment ceux du premier cahier, tellement justes et nécessaires, qu'elle a résolu, soubz le bon plaisir de Sa Majesté, d'en attendre la response favorable et les effects avant qu'elle se sépare. Sont aussy chargez de faire toute la diligence qu'il leur sera possible, tant pour l'obtention des choses contenues au dict cahier que de celles qui sont portées par leurs instructions, et de s'en retourner trois semaines après qu'ils auront parlé à Sa Majesté.

Les députés furent chargés en même temps de faire connaître au Roi la démarche du prince de Condé envers l'assemblée, et de le supplier humblement « qu'il luy plaise, pour le bien de son service, paix et tranquillité de « son estat, faire bonne considération des humbles supplications et remons- « trances qui luy ont esté faictes par mon dict seigneur le Prince et par ses « cours de parlement. » (Séance du 11.) Ils devaient de plus informer Sa Majesté qu'un gentilhomme avait été envoyé vers le prince de Condé par égard pour son rang et sa qualité, et lui donner communication de la lettre que l'assemblée adressait au Prince en réponse à la sienne. Le député envoyé au prince de Condé fut M. de Venevelle, et les instructions qu'il reçut furent rédigées par M. de Berteville.

XIII.

Première lettre de l'assemblée de Grenoble, présentée au Roy en lui présentant le cahier de ses plaintes.

Sire, le fruit que nous recueillons de l'assemblée qu'il a pleu à Vostre Majesté nous octroyer depuis sa majorité, c'est qu'elle nous fournit le moyen de luy en rendre très humbles grâces et remerciemens, et de luy adresser, au nom de toutes les esglises refformées de France, les protestations de nostre fidélité et très humble obéissance. Envoyant à ceste fin vers Vostre Majesté les sieurs de Champeaux, Desbordes et Maleray, que nous avons chargez de luy présenter un cahier contenant, avec nos demandes les plus nécessaires, nos justes plaintes sur les choses plus pressantes et qui importent au bien de l'estat et à vostre conservation. Sur quoy nous supplions très humblement Vostre Majesté, Sire, qu'en suitte des gratiffications que nous en avons receues, tant par lettres dont il vous a pleu nous honorer que par la bouche de M. Frère, il luy plaise nous donner des responses favorables et des effects convenables à sa justice et clémence royale, selon l'attente de vos très humbles et obéissans subjects, qui ne peuvent jamais manquer à la fidélité qu'ils doibvent à Vostre Majesté. Outre que nostre naissance nous oblige, nos consciences nous le dictent, la religion dont nous faisons profession nous l'enseigne. Et quoique, par la malice du siècle, le premier vœu, quoique naturel, se relasche en ceux que la France auroit subject de désadvouer pour enfans, et Vostre Majesté pour subjects, nous sommes d'autant plus adstreints à ce debvoir, que nous ne recognoissons nulle puissance ou supériorité qui nous puisse dispenser de ce que nous debvons à Vostre Majesté, suivant ce que Dieu nous commande. Et quoique ceux qui nous sont mal affectionnez desployent évidemment leurs mauvaises volontez contre nous, si nous sentons-nous principalement navrez aux choses où Vostre Majesté peut estre intéressée, et qui tendent à l'affoiblissement de son sceptre. Aussy, après Dieu, ne cherchons-nous nostre subsistance et nostre maintien qu'en son affermissement. Ce qui possible n'estant pas une des moindres causes qui les animent contre nous, nous espérons qu'avec le temps Vostre Majesté recognoistra que la haine qu'ils nous portent, quoiqu'elle leur serve de prétexte et de couverture, n'est pas la borne de leurs desseings, qui, pour tendre plus avant, ne pourroient estre assouvis de nostre ruyne. Ce que cognoissant le feu Roy, de très glorieuse mémoire, il luy auroit pleu nous fournir de quelques précautions contre leurs mauvaises intentions, bien que lors ils ne fissent que les couver, sans oser les faire esclore, estant retenus par la crainte de son auctorité. Mais maintenant qu'au préjudice de celle de Vostre Majesté on a introduit des maximes incogneues jadis à tous les bons François, et à présent trop cogneues pour tendre à nostre subversion et à celle de la tranquillité publique, nous attendons de Vostre Majesté que, les dangers croissans, elle croistra au soin de nous protéger et deffendre ; et adresserons nos vœux très ardens au souverain protecteur des personnes sacrées des roys et de leurs couronnes, à ce qu'il conserve et affermisse celle de Vostre Majesté, à la destruction des ennemis de son estat, et au soulagement et maintien de ceux qui seront toute leur vie, de Vostre Majesté, Sire, les très humbles et très fidèles subjects,

Les depputez de l'assemblée de Grenoble.

XIV.

Impr. Mercure franç. t. IV, 1615, p. 213.

Extrait du cahier de l'assemblée des esglises refformées de France, tenant par la permission du Roy en la ville de Grenoble, présenté à Sa Majesté, à Tours, par les depputez de la dicte assemblée, le 31 aoust 1615[1].

ARTICLE PREMIER.

Premièrement, ils supplient très humblement Vostre Majesté qu'ils

---

[1] Les six articles que nous donnons ici sont les seuls que nous connaissions directement du cahier de l'assemblée de Grenoble. On trouve l'analyse sommaire

puissent (ayant cest honneur d'estre vos très humbles et très fidèles subjects) vous représenter en toute humilité l'extresme regret et desplaisir qu'ils ont d'avoir veu depuis quelques années révoquer en doute la maxime essentielle de la conservation de vostre royaume, touchant la conservation de Vostre Majesté en iceluy, qu'elle tient nuement et immédiatement de Dieu, et non d'aucune autre puissance quelle qu'elle soit en terre, maxime saincte et sacrée, tenue de tout temps en cest estat, et soubz laquelle il a longuement et heureusement fleury, et laquelle estant creue, enseignée et recogneue pour telle entre nous, et y ayant esté solennellement jurée, redouble maintenant nos douleurs de voir qu'une doctrine contraire à la saincteté de ceste loy nous aye produit de si horribles et funestes accidens ès détestables assassinats de nos roys, ce qui nous faisoit hérisser en l'appréhension du péril de vostre sacrée personne, et nous oblige à supplier Vostre Majesté de vouloir accorder le premier article du cahier présenté par les depputez de messieurs du tiers estat, composé de plusieurs notables officiers de vostre royaume, convoquez pour l'assemblée des Estats généraux, touchant la souveraineté de Vostre Majesté en cest estat, et condamnation des doctrines contraires, ordonner, conformément au dict article et remonstrances de vostre parlement, que la dicte maxime sera tenue pour loy fondamentale du royaume par tous vos subjects, de quelque qualité, condition et religion qu'ils soient, jurée et signée par iceux, avec les deffences et peines portées par le dict article, et, en ce faisant, confirmer les arrests donnez de temps en temps par

des vingt-cinq articles qui en forment la totalité, dans l'Histoire de l'édit de Nantes d'Élie Benoist, t. II, p. 174. Quant aux réponses, il est douteux qu'elles se trouvent dans une collection contemporaine. Ces sortes de réponses se communiquaient aux assemblées par simples lectures faites par les commissaires royaux. Il paraît, par l'extrait ci-après du journal d'Arnaud d'Andilly, qu'on modifia cette marche en cette occasion ; mais, le prince de Condé ayant mis pour condition à la paix qu'on satisferait aux demandes des protestants, les documents relatifs à la conférence de Loudun en portent la trace. On en trouvera un certain nombre aux pièces qui concernent le résultat des négociations en faveur des réformés, à la suite de l'édit dont elles forment l'une des annexes. (Édit.)

vos cours de parlement pour la souveraineté de vostre couronne et seureté de la vie des roys, et révoquer les deffences et surséances des dicts arrests qui ont donné la licence à plusieurs escrits et disputes sur ceste matière, et subject aux foibles et malicieux esprits de se jeter aux funestes et lamentables entreprises qui s'en sont depuis ensuivies.

ART. 2.

Et d'autant qu'il est notoire que l'introduction de ceste doctrine et opinion damnable a donné le principal acheminement au détestable attentat sur la vie du feu roy Henry le Grand, d'immortelle mémoire, et que la justice et vengeance d'iceluy est l'asseurance et la vie de Vostre Majesté, de laquelle dépend entièrement le bien et repos de l'estat, ils supplient très humblement Vostre Majesté d'avoir agréables leurs très humbles prières et très ardens désirs; qu'il plaise à Vostre Majesté d'approfondir la recherche de ce damnable assassinat, affin que, maintenant que Dieu l'a amenée à sa majorité, par l'inquisition très exacte et la punition rigoureuse d'iceluy, le cours de telles entreprises diaboliques soit arresté, la tranquillité publique establie, et les esprits de vos bons et fidèles subjects consolez.

ART. 3.

Supplient très humblement Vostre Majesté que, puisqu'ils ont le droit commun avec vos autres subjects d'estre nés François, ils puissent encores icy représenter le ressentiment qu'ils ont, comme telz, du préjudice notable que peut recevoir vostre estat en la demande qui a esté faicte à Vostre Majesté par les depputez de la chambre du clergé, à laquelle ils ont subtilement attiré celle de la noblesse, de la réception et publication du concile de Trente en vostre royaume, qui a tousjours esté recogneue par les roys vos prédécesseurs, officiers de la couronne et cours de parlement, très pernicieuse et préjudiciable aux droits, auctorité et prérogatives de vostre couronne[1],

[1] Voir l'introduction.

et a mesme esté jugée telle aux Estats convoquez durant les plus grands troubles et confusions de ce royaume. Outre lequel intérest commun à tous vos subjects, les dicts supplians y en ont un très particulier, ainsy qu'il a esté recogneu par messieurs de vostre conseil, et asseurances données par les principaux d'iceluy à leurs depputez généraux résidans près Vostre Majesté, avec commandement de le faire entendre par toutes leurs esglises, à sçavoir, qu'il ne se feroit aucune résolution par les depputez des trois ordres, convoquez pour les dicts Estats généraux, touchant la reception et publication du dict concile, notoirement contraire à la liberté accordée aux dicts supplians par vos édicts de pacification, voire de telle sorte qu'ils ne peuvent subsister ensemble dans vostre royaume, lequel, par conséquent, pourroit estre mis et porté en une désolation et combustion déplorables, dans lesquelles tous vos subjects d'une et d'autre religion se trouveroient enveloppez; au préjudice desquelles asseurances les dicts depputez des chambres du clergé et de la noblesse auroient mesme, contre vostre intention et celle de la chambre du tiers estat, fait instance par leurs cahiers à Vostre Majesté de la réception et publication du dict concile; et ne se contentans de la dicte instance, auroient depuis, de leur propre auctorité et au préjudice de celle de Vostre Majesté, en leur dernière assemblée, permise seulement pour la reddition des comptes de leur receveur et renouvellement de leur contrat, entrepris de recevoir le dict concile, et le faire publier par vostre royaume, sans en attendre la permission et auctorisation de Vostre Majesté, mettans par ces entreprises intolérables à réelle exécution ce qu'ils n'avoient depuis tant d'années osé demander que par requestes et supplications. Ce que les supplians, qui avoient receu les dictes asseurances par leurs dicts depputez, ont tout subject de croire avoir esté pratiqué par les dicts depputez du clergé pour leur entière ruyne et subversion; veu qu'au mesme temps et par les mesmes artifices ils ont attiré les depputez de la noblesse, pour tous ensemble insister auprès de Vostre Majesté sur la réitération et inviolable observation du serment de son sacre [1],

---

[1] Voir à la fin du volume la déclaration du Roi à ce sujet. (Édit.)

portant l'extirpation des hérétiques, sous laquelle clause, quoyqu'en son origine elle n'ayt point eu son esgard à nous, néantmoins il est notoire que les dicts du clergé comprennent ceux qui font profession de nostre religion, et se sont affermis à la dicte demande, sans y vouloir adjouster les édicts de pacification, quelque instance et commandement réitéré que Vostre Majesté leur en ayt faict faire, et nonobstant l'opposition formée par les gentilshommes de la religion, depputez en la dicte chambre par la noblesse. A ces causes, Sire, ils supplient très humblement Vostre Majesté leur donner entière asseurance qu'en la response des cahiers des dictes chambres elle leur refusera absolument la réception et publication du dict concile, à l'exemple des roys vos prédécesseurs, grands en prudence, et assistez de sages et fidèles conseillers, et leur desclarera que le dict serment faict par Vostre Majesté à son sacre ne regarde les dicts supplians, et ne doibt porter aucun préjudice à la liberté de leurs consciences, ny à l'effect des édicts de pacification faicts en leur faveur, confirmez par Vostre Majesté à son advénement à la couronne, et depuis encores renouvellez et jurez à l'entrée de sa majorité, et sur ces deux points faire une ample desclaration, portant deffences expresses de plus demander la dicte reception et publication du dict concile de Trente, qui soit vérifiée en vos parlemens et publiée par tout vostre royaume.

ART. 4.

Et d'autant que, par ceste demande et infinis autres actes, la passion des dicts du clergé tendant à la ruyne entière des dicts supplians s'est clairement faict recognoistre, et qu'il n'est raisonnable qu'ils soient leurs juges, puisqu'ils sont leurs parties formelles, plaise à Vostre Majesté ordonner que les ecclésiastiques s'abstiendront des jugemens et cognoissance des affaires qui concernent les dicts supplians qui se traictent au conseil de Vostre Majesté, ensemble les autres conseillers du dict conseil qui luy sont notoirement suspects, et que la cognoissance d'iceux demeure aux princes, officiers de la couronne et anciens conseillers d'estat de Vostre Majesté, qui ont de tout temps esté recogneus affectionnez au bien et repos de cest estat.

ART. 20.

Qu'il plaise à Vostre Majesté continuer d'entretenir la protection de la ville et souveraineté de Sedan, en la mesme forme qu'elle a esté embrassée par les roys vos prédécesseurs, et pour cest effect continuer les appointemens accordez pour la dicte protection[1].

ART. 25.

Et d'autant qu'après la closture du présent cahier il est arrivé en ceste compagnie un gentilhomme de la part de M. le Prince, avec lettre de créance, qu'il a faict entendre estre tendante à nous convier, comme bons François et très fidèles subjects de Vostre Majesté, de nous joindre au ressentiment qu'il a des désordres de l'estat et des appréhensions des maux qui peuvent arriver à la précipitation du voyage de Vostre Majesté; ils la supplient très humblement avoir agréable la très humble requeste qu'ils luy osent présenter, de faire bonne considération sur les supplications qui luy ont esté faictes sur ce faict par monseigneur le Prince et autres princes, seigneurs et officiers de vostre couronne, ensemble sur la remonstrance de vostre parlement, affin de conserver par ce moyen le repos et tranquillité si nécessaires à vostre estat et tant désirés par les dicts supplians[2].

---

[1] Quoique le maréchal de Bouillon eût toujours fait passer ses intérêts personnels avant ceux de ses coreligionnaires, les protestants considéraient toujours la ville de Sedan comme un point d'appui qui, au besoin, ouvrait une voie pour eux aux secours qu'ils pouvaient attendre des princes protestants de l'Allemagne. (Édit.)

[2] Le *Mercure français*, t. IV, p. 219 1615, donne les détails suivants sur la publication de ces articles du cahier : « On a écrit que « ces six articles ne furent imprimez qu'à « desseing, pour entretenir les simples, et « que ce n'estoit que nouvelles plaintes con- « formes à celles de monsieur le Prince; et, « quant aux dix-neuf autres articles non « imprimez, que les uns avoient esté re-

XV.

Journal historique, etc. — Biblioth. de l'Arsenal. — Papiers Conrart, t. XI, gr. in-4°, p. 197, etc.[1]

Extrait du Journal historique, etc. par un homme d'état, concernant les cahiers de l'assemblée de Grenoble présentés au Roi à Tours et répondus à Poitiers. 28 août à 13 septembre 1615.

28 août. — Depputez de la religion de l'assemblée de Grenoble, ouïs par le Roy, proposent trois choses : la première, le premier article du tiers estat ; la seconde, la plainte de la réception du concile de Trente par le clergé[2] ; la troisième, que M. le Prince a envoyé vers eux les asseurer qu'il tiendra la main à ce qui leur est asseuré par les traictez, et les prie aussy de se joindre à luy tant pour une bonne refformation que pour la surséance, et sur le tout ils ont dépesché vers luy pour le remercier de sa bonne affection envers eux. Pour le surplus, rien. Mais ont prié Dieu de bien inspirer Sa Majesté affin de suivre tousjours le meilleur conseil. Ne dirent une seule parole que l'on peust mal interpréter.

31 août. — Leurs Majestez arrivent à Poitiers.

« fusez, dès l'assemblée de Saumur, pour
« les justes considérations, comme estoit
« celle de l'union des esglises prétendues
« refformées de Béarn avec celles de France,
« et que les autres n'estoient que de pré-
« tendues inobservations et inexécutions de
« l'édict, que le conseil du Roy avoit jà ju-
« gées ne justes ny raisonnables ; bref, qu'ils
« vouloient faire en ce temps-cy comme ils
« avoient faict durant M. d'Alençon, en
« 1576, qui estoit de prendre des advan-
« tages dans l'estat durant le mécontente-
« ment des grands. Aussy la response de ce
« cahier de plaintes fut remise à Poictiers,
« où le Roy faisoit séjour et où il arriva
« le 4 septembre. »

[1] Publié par Ach. Halphen, Paris, Techener, 1857, in-8°, sous le titre de *Journal inédit d'Arnauld d'Andilly*. Nous aurons plus d'une fois dans la suite l'occasion d'y renvoyer le lecteur. (Édit.)

[2] Si le parlement eût enregistré les canons du concile de Trente qui se rapportent à la discipline, ils fussent devenus lois de l'état et par conséquent obligatoires. Il eût été dans bien des cas possible de les opposer aux édits protecteurs des protestants. La subtilité et l'arbitraire aidant, ceux-ci auraient certainement souffert du mauvais vouloir de leurs adversaires, auxquels le pouvoir était plus favorable qu'à eux. (Édit.)

1er septembre. — M. de Brison, gendre de M. de Chambaut Gouvernet, fait instance au Roy, au nom de l'assemblée de ceux de la religion, de retarder son voyage. Congnée, envoyé par M. le Prince en l'assemblée de Gien, fut cause de ceste seconde depputation¹.

M. de Lesdiguières a dit aux depputez de la religion qu'ils ne devoient ny ne pouvoient tenir que le chemin des remonstrances....

. . . .

M. de Sully vient trouver le Roy au port de Pile, avec MM. de Chastillon² et de la Boulaye³.

M. de Rohan fait le malade et escrit au Roy pour différer les mariages, et s'excuse sur ce que M. de Loudrière luy avoit esté envoyé par l'assemblée de Grenoble.

M. de Sully... logea à Poitiers et parla bien pour le service du Roy.

13 septembre. — Le Roy respond aux cahiers de l'assemblée de Grenoble. Brevet des villes de seureté continué pour dix ans. Ils demandoient quatre cent mille livres pour entretenir les pasteurs, qui est deux cent mille livres d'augmentation; cinq cent mille livres pour l'entretenement des garnisons. Il y avoit quelques autres articles semblables. Le reste contenoit le premier article du tiers estat, le concile de Trente, la recherche de l'assassinat commis en la personne du feu Roy, le serment du sacre et quelques autres articles cy devant refusez aux autres cahiers, comme de deux depputez au lieu de six; qu'ils nommeront trois gentilshommes au Roy pour en choisir un, advenant vacation des gouvernemens des places de seureté; que Sully, Mouron et Baugé soient places de seureté.................

. . . .

---

¹ Le Journal ajoute plus loin : « Un « avocat nommé Congnée faisoit feu à l'as- « semblée contre le service du Roy et contre « la Royne. » Le même que M. de la Haye accrédita plus tard pour M. le Prince près de l'assemblée de Nîmes. Séance du 17 août 1615. (Édit.)

² Gaspard de Coligny, comte de Coligny, seigneur de Châtillon, depuis maréchal de France en 1622; né en 1584, mort en 1646.

³ Philippe Eschalard, baron de la Boulaye, mort en 1616, alors qu'il était gouverneur de Fontenay-le-Comte. On verra plus loin ce qui arriva à son décès; il appartenait à la religion réformée.

On avoit proposé d'envoyer à M. de Lesdiguières les cahiers de ceux de la religion respondus par le Roy, avec charge de les délivrer lorsque l'assemblée auroit nommé ses depputez ordinaires et qu'ils seroient sur le point de se séparer; mais enfin on les rendit aux depputez mesmes, et on leur rendit raison de toutes les responses.

Dans les instances que les députés de l'assemblée firent auprès du Roi, pour obtenir de favorables réponses à leurs cahiers, ils avaient été guidés par les instructions suivantes du 12 août 1615. (Proc. verb. man.)

XVI.

Mémoires et instructions de l'assemblée génér*al*le des esglises refformées de France convoquée à Grenoble par permission du Roy, baillez à messieurs de Champeaux, Desbordes et Maleray, depputez par la dicte assemblée vers le Roy.

Premièrement, les dicts depputez, estant arrivez à la cour, rechercheront, le plus tost qu'il leur sera possible, l'occasion de faire la révérence au Roy, et, par la bouche et organe de celui d'entre eux qui portera la parole, représenteront à Sa Majesté qu'ils sont envoyez de la part de ceste assemblée pour la remercier très humblement de la faveur qu'elle a faicte à ses subjects de la religion refformée, en leur permettant de s'assembler par depputez en la ville de Grenoble pour y traicter des affaires les concernans, et y conférer des moyens légitimes et nécessaires pour leur conservation, pour la seureté de leurs vies et liberté de leurs consciences soubz le bon plaisir de Sa Majesté.

Tesmoigneront au Roy l'extresme contentement que ses dicts subjects de la religion ont reçeu de veoir Sa Majesté parvenue à sa majorité, et qu'ils n'ont peu plus tost satisfaire à si juste debvoir, pour n'avoir eu plus tost le moyen de s'assembler.

Asseureront Sa dicte Majesté de la continuation de l'inviolable fidélité, subjection et obéissance que ses dicts subjects de la religion recognoissent luy debvoir, et par une obligation naturelle et par le ressouvenir des grands et immenses bienfaits qu'ils ont receus de feu, de très glorieuse et immortelle mémoire, Henry le Grand, son père, les actions très prudentes et très sage gouvernement duquel ses dicts subjects espèrent et croyent que Sa Majesté trouvera bon de prendre pour exemple, pour règle et pour guide de sa vie et de ses conseils, en l'administration de ce grand estat.

Marqueront aussy dans leurs discours que les dicts subjects de la dicte religion se sentent retenus dans les bornes de l'obéissance et fidélité par le lien très estroit de leur conscience et par la force d'une loi dont ils font profession, qui les astreint et les assujettit précisément à honorer, après Dieu, leurs roys, comme leur estans donnés du ciel; d'un respect très singulier et extraordinaire, Sa Majesté [est si] souveraine, et sa puissance si absolue dans son royaume, qu'il ne peut y avoir en terre supériorité aucune, quelle qu'elle soit, qui puisse prétendre domination directement ou indirectement sur Sa Majesté, ny droit de se dispenser à rien ordonner ou faire contre les droits inviolables de sa couronne.

Feront les dicts depputez couler dextrement dans leurs discours que ceste créance qu'ils ont comme article de leur religion leur a faict trouver estranges et très dangereuses les propositions qui ont esté menées et agitées depuis quelque temps dans ce royaume, et qui tendent à insinuer dans l'esprit des peuples qu'il y a quelque puissance qui peut aller au-dessus de la souveraineté de ceste couronne, propositions qui, soubz le prétexte de religion, assubjectiroient et le Roy et son estat à des lois estrangères et incognues aux siècles passez dans ce royaume, et qui portent quant et soy un venin, lequel, passant plus avant et s'espandant dans le corps de cest estat, pourroit infecter la pureté de l'air françois, et par sa contagion corrompre et desbaucher la fidélité de ses subjects; que les funestes inconvénients de ceste nouvelle et erronée doctrine se remarquent assez par les assassinats et les parricides détestables et exécrables [accomplis] sur les personnes sacrées des deux roys derniers deffuncts, et par les désobéissances qui commencent à paroistre desjà dans cest estat; et que les dicts subjects de la religion espèrent que le Roy, imitant les exemples de vertu et de générosité qui luy ont esté tracez par le feu roy Philippe le Bel et autres roys ses prédécesseurs, très fermes en leur religion, mais très jaloux aussy de la conservation de leur majesté, saura très bien arrester le cours et empescher les progrès des mauvais et pernicieux desseings de ceux qui s'aheurtent opiniastrement à telles propositions, qui semblent par là [pousser directement à la] ruyne et dissipation de ce royaume, qui n'a subsisté jusques icy en sa grandeur que par l'exacte observation des maximes toutes contraires à ces nouveaux prétextes, et par l'honneur très entier que ses subjects ont tousjours rendu à la souveraine majesté de leurs roys, qu'ils ont creue, comme ils doibvent, dépendre et relever de Dieu seul.

Ensuitte les dicts depputez diront en leur harangue que, sans les asseurances qu'ils ont de la bienveillance de Sa Majesté en leur endroit, et de sa ferme résolution à faire inviolablement garder et exécuter les édicts de pacification, articles secrets et desclarations faictes en leur faveur, tant par le feu Roy son père que par Sa Majesté, ils auroient très grand subject d'entrer en deffiances extremes et plus grandes qu'ils n'ont eues aux siècles passez ; que les propositions qui ont esté faictes dans les chambres du clergé et de la noblesse aux derniers Estats généraux, tant sur le concile de Trente que sur le serment [presté] au sacre du Roy, justifieront assez et garantiront de tout blasme leurs appréhensions, mais plus encores la délibération et résolution prise depuis peu de jours dans l'assemblée géneralle du clergé, à la veue de Sa Majesté et à la face de son conseil, sur la réception du concile de Trente, l'entrée et introduction duquel concile dans ce royaume en banniroit et chasseroit sans doute en mesme temps, par une conséquence inévitable, la concorde que les édicts de Sa Majesté y entretiennent, et du sainct lien de laquelle, par l'advis des plus sages et prudents politiques, dépendent le salut commun de ses subjects et la prospérité de cest estat; qu'ils croyent que leur juste crainte se rencontre avec l'estonnement et les regrets de tous les bons François, amateurs du bien de l'estat et de l'honneur de Sa Majesté, et qui ne peuvent que gémir et soupirer en prévoyant la prochaine soumission et bouleversement de cest estat, si par l'auctorité de Sa Majesté il n'y est pourveu. Sur quoy les dicts subjects de la religion offrent leur debvoir de contribuer leur soin, leurs biens et leurs vies pour l'exécution des commandemens de Sa Majesté, manutention des droits de ceste couronne et affermissement de ce royaume.

Supplieront très humblement le Roy de croire que ce n'est point seulement la crainte de leur péril et danger particulier qui les pousse au vif ressentiment de telles propositions et délibérations si scandaleuses, et que, soubz l'obéissance, adveu et faveur de Sa Majesté, ils ont de quoy, Dieu grâces, résister aux efforts, violences et aux attentats que leurs ennemis voudroient entreprendre contre eux ; mais que la seule obligation qu'ils recognoissent avoir, avec le reste des bons François, vrais et fidèles subjects de Sa Majesté, à la conservation de cest estat, les porte à si justes eslancemens. Qu'ils supplient très humblement Sa Majesté d'avoir agréable et d'estimer que ceste mesme considération les contraint et retient dans les limites d'une si grande modestie et patience, dont ils usent parmy les injures et opprobres qu'ils reçoivent et souffrent en plusieurs et divers endroits de son royaume, par l'inobservation, inexécution et infraction de ses édicts, que toutefois ils espèrent veoir [obéis], s'asseurant que Sa Majesté, sur les plaintes qui luy en seront représentées avec toute humilité et respect, fera cesser le mal qui les pousse et donnera soulagement à leurs douleurs. Pourront les dicts depputez exagérer les dictes plaintes selon leur prudence et l'estat des affaires.

Finiront les dicts discours par la représentation des vœux très ardens que les dicts subjects font journellement à Dieu pour l'accroissement et la bénédiction de la personne de Sa Majesté, grandeur de sa couronne et prospérité de son estat.

Ces discours estans faicts devant le Roy, ils en feront une copie, laquelle, signée par eux, ils remettront entre les mains de M. le chancelier.

La dicte assemblée laisse à la discrétion des dicts depputez de pouvoir amplifier le discours susdict, et enrichir leur harangue selon la dextérité de leur esprit, sans toutefois pouvoir rien changer en la substance des susdicts articles, leur ordonnant que celuy qui aura à porter la parole mette par escrit ce qu'il voudra prononcer devant le Roy, et le communique à ses collègues devant la prononciation.

Ce premier compliment faict, l'assemblée trouve bon qu'ils facent la révérence à la Royne à part, et encores qu'elle se trouvast assister le Roy lors de leur discours; et, après luy avoir représenté la lettre de la part de l'assemblée, l'asseureront de l'obéissance et très humble fidélité et service des subjects du Roy faisant profession de la religion refformée, la remercieront des tesmoignages qu'elle leur a donnez cy devant de sa bienveillance, la supplieront très humblement de leur continuer sa faveur et leur départir envers le Roy les effects du pouvoir qu'elle y a, à ce qu'ils puissent obtenir les justes demandes qu'ils font, avec toute humilité et respect à Sa Majesté, fondées sur l'observance de ses édicts et sur la nécessité de leur conservation et liberté; et, sur ce subject, feront les dicts depputez telz discours qu'ils adviseront, qui se rapportent au contenu de cest article, faisant néantmoins recognoistre à la Royne que sa bonne volonté leur a esté par le passé assez infructueuse, à cause du peu de soin que ceux qui en ont eu la charge ont apporté à l'exécution des édicts et dans le conseil et dans les provinces.

Verront M. le chancelier et MM. de Villeroy, Janin et de Pontchartrain, les salueront de la part de l'assemblée et leur rendront les lettres qu'on leur escrit, avec offre de service de la part de l'assemblée.

Ayant présenté au Roy le plus tost qu'ils pourront, ou mis ès mains de M. le chancelier ou de M. de Pontchartrain le cahier dont ils sont chargez par l'assemblée, ils en presseront la response diligemment, et, à ces fins, feront sçavoir à MM. les ministres de l'estat que l'assemblée leur a limité le temps de leur séjour en cour à trois semaines après avoir faict la révérence au Roy, dans lequel délay les supplieront de leur donner expédition.

La dicte assemblée deffend aux dicts depputez très expressément d'entrer en aucun traicté ni conférence sur les expédiens qui pourront estre pris aux responses des articles du dict cahier, mais supplieront seulement les dicts sieurs ministres de l'estat de faire que le Roy leur responde favorablement sur iceux. Sont toutefois iceux depputez chargez de relever la justice et nécessité des dicts articles par leurs discours envers les dicts sieurs ministres de l'estat, et y apporteront à cest effect toutes les raisons dont ils s'adviseront, faisant recognoistre que le dict cahier est par advance et composé d'articles plus urgens et du tout nécessaires; réservant à poursuivre cy après les autres demandes très justes qu'ils ont à demander avec humilité au Roy, et feront paroistre l'union très ferme qui est entre les dicts subjects de la religion soubz l'obéissance du Roy et pour l'obtention des dictes demandes, les quelles l'assemblée a réduites à si petit nombre, affin de donner à Sa Majesté et aux dicts sieurs ministres de l'estat tant plus de facilité à les accorder. Et rapporteront les dicts depputez à ce but-là et à ce desseing tous les justes artifices et moyens que leur prudence et jugement avec l'occasion des affaires de la cour leur pourront suggérer, sans toutesfois y rapporter aucun jugement qui puisse estre contraire à la teneur des dicts articles, et sans se pouvoir, en sorte quelconque, relascher d'aucun d'iceux.

Ne pourront les dicts depputez parler des affaires de leur charge ni visiter ceux qui auront à juger des dictes affaires que tous ensemble, et non séparément.

Seront soigneux de tenir l'assemblée advertie le plus souvent qu'ils pourront du progrès de leur négociation et des diverses occurrences qui pourront survenir en l'estat général des affaires du royaume, et particulièrement pour ce qui concerne ceux de la religion, et ce historiquement et par narration seulement, sans interposer leurs jugemens dans leurs lettres.

Sont aussy chargez les dicts depputez, après avoir prononcé leur discours devant le Roy, d'en envoyer au plus tost une copie à l'assemblée avec la response que Sa Majesté leur fera.

Outre le contenu au dict cahier, et attendant la response d'iceluy, les dicts depputez, pendant leur séjour en cour, poursuivront le plus diligemment qu'il leur sera possible les articles suivants :

Premièrement supplieront très humblement le Roy ou MM. les ministres de l'estat ordonner que les pauvres soldats estropiez de la dicte religion jouissent indifféremment, comme les catholiques, des oblietz[1] et bénéfices destinez à l'entretenement de telles sortes de personnes, ou du moins qu'on leur assigne la somme de soixante livres à chascun de pension annuelle, comme il se pratique pour d'autres, sur le revenu des dicts bénéfices.

Se plaindront du rasement de la citadelle de Mantes et du transport des canons, poudres et munitions qui estoient dedans, et demanderont remplacement de l'un et de l'autre ; auront aussy soin de faire employer [au nombre] des villes de seureté la dicte ville de Mantes et les places de Montion, Sully, Baugé et Dourdan, appartenant à M. de Sully.

Supplieront très humblement le Roy qu'il luy plaise, suivant le brevet du dernier avril 1598, faire pourvoir deux personnages de la dicte religion de deux offices de maistres des requestes de son hostel, ...[2] à la nomination des dictes esglises, et, pour cest effect, en ériger et créer deux offices nouveaux, à la charge de suppression des deux premiers vacans par mort.

Auront aussy soin particulier de l'article concernant la composition des chambres mi-parties de l'édict, compris au premier cahier à eux baillé, et particulièrement de faire ordonner au conseil que les présidens catholiques viennent présider au dictes chambres par tour, suivant l'ordre de leur réception, et spécialement poursuivront la révocation de M. le président Paule, commis pour servir l'année prochaine en la chambre de Castres, et tascheront de faire ordonner que le parlement de Toulouse soit tenu d'y envoyer le président catho-

---

[1] Ce mot est ainsi écrit. On peut conclure de divers exemples cités dans l'article *Oblata* du glossaire de Ducange qu'à certains jours on distribuait au peuple des pains sous le nom d'*Oblies*. (Édit.)

[2] Il y a ici dans le manuscrit une lacune d'environ huit ou dix mots.

lique qui vient à tour, encores qu'il se trouve reçeu après le sieur président de Vignolles, et représenteront là dessus les promesses sur ce faictes par la Royne, tant au dict sieur de Vignolles qu'aux depputez généraux.

Supplieront le Roy et les dicts sieurs ministres de l'estat de leur accorder une desclaration tendante à ce que les causes des particuliers de la dicte religion appelez en la cour des comptes de Provence, auxquelles il ne s'agit de l'interest de Sa Majesté à raison du faict des tailles, soient traictées en la chambre de l'édict de Grenoble, suivant l'attribution de juridiction donnée à la dicte chambre par la desclaration de Sa Majesté, vérifiée en icelle, et qu'il soit faict très expresses inhibitions et deffences à la dicte cour des comptes de prendre cognoissance d'aucune affaire concernant les dicts supplians, jusques à ce qu'ils aient obéi à Sa Majesté et procédé à la vérification de la dicte desclaration, et, en outre, qu'il plaise à Sa Majesté donner une particulière desclaration et interprétation des dictes causes, auxquelles il s'agit de l'interest particulier de Sa Majesté.

Poursuivront en la cour des aydes de Paris la vérification et enregistrement des lettres patentes de Sa Majesté contenant l'exemption de toutes impositions et charges en faveur des pasteurs de la dicte religion.

Et d'autant que les subjects de Sa Majesté souffrent beaucoup de frais et d'incommoditez pour la poursuitte des jugemens des partages qui interviennent souvent aux chambres de l'édict, supplieront qu'il soit ordonné que les dicts partages seront doresnavant vuidez en la chambre plus prochaine, sans qu'il soit besoing de faire aller le rapporteur ou compartiteur, lesquelz seront seulement tenus de rédiger par escrit les raisons et motifs de leurs advis, pour estre envoyées avec le procès en la dicte chambre, sans qu'il soit besoing d'avoir lettres de grand sceau pour faire assigner les parties, ains suffira pour la dicte assignation, de prendre lettres de la chancellerie de la dicte chambre où le dict partage est intervenu.

Supplieront le Roy, pour plus grande asseurance des édicts de pacification, d'octroyer une desclaration par laquelle soit ordonné que les sermens portez par les 91ᵉ et 92ᵉ articles seront faicts et renouvelez par tout le royaume par tous ceux qui sont nommez aux dicts articles[1].

Se plaindront vivement de la procédure extraordinaire faicte par le lieutenant civil de la prévosté de Paris, en ce que, à son de trompe et cri public, il a faict deffence d'establir un collége au bourg de Charenton ; représenteront qu'y ayant au dict lieu exercice public de la religion, ils sont fondez justement, suivant l'édict, au droit d'y pouvoir establir un collége ; insisteront que les dictes deffences soient levées, et qu'il leur soit permis de jouir de ceste facilité d'y pouvoir, quand bon leur semblera, establir un collége.

Poursuivront que le lieu accordé par les officiers du bailliage de Sens près la ville de Langres leur soit confirmé, nonobstant les oppositions des ecclésiastiques du dict Langres et arrest du conseil de Sa Majesté obtenu par surprise contre eux ; représenteront vivement les grandes plaintes que les habitans de la dicte ville de Langres font des excès, oultrages et violences qu'ils souffrent journellement en la dicte ville, et demanderont réparation et justice des dicts attentats, et qu'il soit enjoint aux magistrats de la dicte ville d'empescher telz excès à l'advenir, et d'y faire observer exactement les édicts, à peine d'en respondre en leur propre et privé nom.

Assisteront de tout leur pouvoir le sieur de Congnée, pourveu d'un estat de substitut de M. le procureur général au parlement de Paris, et, d'autant que sa réception n'a esté refusée qu'à cause de la religion, ils s'en plaindront, et tascheront, pendant leur séjour, de le faire recevoir, s'il est possible.

Outre le contenu au cahier général concernant les habitans de la dicte religion du Comtat, ils appuyeront et assisteront les poursuittes particulières du sieur de Schelandre de tout ce qu'ils pourront.

Parleront aux dicts sieurs ministres de l'estat de l'affaire concernant la prise et reprise du chasteau de Camerade au pays de Foix ;

[1] Voir l'édit de Nantes. (Édit.)

représenteront l'importante conséquence du dict affaire, et comme la dicte reprise se trouve couverte et approuvée par ordonnance du sieur comte de Carmail, gouverneur du dict pays de Foix, concernant le rasement du dict chasteau, et demanderont une [abolition] généralle de tout ce qui s'est passé aux affaires, et auront un soin particulier du dict affaire.

Prendront garde aux poursuittes qui sont faictes en cour par le sieur de Sainte-Foy, tant pour luy que pour la dame Dandou, et empescheront qu'il ne puisse obtenir évocation de l'affaire de Bélestat, au dict pays de Foix, duquel la cognoissance appartient à la chambre de Castres, tant pour le ressort ordinaire que par lettres patentes expresses de Sa Majesté, et supplieront mon dict sieur le chancelier de ne vouloir octroyer la dicte évocation.

Poursuivront aussy d'obtenir, en faveur du sieur de Julsa, permission de continuer à bastir sa maison de Garabert, au dict pays de Foix, selon sa qualité et comme il est permis à tous les autres gentilshommes du royaume.

Tascheront aussy d'obtenir, en faveur des habitans de la ville de Montesquieu en Lauraguais, qu'il leur soit permis de faire exercice de la dicte religion en la dicte ville, comme il a esté par le passé, ou du moins qu'il soit permis au seigneur du dict lieu, comme y ayant toute justice, de pouvoir faire le dict exercice dans son chasteau.

Poursuivront que les habitans de la ville de Laverdin, au dict pays de Foix, soient maintenus en la jouissance du droit qu'ils ont sur la capitainerie de la dicte ville, contre ceux qui pourront avoir obtenu la dicte capitainerie.

L'assemblée leur recommande très humblement de bien assister le depputé de la ville de Milhau en ses poursuittes; représenteront l'importance du dict affaire, les inconvéniens et mauvaises suittes qui en sont à craindre; et, quoyque l'assemblée n'approuve pas tous les excès qui y ont esté commis, néantmoins ils presseront vivement la source et l'origine qui provient de l'insolence insupportable d'un jésuite; supplieront Sa Majesté de vouloir abolir les dicts actes, interdire à la chambre de Castres d'en faire plus avant poursuitte, et veoir sur ce subject l'impunité pratiquée en plusieurs et diverses villes de ce royaume sur des excès plus grands et plus atroces commis contre ceux de la dicte religion, dont ils n'ont pu avoir aucune justice.

S'ils rencontrent à la cour quelqu'un de la part des consuls de Nérac, l'assisteront en ses poursuittes et demanderont cassation des procédures faictes contre les dicts consuls par la chambre de Nérac.

Poursuivront le plus diligemment et vivement qu'ils pourront, pour la province du bas Languedoc, d'avoir arrest du conseil, par lequel il soit porté que l'arrest par eux cy devant obtenu pour l'establissement de l'exercice de la dicte religion aux faux-bourgs de la ville de Clermont de Lodesve soit exécuté. Et néantmoins, attendu que c'est ville de seureté, qu'il soit enjoint aux habitans de procéder à la démolition d'une forteresse par eux de nouveau construite dans une esglise de la dicte ville, laquelle forteresse demeurant, la dicte seureté leur seroit inutile.

Représenteront les inconvéniens qui peuvent arriver du fort Saint-Anastase au dict bas Languedoc, et combien il importe au service de Sa Majesté et repos de la province que le dict fort, qui est comme une retraicte de voleurs, soit rasé ; et feront tout ce qui leur sera possible pour obtenir le dict rasement.

Prendront garde que le fort de Peccais, au mesme pays, ne soit point obmis en l'estat de place de seureté, auquel il a esté tousjours employé cy devant.

Auront en singulière recommandation l'establissement de l'exercice de la religion requis par la ville de Valence en Dauphiné, aux faux-bourgs d'icelle, nonobstant l'opposition de l'évesque du lieu ; et feront tout ce qui leur sera possible pour faire décider à leur profit le partage intervenu entre les sieurs commissaires exécuteurs de l'édict de la dicte province, dont l'instance est pendante au conseil.

Feront coucher dans l'estat des esglises qui désirent l'approchement l'esglise de Venterol, appelleront des jugemens des dicts sieurs commissaires, et poursuivront qu'au lieu qu'on a establi l'exercice à douze cens pas du dict Venterol, en lieu solitaire et très incommode, il plaise à Sa Majesté l'establir au dict Venterol, comme pour premier lieu de bailliage.

Supplieront d'avoir lettres de desclaration contenant concession de mesmes droits, priviléges et prérogatives pour le collége et académie de Dye, qui furent accordées par le feu Roy au collége et académie de Montélimart, suivant la response au septiesme article du cahier de Dauphiné présenté le 13 février 1612.

Favoriseront de tout leur pouvoir les poursuittes des habitans de la religion du dict pays de Dauphiné, sur ce qu'ayant, par la response d'un cahier du 17 avril 1612, obtenu de Sa Majesté faculté d'appeler des jugemens faicts par les commissaires depputez pour la vérification et réduction des debtes passives des communautez villageoises du dict pays, et ce dans trois mois après la response du dict article, et ce en la chambre de l'édict de Grenoble; et d'autant que la dicte commission leur a esté du tout inutile, tant pour ce que le dict cahier ne fut rapporté de la dicte province et ne vint en la cognoissance des intéressez que longtemps après le dict délay expiré, et que d'ailleurs le syndic des dictes communautez à obtenu par surprise arrest au conseil portant révocation de la dicte concession, sans appeler ni ouir les dicts habitans de la religion, lesquelz en reçoivent un très notable préjudice, supplieront Sa Majesté ordonner, en révoquant le dict arrest, comme obtenu par surprise, que les dicts habitans de la dicte religion de Dauphiné jouiront de la concession à eux accordée par la response du susdict cahier, et que le délay de trois mois porté par iceluy ne courra que du jour de la desclaration qui sera sur ce faicte.

Assisteront le sieur de Brelly, pourveu de l'office de substitut du procureur général en la chambre de l'édict de Dauphiné, en la poursuitte qu'il faict d'une jussion adressante au parlement du dict Dauphiné, pour estre procédé à la réception du dict article.

Tascheront, en faveur de ceux de la religion de Normandie au bailliage de Caen, d'obtenir arrest du conseil sur une instance qui est pendante, à ce que l'exercice de la religion se fasse librement, au faux-bourg Saint-Patrice de la ville de Bayeux, nommé pour premier lieu du bailliage de Caen, et représenteront la justice de la dicte cause, en laquelle toutesfois est intervenu arrest du conseil portant le dict establissement, suivant l'advis des commissaires exécuteurs de l'édict, après avoir ouy l'évesque du dict lieu et le gouverneur, au préjudice du quel arrest et sur l'exécution d'iceluy les catholiques sont de rechef rendus opposans.

Insisteront que par arrest du conseil il soit dict que le dict exercice sera pleinement restabli en la ville de Montesvilliers, suivant l'édict, comme il a esté par cy devant, et suivant les lettres patentes du Roy et les informations sur ce faictes, desquelles résulte, par la déposition de dix tesmoings, que le presche se faisoit publiquement ès années 1576 et 1577, et ce, nonobstant un arrest de la cour de parlement de Rouen, par lequel est ordonné qu'il sera ouy dix-huit tesmoings, notables personnes, moitié catholiques et moitié de la religion, chose du tout impossible à exécuter.

Poursuivront une desclaration de Sa Majesté, par laquelle arrest du conseil du 12 mars 1608, portant pouvoir à la chambre de l'édict de Normandie de juger leur compétence sur les déclinatoires proposés, soit confirmé avec inhibitions au parlement d'y contrevenir ny troubler la dicte chambre.

Auront soin de l'affaire de l'esglise de Luffer en Angoulmois, et assisteront les poursuittes qui seront faictes pour l'establissement du dict exercice au dict lieu.

Si M. de Saint-Luc, gouverneur de Broage (?), est à la cour, le prieront de pourvoir à ce qu'à l'advenir, dans la dicte ville, les pasteurs qui vont visiter les malades ou consoler ceux qui sont condamnez à mort par justice ne soyent empeschez de faire leur fonction en toute liberté, suivant les édicts, comme il a esté faict mesme depuis trois mois, ayant le pasteur du lieu esté empesché de pouvoir consoler un nommé Priat, condamné à mort.

Poursuivront vivement au conseil, en faveur des sieurs de Sénat et autres habitans de la religion de Provence, d'avoir arrest par lequel l'instance recogneue au conseil par surprise, sur la sédition advenue en la ville de Salon contre ceux de la dicte religion, soit renvoyée en la chambre de l'édict de Dauphiné, suivant l'édict; représenteront l'importance du dict affaire, la gravité des excès commis en la sédition, desquelz l'impunité seroit de très mauvaise conséquence.

Auront soin des affaires des habitans d'Aubenas, et au cas que M. le colonel d'Ornano ne voudroit defférer aux prières que M. le mareschal de Lesdiguières luy fera pour le soulagement des dicts habitans, tant à cause de la garnison des Corses qui y sont que pour le mal qui leur en pourroit arriver à l'advenir, ils en feront plainte à Sa Majesté; se plaindront aussy de ce que le sieur d'Ornano fait faire tous les jours des fortifications au chasteau d'Aubenas, et y fait conduire des canons, ce qui cause de grands ombrages à tous les habitans du pays de Vivaretz de la dicte religion. Que si le Roy ne veut casser la dicte garnison, ni interdire les dictes fortifications, insisteront envers Sa Majesté qu'il luy plaise donner pareille permission à tous les circonvoisins de la dicte religion d'en user de mesme, sans qu'ils y puissent estre troublez ni empeschez.

Se souviendront de faire la plainte touchant l'entreprise de M. le comte de Marrans au préjudice de la seureté de la ville de Sancerre, et y obtenir les remèdes telz que la compagnie les a jugez.

Feront entendre fort particulièrement au Roy le ressentiment de ceste compagnie au dur et rigoureux traictement duquel M. le duc d'Espernon use envers le sieur Durand, de Metz, pour luy obtenir liberté, et asseurance de pouvoir retourner en ses maisons avec sa famille.

Donneront cognoissance au Roy ou à MM. de son conseil de l'envoy faict par ceste compagnie vers M. le Prince d'un gentilhomme, sur quoy fondé et à quelle fin, affin de lever les ombrages que l'on en pourroit prendre.

Sont chargez, en cas que les affaires s'eschauffent et que le mariage s'advance, de supplier le Roy de trouver bon que les gouverneurs de nos places de seureté soient advertis par eux de veiller à la seureté de leurs places, comme de faict ils en donneront aussy les advis sans aucune alarme.

Se ressouviendront de recommander l'affaire de l'establissement et approche de ceux de la religion en la ville d'Issoire, comme aussy des autres lieux qui furent spécifiés par l'assemblée de Saumur.

En cas que l'on voulust donner et mettre ès mains de M. Ballion nos affaires et le cahier, supplieront très humblement le Roy que cela ne soit point.

Se souviendront aussy du faict du greffe de la chambre de Castres.

Feront en outre très ferme et très grande instance que la nomination de celuy qui est commis à la recepte des deniers qu'il a pleu au Roy accorder aux esglises soit au choix des dictes esglises, et que la requeste présentée par leurs depputez généraux sur ce faict soit favorablement respondue; à quoy ils s'affermiront entre les principales affaires dont ils sont chargez[1].

Faict à Grenoble, le 12 aoust 1615.

Le 15 août suivant, les députés de la Rochelle furent entendus et rappelèrent le siége que leur ville avait soutenu en 1573, et l'asile que les réformés avaient toujours trouvé dans leurs murs; ils demandèrent qu'on augmentât le subside nécessaire pour entretenir les fortifications. L'assemblée résolut qu'il en serait fait instance auprès du Roi, et l'extrait suivant de la séance expose la demande et les considérations qui la font appuyer.

XVII.

Extrait du procès-verbal de la séance du 15 août 1615.

Les depputez de la Rochelle ont dict et remonstré que, veu les grandes et excessives despenses ès quelles la dicte ville s'est engagée

---

[1] On trouvera à la fin du volume, aux pièces qui se rapportent à l'édit, les solutions données à plusieurs des difficultés signalées dans ces instructions. (Édit.)

depuis huit à dix ans en ça, tant pour la continuation des fortifications nécessaires, lesquelles ils ont entreprises par l'advis et conseil des esglises de ce royaume, et sous le bon plaisir du roy Henry le Grand, de très heureuse mémoire, que pour la recherche qui a esté faicte sur eux depuis quelque temps d'une vieille debte qu'ils avoient empruntée en Angleterre durant le siége de la dicte ville, pour laquelle il a fallu payer plus de vingt mille escus; laquelle debte ils avoient créée par advis général des autres esglises de ce royaume, avec promesse de contribuer à l'acquit d'icelles, à quoy elles n'ont point satisfaict; que toutesfois, pour tesmoigner l'union estroite et parfaicte qu'ils ont de tout temps avec les autres esglises, ils ne voulurent jamais, à l'issue du dict siége, traicter particulièrement pour eux, quoyqu'on leur offrist des conditions fort advantageuses, mais voulurent qu'au dict traicté fussent comprises les autres esglises; que néantmoins ils ont demeuré seuls soubz le fardeau de la dicte despense, sans que aucun y ayt contribué aucune chose, quoyque souvent on leur ayt promis d'y avoir esgard; que, pour fournir à la dicte despense jusques icy, ils ont employé non seulement le revenu annuel de la dicte ville, mais aussy esté contraints d'engager le fonds, et encores de faire de si grandes levées de deniers sur eux, que les deniers publics et particuliers sont presque du tout épuisez, et la dicte ville réduite à une telle disette, qu'elle sera contrainte de laisser l'ouvrage des dictes fortifications imparfaict, si elle n'est secourue en ceste occasion. Comme elle a tousjours officieusement servi et assisté les autres en semblables occurrences, ainsy qu'elle est et sera très volontairement et d'ardente affection preste à continuer de tout son pouvoir pour le bien, repos et conservation des dictes esglises et tous les membres d'icelles, ont supplié la compagnie qu'ayant esgard à ce que dessus, et autres raisons plus amplement déduites, il luy plaise leur ordonner, outre et par dessus deux mille escus à eux octroyés par le Roy par chascun an, quelque bonne et notable somme une fois payée, et qu'au lieu de six mille livres il leur soit donné six mille escus d'entretien annuel pour accomplir l'ouvrage des dictes fortifications, ouvrage véritablement royal et qui regarde non seulement le particulier de la dicte ville, mais de toutes les esglises de ce royaume, à la pluspart desquelles la dicte ville a souvent servi d'asile et de retraicte durant les guerres civiles et persécutions faictes contre ceux de la religion. Sur quoy la dicte compagnie, sachant l'importance de la dicte ville et la considération en laquelle elle doibt estre à toutes les esglises du royaume, a ordonné que instance sera faicte envers Sa Majesté, par toutes sortes de supplications, et dont les depputez généraux seront chargez, à ce qu'il luy plaise accorder, pour les fortifications de la dicte ville, annuellement la somme de dix-huit mille livres au lieu de six mille qui luy avoient esté ordonnez. A ceste fin faict en outre la dicte compagnie promesse, au cas qu'il plaise à Sa Majesté augmenter sa libéralité envers les esglises, d'assister la dicte ville de quelque somme notable, et au par sus, de faire pour son contentement, bien et conservation, généralement tout ce qu'elle pourra.

Dans la séance du 17 août, MM. de la Haye et de Congnée présentèrent à l'assemblée la lettre suivante, de la part de M. le prince de Condé. L'assemblée, après l'avoir entendue, décida qu'elle ne donnerait de réponse qu'après qu'elle aurait communiqué au maréchal de Lesdiguières et aux députés des seigneurs ladite lettre et le manifeste qui l'accompagnait[1].

XVIII.

Lettre du prince de Condé aux députés assemblés à Grenoble.

Messieurs, M. de la Haye vous ayant faict maintenant sçavoir de ma part le succès de la conférence de M. de Villeroy[2], j'ay pensé encores vous debvoir donner advis de la suitte par ceste cy, que j'ay prié le sieur de Congnée de vous porter, pour vous faire entendre

---

[1] On trouvera cette dernière pièce plus loin, aux documents relatifs à la prise d'armes des princes. — [2] Voir plus haut, page 26.

qu'ayant veu la malice des ministres coupables des désordres de l'estat s'accroistre et porter les choses au pis, pour se garantir, dans la confusion, de la honte et du chastiment qu'ils méritent, je me suis résolu de faire veoir à toute la chrestienté la candeur de mes intentions, et justes subjects que j'ay eus de me plaindre de leur mauvais gouvernement. Ce que j'ay faict par une desclaration que j'ay envoyée au Roy, laquelle aussy je vous envoye, comme à ceux qui ont tousjours tesmoigné toute la fidélité et affection qui se peut désirer pour le repos public et pour l'auctorité de nostre Roy, et à qui [il] doibt une grande partie de sa tranquillité jusques icy. Vous n'y verrez rien dont ne soyez informez, et dont vous n'ayez desjà soupiré dans vos âmes. C'est pourquoy j'espère que vous voudrez contribuer de vostre puissance et bonne affection à y chercher le remède désiré par tous les gens de bien, et que vous vous joindrez avec nous en résolution de deffendre la liberté publique et l'honneur de l'auctorité royale dont on abuse avec tant d'insolence. Ainsy vous aurez encores la gloire d'avoir une seconde fois aydé à la restauration de l'estat, dont l'obligation s'estendra généralement sur tous les bons François, et à laquelle je prendrai telle part pour l'intérest de ma naissance et de ma fidélité au service du Roy, que je vous tesmoignerai à tous, en général et en particulier, le ressentiment que j'en auray, et que je vous veux honorer et servir avec la mesme affection que je suis, messieurs, vostre très affectionné à vous faire service.

De Coucy, ce 9 aoust 1615.

HENRY DE BOURBON.

Et en la suscription :

A messieurs, messieurs les depputez de l'assemblée de Grenoble.

Dans la même séance, des réclamations furent adressées par le commissaire de Louis XIII à l'assemblée, comme l'indique la pièce suivante

XIX.

Extrait du procès-verbal de la séance du 17 août 1615.

M. Frère, maistre des requestes ordinaire de l'hostel du Roy, et son conseiller en son conseil d'estat et privé, estant venu à la compagnie, y a faict plainte de ce que, au préjudice des recommandations qu'il nous avoit cy devant faictes de ne recevoir aucunes propositions au préjudice du service du Roy, on avoit receu une lettre et un manifeste de la part de monseigneur le Prince, sans luy en avoir communiqué, comme on debvoit faire, attendu la charge qu'il a. Ce que toutefois il disoit, non pour aucune deffiance qu'il eust de la fidélité de la compagnie au service du Roy, mais pour obéir à son debvoir; et, pour montrer l'estat auquel estoit mondict seigneur le Prince à la cour, auroit présenté une lettre de Sa Majesté, escrite à M. le mareschal de Lesdiguières. Sur quoy, luy ayant M. de Blet, président, réitéré au nom de l'assemblée les asseurances de son obéissance et fidélité envers Sa Majesté, luy auroit dict qu'après avoir délibéré sur sa proposition on luy feroit entendre la résolution. Et en même temps ledict sieur Frère, se retirant, auroit dict que la compagnie en pouvoit délibérer, après avoir ouy ses depputez vers mon dict sieur le mareschal, et les envoyez de nos grands pour prendre leurs sentimens sur la lettre et manifeste du dict seigneur Prince. Et cependant ont esté depputez vers le dict sieur Frère pour luy rendre la dicte lettre, et luy dire que, selon son advis, on délibéreroit à loisir sur sa proposition, MM. de Loudrière, de l'Isle, Granlot, Bonnencontre et Faucher.

Tandis que l'assemblée, placée entre la nécessité de respecter les ordres du Roi et celle de ne pas rejeter le secours que lui offrait le prince de Condé, faisait renouveler à ses membres le serment de garder le silence sur ses délibérations, et négociait avec MM. Frère et le maréchal de Lesdiguières, recevant d'un autre côté les assurances de MM. de Rohan et de Soubise, la nouvelle d'un événement redouté, mais non inattendu, vint la surprendre le 22 août. Elle apprit que le Roi était parti le 18 pour le voyage au terme duquel devaient être consommés les mariages espagnols. La délibération de ce jour se ressent du trouble inévitable qu'une pareille circonstance devait amener. Nouvelle instance auprès du Roi pour l'instruire, en toute franchise, des démarches faites auprès du prince de Condé, et le prier de différer ces mariages, dont les réformés craignent avec raison les suites; nouveau député envoyé au Prince afin d'apprendre de lui sur quelles ressources il compte pour faire réussir son entreprise, prière aux grands du parti d'écrire à Sa Majesté dans le même sens que le Prince et l'assemblée, serments des gouverneurs renouvelés, prudence recommandée aux conseils des provinces, tout annonce que la lutte va entrer dans une phase nouvelle.

Dans cette même séance du 22, M. de Rouvray fut chargé de rédiger la lettre destinée à être remise au Roi; M. de Berteville, celle que l'assemblée allait faire porter par député au prince de Condé; enfin la rédaction de celles qui devaient être adressées aux grands du parti fut confiée à MM. de Bonnencontre et Soullet. — Dans la séance du 23, M. de Cagny fut désigné pour aller trouver M. le Prince et le maréchal de Bouillon; M. de Saint-Brisson fut choisi pour remettre au Roi la lettre suivante, et reçut commission de s'employer à obtenir la mise en liberté du président Le Jay. M. de Loudrière dut aller trouver les ducs de Rohan, de Sully et les autres grands, et leur remettre les lettres de l'assemblée, les engageant à soutenir le serment d'union; M. de Favas fut dépêché à M. de la Force en Béarn.

XX.

Proc. verb. manuscr. etc. Bibl. Mazar. — Pap. Conrart, in-fol. t. XI, p. 301, Bibl. de l'Arsen. — Imp. Mercure franç. t. IV, 1615, p. 222.

Lettre escrite par ceux de la religion prétendue refformée, assemblez à Grenoble, en aoust 1615, au Roy.

Sire, comme nous estions sur le point de vous rendre compte, selon nostre debvoir, de la seconde depesche que nous avons receue de M. le Prince, par laquelle il nous convie, comme bons François, à nous joindre avec luy au désir qu'il tesmoigne avoir par la desclaration qu'il a faict présenter à Vostre Majesté, et dont il nous a envoyé la copie, de remédier aux désordres de l'estat et aux maux qu'il dit préveoir de la précipitation du mariage de Vostre Majesté, nous avons appris qu'elle estoit partie avec la Royne, vostre mère, pour s'acheminer au dict voyage. Ce qui nous a faict, non sans douleur et esbahissement, advancer la dépesche du sieur de Saicnt-Brisson, par la bouche duquel, Sire, vous serez plus particulièrement informé des sentimens de ceste assemblée sur ce faict et en icelle, et généralement de tous vos très humbles et très fidèles subjects de la religion, qui par nous ne peuvent dissimuler à Vostre Majesté la douleur qu'ils ont de veoir prévaloir auprès de vous une résolution contre l'advis général des princes de vostre sang, principaux officiers de vostre couronne, et de la plus grande et saine partie de vos subjects. En quoy, Sire, non seulement comme estant de la religion, et qui comme telz pouvons prendre, par véritables et particulières considérations, un particulier intérest en ceste affaire, mais aussy comme bons François et fidèles subjects, nous osons plus ardemment réitérer icy à Vostre Majesté nos très-humbles requestes, à ce qu'il luy plaise faire très bonne et grande délibération sur les instances de mon dict sieur le Prince, et sur nos très humbles et très ardentes supplications, pour accorder quelque refformation aux désordres de l'estat, duquel le trouble si général luy est un présage de ruyne; ensemble sur la surséance et délayement du voyage de Vostre Majesté, puisque, par un sentiment universel de tous vos subjects, l'on remarque que la précipitation d'iceluy porte tant d'altération aux autres alliés de vostre couronne, tant d'alarmes, de deffiances et de douleur dans les cœurs de la plus grande et de la plus saine partie de vos subjects, qu'elle peut enfin interrompre le cours du repos et tranquillité de vostre royaume, et ensuitte empescher l'accroissement de vostre auctorité et l'affermissement de vostre règne, où nostre principale visée tend après la gloire de Dieu et la liberté de nos consciences. Sire, le mesme Dieu qui nous commande la fidélité et obéissance envers nos roys requiert aussy d'eux un amour paternel envers leurs subjects, et, comme nous ressentons le premier fermement engravé dans nos cœurs; aussy attendons-nous avidement en ce subject, de Vostre Majesté, les doux effects de l'autre envers nous; et comme encores en cela vous imiterez et seconderez la bonté et la prudence de ce grand Roy, vostre père, qui bien souvent s'est relasché de ses desseings, voire de ses propres affections, pour déférer aux vœux et aux conseils de ses serviteurs, et à la voix de son peuple, ainsy aussy suivrons-nous les traces de nos devanciers, très fidèles subjects des roys vos prédécesseurs, voire, s'il se peut, nous les surpasserons en ce debvoir, pour tesmoigner à Vostre Majesté, au péril de nos biens, vies et honneurs, que nous sommes véritablement, Sire, de Vostre Majesté les très humbles, très fidèles et très obéissans subjects et serviteurs.

21 aoust 1615.

Les depputez de l'assemblée de Grenoble.

XXI.

Pap. Conrart, in-fol. t. XI, p. 303, bibl. de l'Arsen. — Impr. Mercure franç.
t. IV, 1615, p. 224.

Lettre de l'assemblée de Grenoble à la Royne.

Madame, Vostre Majesté apprendra, particulièrement par la bouche du sieur de Sainct-Brisson, quel est le subject de son envoy de la part de ceste assemblée vers le Roy. C'est pourquoy, pour ne vous ennuyer davantage, nous nous restreindrons à la très humble supplication que nous osons faire icy à Vostre Majesté de vouloir en ceste occasion se tesmoigner non seulement mère du Roy, mais aussy de l'estat, le bien duquel estant si nécessairement lié à sa sacrée personne, nous nous promettons que Vostre Majesté aura les mesmes sentimens pour l'un comme pour l'autre, et que vostre bonté se sentira enfin esmeue par la voix du peuple, qui est celle de Dieu. Ce que nous espérons d'autant plus que Vostre Majesté, depuis la mort du feu Roy, a rendu des preuves signalées de son affection singulière au bien de l'un et de l'autre. Que si le bonheur de tous les deux, Madame, permet que Vostre Majesté veuille en faire bonne considération, Dieu exauçant en cela nos vœux très ardens, ce sera un subject d'obligation que vous aura tousjours ce royaume, et dans laquelle nous prendrons particulièrement telle part qu'il ne nous restera à l'advenir aucun soin plus grand ny désir plus violent que de tesmoigner à Vostre Majesté, par toute sorte d'obéissance et très humble service, que nous sommes, Madame, de Vostre Majesté les très humbles et très loyaux subjects et serviteurs.

De Grenoble, 21 aoust 1615.

Les depputez de l'assemblée de Grenoble.

XXII.

Instructions pour M. de Loudrière, envoyé par devers MM. de Rohan, Soubize, de la Trimouille, Sully, Chastillon, Parabère et Duplessis.

Du 24 août 1615.

Leur présentera les lettres de ceste assemblée.

Leur fera, avec affection, les remerciemens nécessaires pour la depputation qu'ils ont faicte en ce lieu de gentilshommes qui, en la présentation de leurs lettres et... de leurs créances, nous ont rendu des tesmoignages de leur zèle à la gloire de Dieu et bien de nos esglises, et lesquelz, en leurs noms, ont faict le serment de l'union, et iceluy soubsigné.

Les suppliera de ratifier les sermens et protestations faicts par leurs dicts depputez, et de soubsigner le serment de l'union et leur présentera, et d'autant que M. de Parabère n'a escrit à ceste compagnie, le priera, ensemble M. Duplessis, à l'imitation de MM. nos grands, de soubsigner le serment d'union.

Les informera de la bonne intelligence qui est entre nous.

Les advertira de ce qui s'est passé en l'envoy des sieurs de la Haye et de Congnée par monseigneur le Prince vers ceste assemblée, et de la response que nous luy avons faicte.

Leur fera sçavoir l'estat auquel nous sommes à présent.

Les suppliera de joindre leurs supplications aux nostres envers Sa Majesté pour la retardation du mariage.

De se tenir tellement unis avec nous et de demeurer si fermes en ceste liberté, qu'ils soient tousjours disposez, avec leurs amis et serviteurs, à l'exécution des résolutions de ceste assemblée.

Donner bon ordre de veiller aux places de seureté qu'ils ont entre les mains.

Remerciera particulièrement MM. de Rohan et de la Trimouille de ce que, préférant l'union de nostre corps à leurs intérests particuliers, ils ont donné leur volonté à un accommodement de leurs différends.

Fera semblables remerciemens à Mme de la Trimouille de ce que, par ses bons et salutaires conseils, elle a porté M. de la Trimouille à cest accord.

Remerciera aussy MM. Duplessis et de Parabère d'avoir tant heureusement travaillé au dict accommodement.

Suppliera mes dicts sieurs de nous faire part de leurs sentimens sur les occurrences de ce temps, quelz règlemens ils jugent utiles, justes et nécessaires pour obvier aux suittes périlleuses du dict mariage, si Dieu n'en divertit l'accomplissement.

Pourra le dict sieur aller à la Rochelle et les advertir des termes auxquelz nous sommes, selon que par sa prudence il sera jugé à propos.

Fera toute diligence possible affin de retourner promptement.

En même temps que l'assemblée donnait ces instructions à M. de Loudrière, elle jugeait à propos d'adresser aux provinces la lettre suivante, où sont exprimées ses appréhensions et les précautions qu'elle a résolu de prendre.

XXIII.

Lettre escrite aux provinces.

Grenoble, 24 août 1615.

Messieurs, nous vous avons escrit au long ces jours passez, et informez, suivant les occurrences, suffisamment des choses principales que nous avons jugées dignes de vous. Depuis ayant veu que les affaires se poussent si avant, que nostre prévoyance nous oblige d'en appréhender les sinistres événemens, et entrer en un soin particulier de nous mesmes, nous avons creu nécessaire de faire ceste recharge à toutes les provinces, pour vous faire entendre, comme depuis l'arrivée du sieur de la Haye, monseigneur le Prince nous a envoyé de sa part le sieur de Congnée, avec sa desclaration que nous croyons vous estre tombée entre les mains, et nous a pour une seconde fois invitez de nous joindre à ses vœux, à ses prières et à ses effects, comme utiles et nécessaires au service de Sa Majesté, puisqu'il semble que, par son voyage précipité et mariage, on la veut jetter dans de très-grands et dangereux précipices. Parce que nous avons un notable intérest à la conservation de l'estat, auquel nos esglises sont embrassées et enveloppées, et qu'en ceste si estroite liaison l'une ne peut souffrir sans l'autre, nous avons envoyé un gentilhomme à la cour pour continuer nos très humbles et très affectueuses remonstrances à Sa Majesté, pour la supplier de nouveau de vouloir retarder son mariage, procéder à la refformation des désordres de l'estat, et faire de très bonnes et très grandes considérations des instantes poursuittes de mon dict seigneur le Prince, affin que par ce moyen on aille, par un salutaire remède, au devant de tous les malheurs qui semblent se rallier en nombre suffisant pour fondre avec effort et ruyne sur nous tous et en général et en particulier. Nous avons aussy de rechef envoyé un gentilhomme vers mon dict seigneur le Prince, pour le remercier de la continuation de ses offres et bonne volonté envers nous, et apprendre par son retour l'estat de ses affaires et l'ordre qu'il donne à l'estançonnement de ses desseings. Et pour fortifier d'autant mieux nos remonstrances et les rendre plus considérables à Sa Majesté, nous avons prié messieurs nos grands de joindre leurs supplications aux nostres, ayant pour cest effect envoyé vers eux, nous promettans qu'une si vigoureuse poursuitte ne sera pas sans fruit, et que le Seigneur donnera à nos nécessitez et à nos communes prières ses sainctes bénédictions. Cependant nous vous exhortons de demeurer en une bonne et saincte union, ensemble empescher qu'en vostre province ceux qui font profession de la religion ne désarment point, et que vous demeuriez tous en telle assiette que vous puissiez aller avec nous d'une mesme affection et d'un mesme pas, et suivre nos résolutions, desquelles vous devez entièrement dépendre, puisque mesme messieurs nos grands n'ont faict nulle difficulté de s'y soumettre, et ne vous laisser emporter à considération quelconque pour vous embarquer au préjudice du bien de nos affaires, puis mesme qu'en ceste nature de choses si grandes et si importantes on ne sçauroit se conduire avec trop de circonspection; comme vous debvez aussy prendre la mesme asseurance de nous, que, nonobstant les divers bruits que nos malveillans s'efforcent d'establir contre nous, nous conservons religieusement l'union entre nous, et sommes demeurez et demeurons en fort bonne correspondance et intelligence avec M. le mareschal de Lesdiguières et messieurs nos grands. Vous exhortons en outre de prendre garde à vous, de veiller à bon escient sur vos places, de les pourveoir soigneusement de toutes choses nécessaires pour vostre seureté, de vous garder surtout de surprises, ne doubtant point qu'il n'y ayt des gens ennemis de nostre bien qui ne feroient nulle difficulté de se prévaloir du temps, et se servir de l'occasion, si, par vostre singulière prudence et vigilance, il n'y est pourveu; et nous asseurans que nos exhortations trouveront parmy vous toute la place que nous sçaurions souhaiter, nous vous prions de croire que nous sommes, messieurs, vos, etc.

De Grenoble, ce 24 aoust 1615.

Les choses en étaient à ce point, lorsque M. de Venévelle, envoyé au prince de Condé par suite de la délibération du 12 août, revint le 1er septembre et présenta à l'assemblée la lettre suivante en réponse aux instructions dont il avait été porteur.

XXIV.

Lettre du prince de Condé.

Messieurs, j'ay reçeu vos lettres du 12 du présent par le sieur de Venevelle, et recogneu par icelles, et par la charge que j'ay entendu que vous avez donnée aux depputez qu'avez envoyez au Roy, vostre affection envers le public et l'estat, et le commun ressentiment que vous avez avec tous les vrays François des maux qui le travaillent et font appréhender une lamentable issue et de périlleux effects. Ce qui m'a faict supplier très humblement le Roy, mon seigneur, d'y apporter, avant son partement, le remède nécessaire, et d'autant plus prompt que le péril éminent peut moins souffrir de remise, le délay ne pouvant servir qu'à le rendre incurable. Et d'autant que la guérison des maladies doibt procéder du jugement des accidens extérieurs, je n'ay peu, pour le rang que Dieu m'a donné en ce royaume, céler ceux qui paraissent à mes yeux, croyant les debvoir descouvrir à Sa Majesté, ainsy que j'ay faict par ma desclaration, laquelle je vous ay envoyée pour vous informer, avec tous les bons et loyaux subjects du Roy qui aiment son estat et la grandeur et prospérité de sa couronne, de mes sincères intentions, et, par mes intentions, de mon innocence et de la juste et nécessaire deffence à laquelle je suis réduit, tant par l'extresme violence et oppression des mauvais conseillers qui sont près de Sa Majesté, desquelz chascun cognoist assez les injustices, et veoit à l'œil les furieux desportemens, leurs perfidies et leur déloyauté, dont tout de nouveau ils ont faict veoir des preuves manifestes à ce qui s'est passé à Amiens contre M. le duc de Longueville, d'où on l'a contraint à force ouverte de se retirer, non sans grand péril de sa personne, sur laquelle et sur la mienne on a eu plusieurs desseings par les entreprises que l'on a voulu exécuter sur Soissons contre M. le duc du Mayne, et sur le chasteau de Coucy, où je m'étais retiré seulement avec partie de mon train; et davantage par l'outrageuse violence dont on a usé à Paris contre le président Le Jay, qu'on

a enlevé de sa maison, quoyque malade, sans formalité de justice,
à main armée, et transporté hors de Paris pour le mener prisonnier
à Loches ou ailleurs, au grand mespris de l'auctorité du Roy et de
sa justice violée par ceste action qui surpasse toute autre violence, et
a obligé le parlement de cesser de rendre la justice aux particuliers
jusques à ce que ceste injustice publique soit réparée. C'est ce qui
enfin a rompu ma trop longue patience, et des autres princes, officiers de la couronne et seigneurs qui sont joints avec moy, et nous
a contraints de prendre les armes pour nous opposer à telz attentats,
les faire réparer et en chastier les auteurs, restablir l'auctorité du
Roy en sa première dignité, faire observer les édicts de pacification
et pourveoir aux abus et désordres de l'estat suivant le contenu ès
remonstrances du parlement et en nostre desclaration, résolus d'employer pour cest effect nos vies, nos biens et tout ce que nous avons
au monde, d'autant plus volontiers qu'en une si juste occassion nous
nous voyons secondez et assistez par vous et par ce qui reste de bons
François, avec lesquelz nous joindrons à ceste fin nos conseils et nos
forces ensemble, espérant que Dieu bénira une telle correspondance
et ne laissera pas périr une si juste cause, où il va de la liberté du
Roy, de la conservation des droits du royaume et finition de l'estat;
sur quoy le dict sieur de Venevelle vous dira plus particulièrement
où nous sommes à présent, dont me remettant à sa suffisance, et à ce
que le dict sieur de la Haye, qui est près de vous de ma part, vous dira
plus particulièrement, dont je vous prie le croire comme moy mesme,
je ne feray ceste [lettre] plus longue, sinon pour vous confirmer les
asseurances qu'il vous a desjà données de mon entière affection, tant
envers le général de vos esglises que d'un chascun de vous en particulier, et vous remercier des tesmoignages que vous me rendez en ces
occurrences de ceste bonne volonté, laquelle je vous prie de me continuer, et croire que je suis véritablement et à tousjours, messieurs,
vostre très affectionné à vous faire service.

HENRY DE BOURBON

Et en la suscription :

A messieurs, messieurs les depputez de la religion, assemblez à Grenoble par la permission du Roy.

Dans la séance du 4 septembre, M. de la Haye présenta de la part du prince de Condé un certain nombre d'articles propres à resserrer le lien qui l'unissait à l'assemblée. Celle-ci, malgré l'insistance avec laquelle il déclarait que les affaires réclamaient plus d'effets que de paroles, remit à en délibérer après le retour de M. de Saint-Brisson, envoyé vers le Roi, et de M. de Cagny, envoyé vers le Prince. Celui-ci revint le premier. Dans la séance du 9 il insista, de la part du Prince et de celle du maréchal de Bouillon, presque dans les mêmes termes que M. de la Haye, sur la nécessité d'agir immédiatement de concert, et remit une lettre sur laquelle on résolut néanmoins de n'ouvrir la discussion qu'après le retour de M. de Saint-Brisson. Les articles proposés et la lettre apportée par M. de Cagny suivent.

XXV.

Procès-verbaux manuscrits, t. IV. — Impr. Mercure franç. t. IV, 1615, p. 220.

Articles proposés par M. de la Haye à MM. de l'assemblée de Grenoble, tant au nom du prince de Condé qu'au nom de tous les autres princes, officiers de la couronne et seigneurs joints avec luy.

1° De s'unir ensemble et joindre nos conseils et résolutions en ce qui regarde la seureté et conservation de la vie du Roy et de son auctorité souveraine, suivant le premier article du cahier du tiers estat, et pour faire une recherche bien exacte de tous ceux qui ont participé à la mort du feu Roy.

2° Pour empescher la réception du concile de Trente, faicte par le clergé d'auctorité privée, sans la permission du Roy, comme contraire et préjudiciable à l'auctorité souveraine de Sa Majesté, aux droits inviolables de sa couronne et aux priviléges et libertez de l'esglise gallicane.

3° S'affermir ensemble en une commune résolution pour faire surseoir le mariage du Roy avec l'infante d'Espagne, prévenir et empescher les inconvéniens que l'exécution et accomplissement du dict mariage pourroient apporter à Sa Majesté et à l'estat.

4° Faire chastier les mauvais conseillers qui sont près du Roy et de la Royne, désignez par les remonstrances du parlement, et nommez par nos lettres et desclarations, et autres qui se trouveront coupables.

5° Establir un conseil près du Roy et un bon ordre aux affaires publiques de l'estat, suivant les dictes remonstrances.

6° Faire entretenir de point en point les édicts de pacification, articles particuliers, brevets, ordonnances, desclarations et autres choses accordées et concédées en suitte et exécution d'iceux.

7° Entretenir une mutuelle correspondance et commune assistance en la prise des armes que nous avons esté contraints de commencer, forcez par la nécessité présente, voyant le mespris qu'on a faict tant des remonstrances du parlement que de nostre desclaration, les entreprises et conspirations qu'on a voulu exécuter, non seulement sur nos personnes, mais aussy sur les ville de Soissons et chasteau de Coucy, et principalement la violence commise depuis peu de jours en la personne de M. le président Le Jay.

8° Promettre de ne s'abandonner les uns les autres; ne poser les armes qu'il ne soit pourveu aux choses susdictes et plus particulièrement contenues ès dictes remonstrances du parlement et desclaration, ny entendre à aucun traicté de paix, sinon d'un commun consentement.

9° Et quant aux choses particulières qui auront à suivre les génerales cy-dessus desclarées, et pour l'exécution d'icelles, asseurer que nous sommes prests d'en traicter et convenir avec telz depputez que le corps de la religion voudra envoyer vers nous.

10° Les prier de joindre dès à ceste heure leurs armes avec les nostres, que la nécessité nous a desjà faict prendre.

Faict à Sédan, le 23 aoust 1615.

HENRY DE BOURBON.

XXVI.

Lettre du prince de Condé apportée par M. de Cagny.

Messieurs, j'ay reçeu par le sieur de Cagny vos lettres du 23 du passé, et appris par sa bouche la charge particulière que vous luy avez donnée. En quoy vous faictes cognoistre de plus en plus en ces occurrences vostre affection envers le Roy et l'estat et vostre bonne volonté en mon endroit, dont je ne peux que derechef je ne vous tesmoigne les ressentimens que j'en ay et pour le public et pour mon particulier. Vous voyez trop clair pour ne point cognoistre la juste cause qui me meust, et l'affection sincère que j'ay au service de Sa Majesté et bien de son royaume. Mes raisons vous sont assez cogneues; vous sçavez les causes et les auteurs des maux dont la France se plaint; vous n'ignorez pas à quoy ils tendent; vostre prudence et prévoyance est trop grande, leurs malices et leurs artifices sont trop descouverts, pour ne pas veoir quelz sont leurs desseings, et l'intérest particulier que vous avez de me seconder avec tous les François pour en empescher les mauvais effects. C'est ce qui m'a faict vous convier cy devant par M. de la Haye, et depuis par le sieur de Venevelle, que vous avez envoyé vers moy, et me fait de rechef vous conjurer, pour la conservation de cest estat que vous aimez, et pour la vostre particulière qui est enclose, de joindre incontinent vos justes armes aux miennes, puisqu'après avoir tenté toutes voies de douceur, après une extresme patience, il ne reste plus que celle de la force, remède fascheux et pitoyable, et tel que les extresmes aux extresmes maladies, mais que tout le monde jugera juste, puisque la continuation du mal le rend nécessaire. J'ay veu, avant que m'y résouldre, des trahisons et entreprises prestes à exécuter, des actes d'hostilité commencez en divers endroits, mes serviteurs emprisonnez, les armes qu'on lève soubz le nom du Roy s'acheminer contre moy, et principales forces de Sa Majesté et sa personne mesme entre les mains de personnes suspectes et soupçonnées d'avoir participé à la mort du feu

Roy, dont je suis résolu de poursuivre la vengeance contre tous ceux qui se trouveront coupables; et me promets, messieurs, que vous me seconderez bientost en ceste non moins louable que nécessaire résolution, puisque jusqu'icy vos remonstrances, aussy bien que celles du parlement et les miennes, ont esté rejetées et mesprisées, et qu'autrement ce seroit estre coupables des maux que ces infidèles et desloyaux conseillers font au Roy et à l'estat, et se rendre non moins cruels à les souffrir et endurer qu'eux à les faire. Et d'autant que vous avez très prudemment désiré d'estre esclaircis des moyens que j'ay pour appuyer la justice de mes résolutions, j'ay faict veoir au dict sieur de Cagny quelz ils sont, tant dedans que dehors le royaume, et l'assistance certaine que je peux asseurément attendre en ceste occasion des anciens alliés de ceste couronne, dont je ne vous diray autres particularitez, m'en remettant à ce que le dict sieur de Cagny et le sieur de la Haye vous en diront de ma part, outre ce que desjà vous en aurez appris par le sieur de Venevelle, et vous priant de vous asseurer de mon entière affection, et que je n'oublieray rien de ce à quoy la justice d'une si bonne cause et mon debvoir m'obligent en ceste occasion pour le service du Roy, le bien de son estat, la manutention de vos édicts, et le contentement et la seureté de tous les gens de bien en général et de chascun de vous en particulier. Je supplieray le Créateur qu'il vous tienne, messieurs, en sa saincte garde.

Du camp de Moncornet, le 11 septembre 1615.

Vostre très affectionné à vous faire service,
HENRY DE BOURBON.

Et en la suscription :

A messieurs, messieurs les depputez de ceux de la religion, assemblez à Grenoble par permission du Roy.

Les députés envoyés vers Louis XIII pour lui présenter les cahiers informèrent l'assemblée, par lettre en date du 26 août, qu'ils n'avaient encore été admis qu'à saluer Sa Majesté et à lui faire protestation de la sujétion et obéissance de leurs coreligionnaires. Par d'autres lettres des 31 août et 1ᵉʳ septembre, écrites de Poitiers, ils faisaient savoir qu'ils avaient été ouïs et que leurs cahiers étaient entre les mains de M. le chancelier.

Nous avons rapporté ci-dessus la singulière intervention d'un gentilhomme envoyé par le roi d'Angleterre. Ce gentilhomme, nommé Jean-François Biondi, et Vénitien, fut accueilli avec honneur et produisit une lettre écrite par le roi d'Angleterre à M. le duc de Bouillon. S'excusant ensuite sur le peu de connaissance qu'il avait de la langue française, il donna par écrit ce qu'il désirait proposer. Cette pièce, tout à fait caractéristique de l'état des esprits, ne peut manquer d'être lue avec intérêt. Il paraît surprenant que M. le maréchal de Lesdiguières, consulté sur l'opportunité de cette démarche prévue et interdite par les instructions de la cour, ne s'y soit point opposé.

XXVII.

Propositions faites à l'assemblée de Grenoble dans sa séance du 13 septembre 1615, de la part du roy d'Angleterre, par Jean-François Biondi, gentilhomme vénitien.

Messieurs, je ne doubte pas que vous ne soyez estonnez me voyant icy de la part du roy de la Grande-Bretagne, mon maître, envoyé vers vous sans avoir en mains des lettres de créance, essentielles en semblables négociations, pour m'introduire en la qualité en laquelle je me présente. Mais, quand vous en aurez pesé les raisons, l'occasion de vostre esbahissement cessera. Sa Majesté, pour quelques raisonnables respects, ayant jugé ne me debvoir adresser directement à vous, m'a commandé d'aller trouver M. le duc de Bouillon, et m'a donné charge, cognoissant sa prudence, de m'instruire avec luy des moyens que j'avois à tenir pour rendre mon envoy utile au maintien de la paix en ce royaume; elle me dépesche vers luy, avec la créance et moyens nécessaires pour une telle affaire, ayant étendu ma commission (la nécessité des affaires le requérant) à recevoir sa conduite et tesmoignage pour les autres lieux où il jugeroit ma présence utile, et spécialement vers monseigneur le Prince et vers vous, messieurs, icy assemblez à Grenoble. Les articles sur lesquelz s'estend principalement ma charge sont deux. L'un est pour vous exhorter à la conservation de la paix, à laquelle Sa Majesté se persuade que vous avez autant d'inclination que les maux que vous avez soufferts par la longueur des guerres civiles vous y obligent. Cela luy fait croire que vous n'avez pas besoing d'exhortations pour vous y disposer, et qu'en ces occurrences vostre prudence vous portera à choisir les moyens convenables au temps, pour vous la maintenir après avoir employé envers vostre Roy les remonstrances et supplications, envers Dieu les larmes et les prières qui sont les armes de l'esglise. Le second article, non beaucoup différent du premier, quoyque plus exprès, c'est que, Dieu l'ayant faict protecteur de la religion, Sa Majesté recognoist n'avoir obligation qui surpasse celle qu'elle a à l'advancement du service et de la gloire de Dieu. Sur quoy, ayant recogneu que vous aurez rendu à la majesté de vostre Roy ce que doibvent bons subjects à leurs princes, et que, nonobstant cela, les édicts de pacification soient en quelque sorte violez et enfreints, que les lois de l'estat soient esbranlées, qu'on tasche d'incorporer la France à l'Espagne et de s'opposer aux arrests du parlement, ce qui seroit non seulement la ruyne de cest estat, mais aussy de la religion et de toute la chrestienté ; en tel cas, Sa Majesté recognoist l'obligation qu'elle a à Dieu et à sa propre conscience d'employer toutes ses forces à la deffence et prorogation de la religion et au maintien de la liberté de l'Europe ; et puisque je suis icy, messieurs, quoyque je sache que Sa Majesté est assez informée de vos procédures passées, si vous avez agréable de luy en donner cognoissance et des présentes et de leur suitte, je sçay qu'elle en recevra satisfaction, luy donnant tousjours plus occasion d'en appuyer la justice.

Et ensuitte est escrit :

Donné à l'assemblée de ceux de la religion, à Grenoble, le 14 septembre 1615.

Et depuis signé :
Jean-François BIONDI [1].

---

[1] Cette pièce, lue dans la séance du 13 septembre, ne fut donnée, signée, sur la demande de l'assemblée, que quelques jours plus tard. Elle fut produite alors conjointement avec les instructions du roi Jacques. (Édit.)

Dans la séance du 18 septembre, M. de Saint-Brisson, de retour de sa mission, apporta à l'assemblée des lettres de M. de Sully et d'autres des députés qu'ils avaient en cour, mais principalement les lettres qui suivent, du Roi et de la Reine.

XXVIII.

Lettre du Roy.

Chers et bien amez, nous avons reçeu les lettres que vous nous avez escrites par le sieur de Sainct-Brisson, et entendu bien volontiers ce qu'il nous a encore rapporté de vostre part touchant l'instance que vous nous faites pour le retardement de nostre voyage de Guienne et de l'accomplissement de nostre mariage, ne doutant point que vous n'ayez esté invitez à ce faire pour l'affection que vous portez à nostre service et au bien de cest estat. Mais nous vous dirons que nostre dict mariage ayant esté résolu longtemps avec meure délibération, et par l'advis de nostre cousin le prince de Condé, des autres princes de nostre sang et officiers de nostre couronne, mesme de ceux qui assistent à présent nostre dict cousin, et ensuitte de ce, nostre dict voyage ayant esté aussy délibéré avec eux pour estre effectué en la présente année, l'ayant mesme retardé plusieurs mois pour donner tout loisir à ceux qui nous y doibvent accompagner de s'y préparer, l'on ne peut pas maintenant dire et prétendre que nous le facions avec précipitation; comme aussy nos bons subjects et serviteurs doibvent croire et s'asseurer que nostre dict mariage n'apportera jamais aucune altération à l'entretenement des alliances que nous avons avec les princes, estats et républiques estrangères, ny à l'entière observation de nos édicts faicts pour la paix et repos de ce royaume, n'ayant de nostre part autre plus grand désir que de maintenir tous nos subjects en repos et tranquillité, sous le bénéfice de nos dicts édicts, lesquelz nous aurons tousjours soin de faire exécuter, garder et entretenir, mesme pour ce qui regarde nos subjects de la religion prétendue refformée, dont ils peuvent prendre toute asseurance, et que, continuant en la fidélité et obéissance qu'ils nous doibvent, nous leur conserverons aussy nostre bienveillance pour leur en départir les effects et ce qui s'offrira et conservera leur bien et advantage. Ce que nous avons chargé le dict sieur de Sainct-Brisson de vous confirmer de nostre part à son retour vers vous, et ne vous en dirons pour le présent davantage.

Donné à Poictiers, le xie jour de septembre 1615.

Signé LOUIS, et plus bas Phélipeaux.

Et en la suscription :

A nos chers et bien amez les depputez de nos subjects de la religion prétendue refformée, assemblez par nostre permission en nostre ville de Grenoble.

XXIX.

Lettre de la Royne.

Messieurs, je vous confirmeray par ce mot que le Roy, monsieur mon fils, ayant toute confiance en vostre affection et bonnes intentions envers luy, a pris en bonne part ce que vous luy avez escrit et faict dire par le sieur de Sainct-Brisson sur le subject de son voyage de Guienne et accomplissement de son mariage. Et pour mon regard, je veux croire aussy, suivant celle que m'en avez escrite, que vous n'avez esté meus à cela que par la fidélité et affection que vous debvez contribuer à ce qui concerne le bien de son service, comme vous pouvez estre pareillement asseurez que la résolution que nous avons sur ce prise ne peut apporter aucun préjudice à l'entretenement et observation des édicts de pacification, ayant tousjours ferme désir et intention de les faire entretenir, garder et conserver ses subjects, mesme ceux de la religion prétendue refformée, sous le bénéfice d'iceux, et se comportant de leur part selon qu'ils doibvent à l'endroit de leur Roy, mon dict seigneur et fils, et aux termes des dicts édicts, ainsy qu'il le vous mande par la response qu'il fait à vos lettres, et que vous l'entendrez encores particulièrement par le dict sieur de Sainct-Brisson, ce que je vous recommanderay encores par ceste cy d'observer en vostre particulier. Et sur ce, je prie Dieu, messieurs, vous avoir en sa saincte garde.

Escrit à Poictiers, le XI septembre 1615.

Signé MARIE, et plus bas Phélipeaux.

Et en la suscription :

A messieurs les depputez des subjects du Roy, monsieur mon fils, faisant profession de la religion prétendue refformée, assemblez par sa permission en la ville de Grenoble.

La pièce suivante montre que le Roi ne s'en tint pas à de vagues promesses, et la continuation de la garde des places de sûreté pour six ans est un fait qui donnait aux réformés une force réelle.

XXX.

Brevet de la continuation de la garde des places de seureté pour six ans.

Aujourd'huy, 12° jour de septembre 1615, le Roy estant à Poictiers, désirant favorablement traicter ses subjects faisant profession de la religion prétendue refformée, et leur donner occasion de continuer en l'affection et obéissance qu'ils luy doibvent, Sa Majesté, pour bonnes considérations, par l'advis de la Royne, sa mère, princes, officiers de la couronne et principaux seigneurs de son conseil, leur a encores délaissé la garde des villes, places et chasteaux qui leur avoient esté baillez et délaissez pour leur seureté par le feu roy Henry le Grand, son père, d'heureuse mémoire, par son brevet du dernier jour d'avril 1598, et qui sont dénommez dans un estat qui en fut lors expédié, et ce, pour le temps et espace de six ans, à compter du jour de l'expiration du temps porté par le dernier brevet qui leur en a esté expédié, pour en jouir par eux en la mesme forme et manière, clauses et conditions portées par le dict brevet de l'année 1598. Pour tesmoignage de quoy Sa Majesté m'a commandé de leur en expédier le présent brevet, qu'elle a voulu signer et estre contresigné par moy, son conseiller et secrétaire d'estat de ses commandemens.

Signé LOUIS, et plus bas Phélipeaux.

A la suite de la mention des lettres ci-dessus du Roi et de la Reine, le procès-verbal de la séance du 19 porte ce qui suit :

XXXI.

Extrait du procès-verbal de la séance du 19 septembre 1615.

Ont esté nommez pour communiquer à M. le mareschal de Lesdiguières les lettres du Roy et de la Royne susmentionnées et cy dessoubz insérées, suivant la résolution du jour d'hier au soir, les sieurs du Bois de Carguerois, du Cruzel, de Sainct-Privat, Baille, Chauffepied, Faucher, Bonnencontre, Chazeray, Soullet, avec MM. les modérateurs et depputez généraux; et a esté trouvé bon par la compagnie qu'ils proposent au dict sieur mareschal et sçachent de luy s'il n'est pas expédient de transporter l'assemblée en autre part, attendu l'esloignement de ce lieu, la rigueur de l'hiver en iceluy, les maladies qui y sont et la contagion qui est ès environs.

Aucune délibération n'eut lieu sur les lettres de la cour; l'assemblée n'avait qu'un but, qu'une idée, celle de se transporter dans un autre lieu. Deux fois consulté sur ce projet, le maréchal de Lesdiguières exprima un avis contraire, et refusa de joindre ses lettres à celles que les députés se proposaient d'adresser au Roi. Malgré cette opposition, l'assemblée passa outre, et, dans les séances des 21 et 22, nonobstant les sages avis du maréchal de Lesdiguières, la translation fut décidée, la ville de Nîmes et le 1er octobre choisis pour l'opérer. Des commissaires furent nommés pour rédiger les lettres destinées à justifier cette mesure aux yeux du Roi, à ceux de la Reine et à ceux des provinces. MM. de Carguerois et de Saint-Privat furent désignés pour les porter à Leurs Majestés[1]. Il n'est pas inutile de remarquer que, malgré sa dissidence, le maréchal protestait de son intention de rester uni avec l'assem-

---

[1] On lit dans le Journal d'Arnaud d'Andilly, sous la date du 26 septembre, sept jours après cette délibération : « Ce jour arriva nouvelle à Leurs Majestez, par lettres de M. de Lesdiguières, que les « depputez de la religion s'estoient retirés de « Grenoble sans attendre leurs cahiers. Ils « envoyèrent deux depputez vers le Roy, les « sieurs de Saint-Privat et de Carguerois, « qui est résidant à Saint-Just »

blée. Celle-ci, de son côté, recommandait à ses députés de ne solliciter du Roi qu'une simple autorisation et de refuser un brevet pour sa nouvelle réunion, si la cour en offrait. Les raisons de cette détermination, alléguées dans le procès-verbal de la séance du 22 septembre, sont : « affin que la liberté « demeure à la dicte compagnie de se transporter en tel lieu que le bien des « affaires le requerra..... »

Les instructions adressées au maréchal de Lesdiguières, que nous avons rapportées plus haut, page 14, furent par lui suivies de point en point. Aussi les conseils qu'il adressa aux réformés, le 21 septembre 1615, ont trop d'importance, dans la situation où se trouvait alors l'assemblée, pour qu'il ne soit pas à propos de les insérer ici tout entiers.

XXXII.

Impr. Mercure franç. t. IV, 1615, p. 266 et suiv.

Advis du mareschal de Lesdiguières à l'assemblée de Grenoble, le 21 septembre 1615.

Messieurs, les depputez des esglises refformées de ce royaume, assemblez par la permission du Roy en la ville de Grenoble, ont tousjours faict l'honneur à M. le mareschal de Lesdiguières de rechercher ses advis sur les principales occurrences de leur depputation. Il les leur a donnez avec toute sincérité, et autant qu'il a estimé juste et nécessaire à la manutention des dictes esglises, à la tranquillité de l'estat et au respect et service deus à Sa Majesté par ses très humbles subjects et serviteurs faisant profession de la vraie religion; de quoy il prend Dieu pour tesmoing, l'appelant à sa ruyne et confusion, s'il n'a en cela procédé droitement et avec équité de conscience.

Cecy se dict par le dict sieur mareschal pour ce qui s'est passé en l'assemblée des dicts sieurs depputez, depuis leur arrivée jusques au dix-neuviesme de septembre que la dicte assemblée a commis et envoyé vers luy un bon nombre de ceux de son corps, pour luy communiquer les lettres qu'elle a receues du Roy, de la Royne, de MM. de Rohan, de Sully et des depputez qu'elle a envoyez à la cour, et le requérir de luy donner conseil sur les dictes lettres, ce qu'il a sommairement faict aux dicts sieurs commissaires, auxquelz il a néantmoins promis de le donner de sa bouche et par escrit à la dicte assemblée.

Satisfaisant à ceste promesse, le dict sieur mareschal, le lundi 21, estant en la dicte assemblée, luy a dict que les lettres de Leurs Majestez sont pleines de la démonstration de leur bonne volonté, et que les dicts sieurs de Rohan et de Sully faisoient paroistre par les leurs l'union et correspondance qu'ils vouloient avoir aux résolutions de la dicte assemblée, ce qui ne se pouvoit assez louer, ny eux en estre trop estimez; mais que la dicte assemblée (qui semble vouloir prendre résolution de se retirer de ceste ville, à cause que les lettres qu'elle a eues de ses depputez à la cour ne luy font pas beaucoup espérer en la response du cahier de ses remonstrances et requestes) ne doibt partir de la dicte ville, qu'elle n'ayt eu la response et les commandemens du Roy. Et si elle n'a le contentement qu'elle désire par la dicte response, il se pourra obtenir en réitérant les très humbles requestes qui donnent accès à Sa Majesté et qui font qu'elle reçoit et veoit ses subjects.

Car de dire (comme la dicte assemblée a faict entendre au dict sieur mareschal par les dicts sieurs commissaires) qu'après la sortie de ceste ville elle se retirera et demeurera en corps en un autre lieu, ainsy qu'il s'est faict un peu avant l'édict de Nantes, il se respond qu'il n'y avoit nulle paix establie pour ceux de la religion, qui vivoient sous des tolérances ou tresves en ce temps là, et qu'à présent, se donner ceste licence, c'est manifestement rompre le dict édict et ruyner les esglises; joint que les dicts sieurs depputez ne peuvent faire ce changement de lieu sans le communiquer à leurs provinces et en avoir eu leur advis, quand mesme ils en auroient la permission du Roy : et ne l'ayant point, c'est outrepasser le commandement de Sa Majesté, c'est marquer de la deffiance où il n'y en a nulle occasion, c'est se faire noter de légèreté par un illicite changement du lieu demandé et accordé, c'est sortir de la règle, c'est offenser Sa Majesté et donner à croire que ses subjects de la religion (qui ont de tout temps monstré aux autres l'exemple d'une parfaicte obéissance) projettent une rébellion manifeste, sans aucune cause légitime.

L'offense qu'en recevra Sa Majesté sera sensible, et ne se trouvera que trop de personnes qui la luy feront sentir plus piquante, spécialement ceux qui se veulent auctoriser par les armes, et en avoir la principale et supresme charge, à la quelle ils aspirent.

Il est donc à craindre qu'en voulant faire les mauvais, comme font ceux qui disent qu'on ne donne rien que par crainte à la cour, et essayant de s'affermir par des boutades de feu de paille, on ne se trouve enferré en une guerre non préveue et impourveue, dont les inconvéniens sont aussy grands qu'inévitables.

On a pensé au retardement des mariages; il n'est plus temps, le Roy y est trop advancé; et M. le Prince, qui est à l'autre extrémité du royaume, ne fait rien qui soit capable pour les différer; mesme il semble qu'il se départe de ceste instance pour se contenter qu'il soit pris règlement suivant les anciennes ordonnances, qui veulent que les estrangers n'ayent point de part au conseil ny aux offices et bénéfices du royaume.

Ces mariages accomplis, et l'espérance de les pouvoir empescher perdue, il ne faut point douter que la Royne ne se rende facile à contenter M. le Prince sur le reste de ses demandes. Et desjà parloit-on à Tours d'envoyer le sieur de Rignac vers M. de Bouillon; et M. de Nevers, qui se tient neutre, est tout prest de s'employer à ce traicté. Joint que, comme M. le Prince est résolu à ne rien attaquer, M. de Bois-Dauphin est commandé de ne s'advancer point, conjecture qui fait croire que de part et d'autre on ne veut rien désespérer. Il faut donc demeurer dedans les termes de la prudence, pour ne point attirer la haine du trouble de l'estat sur les dictes esglises.

Il faut que l'assemblée, par une singulière prudence, préjuge de ce qu'elle peut obtenir selon la condition présente de l'estat et la nostre. Nous devons nous mesurer à ce que nous pouvons et non à ce que nous voulons, à ce qui se peut et non à ce que nous estimons nous estre deu, et serrer le plus tost qu'il sera possible, pour ne demeurer un object de malveillance. L'expérience fait ainsy parler ceux qui l'ont, comme le dict sieur mareschal, pour attiédir la chaleur bienséante aux plus jeunes.

Si on chemine tousjours par des pendans, sans doute on tombera au précipice de la guerre. Voicy les inconvéniens qui en ensuivront et qui ne se peuvent éviter.

Nous avons voulu rejoindre et faire paroistre nostre union, et elle se démanchera de plus en plus; car il s'y trouvera un grand nombre de ceux de la religion, sages et bien advisez, qui ne voudront consentir à leur ruyne.

Les dicts sieurs depputez de l'assemblée, auxquelz la paix a esté surtout recommandée, se trouveront désadvouez à leur retour, et leur sera demandé pourquoy et comment ils auront conclu des choses sur lesquelles ils n'avoient pas seulement charge d'opiner.

Le Roy sera conseillé de prendre le chemin ou de la rigueur ou de la douceur. Si de la douceur, en laissant vivre sous ses édicts ceux qui s'y contiendront, il soustraira à ceux qui auront pris les armes la plus-part des hommes desquelz ils pourroient estre assistez; et ainsy il aura bon marché d'eux, et de la ruyne des premières places prises les fossez des autres seront comblez. Si de la rigueur, en deffendant l'exercice et mal traictant ceux de la religion qui n'ont point de retraicte, il se perdra en un jour deux ou trois cens esglises, et entre icelles des plus florissantes, que depuis dix-huit ans en ça on a, avec beaucoup de peines, retirées de dessoubz les ruynes, en danger de ne les pouvoir relever. Les jésuites leur tiendront le pied sur la gorge. On ne perdra pas l'occasion de faire des massacres, trouvant les peuples acharnez contre ceux qu'ils estimeront auteurs de la guerre.

Les bons François, qui nous plaindroient et mesme fraterniseroient avec nous, si on nous persécutoit sans subject, nous auront en détestation, comme personnes inquiètes, qui cherchent querelle et ne peuvent demeurer en repos et à leur aise.

Les princes et estats estrangers nous condamneront comme turbulens qui courent sus au bas aage du Roy, veulent tirer de l'utilité de toutes les plaies du royaume, et par là affoiblissent autant qu'ils peuvent et les conseils et les forces d'iceluy, seul contrepoids de la chrestienté à la grandeur qu'ils redoutent, lesquelz autrement, si on nous vouloit oster nos édicts ou nos seuretez, prendroient nostre deffence et soutiendroient nostre cause.

Les esglises mesmes, auxquelles on laissera la liberté pour le seur usage qu'elles en retiendront, blâmeront celles qui les mettent en péril, maudiront leurs armes, et de là, quelque temps qui puisse arriver, une division irréconciliable.

De ceste guerre, enfin, quelz en pourront estre les événemens? Il faut que ceux qui y ont passé depuis quarante ans et plus en facent le jugement. Ils considéreront la différence qu'ils ont veue entre les armes nécessaires et celles de gaieté de cœur, entre les résolutions d'un homme de la religion pressé et persécuté et d'un qui peut vivre à son aise, se ressouviendront combien de fois nos pères et nous avons soupiré après une telle liberté que celle que nous avons, remarqueront qu'il n'y a estat en la chrestienté, soubz un prince de contraire religion, auquel elle soit telle : l'Évangile presché partout, le saint ministère entretenu en partie des finances du prince, nombre de places et de garnisons pour leur seureté, à ses despens, chambres instituées exprès pour leur rendre justice. Esquelles choses s'il y a quelque manquement (comme il n'y en a que trop), on peut justement se plaindre et requérir qu'elles soient réparées ou suppléées, pour de tant plus amender et affermir la position de nos esglises, mais non jusqu'à sortir des limites soit de conscience, soit de prudence : de conscience, en portant les affaires aux armes qui ne peuvent estre bénites de Dieu qu'en tant que justes, ne sont justes qu'en tant que nécessaires; de prudence, en hazardant évidemment, contre des armes et plus fortes et plus préparées que les nostres, une condition certaine, pour une espérance mal asseurée de quelque léger advantage.

Icy on repartira que nostre condition n'est pas asseurée, puisque ces mariages sont faicts et institués, disent aucuns, pour l'extirpation de l'hérésie; sur quoy on peut dire qu'un prince qui prend la fille de son voisin n'espouse pas ses conseils, ne dépouille pas ses propres intérests, et ne met pas volontiers le feu à son estat pour luy faire plaisir, de quoy on peut donner des exemples. Mais on dira que c'est une prudence à contrepied de se jetter dans le feu pour fuir la fumée, d'anticiper sa ruyne pour s'en tirer; que nous avons le loisir de veoir venir l'orage et nous préparer à nous en garder; que jamais il ne réussit bien d'un combat où on est porté par inconvénient et non par desseing; après tout, qu'estant demeurez en nostre debvoir, si on nous veut oster nostre religion, ou chose dont nostre liberté ou seureté dependent, acquises par le sang de nos pères et le nostre, à nous octroyées par ce grand Roy, restaurateur de la France, nous entrerons en ceste carrière pleins de justice et de vray zèle, retrouverons en nos poitrines le cœur et la vertu de nos ancestres, nous serons supportez en nostre juste deffence de tous les bons François, assistez de tous les princes et estats qui aiment soit la vraye religion, soit le bien de cest estat, et, en un mot, favorisez de la bénédiction de Dieu, que nous avons cy devant manifestement esprouvée en nos justes armes, qu'il fera réussir à la gloire de son nom et l'advancement spirituel de nos dictes esglises.

Ces raisons bien prises, comme elles le doibvent estre de ceste assemblée, la feront aller au chemin du debvoir, alentira les humeurs précipitées, et attiédira les courages trop bouillans pour estre retenus dedans le debvoir de bons et pacifiques subjects et serviteurs du Roy, lequel sera, en ceste façon, esmeu de leur accorder plus qu'ils n'ont espéré et qu'ils ne pourroient obtenir par les voies extresmes, dont le dict sieur mareschal est d'advis qu'il se faut abstenir, si une juste nécessité n'y porte les plus paisibles. Et par ainsy, il conseille les dicts depputez d'attendre icy ceux qu'ils ont envoyez à Sa Majesté sçavoir son bon plaisir.

Ce n'est pas seulement l'advis du dict sieur mareschal, mais aussy celuy de plusieurs seigneurs de la dicte religion. Il supplie les dicts sieurs depputez de la prendre, pour son regard, en bonne part, et s'asseurer que jamais il ne manquera de marcher en toute rondeur pour le bien et advantage des dictes esglises, dedans l'union desquelles il demeurera, et dedans l'honneur et le respect qu'il doibt et veut rendre à la dicte assemblée.

Tandis que ces faits se passaient à Grenoble, le Roi était arrivé à Poitiers, et, selon la promesse qu'il en avait faite, il répondait en cette ville aux cahiers des protestants. Plusieurs de ses réponses paraissaient avoir besoin d'être expliquées : c'est cette nécessité qui donna lieu aux instructions suivantes, d'après lesquelles M. Frère devait, à son retour vers l'assemblée, diriger sa conduite; mais, avant son arrivée, l'assemblée s'était séparée pour se réunir à Nîmes le 1er octobre.

XXXIII.

Mémoire qui fut baillé à Poictiers à M. Frère retournant à Grenoble, après la response des dicts cahiers, pensant y retrouver encores l'assemblée.

Premièrement, il fera entendre au dict sieur mareschal que, pour aucunes bonnes considérations, Leurs Majestez ont esté conseillées de remettre ès mains des sieurs de Champeaux, Desbordes et Maleray, leurs cahiers avec les responses qu'elles ont faictes sur iceux, encores que ce soit contre les formes de tout temps pratiquées, dont elle les a voulu gratiffier, sans néantmoins tirer à conséquence. Et cependant il fera veoir au dict sieur mareschal les responses que Sa Majesté a faictes sur tous les dicts articles dont il a esté baillé copie pour cest effect, par où le dict sieur mareschal pourra recognoistre le soin qu'elle a eu de les contenter, autant que le temps et la qualité des affaires le peuvent permettre. Pour le moins pourra-t-il veoir que l'intention de Leurs Majestez est d'entretenir inviolablement les édicts, brevets, articles secrets et desclarations faictes en leur faveur.

Ensuitte priera le dict sieur mareschal, de la part de Sa Majesté, de faire instance à la dicte assemblée de procéder à la nomination qu'ils doibvent faire de six personnes pour envoyer à Sa Majesté, qui en choisira deux pour demeurer depputez à sa suitte, pour avoir soin des affaires génerailles de ceux de la dicte religion, affin que ensuitte ils procèdent à la séparation de la dicte assemblée, qui donne beaucoup de deffiance et d'ombrage à tous ses autres subjects; à quoy le dict sieur mareschal employera tout son crédit et toute son auctorité.

Le dict sieur Frère fera pareille instance à l'endroit des depputez de la dicte assemblée, tant dans le corps d'icelle que à l'endroit des particuliers qu'il verra.

Leur pourra aussy faire entendre, si besoing est, qu'estant séparez et s'estant comportez comme ils doibvent, Sa Majesté usera en leur endroit de la mesme grâce et libéralité que le feu Roy et elle ont faict cy devant aux autres assemblées, touchant les frais de la dicte assemblée.

Fera entendre à ceux qu'il verra estre à propos, touchant ce mot de *prétendue*, dont ils font instance, que Sa Majesté ne peut innover aucune chose à ce qui est porté par les édicts et a esté observé du temps du feu Roy; et néantmoins leur proposera, comme de luy mesme, que cherchant quelque forme pour les attestations de leurs ministres et pasteurs, laquelle n'offense point Sa Majesté et ne préjudicie point aux catholiques, elle la pourra agréer, et le feroit sçavoir à ses cours de parlement, et partout ailleurs où besoing seroit, comme il leur pourroit proposer celle cy après insérée : « *Je tel*, pasteur de « l'esglise establie suivant les édicts à. . . . . . . certifie que. . . . . . . « est de la qualité portée par les dicts édicts pour jouir du renvoi de « ses procès et différends en la chambre de l'édict. » Et au bas les notaires pourront faire la recognoissance en ceste sorte : « Par devant « nous, notaires, etc. un tel, cy-dessus nommé, a recogneu et con- « fessé avoir escrit et signé la certification et attestation cy-dessus « transcrite. »

Et où ceste forme d'attestation ne seroit approuvée, on leur promettra verbalement que Sa Majesté fera de rechef entendre à ses advocats et procureurs généraux, en ses cours de parlemens et chambres de l'édict, de tolérer et dissimuler aux attestations des ministres qui leur seront présentées le manquement du mot *prétendue*, et de se conformer à ce qui est sur ce pratiqué au parlement de Paris.

Et pour raisons des places qu'ils demandent au lieu de celles de Caumont et Montandre, encores que les dictes places ayent esté tirées hors de l'estat des places de seureté pour bonnes considérations par le feu Roy, et que partant il n'y ayt lieu à présent d'en demander le remplacement, néantmoins, s'ils luy proposent quelque ouverture sur ce subject, il en advertira Sa Majesté.

Pourra faire entendre aux depputez du pays de Béarn, qui sont en la dicte assemblée, que, s'adressant séparément au Roy, il pourveoira sur les demandes, mesme touchant la surséance des poursuittes qu'on fait contre eux au conseil.

Si les depputez de M. le Prince et celuy de M. le mareschal de Bouillon estoient encores au dict Grenoble, leur fera commandement de se retirer, après en avoir communiqué au dict sieur mareschal de Lesdiguières, et luy avoir faict entendre les raisons et considérations pour lesquelles l'on en doibt ainsy user.

Il fera aussy, avec l'advis de mon dict seigneur le mareschal de Lesdiguières et s'il l'approuve, instance au parlement pour faire sortir de leur auctorité les susnommez, leur représentant jusques où se porte leur insolence de faire traicter publiquement en l'assemblée de prendre les armes contre l'auctorité de Sa Majesté, ainsy qu'il se veoit par les instructions que mon dict sieur le Prince a envoyées pour ce subject au dict sieur de la Haye.

Il se souviendra d'entrer au parlement pour leur tesmoigner le bon gré que Sa Majesté leur sçait, et spécialement à la chambre des vacations, de luy avoir envoyé le paquet de monseigneur le Prince sans l'avoir voulu ouvrir, en quoy ils luy ont rendu particulier tesmoignage de leur fidélité et affection, dont elle se souviendra pour les en recognoistre en général et en particulier.

Le dict sieur Frère communiquera donc de tout ce que dessus bien particulièrement avec le dict sieur mareschal de Lesdiguières, et se conformera entièrement, et se conduira selon ses prudens advis et sages conseils, Sa Majesté ayant si particulière confiance en son affection et fidélité, et recognoissant en avoir receu, mesme pendant la tenue de la dicte assemblée, des preuves si signalées, qu'elle remet entièrement la conduite et disposition de ses affaires à sa prudence et intégrité.

Il verra aussy le sieur de Créquy s'il est arrivé à Grenoble, luy communiquera ce que dessus et l'informera de ce qu'il a faict, veu et appris en son voyage, affin de tirer de luy l'assistance dont il pourra avoir besoing en la conduite de ses affaires.

Et pour fin il advertira soigneusement Sa Majesté de ce qui se passera et qu'il jugera le mériter.

Faict à Poictiers, le 20ᵉ de septembre 1615.

XXXIV.

Man. Archives de l'empire. (S. A.) TT. 253.

Actes de l'assemblée du conseil de la province du haut Languedoc et haute Guienne, tenu en la ville de Montauban, les 23 et 24 septembre 1615, dans la maison de ville du dict Montauban, estant assemblez messieurs[1], etc.

Sur la proposition faicte si on doibt faire prester le serment d'union aux officiers du Roy, consuls des villes et autres personnes élevées en dignité, suivant le formulaire du serment qui nous a esté envoyé par l'assemblée génералle de Grenoble, ou bien si on doibt se contenter de l'exiger des personnes qui ont la garde des places de seureté,

La compagnie a résolu que la prestation du serment d'union ordonnée par la dicte assemblée génералle sera faicte tant par les gouverneurs et capitaines des places de seureté que par les consuls des villes et communautez, attendu qu'ils ont l'administration et conduite d'icelles, et ce, en la forme prescrite par l'acte de la dicte assemblée

---

[1] Cette pièce est la reproduction de deux pièces manuscrites appartenant à la même collection, qui diffèrent seulement par le titre et par les deux premiers alinéa omis dans l'une d'elles. Elles ne forment donc qu'un document et se complètent l'une par l'autre. Nous conservons de chacune ce qui laisse à désirer dans l'autre.

généralle. Et quant aux officiers des compagnies, tant souveraines que subalternes, il sera demandé advis à la dicte assemblée généralle, si elle a entendu les comprendre en la dicte prestation de serment, à laquelle cependant il sera sursis pour ce regard.

Sur la lecture des lettres envoyées de la part de l'assemblée généralle et mémoires laissés par M. le vicomte de Favas, la compagnie a résolu d'approuver et ratifier toutes les résolutions de la dicte assemblée généralle, suivre les mouvements d'icelle, et empescher que ceux de la religion qui font profession des armes ne s'engagent en nulle part. Et à ces fins, les lettres nécessaires seront escrites à tous ceux qui seront en la dicte assemblée, contenant les asseurances de nostre ferme et estroite union avec eux, et la desclaration plus particulière de nos autres sentimens.

A esté arresté que toutes les esglises de province seront exhortées de faire prières publiques ès leurs prédications et exercices ordinaires pour la dicte assemblée généralle, à ce qu'il plaise à Dieu luy inspirer de bons et saints mouvemens pour l'advancement de sa gloire, conservation de ses esglises, service du Roy et affermissement de la paix et tranquillité publique.

Sur la lecture des lettres tant de M. le duc de Sully que de MM. du conseil de la basse Guienne et de M. de Chambret, gouverneur de Figeac; veu aussy la délibération prise au dict conseil de la basse Guienne, et ouy le sieur de Nuvillars, lieutenant du dict sieur de Chambret.

La compagnie a délibéré que, conformément aux actes précédens, il est nécessaire d'avoir particulière cognoissance des sentimens et résolutions de nostre assemblée généralle et s'affermir en l'observation exacte d'icelles, sans se pouvoir obliger et engager autrement que de l'advis de la dicte assemblée, sous quelque occasion et prétexte que ce soit. Elle a résolu d'envoyer en diligence le sieur de Tillac en la ville de Grenoble pour nous rapporter plus promptement des tesmoignages certains de ses intentions sur ces occurrences. Néantmoins, attendu l'importance de ceste affaire, a esté arresté que la province sera convoquée par colloques en nombre de six par colloque, deux de chaque ordre, sans à ce comprendre les depputez du dict conseil en la ville de Réalmont, au sixiesme du mois prochain, pour commencer le lendemain septiesme; affin qu'après avoir ouy le rapport du dict sieur de Tillac, elle puisse prendre de bonnes et fermes délibérations pour le bien de nos esglises, service du Roy et affermissement du repos de cest estat, et que cependant rien ne soit innové en ceste province; ordonnant en outre que les dictes lettres avec le présent acte seront communiquées à toutes nos villes et communautez, affin qu'elles scyent retenues de ne se laisser emporter ou persuader aucunement par quelconques lettres, mémoires, instructions ou rumeurs qu'elles pourroient recevoir d'ailleurs que de la dicte assemblée générale, et sera le mesme advis donné aux gouverneurs et capitaines des places, ensemble aux provinces voisines.

En suitte de laquelle délibération, ont esté mandez venir les sieurs consuls de la présente ville de Montauban, auxquelz ayant faict entendre la teneur des dictes lettres, les susdictes exhortations leur ont esté faictes, auxquelles ils ont promis d'obéir et acquiescer.

Les deux pièces qui précèdent terminent la série de celles qui se rapportent à l'assemblée de Grenoble. Elles montrent comment le parti protestant était organisé, et l'appui qu'il pouvait prêter à la faction des princes. La même réunion de députés, transportée à Nîmes de son propre mouvement, contre la volonté du Roi, nous présentera la même physionomie, les mêmes passions à la fois turbulentes et indécises, jusqu'au moment où, peu rassurée par les forces dont dispose le prince de Condé, peut-être aussi peu confiante dans sa sincérité, elle accepte, avec une satisfaction peu dissimulée, la proposition d'une conférence que le Prince ménageait déjà avec la cour vers le temps où M. de la Haye répondait devant l'assemblée de ses projets de résistance.

ASSEMBLÉE DE NÎMES.

La résolution par laquelle l'assemblée de Grenoble s'était ajournée à Nîmes pour le 1ᵉʳ octobre, et la mise à exécution de cette mesure dès le 2 de ce mois, sans l'autorisation du Roi, annonçaient dans le parti de la réforme une ferme volonté de se défendre, si la politique de la cour continuait à lui paraître menaçante pour les édits de pacification et les garanties qu'il avait obtenues sous le règne précédent. On reconnaît, à la lecture des procès-verbaux, que cette réunion est partagée entre la crainte de se laisser aller à des démarches imprudentes et le besoin de former des alliances qui la rassurent dans la lutte qu'elle prévoit. Au milieu des correspondances qu'elle reçoit en sens divers et des observations qu'elle accueille, MM. de Champeaux, Desbordes et Maleray arrivent de Poitiers, rapportant les réponses aux cahiers et les lettres suivantes du Roi et de la Reine. Ces lettres, écrites dans le cours de septembre, l'avaient été dans l'ignorance de la translation hardie et factieuse qui venait d'avoir lieu.

XXXV.

Lettres du Roy.

De par le Roy.

Chers et bien amez, les depputez que vous avez envoyez se sont rendus près de nous, il y a desjà quelque temps, et, après nous avoir présenté vos lettres, nous ont faict entendre de bouche ce dont

---

[1] Les pièces qui suivent, excepté quelques-unes dont la provenance sera indiquée, sont, comme celles qui concernent l'assemblée de Grenoble, tirées des procès-verbaux manuscrits des assemblées protestantes, t. IV, assemblée de Nîmes. Bibliothèque Mazarine, J. 1504, H. et papiers Conrart, in-fol. t. II, bibl. de l'Arsenal.

Conférence de Loudun.

ils estoient particulièrement chargez. Sur quoy nous les avons d'autant plus volontiers ouis, que, par le contenu de vos dictes lettres et ce qu'ils nous ont dict de vostre part, vous nous avez faict cognoistre l'affection que vous et tous nos autres subjects de la religion prétendue refformée portez à la seureté et grandeur de nostre personne, manutention de nostre auctorité, et au bien de nostre service, repos et tranquillité de nostre royaume; dont nous avons receu contentement, et vous en sçavons très bon gré. Ils nous ont ensuitte porté les cahiers, requestes, supplications et remonstrances que vous avez advisé de nous faire en vostre assemblée, avec lesquelz nous estimions qu'ils nous deussent aussy apporter la nomination que vous nous debvez faire de six personnes, pour en choisir et élire deux qui auront à résider près de nous, pour la poursuitte et sollicitation générale de vos affaires, ainsy qu'il doibt estre faict avant que de recevoir et respondre vos dicts cahiers; à quoy encores que vous n'ayez satisfaict, nous n'avons voulu néantmoins différer de faire veoir et respondre vos dicts cahiers, ayant mieux aimé vous faire cognoistre nostre bonté et nostre bienveillance en vostre endroit que de vous astreindre à l'ordre qui doibt estre observé pour ce regard. Nous avons donc faict rapporter les dicts cahiers en nostre conseil, où estoit la Royne, nostre très honorée dame et mère, les princes, officiers de nostre couronne et plusieurs principaux de nostre dict conseil, et en leur présence résolu et arresté, sur chascun des articles d'iceux, les responses plus advantageuses et favorables que la qualité du temps et le bien de nos affaires l'ont pu permettre; et en sorte néantmoins que vous pourrez recognoistre par icelles l'affection et bienveillance que nous portons à nos dicts subjects de la religion prétendue refformée. Et encores, pour vous tesmoigner en ceste occasion une grâce plus particulière et extraordinaire, nous avons trouvé bon, pour ceste fois et sans tirer à conséquence, que vos dicts cahiers avec les dictes responses ayent esté remis entre les mains de vos dicts depputez pour les vous rapporter, contre ce qui avoit tousjours esté pratiqué en toutes autres assemblées, où l'on a accoustumé de ne respondre aux cahiers qu'après la séparation d'icelles. Mais nous voulons croire que vous userez de ceste grace comme vous debvez, et que, pour vous en rendre d'autant plus dignes, vous ne manquerez, incontinent après l'arrivée de vos dicts depputez, à procéder à la nomination de ceux que vous nous debvez présenter pour en élire les deux qui doibvent prendre le soin des affaires génerales de nos subjects de la religion prétendue refformée à nostre suitte, affin qu'en après vostre assemblée se sépare, et que chascun se retire en sa province, pour oster tout subject d'ombrage et de jalousie que l'on pourroit prendre d'une plus longue continuation d'icelle. C'est ce que nous avons chargé les dicts présens depputez de vous recommander et vous en presser de nostre part, après qu'ils vous auront rapporté le soin que nous avons pris pour l'expédition de ces affaires, et l'asseurance que vous debvez prendre de nos bonnes et sincères intentions en vostre endroit, continuant de vostre part au debvoir de bons et loyaux subjects envers nous; de quoy nous remettant sur eux, et de ce que nous aurions à vous écrire davantage sur toutes les particularitez et affaires de leur depputation, nous ne vous en ferons celle-ci plus longue.

Donné à Poictiers, le 19 septembre 1615.

Signé LOUIS, et plus bas PHÉLIPEAUX.

Et en la suscription :

A nos chers et bien amez les depputez de nos subjects faisant profession de la religion prétendue refformée, assemblez par nostre permission en nostre ville de Grenoble.

XXXVI.

Lettres de la Royne.

Messieurs, ayant receu par vos depputez les lettres que vous m'avez escrites, et entendu par eux ce qui est de vostre affection au bien du service du Roy, monsieur mon fils, et aux repos et tranquillité de son estat, j'ay participé au contentement que mon dict sieur et fils a eu des asseurances que vous luy avez données de vostre debvoir, fidélité et obéissance envers luy, et me suis ensuitte de ce bien volontiers employée pour, vous faire octroyer favorable response aux supplications et instances contenues par les cahiers, requestes et remonstrances que vos dicts depputez luy ont présentées, ainsy que vous apprendrez tant par la lettre que le Roy, mon dict sieur et fils, vous escrit, que par les responses mêmes qui ont esté faictes sur les dicts cahiers et articles, lesquelz, par grâce plus particulière, ont esté remis ès mains de vos dicts depputez pour vous les rapporter, par où vous aurez entière cognoissance de ce qui est de nostre bienveillance envers vous, et de la bonne intention que luy et moy avons tousjours de faire entièrement observer et exécuter les édicts, articles secrets, déclarations, brevets et responses de cahiers faicts en faveur de ses subjects de la religion prétendue refformée. Comme aussy nous espérons qu'eux et vous continuerez tousjours en la fidélité et obéissance à laquelle Dieu et vostre naissance vous obligent. C'est ce que j'ay donné charge à vos depputez de vous représenter et recommander de nostre part, vous exhortant aussy de satisfaire au plus tost à ce qui est des intentions et volontez du Roy sur le subject de la nomination des depputez qui doibvent résider à sa suitte, et séparation de vostre assemblée ; en quoy faisant, vous luy donnerez tant plus d'occassion de vous gratiffier et favoriser, et à moy de m'employer pour tout ce qui sera du bien et advantage de vous tous en général et en particulier, et que, remettant à vos dicts depputez de vous faire plus particulièrement entendre, je ne vous en diray icy davantage, priant Dieu, messieurs, vous avoir en sa saincte garde.

Escrit à Poictiers, ce 19 septembre 1615.

Signé MARIE, et plus bas Phélipeaux.

Et au-dessus :

A messieurs les depputez des subjects du Roy, monsieur mon fils, faisant profession de la religion prétendue refformée, assemblez par sa permission en la ville de Grenoble.

Le parlement de Toulouse, dans le ressort duquel se passaient ces événements, venait de rendre un arrêt contre le prince de Condé; l'assemblée, de son côté, priait les villes d'Usez et de Nîmes, celle-ci avec peu de succès, de ne pas le publier, et prenait toute sorte de moyens pour protéger ceux qui s'en déclaraient les adversaires; surtout la situation de la basse Guyenne, où MM. de Rohan, de Soubise et autres se préparaient à prendre les armes, attirait son attention; elle appelait à lui prêter secours les provinces du haut Languedoc, Saintonge, Poitou, la Rochelle et Bretagne, non sans chercher à se couvrir de l'adhésion du maréchal de Lesdiguières, qu'elle ne put néanmoins obtenir. Sur ces entrefaites, le 20 octobre, les sieurs de Saint-Privat et Dubois de Carguois revenaient de la cour, apportant, du Roi et de la Reine, les dépêches suivantes[1].

XXXVII.

Lettres du Roy.

Chers et bien amez, nous avons entendu, par la bouche des sieurs Dubois de Carguois et de Sainct-Privat, que vous avez envoyez vers nous, ce qu'ils avoient eu charge de nous représenter touchant vostre partement de Grenoble pour vous transporter en autre lieu. Ce qui ayant esté faict sans nostre congé et permission, nous aurions assez de subject d'en demeurer très mal satisfaict. Mais voulant vous tesmoigner, en tant que nous pouvons, les effects de nostre bienveillance en vostre endroit, nous voulons prendre en bonne part les motifs et raisons qu'ils nous ont alléguez sur ce subject, et croire que vostre intention est de demeurer tousjours en l'assiette de bons et fidèles subjects, et en l'obéissance en laquelle vous estes naturellement obligez, dont, affin que vous ayez plus de moyens de nous en rendre des effects, nous vous permettons continuer vostre assemblée en nostre ville de Montpellier, laquelle nous vous assignons pour cest effect, à la charge néantmoins de vous y conduire ainsy qu'il a esté prescrit par le brevet que nous vous avons cy devant accordé pour la tenue

---

[1] Ils y avaient été envoyés par délibération de l'assemblée de Grenoble, du 22 septembre 1615. Voir plus haut, page 83. (Édit.)

de vostre dicte assemblée, sans vous entremettre d'autres affaires que de celles qui y doibvent estre proposées, suivant le dict brevet. Et pour le regard des autres points dont les dicts sieurs Dubois de Carguois et de Sainct-Privat nous ont parlé, nous n'y pouvons faire autre response que celle que le sieur de Sainct-Brisson vous a portée de nostre part, avec l'asseurance que nous vous donnons que, demeurant en vostre debvoir, vous pourrez faire estat certain de nostre bonne volonté en vostre endroit, et croire que nous conserverons tousjours une ferme intention de maintenir et faire observer inviolablement les esdicts, déclarations, brevets, articles secrets et autres dépesches qui ont esté faictes en faveur de nos subjects faisant profession de la religion prétendue refformée. Nous vous dirons aussy que nous avons eu du desplaisir de ce qui s'est passé à Toulouse à l'endroit du sieur de Favas, ainsy que vous avez peu recognoistre par le soin que nous avons voulu prendre de renvoyer vers vous toutes les lettres et dépesches qui luy auroient esté prises, encores qu'on nous ayt faict entendre que cest accident luy arriva par le mespris qu'il feist d'observer, comme il debvoit, l'ordre establi pour tous les autres qui vont et viennent en la dicte ville. Néantmoins nous escrirons encores sur le lieu que l'on informe du traictement qui luy aura esté faict, affin que nous y fassions pourveoir ainsy que de raison[1].

Donné à Bourdeaux, le 12e jour d'octobre 1615.

Signé LOUIS, et plus bas PHÉLIPEAUX.

Et en la suscription :

A nos chers et bien amez les depputez de nos subjects faisant profession de la religion prétendue refformée, cy devant assemblez par nostre permission en nostre ville de Grenoble.

---

[1] M. de Favas était un des plus ardents réformés. Il s'était particulièrement attaché au prince de Condé, et acceptait de lui les missions les plus délicates. Le passage suivant du Journal d'Arnaud d'Andilly établit l'acte auquel la lettre du Roi fait allusion : « 13 septembre 1615. Paquet « pris à Favas, passant par Tholose sans « parler, lequel estoit plein de mauvaises « instructions. » (Édit.)

XXXVIII.

Lettres de la Royne.

Messieurs, vous verrez par la lettre que le Roy, monsieur mon fils, vous escrit, la response qu'il vous faict sur ce qui luy est représenté par les sieurs Dubois de Carguois et de Sainct-Privat, et n'ay rien à y adjouster, sinon vous exhorter et prier de ne vous départir point de la fidélité et obéissance à laquelle vous estes naturellement obligez en son endroit, et dont je veux prendre asseurance sur celle que les sieurs Dubois de Carguois et de Sainct-Privat nous en ont donnée de vostre part; et en pouvez rendre présentement des effects, en condamnant et réprouvant publiquement le procédé de ceux qui, sous prétexte de........ de vostre assemblée, se licentient à se soulever et prendre les armes contre l'auctorité du Roy, mon dict sieur et fils; en quoy faisant vous pouvez prendre toute asseurance de la continuation de sa bienveillance et de la mienne en vostre endroit. Sur ce, je prie Dieu, messieurs, qu'il vous ayt en sa garde.

Escrit à Bourdeaux, ce 12ᵉ jour d'octobre 1615.

Signé MARIE, et plus bas Phélipeaux.

Et au-dessus :

A messieurs les depputez des subjects du Roy, monsieur mon fils, faisant profession de la religion prétendue refformée, cy devant assemblez par sa permission en sa ville de Grenoble.

XXXIX.

Extrait du procès-verbal de la séance du 15 octobre 1615.

Semonce faicte à l'assemblée de ceux de la religion prétendue refformée, à Grenoble, par le sieur de la Haye, de la part de M. le Prince, de se joindre à luy, avec la résolution de la dicte assemblée portant de traicter avec luy, du 15 octobre 1615[1].

Le sieur de la Haye estant de rechef venu en la compagnie, et ayant

---

[1] Voir ci-dessus, aux pièces de l'assemblée de Grenoble, les premières relations du sieur de la Haye avec elle, p. 62. (Édit.)

icelle priée de luy rendre response sur la semonce par luy cy devant faicte, et plusieurs fois réitérée de la part de monseigneur le Prince, de se joindre avec le dict seigneur en la prise d'armes qu'il a esté contraint de faire pour les causes contenues en sa déclaration, à cest effect a représenté qu'on ne peut révoquer en doute la vocation légitime du dict seigneur Prince, attendu que sa naissance et qualité de premier prince du sang luy donnent l'auctorité, durant le bas aage du Roy, de relever les intérests du Roy et de l'estat, et mesme les maintenir par armes s'il est besoing, comme il a confirmé par le rapport de plusieurs exemples notables advenus cy devant en ce royaume; veu qu'il a faict entièrement recognoistre n'avoir autre but de ses desseings que la refformation des désordres de l'estat, la conservation de la dignité et auctorité du Roy, l'asseurance de la vie de Sa Majesté, la recherche et punition de l'exécrable parricide commis en la personne sacrée du Roy deffunct, le soutien des lois fondamentales du royaume, l'entretenement des anciennes alliances de ceste couronne et des édicts de paciffication qui s'en vont grandement esbranlez par la précipitation des mariages d'Espagne; joint qu'il n'avoit pris la voie des armes qu'à l'extrémité, et après avoir tenté tous autres remèdes, tant par la demande qu'il a faicte de la convocation des Estats généraux, que l'artifice des ministres de l'estat a rendue du tout inutile, que par l'instance qu'il a faicte qu'on eust esgard aux sérieuses remonstrances du parlement, qui ont esté rejettées par les dicts ministres avec toute sorte de mespris et indignitez, et enfin par la justice qu'il a demandée des principaux auteurs des dicts désordres, désignez par les dictes remonstrances, et nommez par la dicte déclaration; joint que, les armes estant desjà prises par tout le royaume, il n'est loisible ny expédient de demeurer neutres, qui seroit s'exposer à la mercy des uns et des autres, et courir le hasard d'estre la proie du vainqueur; que d'ailleurs la compagnie a cy devant assez recogneu la justice de la cause du dict seigneur Prince, puisqu'elle s'est jointe à ses supplications et a depputé à ceste fin plusieurs fois vers Sa Majesté.

Le même procès-verbal porte ensuite l'énoncé suivant :

La dicte assemblée, après avoir meurement et diligemment considéré les raisons de la dicte proposition, et pesé plusieurs autres considérations rapportées sur ce subject, et y ayant opiné par quatre diverses séances, a résolu de traicter avec le dict seigneur Prince, sous les mesmes protestations que fait le dict seigneur de ne se départir jamais de l'obéissance du Roy, et de n'avoir autre but en la recherche de nostre liberté et seureté que le bien de son service, maintien de son estat, grandeur et accroissement de ceste monarchie et entretien de ses édicts.

A la suite de cette semonce du sieur de la Haye, l'assemblée, dans sa séance du 20 octobre, désigna MM. de Rouvray, de Berteville, Desbordes, de Champeaux, Bayle et de la Nouaille pour rédiger les instructions destinées aux députés qui seraient envoyés vers le prince de Condé. En même temps furent écrites des lettres adressées à ce prince et à plusieurs des grands joints avec lui. Ces lettres suivent sous la date du 31 octobre. Nous donnons immédiatement les instructions.

XL.

Instruction baillée par l'assemblée généralle des esglises refformées de France, tenue à Nismes, aux sieurs Desbordes, de Cruzel et de la Nouaille, envoyez par la dicte assemblée vers monseigneur le Prince, du 22ᵉ jour d'octobre 1615.

Les sieurs Desbordes, de Cruzel et de la Nouaille, depputez par l'assemblée généralle vers monseigneur le Prince, feront toute la diligence qu'ils pourront pour se rendre près de mon dict seigneur.

Luy diront qu'après que le sieur de la Haye, envoyé vers eux de sa part au mois d'aoust dernier, leur eust rendu ses lettres et exposé sa créance, encores que la cognoissance manifeste des désordres de l'estat et les justes appréhensions des conséquences des mariages d'Espagne, et la qualité de mon dict seigneur le Prince, qui, seul en ce royaume, durant le bas aage du Roy, semblait avoir vocation légitime pour s'opposer aux dicts désordres, leur donnast toute occasion de bien juger de la justice de sa cause, toutesfois le respect qu'ils doibvent au Roy, leur souverain prince et seigneur, les oblige, devant que de venir aux extrémitez, de faire entendre à Sa Majesté la réquisition du dict seigneur, et la supplier de faire bonne considération sur les très humbles supplications de mon dict seigneur le Prince, et autres princes et officiers de la couronne et seigneurs joints avec luy, et sur les remonstrances du parlement; ce qu'ils firent par les premiers depputez qu'ils envoyèrent en cour, dont ils donnèrent advis au dict seigneur. par le sieur de Venevelle.

Que depuis ayant receu la seconde dépesche de mon dict seigneur le Prince avec sa déclaration, et après le partement précipité de Sa Majesté, ils se trouvèrent obligez de faire une autre recharge à Sa Majesté par le sieur de Sainct-Brisson, pour la supplier très instamment de retarder son mariage et avoir esgard aux supplications de mon dict seigneur le Prince, dont ils l'advertirent par le sieur de Cagny ; qu'au mesme temps ils dépeschèrent vers les provinces les plus considérables, et vers la pluspart des grands de la dicte religion, pour les prier de faire la mesme instance à Sa Majesté, ce qu'ils firent suivant le désir de la dicte assemblée.

Qu'encores que, par le retour du dict sieur de Sainct-Brisson[1], ils eussent appris que ceux qui tiennent l'auctorité souveraine près Sa Majesté avoient empesché que leurs très humbles et très instantes supplications ne fussent mises en grande considération, toutesfois ils estimèrent debvoir attendre le retour des premiers depputez.

Et d'autant qu'ils avoient beaucoup de subjects de croire que le lieu auquel ils se trouvoient assemblez, au lieu de rendre leurs demandes respectueuses favorables[2] et considérables à la cour, cesseroit[3] tout le respect, obéissance et considération à l'auctorité particulière qui estoit due au général de leurs esglises, ils se résolurent de changer de lieu et en donner advis à Sa Majesté par les sieurs

---

Voir plus haut, p. 78. Assemblée de Grenoble, 18 septembre. (Édit.)

[2] Ce mot veut dire ici *dignes de faveur*. Édit.)

[3] Ce mot doit être pris dans le sens de *ferait cesser*, en se rapprochant de l'emploi actif de ce verbe : *cessez vos plaintes, vos cris*, etc.

Dubois de Carguois et de Sainct-Privat, qu'ils chargèrent de réitérer leurs très humbles remonstrances qu'ils avoient faict faire à Sa Majesté par les précédens depputez.

Qu'ayant, par le retour des premiers depputez[1], et par la responce de leurs cahiers, appris que les instances qu'ils avoient faict faire pour ce regard, quoiqu'animées de toutes sortes de très humbles et très vives remonstrances et supplications, n'avoient esté mises en considération; au contraire, qu'au mesme instant qu'on concertoit la response de leurs cahiers, on résolvoit une déclaration sanglante contre mon dict seigneur le Prince et les autres princes et seigneurs joints avec luy, qu'on envoyoit aux cours de parlement; ils connurent bien qu'il n'y avoit pas grande apparence d'espérer que, par remonstrances et supplications, on peust mettre en l'esprit des principaux ministres de l'estat de quitter leurs intérests et prétentions particulières pour entendre au bien du service de Sa Majesté et repos de l'estat, puisque, par la dicte déclaration, ils vouloient jetter toutes choses aux extrémitez et tacher, en tant qu'en eux estoit, le sang et lignée royale d'une tache qui n'a jamais esté mise sur eux au plus fort des troubles et animositez passées.

Pour ces considérations, sans se départir de la très humble subjection et obéissance qu'ils doibvent et seront tousjours prests de rendre à Sa Majesté, ils résolurent de joindre leurs conseils et délibérations avec ceux de mon dict seigneur le Prince, estimant que la nécessité où ils voyoient les affaires publiques réduites les obligeoit, comme bons François et très humbles subjects de Sa Majesté, d'apporter ce qui seroit en eux pour la refformation et restauration de l'estat.

Et néantmoins, avant que de passer outre à l'exécution, estimèrent encores estre obligez d'attendre si, par le retour des dicts sieurs Dubois et de Sainct-Privat, ils apprendroient que le changement de lieu de leur assemblée auroit rendu leurs instances, cy devant faictes pour mon dict seigneur le Prince, plus considérables.

Mais ayant par leur retour appris qu'il n'y avoit plus d'espérance

---

[1] Pages 101, en date du 20 octobre. (Édit.)

de ce costé-là, ils auroient résolu d'envoyer vers mon dict seigneur le Prince, pour le supplier avant toutes choses de trouver bon qu'ils protestent, au nom de tous ceux de la dicte religion, qu'ils sont et veulent demeurer à jamais très humbles et très fidèles subjects et serviteurs du Roy, de l'obéissance et protection duquel ils ne se veulent départir en aucune sorte.

Que comme ils ont tous un extresme désir de la refformation de l'estat, aussy cognoissent-ils que le désir de toutes leurs provinces est d'entretenir la paix et tranquillité publique en ce royaume, à la quelle partant ils le supplient de rapporter tous ses conseils, délibérations et actions, recherchant tous les moyens qui lui seront possibles pour y parvenir, afin d'éviter les malheurs que la guerre civile attire quant et soy; et, pour cest effect, après les articles de la dicte assemblée résolus et arrestez, faire, de la part de mon dict seigneur le Prince, une depputation vers Sa Majesté, pour la supplier au nom de Dieu de ne se laisser emporter aux passions et aux intérests de ceux qui sont près de sa personne, pour préférer leurs desseings et prétentions au bien de son service et tranquillité du royaume.

Pour cest effect, présenteront à mon dict seigneur le Prince et autres princes, officiers de la couronne et seigneurs qui seront avec luy, les articles arrestez en la dicte assemblée, qu'ils luy feront entendre avoir esté dressez en telle sorte que la dicte assemblée n'a eu son principal esgard qu'au bien général de l'estat; et on adjouste : les articles qui concernent particulièrement ceux de la religion, non pour procurer dans le trouble aucun advancement ny mélioration de leur condition, s'estant restreints dans les choses qui sont totalement nécessaires pour leur conservation, qui ne se peut esbranler sans mettre tout l'estat en confusion.

Leur feront entendre les motifs de la dicte assemblée sur chascun des dicts articles, et leur feront cognoistre que, s'estant resserrez en ces limites, il n'y peut estre rien changé ny retranché, comme de faict ils ne traicteront en aucune sorte pour en rien changer ny retrancher.

Si tous les dicts articles sont agréez par mon dict seigneur le Prince et autres princes et seigneurs qui sont avec luy, les prieront de les signer, et eux aussy les signeront au nom de l'assemblée, et tirant d'eux les promesses nécessaires pour l'accomplissement d'iceux, promettront que la dicte assemblée employera de bonne foi son pouvoir et auctorité pour l'exécution de tout ce qui est contenu aux dicts articles.

Et, en ce faisant, insisteront vivement à ce que, suivant le contenu en iceux, et pour donner entière asseurance aux dictes esglises, quelqu'une des places nouvellement réduictes au parti de mon dict seigneur sera mise ès mains de ceux de la dicte religion, dont ils donneront promptement advis à la dicte assemblée par le sieur de Cruzel, qui la viendra trouver en diligence, et les sieurs Desbordes et de la Nouaille demeureront près de mon dict seigneur le Prince, pour assister en ses conseils suivant le contenu aux dicts articles.

Et sera prié mon dict seigneur le Prince, au cas que le sieur de la Haye ne soit plus ici, de le renvoyer, ou autre personnage de la dicte religion, pour assister de sa part aux délibérations et résolutions de la dicte assemblée, qui soit de pareilles cognoissance, qualité et fidélité que le dict sieur de la Haye, à la suffisance, discrétion et intégrité duquel l'assemblée est obligée de rendre un tesmoignage très honorable.

Verront particulièrement les autres princes, officiers de la couronne et seigneurs qui se trouveront avec mon dict seigneur le Prince; leur rendront les lettres de la compagnie, les asseurant du service et affection d'icelle, et notamment M. le mareschal de Bouillon, qu'ils supplieront de rapporter le pouvoir, l'auctorité et les grandes grâces que Dieu luy a données, tant au bien de l'estat qu'à la conservation des dictes esglises.

Donneront advis soigneusement et souvent à la dicte assemblée de tout ce qui se passera par le chiffre qui leur sera mis en mains.

Prieront mon dict seigneur le Prince et M. le mareschal de Bouillon, escrivant à M. le prince d'Orange, de luy recommander la conservation de l'esglise reffermée d'Orange en général et de tous les membres d'icelle en particulier.

XLI.

A monsieur de Bouillon.

Monsieur, nous envoyons vers monseigneur le Prince les sieurs Desbordes, de Cruzel et de la Nouaille, ayant beaucoup de regrets que nous n'ayons peu plus tost satisfaire à ce debvoir, et luy donnons advis et à vous de nos résolutions. Ils vous diront les raisons et les excuses de ce retardement. Nous les avons chargez de conférer particulièrement et confidemment avec vous, monsieur, et de ne vous cacher et céler rien de tous nos affaires, recognoissant que vostre zèle et vostre affection à l'advancement de la gloire de Dieu et de son esglise vous attachent d'un lien plus estroit à nos intérests que les autres princes et seigneurs qui n'ont de commun avec nous que la seule considération du bien de l'estat. Nous vous supplions, monsieur, de vouloir ayder de vostre favorable assistance nos dicts depputez en leur négociation, et croire ce qu'ils vous représenteront de nostre part. Nous continuerons à invoquer Dieu journellement qu'il luy plaise, par sa divine bonté, conserver avec toute sorte de prospérité et bénir vos conseils et vos actions pour sa gloire, pour le service du Roy et pour le bien de cest estat, comme ce sont les fins et les visées et de vos desseings et des nostres. Nous vous supplions aussy, monsieur, de nous continuer la faveur et le bonheur de vos bonnes graces, et de prendre asseurance que toutes nos affections seront tousjours très disposées à vous honorer et servir, comme estans, monsieur, vos plus humbles et très affectionnez serviteurs.

A Nismes, ce dernier octobre 1615.

XLII.

Lettre de l'assemblée de Nimes à monseigneur le Prince.

Monseigneur, si vous n'avez eu plus tost de nos nouvelles et responce aux dernières lettres dont il vous pleust nous honorer et qui nous furent rendues par le sieur de Cagny, nous vous supplions très humblement de croire que ce n'a esté manque ny de dévotion à vostre service, ny d'inclination à vous en faire paroistre les effects. Beaucoup d'occurrences qui se sont passées depuis, et desquelles nous croyons qu'une partie est desjà venue à vostre cognoissance, nous ont comme forcez à ce retardement. Nous envoyons maintenant vers vous, monseigneur, les sieurs Desbordes, de Cruzel et de la Nouaille qui vous représenteront plus particulièrement nos raisons et justes excuses sur ce subject, et les debvoirs que nous avons à diverses fois employez vers le Roy, pour le supplier, dans le respect de très humbles subjects, de faire considération sur vos justes demandes et sur les nostres. Ils vous feront veoir aussy de nostre part comme nos intentions se rencontrent avec les vostres, toutes portées au service de Sa Majesté, au bien de cest estat et à la seureté de nos esglises, soubs l'observation des édicts, et à la conservation particulière de vostre personne, que nous recognoissons, monseigneur, non seulement très utile, mais mesme très nécessaire au Roy et à son royaume, principalement parmy les confusions qui le menacent.

Nous vous supplions très humblement, monseigneur, adjouster foy à ce que nos dicts depputez vous diront, et en nous conservant l'honneur de vostre bienveillance, croire que nous sommes, monseigneur, vos très humbles et très obéissans serviteurs.

A Nismes, ce dernier octobre 1615.

Les depputez.

XLIII.

A monsieur de Longueville.

Monseigneur, l'affection que vous continuez de rendre au service du Roy et bien de cest estat nous est d'autant plus sensible que nous sçavons que vous cognoissez les causes des maux qui le travaillent. Nous avons jusques icy, pour leur guérison, usé des plus doux remèdes, et désirons de tous nos cœurs qu'ils se trouvent seuls propres et salutaires; d'autant, monseigneur, qu'il vous a pleu, tant par les depputez que monseigneur le Prince nous a envoyez que par les nostres vers luy, nous asseurer de vos bonnes graces. Nous avons donné charge aux sieurs Desbordes, de Cruzel et de la Nouaille, que nous depputons à mon dict seigneur le Prince et à vous, de vous en rendre tous les humbles remerciements que nous debvons, et les asseurances de nos fidèles services. Ils vous portent aussy les articles que nous croyons nécessaires non seulement à nostre conservation, mais de tout le royaume, et nous nous promettons qu'ils seront favorablement accordez par vous. L'asseurance que nous avons en la suffisance de nos dicts depputez nous empesche de vous en dire davantage que vous supplier très humblement nous croire, monseigneur, vos bien humbles et très affectionnez serviteurs.

A Nismes, ce dernier octobre 1615.

XLIV.

A monsieur de Mayenne.

Monseigneur, la longue suitte des grands et signalez services que vostre maison a rendus à cest estat en ces temps si périlleux, et que vous continuez avec tant de générosité, ont grandement animé les ressentimens que nous avons des désordres qui y règnent aujourd'huy, et les résolutions que nous avons prises d'apporter ce que nous pourrons légitimement pour en empescher la désolation et ruyne. Et pour cest effect nous envoyons vers monseigneur le Prince et vous les sieurs Desbordes, de Cruzel et de la Nouaille, avec les articles nécessaires à nostre seureté et conservation que nous croyons estre inséparablement [unie] à celle de ce royaume. Le temps où nous sommes, qui ne permet de vous escrire plus amplement, et la suffisance de nos dicts depputez, nous serviront, s'il vous plaist, d'excuse pour ne vous en dire davantage que pour vous asseurer que les grâces que Dieu vous a si amplement départies nous lient tellement à vous, que nous ne désirons rien plus que de vous pouvoir tesmoigner dignement que nous sommes, monseigneur, vos plus humbles et très affectionnez serviteurs.

A Nismes, ce dernier octobre 1615.

XLV.

A monsieur de Luxembourg.

Monsieur, nous envoyons vers monseigneur le Prince les sieurs Desbordes, de Cruzel et de la Nouaille, et les avons chargez de vous tesmoigner le ressentiment qu'avec tous les bons François nous avons de l'affection que tesmoignez continuer au service du Roy et bien de l'estat; en quoy vous vous monstrez digne de l'honneur de la très illustre maison dont estes issu. Nos dicts depputez vous feront veoir les articles que nous envoyons à monseigneur le Prince, que nous jugeons autant nécessaires à la conservation et seureté de ce royaume qu'à la nostre propre, et nous nous asseurons, monsieur, que vous y apporterez une favorable approbation. Nous vous en supplions bien humblement, et de croire que nous ne désirons rien plus que les occasions de vous faire paroistre que nous sommes, monsieur, vos bien humbles et très affectionnez serviteurs.

A Nismes, ce dernier jour d'octobre 1615.

Les rapports fréquents avec la cour n'avaient pas toujours un heureux effet; et d'ailleurs les encouragements, les excitations mêmes ne manquaient pas aux députés. Les seigneurs réformés s'empressaient de venir prêter le serment d'union, ou d'écrire pour assurer de leur bon vouloir: tels étaient MM. de la Trémouille, de Châtillon, de Rohan, de Soubise, de la Force, de Favas, de Boisse, etc. Des provinces, la haute et la basse Guyenne, le Poitou, la Bretagne, le Languedoc; des villes, la Rochelle, Aiguesmortes, Jargeau, etc. sollicitaient l'assemblée de prendre un parti. La Rochelle insistait pour qu'elle résolût son union avec le prince de Condé. Celui-ci, de son côté, travaillait à l'amener définitivement à son alliance, alliance déjà accueillie à Grenoble. Le sieur de la Haye, son envoyé, s'était de nouveau présenté dans l'assemblée le 9 octobre, et, le 15 du même mois, l'avait sommée, comme on l'a vu, de tenir sa promesse. La résolution de s'unir au Prince fut prise immédiatement sous les mêmes protestations d'obéissance envers le Roi et de dévouement à la monarchie. Ce ne fut qu'en novembre 1615 que les articles furent dressés, et qu'en janvier 1616 que la convention fut ratifiée, tant il y avait d'hésitation à prendre le parti de la guerre. Néanmoins, la résolution elle-même fut, quelques jours après, communiquée aux provinces par la lettre dont la teneur suit, et qui doit être de la fin d'octobre.

XLVI.

Imprimé. Mercure franç. 1615, t. IV, p. 314.

Lettre de l'assemblée de Nismes aux esglises refformées.

Messieurs, vous avez quelque raison d'avoir l'impatience d'estre si longtems sans avoir des nouvelles certaines de ce que nous avons faict et de ce qui s'est passé en nos affaires depuis nostre transport de Grenoble en ce lieu. Mais nous serons relevez de blasme lorsque vous sçaurez que, chaque jour ayant produit de grandes et importantes affaires, nous avons estimé que nous ne vous debvions informer qu'avec quelque certitude de nos résolutions sur icelles : aussy que nous avons esté retenus par une longue attente de ce que nous rapporteroient de la cour les depputez que nous y avons envoyez. Maintenant donc, messieurs, pour satisfaire à vos désirs et à nostre debvoir, vous sçaurez que, quelques jours après nostre arrivée en ce lieu, nous eusmes advis de la basse Guyenne que MM. de la Force, de Boisse, de Pardaillan, de Favas et autres seigneurs de la religion de ce quartier là estoient conviez de prendre les armes, *et ce avec M. le comte de Sainct-Pol, qui offroit de se mettre en teste, sous des apparences très évidentes du bien de l'estat, et des offres en son particulier advantageuses au bien général de nos esglises, et spécialement de celles de leur province;* à quoy s'estans disposez, *et ayant à ce subject appelé M. de Rohan,* tous ensemblement requéroient de ne les abandonner en une si bonne cause, veu mesmement qu'en quelques places de seureté et en plusieurs des nostres de la dicte province, l'on commençoit de nous maltraiter.

Sur quoy nous aurions, *par un commun concert,* jugé utile au service de Sa Majesté et au bien de nos esglises de les advouer, et exhorter les provinces voisines de les assister, sans toutesfois y faire ny commettre aucun acte d'hostilité *contre les catholiques romains,* ains les prendre lorsqu'ils seroient les plus forts en leur protection, afin de tesmoigner que leurs armes prises ne tendoient *qu'à une simple défensive,* et pour arrester le cours du mal commun à tous, sous l'auctorité de celui qui y a une *légitime vocation.*

Quelque temps après, les seigneurs de Champeaux, Desbordes et de Maleray sont retournez de la cour[1], qui avoient esté envoyez les premiers avec le cahier des choses principales et essentielles, tant au bien du royaume qu'à celui de nos esglises, sur lesquelles les responses sont telles en l'un des chefs, et si mauvaises en l'autre, que de là nous avons creu avoir subject d'en recueillir, non sans grand regret, que tous les deux ne sont en grande considération. Nonobstant quoy, combien que journellement nous fussions sollicitez de nous joindre à M. le Prince sous des offres d'un traicté favorable qui nous a esté représenté, nous avons estimé qu'il nous falloit encores attendre le retour de MM. Dubois de Carguois et de Sainct-Privat, qui sont les troisiesmes depputez que nous avons envoyez au Roy pour luy réitérer tousjours nos premières supplications et demandes, touchant les remonstrances du dict sieur Prince, ensemble pour le supplier de ne point trouver mauvais le changement de nostre assemblée de Grenoble en ce lieu, espérans aussy que cela donneroit plus de poids et considération à nos réitérées supplications. Mais ayans, par le retour du dict sieur de Sainct-Privat, recogneu qu'au contraire *il n'y avoit plus d'apparence d'espérer rien de bon* par nos requestes et instances; *voyans d'ailleurs qu'on avoit déclaré le premier prince du sang criminel de lèse-majesté, et tous ceux qui le favorisent perturbateurs du repos*

---

[1] Ils avaient été désignés pour cette mission par l'assemblée de Grenoble dans sa séance du 10 août 1615 Voir plus haut, page 35. (Édit.)

public, ce qui regardoit à nous clairement à cause de nos supplications faictes en sa faveur; considérans aussy que *plusieurs de nos grands estoient embarquez* en ceste cause, ensuitte de quoy l'on dépouilloit par lettres patentes M. de la Force du gouvernement de Béarn ; jugeans encores qu'entre deux partis formez comme ils estoient il nous estoit impossible dès meshuy et très dangereux, au point que nous estions, de subsister en neutralité, par le moyen de quoy l'on devient ordinairement en proye du victorieux ; *estans persuadez en nos consciences que celui de M. le Prince estoit le plus légitime,* puisqu'il avoit pour but le bien du service du Roy, la conservation de son auctorité, *et nous asseuroit de l'entretenement et observation de bonne foy de nos édicts et autres choses accessoires pour nostre maintien en ce royaume,* nous avons, sur toutes ces grandes considérations, et après une longue et sérieuse délibération d'icelles, estimé que nous ne debvions plus longuement différer à respondre aux semonces à nous faictes pour nous joindre avec M. le Prince, capable pour le présent de prendre cognoissance de cause en ces affaires et y agir, avec tous les bons François, pour le bien du service du Roy, la conservation de son auctorité et la refformation des désordres de l'estat, et duquel aussy, à cause de cela, nous pouvons prendre asseurance de l'observation sincère de nos édicts, concessions et choses nécessaires à nostre subsistance, pour l'inobservation et contravention desquelz, depuis la mort du feu roy Henry le Grand, nous avons tant souffert et souffrons encores en maints lieux et en diverses façons ; ensuitte de quoy nous avons si souvent réitéré nos supplications et renforcé nos plaintes, mais en vain quant à l'effect, comme tant de cahiers et la response sur iceux le tesmoignent. Ainsy avons envoyé, le troisiesme de novembre, *vers M. le Prince, les sieurs Desbordes, de Cruzel et de la Nouaille, avec les articles autant favorables au bien de nos esglises que nous avons peu et deu, pour conduire le dict traicté avec luy, que nous ne doubtons point qu'il ne l'accepte.* Outre quoy nous leur avons donné de bonnes et amples instructions, par lesquelles, avant toutes choses, ils sont chargez de protester au dict sieur Prince, au nom de tous ceux de la religion, qu'ils veulent demeurer très humbles et très fidèles subjects et serviteurs du Roy, et ne se séparer point de l'obéissance et de la subjection qu'ils luy doibvent, et que, comme ils ont tous un désir extresme de la refformation des désordres de l'estat, aussy ne souhaitent rien tant que d'y voir la continuation de la paix et tranquillité publique, à laquelle ils le supplient de rapporter entièrement ses conseils et délibérations, et de chercher tous les moyens qui luy seront possibles pour y parvenir, et de vouloir à cest effect depputer vers le Roy pour le supplier ne préférer les intérêts et prétentions de ceux qui sont auprès de sa personne au bien de son service et au repos et tranquillité de son royaume.

Ensuitte de quoy nous faisons aussy à mesme fin une depputation vers Sa Majesté, pour luy réitérer encores nos griefs particuliers sur les dictes inobservations et inexécutions de l'édict, *non tant pour l'espérance que nous en ayons beaucoup de fruit que pour satisfaire particulièrement à nos consciences et aux désirs légitimes qui nous sont cogneus de vostre part*, à ce que nous rendions en vostre nom toutes sortes de debvoirs et soumissions à nostre Prince, justifians tant plus par ce moyen nos procédures devant Dieu et les hommes, *pour puis après nous porter plus franchement à ce qui sera accessoire pour nostre conservation.*

Nous espérons, messieurs, que, comme vous jugerez sainement de nos intentions en la susdicte résolution, aussy penserez-vous de quelle conséquence il est pour la conservation de nos esglises que nous y marchions tous conjoinctement d'un mesme pas; et, comme nous vous protestons que nous ne sommes portez à cela que par après nous estre veu la porte fermée à la justice de nos plaintes et remonstrances, toute espérance ostée de voir une exécution de bonne foy à nostre édict et aux choses tant de fois promises, et finalement une apparence évidente de la ruyne de l'estat par les désordres d'iceluy, ainsy nous vous prions de toute affection de considérer meurement qu'il n'y a pas de chemin plus court ny plus certain à la désolation de nos esglises, qui tireroit avec soy le renversement de l'estat, que nous diviser et séparer les uns d'avec les autres, estant infaillible que nostre subsistance ne se peut rencontrer que dans nostre union et bonne correspondance de tous.

En quoy nous prions Dieu très ardemment, ou qu'il luy *plaise donner au Roy des conseillers plus zélez à la grandeur de son sceptre*, en maintenant la paix entre ses subjects d'une et d'autre religion, ou qu'il veuille nous ouvrir à tous les yeux, pour, nous les ayant dessillez en un péril d'autant plus dangereux qu'il est couvert, *nous unir en mesmes vœux et résolutions de porter une commune main, pour en arrester et divertir l'effect*.

Vous sçavez aussy, messieurs, comme le Roy a pris en bonne part les raisons que nous luy avons faict représenter touchant le *changement de nostre assemblée en ce lieu, autorisant (sans aucune injonction néantmoins) la continuation d'icelle à Montpellier, où nous ne sommes point allez, d'autant que toutes les mesmes raisons qui nous ont faict partir de Grenoble s'y rencontrent à peu près, outre plusieurs autres considérations*, lesquelles représentées à Sa Majesté, nous espérons qu'elle en demeurera satisfaicte. Et, comme nostre dict transport de Grenoble, ainsy qu'il a paru, avoit donné et laissé quelques desplaisirs à M. le mareschal de Lesdiguières, nous avons creu estre de nostre debvoir, pour le soin que nous avons de l'entretien de nostre union générale, d'envoyer vers luy, comme nous avons faict, pour le supplier ne vouloir point se distraire pour cela, l'asseurant qu'il trouvera tousjours parmy nous le rang et respect qui luy est deu; sur quoy il nous a asseurés qu'il ne luy en demeuroit aucun maltalent pour se despartir de nostre union. En cest endroit, nous demeurons, messieurs, vos très humbles et très affectionnez serviteurs.

Les depputez des esglises refformées de France assemblez à Nismes,

Signé BLET, président; DURANT, adjoint; BOISSEUL, secrétaire.

Le procès-verbal de la séance du 22 octobre 1615 fait connaître que l'assemblée a reçu des consuls de Montpellier, et de quelques autres personnes préposées ou seulement attentives à la conservation de la tranquillité des réformés, des lettres qui signalent les menaces des catholiques contre les villes de Gignac, Saint-Ambroix, les Vans, Barjac, etc. comme aussi les armements et concentration de soldats, dans son château de Salenas, par le baron de la Gorsse, à l'occasion des hostilités duquel elle avait déjà porté plainte à M. de Montmorency [1], gouverneur du Languedoc. Elle envoya donc immédiatement à MM. de Ventadour et de Montmorency MM. de Blainville et de Crusel, pour les supplier de faire lever « toutes ces défiances, » et leur remontrer qu'autrement il y aurait à craindre « pour la tranquillité publique. » Ces messieurs, de retour, rendirent compte, dans la séance du 26, du succès de leur mission, rapportant desdits seigneurs des lettres dans lesquelles « ils protestoient sur toutes choses d'entretenir la paix dans la pro-« vince, et remercioient l'assemblée de ce qu'elle tesmoignoit avoir mesme « intention. » Des plaintes analogues sur l'attitude menaçante des catholiques à Clermont furent dénoncées, dans la séance du 27 octobre, par le capitaine Vernière, envoyé de M. de la Chesnaye, gouverneur de cette ville, et l'assemblée députa à MM. de Montmorency et de Ventadour, avec le capitaine, M. du Parc d'Archiac, qui dut les prier d'envoyer à Clermont pour assurer le repos des réformés et y accompagner celui qu'ils enverraient. M. du Parc d'Archiac revint le 29 avec des lettres satisfaisantes de MM. de Montmorency et de Ventadour, et la promesse, de leur part, de l'envoi d'un gentilhomme. Ce gentilhomme fut accompagné par M. de Gasques, envoyé de l'assemblée, chargé par elle « de veoir et remarquer l'estat de la dicte « ville et l'ordre qui y sera mis par le dict sieur de Ventadour, pour en faire « son rapport. » (Procès-verbal du 30.) Ce sont les précautions qu'il a prises par suite de ces sollicitations que M. de Ventadour fait connaître par la pièce suivante.

XLVII.

Archives de l'empire, T.T. 268, n° 3.

Mémoire donné à monsieur de Maliane, envoyé à l'assemblée qui est à présent à Nismes, par monsieur de Ventadour [2].

Messieurs de l'assemblée qui est de présent à Nismes se peuvent

---

[1] Henri II de Montmorency, connétable, né en 1595, décapité à Toulouse le 30 octobre 1633. (Édit.)

[2] Cette pièce et la pièce XLIX accusent une grande maladresse dans l'emploi de la langue française. Nous en avons de

ressouvenir du soin et de la diligence que M. le duc de Ventadour a apportez en deux occasions sur lesquelles il luy ont envoyé des depputez : la première regarde la plainte que l'on faisoit que les catholiques de Clermont *aviont* fortifié quatre portes de la ville et quelques maisons particulières, dont il a ordonné la démolition; qu'ils *aviont* préparé des gabions et autres moyens de guerre pour se barricader contre le chasteau, il a ordonné que le tout seroit rompu et bruslé; qu'ils *vouliont* abbattre une muraille qui est entre le chasteau et la ville, il a deffendu de le faire; que les catholiques faisoient garde extraordinaire, il a ordonné la garde bourgeoise à la façon accoustumée de tous les habitans, tant de l'une que de l'autre religion, et que tout cela s'effectueroit en la présence des depputez que la dicte assemblée y envoyeroit, laquelle a veu, par la response de son cahier faict à Grenoble, comme le Roy et son conseil sont saisis de la cognoissance de ce qui regarde la fortification faicte il y a longtemps à l'esglise de Clermont, et l'exécution des arrests du conseil pour l'establissement du presche aux faux-bourgs de la dicte ville, où M. le comte de Clermont s'est opposé comme seigneur qui n'a jamais esté ny appelé ny ouy. Néantmoins, M. Frère a tesmoigné que, si les depputez qui *estiont* à Poictiers l'eussent voulu, ils eussent eu arrest à leur contentement; et pour le sieur Brunier, ministre d'Uzès, avec les depputez de Languedoc, ils se peuvent souvenir de l'instante prière qu'ils firent à Paris au dict seigneur de Ventadour, au mois de may dernier, à ce que le jugement de ce procès feust différé jusques au temps de l'assemblée générale : par ainsy, il semble que cela soit réservé pour un levain de brouillerie.

La seconde concerne le baron de la Gorsse et la grande garnison establie à la Maison de Salenas : ledict sieur de Ventadour a depputé

---

notre mieux et par tous les moyens complété, éclairci et rectifié les phrases qui avaient besoin de l'être. Nous avons même été plusieurs fois forcé de suppléer des mots dont l'omission les rendait inintelligibles. Nous pensons que, moyennant ce travail, le lecteur comprendra le sens de ces documents, où la gaucherie de l'auteur est rendue plus obscure encore par les altérations des copistes. (Édit.)

un gentilhomme pour se transporter sur le lieu, faire licentier la garnison extraordinaire qui y est et la réduire au commun de la deffensive simplement, ainsy qu'un chascun la peut avoir dans sa maison; ayant prié la dicte assemblée de depputer un de leur part, pour veoir faire exécuter ce que dessus, et par mesme moyen faire licentier les garnisons extraordinaires, mises en cinq endroits du diocèse d'Uzès ou de Vivaretz par aucuns de la religion, et ayant esté commis deux conseillers de Nismes, d'une et d'autre religion, pour informer des excès qu'on prétend avoir esté commis par le dict baron de la Gorsse; ce qui justifie clairement le soin que le dict sieur de Ventadour a de maintenir inviolablement l'édict de Nantes.

Si l'on en croit le témoignage du sieur de Villeneuve de Gasques, consigné au procès-verbal de la séance du 7 novembre, les mesures annoncées dans le précédent mémoire n'avaient pas amené les résultats espérés, et MM. de Rouvray et du Parc furent envoyés de nouveau vers le duc de Ventadour porteurs de la lettre suivante.

XLVIII.

Archives de l'Empire, T.T. 268, n° 6.

Copie de la lettre de l'assemblée qui est à présent à Nismes, escrite à monsieur de Ventadour.

A monsieur monsieur le duc de Ventadour, pair de France et lieutenant général pour le Roy en ceste province du Languedoc.

Monsieur, la créance que vous avez donnée au sieur de Maliane, et celle que M. le duc de Montmorency avoit commise au sieur président de Rochemaure, nous ont esté par eux bien au long exposées; nous y avons particulièrement respondu et suffisamment satisfaict, ainsy que le dict sieur de Maliane vous fera entendre. Nous vous dirons en gros, monsieur, que nous ne sommes jamais sortis du droit commun ny des termes des édicts de pacification que nous avons tousjours fort religieusement gardez et observez. Nos actions passées sont autant de preuves de nostre fidélité et obéissance envers le Roy, à quoy nous sommes obligez tant par la loy de nostre naissance que par conscience et par la religion que nous professons. Ce caractère est si vivement empreint au profond de nos âmes qu'il n'y a injure ny persécution qui le peust arracher ny effacer de nos cœurs. Nous sçavons aussy l'honneur et le respect que nous devons à vos qualitez et mérites, et au rang que vous possédez en France et singulièrement en ceste province, et y sommes d'ailleurs conviez par les faveurs et courtoisies dont vous nous avez gracieusement accueillis, et mesme par les bonnes et honnestes offres de vostre assistance, amitié et bienveillance, que nous acceptons très volontiers, et les imputons à faveur spéciale, pour laquelle nous demeurerons à jamais, monsieur, vos bien humbles et très affectionnez serviteurs, les depputez de l'assemblée générale des esglises de France, et pour eux.

De Nismes, ce viii novembre 1615.

BLET, président; DURANT, adjoint; J. BOISSEUL, secrétaire; MANIALD, secrétaire.

La réponse ne se fit pas attendre. Le 9 novembre, M. de Ventadour renvoyait à l'assemblée le sieur de Maliane muni de l'instruction ci-après. La lecture attentive des procès-verbaux précédents, depuis le commencement d'octobre, ne laisse aucun doute sur la légitimité des récriminations du duc, encore qu'il soit juste d'excuser l'assemblée par les passions locales, dont l'influence produisait des actes que sa modération et sa prudence ne pouvaient pas toujours empêcher. Quant au mauvais vouloir calculé qu'elle mettait à ne pas se réunir à Montpellier, comme le Roi le lui avait ordonné, nous en avons parlé plus haut, et la suite des faits en fournit la preuve.

XLIX.

Archives de l'Empire, T.T. 268, n° 2.

Instruction donnée à monsieur de Maliane, envoyé à l'assemblée qui est à présent à Nismes, par monsieur de Ventadour.

Monsieur le duc de Ventadour, désirant de tout son pouvoir, par son soin et zèle accoustumez, de maintenir ceste province en paix et tranquillité dans les mouvemens, n'a omis jusqu'à présent aucun office ny ordre pour y parvenir, soit envers les particuliers, lesquelz y peuvent quelque chose, villes et diocèses, en détail ou en gros, pour les y disposer, jusques à avoir en quelque sorte préjudicié à son auctorité, par l'entremise du sieur président de Rochemaure, pour faire approcher messieurs de l'assemblée qui est présentement à Nismes de la pureté de ses bonnes intentions qui ont esté suivies des effects, ainsy que les affaires de Clermont et de Salenas l'ont tesmoigné.

Les responses qu'il en a eues n'ont jamais [esté] que privées, et néantmoins il a tesmoigné d'y prendre toute asseurance pour la bonne opinion qu'il a de M. le baron de Blet, président en la dicte assemblée, et des particuliers d'icelle avec lesquelz l'on en a communiqué, et qui néantmoins peuvent espérer, par son entremise envers Sa Majesté, de bonnes et favorables responses aux affaires qu'elles poursuivent à présent : cela faisoit cesser tout ombrage jusqu'à ce qu'il a veu des effects contraires.

C'estoit peu de chose en apparence, et qui blesse néantmoins grandement l'auctorité de Sa Majesté représentée par sa personne et par les compagnies souveraines de sa justice, que de proposer sourdement de faire des chefs, nommer des gouverneurs où il n'y en a point, et s'entremettre d'élection des consulats, comme il a esté faict néantmoins par quelques-uns de la dicte assemblée, par ce que mon dict sieur de Ventadour a volontiers dissimulé les affaires pour les donner au public. Mais d'avoir [donné] courage au sieur d'Harambure d'attenter en péages, en deffendre l'action, trouver bonnes les garnisons qu'on a mises de nouveau à Sainct-Ambroix, aux Vans et à Barjac, cognoistre et ordonner des différents militaires non en places de seureté, détourner les consuls des villes d'obéir à son mandement pour la confirmation de la paix soubs l'obéissance du Roy, conformément au serment faict à Grenoble environ au mois de juillet dernier, comme aussy pourveoir à la seureté réciproque et commune des subjects de Sa Majesté d'une et d'autre religion, et pour fin d'avoir traicté avec plusieurs capitaines et pétardiers des Cévènes, et iceux tout fraischement encouragez de se mettre en campagne pour quelle cause et occasion que ce soit, c'est chose que le dict seigneur ne peut nullement souffrir, d'autant plus que tel est le commandement de Sa Majesté, et telle la résolution qu'il en a prise avec M. le duc de Montmorency avant son départ, et son debvoir pour mettre en asseurance ceux d'une et d'autre religion qui se sont plaints à luy et tellement allarmez qu'ils en ont quitté leurs propres maisons.

Mon dict sieur de Ventadour envoye donc le sieur de Maliane dans Nismes pour communiquer la présente instruction à M. le président de Rochemaure, et conjoinctement faire sçavoir au dict sieur de Blet, et en sa personne à la dicte assemblée, comme il a envoyé sur les lieux vérifier les levées qui se font aux Cévènes par Gentil Montredon, la Rocque, la Garde, les Gabriacs, Gasques, Assas, la Grange, le baron de Férignat Mazera et plusieurs autres, comme aussy ès endroits dont les soldats ont esté tirés, asçavoir d'Anduze, Alais, Saulve, Annonay, les Cévènes et autres endroits des diocèses d'Uzès et de Nismes, et, selon la preuve qui luy en sera rapportée, puisque la dicte assemblée aura la première failly à ce qu'elle luy a faict promettre, faire battre aux champs à l'instant, pour un homme en lever deux, et faire tailler en pièces, s'il n'y est autrement pourveu, ceux qui seront en compagnie. Ce que néantmoins le dict seigneur a voulu éviter par l'envoy du seigneur de Maliane, lequel, avec la cognoissance que le dict sieur de Rochemaure en donnera au dict sieur de Blet, justifiera d'autant plus son action, que ceux qui n'en auront préveu et prévenu les maux et inconvéniens demeureront responsables des suittes et conséquences envers Sa Majesté et envers mes dicts seigneurs de Montmorency et de Ventadour.

Faict à Beaucaire, le neufviesme novembre mil six centz quinze.

Sa Majesté ayant commandé à la dicte assemblée de se transporter à Montpellier, le dict seigneur a eu toute la patience qui s'est peu pour les porter à luy obéir le plus promptement qu'il se pourroit; d'autant plus qu'avant qu'elle y ayt pris séance, elle ne peust estre veue de sa part, ny advancer le contentement qu'elle désire, espérant de jour à autre que, en délibération qui s'en prenoit et dont le dict seigneur estoit adverti à point nommé, elle n'auroit besoing de persuasion pour ce regard. Maintenant qu'il semble qu'elle use de longueur à y satisfaire, il n'a peu éloigner dadvantage l'exécution du commandement qu'il a receu de Sa dicte Majesté, pour faire comprendre à la dicte assemblée, par les dicts sieurs de Rochemaure et de Maliane, le préjudice qu'elle se fera, au cas que, par son acheminement à la dicte ville de Montpellier, elle ne se soit légitimement convoquée, dont il se verra obligé de donner soudain advis à Sa Majesté pour y pourveoir selon son bon plaisir.

Les prévisions et les craintes des ducs de Montmorency et de Ventadour n'étaient pas sans fondement. L'assemblée, engagée à défendre les intérêts des réformés, embarrassée de sa modération même devant l'ardeur inquiète d'un grand nombre de ses membres et les mouvements factieux de ses coreligionnaires, ne pouvait donner que des assurances précaires aux représentants de l'autorité royale. La pièce suivante, quoique appartenant à une date un peu postérieure, exprime clairement le besoin contradictoire qu'éprouvaient les chefs du parti protestant d'arrêter l'effervescence compromettante de ceux qu'ils représentaient, et en même temps de recourir, pour assurer la tranquillité et la soumission des leurs, à des chefs armés, et déjà par cela même en révolte évidente contre l'état.

L.

Man. Archives de l'Empire. (S.A.) T.T. 253.

Extrait des actes d'un colloque mixte tenu à Montauban [1].

La compagnie a résolu d'une commune voix que, suivant les résolutions de l'assemblée générale, il est inhibé et deffendu à toutes per-

---

[1] L'assemblée de Montauban avait, le 30 octobre, élu le duc de Rohan chef des troupes de la haute Guyenne et du haut Languedoc. L'assemblée générale applaudit à cette mesure dans sa séance du 13 novembre suivant, et engagea les colloques à se réunir et à prendre les mesures rendues nécessaires par les circonstances. C'est à cet ensemble d'opérations que se rapporte cette pièce. (Édit.)

sonnes, de quelle qualité et condition qu'elles soient, de faire aucunes courses, ravages, captures de personnes, entreprises sur villes et forteresses, et ne commettre aucun acte d'hostilité, à peyne de la vie et d'estre punis comme rebelles et perturbateurs du repos public, et à cest effect estre livrés ès mains de la justice pour estre punis selon l'exigence des cas, et que la présente ordonnance sera leue et publiée en chaque ville du colloque; et affin qu'elle ayt plus de valeur, M. le duc de Rohan sera prié de la vouloir auctoriser et faire garder et observer, ce qu'il a promis faire en présence des depputez commis par la compagnie.

Faict à Montauban, ce neuviesme jour du mois de décembre 1615.

NICARD, modérateur; PICHAUD, adjoint; MALHAN, secrétaire.

La désobéissance et l'esprit de faction étaient donc partout. Malgré les lettres du Roi et de la Reine citées ci-dessus [1], l'assemblée avait consacré les séances des 23 et 24 octobre à discuter, sans toutefois rien conclure, les conditions de l'alliance proposée par le prince de Condé. Néanmoins, la cour ne croyait pas devoir commencer les hostilités. Elle avait recommandé au duc de Montmorency de se tenir près de l'assemblée, d'agir par les conseils et de ne rien entreprendre de plus sans l'ordre du Roi. Le duc suivait fidèlement ces instructions, et ses rapports avec les réformés étaient restés bienveillants; ceux-ci l'avaient prévenu en envoyant pour le complimenter le comte de la Suze et deux autres membres de l'assemblée. Nous avons vu plus haut que MM. de Blainville, de Crusel et d'Archiac lui avaient été députés ainsi qu'à M. de Ventadour, et que ces communications avaient été naturellement bien accueillies.

Mais, sous ces protestations d'amour de la paix, quelques démarches de l'assemblée étaient menaçantes. Les seigneurs les plus importants du parti réformé s'étaient fait représenter à Grenoble et à Nîmes par des députés chargés de faire connaître leurs avis et d'appuyer leurs intérêts. Parmi ces derniers, le sieur de Haute-Fontaine avait présenté, dans la séance du 6 octobre, des lettres du duc de Rohan et de M. de Soubise, et les copies de celles que le premier avait adressées au Roi et à la Reine sur la nécessité de

---

[1] Page 78 et suivantes.

différer l'accomplissement des mariages espagnols. M. de Rohan représentait à la compagnie qu'il avait jusqu'à présent agi par suite de ses avis et dans le sens de ses intérêts, qu'il comptait sur son appui et désirait recevoir ses directions. L'assemblée avait répondu en le remerciant de son dévouement à sa cause, lui faisant connaître la résolution qu'elle avait prise de s'allier au prince de Condé, et l'avait engagé à insister sur la nécessité d'ajourner le mariage du Roi; elle approuvait de plus l'appui donné par lui et les siens aux résolutions du conseil de la noblesse et des communautés de la basse Guyenne, que la désertion du comte de Saint-Pol[1] venait d'exposer au ressentiment des catholiques. Cette approbation ne satisfit pas complétement le duc de Rohan; il insista encore, au milieu du mois de novembre, sur la nécessité de prendre des mesures énergiques, et demanda que l'assemblée le confirmât dans son titre de général de haut Languedoc et de haute Guyenne, que lui avait décerné l'assemblée de Montauban le 30 octobre, nomination qui néanmoins ne fut ratifiée que le 14 décembre suivant.

Mais l'allié principal de l'assemblée était toujours le prince de Condé. Sa qualité de prince du sang et l'exemple de ses aïeux semblaient lui donner un droit indirect de porter secours à l'état, qu'il considérait, ainsi que ses partisans, comme penchant vers sa ruine. Il y avait en quelque sorte moins de faction à le suivre que tout autre seigneur ou prince. Aussi, dès le 29 octobre, la compagnie lui envoyait trois députés, deux de la noblesse et un du tiers état, MM. Desbordes, de Crusel et de la Nouaille, dont l'un, M. de Crusel, député de la noblesse, devait revenir porter les réponses à l'assemblée.

Le Roi, par sa lettre ci-dessus datée de Bordeaux 12 octobre, accordait

---

[1] A son arrivée en Guyenne, le duc de Rohan trouva que le comte de Saint-Pol et la noblesse catholique romaine qui avaient promis de faire cause commune avec lui venaient de faire leur traité avec la cour. Le comte de Saint-Pol y avait été déterminé par sa femme, dont la conscience s'alarmait en voyant son mari lié aux hérétiques et hostile au service du Roi. Il en résulta que le duc de Rohan et le marquis de la Force ne purent réunir le nombre d'hommes nécessaire pour s'opposer à l'armée qui protégeait le voyage de la cour. Voici ce qu'on lit dans le journal d'Arnaud d'Andilly (15 septembre 1615) sur cette défection du comte de Saint-Pol : « M. le comte « de Saint-Pol, qui estoit allé en Guienne, « se remit bien avec le Roy, et alla trouver « le Roy à Bordeaux huit ou dix jours « après qu'il estoit arrivé. On dit que M. de « Rohan ne luy avoit voulu céder la charge « de lieutenant général en Guienne, c'est-« à-dire le commandement des forces. » (Édit.)

à l'assemblée la permission de quitter Grenoble, et néanmoins maintenait les droits de la royauté en assignant Montpellier à la réunion. Mais la compagnie n'était pas d'avis de s'assembler dans cette ville. Elle cherchait à gagner du temps en consultant sur ce point les grands du parti, en formant puis en abandonnant le projet de réduire le nombre de ses membres que la lassitude commençait à gagner. Elle s'arrêta enfin à l'idée de députer une quatrième fois vers le Roi, pour lui exposer les raisons de cette répugnance. Les députés partirent le 1ᵉʳ décembre, chargés de voir Louis XIII et le prince de Condé; ils ne devaient pas séjourner à la cour plus de huit jours. L'extrait suivant du procès-verbal de la séance du 10 novembre 1615 fait connaître plus explicitement le but et les sentiments de l'assemblée.

LI.

Extrait du procès-verbal de la séance du 10 novembre 1615.

La compagnie, désireuse de la tranquillité, paix et repos de l'estat soubs la très humble obéissance du Roy, affin de n'omettre aucune chose qui puisse procurer le bien à nos esglises et faire cognoistre que ses intentions n'ont autre visée que le service de Sa Majesté, grandeur et accroissement de son royaume, soubs l'obéissance de ses édicts de pacification, a pris résolution de depputer pour la quatriesme fois vers Sa Majesté, pour la supplier, avec toute l'humilité que peuvent très humbles et très obéissans subjects, de vouloir donner à son peuple ceste tant heureuse paix dont il a joui sous le fleurissant règne du Roy deffunt de très glorieuse mémoire, et à ceste fin qu'il luy plaise entrer en considération et faire droit sur les très humbles remonstrances et supplications de monseigneur le Prince, lesquelles ne tendent qu'à la conservation, auctorité et grandeur de sa personne sacrée, soutien, gloire et accroissement de son estat, les intérests duquel le dict seigneur Prince ayant droit, voire estant obligé de relever, attendu le bas aage de Sa Majesté, elle ne doibt trouver mauvais si ses très humbles subjects faisant profession de la religion prétendue refformée se sont joints à luy, puisqu'ils ne peuvent en meilleure occasion tesmoigner l'affection qu'ils ont au bien du service de Sa Majesté, comme ils souhaitent de tout leur cœur que ce soit soubs l'honneur et le respect qu'ils recognoissent debvoir à Sa Majesté. Aussy la supplient-ils très humblement de vouloir oster tous les subjects qui pourroient porter au trouble. Et d'autant que le dict envoy pourroit donner quelque ombrage au dict seigneur Prince s'il estoit faict à son desceu, et sembleroit choquer le traicté commencé avec luy[1], la compagnie a ordonné aux depputez qu'elle envoyera d'aller premièrement trouver le dict seigneur Prince, pour luy communiquer et faire entendre ses intentions, et le supplier avec toutes sortes d'instances de le trouver bon et d'y vouloir aussy depputer de sa part conjointement, affin de rendre par sa considération la depputation de plus de fruit.

Mais il n'était plus temps de négocier. Au manifeste ci-dessus[2] et à la prise d'armes des protestants qui l'accompagna, le Roi avait déjà répondu par la déclaration suivante, du 10 novembre, à Bordeaux.

LII.

Impr. Mercure franç. 1615, t. IV, p. 321.

Déclaration du Roy sur la prise des armes par aucuns de ses subjects de la religion prétendue refformée, portant nouvelle confirmation des édicts et déclarations cy devant faictes en faveur de ceux de la dicte religion.

Louis, etc......... Les déclarations faictes et réitérées par nous depuis nostre advénement à la couronne, pour confirmer les édicts, déclarations, brevets, arrests et règlemens faicts en faveur de nos subjects de la religion prétendue refformée, durant le règne du feu roy Henry le Grand, nostre très honoré seigneur et père, que Dieu absolve, ont assez faict cognoistre que nostre intention et vouloir a tousjours esté de les faire garder inviolablement, comme loix nécessaires, pour maintenir tous nos subjects en paix et amitié les uns avec les autres, et en obéissance et debvoir envers nous. Ce qu'ayant esté bien et sagement considéré par la Royne, nostre très honorée dame

---

[1] Le traité qui se négociait alors par l'entremise de M. de la Haye. (Édit.) — [2] P. 114.

et mère, elle auroit, durant sa régence, pris un grand soin de les faire observer et de pourveoir à ce que les contraventions fussent réparées au mesme temps qu'elle en recevoit les plaintes. Nous avons aussy, depuis nostre majorité, suivi le mesme conseil et adjousté à son exemple de nouvelles gratifications et bienfaits, dissimulé mesme bien souvent des excez et violences commises par aucun d'eux, qui méritoient grande et sévère punition, en intention de les asseurer tousjours de la continuation de nostre bienveillance et faveur, et par ce moyen les rendre plus enclins et affectionnez à se maintenir en leur debvoir. A quoy s'ils eussent voulu joindre la souvenance des bons et favorables traitemens qu'ils ont receus du feu Roy, nostre très honoré seigneur et père, à la mémoire duquel ils doibvent l'affermissement de leur liberté et de l'exercice de leur religion, dont ils jouissent en toute seureté, ils eussent, par une gratitude louable et le debvoir d'une entière obéissance et fidélité, recogneu envers nous toutes ces obligations, lors mesme que l'innocence et foiblesse de nostre bas aage a deu exciter la vertu, le courage et la fidélité de tous nos bons subjects, pour deffendre et conserver l'auctorité que Dieu nous a donnée, de laquelle seule dépend la seureté publique et le salut particulier d'un chascun. Cette conduite néantmoins, quoyque pleine de bonté et de douceur, n'a pas profité envers tous, plusieurs s'estans élevés en armes contre nous pour favoriser le mouvement commencé par nostre cousin le prince de Condé. Entre lesquelz les uns se servent de la religion, comme d'un prétexte spécieux, pour couvrir et cacher leur ambition et furieux désir de s'accroistre dans les désordres et ruynes de l'estat, les autres ont esté trompez et séduits par de fausses impressions et vaines craintes que ces premiers leur ont données, qu'ils estoient en danger de souffrir persécution s'ils ne prenoient promptement les armes avec eux pour s'en garantir, faisant accroire, pour mieux surprendre leur simplicité, qu'avec les mariages d'Espagne *articles secrets avoient esté accordez et conjuration faicte de les chasser du royaume ou exterminer du tout.* Ce qu'ayant esté creu trop légèrement par eux, ils se sont précipitez en ceste entreprise, estimans y estre contraints pour leur juste et nécessaire deffense, qui rend leur faute excusable et plutost digne de commisération que de peine. Mais ils ne fussent tombez en cest inconvénient s'ils eussent mieux considéré que ce mensonge impudent et malicieux estoit sans apparence de vérité, n'y ayant personne si privée de sens et de jugement qui puisse croire [que], les alliances ayant esté recherchées par voye d'honneur d'une part et d'autre, ainsy qu'il est accoustumé entre grands princes, on ayt désiré et requis de nous des conditions qui ne pouvoient estre accomplies sans mettre le feu et le sang dans le royaume et y faire des déserts et solitudes, comme il fust advenu sans doute en rompant les édicts de pacification, et faisant un si rude et si injuste traitement à nos subjects de la dicte religion, que ceux cy publient par un mensonge controuvé artificiellement et à très mauvais dessein. Car rien n'a esté faict en secret en la poursuitte et résolution de ces alliances, tout y a esté publié, veu, communiqué, conclu et arresté avec feu nostre cousin le comte de Soissons, prince sage, d'aage meur et de grande expérience, avec nostre cousin le prince de Condé et les autres princes, seigneurs, officiers de la couronne et plus notables personnes de nostre conseil, qui estoient lors près de nous. Entre lesquelz nostre cousin le mareschal de Bouillon s'y est aussy tousjours trouvé, ayant tous ensemble, d'un mesme advis, approuvé ces alliances, sans qu'un seul d'eux y ayt contredit, combien qu'il leur fust libre (l'affaire estant entière et au commencement de la délibération) de sentir et dire ce que chascun d'eux estimoit en sa conscience estre plus utile pour le bien du royaume, soit en les conseillant ou en les dissuadant, sans crainte de nous offenser ou d'encourir nostre mauvaise grâce, d'autant qu'il n'y avoit aucun préjugé en l'esprit de la Royne lors régente ny au nostre, mais seulement un désir d'estre éclaircis de ce qui nous seroit plus expédient de faire en une délibération de si grande importance. Tous les souverains qui pensent avoir intérest à conserver ce royaume en son ancienne réputation, grandeur et dignité, ayant aussy recogneu ces alliances n'avoir esté faictes à mauvais dessein, n'en ont pris aucun soupçon ny deffiance, après avoir esté bien informez que nostre intention estoit de les faire servir, tant qu'il nous seroit possible, à la manutention de la paix par toute la chrestienté, non d'aucune entreprise et invasion sur les pays et estats de quelques princes et souverains que ce soit, et moins encore pour interrompre et troubler la paix et le repos dont tous nos subjects jouissoient si heureusement avant que ce mouvement fust commencé. Et néantmoins ceux de la dicte religion prétendue refformée qui ont pris les armes ne laissent de dire et publier tousjours qu'il y a secrète intelligence entre France et Espagne pour entreprendre leur ruyne, voulant faire accroire à tous nos subjects que nous sommes si peu considérez de vouloir consentir et approuver que la France serve de théâtre pour y jouer ceste sanglante tragédie, qui devra décider par les armes les différends qui sont en la religion, encore que nous soyons du tout éloignez de ce conseil et que nous estimions au contraire le jugement de ceste querelle debvoir estre délaissé à Dieu seul, qui sçaura bien user, quand il sera temps, pour sa gloire et nostre salut, des remèdes propres et convenables pour estre servi et adoré par tous les chrestiens selon la pureté de sa doctrine, et en la vraie esglise, que nous croyons estre la catholique, apostolique et romaine, de laquelle nous faisons profession, et en laquelle, moyennant sa grâce, nous voulons vivre et mourir. Mais ces artifices, inventez pour déguiser et couvrir leur rebellion, n'ont pas trompé et séduit les plus sages et les gens de bien qui ne font profession de la mesme religion que par conscience et comme pensant y trouver leur salut, non par faction, lesquelz en grand nombre, tant seigneurs, gentilshommes, villes, communautez, qu'autres particuliers de toutes qualitez, blasment et détestent la malice et témérité de leur entreprise, et ont déclaré publiquement, tant de bouche que par escrit, qu'elle doibt estre tenue pour une pure et vraie rebellion, non pour querelle de religion, nous ayant à ceste occasion offert, comme bons, vrais et loyaux subjects, tout service de leurs biens et de leurs vies contre eux, s'ils ne veulent retourner à résipiscence; à quoy il les exhortent tous les jours et y adjoustent les menaces de prendre les armes avec nous, pour aider à leur ruyne, pourveu qu'il nous plaise les faire jouir du bénéfice des édicts, et priver seulement de ceste grace ceux qui s'en sont rendus indignes. Mais ces remonstrances et menaces n'ont de rien servi envers eux, non plus que celles des habitans de la pluspart des villes et places qui leur ont esté laissées en garde, qui en ont faict autant et protesté aussy publiquement de ne vouloir adhérer à leur rebellion; car, au lieu de se retirer de leur mauvais desseins, ils ont dit insolemment que ceux de leur religion qui ne les ont voulu suivre jusques icy seront enfin contraints de le faire, crainte qu'en les laissant perdre et souffrant leur ruyne ils ne s'affoiblissent et mettent en dangers eux-mesmes; condition et servitude qui seroit trop misérable et dangereuse pour les gens de bien, s'ils estoient forcez de faire mal contre leur volonté, leur conscience et leur debvoir, pour plaire à ceux qui n'ont pour but que leur ambition et intérest particulier. Nous espérons mieux toutesfois de leur vertu et fidélité, et qu'ils demeureront si fermes et constans en l'affection qu'ils doibvent à nostre service, que leur résistance et la continuation de leur loyauté auront assez de force pour contraindre les autres à se désister de leur entreprise, quoyque, pour la justifier et fortifier, ils supposent des résolutions et décrets d'assemblées génerales qui ne furent oncques, mais bien quelques conventicules et assemblées illicites d'aucuns particuliers choisis et apostez par eux, lesquelz, sans charge ny pouvoir, et bien souvent contre la volonté et déclaration expresse contenue aux procurations et mandemens de ceux qui les ont depputez, adhèrent aux propositions de ces factieux qui prétendent s'en servir au dommage et grand préjudice des plus gens de bien de leur religion. N'estant donc nostre intention d'imputer à tous la faute de quelques particuliers, nous, de l'advis de la Royne, nostre très honorée dame et mère, des princes, seigneurs, officiers de la couronne et autres personnes notables de nostre conseil estans près de nous, et de nostre pleine puissance et auctorité royale, avons dict, déclaré et ordonné, disons, déclarons et ordonnons, voulons et nous plaist, conformément à ce que nous avons desjà cy-devant et par plusieurs fois ordonné, que l'édict de Nantes, vérifié en tous nos parlemens, faict en faveur de nos subjects de la religion prétendue refformée par le feu Roy, nostre très honoré seigneur et père, ensemble les autres articles, déclarations, règlemens faicts et arrests donnez sur l'interprétation ou exécution et en conséquence d'iceluy édict par luy et durant son règne, ou par nous depuis son décez, soient entretenus et inviolablement gardez et observez, ainsy qu'il a esté faict et ordonné jusques à présent. Et si, en quelques endroits du royaume, il y a eu des contraventions, qu'elles soient entièrement réparées, en sorte qu'il n'y ayt rien à désirer de nostre part. Voulons en outre, en considération et faveur de la fidélité qui nous a esté gardée par un nombre infini de nos bons subjects de la dicte religion, entre lesquelz il y en a de principaux et de plus grande qualité qui méritent bien un singulier tesmoignage de nostre bienveillance, que les offenses qui nous ont esté faictes par ceux de la mesme religion qui ont pris les armes contre nous, ou qui les ont assistez et favorisez en quelque façon que ce soit, jouissent pareillement du bénéfice de nos édicts, et soient rendus participans de ceste grace, tout ainsy que s'ils estoient demeurez en leur debvoir, pourveu que, dans un mois après la publication qui sera faicte de ces présentes en chascun de nos parlemens, ils déclarent, au greffe du bailliage et séneschaussée au ressort de laquelle ils ont leur demeurance, qu'ils se désistent et départent du tout de la dicte entreprise, pour nous rendre fidèlement le service qu'ils doibvent, sans plus adhérer, assister ou favoriser, en quelque façon que ce soit, ceux qui voudront persister en leur rebellion, et qu'ils remettent aussy les places par eux occupées au mesme estat qu'elles souloient estre avant ce mouvement. Ce qu'ayant faict et n'y contrevenans après, nous les avons pris et mis, prenons et mettons en nostre protection, et faisons inhibitions et deffenses à tous nos subjects, de quelque qualité qu'ils soient, de leur médire ny méfaire, de faict ou de paroles, à l'occasion des choses passées, et à nos procureurs généraux d'en faire aucunes poursuittes contre eux, voulans que tout le passé soit oublié et aboli, comme nous l'abolissons par ces dictes présentes. Mais si, après le dict temps d'un mois expiré, ils continuent encore en leur première rebellion, soit en portant les armes ou assistant et favorisant, en quelque manière que ce soit, ceux qui les auront prises, nous voulons qu'ils soient poursuivis et punis comme criminelz de lèze Majesté et perturbateurs du repos public, et que les villes et communautez qui y adhéreront soient aussy deschues de toutes graces, immunitez et priviléges dont elles avoient joui en vertu des concessions à eux faictes par les Roys nos prédécesseurs ou par nous, comme s'en estans rendus indignes, ce que nous enjoignons à nos procureurs généraux et leurs substituts de faire en toute diligence, et à nos parlemens de procéder contre eux avec le mesme soin et affection, comme aussy à nos gouverneurs et lieutenans généraux de prester main forte à l'exécution des arrests et jugemens qui seront donnez contre eux, sans souffrir qu'ils jouissent aucunement de la grâce et liberté qui leur a esté accordée par les édicts faicts en faveur de nos subjects de la dicte religion, dont ils se seront rendus indignes par ceste malicieuse persévérance en leur rebellion. Si donnons, etc.

Donné à Bordeaux, le dixiesme jour de novembre, l'an de grâce mil six cent quinze et de nostre règne le sixiesme.

Signé LOUIS ; par le Roy, Phélipeaux.

Le Mercure français ajoute : « Ceste déclaration fut vérifiée au parlement « de Bordeaux le 19 novembre et en celui de Paris le 7 décembre, et au « mesme temps en tous les autres parlemens. »

En dehors de ces relations avec l'autorité royale et les princes ligués, l'assemblée s'efforçait de satisfaire, dans les séances de chaque jour, au règlement des difficultés qui surgissaient au sein des églises réformées, et quelquefois entre les diverses villes où la foi protestante était établie. Sa tâche la plus difficile et la plus délicate était celle de maintenir le zèle de ses partisans, et en même temps d'en arrêter l'ardeur excessive, qui eût pu compromettre les véritables intérêts de la cause dont elle était chargée. Dans ce dernier but, il était nécessaire d'empêcher que les empiétements des catholiques et leurs menaces ne fournissent un motif, ou même seulement un prétexte, à des prises d'armes dont on ne pouvait calculer les suites. La modération de MM. de Montmorency et de Ventadour rendait cette tâche moins difficile à l'assemblée; mais ses membres avaient aussi à défendre des intérêts qui mettaient des bornes à leurs dispositions conciliatrices. Les affaires du haut Languedoc et de la haute Guienne les inquiétaient surtout, les instances du duc de Rohan ne leur laissaient que peu de liberté, et, dans leur délibération du 14 décembre, ils sanctionnaient le titre de général de la province qui lui avait été déféré le 30 octobre par l'assemblée de Montauban. Les motifs de cette détermination sont exposés dans l'extrait suivant du procès-verbal de cette séance.

LIII.

Extrait du procès-verbal de la séance du lundy 14 décembre 1615.

L'assemblée, délibérant sur les advis qui luy ont esté donnez de divers remuemens qui sont en la province de haut Languedoc et haute Guienne, dont il pourroit advenir plusieurs mauvais effects très préjudiciables au service du Roy, bien et seureté des esglises qui y sont, et jugeant estre nécessaire d'y pourveoir par quelque ordre qui puisse asseurer les dictes esglises contre les desseins et pratiques de leurs ennemis, mettant aussy en considération la réquisition qui luy a esté faicte par la dicte province, convoquée à Montauban le trente octobre dernier, d'agréer la nomination qu'elle avoit faicte de M. le duc de Rohan, chef en icelle, estant d'ailleurs pleinement informée de l'honneur et du rang deu au dict seigneur duc par sa cognoissance, son expérience, sa vertu et les tesmoignages qu'il a rendus de son affection et zèle à la gloire de Dieu et bien de ses esglises, luy a ordonné de prendre soin, soubs l'auctorité d'icelle, en qualité de chef et général au faict des armes, pour les esglises en la dicte province de haut Languedoc et haute Guyenne, de pourveoir à toutes et chascune des choses qu'il jugera nécessaires pour la conservation de la dicte province et des esglises qui y sont, soit pour les entretenir en paix, en s'opposant promptement par toutes voies deues et légitimes à ceux qui s'essayeront d'en troubler le repos, soit en temps de guerre, que Dieu ne veuille, en les deffendant de leurs ennemis par la voye des armes, opposant la force à la force, et ce, tant que la compagnie jugera estre expédient pour le service du Roy, bien, repos et seureté des esglises refformées de ce royaume, et jusques à ce que, par le règlement général, y ayt esté plus particulièrement pourveu; et, pour donner recognoissance de la présente résolution à ceux de la dicte province, a ordonné qu'elle sera envoyée par les colloques d'icelle.

Au milieu de toutes ces négociations de l'assemblée, disposée moitié à la soumission, moitié à la révolte, le prince de Condé s'était déclaré et avait commencé la guerre. La Seine et la Loire successivement franchies par son armée, il tendait vers le Berry pour opérer sa jonction avec les ducs de Rohan et de Soubise; mais il trouvait peu d'appui chez les réformés dont il traversait les villes. Il envoya donc M. de la Haye vers l'assemblée, à laquelle celui-ci remit le 14 décembre la lettre suivante, la priant de faire connaître ses résolutions aux villes tenues par les protestants, sur l'assistance desquels son dévouement à l'intérêt commun lui donnait le droit de compter. La lettre avait, lorsqu'elle fut remise, vingt-trois jours de date.

LIV.

Lettre de monsieur le prince de Condé à l'assemblée de Nismes.

Messieurs, vous n'avez pas receu de mes nouvelles si souvent que j'ay désiré, à cause du peu de seureté des chemins. Je vous ay escrit par M. de Mondésir après mon passage de la rivière de Seine, et depuis ayant heureusement passé celle de Loire, et surmonté les grandes difficultez que m'a données une puissante armée que j'ay eue longtemps sur les bras. Sçachant que M. de Rohan avoit pris les armes en la basse Guienne, mon principal soin a esté de m'advancer vers luy ainsy que je fais, ayant joint les forces de Berry et celles de M. de Soubize qui m'attendoient en ces quartiers, où je vous diray, messieurs, que je n'ay encore receu aucune assistance de ceux de la religion, les gouverneurs des villes demeurans sans mouvement, soit

Conférence de Loudun.

pour estre mal affectionnez ou pour n'estre pas suffisamment et absolument instruits de vos résolutions, lesquelles néantmoins j'ay appris et me promets estre telles qu'il sembloit n'y avoir difficulté qui les deust retenir. Cela me faict vous prier de rechef d'y donner ordre convenable et nécessaire, le plus tost qu'il vous sera possible, et faire cognoistre en ceste occasion les effects de vostre affection envers le public et de vostre prompte et utile assistance, pour de bonne heure arrester le cours des pernicieux desseins des ennemis du Roy et de l'estat, qui vous sont assez cogneus. Je me promets de veoir bientost quelques depputez de vostre part, ainsy que cy devant je vous y ay conviez, et que j'ay entendu que vous avez résolu d'y envoyer vers moy; alors vous cognoistrez que je ne désire rien plus que de vous donner tout le contentement en ce qui vous concerne que vous pouvez désirer de moy, et que vous debvez asseurément attendre de mon entière affection, ainsy que le sieur de la Haye, que j'estime encore estre près de vous, vous asseurera plus particulièrement de ma part; sur lequel me remettant, et d'autres particularitez dont je luy escrivis pour vous représenter, je prie Dieu, messieurs, qu'il vous ayt en sa saincte garde.

Du camp de Sainct-Jouen, le 21 novembre 1615.

Et au-dessus :

A messieurs, messieurs les depputez de ceux de la religion assemblez par la permission du Roy en la ville de Nismes.

L'influence qu'exerça immédiatement cette lettre du prince de Condé sur les résolutions de l'assemblée est visible dans l'accueil fait à une demande analogue formée par le maréchal de Bouillon, et constaté par l'extrait suivant du procès-verbal de cette même séance du 14.

LV.

Extrait du procès-verbal de la séance du 14 décembre 1615.

L'assemblée, considérant la justice de la demande qui luy a esté faicte par le sieur de la Forest pour M. le duc de Bouillon, premier mareschal de France, désirant avoir un adveu d'icelle à raison de ce qu'il s'est joint aux armes de monseigneur le Prince, et iceluy assisté tant de sa personne que de ses moyens et places qui sont en sa disposition, et particulièrement de la ville de Sédan, laquelle il a cy devant offerte, offre encore et conserve pour les esglises; considérant aussy qu'elle a recogneu la justice des armes de mon dict seigneur le Prince, et pris résolution de se joindre à luy : pour ces considérations et autres, elle a approuvé et advoué ce qui a esté faict par le dict seigneur et ville de Sédan en ce que dessus et choses qui en dépendent, l'exhorte à continuer comme il a commencé et à s'asseurer de l'affection et assistance de l'assemblée. La compagnie a trouvé bon d'escrire par les provinces à tous les gouverneurs et personnes considérables, affin de les affermir et animer d'autant plus à suivre ses résolutions conformément à la lettre envoyée aux provinces.

Les deux pièces suivantes montrent comment les délibérations de l'assemblée générale, alors à Nîmes, se communiquaient à tous les protestants par le moyen des colloques; la seconde, en particulier, fait voir que néanmoins ses résolutions n'étaient pas toujours adoptées par les réunions dans lesquels le désir de conserver la paix trouvait des organes.

LVI.

Archives de l'Empire. T.T. 258.

Actes du colloque politique d'Albigeois assemblé à Réalmont le 14 décembre 1615.

M. le marquis de Malauze, suivant les charges à luy données par l'assemblée génerallé, nous ayant rendu une lettre historique de la dicte assemblée contenant le narré de toutes leurs procédures, autre lettre de la dicte assemblée sur le subject de l'arresté de Montauban pour le secours de la basse Guienne et occupation d'icelle, ensemble extraits des actes de la dicte assemblée généralle concernant le règlement qui doibt estre tenu sur le secours en cas que nous en fussions requis; leues les lettres de M. le duc de Rohan et du conseil de la basse Guienne requérant promptement le secours; veu aussy l'acte du colloque mixte du bas Quercy qui ordonnoit M. le marquis de Seneaures pour conduire le secours du dict colloque en Guienne; leu aussy l'acte de l'assemblée provinciale dernièrement tenue à Montauban sur le mesme subject; la compagnie a ordonné qu'une affaire de telle importance seroit premièrement concertée par testes et puis résolue par esglises, et, sur les diverses opinions et difficultez que plusieurs y auroient trouvées, a esté résolu d'envoyer prier M. Chauffepied, par MM. de Montpinié, Miremond et Garséa(?), de nous en venir éclaircir; et après avoir ouy le dict sieur Chauffepied, il auroit esté remercié de sa peine et se seroit retiré.

Sur quoy, par la pluralité des voix des esglises auroit esté dict qu'en l'acte de la dicte assemblée généralle se trouvoient deux points, l'un de secourir en cas de nécessité M. de Rohan et nos frères de la basse Guienne, l'autre de pourveoir à la seureté des villes et places du dict colloque : et pour le premier auroit esté arresté que deux gentilshommes seroient nommez pour commander et conduire le secours en Guienne, tant des gens de cheval que des gens de pied, l'un cédant à l'autre, et qu'ils ne pourront faire la levée des gens de guerre sans le conseil et advis des depputez du dict colloque, et autre conseil de deux de chaque ordre à eux joints, le tout sans actes d'hostilité tant à la levée qu'à la conduite; et que, pour le second, il n'y a lieu de dresser aucun ordre militaire pour le présent.

Ensuitte de quoy M. le marquis de Malauze et M. le vicomte de Paulin ont esté éleus par la pluralité des voix pour la levée et conduite du dict secours tant des gens de cheval que de pied, et que le dict sieur vicomte cédera au dict sieur marquis. En outre, pour le conseil, ont esté éleus MM. Delcausse(?) et de Brassac, de Josion et

Voysin la Garrigue, de Castres et le lieutenant Bouisset, pour estre joints à MM. de Ferrières, Miremond, et Maltrait Toiras, lesquelz, tant le dict sieur marquis et vicomte que les éleus par le dict conseil, ont presté serment de fidélité devant toute la compagnie, excepté le dict sieur de la Garrigue absent, qui sera tenu de ce faire devant les sieurs de Josion et Maltrait au consistoire de Castres.

La compagnie a ordonné que, suivant les résolutions de l'assemblée géneralle, il est interdit à toutes personnes, de quelque qualité et condition qu'elles soient, de faire aucunes courses, ravages, captures de personnes et entreprises sur villes et forteresses, ny commettre aucuns actes d'hostilité, à peine que, comme infracteurs et perturbateurs du repos public, ils seront mis ès mains de la justice, et que la présente déclaration sera leue et publiée en toutes les esglises du colloque.

LVII.

Man. Archives de l'Empire. T.T. n° 258.

Acte du conseil du colloque d'Albigeois tenu à Réalmont le 18 décembre 1615.

L'an 1615 et le 18e de décembre, MM. de Ferrières, de Miremond et Maltrait, depputez du colloque de la province, avec MM. Delcausse, de Brassac, de Josion, Voysin et Bouisset, à eux joints par la délibération du colloque, estans assemblez, absent M. de la Garrigue, l'un des nommez.

M. le vicomte de Paulin les a requis de vouloir présentement déclarer s'il est juste que la levée et conduite des trouppes soit promptement faicte pour le secours et assistance de monsieur le duc de Rohan et province de la basse Guienne.

Le dict conseil a déclaré qu'attendu que le colloque a jugé n'y avoir lieu pour le présent de faire la dicte levée et conduite, il n'en pouvoit octroyer la permission, et que, lorsqu'il y aura des mouvemens et tesmoignages de la nécessité de la basse Guienne, il en sera délibéré, appelé M. de la Garrigue.

De quoy le dict sieur vicomte de Paulin a déclaré estre appelant en l'assemblée généralle, et M. le marquis de Malauze s'est joint à cest appel.

Cet appel réussit. Dans sa séance du 4 janvier 1616, l'assemblée générale enjoignit au colloque de Réalmont et aux autres de la province d'accorder au duc de Rohan le secours demandé, et écrivit aux sieurs de Malauze et de Paulin pour les presser d'agir.

Mais, pendant qu'elle continuait à pourvoir aux nécessités qui surgissaient des circonstances parmi les membres de la communion réformée, tandis qu'elle s'efforçait d'entretenir la paix entre ceux que quelques intérêts, quelques difficultés divisaient, le bruit parvint jusqu'à elle d'un arrêt rendu contre le prince de Condé par le parlement de Bordeaux. On verra plus loin quelle fut l'importance de cet acte, et avec quelle hauteur et quelle persévérance le Prince en exigea la suppression; en attendant, l'extrait suivant de la séance du 17 décembre fera connaître quels furent les sentiments de l'assemblée dans cette conjoncture.

LVIII.

Extrait du procès-verbal de la séance du 17 décembre 1615.

L'assemblée, ayant eu advis que certaine déclaration faicte à Bordeaux le dixiesme novembre dernier, soubs le nom du Roy, par aucuns des ministres de l'estat, abusant de son auctorité, avoit esté envoyée par le parlement de Toulouse aux siéges présidiaux de Montpellier et de ceste ville de Nismes, pour y estre publiée et registrée; considérant que selle déclaration est grandement préjudiciable au service du Roy, repos de son estat et bien des esglises refformées de ce royaume, et particulièrement à la dicte assemblée, comme ayant favorisé la cause de M. le Prince, par les très humbles supplications qu'elle a faictes en sa faveur à Sa Majesté, et que d'ailleurs ceste déclaration frustreroit la dicte assemblée et tous les bons François du fruict qu'ils espèrent de la depputation qu'elle a de naguères faicte vers Sa Majesté pour la supplier de redonner la paix à son estat, a depputé les sieurs de Rouvray, de Briquemault, de Sainct-Privat et de la Milletière pour se trouver vers les officiers dudict siége présidial de Montpellier, affin de leur faire entendre ce que dessus, et à ce qu'il ne soit par eux procédé à publier la dicte déclaration, et où, sans avoir esgard à leurs remonstrances, ils voudroient passer outre, y former opposition au nom de la dicte assemblée, représentant toutes les esglises refformées de France, et protester de l'empescher par toutes voies dues et raisonnables, et pour faire pareilles remonstrances, oppositions et protestations au siége de ceste ville de Nismes, a depputé les sieurs de l'Isle Groslot, Bayle et Maniald.

La déclaration de Bordeaux et l'arrêt du parlement de Toulouse étaient la réponse de la cour au prince de Condé qui venait de prendre les armes. Le temps des incertitudes et des atermoiements était passé, et l'assemblée dut, comme on pouvait le prévoir, embrasser définitivement la cause des seigneurs ligués. Cette alliance, déjà résolue, fut consommée à la suite du retour de M. de Crusel, et dans les formes indiquées par les six pièces suivantes. En même temps, la conversion au protestantisme du comte de Candalle[1], fils du duc d'Épernon, parut au parti de la réforme un triomphe dont il ne manque pas de témoigner sa reconnaissance à Dieu dans le procès-verbal de la séance du 9 janvier 1616.

LIX.

Extrait du procès-verbal de la séance du 9 janvier 1616.

Le sieur de Cruzel, l'un des depputez[2] vers M. le Prince, estant arrivé du jour d'hier, est venu en l'assemblée, en laquelle faisant une particulière déduction de sa négociation, il a faict entendre comme le dict seigneur Prince avoit très volontiers, du consentement et par l'approbation unanime de tous les princes, seigneurs et officiers de

---

[1] Le comte de Candalle, fils aîné du duc d'Épernon, mécontent de son père, sur qui il avait voulu saisir la ville et le château d'Angoulême, se jeta dans le parti des réformés et embrassa publiquement leur religion à la Rochelle. Ils le reçurent avec de grandes démonstrations de joie et de plus grandes espérances pour l'avenir. On trouvera dans la suite des documents que nous publions quelques détails sur cette affaire. (Édit.)

[2] Désignés pour partir le 27 octobre. (Voir plus haut, p. 105 et suiv.)

la couronne, d'une et d'autre religion, qui l'accompagnent, signé les articles[1] qui lui avoient esté envoyez par l'assemblée, sans y avoir changé aucune chose en la substance, selon qu'il a faict apparoir par la représentation des dicts articles signez au camp de Sanzay le 27 novembre dernier, et par les lettres du dict seigneur dessoubs transcrites. Ensuitte de quoy, et en exécutant en partie les dicts articles, le dict seigneur auroit receu en son conseil MM. Desbordes et de la Nouaille, faict expédier et à eux délivrer, pour mettre ès mains de la compagnie, comme il avoit faict, dix-huit commissions pour levées et impositions, dix commissions pour capitaines de chevaux légers, dix commissions pour mestres de camp, dix pour capitaines de carabins, six pour compagnies d'ordonnance, et cinquante pour capitaines de gens de pied, six lettres de provisions d'offices de judicature par commission, le tout signé du dict sieur Prince, scellé du cachet de ses armes, et contre-signé, par son commandement, Bonnet; a faict aussy entendre comme, suivant ses instructions et de ses autres collègues, monseigneur le Prince avoit depputé vers le Roy pour le supplier très humblement de mettre la paix en son estat, et remédier aux maux qui le menacent, et ce, comme en ayant esté requis par l'assemblée. Lesquelles choses entendues, et veues les lettres de MM. de Mayenne du 6, de Longueville du 10 et de M. le mareschal de Bouillon du 8 décembre dernier, avec les lettres des dicts sieurs Desbordes et de la Nouaille du 6 du dict mois, la compagnie a remis à en délibérer, après avoir ouy le sieur de la Haye, et cependant a fort loué et remercié le dict sieur de Crusel de sa peine, prudence, fidélité et diligence au faict de sa commission.

Ensuit la teneur de la dicte lettre.

LX.

Lettre du prince de Condé à l'assemblée de Nismes.

Messieurs, je vous avois escrit le 20 du passé. Depuis, messieurs

---

[1] Voir ces articles plus haut, page 74.

vos depputez sont arrivez heureusement, lesquelz m'ont rendu vos lettres, faict veoir les articles et représenté de vostre part tout ce dont vous leur aviez donné charge. Sur quoy je leur ay donné tout le contentement et satisfaction que vous attendiez de moy, et que mérite l'affection que vous avez tesmoignée en ces occurrences envers le public et mon particulier. Aussy debvez-vous prendre de très certaines asseurances que je ne failliray en aucune des choses dont nous sommes convenus, lesquelles de ma part j'exécuteray soigneusement en ce qui dépendra de moy, ainsy que je me promets que vous ferez de la vostre, et que vous donnerez incontinent dans les provinces, et partout où besoing sera, l'ordre nécessaire pour l'exécution d'icelles. J'ay retenu MM. Desbordes et de la Nouaille pour assister de vostre part au conseil qui est establry près de moy, affin d'estre tesmoins de ce qui s'y passera, et donner leurs bons advis sur toutes les résolutions qui s'y prendront, ainsy que je vous prie faire le mesme des sieurs de la Haye et Parenteau, à qui j'envoie pouvoir pour de ma part assister en vostre assemblée, affin d'entretenir la correspondance nécessaire pour le bien de la cause commune que nous deffendons soubs l'auctorité du Roy, pour la seureté de sa personne et la conservation de son estat. Et prévoyant l'heureux progrès et bon succès que nos affaires peuvent prendre, sy bientost vous publiez vostre déclaration, je vous prie de le faire incontinent en la forme que verrez la plus propre et la plus convenable, et d'approcher vostre assemblée affin que par ce moyen nous puissions avoir plus de communications, et porter nos communs conseils, advis et résolutions à ce qui est de la tranquillité publique de ce royaume, ainsy que c'est mon principal but, et des princes, ducs, pairs et officiers de la couronne qui sont joints avec moy, et de veoir establir une bonne paix qui soit asseurée, certaine et perdurable à la France, soubs la foy publique, de laquelle les vrais François et fidèles et loyaux subjects du Roy, mon seigneur, de quelque qualité et condition qu'ils soient, chascun selon son rang, dignité et grandeur, puissent en toute seureté rendre à Sa Majesté la très humble obéissance qui luy est deue;

ce qui ne peut arriver que par la refformation des désordres et abus qui ont esté introduits en l'estat, par le chastiment des coupables, l'observation des loix fondamentales du royaume, et par l'establissement d'un bon ordre aux conseils et aux autres; estant aisé à juger que, sans ces choses nécessaires, l'estat ne peut longuement subsister. C'est ce qui m'a obligé de rechercher vostre assistance, affin de travailler d'une commune main à ce restablissement, et vous rendre participans de la louange préparée à ceux qui s'y seront fidèlement employez. M. de Cruzel s'en retourne si bien informé de mes fidèles intentions et résolutions, que je ferois tort à sa suffisance de vous en faire autres discours; je m'en remettray donc sur luy et sur ce que les dicts sieurs de la Haye et Parenteau vous en représenteront de ma part, et demeureray, messieurs, vostre très affectionné serviteur.

Du camp de Saincte-Mesme, le 7 décembre 1615.

HENRY DE BOURBON.

Et en la suscription :

A messieurs, messieurs les depputez de ceux de la religion assemblez à Nismes par permission du Roy.

LXI.

Extrait du procès-verbal de la séance du 11 janvier 1616.

L'assemblée, délibérant sur le rapport du sieur de Cruzel, envoyé vers M. le Prince avec les sieurs Desbordes et de la Nouaille, en conséquence de la résolution par elle prise le 15 octobre dernier, et sur l'approbation et signature faicte par le dict seigneur Prince au camp de Sanzay, le 27 novembre dernier, des articles qu'elle luy avoit faict présenter par les dicts depputez, aux fins de la jonction que le dict seigneur requéroit des esglises refformées de ce royaume, en la juste poursuitte des choses rapportées par les dicts articles soubs la très humble subjection et obéissance du Roy, après avoir ouy sur ce subject le sieur de la Haye, depputé du dict seigneur Prince, en agréant, ratifiant et approuvant ce qui a esté faict et arresté par ses depputez susnommez avec mon dict seigneur le Prince, a résolu, pour plusieurs grandes raisons et considérations importantes, le service du Roy, bien de l'estat et subsistance des esglises refformées de ce royaume, de se joindre pour elles au dict seigneur Prince, et dès à présent s'y est jointe pour le faict et selon les conditions contenues ès dicts articles signez Louis de la Haye.

LXII.

Extrait du procès-verbal de la séance du 12 janvier 1616.

Le sieur de la Haye, depputé de M. le Prince, estant venu en l'assemblée, et eu communication de la résolution du jour d'hier sur l'approbation de ce qui a esté faict et arresté par ses depputez avec le dict seigneur, et jonction de l'assemblée au dict seigneur, a déclaré, en vertu de son pouvoir et procuration dessoubs insérée, et dont l'original est demeuré par devers l'assemblée, luy en ayant esté délivré une copie signée des modérateurs et secrétaires, qu'il accepte la dicte approbation et jonction pour le dict seigneur Prince et tous les autres princes, seigneurs et officiers de la couronne à luy joints, et pour iceux, conformément à son dict pouvoir, a promis et juré d'observer, garder et entretenir inviolablement le contenu ès articles arrestez et accordez entre le dict seigneur Prince et l'assemblée, et ce qui sera résolu en conséquence d'iceux, et notablement de n'entrer en aucun traicté au desceu et sans le consentement de la dicte assemblée.

En foy de ce que dessus a signé le présent acte.

Signé LOUIS DE LA HAYE.

LXIII.

Teneur du pouvoir de monsieur de la Haye mentionné dans la pièce précédente.

Henry de Bourbon, prince de Condé, premier prince du sang et premier pair de France, duc d'Enghien, marquis de Chasteauroux, comte de Soissons, de Clermont, de Valery, gouverneur et lieutenant général pour le Roy en ses pays et duché de Guienne, à [Louis] de la Haye, escuyer, sieur de..... et..... Parenteau.

Estant nécessaire, pour le service du Roy et bien de cest estat, de confirmer et approuver avec l'assemblée généralle de ceux de la religion convoquée à Grenoble, et maintenant transférée à Nismes, l'union et conjonction que nous avons faicte, conclue et arrestée par l'advis des princes, officiers de la couronne et autres seigneurs joints avec nous, mandons et commettons par ces présentes à vous deux, ou l'un de vous en l'absence de l'autre, que nous avons constituez et constituons nos procureurs généraux et spéciaux, de confirmer et approuver pour nous, tant en nostre nom que de tous les autres princes, officiers de la couronne et seigneurs joints avec nous, la dicte union et conjonction que nous avons faicte avec les depputez de la dicte assemblée, suivant et conformément aux articles qui ont esté arrestez entre nous et les dicts depputez, et les mémoires et instructions que nous vous envoyons pour cest effect, promettre et jurer pour nous ès dicts noms, d'entretenir, observer et garder inviolablement tout le contenu aux dicts articles et autres qui seront par vous arrestez en conséquence d'iceux, et des dicts mémoires et instructions, et mesme de n'entrer en aucun accord ny traicté sans le consentement de la dicte assemblée, et passer tous actes, contrats et obligations nécessaires de ce faire, vous donnons pouvoir, auctorité et mandement spécial, promettons agréer, ratifier et avoir pour agréables les dicts actes, contrats et obligations, comme dès à présent nous les louons, agréons et ratifions.

Faict au camp de Matha, le 4 décembre 1615.

Signé HENRY DE BOURBON.

Et plus bas :

Par Monseigneur premier Prince du sang et premier pair de France,
BONNET.

Et scellé du sceau de ses armes.

Suit la copie des articles dont le sommaire a déjà été donné plus haut, page 74. Cette pièce étant beaucoup plus explicite, nous la plaçons ici *in extenso*, et postérieurement à sa date primitive, attendu qu'elle ne put avoir de valeur obligatoire qu'après la ratification de l'assemblée. Elle fut le résultat des conférences des commissaires de celle-ci avec le prince de Condé, à la suite des instructions qui leur furent données le 22 octobre, et qui sont reproduites ci-dessus, page 105.

LXIV.

Procès-verbaux des assemblées protestantes, t. IV. — Archives de l'Empire, T.T. 268, n° 7. — Impr. Mercure franç. t. IV, p. 344 et suiv.

Articles accordez entre monseigneur le Prince et l'assemblée.

Articles arrestez entre monseigneur le Prince et les depputez de l'assemblée généralle de Nismes, au nom de ceux de la religion de ce royaume et du pays et souveraineté de Béarn, après que les dicts depputez au dict nom ont protesté de ne se départir jamais en aucune sorte de la très humble subjection et obéissance qu'ils doibvent au Roy, qu'ils recognoissent estre leur souverain prince et seigneur, ny de l'affection qu'ils ont à la paix de l'estat et tranquillité publique, à laquelle ils supplient très humblement mon dict seigneur le Prince de rapporter tous ses conseils, délibérations et actions, comme tous les désirs de la dicte assemblée y sont entièrement portez.

Pour cest effect et soubs les dictes protestations, monseigneur le Prince, tant pour luy que pour les autres princes, officiers de la couronne et seigneurs joints avec luy, et les dicts depputez au nom que dessus, promettent de s'unir ensemble et joindre leurs conseils et résolutions en ce qui regarde la seureté et conservation de la vie du Roy et de son auctorité souveraine, suivant le premier article du cahier du tiers estat, et pour faire faire une recherche bien exacte de tous ceux qui ont participé à la mort du feu Roy.

Pour empescher la réception du concile de Trente demandée par quelques-uns des depputez des estats, et depuis faicte par le clergé d'auctorité privée, sans la permission du Roy, comme contraire et préjudiciable à l'auctorité souveraine de Sa Majesté, aux droits inviolables de sa couronne, aux libertés de l'église gallicane et aux édicts de pacification.

S'affermir en une commune résolution pour prévenir et empescher les inconvéniens qui pourront arriver à l'estat de l'accomplissement des alliances d'Espagne; poursuivre la refformation et establissement d'un bon conseil près de Sa Majesté, et d'un bon ordre aux affaires publiques suivant les remonstrances du parlement, en ostant l'auctorité à ceux qui sont coupables des désordres de l'estat désignez par les dictes remonstrances.

Pourveoir à ce que ceux de la dicte religion jouissent entièrement et par effect de tout ce qui leur a esté promis et accordé, tant par l'édict de Nantes et articles particuliers, en la même forme qu'ils leur furent premièrement accordez et expédiez au dict Nantes, en l'an 1598, que par les brevets et autres concessions, déclarations, responses et octroys faicts depuis en leur faveur, et que le tout soit deuement vérifié ès cours de parlement, et autres cours souveraines de ce royaume, ensemble les faire jouir des choses demandées par les cahiers des depputez de la dicte assemblée aux mois d'aoust et septembre derniers, contenant les affaires les plus urgentes et nécessaires des esglises du dict royaume et du pays et souveraineté de Béarn.

Et à leur faire avoir justice sur les autres articles contenus aux cahiers dressez en la dicte assemblée et non encore présentez, qui concernent pour la plus part les plaintes des inexécutions, inobservations et mauvaises interprétations de l'édict, en les faisant juger et décider deffinitivement par commissaires équitables, choisis d'entre les anciens conseillers d'estat, avant que de poser les armes.

Pourveoir au restablissement de ceux de la dicte religion qui, à l'occasion d'icelle ou des présens mouvemens, ont esté ou pourroient estre cy après dépossédez de leurs biens, commoditez, charges, dignitez, offices ou pensions.

Promettent de ne s'abandonner les uns les autres ny poser les armes qu'il ne soit pourveu aux choses susdictes, ny entendre à aucun traicté de paix, sinon d'un commun consentement.

Entretiendront une mutuelle correspondance et commune assistance, et auront entière communication des conseils les uns des autres, pour lequel effect les depputez de la dicte assemblée assisteront au conseil du dict seigneur Prince, et les depputez de mon dict seigneur assisteront en la dicte assemblée, qui demeurera sur pied, sans qu'il se puisse rien délibérer ny résoudre autrement.

Les armes de ceux de la dicte religion, et la direction et disposition de tous les deniers qui se pourront lever et arrester cy'après ès villes tenues par eux, tant pour la continuation de leurs dictes armes que pour l'entretien de leurs pasteurs, subsistance et autres affaires de leurs esglises, se conduiront absolument par les ordonnances et suivant les règlemens de la dicte assemblée, qui subsistera tandis que les armes dureront, et néantmoins agira soubs les commissions et adveus de mon dict seigneur le Prince, qui pour cest effect seront par luy fournis en blanc à la dicte assemblée, pour les distribuer à ceux et ainsy qu'elle advisera bon estre, sans qu'à l'advenir aucun de la dicte religion en puisse recevoir du dict seigneur, sinon par les mains et ordonnances de la dicte assemblée.

Sera par la dicte assemblée pourveu aux charges de gouverneurs des villes et pays tenus par ceux de la dicte religion, et offices tant de judicature que de finances et autres des dictes villes qui vaqueront durant les troubles, soit par mort ou par l'absence des pourveus, et ce par commission seulement; qui sera donnée gratuitement à telles personnes de la dicte religion que la dicte assemblée trouvera bon estre soubs les provisions de mon dict seigneur le Prince, qui seront à cest effect fournies en blanc à la dicte assemblée, lesquelles commissions, par le traicté de paix, on essayera de faire convertir en titres.

Sera pourveu à la seureté des dictes esglises ès provinces qui n'ont aucune retraite, et qui, à raison du présent traicté, pourroient estre exposées à divers dangers, en leur faisant telle part en chascune d'icelles provinces des premières places qui ont esté ou seront cy après conquises, qui soit suffisante pour la dicte seureté pour le présent et pour l'avenir, ainsy qu'il sera advisé par un commun consentement; ensemblement au remplacement des places tenues par ceux de la dicte religion, si aucunes se trouvoient avoir esté perdues durant la guerre.

És dictes places tenues par ceux de la dicte religion ne sera rien innové ny altéré par mon dict seigneur le Prince et autres princes et seigneurs joints avec luy.

Ceux de la dicte religion se pourront retirer en liberté ès lieux tenus par mon dict seigneur le Prince, et autres princes et seigneurs joints avec luy, et avoir l'exercice libre de leur religion, tandis que les troubles dureront, lequel aussy sera librement et publiquement permis aux armées, et partout ailleurs où se trouveront des troupes de gens de guerre de la dicte religion.

És villes tenues par mon dict seigneur le Prince et autres princes et seigneurs joints avec luy, ès quelles se seroient réfugiez ceux qui, en haine de la dicte religion et du présent traicté, auroient esté chassez de leurs maisons et spoliez de leurs biens, sera assigné aux dicts réfugiez provision suffisante, en revenu ou deniers une fois payez, pour y vivre ou subsister sur les biens de ceux qui se seront absentez et auront esté chassez des dictes villes pour n'avoir voulu adhérer aux résolutions de mon dict seigneur le Prince.

Faict au camp de Sanzay, en Poytou, ce 27 novembre 1615.

Signé HENRY DE BOURBON.

Et plus bas :

JOSIAS MERCIER, DE CRUZEL, DE LA NOUAILLE,
depputez de l'assemblée géneralle, etc... de Nismes.

L'assemblée a trouvé bon d'escrire aux depputez qu'elle a près de M. le Prince de rechercher que les seigneurs à luy joints signent les articles cy dessus, en donnant quelque acte qui monstre leur intention et les oblige à l'entretien d'iceux[1].

---

[1] Les procès-verbaux manuscrits et la pièce appartenant aux archives diffèrent sur quelques points quant à la rédaction. La raison de ces différences, d'ailleurs légères, est que la dernière est le projet élaboré dans l'assemblée, présenté quelque temps auparavant et non encore définitivement arrêté. Cette pièce porte au dos : « Articles de l'assemblée générale pour « M. de Phélipeaux. » (Édit.)

Tandis que, dans les séances des 11 et 12 janvier, l'assemblée et le sieur de la Haye échangeaient les ratifications de l'alliance avec le prince de Condé, des pourparlers entre celui-ci et la cour, entamés depuis le 20 décembre, amenaient un rapprochement d'où allait sortir la conférence de Loudun. MM. de Berteville, Dolchain et Parenteau, députés vers le Roi, de retour à l'assemblée, y faisaient connaître la phase nouvelle dans laquelle la lutte des partis allait entrer. L'extrait suivant du procès-verbal de la séance du 15, et la lettre du prince de Condé, adressée à la compagnie, expliquent le changement subit de la situation.

LXV.

Extrait du procès-verbal de la séance du 15 janvier 1616.

Les sieurs de Berteville, Dolchain et Parenteau, depputez vers le Roy, sont retournez et venus en l'assemblée, luy ayant faict une déduction particulière de toutes les choses qui s'estoient passées en leur depputation, tant vers M. le Prince que vers le Roy, et comme ils ont trouvé le Roy et la Royne disposez à la paix, et qu'à ceste fin ils avoient envoyez M. de Nevers et l'ambassadeur d'Angleterre[1] à M. le Prince, qui auroit faict entendre au Roy par M. de Thianges, depputé de sa part, qu'il ne pouvoit entrer en aucun traicté que conjointement avec ceste assemblée, comme ils auroient faict apparoir par la lettre du dict sieur Prince escrite par le dict sieur de Thianges, à la prière et selon le désir de l'assemblée : ce qu'il auroit exprimé par les lettres escrites à Sa Majesté, dont ils auroient faict veoir une

---

[1] D'après le récit du Mercure français (t. IV, 1615, p. 366), la proposition d'intervenir auprès du prince de Condé aurait été faite par l'ambassadeur d'Angleterre, sir Edmond, au Roi, qui l'aurait agréée. L'intervention de sir Edmond aurait eu pour occasion les négociations entamées par le marquis de Bonnivet auprès du roi de la Grande-Bretagne, pour que le prince de Condé en obtînt des secours d'hommes et d'argent, demande que ce roi avait repoussée, tout en prenant la résolution de ménager un accord entre Louis XIII et le chef du parti mécontent. Ce fut là sans doute un des motifs du rapprochement ; mais il y en eut d'autres encore, comme on le verra dans la suite. (Édit.)

copie. Et d'autant que, pour acheminer un traicté, ils croyoient que le Roy feroit approcher l'assemblée et luy donneroit passeport, à ceste fin qu'ils avoient laissé le fils du dict sieur Parenteau pour leur faire sçavoir et apporter ce qui pourroit estre accordé sur ce subject. Ont aussy rendu lettres du dict sieur Prince à la compagnie dessoubs insérées, de M. le mareschal de Bouillon du 22 décembre, de M. le marquis de Rosny du 23, et de M. Desbordes du 21 du dict mois; lesquelles leues, et entendu ce qui avoit esté représenté au Roy et à son conseil et à la Royne mère de leur part, et response qui leur a esté faicte, la compagnie les a fort louez et remerciez de leur peine, fidélité et diligence.

LXVI.

Lettre du prince de Condé.

Messieurs, par vos dernières et par ce qui m'a esté représenté par MM. de Berteville, Dolchain et Parenteau, j'ay appris la charge que vous leur avez donnée, suivant ce que vous avez desjà désiré de moy, par MM. Desbordes, de Cruzel et de la Nouaille, à quoy j'avois satisfaict avant leur arrivée, ayant desjà envoyé exprès vers le Roy M. le baron de Thianges, avec lettres dont ils vous feront veoir la copie que je leur ay donnée, et vous informeront particulièrement de la response qu'on aura donnée, comme aussy de l'estat des affaires de deça depuis le partement du dict sieur de Cruzel, dont, pour ne faire tort à leur suffisance, je remettray sur ce que je les ay priez de vous en dire de ma part, et demeureray, messieurs, vostre très affectionné serviteur.

De Saint-Jean-d'Angely, le 22 décembre 1615.

HENRY DE BOURBON.

Et en suscription :

A messieurs, messieurs les depputez de ceux de la religion assemblez à Nismes par permission du Roy.

Cette dernière communication du prince de Condé était datée du 22 décembre 1615; elle fut présentée à l'assemblée par MM. de Berteville, Dolchain et Parenteau, à la date du 15 janvier 1616. Dans l'intervalle écoulé depuis le jour où ces députés avaient quitté le Prince, l'assemblée, en les attendant, continua à veiller aux affaires des réformés partout où quelque circonstance se produisit qui dut appeler son intervention. Dans la séance du 16, elle résolut de faire connaître aux provinces les raisons qu'elle avait eues de se joindre au Prince, auquel elle restait unie pour les négociations comme pour la guerre, nommant d'ailleurs dans son armée, nonobstant les espérances de paix, et pourvoyant aux charges militaires, sous les conditions stipulées par l'entremise de M. de la Haye et des députés[1]. D'un autre côté, les préliminaires de la conférence se traitant entre le Prince et la cour, celui-ci crut devoir, par la lettre suivante, rassurer la compagnie, qui eût pu craindre qu'il ne fût disposé à des concessions contraires à ses intérêts.

LXVII.

Lettre de monseigneur le Prince.

Messieurs, vous avez appris par MM. de Berteville, Dolchain et Parenteau, et par les lettres que j'ay escrites au Roy, dont ils vous auront faict veoir la copie[2], qu'avant leur arrivée j'avois desjà satisfaict à ce que vous aviez désiré de moy, ayant, quelques jours auparavant, envoyé vers le Roy M. de Thianges pour supplier très humblement Sa Majesté de donner la paix à son royaume, ce qui a servi à l'ouverture d'une conférence, laquelle m'ayant esté proposée par M. le duc de Nevers, je n'ay pas estimé la debvoir refuser. Mais avant toutes choses 'ay déclaré, suivant ce que je vous ay promis, que je n'en-

---

[1] Les brevets de ces charges militaires, concédés aux réformés par la convention du 12 janvier, portent ce singulier titre, bien propre à faire connaître l'esprit dans lequel prétendaient agir les ennemis de la cour : « Délivré, pour le service du « Roy, sous l'auctorité de monseigneur le « Prince, par ordonnance et direction de « l'assemblée généralle des esglises reffor- « mées de France. » Ce titre est porté au procès-verbal de la séance du 20 janvier. (Édit.)

[2] On verra plus loin la lettre du prince de Condé au Roi. (Édit.)

trerois en aucun traicté ny conférence, si elle ne se faisoit tant avec moy qu'avec les autres princes, ducs, pairs, officiers de la couronne qui sont joints avec moy, ensemble, conjointement avec ceux qui y seront depputez de vostre part; sur quoy MM. de Brissac et de Villeroy ayant esté envoyez en ce lieu par Sa Majesté, après plusieurs difficultez, nous avons convenu et arresté les articles dont je vous envoye copie par ce porteur exprès, et vous prie de faire dresser incontinent les pouvoirs et mémoires nécessaires pour les depputez que vous désirez faire trouver de vostre part à la dicte conférence, laquelle se devant commencer le 10ᵉ du mois prochain, il est besoing d'y envoyer promptement, affin, s'il est possible, que vos dicts depputez s'y trouvent au dict jour, et que rien ne se fasse qu'en leur présence; et plustost qu'ils ne s'y trouvassent, je différerois à m'y trouver de quelques jours, pour leur donner loisir, estant résolu de ne rien faire que lorsqu'ils seront arrivez. C'est pourquoy de rechef je vous prie de les dépescher le plus tost qu'il se pourra pour les raisons que M. de la Haye vous dira plus particulièrement; sur lequel me remettant, je prierai Dieu, messieurs, qu'il vous ayt en sa saincte garde.

De Fontenay, ce 20 janvier 1616.

Signé HENRY DE BOURBON.

Et en la suscription :

A messieurs, messieurs les depputez de ceux de la religion assemblez à Nismes.

Suivent dans le manuscrit les articles convenus entre MM. de Brissac et de Villeroy et M. le prince de Condé[1].

Cette lettre est la dernière des pièces appartenant à la correspondance de l'assemblée de Nîmes. L'assemblée se hâta de s'y conformer en choisissant pour députés, dans sa séance du 1ᵉʳ février 1616, les sieurs de Rouvray, de Berteville, de Champeaux, Desbordes et de la Nouaille, et résolut de se transporter à la Rochelle, pour se trouver dans un centre qui lui présentât un plus fort appui, et qui fût en même temps plus rapproché des négociateurs.

[1] On verra ces articles plus loin. (Édit.)

Le passage suivant du procès-verbal énonce les pouvoirs des députés, et leur trace les devoirs qu'ils auront à remplir envers l'assemblée.

LXVIII.

Extrait du procès-verbal de la séance du 1ᵉʳ février 1616.

.... auxquels la dicte assemblée a donné pouvoir et auctorité de gérer, en la dicte conférence, ce qui sera pour le bien, liberté et seureté des esglises refformées du royaume, service du Roy, bien et repos de l'estat, selon et conformément aux instructions qui leur ont à ceste fin esté mises en main, et sans qu'ils s'en puissent départir aucunement que par l'adveu et volonté de l'assemblée, laquelle ils tiendront promptement advertie de tout ce qui se passera en la dicte conférence, et sauf à leur adjoindre cy après autres depputez si besoing est.

Dans quelques-unes des séances précédentes, les démarches du comte de Candalle auprès de l'assemblée avaient paru d'une grande importance, comme la pièce suivante le fait connaître.

LXIX.

Extrait des procès-verbaux de l'assemblée des protestans à Nîmes.

Séance du 14 janvier 1616. — Sur l'advis donné que M. le comte de Candalle[1] estoit sur le point d'entrer en ceste ville, et mesme que son intention estoit de venir saluer l'assemblée sy tost qu'il seroit arrivé, la compagnie a nommé les sieurs de Cagny, de Sainct-Privat, Bonnencontre et Chauffepied, pour l'aller trouver en son logis ou recevoir en la rue, à la porte de cestuy-cy, au cas qu'il y vienne avant que d'aller au sien, et, pour le recevoir au haut degré, les sieurs de Rouvray et Duparc d'Archiac.

---

[1] 10 janvier 1616. « M. de Candalle se déclare de la religion à Alais, en l'assemblée des esglises des Cévènes et Gévaudan. » (Journal d'Arnaud d'Andilly.)

Peu après, le dict seigneur est venu droit en l'assemblée avant que d'aller en son logis, et dit qu'il avoit creu ne pouvoir faire mieux, après avoir protesté de vivre et mourir en la religion refformée, que de venir saluer l'assemblée et l'asseurer qu'il veut demeurer en l'union des esglises, et employer pour leur soutien son bien et sa vie, et dépendre entièrement des résolutions de l'assemblée. A quoy a esté respondu par M. de Blet, président, que la compagnie loue Dieu et reçoit un merveilleux contentement de sa conversion, et puis l'a asseuré de l'ayde, secours et protection de l'assemblée et de son service, tant en général qu'en particulier. Après quoy, M. Durant, adjoint, prenant la parole, a représenté au dict seigneur combien Dieu luy a faict de grâce de luy avoir faict recognoistre la vérité, et l'a exhorté à persévérer constamment et alègrement, ce qu'il a promis de faire.

Du 15 janvier 1616. — M. le comte de Candalle est venu en la compagnie, et en icelle a juré et signé l'union des esglises.

Du 18 janvier (lundi) 1616. — M. le comte de Candalle s'en allant aux Cévènes est venu prendre congé de la compagnie, à laquelle il a faict entendre qu'il laissoit près d'elle le sieur de Magnac, son cousin, pour recevoir les résolutions qui le concernent, et pour luy faire aux occurrences entendre ses sentimens, s'il en est requis, promettant comme autrefois de se soumettre entièrement aux résolutions de l'assemblée.

Du 19 janvier 1616. — Le sieur de Magnac, depputé de M. de Candalle, est venu en la compagnie, et y a faict le serment de silence et fidélité pour les choses qui luy seront communiquées, ainsy que les autres envoyez des grands.

Ce fut avec le consentement du Roi que l'assemblée de Nîmes se transporta à la Rochelle au commencement de février. Elle se rapprochait ainsi de Loudun pour surveiller la marche de ses députés à la conférence, pour leur donner de plus près les instructions nécessaires, et ne pas permettre qu'ils en déviassent, sous prétexte d'éloignement ou de difficulté des communications.

Dans cette situation de l'assemblée, nous ne donnerons point à part ceux de ses actes que nous extrairons des procès-verbaux. Ces pièces, d'ailleurs en petit nombre, prendront rang à leurs dates, parmi les documents qui appartiennent à la négociation principale.

Dans cette conférence tous les partis sont représentés, et leurs actes, leurs intérêts se mêlent nécessairement et se croisent sur le terrain commun de la discussion.

ADDITION[1].

XXI bis.

Anc. fonds français, 9299, page 13.
Instructions pour M. de Sainct-Brisson envoyé au Roy.

Fera entendre fort particulièrement à Sa Majesté, à la Royne et à messieurs du conseil, comme ceste assemblée, incontinent qu'elle eut receu les secondes lettres de monseigneur le Prince et la copie de sa déclaration, se résolut aussytost d'en donner advis et rendre compte à Sa Majesté et luy faire veoir copie de la dicte lettre, l'informant au vray de l'envoy faict à mon dict seigneur le Prince par ceste assemblée et des raisons d'iceluy.

Expliquera au Roy, en termes fermes et vigoureux, mais pleins de respect et dignes de subjects, la douleur de tous ceux de la religion au subject de la précipitation du voyage de Sa Majesté, laquelle il suppliera en même façon, pour la sursoyance et délayement d'iceluy.

Se fera assister et présenter par les depputez qui sont desjà à la cour, lorsqu'il satisfera à la charge de son envoy, affin qu'il les ayt pour tesmoings de ce qu'il dira, et de ce qui luy sera dict, et formera son discours avec leurs advis.

Pressera la response de sa dépesche, pour de jour à autre partir incontinent, et s'en revenir à nous, pour nous rapporter au vray ce que luy et les depputez qui sont là auront peu recognoistre de l'assiette présente et des mouvemens de la cour.

---

[1] Nous plaçons ici cette pièce qui nous avait échappé, et qui se coordonne utilement avec les pièces insérées sous les n°s XX et XXI. (Édit.)

Prendra l'advis des depputez qui sont à la cour pour, s'ils trouvent à propos, comme aussy les gens de bien, bons Françoys et mesme les amis de M. le président Le Jay, faire entendre au Roy, en la forme qu'il sera jugé bon, le desplaisir qu'a receu ceste assemblée du mauvais conseil qu'on luy a donné de faire enlever le dict sieur président Le Jay hors de sa maison, et le supplier très humblement de le vouloir remettre en liberté.

DOCUMENTS

RELATIFS

A LA PRISE D'ARMES DU PRINCE DE CONDÉ

ET DE SES PARTISANS.

Les États généraux de 1614 avaient été clos le 23 février 1615, sans qu'aucune satisfaction eût été donnée aux demandes communes aux trois ordres ou à leurs réclamations particulières. Nous allons indiquer, en rejetant plus loin les développements successivement nécessaires, celles de ces demandes dont la non-satisfaction provoqua la lutte à la tête de laquelle se plaça le prince de Condé, et qui furent reproduites à la conférence de Loudun. Ces indications et les explications qui seront données ultérieurement sont indispensables à l'intelligence des pièces qui vont suivre.

Les questions qui avaient fixé l'attention et provoqué les réclamations des États étaient :

1° Le droit annuel et la vénalité des charges, réclamation sur laquelle tous les ordres furent d'abord d'accord;

2° La réception du concile de Trente, demandée par le clergé et la noblesse, combattue par le tiers état;

3° La condamnation de la doctrine régicide des jésuites, et des recherches plus complètes sur les auteurs ou complices de l'attentat dont Henri IV avait été victime : cette réclamation, émanée du tiers état, avait contre elle la noblesse et le clergé;

4° Réclamation contre la résolution de marier le Roi avec l'infante d'Espagne : cette réclamation partait du tiers état; l'alliance était au contraire réclamée avec instance par la noblesse et le clergé;

5° Demande d'établissement d'une chambre pour la recherche des financiers, d'accord entre tous les ordres;

6° Réforme des conseils du Roi;

7° Demande par les évêques de l'affermissement de la religion catholique en Béarn ; demande contraire par les protestants en dehors des États.

Après avoir présenté leurs cahiers, les États, d'un accord unanime, avaient sollicité du Roi l'autorisation de rester assemblés jusqu'à l'obtention des réponses demandées; mais dans ces termes le Roi refusa, et il ne se relâcha plus tard qu'en permettant à chacune des chambres de se réunir chez son président, et non en assemblée officielle aux Augustins. L'examen des cahiers avait été immédiatement confié à plusieurs commissions, appelées à recevoir les explications qui seraient données par quelques membres des États désignés dans ce but par leurs collègues; mais on s'aperçut bientôt que les réponses aux cahiers étaient affaires de longue haleine, et qu'on ne pouvait s'engager à terminer dans un temps limité et court. Le Roi prit un terme moyen, il permit immédiatement la suppression du droit annuel, le rétablissement de la chambre pour rechercher les financiers, et la suppression des pensions, éludant par ces concessions déjà embarrassantes l'embarras plus grand encore de se prononcer pour ou contre le concile de Trente, pour ou contre la doctrine des jésuites sur l'assassinat des souverains.

Mais on ne tarda pas à s'apercevoir que l'abolition du droit annuel n'était pas chose facile ; elle blessait des intérêts garantis pour six ans par deux arrêts du conseil, de 1611 et de 1612, auxquels la bonne foi du Prince ne lui permettait pas de déroger, et elle enlevait au trésor une somme qu'il était indispensable d'y faire rentrer par une autre voie. Le moyen de satisfaire à cette nécessité fit revenir peu de semaines après à cette ressource impossible à remplacer. En effet, le projet d'y suppléer par un impôt de trente sols par minot de sel transportait sur le peuple tout entier une contribution que la paulette ne demandait qu'aux intéressés, et, le tiers état réclamant contre cette nouvelle charge et voulant remplacer la vénalité par la réduction des pensions, la question resta en suspens, et la cour n'eut pas de peine à faire accepter l'ajournement de l'abolition de la paulette au tiers état lui-même, qui craignit dès lors que cette réforme, demandée au nom de la justice et de la morale, ne s'accomplît à son détriment.

Les circonstances, à l'issue infructueuse des États généraux, étaient telles qu'elles ne pouvaient manquer d'appeler l'attention du parlement de Paris, toujours empressé d'offrir sa médiation et de consacrer, par des actes éclatants, le droit qu'il croyait avoir de faire à la couronne des remontrances sur la marche du gouvernement. Cette fois, sa fermeté ne lui réussit qu'imparfaitement, malgré la solennité et l'insistance qu'il mit dans sa démarche, et un arrêt du conseil, du 23 mai 1615, ordonna d'effacer de ses registres, déclara nulle et révoqua sa délibération du 28 mars précédent; arrêt sans exécution, il est vrai, mais qui força le parlement à des expressions plus respectueuses et à un silence embarrassant.

Dans la lutte qui se préparait et dans laquelle les deux partis allaient en appeler aux armes, le parlement de Paris ne pouvait faire prévaloir sa mission judiciaire et pacifique. Il avait voulu réunir en une assemblée avec lui les princes, pairs et grands officiers de la couronne, pour donner un plus grand poids à des remontrances sur les abus dont le gouvernement était travaillé; mais le Roi avait défendu cette réunion.

Les deux pièces suivantes, qui se rattachent exclusivement à l'opposition des princes, posent assez bien la question, soit dans le sens que le parlement avait indiqué, soit dans celui des récriminations de la cour; à ce double titre elles précéderont utilement les autres pièces.

LXX.

Bibl. impériale. Fonds Dupuy, t. CCIII, p. 32. — Impr. Mercure français, t. IV, 1615, p. 90.

Lettre du mareschal de Bouillon[1] au président Janin.

Monsieur, je vous avois escrit un mot, duquel je n'ai eu responce; j'estime que la liberté n'est encore du tout perdue, et que ceux qui ont place et office dans le conseil du Roy se peuvent communiquer ce qu'ils espèrent ou craignent dans les affaires de l'estat, pour, en ces communications, s'éclaircir des moyens qui s'offrent pour se porter aux plus utiles conseils, et s'éloigner de ceux qui peuvent nuire et affoiblir la dignité royale, qui est la base sur laquelle ce grand estat a son principal appuy. J'ai veu les remonstrances du parlement et l'arrest du conseil en suitte de l'arrest du

---

[1] On trouvera dans le corps de l'ouvrage plusieurs notes et documents relatifs au maréchal de Bouillon et au privilége de Sedan. (Édit.)

parlement du vingt-huitiesme mars, et les dictes remonstrances; par lequel arrest du conseil, Sa Majesté se montre grandement offensée du dict parlement, en ordonnant que arrest et remonstrances seront biffez et ostez des registres, et commandant au greffier de les porter à Sa Majesté. N'estant point de robe pour sçavoir bien les formes, je prendray seulement cognoissance de la chose, qui est, des advis que ce grand et honorable corps donne au Roy de plusieurs choses important son service, cela ne donnant nulle contrainte au temps ny à la forme que Sa Majesté et la Royne y voudront tenir pour y remédier. Sa Majesté, par son arrest, semble remettre ces remèdes à la response des cahiers des Estats, lesquelz Estats, ainsy que vous et moy le sçavons, ont eu peu ou point de liberté, et moins de satisfaction rapportée dans les provinces; ce qui laisse peu d'espérance qu'en la response des cahiers il y ayt du contentement pour le public. L'ouverture faicte par ces remonstrances donne occasion à Sa Majesté, et moyen en les recevant, de satisfaire à plusieurs mauvais préjugez qu'on faict de la suitte des affaires, puisque l'ouverture aux remèdes est mal prise et mal receue, qu'on veoit des changemens notables aux résolutions prises, comme en celle du droit annuel et vénalité des offices qu'on a promis et donnez solennellement aux Estats, et depuis confirmez à tout le royaume, et l'un et l'autre laissez comme ils estoient auparavant, contre ce qui avoit esté arresté et promis si solennellement, et commandé aux depputez généraux de ceux de la religion de prendre le brevet de leur assemblée à Gergeau[1], nonobstant leurs justes remonstrances, et dépesches faictes pour empescher que ceux de la religion n'allassent ailleurs; sans autre cause, du soir au lendemain, on trouva bon (comme aussy c'estoit le meilleur) qu'on allast à Grenoble; ces exemples feront foy de la mutation des conseils. L'on parle de l'exécution du mariage, en quoy il semble qu'on veuille augmenter les craintes que ceux qui aiment l'estat en peuvent prendre; on n'en communique les progrès qu'à peu ou point de personnes, de celles

---

[1] Actuellement Jargeau, Loiret. (Édit.)

qui principalement le debvroient sçavoir. On veoit dépescher et sceller plusieurs commissions; M. de Savoie de jour à autre opprimé[1], les forces du roy d'Espagne sur pied en divers endroits, et en mesme temps celles de la France y seront. A quoy cela, sinon pour violenter le droit du Roy et de l'estat en faveur de son plus récent ennemi? Qui est-ce qui dit qu'il n'est pas bon que le Roy se marye? que l'infante ne soit la plus grande princesse de l'Europe sur laquelle on puisse jeter les yeux? Qui ne sait que les mariages entre les grands doibvent marier les personnes et non les estats, et qu'en ceste conduite nul n'a trouvé ceste alliance mauvaise? Mais les procédez et préparatifs susdicts font craindre et croire à plusieurs que le but de ceste alliance ne soit de nous jeter dans les maux passez de nos troubles, nous faire perdre nos anciens alliez, et nous estreindre avec ceux qui nous tireront de la grandeur de nostre estat à l'exaltation du leur, de nostre repos aux troubles, et de la balance qu'a tousjours gardée la France aux affaires de l'Europe à une conjonction forcée et nécessitée avec l'Espagnol. La crainte de ces maux est légitime, et le désir des remèdes doit estre né dans le courage des vrays François, pour prier Dieu d'inspirer au cœur de la Royne le vouloir de les détourner, ainsy qu'il semble qu'il est facile, quand on voudra, avec la plus grande partie de l'estat, délibérer de ces choses, prendre et recevoir les advis pour y remédier, n'épargnant aucun qu'on cognoistra auteur de mauvais conseils, et qui portera ceux du public à sa seule conservation pour dommageables qu'ils soient au général. Et ainsy on recognoistra ceux qui aiment Leurs Majestez et l'estat, et non pas les fausses couleurs données par les calomnies journellement receues plus que les véritez. Et d'autant que je sçais en estre assailly autant que nul autre, je désire mettre mes actions au jour. On dit que je fais des levées, cela est faux; mais quand je m'assurerois de mes amis, que ferois-je que chascun en France ne fasse? Que puis-je estimer quand on lève des forces pour le service du Roy, et que je

---

[1] Charles Emmanuel Ier, duc de Savoie, allié de Henri IV et ennemi de l'Espagne. Ses amis voyaient avec peine le changement de politique de la France. (Édit.)

n'y sois employé et n'en aye le principal commandement? Que si on ne m'y employe et autres bons François, n'est-ce pas pour faire accroire que ces forces seront jetées à l'appuy des factions contraires à l'estat? Cela estant, pourquoy s'en laisser opprimer, sans lâcheté ou trahison? Vous, monsieur, qui aimez le Roy et l'estat, taschez qu'on jette avec loisir les yeux sur les remèdes et sur la longueur et diversité des accidents, affin d'avancer ceux-là et reculer ceux-cy, à quoy je contribuerai fidèlement et courageusement tout ce qui sera en moy, sans qu'il y ayt de mon particulier. Je n'aurois obmis le déni de ce qui m'est deu à cause de Sédan[1], et pour la protection de ce lieu, comme servant à montrer qu'on y obmet bien le droict du Roy, et en une chose très-importante, laquelle, nonobstant ces mauvaises affections, je conserveray, Dieu aidant, pour le service du Roy et de la France, sans que la fraude ny autre puissance m'en puissent divertir; laissant néantmoins plusieurs, dedans et dehors le royaume, tirer des conséquences qu'on veut abattre les bons François et les places qu'ils tiennent en leurs mains. C'est ce que j'ai estimé vous debvoir escrire en ces occurrences, et en cest endroit vous asseurer aussy qu'en vostre particulier je seray tousjours, monsieur, vostre bien humble à vous faire service.

Sédan, 9 juin 1615.

HENRY DE LA TOUR.

LXXI.

Bibl. impériale. Fonds Dupuy, t. CCIII, p. 34. — Impr. Mercure français, t. IV, 1615, p. 94.

Response d'un ancien conseiller d'estat (le sieur Jeannin) à la lettre du mareschal de Bouillon[2].

Monseigneur, la copie de la lettre qu'il vous a pleu m'escrire de Sédan le neuviesme de ce mois de juin, concernant les affaires pu-

---

[1] Depuis François Iᵉʳ, les princes de Sédan avaient le droit de siéger au parlement comme pairs de France. (Édit.)

[2] Jeannin, depuis la disgrâce de Sully, avait fait partie de la direction des finances. Il fut surintendant en 1616. (Édit.)

bliques, a esté veue ès mains de plusieurs en ceste ville avant que l'original m'ayt esté rendu; elle contient des plaintes contre le gouvernement. Vous approuvez les remonstrances imprimées et exposées à la vue d'un chascun sous le nom du parlement, et trouvez qu'il y a de l'aigreur en l'arrest faict pour y respondre. La médisance contre ceux qui sont employez au maniement des affaires publiques est un doux et agréable poison qui se coule aisément en nos esprits, et quand ils en sont une fois infectez il est mal aisé que la vérité pour les défendre y soit receue. Or ils sont aujourd'huy en ce malheur, que plusieurs, par une erreur commune, ou pour estre passionnez et mal informez de leurs actions et déportemens, rejettent sur eux la cause des abus et désordres qu'ils disent estre creus dans le royaume avec si grand excès, qu'il est en danger d'une prochaine ruyne, si ce mal n'est corrigé par une bonne et prompte réformation. Je n'estime pas, toutefois, que soyez de leur opinion, car vous estes trop clairvoyant pour estre trompé, et croire que les ministres dont le feu Roy, prince sage et judicieux, avoit accoustumé de se servir en ses principales affaires, et louer leur affection, fidélité et suffisance, soient telz que ceux-cy les veulent dépeindre, et que, dans le bonheur dont toute la France a jouy depuis le décez du feu Roy jusques à présent par la grace et bonté de Dieu, qui a voulu bénir et faire prospérer la sage conduite de la Royne contre l'espérance d'un chascun, il y ayt quelque mal caché ou desjà descouvert qui puisse estre cause de la ruyne de ce grand empire. Car, hors les défauts qui accompagnent ordinairement la foiblesse des minoritez, que les plus sages sont contraints de souffrir et dissimuler pour éviter pis, j'ose bien dire qu'il y a peu à reprendre. Mais c'est un vice et maladie d'esprit qui ne guérit jamais, d'estimer beaucoup la conduite des hommes qui ont esté employez au maniement des affaires avant nous, lors mesme que la mort les a rendus exempts de l'envie; et au contraire, de trouver tousjours de quoy reprendre en celle de nostre temps. Il n'y a pas un an qu'en louant le bonheur et la sage conduite de la Royne on y donnoit quelque part à ceux qui ont eu l'honneur d'assister à ses conseils; qu'ont-ils faict depuis qui ayt donné subject d'en médire et de les mettre en mauvaise odeur? Les hommes ne vont pas du bien au mal tout à coup; il faut assembler plusieurs mauvaises actions pour faire croire que, de gens de bien et sages qu'ils estoient en l'opinion des hommes, ils ne soient plus eux-mesmes. Le mal ne vient pas d'eux, il est attaché au mécontentement des grands, qui ne pensent pas estre assez favorisez, ny avoir assez de part dans les affaires. Les interests de l'estat n'y sont conjoincts que comme accessoires, et non comme raisons qui sortent de la première et principale intention. Je confesse bien qu'on ne doibt mépriser les mécontentemens des princes et seigneurs qui, par leur naissance ou dignité, tiennent les premiers lieux dans le royaume, et que le souverain fait tousjours sagement quand il n'obmet rien pour les exciter par gratifications, bienfaicts et autres tesmoignages de sa bienveillance à bien et fidèlement servir; qu'il faict fort bien encore s'il leur donne la communication que mérite leur qualité en la conduite de ses plus grandes et importantes affaires, comme y estant plus interessez que ceux qui sont au dessoubs d'eux; mais Leurs Majestez ont si abondamment satisfait à l'un, que ceux qui s'en plaignent ont occasion de se louer de leur bonté et libéralité. Et pour la communication des affaires, encore que les roys majeurs ayent une entière liberté de s'en adresser à qui bon leur semble, si est-il vray que peu d'affaires concernant le bien général de l'estat ont esté mises en délibération sans en avoir pris leur advis lorsqu'ils estoient en cour, mesme de monseigneur le Prince, lequel, comme premier prince du sang, doibt tenir le premier lieu près du Roy, après la Royne, tant en respect et dignité qu'en la conduite des affaires, attendu que monseigneur frère du Roy, qui le précède, n'est en aage d'y estre appelé, lequel respect luy a tousjours esté rendu quand il s'est trouvé près de Leurs Majestez, sinon qu'il s'en soit reculé luy-mesme, et monstré de ne le désirer. Et quand il seroit advenu quelquefois autrement, il est trop sage et a trop d'interest à la conservation du royaume et de l'auctorité du Roy, de laquelle la sienne dépend, pour vouloir, à ceste occasion, recourir à des remèdes qui pourroient troubler la tranquillité publique. Il y en a de justes et licites qui luy sont ouverts pour faire corriger telz défauts, s'il pense avoir subject de s'en plaindre, lesquelz seront bien receus et approuvez de Leurs Majestez quand il s'en voudra servir; comme elles ont tesmoigné sur l'ouverture qu'il leur a faicte d'apporter quelque refformation au conseil, ayant assez faict cognoistre que c'estoit leur plus grand désir, et d'y pourveoir très volontiers avec son advis et des autres princes, seigneurs et officiers de la couronne, et pareillement aux abus et désordres dont la plainte est publique. Combien qu'à les considérer sans passion ils soient plutost en l'imagination que les intérests particuliers mettent en nos esprits, qu'en la chose mesme. Et pour le montrer on crie hautement, affin d'exciter le peuple à rebellion plutost que pour le soulager, qu'il est opprimé par la multitude des charges qui ont esté mises sur luy. Et néantmoins la vérité est qu'il a esté déchargé de plus de deux millions de livres chascun an par le bénéfice de la Royne, qui l'a faict dès le commencement de sa régence, et qu'elle a encore révoqué plusieurs édicts faicts avant la mort du Roy, dont il a receu aussy du soulagement, sans qu'elle ayt introduit aucune nouveauté pour remplacer ceste perte. Il est vray qu'elle s'est aydée des deniers qui furent mis ès mains du sieur de Beaumarchais, trésorier de l'espargne, qui entroit en charge en l'année 1611, lesquelz revenoient au plus à trois millions six cens mil livres. Mais qui voudra estre éclaircy à quoy ils ont esté employez, et quelles ont esté aussy les despenses de l'année entière 1610, faictes par les ordonnances de M. le duc de Sully, qui ont consommé le surplus de ce qui estoit ès mains du sieur de Pommeuse, estant lors en exercice, il le verra au vray par l'escrit qui fut présenté en l'assemblée génералle des estats au nom du conseil de la direction, et cognoistra par iceluy que les sommes qu'on prétend avoir esté laissées ès mains des dicts trésoriers de l'espargne lors du decez du feu Roy estoient beaucoup moindres qu'on ne le publie, et que Leurs Majestez ont aussy supporté plus de despenses que le feu Roy, de quatre millions de livres chascun an, tant en gens de guerre en campagne, augmentation de garnisons extraordinaires, qu'en pensions, dons, gratifications et autres récompenses, pour recognoistre les mérites et services des grands, et d'autres personnes de qualité qui ont aydé à maintenir l'auctorité du Roy et la paix dans le royaume. Je sçay bien qu'on blasme en cet endroit la profusion et dissipation des finances. Ceux qui en ont eu la charge y ont versé avec entière fidélité, sans y commettre aucun acte digne de répréhension, se soumettant, pour faire preuve de leur innocence, à la plus soigneuse recherche et rigoureuse censure de quelques juges que ce soit. Et pour le regard de la Royne, au commandement de laquelle ils ont obéi pendant son administration, tous les gens de bien et bons François avouent qu'on luy doibt beaucoup, et qu'on a grand subject de la louer et remercier de ce qu'elle a conservé la paix, l'auctorité du Roy et les anciens amis et alliez de ceste couronne pendant sa régence, et, jusques à présent, avec une despense extraordinaire qui ne peut revenir au plus qu'à six millions de livres. Je n'y comprends point celles du dernier mouvement, qui revient à deniers clairs à plus de trois millions de livres, dont Sa Majesté fut contrainte en prendre deux millions cinq cens mil livres au trésor de la bastille, des deniers que le feu Roy avoit mis en réserve, qu'il destinoit lors à des desseings dignes de son courage et de sa grandeur; et la Royne a employé ce qu'elle en a tiré pour garantir le royaume d'une guerre civile, qui pouvoit couster deux fois plus en un an que toutes les despenses extraordinaires faictes durant sa régence, sans les autres dangers et inconvéniens auxquelz telz mouvemens sont presque tousjours subjects. Ce qu'on peut aisément juger par la grande despense faicte en ce léger mouvement, qui a pris fin presque aussytost qu'il a commencé. On adjouste encore à ceste plainte de la profusion des finances la crainte de l'advenir, et qu'après une si grande dissipation on sera contraint de recourir à de nouvelles charges sur le peuple; et Leurs Majestez se promettent le contraire, si les grands demeurent en debvoir et aydent à la conservation de la paix, sans troubler le repos duquel tous les subjects ont jouy si heureusement jusqu'icy. Or il y aura moyen de diminuer de beaucoup à l'advenir les despenses, et de faire en sorte, dès l'année prochaine, que le revenu ordinaire égale non-seulement la despense, mais qu'on puisse mettre encore quelque chose en réserve pour y avoir recours au besoin. On dira peut-estre que ce bon mesnage a deu estre faict plus tost; il estoit à désirer, mais on n'a peû, parce que de jour en autre Leurs Majestez ont esté obligées à faire de nouvelles despenses pour éviter pis. Le commandement n'est pas tousjours absolu pendant les minoritez. Le soin principal doit estre lors de conserver le royaume, la paix et l'auctorité royale, plutost avec prudence, en dissimulant et achetant quelques fois l'obéissance, qu'on acquiert par ce moyen à meilleur prix que s'il falloit y employer la force et les armes, qui mettent tout en confusion, coustent beaucoup plus cher, et si le succez n'en est pas tousjours heureux. Qui voudra considérer les régences qui ont précédé en grand nombre celle de la Royne, il n'en trouvera une seule qui ayt cousté moins que celle-cy, et peu ou point qui ayent conservé la paix, sans espancher du sang et exposer le royaume aux dangers d'une guerre civile ou estrangère. Voyons encore quels sont les autres désordres, et ne faisons point malades par imagination ceux qui sont en pleine santé, pour les précipiter plus aisément à des malheurs dont ils sont dès à présent exemps, s'ils jugent de leur bonheur par leur propre sentiment, non à l'appétit d'autruy. La justice est celle qui fait obéir et honorer les roys; c'est la principale cause de leur establissement, et dont ils doibvent avoir le plus grand soin. Or nostre Roy, ny la Royne, durant sa régence, n'y ont rien changé, l'ont laissée en la mesme auctorité qu'elle souloit estre, et l'eussent volontiers accrue plutost que de la diminuer. Si on allègue que Leurs Majestez n'ont pas bien receu les remonstrances du parlement; elles sont à la vérité dignes de l'auctorité et prudence de ce grand sénat, mais pardonnez-moi, s'il vous plaist, si, parlant comme particulier de ces premiers officiers du royaume en l'administration de la justice, à qui je dois tout respect et service, et auxquelz je les rends aussy très-volontiers, je dis qu'une répréhension si sévère debvoit estre faicte à l'oreille, ou en présence seulement des grands du royaume et des principaux du conseil, pour persuader Leurs Majestez de pourveoir à ceste refformation qu'ils monstrent désirer, sans souffrir qu'elle fust exposée à la vue d'un chascun, comme il a esté faict, attendu que ceste publication ne pouvoit servir qu'à décrier le gouvernement et fournir des prétextes à quiconque auroit volonté de mal faire. J'estime bien que ce mal est advenu sans le sceu du parlement, remply d'un trop grand nombre de personnes d'intégrité et suffisance, pour croire d'eux qu'ils y ayent participé, et qu'on le doit attribuer à la licence du temps et malice d'aucuns, qui l'ont faict pour favoriser des desseings dommageables à l'estat. Je suis néantmoins contraint de dire, avec le respect que je dois à ceste grande et honorable compagnie, qu'ils ont esté surpris et circonvenus en plusieurs articles contenus esdictes remonstrances par ceux qui leur ont donné des mémoires et advis de choses dont ils estoient très-mal informez : ce que le parlement eust bien recogneu et en fussent tous demeurez satisfaicts, s'ils eussent depputé quelques-uns d'entre eux pour en conférer amiablement avec ceux du conseil qui en estoient mieux instruits. Ce sont ces remonstrances et l'arrest de la cour du vingt-huitiesme mars pour convoquer au parlement les grands du royaume, affin de délibérer avec eux des affaires de l'estat sans en avoir adverty le Roy qui estoit à Paris, qui ont offensé Leurs Majestez et esté cause de l'arrest qu'on trouve avoir trop d'aigreur. Conférez-le, je vous supplie très-humblement, avec ce que les prédécesseurs roys ont faict en occasions de moindre importance, et qui n'entamoient si avant leur auctorité, et vous jugerez, je m'asseure, que leur colère en ce premier mouvement a esté juste, et qu'ils ont esté obligez d'en user ainsy, s'ils n'eussent voulu laisser tomber à mespris ce droit de souveraineté, qui tient les subjects en obéissance et debvoir. Ils ne laissent pourtant de se souvenir tous les jours qu'ils ont très grand intérest, et plus que nuls autres, mesme que le parlement, de conserver inviolable et entière l'auctorité de la justice qui leur a esté commise, Leurs Majestez s'asseurant aussy qu'ils sont trop sages pour différer plus longtemps à se reconcilier avec leur Roy, qui désire les recevoir en grace et les recognoistre et tenir pour ses bons et loyaux subjects, officiers et serviteurs. Ainsy, quiconque se voudra servir de leur mécontentement et de leur appuy comme d'un prétexte spécieux pour rendre juste et mieux assister quelque mouvement dans le royaume, il sera trompé, et trouvera le Roy armé de sa justice aussy bien que de ses forces, pour repousser leurs efforts et conserver l'auctorité que Dieu luy a mise en main. Il semble encore qu'on prenne subject de reprendre le conseil de légèreté, pour avoir donné advis de révoquer l'abolition du droit annuel accordée et promise solennellement aux depputez des estats. Il est certain que ceste pernicieuse introduction du droit annuel mérite d'estre condamnée, que c'estoit l'intention de Leurs Majestez de le faire et exécuter dès lors sans aucune remise, et chercher d'autres moyens pour recognoistre les services de plusieurs officiers qui avoient bien mérité du public. Mais les plaintes d'un grand nombre d'officiers ayant esté si fréquentes de divers endroits du royaume, fondées en quelques considérations qui avoient de la justice, du moins qui méritoient la grace du Roy, il leur a accordé la prolongation pour deux années suivantes avec celle-cy, en résolution immuable de le révoquer, ensemble la vénalité de tous offices après le dict temps expiré. Je pourrois bien encore adjouster d'autres raisons à celles-cy; c'est que Leurs Majestez ont bien recogneu que plusieurs se vouloient servir du mécontentement des officiers auxquelz on refusoit ceste grace pour estre plus puissans et mieux suivis en des desseings qui eussent esté préjudiciables à l'estat. Puis il n'estoit pas expédient de faire lors quelque nouvelle imposition pour remplacer la perte des parties casuelles[1], et par ce moyen charger le peuple qui a besoin de soulagement, au lieu qu'en prenant ce loisir on espère qu'il y sera pourveu par diminution de despense, affin que les estats du royaume reçoivent lors ce bien gratuitement, et que le peuple n'ayt point l'occasion de le tenir à charge plutost que pour un bienfaict. Je ne peux encore juger où sont les autres désordres, dont on veut

---

[1] On appelait parties casuelles le revenu que faisait le Roi des charges de judicature et de finances quand elles changeaient de titulaires. (Édit.)

fasciner les yeux du peuple, quand je considère que les gages des officiers, et les rentes, à qui elles sont deues, ne furent oncques mieux payées; que Leurs Majestez ont eu un très-grand soin de conserver les alliances et amitiez acquises à cette couronne, tant par le feu Roy que par les autres roys prédécesseurs, et qu'elles se sont employées courageusement avec prudence aux occasions qui se sont présentées pour garantir d'oppression leurs anciens amis et alliez, ont faict veoir leurs armes pour le secours de Juliers, empesché des entreprises sur Genève, et travaillent encore tous les jours pour faire finir la guerre de Piémont, et celle dont les princes qui prétendent la succession de Clèves et Juliers sont en crainte de la part de ceux mesmes dont ils ont appelé le secours, leur entremise et travail ayant esté si heureux jusques icy qu'ils s'en promettent un bon succez. Je sçay bien que plusieurs, tant dedans que dehors le royaume, eussent bien désiré qu'on eust couru du premier coup aux armes contre celuy dont ils estiment la grandeur estre suspecte à un chascun, au lieu de chercher les moyens d'appaiser ce mouvement avec prudence, en priant et exhortant comme amis les uns et les autres de poser les armes et terminer leurs différends par voye amiable. Mais Leurs Majestez n'ont pas approuvé ce conseil; au contraire, elles jugent sagement qu'il ne peut arriver aucune guerre en la chrétienté qu'elle ne contraigne presque tous les princes et estats, mesme nostre Roy, d'estre de la partie, soit pour le propre et présent intérest de ses estats, ou pour celui de l'advenir, en souffrant que les uns croissent trop en puissance, et que les autres, devenus trop foibles, soient injustement opprimez. Or son desseing principal, sorty du conseil de la Royne, est de conserver la paix dans le royaume, et de faire vivre en amitié tous les subjects que Dieu a soubmis à sa domination; d'avoir aussy le mesme soin du dehors, en allant au devant de tous mouvemens pour les assoupir, s'il est possible, aussytost qu'ils naissent; et, quand ce moyen lui défaudra, se tenir en si bonne et ferme assiette qu'il se puisse conserver contre toutes sortes d'ennemis, et faire choix, avec justice et considération du bien de ses estats et subjects, du conseil qui sera le plus expédient pour assister les uns ou les autres, se réservant tousjours, tant qu'il pourra, l'auctorité et pouvoir de demeurer neutre et arbitre, pour composer les différends et mettre la paix entre tous, plutost que d'y entrer comme partie. Or ce conseil, qui est le plus asseuré, et accompagné aussy de plus de prud'hommie, ne doibt estre suspect à personne, et ne pourra estre blasmé, sinon de ceux qui seront prévenus de quelque mauvais desseing, ou mal informez de l'estat de nos affaires. Ce qui touche plus vivement au cœur d'un grand nombre de personnes de toutes qualitez sont les mariages d'Espagne, que plusieurs qui ont une trop grande appréhension de l'advenir craignent, comme si cette alliance debvoit non-seulement conjoindre les personnes, mais les forces et puissances de leurs estats pour les porter à mesme desseing. C'est une erreur de croire que les liens de la charité soient mis en mesme ordre et considération parmy les grands roys qu'ils sont entre les particuliers, auxquelz le sang et la nature faict tousjours sentir et suivre ce qui vient d'elle. Mais les roys mettent bien en plus haut degré leurs estats, leur grandeur et la conservation de leur auctorité, que toutes ces alliances et mesme que leurs propres enfans. Ce premier et principal soin leur fait oublier tout, et ne se souviennent plus des debvoirs qui procèdent du sang, de l'alliance et de l'amitié, quand leurs estats y sont intéressez. Vous le recognoissez bien ainsy en un endroit de vostre lettre, mais vous adjoustez en un autre qu'il est à craindre que ces deux puissans Roys se joignent en un mesme desseing pour renouveler les troubles du passé et accroistre la grandeur d'Espagne aux despens de la nostre. Dépouillez-vous, s'il vous plaist, de ceste vaine crainte; les loix establies en France pour nous faire vivre en paix, observées desjà par un si long temps, nous feront avoir en horreur tous les conseils qui pourroient tendre à la troubler. Ainsy, si quelques mauvais et mal conseillez subjects ne sont cause de rupture, la paix et le repos establis par les édicts durera sans fin; et quant à la grandeur d'Espagne, vous estes trop sage et trop bien informé de l'inclination des François, pour croire qu'il y en ayt un seul qui la veuille élever par dessus nous, et si quelqu'un estoit si osé que d'en donner le conseil, ou faire des pratiques secrètes pour nous y précipiter, il est certain que sa trahison découverte il se rendroit coupable de mort. Il y a longtemps que ces mariages ont esté délibérez, conclus et arrestez en présence de monseigneur le Prince, de feu monseigneur le comte de Soissons et des autres princes, ducs, pairs et officiers de la couronne[1], entre lesquelz vous vous y estes trouvé plusieurs fois, sans qu'un seul, ny vous mesme y ayez contredit, ny mis en avant qu'ils peussent estre cause de si grands dangers, encore qu'il fust libre lors à un chascun de dire ce que bon luy sembloit sans crainte d'offenser Leurs Majestez, qui, au commencement de ceste proposition et délibération, n'avoient aucun préjugé en leurs esprits pour approuver ou rejeter les advis qui leur seroient donnez. Les Estats généraux, en leurs assemblées à Paris, les ont pareillement approuvez par un consentement général de tous les depputez, qui ont supplié Leurs Majestez d'en avancer l'accomplissement. Souvenez-vous aussy qu'après la résolution solennellement prise de ces mariages, vous fustes envoyé en ambassade vers le Roy de la Grande-Bretagne pour luy faire entendre les raisons qui avoient meu Leurs Majestez d'en prendre le conseil, et que ces alliances estoient plutost pour ayder à la conservation de la paix entre tous les princes de la chrétienté que pour introduire quelque nouveauté préjudiciable à aucun d'eux, et du rapport que fistes en plein conseil de l'approbation du dict sieur Roy, y adjustant mesme vostre advis comme conforme à tout ce qui en avoit esté arresté. Vous en faites encore autant en un endroit de vostre lettre, mais vous adjoustez qu'il les faut différer. Or on ne veoit point qu'il y ayt à présent aucune différence entre la remise et la rupture, estant bien certain, puisque le temps de ces traictez a esté accordé entre nostre Roy et le Roy d'Espagne, que la remise venant de nostre part sera prise par luy pour un changement de volonté, ou pour une grande faiblesse et impuissance qui

---

[1] Voir l'introduction.

oste le moyen au Roy d'exécuter et d'accomplir ce qu'il a désiré et promis. Or en l'un le Roy d'Espagne auroit subject de nous tenir pour ennemis, en l'autre de nous mespriser, et les deux sont dommageables et honteux. Il est donc trop tard et hors de saison d'apporter aujourd'huy ce conseil. Ceux qui regardent de si loing les dangers qui peuvent arriver à l'occasion de ces mariages se trompent, à mon advis; car, au lieu d'émouvoir des guerres dedans nous ou ailleurs, Leurs Majestez espèrent qu'ils seront cause d'asseurer la paix partout, et qu'elles auront plus de moyen de persuader au Roy d'Espagne, comme amis et alliez, qu'il n'entre en quelque nouveau desseing qui puisse troubler le repos général, que s'ils essayoient de l'en divertir en cherchant les moyens de l'offenser comme ennemis. Puis ce remède est sans péril, ne nuit à personne, et ne leur oste l'usage des autres remèdes, dont les souverains ont accoustumé se servir au besoing. Outre ces considérations, vous sçavez aussy bien qu'aucun autre avec quelle affection Leurs Majestez ont embrassé la recherche que le Roy de la Grande-Bretagne a faicte de Madame Chrestienne pour son fils, héritier présomptif de ses couronnes et estats; le pourparler duquel mariage est desjà bien advancé, et en aussy bon estat de leur costé que l'on pourroit désirer, ce qui doibt faire cesser tout le soupçon du premier, et asseurer un chascun qu'elles n'ont d'autre intention et désir que d'ayder à conserver la paix entre tous les princes et estats de la chrestienté. Ceste façon de procéder si sincère et ouverte dont elles ont usé en toutes leurs actions et déportemens depuis la mort du feu Roy vous doibt estre une asseurée protection contre la crainte des armes du Roy d'Espagne. Elles sont aussy sur pied pour autre desseing que pour entreprendre sur la France; or nous tenons Sédan estre compris sous ce nom, par ainsy que le Roy a mesme intérest à le conserver qu'une autre place qui seroit plus avant dans le royaume. Les grands roys ne souffrent jamais qu'on escorne leurs frontières, et ne donnent aucun advantage à l'alliance et amitié de quelque prince que ce soit qui puisse diminuer leur grandeur et leur auctorité. Si ce soupçon continuoit encore en vostre

Conférence de Loudun.

esprit, il vous faudroit recourir à la puissance et aux armes du Roy pour vous garantir du danger, et néantmoins vous montrez en avoir défiance, et voulez croire que l'on a faict de grandes levées depuis vostre départ de la cour sans vous en advertir. Je vous puis asseurer que ces levées ont esté seulement projetées, non mises sur pied, combien que Leurs Majestez n'eussent qu'assez de subject de le faire, attendu les levées que l'on dit avoir esté faictes ouvertement près de vous et sur vostre frontière, et les pratiques et enarmemens secrets en d'autres endroits du royaume ; car le souverain doit tousjours estre armé le premier quand il se doute et préveoit quelque mouvement. Et s'il n'a esté faict jusques icy, c'est que le Roy est en bonne paix avec ses voisins, et qu'il ne peut croire, quelques mauvais bruits qu'on fasse courir, que ses subjects, qui n'ont aucun prétexte pour s'élever contre luy, se veulent précipiter en de si dangereux et injustes desseings. Et si quelques uns s'oublioient tant que de le faire, j'estime, monseigneur, qu'ils ne tireroient aucune assistance de vous, et que vous vous souviendrez tousjours que vous avez un office de grande dignité dans le royaume, que vous estes seigneur de naissance, qualité et moyens qui vous obligent et intéressent en la conservation de l'estat et de la paix du royaume, qui seule peut conserver l'auctorité du Roy, et luy donner le moyen de réformer les abus et désordres que chascun montre avoir en horreur. Si ceste response vous a esté envoyée tard, encore qu'elle fust faicte peu de jours après avoir receu vostre lettre, j'ay des raisons qui m'en excusent: elle méritoit bien un plus long discours pour le subject qu'elle traicte. Recevez de bonne part, je vous supplie très humblement, ma liberté, et croyez, s'il vous plaist, que je n'ay autre passion que de bien faire et d'estre utile au public, qui sera très bien si nous voulons oublier tous autres interests pour y servir. Quant à ce qui touche vos affaires particulières, je vous y rendray très-volontiers très humble service, quand j'en auray le moyen, comme estant, etc.

A Paris, ce 26 juin 1615.

Si le Roi eût autorisé à se réunir le parlement, les princes et les pairs, selon qu'ils en avaient témoigné le désir, le prince de Condé y eût pu exposer sans détour ses vues sur l'urgence d'une réforme dans l'état, et sa haute naissance aurait donné à ses paroles une autorité salutaire. Privé de ce moyen légal de faire valoir son avis, il montra son mécontentement en quittant la cour et refusant d'assister à la célébration du mariage du Roi. Il s'était retiré d'abord à Saint-Maur; bientôt après il s'éloigna jusqu'à Clermont en Beauvoisis. Ce fut là que M. de Villeroy le joignit[1]. Il était envoyé par Louis XIII pour insister près du prince sur la nécessité de sa présence au mariage; mais celui-ci mit à son acquiescement la condition de l'accomplissement immédiat des principales réformes indiquées par les États et par le parlement. Dans un second voyage, M. de Villeroy apporta de la cour des propositions plus acceptables; mais le prince de Condé allégua qu'il ne pouvait prendre de résolution sans avoir réuni ses amis, et il les convoqua à Coucy, où il s'était retiré, sur le bruit de quelque entreprise méditée par ses ennemis contre sa personne. Coucy et les places voisines appartenaient au duc de Mayenne, gouverneur de l'Île de France, et présentaient au parti mécontent une plus grande sécurité. Là se trouvèrent réunis, le 25 juillet 1615, avec le Prince, les ducs de Longueville, de Mayenne, le comte de Saint-Pol[2] et le maréchal de Bouillon. Là ils furent joints par MM. de Villeroy et de Pontchartrain, qui présentèrent au Prince la lettre suivante de la part du Roi.

LXXII.

Bibl. impér. Man. Fonds Harlay, CCCXL(5), p. 34. — Impr. Mercure franç. t. IV, 1615, p. 142.

Lettre du Roy à M. le prince de Condé, estant en l'assemblée de Coucy.

Mon cousin, je vous ay par plusieurs fois faict sçavoir le désir que j'avois que vous m'accompagnassiez au voyage que je vais faire en Guyenne pour l'accomplissement de mon mariage, et vous ay faict convier de vous y disposer et revenir près de moy pour ce subject. Et mesme je vous ay faict représenter mes bonnes intentions sur quelques points dont vous désiriez estre éclaircy auparavant vostre retour, tant sur les affaires générales que autres, ayant pour cest effect envoyé

---

[1] Voir ultérieurement, aux pièces qui concernent la conférence, les notes sur MM. de Villeroy et de Pontchartrain.

[2] Voir note 1, page 127, plus haut, aux documents protestants.

à diverses fois vers vous le sieur de Villeroy, qui y est encore à présent, et par lequel vous avez peu aussy estre informé et asseuré de mon affection et bienveillance, et de celle de la Royne, madame ma mère, en vostre endroit. Néantmoins je n'ay peu jusqu'à présent sçavoir vostre intention pour ce regard, n'ayant encore eu que des délais et des remises de vostre part. Cependant, estant pressé de m'acheminer, j'envoye le sieur de Pontchartrain, mon conseiller et secrétaire d'estat, par delà, pour, avec le dict sieur de Villeroy, vous dire la résolution que j'ay prise de partir, pour faire mon dict voyage, samedy premier du mois prochain, sans aucun retardement, vous prier et convier de rechef de ma part de venir près de moy pour m'y accompagner et y tenir le rang qui est deu à vostre qualité et naissance; ou bien dire en présence du dict sieur de Pontchartrain si, contre ce que vous m'avez faict espérer, vostre intention est d'y apporter reffus ou difficulté, et me dénier ce contentement, affin qu'il m'en apporte entier éclaircissement, estant le principal subject de son voyage. Me remettant donc sur ce que le dict sieur de Villeroy et luy vous en diront de ma part, je prie Dieu, mon cousin, qu'il vous ayt en sa saincte garde.

Escrit à Paris, ce 26ᵉ jour de juillet 1615.

Signé LOUIS, et plus bas DE LOMÉNIE.

Le prince de Condé était engagé trop avant pour reculer; il répondit par la lettre suivante, où il expose les motifs de son refus.

LXXIII.

Bibl. impér. Fonds Colbert, t. CCXVIII, p. 118. — Impr. Mercure franç. t. IV, 1615, p. 144.

Response de M. le prince de Condé à la lettre du Roy.

Sire, ayant appris par celle que Vostre Majesté m'a faict l'honneur de m'escrire par le sieur de Pontchartrain, du 26 de ce mois, la prompte résolution qu'avez prise de partir pour vostre voyage de Guyenne, et le commandement qu'il vous a pleu me faire de vous aller trouver pour y accompagner Vostre Majesté, j'ay estimé que ce partement si précipité, sans auparavant avoir donné ordre aux affaires de vostre estat, et pourveu aux désordres qui vous ont esté représentez, tant par les Estats généraux que par vostre cour de parlement, estoit une continuation des mauvais conseils de ceux qui en sont les auteurs, lesquelz je n'ay cy devant nommez dans mes très humbles remonstrances, affin de ne vous déplaire, Sire, ny à la Royne vostre mère, soubs l'espérance que j'avois qu'ils cesseroient d'abuser de la bonté de Vostre Majesté. Mais, puisqu'ils continuent à se servir de vostre auctorité pour prétexte et couverture de leurs pernicieux desseings et violens conseils, trop recogneus aujourd'huy pour en doubter, et trop publics pour les tolérer et souffrir plus longtemps, puisqu'ils tournent à la subversion de vostre auctorité, à l'affoiblissement de vostre couronne, et à la ruyne de ceux de vostre maison et d'autres princes, officiers de vostre couronne et principaux seigneurs de vostre royaume, je suis contraint, Sire, après une longue patience, de représenter à Vostre Majesté, avec toute sincérité et le respect que doibt un très humble subject à son Roy, les justes raisons qui m'empeschent d'obéir si promptement à vostre commandement. Je diray donc à Vostre Majesté que, lorsque je fus me retirer à Creil, vous ayant pleu y envoyer vers moy M. de Villeroy pour me commander de vostre part de vous aller trouver, avec offre qu'il me fit que Vostre Majesté adviseroit de donner un bon ordre aux affaires publiques de son royaume, je luy fis response qu'ayant esté huict mois à Paris, où j'avois veu le commencement, le progrès, et l'issue des Estats telle qu'elle a esté, les procédures qu'on y a tenues pour pratiquer et corrompre les depputez et en éluder les délibérations et résolutions, le parlement gourmandé et indignement traicté pour avoir voulu servir Vostre Majesté, ma vie et celle de plusieurs autres princes et seigneurs de qualité mise en compromis, parce que je disois librement avec eux mes advis dans vos conseils, sur ce qui s'y présentoit pour vostre service et bien de vostre estat, je n'y pouvois retourner avec dignité ny seureté, jusqu'à ce qu'il eust pleu à Vostre Majesté pourveoir à la refformation de ses conseils, et aux désordres publics contenus ès remonstrances de vostre parlement. Sur quoy, de rechef ayant pleu à Vostre Majesté de renvoyer vers moy le dict sieur de Villeroy à Clermont, avec quelque pouvoir plus ample qu'il n'avoit à son premier voyage, nous conférasmes ensemble de la refformation de vos dicts conseils et des règlemens qu'il avoit eu charge de me faire veoir. Et pour le regard des remonstrances de vostre parlement, j'ai réservé à luy dire mon intention, après en avoir conféré et pris l'advis des autres princes, officiers de vostre couronne et seigneurs qui concourent en mesme opinion avec moy, et ne sont moins affectionnez à vostre service, au bien de vostre estat et affermissement de vostre couronne, ainsy que le dict sieur de Villeroy a faict entendre à Vostre Majesté, laquelle n'ayant point désagréé ce qu'il avoit commencé à traicter, auroit encore trouvé bon de le renvoyer en ce lieu, où estant arrivé dès ce matin, nous estions desjà entrez en conférence sur les dictes remonstrances, en sorte que les choses sembloient estre en terme d'un bon accommodement, quand le dict sieur de Pontchartrain est arrivé qui m'a donné les lettres de Vostre Majesté et faict entendre ce prompt partement, lequel prive le public du fruict qu'il espéroit de l'issue de ceste conférence, rend les choses qu'on s'y pouvoit promettre impossibles à exécuter avant iceluy à cause de sa précipitation, et, par ce moyen, accroist les désordres qui sont en vostre estat, dont je suis contrainct de nommer les auteurs à Vostre Majesté, qui sont le mareschal d'Ancre et mareschalle, le chancelier[1], le chevalier de Sillery[2], Dollé[3] et Bullion[4], qui avoient esté seulement désignez par les

---

[1] Pierre Brulart, vicomte de Puisieux et de Sillery, etc. ministre d'état de Henri IV et de Louis XIII, chancelier, disgracié en 1616, rappelé en 1617, disgracié de nouveau en 1624, mort en 1640.

[2] Le chevalier de Sillery, Noël Brulart, chevalier de Malte, connu sous le nom du commandeur de Sillery; il avait été ambassadeur extraordinaire en Espagne.

[3] Dollé était intendant et fort protégé par le maréchal d'Ancre, et, comme il mourut avant celui-ci, le 30 mars 1616, on fit le quatrain suivant, que l'on trouve à la bibliothèque de l'Arsenal, pap. Conrart, in-4°, t. VIII, p. 412 :

Cy gist Dollé ; n'est-il pas bien heureux
D'estre ainsy mort dedans son lit malade?
S'il eust vescu encore un mois ou deux,
Il eust au ciel monté par escalade.

[4] Claude de Bullion, marquis de Gallardon, etc. président à mortier au parlement de Paris, surintendant des finances en 1632. Il avait été souvent employé par Henri IV et Louis XIII. Mort en 1640.

remonstrances du parlement, desquelz je supplie très humblement Vostre Majesté faire justice au public, ordonnant que les plaintes faictes de leurs actions et déportemens soient vérifiées, et qu'il soit procédé contre eux par les voies ordinaires, suivant les formes accoustumées, comme aussy de l'assassinat commis depuis quelques jours en la personne du sieur de Prouville[1], sergent major de vostre ville d'Amiens, par un soldat italien de la garnison de la citadelle, ordonnant qu'il soit mis ès mains des juges ordinaires pour luy estre son procès faict et parfaict, ainsy que mérite un si méchant acte. Et jusques à ce que les règlemens pour la refformation de vos conseils soient faicts et exécutez, les remonstrances du parlement examinées, pourveu aux dicts désordres contenus en icelles, et la justice faicte tant des personnes qui y sont désignées, que je nomme à présent à Vostre Majesté, que du dict soldat italien, je la supplie très humblement de m'excuser si je ne la puis suivre en son voyage. Ce qu'autrement je ferois, et irois sans difficulté, s'il plaisoit à Vostre Majesté pourveoir à ces choses avant son partement, voulant tousjours par mon obéissance luy tesmoigner que je suis, Sire, vostre très humble et très obéissant subject et serviteur.

De Coucy, 27 juillet 1615.

HENRY DE BOURBON.

Après cette lettre, la cour ne pouvait plus espérer ramener le prince de Condé à des sentiments favorables, et il ne lui restait d'autre parti à prendre que d'aviser aux moyens d'exprimer hautement sa volonté, et de parer aux événements que l'on pouvait prévoir. La lettre suivante, en forme de déclaration, adressée au parlement à la date du 30 juillet 1615, et lue dans le sein de cette compagnie le 3 août, par les soins de Mathieu Molé, alors procureur général, fait connaître quelles furent à ce sujet les déterminations du conseil, et quelles étaient alors les appréhensions d'hostilité qui se faisaient jour parmi ceux qui entouraient le Roi.

---

[1] Voir aux pièces de la conférence, en note, l'exposé des faits.

LXXIV.

Bibl. impériale. Man. Fonds Colbert, CCXVIII, p. 121. — Impr. Mémoires de Mathieu Molé, t. Ier, p. 63 et suiv.

Lettre du Roy au parlement contre le prince de Condé.

De par le Roy, nos amez et féaux, dès lors que nous prismes la résolution de faire nostre voyage de Guyenne, pour l'accomplissement de nostre mariage et de celuy de nostre très chère sœur, nous fismes aussy estat d'estre accompagné et assisté des princes de nostre sang et de la pluspart des autres princes et officiers de nostre couronne, comme en une occasion des plus célèbres qui puisse arriver durant nostre règne. Entre autres nous y conviasmes verbalement nostre cousin le prince de Condé, lequel nous avoit tousjours faict espérer de nous donner ce contentement. Néantmoins, l'ayant veu depuis quelques mois s'éloigner de nous, avons estimé à propos de nous asseurer plus particulièrement de son intention sur ce subject. Pour cest effect, nous luy en fismes parler par nostre cousine la comtesse de Soissons, et depuis par nostre cousin le duc de Nevers, et recognoissant que par leur ministère nous n'en pouvions avoir aucune asseurée résolution, et que mesme il s'estoit encore retiré plus loin que auparavant, nous envoyasmes vers luy le sieur de Villeroy pour le presser de satisfaire en ce qui estoit en cela de nostre désir, ou sçavoir de luy-mesme les subjects qui pouvoient causer son éloignement. Sur quoy, le dict sieur de Villeroy s'estant rendu près de luy et luy ayant faict instance de nostre part sur ce subject, il luy avoit dict que, auparavant que de se résoudre de s'approcher de nous et nous accompagner au dict voyage, il désiroit que nous fissions pourveoir à la refformation de quelques désordres qui estoient dans l'estat, à sçavoir : sur la tenue de nostre conseil et sur les remonstrances qui nous avoient esté par vous faictes, spécialement en ce qui estoit du faict de la justice, avec quelques autres qui sembloient plutost toucher son particulier que le général. Ce qui nous ayant esté rapporté par le dict sieur de Villeroy à son retour, nous le renvoyasmes une seconde fois le trouver avec nos instructions sur les dicts points, telz qu'il avoit eu subject d'en devenir bien content. Et les luy ayant le dict sieur de Villeroy voulu présenter, il avoit entendu de luy ce dont nous l'avions chargé touchant la refformation de nostre dict conseil, ce qu'il nous monstra approuver. Et, pour le regard des autres points, il luy déclara qu'il n'en pouvoit traicter sans avoir conféré avec ses amis. Et de faict il partit en mesme temps de Clermont où il estoit lors, pour aller, à ce qu'il luy dict, assembler et rencontrer ses dicts amis. Ce qui nous ayant esté de rechef rapporté par le dict sieur de Villeroy, et ayant appris que nostre cousin se debvoit trouver peu de temps après à Noyon ou à Coucy, et qu'il y avoit assigné nos cousins les ducs de Longueville, de Mayenne[1], comte de Sainct-Pol[2] et mareschal de Bouillon, ne voulant rien laisser en arrière qui luy peust donner subject ou prétexte de retarder davantage son retour près de nous, et de nous accompagner en nostre voyage, nous avisasmes de renvoyer encore vers luy, pour la troisiesme fois, le dict sieur de Villeroy, avec charge et pouvoirs plus amples sur ce qui pouvoit estre de son contentement, et pour luy donner tesmoignage de nos bonnes intentions et de nostre bienveillance en son endroit. Et depuis qu'il fut parti, ayant considéré combien le temps nous pressoit pour nous acheminer en nostre voyage, lequel nous avions auparavant résolu de faire dès le 25 du mois passé, pour arriver à Bordeaux au commencement du prochain, et iceluy différer pour donner tant plus de temps et de moyens à nostre cousin de se disposer à nous venir trouver; voyant que nous ne pouvions plus remettre notre partement, pour nous rendre au dict Bordeaux dans le huictiesme du mois de septembre, où nous avions assigné ceux qui se debvoient trouver pour ces cérémonies, en ayant mesme donné advis au Roy d'Espagne, affin qu'en mesme temps il disposast les affaires de son costé, nous nous résolusmes de partir de ceste ville

---

[1] Voir plus loin aux pièces de la conférence, en note. — [2] *Idem.*

sans aucun retardement le samedy, premier jour du mois d'aoust prochain, dont nous avons estimé debvoir faire advertir nostre cousin et les autres princes et seigneurs qui estoient auprès de luy. Pour cest effect, nous dépeschasmes encore vers luy le sieur de Pontchartrain, avec charge de se joindre avec le sieur de Villeroy pour, tous deux ensemble, luy présenter les lettres que nous luy escrivions sur ce subject[1], luy dire que l'estat de nos affaires ne nous pouvoit permettre de différer davantage nostre voyage, le convier de rechef et luy faire instance de nous y accompagner, ainsy qu'il debvoit et nous l'avoit faict espérer, et de venir prendre près de nous et y tenir le rang qui est deu à sa qualité et à sa naissance, et que, s'il avoit à y apporter quelque reffus ou difficulté, qu'il nous le fist sçavoir, affin que sur cela nous puissions pourveoir à ce qui est de nostre service. Nous avions donné charge aux dicts sieurs de Villeroy et de Pontchartrain de faire les mesmes offres à l'endroit de nos dicts cousins les ducs de Longueville, de Mayenne, comte de Sainct-Pol et mareschal de Bouillon. Mais, au lieu de nous tesmoigner l'obligation qu'ils nous avoient du soin que nous prenions de les tenir advertis de nos excursions, et de les appeler pour nous assister au dict voyage, nostre cousin le prince de Condé nous a escrit une lettre[2] par laquelle il se plaint de la trop grande précipitation dont nous usons pour nostre partement, et nous mande qu'il ne peut nous y accompagner qu'auparavant nous n'ayons pourveu aux propositions qu'il avoit faictes pour la refformation de nostre conseil, et sur les remonstrances que vous nous avez faictes, et autres particularitez qui nous tesmoignent qu'il n'a eu autre desseing que d'éloigner et remettre si longtemps nostre partement pour nostre voyage, qu'il nous en fasse perdre la commodité pour ceste année, et possible essayer de rompre le subject d'iceluy, estant secondé en ceste mesme opinion de ne nous accompagner au dict voyage par les princes et seigneurs susnommez, du conseil desquelz il s'est servi pour faire la dicte lettre, et qui sur cela ont déclaré aux dicts sieurs

---

[1] Ci-dessus, page 179. — [2] Cette lettre est la pièce précédente.

de Villeroy et Pontchartrain avoir pareille intention, lorsqu'ils leur en ont parlé de nostre part. En quoy nous nous sommes trouvez d'autant plus déceus que nous donnions à nostre cousin un entier contentement sur tous les points qu'il avoit proposez au dict sieur de Villeroy concernant le public. Bien il est vray que nous avons esté advertis, par aucuns de ses plus confidens serviteurs, qu'il avoit faict entendre des avantages qu'il désiroit pour son particulier, comme avoient aussy faict d'aucuns des autres susnommez, sur lesquelz n'ayant receu la satisfaction qu'ils pouvoient désirer, l'on peut croire que cela a peu ayder au reffus que nostre dict cousin et autres princes et seigneurs ont faict de nous donner ce contentement que nous attendions d'eux en une occasion si remarquable, et que, contre nostre désir et intention, ils demeuroient avec tesmoignage de mécontentement. Nous avons estimé estre à propos de pourveoir à la seureté de nos villes et places, et empescher qu'il n'y arrive aucun désordre au préjudice de la paix et tranquillité publique ; et à ceste fin nous escrivons présentement à nos gouverneurs, lieutenans généraux et autres qui ont charge dans nos provinces, à ce qu'ils ayent à prendre soigneusement garde que l'on n'y fasse aucune entreprise qui y puisse apporter du trouble et de l'altération, affin qu'estant advertis de tout ce que dessus ils ayent à pourveoir à tout ce qu'ils jugeront nécessaire pour empescher les désordres et mouvemens qui pourroient arriver en l'étendue de leur charge, et qu'il n'y soit faict aucune levée de gens de guerre sans nos lettres et commissions expresses ; et aussy qu'ils ayent à donner ordre que les habitans des villes fassent garder portes pour observer ceux qui iront et viendront, en empescher l'entrée aux dicts princes et seigneurs susnommez, et aux autres qui seront avouez et recogneus estre de leur part, si ce n'est avec lettres et passeports de nous, prennent garde qu'eux ny autres ne s'en puissent rendre maîtres et troubler le repos des dicts habitans, ny les détourner de la fidélité et obéissance qu'ils nous doibvent. Vous ayant voulu aussy escrire et tenir advertis de tout ce que dessus, affin qu'en estant particulièrement informez, vous apportiez ce qui dépendra de vostre auctorité pour maintenir nos subjects en leur debvoir, et les faire vivre en bonne union et concorde les uns avec les autres, soubs l'observation de nos édicts faicts pour la conservation de la paix, repos et tranquillité entre tous nos dicts subjects, tant catholiques que de la religion prétendue refformée, en sorte qu'il ne soit rien faict ny entrepris au contraire d'iceux et de nostre service, pourveoyant exactement à faire punir et chastier les contrevenans selon la rigueur de nos édicts, comme est nostre intention qu'ils soient entretenus, gardez et observez; dont nous asseurant que vous en ferez tout debvoir de vostre part, nous ne vous en ferons icy plus expresse ordonnance.

Donné à Paris, le 30 juillet 1615.

Les deux lettres qui suivent témoignent des précautions que, par suite de cet état de choses, Louis XIII était obligé de prendre, pendant l'absence que la célébration de son mariage le forçait de faire, contre les tentatives anarchiques et les violences des princes révoltés.

LXXV.

Man. Bibl. impériale. Anc. fonds français, 9298, p. 20.

A monsieur le capitaine et gouverneur de ma ville de Rethel.

Monsieur, estant prest de partir pour faire mon voyage de Guyenne, et ayant à pourveoir à ce que, pendant mon éloignement, il n'arrive aucun mouvement qui puisse troubler et altérer le repos de mes bons subjects, mesme sur l'occasion du reffus que mon cousin le prince de Condé, assisté de mes cousins les ducs de Longueville, de Mayenne, comte de Sainct-Pol et mareschal de Bouillon, m'a faict de m'accompagner au dict voyage, ce qui ne peust que me mettre en défiance de leurs intentions, j'ay advisé qu'il estoit bien à propos de faire prendre soigneusement garde à la seureté et conservation de toutes mes villes et places, et que les dicts princes et seigneurs ny autres s'advouant d'eux n'y entrent sans lettres ou passeports de moy, en sorte que les habitans et ceux qui y ont charge de ma part y demeurent tousjours les plus forts, et qu'il ne s'y fasse aucunes pratiques et menées pour y susciter du trouble et mouvement, ny faire aucune entreprise préjudiciable à mon auctorité et service, et au repos et tranquillité publique; désirant pour cest effect que chascune des dictes villes fasse faire désormais garde aux portes d'icelles, avec tel ordre et modération néantmoins qu'elles ne prennent ny ombrage ny alarme les unes des autres, et que les habitans continuent à vivre ensemblement, avec toute amitié et concorde, soubs l'observation de mes édicts. C'est ce qui m'a faict vous escrire ceste cy, affin que vous donniez ordre que ceste mesme intention soit suivie au lieu où vous commandez, et apportez au surplus ce qui sera de vostre soin et vigilance pour la seureté et conservation d'icelle, et pour maintenir les dicts habitans en l'entière obéissance et fidélité qu'ils me doibvent, suivant la charge que vous y avez et qu'il est de vostre debvoir; à quoy m'asseurant que vous ne manquerez de satisfaire, je prieray Dieu, monsieur, vous avoir en sa saincte garde.

A Paris, le dernier jour de juillet 1615.

LOUIS.   POTIER.

LXXVI.

Man. Extrait des registres de l'hôtel de ville d'Amiens.

Lettre du Roy au maréchal d'Ancre[1].

Mon cousin, dès lors que je pris la résolution de mon voyage de Guyenne pour l'accomplissement de mon mariage et de celuy de ma sœur, je fis aussy estat d'estre assisté et accompagné des princes de mon sang et de la pluspart des autres princes et officiers de la couronne,

---

[1] Au dos de cette lettre est écrit : « A mon « cousin le mareschal d'Ancre, capitaine- « bailly et gouverneur de mes ville et cita- « delle d'Amyens, et de mes villes et chas- « teaux de Péronne, Montdidier et Roye, « mon lieutenant général au gouvernement « de Picardie. » — N. B. Nous devons la connaissance de ce document à M. H. Dusevel, membre non résident du comité des travaux historiques, à Amiens. Quoi-

comme en une occasion des plus célèbres qui puissent arriver durant mon règne. Entre autres, j'y conviay verbalement et fis encore convier par plusieurs fois mon cousin le prince de Condé, lequel m'avoit tousjours faict espérer de me donner ce contentement; néantmoins, l'ayant veu depuis quelques mois s'éloigner de moy, j'estimay à propos de m'asseurer plus particulièrement de son intention sur ce subject. Pour cest effect, je luy en fis parler par ma cousine la comtesse de Soissons, et depuis par mon cousin de Nevers; et recognoissant que par leur ministère je n'en pouvois avoir aucune résolution, et que mesme il s'estoit encore retiré plus loing qu'auparavant, j'envoyay devers luy le sieur de Villeroy pour le presser de satisfaire à ce qui estoit en cela de mon désir, ou sçavoir de luy le subject qui pouvoit causer son éloignement. Sur quoy le dict sieur de Villeroy s'estant rendu près de luy, et luy ayant faict escrire de ma part sur ce subject, il luy auroit dict qu'auparavant que de se résoudre à se rapprocher de moy et de m'accompagner au dict voyage, il désiroit que je fisse pourveoir à la refformation de quelques désordres qui estoient dans l'estat, à sçavoir, sur la teneue de mes conseils et sur les remonstrances qui m'avoient esté faictes par ma cour de parlement, et spécialement de ce qui est de la justice avec quelques autres points qui semblent toucher plutost son particulier que le général. Ce qui m'ayant esté rapporté par le dict sieur de Villeroy, je le renvoyay pour la seconde fois le trouver, avec mes intentions sur les dicts points, telz qu'il avoit tout subject de demeurer bien content. Et les luy ayant le sieur de Villeroy voulu représenter, il auroit entendu de luy ce dont je l'avois chargé touchant la refformation de mes conseils, ce qu'il monstroit approuver; et pour le regard des autres points, il déclara qu'il n'en pouvoit traicter sans en avoir conféré avec ses amis.

---

qu'il reproduise, en presque totalité, la lettre du Roi au parlement, néanmoins les différences de la fin, et quelques nuances dans le corps de la rédaction, nous le font considérer comme étant le texte même de la circulaire envoyée en ce moment aux gouverneurs des provinces. C'est à ce titre que nous croyons devoir insérer ici cette communication de notre collègue. (Édit.)

Et de faict il partit en mesme instant de Clermont où il estoit lors, pour aller, à ce qu'il dict, assembler et rencontrer ses dicts amis; ce qui m'ayant de rechef esté rapporté par le dict sieur de Villeroy, et ayant appris que mon dict cousin se debvoit trouver peu de jours après à Noyon ou à Coucy, et qu'il y avoit assigné mes cousins les duc de Longueville et de Mayenne, comte de Sainct-Pol et mareschal de Bouillon, ne voulant rien laisser en arrière qui luy peust donner subject ou prétexte de retarder davantage son retour près de moy et de m'accompagner en mon dict voyage, j'advisay de renvoyer encore vers luy pour la troisiesme fois le sieur de Villeroy, avec charge et pouvoir plus amples sur ce qui pouvoit estre de son contentement, et pour luy donner tesmoignage de mes bonnes intentions et de ma bienveillance en son endroit. Et depuis qu'il fut party, ayant considéré combien le temps le pressoit pour m'accompagner en mon dict voyage, lequel j'avois auparavant résolu de faire le vingt-cinquiesme du mois passé pour arriver à Bordeaux au commencement du présent, et iceluy différé pour donner tant plus de temps et de moyens à mon dict cousin de se disposer à me venir trouver; voyant que je ne pouvois plus remettre mon partement pour me rendre à Bordeaux dans le huictiesme de septembre, où j'avois assigné ceux qui se debvoient trouver pour les cérémonies; en ayant mesme donné advis au Roy d'Espagne, affin qu'en ce mesme temps il disposast les affaires de son costé; je me résolus de partir de ceste ville sans aucun retardement, le samedy premier jour d'aoust prochain, dont j'estime faire advertir mon dict cousin et les autres princes et seigneurs qui estoient auprès de luy. Pour cest effect, je dépeschay encore vers luy le sieur de Pontchartrain, avec charge de se joindre avec le dict sieur de Villeroy, pour, tous deux ensemblement, luy présenter les lettres que je luy envoyois sur ce subject, luy dire que l'estat de mes affaires ne me pouvoit permettre de différer davantage mon dict voyage, le convier de rechef et luy faire instance de m'y accompagner, ainsy qu'il debvoit et me l'avoit faict espérer, et de venir prendre près de moy et y tenir le rang deu à sa qualité et à sa naissance; et que, s'il avoit à y apporter quelque reffus ou difficulté, qu'il me le fist sçavoir, affin que sur cela je peusse pourveoir à ce qui estoit de mon service. Je donnay charge aussy aux dicts sieurs de Villeroy et de Pontchartrain de faire les mesmes offres à l'endroit de mes dicts cousins les ducs de Longueville, comte de Sainct-Pol, duc de Mayenne et mareschal de Bouillon. Mais, au lieu de me tesmoigner l'obligation qu'ils m'avoient du soin que je prenois de les tenir advertis de mes résolutions, et les appeler pour m'assister au dict voyage, mon dict cousin le prince de Condé m'a escrit une lettre par laquelle il se plaint de la trop grande précipitation dont j'use pour mon dict partement, et me mande qu'il ne peut m'y accompagner que auparavant il n'ayt esté pourveu aux propositions qu'il avoit faictes pour la refformation de mes dicts conseils, sur les remonstrances de ma dicte cour de parlement, et autres particularitez qui me tesmoignent assez qu'il n'a eu aucun desseing que d'éloigner et remettre si longtemps mon partement pour mon dict voyage, qu'il m'en fasse perdre la commodité pour ceste année, et possible estre de rompre le subject d'içeluy, estant secondé en ceste mesme opinion de ne me accompagner au dict voyage par les princes et seigneurs susnommez, du conseil desquelz il s'est servi pour me faire la dicte lettre, et qui ont sur cela déclaré aux dicts sieurs de Villeroy et de Pontchartrain avoir pareille intention, lorsqu'ils leur en ont parlé de ma part. En quoy je me suis trouvé d'autant plus déceu que je donnois à mon dict cousin un entier contentement sur tous les points qu'il avoit proposez au dict sieur de Villeroy, concernant le bien public. Est vray que j'ay esté adverti qu'il avoit faict entendre, par aucuns de ses confidens serviteurs, des advantages qu'il désiroit pour son particulier, comme avoient faict aussy quelques uns des autres susnommez, sur lesquelz n'ayant receu la satisfaction qu'ils pouvoient désirer, l'on peut croire que cela a peu ayder au reffus qu'ils ont faict de venir avec moy.

Maintenant je suis obligé, estant sur le point de partir, de pourveoir à la seureté de mes villes et places, et d'empescher qu'il n'arrive aucun désordre au préjudice de la paix et tranquillité publique;

ne pouvant que demeurer en grand ombrage, jalousie et deffiance sur les dicts reffus que mon dict cousin et les autres princes ont faicts de me donner ce contentement, que j'attendois d'eux en une occasion si remarquable, et que, contre mon désir et mon intention, ils demeurent de deçà avec tesmoignage de mécontentement.

C'est pourquoy j'estime qu'il est à propos que ceux qui ont charge dans nos provinces prennent soigneusement garde à ce que l'on n'y fasse aucune entreprise qui puisse apporter du trouble et de l'altération, et pour cest effect j'ay advisé de vous faire celle cy, affin qu'estant adverti de tout ce que dessus, vous ayez à pourveoir à ce que vous jugerez nécessaire pour empescher les désordres et mouvemens qui pourroient arriver en l'étendue de vostre charge, et qu'il n'y soit faict aucune levée de gens de guerre sans mes lettres de commission, advertissant les gouverneurs des villes de ce qu'ils auront à faire sur ce subject, et donnant ordre que les habitans d'icelles fassent garde aux portes pour observer ceux qui iront et viendront, et empescher l'entrée aux dicts princes et seigneurs susnommez, et tous autres qui seront advouez et recogneus estre de leur part, si ce n'est avec lettres et passeports de moy; prenant garde que eux ny autres ne s'en puissent rendre maîtres et troubler le repos des habitans, les détourner de la fidélité et obéissance qu'ils me doibvent. Je leur en escris à chascun en leur particulier et vous en adresse les lettres affin que vous leur fassiez tenir. A quoy vous apporterez le soin et vigilance qui est requise pour mon dict service, pourveoyant néantmoins que l'on fasse les dictes gardes avec tel ordre et modération, que mes bons et fidèles serviteurs et subjects ne s'en donnent ombrage ny alarme les uns aux autres, et que tous vivent ensemble en la bonne amitié et intelligence qu'ils doibvent, et soubs l'observation de la paix, repos et tranquillité entre tous mes subjects tant catholiques que de la religion prétendue refformée, à l'entretenement desquelz j'apporteray tousjours de ma part ce qui dépendra de moy, comme je me promets aussy que tous mes bons serviteurs y contribueront ce qui sera de leur debvoir, ainsy que je vous recommande en vostre particulier, et de m'informer soigneusement de ce qui se passera important mon dict service en vostre charge.

Sur ce, je prie Dieu, mon cousin, vous avoir en sa saincte garde. Escrit à Paris, ce dernier jour de juillet 1615.

Signé LOUIS, et plus bas POTTIER.

Le prince de Condé, irrité de l'exclusion qui lui était donnée dans cette lettre ainsi qu'à ses amis, dont il ne séparait pas les intérêts des siens, répondit, après s'être concerté avec eux, par le manifeste suivant. Ce manifeste fut remis au Roi par le sieur de Marcognet, gentilhomme du Prince. Il ne manqua pas d'être réfuté dans un grand nombre d'écrits du temps, dont plusieurs sont cités dans le Mercure français, tome IV.

LXXVII.

Imprimé du temps. Huit pages. Fonds Colbert, t. CCXVIII, p. 135 et suiv. [1] — *Impr. Mercure français, t. IV, 1615, p. 160 et suiv.*

Manifeste ou déclaration faite par M. le prince de Condé des causes qui l'ont meu de demander la réformation de l'état.

ARTICLE PREMIER.

Messieurs, chascun sçait comme par plusieurs fois j'ay faict entendre au Roy et à la Royne sa mère les causes des désordres qui travaillent ce royaume, et supplier Leurs Majestez y apporter par leur prudence les remèdes nécessaires, crainte que la continuation ne le porte à sa ruyne. Ce fut le subject des très humbles remonstrances que je fis l'an passé à la Royne régente par l'advis des princes,

---

[1] Ces feuilles courantes ont pour titre : *Déclaration et protestation de Monseigneur le prince de Condé, présentée au Roy; ensemble les lettres par luy envoyées à Sa Majesté, à la Royne sa mère et à la cour de parlement de Paris.* On verra ces lettres plus loin. Cette déclaration est sous forme de discours indirect; elle s'exprime avec moins de ménagement que celle qui est imprimée dans le Mercure français. C'est cependant le même contenu. Nous avons préféré la dernière, dont le discours est direct et qui est plus clairement divisée. Nous y avons ajouté quelques-uns des traits les plus saillants de la première, et nous les avons distingués par des lettres italiques. (Édit.)

officiers de la couronne et bon nombre de seigneurs, gentilshommes et autres dont j'estois assisté, laquelle dès lors eust faict sentir à la France les effects de son bon naturel, si sa toute bonté n'eust esté prévenue par l'artifice des mauvais conseillers que les ennemis du repos de la France entretiennent près de sa personne, lesquelz, au lieu de luy faire recevoir mes advis comme alimens utiles à la restauration de cest estat, les luy présentèrent si corrompus de leur venin, qu'ils en tirèrent le remède propre à l'entretenement de la maladie, pour dans ce mal cacher leurs mauvais desseings, et faire en sorte que la clameur et plainte des peuples ne vinst aux oreilles du Roy et de la Royne, et qu'elle ne réveillast leur compassion au soulagement du pauvre peuple et à la juste vengeance des oppressions qu'ils exercent. Ceste préoccupation des esprits de Leurs Majestez rendit dès lors ces malignes âmes si audacieuses, qu'ils osèrent calomnier nonseulement mes justes intentions, mais celles de ceux qui m'assistoient, disans que la refformation qu'on demandoit n'estoit qu'un prétexte pour oster à la Majesté de la Royne, lors régente, le gouvernement de l'estat; que les voix et plaintes que l'on disoit publiques n'estoient que clameurs de quelques mutinez et rebelles, amateurs de nouveautez, desquelz la punition seroit une victime très-agréable. En quoy la trop grande crédulité de la Royne se laissa facilement emporter, et, favorisant innocemment leurs desseings, ferma l'oreille à mes remonstrances et aux vœux de tous les bons François. Car, prenant le faux pour le vray, au lieu de justice que je requérois, on parla de m'opprimer par les armes : on assembla des troupes en corps d'armée, on fit des levées de Suisses et de nouveaux régimens, on tira de la Bastille l'argent que le feu Roy y avoit mis pour servir de terreur à l'estranger, affin de l'employer contre son propre sang et ses plus fidèles serviteurs, non pour autre coulpe que pour ce qu'ils avoient osé ouvrir la bouche pour parler des misères publiques causées par les mauvais conseillers de l'estat. Toutesfois telles calomnies proposées contre des personnes de telle qualité, suppliantes, innocentes et désarmées, ayant esté publiquement détestées par quelques gens de bien qui se trouvèrent près de Leurs Majestez, l'exécution de si pernicieux conseils fut arrestée.

ART. 2.

Ce fut lorsqu'on proposa une conférence, laquelle fut commencée à Soissons, et conclue à Saincte-Menehould par une résolution d'assembler les Estats généraux pour remédier aux plaies de ce royaume. Ceste salutaire résolution fit retirer tous ceux qui m'assistoient, espérans qu'en ceste assemblée se trouveroient les moyens pour remédier aux maux de cest estat et le remettre en son ancienne dignité et splendeur. Mais ces remèdes s'estans trouvez plus propres à aigrir le mal qu'à le consolider, on recogneut aussitost que la guérison n'en seroit telle que l'on avoit espéré. Car, dès l'entrée, ceux que l'ambition et l'avarice portoient à d'autres desseings, auxquelz ils ne pouvoient parvenir que par la confusion, craignans que les effects n'en arrestassent le cours, ne cessèrent par toutes sortes d'artifices à en troubler la convocation, et, pour ce faire, suscitèrent la mutinerie de Poictiers, où m'estant acheminé avec quelques domestiques pour demander raison d'un outrage faict à un des miens, ils pratiquèrent un nombre d'habitans d'humeur séditieuse, lesquelz, en pleine paix, la France exempte de tout trouble, remplirent la ville de frayeur, comme si l'ennemi estranger eust esté à leurs portes[1]. De quoy m'estant plaint à la Royne, ces mauvais conseillers gagnèrent aussitost l'oreille de Sa Majesté, et la remplirent de calomnies et fausses impressions, disans que j'avois voulu saisir la ville de Poictiers, chose ridicule qu'un prince désarmé, soubs la foy publique d'un traicté, accompagné seulement de ses domestiques, ayt voulu s'emparer d'une ville de telle importance au milieu du royaume, luy qui, armé, ne l'a pas entrepris sur des places de plus libre accès et beaucoup plus faciles à garder. Ce qu'ils firent, croyans asseurément que je voudrois poursuivre la raison de ceste offense qu'eux mesmes croyoient juste, et que la réparation m'en estant déniée, cela me porteroit à quelque

---

[1] Voir l'introduction et la note sur les troubles de Poitiers, aux pièces de la conférence.

extrémité, et que, par ce moyen, ils romproient la convocation des Estats. Toutesfois, poussé de l'affection naturelle que j'ay et auray tousjours à ma patrie et à l'obéissance que je doibs à mon Roy, j'ay quitté ceste injure pour la donner au public, poursuivant tousjours Leurs Majestez de faire la convocation des Estats.

ART. 3.

Ce que voyans ces mauvais conseillers, et qu'ils ne pouvoient fuir une si équitable demande, ils prirent résolution de les faire assembler en la ville de Paris, lieu de leur bienséance, pour les faire réussir en sorte que les plaintes des subjects du Roy fussent supprimées, les entreprises contre l'estat dissimulées, l'impunité des crimes favorisée, les désordres et la confusion establis, toutes sortes de larcins auctorisez pour le passé et provignez pour l'advenir, et le nom d'Estats à jamais odieux et abominables aux François. Et pour en faciliter l'exécution, firent des menées dans les provinces pour avoir des depputez à leur dévotion, promettans aux plus intelligens des dons et gratifications, et menaçans les plus timides, comme si à bien faire on encouroit peine et coulpe; faisans mesme retracter l'élection de plusieurs, disans faussement qu'ils n'estoient agréables à Leurs Majestez; en quelques endroits, ceux de leur faction se sont depputez eux mesmes, s'attribuans par la force l'honneur qu'ils ne pouvoient légitimement espérer; bref, toute sorte de liberté y a esté entièrement opprimée. On ne s'est pas contenté de cela, on a envoyé par les provinces des mémoires de ce que l'on vouloit estre mis dans les cahiers, lesquelz, en beaucoup de lieux, veoir quasi partout, ont esté adressez sans les communiquer aux corps des villes et communautez tant de la noblesse que du peuple; de sorte que l'on peut dire avec vérité que ceste assemblée n'avoit des Estats autre chose que le nom. Le peuple en a crié et s'en plaint encore publiquement, mais ceux qui profitent de sa misère et moissonnent ses calamitez sçavent que telles plaintes par le temps sont ensevelies dans l'oubli, et que l'accoustumance rendra toutes sortes de maux supportables.

ART. 4.

Le tiers estat, qui estoit la plus saine partie de l'assemblée, avoit voulu, confirmant son ancienne affection, pourveoir à la seureté de son Roy par un remède jugé convenable par tous les gens de bien. Mais ces mauvais conseillers ont suscité des gens aussy desloyaux à leur Roy et ingrats à leur patrie qu'eux, lesquelz ont faict de la vie des roys le subject d'une question problématique, et matière de discorde dans ceste grande assemblée, sur laquelle ils ont faict donner un arrest au conseil du Roy qui impose silence à tous les trois ordres, laissant ceste question indécise, comme si la seureté de la vie des roys estoit question scrupuleuse, ou une affaire qui ne fust pas digne d'estre traictée. Et pour favoriser la négative de ces desloyaux, on a semé parmy le peuple des libelles qui assujettissent les personnes et les estats des roys et premiers souverains à une autre puissance, et leur vie à la fureur des assassins qui voudront les tenir pour tyrans, selon l'opinion ou le commandement qu'ils en pourront avoir. Et qui pis est, ces livres s'impriment et se vendent publiquement; mais les responses qui s'y font par les bons François sont censurez, et les aucteurs, libraires et imprimeurs emprisonnez et recherchez comme criminelz de lèze Majesté. Davantage, ne se contentans d'avoir fomenté un mal si dangereux contre la sacrée personne des roys, ils ont faict rayer des cahiers des Estats l'article qui portoit la recherche du détestable parricide commis en la personne du feu Roy, de très heureuse mémoire, dont la plaie encore toute sanglante crie vengeance devant la justice de Dieu contre les perfides aucteurs de sa mort.

ART. 5.

On a veu le mareschal d'Ancre, que la faveur seule, non le mérite, l'extraction ny les services rendus à la France, a introduit aux premières charges et aux plus importans gouvernemens de l'estat contre les loix du royaume, entreprendre audacieusement, à la face des

Estats, de faire des assassinats contre la noblesse, favorisé avec telle impunité que les plaintes ont esté tenues pour crimes, et le sentiment d'une si juste douleur estouffée par la faveur d'une puissance absolue et par les menaces d'une dernière volonté. Ce qui a depuis peu de jours donné l'audace à un soldat italien de la citadelle d'Amiens d'assassiner publiquement le sieur de Prouville, sergent major de la ville, sans que jusques icy la punition en ayt esté faicte, et en mesme temps des poursuittes rigoureuses contre des gentilshommes françois pour des causes légères et de petite conséquence, pour s'estre ressentis de la perfidie et trahison domestique de quelques serviteurs infidèles, lesquelles néantmoins on a mis au plus haut degré d'offense, parce qu'ils affectionnoient mon service. On a bien faict pis, on a faict venir dans la capitale du royaume des personnes détestables envers Dieu et les hommes, comme juifs, magiciens, empoisonneurs, meurtriers, par le ministère desquelz on a faict plusieurs entreprises contre ma vie, celle de M. de Longueville et d'autres princes et seigneurs affectionnans le service du Roy et le bien de son estat; lesquelz ont leur retraicte et refuge au logis du maréchal d'Ancre, et à son occasion toute faveur en cour et entrée aux plus grandes maisons.

ART. 6.

On a veu en mesme temps recevoir toutes sortes d'advis et inventions pour lever deniers sur le peuple, trente cinq ou quarante édicts scellés pour cest effect; mais les deniers, non plus que ceux qui procéderont de la nouvelle revente de greffes et autres domaines, qui, par le bon mesnage du feu Roy s'en alloient dégagés, ne sont pas destinez pour entrer aux coffres du Roy, ny pour pourvoir aux nécessitez publiques, mais pour assouvir l'avarice insatiable du mareschal d'Ancre, qui est telle qu'il se vérifiera que, depuis la mort du feu Roy, par divers moyens et par supposition de noms empruntez pour faciliter la vérification des dons, il a tiré en deniers clairs plus de six millions de livres.

ART. 7.

Aussy a-t-on veu les efforts qu'il a faicts pour arracher des mains de M. de Longueville le gouvernement de Picardie, l'un des plus importans du royaume, luy faisant proposer des récompenses excessives, et, par un exemple honteux, mettre à prix d'argent ce qui est donné pour récompense à la vertu et fidélité de ses prédécesseurs. Et ne l'ayant peu obtenir, on a veu depuis peu de jours la violence que soubs le nom du Roy il a faict faire dans Amiens pour s'y rendre le plus fort, affin de faire redoubter au Roy sa puissance, et le contraindre à supporter sa trame pour ne perdre une place si importante, *quand il luy prendra fantaisie de se soustraire de son obéissance, chose qui* ordinairement arrive par telles personnes qui n'ont aucune affection naturelle, ny intérest à la conservation de l'estat.

ART. 8.

On voit encore tous les jours, à la honte de la France, cest estranger avec ses adhérens estre à la porte des honneurs et des charges publiques, disposer des bénéfices, offices et gouvernemens, distribuer les pensions et estre arbitre et dispensateur de toutes les graces, jusques à donner la vie ou la mort aux subjects du Roy, selon qu'il luy plaist en faire accorder ou refuser les rémissions, et par ce moyen se faire nombre de créatures, ce qu'ils pourront faire davantage lorsque le droit annuel sera aboli, pour, par telles voies, dérober au Roy, pendant la foiblesse de son aage, l'affection de ses subjects, et luy faire porter l'envie du joug insupportable qu'ils ont mis sur son peuple, qui est le chemin des plus hautes entreprises, et un tesmoignage asseuré de la grandeur de leurs desseings, *quand ils ne gagneroient autre chose qu'une assez forte puissance pour se rendre formidables au Roy et se maintenir contre sa justice, laquelle ils redoubtent plus que toute chose au monde.*

ART. 9.

Ces choses et plusieurs autres, entreprises avec hardiesse et attentées avec toute impunité, ont fièrement paru à la face de ces Estats, auxquelz n'estant resté que le masque de leur ancienne dignité, il n'a pas esté loisible d'y rien proposer sans le consentement des aucteurs des désordres, pour lesquelz réformer ils avoient esté assemblez, ny mesme à moy d'y avoir l'entrée et séance qui est deue à ma qualité, ce que j'ay voulu faire pour fortifier les volontez de quelques gens de bien, non souillez de corruption, et dans le cœur desquelz estoient encore quelques vives estincelles de la vertu de nos ancestres, et aussy pour exposer mes actions passées et présentes à la censure des Estats, et réveiller leur fidélité et leur debvoir à faire toute diligence de mettre en évidence les causes et les aucteurs de tant de misères, en proposer au Roy les remèdes, et le supplier de faire punir ceux qui en seront coupables. Mais ces desloyaux conseillers employèrent encore le nom de Sa Majesté, et furent si audacieux de luy faire dire qu'il me défendoit d'aller aux Estats, ayans, par le monopole de leurs partisans et pensionnaires, faict résoudre par l'assemblée que, si je m'y fusse présenté, je n'y eusse esté receu avec l'honneur deu à mon rang et qualité.

ART. 10.

Et encore que je me sois abstenu de l'entrée des Estats, et qu'on ne me peust attribuer pour faute que ma trop ardente affection au service du Roy et au bien de son estat, on ne laissa néantmoins de tenir des conseils secrets, composez de trois ou quatre personnes de peu de valeur, où fut délibéré de se saisir de ma personne et de celle d'autres princes, officiers de la couronne et seigneurs qui ne pouvoient non plus que moy veoir la Majesté de leur Roy si misérablement foulée aux pieds, ny supporter une si honteuse *et si licencieuse* profanation *de toutes choses*. Et pour ce que le peuple n'eust peu estre persuadé que telles violences eussent esté commandées par

Sa Majesté, il fut aussy conclu dans les mesmes conseils de désarmer les Parisiens, changer les capitaines des quartiers, d'oster les chaînes des rues pour diminuer la force du peuple, et d'y mettre des Suisses et autres gens de guerre, l'audace de telz conseillers estant montée si haut, qu'ils croyoient toutes choses faciles pour l'exécution de leurs malheureux desseings.

ART. 11.

Ces Estats donc n'ayant apporté aucun fruict, sinon des pensions et coadjutoreries à plusieurs depputez de conscience vénale, et au pauvre peuple *redoublement* de misère *et d'appréhensions,* la cour de parlement de Paris, qui en divers temps a rendu tant de tesmoignages de sa fidélité à la conservation de ceste couronne, et qui veille continuellement pour le service du Roy, auroit, par arrest du vingt sixiesme mars dernier, arresté, soubs le bon plaisir du Roy, que les princes, ducs, pairs et autres officiers de la couronne, qui ont séance et voix délibérative en la cour, seroient invitez de s'y trouver pour adviser sur les propositions qui seroient faictes pour le service du Roy, soulagement de ses subjects et bien de son estat. Mais tout ainsy que ceux qui veulent posséder contre droit et justice une puissance absolue qui ne leur appartient, estiment et croyent, comme il est vray, qu'ils ne la peuvent retenir que dans le désordre et confusion, ces mauvais conseillers, voyans que la refformation de l'estat estoit leur ruyne inévitable, firent tant par leurs artifices, qu'ils persuadèrent à Leurs Majestez que le parlement avoit entrepris sur leur auctorité, de sorte que les justes intentions de ceste compagnie leur estans suspectes, et eux advertis de ces mauvais rapports, ils dressèrent leurs remonstrances en termes humbles et respectueux qu'ils présentèrent en corps et en toute humilité et révérence à Leurs Majestez, par la lecture desquelz leur furent représentées les misères présentes de cest estat, et le moyen d'y rémédier par le chastiment des aucteurs qui, sans les nommer, estoient assez intelligiblement désignez. Cela faisoit espérer aux bons François de veoir bientost une bonne refformation, et des exemples de justice en la punition des coupables. Mais ces mauvais conseillers, causes de telles remonstrances, au lieu de se justifier ou se contenir dans la modestie tousjours bienséante aux accusez, abusans de la bonté de Leurs Majestez, et se servans de leur auctorité et puissance, ont entrepris une action, la plus déréglée et profane, à l'endroit de la justice, qui se puisse imaginer, eux coupables, accusez par la clameur publique, et notoirement convaincus des cas mentionnez aux remonstrances, qui est de faire un arrest qu'ils disent estre donné par le Roy en son conseil, dans lequel ils déclarèrent le parlement incompétent de représenter à Sa Majesté les désordres qui tous les jours se multiplient en son estat, prononcent calomnieuses ses remonstrances, les appelans entreprises sur son auctorité, et ordonnent que, pour en esteindre la mémoire, elles seront rayées et ostées des registres de la cour, et le greffier teneu de les apporter à Sa Majesté, à peine de privation de sa charge, en quoy ils font assez cognoistre qu'ils n'ont autre but que d'estouffer la vérité pour éviter la punition de leurs maléfices; chose estrange qu'il ne soit loisible à ceux qui souffrent de se plaindre et chercher le remède pour leur soulagement : cela ne se peut autrement appeler qu'une violence à la nature, qui, dès la naissance, inspire à tous les animaux le désir de se conserver.

ART. 12.

Ceste compagnie de peu de personnes, qui se dict le conseil du Roy, reçoit journellement, soubs le nom de Sa Majesté, toutes sortes de propositions qui vont à la foule du peuple, et n'y a rien si commun que les arrests qu'ils donnent pour le droit d'advis à ceux qui sont aucteurs de telles inventions condamnées par les ordonnances de nos roys, qui veulent que telles personnes soient chastiées comme oppresseurs du public, et, si le parlement en a voulu faire quelques remonstrances, ces mesmes conseillers, abusans indignement de l'auctorité de Sa Majesté en la foiblesse de son aage, luy ont faict rejetter avec paroles aigres ce qui partoit d'une si vénérable compagnie. Mais il ne faut trouver estrange si ceux qui ont violé toutes les loix et renversé tout ordre de justice s'efforcent d'abattre l'auctorité de ce grand sénat, estant ce qui leur est le plus contraire et qui faict plus trembler leurs consciences ulcérées de leurs méchancetez, et contre lequel ils croyent avoir quelque jour besoin d'alléguer incompétence à quoy ils se préparent, ayant desjà tiré quelques pièces des registres du grand conseil pour tascher à l'élever par dessus toute autre justice et le rendre seul juge de toutes leurs actions. Mais ils se trompent, car, si l'aage du Roy ne luy permet pas de cognoistre les dangers qui environnent son estat, et que tout accès vers Sa Majesté ne soit jamais permis à ceux qui l'en peuvent advertir, où peut-on avoir recours qu'au parlement où assistent les princes, ducs, pairs et autres grands seigneurs de ce royaume? Et si les plaintes sont justes, d'où pourroit sortir le remède que d'une si grande et si célèbre compagnie? Si elles sont fausses, où est-ce que les accusez pourroient trouver une plus glorieuse justification? Mais telles épreuves, dignes des plus asseurées et nettes consciences, ne peuvent estre que très épouvantables à ceux qui, intérieurement tourmentez du ressentiment de leurs crimes, ont desjà mille bourreaux en leurs âmes, et une juste appréhension des supplices qu'ils ont méritez.

ART. 13.

C'est ce qui a faict casser ce tant nécessaire arrest du parlement, pour tascher à supprimer de si sainctes remonstrances, affin que le temps et leurs artifices en fassent périr les preuves, et que le Roy, venu avec les ans à la vraye cognoissance des maux qui affligent son estat, ne puisse faire faire justice d'une si malheureuse et desloyale administration. C'est à ce mesme desseing qu'ils font précipiter le mariage du Roy, et en pressent l'accomplissement pour s'acquérir les bonnes graces de la Royne future, affin que sa faveur et protection leur soit un asyle de toute seureté contre la haine universelle du peuple et malédiction de toute la France, *qu'ils ont attirée sur eux par leurs violens et pernicieux conseils.* Qui pourroit souffrir plus longtemps de telz conseillers qui ne sont que quatre ou cinq venus de rien, lesquelz usurpent toute la puissance du royaume, prenans insolemment l'auctorité d'ordonner et de changer toutes choses à leur volonté, renverser les loix et tout ordre de justice, et se jouer licencieusement de la fortune de ce grand empire? Qui souffriroit veoir le Roy exposé au mespris et à l'irrévérence, et toute sa cour aujourd'huy suivre ceux qui peuvent donner des pensions, des bénéfices, des charges et gouvernemens, et ceux qui ont faict violence à la porte de son Louvre, en sa propre chambre et en sa présence? Il faut que ce soit des âmes du tout viles, innobles, estrangères et sans courage. Voilà, messieurs, les désordres publics desquelz jusques à présent j'ay demandé la refformation, que plusieurs ont mieux aimé veoir que préveoir, les sentir jusques au vif que les croire, ostant toute auctorité à ceux qui les pouvoient, par leur prévoyance, détourner avant qu'ils fussent parvenus à un tel excès, *qu'à peine peut-on supporter le mal ny en souffrir le remède.*

ART. 14.

Outre tout ce que dessus, toute la France sçait le mespris qu'on a faict, depuis les alliances d'Espagne, des autres princes estrangers, des voisins et anciens amis et alliez de ceste couronne, et le grand avantage que l'Espagnol a en divers lieux sur eux par la connivence de telz infidèles conseillers, tesmoing la prise de la ville d'Aix, Vezel et autres places occupées et injustement détenues jusques à présent par le marquis de Spinola, dans les pays de Clèves et de Julliers, où il eust faict de plus grands progrez s'il n'en eust esté empesché par les armes de messieurs des Estats, à qui le public a ceste obligation; et l'exécution du traicté de *Zanten* (1614), dont la mémoire est presque perdue pour avoir tant de fois esté rompu et négligé et maintenant du tout délaissé, fait assez cognoistre que cela se fait pour favoriser les desseings de l'Espagne et pour luy donner moyen d'affermir son usurpation sur nos anciens amis et alliez. Chascun sçait aussy les procédures honteuses, peu convenables à la réputation de la France, dont on use envers le duc de Savoie, pour laisser opprimer et mettre ses estats en proie à l'Espagnol, au notable préjudice de ceste couronne. Cela ne leur peut donner que de justes deffiances que l'on veut étayer l'Espagnol pour monter à l'empire de toute l'Europe, et que l'on ne presse l'accomplissement du mariage que pour ce desseing. Ils sçavent que ceste alliance n'est pas seulement de personnes, mais aussy de conseils; ils voyent que le Roy va mesler ses affaires avec un prince qui est dans sa pleine vigueur, luy va ouvrir l'entrée en toutes les parties de son royaume, communiquer tous ses conseils, et recevoir les siens pour le gouvernement de son estat, et n'ignorent point que la Royne son espouse aura ses affections, ses favoris et ses desseings, et qu'elle aura bien le pouvoir d'introduire des Espagnols aux plus grandes charges et aux gouvernemens des places les plus importantes, tout ainsy que depuis la mort du feu Roy nous y avons veu mettre des Italiens. Que si ceste puissance s'establit une fois, cest estat prendra une autre face par le changement qui s'y fera de toutes choses. Ils sont en alarme pour eux et pour nous d'un si subit partement, et de veoir encore en un aage si tendre faire un effort en la nature, et hasarder la santé de la personne du Roy par l'accomplissement qui se peut différer et remettre à un autre temps. Cependant le Roy croistroit de plus en plus avec l'aage en force de corps et d'esprit, ses affaires pourroient estre en meilleur estat, ses subjects plus contens, les voisins et alliez plus asseurez et toutes choses avec sa personne plus disposées au mariage. Il ne dépendroit plus de l'ambition, de l'avarice, ny de toutes les perverses affections d'autres hommes; il seroit luy mesme arbitre de ses volontez, tiendroit les resnes de son empire, n'appelleroit aux charges que les plus affectionnez à son service, aux gouvernemens que les plus fidèles, à son conseil que les plus gens de bien; il seroit prudent pour oster le mal du milieu de son peuple, fort pour résister à ses ennemis, puissant pour asseurer les anciens alliez de la couronne, florissant en paix, invincible en guerre, et son royaume comblé de bénédictions célestes et abondant en toutes sortes de félicitez. Alors il pourroit accomplir son mariage sans rien craindre, au lieu qu'à présent, au bruit de son partement, toute la France est en alarmes, les voisins en deffiance, tout le monde en estonnement. Ceux de la religion prétendue refformée, qui ne désirent que le repos soubs le bénéfice des édicts, disent tout haut que l'on advance le mariage affin de les exterminer durant le bas aage du Roy, et auparavant qu'il puisse cognoistre qu'ils sont membres utiles à son estat, et que ceux qui desirent leur ruyne disposent entièrement de sa puissance et de son auctorité; que desjà on a chanté des triomphes en Espagne, qu'un jésuite l'a presché depuis peu de jours dans Paris, où l'on voit mesme des livres faicts en Espagne et en langage espagnol qui se le promettent, attribuans tous les malheurs que la France a receus depuis cinquante ans, mesme les détestables parricides de nos roys, à la liberté de conscience qu'ils ont donnée à leurs subjects, et particulièrement à ce qu'ils ont pris Genève et Sedan en leur protection. A cela ils adjoustent le reffus que la noblesse a faict aux Estats de demander la conservation des édicts de pacification, quoyqu'ils doibvent estre tenus et observez comme loi fondamentale de l'estat, et la réception et observation du concile de Trente, jurée si solemnellement depuis peu de jours par le clergé, assemblé à Paris, à la face du Roy et de son conseil, au grand mespris de son auctorité et de l'honneur de la couronne de France[1]; chose inouie auparavant et qui n'a jamais esté pratiquée en France ny ailleurs. Ils sçavent le soin que l'on prend plus que jamais d'entretenir la division parmy eux, et que pour les affoiblir on tasche de corrompre quelques particuliers d'entre eux, par offre de charges, de dons et de pensions; ils voyent qu'en divers endroits du royaume on enfreint les édicts sans qu'ils puissent avoir de justice, et qu'en mesme temps, sans nécessité, il se fait de grands préparatifs et levées de gens de guerre. Cela leur donne de justes craintes et deffiances que, soubs ombre des mariages d'Espagne, on ne veuille rompre les édicts et les rejetter aux malheurs dont par le passé on a faict de trop misérables épreuves.

[1] Voir l'introduction, en note, et les pièces de la conférence.

ART. 15.

Toutes ces choses m'obligent de supplier très humblement le Roy, de pourveoir, avant son partement, à la refformation de ses conseils et aux abus et désordres de son estat, dont j'ay nommé les principaux aucteurs à Sa Majesté, qui sont le mareschal d'Ancre, le chàncelier, le commandeur de Sillery, Bullion, Dollé, lesquelz, par leurs violens conseils et par leur intelligence secrète dedans et dehors le royaume, remplissent toute la France, ses voisins et alliez, de soupçons et meffiances. Il y a encore d'autres personnes suspectes à l'estat, lesquelles, pour des raisons que j'aime mieux taire que publier, je ne nomme point à présent. Cependant, pour prévenir la calomnie et informer tout le monde de l'intégrité de mes actions, j'ay estimé estre de mon debvoir d'en éclaircir tous roys, princes, estats et nations de la chrestienté, et des justes et nécessaires causes qui m'ont faict retirer de la cour.

ART. 16.

Je dis donc que, depuis la majorité du Roy et la convocation des Estats généraux, j'ay tousjours esté près de Sa Majesté pour luy tesmoigner la très humble obéissance que je luy doibs, et puis dire que j'y ay esté receu de Leurs Majestez pendant mon silence avec toutes sortes d'honneur et bienveillance, et au contraire maltraicté quand j'ay voulu me plaindre des misères et calamitez publiques, que j'ay endurez pendant huict mois que j'ay demeuré à Paris, quelque mescontentement que l'ont m'ayt peu donner, encore que j'aye esté souvent excité par la clameur publique à parler et demander la refformation que je demande aujourd'huy. Mais, voyant que l'auctorité royale estoit tout entière ès mains de ceux qui en abusent pour establir la leur, et que ma trop longue patience tournoit en ruyne et dommage pour ce royaume, que mon respect ne servoit qu'à les aigrir et rendre plus audacieux à entreprendre sur ma personne et sur ma liberté, lors mesme que je tesmoignois au Roy et à la Royne l'entière confiance que je prenois de Leurs Majestez par la remise que je fis entre les mains du Roy, à la face des Estats généraux, de la ville et chasteau d'Amboise, qui m'avoient esté baillez par le traicté de Saincte-Menehould, faisant veoir à la France que je ne voulois autres seuretez que celles qui dépendent de mon innocence, de la bonne grace de Leurs Majestez et bienveillance des gens de bien, et qu'outre tous ces debvoirs ils ne laisseroient par leurs artifices de me rendre odieux au Roy, pour m'éloigner de ses bonnes graces et de sa présence, jusques à se servir de son auctorité pour me faire deffendre par le sieur de Sainct-Géran l'entrée au parlement, aux occurrences qui se présentoient pour son service, luy faisant donner le commandement de m'arrester *si je n'obéissois à ceste violence,* ayant plusieurs fois donné conseil de me mettre à la Bastille avec les autres princes, principaux officiers de la couronne qui se sont joints avec moy pour demander la nécessaire refformation des désordres; vaincu de ma propre patience, et de ce que, nonobstant toutes mes soubmissions, on se résolvoit de faire le voyage en Guyenne pour le mariage du Roy et de Madame, sans y pourveoir en sorte quelconque, et qu'à tous momens j'estois exposé à infinis dangers, et craignant par la perte de ma vie faillir en cest endroit au public, je me résolus de me retirer en mes maisons, où ayant démeuré quelque temps on me fit ouverture d'une conférence à Creil, où M. de Villeroy me fut envoyé, avec charge seulement de me conjurer de retourner à la cour. Je m'en excusay sur les justes occasions que j'ay déduites, n'y pouvant retourner avec la dignité et seureté qui appartient à un prince de la qualité *et condition en laquelle Dieu m'a faict naître,* jusques à ce qu'il eust pleu à Sa Majesté establir un ordre en ses conseils et pourveoir aux désordres de son royaume, représentez par les remonstrances du parlement. Sur quoy il pleut à Sa Majesté me renvoyer le dict sieur de Villeroy à Clermont avec pouvoir plus ample. Nous commençasmes la conférence par la refformation des conseils et par l'ordre que Sa Majesté y vouloit estre tenu, lequel le sieur de Villeroy me fit veoir que je trouvai fort raisonnable. Mais, touchant ce qui estoit des plaintes publiques contenues aux remonstrances, je réservay à dire mes intentions jusques à ce que j'en eusse conféré et pris l'advis des autres princes, officiers de la couronne et seigneurs joints avec moy, lesquelz pour ce faire je conviay par lettres de se trouver à Coucy le vingt septiesme juillet, ce que le Roy trouva bon, auctorisant ceste assemblée par la présence du sieur de Villeroy qu'il y envoya. Nous conférasmes fort avant sur ce subject, et en telle sorte que nous espérions tous tirer quelque fruict de ceste conférence, au contentement du Roy et du public. Ce qui certes eust esté, si nous n'eussions esté interrompus par le sieur de Pontchartrain, secrétaire d'estat, lequel fut envoyé exprès de la part du Roy pour me faire entendre la résolution que Sa Majesté avoit prise de partir le premier jour d'aoust pour faire son voyage de Guyenne pour l'accomplissement de son mariage, et qu'elle me convioit de l'y accompagner, ou bien dire en la présence du sieur de Pontchartrain si mon intention estoit d'y apporter reffus *ou difficulté*; de sorte que je cogneus par ce discours que les mauvais conseillers, advertis de mes bonnes intentions, se servoient de l'auctorité du Roy pour rompre nostre conférence, et que, malgré moy et pour mon debvoir, il falloit que je fisse une prompte response à Sa Majesté par le dict sieur de Pontchartrain. Je la suppliay donc très humblement de m'excuser si je ne la pouvois accompagner en un voyage si précipité, jusques à ce qu'il luy eust pleu donner ordre à la refformation de ses conseils et au désordre de son estat, et faict faire justice de ceux qui en sont les aucteurs, comme aussy du soldat italien de la citadelle d'Amiens qui a assassiné le sieur de Prouville; ignorant toutesfois que soubs ombre de ceste conférence on avoit desseing de me surprendre dans Clermont[1], ce que l'on eust faict si j'y eusse séjourné plus longtemps. Car, pour exécuter *ceste trahison projetée par le mareschal d'Ancre et ses supposts*, on avoit faict avancer quelques compagnies d'hommes d'armes et de chevau-légers ès environs de la ville, rien ne leur manquant que

---

[1] Voir Mercure français, 1615, t. IV, p. 140.

l'occasion qu'ils ne seurent prendre. Voilà donc le seul subject de la conférence rompue, qui n'avoit esté recherchée pour restablir les désordres, *puisqu'elle ne servoit que de couverture à un si méchant et perfide desseing, quoique depuis on l'ayt voulu déguiser.*

Puis donc que le malheur de la France est tel qu'on y rejette tous moyens propres et convenables pour y restablir l'ordre nécessaire et éviter le péril qui menace tout le royaume d'une entière dissipation; que des moyens légitimes on est réduit aux extrémitez par l'extresme violence et conspiration de si desloyaux conseillers; bref, les choses estant montées au supresme degré de désordre et de confusion, le mal croissant de plus en plus et s'irritant par la douceur des remèdes, la prudence humaine réduite à une nécessaire option de maux n'est plus empeschée qu'à suivre les moindres pour détourner les plus grands.

ART. 17.

Pour ces causes, nous, Henry de Bourbon, premier prince du sang et premier pair de France, assisté de plusieurs autres princes, ducs, pairs, officiers de la couronne, gouverneurs de provinces, seigneurs, chevaliers, gentilshommes, provinces, villes et communautez, tant d'une que d'autre religion, faisans la meilleure et la plus entière partie de ce royaume, associez ensemble pour sa conservation, déclarons et protestons devant Dieu et les hommes que nous ne consentons et ne participons aucunement aux pernicieux conseils dont on use pour le gouvernement et administration de cest estat; que nous détestons toutes factions, entreprises et intelligences contre l'auctorité de nostre Roy; que nostre but est et n'a oncques esté autre que de rendre à Sa Majesté la très humble obéissance que nous luy debvons, et à la Royne sa mère. Mais voyans qu'on prévient leurs esprits de *mauvaises* et *fausses* persuasions; qu'on abuse du nom et de la jeunesse du Roy, de la bonté et trop grande facilité de la Royne, dont les volontez ne sont libres, et que Leurs Majestez, par la juste crainte des forces de ceux qui les environnent, sans permettre aucun accez, sinon à ceux de leur faction, sont contrainctes d'auctoriser leurs passions; que l'on machine la ruyne des bons François, qui soupirent comme nous après la refformation de l'estat, nous nous sentons obligez de nous opposer à ces violences, et d'exposer tout ce que Dieu nous a donné au monde, mesme nos propres vies, pour faire recognoistre le Roy tel qu'il est, le tirer de l'oppression et des périls qui le menacent, faire entretenir les édicts de pacification, procurer le soulagement du peuple, faire régner la justice, deffendre les bons et les garantir de toute violence, faire punir les meschans et coupables, et restablir toutes choses en leur *ancienne* splendeur et dignité, par une *généralle* et utile refformation *de tant de désordres,* et par le chastiment de ceux qui en sont aucteurs, auxquelz il faut imputer tous les accidens qui pourront arriver de nostre juste deffense, puisqu'au lieu d'arrester le mal, ils le font précipitamment naistre par le conseil qu'ils ont donné de rompre la conférence et de refuser tous moyens justes et raisonnables, affin de porter le Roy à une guerre non nécessaire et par conséquent injuste, pour, aux despens de Sa Majesté et du sang de ses bons et fidèles subjects, donner lieu à leurs vindicatives passions.

ART. 18.

Déclarons que les armes que nous sommes contraints de prendre ne sont que pour le Roy et pour conserver sa personne, sa liberté, sa couronne et les loix fondamentales de son royaume, lesquelles nous poserons quand Sa Majesté, plus libre, mieux conseillée, aura pourveu à ce qui est cy dessus représenté, et à ce qui est plus particulièrement déclaré par les remonstrances de sa cour de parlement et par les cahiers des Estats. Et jusqu'à ce qu'elle y ayt par sa prudence et bonté apporté les remèdes, nous la supplions encore très humblement, pour donner contentement à ses subjects, de différer son partement, attendu le notable préjudice que Sa Majesté en pourroit recebvoir par l'altération des cœurs et affection des peuples, pour n'avoir recueilli le fruict qu'ils espéroient, et qu'on leur a tant de fois promis, de l'assemblée des Estats.

ART. 19.

Et d'autant que les mariages des roys ne sont affaires particulières et domestiques, leurs royaumes et estats y ayant un très grand intérest, comme chose qui peut entretenir ou rompre la tranquillité publique, nous supplions très humblement Sa Majesté d'y vouloir faire garder les formes ordinaires et chercher, en affaires de telle conséquence, les seuretez nécessaires pour garantir à l'advenir son estat contre les entreprises qui se pourroient faire à la faveur de son mariage, et, pour *cest effect*, faire vérifier et enregistrer le contrat au parlement, ainsy que par les *termes d'iceluy* Sa Majesté y est expressément obligée, conformément à ce qui a esté de tout temps pratiqué, et par mesme moyen une déclaration conforme aux anciennes loix et ordonnances de ce royaume, que nuls Espagnols ou autres estrangers ne seront admis en aucune charge, gouvernemens, offices, bénéfices, capitaineries, ny autres fonctions publiques dedans le royaume, ny offices domestiques dans la maison de la Royne future, ainsy qu'il a tousjours esté pratiqué en tous estats, notamment en Angleterre, lors du mariage de la royne Marie avec Philippe, prince d'Espagne, où pareille déclaration, pour pareille cause et pour éviter pareils inconvéniens, fut vérifiée au parlement du pays.

ART. 20.

Et pour lever les soupçons et justes deffiances que telle alliance précipitée donne à tous les amis et alliez de la France, nous supplions aussy très humblement Sa Majesté d'entretenir et confirmer de nouveau les anciennes confédérations que le feu Roy, d'heureuse mémoire, a renouvelées avec tant de soin et prudence avec les princes, potentats et républiques estrangères, comme un des plus certains moyens à la seureté de son estat et au repos de la chrestienté.

ART. 21.

Que si, nonobstant si légitimes, raisonnables et nécessaires conditions, on fait advancer les forces du Roy contre nous ou aucuns de ceux qui nous sont associez (*ce que nous attendrons avant que de nous résoudre à nous deffendre*), on ne doibt trouver mauvais si nous nous opposons à ceste violence par une juste et légitime deffense, la nature et la nécessité permettant à tous hommes de deffendre leurs vies et de repousser la force par la force, ne nous restant plus, pour éviter le mal, sinon de recourir aux remèdes extresmes, que néantmoins on doibt trouver justes, puisqu'ils sont nécessaires, bien que les ayons fui à nostre possible, ce que voudrions pouvoir encore faire à présent. Ce que ferions si nous estions réduits à ceste extrémité, ou de veoir la maison de France exterminée, *et en icelle la ruyne de l'estat*, ou de nous mettre sur une deffense légitime *et nécessaire* pour la *conservation de l'un et de l'autre*.

ART. 22.

Prions et exhortons tous les princes, pairs de France, officiers de la couronne, seigneurs, chevaliers, gouverneurs, gentilshommes et autres de quelque qualité et condition qu'ils soyent, tous les parlemens, tous les ordres et estats de ce royaume, toutes les villes et communautez, et généralement tous ceux qui se disent François et qui ne sont encore joints à nous, de nous secourir et assister en une occasion si juste. Requérons et adjurons tous les princes et estats estrangers, tous les anciens alliez et confédérez de cest estat, de nous y prester ayde et assistance, et ne permettre que de si bons et loyaux subjects, princes du sang et autres princes et principaux officiers de la couronne soyent opprimez par une telle conjuration, pour la conséquence qu'elle apporteroit à tous les estats de la chrestienté.

Faict à Coucy, le 9 aoust 1615.

Signé HENRY DE BOURBON.

En même temps que le sieur de Marcognet remettait au Roi cette protestation factieuse, il lui présenta une lettre du Prince dans laquelle celui-ci « le suppliait de trouver bon qu'il envoyât son manifeste à toutes les cours de

« parlement et autres corps notables du royaume, à tous les princes et etats
« alliés de la couronne de France, afin que chacun pût connaître à quoi
« tendaient ses actions. » (Mercure français, t. IV, 1615, p. 188.).

LXXVIII.

Imprimé du temps, 1615. Bibl. de l'Arsenal, dans un recueil de pièces rares. — Id. Bibl. mpér. fonds Colbert, t. CCXVIII, p. 132.

Lettre du prince de Condé au Roi, accompagnant le manifeste ci-dessus.

Sire, Vostre Majesté aura appris, par ma lettre du 27 du passé, les justes raisons qui m'ont contraint de luy nommer ceux qui sont aucteurs et cause des maux qui travaillent vostre estat, et de la supplier, comme je fais encore très humblement, de vouloir, avant son partement, donner un ordre certain et asseuré à ses conseils, pourveoir aux désordres qui luy ont esté cy devant représentez, tant par les remonstrances de vostre cour de parlement que par les cahiers des Estats généraux, faire punir ceux qui se trouveront coupables, et rendre la justice de l'assassinat commis en la personne du sieur de Prouville, sergent major de vostre ville d'Amiens, et de m'excuser si, jusques à ce qu'il eust pleu à Vostre Majesté pourveoir à ces choses, je ne la pouvois accompagner à son voyage, à cause de son subit et précipité partement. Mais d'autant, Sire, que ceux qui ont donné à Vostre Majesté les conseils de rompre la conférence et négociation de M. de Villeroy, qu'elle avoit auparavant trouvée bonne et jugée nécessaire pour son service, et qui ont tousjours pris plaisir de rendre toutes mes actions odieuses et suspectes à Vostre Majesté, quoy qu'il ne s'y puisse remarquer que fidélité et intégrité, pourroient sur ces occurrences luy déguiser ce qui est de mes intentions, et calomnier mes actions à l'endroit de Vostre Majesté, et répandre leurs calomnies par tout vostre royaume, mesme par toute la chrestienté, j'ay estimé estre obligé, par l'intérest que j'ay de garantir mon honneur et ma réputation, d'envoyer à Vostre Majesté la déclaration signée de ma main, qui vous sera présentée par le sieur de Marcognet, en laquelle je supplie très humblement Vostre Majesté de veoir par son œil équitable mes actions et déportemens passez, leurs causes et leurs effects et les mauvais et périlleux conseils des ennemis de vostre estat, qui en ébranlent les bases et fondemens pour le porter à sa ruyne. Vostre Majesté recognoistra ma patience et mon obéissance, leurs injustes procédures et les violentes entreprises qu'ils font tous les jours contre l'auctorité de Vostre Majesté, laquelle je supplie aussy très humblement trouver bon que j'envoye la dicte déclaration à toutes les cours de parlement et autres corps notables de vostre royaume, et à tous princes et estats vos alliez et confédérez, affin que chascun puisse cognoistre à quoy tendent mes actions, qui n'ont eu et n'auront jamais autre subject que le bien de vostre estat et la conservation de vostre couronne, et, sur ceste véritable protestation que j'en fais à Vostre Majesté, je prie Dieu qu'il vous assiste de son esprit pour manier vostre sceptre et conduire vostre estat en paix et tranquillité, vous inspirer de bons conseils, de s'asseurer de fidèles conseillers, vous donner force, puissance et courage pour composer les mauvaises humeurs de ce royaume, consolider ses plaies, détourner les malheurs qui le menacent, et me rendre si heureux de continuer toute ma vie à rendre à Vostre Majesté le très humble service à quoy la nature et le debvoir obligent, Sire, Vostre très humble, très obéissant et très fidèle subject et serviteur,

HENRY DE BOURBON.

LXXIX.

Imprimé du temps, 1615. Recueil de pièces rares. Bibl. de l'Arsenal. — Id. Bibl. impér. fonds Colbert, t. CCXVIII, p. 133.

Lettre du prince de Condé à la Reine, remise par le sieur de Marcognet.

Madame, la régence de cest estat dans le bas aage du Roy, mon souverain seigneur, vous a conservé et préparé en suitte le pouvoir dans les affaires; mais les ministres, abusans de vostre bonté innocente du mal, préférans leurs desseings particuliers au bien de l'estat, ont excité une clameur publique qui a jetté devant vos yeux les remonstrances du parlement ouyes, leues et imprimées, méprisées toutesfois et négligées par opiniastreté, par desseing et sans raison. Les cahiers des Estats estouffés, contre la règle ordinaire qui requiert la vérification dans les parlemens, l'audace et la témérité d'aucuns des ministres coupables des désordres de l'estat, le mal croissant m'ont faict quitter la cour un temps pour le dissimuler, espérant le restablissement sans me plaindre, tesmoignant le mal par mon mécontentement sans en esmouvoir la France, laquelle estant à ceste fois en péril, Madame, ma naissance, ma fidélité et mon courage m'obligent, pour me garantir de blasme, de vous en découvrir la cause, que Vostre Majesté seule peut arrester, de me plaindre de quelque lettre envoyéé soubs l'auctorité du Roy, dont on abuse insolemment, par toutes les villes de son royaume, portant deffense de m'en ouvrir les portes; ce qui ne vient que de ceux qui se sentent coupables des maux qui ruynent l'estat et qui excitent la guerre, espérans se garantir dans la confusion du juste chastiment qu'ils ont mérité. Mais considérez, s'il vous plaist, Madame, qu'il n'est pas raisonnable que, pour la demande que je fais de leur justification ou condamnation, toute la France soit portée à sa ruyne indubitable. Vostre Majesté peut empescher ce malheur, faisant qu'ils soyent remis à la justice, et lors je ne manqueray à suivre le Roy partout où il luy plaira me commander; mais cependant ceste action comblera vostre vie et vostre aage de bénédictions. Prenez donc bon conseil, Madame, quittez ceux du présent, puisque par l'événement ils se sont trouvez pernicieux; contentez-vous des vostres et de ceux que vostre bon naturel vous peut fournir, chassez tous les ministres coupables, indignes de charges publiques. Croyez celuy qui, par nature, par affection et par debvoir, a intérest à la conservation du Roy, à la vostre et à celle de l'estat, et, le remède ne se pouvant trouver par mes très humbles prières et remonstrances pour garantir la France de sa ruyne totale, excusez moi si je m'oppose au mal, gardant l'obéissance au Roy et le respect qui

Conférence de Loudun.

est deu à Vostre Majesté. J'envoye au Roy la déclaration et justification de mes actions passées et de ce que j'auray à faire à l'advenir, qu'il communiquera, je m'asseure, à Vostre Majesté, désirant demeurer, Madame, vostre très humble et très obéissant serviteur et subject.

HENRY DE BOURBON.

Non content de s'être ainsi adressé au Roi et à sa mère, le prince de Condé envoya son manifeste à tous les princes, ducs, pairs de France et officiers de la couronne, avec des lettres presque de la même teneur pour chacun d'eux. Le Mercure français (t. IV, 1615, p. 189) a conservé celle qui fut adressée au duc de Guise, et d'après laquelle il est en effet naturel de se faire une idée des autres. Il est à noter que le prince de Condé avait été pendant quelque temps l'allié du duc de Guise. Le journal d'Arnaud d'Andilly porte : « *9 aoust 1615.* M. de Coubron apporta à M. le duc d'Espernon un paquet « de M. le Prince, et, soubs la première couverture, il y en avoit un autre « qui s'adressoit à MM. les ducs et pairs de France. »

LXXX.

Impr. Mercure franç. t. IV, 1615, p. 189.

Lettre du prince de Condé au duc de Guise, en lui envoyant le manifeste rapporté ci-dessus.

Monsieur, vos actions et vos conseils, que l'on recognoit innocens du mal et du désordre commun de l'estat, promettent à un chascun que vous vous employerez avec la mesme affection à chercher les remèdes propres pour les supprimer, [d'autant] que vous vous êtes opposé aux violens conseils de ceux qui, se servans de l'auctorité du Roy et abusans de sa bonté, les ont causez pour contenter leur ambition et fournir à leur avarice. J'ay creu que mon absence hors de la cour pendant huict mois tesmoigneroit un juste ressentiment et mécontentement que j'avois de ces désordres, que les plaintes que les peuples ont baillées à leurs depputez, que les remonstrances du parlement et la clameur du public arresteroient le cours de leurs pernicieux desseings. Ils ont méprisé mon mécontentement, supprimé les plaintes des peuples, éludé les délibérations des depputez, négligé les remonstrances du parlement et estouffé les clameurs du public qui gémit voyant la ruyne prochaine et division de ce royaume. Ma naissance, ma qualité et l'interest que j'ay à la conservation de l'estat m'ont obligé de découvrir le mal à Sa Majesté par mes très humbles remonstrances, de nommer et en marquer les aucteurs, de chercher les remèdes par le chastiment et punition exemplaire de ceux qui l'ont formé et entretenu. Le service que vous debvez au Roy, le rang que vous tenez au royaume, les charges que vous y possédez et l'affection que vous avez tesmoignée cy devant au bien et soulagement du public, vous convient et obligent de joindre vos desseings avec les miens pour ne demeurer coupable envers Dieu, le Roy et le peuple de la ruyne de cest estat. Vos actions passées requièrent une continuation pour vous exempter de blasme et reproche, et tesmoigner à la postérité vostre innocence parmy ces désordres. L'escrit que je vous envoye justifie mes actions, que les ministres de l'estat taschent de ternir par leurs faussetez et calomnies accoustumées. Où je finiray pour demeurer à jamais, Monsieur, vostre bien humble cousin et serviteur.

De Coucy, ce 9ᵉ aoust 1615.

HENRY DE BOURBON.

Après les seigneurs de son parti, l'appui le plus considérable que le Prince crut devoir s'assurer était celui des parlements. Il devait y compter d'autant plus qu'il avait, dans toutes ses protestations, fortifié ses raisons en montrant la conformité de ses plaintes avec celles du parlement de Paris. Il adressa donc son manifeste à toutes les cours du royaume, en l'accompagnant d'une lettre dont le Mercure français (t. IV, p. 190) offre l'analyse, et dont les feuilles imprimées du temps ont conservé la teneur. Nous la donnons ci-après.

LXXXI.

Imprimés courants du temps (2 pages). Bibl. impér. Fonds Colbert, t. CCXVIII, p. 134.

Lettre du prince de Condé à messieurs de la cour de parlement.

Messieurs, vostre establissement et possession dans la direction des affaires publiques du royaume vous obligent, par le debvoir de vos charges, mes desseings estans bornez à la conservation de cest estat, aux anciennes maximes et libertez d'iceluy, de fortifier de vos conseils, délibérations et résolutions l'esprit du Roy et celuy de la Royne, et guérir par chastiment le mal formé par les ministres coupables qui approchent Leurs Majestez; ce que le public espère de vous, fondé sur les actions généreuses et vertueuses de vos prédécesseurs et les vostres. Vous avez recogneu le mal de la France, vous l'avez touché, vous m'avez justement réveillé dans mon courage et ma naissance; ma patience pendant huict mois dans les désordres du public, tesmoignant tousjours un mécontentement perpétuel, justifie mes actions, et le respect que j'ay porté à la Royne dans son courroux excité par les ministres. Ma qualité m'oblige d'aller au devant du mal et de le couper, ferme toutesfois dans la résolution de suivre vos bons conseils, et y déférer comme estans les bons et fidèles serviteurs du Roy et de l'estat sans intérests particuliers, avec protestation de perdre plustost la vie, estant ce que je suis à la France et au Roy, que de survivre à son malheur et affoiblissement de la couronne. Je fays cognoistre par mon escrit, fortifiant vos remonstrances, le mal et les désordres du royaume, pour le rendre plus prompt à la guérison. Continuez donc en vos généreuses résolutions, et ne permettez que, pendant le bas aage de Sa Majesté, les ministres de l'estat, pour contenter leur ambition, se servans du nom du Roy pour auctoriser leur gouvernement, perdent et divisent ceste monarchie, oppriment les bons et fidèles serviteurs du Roy, ruynent les anciennes maximes et loix fondamentales de l'estat, pour la conservation desquelles vous avez esté establis. Les peuples vous en accuseront si vous y manquez, et vous en serez responsables devant Dieu et le Roy, lorsqu'il aura pris cognoissance de ses affaires. Joignez vos desseings avec les miens qui ne tendent qu'au bien public, sans aucun intérest particulier : ainsy je vous le jure et proteste, vous suppliant de le croire.

Le prince de Condé ne négligeait pas l'alliance des protestants. A la fin de juillet, il envoya M. de la Haye à l'assemblée de Grenoble, comme l'attestent les pièces que nous avons produites plus haut, page 74, concernant les opérations de cette assemblée. La position particulière de la Rochelle l'engageait à réclamer aussi son secours; il le fit par une lettre que nous avons également donnée ci-dessus, page 35.

La position que prenaient les princes inspira bientôt à la cour la résolution de se préparer à la résistance. Des conseils dont les résultats eussent pu être heureux, si l'exécution eût été mieux dirigée, firent envisager Soissons comme facile à surprendre, et la possession de cette ville comme décisive pour la destruction du parti du prince de Condé. Mais la vigilance du duc de Mayenne déjoua les projets des ennemis, et Soissons resta entre ses mains, tandis que le maréchal d'Ancre se rendait à Amiens pour lever au profit de la couronne une armée en Picardie, et s'opposer au duc de Longueville, gouverneur de cette province, qui laissait voir son intention d'user de son autorité dans l'intérêt de la faction. Malgré ce zèle de Concini, la direction de l'armée royale fut donnée au maréchal de Boisdauphin; le duc de Guise reçut le commandement de celle qui était destinée à protéger le voyage du Roi. Le départ de la cour eut lieu le 17 août, après qu'on se fut assuré de la personne du président Le Jay, qu'on laissa prisonnier au château d'Amboise[1]. Les détails suivants, extraits du journal d'Arnaud d'Andilly. 14 août 1615, expliquent pourquoi le duc de Guise fut éloigné du théâtre de la guerre et chargé de protéger sur un autre point le voyage de la cour.

LXXXII.

Man. Bibl. de l'Arsenal. Pap. Conrart, in-8°, t. XI. — Impr. Journal, etc. p. 101 et 103.

Extrait du journal d'Arnaud d'Andilly. 10 et 14 août 1615.

10 aoust 1615. — On donne à M. de Bois-Dauphin le commande-

---
[1] Voir plus loin une note aux pièces de la conférence.

ment général de toutes les forces que Sa Majesté laissera icy, et à M. de Praslin la charge de mareschal de camp général, et à M. de Bassompierre ceste mesme charge en l'absence de M. de Praslin...

14 aoust 1615. — Y ayant eu entreprise sur Soissons, M. de Guise en donna advis à M. du Mayne (de Mayenne), qui luy en fit des remerciemens extraordinaires. La Royne dit à M. de Guise que c'estoit luy qui avoit donné advis de l'entreprise à M. du Mayne; à quoy il respondit : qu'il estoit vray, et que, si M. du Mayne eust eu besoin de luy pour l'assister en ceste occasion, il fust allé fort volontiers porter sa vie; qu'il n'estoit point obligé de tenir secret un conseil que l'on luy avoit célé; que M. du Mayne estoit son sang, et que Soissons estoit une ville de seureté qui avoit esté baillée à feu M. du Mayne[1].

LXXXIII.

Man. Bibl. impér. Fonds Harlay, CCCXL[5], p. 42.

Lettre du Roy au sieur de Chouane, président du présidial de Chartres, pour luy tesmoigner la satisfaction que Sa Majesté avoit eue de la façon qu'il avoit receu les lettres de M. le Prince.

Nostre amé et féal, nous avons veu les lettres qui vous ont esté escrites par nostre cousin le prince de Condé en créance sur le sieur de la Louppe, et vostre procédure en la réception d'icelles, où vous avez, en vostre debvoir accoustumé, tesmoigné de vostre fidélité et affection à nostre service, dont nous vous louons grandement. Continuez donc ce bon debvoir, sans que rien vous en puisse détourner, selon l'entière confiance que nous en avons en vous, asseuré que nous en aurons bonne souvenance pour vous recognoistre et gratiffier aux occasions qui s'en présenteront; ce qu'attendant, nous prions Dieu qu'il vous ayt en sa saincte et digne garde.

Escrit à Orléans, le 21 aoust 1615.

LOUIS.   Loménie.

[1] Charles de Lorraine, frère du Balafré, plus connu sous le nom de duc de Mayenne.

L'appel suivant du prince de Condé caractérise bien l'esprit de ces temps singuliers, esprit de faction se couvrant du besoin de rétablir l'ordre, et que néanmoins le malheur des circonstances et le mauvais gouvernement du Roi et de ses ministres expliquent et presque justifient.

LXXXIV.

Man. Biblioth. impér. Fonds Colbert, t. CCXVIII, p. 155.

Appel aux gouverneurs de provinces, etc.

Henry de Bourbon, prince de Condé, premier prince du sang et premier pair de France, duc d'Enghien, marquis de Chasteauroux, comte de Soissons, de Clermont et Vallery, baron de Craon, Rochefort, la Chastre, Bommiers et Sainct-Maur, gouverneur et lieutenant général pour le Roy monseigneur en ses pays et duché de Guyenne, au sieur de................ salut.

Sçavoir faisons qu'après une longue patience, [ayant] toujours espéré de veoir establir un bon ordre aux affaires et grands désordres qui sont en l'estat, et ayant enfin recogneu les pernicieux desseings et violens conseils du mareschal d'Ancre, du chancelier, [du] commandeur de Sillery, de Bullion et de Dollé, si publics et à la cognoissance de toute la France, pour vouloir régner seuls dans la confusion que iceux tournent du tout à la subversion de l'estat, à l'affoiblissement de la couronne, à la ruyne des princes du sang, des autres princes et officiers de la couronne et seigneurs du royaume ; et voyant que plusieurs, par le conseil des dessus dicts, comme nous sommes très bien advertis, ont faict et font de grandes levées de gens de guerre en plusieurs endroits d'iceluy, soubs l'auctorité du Roy, ce qui ne peut estre faict ny entrepris qu'au préjudice du service de Sa Majesté, le bien de son estat et du public ; si bien que nous sommes provoquez et contraints de repousser leurs injures faictes au Roy par une juste, naturelle et nécessaire deffense, estans comme nous sommes sans aucunes armes et avec nostre train ordinaire seulement : à quoy, attendu nostre qualité et le rang que nous tenons en France, nous jugeons nécessaire et de nostre debvoir de nous y opposer pour remédier au mal évident et aux inconvéniens qui en pourroient arriver.

A ces causes, nous confians à plain dans vos suffisance, fidélité, vertus, vaillance et expérience au faict des armes, bonne conduite et grande diligence, nous vous avons par ces présentes, de l'advis de plusieurs princes, officiers de la couronne et seigneurs estans avec nous, donné et donnons la charge et commission de lever et mettre sus, le plus diligemment que vous pourrez, une compagnie de cent hommes de pied pour estre commandez et enrollez au régiment du sieur de.... mestre de camp, en laquelle vous donnons pouvoir de prendre telz lieutenans, enseignes et autres membres que vous adviserez pour le mieux, et icelle levée estre par vous conduite et amenée au dict sieur de.......... affin de luy obéir et aux commandemens que nous vous ferons pour le service de Sa Majesté et bien de son estat. En tesmoignage de quoy nous avons signé ces présentes de nostre main, icelles [faict] contresigner par nostre conseiller et secrétaire ordinaire, et apposé le scel de nos armes.

Donné à Coucy, [du mois d'aoust] le douziesme jour, mil six cent quinze.

HENRY DE BOURBON.

Par monseigneur, premier prince du sang et premier pair de France,
BONNET.

LXXXV.

Man. Journ. d'Arnaud d'Andilly. Bibl. de l'Arsenal. Pap. Conrart, in-8°, t. XI.
— Impr. id. p. 112.

Extrait du journal d'Arnaud d'Andilly. 28 août 1615.

28 aoust 1615. — Le sieur de Foraise (Friaize), pris à Chartres portant des commissions de M. le Prince. Comme on travailloit à son procès, M. le Prince escrivit à M. le mareschal de Boisdauphin qui luy fit response. Depuis, M. le Prince escrivit aux commissaires du dict procès des lettres qui furent surprises.

Il est ici question du sieur de Beaulieu Friaize, très-attaché à la faction du prince de Condé, dans l'intérêt duquel il faisait des levées, lorsqu'il fut arrêté à Chartres. Le Roi, par lettres patentes du 25 août 1630, avait renvoyé le prisonnier devant la cour de parlement de Paris. Mathieu Molé, dans ses mémoires (1615), a donné le détail de la procédure. On y trouve une lettre de la Reine à la date du 1ᵉʳ septembre, qui remercie le procureur général d'avoir mis la cause en état d'être jugée. Elle ne le fut pas cependant, sans doute à cause des espérances de paix que l'on entretenait; le sieur de Friaize, comme on le verra plus tard, fut compris dans la paix de Loudun.

Cette procédure[1], à laquelle nous renvoyons le lecteur, contient plusieurs lettres intéressantes, dont deux du prince de Condé, l'une au parlement pour réclamer en faveur de Friaize, l'autre au maréchal de Boisdauphin, et la réponse du maréchal. L'impossibilité de la position qu'avait prise le Prince ressort clairement des contradictions dans lesquelles il s'embarrasse, ne pouvant démontrer au parlement, et moins encore au maréchal de Boisdauphin, que l'armée qu'il levait et qu'il commandait était la véritable armée du Roi, et y ajoutant la menace ridicule et impuissante de représailles[2].

La réponse du maréchal de Boisdauphin est surtout digne et claire. Nous en citerons la fin : « Je suis icy avec bonne compagnie pour commander aux « armées de Sa Majesté, suivant le pouvoir dont elle m'a honoré, affin de « m'opposer à ceux qui voudroient entreprendre contre son service et trou- « bler le repos de ses subjects; mais je n'ay aucun pouvoir sur ce qui dépend « de la justice du parlement, pour en haster ou retarder le cours. De façon « que je ne vois pas que le service que vous désirez de moy puisse rien avancer « pour ce regard, sinon de faire paroistre que j'aurois étendu mon pouvoir « plus que je ne debvois. Si vos armes ne sont levées que contre ceux qui « seront contraires à Sa Majesté, il ne faut point douter qu'elle ne les avoue, « luy ayant faict entendre la sincérité de vos intentions, et qu'elle ne vous « donne tout contentement pour le particulier du dict Friaize. C'est pourquoy « j'estime qu'avec plus d'effect vous vous pouvez adresser à elle, vous sup-

---

[1] On trouvera bon nombre de pièces sur ce sujet, fonds Colbert, n° 218, p. 149 et suiv. (Édit.)

[2] On lit le *P. S.* suivant de la main du Prince au bas de la lettre du camp de Noyon, 5 septembre 1615, adressée aux commissaires chargés du procès du sieur Friaize : « Je ne manqueray pas de faire re- « présailles sur les biens et personnes que « la guerre fera tomber en mes mains de « ceux qui se mesleront de ceste affaire. » (Fonds Colbert, *ibidem*, p. 176.) (Édit.)

« pliant croire que, le seul service du Roy excepté, je vous tesmoigneray en
« toutes occasions que je suis, monseigneur, etc.[1] Au camp de Meaux, ce
« 6 septembre 1615. »

La lettre suivante du sieur de Manicamp, chargé de la défense de la Fère,
prouve qu'il redoutait les hostilités du prince de Condé; nous aurons à rappeler cette lettre plus loin.

LXXXVI.

Man. Bibl. impér. Fonds Harlay, n° 340[b], p. 54.

Lettre du sieur de Manicamp au mareschal d'Ancre.

Monseigneur, je vous escrivis hier par le maistre du relay de ceste
ville, là où estoit logé M. le Prince et ses troupes; maintenant je vous
diray par ce porteur, qui m'a asseuré estre à vous; qu'ils viennent
loger ce jourd'huy en un village qui se nomme Novion-le-Comte, à
lieue et demie d'icy, et ses troupes jusqu'à la portée du canon de ceste
place. La teste des dictes troupes est avancée jusqu'à Mouy, et semble
que le premier logement qu'y pourront faire, après avoir passé la
rivière d'Oise à Séry-Mezière et d'autres passages, sera entre Sainct-
Quentin, Ham et ceste ville, tirant droit à Noyon, et ils attendent du
canon de Soissons et le prince de Tingry et autre petite troupe. Si
j'avois commandement de leur faire la guerre, ils ne m'approcheroient
de si près. Je vous ay escrit plusieurs fois pour sçavoir ce que j'auray
à faire. J'attends sur ce vos commandemens et pour toute autre chose
qui me fera vous baiser très humblement les mains, et vous supplie
de croire que je suis, monseigneur, vostre très humble et très obéissant serviteur.

MANICAMP.

Lafère, ce 6 septembre 1615.

Demeurez en repos pour ceste place; je vous puis asseurer que
je suis en estat qu'il ne me sçauroit mal faire.

[1] Man. Bibl. impér. Fonds Colbert, n° 218, p. 172. — Impr. Mém. de Mathieu Molé,
t. Ier, p. 89.

La pièce qu'on va lire fera connaître à quel degré de mépris l'autorité royale était tombée dans le parti des princes, et jusqu'à quel point s'était accrue l'audace de ceux-ci. Il sera facile en même temps de juger de l'étendue du désordre et des souffrances qui en devaient être la suite pour le peuple, mal défendu d'un côté par ceux dont le premier devoir était de le protéger, et tourmenté de l'autre par les factieux sous prétexte du bien public et de la réforme de l'état.

LXXXVII.

Man. Bibl. de l'Arsenal. Pap. Conrart, collect. in-4°, t. XVI, p. 749 et suiv.

Commission donnée par M. le Prince pour recevoir les deniers des tailles, gabelles et autres.

Nous, Henry de Bourbon, premier prince du sang et premier pair de France, après plusieurs remonstrances, par nous faictes au Roy, des désordres, ruynes et malversations qui sont en cest estat, mesme nommé ceux qui en sont les aucteurs, lesquelz, soubs le nom de Sa Majesté, abusans trop licencieusement de son auctorité, en projettent la ruyne : pour à quoy remédier, plusieurs princes et autres officiers de la couronne se seroient joints avec nous, sans avoir peu par la douceur pourveoir à ces désordres. C'est pourquoy nous avons esté contraints de faire levées de gens de guerre pour repousser la force des ennemis de cest estat, et soubs l'auctorité de Sa Majesté, pour le bien de son service, faire un corps d'armée, affin que, par nostre soin et fidélité, et l'assistance des susdicts princes et officiers de la couronne et seigneurs de ce royaume, qui sont près de nous pour une si juste cause, nous puissions empescher la continuation de ces désordres. Et estant pour ce nécessaire de faire quelques fonds, affin de subvenir aux grands frais et despenses qu'il convient faire, tant pour le payement des gens de guerre de l'armée que nous conduisons soubs l'auctorité de Sa Majesté que pour l'entretenement des garnisons des villes qui sont à présent soubs nostre auctorité. A ces causes, nous avons, par forme de provisions et en attendant le réglement général que nous désirons faire cy après, par l'advis des dicts seigneurs princes et officiers de

la couronne, ordonné et ordonnons par ces présentes, pour le bien
du service de Sa Majesté, que désormais tous et un chascun les deniers des tailles, tant de l'élection de ceste ville de Noyon que de
celles des villes circonvoisines tenant parti contraire à Sa Majesté,
lesquelles receptes nous avons transférées et transférons par ces présentes en la dicte ville de Noyon, ensemble tous autres deniers royaux
qui sont et pourront cy après estre entre les mains des recepveurs
particuliers establis au dict Noyon par Sa Majesté, seront, par iceux
recepveurs et toutes autres personnes en ayant le maniement et charge,
mis, baillez et délivrez entre les mains d'Antoine Boullanger, sieur
de Vrenin, que nous avons pour cest effect commis et commettons,
ayant une entière confiance de sa fidélité et affection au service de
Sa Majesté, luy donnant pouvoir et auctorité de recevoir des dicts
recepveurs, et tous autres qu'il appartiendra, tous et chascun des
deniers de nature susdicte, et en donner bonnes et valables quittances
à ceux qui délivrez les auront, approuvant icelles, et, en tant que besoin
est ou seroit dès à présent, les avons ratiffiées et ratiffions, voulant
qu'elles ayent mesme force et vertu que si nous mesme les avions
faictes et données. Et de la recepte qui sera ainsy faicte des deniers
susdicts par le dict Boullanger, voulons et entendons qu'ils soyent
par luy employez tant au payement de la dicte ville et citadelle de
Noyon que autrement, suivant les estats qui luy seront à ceste fin
expédiez ; et, pour asseurance et décharge des dicts recepveurs des
deniers qu'ils délivreront et mettront cy après entre les mains du
dict Boullanger, nous voulons que copie de la présente, nostre ordonnance, soit délivrée à chascun d'eux pour une fois seulement ; suivant
et en vertu de laquelle, il leur donnera ses quittances particulières,
lesquelles voulons et ordonnons estre passées et allouées en leurs
comptes sans difficultez ; de toutes lesquelles natures de deniers ainsy
pris et receus par le dict Boullanger des dicts recepveurs particuliers, il tiendra registre pour en rendre par luy bon et fidèle compte.
Et où aucuns voudroient faire reffus ou difficulté de luy délivrer les
deniers de leurs receptes, soubs quelque couleur, cause ou prétexte

que ce soit, voulons que le dict Boullanger les y contraigne ou face contraindre par toutes voies deues et raisonnables, ainsy qu'il est accoustumé pour les deniers et affaires de Sa Majesté, luy donnant de ce faire plein pouvoir, mesme de commettre aux dictes receptes, en cas de reffus ou absence de ceux qui en sont pourveus, de telles personnes capables qu'il advisera, approuvant et auctorisant dès à présent tout ce qui sera par le dict Boullanger faict et exécuté en vertu des présentes, lesquelles, en tesmoing de ce, nous avons signées de nostre main, et icelles faict contresigner par l'un de nos secrétaires.

A Noyon, le 7e jour de septembre mil six cens quinze.

Signé HENRY DE BOURBON.

Et plus bas est escrit :

Par monseigneur le Prince,
Signé JARRIGEON.

Le samedy vingt cinquiesme septembre mil six cens quinze, après midi, je, sergent royal au bailliage de Vermandois, résidant à Noyon, soubsigné, certifie avoir signifié le contenu cy dessus, par exprès commandement de monseigneur de Champ Remy, gouverneur en la dicte ville et citadelle de Noyon pour monseigneur le duc de Mayenne, assisté de plusieurs soldats de la dicte citadelle, auxquelz le dict sieur de Champ Remy a commandé de me mener au domicile de maistre Antoine Brice, recepveur des tailles et gabelles du grenier à sel et élection de Noyon, où j'aurois esté mené et conduit par force par les dicts soldats, et par la mesme force contraint faire la dicte signification au dict Brice, parlant à Jeanne, sa servante, à laquelle j'ay délaissé copie, à ce que le dict Brice ayt à satisfaire au contenu et mandement de monseigneur le Prince, lesquelz soldats m'ont dict avoir noms, l'un Bazard de Montfort, dict Lapointe, et l'autre François Legay, dict la Taille, tesmoings, les an et jour que dessus.

Signé LE CORDELIER.

Le jour même qu'il signait la pièce ci-dessus, le prince de Condé faisait, pour s'emparer de la Fère, une tentative inutile, tandis que le duc de Mayenne essayait de passer l'Oise à Chauny, ce dont il était empêché par le seigneur de Genlis, bailli et gouverneur de cette ville. La guerre était commencée; les démonstrations hostiles des princes n'étaient plus douteuses; la cour y répondit par l'ordre d'entrer en campagne donné au maréchal de Boisdauphin[1], et par la déclaration royale du 10 septembre 1615.

LXXXVIII.

Man. Bibl. impér. Fonds Brienne, n° 200, p. 81.— Impr. Mercure franç. t. IV, 1615, p. 226.

Déclaration du Roy contre M. le prince de Condé, les princes, officiers de la couronne et tous ceux qui l'assistent et adhèrent à ses desseings.

Louis, etc. Dieu nous ayant voulu faire succéder à ceste couronne en un aage encore foible, et en un mesme instant la Royne nostre très honorée dame et mère ayant, par l'advis des princes de nostre sang, autres princes, ducs, pairs, officiers de la couronne, et par le général consentement de nos cours souveraines, esté admise à la régence et conduite d'iceluy, nostre premier et principal soin, en ce grand estonnement où l'on se trouvoit, à cause du funeste accident du feu roy Henry le Grand, nostre très honoré seigneur et père, de glorieuse mémoire, fut de réconcilier toutes les divisions, rancunes et malveillances qui pouvoient estre lors entre nos subjects, affin de les faire conspirer unanimement et par un mesme desseing à la manutention de la paix, repos et tranquillité auxquelz ce royaume se trouvoit lors. Et parce que nous recognoissions combien l'assistance des princes de nostre sang nous y pouvoit estre utile, nous prismes soin en ce mesme temps de rappeler et faire revenir nostre cousin le prince de Condé, qui se trouvoit éloigné hors de ce dict royaume

---

[1] « L'armée du Roy part de Meaux, va le 10 septembre à Crespy en Valois... le 13., le mareschal de Boisdauphin prend Creil, etc. » (Journ. d'Arnaud d'Andilly, 9 et 13 septembre 1615. — Un chiffre du 2 septembre 1615, signé Brulart (anc. fonds franç. n° 9297, p. 24), trace en quelques mots le plan de campagne du maréchal. Il consiste à assister le maréchal d'Ancre en Picardie, ou en recevoir le secours en Champagne, selon le côté où la guerre se dirigera, à saisir tous les passages favorables à l'ennemi et à surveiller les agents suspects des factieux. En même temps, ordre est donné à tous les gouverneurs des provinces voisines de joindre au besoin leurs forces au maréchal de Boisdauphin, et une plus grande quantité d'artillerie est mise à sa disposition. (Édit.)

et parmy les estrangers, espérant qu'estant près de nous et y tenant le rang et le lieu que sa naissance et sa qualité luy donnent, nous pourrions plus facilement et heureusement conduire les affaires de nostre dict royaume. Mais si, d'une part, nos intentions nous succédèrent très heureusement, ayant, par la bonne assistance qui fut donnée à nostre dicte dame et mère et à nous par la pluspart des dicts princes, officiers de la couronne et principaux seigneurs de cest estat, conservé la paix qui estoit lors dans iceluy, elles n'eurent pas le mesme succès de la part de nostre dict cousin, tant, au lieu de recevoir de luy la bonne assistance que nous attendions, et à laquelle il estoit particulièrement obligé, tant par la proximité du sang dont il nous attouche, et le particulier intérest qu'il a à la conservation de ce royaume, comme aussy pour le soin que nous avions voulu prendre de son retour, et par les dons et bienfaicts que nous luy avions largement départis à son arrivée près de nous, il commença dès lors de pratiquer et tramer des factions et menées parmy tous nos subjects, tant catholiques que de la religion prétendue refformée, et sonder les intentions des uns et des autres pour essayer de leur donner des impressions et subjects de mécontentement qui les portassent à quelque soulèvement en sa faveur et contre nostre auctorité. A quoy, après avoir longuement travaillé, il se seroit par plusieurs fois éloigné et absenté de nous, soubs divers prétextes, pour recognoistre s'il seroit suivy et assisté en ses mauvaises intentions. Mais, comme il ne trouvoit sa partie assez forte pour esmouvoir les troubles qu'il désiroit susciter, il se laissoit aisément ramener par la considération de son intérest et profit particulier, et des advantages et gratifications excessives que nous luy avions faicts et à ceux qui nous estoient recommandez par luy. En quoy nous jugions ne debvoir rien espargner pour le ranger par la douceur à son debvoir, et éviter par ce moyen la ruyne et la désolation que nos subjects eussent receues, procédant par une autre voie. Mais, comme sa mauvaise volonté ne cessoit qu'autant qu'il voyoit ne la pouvoir mettre à exécution, il estima, au commencement de l'année dernière, avoir trouvé un fondement plus certain de parvenir à ses desseings, de se retirer d'auprès de nous, et, ayant emmené avec luy quelques princes et seigneurs, avec lesquelz, soubs des considérations foibles et légères, il s'y porta jusques à prendre ouvertement les armes, délivrer commissions et se saisir d'aucunes de nos villes. A quoy, au lieu d'opposer les forces que nous avions en main assez puissantes pour luy faire ressentir le mal que luy pouvoit apporter la témérité de ses entreprises, nous résolusmes encore, avec l'advis de nostre dicte dame et mère, et des princes et seigneurs qui nous assistoient, d'y porter des remèdes que nostre douceur et clémence nous suggéroient. Et après avoir envoyé vers luy, et appris ce qu'il avoit à proposer et demander, nous estimasmes qu'il estoit plus expédient, pour le bien et repos de nos subjects, d'oublier les fautes qu'il avoit en cela commises contre nous, et le contenter sur ce qui estoit de ses intérests et advantages particuliers, que d'en venir à d'autres extrémitez; dont suivit le traicté qui fut faict à Saincte-Menehould, dans lequel, pour couvrir ceste menée d'armes de quelque prétexte spécieux, ayant faict demander une assemblée génerale des Estats de ce royaume, nous la consentismes d'autant plus volontiers que quelques mois auparavant, par l'advis de nostre dicte dame et mère, des dicts princes et seigneurs qui estoient près de nous, nous avions desjà faict sçavoir aux généraux de nos provinces, et à nos lieutenans généraux et cours souveraines, que le désir de nostre dicte dame et mère estoit de faire ceste assemblée lorsque nous commencerions à entrer en nostre majorité, de laquelle nous approchions; tellement que, dès lors, nous nous résolusmes d'en faire la convocation en la forme accoustumée. Mais l'effect en fut retardé par les nouveaux déportemens de nostre dict cousin, lequel, au lieu de se mettre en son debvoir et se rendre près de nous, comme il estoit obligé, commença, aussitost que le dict traicté fut effectué, et qu'il eut receu en suitte d'iceluy tout le contentement qu'il pouvoit désirer, à dresser de nouvelles pratiques, tant dedans que dehors le royaume, ayant en ce mesme instant dépesché en Angleterre, en Hollande et autres lieux, pour, en décriant le gouvernement et conduite de nos affaires, essayer d'y former des associations et intelligences contre nostre auctorité et service, incontinent après s'acheminer en nostre province de Poictou, où il suscita encore de nouvelles factions et menées, mesme parmy les habitans de nostre ville de Poictiers, dont il avoit eu desseing de se rendre maistre, et à quoy il eust pu parvenir si la diligence d'aucuns d'entre eux n'y eust remédié, continuant néantmoins de se tenir tousjours aux environs d'icelle avec des troupes et gens de guerre dont il se faisoit encore assister, où il faisoit de grands dégasts et désordres et tenoit les dicts habitans en continuelle crainte et ombrage, au mespris de nostre auctorité; ce qui nous donna subject de nous y acheminer en personne pour l'en faire retirer, et pourveoir à la seureté et conservation de la dicte ville, ainsy que nous fismes très heureusement. Et aussitost que nous eusmes donné ordre aux affaires qui nous avoient obligé à faire le dict voyage, nous, ne voulant tesmoigner à l'endroit de nostre dict cousin aucun ressentiment de ces désordres nouveaux, nous nous rendismes en nostre bonne ville de Paris, où, après avoir faict à nostre cour de parlement la déclaration de nostre majorité, nous fismes l'ouverture des dicts Estats généraux que nous y avions assignez. Mais nostre dict cousin, mécognoissant des graces, bienfaicts et favorable traictement qu'il avoit receus de nous, et des obligations qu'il nous avoit, au lieu de prendre soin avec nous de faire réussir ceste assemblée généralle de nostre royaume, il travailla continuellement pour débaucher et altérer les affections de ceux qui estoient depputez en icelle, et essayer de les porter à quelques demandes et instances qui fussent préjudiciables à nostre auctorité et au repos de nos dicts subjects. Et recognoissant qu'il n'y pouvoit parvenir à son contentement, ayant rencontré la plus grande partie des dicts depputez entièrement portez au bien, il travailla à semer une division entre le corps des dicts Estats et nostre cour de parlement de Paris, par le moyen de laquelle, après la closture des dicts Estats et par la continuation en divers lieux de ses pratiques et factions ordinaires, il auroit tellement traversé le soin que nous prenions de faire travailler à la response des cahiers qui avoient esté présentez par la dicte assemblée, que nous n'avons jusques à présent encore peu faire ressentir à tous nos subjects combien nous désirions les contenter sur les instances qu'ils nous ont faictes par iceux. Mais nostre dict cousin, voyant que toutes ses menées ne réussissoient pas encore au point qu'il désiroit, il se seroit de rechef résolu de s'éloigner et s'absenter de nous avec quelques princes et officiers de nostre couronne, nous ayant en ceste dernière retraite faict cognoistre plus clairement et ouvertement qu'auparavant ses mauvaises intentions. Car, comme nous avons tousjours eu le mesme desseing et désir de conserver, autant qu'il nous est possible, la paix et la tranquillité de cest estat, pour éviter les maux que la guerre et le désordre apporteroient, ayant lors envoyé vers luy aucuns de nos plus confidens et principaux serviteurs pour le convier de revenir, et nous apporter les subjects qu'il pouvoit prendre de son éloignement, sur lesquelz s'estant ouvert, et luy ayant depuis faict cognoistre que nostre intention estoit toute portée à effectuer ce qu'il pouvoit désirer de nous pour la conduite des affaires, bien et avancement de ce royaume, en telle sorte qu'il ne luy restoit aucun valable fondement pour s'éloigner de son debvoir; et comme nous nous voyions pressé de partir pour faire nostre voyage de Guyenne, pour l'accomplissement des mariages qui avoient esté contractez avec l'advis de luy et de tous les autres princes de nostre sang, pairs et officiers de la couronne, et principaux seigneurs de nostre conseil, luy ayant faict sçavoir le jour auquel nous estions contraint de partir pour nous rendre à Bordeaux, au temps que nous avions assigné pour ce subject, et luy ayant de rechef faict faire instance de nostre part de nous venir accompagner pour prendre près de nous le rang et fonction que sa naissance et qualité luy donnent, ce fut alors qu'il ne peut plus cacher la mauvaise intention qu'il avoit tousjours couvée contre nostre auctorité et service, et qu'il fit assez cognoistre qu'il estoit plutost porté à ses intérests et demandes particulières qu'à ce qui pouvoit concerner le bien public; et prenant pour prétexte la précipitation qu'il dit estre de nostre dict voyage, il nous refusa absolument de nous y accompagner;

tellement que nous fusmes obligé, par le soin que nous debvions avoir de la conservation et repos de nos dicts subjects, de mettre sus quelques gens de guerre, pour, pendant nostre éloignement, prendre soin de la seureté de nos villes, avec intention (nonobstant sa désobéissance) de n'exploiter et n'entreprendre aucune chose contre luy et ceux qui l'assistoient, s'ils se contenoient en repos et dans le respect qu'ils debvoient à nostre auctorité et service. Mais tant s'en faut qu'il en soit demeuré là, que peu de jours après il publia un manifeste scandaleux, tendant à sédition et trouble général de nos subjects; et, non content de ce, a faict et escrit en divers endroits plusieurs lettres, par lesquelles il publie se vouloir armer pour s'opposer à nostre dict voyage, et pour faire pourveoir à la refformation des abus et malversations qu'il dit estre glissées dans le royaume, qui est le prétexte spécieux duquel se sont ordinairement servis ceux qui ont voulu secouer le joug d'obéissance à laquelle la nature les avoit obligez envers leurs princes souverains. Et ensuitte de ce, il auroit envoyé en diverses provinces de ce royaume plusieurs commissions en parchemin et en papier, signées de luy et contresignées de ses secrétaires, et cachetées du cachet de ses armes, par lesquelles il donne pouvoir de mettre sus des gens de guerre à pied et à cheval, de prendre et de saisir soubs son auctorité et commandement nos villes et places, y establir gouverneurs pour y commander, donne pouvoir de prendre et saisir les deniers de nos receptes, et prendre nos subjects qui n'adhèrent à ses mauvaises intentions prisonniers, avoue toutes actions qui seront faictes en exécution de ce, contraint les habitans de nos villes qu'il estime nous estre plus affectionnez de sortir d'icelles, et les autres d'y recevoir garnison soubs son auctorité, met troupes et gens de guerre et fait conduire canons en campagne, et commet tous actes d'hostilité, rebellion et désobéissance, ne faisant paroistre autre marque de ceste refformation, dont il fait son prétexte, que la misère, ruyne et désolation de nos provinces, et les clameurs, soupirs et larmes de nostre pauvre peuple, qui, sans ces mouvemens, seroit en paix et en repos. En effet, il ne laisse plus rien en arrière pour faire notoirement cognoistre jusques où se porte son ambition et mauvaise volonté envers nous et nostre estat. Or, comme ainsy soit qu'après avoir supporté, avec toute la patience qu'il nous a esté possible, tous les susdicts déportemens, nous serons enfin contraint, à nostre grand regret et contre nostre humeur et inclination, d'y remédier par les moyens que Dieu nous a mis en mains, voulant aussy empescher que tous nos bons subjects ne soient surpris aux pratiques, prétextes et séditions dont use nostre dict cousin, et sur lesquelles il fait son principal fondement, désirons que nostre volonté et intention soit sur ce cogneue; sçavoir faisons qu'après avoir mis ceste affaire en délibération en nostre conseil, où estoient la Royne nostre dicte dame et mère, aucuns princes et officiers de nostre couronne, et autres principaux officiers de nostre conseil, de l'advis d'iceluy, nous avons dict et déclaré, disons et déclarons par ces présentes, signées de nostre main, nostre dict cousin, ensemble les princes, officiers de la couronne et tous ceux qui l'assistent et adhèrent à ses desseings, décheus de tous honneurs, estats, offices, pouvoirs, gouvernemens, charges, pensions, priviléges et prérogatives qu'ils ont de nous ou des roys nos prédécesseurs, et les avons révoquez et les révoquons dès à présent, déclarant nostre dict cousin le prince de Condé et tous ses adhérens désobéissans, rebelles et criminels de lèze Majesté, et comme telz voulons qu'il soit procédé contre eux, tant en leurs personnes que biens, mémoire et postérité, ensemble contre tous ceux qui l'assistent et le favorisent, directement ou indirectement. Mandons à tous les mareschaux de France, gouverneurs et lieutenans généraux de nos provinces, capitaines, chefs et conducteurs de nos gens de guerre, de leur courir sus, et à tous les officiers, maires, consuls, eschevins de nos villes, de se saisir de leurs personnes, s'ils se trouvent en icelles, pour les mettre en nos mains et les poursuivre par toutes les voies et rigueurs des ordonnances faictes sur semblables crimes. Sauf néantmoins si, dans un mois après la publication qui sera faicte des présentes en nostre cour de parlement, nostre dict cousin et ceux qui l'auront assisté ne recognoissent leurs fautes et nous viennent trouver, ou envoyent vers nous, pour s'acquitter effectuellement de ce qui est de leur debvoir en nostre endroit; et pour le regard des gentilshommes et autres subjects particuliers, s'ils ne se présentent dans le dict temps aux siéges de nos bailliages et séneschaussées, pour en faire déclaration et protestation, enregistrée dans le greffe d'iceux, et ne se départent entièrement de toutes actions et entreprises contraires à nostre auctorité et service ; auquel cas nostre dict cousin le prince de Condé et tous autres pourront tousjours attendre de nostre bonté et clémence le traictement que mérite leur prompte obéissance. Si donnons en mandement à nos amez et féaux les gens tenans nos cours de parlement, baillifs, séneschaux ou leurs lieutenans, et tous autres officiers qu'il appartiendra, chascun en droit soy[1], que ces présentes ils enregistrent et facent enregistrer, garder et observer selon leur forme et teneur, et à nos procureurs généraux des dictes cours, faire toutes poursuittes et diligences pour l'exécution d'icelles, et à faire punir et chastier tous ceux qui y contreviendront, car tel est nostre plaisir. En tesmoing de quoy nous avons faict mettre nostre scel à ces présentes.

Donné à Poictiers, le dixiesme jour du mois de septembre 1615, et de nostre règne le sixiesme.

Signé LOUIS, et plus bas DE LOMÉNIE.

Cette déclaration fut envoyée au parlement de Paris pour y être vérifiée[2]. A travers les opinions moins défavorables ou hypocritement factieuses qui se produisirent en cette circonstance, la raison d'état se fit jour, et le parlement, ne pouvant approuver ou même sembler approuver une rébellion déclarée, se conforma à la volonté du Roi. Le 18 septembre, l'arrêt[3] suivant fut rendu, publié et affiché dans les carrefours de la ville de Paris.

---

[1] En droit soi, c'est-à-dire quant à soi. (Du Cange, *Glossaire français*.) (Édit.)

[2] « *13 septembre*. On envoye au parlement « par Montcassin (Charles de Foix), gentil- « homme ordinaire du Roy, la déclaration « contre M. le Prince. » (Journal d'Arnaud d'Andilly.) Voir aussi fonds Colbert, n° 218, p. 182, deux lettres du Roi et de la Reine à Molé, en lui envoyant Montcassin. (Édit.)

[3] Il est intéressant de savoir que l'arrêt trouva de nombreux adversaires dans le parlement. Nous l'apprenons d'Arnaud d'Andilly, dans son journal, au 15 septembre 1615. « La déclaration du Roy « contre M. le Prince (sur le sujet de la-« quelle M. de Montcassin estoit venu) est « présentée au parlement. Cinq opinèrent « seulement. Le mercredy 15, vingt-cinq

LXXXIX.

Man. Bibl. impér. Fonds Brienne, n° 200, p. 87. — Impr. Mercure franç. t. IV, 1616, p. 237.

Arrest du parlement contre M. le prince de Condé, et autres princes, officiers de la couronne, qui ont levé les armes sans commission du Roy[1].

La cour, toutes les chambres assemblées, délibérant sur les lettres

« opinèrent; le jeudy, cent (dont quatre-
« vingt-dix-sept furent d'un advis); le ven-
« dredy, le reste. Il y en avoit trente qui es-
« toient d'advis de la vérification purement
« et simplement. Mais ils furent contraints
« de revenir à un des deux autres advis,
« qui estoient : celuy de l'arrest, qui avoit
« soixante et seize voix, et l'autre, qui en
« avoit soixante-treize, adjoustoit que les
« lettres seroient dès à présent enregistrées,
« et quant au surplus, l'advis de l'arrest.
« Ainsy il ne passa que de trois voix. » L'extrait suivant du même journal ajoute une nouvelle preuve des dispositions peu favorables du parlement. « 23 septembre 1615.
« Vingt conseillers de la cour vont à la
« chambre des vacations. M. de Murat
« portoit la parole. Ils soutiennent que l'ar-
« rest publié estoit faux, n'ayant point esté
« résolu que l'on nommeroit M. le Prince.
« Ils demandent à M. Courtin, rapporteur,
« pourquoy il l'avoit signé. Il répond que
« le premier président l'avoit envoyé quérir,
« l'avoit tenu plus de deux heures, l'avoit
« pressé instamment, luy avoit dict que
« c'estoit chose nécessaire pour le service
« du Roy, que le sieur de Montcassin estoit
« présent, lequel l'avoit menacé, disant
« qu'il avoit des fils à la cour, et qu'à la fin
« il avoit esté forcé de le signer. Ces mes-
« sieurs continuent à faire de grandes
« plaintes et demandent acte de ce que

« disoit M. Courtin. M. le président de
« Bellièvre, qui présidoit, dit que la com-
« pagnie se souviendroit bien de ce qui
« se seroit passé; qu'au surplus il ne sça-
« voit comment ils s'estoient assemblez,
« n'en ayant aucun pouvoir; que quant à
« l'arrest il ne voyoit pas pourquoy ils se plai-
« gnoient tant, veu qu'il n'avoit point esté
« dict qu'on en excepteroit M. le Prince;
« que s'ils l'avoient entendu, ils avoient eu
« tort de ne pas le dire. » On peut voir aussi sur ce point fonds Colbert, n° 218, p. 194 et suiv. principalement la pièce très-curieuse ayant pour titre : *Récit véritable de ce qui s'est passé au parlement sur la déclaration du mois de septembre 1615*. 8 pages. (Édit.)

[1] Cet arrêt est donné, partie en d'autres termes, dans les mémoires de Mathieu Molé (t. Ier, p. 95 et suiv.). Ils y ajoutent la teneur d'une lettre au Roi par laquelle la compagnie fait connaître les raisons qui ne lui permettent pas d'enregistrer pour le moment la déclaration contre le prince de Condé. Ils terminent par le fait suivant, duquel il est bon de rapprocher les deux notes ci-dessus extraites du journal d'Arnaud d'Andilly : « L'arrest du parlement
« publié, ceux qui favorisoient le parti de
« M. le Prince pour en éluder l'exécution,
« en firent aussitost imprimer un autre,
« qu'ils envoyèrent mesme par les pro-

patentes du dixiesme de ce mois contre le prince de Condé et autres princes et seigneurs qui, sans permission du Roy et contre son auctorité, pendant son absence, ont pris les armes, décerné commissions pour faire levée de gens de guerre, en assemblent, marchent avec le canon, entreprennent sur les villes, prennent ses deniers, dépossèdent ses officiers, emprisonnent ses subjects, et commettent tous autres actes d'hostilité, à la ruyne et désolation de son pauvre peuple; désirant, pendant l'éloignement du dict seigneur y pourveoir, et remédier à si pernicieux et mauvais exemples, qui vont au préjudice de son obéissance et repos public, ouy le procureur général du Roy, a faict et fait inhibitions et deffenses au dict prince de Condé, et à tous autres princes, ducs, pairs, seigneurs, gentilshommes qui l'assistent, continuer leurs assemblées et ports d'armes, et tant au dict Prince qu'à tous autres, de quelque qualité ou conditions qu'ils soient, faire aucune levée de gens de guerre dedans et dehors le royaume, marcher en la campagne en corps d'armée ou autrement, sans permission du Roy, par lettres patentes signées de l'un de ses secrétaires d'estat et scellées, ny entreprendre sur ses villes et places, prendre ses deniers, et ses officiers et subjects prisonniers, ny commettre aucuns actes et entreprises contre l'auctorité du Roy, repos et tranquillité publique. Ains enjoint à ceux qui ont pris les armes de les poser et se séparer, donner liberté aux dicts prisonniers qu'ils détiennent, et aux receptes du Roy remettre ses deniers y pris, et toutes

« vinces..... et, non contens de ce que
« quelques-uns furent si osés que d'aller
« en la chambre des vacations demander
« acte de leurs plaintes de ce qu'on avoit
« publié un arrest contre ce qui avoit esté
« résolu en la compagnie, ils laissèrent
« encore sur le bureau copie d'un acte
« conçu en ces termes : Aujourd'huy, 22 sep-
« tembre 1615, en la chambre des vaca-
« tions, aucuns des conseillers des chambres
« des enquestes et requestes ont dict que,
« contre la délibération du dernier jour,

« faicte les chambres assemblées, il se
« publie un arrest contraire à la vérité et
« qui apporte un scandale public, requè-
« rent, attendant la Sainct-Martin, y estre
« pourveu. »

L'arrêt donné dans les mémoires de Molé doit être le véritable arrêt, celui du Mercure français et du fonds Brienne, que nous reproduisons ici, est l'arrêt modifié. Rapproché de la lettre qui suit, le premier fait bien comprendre la situation. (Édit.)

choses en tel estat qu'elles estoient avant la prise des armes, et dans un mois se rendre le dict Prince, ensemble les autres princes, ducs, pairs et officiers de la couronne, près du Roy, pour luy rendre le service auquel leur naissance, dignité et charge les obligent, et aux seigneurs, capitaines et autres qui les assistent, dans le dict temps soy retirer en leurs maisons, et aux greffes des bailliages et sièges de leur ressort, faire déclaration de leur obéissance, dont ils bailleront acte aux substituts du procureur général du Roy. Et à faute d'y satisfaire dans le mois, et iceluy passé, ordonne qu'en vertu du présent arrest sera contre les contrevenans, de quelque qualité ou condition qu'ils soient, procédé comme criminelz de lèze Majesté et perturbateurs du repos public, leurs biens réunis au domaine du Roy, et eux décheus de toutes dignitez, grades, priviléges, gouvernemens, charges et pensions. Et à ce qu'il leur soit notoire, ordonne qu'il sera publié tant par les bailliages, séneschaussées et autres siéges, qu'à son de trompe, et affiché aux lieux accoustumez, à la diligence des substituts du procureur général du Roy, auxquelz enjoint ce faire, et aux juges procéder à l'exécution, à peine contre chascun d'eux d'en répondre en leurs noms, comme fauteurs et complices des contrevenans.

Faict en parlement, le 18 septembre 1615.

Signé DU TILLET.

Les autres parlements suivirent l'exemple de celui de Paris. Nous donnons ci-dessous les arrêts du parlement de Rouen et de celui de Rennes.

XC.

Imprimé du temps. 1 page. — Affiche. Bibl. impér. Fonds Colbert, n° 218, p. 204.

Extrait des registres de la cour de parlement de Normandie.

Veu par la cour, les chambres assemblées, assistant en icelle le duc de Montbazon, pair et grand veneur de France, lieutenant général au gouvernement de Normandie, les lettres patentes du Roy données à Poictiers, au mois de septembre dernier, contenant déclaration de sa volonté et intention contre ceux qui ont nouvellement pris et levé les armes, sans permission et contre son service et auctorité, conclusions du procureur général du Roy, la matière mise en délibération et tout considéré; la dicte cour, les chambres assemblées, a ordonné et ordonne que les dictes lettres patentes seront registrées ès registres d'icelle, et ce faisant, a faict et fait inhibitions et deffenses à toutes personnes de ceste province, de quelque qualité et condition qu'ils soient, de lever troupes, s'enrooller ou assembler en armes. sans commissions de Sa Majesté et attache de ses lieutenans généraux, et enjoint à tous ceux qui les ont prises de les poser et se retirer en leurs maisons, et le déclarer aux greffes de leur demeure, dans un mois après la publication du présent arrest en chascun bailliage. Autrement, à faute de ce faire, et le dict temps d'un mois escheu et passé, la dicte cour a dès à présent, comme dès lors, ordonné et ordonne qu'il sera contre eux procédé comme rebelles, perturbateurs du repos public, et criminels de lèze Majesté, sans que ceux qui dedans le dict temps satisferont au dict arrest puissent estre recherchez en leurs personnes et biens. Et, pour lever tout prétexte, sera le Roy très humblement supplié pourveoir aux plaintes et doléances de ses subjects, et ordonne que ce présent arrest sera leu et publié à son de trompe et cri public par les carrefours et lieux accoustumez à ce faire en ceste ville de Rouen, et les *vidimus* d'iceluy imprimez et affichez, et envoyez par les bailliages de ce ressort pour y estre aussy leus et publiez, à ce que aucun n'en prétende cause d'ignorance.

Faict à Rouen, en la dicte cour de parlement, les chambres assemblées, le septiesme jour d'octobre l'an mil six cens et quinze.

Collationné : DE BOISLÉVÊQUE [*à la main*].

XCI.

Man. Bibl. publique de Rennes. Copie des registres du parlement de Bretagne.

Extrait du registre des délibérations du parlement de Bretagne.
Du 25 septembre [1615].

Ont esté veues, chambres assemblées, les lettres patentes du Roy, données à Poictiers, ce présent mois de septembre mil six cens quinze, signé Louis, et en dessoubs, par le Roy estant en son conseil, Pottier, et scellées du grand sceau de cire verte, à lacs de soye, par lesquelles et pour les causes y contenues, le dict seigneur déclare M. le prince de Condé, ensemble les princes, officiers de la couronne, et tous ceux qui l'assistent et adhèrent à ses desseings, décheus de tous honneurs, estats, offices, pouvoirs, gouvernemens, charges, pensions, priviléges et prérogatives qu'ils ont de Sa Majesté ou des roys ses prédécesseurs, qu'il révoque dès à présent, déclarant mon dict sieur de Condé et tous ses adhérens désobéissans, rebelles, perturbateurs du repos public et criminels de lèze-Majesté, et comme telz veut qu'il soit procédé contre eux, tant en leurs personnes que biens, mémoire et postérité, ensemble contre tous ceux qui l'assisteront et favoriseront directement ou indirectement, sauf néantmoins si, dans un mois après la publication des dictes lettres en ses cours de parlement, mon dict sieur le prince de Condé et ceux qui l'auront assisté ne recognoissent leur faute, comme plus amplement est porté par les dictes lettres; conclusions du dict procureur général du Roy, et sur ce délibéré. A esté arresté que les dictes lettres patentes seront leues, publiées et enregistrées, pour avoir leur effect et estre exécutées suivant la volonté du Roy, et que coppies d'icelles seront envoyées aux siéges présidiaux et royaux de ce ressort pour y estre pareillement leues et publiées; et en conséquence des précédens arrests, fait la dicte cour inhibition et deffense à toutes personnes, de quelque qualité et condition qu'elles soient, de faire aucune levée de gens de guerre, ny s'en asseurer sans commission du Roy présentée en la dicte cour, sur les peines portées par les ordonnances, et a commis et commet le premier des conseillers d'icelle et juges royaux pour informer des contraventions, enjoint au prévost des maréschaux, ses lieutenans et archers, de faire leurs chevauchées, appréhender les délinquans, et, [quant] aux subjects du Roy, de les assister et tenir la main forte à l'exécution du présent arrest[1].

Le Mercure français nous fait connaître quelles furent, à la même date, les résolutions prises par le parlement de Béarn.

XCII.

Impr. Mercure franç. t. IV, 1615, p. 283.

Le parlement de Béarn ayant arresté, dès le 26 septembre, que le président Gassion et le conseiller Dufour se transporteroient dans la ville de Bordeaux, ou autre ville de la Guyenne où Sa Majesté seroit, pour luy offrir la continuation du très humble service que ceste compagnie souveraine luy debvoit, et luy représenter le contentement qu'elle avoit de son mariage; continuant son debvoir, il donna arrest, le 12ᵉ d'octobre, par lequel deffenses furent faictes à tous habitans du Béarn de prendre ny embrasser aucun party que celuy de Sa Majesté, ny soubs quelconque prétexte se provoquer ny offenser les uns les autres pour le subject de la religion, ny de sortir avec armes du pays sans le commandement du Roy. C'est arrest fut donné pour et à l'occasion de plusieurs qui s'armoient pour aller trouver le dict sieur de la Force, gouverneur de Béarn, joint avec le duc de Rohan.

Le parlement de Toulouse fut un de ceux qui renvoyèrent au Roi les lettres du prince de Condé sans les ouvrir. D. Vaissette, dans son Histoire du Languedoc, a donné les lettres du Roi et de la Reine à cette cour, lettres

---

[1]. On trouve quelques pages plus bas le nota suivant : « *Nota.* Que le présent re- « gistre n'est signé ny garanti du greffier, « et néantmoins est escrit sur parchemin. »

où le fait est rapporté et loué. C'est à tort seulement qu'il date ces pièces de 1614, elles doivent être de 1615. L'histoire du parlement de Rouen fait mention de la même mesure prise par cette cour, et l'attribue aussi à 1614. Mais rien en 1614 n'explique l'intervention du prince de Condé auprès des parlements, et par conséquent le refus de ceux-ci de recevoir ses communications. C'est donc 1615 qu'il faut dans les deux cas substituer à 1614. On lit de plus dans le journal d'Arnaud d'Andilly : « *11 aoust 1615.* — Le « sieur de Coubron porte le manifeste de M. le Prince au parlement [de « Paris], et puis se retire sur l'advis qu'il eut que MM. du parlement l'en- « voyèrent à la Royne sans ouvrir le paquet. »

Pour bien comprendre les positions respectives de l'armée du Roi et de celle des princes au moment où un armistice va faciliter la réunion où il sera traité de la paix, il est nécessaire d'avoir une connaissance succincte des mouvements militaires qui suivirent la déclaration de Coucy et qui duraient encore à la date de l'ouverture de la conférence de Loudun. Quelque triste qu'il soit de voir des princes, sous prétexte du bien public, porter le désordre dans le royaume et donner à la nation les plus funestes exemples, l'histoire ne nous permet pas d'omettre les faits qui vont suivre.

A la suite de la déclaration de Coucy, l'armée des princes, forte d'environ quinze cents chevaux et quatre mille fantassins, sous le commandement supérieur du prince de Condé, des ducs de Longueville et de Bouillon, partit de Noyon où elle s'était assemblée, et disposa sa marche de manière à être facilement jointe par les troupes de la Beauce et du Perche, etc. que lui amenait le vidame de Chartres, et par celles que le duc de Luxembourg était allé réunir dans la Champagne. Il était bien entendu que sur la route on lèverait, dans l'intérêt de cette ligue, les impôts dus au Roi. D'un autre côté, le maréchal de Boisdauphin[1] assemblait l'armée royale aux environs de Meaux, et, dès qu'il apprit que les princes se dirigeaient vers le Beauvoisis,

---

[1] Urbain de Laval, premier du nom, seigneur de Boisdauphin, etc. maréchal de France, chevalier de l'ordre du Saint-Esprit, gouverneur d'Anjou, était fils de Réné II de Laval et de Jeanne de Lénoncourt Nanteuil. Il montra de bonne heure ses talents militaires, servit la ligue et se rattacha plus tard à Henri IV. Il mourut le 27 mars 1629, après s'être retiré de la cour. Le commandement de l'armée réunie contre les princes, en possession duquel nous le voyons ici, avait été destiné d'abord au maréchal d'Ancre ; mais on ne jugea pas prudent de le lui confier définitivement, et le maréchal de Boisdauphin en fut chargé. (Édit.)

il fortifia tous les postes sur les bords de l'Oise, depuis Compiègne jusqu'à l'embouchure de cette rivière, et s'établit lui-même à Creil, pendant que le prince de Condé entrait à Clermont. Cette seule démonstration paraît avoir suffi pour faire rebrousser chemin à l'armée des princes, qui se dirigea vers la Champagne. Malgré quelques avantages, elle n'en suivit pas moins cette nouvelle route, sur laquelle elle s'empara de Château-Thierry et d'Épernay, tandis que l'armée royale, augmentée jusqu'à former dix mille hommes, couvrait contre elle la route de la capitale et le voyage de la cour.

Pour justifier par une audace plus grande encore l'audace de leur marche, les princes publièrent à Méry-sur-Seine, en date du 14 octobre, sous la signature du prince de Condé, la déclaration suivante, qui supprimait celle du Roi, comme extorquée par la fraude, et faisait appel aux vrais défenseurs de la monarchie, ordonnant de déposer les armes à ceux qui défendaient la cour.

XCIII.

Man. Bibl. impér. Fonds Colbert, n° 218, p. 206 et suiv. — Impr. Mercure franç. t. IV, p. 251.

Déclaration de M. le prince de Condé, faicte au camp de Méry, contre celle que le Roy avoit faicte à Poictiers, et contre la vérification d'icelle au parlement de Paris.

Henry de Bourbon, prince de Condé, premier prince du sang, premier pair de France, gouverneur et lieutenant général pour le Roy en Guyenne, à tous ceux qu'il appartiendra, salut. Comme nous avions cy devant patienté le plus longuement qu'il nous a esté possible avant que de prendre les armes, y ayant esté contraints et forcez par l'extresme violence des ennemis du Roy et de l'estat, lesquelz, abusans du nom et du bas aage de Sa Majesté, ont usurpé l'auctorité souveraine et le gouvernement absolu de ce royaume, s'efforcent tous les jours d'introduire les estrangers pour le porter et précipiter à sa ruyne, affin d'éviter ou retarder par ce moyen la juste punition qu'ils méritent, tant pour le parricide commis en la personne du feu roy Henry le Grand, de très glorieuse mémoire, que pour les autres crimes publics dont ils sont coupables envers le

Roy et l'estat; après nous estre résolus à une juste et nécessaire deffense, pour les causes par nous représentées en nos précédentes déclarations, nous aurions usé de la plus grande modération que nous aurions peu pour la moindre foule et vexation du pauvre peuple innocent; et nonobstant nous aurions veu manifestement que nostre grande patience et modération n'auroit servy qu'à les aigrir et rendre plus insolens et audacieux, ainsy qu'il nous est évidemment apparu par la déclaration calomnieuse et injurieuse qu'ils ont naguères publiée soubs le nom du Roy, et envoyée à la cour de parlement de Paris, par les tyranniques et violentes procédures dont leurs fauteurs et adhérens ont usé, pour falsifier et supposer un prétendu arrest, qu'ils ont osé faire publier quoique contraire à la délibération de la dicte cour[1]. Pour ceste cause, ayant mis l'affaire en délibération au conseil du Roy establi près de nous, de l'advis de plusieurs princes et principaux officiers de la couronne et seigneurs de ce royaume qui nous assistent, nous avons jugé estre expédient et nécessaire d'user des moyens et voies légitimes que Dieu, protecteur de l'innocence et vengeur de l'oppression, nous a mis en main, contre une si extresme et injuste violence, et pour la dignité et grandeur de ceste couronne, et de tant de bons et loyaux subjects de ce royaume, dont la vie, les biens, les honneurs, la mémoire et la postérité sont exposez aux rigueurs portées par la dicte déclaration calomnieuse et arrest supposé, nous avons esté enfin contraints de déclarer et ordonner ce qui s'ensuit. A sçavoir que la dicte prétendue déclaration envoyée soubs le nom du Roy est de nul effect et valeur, comme faicte par gens qui n'ont aucun légitime pouvoir et faussement usurpent les titre et qualité de conseil du Roy. Lesquelz et leurs adhérens qui ont falsifié et supposé le dict prétendu arrest, et faict publier soubs le nom de la dicte cour, nous déclarons par ces présentes ennemis du Roy, de la maison de France, du bien de cest estat, et perturbateurs du repos public de ce royaume, qui ne tendent qu'à faire tomber la couronne ès mains des estrangers. Et d'autant que jusques icy plu-

---

[1] Voir note 1, page 238.

sieurs auroient peu estre trompez et abusez par les calomnies, impostures et fausses persuasions dont les ennemis de l'estat essayent de couvrir leurs mauvais et pernicieux desseings, et se trouvoient dedans les troupes et armées qu'ils ont mis sur pied, soubs le nom du Roy, ou dans les villes ou autres lieux de ce royaume occupez par eux ou leurs fauteurs et adhérens, nous leur ordonnons de s'en départir incontinent, et se retirer en leurs maisons ou auprès de nous, pour obéir et recognoistre le Roy soubs nostre auctorité, et ce dans un mois de la date des présentes. Lesquelz en ce faisant, comme tous ceux qui n'approuveront les violences et tyranniques déportemens des dicts ennemis, nous recevrons en la protection et sauvegarde de Sa Majesté et la nostre, sans qu'ils puissent estre recherchez ny molestez, n'estant nostre intention de rendre participans de mesmes peines ceux qui ne seront coupables de mesmes crimes, ny user d'aucuns actes d'hostilité que contre ceux qui avec les armes se voudroient opposer à nous, ou par moyens indeus favoriser les ennemis. Et à faute de ce faire, s'ils continuent à se joindre avec eux, leur adhérer, les ayder et assister directement ou indirectement, et contribuer contre nous, tant les ecclésiastiques, gentilshommes et autres portant les armes, que les bourgeois et habitans des villes, bourgs et villages, de quelque qualité et condition qu'ils soient, nous les avons dès à présent, comme dès lors, déclarez et déclarons par ces présentes, atteints et convaincus du crime de lèze Majesté, et comme telz descheus de tous honneurs, estats, offices, pouvoirs, charges, priviléges et prérogatives, ordonnant qu'à ceste fin il soit procédé à l'encontre d'eux, tant en leurs personnes que biens, par les voies de la justice en telz cas accoustumées. Tous les quelz cy dessus mentionnez nous avons déclarez et déclarons estre de bonne prise, et révoquons toutes exemptions, sauvegardes et passeports que nous pourrions avoir donnez et octroyez cy devant. Voulons et entendons qu'il leur soit faict pareil traictement que celuy qui sera faict par les dicts ennemis à tous ceux qui sont joints avec nous pour la conservation de l'estat royal et la manutention de nostre juste cause, sauf et réservé à nous et à nos lieutenans généraux de gratiffier ceux que verrons le mériter par leurs bons déportemens. Si donnons en mandement (de l'auctorité du Roy, en laquelle nous procédons par l'advis des princes, ducs, pairs et seigneurs susdicts) à tous lieutenans généraux, gouverneurs, justiciers et officiers, de faire publier partout où leur pouvoir s'étend, et ailleurs où besoin sera, la présente déclaration, et icelle faire exécuter selon sa forme et teneur; car telle est nostre intention[1].

Donné au camp de Méry-sur-Seine, le 14 octobre 1615.

Signé HENRY DE BOURBON.

L'armée des princes, retardée, disent les mémoires du temps, par l'avidité avec laquelle ils recueillaient les impôts et vidaient à leur profit les caisses publiques, était toujours devancée par l'armée royale, qui, s'emparant de Montereau et de Sens, les forçait à un détour, par suite duquel ils passèrent la Loire à Neuvy, très à l'est d'Orléans, les 28 et 29 octobre, et se dirigèrent vers le Berri; affaiblis par le départ du duc de Luxembourg, qui se retira en Champagne à la suite d'une défaite que lui avait fait essuyer à Champlay le maréchal de Boisdauphin. Le Roi, pendant ce temps, avait fait son entrée à Bordeaux le 7, et Madame était partie le 21 pour la frontière d'Espagne.

La marche hostile des princes et les désordres de tout genre qui les accompagnaient étaient demeurés inutiles pour le but qu'ils se proposaient; ils ne pouvaient compter que sur les réformés du Midi, qui n'étaient pas moins factieux, mais semblaient un peu moins impuissants.

Malgré les excellents conseils du maréchal de Lesdiguières[2], l'assemblée

---

[1] Voici la forme du serment que M. le Prince faisait prêter à ceux qui étaient avec lui :

« Vous jurez et promettez fidèlement
« de bien et fidèlement servir le Roy, soubs
« l'auctorité de monseigneur le Prince et
« non d'autres, et promettez qu'il ne se
« passera rien contre son service sans l'en
« advertir, le servirez envers tous, spécia-
« lement contre les cinq tyrans qui ont
« usurpé le nom du Roy, pour s'attribuer en
« particulier l'auctorité souveraine, ensem-
« ble contre ceux qui se trouveront accusez
« et coupables de la mort du défunt Roy
« son père, affin que la justice en soit faicte
« ainsy qu'il appartient. » (Fonds Colbert, n° 218, p. 173.) (Édit.)

[2] Voir page 84 et suiv.

de Grenoble s'était, sans autorisation du Roi, transférée à Nîmes. Elle y avait condamné la réserve du colloque de Réalmont (p. 142), et ordonné de prendre les armes aux communautés de la basse Guyenne. (Procès-verb. man. t. IV, 19 octobre 1615.) Une prise d'armes des réformés n'avait donc pas tardé à avoir lieu en Guyenne[1], avec mille chevaux et quatre mille hommes de pied, destinés à servir sous les ordres des ducs de Rohan et de la Force. Elle devait prendre pour base de ses opérations le cours de la Dordogne, où les réformés avaient plusieurs places de sûreté, et où les princes comptaient sur la ville de Fronsac, appartenant au comte de Saint-Pol; mais celui-ci abandonna peu de jours après leur parti pour rentrer dans celui du Roi.

Nonobstant ces préparatifs menaçants, la cour n'en était pas moins arrivée tranquillement à Bordeaux, sous la protection de douze cents chevaux, de trois mille hommes de pied et des Suisses commandés par le duc de Guise. Le Roi avait, le 10 novembre, en date de Bordeaux, contre les plaintes publiées par l'assemblée de Nîmes, donné une déclaration pleine de sagesse et capable de ramener les réformés, si les passions n'eussent pas été déjà maîtresses du terrain[2].

Les princes, n'espérant plus empêcher l'accomplissement des mariages, traversèrent lentement le Berri, côtoyèrent la Touraine et se trouvèrent au mois de novembre dans le Poitou, où ils occupèrent Tonnay-Charente, la Rochelle, Rochefort, Saint-Jean-d'Angely et quelques autres points, tandis que le Roi réunissait, sous les ordres du duc de Guise, l'armée qui l'entourait à Bordeaux et celle du maréchal de Boisdauphin, qui avait observé avec succès les mouvements des rebelles pendant la durée du voyage. La déclaration qui opère cette réunion est conçue dans les termes suivants, et doit être datée, si l'on en croit le Mercure français (page 351), du 17 novembre, jour de la signature de la convention de Sanzay.

---

[1] « Ceux de la religion de Guyenne ont « faict une assemblée à Tonneins pour « résoudre d'empescher le passage du Roy, « mais ils n'ont rien conclu. On tient qu'ils « se sont assemblez à Saincte-Foy à ceste « fin. » (Journ. d'Arnaud d'Andilly, 26 septembre 1615.)

[2] Voir le texte de cette déclaration plus haut, page 129.

XCIV.

Impr. Mercure franç. t. IV, 1615, p. 351.

Déclaration du Roy portant réunion de l'armée royale soubs le commandement du duc de Guise.

Nous avons naguères faict lever et mettre sus un bon nombre de gens de guerre, tant de cheval que de pied, desquelz nous avons composé l'armée qui a esté jusques icy commandée et exploitée à l'encontre de nos ennemis par nostre cher cousin le sieur de Boisdauphin, mareschal de France, nostre lieutenant général en icelle, qui s'est acquitté de ceste charge à nostre entière satisfaction et contentement. Mais voyant nos dicts ennemis maintenant avancez en nostre pays de bas Poictou, et nous retournant encore en ces provinces avec les forces que nous avons près de nous, et plusieurs autres que nous avons faict lever, lesquelles sont à présent en estat d'estre utilement employées au bien de nos affaires et advantage de nostre service, nous avons advisé et résolu de joindre ensemble tant les dictes forces de la dicte armée conduicte par le dict mareschal de Boisdauphin que partie des autres qui sont en ces dictes provinces et près de nous, pour en faire une puissante armée que nous commanderons en personne, avec laquelle nostre intention est d'aller attaquer nos dicts ennemis, et les contraindre, par la justice et grandeur de nos armes, à la recognoissance de leur debvoir et de nostre auctorité, contre laquelle ils se sont soulevez. Mais d'autant que la conduite de la dicte armée estant ainsy rassemblée sera de telle considération que nous avons besoin d'y estre assisté et servy de quelque grand et notable personnage, qui en nostre absence et présence mesme ayt l'œil à tout ce qui sera nécessaire pour la faire valoir et exploiter avec la dignité convenable à la réputation de nos armes et au bien de nostre service, qui nous soulage en ce faisant du grand soin et labeur qu'il y faut employer; sçachant qu'à une si importante occasion et pour l'effect que nous nous en promettons, nous ne pourrions faire meilleure élection que de la personne de nostre très cher cousin le duc de Guise, gouverneur et nostre lieutenant général en Provence, pour les grands et signalez tesmoignages qu'il nous a rendus de son affection et fidélité, iceluy pour ces causes avons, par ces présentes signées de nostre main, faict, estably et ordonné, faisons, establissons et ordonnons nostre lieutenant général en nostre dicte armée, et la dicte charge luy avons donnée et octroyée, donnons et octroyons, avec tout pouvoir, commandement et auctorité, tant en nostre présence qu'en nostre absence, sur tous et chascun des gens de guerre françois et estrangers, soit de cheval ou de pied, dont la dicte armée sera composée, pour iceux employer et exploiter ensemblement ou séparément, tant pour la conservation de nos villes et places que pour endommager nos dicts ennemis et autres rebelles à nostre auctorité [1].

La Champagne, défendue par l'habileté et le courage du sieur d'Andelot et du marquis de la Neuville, avait échappé au duc de Luxembourg, et s'était débarrassée de quelques garnisons laissées dans Épernay et autres villes par les princes au moment où ils l'avaient quittée.

Les réformés du Midi et du Béarn n'avaient pas été plus heureux sous la conduite des ducs de Rohan et de la Force. Arrêtés à Tonneins sur la Garonne par Labrosse, enseigne des gardes, chargé par le Roi d'une mission pacifique, ils tentèrent de justifier leur prise d'armes par des récriminations dont plusieurs leur étaient communes avec le prince de Condé, dont d'autres leur étaient particulières, comme, par exemple, les réponses peu satisfaisantes faites à Poitiers au cahier de l'assemblée de Grenoble, et l'invitation qui leur avait été faite par celle-ci de se mettre en état de défense. D'après ces faits, rapportés à Bordeaux par Labrosse le 17 octobre, le Roi jugea ne devoir plus envoyer vers le duc de Rohan et ses amis, et

---

[1] « M. de Guise part de Bordeaux et arrive le 10 à l'armée, à Barbezieux, avec cinq cens chevaux, en qualité de lieutenant général des armées du Roy, la qualité de lieutenant général en la dicte armée demeurant à M. de Boisdauphin. » (Journ. d'Arnaud d'Andilly, 7 décembre 1615.) La déclaration du Roi doit donc être datée de quelques jours plus tôt. (Édit.)

publia à la suite la déclaration du 10 novembre, dont il a été question plus haut (p. 129). Du reste, les gouverneurs des villes qui s'étaient trouvées sur le passage de Sa Majesté, telles que Mont-de-Marsan, Tartas, Bayonne, etc. avaient donné des assurances de leur fidélité et de leur appui, tandis que l'armée aux ordres du duc de Rohan, après des succès insignifiants et surtout inutiles sur Damazan et Lectoure, échouait devant le Mas-d'Agénois qu'elle avait entrepris d'assiéger.

Au milieu de son ardeur apparente pour la guerre, le prince de Condé avait laissé échapper quelques paroles qui témoignaient de son désir de la paix. Le marquis de Bonnivet, envoyé par lui à la cour d'Angleterre, afin d'obtenir une sorte d'acquiescement à ses projets, en faveur de la cause des réformés jointe à la sienne, et surtout la permission de lever dans la Grande-Bretagne les forces dont il avait besoin, était revenu avec une réponse défavorable, et le sieur Edmond, ambassadeur de Jacques Ier, avait reçu l'ordre d'assurer Louis XIII des dispositions amicales de son maître, et de lui offrir ses bons services auprès du prince de Condé pour la réconciliation des partis.

D'un autre côté, le duc de Nevers, allié plein d'ardeur du parti des princes l'année précédente, avait cédé à d'autres idées et ne s'était pas joint à eux cette fois. Au contraire, il s'était rendu à Bordeaux, où il arriva au commencement de décembre. Il venait dans le double but de présenter ses respects à la nouvelle Reine et d'offrir sa médiation auprès du prince de Condé. Ami de celui-ci et du duc de Bouillon, oncle du duc de Longueville, premier beau-frère du duc de Mayenne, tous ces titres semblaient le destiner à conduire à bonne fin cette œuvre désirable. Aussi le Roi prit sa proposition en bonne part et accepta l'offre de ses services. Ce fut à la suite de cette acceptation par la cour de leurs bons offices que le duc de Nevers et l'ambassadeur britannique se rendirent à Saint-Jean-d'Angely auprès du Prince et de ses amis, et y restèrent jusqu'à la fin de l'année à préparer les événements qui allaient donner une face nouvelle aux affaires.

Telle était donc la position lorsque le Roi, après la célébration des mariages, revint vers Tours. L'armée des princes, répandue dans le Poitou, ne pouvait plus compter sur l'appui du duc de Rohan; elle avait perdu la Champagne, mal défendue par le duc de Luxembourg; elle était menacée par les armées du maréchal de Boisdauphin et du duc de Guise, réunies sous les ordres de ce dernier. Les levées effectuées par les rebelles se continuaient difficilement, les négociations entamées avec le roi d'Angleterre avaient été mal accueillies, l'argent manquait malgré les extorsions de tout genre dont souffrait la population, l'opinion publique s'irritait d'une prise d'armes impuissante qui portait les plus grands désordres dans plusieurs provinces. Le duc de Nevers[1] et l'ambassadeur d'Angleterre, sir Edmond, purent donc profiter de ces circonstances pour disposer le prince de Condé à la paix, ou plutôt pour lui suggérer un prétexte dont il avait besoin d'entrer en pourparlers avec le Roi, arrivé à Larochefoucauld le 29 octobre. Ce fut là que Louis XIII fut joint dans les premiers jours de janvier 1616 par le baron de Thianges, porteur d'une lettre du prince de Condé que nous donnons ci-après.

Le 10 novembre précédent, le Roi, ayant appris que M. le duc de Vendôme faisait lever des troupes dans le Vendômois et d'autres provinces voisines, lui avait adressé la lettre ci-dessous, à laquelle il ne jugea pas à propos d'obtempérer.

XCV.

Impr. Mercure franç. t. IV, 1615, p. 330.

Lettre du Roy à M. de Vendosme.

Mon frère, ayant résolu d'aller moy mesme en mon armée pour attaquer mes ennemis, je me promets d'y estre servy et assisté de vostre personne comme des troupes. Partant, je vous prie de faire avancer la levée des dictes troupes au plus tost, et me les amener en la plus grande diligence que vous pourrez vers Poictiers. Vous serez le bienvenu, et vous tesmoigneray combien m'aura esté agreable le tesmoignage que j'attends de vostre affection en ceste occasion, important à mon contentement et au bien de mes affaires; priant Dieu, mon frère, qu'il vous ayt en sa garde.

---

[1] « M. de Nevers, qui estoit arrivé..... auparavant à la cour va parler à M. le Prince, pour parler de paix. Il estoit lors à la Rochelle, où il avoit esté receu avec « deux cens chevaux, la cornette blanche « déployée. » (Journ. d'Arnaud d'Andilly, 1ᵉʳ décembre 1615.)

Le Mercure français ajoute : « Comme M. de Vendosme feist le contraire « de la volonté du Roy, et comme il s'en alla vers la Bretagne, cela se verra « cy-après. »

Ici commence un nouvel ordre de faits qui forme la partie principale et immédiate de la conférence de Loudun.

LETTRES,

DÉPÊCHES, ARTICLES, RÉPONSES, ETC.

ÉCHANGÉS

PENDANT LA CONFÉRENCE DE LOUDUN,

POUR LA PACIFICATION DES TROUBLES.

1616.

M. le duc de Nevers et l'ambassadeur d'Angleterre étant tombés d'accord avec le prince de Condé de la nécessité de négocier un accommodement, et de la marche à suivre pour se rapprocher du Roi, le Prince envoya à la cour, alors à Larochefoucauld, le baron de Thianges, porteur des deux lettres suivantes, l'une destinée à la Reine, l'autre adressée au Roi.

XCXVI.

Man. Bibl. impér. Fonds Dupuis, n° 450, p. 35.

Lettre de monseigneur le Prince à la Royne mère du Roy[1].

Madame, envoyant M. de Thianges vers le Roy, mon souverain seigneur, pour le supplier très humblement de donner la paix à son

---

[1] Henri de Bourbon, deuxième du nom, prince de Condé, petit-fils de Louis Ier de Bourbon, prince de Condé, si célèbre sous les règnes de Henri II, de François II et de Charles IX, naquit à Saint-Jean-d'Angely le 1er septembre 1588, six mois après la mort de son père, Henri Ier de Bourbon, époux de Charlotte de la Trémouille. Amené à la cour, il fut instruit dans la religion catholique. Il n'avait encore que vingt et un ans lorsque Henri IV lui fit épouser, en 1609, Charlotte-Marguerite de Montmorency, dont ce prince était, dit-on, épris lui-même. Condé, inquiet

royaume, affin de préveoir et détourner les calamitez et misères qui le menacent, je l'ay aussy chargé de veoir particulièrement Vostre Majesté de ma part, pour l'asseurer de la continuation de mon très humble service, et que rien ne me peut détourner du debvoir et très humble respect que je doibs et que je désire rendre à Vostre Majesté, laquelle je supplie très humblement me continuer l'honneur de ses bonnes graces, et me tenir pour ce que je seray à jamais, Madame, vostre très humble et très obéissant serviteur et subject.

De Sainct-Jehan[1], le 20e décembre mil six cens quinze.

HENRY DE BOURBON.

Et en la suscription :

A la Royne mère du Roy, mon souverain seigneur.

---

des suites que pourrait avoir cette passion du Roi, s'enfuit à Bruxelles avec sa femme, d'où il passa à Milan. Il rentra en France à la nouvelle de la mort de Henri IV, persuadé que sa qualité de prince du sang ne pouvait manquer de lui assurer une grande autorité dans les conseils de la régente. Mais il n'en fut rien, et les influences subalternes qui se firent jour et dominèrent les premières années du règne de Louis XIII ne le permirent pas et jetèrent ce prince dans l'esprit de faction qu'il poussa à l'excès. Nous en avons parlé avec quelques détails dans notre introduction. La signature de la paix de Loudun ne changea rien à ses dispositions. Il ne vint que le 27 juillet suivant, c'est-à-dire près de trois mois après, présenter au Roi ses assurances de fidélité et de respect, et n'en continua pas moins ses cabales. Il fut conduit à Vincennes au mois de septembre 1616, et y resta prisonnier pendant trois ans. Charlotte de Montmorency l'y suivit et y donna le jour à Mme de Longueville en 1619, le 29 août. Sorti de captivité cette même année, Condé se conduisit dans la suite en bon général et en sujet fidèle. Après la mort de Louis XIII, il fut admis au conseil de la régente, et lui rendit de grands services. Il mourut à Paris le 11 décembre 1646, âgé de cinquante-huit ans, laissant le grand Condé héritier de son nom et de son autorité. Celui-ci, plus jeune que sa sœur, était né le 8 septembre 1621. (Édit.)

[1] Saint-Jean-d'Angely.

XCVII.

Man. Bibl. impér. Fonds Dupuy, n° 450, p. 35. — Impr. Mercure franç. t. IV, 1616, p. 3.

Lettre de monseigneur le Prince présentée par M. de Thianges [1].

Sire, j'ay cy devant représenté à Vostre Majesté par mes très humbles remonstrances les désordres et malheurs qui menaçoient vostre royaume, et l'ay suppliée, avec l'humilité et le très humble respect que doibt un fidèle subject à son souverain, de les détourner par sa prudence, et porter sa main salutaire pour y appliquer de bonne heure les remèdes nécessaires et convenables, de peur qu'estans négligez, et par ce moyen demeurans inutiles, le mal ne se rendist incurable. En quoy, Sire, je n'ay eu, comme je n'auray jamais autre but ny intention, que la conservation de vostre estat et le repos et tranquillité publique d'iceluy; à laquelle désirant rapporter toutes mes actions et rechercher tous moyens possibles pour y parvenir, affin d'éviter ces misères et calamitez que la guerre civile attire quant et soy, j'avois délibéré, avant l'arrivée de M. Edmond, ambassadeur du roy de la Grande Bretagne, et de M. le duc de Nevers, pour satisfaire à mon debvoir et au désir et prières des depputez de ceux de la religion prétendue refformée assemblez par vostre permission, d'envoyer vers Vostre Majesté quelque personnage de qualité pour la supplier de rechef, ainsy que je fais très humblement par M. de Thianges, que j'ay choisy pour cest effect, de donner la paix à vostre royaume, tant nécessaire et tant désirée par tous vos subjects, faisant pourvoir s'il vous plaist aux remonstrances des Estats généraux [2]

---

[1] Charles Damas, baron puis marquis de Thianges, maréchal de camp, mort en 1638. Il était très-attaché au prince de Condé. (Édit.)

[2] A ce que nous avons déjà dit plus haut (*passim*) sur ce sujet nous ajoutons ce qui suit sur les intrigues du prince de Condé, Conférence de Loudun.

mal dissimulées par le prétexte du bien public : « Tout ce mois de février (1615) se « passa à considérer quelle seroit la con- « clusion des Estats généraux, chascun y « faisant ses brigues pour en tirer avantage, « et spécialement monseigneur le Prince, « qui essaye à s'auctoriser dans ceste assem-

33

et de vostre cour de parlement de Paris, et à celles que j'ay cy devant présentées à Vostre Majesté, et pour cest effect appeler en vostre conseil les anciens et fidèles conseillers[1] dont le feu Roy vostre père, de très glorieuse mémoire, s'est servi si utilement, qui ne sont intéressez ès dictes remonstrances et ne désirent que le bien du royaume. Et j'espère, Sire, que Dieu me favorisera tant que de faire cognoistre à Vostre Majesté la sincérité de mes intentions, et enfin, cognoissant que je ne me suis éloigné de sa personne que pour m'approcher en effect de son service, elle me continuera l'honneur de ses bonnes grâces, comme à celui qui sera toute sa vie, Sire, vostre très humble, très obéissant et très fidèle subject et serviteur.

De Sainct-Jehan-d'Angely, le 20 décembre 1615[2].

HENRY DE BOURBON.

L'assemblée de Nîmes, en s'unissant au prince de Condé par la convention de Sansay (27 novembre 1615, voir plus haut, page 149), n'était pas sans en redouter les suites. Aussi, au moment où elle contractait cette alliance

« blée, et relève un article qui avoit esté
« proposé au tiers estat, pour le subject
« de l'auctorité souveraine des roys contre
« l'auctorité prétendue du pape, qui prétend
« pouvoir déposséder nos roys et dispenser
« leurs subjects de l'obéissance, et autres
« points particuliers. Sur cela il est con-
« tredit par le clergé; la noblesse se déclare
« ouvertement, elle fait prendre l'affirma-
« tion au parlement, et de là commencent à
« naître les animositez entre le parlement et
« les Estats généraux, et principalement de
« l'ordre ecclésiastique, que monseigneur
« le Prince fomente soigneusement. L'on
« accommode les différences qui en naissent
« par quelques arrests de conseil, où le Roy
« évoque à soy cest article, pour en juger. »
(*Mémoires de Pontchartrain*, t. II, p. 73, collection Petitot.)

[1] Ces ministres étaient : le duc de Sully, de Neuville, de Villeroy, le président Janin, le chancelier de Sillery. (Édit.)

[2] Les notes suivantes sont en marge, de la main qui a copié la lettre : « La superscrip-« tion des lettres de M. le Prince est : *Au* « *Roy mon souverain seigneur.* Ceux de la reli-« gion estoient joints à M. le Prince. Veoir « pour ce cy-après copie des lettres de l'as-« semblée de Nismes au Roy et à la Royne « du .. novembre 1615, et de la response « qui leur fut faicte par M. de Pontchartrain, « le .. janvier 1616. » Il est évident que le collecteur du manuscrit a eu l'intention de faire copier ces deux lettres à la suite, mais qu'elles ne l'ont point été. La lettre de l'assemblée de Nîmes que nous donnons ci-après est empruntée à une autre source. (Édit.)

factieuse, elle se préparait à faire auprès du Roi une démarche dernière, pour le décider à satisfaire aux réclamations qui lui étaient exprimées par le Prince, et détourner ainsi d'elle le danger de la mise à exécution des conditions arrêtées. La lettre qui portait l'expression de ces désirs était rédigée dès le milieu du mois de novembre; elle ne fut présentée au Roi qu'à la fin du mois de décembre, en même temps que celle du prince de Condé.

XCVIII.

Impr. Mercure franç. t. IV, 1616, p. 5.

Lettre des depputez refformez assemblez à Nismes[1].

Sire, c'est à Vostre Majesté que nous debvons rendre compte de nos actions, lequel nous luy rendons d'autant plus volontiers que nostre plus grand désir est qu'elles luy soient aussy véritablement cogneues qu'elles sont mal interprétées de ceux qui voudroient rendre nos procédures odieuses à Vostre Majesté, pour ce qu'elles ont eu un but du tout éloigné de leurs intentions; ce qui nous fait très humblement la supplier par les sieurs de Bertheville, Dolchain et Parenteau, et par la présente, vouloir juger des nostres par ses propres intérests joints à ceux de son royaume, et non par ceux de quelques particuliers qui essayent de leur donner un sens contraire au nostre, affin de nous imputer les causes tant des maux publics que de ceux qu'ils ont projeté de nous faire, que nous eussions attendus avec plus de patience que d'appréhension, asseurez sous la protection de Vostre Majesté, si nous n'eussions recogneu que ce que nous n'interprétions qu'à des menaces contre nous avoit passé en attentat contre l'auctorité de Vostre Majesté, que vostre seureté ne pouvoit

---

[1] On lit dans le procès-verbal manuscrit de l'assemblée de Nîmes, séance du 14 novembre 1615, ce qui suit concernant cette lettre : « Pour faire les lettres « et dresser les instructions de ceux qui « seront depputez tant vers le Roy que « vers monseigneur le Prince, ont esté « nommez les sieurs de Rouvray, de Blain- « ville, de Champeaux, Mania! et Maleray. » (Édit.)

estre certaine tant que nostre principal maintien seroit rendu douteux; ce qui nous a poussez à des perplexitez incroyables parmy les émotions presque généralles en ce royaume, que nous avons creu procéder d'une maladie intérieure, à son commencement facile à guérir et mal aisée à cognoistre, mais qui depuis est demeurée par son progrès cogneue de tous d'une cure si difficile, que les plus saines parties, ayant eu recours aux remèdes accoustumez et plusieurs fois appliquez aux grands maux de cest estat, au lieu de la guérison espérée, nous avons veu paroistre les excez du mal dans les remèdes qui le debvoient guérir. Nous avons veu les remonstrances de M. le Prince et de vostre cour de parlement, desquelz les justes ressentimens ne peuvent estre trompez, du tout rejettées, ou fort peu considérées : nous avons veu encore vostre souveraineté mise en dispute et révoquée en doute, et l'indépendance de vostre couronne demeurée indécise; tellement que nous, qui ne tenons nostre subsistance après Dieu que de la fermeté de vostre sceptre, avons eu subject de croire qu'il estoit temps de penser à nous, lorsqu'on vouloit en ébranler les fondemens; que c'estoit à nous de prester la main à ceux qui ont droit d'y porter les leurs, et qui doibvent d'autant plus estre fortifiez que moins il en reste qui puissent étayer cest édifice, à ce que la chuste ne les accable et nous avec eux, Sire, qui, ayant l'honneur d'estre du sang de Vostre Majesté, en sont les principales colonnes. La base en est au cœur des vrais François, dont elles ne sont soutenues, sinon en tant qu'elles soutiennent leurs Roys, où toutes leurs affections aboutissent et se rapportent ; c'est ce qui a émeu les nostres (selon que nous avons creu y estre obligez, tant par nostre naissance que par nostre conscience) à joindre nos très humbles supplications aux remonstrances de M. le Prince. Mais, au lieu de les rendre plus considérables, nous avons veu éclore une déclaration[1] précipitée contre les loix du royaume et les formes accoustumées, sans ouyr la partie, sans avoir esgard à sa qualité, à l'intérest qu'il a en ce qui touche Vostre Majesté,

---

[1] Voir plus haut les déclarations pages 129 et 184. (Édit.)

à celuy qu'il doibt prendre à la refformation de cest estât. Nous avons veu les armées levées de toutes parts et avons ouy, de l'abondance du cœur, les bouches de plusieurs augurer des félicitez du mariage de Vostre Majesté par le desseing de nostre ruyne; comme si ceste alliance debvoit estre cimentée du sang de ses plus fidèles subjects, que nous avons estimé qu'ils ne différoient à répandre que jusques à ce que leur pratique en nostre patience leur en eust ouvert les moyens; dont nous avons manifestement recogneu qu'ils ont pensé estre plus proches, lorsque, ayant adjousté le mespris aux menaces, on nous a fait veoir combien nous estions peu considérez en nous-mesmes par les responses faictes par le conseil de Vostre Majesté au cahier de nos plaintes et demandes, que nous luy fismes dernièrement présenter à Tours, estans toutes des dépendances de l'édict, ou entièrement nécessaires pour nostre conservation, dont le reffus nous a semblé d'autant plus douloureux qu'en la concession d'icelles Vostre Majesté ny le public n'y pouvoient estre intéressez. Joint que auparavant des plus éminens de nostre profession avoient esté éloignez de leur crédit et dépouillez de leurs charges; au contraire, les plus mal affectionnez envers nous, les mieux establis, entre autres ceux de qui les mains et les menées nous doibvent estre suspectes, comme funestes à la France, et que nous sçavons ourdir nostre destruction avec une plus grande trame. Ce sont les raisons, Sire, qui nous ont faict encore envoyer vers mon dict sieur le Prince, pour nous joindre aux bonnes intentions qu'il nous a tesmoigné avoir au maintien de vostre auctorité royale et au bien de vostre estat, sous les protestations de l'entière fidélité et très humble obéissance que nous debvons à Vostre Majesté, que nous ne pouvons mettre en compromis, et dont nous ne voulons jamais nous départir, non plus que de luy continuer nos très humbles supplications, à ce qu'il luy plaise user des remèdes convenables pour apaiser les désordres qui menacent ce royaume d'entière désolation, faisant telle considération sur les demandes de mon dict seigneur le Prince et les nostres, que de l'octroy d'icelles Vostre Majesté en recueille les principaux advantages qu'elle se conférera à elle-mesme, donnant l'affermissement à sa couronne, la refformation à son estat, et le repos à ses subjects, qui est l'accomplissement des vœux de tous les bons François, auxquelz rien ne se peut opposer que quelques particuliers intéressez, qui, ne se pouvant couvrir soubs la puissance de Vostre Majesté qu'ils ne l'affoiblissent, la bandent contre elle mesme, et font rejaillir les coups qu'ils portent contre son sang, contre les plus fidèles et obéissans subjects de Vostre Majesté, qui ne trouvera jamais, en des affections aliénées et des cœurs engagez à autruy, les caractères d'une vraie et naturelle obéissance. Si nous avons manqué à celle que nous luy debvons, de n'avoir exécuté le commandement qu'elle nous a faict d'aller à Montpellier, nous avons creu, Sire, que, puisqu'il a pleu à Vostre Majesté recevoir comme valables les raisons qui nous avoient contraints à sortir de Grenoble, qu'elle nous fera encore ceste grâce d'agréer celles qui nous retiennent d'aller à Montpellier et en tout autre lieu, où, par l'auctorité d'une seule personne ou de plusieurs, la liberté nécessaire à traicter de nos affaires pourroit recevoir les préjudices que nous avons justement appréhendez ; aussy que nous nous retenons d'autant plus dans les bornes, que moins on se veut attribuer la gloire de nous y assubjectir pour en recevoir le gré que nos bonnes intentions en doibvent attendre, puisque nous avons maintenu la tranquillité en ce qui nous a esté possible, et retenu les plus remuans de courir au bruit des armes, ce que MM. de Montmorency et de Ventadour peuvent tesmoigner. En quelque lieu et estat que nous soyons, nos consciences vous rendront tousjours tesmoignage de nostre zèle et fidélité au service de Vostre Majesté, et de nostre affection au bien et grandeur de vostre couronne, dont nous supplions Dieu de tout nostre cœur luy donner entière cognoissance, à ce qu'elle puisse faire une droite distinction du nom et de la chose, du vray service de Vostre Majesté et de ceux qui en abusent, affin que, les discernant, elle auctorise par son choix et son approbation les actions de ceux qui ne tendent qu'au maintien de son auctorité souveraine, au restablissement de la justice, et de l'ordre nécessaire pour le repos et soulagement de ses subjects, comme estant les vrais moyens qui ont de tout temps rendu les royaumes puissans, les roys redoutez de leurs ennemis, et honcrez et chéris comme pères de leurs peuples. C'est, Sire, ce que nous espérons de vous, sous le règne de Vostre Majesté, par les bénédictions que Dieu y espandra d'en haut, dont nous attendons aussy ceste grace spéciale, que par les favorables traictemens que nous espérons cy après, et la justice qui nous sera rendue tant sur nos plaintes que sur nos demandes, Vostre Majesté fera cognoistre qu'elle nous tient pour ce que nous sommes véritablement, veoir que la bonté royale aura surmonté la haine et l'envie de ceux qui s'y opposent. Et pour la fin, la postérité exempte de toute passion ne manquera de publier par tesmoins irréprochables que nous avons esté jusqu'au dernier soupir de nos vies, de Vostre Majesté, les très humbles, très fidèles et très obéissans subjècts et serviteurs, les depputez des esglises refformées de ce royaume.

Nismes, le .. novembre 1615.

<blockquote>Signé BLET, président; DURAND, adjoint; BOISSEUL, secrétaire; MANIAL, secrétaire[1].</blockquote>

XCIX.

<blockquote>Bibl. Mazarine. Procès-verbaux manuscrits des assemblées protestantes, t. IV, p. 246. — Impr. Mercure franç. t. IV, 1616, p. 11.</blockquote>

Harangue dernière des depputez de l'assemblée de Nismes au Roy, à la Rochefoucauld, le 3 janvier 1616.

Sire, il y a quelque temps que l'assemblée de vos subjects de la religion a supplié monseigneur le Prince de vouloir rapporter tous

---

[1] Les députés des réformés assemblés à Nîmes étaient avec M. de Thianges, qui n'obtint qu'avec peine, et en faisant intervenir le nom du prince de Condé, qu'ils fussent entendus et présentassent leur lettre. Le Roi ne voulait pas reconnaître cette assemblée, parce que, autorisée pour Grenoble, où la présence de Lesdiguières la tenait comme captive, elle s'était transférée à Nîmes de son autorité privée, pour

ses conseils, délibérations et actions à la paix de cest estat, et, pour cest effect, de vouloir depputer comme nous vers Vostre Majesté, pour la supplier très humblement d'avoir pitié de son peuple, et de vouloir, par le moyen d'une bonne paix, espargner le sang de ses subjects. L'impatient désir de veoir acheminer un si bon œuvre a faict que la dicte assemblée nous a depputez avant la response de mon dict seigneur le Prince, lequel nous avons trouvé s'estre desjà mis en ce debvoir. Et nous, Sire, pour ce mesme subject, venons apporter aux pieds de Vostre Majesté les supplications très ardentes de vos très humbles et très fidèles subjects de la religion.

Sire, tandis que le ciel est ouvert à la prière, il ne se ferme point aux bénédictions, celles-cy descendantes de Dieu sur nous ce pendant qu'avec zèle celle-là monte de nous à Dieu. Aussy, Sire, l'honneur que nous avons maintenant d'estre escoutez de Vostre Majesté, qui est la vive image de Dieu sur ses peuples, et de pouvoir verser en son sein nos très humbles et réitérées supplications, nous fait espérer que nos paroles, entrantes en ses oreilles, feront sortir de sa bouche des paroles de bienveillance et de paix pour ses subjects.

Sire, la vive appréhension que nous avons des maux qui menacent cest estat, qui ne peut estre ébranlé que vostre auctorité n'en reçoive de la diminution, et nous une extresme ruyne, nous fait supplier très humblement Vostre Majesté d'y vouloir apporter les remèdes convenables et pour sa justice et pour sa bonté, devant que le mal soit devenu tel qu'il ne puisse résister aux remèdes. Aux affaires de ce monde, il y a certaines bornes establies que qui les veut porter au delà les peut difficilement ramener à leur vraie assiette. Au mouvement de cest estat, il est à craindre, Sire, que les humeurs ne s'échauffent jusques à tel degré qu'il soit difficile de les remettre au juste point de leur repos.

retrouver quelque indépendance. Bertheville, l'un des députés, qui présenta la lettre ci-dessus, reproduisit en quelques paroles les demandes du Prince et des réformés, insistant sur la nécessité de rendre la paix au royaume, et réitérant l'assurance de la soumission et du dévouement de ses coréligionnaires à la personne du Roi. (Édit.)

Les vouloir pousser aux extresmes, c'est en rendre les événemens douteux, desquelz le plus certain sera tousjours la désolation inévitable de vostre royaume. Vaincre mesme pour Vostre Majesté, c'est perdre, et les lauriers les plus verdissans que ses mains puissent recueillir de telles victoires ne seront que de lamentables cyprès; car tous ceux qui se porteront aux armes, tant d'un costé que d'autre, les peuples qui gémissent sous la frayeur et le sentiment de tant de calamitez, Sire, dis-je, sont tous vos hommes, tous sont vos peuples, et tout le sang qui se respandra sortira des veines du corps de cest estat, dont Vostre Majesté est le chef.

Sire, pardonnez au zèle qui nous emporte lorsqu'il est question du bien de vostre service, et si nous osons dire que les remèdes à ces maux se doibvent plustost chercher dedans vostre prudence que dans vos armes, et que telz remèdes apporteront plus de fruit et plus de gloire que les conseils violens de ceux qui, préférans leurs intérests particuliers au service qu'ils doibvent à Vostre Majesté, essayent d'allumer vostre courroux contre vos fidèles subjects, sans espargner mesme ceux qui ont l'honneur d'estre de vostre sang, et s'efforcent par ce moyen d'advancer leurs desseings, cependant qu'ils croient que l'aage tendre de Vostre Majesté leur en donne quelque loisir. Sire, nous sçavons avec eux que la nature a donné de certains degrés aux hommes pour croistre, et que le plus haut se polit encore par expérience; mais nous sçavons aussy que l'œil divin qui éclaire à la naissance des grands roys leur inspire des âmes généreuses et plus fortes qu'aux autres hommes, pour pouvoir plus tost et plus sagement s'acquitter des grandes charges qui leur sont commises, et régir les peuples qui leur sont assubjectis.

Sire, lorsque Vostre Majesté daignera prendre la peine de recognoistre elle mesme ses grandes et importantes affaires, d'escouter les plaintes de ses subjects, d'entendre leurs très humbles supplications et remonstrances, et vouloir estre informée des désordres qui sont en son estat, déplorez par les douleurs communes, et celez pour la plus part à Vostre Majesté, lors elle découvrira les racines de ce

Conférence de Loudun.

mal, et en cognoistra la cause, et lors, s'il luy plaist, elle prendra les bons et sages conseils de la Royne sa mère, des princes et officiers de sa couronne et de ses anciens et fidèles conseillers, non intéressez en ceste affaire, pour apporter un bon ordre à ces désordres, et à ces maux de salutaires remèdes, Sire, qui calmeront ces orages par une tranquillité publique, apporteront à Vostre Majesté un affermissement en son auctorité royale, une force à son sceptre en l'amour de ses subjects, et à son nom un glorieux titre de sage, d'auguste, de grand et de père du peuple.

C.

Man. Pap. Conrart, in-4°, t. XI. Bibl. de l'Arsenal. — Impr. p. 134.

Extrait du journal d'Arnaud d'Andilly.

4 janvier 1616. — Les depputez de l'assemblée de Nismes, qui avoient voulu parler au nom des depputez de l'assemblée générale... ayant esté seulement entendus au nom de l'assemblée de Nismes, sur l'instance de M. de Thianges, qui, sur ce qu'on ne vouloit point les ouyr du tout, dit ne pouvoir retourner vers M. le Prince qu'ils n'eussent esté ouys. Le dict jour donc, partirent les dicts depputez de la Rochefoucauld, où le Roy estoit, pour retourner à Nismes en l'assemblée, et MM. de Nevers et l'ambassadeur d'Angleterre sont aussy partis le mesme jour pour retourner vers M. le Prince.

CI.

Man. Bibl. impér. Fonds Dupuy, n° 450, p. 36.— Impr. Mercure franç. t. IV, 1616, p. 15.

Lettres du Roy à monseigneur le Prince en response des siennes.

Mon cousin, j'ay receu la lettre que le sieur de Thianges m'a rendue de vostre part, et entendu ce que vous l'aviez chargé de me représenter; sur quoy je vous diray que ce n'est point à moy ny à mon conseil qu'il faut attribuer la cause de ces mouvemens et désordres qui sont maintenant dans mon royaume, dont il est arrivé desjà tant de calamitez et misères sur le pauvre peuple que les gens de bien n'y peuvent penser sans en avoir horreur, et dont la continuation ne peut apporter que la désolation entière de cest estat. C'est pourquoy il ne faut pas douter que je n'embrasse tousjours bien volontiers toutes les ouvertures convenables qui me seront proposées pour y mettre fin, comme par cy devant je n'ay laissé rien en arrière qui peust servir à destourner les malheurs. Et de faict, lorsque vous vous séparastes d'auprès de moy, ayant voulu mettre en considération ces prétextes que vous preniez de vostre éloignement, j'avois desjà faict faire quelque projet de la refformation qui se pouvoit faire en mon conseil, laquelle vous mesme tesmoignastes approuver, et sur ce qui estoit des remonstrances du parlement de Paris, je vous fis sçavoir l'intention que j'avois de faire faire une bonne conférence entre aucuns de mon conseil et des principaux officiers du parlement, affin d'adviser ensemble à ce qui seroit à faire pour la refformation de la justice, et fistes aussy cognoistre que vous étiez du mesme advis. Et quant à ce qui est des remonstrances des États généraux, vous sçavez que j'en fis mettre dès lors les cahiers entre les mains des principaux de mon dict conseil de tous les ordres, pour les veoir, examiner et rapporter par devant la Royne madame ma mère et moy, où nous espérions estre assistez de vous et des autres princes et officiers de la couronne, affin d'y prendre les bonnes résolutions qui sont convenables en ceste matière; et les effects de tout le bien que l'on en pouvoit espérer n'ont esté retardez que par vostre retraicte et par le mouvement qui s'est formé en suitte d'icelle[1]. Je vous diray encore que, depuis ce temps là, j'ay tousjours eu auprès de moy, pour mes principaux conseillers en toutes les affaires de mon estat, ceux là mesmes dont le feu Roy, mon seigneur et père, s'est tousjours servi jusqu'à son décez[2]; tellement que toutes les raisons qu'on a voulu mettre en avant pour s'élever contre mon auctorité et service n'ont

---

[1] Voir l'introduction.

[2] Le Roi fait ici allusion à la présence à la cour de Villeroy, de Thou, etc. mais combien d'autres amis de Henri IV en

aucun valable fondement. Mais néantmoins l'extresme désir que j'ay de veoir mes subjects en paix et en repos me fera tousjours oublier toutes les offenses qui ont esté commises en mon endroit, y estant porté par ma propre inclination et par l'amour que je porte à mon peuple ; et semble que, pour y parvenir promptement, il ne faut que prendre une bonne résolution, que chascun se remette en son debvoir et vive selon l'ordre des loix de l'estat, et que les subjects rendent l'obéissance deue à leur Roy, et lors la paix sera faicte et accomplie. C'est à quoy je vous prie et vous conjure de vous disposer de vostre part, avec tous les princes et seigneurs qui sont avec vous, et de croire qu'en ce faisant vous trouverez tousjours en moy la mesme affection et bienveillance que ceux de vostre qualité y doibvent espérer, et vous verray tousjours bien volontiers en particulier tenir le rang auprès de moy que vostre naissance et vostre qualité vous y ont acquis. C'est ce que j'ay chargé le dict sieur de Thianges de vous reporter en mon nom ; et, pour tesmoigner encore à un chascun combien affectionnément je me veux porter à ceste bonne œuvre, je trouve bon qu'il se tienne une conférence de vous avec quelques depputez de ma part pour traicter des moyens d'y parvenir, et pour cest effect j'ay prié mon cousin le duc de Nevers[1] de retourner vers vous pour convenir du temps, du lieu et des autres circonstances de la dicte conférence, dont je me remettray sur ce qu'il vous en dira de ma part, priant Dieu, mon cousin, qu'il vous ayt en sa saincte garde.

Escrit à la Rochefoucauld, le premier de janvier 1616.

étaient éloignés, parmi lesquels Sully, au moment où l'influence du maréchal d'Ancre était plus grande que jamais! (Édit.)

[1] Charles de Gonzague Clèves, premier du nom, duc de Nevers et de Rethel, devenu en 1627 duc de Mantoue et de Montferrat, avait épousé en 1599 Catherine de Lorraine, fille de Charles, duc de Mayenne. C'est par ce mariage qu'il se trouva introduit à la cour de France. Il était frère de la duchesse douairière de Longueville, femme de Henri Ier d'Orléans, et de la duchesse de Mayenne, femme de Henri de Lorraine. Ces alliances expliquent comment il se trouva mêlé aux négociations de la paix de Loudun, où il joua le rôle d'un conciliateur, après avoir été lui-même opposé à la cour et l'un des stipulants du traité de Sainte-Menehould. La fin de sa vie fut fort agitée par les luttes qu'il

CII.

Man. Bibl. impér. Fonds Dupuy, n° 450, p. 37 verso.

Lettre de la Royne à monseigneur le Prince en response des siennes.

Mon nepveu, le sieur de Thianges m'a présenté vostre lettre et m'a rendu les tesmoignages dont vous l'avez chargé de la continuation de vostre bonne volonté en mon endroit, dont j'ay receu beaucoup de contentement, et l'ay prié de vous reporter une entière asseurance de la mienne envers vous et de l'extresme désir que j'ay de vous reveoir auprès du Roy monsieur mon fils, y tenir le rang et le lieu qui est deu à vostre qualité et à vostre naissance. Il vous dira aussy combien volontiers nous embrasserons toutes ouvertures et propositions raisonnables qui nous seront faictes pour mettre nos subjects en paix et en repos. Je m'en remets sur luy pour prier Dieu, mon nepveu, qu'il vous ayt en sa saincte garde.

Escrit à la Rochefoucauld, ce premier jour de janvier 1616.

CIII.

Man. Bibl. impér. Fonds Dupuy, n° 450, p. 37 verso.

Mémoire ou articles présentez par M. de Thianges de la part de M. le Prince pour parvenir à une conférence, avec les responses sur iceux du 1ᵉʳ janvier 1616[1].

ARTICLE PREMIER.

Monsieur le Prince désire traicter conjointement avec ceux de la religion, et insiste à ce qu'ils soient receuz avec luy.

eut à soutenir pour ses duchés de Mantoue et de Montferrat, dont il ne reçut l'investiture de l'empereur qu'à la suite des victoires de Louis XIII et du traité de Quérasque en 1631. Il mourut le 21 septembre 1637, regardé comme un des hommes les plus distingués de son temps. (Édit.)

[1] Il est évident par ce titre que ces demandes furent présentées par M. de Thianges en même temps que la lettre du prince de Condé, et qu'il remporta les réponses avec la lettre du Roi. (Édit.)

ART. 2.

Pour cest effect, il désire que Sa Majesté face expédier un brevet à l'assemblée de Nismes[1] pour se transporter à Saincte-Foy, ou tel autre lieu que la dicte assemblée trouvera plus à propos, pour estre proche du lieu de la conférence.

ART. 3.

Le dict sieur Prince désire, pour les raisons contenues en son mémoire, que l'ambassadeur du roy de la Grande-Bretagne intervienne au traicté pour estre tesmoin de ce qui s'y passera[2].

ART. 4.

Il supplie aussy Sa Majesté de commander à madame la comtesse de Soissons de s'y trouver.

ART. 5.

Le dict sieur Prince désire sçavoir le lieu de la conférence, et quelz commissaires il plaira à Sa Majesté y employer.

ART. 6.

La conférence estant accordée, le dict sieur Prince supplie Sa Majesté de donner ordre que le président Lejay soit élargi[3].

---

[1] Voir ci-dessus, page 158, pour l'assemblée de Nîmes. (Édit.)

[2] Cet ambassadeur était venu avec M. de Thianges; il s'en retourna avec lui et avec M. de Nevers (*Mercure français*, t. IV, p. 18, 1616.) C'était le chevalier Edmond; il avait reçu des instructions pour offrir ses bons offices, et était en liaison avec des négociateurs des deux parties. (Voir plus haut, en note, p. 153.) (Édit.)

[3] Le 22 du mois de mai 1615, après que le Roi eut entendu les longues remontrances présentées par le parlement, la Reine irritée parut, dans sa réponse, faire allusion à l'esprit factieux de quelques présidents, parmi lesquels on supposa qu'elle rangeait le président Le Jay. Il passait pour avoir été un des promoteurs de cet acte, et avait de plus le tort d'être des amis du prince de Condé. On résolut donc, en partant pour la frontière d'Espagne, de ne pas laisser en arrière, au milieu du peuple de Paris, un magistrat qui ne manquait pas de popularité, et sur lequel la

ART. 7.

Pour la fin, il désire sçavoir en quel estat les armées demeureront durant la conférence.

cour ne pouvait compter. Aussi, le lundi 17 août suivant, sous prétexte de lui procurer l'honneur d'accompagner le Roi, et malgré le refus qu'il en avait fait quelques jours auparavant, refus qui avait éveillé des soupçons, il fut enlevé de chez lui dans un carrosse à six chevaux, et suivit la cour; mais on arrêta son voyage à Amboise, où il fut enfermé dans le château. C'est contre cette captivité que réclame le prince de Condé, dont les plaintes s'étaient déjà produites à ce sujet. Le passage suivant des mémoires de Pontchartrain raconte le fait d'une manière piquante et rapide : « Le « 17 du dict mois d'aoust 1615, le Roy et la « Royne sa mère partent de Paris... pour « faire leur voyage; et parce que le président « Lejay, l'un des présidens du parlement, « estoit celuy qui s'estoit rendu comme « chef de la faction qui estoit pour M. le « Prince dans le parlement, et qui, à cause « du crédit qu'il avoit dans la ville, y eust « pu former quelques cabales et séditions « au préjudice du repos et seureté d'icelle, « et du service du Roy, Leurs Majestez fu- « rent conseillées de le mettre du voyage, « pour servir en leurs conseils, comme les « autres conseillers d'estat, et elles luy firent « faire commandement de se tenir prest « pour cest effect; ce commandement luy « fut porté et réitéré par le sieur de Lo- « ménie, secrétaire d'estat. Mais, comme il « n'avoit pas ce désir, et que possible son « intention estoit de servir utilement M. le « Prince dans Paris, il y apporta des diffi- « cultez, feignoit d'estre malade, qu'il ne « pouvoit désemparer la cour de parlement « sans sa permission; qu'il falloit qu'il eust « un commandement du Roy par escrit, et « autres raisons qui tesmoignoient n'y vou- « loir aller, quelque commandement qu'il « en eust; et mesme le soir dont Leurs Ma- « jestez partirent le lendemain, sur ce qu'on « luy dit qu'il avoit tort d'offenser Leurs Ma- « jestez par ce refus, et qu'il leur donneroit « occasion de l'y mener par force ou de le « mettre à la Bastille, il respondit qu'ils « n'oseroient l'entreprendre. Le Roy, qui « s'estoit levé fort matin à cause de la cha- « leur, et parce qu'il alloit disner dehors « sur son chemin, envoya un enseigne de « ses gardes du corps, avec un carrosse et « quelques archers, pour commander au « dict sieur président Lejay de venir parler à « luy, avec charge de le faire monter dans « le dict carrosse, et l'amener avec sur son « chemin. Cela fut exécuté sans bruit, et « un peu plus matin que le dict président ne « l'avoit espéré, tellement qu'il n'y pust con- « tredire. Il fut mené en ceste sorte jusqu'à « Amboise, où on le laissa prisonnier. Ceux « du parlement en firent faire quelques « plaintes par depputez, mais ils se conten- « tèrent sur ce qu'on leur fist cognoistre la « raison que Leurs Majestez avoient de se « plaindre de luy, et qu'il n'auroit autre « mal. » (*Mém. de Pontchartrain*, t. II, p. 97, éd. Petitot.) Mathieu Molé, dans ses Mémoires, année 1615, donne de l'arrestation du président Le Jay et des démarches du parlement en sa faveur un récit plus circonstancié. La pièce la plus intéressante

N. B. — M. de Nevers retourna près Leurs Majestez à Poictiers, le 7ᵉ du dict mois de janvier, qui rapporta le mémoire suivant ce qui estoit demandé, et désira estre suivi par le dict seigneur Prince et les autres princes et autres qui sont avec luy, lequel a esté accordé par Leurs Majestez[1].

Responses du Roy article par article.

ARTICLE PREMIER.

Le Roy se contentera de traicter avec M. le Prince, tant pour luy que pour tous les princes, seigneurs, ducs, pairs, officiers de la couronne et autres de quelque qualité et condition qu'ils soient, tant

---

de ce récit est la lettre suivante du Roi au parlement : « Nos amez et féaux, nous « avons veu les lettres que vous avez escrites « à nostre très cher et féal chancelier, « le 18 de ce mois, sur la plainte à vous « faicte par la femme du sieur président Le-« jay, de ce que son mari avoit esté emmené « pour nous suivre dans nostre voyage en « Guyenne. Sur quoy nous vous escrivons « que tout s'est faict par nostre exprès com-« mandement, pour bonnes et grandes con-« sidérations qui importent à nostre ser-« vice et auctorité, et au repos de nos bons « subjects, et sur le refus du sieur Lejay « d'obéir au commandement que nous luy « avions faict et réitéré plusieurs fois de « nous suivre en nostre voyage, ne voulant, « pour bonnes raisons, qu'il demeurast à « Paris pendant nostre absence, pour éviter « un plus grand mal. Cependant, nous vous « pouvons asseurer qu'il ne recevra aucun « mal en sa personne et que le tout a esté « faict à bonne fin, dont nous nous réser-« vons à vous dire plus particulièrement « la raison à nostre retour; priant sur ce « Nostre Seigneur qu'il vous ayt, nos amez « et féaux, en sa saincte et digne garde. « Escrit à Orléans, ce 21 aoust 1615. » (*Mém. de Math. Molé*, t. Iᵉʳ, p. 74, 1615.) On peut présumer, d'après cette lettre, que le président Le Jay était l'âme de quelque menée secrète que redoutait la cour. Cette conjecture est justifiée par ces paroles de la Reine au président d'Hacqueville, rapportées dans le même récit : « Vous ne « sçavez pas tout. Quelque jour le prési-« dent remerciera le Roy de ne l'avoir laissé « à Paris, et aussy le parlement l'en remer-« ciera. » On peut voir encore le Journ. d'Arnaud d'Andilly, 17, 18 et 19 août 1615. Il renferme plusieurs faits intéressants. (Édit.)

[1] Ce paragraphe se trouve placé dans le manuscrit entre les réponses au premier et au deuxième article; il doit l'être évidemment à la fin des articles formant questions. Ces voyages du duc de Nevers sont mentionnés dans la lettre précédente du prince de Condé et dans la réponse du Roi; le mémoire dont il s'agit est celui qui suit. (Édit.)

catholiques que de la religion prétendue refformée[1], qui l'ont assisté et suivi, et se sont conjoints et unis avec luy, y compris mesme les depputez de la religion assemblez à Nismes.

ART. 2.

Le Roy ne peut auctoriser ceste assemblée par nouveau brevet; bien permettra-t-il à ses subjects de la religion prétendue refformée de faire une autre assemblée en la forme accoustumée, pour y nommer des depputez près Leurs Majestez, et y traicter de l'observation des édicts.

ART. 3.

Si l'ambassadeur du roy de la Grande Bretagne intervenoit en ce traicté, le nonce du Pape et l'ambassadeur d'Espagne demanderoient aussy à y intervenir, c'est ce qui ne seroit à propos.

ART. 4.

Le Roy le trouve bon.

ART. 5.

Le Roy priera M. de Nevers de retourner vers M. le Prince et ramener avec luy M. de Thianges pour convenir avec luy du contenu en cest article.

ART. 6.

Lorsque le traicté sera résolu, l'on advisera de donner contentement à M. le Prince touchant le président Lejay.

ART. 7.

Il en sera advisé lorsque la dicte conférence sera résolue.

---

[1] Souvent cette phrase, *religion prétendue refformée*, n'est indiquée dans les manuscrits que par les trois initiales R. P. R.

Après la visite de M. de Thianges, le Roi avait repris son voyage; il était arrivé à Poitiers le 6 janvier, toujours escorté des troupes du duc de Guise et défendu par l'armée du maréchal de Boisdauphin. Les papiers du temps (*Mercure français*, t. IV, 1616, p. 18) assurent que le premier reçut ordre d'enlever le prince de Condé, qui se trouvait à Saint-Maixent. Le journal d'Arnaud d'Andilly (1er janvier 1616) raconte cette tentative et en explique le non-succès : « M. de Guise fit une traicte de vingt lieues avec deux mille
« chevaux et cinq cens mousquetaires à cheval (M. de Boisdauphin menoit
« le reste de l'armée) pour aller surprendre M. le Prince et MM. du Mayne,
« de Longueville et de Bouillon qui estoient dans Sainct-Maixant. M. de Sainct-
« Aignan[1], qui marchoit devant avec cinq cens chevaux légers, rencontra les
« carabins de M. de Sully, puis les gardes de M. le Prince, les chargea, ce qui
« fut entendu et donna l'alarme à Sainct-Maixant. MM. le Prince, de Lon-
« gueville et de Bouillon sortirent, et M. du Mayne demeura pour asseurer
« M. de Sully. » Ce même journal nous apprend la cause de cette réunion de seigneurs à Saint-Maixent. « *10 novembre 1615.* M. de Sully va veoir M. le
« Prince à Sainct-Maixant, sur ce que M. le Prince luy avoit mandé qu'il luy
« donnast à disner au dict Sainct-Maixant. »

Le retour de M. de Nevers près du Roi ne tarda pas à la suite de sa conférence avec le prince de Condé. Ce retour s'explique par la réponse à l'article 5 des propositions ci-dessus, où ces démarches lui sont demandées par Louis XIII.

Les articles ci-après sont ceux que proposa le prince de Condé.

CIV.

Man. Bibl. impér. Fonds Dupuy, n° 450, p. 38.

Mémoire dont estoit chargé M. de Nevers pour en traicter avec Leurs Majestez de la part de M. le Prince, lorsqu'il revint les trouver à Poictiers, le 7 janvier 1616, avec les responses.

ARTICLE PREMIER.

Pour le lieu de la conférence, si le Roy est à Tours, sera bon

---

[1] Honorat de Beauvilliers, comte de Saint-Aignan, né en 1579, commandant la cavalerie de l'armée en 1615, mort en 1622.

qu'elle se face à Loudun ou à l'Isle Bouchart, au choix de M. le Prince; si à Poictiers, elle se pourra faire à Sainct-Maixant.

ART. 2.

Pour le temps et résolution du lieu, ensemble pour demeurer d'accord en quelz lieux et en quel estat demeureront les armées de part et d'autre, seroit à propos d'envoyer de chascune part trois depputez au lieu de la Mothe-Sainct-Éloy, avec pouvoir suffisant signé et scellé du grand scel.

ART. 3.

Faudroit avoir douze passeports en blanc pour faire venir les depputez de l'assemblée[1], suivant le modèle qui en sera baillé.

ART. 4.

Item, des passeports pour les voyages nécessaires, comme aussy pour ceux que M. le Prince voudra envoyer quérir pour estre près de luy.

ART. 5.

Item, un passeport pour un homme, pour envoyer de la part de mon dict seigneur le Prince en la dicte assemblée.

ART. 6.

Escrire à Mme la comtesse de Soissons et à Mme de Longueville[2], pour se trouver à la dicte conférence.

---

[1] Cette assemblée est l'assemblée des protestants réunis à Nîmes. Aussitôt que la conférence fut ouverte à Loudun, cette réunion se transporta à la Rochelle. Voir plus haut, page 158. (Édit.)

[2] Charles, comte de Soissons, troisième fils de Louis Ier de Condé et oncle du prince de Condé dont il est ici question, était mort en 1612, laissant sa veuve, la comtesse Anne de Montafié, avec un fils et quatre filles. Ce fils, Louis, comte de Soissons et de Clermont, né en 1604, fut tué en 1641 à la bataille de la Marfée. Il avait douze ans à l'époque de la conférence de Loudun. Sa sœur, Louise, épousa l'année suivante Henri II d'Orléans, duc de Longueville. La duchesse de Longueville dont il est question dans la sixième proposition,

Responses du Roy aux questions correspondantes.

ARTICLE PREMIER.

Cela se pourra résoudre à la conférence particulière qui se fera pour parvenir à celle-cy.

ART. 2.

Ceste particulière conférence est trouvée bonne par Leurs Majestez, qui y depputeront lorsqu'elles sauront que mon dict seigneur le Prince y aura depputé.

ART. 3.

M. de Nevers ayant dict que ces passeports estoient pour estre remplis de quatre personnes chascun, qui estoient pour ceux qui estoient assemblez à Nismes, lesquelz désiroient s'approcher en ces provinces de deçà, le Roy n'a pas estimé les debvoir donner, pour n'auctoriser en sorte quelconque la dicte assemblée, qu'il tient comme illicite et illégitime.

ART. 4.

M. de Nevers a dict que ces passeports pourroient estre pour MM. de Rohan, de la Force et autres, avec qui M. le Prince désiroit conférer, et dont il désiroit prendre advis sur ce subject; le Roy les a accordez, pourveu que ceux pour qui ils seront donnez fussent nommez dans les dicts passeports.

ART. 5.

Le dict passeport est accordé.

mère de ce dernier et veuve d'Henri Ier d'Orléans, était Catherine de Gonzague, sœur du duc de Nevers. Ces relations de famille expliquent le désir que témoigné le prince de Condé de voir ces deux femmes assister à la conférence. La comtesse de Soissons et la duchesse de Longueville se rendirent à l'appel du Roi à la fin du mois de janvier. Elles furent suivies de près de la douairière de Condé et de Henri de Luxembourg, duc de Piney. La comtesse de Soissons dont il est ici question, comtesse de Montafié, dame de Bonnetable et de Lucé, était fille puînée et héritière de Louis, comte de Montafié, en Piémont. (Édit.)

ART. 6.

Le Roy fera faire les dictes lettres.

Par suite de la réponse rapportée au Roi par M. le duc de Nevers, il fut nécessaire d'envoyer des commissaires au prince de Condé, pour arrêter avec lui les mesures préliminaires indispensables à la tenue de la conférence. Le Roi désigna M. le maréchal de Brissac et M. de Villeroy, auxquels il donna le pouvoir suivant.

CV.

Man. Bibl. impér. Fonds Dupuy, n° 450, p. 37 verso.

Pouvoir baillé à MM. de Brissac, mareschal de France, et de Villeroy, pour aller traicter du temps, du lieu et seureté de la conférence qui estoit à faire[1].

Louis, etc..... A nostre cher et bien amé cousin, le comte de Brissac, mareschal de France, et nostre lieutenant général en Bretagne, et à nostre amé et féal conseiller en nostre conseil d'estat et secrétaire de nos commandemens, le sieur de Villeroy, salut. Sur les propositions qui nous ont esté faictes de la part de nostre cousin le prince de Condé, que, pour remettre le royaume en repos et assoupir tous les mouvemens, il seroit besoin de faire une conférence de quelques personnages qui seroient par nous choisis et depputez pour traicter avec luy et ceux qui l'assistent, et que, pour cest effect, il seroit nécessaire de traicter, convenir et arrester du lieu, du temps et des autres conditions nécessaires à résoudre pour parvenir à la dicte conférence, voulant tesmoigner à un chascun combien nous

---

[1] « Le huitiesme janvier, le duc de Ne-
« vers et le baron de Thianges estans de
« retour à la cour, on ne parla plus à Poic-
« tiers que de la paix; et, pour convenir
« avec M. le prince de Condé du temps, du
« lieu et des circonstances de la conférence,
« le mareschal de Brissac et M. de Villeroy,
« de la part du Roy, partirent de Poictiers
« avec les dicts duc et baron pour aller à
« Fontenay-le-Comte, où le dict sieur Prince
« avoit donné parole de s'y rendre. » (*Mercure français*, t. IV, 1616, p. 19.) (Édit.)

embrassons bien volontiers tous moyens et ouvertures qui nous sont faictes pour parvenir à un si bon œuvre. A ces causes, à plein confians dans vos fidélité, affection à nostre service et au bien et repos de nostre royaume, et expérience aux affaires d'iceluy, nous vous avons commis, ordonnez et depputez, commettons, ordonnons et depputons par ces présentes, pour vous transporter au lieu de la Mothe-Sainct-Éloy, ou autre lieu qui sera par vous jugé plus à propos, et là traicter, conférer, convenir et accorder, avec ceux qui s'y trouveront depputez et envoyez par nostre dict cousin le prince de Condé et autres princes qui sont avec luy, du lieu où se pourra faire la dicte conférence, du temps qu'elle se pourra commencer, et en quelz lieux et endroits, et en quel estat demeureront les armées de part et d'autre, et des passeports et seuretez qu'il conviendra donner à ceste occasion, comme aussy des autres conditions qui pourront estre nécessaires et convenables à ce subject, et généralement de tous les moyens et ouvertures qui vous pourroient estre proposées pour parvenir non seulement à la dicte conférence, mais aussy à un accommodement général de tous les dicts mouvemens, promettant avoir pour agréable, tenir ferme et stable ce qui sera par vous géré, négocié, convenu et accordé en nostre endroit, sur les points cy-dessus mentionnez, et le tout faire observer, entretenir et garder, comme si nous l'avions faict, promis et accordé en propre personne, et dont nous vous avons donné et donnons plein pouvoir, commission et mandement spécial par ces dictes patentes signées de nostre main, car, etc...

Donné à Poictiers, le 11ᵉ janvier l'an de grâce 1616 et de nostre règne le sixiesme.

CVI.

Man. Bibl. de l'Arsenal. Pap. Conrart, in-4°, t. XI. — Impr. p. 136.

Extrait du journal d'Arnaud d'Andilly.

15 janvier 1616[1]. — M. de Brissac et M. de Villeroy partent pour

---

[1] Cette date ne concorde pas avec celle que donne une lettre de ces commissaires au Roi, en date de Niort, le 14 janvier. Voir plus bas. (Édit.)

aller trouver M. le Prince à Niort, pour résoudre quelques articles qui restoient en difficulté, et convenir du lieu et des personnes de la conférence. Ils le trouvèrent à Fontenay. Le conseil se tenoit à l'entour du lit de M. de Bouillon qui avoit la goutte. Trève résolue pour le mois de février. Conférence à Loudun, le 10 février, et autres articles portés par la trève.

CVII.

Man. Bibl. impér. Fonds Dupuy, n° 450, p. 38.

Mémoire que présenta M. de Villeroy pour luy servir d'instruction allant en ce traicté vers M. le Prince, avec les responses qui luy furent faictes par Sa Majesté, du 11ᵉ janvier 1616 [1].

ARTICLE PREMIER.

Résoudre le pouvoir que le Roy nous donnera.

ART. 2.

Si le Roy et la Royne sa mère escriront pour nous à M. le Prince.

ART. 3.

Quelz passeports le Roy leur [2] accordera et en quelles formes?

ART. 4.

Quelles lettres le Roy escrira aux gouverneurs et lieutenans généraux des provinces pour laisser passer seurement ceux qui seront en Languedoc pour les venir trouver, et comment on les désignera et fera-t-on tenir aux dicts gouverneurs les dictes lettres?

ART. 5.

Ce que nous leur dirons que deviendra l'armée et les autres gens

---

[1] Ce titre assez mal conçu veut dire que les articles qui suivent sont ceux sur lesquels M. de Villeroy, envoyé vers M. le Prince, demanda des instructions au Roi. (Édit.)

[2] A M. le Prince et à ses amis. (Édit.)

de guerre qu'a le Roy, tant en ses provinces de Poictou et Saintonge qu'en celles de la Loire.

ART. 6.

Si on leur donnera espérance qu'il sera faict une cessation d'armes ès environs du lieu où nous conférerons avec eux, quand M. le Prince y sera en personne avec les autres princes, ducs et officiers de la couronne qui l'assistent.

ART. 7.

Si ceux qu'ils depputeront pour la première conférence font difficulté de venir à la Mothe-Sainct-Éloy, si nous irons les trouver à Sainct-Maixant ou ailleurs.

ART. 8.

Nous bailler un passeport en blanc pour délivrer aux dicts premiers depputez et le remplir de leurs noms.

ART. 9.

Avoir un trompette du Roy pour nous conduire, et s'il nous sera permis d'en prendre un de M. le Prince avec son passeport pour nostre plus grande seureté.

ART. 10.

Leur dire comme mesdames de Soissons et de Longueville ont esté mandées par le Roy venir à Tours.

ART. 11.

Quand Leurs Majestez partiront de Poictiers, et quel séjour elles feront au dict Tours.

ART. 12.

S'ils proposent de reprendre les erres de la négociation de Coucy[1];

---

[1] Voir plus haut, page 179.

ce que nous leur dirons sur les quatre points qui y furent traictez comme accordez, à sçavoir :

ART. 13.

Pour le règlement du conseil.

ART. 14.

La conférence entre aucuns du dict conseil et du parlement pour le faict de la justice seulement.

ART. 15.

Le restablissement en la ville de Poictiers, et en l'exercice des offices et charges, des absens pour cause du dict seigneur Prince.

ART. 16.

La révocation de l'arrest donné contre luy au parlement de Bordeaux.

ART. 17.

Résoudre la forme de l'abolition qui leur sera donnée, et veoir s'il faudra suivre l'exemple de Saincte-Menehould et partant la représenter.

ART. 18.

Prévoyant que ce point sera pour ce qui concerne le public l'un des plus difficiles à convenir, d'autant qu'ils voudront par le narré des dictes lettres justifier leurs armes le plus qu'ils pourront, à quoy le Roy a notable intérest.

ART. 19.

S'ils demandent qu'il leur soit permis d'envoyer vers les princes estrangers, comme il leur fut accordé à Saincte-Menehould, dont il fut abusé; s'il sera accordé par escrit ou autrement.

ART. 20.

Retirer de M. de Pontchartrain la copie des articles presentez au

Roy par les depputez assemblez à Grenoble, Sa Majesté estant à Poictiers, avec la response qui y fut faicte[1], ensemble les autres papiers

[1] Les demandes de l'assemblée de Grenoble furent présentées au Roi dans deux lettres, l'une de la fin d'août, l'autre du commencement de septembre. Dans la première, les députés protestent de leur amour et de leur fidélité, et implorent sur eux la protection du Roi contre leurs ennemis. A cette lettre sont joints six articles, extraits des cahiers de l'assemblée, reproduisant les instances sur la doctrine de la conservation des rois, sur la recherche de l'assassinat de Henri le Grand, contre l'adoption des décrets du concile de Trente, sur la nécessité que les ecclésiastiques catholiques et toutes personnes suspectes de partialité s'abstiennent des jugements qui intéressent les réformés, sur la protection de la ville et souveraineté de Sedan; le dernier a pour objet d'appuyer les réclamations du prince de Condé, ayant en vue la réforme de l'état. Les conditions desquelles l'assemblée de Grenoble venait de tomber d'accord avec le prince de Condé, par l'intermédiaire du sieur de la Haye, étaient moins innocentes que celles que nous venons de rapporter. Non-seulement l'assemblée promettait une assistance armée à celui-ci, mais encore elle s'unissait à lui en ce qui concernait le châtiment des mauvais conseillers, la réforme des conseils du Roi, l'ajournement des mariages, etc. Aussi la seconde lettre au Roi, qui exprimait une sympathie imprudente pour le manifeste du Prince, fut-elle regardée comme bien hardie, et incomplétement adoucie par une lettre plus suppliante à la Reine. Néanmoins, sans doute pour séparer le parti des réformés de celui des princes et ne pas pousser les premiers à l'extrême, la réponse que l'on avait promis de leur donner à Poitiers fut conçue dans un esprit de conciliation et d'assurance des garanties qui leur avaient été accordées par Henri IV, et déjà à plusieurs reprises confirmées par son successeur. Quel que soit le texte de cette réponse, à laquelle il est fait allusion dans l'article 20 auquel se rapporte cette note, on lira avec intérêt le résumé que Pontchartrain en a fait lui-même dans ses Mémoires (1615). « Là, on « donne audience à ceux qui avoient esté « depputez de l'assemblée de Grenoble; « ils présentent leurs cahiers, on les voit, « on y respond, on les renvoie quelques « jours après; et cependant la dicte assem- « blée envoye un autre depputé pour sup- « plier Leurs Majestez d'arrester et différer « la continuation de leur voyage et les ma- « riages. On leur respond que le Roy ne « le peut différer pour diverses et bonnes « considérations; mais que le dict voyage « ny les mariages ne doibvent mettre ceux « de la dicte religion en ombrage, puis- « qu'ils n'altéreront en rien la protection, « liberté et asseurances dont ils ont tous- « jours jouy, ny en l'observation des édicts, « comme aussy en l'entretenement des al- « liances étrangères, et ainsy il est renvoyé. » (T. II, p. 100, éd. Petitot.) Telles sont les dispositions, confirmatrices des édits, arrêts, etc. favorables aux droits des réformés, que Louis XIII et sa mère avaient droit de leur rappeler, et auxquelles ceux-ci eussent bien fait de se confier dans l'intérêt de leur cause et de leur avenir. Le lecteur trouvera plus haut le tableau de la levée

et mémoires qui peuvent servir tant de justification de la bonté du Roy envers ceux de la religion prétendue refformée [que] pour vérifier la précipitation injuste des armes de M. de Rohan, et de l'approbation et adveu d'icelle faicte par les assemblez à Nismes, comme de la saisie des deniers royaux, assiégemens et prises de places, mesme sur ceux de la dicte religion comme sur les catholiques.

ART. 21.

S'ils entendent comprendre le pays de Béarn et Navarre en leur traicté, quelle response on leur fera.

ART. 22.

S'ils demandent qu'il soit accordé à ceux de la dicte religion des graces non comprises aux édicts dont ils ont jouy, comme aux brevets et déclarations qui leur ont esté cy devant accordez, ce que l'on leur répondra.

ART. 23.

S'ils appellent à la dicte conférence première les depputez de la dicte religion qui sont auprès de M. le Prince, pour représenter le corps de ceux de la dicte religion, ou comme particuliers et de leur conseil, comment nous en userons.

ART. 24.

Plus retirer un chiffre pour escrire plus librement et seurement.

ART. 25.

Advertir M. de Guise de nostre commission et acheminement au dict lieu de la Mothe-Sainct-Éloy[1].

---

de bouclièrs du prince de Condé, du duc de Rohan et de leurs amis. (P. 161 et suiv. *Mercure français*; 1615; Pontchartrain, Rohan, 1615; *Histoire de l'édit de Nantes*, liv. IV.) Voir aussi plus haut, pages 14 et suiv. les pièces correspondantes extraites des procès-verbaux de l'assemblée de Grenoble. (Édit.)

[1] Le duc de Guise, dont il est ici question, est Charles de Lorraine, fils de Henri

ART. 26.

S'ils nous parlent des frais de la guerre, et d'avoir quelque secours de l'argent du Roy pour licencier leurs gens de guerre, et mesme leurs estrangers, ce que nous leur respondrons.

ART. 27.

S'ils nous font, outre cela, quelques propositions et demandes particulières, si nous nous chargerons d'en advertir Leurs Majestez, ou les rejetterons du tout.

Responses.

ARTICLE PREMIER.

Le Roy a faict expédier et délivrer aux sieurs de Brissac et Villeroy, qu'il deppute pour faire ce traicté, le pouvoir que Sa Majesté a jugé leur estre nécessaire[1].

ART. 2.

Le Roy et la Royne sa mère escriront à M. le Prince lettres de créance pour les dicts sieurs.

ART. 3 ET 4.

Le Roy fera expédier un passeport en blanc pour celuy que M. le Prince voudra envoyer en Languedoc, et un autre pour les trois qui

---

de Lorraine, premier du nom, duc de Guise, assassiné à Blois le 23 décembre 1588. Charles de Lorraine était né le 20 août 1571. Il s'était soumis à Henri IV en 1594, et avait été pourvu du gouvernement de Provence. La puissance de sa maison le fit encore apercevoir dans quelques circonstances pendant ce règne, et au commencement de celui de Louis XIII. Mais sa faveur diminua rapidement, et Richelieu le força à quitter la France; il se retira alors à Florence, et mourut dans le Siennois, le 30 septembre 1640. L'influence de cette famille, qui avait aspiré au trône de France, s'éteignit, dès la seconde génération, dans la vie aventureuse et romanesque de Henri II de Lorraine, duc de Guise, fils de celui qui fait l'objet de cette note. (Édit.)

[1] Voir plus haut, page 275.

doibvent venir de Languedoc trouver mon dict seigneur le Prince, ou bien trois pour estre remplis de chascun un seulement; et si mon dict seigneur le Prince en désire d'autres pour quelque particulier pour venir vers luy, les dicts sieurs depputez le faisant sçavoir à Sa Majesté, elle les leur envoyera.

ART. 5 ET 6.

Lorsque M. de Guise sera arrivé près Sa Majesté, elle prendra résolution sur ces articles dont elle les tiendra advertis.

ART. 7.

Le Roy trouve bon que les dicts sieurs depputez aillent à Sainct-Maixant ou ailleurs où ils jugeront à propos, spécialement si mon dict sieur le Prince y estoit, remettant à eux d'en user ainsy qu'ils estimeront estre plus convenable pour faciliter le dict traicté.

ART. 8.

Le dict passeport sera expédié et baillé aux dicts sieurs depputez.

ART. 9.

Le Roy trouve bon que les dicts sieurs depputez se facent accompagner d'un de ses trompettes, et d'un autre de M. le Prince avec son passeport pour leur seureté.

ART. 10.

Pourront dire à mon dict seigneur le Prince le soin que Sa Majesté a eu de dépescher un gentilhomme vers Mmes de Soissons et de Longueville pour les faire venir à Tours.

ART. 11.

Sa Majesté les fera advertir du contenu en cest article.

ART. 12, 13, 14, 15 ET 16.

Le Roy trouve bon qu'ils reprennent les erres de la négociation qui avoit esté commencée à Coucy, et qu'ils suivent ce qui avoit esté proposé et accordé de la part de Sa Majesté, touchant le règlement général du conseil, la conférence d'aucuns du dict conseil et du parlement pour le faict de la justice, le restablissement en la ville de Poictiers et en la fonction des offices des absens, et la révocation de l'arrest donné à Bordeaux contre mon dict sieur le Prince.

ART. 17 ET 18.

Le Roy remet à la prudence et circonspection des dicts depputez de mesnager le contenu en cest article, ainsy qu'ils verront estre plus convenable pour la dignité et service de Sa Majesté, laquelle néantmoins ils tiendront advertie de ce qui se passera, auparavant que de prendre aucune résolution.

ART. 19.

Le Roy a grand intérest de n'accorder cest article; c'est pourquoy ils insisteront autant qu'ils pourront pour en faire départir mon dict sieur le Prince, et, s'il en faisoit instance, en donneroit advis à Sa Majesté.

ART. 20.

Les papiers, copies et mémoires mentionnez en cest article leur seront baillez.

ART. 21.

Le Roy accordera volontiers l'abolition et oubli de tout ce qui s'est passé en Béarn et basse Navarre[1], comme aux autres endroits de ce royaume; mais, si mon dict sieur le Prince demandoit qu'ils fussent unis avec le corps de ceux de la religion prétendue refformée de ce royaume, Sa Majesté ne le peut accorder, s'ils ne consentoient aussy de se réunir pour toute autre offense, et de vivre soubs l'observation des mesmes édicts qui sont faicts pour les subjects de France.

---

[1] Voir plus haut, pages 244, 248, et l'exposé des mouvements des princes et des réformés, et en particulier, dans le cours de la conférence, ce qui concerne le Béarn et la Navarre. (Édit.)

ART. 22.

Accorderont l'observation et entretenement des mesmes grâces, seuretez et advantages qui leur ont esté octroyez par le feu Roy dernier décédé, par les édicts, articles secrets, déclarations, brevets et responses de cahiers, et dont ils ont joui jusques à son décez, comme aussy de ce qui leur a esté encore depuis accordé.

ART. 23.

Mon dict sieur le Prince pourra faire trouver à la dicte conférence ceux que bon luy semblera comme particuliers de son conseil, pourveu que ceux qui y seront de la religion prétendue refformée ne s'entremettent point de représenter le corps de ceux de la dicte religion.

ART. 24.

Leur sera baillé un chiffre.

ART. 25.

M. de Guise sera adverty de leur acheminement et de la commission qui leur est baillée, comme de tout le subject de leur voyage.

ART. 26.

Représenteront à mon dict sieur le Prince les grandes ruynes et désolations que ces mouvemens ont apportées dans toutes les provinces, qui rendent la levée des deniers du Roy presque du tout impossible, et néantmoins donneront advis à Sa Majesté de ce qui sera par luy proposé à ce subject.

ART. 27.

Escouteront tout ce qui leur sera proposé pour en advertir Sa Majesté, soit à leur retour ou par lettres, s'ils jugent que la chose mérite de le faire promptement, ce qu'ils feront soigneusement, et luy donneront advis de tous les pourparlers et progrès de leur négociation.

CVIII.

Man. Bibl. impér. Fonds Dupuy, n° 450, p. 39 verso.

Lettre du Roy à monseigneur le Prince, remise par MM. de Brissac et de Villeroy, du 11 janvier 1616.

Mon cousin, suivant ce qui m'a esté encore rapporté de vostre part, par mon cousin le duc de Nevers, j'ay faict expédier un pouvoir à mon cousin le mareschal de Brissac et au sieur de Villeroy, pour aller traicter avec vous, ou ceux que vous depputerez, des points et conditions nécessaires pour faire la conférence qui a esté proposée. Voulant en toutes occasions faire paroistre combien je désire veoir mon royaume et mes pauvres subjects en repos, et vous tesmoigner en particulier ce qui est de mon affection en vostre endroit; ce que je remets aux dicts sieurs de Brissac et de Villeroy de vous faire plus particulièrement entendre, et sur ce, je prie Dieu, mon cousin, qu'il vous ayt en sa saincte garde.

CIX.

Man. Bibl. impér. Fonds Dupuy, n° 450, p. 39 verso.

Lettre de la Royne à monseigneur le Prince, remise par MM. de Brissac et de Villeroy, du dict jour.

Mon nepveu, le désir que j'ay de veoir ce royaume en repos, et les subjects du Roy monsieur mon fils en paix et tranquillité, fait que je luy ay bien volontiers conseillé d'envoyer au plus tôt quelques depputez de sa part, pour conférer et résoudre avec vous, ou ceux que vous commettrez, des moyens et conditions nécessaires pour faire une conférence, dans laquelle l'on puisse traicter d'un accommodement général de tous ces mouvemens. Il a choisi pour cest effect mon cousin le mareschal de Brissac et le sieur de Villeroy, qui vous rendront ceste lettre et vous tesmoigneront l'inclination que j'ay de veoir advancer et effectuer ce bon œuvre, affin qu'ensuitte je vous puisse veoir auprès du Roy mon dict seigneur et fils, et vous faire recognoistre par effect l'affection et bienveillance que vous porte vostre, etc.

CX.

Man. Bibl. imp. Fonds Dupuy, n° 450, p. 40. — Bibl. Sainte-Geneviève, L. F. 16. Fonds Brienne, n° 200, p. 91.

Lettre au Roy et à la Royne par MM. de Brissac et Villeroy sur leur arrivée à Niort et sur ce qui s'y passa.

Sire[1], nous sommes arrivez ce soir en ceste ville avec M. de Nevers; bientost après M. de Sully, venant de Fontenay, s'y est rendu, accompagné de MM. de Courtenay, Thianges et Desbordes Mercier. A la mesme heure, comme nous les avons rencontrez, nous les avons assemblez au logis du dict sieur de Nevers, où nous leur avons faict entendre les commandemens et volontez de Vostre Majesté, et le subject de nostre voyage, fondé sur la proposition dernière que le dict duc vous avoit faicte au nom de M. le Prince et de ceux qui l'assistent, qui ne consiste qu'à convenir avec eux le lieu et le temps de la conférence générale que Vostre Majesté a trouvé bon de leur accorder; laquelle ils nous ont dict ne pouvoir commencer devant le 10 ou 12 du mois de février, temps qu'ils disent leur estre nécessaire pour advertir ceux sans lesquelz ils disent ne pouvoir conférer. Pour le lieu, Vostre Majesté demeurant à Poictiers, ils acceptent celuy de Sainct-Maixant, et, si elle est à Tours, Loudun[2] ou l'Isle-Bouchart; sans leur avoir parlé toutesfois de remettre le choix de ces deux derniers à mon dict seigneur le Prince, ainsy qu'il

---

[1] « Faut noter qu'aux lettres que M. le « Prince a escrites au Roy et à la Royne, « après ces mots : Sire et Madame, en « teste des lettres, il y a l'espace de deux « ou trois lignes en blanc, et au bas : « vostre, etc. comme est cy-dessus extrait. « Et en toutes celles que M. de Villeroy et

« M. de Brissac ont escrites au Roy, ce mot « Sire est immédiatement suivy, sans aucune distance, du surplus de la lettre; « et au bas : vos très humbles et très obeissans serviteurs, etc. » (Man.)

[2] Loudun était une ville de sûreté appartenant aux protestants. (Édit.)

Conférence de Loudun.

estoit porté par leur dernier mémoire. Après cela, nous leur avons demandé ce qu'ils entendent faire de leur armée[1]; sur quoy il a esté faict de part et d'autre diverses ouvertures accompagnées de plusieurs discours, que nous ne représenterons à Vostre Majesté pour ceste fois; mais nous vous dirons que nous les trouvons assez empeschez de ce qu'ils en doibvent faire; et, si Vostre Majesté nous eust instruits et éclairez de sa volonté sur l'emploi, règlement et forme de vivre de la vostre devant nostre départ, aussy bien qu'elle ne l'a pas faict, d'autant qu'elle n'avoit eu loisir encore de conférer et résoudre avec MM. de Guise et d'Espernon, nous eussions poussé plus avant ce faict avec eux, combien que nous ayons opinion que les dicts sieurs ne le résoudront clairement qu'ils n'en aient pris l'advis et bon plaisir du dict seigneur Prince, et des autres qui sont avec luy à Fontenay-le-Comte, et principalement de M. de Bouillon, lequel, pour estre fort travaillé et incommodé des gouttes, ainsy qu'il nous ont affirmé, n'a peu venir icy avec eux, et ne pourra estre si tost en estat de faire ce voyage; de manière que nous avons jugé à propos de nous porter dès demain au dict Fontenay pour traiter de ces affaires avec ceux qui ont plus de pouvoir d'en ordonner, ayant appris estre chose que le dict seigneur Prince et les autres demeurez au dict Fontenay désiroient. Mais, Sire, en attendant que nous ne les ayons veus, nous debvons prédire à Vostre Majesté qu'ils désireroient fort qu'elle fist dès à présent un retranchement de ses armées, et qu'elle fist entrer en garnison ceux qu'elle retiendra, offrans faire le semblable des leurs, tant en ceste province qu'ès autres, où il y a des gens de guerre en corps, voulans mesme y comprendre ceux qui sont en garnison en leurs places, jusques à la conclusion de la grande conférence qui pourra finir dedans la fin de février au plus tard; mais ils entendent réserver leurs reistres et leur meilleure cavalerie. Sur cela nous les avons priez de nous bailler par escrit leur proposition et demande, affin de la mieux considérer et représenter à Vostre Majesté. Nous avons

---

[1] Voir plus haut, page 252, le récit des démarches des princes. (Édit.)

opinion qu'ils pourroient entendre à une surséance ou cessation générale d'armes pour le susdict temps, s'ils cognoissoient qu'elle vous fust agréable, en réglant aussy les dicts gens de guerre de la campagne et des garnisons; sur quoy il vous plaira nous commander vostre volonté, remonstrans qu'il sera difficile de retenir leurs chefs en la dicte conférence, où leur présence sera nécessaire, si l'on va durant icelle affoiblir leurs places ou continuer la guerre. Toutesfois nous leur avons dict que l'on accorderoit volontiers une abstinence de guerre à quatre, cinq ou six lieues aux environs de celuy de la dicte conférence; mais nous voyons qu'ils ont quelque crainte et appréhension [que] Vostre Majesté, s'approchant de Paris, face attaquer leurs places de Champagne, l'Isle de France et Picardie; quoy advenant, ils nous disent qu'il seroit impossible de retenir par deçà pour la dicte conférence MM. de Longueville, de Mayenne et de Bouillon. Sire, voilà la substance des discours qui nous ont esté tenus par le dict sieur de Sully et ses collègues. S'ils nous baillent le mémoire que nous leur avons demandé, nous le vous enverrons incontinent; mais aussy il vous plaira nous faire sçavoir au plus tost l'ordre que Vostre Majesté a donné à son armée et à ses autres gens de guerre nouvellement arrivez, ou qui sont par les chemins, comme les troupes de MM. de Retz, de Lavardin, du Bellay, marquis de Villaynes et de Vendosme, affin que nous le leur facions entendre, et que nous vous servions selon vostre intention, comme nous supplions très humblement Vostre Majesté de croire qu'elle le sera tousjours en toutes occasions très-fidellement, Sire, par vos très humbles et très-obéissans subjects et serviteurs.

De Niort, le 14e jour de l'an 1616.

Signé BRISSAC et DE NEUFVILLE.

Madame, nous escrivons au Roy nostre arrivée en ce lieu, ce que nous y avons recogneu digne de vous estre représenté, et comme nous avons pris conseil d'aller demain à Fontenay pour y veoir monseigneur le Prince et les autres qui l'assistent, puisque M. de Bouillon, retenu de la goutte par les pieds et par les mains, ainsy que l'on nous a dict, n'a peu comparoistre en ce lieu, ayant entendu que tous désirent que nous passions jusque là où nous hasterons les affaires tant que nous pourrons; mais aussy il est besoin que nous sçachions sans remise et dilation ce que vous avez pris résolution de faire de vos armées qui ont esté commandées par MM. de Guise et d'Espernon, pour les raisons que nous escrivons au Roy, dont nous n'importunerons davantage Vostre Majesté, pour prier Dieu, Madame, etc.

CXI.

Man. Bibl. impér. Fonds Dupuy, n° 450, p. 40 verso.

Propositions faictes entre MM. de Brissac et de Villeroy, envoyez par le Roy, et MM. de Sully, de Courtenay, Thianges et Desbordes, envoyez par M. le Prince, pour parvenir à une conférence, à Niort, le 16 janvier 1616.

Cessation d'armes génerale pour tout le royaume jusques au premier jour de mars, et de tous actes d'hostilité et autres factions de guerre, comme fortifications nouvelles, levées de soldats et de toutes sortes de nature de deniers réservez de ceux dont il sera convenu[1].

Et pour le règlement des troupes tant de pied que de cheval que doit réserver M. le Prince, tant auprès de luy que dans les provinces, pendant la susdicte cessation d'armes, la résolution s'en remet lorsque l'on sera auprès de mon dict seigneur le Prince.

Le lieu de la conférence sera Loudun ou l'Isle-Bouchart, comme il plaira au Roy, et le jour sera le dixiesme de février.

Et, pour le regard des depputez que le Roy envera, est remis au choix de Sa Majesté, tant pour le nombre que les qualités[2].

Par autres lettres, MM. de Brissac et de Villeroy escrivirent au Roy

---

[1] « M. le Prince vouloit excepter de la « surséance générale les fortifications des « places. » (Man.)

[2] Les articles qui complètent ces propositions se trouvent à quelques pages plus loin et portent les n°s 10, 11 et 12 de la série. (Édit.)

avoir trouvé plusieurs difficultez sur le règlement et la forme de vivre des armées durant la cessation d'armes; en tous cas, qu'ils ne concluroient que soubs le bon plaisir du Roy, s'ils ne recevoient assez promptement sa volonté.

Et par autres lettres, M. de Villeroy escrivoit à M. de Pontchartrain que MM. de Rohan et de Soubize et leurs adhérens n'estoient guères contens de la négociation de la paix; que le sieur Daubigny estoit leur principal conseiller, qui pendant la guerre jouissoit de l'évesché de Maillezais[1]; que tous les princes unis s'estoient trouvez avec les depputez du Roy en la chambre de M. de Bouillon, malade, en grand nombre et avec confusion.

Et les princes demandans une cessation d'armes généralle, les depputez du Roy disoient n'avoir pouvoir de l'accorder que pour quatre lieues à la ronde du lieu où se feroit la conférence jusques à la conclusion d'icelle.

Quoy entendu, M. le Prince sépara la compagnie, et depuis les princes advisèrent, pour obvier à ces contestations, de traicter ces affaires par leurs depputez, qui furent MM. de Bouillon, de Sully, de Courtenay, de Thianges et Desbordes.

Et sur ce que M. de Villeroy, sur l'importunité de MM. les princes, pressoit de sçavoir ce que le Roy entendoit faire de ses armées, il luy fut escrit, le 13ᵉ janvier 1616, que le Roy tiendroit six mil hommes effectifs en corps d'armée et en garnison ès environs des lieux où le Roy estoit lors; qu'outre cela, on en laisserait trois mil à M. d'Espernon pour les distribuer ès garnisons des places de ses gouvernemens qu'il jugera nécessaire; que l'on retiendroit les anciennes compagnies de chevau-légers; que l'on licencierait les nouvelles; que celles de gens d'armes entretenus conduiroient le Roy jusques à Paris, s'il en avoit besoin; que l'on laisseroit venir à l'armée

---

[1] Ancienne abbaye érigée en évêché en 1317, évêché qui fut transféré à la Rochelle en 1648. (Édit.)

les nouvelles troupes de cavalerie et infanterie, qui avoient commandement de s'y acheminer, jusques à ce que l'on sçeut ce que l'on pouvoit espérer de ceste négociation, affin de tenir ces affaires en réputation, quoy que ce fust à la foule du peuple.

Depuis, par autres lettres du 17ᵉ on manda à M. de Villeroy que, sur l'espérance de l'accord d'une cessation d'armes, l'on contremandoit toutes les troupes de cavalerie et infanterie qui estoient en chemin pour venir à l'armée, et que l'on réduisoit toute la cavalerie à mil chevau-légers.

Il fut donné ordonnance par le Roy au controlleur général des postes de faire establir promptement des postes à Tours, à Loudun, ès lieux qu'il jugeoit les plus commodes, y faisant à ceste fin tourner des postes voisines qu'il verroit y estre plus propres, qui se tiendroient sur le dict chemin tant que la conférence dureroit[1].

CXII.

Man. Bibl. impér. Fonds Brienne, n° 200, p. 94.

Lettre au Roy de MM. de Brissac, etc. de Niort, 17 janvier 1616[2].

Sire, nous attendons vos commandemens sur la proposition d'une généralle suspension d'armes jusques au premier jour du mois de mars, qui a esté faicte icy, pour la résoudre si Vostre Majesté l'agrée, ou nous en excuser si elle le commande. Ainsy, ayant adressé au sieur de Puisieux l'escrit qui a esté dressé, affin de le présenter à Vostre Majesté, depuis lequel nous avons rencontré plusieurs difficultez sur le règlement et la forme de vivre des armées durant la dicte cessation, et quand l'on sera en la conférence généralle qu'ils

[1] Ce résumé est donné tel que nous le reproduisons par le manuscrit indiqué, à la suite de l'énoncé des propositions ci-dessus. (Édit.)

[2] Cette lettre est celle à laquelle il est fait allusion dans le premier alinéa de la pièce précédente. (Édit.)

désirent tenir à Loudun, lesquelles difficultez nous exposerons à Vostre Majesté, estans auprès d'elle. En tous cas, nous ne conclurons rien que soubs le bon plaisir et vouloir de Vostre dicte Majesté, mesme attendrons, si nous pouvons, vostre ordre sur la dicte cessation devant que d'en signer l'accord, que le dict sieur Prince entend estre traictée par Vostre Majesté avec luy et les autres princes, ducs, pairs, officiers de la couronne, seigneurs et autres, tant catholiques que de la religion prétendue refformée, qui l'ont assisté et se sont joints avec luy, compris mesme les depputez de la dicte religion assemblez à Nismes, comme il a esté agréé par Vostre Majesté, dont nous n'avons pas estimé debvoir faire difficulté, puisque la chose a esté consentie par vous, et qu'elle a ainsy esté déclarée au dict Prince en la présence de tous ceux qui l'assistent, de la part de Vostre Majesté, tant par M. de Nevers que par nous; mais nous supplions Vostre Majesté nous tirer de l'incertitude de sa volonté sur le point de la dicte cessation, car rien ne nous retient plus icy que cela; nostre séjour n'y pouvant cy après qu'estre inutile à vostre service, lequel nous sera tousjours aussy cher et recommandé que nous y sommes estroitement obligez, et à prier Dieu, Sire, qu'il conserve Vostre Majesté en santé, et en vos bonnes graces vos très humbles et très obéissans subjects et serviteurs, etc.

De Fontenay, le 17 janvier 1616.

CXIII.

Man. Bibl. impér. Fonds Dupuy, n° 450, p. 41 verso.

Lettre du Roy à MM. de Brissac et de Villeroy en response de la leur [1], du 17 janvier 1616.

Messieurs de Brissac et de Villeroy, j'ay receu vostre lettre et appris par icelle ce qui s'est passé entre vous et les sieurs de Sully,

---

[1] Cette lettre est une de celles auxquelles il est fait allusion au commencement de la pièce CXI, qui contient les propositions convenues à Niort, le 16 janvier, entre les commissaires du Roi et ceux du prince de Condé. (Édit.)

Courtenay, Thianges et Desbordes Mercier, et vostre première entrevue que vous avez faicte au logis et en la présence de mon cousin le duc de Nevers, par où j'ay recogneu le soin et la diligence que vous apportez à l'accélération de ces affaires, en quoy vous me faictes plaisir; mais je vous diray que je trouve un peu estrange qu'ils remettent le temps de la tenue de la conférence si loin qu'au 10 février prochain. Je crois que, s'ils mettoient en considération combien le pauvre peuple souffre et pastit, ils en auroient pitié, et me semble qu'on pourroit la commencer au premier jour du dict mois de février, et qu'ils auront assez de temps cependant pour advertir et y faire trouver ceux qui désireront y assister, en quelqu'endroit du royaume qu'ils soient. C'est pourquoy je vous prie de faire grande instance pour abréger ce temps et essayer de le faire mettre au dict jour premier de février. Pour le lieu, je trouveray bon que ce soit à Loudun ou à l'Isle-Bouchart, ainsy qu'ils le désirent, et croy qu'il sera assez à temps, lorsque nous serons à Tours, de leur faire sçavoir auquel des lieux il sera plus commode pour les uns ou pour les autres. Et quant à ce qui est de nos armées, et ce que j'en ordonneray, je vous ay jà cy devant faict sçavoir à peu près mon intention sur ce subject, qui est de retenir seulement mes vieux régimens, que je feray réduire à cinquante hommes par compagnie, ainsy qu'ils estoient cy devant, mes Suisses et mes vieilles compagnies de chevau-légers qui sont ordinairement entretenus, comme aussy le régiment de mes gardes. Je feray mettre le tout en garnison dans les villes, bourgs ou fauxbourgs de ceste province et des circonvoisines, sauf le dict régiment de mes gardes que je tiendrai près ma personne, avec ma compagnie de gens d'armes et celle de chevau-légers, ainsy que j'ay tousjours faict. Et quant à toutes les levées nouvelles de gens de pied, de carabins et de chevau-légers qui sont en mes dictes armées, ou qui sont sur les chemins prests de s'y joindre, lesquelles, comme vous sçavez, sont encore présentement au nombre de plus de douze ou quinze mil hommes, mon intention est de les licencier et renvoyer, pour la confiance que je veux prendre en la candeur et sincérité de ceux avec qui vous traictez, et qu'il en réussira un bon accommodement et réconciliation; et, pour y parvenir plus facilement, je trouve bon aussy que vous leur ayez accordé l'instance qu'ils vous ont faicte d'une cessation d'armes génerallle jusques au mois de mars, encore qu'elle soit grandement préjudiciable à mon service, ayant à plaisir que vous leur faciez cognoistre que je m'accommoderay bien volontiers à tout ce qui pourra servir pour l'advancement de ce bon œuvre, qui est le subject pour lequel j'ay aussy approuvé le voyage que vous avez faict jusques à Fontenay, puisque vous y avez veu mon dict cousin le prince de Condé et ces autres princes, et que, par ce moyen, vous avez peu encore prendre quelque résolution pour l'advancement de ces affaires. Mais, parce que je veois que cela pourra retarder vostre retour de deçà de quelques jours, et que ma cour reçoit icy beaucoup d'incommodité pour la rareté des fourrages et quelques qualités de vivres, je me résouldray, après avoir encore attendu deux ou trois jours de vos nouvelles, d'en partir pour m'acheminer à Tours, où, si vous avez encore à demeurer par delà plus longuement, vous m'y pourrez faire sçavoir ce que vous ferez, comme aussy je vous feray tousjours entendre ce qui sera de mes intentions. Mais je vous recommande encore une fois d'abréger autant que vous pourrez le temps de la tenue de ceste conférence, et vous prie de prendre soin de tout ce que vous jugerez importer à la conservation de mon auctorité et au bien de mon service, dont me remettant sur vous, je prie Dieu, etc.

A Poictiers, le 17 janvier 1616.

CXIV.

Man. Bibl. impér. Fonds Dupuy, n° 450, p. 42. — Fonds Brienne, n° 200, p. 95 verso.

Lettres de MM. de Brissac et de Villeroy au Roy et à la Royne.

Sire, comme nous estions hier après disner assemblez, avec monseigneur le prince de Condé et les autres princes et seigneurs qui l'assistent, en la chambre de M. de Bouillon qui garde encore le lit, discourans des conditions et articles de la suspension d'armes que nous avions mandé à Vostre Majesté avoir esté proposée à Niort, celuy par lequel nous vous avions donné le dict advis arrive bien à propos, d'autant qu'estans pressez par eux d'arrester la dicte suspension, nous ne désirions y consentir sans vostre commandement, duquel estans éclaircis par la dicte lettre, nous la jugeasmes avec M. de Nevers conceue en termes si propres et convenables pour leur bien représenter la sincérité de vos intentions sur la pacification génералle des troubles, que nous prismes résolution sur l'heure mesme de la faire lire à mon dict seigneur le Prince, en présence des autres dont nous avons parlé, et pouvons dire à Vostre Majesté qu'ils firent tous démonstration d'estre grandement consolez, et non moins obligez à la bonté et franchise de laquelle il plaist à Vostre Majesté de procéder en ces affaires; de quoy ils protestent vouloir par leurs actions se rendre dignes à vostre contentement, ainsy que nous représenterons à Vostre Majesté, particulièrement quand nous serons auprès d'elle; qui sera le plus tost que nous pourrons. Mais d'autant qu'allans en carrosse, et par les mauvais chemins du Poictou comme nous faisons, au cas que Vostre Majesté soit partie de Poictiers aujourd'huy pour aller à Tours, nous ne pourrons nous trouver auprès d'elle que le 25e ou 26e de ce mois, nous avons estimé estre de nostre debvoir d'adviser Vostre Majesté que mon dict seigneur de Nevers et nous sommes partis de Fontenay ce jourd'huy pour retourner vers elle, après avoir arresté et signé avec mon dict sieur le Prince les articles d'une géналle suspension d'armes et de tous actes militaires jusques au premier jour de mars, aux conditions portées par les dicts articles que nous luy représenterons à nostre arrivée. Sire, elles sont telles que la deffiance dans laquelle mon dict sieur le Prince continue à vivre, et le peu de moyens ou pouvoir qu'il a de régler ses gens de guerre et leur donner à vivre par faute de payement, ont permis que nous ayons obtenues de luy. Aussy n'avons nous rien accordé que soubs vostre bon plaisir, et si avons pris terme à leur faire sçavoir vostre volonté sur les dicts articles jusques au trente de ce mois, de manière que la dicte suspension ne durera qu'un mois, s'il ne vous plaist la prolonger, à quoy nous avons opinion qu'ils condescendront tousjours volontiers. Mais il nous a esté impossible, quelqu'instance que nous en ayons faicte, et cognoissance que mon dict seigneur le Prince ayt prise par vostre susdicte lettre de vostre désir en cela, de leur faire advancer le jour de l'ouverture de la dicte conférence généralle, par eux pris au dix de février à Loudun, protestans leur estre impossible de faire trouver plus tost au dict lieu les personnes dont ils ont besoin, et ne se peuvent passer, à cause qu'il faut qu'elles viennent de Languedoc; et que ce ne sont gens à courre la poste, ainsy que nous ferons entendre à Vostre Majesté. Au reste, nous ne debvons oublier d'advertir Vostre Majesté que mon dict sieur le Prince nous a dict faire estat de retenir en ceste province et en Saintonge jusques à cinq mil hommes de pied, y compris ses garnisons, et environ deux mil cinq cens ou trois mil chevaux, compris aussy ses carabins et arquebusiers à cheval; qu'il n'a voulu licencier, quoy que nous luy ayons peu dire; du moins fait-il estat de garder les chefs des compagnies. Et néantmoins nous avons opinion qu'estant la dicte suspension d'armes publiée, par laquelle les chemins seront ouverts et asseurez, le nombre des dictes forces diminuera bientost par ses congez ou sans cela, car plusieurs nous en ont faict cognoistre quelque chose, jusques à nous avoir demandé des passeports pour gagner le devant. Toutesfois nous avons estimé debvoir faire sçavoir à Vostre Majesté, par advance et devant nostre arrivée près d'elle, le compte que fait mon dict sieur le Prince de ses dictes forces, sur l'advis qu'elle nous a donné par sa lettre de la réduction qu'elle veut faire de son armée; et du licenciement de toutes celles qui ont esté levées par les provinces et marchent pour s'y joindre, affin d'y faire la considération que requiert le bien de vostre service, qui nous sera tousjours plus cher et recommandé que la vie mesme, Sire, de vos très-humbles et obéissans subjects et serviteurs.

Niort, le 20 janvier 1616.

Signé BRISSAC et DE NEUFVILLE.

Madame, nous allons trouver Vos Majestez le plus diligemment que nous pouvons, pour leur rendre compte de nostre action, en laquelle nous debvons certifier à Vostre Majesté que nous avons esté très bien assistez et fortifiez de M. le duc de Nevers, lequel envoye le sieur Thénon vers elle pour la supplier de trouver bon que de Poictiers il prenne le chemin de Nevers, pour veoir et assister madame sa femme en la délivrance de sa grossesse, comme elle l'en a supplié, promettant ne séjourner auprès d'elle que quatre ou cinq jours au plus, affin de se retrouver auprès de vos dictes Majestez quand la conférence commencera, pour continuer à les servir en ceste occasion, du succez de laquelle il a bonne espérance, comme nous avons de nostre part. Et d'autant que Vostre Majesté saura, par la lecture qui luy sera faicte de la lettre que nous escrivons au Roy, ce que nous avons jugé luy debvoir faire sçavoir par advance, en attendant nostre arrivée auprès de Vos Majestez, nous ne luy en ferons redicte, mais prierons Dieu, Madame, qu'il donne à Vostre Majesté les contentemens dignes de sa royale bonté et prudence, et la conserve longues années en toute santé et félicité.

Escrit à Niort, le 20e janvier 1616.

CXV.

Man. Bibl. impér. Fonds Dupuy, n° 450, p. 43. — Fonds Brienne, n° 200, p. 103. — Bibl. Sainte-Genev. L. F. 16. — Bibl. Mazarine, n° 1825, p. 4. — Impr. Mercure franç. t. IV, 1616, p. 19.

Articles accordez, soubs le bon plaisir du Roy, entre MM. de Brissac, mareschal de France, et de Villeroy, conseiller et secrétaire d'estat de Sa Majesté, ses depputez, d'une part, et M. le prince de Condé, premier prince du sang, d'autre, affin de parvenir à une conférence pour la pacification des troubles de ce royaume.

ARTICLE PREMIER.

Le Roy se contentera de traicter en la dicte conférence avec mon dict seigneur le Prince et autres princes, ducs, pairs, officiers de la couronne, seigneurs et tous autres, tant catholiques que de la religion prétendue refformée qui l'ont assisté et se sont joints et unis avec luy, y compris mesme les depputez de la dicte religion assemblez à Nismes.

ART. 2 [1].

La dicte conférence se fera en la ville de Loudun par commissaires depputez par Sa Majesté, pour traicter avec mon dict seigneur le Prince et les sieurs susnommez, laquelle commencera le 10e jour du mois de février prochain [2].

ART. 3.

Et affin que rien ne puisse troubler un si bon œuvre, a esté trouvé à propos, soubs le bon plaisir de Sa Majesté, de faire une suspension d'armes et de toutes actions militaires par tout le royaume et autres pays de l'obéissance de Sa Majesté, comme pareillement dans les souverainetez de Sédan et de Raucourt, à commencer, pour le regard des provinces de Poictou, Saintonge, Angoulmois, Bretagne, Anjou, Touraine et Berry, du jour que les présens articles auront esté ratifiez par Sa Majesté, de la volonté de laquelle le dict seigneur Prince sera éclaircy dans le trentiesme jour du présent mois; et pour le regard des autres provinces éloignées, la dicte suspension d'armes commencera du jour qu'elle sera publiée dans les dictes provinces par les gouverneurs ou lieutenans généraux d'icelles, pour finir partout au premier jour du mois de mars aussy prochain; de quoy le dict seigneur Prince advertira en mesme temps ceux qui commandent dans les places et lieux qui se sont joints et unis avec luy.

ART. 4.

Et pour faire que la dicte suspension d'armes soit promptement exécutée et observée par toutes les dictes provinces de ce royaume,

---

[1] Ce chiffre et les suivants ne sont point dans le manuscrit; nous les avons ajoûtés pour la commodité du lecteur. (Édit.)

[2] Cet article n'existe pas dans le manuscrit de la bibliothèque Sainte-Geneviève, ni dans celui du fonds Brienne. (Édit.)

Sa Majesté sera très humblement suppliée d'y envoyer en diligence ses commandemens, nécessaires pour la faire publier, et si, en attendant la dicte publication, aucunes personnes estoient arrestées prisonnières après le dict trentiesme jour du dict présent mois, sont dès à présent déclarées de mauvaise prise, et seront relaschées à la première demande qui en sera faicte de part et d'autre.

ART. 5.

Durant la dicte suspension, ne sera faicte de part et d'autre aucune fortification de villes et places prises depuis le premier jour de septembre dernier, ny aucune levée de gens de guerre dans le royaume et pays de l'obéissance de Sa Majesté.

ART. 6.

Et pour empescher que la proximité des armées n'apporte quelque altération, a esté accordé, soubs le bon plaisir de Sa Majesté, qu'en attendant la dicte conférence, nulles des troupes de Sa dicte Majesté ne demeureront ny passeront deçà la rivière du Clin, comme aussy devant la dicte conférence les forces de Sa dicte Majesté se retireront au delà de la rivière de Vienne, sans approcher de huict lieues la dicte ville de Loudun. Mais quant aux garnisons qui pourroient estre nécessaires pour la seureté des places estans au deçà des dictes rivières de Vienne et du Clin, lesquelles pourroient donner quelque jalousie, il sera dressé un estat avec mon dict seigneur le Prince, ou autres qu'il commettra, du nombre d'hommes qui seront mis dans icelles.

ART. 7.

Comme au semblable, aucune des troupes de l'armée de mon dict seigneur le Prince n'approchera de la ville de Poictiers, durant la dicte suspension, de six lieues, ny logera au delà de la rivière de Toue[1], ne aux provinces d'Anjou et de Bretagne au delà de la dicte

---

[1]. La Thoue, Thouet ou Thouay, prend sa source aux environs de Partenay et va se jeter dans la Loire à Saint-Florent près Saumur. (Édit.)

rivière. Et quant aux garnisons qui pourroient estre nécessaires pour la seureté des places de mon dict seigneur le Prince, lesquelles semblablement pourroient donner jalousie, en sera dressé estat avec ceux qu'il plaira à Sa Majesté commettre.

ART. 8.

Et pour le regard de la province de Saintonge, n'y logeront aucunes troupes depuis Taillebourg remontant sur la rivière de Charente.

ART. 9.

Quant aux autres provinces, Sa Majesté et mon dict seigneur le Prince depputeront quelques uns pour régler les troupes qui y seront et convenir de leur forme de vivre.

ART. 10.

Mon dict seigneur le Prince pourra, devant la dicte conférence et pour la seureté d'icelle, loger cent hommes de guerre en la ville de l'Isle-Bouchart, et jusques à huict cens hommes dans celle de Loudun, ensemble quatre cens chevaux ès environs de la dicte ville de Loudun, aux lieux et endroits qui seront cy après nommez et convenus avec Sa Majesté, ou ceux qu'il luy plaira d'ordonner.

ART. 11.

Les troupes des dictes armées qui se voudront retirer par commandement ou congé des généraux d'icelles, ou bien des dicts sieurs princes, ducs, pairs, officiers de la couronne, gouverneurs des provinces et lieutenans du Roy, le pourront faire en toute seureté, advertissans les gouverneurs des villes et places par lesquelles ils passeront, ou autres qui y commandent; et n'y pourront néantmoins passer que vingt à vingt à la fois[1].

ART. 12.

Les présens articles ont esté faicts et arrestez en la présence et de

---

[1]. Ces mesures étaient prises pour éviter le plus possible d'exciter les plaintes des populations. Deux lettres de Richelieu, alors évêque de Luçon, au duc de Nevers

l'advis de M. le duc de Nevers, en la ville de Fontenay-le-Comte, le vingtiesme jour de janvier mil six cens seize. Signé de Brissac, de Neufville, Henry de Bourbon et Charles de Gonzague de Clèves, comme présens.

Les présens articles ont esté leus en présence du Roy, assisté de la Royne sa mère, de MM. les ducs de Guise, d'Elbeuf, de M. le chancelier, de M. le duc d'Espernon, de MM. les mareschaux de Boisdauphin et de Souvré, du sieur président Janin, et de plusieurs autres seigneurs et principaux de son conseil : lesquelz articles Sa Majesté a ratifiez, approuvez et eus pour agréables, veut, entend qu'ils soyent suivis et observez de point en point, selon leur forme et teneur, et que toutes lettres et dépesches pour ce nécessaires en soyent expédiées et envoyées où besoin sera.

Faict à Chastellerault, ce vingt troisiesme jour de janvier mil six cens seize.

Signé LOUIS, MARIE, et plus bas PHÉLIPEAUX[1].

CXVI.

Man. Bibl. impér. Fonds Dupuy, n° 450, p. 44. — Supplément français, n° 3193. — Impr. Mercure franç. t. IV, 1616, p. 23.

Ordonnance du Roy pour la surséance d'armes, pour estre publiée par tout le royaume.

De par le Roy,

Sa Majesté, voulant embrasser tous moyens convenables pour mettre son royaume en repos, et faciliter la tenue de la conférence qui se doibt faire à ceste fin, a ordonné que suspension d'armes et de toutes actions militaires sera faicte et observée par tout son royaume,

(10 février) et à M. de Bouillon (milieu de février 1616), réclament contre le logement des troupes dans quelques paroisses qui lui appartiennent, notamment la paroisse de Saulnes. (Voir *Lettres, instructions et papiers, etc. de Richelieu*, t. II, p. 167-169.) (Édit.)

[1] Ce dernier article ne se trouve pas dans les manuscrits des bibliothèques Sainte-Geneviève et Mazarine. (Édit.)

pays et terres de son obéissance, à commencer du jour de la publication de la présente ordonnance jusques au premier jour de mars prochain, pendant lequel temps ne pourra estre pris aucun prisonnier de guerre, ny faict aucunes entreprises de part ny d'autre ; mandons à ceste fin à tous gouverneurs et lieutenans généraux de ces provinces et villes, baillifs, séneschaux, prévosts, juges ou leurs lieutenans, capitaines, chefs et conducteurs de gens de guerre; et à tous les autres justiciers, officiers et subjects qu'il appartiendra, de faire publier la présente ordonnance, et icelle faire entretenir et observer, et réparer toutes contraventions qui y pourroient estre faictes.

Donné à Chastellerault, le 23 janvier 1616.

CXVII.

Man. Bibl. Sainte-Geneviève, L. F. 16. — Bibl. impér. Fonds Brienne, n° 200, p. 106 verso.

Lettre du mareschal de Brissac, du sieur de Villeroy et de leurs collègues
au prince de Condé.

Monseigneur, nous avons joint le Roy à Chastellerault le 23ᵉ de ce mois, jusques où M. de Nevers a voulu prendre la peine de passer devant que s'acheminer à Nevers, où depuis il est allé. Dès le mesme soir de nostre arrivée, nous rendismes compte à Sa Majesté du succès de nostre voyage et commission en la présence de la Royne sa mère et des princes et seigneurs de son conseil, que nous avons trouvez auprès de Leurs Majestez, lesquelles ont approuvé et ratifié les articles accordez par nous, en vertu de nostre pouvoir, avec vous, selon leur forme et teneur, comme vous verrez par l'acte de ratification mis ès mains du sieur de Thianges pour vous estre délivré et envoyé par luy avec la présente. Pareillement nous luy avons donné l'acte de la publication de la suspension des armes, en la forme que Sa Majesté a ordonné qu'elle soit faicte dès demain auprès de sa personne, et après par toutes les provinces du royaume, où elle sera envoyée par gens exprès, et adressée aux gouverneurs et lieutenans généraux, baillifs et séneschaux d'iceluy en la forme accoustumée, ayant faict comprendre en celles qui doibvent estre envoyées en Champagne et Picardie, et autres villes de Metz, Thoul et Verdun, les pays de la souveraineté de Sédan et Raucourt. Leurs dictes Majestez envoyent encore aux dicts gouverneurs et lieutenans généraux des copies collationnées à l'original, signées de leurs mains, des dicts articles; telz qu'ils ont esté par nous accordez avec vous, affin qu'ils les facent exécuter et observer selon leur teneur, et réparer ce qui sera faict au contraire. Nous avons aussy asseuré Leurs dictes Majestez que vous donnerez le mesme ordre à ceux des dictes provinces qui sont joints avec vous, et, suivant vos mandemens, demain nous arresterons le partement des gens de guerre, du nombre desquelz Leurs Majestez eussent volontiers retranché, ainsy qu'elles nous escrivirent par leurs lettres receues lorsque nous estions à Fontenay, que nous vous feismes veoir, si nous leur eussions rapporté que vous eussiez voulu faire le mesme des vostres. Semblablement nous ferons veoir au dict sieur de Thianges l'estat de ceux que l'on départira aux villes et places qui sont au delà des rivières de Vienne et du Clin, qui peuvent donner quelque jalousie, ainsy qu'il a esté accordé par les dicts articles; le mesme sera faict aussy par luy avec nous pour le regard de vos garnisons[1]. Sur cela nous l'avons prié vous représenter une légère difficulté que nous avons rencontrée sur l'Isle-Bouchart, laquelle pourra estre surmontée par l'expédient que nous luy avons proposé, si vous l'avez agréable, comme nous vous en supplions, et de nous en faire sçavoir vostre volonté[2]. Au demeurant, nous avons fidellement représenté à Leurs Majestez les déclarations et asseurances de vostre affection à la paix du royaume, et au service et contentement de Leurs Majestez, qu'ils vous a pleu nous commettre, comme de MM. les princes, ducs et officiers de la couronne qui sont avec vous, lesquelles leur ont esté très agréables, et leur ont augmenté le désir de l'accélération de la conférence, affin de jouir tant plus tost des

---

[1] Voir les pièces, pages 295 et 300, art. 6 et 7.

[2] Article 10 des articles accordés, page 303.

bons effects qu'elles s'en promettent de vostre part, telz que vous les debvez aussy attendre de la leur, et que nous vous supplions de croire que vous ferez tousjours, de l'obéissance et des services que vous doibvent,

Monseigneur, vos très humbles et très obéissans serviteurs, etc.

CXVIII.

Man. Bibl. impér. Fonds Dupuy, n° 450, p. 80.

Estat des lieux ordonnez pour la garnison des troupes de l'armée [1].

Officiers de l'artillerie et Suisses . . . . Poictiers.

RÉGIMENT DE GENS DE PIED.

Xaintonge...	Picardie, Champagne et cinq compagnies du régiment de Rambures	Xaintes et Cognac.
Touraine....	Piedmont et du Renouard	La Haye.
Poictou.....	Chappes	Chauvigny.
Lamarche...	Navarre	Availles.
	Et garderont le logis pour les deux compagnies de Chinon.	
	Les deux de l'Isle-Bouchart y demeureront.	
Poictou.....	Estissac et Chastelliers	Lusignan.
Anjou......	Rambures et Vaubécourt	Pont-de-Cé.
	Réservé les cinq compagnies de Rambures qui iront à Xaintes.	
Touraine....	Bourg et Touarhay	Langes.
Anjou...... {	Régiment de M. de Rouannoys [2]	Mirebeau.
	Baron de Saincte-Suzanne	La Flesche.
Lamarche...	Sainct-Vinian	St-Germain-sur-Vienne.

[1] L'armée dont cet état donne la disposition est l'armée du Roi. La pièce CXIX est complémentaire de celle-ci, encore qu'elle en répète plusieurs articles. Il y a aussi lieu d'observer sur cette seconde pièce que la fin du titre, *qui sont au delà de la rivière de Vienne*, n'est exact qu'en considérant que le Roi était alors à Châtellerault et fut plus tard à Tours. Ces états sont dressés en vue de l'exécution de l'article 6 de la convention ci-dessus, page 302. (Édit.)

[2] Louis Gouffier, pair de France, marquis de Boisy et capitaine de cinquante hommes d'armes des ordonnances du Roi,

Poictou.....	Grignos...........................	Charroux, avec le sieur de Genlis.
Le Perche...	La Mailleray.....................	Montmiral.
Le Mayne...	Le comte de Torigny..............	La Chastre-sur-le-Loir.
Le Perche...	Le vicomte de Sainct-Jehan.......	Bazoches.
Anjou......	Beaumont qui a la charge de Boniface......	Ségré.
Poictou.....	Le régiment du sieur de Corbon...........	Montmorillon.

CAVALERIE LÉGÈRE.

Dunois.....	La compagnie du Roy commandée par le sieur de Contenans.......................	Claye.
Orléans.....	Celle de la Royne, mère du Roy.	Mer.
Dunois.....	La compagnie Colonelle...............	Morée et Freteval.
Brie.......	M. de Vitry et ses carabins...........	Brie.
Anjou......	MM. Zamet et marquis de Sablé..........	Chasteaugontier.
Le Perche...	Marolles...........................	Mortagne.
Le Mayne...	{ M. de Ponguy........................	Vaas.
	M. le comte de Soissons................	Viarson.
Berry......	{ M. le duc et chevalier de Vendosme........	Aubigny.
	M. le prince de Joinville..............	Issoudun.
Blaisois....	{ M. de Guise........................	Vatan.
	M. de Camp........................	Gracé.
Poictou.....	{ M. de Beauvais Nangis.................	Le Blanc en Berry.
	M. de Bussy........................	Sainct-Savin.
Le Perche...	M. le comte de la March................	Authon au Perche.
Poictou.....	{ M. le comte de la Rochefoucauld...........	Civray.
	M. de Janlis........................	Charroux, avec le reste du sieur Grignos.
Berry......	{ M. de Lorières......................	Bourganeuf.
	M. de Montigny, mareschal de camp.......	Sancoing et Dan-le-Roy.
Blaisois....	La cornette des chevaux légers de la garde du Roy et carabins de Montalan...........	Aux Montiz.

CARABINS.

Poictou.....	M. de Gyé........................	Belabrye.
Berry......	Desacres et la Haye................	Ruilly en Berry.
Touraine....	Montestouc.......................	Angles.
....	Rodelles..........................	En Languedoc.
Vendosmois..	La comp^{ie} de gens d'armes de M. de Courtanvau.	Trou.
Touraine....	Sa compagnie de chevaux légers.........	Bléré.

gouverneur de Poitiers. Il était duc de Rouannais, la terre de ce nom ayant été érigée en duché en 1612. Il avait épousé Claude Éléonore de Lorraine, dame de

CXIX.

Man. Bibl. impér. Fonds Dupuy, n° 450, p. 81.

Estat des départemens donnez à la cavalerie que M. le Prince fait venir ès environs de Loudun[1].

Premièrement, à la compagnie de gens d'armes de M. le Prince, commandée par le sieur du Roger, guidon de la dicte compagnie, composée de cinquante maistres, a esté donné pour département les paroisses de Lerné, Seully, la Baye, la Roche, Clermont, Marçay, Ligré et Cinay, à la charge d'exempter l'abbaye de Seully, cy.   L (50).

Plus, la compagnie de chevaux légers de mon dict seigneur le Prince, commandée par M. de Rochefort, lieutenant, et, en son absence, par le sieur de Sarzay, cornette, composée de IIII^{xx}x maistres, a eu pour département les paroisses de Sainct-Germain-Tizé, la Vaucheraie, Sainct-Cyr-en-Bourg, Louziers, Sinais, Roiffé et bois de Vende, cy.................................... IIII^{xx}x (90).

Plus, la compagnie de chevaux légers de M. le duc de Mayenne, commandée par le sieur de Valençay, cornette, composée de quatre-vingts maistres, a eu pour département, conjointement avec celle de M. de Montenac, les paroisses de Saune, Verne, Liniers, Vérines, Poligny et Sainct-Aubin, cy...................... IIII^{xx} (80).

Plus, la compagnie de chevaux légers de M. le duc de Rohan et de ses gardes, composée de cinquante chevaux légers et cinquante arquebuziers à cheval, ont eu pour département les paroisses de Turcan, Parnay, Champignay, les Coutaux et Souzay, cy.....   C (100).

Plus, la compagnie de M. le comte de Biennes, composée de trente maistres, a eu pour département Faye-la-Vineuse, à la charge de ne loger en aucuns bourgs et villages estans ès environs, cy.   XXX (30).

Plus, la compagnie de M. le mareschal de Bouillon, composée de

Beaumesnil, fille de Charles de Lorraine, duc d'Elbeuf. (Édit.)

[1] Cette distribution de la cavalerie du Prince de Condé aux environs de Loudun est proposée en vertu de l'article 10 des articles accordés par le Roi, en date de Châtellerault, le 23 janvier 1616. (Voir page 303.) (Édit.)

cinquante maistres, a eu pour département, conjointement avec celle du baron de Bolandre, composée de quarante, les paroisses de Sainct-Léger, de Montbreuillay, Ponansay, Neuil-sur-Duis, à la réserve du petit village du Petit-Savoye, Ternay, Tortenay-de-là-l'eau et Mocon, cy . . . . IIII^{xx}x (90).

Nombre total . . . .   IIII^{c}XL (440).

CXX.

Man. Bibl. impér. Fonds Dupuy, n° 450, p. 81 verso.

Estat des villes où il y a garnison, qui sont au delà de la rivière de Vienne.

Les Suisses, Poictiers.

Lusignan, deux régimens faisans cinq cens hommes de pied.

Partenay, la garnison ordinaire soubs M. de la Chastaigneraie.

Mirebeau, la compagnie de M. de Rouannoys et trois cens hommes de pied.

Civray, un régiment de deux cens hommes de pied, et la compagnie de M. le comte de Larochefoucauld.

Charroux, une compagnie de chevaux légers de cinquante chevaux.

Chinon, deux compagnies de gens de pied de cent hommes.

Et pour le regard de l'Isle-Bouchart, la garnison[1] sera ostée au temps de la conférence, suivant ce qui en a esté dict à M. de Thianges.

A Machecoul, trois cens hommes de pied, y compris la vieille garnison.

A la ville et chasteau de Pouiul, cinquante hommes de pied.

A Mortagne, ville et chasteau, deux cens hommes de pied.

A Tiffauges, ville et chasteau, cent cinquante hommes de pied.

A Baupreau, ville et chasteau, cinquante hommes de pied.

A Chemillé, ville et chasteau, cent hommes de pied.

A l'Isle et fort de Belle-Isle, trois cens hommes de pied.

Pour les quatre cens chevaux qui doibvent estre ès environs de

---

[1] Il faut entendre la garnison qui y est au nom du Roi, sans cela il y aurait contradiction avec l'article 10 des articles déjà cités. (Édit.)

Loudun durant la conférence, prendre les villages et paroisses de Nouzillay, Sainct-Gatien, Challais, Arçay, Chassaignes, Chillay, Mante, Sainct-Loup-sur-Dives, Ranton, Glamoux, Ternay, Bevry, Montbrillart, Von et Brevezay[1].

CXXI.

Man. Bibl. impér. Supplém. franç. 3193.

Extrait du département général pour le logement des troupes de l'armée du Roy, commandée par monseigneur le Prince[2].

Département de M. de Soubize[3].

La compagnie de gens d'armes de M. le duc de Rohan, les troupes tant de cavalerie que d'infanterie de M. de Soubize, les régimens de

---

[1] Ce dernier point est réglé par le Roi, en exécution de l'article 10 de la convention ci-dessus. (Édit.)

[2] Cette pièce, postérieure de deux jours à la convention de Châtellerault, et qui ne se rattache pas à la série des trois précédentes, nous fait connaître la position occupée par les troupes d'un lieutenant du prince de Condé; elle en suppose probablement d'autres du même genre que nous n'avons pas trouvées. Elle fut sans doute signifiée dans cette forme aux villes et villages désignés, pour leur faire connaître la mission du sieur Thommels, et établir son droit de lever l'impôt au nom du Prince. Cette circonstance donne en même temps un aperçu de la malheureuse situation du pays au milieu de cette guerre civile. Nous ne nous expliquerions pas, sans un passage que nous faisons connaître plus bas, pourquoi le prince de Condé est représenté dans le titre comme chef de l'armée du Roi, le manuscrit, qui est la copie notariée elle-même, portant textuellement ces mots : *L'armée du Roi commandée par monseigneur le Prince.* Cette qualification n'est pas, il est vrai, plus exorbitante que celle qu'il s'attribue dans sa déclaration à Méry-sur-Seine, de considérer comme nulle et non avenue la déclaration du Roi du 1er septembre 1615 (voir plus haut, p. 230); mais elle est la conséquence de la prétention qu'il annonce d'être avant tout le défenseur de la couronne et de la monarchie..... On n'en saurait douter lorsque l'on rapproche de cette pièce l'extrait suivant concernant les commissions d'officier données, dans son armée, pour le prince de Condé, à des protestants : « A esté « ordonné que les commissions de M. le « Prince, qui seront délivrées par l'assem- « blée, seront contresignées de l'un des se- « crétaires d'icelle avec ces mots : Délivré « *pour le service du Roy,* sous l'autorité de « monseigneur le Prince, par ordonnance et « direction de l'assemblée générale des es- « glises refformées de France. » (Procès-verbaux manuscrits, t. IV, p. 214. Assemblée de Nîmes, séance du 20 janvier 1616.)

[3] Benjamin de Rohan, seigneur de Soubize, qui figure ici parmi les officiers du prince de Condé, était frère puîné de Henri II, duc de Rohan, célèbre par les

M. le comte de l'Hospital, et des sieurs de Rabotinier, vicomte de Canal et la Raineville,

Seront toutes les dictes trouppes logées depuis la rivière de Lais jusques à la Saivre Nantoize, tirant vers la mer et rivière de Loire, y comprenant le clos de Rais, sauf et réservé les paroisses de Curson, Sainct-Benoist, Moric, Angle, Longueville, le Jart, Sainct-Anaugone et les moutiers des Maulxfaicts, ensemble celles de Sainct-Hilaire, de Tallemond, la Jonchère, le Bernard, Aurille et Sainct-Vincent-sur-Jart, la ville de Mauléon, Montaigu et Bournoneau, avec exemption des paroisses et villages appartenant au duc de Sully.

Et pourra mon dict sieur de Soubize, pour l'entretien de ses dictes troupes, faire lever en l'estendue de son dict département les contributions sur la rivière de Loire, comme aussy sur toutes les paroisses du dict département, par le sieur Thommels, commissaire à ce depputé par mon dict seigneur le Prince, lequel procédera à l'imposition des dictes contributions le plus également que faire se pourra, soit en deniers, vivres et munitions, pour estre distribuez aux dicts gens de guerre, suivant les ordonnances et mandemens de mon dict sieur de Soubize, duquel les dicts gens de guerre prendront l'ordre et luy obéiront comme à la propre personne de mon dict seigneur, et à M. de Laudrière, mareschal de camp, qui enverra à Son Excellence le controlle du logement des dictes troupes, avec un mémoire de l'ordre et imposition qui aura esté mise sur les dictes paroisses, pour leur nourriture et entretenement.

Faict au conseil tenu près la personne de mon dict seigneur à Fontenay, le vingt-cinquiesme jour de janvier mil six cens seize.

Ainsy signé, HENRY DE BOURBON.

Et plus bas :

Par monseigneur, DE LA GRANGE, et scellées.

---

guerres qu'il soutint contre la cour en faveur de la réforme. Il avait comme lui embrassé la religion nouvelle et s'était lié avec les princes pour défendre plus efficacement les intérêts des protestants ; comme lui, et pour des raisons analogues, il fut partie intéressée dans la conférence de Loudun. (Édit.)

Et plus bas est escrit :

Collationné à l'original, demeuré ès mains de nous, commissaire soubsigné, y dénommé, par commandement de monseigneur de Soubize. Faict au camp, au Pèlerin, le septiesme jour de février mil six cens seize, à sept heures du soir.

Ainsy signé : THOMMELS.

Collationné fidèlement par nous soubsignés, notaires royaux à Nantes, sur la coppie tirée de l'original rendu ce neuviesme jour de février mil six cens seize.

BONNET, notaire royal.   CADORET, notaire royal.

CXXII.

Impr. Mercure franç. t. IV, 1616, p. 35.

Lettre de M. le prince de Condé au duc de Rohan[1].

Mon cousin, vous sçavez comme il y a bientost deux ans que j'ay représenté à Leurs Majestez, par mes très humbles remonstrances, les misères et les désordres et malheurs qui menacent ce royaume de ruyne, et les ay suppliez, par diverses fois, avec le respect et le très humble debvoir que doibt un fidèle subject à son Roy, de les détourner par toute sorte de prudence, et porter la main salutaire pour y appliquer de bonne heure les remèdes nécessaires et convenables, de peur qu'estant négligez, et mes advis donnez par les vœux et suffrages de tous les gens de bien demeurans inutiles, le mal ne se rendist incurable ; en quoy chascun recognoistra tousjours, sans passion, que je n'ay eu jamais autre but que la conservation de l'estat, avec le repos et tranquillité publique d'iceluy. A laquelle désirant rapporter toutes mes actions, et rechercher tous moyens possibles pour y parvenir, affin d'éviter les misères et calamitez que la guerre civile attire quant et soy, j'ay faict cognoistre tout ce qui

---

[1] Une lettre analogue à celle-ci fut écrite en même temps par le Prince à tous les Conférence de Loudun. grands de sons parti pour se rendre à la conférence de Loudun. (Édit.)

estoit de mes désirs à M. de Villeroy, avec lequel je me promettois veoir réussir heureusement les choses remonstrées au contentement des bons François. Mais, voyant que la résolution de partir avoit esté prise au conseil du Roy, qui avoit donné subject de rompre la conférence commencée, et par ce moyen frustré de l'espérance de veoir bientost un règlement nouveau dans les conseils de Sa Majesté, j'ay esté contraint d'assembler mes amis, prendre les armes, et obtenir par la guerre ce que par mes très humbles prières et remonstrances je n'avois peu faire; de manière que nous en sommes venus jusques là. Mais finalement, ayant appris par le rapport de M. de Thianges que le desseing de Sa Majesté estoit de donner la paix à ses subjects, que j'ay jugée tant nécessaire au royaume, on a résolu qu'il se tiendroit une conférence pour estre pourveu aux choses plus salutaires et convenables, et donner lieu à une paix de durée : ce qui ne se peust faire sans en donner advis à ceux de la religion, intéressez en cecy, et particulièrement à vous, estant à propos que de vostre part il y ayt quelqu'un envoyé en la dicte conférence, pour veoir, proposer, conclure et arrester les choses plus requises à la tranquillité de l'estat, affin de lever tout subject de soupçon, deffiance et jalousie. J'espère que Dieu me favorisera tant que de faire cognoistre à la France que je n'ay autre desseing que son bien et repos, et que enfin Leurs Majestez jugeront de la sincérité de mes intentions. Promettant de ma part apporter en ceste conférence tout ce qui dépend de moy pour asseurer les fondemens d'une bonne paix, ce que j'espère aussy que ferez de vostre costé. Et demeure cependant, mon cousin, vostre très affectionné serviteur.

De Fontenay-le-Comte, le 26 janvier 1616.

HENRY DE BOURBON.

CXXIII.

Man. Bibl. Sainte-Geneviève, L.F. 16.

Noms des depputez de la part du Roy en la conférence de Loudun.

M. le comte[1] de Brissac, mareschal de France.
M. de Villeroy[2], conseiller et secrétaire d'estat.
M. de Thou[3], conseiller au conseil d'estat.

---

[1] Le maréchal de Brissac dont il est ici question est Charles de Cossé, deuxième du nom. Il était fils puîné de Charles Ier de Cossé, mort le 31 décembre 1563. D'abord hostile à Henri IV, contre l'armée duquel il défendit Poitiers en 1593, il remit entre ses mains, le 22 mars 1594, la ville de Paris, dont le gouvernement lui avait été confié par le duc de Mayenne. A cette occasion, le Roi le fit maréchal de France en 1595, et bientôt après chevalier de ses ordres. Après la mort de Henri IV, le maréchal de Brissac embrassa le parti de la Reine, qui lui donna, en 1612, le gouvernement de la Bretagne, au détriment du duc de Vendôme, qui le tenait de son beau-père, le duc de Mercœur. Ce prince s'étant, pendant les années suivantes, montré disposé à revendiquer, même par les armes, ses droits sur ce gouvernement, on lui opposa le maréchal, tantôt avec des troupes, tantôt dans les négociations. Aussi ressort-il des pièces que nous publions que le maréchal de Brissac n'était pas complétement désintéressé dans les pourparlers de Loudun, étant alors lieutenant général du Roi au gouvernement de Bretagne. Il mourut en 1621. Louis XIII, satisfait de ses services, avait, en 1620, érigé la terre de Brissac (Anjou) en duché-pairie. Le maréchal n'était donc, en 1616, que comte de Brissac. (Édit.)

[2] Nicolas de Neufville, seigneur de Villeroy, le plus actif des commissaires de Louis XIII à la conférence de Loudun, est trop connu dans l'histoire de son temps pour qu'il soit nécessaire d'en parler longuement. On sait quels services il rendit sous le règne de Henri IV et sous la régence de Marie de Médicis. Éloigné de la cour en 1614 par la jalousie du maréchal d'Ancre, il fut rappelé au conseil sur les instances des États-généraux. La paix de Loudun, en 1616, fut en grande partie son ouvrage, comme on le voit par notre publication. Éloigné encore une fois par la même influence, il fut presque aussitôt rappelé par Louis XIII, qui lui remit le soin de ses plus importantes affaires. Il mourut le 12 novembre 1617, âgé de soixante et quatorze ans, après avoir été employé dans les plus grandes affaires par les quatre derniers rois. (Édit.)

[3] Jacques-Auguste de Thou, baron de Meslay, le laborieux et véridique historien des règnes de François II, Charles IX, Henri III et Henri IV, le père de l'infortuné François-Auguste, qui paya de sa tête son amitié pour Cinq-Mars, se montra toujours partisan éclairé du pouvoir. Voué

M. de Vic[1], conseiller au conseil d'estat.

M. Phélipeaux[2], sieur de Pontchartrain, secrétaire d'estat.

Noms des princes et seigneurs qui avoient pris les armes contre le Roy.

M. le prince de Condé[3].

M. le duc de Vendosme[4].

---

d'abord à l'état ecclésiastique, il y renonça sur les instances de sa famille, et se maria après avoir succédé à son oncle Augustin, en 1580, dans la charge de président à mortier. Les preuves de dévouement qu'il donna à Henri III furent récompensées en 1588 par la charge de conseiller d'état, et, à la mort de ce prince, il mérita la confiance de Henri IV, qui l'employa dans plusieurs affaires importantes. Sous la régence de Marie de Médicis, il fut un des directeurs généraux des finances, et député à la conférence de Loudun. Cette négociation fut la dernière à laquelle il participa, étant mort en 1617, le 17 mai. Il était fils de Christophe de Thou, premier président du parlement de Paris, et né le 9 octobre 1555. On trouve à la fin de son histoire une lettre dans laquelle il a qualifié d'une manière singulière, et sous des noms supposés, la plupart des négociateurs avec lesquels il s'était trouvé à Loudun, et plusieurs autres hommes d'état; il y a quelque lumière à tirer de l'intelligence de cette pièce. (Édit.)

[1] Méry de Vic, seigneur d'Ermenonville, de Fienne, etc. fut successivement maître des requêtes du roi Henri III, président au parlement de Toulouse, conseiller d'état, surintendant de la justice en Guyenne. Il rendit service au roi Henri IV, en négociant par son ordre le renouvellement de l'alliance avec les Suisses. Il ne fut pas moins bien apprécié par Marie de Médicis et par Louis XIII, car, peu d'années après la conférence de Loudun, à laquelle nous le voyons assister, c'est-à-dire en 1621, ce prince l'honora de la charge de garde des sceaux. Il n'en jouit pas longtemps, et mourut à Pignan, le 2 septembre 1622, pendant un voyage à Montpellier où il accompagna le Roi. (Édit.)

[2] Paul Phélippeaux de Pontchartrain, quatrième fils de Louis Phélippeaux, seigneur de la Vrillière, était né à Blois en 1569. Ses talents précoces pour les affaires et l'expérience qu'il acquit sous le ministre Villeroy lui méritèrent la faveur de Henri IV et de Marie de Médicis. Par la protection de cette reine qui l'avait employé dans la charge de secrétaire de ses commandements, il fut nommé secrétaire d'état en 1610. Après avoir été appelé dans plusieurs négociations, il mourut en 1621, au siége de Montauban, où il avait accompagné le Roi. Il fut, avec M. de Villeroy, le négociateur le plus actif de la conférence de Loudun, dont il résuma les circonstances à la fin de ses mémoires. La nature des pièces revêtues de sa signature autorise à croire qu'il y était chargé de la correspondance officielle avec la cour. (Édit.)

[3] Voir ci-dessus, page 255. (Édit.)

[4] César, duc de Vendôme, d'Étampes, de Mercœur, etc. était fils naturel de Henri IV et de Gabriel d'Estrées. Il naquit

M. le duc de Longueville[1].

à Coucy, en 1594, et fut légitimé en 1595. En 1609, il épousa Françoise de Lorraine, fille du duc de Mercœur, qui céda à son gendre le gouvernement de Bretagne. Il n'avait que vingt-deux ans à l'époque de la conférence de Loudun; mais son esprit inquiet l'avait longtemps avant attaché à la faction des princes, et la cour s'était vue forcée de lui enlever son gouvernement. Soupçonné, en 1614, de vouloir aller joindre le prince de Condé et les autres princes réunis à Mézières, il fut arrêté au Louvre le 10 février, gardé dans ce palais, et son gouvernement de Bretagne, qui lui avait été rendu, donné au duc de Montbazon. Il s'évada le 19 et se retira à Ancenis, d'où il écrivit au Roi une lettre respectueuse pour se plaindre des mesures dont il était la victime. Néanmoins, certains traits de sa conduite portèrent Louis XIII et sa mère à renouveler au parlement de Rennes l'ordre de s'opposer à tout armement de la part du duc, ce qui provoqua une lettre dans laquelle il entreprend de se justifier. Après le traité de Sainte-Menehould, Marie de Médicis se hâta de le lui notifier; mais il passa outre, et son entrée dans Vannes persuada à la cour qu'il ne tenait compte d'aucune des stipulations arrêtées. Il se justifia néanmoins assez habilement du fait qui lui avait valu de nouveaux reproches dans une lettre du 18 juin 1614. Mais, par la nature même des arguments qu'il fait valoir, il dut continuer les fonctions de gouverneur qu'il prétendait lui avoir été rendues par le traité de Sainte-Menehould. La légitimité de cette prétention fut d'ailleurs reconnue, et sur quelque acte de soumission de sa part, le Roi, par déclarations des 14 juillet et 13 août suivants, lui rendit son gouvernement. Quelles qu'aient été du reste les protestations du duc de Vendôme, un document irrécusable, les réclamations des États généraux de Bretagne, en date du 22 août 1614, et les réponses favorables faites par Louis XIII à leurs demandes, prouve à quel degré de misère en était réduite cette province par suite de l'alliance du duc de Vendôme avec les princes révoltés. Le duc resta tranquille pendant la fin de 1614 et pendant la plus grande partie de l'année 1615; mais, dès la fin de cette année, à l'instant où l'on négociait pour obtenir une conférence à Loudun, il se mit à faire des levées d'hommes, soi-disant pour le service du Roi. Sommé par un héraut de les amener à Louis XIII, il ne dissimula plus et se déclara du parti des princes, le 18 février 1616. Telle était la situation singulière de ce prince au moment où les pourparlers commencèrent. Le Roi se plaint avec raison, dans le cours des négociations, que ses actes sont toujours en désaccord avec les assurances de soumission qu'il lui prodigue. (Édit.)

[1] Le duc de Longueville dont il est ici question est Henri d'Orléans, deuxième du nom, duc de Longueville, d'Estouteville, prince souverain de Neufchâtel, etc. Mort en 1665. Il était né le 27 avril 1595, et n'avait par conséquent que vingt et un ans lorsque s'ouvrirent les négociations de Loudun. La jeunesse de ce prince explique la présence de sa mère à la conférence (voir la note 2, p. 273). Il avait reçu, après son père, la survivance du gouvernement de Picardie, et, par une imprudence de la cour ou par de fâcheuses circonstances, le maréchal d'Ancre se trouva

M. le duc de Mayenne[1].

M. le duc de Piney[2].

M. le duc de Bouillon[3].

bientôt gouverneur de la ville et de la citadelle d'Amiens. La malveillance réciproque des princes et du courtisan parvenu devait faire naître des luttes regrettables dans une position aussi délicate. C'est ce qui ne manqua pas d'arriver, et le duc de Longueville se trouva ainsi engagé de bonne heure dans le parti des princes. Sa situation s'explique facilement par les circonstances que nous venons d'indiquer. C'est ce prince qui épousa en secondes noces, en 1642, Anne-Geneviève de Bourbon, fille du prince de Condé, devenue célèbre pendant la fronde, sous le nom qu'elle avait reçu de lui. (Édit.)

[1] Henri de Lorraine, duc de Mayenne et d'Aiguillon, pair et grand chambellan de France, etc. était fils du duc de Mayenne, célèbre sous la ligue et sous le règne de Henri IV. Il était né en 1578, et avait par conséquent trente-huit ans en 1616. Il fut tué au siége de Montauban en 1621. Il avait épousé Henriette de Gonzague-Clèves, et se trouvait ainsi beau-frère du duc de Nevers. Ce fut par lui qu'il s'attacha de bonne heure au parti des princes, sans mettre une bien grande ardeur dans son hostilité envers la cour. Les conférences de Soissons s'étaient tenues sous sa protection, attendu que cette ville appartenait à l'Île de France, dont il avait le gouvernement. Les pièces de cette négociation feront connaître les réclamations qu'il adressait au Roi. Il est indifféremment appelé dans ces pièces duc de Mayenne et duc du Mayne, parce que ces deux noms sont également appliqués à la ville de Mayenne. Cette ville avait été érigée en duché par Charles IX en 1573, en faveur de Charles de Lorraine, second fils de François de Guise, tué devant Orléans en 1563. (Édit.)

[2] Henri de Luxembourg, duc de Piney, était fils de François de Luxembourg, premier duc de Piney, honoré de la confiance des rois Henri III et Henri IV, auxquels il rendit d'importants services et qui mourut en 1613. Ce fils, dont il est ici question, embrassa le parti des princes, mais avec peu d'ardeur. Il ne figure guère que pour son nom dans la conférence de Loudun, et n'en tira aucun avantage personnel, étant mort le 23 mai 1616. (Édit.)

[3] Henri de la Tour, vicomte de Turenne, etc. duc de Bouillon, maréchal de France, était né à José, en Auvergne, en 1555. Il fit en 1574 profession de la religion réformée, et fut employé par Henri IV à des missions diplomatiques. Sous le règne suivant, Marie de Médicis l'envoya en Angleterre pour faire agréer l'alliance qu'elle formait alors avec l'Espagne. A son retour, son inimitié pour le maréchal d'Ancre, duquel il n'avait pas obtenu ce qu'il désirait, le jeta dans le parti des mécontents. Il se montra heureux et habile médiateur dans la conférence de Loudun, non sans encourir de la part des protestants le reproche d'avoir trahi leur cause. Il mourut le 25 mars 1623, laissant d'Élisabeth de Nassau, sa seconde femme, Henri de la Tour d'Auvergne, illustre entre tous nos grands capitaines, sous le nom de maréchal de Turenne. Selon M. de Rohan, dans

M. le duc de Rohan[1].
M. le duc de Sully[2].
M. le comte de Candalle[3].

ses mémoires, « le maréchal de Bouillon « était grand de courage et d'entendement, « capable de procurer à l'état de grands « biens et de grands maux. » (Édit.)

[1] Henri, duc de Rohan, pair de France, prince de Léon, etc. descendait d'une branche cadette des anciens souverains de Bretagne. Il était né dans cette province, au château de Blain, le 21 août 1579. Son père avait embrassé la réforme à la sollicitation de Jeanne, reine de Navarre; son grand-père avait épousé Ysabeau de Navarre, grande tante de Henri IV. Il était donc allié de ce prince; aussi reçut-il toujours de lui des marques certaines d'affection et de confiance. Ce fut Henri IV, en effet, qui négocia son mariage avec Catherine de Béthune, fille du duc de Sully. Il devait commander les Suisses dans la guerre que ce roi allait porter en Allemagne, lorsque le fer de Ravaillac changea le cours des événements. Gendre de Sully et le plus ferme appui des réformés, il ne put manquer d'être redoutable au nouveau gouvernement. Il sut néanmoins, par sa fermeté et son adresse, demeurer indépendant entre la cour, qui réclamait quelquefois son appui, le prince de Condé, dont il n'approuvait pas l'ambition, et le maréchal de Bouillon, dont il connaissait la duplicité. D'abord incertain, à la fin de 1615, il prit les armes trop tard, et n'obtint pas, dans la conférence de Loudun, pour les réformés, les avantages qu'il devait en attendre. Son zèle pour la réforme, et la crainte de compromettre l'influence qu'il exerçait sur ses coreligionnaires, l'entraînèrent encore dans plusieurs révoltes qui le rendirent suspect, dans les circonstances mêmes où sa fidélité était entière. Il mourut le 13 avril 1638, à la suite des blessures qu'il venait de recevoir près de Rhinfeld, en combattant pour la France. (Édit.)

[2] Le duc de Sully (Maximilien de Béthune, premier du nom) a joué un rôle trop important sous le règne de Henri IV, son nom est trop familier à l'histoire de cette époque, pour que nous donnions ici quelques détails sur sa vie. Seulement, pour faire bien comprendre sa situation à la conférence de Loudun, nous rappellerons qu'après la mort de Henri IV, en 1610, il était tombé en disgrâce, avait vu ses services méconnus, et les économies dues à sa bonne administration devenues la proie des courtisans. Son caractère dur et impérieux avait contribué à ce dénoûment, et ses anciens collègues l'avaient vu se séparer d'eux avec joie. Son mécontentement et sa qualité de réformé le jetèrent dans le parti des princes, quoiqu'il fût peu agréable à plusieurs d'entre eux et suspect aux protestants. L'intérêt personnel ne fut pas non plus étranger à ses déterminations, et on le voit plus occupé, dans ces circonstances, de ses réclamations propres et de celles du marquis de Rosny, son fils, que de l'intérêt de l'état, ou de celui de ses coreligionnaires. (Édit.)

[3] Henri de Nogaret de la Vallette, dit de Foix, comte de Candalle, fils aîné du duc d'Épernon, naquit vers 1590 et mourut le 11 février 1639, laissant la réputation d'un grand capitaine. Le commence-

Les sieurs de Soubize[1], de Boisse-Pardaillan[2], le marquis de Rosny[3], de Monbarra[4].

Ceux de la religion prétendue refformée[5].

CXXIV.

Man. Bibl. de l'Arsenal. Pap. Conrart, in-4°, t. XI. — Imp. Journal, p. 137.

Extrait du journal d'Arnaud d'Andilly.

4 février 1616. — M. de Vendosme, qui avoit levé des gens de guerre avec des commissions du Roy et tiré toutes ses armes de Paris avec des passeports de Sa Majesté, disant qu'il vouloit aller au devant du Roy pour le servir, se trouve avoir assemblé jusques à six ou sept mil hommes de pied et sept ou huit cens chevaux. Le Roy, cognoissant que ce n'estoit pas en intention de bien faire, envoye vers

---

ment de sa carrière fut moins honorable que la fin. Mécontent de son père sur qui il avait voulu prendre la ville et le château d'Angoulême, il se jeta, en 1615, dans le parti des réformés, et embrassa publiquement leur religion à la Rochelle. Plus tard, l'influence de son père le fit revenir à la communion romaine, qu'il reprit aussi légèrement qu'il l'avait quittée. Il alla chercher la guerre en Hollande et en Italie : les Vénitiens en firent pendant huit ans leur général de terre ferme. De retour en France, d'où Richelieu l'avait forcé à s'éloigner, il se réconcilia avec ce grand ministre, et contribua à reprendre les villes du Nord. Il retourna ensuite comme officier général en Italie, et y mourut dans la ville de Casal. (Édit.)

[1] Voyez plus haut, page 311. (Édit.)

[2] M. de Boisse-Pardaillan appartenait à la religion réformée, et, quoiqu'il eût reçu des faveurs de la cour, il se montrait plein d'ardeur à lui faire la guerre dans les rangs des protestants. Dans la dernière levée de boucliers du duc de Rohan, il avait été un de ses plus fermes lieutenants. (Édit.)

[3] Le marquis de Rosny, fils aîné du duc de Sully, était engagé dans le parti protestant par les mêmes intérêts que son père ; il prétendait dès lors lui succéder dans la grande maîtrise de l'artillerie, qu'il obtint en 1618. (Édit.)

[4] Nous pensons qu'il vaut mieux lire de Montbarrot, comme le porte plus loin la pièce qui le concerne, parmi les articles où sont consignées les demandes accordées par le Roi en faveur de divers seigneurs. La condition et les titres du sieur de Montbarrot sont exposés dans cette pièce. (Édit.)

[5] Les principaux des protestants qui assistèrent à la conférence de Loudun, tous députés de la Rochelle et hommes considérables dans leur parti, furent de Rouvray, Desbordes-Mercier, Bertheville, Fiefbrun, Clémenceau, ministre de Niort, Gommerville, Chauffepied, ministre, etc. (Édit.)

luy M. de Vignolles[1], qui rapporte à la cour plusieurs demandes de M. de Vendosme, et entre autres d'avoir des commissions pour ceux des siens qui avoient levé sans commission. M. de Vignolles le retourna trouver avec contentement sur ce subject et plusieurs autres. Néantmoins, il persiste toujours et augmente ses forces du débandement de l'armée du Roy et de celle de M. le Prince, s'avance en Bretagne, et fait mine de vouloir attaquer Nantes. On envoye à Chantocé un héraut d'armes (voir plus loin le détail) le sommer de désarmer, lequel parle à luy couvert, M. de Vendosme ayant la teste nüe. M. de Vendosme, après trois ou quatre heures de temps qu'il demanda pour penser à sa response, dit qu'il estoit très humble serviteur du Roy, et qu'il avoit pris les armes pour venger la mort du feu Roy, et que ses intérests estoient joints à ceux de M. le Prince.

« La suspension d'armes envoyée par les provinces, les uns obéirent et les
« autres non. En la Guienne, vers le Béarn, Chalosse et Bayonne, La Force
« et Grammont ne laissèrent de continuer la guerre l'un contre l'autre. Vitry,
« gouverneur de Meaux pour le Roy, dénicha des coureurs de quelques
« chasteaux en Brie. Les parlemens de Paris, Bordeaux, Rouen et Rennes
« employèrent leur auctorité pour faire observer la trève. Celuy de Paris
« donna un arrest portant deffense à toutes gens de guerre d'approcher de
« la ville de Paris de six lieues près, et, en cas de contravention, permit aux
« communes et habitans de s'armer à son de tocsin et leur courir sus.

« Les troupes du duc de Vendosme commettoient de grandes hostilitez.
« Plusieurs villes du Mayne, de l'Anjou, du Perche et de la Bretagne furent
« contraintes de leur contribuer des deniers. Ceux de Tours, auparavant
« que le Roy y fust arrivé, craignirent fort qu'elles s'approchassent d'eux. On
« envoya vers le dict sieur duc de Vendosme, affin qu'il licenciast ses troupes
« et qu'il vinst trouver le Roy; mais luy, ne désirant ny l'un ny l'autre, se
« retira comme pour s'en aller vers la Bretagne, où le parlement de Rennes
« avoit, le 26 janvier, enjoint aux habitans des villes et bourgades d'assister

---

[1] Bertrand de Vignolles, dit Lahire, marquis de Vignolles, premier maréchal de camp des armées de Henri IV et de Louis XIII. Il s'était distingué et se distingua encore en plusieurs occasions. Né en 1566, mort en 1636. (Édit.)

Conférence de Loudun.

« les prévosts des mareschaux et vice-séneschaux, et leur prester main-forte
« pour courir sus aux dictes troupes à son de tocsin..... » (*Mercure français*,
t. IV, 1616, p. 37.)

Nous donnons ci-après les arrêts du parlement de Bretagne rendus à la suite de celui auquel il est fait allusion ci-dessus.

CXXV.

Man. Bibl. publique de Rennes. — Copie des registres du parlement de Bretagne.

Arrests du parlement de Rennes.

6 février 1616. — La cour, advertie par le greffier d'icelle qu'il y avoit au parquet des huissiers un gentilhomme qui a dict [venir] de la part du Roy pour présenter à la cour deux dépesches de Sa Majesté, et désiroit estre ouy en icelle pour luy faire entendre ce qu'il avoit de particulier chargé de Sa dicte Majesté. Et à l'instant le procureur général est entré qui a dict qu'il venoit présentement de recevoir du dict gentilhomme les dictes dépesches, et une lettre de Sa dicte Majesté, à luy adressante, par laquelle elle luy donne advis que le duc de Vendosme, gouverneur et lieutenant général en ceste province, s'acheminoit pour y entrer contre la volonté et intention de Sa dicte Majesté; lesquelles dépesches le dict procureur général a mises au bureau, et requis qu'elles soient vues, parce que l'affaire requiert célérité pour le service du Roy; et s'estant retiré, a esté arresté que les chambres seront assemblées, et que le comte de Brissac[1], lieutenant général pour Sa Majesté en ceste dicte province, sera adverty de venir en la dicte cour pour assister à la délibération. Et ayant esté les chambres assemblées et le dict comte de Brissac entré, ont esté veues les dictes dépesches, auxquelles s'est trouvé (*sic*) deux lettres de cachet du Roy, du quatriesme jour de ce mois, conformes l'une à l'autre et une d'icelle par duplicata. Lesquelles veues et leues, et estante la cour informée des dictes lettres de la volonté de Sa

---

[1] Le maréchal de Brissac était à Loudun. Ce comte de Brissac est son fils, qui le remplaçait en ce moment dans le gouvernement de la Bretagne. (V. note, p. 315).

Majesté sur l'acheminement en armes du dict duc de Vendosme en ceste dicte province, a esté le dict gentilhomme [admis] pour sçavoir ce qu'il avoit à représenter de particulier de la part de Sa Majesté; et le dict gentilhomme entré, s'estant nommé Labrosse, a dict qu'il avoit commandement du Roy de faire entendre à la cour que l'intention de Sa Majesté n'estoit que, pour le subject des dictes dépesches, on alarmast le peuple, et qu'on donnast occasion de plus grands mouvemens, et néantmoins que l'on eust soin à la garde des villes et places de ceste province en son obéissance, et que dans deux jours, par le plus tard, la dicte cour seroit plus certainement advertie par le sieur Kolain de l'estat des affaires et volontez de Sa Majesté. Et s'estant le dict gentilhomme retiré, a esté arresté que les dictes lettres et pièces resteront au greffe, et que les connétable et procureur des bourgeois de ceste ville seront mandez et advertis de la teneur d'icelles, et de veiller soigneusement à la conservation de la dicte ville en l'obéissance du Roy, et que le dict comte de Brissac pourvoira à la seureté des autres villes et places de ceste province, et fera sçavoir aux gouverneurs, capitaines et communautez d'icelle, la volonté du Roy contenue aux dictes lettres, ce qu'a promis de faire. Et les dicts connétable et procureur des bourgeois mandez, leur a esté donné à entendre la teneur des dictes lettres et arrest cy-dessus, à ce qu'ils aient à y obéir.

A esté arresté qu'il sera escrit au Roy et à la Royne sa mère, et à M. le chancelier, sur le subject de la délibération cy-dessus et autres choses qui regardent le service de Sa Majesté en ceste province.

Du 9 février. — Le procureur général du Roy entré en la grande cour, chambres et tournelle assemblées, a esté adverty de veoir le comte de Brissac, lieutenant général pour le Roy en ce pays, et sçavoir de luy si, suivant l'arrest du jour d'hier, il avoit esté donné advis aux gouverneurs, capitaines et communautez de ceste province de la volonté de Sa Majesté, portée par ses lettres mentionnées au dict arrest.

Du 12 février. — La cour, grand'chambre et tournelle assemblées, faisant droit sur les requestes et conclusions du procureur général du Roy, fait injonction et commandement aux habitans de la ville de Hennebon de veiller soigneusement à la garde et conservation de la dicte ville, et d'empescher que aucunes personnes suspectes au service du Roy n'entrent en icelle; fait inhibitions et deffenses, suivant les précédens arrests, à toutes personnes, de quelque qualité et condition qu'elles soient, de lever aucuns gens de guerre en ceste province, sans commission du Roy, datée depuis le 20e janvier dernier; et, en cas de contravention, a permis à tous les subjects du Roy de leur courir sus et les tailler en pièces; a enjoint aux juges des lieux d'informer des contraventions, et d'envoyer incontinent au greffe de la dicte cour les dictes informations, pour icelles communiquer au procureur général du Roy, [pour] estre ordonné ce qu'il appartiendra.

Du 27 février. — La cour, chambres assemblées, faisant droit sur les conclusions du procureur général du Roy, a ordonné et ordonne qu'il sera faict commandement à Guillaume de Combourg, dit Vampurdis, et autres capitaines et chefs de gens de guerre, levez sans auctorité et commissions du Roy en ceste province, de désarmer et se retirer incontinent après la sommation qui leur sera faicte, sur peine d'estre déclarez criminels de lèze Majesté, et, en cas de désobéissance, que le comte de Brissac, lieutenant général en ce pays, sera requis de leur courir sus et les tailler en pièces. A ceste fin, enjoint à tous seigneurs, gentilshommes et autres subjects du Roy, d'assister le dict comte de Brissac pour l'exécution du présent arrest sur les peines qui y eschoient.

CXXVI.

Impr. Mercure franç. t. IV, 1616, p. 38.

Lettre du duc de Vendosme au Roy[1].

Sire, il n'est pas qu'une infinité de perturbateurs du repos public, qui n'ont pour desduit que la médisance, n'aient rapporté à Vostre Majesté que nous nous estions élevez avec quantité de troupes contre le debvoir et obéissance que nous vous debvons; et par le moyen de ces troupes, rapporté à Vostre Majesté que l'on faisoit tout acte d'hostilité, entreprise sur les villes de vostre obéissance, brusler les faux-bourgs de celles qui ne veulent consentir le passage de nostre armée; et enfin par ce moyen; ces faux rapports seroient suffisans de vous faire croire que nous ferions parti particulier; n'estoit, Sire, que vostre prudence et sagesse, et de la Royne vostre mère, pénètre plus avant que ces avant-coureurs de notes d'infamie. Vostre Majesté, sçachant que je ne suis que son vassal, prompt d'obéir et exécuter ses commandemens, m'asseure qu'elle n'aura point eu d'esgard au rapport de ces brouillons. Et néantmoins, bien que l'homme soit accusé innocemment, et qu'on luy mette sus choses auxquelles il n'auroit jamais songé, il faut nécessairement qu'il se purge de ceste calomnie, et, comme il est prest de ce faire, on veoit disperser ces médisans, comme la poudre qui s'écarte par le vent. De mesme, Sire, puisque je suis accusé devant Vostre Majesté par telles sortes de gens, je suis prest de me jetter à vos pieds, rendre compte à Vostre Majesté de mes actions, et extirper par ce moyen toutes ces calomnies. Mais, ne pouvant le faire si brièvement, à cause de la conduite que nous avons de l'armée que j'ay levée soubs vostre nom et pour vostre service[2],

---

[1] Le duc, ne voulant pas se rendre à la cour, où il était appelé par le Roi, lui écrivit cette lettre. Elle est de la fin de janvier ou du commencement de février. (Édit.)

[2] Voir, sur cette singulière prétention des princes révoltés, la note 2 de la page 311. A la cour, on soupçonna le duc de Vendôme d'être d'intelligence avec le prince de Condé, et de ne faire le neutre que pour s'autoriser à tenir une armée sur pied. (Édit.)

je prierai Vostre Majesté de suspendre la hayne qu'elle pourroit recevoir contre nous, ne me purgeant si tost de ce cas, mais de différer à la première occasion qui se présentera, lorsque toutes choses seront pacifiées. Ne laissant pourtant, Sire, de vous tesmoigner par la présente, ainsy que la vérité est telle, que le corps et les biens, non seulement de moy, mais de tous ceux qui sont avec moy, sont du tout zélez à vostre service; me conservant, comme je m'asseure que Vostre Majesté fera, les dons, graces et dignitez que le Roy défunt vostre père (que Dieu absolve!) m'a donnez et accordez durant son vivant, et desquelz j'en ay les brevets expédiez; n'estant vraisemblable et presque incroyable que Vostre Majesté, succédant non seulement au royaume de ce grand Roy, mais en toutes ses volontez, ses graces et libéralitez, voulust oster ce qu'il a donné et de bouche et d'escrit (la Royne vostre mère présente), pour le donner à des personnes qui n'ont rendu aucune preuve à la France de leur fidélité, et encore à personnes qui ne demandent qu'à succer les plus grandes charges et dignitez de la France, pour puis après la régler et gouverner à leur mode. N'estoit que vostre aage commence à tellement fleurir, qu'il discernera aisément et clairement par cy après le bien d'avec le mal, et changera les malédictions du peuple en sainctes et dévotes oraisons; malédictions qui ne sont point sur Vostre Majesté, mais sur ceux qui, depuis la mort du Roy, se sont baignez au milieu des magasins qu'il avoit réservez, préjugeant qu'il y avoit trop longtemps que la paix régnoit en France, et qu'il arriveroit après son décez ce qui est arrivé. Vostre Majesté m'excusera, s'il luy plaist, si je sçay de bonne part que l'on luy a rapporté que j'avois de l'intelligence avec M. le Prince, luy protestant que cela n'est point, que je n'ay aucune intelligence ny connivence avec luy, ny avec ceux de son parti, que les troupes que j'ay levées ne sont que pour vostre service, et garantir la province de Bretagne, dont j'ay l'honneur d'y estre gouverneur pour Vostre Majesté, de quelque trahison dont je suis adverti, comme aussy elles sont pour la conservation de ma personne, et manutention de ce qui m'a esté accordé par les brevets du feu Roy, dont vous estes héritier de sa couronne et de ses mœurs. Les promesses et les dons des roys sont irrévocables; et partant il plaira à Vostre Majesté confirmer d'abondant les dicts brevets, et me faire jouir pleinement et paisiblement du contenu en iceux. Vous sçavez, Sire, ce que je suis; et qu'estant tel, je suis plus obligé à vous rendre service que non pas des personnes qui, par leurs appats, comme j'ay dict, voudroient gouverner ce qu'il appartient à vous seul de gouverner. En me confiant du tout en vostre bonté, et priant Dieu de vous conserver, je demeureray, de Vostre Majesté, Sire, le très humble, très fidèle et très obéissant serviteur.

C. DE VENDOSME.

CXXVII.

Man. Bibl. impér. Fonds Dupuy, n° 450, p. 44 verso. — Bibl. Sainte-Geneviève, L. F, 16. Bibl. Mazarine. Proc.-verb. man. des assemblées protestantes, t. IV.

Pouvoir des commissaires depputez par le Roy pour la conférence de Loudun[1].

Louis, par la grâce de Dieu, Roy de France et de Navarre, à nostre très cher et bien amé cousin le comte de Brissac, mareschal de France, et à nos amez et féaux conseillers en nostre conseil d'estat, les sieurs de Villeroy, de Thou, de Vic et de Pontchartrain, salut. Ayant esté résolu et arresté de nostre part avec nostre cousin le prince de Condé de faire une conférence en nostre ville de Loudun, le dixiesme de ce mois, de quelques personnages, qui seront par nous choisis et depputez, avec nostre dict cousin et les autres princes, ducs, pairs et officiers de la couronne, seigneurs et tous autres, tant catholiques que de la religion prétendue refformée, qui l'ont assisté et se sont joints et unis à luy, y compris mesme les depputez de la dicte religion assemblez à Nismes, pour ensemblement adviser aux moyens de remettre le royaume en repos; à quoy voulant satisfaire

---

[1] Dans le manuscrit de la bibliothèque Sainte-Geneviève, le titre est ainsi conçu : *Commission aux sieurs de Brissac, de Villeroy et autres, pour traicter de paix de la part du Roy avec M. le prince de Condé.* Ce pouvoir est le pouvoir réformé, la première rédaction n'ayant pas convenu au prince de Condé. Les trois manuscrits le donnent textuellement. (Édit.)

de nostre part et en donner la charge à personnes qui aient les qualitez requises et convenables pour cest effect. A ces causes, à plein confiant de vos fidélité, affection à nostre service et au bien et repos de nostre royaume, et de la grande expérience et cognoissance que vous avez des affaires d'iceluy, nous vous avons commis, ordonnez et depputez, commettons, ordonnons et depputons par les présentes, pour vous transporter en nostre dicte ville de Loudun, et vous trouver en la dicte conférence, et là veoir et entendre ce qui vous sera proposé par nostre dict cousin le prince de Condé et les autres sus dicts, traicter, conférer, convenir et accorder avec eux des choses que vous trouverez justes, bonnes et convenables, et qui pourront estre utiles au bien de nostre service, au repos de nostre estat, et au soulagement de nos subjects, accorder et consentir en nostre nom les points, articles et demandes qui vous pourront estre proposez, et lesquelz vous jugerez pouvoir servir à l'advancement de ce bon œuvre, et génerallement traicter, gérer et convenir, accorder et conclure de toutes demandes et propositions qui pourroient vous estre faictes pour parvenir à une pacification et accommodement général de tous ces mouvemens. De ce faire, vous avons donné et donnons plein pouvoir, auctorité, commission et mandement spécial, promettons en foy et parole de roy d'avoir pour agréable et tenir ferme et stable ce qui sera par vous géré, négocié, convenu et accordé en nostre nom dans la dicte conférence, et pour parvenir à l'establissement d'un repos général, et le tout faire observer, entretenir, garder et accomplir de point en point, comme si nous l'avions faict, promis et accordé en propre personne, car tel est nostre plaisir.

Donné à Tours, le huictiesme jour de février, l'an de grâce mil six cens seize et de nostre règne le sixiesme.

Signé LOUIS, et plus bas, par le Roy, POTIER.

Et scellé en simple queue de cire jaune [1].

---

[1] Le recueil des procès-verbaux manuscrits de l'assemblée de Nîmes porte aussi un titre particulier, conçu ainsi qu'il suit : « Commission à MM. le comte de Brissac,

CXXVIII.

Man. Bibl. impér. Fonds Dupuy, n. 450, p. 45.

Instruction baillée par le Roy aux depputez allant de la part de Sa Majesté à la conférence de Loudun.

Le Roy ayant commandé aux sieurs de Brissac, mareschal de France, de Villeroy, président de Thou, de Vic et de Pontchartrain, conseillers en son conseil d'estat, de se rendre comme ses depputez en la ville de Loudun, le dixiesme de ce mois, pour se trouver, de sa part, en la conférence qui se doibt tenir avec monsieur le prince de Condé et autres princes et seigneurs joints et unis avec luy, affin d'adviser ensemblement aux moyens de remettre ce royaume en repos, outre le pouvoir que Sa Majesté a faict expédier aux susnommez pour cest effect, leur a encore voulu faire bailler le présent mémoire, contenant son intention sur ce qu'ils auront à faire de sa part en la dicte conférence.

Premièrement, ayant desjà esté convenu de la part de Sa Majesté de la forme que l'on aura à traicter en la dicte conférence avec mon dict sieur le Prince et autres princes, ducs, pairs, officiers de la couronne, seigneurs et tous autres, tant catholiques que de la religion prétendue refformée, qui l'ont assisté et se sont joints et unis avec luy, y compris mesme les depputez de la dicte religion assemblez à Nismes, Sa dicte Majesté ordonne à ses dicts depputez de suivre en cela les termes dont l'on est demeuré d'accord, entendant néantmoins qu'ils ne reçoivent aucunes instances, demandes ny mémoires particuliers de la part des dicts ducs, pairs, officiers de la couronne

---

« mareschal de France, de Villeroy, de
« Thou, de Vic et de Pontchartrain, pour
« se transporter en la ville de Loudun, et
« là, conférer avec M. le prince de Condé
« et les autres princes, ducs, pairs, offi-
« ciers de la couronne, seigneurs et autres,
Conférence de Loudun.

« tant catholiques que de la religion pré-
« tendue refformée, qui l'ont assisté et se
« sont joints avec luy, y compris mesme les
« depputez de la dicte religion assemblez
« à Nismes. Du 8 février 1616 à Tours. »
(Édit.)

et autres seigneurs, lesquelz remettront, si bon leur semble, ce qui pourroit estre général qu'ils auroient à proposer, ès mains de mon dict sieur le Prince, pour estre représenté ensemblement; et quant à ce qui est de leurs interests privez, s'ils ont quelque chose à désirer, ils s'en adresseront à Sa Majesté.

Comme aussy ne recevront ceux qui seront de la part de ceste assemblée de Nismes pour traicter au nom du corps général de ceux de la religion prétendue refformée de ce royaume, veu que Sa Majesté ne les tient pas pour assemblée légitime, et qu'elle a trop d'occasion de conserver et recognoistre un grand nombre de principaux seigneurs, particuliers et communautez de la dicte religion, qui ont improuvé et se sont opposez aux procédez que ceux de la dicte prétendue assemblée ont tenus depuis leur partement de Grenoble. Bien Sa Majesté trouvera elle bon que pour ceste fois, et sans tirer à conséquence pour l'advenir, mon dict sieur le Prince puisse représenter aux susdicts ses depputez les plaintes, griefs ou demandes que ceux de la dicte religion pourroient avoir à faire.

Quant aux points dont il pourra estre traicté en la dicte conférence, ils peuvent estre rapportez à trois diverses natures, à sçavoir à ce qui est des affaires géneralles de l'estat, à ce qui est des interests, demandes et prétentions particulières des princes et grands avec lesquelz on a à traicter, et à ce qui est des affaires et demandes de ceux de la dicte religion prétendue refformée.

Pour ce qui est des affaires géneralles, il semble, par les escrits qu'ils ont publiez, que les principaux points seront le règlement du conseil de Sa Majesté, faire délibérer sur les remonstrances du parlement et résoudre la response aux cahiers des estats généraux sur ces trois points. Le dict sieur de Villeroy avoit cy devant eu charge, auparavant ces mouvemens, d'en conférer avec mon dict sieur le Prince, et luy faire cognoistre l'intention que Sa Majesté avoit d'y pourveoir pour le bien de son service et de tous ses subjects, luy ayant dès lors faict sçavoir la résolution que Sa dicte Majesté avoit prise de régler son dict conseil, et dont on luy fit veoir ce qui en fut escrit, comme de depputer aucuns de son conseil pour conferer avec des principaux de sa cour de parlement, pour la refformation de ce qui estoit de la justice; et pour ce qui est de la response aux cahiers des Estats généraux, elle y faisoit lors travailler, et a esté tousjours continué jusques au temps de son partement pour le voyage qui a faict différer de faire dresser l'édict qui doibt estre faict sur la response des dicts articles. Les dicts depputez pourront donc reprendre sur ce subject les mesmes erres de ce qui en avoit esté lors représenté par le dict sieur de Villeroy à mon dict sieur le Prince[1], lequel fit cognoistre qu'il demeuroit satisfaict de la résolution qui avoit esté prise sur les deux premiers points, et quant au troisiesme, ils pourront dire à mon dict sieur le Prince que, lorsqu'il sera auprès de Sa Majesté, elle luy fera encore représenter les responses qui ont esté résolues sur le dict cahier des Estats, auparavant que de passer outre sur chascune d'icelles.

Il y a encore d'autres points, concernant les affaires géneralles, sur lesquelz mon dict sieur le Prince ou ceux qui sont avec luy pourroient faire instance, comme de faire quelque déclaration sur le premier article du tiers estat, concernant la souveraineté absolue de Sa Majesté et de sa couronne, et aussy sur le faict du concile de Trente, et encore la poursuitte de ceux qui pourroient estre accusez d'avoir participé à la mort du feu Roy. L'on pourra respondre sur les deux premiers points que, travaillant à la response des dicts cahiers et aux expéditions[2] nécessaires sur iceux, l'on y prendra la résolution qui sera convenable pour la dignité du Roy, prééminence et prérogatives de son royaume; et quant à ce qui est de la poursuitte de la mort du feu Roy, que Sa Majesté, ayant cela à cœur plus que nul autre, aura à plaisir et ordonnera que tous ceux qui en auront des

---

[1] A la conférence de Coucy. (Voir ci-dessus, page 179.) (Édit.)

[2] Les six dernières lettres du mot expéditions sont effacées dans le manuscrit par une encre plus noire avec laquelle on a écrit au-dessus *ians*, c'est-à-dire expédians. La première leçon, contemporaine de la rédaction du manuscrit, nous paraît la plus sûre, quoique le mot substitué ait aussi un sens. (Édit.)

mémoires et enseignemens les remettent entre les mains de son procureur général en sa cour de parlement de Paris, pour en faire les informations, poursuittes et recherches sur ce nécessaires selon le deu de sa charge.

S'il y a quelques autres points ou articles qu'ils mettent en avant concernant les affaires génerales, les dicts depputez auront soin d'en advertir Sa Majesté, pour prendre sur iceux son advis et intention, si d'eux mesmes ils ne voyent ce qui sera à y respondre et résoudre pour le bien du service de Sa Majesté, et le repos et soulagement de ses subjects; mais ils prendront garde, par la déclaration qui pourra estre projetée et dressée sur la pacification de ces mouvemens, que l'on n'y mette rien qui serve à la décharge et justification de la prise des armes de mon dict sieur le Prince et des siens, au préjudice de la dignité et auctorité de Sa Majesté, et de la bonne et sincère intention qu'elle a tousjours eue de maintenir et conserver la paix et tranquillité de son royaume et le repos de ses subjects.

Quant à ce qui est des affaires particulières qui pourront estre proposées et demandées par mon dict sieur le Prince, tant pour luy que pour les autres princes et seigneurs qui se sont unis avec luy, Sa Majesté ne peut donner aux dicts depputez aucune instruction ny déclaration de son intention sur ce subject, n'estant pas informée quelles pourront estre les dictes demandes. Mais les dicts depputez les écouteront et considéreront, rejetteront celles qu'ils jugeront estre impertinentes, et feront sçavoir à Sa Majesté les autres, laquelle leur mandera son intention sur icelles.

Et pour le regard des affaires de ceux de la religion prétendue refformée, qui consistent aussy en demandes qui touchent le général et le particulier d'entre eux, Sa Majesté n'estime pas qu'ils aient autres demandes à faire que celles qui sont contenues aux cahiers qui luy furent présentez à Poictiers, de la part de leur assemblée qui estoit à Grenoble, et auxquelles elle fit responde le plus favorablement qu'il luy fut possible, et en sorte qu'elle croit qu'ils ont occasion d'en demeurer contens. Néantmoins, s'ils avoient encore quelques instances à faire, soit sur le subject des dictes responses ou sur autres, le cahier en estant présenté par mon dict sieur le Prince comme il est dict cy-dessus, les dicts depputez le recevront et le verront, et leur feront espérer que ce qui sera en conformité des édicts, articles secrets, brevets et déclarations faictes en leur faveur, et comme il en a esté usé du vivant du feu Roy, et mesme des grâces qui leur peuvent avoir esté accordées depuis son décez, elle leur accordera et confirmera volontiers, mais que son intention est de demeurer dans ceste règle et dans ces termes; et néantmoins ne délaisseront de donner advis à Sa dicte Majesté de tout ce qui sera de leurs dictes demandes, pour en avoir sur ce sa volonté.

Si les dicts depputez voyent et apprennent quelque autre chose qui serve à l'advancement de leur négociation, ou au bien des affaires de Sa Majesté, ils auront tousjours soin de l'en advertir diligemment, entendant néantmoins Sa dicte Majesté qu'ils puissent traicter, convenir et accorder avec mon dict sieur le Prince et autres princes, seigneurs et autres qui seront avec luy, tout ce qu'en leur conscience ils verront et jugeront pouvoir servir au bien du service de Sa Majesté, au repos de son estat et au soulagement de ses subjects, suivant le pouvoir qu'elle leur en a faict expédier, et dont elle se remet entièrement sur leur prudhommie, fidélité et affection.

Faict à Tours, le 7 février 1616.

Signé LOUIS, et plus bas POTIER.

Par lettres du 14 février 1616, les dicts commissaires escrivoient au Roy s'estre rendus à Loudun, en la compagnie de M. de Nevers, qui s'estoit trouvé à Champigny exprès, affin d'arriver tous ensemble; qu'ils n'avoient trouvé à Loudun ny M. le Prince, ny autres des princes et seigneurs; que l'on leur avoit seulement dict que M. le duc de Sully y estoit, et qu'ils n'avoient receu de luy ny d'autre aucun accueil à leur arrivée, sinon que, sur le soir, M. de Gommerville les estoit venu veoir de la part de M. le Prince, de MM. les ducs de Longueville, de Mayenne et de Bouillon, et leur dit que ces princes se réjouissoient d'avoir appris qu'ils debvoient arriver, qu'ils estoient déplaisans de ne s'y estre pas trouvez; mais qu'estans à Monstreuil-Bellay, et sçachans que Mme de Longueville, qui en est dame, y debvoit arriver le soir, ils avoient estimé que c'eust esté incivilité à eux d'en partir sans la veoir, et qu'aussitost ils s'achemineroient à Loudun[1].

CXXIX.

Man. Bibl. de l'Arsenal. Pap. Conrart, in-4°, t. XI. — Impr. p. 140.

Extrait du journal d'Arnaud d'Andilly.

Février. — Conférence remise au 15. MM. de Brissac, de Villeroy, de Thou, de Vic et de Pontchartrain y vont pour le Roy.

MM. le Prince, du Mayne, de Longueville, de Bouillon, de Sully, de la Trémouille, de Rohan, de Soubize, de Candalle, de Tingry, de Thianges, depputez de l'assemblée de Nismes, y estoient. (Desbordes Mercier avoit sa voix dans le conseil des princes.)

Mme la princesse douairière de Condé[2], Mme de Longueville, Mme de Rohan la douarière[3] et Mme de Rohan[4] la fille y estoient aussy.

M. l'ambassadeur d'Angleterre Edmond[5], M. le comte de Soissons, Mme sa mère, M. de Nevers et Mme de la Trémouille (qui s'est tousjours très bien conduite en toutes ces affaires cy, et mesme a esté remerciée par le parlement de Rennes) y assistoient.

M. le Prince dit qu'avant qu'entrer en conférence il demandoit

---

[1] Voir le résumé de Pontchartrain (*Mémoires*, t. II, page 315), et la lettre suivante des députés au Roi, en date du 15 février. (Édit.)

[2] Charlotte Catherine de la Trémouille, veuve de Henri de Bourbon, prince de Condé, morte en 1629. (Édit.)

[3] Catherine de Partenay, dame de Soubize, veuve de Réné II, vicomte de Rohan, morte en 1631. (Édit.)

[4] Marguerite de Béthune, fille de Sully, duchesse de Rohan, morte en 1660. (Édit.)

[5] Sir Thomas Edmond, habile diplomate anglais, plusieurs fois ambassadeur en France, mort en 1639. (Édit.)

deux choses, l'une, que M. de Vendosme fust receu à la conférence, et l'autre, que la trève fust prolongée pour tout le mois de mars; autrement, qu'il vouloit rompre. Sur cela grande contestation.

On envoye vers le Roy. Enfin M. de Vendosme est receu à venir à la conférence, et la prolongation de la trève accordée jusques au quinze mars. Convenu que M. le Prince fera office envers M. de Vendosme pour le faire désarmer, au moins pour la plus grande partie, et que le dict sieur de Vendosme retirera toutes ses forces de Bretagne, et les pourra mettre au Mayne, Anjou, Perche et Normandie; que les contributions seront réglées, etc.

La conférence se commence.....

CXXX.

Man. Bibl. impér. Fonds Dupuy, n° 450, p. 47.

Lettre des commissaires depputez par le Roy en la conférence de Loudun, à Sa Majesté, du 15 février 1616.

Nous escrivismes hier à Vostre Majesté nostre arrivée en ceste ville, et comme M. le Prince estoit lors encore à Monstreuil-Bellay. Ce matin il nous a faict sçavoir qu'il viendroit aujourd'huy, et cependant il a faict veoir une lettre par un des siens à M. de Villeroy que M. de Vendosme luy escrit, et une autre adressante au sieur Le Pensier, qui est de sa part près de mon dict sieur le Prince, par lesquelles il mande que, quelque chose que M. de Vignolles luy porte de la part de Vostre Majesté, son intention n'est point de se départir en sorte quelconque des promesses et asseurances qu'il luy a données; qu'il a seu que Vostre Majesté faisoit advancer quelques troupes du costé d'Angers pour charger les siennes, et que ce debvoit estre M. de Guise qui prenoit ceste charge, que cela seroit cause qu'il séjourneroit trois jours dadvantage au l.....[1] d'Anjou pour l'attendre, et que de là il iroit à Ancenis, où, s'il avoit besoin de son service, il

---

[1] Cette lacune existe dans le manuscrit. (Édit.)

auroit tousjours de ses nouvelles; qu'il ne pouvoit éloigner ses troupes qu'il ne fust compris dans la surséance d'armes générale, et que, cela estant, il viendroit icy s'il le trouvoit à propos; que cependant il le prioit de faire advancer les régimens de M. de Soubize et quelques autres jusqu'à une lieue de Nantes, et que cela favoriseroit grandement ses affaires : c'est à peu près la substance des dictes lettres. Depuis l'on nous a rapporté qu'il avoit escrit une autre lettre à mon dict sieur le Prince, par laquelle il luy mandoit qu'il s'acheminoit à Ancenis, et qu'il le prioit de faire reculer toutes ses troupes à cinq ou six lieues de Nantes, affin que les habitans de la ville luy seussent gré de ceste grace. Ceste après disnée nous nous sommes tous rendus chez M. le mareschal de Brissac, lequel, pour estre incommodé de ses gouttes, est contraint de garder le lit. Comme nous estions ensemble pour adviser à ce que nous aurions à faire pour le service de Vostre Majesté, M. de Nevers s'y estant aussy trouvé, l'on nous est venu advertir que mon dict sieur le Prince entroit dans la ville, ce qui a donné subject à mon dict sieur de Nevers de l'aller visiter; et peu de temps après avons estimé qu'il estoit de nostre debvoir de luy aller faire la révérence, et luy faire les excuses de mon dict sieur le mareschal de Brissac, ce que nous avons effectué. Et l'avons trouvé en son logis, accompagné de MM. les ducs de Longueville et de Mayenne, lequel nous a faict très bon accueil et réception, nous ayant mesme tesmoigné le desplaisir qu'il avoit eu du peu de debvoir que l'on en avoit faict à nostre arrivée en ceste ville; et parce qu'il ne faisoit que d'arriver, nous nous sommes retirez après avoir rendu ces premiers complimens. Au mesme instant, il est allé, accompagné de M. de Nevers, chez M. le mareschal de Brissac pour le veoir, et de là est allé chez M. de Villeroy, où il luy a parlé de deux points sur lesquelz il est nécessaire que nous sçachions promptement les intentions de Vostre Majesté pour prendre la résolution qu'elle jugera estre pour le bien de son service. L'un est l'instance qu'il faict que mon dict sieur de Vendosme soit compris en la surséance d'armes, comme joint et uni avec luy, ainsy qu'il l'avoit faict veoir par les lettres susmentionnées; à quoy il luy a esté respondu que, lorsque nous sommes partis d'auprès de Vostre Majesté, elle avoit entière asseurance, par plusieurs lettres de mon dict sieur de Vendosme, de sa fidélité et obéissance, et qu'en ceste qualité l'on ne pouvoit icy traicter de luy ny avec luy; à quoy néantmoins mon dict sieur le Prince insiste. L'autre point est qu'il demande que la surséance d'armes soit prolongée pour tout le mois de mars; à quoy il luy a esté aussy respondu que l'on n'estimoit pas que Vostre Majesté agréast ceste prolongation, parce qu'on la recognoissoit par trop préjudiciable à son service, tant par le peu de debvoir que l'on avoit rendu de la part de mon dict sieur le Prince à l'observation d'icelle en divers endroits, que pour les grandes exactions et contributions qu'ils imposent sur le peuple soubs prétexte de la dicte surséance. Sur quoy, il a répliqué que, si la dicte surséance n'estoit continuée, il ne pouvoit pas demeurer en ceste ville, pour n'y avoir pas la seureté qui luy estoit nécessaire, et aussy qu'il ne vouloit demeurer désarmé, lorsqu'il verroit que de la part de Vostre Majesté l'on se préparoit pour l'attaquer; à quoy il s'arreste entièrement, et néantmoins il semble qu'il se contentera si on prolonge la dicte surséance pour quinze jours. Nous avons estimé debvoir escrire tout ce que dessus à Vostre Majesté, affin qu'elle sçache ce qui se passe et qu'il luy plaise aussy nous faire sçavoir au plus tost son intention sur les dicts deux points, dont ils désireront sçavoir la résolution auparavant que de passer outre. Et sur ce que nous luy avons faict représenter que nous avions receu quelques plaintes de ce que les troupes de M. de Soubize avoient arresté cinq ou six vaisseaux marchands de Nantes, il nous a promis d'y envoyer dès demain un de ses gardes, avec lettres et commandemens exprès pour les faire relascher. L'on nous asseure au surplus que M. le mareschal de Bouillon arrivera icy demain, qui est demeuré derrière incommodé de ses gouttes; mais nous craignons qu'ils ne tardent encore à entrer en conférence des affaires principalles jusques à ce que leurs depputez de Nismes soyent arrivez, dont ils disent n'avoir encore aucunes nouvelles.

Conférence de Loudun.

Vostre Majesté nous commandera s'il luy plaist sa volonté, et nous travaillerons tousjours à y obéir avec l'entière affection et fidélité que doibvent, Sire, vos très humbles, très obéissans et très fidèles serviteurs et subjects.

A Loudun, ce 15ᵉ février 1616, au soir.

CXXXI.

Man. Bibl. impér. Fonds Dupuy, n° 450, p. 48.

Autre lettre au Roy des depputez de Sa Majesté estans à Loudun, du 16 février 1616.

Sire, nous escrivismes hier au soir à Vostre Majesté l'arrivée de M. le Prince et de ces autres princes et seigneurs en ceste ville, et ce qu'il dit à aucuns d'entre nous. Maintenant nous représenterons à Vostre Majesté que, mon dict seigneur nous ayant faict advertir de nous trouver ce matin chez Mme la comtesse de Soissons à deux heures après midy, pour commencer à veoir ce qui estoit à faire, attendant l'arrivée de M. de Bouillon, de leurs depputez de Nismes qu'ils croyent y debvoir estre demain, nous nous y sommes tous rendus, excepté M. le mareschal de Brissac, qui n'a peu encore sortir du lit pour l'incommodité de ses gouttes. Où estant mon dict seigneur le Prince, assisté de tous ces princes et seigneurs, a commencé à nous proposer qu'auparavant que pouvoir entrer en la conférence, pour laquelle on s'estoit assemblé pour parvenir à une bonne paix, il estoit nécessaire qu'il feust asseuré de deux choses, sans lesquelles il ne pouvoit entrer en ce traicté. L'une estoit la prolongation de la surséance d'armes pour un mois ou à tout le moins pour quinze jours, parce qu'à faute de ce, il seroit contraint de s'en retourner tout promptement en son armée, pour la mettre en estat de l'exploiter, quand la dicte cessation seroit finie ; à quoy luy ayant esté respondu ce que nous vous rescrivismes hier, il s'offrit de faire pourveoir à régler les contributions et levées de deniers. L'autre estoit qu'il désiroit que M. de Vendosme et toutes ses troupes feussent compris dans la dicte surséance, comme estant joint et uni avec luy; et sur cela, il nous a faict veoir une lettre qu'il a encore aujourd'huy receue de luy, par laquelle il luy mande vous avoir renvoyé le sieur de Vignolles avec aussy peu de résolution que lorsqu'il estoit venu, et le prie de s'asseurer entièrement de luy, et qu'il viendra icy quand il voudra; et de faict, il a envoyé son mareschal des logis pour y faire marquer son logis. Voilà les deux points sur lesquelz il nous a faict instance, et dont il désire estre asseuré devant que de passer outre. Sur quoy nous supplions très humblement Vostre Majesté de nous faire sçavoir au plus tost sa volonté, si elle trouvera bon de continuer la dicte surséance pour quinze jours, et si elle aura agréable que nous traictions icy avec mon dict seigneur de Vendosme, comme joint et uni avec mon dict seigneur le Prince; et, en ce cas, ce qu'elle voudra que l'on résolve pour les troupes qu'il a sur pied : si elle trouvera bon que nous facions instance de les réduire à mil hommes de pied en deux régimens, trois compagnies de gens d'armes, à sçavoir la sienne, celle de son fils et celle du marquis de Cœuvres[1], et à deux compagnies de chevaux légers et une de carabins, et les faire loger dans le Vendosmois, pour les éloigner de la Bretagne, qui est, ce nous semble, la résolution que Vostre Majesté avoit prise lorsqu'elle y envoya la première fois le dict sieur de Vignolles. Nous attendons donc sur cela la volonté et les commandemens de Vostre Majesté. Après estre sortis du logis de Mme la comtesse de Soissons, nous sommes venus tous ensemble, en la compagnie de M. le duc de Sully, chez M. le mareschal de Brissac, pour adviser à régler le logement des quatre cens chevaux qu'ils doibvent avoir dans le Loudunois, et pourveoir à diverses plaintes que nous avons receues sur ce subject. C'est ce que nous escrirons pour le présent à Vostre Majesté, laquelle nous supplions de rechef nous vouloir promptement honorer de ses commandemens, affin que tant plus tost nous y rendions la très humble obéissance que nous debvons, comme

---

[1] Voir la note plus loin. Lettre du Roi aux députés, 17 février 1616.?(Édit.)

estans, Sire, vos très humbles, très obéissans et très fidèles serviteurs et subjects, etc.

CXXXII.

Man. Bibl. impér. Fonds Dupuy, n° 450, p. 48 verso.

Autre lettre au Roy des depputez de Sa Majesté estans à Loudun, du 17 février 1616.

Sire, nous avons desjà escrit trois diverses fois à Vostre Majesté depuis que nous sommes en ce lieu, sans que nous ayons jusqu'à présent eu aucune response ny commandement de sa part, encore qu'il soit très nécessaire que nous soyons informez de ses intentions promptement, pour travailler et advancer icy ce qui est de ses affaires et de son service. C'est pourquoy nous dépeschons ce courrier exprès, lequel nous supplions très humblement Vostre Majesté nous renvoyer en toute diligence, avec un éclaircissement de ses volontez sur les deux points desquelz nous avons escrit à Vostre Majesté que monseigneur le Prince faisoit instance et désire estre asseuré auparavant que d'entrer en autres matières, qui est la prolongation de la surséance d'armes, et d'y faire comprendre M. de Vendosme et ses troupes. Et sur ce subject nous avons à représenter à Vostre Majesté que ce jourd'huy, incontinent après disner, mon dict seigneur le Prince nous ayant faict dire qu'il s'alloit assembler au logis de Mme la comtesse de Soissons, avec ses princes et seigneurs, pour adviser ensemble ce qui seroit à faire, et qu'il nous prioit de nous tenir préparez pour y aller lorsqu'il nous en feroit advertir; après avoir longuement attendu au logis de M. de Villeroy, parce que M. le mareschal de Brissac se trouve tousjours incommodé de ses gouttes, enfin il nous a envoyé quérir; et estans arrivez au lieu où il nous avoit assignez (où nous l'avons trouvé accompagné de toute ceste bande), il nous a proposé qu'il désiroit absolument sçavoir quelle estoit nostre résolution sur la prolongation de la surséance d'armes, qu'il insistoit debvoir encore estre pour tout le mois de mars, et que sans cela il ne falloit pas faire estat de rien faire, pour les considérations qu'il nous avoit jà dictes, et que nous avons représentées à Vostre Majesté. Sur cela nous luy avons respondu que nous avions adverty Vostre Majesté de l'instance qu'il en faisoit, et que nous attendions vostre response et vostre volonté pour la luy faire sçavoir; mais que nous croyions qu'elle en pourroit faire difficulté, sur les grandes levées et impositions de deniers qu'il faisoit faire de tous costez, à la faveur de la dicte surséance d'armes. Sur quoy, il nous a offert de faire un règlement sur les dictes levées, nous proposant ou de faire payer ses troupes qu'il avoit sur pied et en ses garnisons pendant que la dicte cessation d'armes dureroit, et qu'en ce cas il ne se feroit aucune levée ny imposition, ou qu'on luy laissast quelques lieux et endroits dans le royaume dans lesquelz ils peussent faire les levées et contributions nécessaires pour cest effect; mais qu'en quelque sorte que ce soit il ne prétendoit aucunement laisser dépérir ses troupes. Nous avons eu plusieurs paroles tant sur ce subject que sur l'instance qu'il nous a aussy continuée de faire comprendre M. de Vendosme et toutes ses troupes dans la dicte surséance, et de trouver bon qu'il vienne icy. Enfin nous luy avons dict qu'il fist mettre par escrit ce qu'il désiroit, et que nous en confererions avec mon dict sieur le mareschal de Brissac, pour puis après luy en rendre response. Nous nous sommes ainsy séparez, et, nous estans rendus chez le dict sieur mareschal de Brissac, *il nous a envoyé par l'un de ses serviteurs les articles*[1] que nous envoyons présentement à Vostre Majesté, nous priant de luy en faire avoir la response. Après les avoir considérez, nous avons prié M. de Vic de l'aller trouver, et luy dire que nous envoyerions les dicts articles à Vostre Majesté, pour avoir sur iceux sa volonté, mais que nous ne luy pourrions conseiller, en cas qu'elle trouvast bon de prolonger la dicte surséance d'armes et d'y comprendre mon dict seigneur de Vendosme, d'y comprendre aussy ses troupes, sinon à condition de les réduire au nombre que luy mesme offrit

---

[1] « Les dicts articles sont icy après transcripts avec les responses du Roy sur « iceux. » (Note du manuscrit. Voir la pièce suivante.)

dernièrement à Vostre Majesté de faire; d'autant qu'il luy seroit par trop préjudiciable de souffrir ce grand nombre de gens de guerre, la plus part levez soubs[1] l'adveu et les commissions de Vostre Majesté et depuis la dicte cessation d'armes, demeurer sur pied à la foule et oppression de son peuple et en jalousie de toutes ses villes et provinces. Le dict sieur de Vic s'estant mis en debvoir de veoir mon dict seigneur le Prince, il ne l'a peu, d'autant qu'il s'estoit enfermé en particulier pour le reste du soir; ce qui a esté cause que nous l'avons prié d'aller veoir M. le mareschal de Bouillon, qui arriva dès hier au soir en ce lieu, pour luy dire la mesme chose; ce qu'il a faict; et, après avoir parlé quelque temps ensemble sur ce subject, enfin la response que l'on a eue a esté qu'il représenteroit à mon dict sieur le Prince ce qu'il luy disoit; mais que son opinion estoit que mon dict seigneur le Prince n'insisteroit point envers mon dict sieur de Vendosme pour luy faire licencier ses troupes, mais que, si de luy mesme il y consentoit ou que Vostre Majesté peust obtenir cela de luy, il le trouveroit bon; mais bien promettroit il que, pour le logement de ses troupes, il feroit en sorte que l'on les pourroit mettre en lieu où elles ne pourront donner aucune jalousie à la Bretagne. Voilà en substance ce qui a esté de la response de mon dict sieur de Bouillon au dict sieur de Vic; c'est maintenant à Vostre Majesté de nous faire au plus tost et clairement sçavoir ses volontez sur cela et sans aucun retardement, car tout est arresté en attendant ceste résolution. Nous debvons donner advis à Vostre Majesté que, sur l'instance que nous avons faicte pour avoir communication du logement des gens de cheval qu'ils ont icy ès environs, nous avons avec assez de peine obtenu deux exemptions de cinq bourgs ou paroisses appartenant à aucuns de vos serviteurs, dont deux sont à un quart de lieue de Saumur, et entre autres il y a Montsoreau et Cande, où ils avoient faict estat d'en loger quantité; et en accordant la dicte exemption, mon dict seigneur le Prince nous a dict qu'il avoit advis qu'on y vouloit loger

---

[1] Voir pages 316, en note, et 320.

quelques troupes des vostres, et que cela seroit contre ce qui luy avoit esté promis. Nous l'avons asseuré que cela n'estoit point, et supplions Vostre Majesté de commander que ces lieux soyent entièrement exemps, affin d'oster tout soupçon que ces gens cy en pourroient prendre. Nous demeurons continuellement, attendant les commandemens de Vostre Majesté, auxquelz nous rendrons tousjours la très humble obéissance que doibvent, Sire, vos très humbles, très obéissans et très fidèles serviteurs et subjects.

CXXXIII.

Man. Bibl. impér. Fonds Dupuy, n° 450, p. 51. — Bibl. Mazarine, n° 1825, p. 51.
Bibl. Sainte-Geneviève, L.F.16.

Articles baillez par monseigneur le Prince à MM. les depputez, le 17ᵉ février 1616, pour parvenir à la prolongation de la suspension d'armes, avec les responses du Roy.

Accordé.	1° Que la trève sera dès à présent prolongée jusques au 15ᵉ jour de mars prochain.
Accordé.	2° Qu'en icelle trève, outre ceux qui y ont esté cy devant compris, M. le duc de Vendosme y sera pareillement compris, et se pourra en toute seureté trouver en la conférence.
Le Roy remet à la prudence et jugement de MM. les depputez de Sa Majesté de résoudre ce point le plus à l'advantage de son service qu'ils pourront. Et néantmoins il semble que les contributions ne debvroient estre levées par les gens de guerre de monsieur le prince de Condé ailleurs qu'en l'estendue des eslections dont le chef-lieu est par eux occupé; et que là seulement	3° Qu'entre cy et le premier jour de mars sera faict règlement de la forme en laquelle les deniers se lèveront jusques au 15ᵉ de mars en la province de Poictou.

les serviteurs de Sa Majesté le peuvent souffrir et tolérer; et encore y doibvent elles estre si modérées qu'elles n'excèdent pas les levées que le Roy a accoustumé d'y faire, au lieu qu'à présent ils les exigent à l'oppression des subjects de Sa Majesté plus qu'au quadruple.

Il est plus expédient d'en accorder dès à présent ce qu'on pourra que de se remettre à des commissaires, attendu que la surséance sera expirée avant qu'ils puissent estre sur les lieux, et que Sa Majesté ne la veut plus prolonger en façon quelconque.

Le Roy résout cest article par sa dépesche [1].

4° Que pour les provinces éloignées seront envoyez commissaires pour accorder de part et d'autre la forme de la levée des deniers pendant la dicte trêve.

5° Que pareil règlement sera faict par commissaires à ce depputez de part et d'autre pour les troupes de M. le duc de Vendosme, et en quelz lieux elles debvront avoir leurs logemens.

CXXXIV.

Man. Bibl. impér. Fonds Dupuy, n° 450, p. 50. — Man. Bibl. Mazarine, n° 1825, p. 5 verso.

Lettre du Roy à ses depputez estans à Loudun, du 17° février 1616 [2].

Messieurs, vostre lettre du 14° de ce mois m'a appris vostre arrivée en ma ville de Loudun, l'absence de mon cousin le prince de

---

[1] Cette dépêche est celle du 18 février, qui renvoie la pièce avec les réponses qu'elle porte en marge. (Édit.)

[2] N. B. La superscription de la lettre est : « A mon cousin le comte de Brissac, « mareschal de France, chevalier de mes « ordres, lieutenant général au gouverne- « ment de ma province de Bretagne, et à « MM. de Villeroy, de Vic, de Thou et de « Pontchartrain, conseillers en mon conseil « d'estat. Et au bas, Louis, et plus bas, « Potier. » (Note du man.)

Condé, et de mes cousins les ducs de Longueville et de Mayenne, et mareschal de Bouillon, et les raisons et excuses qui vous ont esté représentées de leur part par le sieur de Gommerville, avec asseurance qu'ils s'y rendroient bientost après, suivant laquelle je veux croire qu'ils ne vous auront faict attendre que le moins qu'ils auront peu, affin d'employer le temps comme je désire que vous faciez, parce qu'il en reste peu de la surséance d'armes, et que les gens de guerre de mon dict cousin en usent de telle sorte que, pour les indeues et excessives exactions qu'ils font, je ne puis consentir qu'elle soit prolongée. J'attends de sçavoir ce qui en sera, et quel aura esté le commencement de vostre négociation, par les premières nouvelles que j'aurai de vous, et cependant je vous veux advertir que j'en eus hier du sieur de Vignolles, qui me font veoir clairement ce dont vous sçavez que je me doubtois de l'intention de mon frère naturel le duc de Vendosme, car il a faict difficulté d'obéir à ce que je luy avois ordonné par luy, et d'accepter les commissions que je luy avois envoyées, tant pour ceux qui ont levé des gens de guerre sur les siennes que pour la convocation des estats de ma province de Bretagne, disant pour les premières qu'à cause qu'elles ne sont datées que du jour qu'elles ont esté dépeschées, qui est le 9e de ce mois, elles ne suffisent pas pour garantir ses amis des recherches que l'on pourroit faire contre eux de ce qui s'est passé auparavant, et pour l'autre que le lieu de Rennes luy est suspect, et le terme du 1er jour de may trop éloigné, parce que cependant les affaires pourroient changer, et ceste commission estre révoquée. A quoy il a voulu adjouster qu'il entendoit tenir les dicts estats pour l'année passée et non pour la présente, et qu'il sembloit que la dicte commission fust au contraire. Mais il s'est abusé s'il la croit ainsy, car elle est en cela conforme à son intention; ce que le dict sieur de Vignolles ayant pris pour refus, luy a remonstré la faute qu'il faisoit, les raisons qui l'en debvoit empescher, et a pris congé de luy pour me venir trouver. Mais alors le dict duc luy a dict qu'il se souvinst que, si la négociation qu'il avoit commencée avec luy se rompoit de ceste sorte, il en seroit seul cause, et qu'elle estoit encore en son entier; et néantmoins, l'ayant pressé là dessus de luy parler clairement, il ne luy a voulu dire autre chose sinon qu'il n'y avoit rien encore de gasté, et qu'en mesnageant ceste affaire en diligence, il en pourroit faire sortir son effect. Sur quoy le dict sieur de Vignolles, voyant bien qu'il perdoit temps de s'y arrester davantage, s'est séparé de luy et est venu à Angers, où toutesfois il s'est tenu pour ne s'éloigner du dict duc, doutant sur ces dernières paroles si je le voudrois point renvoyer vers luy; et m'a seulement dépesché un courrier pour m'advertir de ce qui s'est passé, en attendant que luy-mesme m'en rende compte plus particulièrement. Mais j'ay jugé par ce qu'il m'en a mandé que, si je le faisois encore rechercher, ce seroit sans fruit et avec honte. C'est pourquoy j'ay mandé au dict sieur de Vignolles de me revenir trouver au plus tost, et d'envoyer mon héraut, qu'il avoit aussy retenu pour la mesme considération, exécuter le commandement que vous sçavez qui luy a esté faict[1], et à mon cousin le mareschal de Boisdauphin, qui est au mesme lieu, d'assembler au plus tost mes forces, en attendant que mon cousin le duc de Guise s'y rende, comme il fera au premier jour, s'il en est besoin, suivre mon dict frère naturel que l'on dict avoir pris le chemin d'Ancenis avec les siens, et empescher qu'il entreprenne aucune chose en ma province de Bretagne contre mon service et le repos d'icelle, et particulièrement contre la ville de Nantes, de laquelle il s'approche tellement, avec tout ce qu'il a de gens de guerre, que je ne puis, veu sa conduite, que je n'en sois en soupçon, et n'essaye d'y pourveoir, de quoy mon dict cousin le le prince de Condé ne doibt entrer en aucune deffiance; aussy veus-je que vous luy déclariez et asseuriez de ma part que je n'entends pour ceste occasion préjudicier en sorte quelconque à ce qui est de la conférence, ny contrevenir aux articles qui ont esté accordez à Fontenay-le-Comte, le 20 du mois passé[2], car je n'ay nulle volonté

---

[1] Voir plus haut la note sur le duc de Vendôme, page 316, et le Mercure français, 1616, page 42. (Édit.)

[2] Voir plus haut, page 300, la pièce intitulée : « Articles accordez, soubs le bon plaisir du Roy, entre MM. de Brissac,

de faire approcher mes forces de ma dicte ville de Loudun, mais seulement de suivre mon dict frère naturel, et préserver mes villes des entreprises qu'il y pourroit faire, la surséance d'armes ne me pouvant asseurer pour son regard, puisqu'il n'y est point compris ny obligé, et aussy ne se doibt-elle estendre jusques à luy, veu qu'il n'a jamais esté nommé entre ceux qui assistoient mon dict cousin, avant que les dicts articles ayent esté accordez[1], et qu'il n'a peu depuis y estre receu, ny mon dict cousin faire un traicté avec luy soubs nouvelles promesses et pour nouveaux desseings, ce qui est si important, comme vous le pouvez juger, que je désire que vous y insistiez le plus qu'il vous sera possible; et vous ay voulu faire le discours de ce qui s'est passé entre le dict duc et le sieur de Vignolles, affin que vous remarquiez qu'il a voulu encore par ses dernières paroles faire croire qu'il n'est point engagé, et que, si je voulois faire refformer toutes ces commissions selon son désir, il me viendroit trouver et désarmeroit suivant mon commandement. Néantmoins je vous veux bien déclarer que, pourveu qu'il se contienne sans rien entreprendre, il ne sera point attaqué ny poursuivi de mes forces durant la dicte surséance d'armes, et trouve bon, si vous le jugez nécessaire, que vous en asseuriez mon dict cousin en mon nom. A quoy j'ay à adjouster que le marquis de Cœuvres[2] m'a escrit que, voyant le dict duc en ces termes, il se résoult de l'abandonner pour ne participer à sa désobéissance, et s'en retourner avec les troupes qu'il avoit amenées attendre mes commandemens en sa maison; sur quoy je luy ay

---

mareschal de France, et de Villeroy, etc. (Édit.)

[1] Voir plus haut, page 316, la note concernant le duc de Vendôme. (Édit.)

[2] Le marquis de Cœuvres ne s'était jamais montré bien hostile à la cour. Aux mois de juin et de juillet 1614, la Reine l'avait envoyé porter au duc de Vendôme les stipulations du traité de Sainte-Menehould et insister sur leur exécution; néanmoins on le voit toujours engagé dans les intérêts du prince de Condé; pendant la conférence de Loudun, on le soupçonne de connivence avec le duc de Vendôme et le lieutenant de celui-ci à la Fère. (Voir plus loin deux lettres de Villeroy, 31 mars et 4 avril 1616.) Il avait été confident du comte de Soissons, et néanmoins employé par la Régente à des négociations avec Charles-Emmanuel, 1614; il avait réussi en partie dans cette ambassade. (Édit.)

mandé qu'il me vienne trouver, s'il veut que je croye sa résolution aussy bonne et sincère qu'il me la tesmoigne par ses lettres. Au reste, je vous veux aussy advertir que je reçois infinies plaintes des entreprises que font ceux qui conduisent les troupes de mon dict cousin prince de Condé, tant pour les lieux où ils les veulent loger, hors des bornes qui ont esté désignées par les dicts articles du 20 de ce mois passé, que pour les levées de deniers qu'ils veulent faire sur mes subjects; outre qu'en quelques lieux ils ont envoyé des mandemens pour se faire apporter ceux de mes receptes, chose que vous sçavez qui n'a point esté entendue quand les dicts articles ont esté accordez, et qui est de si grand préjudice à mes affaires et subjects qu'elle ne se peut supporter, comme vous pourrez juger par le mémoire de quelques-unes de ces entreprises que je vous envoye. Je m'asseure aussy que mon dict cousin estant par vous informé, comme je désire qu'il le soit, en arrestera le cours. Faites-luy en donc instance telle que le subject le mérite, et que vous le jugerez à propos par vos prudences, sur lesquelles me reposant de cela et de toutes autres choses, je ne veux faire ceste lettre plus longue, pour prier Dieu qu'il vous ayt, messieurs, en sa saincte garde.

Escrit à Tours, le 17 février 1616.

Signé LOUIS, et plus bas Potier.

CXXXV.

Man. Bibl. Sainte-Geneviève, L. f. 9. — Man. Bibl. Mazarine, n° 1825, f. 7.

Lettre de la Royne mère à M. de Nevers, du 17 février 1616.

Mon nepveu[1], ce n'est pas pour vous mander les nouvelles que nous avons du sieur de Vignolles que je vous escris ceste lettre, car je remets à mes depputez à vous le dire, mais seulement pour vous advertir que le Roy monsieur mon fils, ayant mis en considération

---

[1] Le duc de Nevers était par sa mère, Henriette de Clèves, descendant de Marguerite de Bourbon-Vendôme, et par conséquent neveu de Marie de Médicis à la mode de Bretagne. (Édit.)

la dépense que vous avez faicte pour la levée et le licentiement des troupes que vous avez faict assembler en ses provinces de Champagne et Nivernois, a trouvé bon de vous en accorder le remboursement et de vous en envoyer la dépesche par ce porteur, lequel m'en ayant parlé a peu cognoistre la bonne volonté que j'y ay apportée; laquelle je désire qu'il vous face entendre, affin que vous voyiez en ceste occasion, comme vous ferez en toutes autres, l'estat asseuré que vous pouvez faire de l'entière bienveillance, etc.

CXXXVI.

Man. Bibl. impér. Fonds Dupuy, n° 450, p. 51 verso.

Lettre des depputez au Roy, du 18 février 1616.

Sire, nous avons escript à Vostre Majesté, les 14[1], 15 et 16 de ce mois, et, voyant que nous n'avions point de response, nous luy avons dépesché un courrier exprès avec autres lettres du 17, par lesquelles nous l'avons tousjours informée de ce que nous voyons, apprenons et recognoissons de deçà. Depuis, et le jourd'huy après disner, nous avons receu celles dont il a pleu à Vostre Majesté nous honorer, du 17, faisant seulement mention de la réception des nostres du 14; et avons veu par icelles que l'intention de Vostre Majesté n'est point de prolonger la surséance d'armes, et encore moins d'y comprendre M. de Vendosme et ses troupes, ce que nous avons estimé ne debvoir pas encore faire sçavoir si cruement à M. le Prince, tant parce que Vostre Majesté n'avoit pas encore receu nos dernières, ny veu les considérations y contenues, que parce que nous croyons que cela eust peu entièrement rompre toute ceste conférence, ou pour le moins donner subject à mon dict sieur le Prince de s'en aller, comme il nous a déclaré qu'il feroit aussitost qu'il verroit que l'on ne voudroit continuer la dicte surséance, voulant avoir neuf ou dix jours auparavant l'expiration d'icelle pour mettre ses troupes ensemble. Et de faict estans

---

[1] Cette lettre du 14 ne se trouve pas *in extenso* dans le manuscrit, elle y est seulement analysée. (Voir plus haut, page 333.) (Édit.)

assemblez au logis de M. le mareschal de Brissac, pour adviser ensemble à ce que nous avions à faire sur le subject de vostre dicte dépesche, où mesme M. de Nevers s'estoit aussy rendu, M. le mareschal de Bouillon, accompagné du sieur de Thianges, nous y est venu trouver de la part de mon dict sieur le Prince, et de ces autres princes et seigneurs qui s'estoient assemblez, et nous ont dict que mon dict sieur le Prince les avoit chargez de sçavoir de nous quelle response nous avions à luy faire sur l'instance qu'il nous avoit faicte de la continuation de la dicte surséance, et sur ce qu'il demandoit que mon dict sieur de Vendosme et ses troupes y fussent comprises, sans quoy il nous déclaroit ne pouvoir passer outre en ces affaires. A quoy auparavant que de respondre, nous luy avons représenté toutes les raisons et considérations mentionnées en vostre dicte lettre, et autres que nous avons estimé pouvoir servir tant pour le persuader de travailler au fond des affaires sans prolongation de la dicte surséance, si ce n'estoit pour quelques lieues ès environs de ceste ville, et aussy pour n'y comprendre point mon dict sieur de Vendosme, si ce n'estoit qu'il licentiast ses troupes ou la plus grande partie d'icelles. Mais cela n'a eu aucun effect en leur endroit, estans tousjours demeurez en ceste intention de ne pouvoir traicter qu'ils ne fussent asseurez de la dicte prolongation, et que mon dict sieur de Vendosme et ses troupes y fussent compris; bien s'est-il relasché que si les dictes troupes donnoient quelque ombrage ou jalousie en quelque lieu que ce fust, spécialement pour la Bretagne, qu'ils consentiroient qu'elles fussent logées et départies en lieu dont l'on peust prendre asseurance, voire mesme les esloigner les unes des autres, mais que de les licentier estoit chose qu'ils ne pouvoient faire, et que, pour le regard des contributions, ils offroient de les faire régler. Après avoir longuement débattu sur ce subject, enfin nous luy avons dict, pour response à mon dict sieur le Prince, que nous avions escrit par trois diverses dépesches à Vostre Majesté ce dont il avoit faict instance pour ces deux points, et que nous n'en avions encore eu response, et que nous luy dépescherions derechef un autre courrier pour cest effect dont nous luy ferons sçavoir ce que nous sçaurons des volontez de Vostre Majesté aussitost que nous les aurions; mais que cependant nous le priions de ne délaisser pas d'entrer en conférence sur les affaires principales qui nous avoient amenez en ce lieu. Ils nous ont aussy faict de grandes plaintes du rendez-vous que Vostre Majesté a donné à aucunes de ses troupes au pont de Cé, que l'on avoit faict repasser le régiment du feu sieur de Boniface et quelques autres au deçà de la rivière, que MM. de Retz et de Roannez tenoient des troupes dans l'estendue des lieux qui leur avoient esté délaissez pour loger les leur. A tout cela nous leur avons respondu que, pour le regard du rendez-vous que Vostre Majesté avoit donné à aucunes de ses troupes au pont de Cé, c'estoit pour s'approcher contre celles de M. de Vendosme et empescher les mauvais desseings qu'il pouvoit avoir, et non pour entreprendre aucune chose de deçà au préjudice de la surséance d'armes; et que, pour le regard de celles de MM. de Retz et de Roannez[1], nous leur ferions sçavoir de se contenir, et retirer leurs dictes troupes dans les départemens qui leur auroient esté baillez et dont l'on avoit donné copie au sieur de Thianges, comme aussy nous désirions auparavant qu'ils nous baillassent copie de ceux des troupes qu'ils avoient logées en tous ces quartiers-là, affin de pouvoir respondre aux plaintes que nous en pouvions recevoir. Voilà, Sire, comme nous nous sommes séparez, et avons estimé vous debvoir envoyer ce courrier exprès avec la présente par laquelle nous supplions Vostre Majesté de nous faire sçavoir au plus tost la finalle résolution sur la dicte prolongation, et sur le faict du dict sieur de Vendosme et de ses troupes, affin que nous nous y comportions suivant la volonté et intention de Vostre Majesté; laquelle nous supplions aussy de nous mander si, en cas que mon dict seigneur le Prince s'en voulust aller pour préparer ses forces, bien qu'il voulust laisser icy quelques depputez, si elle ne trouvera pas bon que nous nous reti-

---

[1] Voir plus haut, page 307, l'état des lieux, etc. M. de Roannez seul y est désigné comme devant occuper Mirebeau en Anjou; on voit par une des pièces plus bas que M. de Retz était au pont de Cé. (Édit.)

rions aussy, ou pour le moins que nous allions à Chinon y attendre ses commandemens, et, pour fin, nous croyons estre obligez de dire à Vostre Majesté que, soit qu'elle continue la surséance ou non, il est tousjours très à propos qu'elle se tienne préparée comme pour résister à de puissans ennemis, et qui s'élèvent grandement des advantages qu'ils pensent avoir de leur part; à quoy Vostre Majesté apportera la considération qu'elle jugera estre du bien de son service, pour lequel nous employerons tousjours volontiers nos personnes et nos vies, comme estans, Sire, vos, etc.

CXXXVII.

Impr. Mercure franç. t. IV, 1616, p. 42-43.

Sommation faicte, au nom du roy Louis XIII, au duc de Vendosme, affin qu'il eust à licentier ses troupes[1].

..... Sa Majesté envoya un héraut d'armes vers le dict sieur duc de Vendosme, qui le trouva au chasteau de Chantocé en Anjou, une lieue près de Bretagne, et à cinq lieues d'Ancenis, pour luy dire qu'il eust à licentier ses troupes sur peine d'estre déclaré criminel de lèze majesté........

Du jeudy 18 février 1616. — Le héraut d'armes, arrivant à l'entrée du bourg de Chantocé, fut conduit par deux des gardes de M. de Vendosme au chasteau du dict Chantocé. Estant à la porte, il quitta son espée et prit sa cotte d'armes, et, le bâton haut à la main, entra dans la chambre du dict seigneur de Vendosme, qu'il trouva accompagné de plusieurs gentilshommes, capitaines et autres, auquel seigneur ayant le chapeau à la main, le dict héraut couvert dit : « A « vous César de Vendosme, je vous commande de par le Roy, mon

---

[1] La lettre ci-dessus, malgré ses protestations, n'avait pas rassuré la cour sur les desseins du duc. Aussi le Roi prit à l'instant quelques mesures militaires, et envoya le héraut dont il est question dans cette pièce sommer M. de Vendôme de se soumettre. (Édit.)

« souverain seigneur, vostre maistre et le mien, et à tous vos adhé-
« rens, que vous ayez incontinent à poser les armes que vous avez
« prises, et licentier les troupes que vous avez levées, et venir trouver
« Sa Majesté, et à tous ceux qui vous assistent, de se retirer en leurs
« maisons; et, à faute de ce, je vous dénonce rebelle et criminel de
« lèze majesté, et que serez comme tel poursuivi par la force de ses
« armes. »

A quoy le seigneur fit response : « Je suis très humble serviteur
« du maistre que vous servez; je parleray à Messieurs qui me font
« l'honneur de m'assister, et vous feray response. »

Après le disner le dict seigneur luy dit « qu'il estoit très humble
« serviteur du Roy, et que les armes qu'il avoit prises estoient joinctes
« aux intentions de M. le Prince pour venger la mort du feu Roy son
« père, et que, pour cest effect, il employeroit sa vie, ses biens et ses
« amis. »

Ainsy M. de Vendosme se déclara joinct et uny avec M. le Prince;
ce qui fit pour un temps retenir les troupes du Roy de poursuivre les
siennes, jusqu'à ce qu'il en eust esté traicté à la conférence de Loudun.

CXXXVIII.

Man. Bibl. impér. Fonds Dupuy, n° 450, p. 52 verso. — Man. Bibl. Sainte-Geneviève, L. f. 21.
— Man. Bibl. Mazarine, n° 1825, f. 9.

Lettre du Roy à MM. les depputez de la conférence de Loudun, du 18 février 1616[1].

Messieurs, je fis hier response à vostre première dépesche, qui
estoit du 13 de ce mois, en vous advertissant de celle que mon
frère naturel le duc de Vendosme a faicte au sieur de Vignolles, et
n'ay receu qu'aujourd'huy au matin les vostres du 15 et 16, et cest
après disner, comme j'en résolvois et commandois la response, vostre
dernière du 17 m'a esté rendue, et ne m'y fera rien changer, n'es-

---

[1] Dans le texte de cette lettre, nous avons adopté, en petit nombre, quelques légères variantes empruntées aux manus- crits de la bibliothèque Sainte-Geneviève et de la bibliothèque Mazarine. (Édit.)

tant que sur le mesme subject. Je vous diray donc, pour satisfaire à toutes les trois ensemble, qu'encore que j'aye les raisons que je vous ay escrites, et que vous avez bien seu représenter à mon dict cousin le prince de Condé, de ne pas consentir que mon dict frère naturel soit compris en ceste conférence et jouisse du bénéfice de la surséance d'armes, néantmoins je trouve bon que vous passiez par dessus ces difficultez, et le receviez et admettiez au nombre de ceux qui assistent mon dict cousin, l'asseurant qu'il peut en toute seureté se trouver à Loudun avec luy et les autres, mais à condition que ses troupes soient réglées et réduites comme je l'avois premièrement résolu, quand j'envoyai vers luy le dict sieur de Vignolles, et que je veois que vous vous en souvenez, à sçavoir qu'il retienne mil hommes de pied en deux régimens, les trois compagnies de gens d'armes dont vous faites mention, deux de chevaux légers et une de carabins, et qu'elles soient logées, s'il est possible, dans le Vendosmois, et, en quelque façon que ce soit, éloignées de ma province de Bretagne et d'autres lieux où elles pourroient donner du soupçon; sur quoy j'ay bien considéré la response que mon cousin le mareschal de Bouillon a faicte à vous, Monsieur de Vic. Mais il n'y auroit point d'apparence que mon dict frère naturel retinst toutes ses forces, veu que je n'en ay pas faict de mesme ny mon cousin le prince de Condé aussy, et que, si ce qu'on en dit est véritable, elles sont beaucoup plus grandes que ne sont à présent celles que j'ay ensemble ; joinct que j'acheverois de ruyner mes subjects de ce costé là, et tiendrois en jalousie mes villes et serviteurs avec raison, veu la différence qu'il y a eue jusques à ceste heure entre les actions du dict duc et les langages qui m'ont esté tenus de sa part. C'est pourquoy il se doibt contenter de ce nombre de gens de guerre, tant de pied que de cheval; et encore en pourrez-vous distraire la compagnie de gens d'armes du marquis de Cœuvres, s'il fait, comme je le veux croire, ce qu'il m'a escrit et faict dire, qui est non seulement de se retirer, mais aussy de remener les troupes qu'il avoit amenées à mon dict frère naturel, qui est tout ce que j'ay à vous dire sur ce premier point, car il n'est besoin que je vous advertisse que je n'entends faire aucune instance pour cela envers mon dict frère naturel; et que c'est à mon dict cousin le prince de Condé à le faire résoudre à ce qui est de la raison, puisqu'il est joinct avec luy, et que je le tiens aujourd'huy pour tel, d'autant que vous jugerez assez mon intention là dessus, et la sçaurez bien accomplir. Et pour l'autre, qui est la prolongation de la surséance, j'ay à vous déclarer que je cognois combien elle est préjudiciable à mon service, et l'advantage qu'en retirent ceux avec qui je traicte, mesmement de la façon qu'ils en usent; car, pendant que j'employe mon argent à entretenir mes troupes, ils font vivre les leurs aux dépens de mes subjects, et avec cela lèvent de grandes sommes de deniers sur eux, qu'ils réservent peut-estre pour se servir contre moy s'ils ne condescendent à la paix. Néantmoins, pour donner à mon dict cousin toute occasion de demeurer en la confiance qu'il a prise et doibt avoir, et pour faire aussy d'autant plus cognoistre combien je désire le repos de mes subjects, je trouve bon que vous accordiez la dicte prolongation jusques au quinziesme du mois de mars prochain, et feray à ceste fin aux gouverneurs et à mes lieutenans généraux, dans toutes les provinces de mon royaume, pareils commandemens à ceux que je leur ay faicts pour la première surséance accordée à Fontenay-le-Comte, quand vous l'aurez arrestée par escrit et m'en aurez renvoyé l'acte; et cependant je commenceray à les en tenir advertis; à quoy je me suis résolu sur l'asseurance que mon dict cousin vous a donnée de modérer les levées et exactions indeues et excessives que font ses gens de guerre, et y faire un bon règlement, remettant à vous d'en faire l'instance, et y prendre la résolution que vous jugerez plus à propos. Mais je vous veux bien dire que je n'attends pas grand fruict de la proposition qui vous a esté faicte d'envoyer des commissaires aux provinces éloignées, parce qu'avant qu'ils puissent estre sur les lieux le temps seroit presque expiré, car je ne le prolongeray pas davantage, et vous le pouvez bien déclarer asseurément, ainsy que vous verrez par les responses que j'ay faictes aux articles du mémoire que vous m'avez envoyé. Toutesfois, je laisse ce qui est des dicts commissaires à vos prudences et à l'entière cognoissance que vous avez de l'estat de mes affaires et de ce qui est plus expédient pour le bien de mes subjects. Au reste, je suis bien ayse que vous ayez procuré le soulagement des habitans de ma ville de Nantes, tant pour l'éloignement des troupes qui estoient logées ès environs que pour la délivrance des vaisseaux que le sieur de Soubize avoit retenus, croyant que l'un et l'autre aura esté faict, puisque l'on le vous a asseuré. Mais j'ay receu tantost des lettres du maire de la dicte ville, escrites le 13 de ce mois, par lesquelles il s'en plaint encore, et ne me mande point qu'il y ayt aucun changement. J'ay aussy à plaisir que vous ayez faict exempter les paroisses d'aucuns de mes serviteurs, comme vous me mandez, et vous asseure que, pour celles de Cande et de Montsoreau, je n'ay eu nulle volonté d'y envoyer des gens de guerre. Mais avant hier le comte de Montsoreau me vint trouver, bien en peine de ce qu'il avoit sceu que mon cousin le prince de Condé y envoyoit loger sa compagnie de chevaux légers, ayant en sa main le département qui luy avoit esté donné[1], et dont il est faict mention au mémoire que je vous envoyai hier; et me supplie de luy permettre de se deffendre ou de luy donner moyen de se garder, ce qui est cause que je luy ay accordé d'y entretenir cinquante soldats en garnison, et il m'a asseuré qu'il y en a tousjours eu soixante à ses dépens depuis le commencement de ceste guerre, n'ayant intention d'y envoyer de plus grandes forces; et encore me serois-je volontiers passé de faire ceste dépense, n'estoit que je ne puis ny ne veux plus abandonner mes serviteurs, et mon dict cousin y doibt avoir considération. Je prie Dieu qu'il vous ayt, messieurs, en sa saincte garde.

Escrit à Tours, le 18ᵉ jour de février 1616.

Signé LOUIS, et plus bas POTIER.

---

[1] Voir plus haut, page 342. (Édit.)

CXXXIX.

Man. Bibl. impér. fonds Dupuy, n° 450, p. 54. — Bibl. Sainte-Geneviève, L. f. 24. — Bibl. Mazarine, n° 1825, f. 10.

Autre lettre du Roy à ses depputez, du 19 février 1616.

Messieurs, la response que je fis hier à vos lettres du 15, 16 et 17, a satisfaict à celle que vous m'avez escrite le 18 et que j'ay receue ce matin, car elle vous aura informez de ma volonté sur les deux points dont la résolution vous estoit demandée, et que, par ceste dernière, vous me priez encore de vous donner. Mais d'autant qu'elle me fait cognoistre plus clairement combien vous sera difficile de faire que les troupes de mon frère naturel le duc de Vendosme soyent retranchées et réduites au nombre que je vous ay prescrit par ma précédente, veu la ferme résolution qui vous a esté tesmoignée au contraire de la part de mon cousin le prince de Condé, et que je n'entends pas que vous rompiez ne perdiez le temps là dessus, je vous escris celle-cy et vous renvoye ce courrier pour vous advertir que si, après avoir insisté au retranchement des dictes troupes, vous voyez ne le pouvoir obtenir, je trouve bon qu'en ce cas vous accordiez en mon nom qu'elles soient toutes comprises en la dicte surséance, mais à la condition qui vous a esté proposée et offerte de la part de mon dict cousin qui est de les séparer et les loger en telz lieux qu'elles ne donnent aucune jalousie à mes villes et serviteurs ès provinces de Bretagne et d'Anjou, et aux autres auxquelles vous jugerez à propos d'avoir esgard; ce que je remets à vous d'adviser et résoudre avec mon dict cousin. Mais je ne vous céleray point que je prends à mauvais signe que luy et ceux qui l'assistent veuillent tous retenir tant de forces, et que cela, avec l'advis que vous m'en donnez, lequel j'ay pris en très bonne part, me fait résoudre à me tenir préparé à la guerre, et à donner ordre que j'aye à temps de telles forces françaises et étrangères que, s'il en faut venir là, je puisse soutenir et relever mon auctorité, et faire que ceux qui l'attaqueront rabattent des advantages qu'ils pensent avoir acquis au préjudice d'icelle. J'estime qu'il n'est besoin que je vous mande ce que vous auriez à faire si mon dict cousin s'en alloit de Loudun et y laissoit seulement quelques depputez, car je m'asseure que cela n'arrivera pas, et que vous n'estes plus aux termes où vous estiez quand vous l'appréhendiez. Mais vous ne debvez doubter qu'en ce cas ma volonté ne fust que vous revinssiez en mesme temps me trouver[1]. J'ay à vous advertir que le comte de Vertus[2] se plaint que les troupes de mon dict frère naturel sont en sa terre de Chantocé, et sa personne dans son chasteau, tesmoignant de l'animosité contre luy, parce que le sieur de la Varenne est par mon commandement dans ma ville de Nantes, et qu'il a cy devant envoyé quelques gens de guerre au sieur de Cange, pour jetter dedans le chasteau, lorsque l'on commença à craindre que mon dict frère naturel allast de ce costé là, ce qui est une espèce d'hostilité contraire à la poursuitte qu'il fait de participer à la surséance d'armes; je désire donc qu'en faciez plainte, et demandiez que mon dict frère naturel et ses gens de guerre délogent du dict lieu de Chantocé, approuvant vostre response aux dictes plaintes qui vous ont esté faictes du rendez-vous que j'ay donné au pont de Cé à quelques-unes de mes troupes, et des logemens qu'ont pris celles des ducs de Retz et de Rouannez; et pour le regard du régiment de Boniface, j'ay advis qu'il est à Angers où il avoit son rendez-vous; de sorte qu'il ne peut avoir passé du costé de deçà de la rivière de Loire, et que mon dict cousin le prince de Condé n'a occasion de deffiance pour ce subject, comme aussy n'en a-t-il pour aucun autre. Au reste, j'ay trouvé bon de ne point donner l'abbaye

---

[1] Cette lettre finit ici dans le manuscrit de la Bibliothèque impériale, où on lit les mots suivants : *Le reste de la lettre sont faits particuliers*. Nous donnons la fin d'après les manuscrits des bibliothèques Sainte-Geneviève et Mazarine. (Édit.)

[2] Ce comte de Vertus est Claude de Bretagne, issu d'une branche bâtarde qui a son origine dans François, fils naturel du duc de Bretagne François II. Il fut gouverneur de Rennes. Il était gendre du marquis de la Varenne dont il est question quelques lignes plus loin. (Édit.)

qui a vacqué en Poictou par la mort du sieur de Vérac, et différant, suivant vostre advis, de prendre résolution sur ceste affaire, priant Dieu, etc.

CXL.

Man. Bibl. impér. Fonds Dupuy, n° 450, p. 56 verso.

Mémoire baillé par M. le mareschal de Brissac et les sieurs de Villeroy, de Thou, de Vic et de Pontchartrain, conseillers du Roy en son conseil d'estat, et depputez par Sa Majesté pour la conférence qui se tient à Loudun, au sieur de Chasteau-Regnault[1], qu'ils ont prié de s'acheminer présentement avec le sieur de Thianges là par ou sera M. le duc de Vendosme, pour l'effect cy-après mentionné.

Par l'un des articles qui ont esté accordez entre les dicts depputez et monseigneur le prince de Condé pour la prolongation de la suspension d'armes jusques au xve de mars prochain, il est dict que mon dict seigneur le Prince dépeschera vers mon dict sieur de Vendosme pour l'advertir comme il a esté compris en la dicte suspension d'armes, sur l'asseurance néantmoins que mon dict seigneur le Prince a donnée que, dès à présent, il fera sortir et éloigner de la Bretagne toutes les troupes tant de cheval que de pied qu'il pourroit avoir faict entrer et approcher en la dicte province, et les fera acheminer dans les pays du Maine, du Perche, de Vendosmois et de Normandie, pour y estre logées, en attendant l'issue de la dicte conférence, suivant le département qui a esté faict par ceux qui seront à ce commis de part et d'autre; et que le dict sieur de Thianges fera office de la part de mon dict seigneur le Prince à ce que dès à présent mon dict seigneur de Vendosme réduise ses dictes troupes au nombre et suivant la proposition qui en a esté cy devant faicte; comme aussy

---

[1] Albert Rousselet, seigneur de Pardieu, etc. marquis de Château-Renaud. Il fut sous Louis XIII chevalier de l'ordre du Roi, gentilhomme ordinaire de sa chambre, capitaine de cinquante hommes d'armes de ses ordonnances, conseiller au conseil d'état et au conseil privé, et gouverneur des villes et châteaux de Machecoul et Belle-Isle. Il mourut en 1621. (Édit.)

qu'au cas qu'il eust esté faict par mon dict sieur de Vendosme, ou soubs son adveu, quelque levée de gens de guerre dans la dicte province de Bretagne ou ailleurs, depuis le 30e de janvier dernier, elles seront dès à présent licentiées et congédiées, ou pour le moins sortiront de la dicte province de Bretagne, pour s'en éloigner comme les autres et aller aux provinces cy dessus spécifiées et lieux qui seront départis par ceux qui seront à ce nommez.

La charge que le sieur de Chasteau-Regnault a des dicts depputez est de veoir et recognoistre quel debvoir fera mon dict sieur de Vendosme d'effectuer le contenu cy dessus, spécialement en ce qui est de la sortie et éloignement des dictes troupes de la dicte province de Bretagne, et du licentiement et esloignement de celles qui pourroient avoir esté levées depuis le 30 janvier; à quoy, s'il n'estoit promptement pourveu, il en fera instance, en sorte qu'il y soit satisfaict en sa présence, et leur fera prendre le chemin des provinces cy dessus désignées, en attendant que, de la part du Roy, il y arrive quelqu'un qui ayt charge particulière de ce qui sera de leur logement.

Si M. de Vendosme faisoit refus d'y satisfaire, il en advertira au plus tost les dicts commissaires, comme aussy il en donneroit advis aux gouverneurs et habitans des villes qu'il recognoistroit pouvoir estre en danger, ou debvoir estre en ombrage de ce refus, affin qu'ils puissent prendre garde à leur seureté.

En passant, il verra M. le mareschal de Boisdauphin[1], auquel il présentera les lettres que les dicts sieurs commissaires luy escrivent, et luy communiquera le présent mémoire affin qu'il luy plaise donner sur iceluy plus particulière instruction de ce qu'il aura à faire suivant la cognoissance qu'il a de ces affaires et de l'estat, qualité et logement de ses troupes, et de ce qu'il aura appris des instructions de mon dict sieur le duc de Vendosme.

Si le dict sieur de Chasteau-Regnault apprend en son voyage chose

---

[1] Le maréchal de Boisdauphin était alors à la tête de ses troupes, dans la province d'Anjou, comme on le verra plus bas dans une lettre du Roi du 22 février. (Édit.)

qui importe au service du Roy, dont il s'informera soigneusement, il en advertira les dicts depputez, pour en donner advis à Sa Majesté. Faict à Loudun, le xx⁵ février 1616.

CXLI.

Man. Bibl. impér. Fonds Dupuy, n° 450.

Lettre des depputez au Roy, du 20 février 1616.

Sire, suivant les lettres qu'il a pleu à Vostre Majesté nous escrire des 18ᵉ et 19ᵉ de ce mois, nous avons ce jourd'huy arresté les articles que nous envoyons à Vostre Majesté pour la prolongation de la suspension d'armes jusques au quinziesme de mars, et pour y comprendre M. de Vendosme et ses troupes. Vostre Majesté verra par iceux ce que nous avons peu obtenir sur le subject du licentiement, esloignement et logement des dictes troupes. Nous avons, suivant ce qui est contenu en l'article qui en faict mention, envoyé avec le sieur de Thianges le sieur de Chasteau-Regnault pour faire instance et recognoistre l'observation que mon dict sieur de Vendosme y apportera, par lequel nous avons écrit à M. le mareschal de Boisdauphin, affin que de sa part il en prenne soin. Mais néantmoins nous sommes d'advis que Vostre Majesté ne délaisse d'envoyer en toute diligence en ces quartiers là le sieur Descures ou le sieur Fougeu, ou bien quelque autre qui ayt charge d'assister aux logemens que l'on ordonnera pour les dictes troupes, et qu'il advise comme quoy ils pourront vivre; car autrement il seroit à craindre qu'il n'y arrivast beaucoup de désordre et de confusion. Celuy qui ira pourra s'éclaircir avec le sieur de Chasteau-Regnault de l'estat auquel seront ces affaires. Cependant nous pouvons dire à Vostre Majesté que ces princes s'estoient mis en telle rumeur et entrez en tel ombrage pour le retardement que nous leur apportions de la volonté de Vostre Majesté sur la dicte prolongation de suspension et sur la jonction de mon dict seigneur de Vendosme, qu'ils ne parloient que de s'en aller; et de faict ils firent sur cela partir hier au matin le sieur de Soubize

Conférence de Loudun.

avec quelques capitaines, pour aller remettre leurs troupes ensemble, avec quelques autres commandemens, dont nous n'avons eu entière cognoissance. Et sur l'instance que nous fismes à mon dict seigneur le Prince de faire éloigner les dictes troupes de la Bretagne, il nous dit qu'il accordoit cela bien librement, parce que son intention n'estoit point, en cas que la paix ne s'ensuivit de ceste conférence, de s'en servir en sorte quelconque en ceste province là; qu'il faisoit estat de les joindre et s'en aller du costé de Paris; de quoy nous estimons debvoir tenir Vostre Majesté advertie, pour y apporter telle considération qu'elle verra estre de son service. A présent, nous ne voyons plus rien qui nous puisse empescher d'entrer en conférence, car tous ceux que mon dict seigneur le Prince attendoit pour y assister sont venus. Aussy nous a-t-il promis que dès demain après disner nous commencerions où ils se doibvent tous ensemble trouver; et néantmoins ils nous ont promis qu'ils nommeroient par après quelques commissaires pour traicter avec nous. La matinée s'employera à la procession génerale qui se fera pour la paix, en laquelle et eux et nous assisterons. Mon dict seigneur le Prince nous a parlé de l'Isle-Bouchart, nous représentant que, par les articles de la dicte suspension d'armes, il estoit dict que Vostre Majesté en feroit retirer les deux compagnies du régiment de Navarre qui y sont, et qu'il y pourroit mettre cent hommes pendant la tenue de la dicte conférence; en conséquence de quoy il faisoit instance à ce que les dictes compagnies en fussent retirées[1]. Et sur ce que nous luy avons dict qu'il estoit obligé de nous remettre ceste place en cas que la paix ne se fist, et qu'il nous en baillast asseurance, il nous a répliqué qu'il n'estoit point besoin qu'il

---

[1] « Le Roy, par ses lettres du 22ᵉ février, « mande à ses commissaires qu'il ne peut « trouver bon que les deux compagnies de « Navarre sortent de l'Isle-Bouchart, avant « que M. le Prince ne donnast l'asseurance « à laquelle il estoit obligé, pour ce que « encore qu'il n'y mist les cent hommes, « ainsy qu'il estoit permis, que la place « demeureroit en estat, que le Roy ne pour- « roit plus en après y remettre les dictes « compagnies; et que l'on fist ceste réponse « le plus tard que l'on pourroit, avec as- « seurance que l'on auroit soin de faire « payer les dictes deux compagnies. » (Note du manuscrit.) Voir à sa date la lettre à laquelle il est fait allusion.

nous en donnast aucune asseurance, parce que son intention n'estoit point d'y mettre les cent hommes, et que la place ne le méritoit pas. Nous luy avons encore dict sur cela que nous ne pouvions pas faire sortir les compagnies qui y sont, que nous ne fussions asseurez qu'elles y puissent rentrer en cas que la conférence se rompist sans paix, et en sommes sortis sans résolution. Néantmoins, parce qu'ils pourront continuer ceste instance, nous avons estimé en debvoir informer Vostre Majesté et luy dire que ceste place, encore que de peu de conséquence pour la force, néantmoins est passage de rivière, place baillée en garde à ceux de la religion prétendue refformée, qui ont de tout temps garnison dans le chasteau qui est dans l'isle, et la seulle forteresse, et que les dictes compagnies ne sont que dans les deux bourgs qui sont d'un costé et d'autre de la rivière, et qui néantmoins occupent le passage par la souffrance de ceux qui sont dans le dict chasteau. Mais il seroit à craindre que, si elles en estoient sorties, elles n'y rentreroient pas facilement. C'est pourquoy nous faisons instance d'en avoir asseurance, encore que mon dict seigneur le Prince, n'y mettant point de compagnie sur luy, semble n'estre pas obligé de donner ceste asseurance, et monstre que ce qui luy donne occasion de faire ceste instance, c'est pour soulager les habitans de ce lieu qui appartient à Mme de la Trémouille et à son fils; et le seul moyen que nous aurions de nous en deffendre seroit de faire si bien payer et entretenir les dictes deux compagnies qu'elles n'y prissent rien qu'en payant. Vostre Majesté nous mandera sur cela sa volonté. Ils nous ont faict aussy une grande plainte, qu'ils ont réitérée diverses fois, en faveur d'un vice-baillif de Gien, qu'ils disent estre poursuivi extraordinairement par vos officiers, mesme par vos commissaires, pour avoir servy mon dict seigneur le Prince au passage de Bonny, lequel ils supplient que l'on face relascher, ou pour le moins que l'on face surseoir la procédure que l'on fait contre luy, attendant l'événement de nos affaires[1]. Nous envoyons à Vostre

---

[1] Voir à l'appendice, sur ce fait, une note du résumé de Pontchartrain; le passage suivant des mémoires du même précise mieux encore les circonstances: « M. le

Majesté le mémoire que mon dict seigneur le Prince nous en a faict bailler, auquel elle aura l'esgard qu'elle jugera le mériter. Pour fin de ceste lettre, nous la supplions d'agréer et ratifier les articles que nous avons accordez de la dicte prolongation, et de commander qu'au plus tost l'on envoye par toutes les provinces l'ordonnance qu'elle en fera, pour estre publiée. Et sur ce, attendant tousjours à l'honneur des commandemens de Vostre Majesté, nous demeurerons, Sire, etc.

CXLII.

Man. Bibl. impér. Fonds Dupuy, n° 450.

Lettre au Roy des depputez, du 21 février 1616.

Sire, suivant ce que nous avons escrit à Vostre Majesté par la dépesche qui est partie ce matin, M. le Prince nous a mandez aujourd'huy, sur les trois heures après midi, au logis de Mme la comtesse de Soissons, où nous l'avons trouvé assisté de tous ces princes, ducs, pairs, officiers de la couronne seigneurs et autres, et mesme de ces depputez naguères venus de Nismes; et après y avoir pris nos places,

« Prince, après avoir passé la rivière de « Seine à Méry, approche de celle d'Yonne. « Il avoit quelques entreprises sur la ville « de Sens, par la faction d'aucuns des habitans qui luy estoient affidez; il s'en « approche jusqu'à demie lieue près; mais « M. le mareschal de Boisdauphin, qui en « fut adverti, le prévient, jette des troupes « dedans, et luy rompt ce desseing; ainsy « mon dict sieur le Prince monte au-dessus « de la rivière, et la passe en un endroit « où il n'y avoit quasi point d'eau, et ainsy, « en continuant son desseing, s'approche « de celle de Loire, envoye de costé et « d'autre veoir s'il n'y a point quelque ville « qui voulust luy donner passage. Il sonde « Jargeau, Gien, la Charité, mais toutes « refusent. Enfin il se loge à Bonny, petite « ville sur le bord de la rivière, et l'armée « de M. de Boisdauphin auprès pour luy « empescher le passage, et charger sur eux « s'il l'entreprenoit. Mais il y trouva des « guais si favorables, qu'avec la faveur de « la dicte ville il passa la dicte rivière vers « le 28 ou 29 du dict mois, avec toute son « armée et à la veue de l'autre, dont M. de « Boisdauphin fut blasmé de n'avoir pas « faict ce qui se pouvoit et debvoit pour « l'empescher. » (*Mémoires de Pontchartrain*, coll. Michaud et Poujoulat, 2ᵉ série, t. V, p. 352.) La facilité avec laquelle s'opéra ce passage à Neuvy, à deux lieues de Bonny, fit sans doute soupçonner de connivence le vice-bailli de Gien. Peut-être se rendit-il en effet coupable de trahison. (Édit.)

il a commencé à nous représenter le subject pour lequel toute ceste compagnie estoit assemblée, le désir que luy et ceux qui l'assistent avoient de parvenir à une bonne paix; qu'il croyoit la mesme chose du costé de Vostre Majesté, tellement qu'il espéroit tout bon succès de ceste conférence, et que, pour y apporter plus de facilité et d'advancement, ils avoient depputé d'entre eux MM. de Bouillon et de Sully, de Thianges et de Courtenay, et avec eux l'un de ces depputez naguères venus de Nismes, pour travailler désormais continuellement avec nous; et ensuitte de ce, il nous ont priez leur faire veoir le pouvoir qu'il avoit pleu à Vostre Majesté nous bailler, comme aussy ils nous ont dict qu'ils désiroient que nous demeurassions tous ensemble d'accord d'une chose, à sçavoir que nul point ny article ne demeureroit résoleu et accordé que tout ce qui seroit à proposer ne le fust aussy. Sur quoy M. le mareschal de Brissac ayant pris la parole, a représenté ce qui estoit convenable sur ce subject, leur faisant entendre les bonnes et sincères intentions de Vostre Majesté au bien et repos de cest estat, et à la pacification de ces troubles, et ses bonnes inclinations à l'endroit d'eux tous, ce que nous avions charge de leur tesmoigner de paroles et par les effects, et advançant autant qu'en nous seroit ce bon œuvre. Ensuitte de cela, nous sommes demeurez d'accord du dernier point dont on nous avoit parlé, et puis nous leur avons faict veoir et mis en main le pouvoir qu'il avoit pleu à Vostre Majesté nous bailler, lequel, après avoir esté leu parmy eux, ils l'ont trouvé défectueux, en ce que l'on a omis d'y nommer les depputez de Nismes en la forme dont l'on estoit demeuré [d'accord], ayant aussy désiré que l'on en fist oster quelques clauses qu'ils ont estimé y estre inutiles, qui est cause que nous le renvoyons à Vostre Majesté avec un autre que nous avons faict escrire tel qu'ils l'estiment pour le mieux[1]. Vostre Majesté se le fera, s'il luy plaist, représenter

---

[1] Nous n'avons pas trouvé l'autre copie du pouvoir donné par le Roi à ses commissaires; il y a lieu de croire que la copie que nous donnons plus haut est la copie modifiée (voir p. 327 et la note). Quoique les députés de l'assemblée de Nîmes n'y soient indiqués que d'une manière générale, et non désignés nominativement, malgré

au plus tost, pour, si elle le juge à propos, comme de nostre part nous croyons que ce changement n'importe pas au service de Vostre Majesté, le nous renvoyer, s'il luy plaist, au plus tost, pour le leur faire veoir, encore qu'ils nous ayent promis qu'ils ne délaisseront pour cela de commencer à travailler, sur l'asseurance que nous leur avons donnée que, dans deux jours, nous leur ferions veoir le dict pouvoir en la forme qu'ils le désirent. Toutes ces pointilles nous obligent d'escrire encore à Vostre Majesté qu'elle ne se doibt point tant asseurer sur le succès de ceste conférence, qu'elle ne pourvoye d'ailleurs à la seureté et advantage de ses affaires, en se fortifiant de sorte que, quand il n'en réussiroit aucun fruict, elle soit en estat de se faire recognoistre par ceux qui se voudroient dévoyer, ce que nous luy conseillons d'autant plus librement que cela pourra aussy servir à advantager ses affaires et les tenir en réputation dans ceste assemblée. Nous avons commencé à veoir avec aucuns d'eux par quel moyen nous pourrions faire cesser ou diminuer les levées et contributions de deniers qui se font de la part de mon dict seigneur le Prince, spécialement en Poictou, et en ces quartiers de deçà, dont encore que nous espérions peu de fruict pour la confusion qui est parmy eux, néantmoins nous estimons de pouvoir faire mettre quelque ordre en ceste levée, au grand soulagement de vostre peuple, s'il plaist à Vostre Majesté commettre promptement un trésorier de France de la généralité de Poictiers ou tel autre qu'il luy plaira, pour venir de deçà en traicter avec eux. Mon dict seigneur le Prince nous a aussy prié d'escrire à Vostre Majesté pour interposer son auctorité envers M. le comte de Causny, pour mettre en liberté deux ministres qu'il a pris ces jours passez avec quelques gens de guerre ; nous en envoyons le mémoire à Vostre Majesté pour en adviser ainsy qu'elle en advisera bon estre. Sur ce, nous prions Dieu vous donner, Sire, en parfaite santé, très heureuse et longue vie, etc.

les modifications demandées et obtenues par suite de cette dépêche du 21 février, le pouvoir a dû conserver la date du 8, sans quoi la conférence eût été à recommencer. (Édit.)

CXLIII.

Man. Bibl. Sainte-Geneviève et Mazarine.

Lettre du Roy à MM. les depputez de la conférence de Loudun, du 22 février 1616.

Messieurs, ayant omis à respondre par mon autre lettre à ce que vous m'avez mandé par la vostre du 16 de ce mois touchant l'Isle-Bouchard, j'escris celle cy pour vous advertir que je ne peus trouver bon que les deux compagnies du régiment de Navarre qui y sont en garnison en sortent, que mon cousin le prince de Condé ne vous ayt donné l'asseurance à laquelle il est obligé, parce qu'encore qu'il n'y mette point les cent hommes qu'il y pouvoit establir suivant les articles accordez à Fontenay-le-Comte, la place demeureroit en l'estat, comme vous le jugez bien, que je ne pourrois peut-estre pas y remettre après les dictes compagnies quand je le voudrois; mais je donnerai ordre, si elles y demeurent, qu'elles soient si bien payées et réglées qu'elles ne prendront rien qu'en payant. C'est la response que vous pouvez faire si vous en estes pressez; mais le plus que vous pourrez tenir ceste affaire en longueur sera le meilleur, affin de veoir cependant comment les autres iront. Je prie Dieu, etc.[1]

CXLIV.

Man. Bibl. Sainte-Geneviève et Mazarine.

Lettre du Roy à MM. de la conférence de Loudun, du 22° février 1616.

Messieurs, j'ay receu, avec vostre lettre du dixiesme de ce mois, les articles que vous avez accordez de ma part à mon cousin le prince de Condé pour prolonger la surséance d'armes jusques au 15 de mars et y comprendre le duc de Vendosme et ses troupes; et les ay ratifiées comme vous verrez par l'acte que je vous envoye[2], ayant

---

[1] Cette lettre se trouve en partie reproduite dans la suivante. (Édit.)

[2] Voir la pièce suivante. (Édit.)

commandé les dépesches nécessaires aux gouverneurs et mes lieutenans généraux par toutes les provinces de mon royaume, pour les en advertir et leur mander de les faire observer. A quoy vous aurez soin qu'il soit satisfaict à ceste fois, de la part de mon dict cousin, conformément au dernier d'iceux, avec plus d'ordre et de soin que vous sçavez qu'il n'a esté faict la première. Il y a desjà quelques jours que je fais estat d'envoyer le sieur de Cures en ma province d'Anjou, pour se tenir près de mon cousin le mareschal de Boisdauphin et veoir en quel estat sont mes troupes; mais, suivant vostre advis, je le ferai partir au plus tost, et luy donnerai charge de passer jusques aux lieux où sont celles du duc de Vendosme, assister aux logemens qui leur seront donnez, et adviser comme elles pourront vivre, affin qu'il n'y ayt point de désordre; à quoy je m'asseure que vous aurez pourveu, en arrestant que certaines paroisses leur seront assignées et qu'elles demeureront dans l'estendue d'icelles; car autrement, estant départies en diverses provinces qui leur laisseroient la liberté de s'y loger au large, elles y ruyneroient ceux de mes subjects qui jusques à ceste heure auroient esté espargnez, et seroient en meilleures conditions que les miennes, que je resserre le plus que je puis pour soulager mon peuple, ce qui feroit diminuer les uns et augmenter les autres. Et à ce propos, je vous advertirai que j'eusse eu à plaisir qu'il eust esté dict absolument qu'au cas qu'il eust esté, comme l'on le tient pour certain, levé par le dict duc ou soubs son adveu des gens de guerre en ma province de Bretagne depuis le troisiesme du mois passé, elles seroient licentiées, sans luy laisser l'alternative de les faire sortir du pays et retirer aux mesmes lieux où il mettra les autres, ce qui estoit raisonnable, veu qu'il ne peut estre compris en la dicte surséance qu'aux dictes conditions d'icelle, et que les dictes levées y sont contraires; mais je ne doubte pas que vous n'y ayiez faict, et semblablement aux autres choses que je désirois, tout ce qui vous aura esté possible, comme la teneur des dicts articles le tesmoigne; et néantmoins je vous ay bien voulu déclarer que j'estime en cela estre de la raison et du bien de mon service, affin que, si il y a encore lieu, vous essayiez de les faire effectuer comme ce dont mon cousin le prince de Condé promet de faire instance envers le dict duc. A quoy je veux croire que, bien qu'il rencontrast quelque difficulté, quand il considérera la bonté et franchise dont j'use en toutes ces occasions, il ne manquera de la surmonter, et faire en sorte que je reçoive ce contentement. J'ay escrit pour le sien à mes officiers, en mes villes d'Orléans et de Gien, qu'ils facent surseoir toutes procédures contre le prévost des mareschaux de la dernière, s'il est vray qu'il s'en face, car je ne le sçay pas, ny par qui c'est, et sçay seulement qu'il n'y a point de commissaires ordonnez pour ce subject, comme porte le mémoire que vous m'avez envoyé. Quant à l'Isle-Bouchard, je ne puis trouver bon que les deux compagnies qui y sont en garnison en sortent, que mon dict cousin ne vous ayt donné l'asseurance à laquelle il est obligé par les articles accordez à Fontenay-le-Comte, parce qu'encore qu'il n'y mette les cent hommes qu'il y pourroit establir suivant les dicts articles, la place demeureroit en estat, comme vous le jugez bien, que je ne pourrois peut-estre pas y remettre après les dictes compagnies quand je le voudrois; mais je donneray ordre, si elles y demeurent, qu'elles soient si bien payées et réglées, qu'elles ne prendront rien qu'en payant. Cependant je reçois de grandes plaintes, du costé de Nantes, de la continuation des entreprises des gens de guerre des sieurs de Soubize et de Loudrière, contre les asseurances qui vous avoient esté données de la cessation d'icelles, m'ayant esté mandé que, non contens des vaisseaux qu'ils avoient arrestez et retiennent encore, et des daces[1] qu'ils lèvent sur tout ce qui passe, ils se fortifient au Pèlerin où ils sont logez, et ont faict passer partie de leurs troupes de l'autre costé de la rivière, en un lieu qui est vis à vis de celuy là et qui s'appelle Launay, et veulent, par de telz actes d'hostilité et autres incommoditez qu'ils apportent aux dicts habitans de la dicte ville, les contraindre à leur fournir six mil escus qu'ils leur ont faict demander, ce que j'entends

---

[1] Vieux mot qui signifie *taxes*, en latin moderne *data*, *dacio*. Vossius croit qu'il vient du latin *datiæ* a *dando*, comme *tributum* a *tribuendo*. (Édit.)

Conférence de Loudun.

que vous faciez cesser et réparer comme je m'asseure que vous sçaurez bien faire. Au reste, je suis bien ayse que vous ayez commencé la conférence, désirant que vous ne perdiez point de temps, et me promettant d'avoir bientost de vos nouvelles qui me feront cognoistre de quel pied y marchent ceux avec qui vous traictez; je souhaite que ce soit avec autant de franchise et sincérité que j'y ay de bonne volonté, et prie Dieu de m'inspirer en ceste occasion et en toutes autres ce qui est utile pour sa gloire et pour le bien de mes subjects.

CXLV.

Man. Bibl. impér. Fonds Dupuy, n° 450.

Articles accordez entre les depputez du Roy et M. le Prince, pour la prolongation de la suspension d'armes jusques au 15 mars 1616[1].

Sur l'instance et réquisition que M. le prince de Condé a faicte au Roy de vouloir prolonger la suspension d'armes générale, affin de donner plus de loisir aux depputez de Sa Majesté, et au dict seigneur le Prince et autres princes, ducs, pairs, officiers de la couronne, seigneurs et autres, tant catholiques que de la religion prétendue refformée qui l'ont assisté, et qui se sont joints et unis avec luy, y compris les depputez de ceux de la dicte religion assemblez à Nismes, et travailler à ceste conférence pour la pacification des présens mouvemens, Sa Majesté, voulant apporter tout ce qui sera en son pouvoir pour l'advancement de ce bon œuvre, a commandé à ses dicts depputez d'accorder sur ce subject les articles qui ensuivent :

Que la suspension d'armes accordée à Fontenay, le 20e janvier dernier, sera prolongée et continuée jusques au 15e jour du mois de mars prochain.

Qu'il sera faict règlement des levées de deniers que fera mon dict

[1] « MM. les commissaires du Roy envoyèrent copie de ces articles à M. le mareschal de Boisdauphin, M. Duplessis-Mornay, M. le duc de Retz et autres, pour par eux tenir la main à l'exécution. » (Note du manuscrit.)

seigneur le Prince, et de la forme qu'il y tiendra pendant le temps de la dicte suspension d'armes, tant en la province de Poictou qu'ailleurs dans le royaume; à quoy l'on travaillera dès à présent, et de sorte que le dict règlement sera faict dans la fin du présent mois, pour le regard de la dicte province de Poictou.

Qu'en icelle surséance M. de Vendosme y sera pareillement compris avec ses troupes, et pourra se trouver en toute seureté en la dicte conférence.

Mon dict sieur le Prince dépeschera présentement le sieur de Thianges vers mon dict seigneur de Vendosme, pour l'advertir comme il a esté compris en la dicte surséance d'armes, soubs l'asseurance néantmoins que mon dict seigneur le Prince a donnée, que dès à présent il fera sortir et esloigner de la Bretagne toutes les troupes, tant de cheval que de pied, qu'il pourroit avoir faict entrer et approcher de la dicte province, et les fera acheminer dans les pays du Mayne, du Perche, du Vendosmois et Normandie, pour y estre logées en attendant l'issue de la dicte conférence, suivant le département qui en sera faict par ceux qui seront à ce commis de part et d'autre. Et néantmoins le dict sieur de Thianges fera office de la part de mon dict seigneur le Prince à ce que dès à présent mon dict sieur de Vendosme réduise ses troupes au nombre et suivant la proposition qui en a esté cy devant faicte; et où il n'y voudroit consentir, que mon dict seigneur le Prince promet de réitérer ceste instance, lorsque mon dict sieur de Vendosme sera icy, et faire tous efforts en son endroict pour le persuader à faire la dicte réduction pour le soulagement du peuple; et affin de recognoistre que mon dict sieur de Vendosme effectue ce qui est porté par le présent article pour la sortie et esloignement des dictes troupes, les dicts sieurs depputez envoyeront avec le dict sieur de Thianges le sieur de Chasteau-Regnault pour cest effect[1].

Et au cas qu'il eust [esté] faict par mon dict sieur de Vendosme, ou

---

[1] Voir plus haut, page 359, les instructions données à ces deux seigneurs. (Édit.)

soubs son adveu, quelques levées de gens de guerre dans la dicte province de Bretagne ou ailleurs, depuis le xxxᵉ de janvier, elles seront dès à présent licentiées ou congédiées, ou pour le moins sortiront de la dicte province, pour s'en esloigner comme les autres et aller aux provinces cy dessus spécifiées et lieux qui leur seront ordonnez par ceux qui seront à ce nommez.

Les gouverneurs et lieutenans généraux des provinces seront advertis de la part du Roy, comme aussy ceux qui commandent de la part de M. le Prince seront advertis par luy de la présente prolongation et continuation, affin qu'elle soit publiée et observée de part et d'autre; et si cependant il y estoit contrevenu, il en sera faict réparation à la première réquisition qui en sera faicte. Pourront aussy, les dicts gouverneurs et lieutenans généraux qui commandent de la part de M. le Prince, convenir ensemble de la forme de la levée des deniers qui se fera de la part de mon dict seigneur le Prince pour l'entretenement de ses gens de guerre et garnisons, ensemble de leurs logemens, attendant qu'ils reçoivent sur ce autre commandement.

Faict à Loudun, en la présence et par l'advis de Mᵐᵉ la comtesse de Soissons et de M. le duc de Nevers, le 20ᵉ jour de février 1616.

Signé BRISSAC, DE NEUFVILLE, DE THOU, DE VIC, PHÉLIPEAUX;
HENRY DE BOURBON, ANNE DE MONTAFIE, et Charles DE GONZAGUES DE CLÈVES.

Le Roy ayant entendu le contenu des articles cy-dessus transcrits, en la présence de la Royne sa mère et des premiers officiers de la couronne, seigneurs et autres principaux officiers de son conseil qui sont près de Sa Majesté, a déclaré et déclare qu'il a les dicts articles pour agréables, les approuve, confirme et ratifie, veut et ordonne qu'ils sortent leur plein effect, et que les dépesches nécessaires pour l'exécution d'iceux soient à ceste fin expédiées et envoyées aux gouverneurs et lieutenans généraux des provinces et partout ailleurs qu'il appartiendra.

Faict à Tours, le xxiiiᵉ jour de février 1616.

Signé LOUIS, et plus bas Potier.

CXLVI.

Man. Bibl. impér. Fonds Dupuy, n° 450.

Ordonnance du Roy pour faire publier la suspension d'armes jusques au 15° de mars 1616.

De par le Roy[1].

Sa Majesté, voulant apporter toute la facilité qui se pourra pour la tenue et continuation de la conférence qui se faict à Loudun pour parvenir à la pacification des troubles de ce royaume, a ordonné que la suspension d'armes et toutes actions militaires par tout son royaume, pays et terres de son obéissance, qui a esté cy devant accordée jusques au premier jour de mars prochain, sera prolongée et continuée jusques au seiziesme jour du dict mois de mars, mandons à ceste fin à tous gouverneurs et lieutenans généraux de ses provinces, et vice-baillis, séneschaux, prévosts, juges ou leurs lieutenans, capitaines, chefs et conducteurs de ses gens de guerre, et à tous ses autres justiciers, officiers et subjects qu'il appartiendra, de faire publier la présente ordonnance pour la dicte prolongation, et icelle faire entretenir et observer, et réparer toutes contraventions qui y pourroient estre faictes.

Donné à Tours, le XXIII° février 1616.

CXLVII.

Man. Pap. Conrart, in-4°, t. XI, Bibl. de l'Arsenal.

Extrait du journal d'Arnaud d'Andilly, du 1ᵉʳ mars 1616.

La trève[2] estant expirée à minuit, et la prolongation n'estant point publiée en Brie, M. de Vitry ayant assemblé trois cens cinquante cuirassiers (dont il y en avoit deux cens cinquante gentilshommes de

---

[1] « Le Roy envoyoit par les bailliages faire ces publications. » (Note du manuscrit.)

[2] Il est question au commencement de la lettre de la première trève et à la fin de la seconde. (Édit.)

Brie), trois cens carabins et cinq cens hommes de pied des garnisons de Sainct-Denis..... la Ferté-Milon, etc. charge, près de Chasteau-Thierry, un nommé Novion (qui est celuy qui a pris M. de Forges et Grangemenent), lequel avoit avec luy trois cens chevaux, dont il y en avoit quatre-vingts des gens d'armes de M. de Luxembourg, les met en fuite, en tue quinze, en prend prisonniers cinquante ou soixante. Les soldats gagnèrent cent vingt chevaux, des armes et de l'argent que ces méchans avoient exigé du peuple. Novion se sauva à la fuite. A dix heures du matin, la trève fut signifiée par un trompette à M. de Vitry, lequel renvoya les prisonniers.

CXLVIII.

Man. Bibl. Sainte-Geneviève et Mazarine.

Lettre du Roy à MM. les depputez de la conférence de Loudun, du 23 février 1616.

Messieurs, j'ay veu par vostre lettre du XXIe, que je n'ay receu que ce matin, ce que vous fistes ce jour là, et attends maintenant de vos nouvelles sur ce qui se sera passé du depuis; cependant je vous envoye vostre pouvoir refformé comme il a esté désiré de mon cousin le prince de Condé et de ceux qui l'assistent; et affin que vous ne perdiez temps à ceste occasion, je vous dépesche ce courrier exprès pour vous le porter avec plus de diligence que les postes n'en ont faict à rendre icy vostre lettre; suivant laquelle je feray escrire au comte de Lauzun, comme le désire mon dict cousin touchant les deux ministres nommez au mémoire que vous m'avez envoyé, et commettray un des trésoriers de France en la généralité de Poictiers, pour le subject que vous me mandez, avec ordre de se rendre au plus tost auprès de vous, à qui je sçais bon gré des advis que vous me donnez de ne me tant confier au succès de ceste conférence, que je ne pourveoie d'ailleurs à la seureté et advantage de mes affaires, vous asseurant que c'est bien ma résolution, et que j'y travaille et fais travailler tous les jours, de telle sorte que je me promets de ne manquer des forces dont je pourray avoir besoin au temps que la surséance d'armes expirera, et je continueray d'en avoir soin comme je désire que vous faciez de m'advertir de tout ce que vous jugerez le mériter, priant Dieu, etc.

Je vous envoye un mémoire d'aucunes plaintes qui m'ont esté faictes des contraventions et entreprises que font les gens de guerre de mon cousin le prince de Condé, affin que vous y faciez pourveoir comme il appartient.

CXLIX.

Man. Bibl. impér. Fonds Dupuy, n° 450.

Articles proposez le 22° février 1616 de la part de M. le Prince.

ARTICLE PREMIER.

Qu'il soit expédié commission au parlement de Paris pour faire une recherche bien exacte de tous ceux qui ont participé au détestable parricide du feu Roy de très glorieuse mémoire, et que Sa Majesté enjoigne à tous les évesques de son royaume de faire publier le décret du concile de Constance contre ceux qui osent attenter à la personne sacrée des roys, et celuy de la Sorbonne donné pour le renouvellement du dict décret.

ART. 2.

Que le premier article du cahier du tiers estat de France soit accordé, et les choses nécessaires pour l'observation et exécution d'iceluy expédiées[1].

[1] Premier article du tiers-état : « Que pour arrester le cours de la pernicieuse doctrine qui s'introduit depuis quelques années contre les roys et puissances souveraines establies de Dieu, par esprits séditieux, qui ne tendent qu'à les troubler et subvertir, le Roy sera supplié de faire arrester en l'assemblée de ses Estats, pour loy fondamentale du royaume, qui soit inviolable et notoire à tous, que, comme il est recogneu souverain en son estat, ne tenant sa couronne que de Dieu seul,

ART. 3.

Que ce qui a esté faict touchant le concile de Trente sans l'auctorité du Roy sera réparé, et les choses remises en l'estat qu'elles estoient auparavant.

ART. 4.

Que l'édict de pacification faict en faveur de ceux de la religion, et autres choses en dépendantes, seront observés et exécutés en toutes leurs parties, et présentement pourveu sur les cahiers par eux cy devant présentez au Roy à Tours et Poictiers.

« il n'y a puissance en terre quelle qu'elle « soit, spirituelle ou temporelle, qui ayt « aucun droit sur son royaume pour en « priver les personnes sacrées de nos roys, « ny dispenser ou absoudre leurs subjects « de la fidélité et obéissance qu'ils luy doib- « vent, pour quelque cause ou prétexte que « ce soit. Que tous les subjects, de quelque « qualité et condition qu'ils soient, tien- « dront ceste loi pour saincte et véritable, « comme conforme à la parole de Dieu, « sans distinction, équivoque ou limita- « tion quelconque; laquelle sera jurée et « signée par tous les depputez des Estats, « et doresnavant par tous les bénéficiers et « officiers du royaume, avant d'entrer en « possession de leurs bénéfices et d'estre « receus en leurs offices; tous précepteurs, « régents, docteurs et prédicateurs, tenus « de l'enseigner et publier : que l'opinion « contraire, mesme qu'il soit loisible de « tuer et déposer nos roys, s'élever et « rebeller contre eux, secouer le joug de « leur obéissance, pour quelque occasion « que ce soit, est impie, détestable, contre « vérité et contre l'establissement de l'estat « de la France, qui ne dépend immédiate- « ment que de Dieu. Que tous livres qui « enseignent telles faussetez et perverse opi- « nion seront tenus pour séditieux et dam- « nables; tous estrangers qui l'escriront et « publieront, pour ennemis jurez de la « couronne; tous subjects de Sa Majesté « qui y adhéreront, de quelque qualité et « condition qu'ils soient, pour rebelles, in- « fracteurs des loix fondamentales du « royaume et criminelz de lèze majesté au « premier chef. Et s'il se trouve aucun « livre ou discours escrit par estranger, « ecclésiastique ou d'autre qualité, qui con- « tienne proposition contraire à la dicte « loi, directement ou indirectement, seront « les ecclésiastiques des mesmes ordres « establis en France obligez d'y respondre, « les impugner et contredire incessamment, « sans respect, ambiguité ny équivocation, « sur peine d'estre punis des mesmes peines « que dessus, comme fauteurs des ennemis « de cest estat. » (Édit.)

Response faicte aux quatre premiers articles, proposez le 22° février, sur lesquelz l'on a conféré.

Il est à noter que l'on n'est pas resté d'accord de la response au deuxiesme article, et que les commissaires de monseigneur le Prince y ont désiré quelque chose de plus exprès[1].

ARTICLE PREMIER.

Le Roy désire plus que nul autre la recherche et punition de ceux qui ont participé au détestable parricide de la mort du feu Roy son père, comme y ayant plus d'intérest que tout le reste de son royaume, et mesme, par le soin et advis de la Royne sa mère, a tousjours commandé et ordonné à sa cour de parlement et à son procureur général de faire toutes poursuittes et recherches de cest exécrable crime; ce que Sa Majesté réiterera encore de bouche, et par escrit ordonnera et commandera à son dict parlement et au dict procureur général de recebvoir tous advis, mémoires et enseignemens qui luy seront apportez sur ce subject, pour en faire la poursuitte et punition, et spécialement au dict procureur général de faire de son chef tout ce qui peut estre du deu de sa charge. Et quant au décret du concile de Constance qui fait mention de la seureté de la vie des roys et princes souverains, Sa Majesté escrira à tous les évesques de son royaume, leur faisant entendre que son intention est qu'ils le facent publier dans leurs diocèses.

ART. 2.

Sa Majesté, ayant commandé cest article luy estre représenté lorsqu'elle respondroit les cahiers des Estats généraux, pourveoira sur le contenu en iceluy, et donnera occasion à tous ses subjects de recognoistre combien elle est jalouse de la conservation de son auctorité et de sa souveraineté, et qu'elle n'entend la tenir que de Dieu seul,

---

[1]. Voir, à la pièce suivante, les modifications réclamées par les princes. Édit.)

sans souffrir que, par quelque autre puissance ou personne que ce soit, l'on puisse entreprendre au préjudice d'icelle.

ART. 3.

Ce qui a esté faict par le clergé sur la publication du concile de Trente n'a esté appouvé par Sa Majesté; aussy n'a-t-il eu aucune suitte, et ne permettra point qu'il y soit encore rien faict cy après sans luy contre son auctorité.

ART. 4.

Le Roy fera observer et exécuter ces édicts, déclarations, articles secrets vérifiez ès parlemens, comme aussy les brevets et responses de cahiers faicts par le feu Roy en faveur de ceux de la religion prétendue refformée; et les en fera jouir ensemble de toutes les autres graces et concessions qui leur ont esté accordées par Sa Majesté à présent régnant, et de nouveau seront rendus les cahiers présentez à Tours et Poictiers pour y estre pourveu selon qu'il est cy exprimé.

CL.

Man. Bibl. impér. Fonds Dupuy, n° 450.

Mémoire envoyé par les commissaires de M. le Prince de la response qu'ils désiroient estre mise sur le deuxiesme article des quatre premiers qu'ils ont présentez, dont les depputez ne sont demeurez d'accord.

22 février 1616.

Sa Majesté pourveoira sur le contenu en cest article en respondant le cahier des Estats généraux, et donnera occasion à tous ses subjects de recognoistre combien elle est jalouse de la conservation de son auctorité et de sa souveraineté, et qu'elle n'entend la tenir que de Dieu seulement et immédiatement, sans souffrir que aucune puissance, spirituelle ou temporelle, ayt aucun droit sur sa couronne et temporel de son royaume, pour en priver les personnes sacrées de nos roys, ny dispenser ses subjects de la fidélité et obéissance qu'ils luy doibvent, pour quelque cause, occasion ou prétexte que ce soit[1].

CLI.

Man. Bibl. impér. Fonds Dupuy, n° 450.

Les présens articles ont esté apportez et délivrez à Loudun, le 23° jour de février 1616, à six heures du soir, par le lieutenant des gardes de M. le Prince[2].

ARTICLE PREMIER (5).

Que toutes surséances de l'exécution des arrests du parlement de Paris intervenus cy devant pour la seureté de la personne sacrée du Roy, l'indépendance de sa couronne et de son auctorité et puissance souveraine, seront levées, et les dicts arrests solennellement renouvelez, et toutes déclarations qui pourroient avoir esté faictes et envoyées hors le royaume au préjudice d'icelle, déclarées nulles comme contraires aux loix fondamentales de l'estat.

ART. 2 (6).

Que l'auctorité de l'Esglise gallicane soit conservée, et ne permettre qu'il ne soit entrepris sur ses droits, franchises et libertez.

ART. 3 (7).

Que les officiers de la couronne, gouverneurs des provinces et des villes du royaume soient maintenus en leur dignité et auctorité, et

---

[1] Ce mémoire, qui se borne à ce seul alinéa, doit être considéré simplement comme une réponse que le prince de Condé propose de substituer à la réponse donnée par le Roi sur l'article second. (Voir plus haut, page 377.) (Édit.)

[2] Ces articles font évidemment suite aux quatre déjà mentionnés et appartenant à la même phase de la négociation. (Voir plus haut, page 375.) C'est pour cette raison que nous avons ajouté les chiffres 5, 6, etc. aux chiffres 1, 2, 3, 4 du manuscrit. Ces articles furent remis de la part du prince de Condé aux commissaires du Roi, qui y répondent dans la pièce suivante. (Édit.)

puissent exercer leurs charges, sans qu'aucun se puisse entremettre de disposer et ordonner de tout ce qui dépend de leur fonction.

ART. 4 (8).

Que le régiment des gardes ne dépende que du Roy, ainsy que les compagnies des gardes du corps, et que Sa Majesté pourveoira seulle tant à la charge de mestre de camp que [de capitaines] des compagnies du dict régiment, laissant seulement la liberté aux dicts capitaines de pourveoir aux membres de leurs compagnies.

Projet de response faict par les depputez du Roy sur les quatre derniers articles présentez par les commissaires de monseigneur le Prince, le 23ᵉ février 1616, au soir.

ARTICLE PREMIER (5).

Les dictes surséances et déclarations ont esté ordonnées par le Roy, en la présence de la Royne sa mère, et des princes, ducs, pairs de France, officiers de la couronne, et autres principaux seigneurs du conseil de Sa Majesté, estans auprès de sa personne, avec grande cognoissance de cause, meure délibération, et pour bonnes et importantes considérations et raisons, pour, suivant l'exemple de la preudence du feu Roy son père, d'éternelle mémoire, conserver et entretenir pour le bien et grandeur de son royaume toute bonne correspondance, paix, amitié et intelligence avec nostre très saint père le pape et le saint siége apostolique, sans néantmoins avoir faict pour cela aucune déclaration préjudiciable ny désavantageuse en sorte quelconque à son auctorité royale, ny à sa puissance souveraine, ou à l'indépendance de sa couronne, de quoy le Roy, par le preudent conseil de la dicte dame Royne sa mère, a tousjours esté et sera plus jaloux et soigneux protecteur que tous autres, comme le requiert et l'oblige son intérest, qui surpasse aussy tous les autres.

ART. 2 (6).

Il est superflu et inutile de faire instance du présent article, car le

Roy a plus de soin que tous autres de conserver, comme ont faict les Roys ses prédécesseurs, l'auctorité et les priviléges de l'Esglise gallicane.

ART. 3 (7).

Et semblablement maintenir les officiers de la couronne et gouverneurs des provinces en leurs charges, s'acquittant d'icelles comme ils sont tenus par leurs sermens et provisions, et suivant les édicts et ordonnances, dont ils ne se pourront dispenser.

ART. 4 (8).

Le dict régiment des gardes a tousjours dépendu de la volonté et disposition du Roy, ayant fidèlement obéi à tous ses commandemens; et quant à la provision aux charges d'iceluy qui vacqueront à l'advenir, Sa Majesté en usera comme a faict le feu Roy son dict seigneur et père.

Ces responses furent dressées par MM. les commissaires et advouées et autorisées par le Roy, sinon que au sixiesme article, au lieu de ce mot *priviléges*, le Roy fit mettre droicts, franchises et libertez, et semble que la response au viie article fut rayée.

CLII.

Man. Bibl. impér. Fonds Dupuy, n° 450.

Lettre des depputez au Roy, du 24 février 1616[1].

Sire, nous n'avons point escrit à Vostre Majesté depuis le xxie de ce mois, parce que nous n'avons pas veu qu'il y eust subject qui le

---

[1] « Avec ceste dépesche fut envoyé le « mémoire. Une déclaration par laquelle « le Roy déclare que tous ceux qui se sont « trouvez à Loudun pour la conférence, « soit pour assister en icelle, ou pour ac- « compagner les princes et seigneurs qui y « sont, ou pour affaires dépendantes de la « dicte conférence, se pourront librement « retirer, en cas qu'il n'y ayt conclusion du « traicté, dans quinze jours après la sus-

méritast. Maintenant nous avons estimé vous debvoir renvoyer le courrier qui nous a apporté ce jourd'huy le courrier dont il a pleu à Vostre Majesté nous honorer, du xxiiie, avec nostre pouvoir refformé en la forme que M. le Prince le désiroit, par lequel nous rendrons compte à Vostre dicte Majesté de ce qui s'est passé de deçà depuis nostre dernière lettre. Nous luy dirons donc que lundy matin nous ne manquasmes pas de nous rendre chez Mme la comtesse de Soissons, où se trouvèrent aussy les commissaires nommez par mon dict seigneur le Prince. Y estant assis, M. de Bouillon commença à parler, disant que le principal subject pourquoy nous estions tous assemblez estoit pour adviser aux moyens de remettre la paix et le repos dans le royaume; qu'il y avoit eu plusieurs particularitez qui avoient comme contrainct ces princes et autres qui estoient là de prendre les armes, tant pour l'intérest qu'ils avoient au bien général que pour mettre leurs personnes en seureté; que le premier et principal point sur lequel ils insisteroient, comme s'y sentans obligez avec tout le public, estoit la recherche de la mort du feu Roy, laquelle ils désiroient estre faicte avec plus de soin que l'on avoit faict, et selon que l'énormité du cas le requéroit. Sur cela M. de Villeroy luy dict que le moyen de faire un bon traicté estoit de mettre tout par escrit, et qu'autrement tout le temps se perdroit en paroles, et on ne demeureroit d'accord de rien. M. de Bouillon et M. de Sully voulurent insister au contraire, disant qu'après que l'on auroit conféré sur chascun point, l'on en mettroit la résolution. Enfin, après qu'on leur eut faict cognoistre que le plus sûr, plus honorable et plus prompt chemin estoit de mettre par escrit, leur ayant mesme faict grande instance de bailler toutes leurs demandes ensemble, ils nous dirent qu'ils en conféreroient avec mon dict seigneur le Prince, et que l'après-disnée ils nous en feroient sçavoir des nouvelles; ce qu'ils firent, car ils envoyèrent sur les deux heures à M. de Villeroy,

« pension d'armes expirée, et affin qu'il
« n'en soit abusé, qu'ils seront tenus prendre
« passeport et certification de M. le Prince
« comme ils seront du nombre de ceux
« qui seront compris en la dicte déclara-
« tion. » (Note du manuscrit.)

par le sieur Desbordes Mercier, quatre articles desquelz nous envoyons présentement copie à Vostre Majesté. Aussitost nous nous rendismes chez M. le mareschal de Brissac pour les veoir et y faire la response à laquelle nous travaillasmes au mesme instant, et les leur renvoyasmes incontinent après par le sieur de Pontchartrain qui les trouva encore assemblez, et le chargeasmes de les prier d'en envoyer encore d'autres, et le plus grand nombre qu'ils pourroient, parce que le lendemain, qui estoit hier, ils ne s'assembloient point, à cause qu'il estoit jour de jeusne général pour ceux de la religion prétendue refformée; cependant nous ne délaisserions de travailler, dont ils donnèrent espérance au dict sieur de Pontchartrain, et le dirent encore à quelques autres. Mais nous en attendismes l'effect en vain, car nous n'eusmes aucunes nouvelles d'eux tout ce jour, excepté sur les six heures du soir que mon dict seigneur le Prince envoya, par le lieutenant de ses gardes, au sieur de Villeroy, les quatre autres articles dont nous envoyons aussy la copie à Vostre Majesté; et ce jourd'huy, dès le matin, nous nous sommes assemblez chez M. de Brissac, où, après en avoir projeté les responses, nous les sommes allez trouver chez ma dicte dame la comtesse de Soissons, et y estans, nous avons assez longuement conféré sur la response que nous leur avions donnée sur les dicts quatre premiers articles, dont nous sommes à peu près demeurez d'accord en la forme que Vostre Majesté les verra par la copie cy incluse, excepté pour le second qui parle du premier article du cahier du tiers estat, sur ce qu'ils désiroient quelque response plus expresse. Ensuitte de cela, nous leur avons baillé la response que nous avions projettée sur quatre derniers articles qu'ils nous avoient envoyez, qui font les Ve, VIe, VIIe et VIIIe articles, dont Vostre Majesté trouvera aussy la copie y jointe, laquelle nous les avons prié de veoir, affin que, s'ils y trouvoient quelque chose à redire, nous en pussions aussy conférer l'après-disnée; et cependant nous les prions encore de ne nous faire plus languir en l'attente des articles qu'ils avoient à nous bailler, affin que, les baillant tous à une fois ou pour le moins une bonne partie ensemble, nous pensions travailler aux responses sans discontinuation, ce qu'ils nous promirent; et lors ils nous mirent entre les mains les mesmes cahiers qui furent présentez à Vostre Majesté à Tours et à Poictiers par ceux de la religion prétendue refformée[1], nous priant de les reveoir pour y estre faictes de plus favorables responses; nous leur avons aussy mis en main le pouvoir refformé qu'il a pleu à Vostre Majesté nous renvoyer, affin qu'ils le voient. L'après-disnée, ils nous ont envoyé une response qu'ils désireroient estre faicte sur l'article qui fait mention du premier article du tiers estat, dont nous ne sommes pas d'accord avec eux. Nous en envoyons la copie à Vostre Majesté, affin qu'elle la voie et nous en mande sa volonté. Ils nous ont aussy mandé que nous n'allassions point à la conférence pour le reste de la journée, et qu'ils faisoient estat de travailler à nous bailler tout à la fois la pluspart des articles qu'ils avoient à nous présenter pour les faicts généraux, affin d'advancer dadvantage les affaires, dont nous leur avons tesmoigné que nous estions bien contens. Voilà, Sire, ce qui s'est passé jusques à présent; et dirons à Vostre Majesté que nous recognoissons tousjours tant de pointilles, de longueurs et de froideurs, que nous ne sçavons encore qu'en espérer. Ils nous ont jà prié et pressé plusieurs fois de leur faire obtenir de Vostre Majesté un passeport en forme de déclaration[2], dont nous vous envoyons le mémoire qu'ils nous ont faict bailler; sur lequel Vostre Majesté nous fera entendre sa volonté. Il nous semble qu'elle leur peut accorder, s'il luy plaist, des passeports particuliers à tous ceux qui en deman-

---

[1] Voir, pour ces cahiers, le Mercure français, t. IV, année 1615.

[2] « Le Roy fit respondre par ses lettres « du 26* du mesme mois, qu'il ne pou- « voit bailler ceste déclaration généralle, « mais qu'il trouvoit bon d'en faire bail- « ler de particulières à ceux qui estoient « à la conférence et les demanderoient, « sans qu'ils eussent besoin de certificat, « et pour le nombre d'hommes qu'ils dé- « sireront, pourveu qu'il soit tel qu'il ne « donne ombrage aux villes où ils auront « à passer, pour leur servir quinze jours « après la suspension d'armes. » (Note du manuscrit.)

* Voir plus bas à cette date.

deront, et pour le nombre d'hommes qu'ils demanderont, pourveu qu'il soit tel qu'il ne donne ombrage aux villes par où ils auroient à passer, pour leur servir xv jours après la suspension d'armes. Ce sera possible un moyen pour esviter qu'ils ne demandent la continuation. Nous avons mis en main des dicts commissaires les plaintes que Vostre Majesté nous a envoyées, à quoy ils nous promettent de faire pourveoir; mais nous recognoissons tant de confusion parmy eux, qu'il est bien malaisé d'en espérer de l'ordre; nous y apporterons tousjours tout le soin, diligence, affection et fidélité que Vostre Majesté peut désirer, Sire, de vos, etc. [1]

CLIII.

Man. Bibl. Sainte-Geneviève et Mazarine.

Lettre du Roy à MM. les depputez assemblez à Loudun, du 26 février 1616.

Messieurs, j'ay eu plaisir de veoir par vostre lettre du 24e de ce mois ce que vous avez faict depuis le 21e jusques alors, approuvant que vous ayiez insisté, et enfin que vous soyez convenus de mettre tout par escrit, parce que c'est le moyen de traicter avec ordre et certitude, et de perdre moins de temps, qui est ce qui importe le plus. J'ay veu les huict articles qui vous ont esté baillez, et les responses que vous y avez faictes, lesquelles je trouve très bonnes, n'y ayant rien à changer ny adjouter, si ce n'est qu'en celle des six et sept, au lieu du mot priviléges, vous pourriez mettre droits, franchises et libertez, qui sont ceux dont l'on a accoustumé d'user. Car, pour celle que vous avez rejettée sur le deuxiesme, elle ne peut estre en meilleurs termes, et mon cousin le prince de Condé ne devroit trouver à redire. Néantmoins, s'il continue à vous faire difficultez là dessus, vous pouvez, pour luy donner contentement, la luy accorder en la forme que je vous la renvoye; et, pour le regard du cahier qui a esté mis entre vos mains, je n'ay rien à vous en mander, car, puisque c'est

---

[1] Voir, pour l'intelligence de cette lettre, les pièces suivantes. (Édit.)

le mesme qui me fut présenté en ceste ville et en celle de Poictiers par les depputez de l'assemblée de Grenoble, il n'y peut estre faict mention de celle de Nismes, et je m'asseure que vous sçaurez tousjours bien considérer, ès responses que vous aurez à faire à tous articles concernant mes subjects faisant profession de la religion prétendue refformée, que rien n'y doit estre inséré en vertu de quoy on puisse prétendre que j'aye tenu la dicte assemblée pour représenter le général de ceux de la dicte religion, à cause que, comme vous sçavez, ceux d'entre eux qui sont demeurez en leur debvoir en seroient offensez, et pour plusieurs autres raisons qui vous sont assez cogneues; c'est pourquoy je m'en repose sur vous. Quant au passeport qui vous est demandé en forme de déclaration, je ne le puis accorder en cette sorte; mais je trouv[er]ay bon d'en faire bailler de particuliers à ceux qui sont à la conférence et m'en demanderont, sans qu'ils aient besoin de certificat, et pour le nombre d'hommes qu'ils désireront, pourveu qu'il soit tel qu'il ne donne ombrage aux villes où ils auront à passer, pour leur servir quinze jours après la suspension d'armes, suivant l'advis que vous m'en donnez, et pour la raison que vous cottez en vostre lettre, à laquelle je ne feray plus longue response que pour vous advertir que je reçois encore de grandes plaintes, non seulement des fortifications que les gens de guerre du sieur de Soubize continuent de faire au Pèlerin et à l'Aunay, mais aussy de quelques autres que le duc de Vendosme a commencées en certains lieux, au dessus de la mesme rivière, en intention à ce que j'entends d'y establir un impost sur tous les bateaux qui passeront, principalement sur ceux qui remonteront chargez de sel, vous déclarant que, si cela continue, je seray contraint d'y pourveoir par autre voie, car je ne puis plus souffrir des entreprises si dommageables à mes subjects, et des contraventions si manifestes aux articles que vous avez accordez et que je fais exactement observer de ma part. Je prie Dieu, etc.

CLIV.

Man. Bibl. Sainte-Geneviève et Mazarine.

Lettre du Roy à MM. les depputez assemblez en la conférence de Loudun, du 28ᵉ février 1616[1].

Messieurs, vous verrez par mon autre lettre comme j'aurois volontiers remis à vous de faire entièrement les responses que vous désirez de moy sur les XXIX articles qui vous ont esté présentez de la part de mon cousin le prince de Condé, n'estoit que j'ay estimé que vous jugiez à propos d'estre fortifiez de mon commandement et de quelque tesmoignage de ma volonté sur chascun d'iceux. Je vous les envoye donc à ceste intention, mais je remets à vous non seulement de les étendre et amplifier, mais aussy d'y adjouster, changer et retrancher tout ce que bon vous semblera, pour l'entière asseurance que j'ay en vos preudences, affections et fidélitez à mon service, de quoy je vous ay voulu advertir par celle-cy, affin que vous ne faciez difficulté d'en user comme vous cognoistrez estre pour le mieux, selon le cours des affaires, et n'estant que pour ce subject, je ne la feray pas plus longue.

[1] Le Roi était alors à Tours, où il venait de recevoir de ses commissaires les propositions du prince de Condé. — Cette lettre n'est en quelque sorte que l'abrégé de la suivante. On verra, par les pièces que nous donnons plus loin, que ces articles annoncés au nombre de vingt-neuf, et même de trente dans la lettre ci-après, étaient en réalité au nombre de trente et un. Comme leur adoption avec les modifications apportées par les conseillers de Louis XIII forme la base de l'ordonnance de pacification, le manuscrit de la Bibliothèque impériale les a placés à la fin de la négociation, en tête des résolutions qui la terminèrent. Nous avons cru devoir les rétablir à leur date véritable, à celle du 28 février, où le Roi les renvoie avec les réponses à ses commissaires, qui les lu avaient dépêchées le 26. Parmi ces articles suivis des réponses, on en trouvera plusieurs qui sont les mêmes que ceux que contiennent les pièces données sous les dates des 22 et 23 février précédents. Malgré cette similitude, nous avons cru devoir conserver ces derniers, parce que la place qu'ils occupent, relativement à ceux qui furent envoyés plus tard, contribue à faire connaître par quelles phases diverses passa cette négociation. (Édit.)

CLV.

Man. Bibl. Sainte-Geneviève et Mazarine.

Lettre du Roy à MM. les depputez à Loudun, du 28 février 1616.

Messieurs, j'ay receu hier avec vostre lettre du 26ᵉ de ce mois[1] la copie des articles qui vous ont esté présentez de la part de mon dict cousin le prince de Condé, auxquelles j'ay trouvé plusieurs choses spécieuses et capticuses, mises plutost à desseing de gagner la bienveillance de tous les ordres de mon royaume, abuser et corrompre les esprits, que de procurer le bien public; néantmoins je ne m'en suis point esmeu, suivant l'advis que vous m'avez donné, et me suis contenté de faire escrire quelques mots en la marge sur chascun d'iceux, pour vous déclarer ma volonté et désirer aucunement[2] les responses que je trouveray bon que vous y faciez, et qui sans doubte doibvent estre telles qu'elles facent cognoistre la vérité de tout, et mes bonnes et sincères intentions, parce que ceux qui ont faict les dicts articles ne manqueront pas de les publier, et il est nécessaire que les responses soient veues de mesme. Estendez-les donc et amplifiez selon que vous jugerez à propos; car je m'en remets entièrement à vous, à qui j'aurois volontiers remis le tout à faire, n'eust esté pour satisfaire à vostre désir et ne perdre point de temps. J'attendray sur cela de vos nouvelles icy, suivant ce que vous me mandez, et cependant je veux que vous sçachiez que j'ay advis que l'on a intention de vous demander une nouvelle prolongation de la surséance d'armes, et que c'est chose à laquelle je ne veux nullement entendre, parce que ce seroit signe qu'il n'en faudroit rien attendre de bon, veu qu'il reste encore assez de temps pour bien faire dans ceste conférence à qui le désirera, comme je le fais de ma part, et n'ay rien à vous escrire d'advantage pour ceste heure, sinon que je trouve bon de décharger la

---

[1] Nous n'avons trouvé cette lettre des députés du 26 dans aucun des trois manuscrits dont nous coordonnons les pièces.

[2] *Aucunement* veut dire ici *en quelque façon*. (Édit.)

ville de Celrmont en Beauvoisis de la garnison qui y est, pour le contentement de ma cousine la comtesse de Soissons, et sur l'asseurance qu'elle vous donne que la place demeurera en mon obéissance, de quoy vous la pouvez advertir, et que j'ay commandé les depesches nécessaires pour cest effect, priant Dieu, etc.

CLVI.

Man. Bibl. impér. Fonds Dupuy, n° 450.

Projet de response, proposé au Roy, aux articles présentez par M. le prince de Condé[1].

Monseigneur le Prince ayant envoyé aux depputez les articles cy après insérez, les depputez les envoyèrent au Roy, avec un project en marge des responses qu'ils estimoient debvoir estre faictes[2].

Sur le premier. Le Roy a desjà faict sçavoir sa volonté sur cest article et les cinq suivans[3].

Sur les 2, 3, 4, 5 et 6es articles. Sa Majesté pourveoira sur le contenu en cest article, en respondant le cahier des Estats généraux, et donnera à tous ses subjects occasion de recognoistre combien elle est jalouse de la conservation de son auctorité et de sa souveraineté, et qu'elle n'entend la tenir que de Dieu seul, neument et immédiatement, sans souffrir qu'aucune puissance, de quelque qualité et condition qu'elle soit, se puisse attribuer aucun droit sur sa couronne et le temporel de son royaume, pour quelque cause et prétexte que ce puisse estre.

Sur le 8e. Le Roy n'a entendu qu'aucun de ses officiers ayt esté privé ne dépossédé de charges dont il est pourveu, et, s'il y a quel-

---

[1] Ces réponses sont celles que proposèrent au Roi les commissaires à la conférence, et qui, modifiées, sont devenues les réponses contenues dans la pièce suivante, où le lecteur trouvera aussi les trente et une demandes auxquelles ce projet est destiné à préparer les réponses. (Édit.)

[2] Nous avons changé les chiffres donnés par le manuscrit pour que ces réponses concordassent avec les demandes. (Édit.)

[3] Voir les questions et les réponses, ci-dessous, pages 394 et 408. (Édit.)

qu'un qui s'en plaigne, en s'adressant à Sa Majesté, elle luy en fera faire raison, suivant les loix et ordonnances du royaume.

Sur le 9ᵉ. Il est vray que les sieurs de Courtenay ont présenté à ceste fin[1] plusieurs requestes au feu Roy, père de Sa Majesté; mais il les a tousjours rejettées après meure délibération, comme les jugeant préjudiciables au bien de sa couronne et à la dignité de sa maison.

Sur le 10ᵉ. Le Roy a plus d'intérest que nul autre a maintenir ses cours souveraines en leur libre et entière fonction, et ne souffrir que la dignité et auctorité que les roys ses prédécesseurs leur ont donnée soit affoiblie ny déprimée, veu que c'est la sienne mesme, et partant n'a besoin d'estre exhorté par qui que ce soit d'en prendre soin. Et pour le regard du président Lejay, Sa Majesté ayant esté bien informée qu'il faisoit des pratiques et menées contre le repos et tranquillité de sa bonne ville de Paris, a esté contraincte de l'en esloigner, et faire qu'il s'abstienne pour quelque temps de l'exercice de sa charge.

Sur le 11ᵉ. C'est arrest a esté donné par Sa Majesté, estant en son conseil, assistée de la Royne sa mère, des princes, ducs, pairs, officiers de la couronne et autres principaux d'iceluy estant auprès d'elle, sur ce qu'aucuns de la cour de parlement de Paris, plustost que le corps entier d'icelle, excédoient les termes du pouvoir qui leur est attribué par les ordonnances des roys ses prédécesseures, et entreprenoient de traicter d'affaires dont la cognoissance ne leur appartient.

Sur le 12ᵉ. Chascun sçait combien Sa Majesté a désiré de faire promptement respondre les dicts cahiers et remonstrances, et qu'il y a longtemps que l'édict en eust esté faict et envoyé à toutes les cours souveraines de son royaume, si la guerre entreprise contre Sa Majesté ne l'eust empesché de continuer ce bon œuvre, qui estoit desjà bien advancé et presque réduit à une heureuse fin, quand les mouvemens ont commencé, estant son intention de le faire aussy tost que les troubles seront cessez.

Sur le 13ᵉ. C'est une ancienne ordonnance, mais qui n'a jamais

---

[1] Cette fin est exprimée dans la pièce suivante, neuvième demande. (Édit.)

esté si estroitement observée que les roys n'en ayent tousjours excepté quelques étrangers, selon que la grandeur de ceste couronne, le bien et la réputation de leurs affaires et les mérites des personnes les y ont conviez, et l'on a veu par expérience qu'ils ont esté utilement servis.

Sur le 14ᵉ. Sa Majesté ne peut accorder la dicte démolition, attendu que le bastiment de ceste citadelle a esté ordonné par le feu Roy, prince sage et judicieux, qui ne faisoit rien des choses qui touchoient la seureté publique qu'avec prudence et meure délibération. Elle est aussy à présent entre les mains d'un gentilhomme de la prudhommie et fidélité duquel elle est très asseurée.

Sur le 15ᵉ. C'est la volonté du Roy de régler la gendarmerie suivant les anciennes ordonnances, et d'employer au payement d'icelle non seulement les deniers du taillon, sans les divertir à autres usages, mais d'autres encore, et s'il en est besoin.

Sur le 16ᵉ. Cet article est un des huict auxquelz il a esté respondu[1].

Sur le 17ᵉ. Le règlement du conseil et des affaires qui y doibvent estre traictées a esté communiqué à M. le Prince, et approuvé par luy avant la prise des armes, et, s'il est besoin de faire quelque changement en mieux, Sa Majesté le consentira très volontiers.

Sur le 18ᵉ. C'est la volonté de Sa Majesté d'en user ainsy.

Sur le 19ᵉ. Les gratifications et pensions n'ont esté faictes et données qu'avec choix et jugement, et pour retenir l'affection et fidélité des subjects en leur donnant plus de moyen de bien et fidèlement servir; mais la nécessité de l'estat et le désir que Sa Majesté a de soulager ses subjects la contraindra de les diminuer, exhortant ceux qui y ont intérest d'en approuver le conseil, et attendre les récompenses d'honneur, et des charges que les roys ses prédécesseurs avoient accoustumé de donner, qu'elle entend distribuer par mérite et non par faveur. Et quant aux pensions qu'on prétend estre em-

---

[1] Voir plus haut, page 380. (Édit.)

ployées soubz noms supposez, l'estat qui contient les noms de tous ceux à qui elles sont données fera cognoistre qu'il n'y a aucune supposition ni déguisement.

Sur le 20e. La résolution d'oster le droit annuel, la vénalité même des offices, et de supprimer par mort les supernuméraires, avoit esté prise par Sa Majesté, et la vouloit faire exécuter sans remise à l'issue des Estats généraux; mais, ayant esté suppliée instamment par tous les officiers de son royaume, et principalement par les cours souveraines, d'en remettre l'exécution à quelque temps pour les raisons contenues en leurs remonstrances, elle l'accorda jusqu'à la fin de l'année prochaine 1617; après lequel temps elle entend et veut que l'édict faict dès lors soit présenté en tous ses parlemens et autres cours souveraines, et exécuté sans jamais y contrevenir, et que, dès à présent, la vénalité de tous les offices et charges, tant militaires que de sa maison, et généralement tous autres qui n'avoient accoustumé d'entrer en parties casuelles, soit et demeure interdite, et que ceux qui y contreviendront soient à jamais déclarez infâmes et incapables d'y parvenir.

Sur le 21e. Juge raisonnable de s'abstenir cy après de donner aucunes survivances, affin d'avoir plus de moyen de récompenser la vertu et les mérites de ceux qui le serviront fidèlement.

Sur le 22e. C'est au grand regret de Sa Majesté que son peuple a tant souffert, mais la mesme guerre qui en est la cause, et dont elle est innocente, l'empesche de le pouvoir soulager et décharger comme elle désire faire il y a longtemps.

Sur le 23e. Le Roy a soigneusement entretenu toutes les alliances que le feu Roy son père avoit acquises et conservées à cette couronne, sans en avoir perdu aucune, et a puissamment et utilement assisté ses alliez lorsqu'ils en ont eu besoing.

Sur le 24e. Sa Majesté n'a tant attendu à assister M. le duc de Savoie, et, comme le traicté d'Ast a esté faict par son soin et entremise, elle veut aussy employer son auctorité et continuer les mesmes offices qu'elle a faict jusques à ceste heure pour l'exécution d'iceluy, pour laquelle les choses sont maintenant si advancées qu'elle en attend bientost un bon effect.

Sur le 25ᵉ. Sa Majesté fait tous les jours paroistre avoir tant à cœur l'entretenement des alliances et traictez faicts par les feus roys ses prédécesseurs et renouvelez par le feu Roy son père, de glorieuse mémoire, avec les cantons des ligues de Suisses, qu'il est superflu de l'y convier; et pour le regard des deniers qui luy ont esté destinez, ils ont tousjours esté fidèlement employez, et si ceste guerre a esté cause de quelques retardemens et non valeurs, Sa Majesté essaye d'y pourveoir d'ailleurs, tant elle désire le contentement des dicts cantons qui cognoissent sa bonne volonté, ainsy qu'elle est très asseurée de la leur.

Sur le 26ᵉ. Le Roy aura agréable de restablir, renouveler et confirmer la protection des dictes souverainetez de Sédan et Raucourt, ainsy que le feu Roy l'avoit accordé, et de l'entretenir avec toutes les asseurances qui seront jugées raisonnables pour le contentement de M. le mareschal de Bouillon.

Sur le 27ᵉ. Le Roy a esté asseuré que le dict arrest n'a esté mis par escrit; néantmoins, s'il s'en trouve quelque chose dans les dicts registres, Sa Majesté l'en fera tirer.

Sur le 28ᵉ. Il n'y a rien d'extraordinaire en la déclaration faicte à Poictiers sur la prise des armes, les roys prédécesseurs en ayant tousjours usé ainsy contre tous leurs subjects, sans excepter de ceste rigueur les princes de leur sang, ainsy qu'on le peut veoir par toutes les déclarations qui ont esté faictes en pareil cas, n'y ayant que la paix et le retour des subjects en l'obéissance du souverain qui fait anéantir et révoquer telles déclarations, comme Sa Majesté le fera volontiers quand ils se mettront en ce debvoir. Aussy la dicte déclaration a esté vérifiée en tous les parlemens de ce royaume, sans aucune difficulté ny modification, mesme en celuy de Paris par l'arrest dont on se plaint, et qu'on prétend accuser de faulseté, qui néantmoins est très véritable.

Sur le 29ᵉ et 30ᵉ. Le sieur évesque de Poictiers et les habitans de la dicte ville ont déclaré souventes fois à Sa Majesté qu'ils n'avoient eu autre intention que de conserver et tenir la dicte ville en seureté pour son service, sans penser à faire offense à mon dict seigneur le Prince, auquel, hors ce qu'ils doibvent au Roy seul, ils veulent rendre tout honneur et respect de service; et néantmoins, lorsque mon dict seigneur le Prince luy rendra l'obéissance qu'il doibt, Sa Majesté pourveoira à ce qu'il reçoive toute raisonnable satisfaction et contentement de l'offense qu'il prétend avoir receue, et fera pareillement rétablir en la dicte ville et en leurs charges et fonctions les habitans qui en sont sortis à ceste occasion.

[N. B.] Lesquelles responses furent suivies ou changées, comme il est inscript cy après en margé des articles de la paix. (Note du manuscrit.)

CLVII.

Impr. Mercure franç. t. IV, p. 45, 1615. — Man. Bibl. impér. Fonds Dupuy, n° 450. Fonds Brienne, n° 200. — Bibl. Sainte-Geneviève et Mazarine.

Articles proposez par M. le prince de Condé aux depputez envoyez par le Roy pour la pacification des troubles[1], ou cahier présenté au Roy par M. le Prince et autres princes et seigneurs joints avec luy pour la refformation de l'estat, avec les responses du Roy à Loudun[2].

ARTICLE PREMIER.

Qu'il soit fait[3] une recherche bien exacte de tous ceux qui ont participé au détestable parricide commis en la personne du feu roy Henry le Grand, de très glorieuse mémoire, et que Sa Majesté en-

---

[1] Ce titre est celui que porte cette pièce dans le manuscrit de la Bibliothèque impériale. (Édit.)

[2] Ce second titre est celui que porte cette pièce dans le manuscrit de la bibliothèque Sainte-Geneviève. Nous donnons le texte des articles d'après le manuscrit de la Bibliothèque impériale; nous indiquerons les variantes des manuscrits des bibliothèques Sainte-Geneviève et Mazarine, lorsqu'elles en vaudront la peine. (Édit.)

[3] « Qu'il soit expédié commission en « parlement de Paris, pour faire, etc. » (Manuscrit de la bibliothèque Sainte-Geneviève.) (Édit.)

joigne à tous les évesques de son royaume de faire publier le décret du concile de Constance contre ceux qui osent attenter à la personne sacrée des roys, et celuy de la Sorbonne donné pour le renouvellement du dict décret.

ART. 2.

Et attendu qu'au préjudice des volontez et commandemens exprès du Roy et de la Royne sa mère, quelques officiers sont réputez avoir usé de nonchalance et négligence en la recherche des aucteurs du dict parricide, il plaise à Sa Majesté de faire expédier présentement une commission adressée au parlement de Paris, ensemble toutes lettres et depesches nécessaires pour la recherche du dict parricide, et choses qui en dépendent, avec injonction aux gens du Roy de tenir la main à l'exacte exécution des volontez de Leurs Majestez sur ce subject [1].

ART. 3.

Que le premier article du cahier du tiers estat de France soit accordé, et les choses nécessaires pour l'observation et exécution d'iceluy expédiées [2].

ART. 4.

Que toutes surséances de l'exécution des arrests du parlement de Paris intervenus cy devant pour la seureté de la personne sacrée du

---

[1] Jacqueline Levoyer, femme d'Isaac de Varenne, écuyer, seigneur d'Escouman, accusa le duc d'Épernon et la marquise de Verneuil d'avoir suborné l'assassin de Henri IV. Elle s'adressa d'abord à la reine Marguerite, qui en donna aussitôt avis à la reine régente. Elle accusa plusieurs autres personnes; mais elle soutint si mal ses dépositions dans la confrontation, que les prisonniers furent renvoyés absous, et qu'elle fut elle-même condamnée à une reclusion perpétuelle. Ce jugement et la précaution que l'on prit pour tenir les interrogatoires secrets donnèrent lieu à plusieurs soupçons, auxquels fait allusion cet article 2. (Édit.)

[2] Voir plus haut, sur l'article auquel il est fait allusion, la note page 375. (Édit.)

Roy, l'indépendance de sa couronne et de son auctorité et puissance souveraine, soient levées, et les dicts arrests solennellement renouvelez, et toutes déclarations qui pourroient avoir esté faictes et envoyées hors le royaume au préjudice d'iceux, déclarées nulles, comme contraires aux loix fondamentales de l'estat [1].

---

[1] Voici les faits et les pièces principales qui expliquent ce quatrième article. « Le « mercredy matin, dernier décembre 1614, « les chambres assemblées, MM. Louis « Servin, Mathieu Molé et Cardin Le Bret, « advocats et procureur général du Roy, sont « entrés, et parlant le dit Servin, ont remons- « tré que combien que par plusieurs arrests « cy devant donnez avec grande et meure « délibération la cour ait confirmé les « maximes de tout temps tenues en France « et nées avec la couronne, *que le Roy ne* « *recognoist autre supérieur au temporel de* « *son royaume, sinon Dieu seul*, et que « *nulle puissance n'a droict ny pouvoir de* « *dispenser ses subjects du serment de fidélité* « *et obéissance qu'ils luy doibvent, ny le sus-* « *pendre, priver ou déposer de son dict* « *royaume*, et moins *d'attenter ou faire at-* « *tenter par auctorité, soit publique ou privée,* « *sur les personnes sacrées des roys*, néant- « moins ils ont esté advertis que par dis- « cours, tant en particulier qu'en public, « plusieurs personnes se donnent la licence « de revoquer en doute telles maximes, « disputer d'icelles, et les tenir pour pro- « blématiques, dont peuvent arriver de « très grands inconvéniens, auxquelz est « nécessaire de pourvoir et promptement. « Requérant que, attendu que la cour est « assemblée, toutes affaires cessantes, il « luy plaise ordonner que les dicts arrests « seront renouvellez et de rechef publiez « en tous les sièges du ressort d'icelle l'au- « dience tenant, affin de tenir les esprits « de tous les subjects du Roy, *de quelque* « *qualité et condition qu'ils soient*, confirmez « et certains des dictes maximes et règles, « *et pour la seureté de la vie du Roy, paix et* « *tranquillité publiques*, avec deffenses d'y « contrevenir sous les peines portées par « les dicts arrests. Et qu'il soit enjoint à « tous ses substituts en faire faire la publi- « cation et en certifier la cour au mois, « à peine de privation de leurs charges.

« Sur ceste remonstrance, la cour ar- « resta d'en délibérer au premier jour, ce « qu'elle fit le 2 de janvier, et l'arrest sui- « vant fut dressé :

« La cour, toutes les chambres assem- « blées, a ordonné et ordonne que les arrests « des 2 décembre 1594, 7 janvier et 19 juil- « let 1595, 27 mai, 8 juin et 26 novembre « 1610, 26 juin 1614, seront gardez et « observez selon leur forme et teneur; fait « deffense à toute personne, de quelque « qualité et condition qu'elles soient, d'y « contrevenir, sous les peines contenues en « iceux; et à ceste fin seront publiez aux « bailliages, séneschaussées et autres sièges « de ce ressort, à la diligence des substituts « du procureur général, qui en certifieront « la cour au mois, à peine d'en respondre « en leur nom. » (*Mercure français*, t. III, 1615.)

Aussitôt que cet arrêt fut connu, les cardinaux et évêques présents aux États généraux se hâtèrent d'aller trouver le

ART. 5.

Que l'auctorité de l'esglise gallicane soit conservée, et ne permettre qu'il soit entrepris sur ses droits, franchises et libertez.

ART. 6.

Que ce qui a esté faict par le clergé pour la publication du concile

Roi, et se plaignirent vivement, par l'organe du cardinal de Sourdis, de cette atteinte à l'indépendance des États, et de cet empiétement sur les droits de la puissance spirituelle dans la décision des questions religieuses. Louis XIII promit de réunir son conseil et d'arriver à terminer ce différend. Au sein de cette réunion, le prince de Condé, dans un discours habile, modéré et presque éloquent, appuya l'arrêt du parlement et l'article du tiers état, tout en conseillant au Roi d'évoquer le tout devant lui, et de se prononcer lorsqu'il répondrait aux cahiers. Le clergé, de son côté, attira la noblesse à son opinion; mais, quoiqu'il eût rédigé une déclaration favorable à l'inviolabilité de la personne des rois, il ne réussit point à obtenir du tiers état de se joindre à lui et de substituer cette déclaration à la sienne.

Sur une nouvelle insistance du clergé, le Roi promit de satisfaire aux plaintes qui lui étaient exprimées, et le même jour, de l'avis de son conseil, il rendit l'arrêt suivant :

« Le Roy ayant entendu les différends
« survenus en l'assemblée des trois ordres
« des Estats de son royaume, convoquez à
« présent par son commandement en ceste
« ville, sur un article proposé en la cham-
« bre du tiers estat, et la délibération in-
« tervenue en sa cour de parlement sur le
« mesme subject, le second du présent
« mois, ouy les remonstrances des depputez
« du clergé et de la noblesse, Sa Majesté
« séant en son conseil, assistée de la Royne
« sa mère, princes de son sang, autres
« princes, ducs, pairs, officiers de la cou-
« ronne, et autres de son conseil pour
« bonnes et grandes considérations, a évo-
« qué et évoque à sa propre personne les
« dicts différends, a sursis et surseoit l'exé-
« cution de tous arrests et délibérations sur
« ce intervenues; fait expresses inhibitions
« et deffenses aux dicts Estats d'entrer en
« aucune nouvelle délibération sur la dicte
« matière, et à sa dicte cour d'en prendre
« aucune juridiction ny cognoissance, ny
« passer outre à la signature, prononciation
« et publication de ce qui a esté délibéré
« en icelle, le dict jour second de ce mois.
« Fait au dict conseil tenu à Paris le
« sixiesme de janvier 1615, et signé Lo-
« ménie. » (*Mercure français*, t. III, 1615.)

Il résulte de la réponse du Roi, ci-après, à l'article 4, qu'il avait écrit à Rome sur ce sujet; mais, de plus, la noblesse d'une part et le clergé de l'autre, ayant jugé à propos de donner avis au pape de l'opinion qu'ils avaient adoptée, le souverain pontife leur exprima ses remercîments dans deux brefs distincts. C'est à cet ensemble de communications avec Rome qu'il est fait ici allusion en général; mais la déclaration de nullité réclamée a pour objet

de Trente, sans l'auctorité du Roy, soit réparé, et les choses remises en l'estat qu'elles estoient auparavant[1].

ART. 7.

Que les édicts de pacification, articles secrets, brevets et déclarations, réponses de cahiers, concessions et octroys, faicts depuis en conséquence et interprétation d'iceux, tant par le feu Roy que le Roy à présent régnant, en faveur de ceux de la religion prétendue refformée, soient entièrement observez, exécutez et entretenus, et que présentement il soit favorablement pourveu sur les cahiers par eux cy devant présentez à Sa Majesté à Tours et à Poictiers [2].

---

particulier les adoucissements apportés à la condamnation de Suarz par deux lettres du Roi à Rome. Ces deux pièces sont produites plus bas. (Édit.)

[1] Voir l'introduction, en note. Le clergé ne se tint pas pour battu par le refus du tiers et la clôture des États. On lit dans Levassor (*Histoire de Louis XIII*, t. Ier, p. 334) : « Uniquement assemblez
« pour le renouvellement de leur contract
« avec la maison de ville de Paris; et pour
« entendre les comptes de leur recebveur
« général, les prélats et les ecclésiastiques
« du second ordre s'advisent de jurer qu'ils
« reçoibvent le concile de Trente; l'arche-
« vesque d'Augustopolis, coadjuteur de
« Rouen, eut ordre de le déclarer dans
« une remonstrance qu'il fit à Sa Majesté
« au nom du clergé, et d'y presser la con-
« vocation des conciles provinciaux, affin
« que les decrets de Trente fussent solen-
« nellement receus. Le contretemps dé-
« plut fort à Marie de Médicis, et le chan-
« celier de Sillery en fut outré au dernier
« point. Il parla fortement au cardinal de
« la Rochefoucault, qui avoit beaucoup de
« part à l'entreprise du clergé, et il y eut

« des paroles aigres dictés de part et d'au-
« tre. » (Édit.)

[2] Plusieurs édits favorables aux protestants avaient été rendus, principalement dans les années 1563 (19 mars), 1576 (mai), 1591. L'édit de Nantes, en 1598, les étendit et les fortifia. La bonne foi de Henri IV et sa fermeté empêchèrent que, sous son règne, les réformés fussent inquiétés; mais il n'en fut pas de même sous la minorité de son fils. Les tendances de la cour, l'alliance avec l'Espagne, les exigences du clergé forcèrent plus d'une fois Louis XIII de confirmer les édits précédents pour tranquilliser ses sujets protestants. Telle fut la déclaration qu'il donna au commencement de 1615, à l'occasion d'une imprudente délibération des députés catholiques de la noblesse aux États généraux, qui avaient fait résoudre *que le Roi serait supplié de vouloir conserver la religion catholique, apostolique, romaine,* suivant le serment *prêté à son sacre.* Ce serment était ainsi conçu : *Je tâcherai à mon pouvoir, en bonne foi, chasser de ma juridiction et terres de ma subjection tous hérétiques dénommés par l'église.* (Édit.)

ART. 8.

Que tous ceux qui ont esté, sont ou seront pourveus, commis, establis et constituez en aucuns offices, estats, charges, prééminences, honneurs et dignitez, y seront continuez, maintenus et auctorisez; ceux qui en ont esté privez, spoliez et dépossédez sans aucune accusation ny conviction d'aucun crime, d'incapacité, d'abus ou malversation, sans aucune formalité ny observation des formes de la justice, sans récompense de gré à gré, consentement par escrit, résignation ou démission, mais par une simple volonté et puissance absolue, seront restablis, remis et confirmés en leurs dictes charges, estats, honneurs, offices et dignitez, les uns et les autres maintenus et auctorisez en l'entier, libre et absolu exercice et fonction de leurs dictes charges, ensemble en la jouissance des auctoritez, prérogatives, prééminences, franchises, libertez, gages, pensions, estats, appointemens, droits, proffits et esmolumens, le tout suivant et conformément à leurs lettres de provision ou commission, édicts, déclarations, arrests et règlemens faicts en faveur des dictes charges, sans qu'au préjudice d'icelles aucun autre se puisse entremettre de disposer et ordonner de ce qui dépend de leur fonction, sinon en cas de crime, abus ou malversation bien vérifiéz par les formes et voies ordinaires de la justice [1].

ART. 9.

Que droit soit faict à MM. de Courtenay, suivant l'ordre et les loix du royaume, suivant les requestes par eux plusieurs fois présentées pour la conservation de l'honneur de leur maison, tant du vivant du défunt Roy que depuis; et pour le regard de certaines procédures criminelles faictes à l'encontre du sieur de Courtenay-Bleneau,

---

[1] Les pièces qui accompagnent à la fin des volumes l'ordonnance de pacification, et qui contiennent les concessions et restitutions faites par la cour aux seigneurs ligués contre elle, expliquent suffisamment les circonstances qui ont donné lieu à cet article. (Édit.)

que ce qui pourroit avoir esté faict contre les formes et la justice soit réparé[1].

ART. 10.

Maintenir et conserver les cours souveraines du royaume en leur libre et entière fonction; ne souffrir qu'à l'advenir leur dignité et auctorité soit affoiblie ny déprimée, etc.; que M. Lejay, président en la cour de parlement de Paris, soit présentement mis en liberté, et rétabli en l'exercice de son office, avec l'honneur deu à un officier de telle qualité et mérite.

ART. 11.

Révoquer l'arrest du conseil donné contre la dicte cour de parlement de Paris sur le subject des remonstrances qu'elle a présentées au Roy[2].

ART. 12.

Que, dans un certain temps précis et limité, il soit pourveu sur les remonstrances que la dicte cour a faictes à Sa Majesté, et aux cahiers des estats généraux.

---

[1] La famille de Courtenay descendait de Pierre, l'un des fils de Louis le Gros. Lors de l'avénement du chef de la famille des Bourbons, les membres alors vivants des diverses branches de cette famille tentèrent de se faire reconnaître en qualité de princes du sang, et de faire constater leurs droits à la couronne de France dans le cas où la famille régnante viendrait à s'éteindre; mais ces démarches n'eurent aucun succès et durent être abandonnées. (Édit.)

[2] Les remonstrances du parlement dont il est question dans cet article, et auxquelles il est fait allusion dans le suivant, furent rédigées par la cour le 6 mai 1615, et lues à Louis XIII et à la Reine le 22 du même mois. Le parlement commence par expliquer sa démarche par les exemples du passé; il essaye ensuite de justifier l'arrêt du 28 mars, par lequel il convoque les princes du sang, pairs, grands officiers de la couronne, etc. dans le but d'appeler l'attention du Roi sur les réformes devenues nécessaires. Les remontrances viennent ensuite, et portent sur les mêmes points que ceux qui font l'objet des réclamations du prince de Condé et de ses amis; cette pièce est assez longue. L'arrêt du conseil qui ordonne que l'arrêt du

ART. 13.

Maintenir et conserver les anciens droits, priviléges et immunitez de la noblesse [1].

ART. 14.

Déclarer, suivant les anciennes ordonnances et loix du royaume, qu'aucun estranger ne sera admis en aucun office de la couronne, ny ès gouvernemens des provinces et des villes, capitaineries des places fortes et frontières, charges et dignitez militaires, offices de judicature et de finances, dignitez et prélatures ecclésiastiques, ny autres fonctions publiques dedans le royaume, ny offices domestiques en la maison du Roy et de la Royne; et qu'ès dictes charges, dignitez et offices, il ne soit pourveu que des originaires français [2].

ART. 15.

Que la citadelle d'Amiens soit rasée et démolie du costé de la ville pour la seureté des habitans d'icelle [3].

---

28 mars et les remontrances soient biffés et ôtés des registres du parlement est du lendemain 23 mai. Il est enjoint à cette compagnie de ne plus intervenir désormais dans les affaires de l'état, si elle n'y est invitée. (Édit.)

[1] Cet article ne se trouve pas dans le manuscrit de la bibliothèque Sainte-Geneviève, qui n'en contient que trente, au lieu de trente et un. Il se trouve dans le manuscrit de la bibliothèque Mazarine. (Édit.)

[2] Cet article est évidemment dirigé contre le maréchal d'Ancre. (Édit.)

[3] En 1615, le duc de Longueville était gouverneur de Picardie, et le maréchal d'Ancre, lieutenant du roi et gouverneur de la ville et citadelle d'Amiens. Cette situation mutuelle eût été difficile à mainte-

nir sans querelle entre des seigneurs bien disposés l'un envers l'autre; elle devait amener des violences dans l'état où se trouvaient les esprits par rapport au maréchal d'Ancre. Elle était considérée comme si difficile, que déjà la cour avait offert au duc d'échanger son gouvernement contre celui de la Normandie, ce qu'il n'avait pas voulu accepter. La guerre avait été plus d'une fois sur le point d'éclater entre les deux parties. Au mois de juin 1615, en l'absence du maréchal d'Ancre, M. de Longueville, prétendant avoir des droits sur la citadelle d'Amiens en sa qualité de gouverneur de la province de Picardie, tenta de faire rompre les chaînes du pont-levis, pour satisfaire à son ressentiment et rassurer les habitants, qui se regardaient

ART. 16.

Régler la gendarmerie suivant les anciennes ordonnances, et ne divertir ny employer les deniers du taillon à un autre usage qu'au payement de la dicte gendarmerie.

ART. 17.

Que le régiment des gardes ne dépende que du Roy, ainsi que les compagnies des gardes du corps; que Sa Majesté seule pourveoie tant à la charge de mestre de camp que des capitaines du dict régiment, laissant seulement aux dicts capitaines la liberté de pourveoir aux officiers de leurs compagnies [1].

ART. 18.

Réfformer les conseils du Roy, régler l'ordre et la forme d'iceux, et la cognoissance des affaires qui s'y doibvent traicter [2].

---

comme toujours menacés par la garnison, attendu qu'elle trouvait un refuge assuré derrière ses murailles. Il en fut empêché par la fermeté du sieur de Thiers, officier, que la cour récompensa plus tard de sa fidélité. Pendant le mois de juillet suivant, un soldat italien de la garnison, coupable d'avoir blessé un bourgeois, fut pendu par suite d'un arrêt du juge criminel, qui parut un peu précipité. Le sergent-major de la ville, qui passait pour avoir sollicité cette condamnation, fut à son tour tué par un autre soldat italien, soustrait cette fois par ses supérieurs à la justice locale. C'était le moment où les princes se réunissaient à Coucy; ils crurent trouver dans le mécontentement des habitants une légitime occasion de prendre les armes, et ordonnèrent quelques préparatifs pour une expédition sur Amiens; le duc de Longueville dut s'y rendre aussitôt. Mais l'arrivée dans cette ville de M. de Nérestan, chargé par la Reine de la défendre, et l'ordre donné de ne recevoir M. de Longueville dans aucune des villes de la Picardie, firent renoncer à ce projet; M. de Longueville se retira à Corbie, d'où il écrivit au Roi. Tels sont les faits à la suite desquels les princes réunis à Loudun demandèrent avec instance le rasement de la citadelle d'Amiens; ils publièrent à l'appui de cette demande un long mémoire que le Mercure français rapporte à l'année 1616. Cette note répond non-seulement à l'article 15, mais aussi à quelques détails de l'article 14, attendu qu'Amiens devait être considéré, à cette époque, comme ville frontière.

[1] Cet article se rapporte au duc d'Épernon, qui, en sa qualité de colonel général de l'infanterie, prétendait nommer le colonel du régiment des gardes. (Édit.)

[2] Le projet de réforme fait par le Roi

ART. 19.

Qu'ès ambassades on n'employe dorénavant que des personnes de qualité qui ayent passé par les grandes charges, et dont la suffisance et l'expérience ès affaires de l'estat soient cogneues[1].

ART. 20.

Retrancher l'excez des dons et pensions, et révoquer celles qui sont employées soubs noms supposez à personnes incogneues et de nul mérite, et qui n'ont rendu aucun service.

ART. 21.

Oster le droit annuel et faire cesser la vénalité des estats et offices, tant de la couronne que de la maison du Roy, des charges militaires et gouvernemens des provinces et des villes, de tous offices de judicature et des finances, pour, vacquation y advenant, y estre pourveu gratuitement, après que les dicts offices auront esté réduits à l'ancien nombre, suivant le contenu aux cahiers des Estats généraux touchant les suppressions[2].

---

se trouve dans les pièces ci-après extraites du manuscrit de la Bibliothèque impériale. (Édit.)

[1] Cet article fait allusion surtout au chancelier de Sillery et au commandeur de Sillery. Le premier avait occupé l'ambassade de Rome, et le second celle d'Espagne. (Édit.)

[2] Au mois de novembre 1614, le clergé et la noblesse s'étaient mis d'accord pour demander la suppression du droit annuel, autrement appelé la paulette. C'était un contrat qui rendait héréditaires les offices de justice et de finances, moyennant une rétribution par an. Le tiers-état partageait le désir des deux autres chambres à ce sujet; mais il aurait voulu joindre à cette réclamation la demande de diminuer les tailles et les pensions, et il ne put obtenir que ces demandes fussent conjointes. Du reste, Louis XIII était disposé à supprimer la paulette; seulement, il ne croyait pas pouvoir le faire sans des ménagements qui exigeaient des délais. Dans une lettre du 26 juin 1615, au maréchal de Bouillon, le président Jeannin expose ainsi qu'il suit les considérations qui forcent le Roi à différer : « Il est certain que ceste pernicieuse « introduction du droit annuel mérite d'es- « tre condamnée, que c'estoit l'intention « de Leurs Majestez de le faire et exécuter « dès lors sans aucune remise, et chercher « d'autres moyens pour recognoistre les « services de plusieurs officiers qui avoient

ART. 22.

Qu'il ne soit baillé à l'advenir aucunes survivances ny réserves, ny aucunes résignations admises ès dicts estats et offices.

ART. 23.

Soulager et descharger le pauvre peuple, pour quelques années, de partie du payement des tailles ès provinces qui ont esté ravagées par les gens de guerre, durant les présens mouvemens.

ART. 24.

Entretenir les anciennes alliances, traictez et confédérations faictes et renouvelées par le feu Roy avec les princes, potentats et républiques étrangères [1].

ART. 25.

Qu'il plaise au Roy tenir la main et employer son auctorité et sa puissance pour l'entière exécution du traicté d'Ast, faict entre le Roy d'Espagne et le duc de Savoye, suivant les promesses que Sa Majesté en a faictes par son ambassadeur.

« bien mérité du public; mais les plaintes « d'un si grand nombre d'officiers ayant « esté si fréquentes de divers endroits du « royaume, fondées en quelques considé- « rations qui avoient de la justice, du moins « qui méritent la grâce du Roy, il leur a « accordé la prolongation pour deux années « suivantes avec celle cy, en résolution dé « la révoquer, ensemble la vénalité de tous « offices avec le dict temps expiré. (*Œuvres meslées* du président Jeannin.) » L'article 22 est la conséquence de l'article 21, et cette note s'y rapporte également. (Édit.)

[1] L'ambition inquiète du duc de Savoie, Charles-Emmanuel, et la jalousie de l'Espagne, avaient mis les armes à la main à ces deux cours, dont la dernière s'était montrée résolue à abuser de sa supériorité pour écraser son rival. La médiation de la France et de Venise avait sauvé la Savoie de cette situation critique par le traité d'Asti, le 21 juin 1615, et garanti l'exécution des clauses qu'il contenait. Les princes ligués contre l'administration de Marie de Médicis pouvaient appréhender que les nouveaux liens qui unissaient la France à l'Espagne à la suite du double mariage ne fissent perdre de vue les intérêts du duc de Savoie. La suite prouva que leurs appréhensions n'étaient pas sans fondement. C'est à ces circonstances et à d'autres non moins connues que font allu-

ART. 26.

Et d'autant que l'utilité de la continuation et entretenement des alliances et traictez faicts d'ancienneté et renouvelez par le feu Roy avec les cantons des ligues des Suisses est notoirement recogneue, et qu'il importe au service de Sa Majesté que les deniers qui sont destinez pour les dicts cantons soient fidèlement employez en l'acquit de Sa Majesté, qu'il soit pourveu à faire cesser les plaintes qui se font par les dicts cantons à cause de la mauvaise distribution des dicts deniers, et notamment par celuy de Berne, et à l'entretenement et exacte observation de ce qui a esté convenu par le renouvellement des dictes alliances.

ART. 27.

Restablir et renouveler la protection des souverainetez de Sedan et Raucourt, et donner à cest effect, pour l'advenir, les seuretez requises et nécessaires [1].

ART. 28.

Que l'arrest donné par la cour de parlement de Bourdeaux au mois de [juillet] 1614, contre M. le Prince, soit osté des registres de la dicte cour [2].

sion les demandes exprimées dans cet article 24 et dans les deux suivants. (Édit.)

[1] La principauté de Sedan et Raucourt ne fut réunie à la couronne qu'en 1642; mais elle en relevait depuis la réconciliation avec François Ier de Robert de Lamarck, devenu l'un de ses plus fidèles sujets. Elle jouissait de divers avantages et priviléges; les réformés y étaient en grand nombre, mais protégés par les édits. Les ducs de Bouillon avaient le plus grand intérêt à rester sous la suzeraineté de la France. Ces faits expliquent les demandes

exprimées dans cet article 27. De Thou ajoute dans une lettre déjà citée : « On ac-« corda en termes très honorables ce qui « fut alors demandé; mais ce ne fut pas « sans causer de la jalousie. On renouvella « en particulier ce qui n'estoit pas compris « dans l'article, et qui regardoit le privi-« lége accordé par François Ier, par rapport « au rang et au droit d'estre assis au par-« lement comme pair de France. » (Édit.)

[2] Nous lisons ce qui suit dans les Mémoires de Pontchartrain, pour l'année 1614, au mois de juillet : « Pendant que

ART. 29.

Que la déclaration faicte à Poictiers soubs le nom du Roy au mois de septembre dernier, envoyée par tous les parlemens, soit révoquée et déclarée nulle et de nul effect et valeur, comme [1] faicte au préjudice de l'honneur et dignitez des princes du sang, sans exemple et contre les loix et formes du royaume de tout temps observées, et qu'elle soit ostée des registres des dicts parlemens et autres juridictions, ensemble tous arrests intervenus sur icelle, et [2] que le prétendu arrest du dix-huitiesme du dict mois de septembre, publié soubs le nom du parlement de Paris, soit aussy tiré des registres de la dicte cour [3].

« la cour estoit à Poictiers, on eut advis « que, sur le bruit qui avoit couru à Bor- « deaux que M. le Prince y alloit fort mé- « content de la cour, le parlement s'y estoit « assemblé, et qu'il avoit résolu de ne le « point recebvoir dans la ville, à moins qu'ils « n'en eussent un ordre positif de Leurs « Majestez. Cest arrest engagea toute la « Guyenne, qui estoit assez ébranlée, à pren- « dre la mesme résolution, et M. le Prince « fit semblant de n'avoir pas eu desseing « d'aller de ce costé là. » Il y aurait lieu de penser, d'après la réponse du Roi, que l'arrêt dont il est question n'a jamais été transcrit sur les registres de cette compagnie. De Thou, il est vrai, dans sa lettre sur la conférence de Loudun, admet la réalité de cet arrêt; mais l'article 31 de l'édit de pacification est conditionnel et autorise le doute. (Édit.)

[1]. « Calomnieuse et pleine de faussetez. » (Manuscrit de la bibliothèque Sainte-Geneviève.) (Édit.)

[2] « Qu'il soit particulièrement informé « de la fausseté et supposition de l'arrest « du 15 septembre, publié soubs le nom « du parlement de Paris contre l'intention « de la dicte cour, et procédé contre les « aucteurs de ceste fraude et supposition « suivant les formes de la justice en tel cas « accoustumées. » Ces lignes remplacent, dans le manuscrit de la bibliothèque Sainte-Geneviève, la fin de ce même article 29, tel que nous le donnons d'après les manuscrits de la Bibliothèque impériale et de la bibliothèque Mazarine. (Édit.)

[3] Cet arrêt du parlement et la déclaration du Roi qui le motiva sont donnés plus haut, page 237, *in extenso*. Le passage suivant, extrait de la lettre de J. A. de Thou au seigneur de Boissise, sur la conférence de Loudun, explique pourquoi le Prince qualifie de *prétendu arrêt* l'arrêt du parlement. « Le premier président, Nicolas « de Verdun, qui présidoit lorsque l'on « apporta la déclaration du Roy, obligea « Courtin, qui estoit rapporteur, et que « Moncassin avoit desjà intimidé par ses « menaces, à signer un enregistrement pur « et simple, quoique le plus grand nombre

ART. 30.

Que l'offense faicte à monseigneur le Prince par l'évesque et les habitans de la ville de Poictiers, le 27ᵉ jour de juin 1614, soit réparée ainsy qu'il est convenable à sa dignité.

ART. 31.

Que les habitans de la dicte ville de Poictiers, tant ecclésiastiques, officiers, qu'autres de quelque qualité et condition qu'ils soient, lesquelz, à cause de ce qui est advenu le vingt septiesme du dict mois et jours suivans, et depuis, s'en sont retirez, soient présentement restablis en leurs charges, dignitez, bénéfices et offices, tant militaires que de judicature, de la police et des finances, et toutes lettres, actes, procédures et informations faictes à l'encontre d'eux, par quelques commissaires que ce soit, et qui pourront, en quelque façon que ce soit, toucher l'honneur de mon dict seigneur le Prince, soient cassées et révoquées comme nulles et de nul effect et valeur, et ostées des registres tant du siége présidial que de la maison de ville et tous autres lieux, et que toutes seuretez nécessaires soient données aux dicts habitans pour leur restablissement[1].

« des conseillers s'y fust opposé. Il eut en-
« suite l'impudence d'envoyer à la cour,
« par le mesme courrier, l'arrest d'enre-
« gistrement qu'il avoit fabriqué et les
« motifs sur lesquelz le parlement avoit
« refusé d'enregistrer la déclaration, qui
« estoient la qualité de prince du sang,
« dont le prince de Condé estoit revestu. »
(P. 546.) Voir aussi sur ce sujet la note des documents sur les princes. (Édit.)

[1] Cet article et le précédent seront facilement compris lorsque l'on en aura rapproché le passage suivant, extrait des Mémoires de Pontchartrain :

... « Il y avoit diverses factions à Poic-
« tiers, où celle du Prince estoit soutenue
« par la famille de Saincte-Marthe et le
« procureur du Roy Sainct-Clair. Mais l'é-
« vesque et le lieutenant criminel Nou-
« zières appuyoient le parti de la cour.
« Ceux cy en avoient chassé deux ou trois
« habitans, qui favorisoient M. le Prince,
« et qui se disoient mesme ses domestiques.
« Un certain Latrie, qui estoit du nombre,
« et qui avoit obtenu la permission de Leurs
« Majestez d'y retourner, après qu'on eut
« conclu le traicté de Saincte-Menehould,
« y parloit avec beaucoup de hauteur, et
« menaçoit tout le monde du ressentiment
« de M. le Prince. L'évesque, informé que
« ces menaces l'avoient surtout en vue,
« pria quelques uns de ses amis de se tenir

Responses faictes aux dicts articles par les dicts depputez.

Au 1ᵉʳ. Le Roy désire, plus que nul autre, la recherche et punition

« auprès de sa personne, pour le deffendre
« en cas de besoin. Là dessus, un particu-
« lier résolut de le venger du dict La-
« trie, qu'il rencontra le 17 de ce mois, à
« cheval, avec un ou deux de ses gens.
« Soutenu de quelques escoliers, qui por-
« toient alors des carabines, à l'occasion
« des émeutes qui arrivoient tous les jours,
« il l'attaqua. On mit l'épée à la main de
« part et d'autre; on tira sur le dict Latrie
« deux ou trois coups de carabine qui ne
« portèrent pas; mais il fut blessé au visage
« et en quelques autres endroits; un des
« siens demeura sur la place, et il en cousta
« la vie à un pauvre habitant qui mourut
« quelques temps après de ses blessures.
« Le dict Latrie se fit porter chez le maire
« de la ville, qui estoit alors le sieur de
« Saincte-Marthe, neveu du trésorier de
« ce nom. Là dessus il s'éleva un si grand
« tumulte dans la ville, qu'on en tint les
« portes fermées deux jours de suitte, et
« qu'on dépescha une personne affidée vers
« M. le Prince pour luy donner advis de
« ce qui se passoit. Cest exprès se trouva
« party de la Roche aux Aubiers, dans le
« desseing d'aller coucher à Saumur; mais,
« comme on debvoit choisir un nouveau
« maire à Poictiers la feste de Sainct-Jean,
« c'est à dire au bout de quatre ou cinq
« jours, M. le Prince crut qu'il estoit de
« son intérest d'y aller au plus tost pour
« en faire nommer un qui fust à sa dévo-
« tion. Il prit ainsy la route de ceste ville,
« et, arrivé à Thouars, où il coucha, il
« écrivit de tous costez à ses amis de venir
« le joindre, pour venger, à ce qu'il disoit

« luy mesme tout haut, l'assassinat commis
« en la personne du sieur Latrie. Quelques
« uns de ceux qui estoient là n'eurent pas
« plus tost entendu ces menaces, qu'ils
« dépeschèrent un homme à leurs amis de
« Poictiers pour les advertir de la résolu-
« lution du Prince. Là dessus l'alarme fut
« dans la ville, on y sonna le tocsin, et l'on
« en ferma presque toutes les portes. A la
« vue de ce désordre, les partisans du
« Prince le firent supplier de n'approcher
« pas de la ville, puisqu'on luy en refuse-
« roit l'entrée, et que, s'il y estoit admis,
« sa personne y risqueroit beaucoup. Le
« sieur Latrie luy mesme, qui le joignit à
« demy lieue de la ville, tascha de le dis-
« suader, aussy bien qu'un gentilhomme
« nommé Beaulieu, qui le rencontra à un
« demy quart, et que Mᵍʳ l'évesque luy en-
« voyoit. Mais on ne put jamais détourner
« sa marche : de sorte qu'arrivé aux portes
« de la ville, il n'y trouva que des bour-
« geois, qui luy parlèrent du haut des mu-
« railles, et qui le supplièrent de se retirer.
« Sur ce qu'il fit demander qui estoient
« ceux qui luy parloient, on respondit que
« c'estoit de la part de dix mille habitans
« armez et résoluz, au péril de leur vie, de
« conserver la ville en obéissance de Leurs
« Majestez. Après avoir essuyé ce reffus, il
« s'alla poster à deux ou trois lieues de
« ceste ville, d'où il dépescha un des siens
« vers le Roy, pour faire ses plaintes et
« demander justice. Il escrivit en mesme
« temps de tous costez pour assembler ses
« amis et se venger de ceux de Poictiers
« à force ouverte.

de ceux qui ont participé au détestable parricide de la mort du feu Roy son père, comme y ayant plus d'intérêt que tout le reste de son royaume, et mesme pour le soin et advis de la Royne sa mère, a tousjours commandé et ordonné à sa cour de parlement et à son procureur général de faire toutes poursuittes et recherches de cest exécrable

« Dès le 25 de ce mois, sur les premières nouvelles qu'on eut à la cour de toutes ces factions, Leurs Majestez y avoient envoyé le sieur de Mazuyer, conseiller d'estat et maistre des requestes, pour retenir chascun dans le debvoir et réprimer les désordres. Mais à l'ouye de ce qui s'estoit passé à l'esgard de M. le Prince, Leurs Majestez résolurent de luy envoyer le sieur de Montpezat, pour l'asseurer qu'on luy rendroit justice de l'affront qu'il avoit receu à Poictiers, de mesme que de l'excès commis en la personne du sieur Latrie, et le prier de ne faire aucune violence, mais d'aller attendre à Amboise l'effect des bonnes intentions de Leurs Majestez.

« M. de Montpezat partit le 29 de ce mois, et le mesme jour on eut advis que M. le Prince, enragé de ce qu'à Poictiers on avoit élu pour maire le lieutenant criminel, faisoit un terrible dégast aux environs de la ville; qu'il ramassoit des troupes de toutes parts; qu'il les logeoit sur les terres de ceux de la ville qui ne luy estoient pas favorables; qu'il cherchoit à y entrer par la ruse ou par la force, et qu'il menaçoit tousjours l'évesque et ceux de son party.

« . . . .

« Le 10 et le 11 (juillet), le sieur de Montpezat et M. du Mayne se rendirent à la cour, après avoir veu M. le Prince, et rapportèrent qu'il avoit abandonné les environs de Poictiers, suivant l'ordre de Leurs Majestez, et qu'il s'en estoit allé vers Chasteauroux. Ils ajoutèrent qu'il y avoit eu quelques désordres dans la ville, et que plusieurs de ceux qu'on croyoit affectionnez à M. le Prince avoient esté obligez d'en sortir, pour n'estre pas exposez aux insultes de la populace, que le trésorier de Saincte-Marthe, le procureur du roy Sainct-Clair, la Chassoulière, sergent-major, et mesme le duc de Roanez, gouverneur de la ville, estoient de ce nombre; que celuy-cy n'estoit arrivé que le jour précédent, et qu'il fut contrainct de se retirer au logis de l'évesque, pour se mettre en seureté, quoiqu'il le regardast comme l'aucteur de la sédition. » (*Mémoires de Pontchartrain*, t. Ier, p. 44 et suiv.) (Édition Petitot.)

Le récit qui se trouve dans le Mercure français, 1614, est plus favorable au prince de Condé, mais il cite les mêmes faits. Il fait néanmoins mieux ressortir la situation du duc de Roannez, qui était gouverneur de la ville pour le Roi, et qui fut blessé et forcé de se retirer devant la faction excitée par l'évêque. Il est assez curieux de voir que, dans un lit de justice tenu le 6 septembre 1616, après l'arrestation du prince de Condé, le Roi considère le fait de Poitiers comme une infraction de ce prince au traité de Sainte-Menehould. (Voir *Mémoires de Mathieu Molé*, t. Ier, p. 135.) (Édit.)

crime, ce que Sa Majesté réitérera encore de bouche et par escrit, ordonnera et commandera expressément à son dict parlement et au dict procureur général de recebvoir tous advis et mémoires et enseignemens qui luy seront apportez sur ce subject, pour en faire la poursuitte et punition, et spécialement au dict procureur général de faire de son chef tout ce qui peut estre du deu de sa charge; et quant au décret du concile de Constance qui fait mention de la seureté de la vie des roys et princes souverains, Sa Majesté escrira à tous les évesques de son royaume, leur faisant entendre que son intention est qu'ils le facent publier dans leurs diocèses.

Au 2ᵉ. Cest article est accordé, estant conforme à l'intention de Leurs Majestez et au commandement qu'ils en ont cy devant faict.

Nota. Que ce 2ᵉ article n'estoit compris au premier cahier des articles proposez par M. le Prince sur lesquelz furent faictes les responses cy dessus extraites[1].

Au 3ᵉ. Le Roy, ayant commandé cest article luy estre représenté lorsqu'il respondra les cahiers des Estats généraux, pourveoira au contenu en iceluy avec l'advis de MM. les princes du sang, autres princes, ducs, pairs de France, officiers de la couronne, principaux de son conseil, et aucuns de ses cours de parlement qui y seront par eux envoyez suivant le commandement que Sa Majesté leur fera d'y depputer.

N. B. Vcoir pour cest article les feuillets cy après costez[2].

Au 4ᵉ. Lesdictes surséances et déclarations ont esté ordonnées par

---

[1] L'article 2 proposé par M. le Prince, le 22, était le premier article du tiers état. (Voir plus haut, page 375.) (Édit.)

[2] Le manuscrit désigne par là un projet de réponse proposé par M. le Prince, et que, selon l'exemple du manuscrit de la Bibliothèque impériale, nous avons jugé à propos de rejeter à la fin du volume avec le texte de l'arrêt du 6 janvier 1615. Nous donnons immédiatement la réponse qui se trouve dans le manuscrit de la bibliothèque Mazarine : « Sa Majesté pour-« veoira sur le contenu en cest article, en « respondant le cahier des Estats généraux, « et donnera occasion à tous ses subjects « de recognoistre combien elle est jalouse « de la conservation de son auctorité et de « sa souveraineté, et qu'elle n'entend la « tenir que de Dieu seul, nuement et im-« médiatement, sans souffrir qu'aucune « puissance, de quelque qualité et consi-« dération qu'elle soit, se puisse attribuer

le Roy en la présence de la Royne sa mère et des princes, ducs, pairs de France, officiers de la couronne et autres principaux seigneurs du conseil de Sa Majesté, estans auprès de sa personne, avec grande cognoissance de cause, meure délibération, et pour bonnes et importantes considérations et raisons, pour que, suivant l'exemple de la prudence du feu Roy son père, d'éternelle mémoire, conserver et entretenir, pour le bien et grandeur de son royaume, toute bonne correspondance, paix, amitié et intelligence avec nostre sainct père le pape et sainct siége apostolique, sans néantmoins avoir faict sur cela aucune déclaration préjudiciable ny désavantageuse en sorte quelconque à son auctorité royale, ny à sa puissance souveraine, ou à l'indépendance de sa couronne, de quoy le Roy, par le prudent conseil de la dicte dame Royne sa mère, a tousjours esté et sera plus jaloux et soigneux protecteur que tous autres, comme le requiert et l'oblige son intérest, qui surpasse aussy tous les autres. Et néantmoins Sa Majesté ordonne que la surséance donnée par l'arrest du conseil du 6 janvier 1615 soit levée, à condition que ce qui reste à exécuter de l'arrest ou délibération du parlement y mentionné y demeurera sans exécution.

N. B. Veoir pour cest article les feuillets cy après costez[1].

Au 5ᵉ. Le Roy a plus de soin que tous autres de conserver, comme ont faict les roys ses prédécesseurs, l'auctorité et les droicts, franchises et libertez de l'esglise gallicane.

Au 6ᵉ. Ce qui a esté faict par le clergé pour la publication du concile de Trente n'a esté approuvé par Sa Majesté; aussy n'a il eu aucune suitte, et ne permettra point qu'il y soit encore rien faict sans ny contre son auctorité.

Au 7ᵉ. Le Roy fera observer et exécuter les édicts, déclarations, articles secrets, vérifiez en parlement, comme aussy les brevets et

---

« aucun droit sur sa personne et le temporel de son royaume, pour quelque cause et prétexte qui puisse estre. » (Édit.)

[1] Le manuscrit désigne par là l'arrest du 6 janvier 1615, que l'on trouvera à la fin du volume, comme il se trouve à la fin du manuscrit de la Bibliothèque impériale, par les raisons données plus haut. (Édit.)

responses de cahiers faicts par le feu Roy en faveur de ceux de la religion prétendue refformée, et les en fera jouir ensemble de toutes les autres grâces et concessions qui leur ont esté accordées par Sa Majesté à présent régnant; et de nouveau seront reveus les cahiers présentez à Tours et à Poictiers, pour y estre pourveu selon qu'il est cy exprimé.

Au 8e. Tous ceux qui seront pourveus par le Roy de charges, estats, offices et dignitez, et qui en ont esté dépossédez, ou qui sont, en quelque sorte que ce soit, troublez en la fonction et exercice d'iceux contre les loix du royaume, y seront remis et restablis pour en jouir par eux suivant et conformément les provisions et pouvoirs qui leur en ont esté expédiez, s'en acquittant de leur part comme ils sont tenus de faire par leurs dictes provisions et les sermens par eux prestez suivant les édicts et ordonnances.

Au 9e. Ce faict n'est du pouvoir des depputez[1].

Au 10e. L'intention du Roy a tousjours esté et est que les cours souveraines de son royaume soient maintenues et conservées en la libre et entière fonction de leurs charges et en l'auctorité et juridiction qui leur a esté donnée par les roys ses prédécesseurs.

Au 11e. Il a esté cy devant proposé de faire une conférence entre aucuns des principaux du conseil du Roy, et ceux du parlement, affin de pourveoir sur les remonstrances du dict parlement, en ce qui concerne ce qui est de leur juridiction à eux attribuée par leur establissement; à quoy Sa Majesté aura bien agréable qu'il soit satisfaict, nonobstant le dict arrest du conseil, lequel demeurera sans effect.

Au 12e. Le Roy a commandé à ceux de son conseil de travailler à la response qui estoit à faire aux cahiers des Estats généraux, à quoy

---

[1] Le manuscrit de la bibliothèque Mazarine porte la réponse suivante : « Il est « vray que les dicts sieurs de Courtenay ont « présenté à ceste fin plusieurs requestes « au feu Roy père de Sa Majesté; mais il « les a tousjours rejettées après meure délibération, comme les jugeant préjudiciables au bien de son royaume et à la dignité de sa maison. »

l'on a desjà beaucoup advancé, veut et entend qu'il y soit cy après travaillé incessamment, en sorte qu'elles puissent estre entièrement expédiées dans trois mois, après la publication de l'accord qui doibt estre faict en suitte de ceste conférence.

Au 13ᵉ. L'intention du Roy a tousjours esté, à l'imitation des roys ses prédécesseurs, de maintenir et conserver sa noblesse en leurs anciens droicts, priviléges et immunitez.

Nota. Que cest article n'estoit compris en articles de M. le Prince, sur lesquelz furent dressées les responses cy dessus extraites [1].

Au 14ᵉ. C'est une ancienne ordonnance à laquelle le Roy aura volontiers esgard, encore qu'elle n'ayt jamais esté si estroitement observée par les roys ses prédécesseurs, qu'ils n'en ayent tousjours excepté quelques étrangers, selon que la grandeur de ceste couronne, le bien et la réputation de leurs affaires, et les mérites, qualitez et services des personnes les y ont conviez, et l'on a veu par expérience qu'ils en ont esté utilement servis.

Au 15ᵉ. La dicte citadelle a esté bastie par le feu Roy, pour la seureté non seulement des habitans de la ville, mais aussy pour celle de sa province de Picardie et de tout le royaume, après avoir éprouvé au péril de sa vie, du sang des François et du hasard de son estat, combien la perte de la dicte ville, qui arriva par la négligence et désobéissance des habitans d'icelle, estoit importante pour le repos de tout son royaume. Partant, ce seroit faire tort à la mémoire du dict feu Roy, et mettre de rechef le royaume en péril, de desmolir à présent la dicte citadelle [2].

Au 16ᵉ. Le Roy, depuis la mort du feu Roy son père, a traicté plus favorablement la gendarmerie qu'elle n'avoit esté auparavant, et entend qu'à l'advenir elle soit réglée et payée suivant les anciennes

---

[1] Voir la pièce en date du 22 février, plus haut, page 375. (Édit.)

[2] En 1597, les Espagnols surprirent Amiens. Henri IV la reprit sur eux malgré les efforts de l'archiduc Albert. C'est à cette occasion qu'il dit ce mot célèbre : *Allons, c'est assez faire le roi de France, il est temps de faire le roi de Navarre.* (Édit.)

ordonnances, et que les deniers du taillon ne seront divertis ny employez à autre effect.

Au 17ᵉ. Le dict régiment des gardes a tousjours dépendu de la volonté et disposition du Roy, ayant fidèlement obéi à tous ses commandemens; et, quant à la provision aux charges d'iceluy qui vacqueront à l'advenir, Sa Majesté en usera comme a faict le feu Roy son seigneur et père.

Au 18ᵉ. Sera veu le règlement qui a esté cy devant projecté par le Roy, et depuis communiqué et envoyé à mon dict seigneur le Prince, les advis duquel sur iceluy ont esté pour la pluspart approuvez par Sa Majesté.

Au 19ᵉ. Il n'a esté employé aux dictes ambassades que personnes de qualité et de suffisance requise, et dont Sa Majesté a eu toute satisfaction, ce qu'elle continuera encore à l'advenir, et aura égard de faire tousjours pour cest effect, choix de telz personnages que son service et le public en reçoivent de l'advantage et du contentement.

Au 20ᵉ. S'il y a eu quelques excès en la dispensation des dons et pensions que le Roy a faicts depuis la mort du feu Roy son père, ç'a esté pour conserver le royaume en repos, et obvier à plusieurs troubles dont il estoit menacé. A quoy Sa Majesté aura à plaisir de donner ordre et y apporter modération et retranchement, et de prendre sur ce l'advis de mon dict seigneur le Prince quand il sera près de Sa dicte Majesté.

Au 21ᵉ. La résolution d'oster le droit annuel, la vénalité mesme des offices, et de supprimer par mort les supernuméraires, avoit esté prise par Sa Majesté, et la vouloit faire exécuter sans remise à l'issue des Estats généraux. Mais, ayant esté supplié instamment par tous les officiers de son royaume, et principalement par les cours souveraines, d'en remettre l'exécution à quelque temps, pour les raisons contenues en leurs remonstrances, elle l'accorda jusqu'à la fin de l'année prochaine 1617, après lequel temps elle entend et veut que l'édict qui en fut faict dès lors soit présenté en tous les parlemens et autres cours souveraines, et exécuté sans jamais y contrevenir, dont seront dès à présent expédiées telles déclarations qui seront nécessaires. Mais Sa Majesté entend que dès maintenant la vénalité de tous les offices, charges, tant militaires que de sa maison, et génerallement tous autres qui n'avoient accoustumé d'entrer en parties casuelles, soit et demeure interdite et prohibée, et que ceux qui y contreviendront soient à jamais déclarez infâmes et incapables d'y parvenir.

Au 22e. Le Roy trouve bon de ne donner aucunes réserves ny survivances, affin d'avoir plus de moyens de récompenser la vertu et les mérites de ceux qui le serviront fidèlement.

Au 23e. Le Roy a assez tesmoigné par le passé le soin qu'il a eu du soulagement de ses peuples, n'ayant excédé en sorte quelconque la levée que le feu Roy faisoit des tailles ordinaires, quelques surcharges et despenses qu'il ayt eues; au contraire, Sa Majesté a diminué les impositions qui se faisoient, tant sur le sel que sur aucunes fermes qu'il a faict abolir ou modérer de plus de deux millions de livres par an. Mais la plus grande ruyne et dommage que son dict peuple ayt receu a esté durant les présens mouvemens; lesquelz estant finis, Sa Majesté recherchera soigneusement tous moyens pour les décharger et soulager, mesme en diminuant les pensions et autres dépenses introduites pour la nécessité du temps, sur quoy Sa dicte Majesté prendra bien volontiers l'advis de mon dict seigneur le Prince.

Au 24e. Le Roy a tousjours soigneusement entretenu et confirmé, depuis la mort du feu Roy son père, les anciennes alliances, traictés et confédérations faictes avec les princes, potentats et républiques voisines de la France, les ayant mesme assistés utilement et puissamment lorsqu'ils en ont eu besoin, et aura encore soin de les conserver à l'advenir.

Au 25e. Le Roy n'a pas besoin d'être exhorté ni convié au contenu de cest article, chascun ayant peu cognoistre avec quel soin il s'est employé pour composer et pacifier les querelles et différends qui estoient en Italie, où il a envoyé et tenu pour cest effect longuement ses ambassadeurs qui en ont faict le traicté, à l'observation et exécution duquel Sa Majesté continuera encore ceste mesme affection, et y interposera chascun jour son auctorité [1].

Au 26ᵉ. Sa Majesté y a pourveu avec grand soin et diligence, comme elle fera tousjours à l'advenir, et mesme pour ce qui est de ceux de Berne, la dicte Majesté a faict encore tout recentement respondre leurs cahiers, et pourveoir à leurs remonstrances, ce que elle continuera encore cy après favorablement.

Au 27ᵉ. Le Roy aura agréable de restablir, renouveler et confirmer la protection des dictes souverainetez de Sedan et Raucourt, ainsy que le feu Roy l'avoit accordée, et de l'entretenir avec toutes les asseurances qui seront jugées raisonnables pour le contentement de M. le mareschal de Bouillon [2].

Au 28ᵉ. Le Roy a esté asseuré que le dict arrest n'a esté mis par escrit; néantmoins, s'il s'en trouve quelque chose dans les dicts registres, Sa Majesté l'en fera tirer, et en seront expédiées toutes lettres et commissions nécessaires.

Au 29ᵉ. La dicte déclaration faicte à Poictiers demeurera nulle et de nul effect, comme si jamais elle n'estoit advenue, et sera ostée des registres du parlement de Paris, sans qu'elle puisse porter préjudice ny que l'exemple d'icelle puisse estre tiré à conséquence à l'advenir en ce qui regarde l'honneur et dignité des princes du sang, lesquelz néantmoins demeureront subjects à la justice du Roy, selon les formes anciennes, ordinaires et accoustumées au royaume; et quant à l'enregistrement de la dicte déclaration, le Roy veut et entend qu'en quelque sorte et manière qu'il ayt esté faict, il soit tiré des registres du dict parlement de Paris, et pareillement que la dicte déclaration et les arrests et sentences donnés sur icelle en tous les autres parlemens et juridictions inférieures soient aussy ostez et tirez des registres.

Nota. Dans les premiers articles proposez par M. le Prince, après

---

[1] Cette réponse du Roi fait allusion au traité d'Asti, dont il a été fait mention plus haut, dans la note sur l'article 25. (Édit.)

[2] Voir dans les pièces à la fin du volume la note sur les priviléges de Sedan et Raucourt. (Édit.)

ces mots *soit déclarée nulle*, il y avoit : *comme calomnieuse et pleine de faussetez faictes sans exemple, etc.* et après ces mots *intervenuz sur icelle* : *et qu'il soit particulièrement informé de la fausseté et supposition de l'arrest du 18 décembre publié sous le nom du parlement de Paris, contre l'intention de la dicte cour, et procédé contre les aucteurs de ceste fraude et supposition suivant les formes de la justice en tel cas accoustumées*.

Au 30e. Sa Majesté pourveoira à ce que mon dict seigneur le Prince reçoive toute raisonnable satisfaction et contentement de l'offence qu'il prétend avoir receue tant du dict sieur évesque que des habitans de la dicte ville.

Au 31e. Accordé[1].

CLVIII.

Man. Bibl. impér. Fonds Dupuy, n° 450.

Notes sur l'effet de la présentation des réponses ci-dessus[2].

Par lettres escrites au Roy, du 1er mars 1616, par ses commissaires, est contenu qu'ilz avoient présenté à M. le Prince les responses sur les articles qu'il avoit proposez[3]:

Qu'il estoit lors assemblé avec tous les princes et seigneurs qui estoient avec luy, et pour ce se seroient les dicts commissaires retirez après avoir présenté ces responses.

Qu'ils tesmoignoient n'en estre satisfaits et faire démonstration de vouloir tout rompre, plus qu'ils n'avoient faict auparavant, incitez par les discours du duc de Vendosme y arrivé le jour précédent, et offres de ses troupes.

---

[1] Ces réponses ne sont données que dans les manuscrits de la Bibliothèque impériale et de la bibliothèque Mazarine ; celui de Sainte-Geneviève ne porte à la marge des articles que des indications rapides, le plus souvent exprimées par les seuls mots : *accordé, convenu*. (Édit.)

[2] Pour ces articles et ces réponses, voir plus haut, pages 394 et 408. Ces observations sont le résumé de plusieurs lettres au Roi de ses commissaires que nous donnons à la suite. (Édit.)

[3] La série suivante est donnée textuellement par le manuscrit. (Édit.)

Qu'ils avoient eu advis que le Roy avoit donné rendez-vous à toute son armée au quinziesme du mois, et avoient résolu d'en faire autant de leur part.

Que M. le Prince avoit parlé à quelques uns des commissaires du Roy de prolonger la suspension d'armes, disant estre impossible de continuer la conférence en guerre ouverte, qui l'obligeroit d'envoyer ces princes et seigneurs chascun en sa charge.

Que depuis on leur avoit donné advis que, traictant en leur conseil de remettre leur armée ensemble, ils avoient résolu de ne rechercher aucune nouvelle prolongation de suspension, quoy qu'il en pust arriver.

Par autres lettres, il est faict mention que Mme la comtesse de Soissons, qui estoit à la conférence, avoit désiré que les garnisons qui estoient en Clermont en Beauvaisis en sortissent et laissassent la ville entre les mains des habitans, que le Roy l'avoit ainsy accordé, et que néantmoins ils n'en estoient sortis, et au contraire on avoit faict conduire à Amyens trois pièces de canon qui estoient à Clermont et appartenoient au seigneur de la dicte ville, dont la dicte dame faisoit plaintes.

Le Roy escrivant à M. de Pontchartrain met ainsy : « Monsieur de « Pontchartrain, etc. » et en la superscription : « A monsieur de Pont- « chartrain, conseiller en mes conseils d'estat et privé, et secrétaire « de mes commandemens; »

Et envoyant M. le président de Chévry, intendant des finances, et M. de Flesselles, secrétaire du conseil, vers messieurs les commissaires : « Messieurs, je vous envoye le président de Chévry et le « secrétaire Flesselles. »

CLIX.

Man. Bibl. Sainte-Geneviève et Mazarine.

Lettre du Roy à MM. les depputez à Loudun, du 1er mars 1616.

Messieurs, j'ay trouvé bon, en considération de mon cousin le duc de Mayenne, que le sieur de Laporte soit mis en liberté, en payant rançon comme il le désire, et ai commandé que les dépesches en soient faictes et envoyées à Paris. De quoy voulant que vous puissiez asseurer le dict duc de Mayenne, j'ai voulu vous en advertir par ceste lettre, qui servira de response à la vostre du 27 de ce mois[1], et avec laquelle vous trouverez un mandement que les trouppes de M. de Soubize ont envoyé à une paroisse voisine de Nantes, et du costé de la rivière de Loire, et plusieurs autres que le gouverneur de la Vanache a faict porter en plusieurs villages qui appartiennent au comte de Vertus, et qui sont dans l'estendue de son gouvernement. Ils vous augmenteront la cognoissance que vous avez desjà assez grande des abus et désordres qui se commettent sous prétexte de la surséance d'armes, et du dommage qu'en reçoivent mes subjects. Mais parce que je sçay que vous ne manquez en cela, et en toutes autres choses, de faire ce qui despend de vous pour leur bien et pour mon service, je ne vous manderay rien davantage, priant Dieu, etc.

CLX.

Man. Bibl. impér. Supplém. franç. 3193.

Au Roy, du 1ᵉʳ mars 1616.

Sire, nous receumes hier les lettres qu'il a pleu à Vostre Majesté nous escrire du 25 de ce mois, avec ses intentions et volontez sur les articles qui nous avoient esté présentez de la part de monseigneur le Prince; suivant lesquelles ayant accommodé les responses que nous avions projectées sur les dicts articles, nous les luy avons présentées dès ce matin, en la forme que Vostre Majesté verra par la copie[2] que nous luy envoyons, et parce qu'il estoit lors assemblé avec tous ces

---

[1] D'après ceci, il y a lieu de croire que, dans une lettre du 27 février, les députés sollicitaient la faveur dont le sieur Laporte est l'objet. Quant à la lettre, nous ne l'avons pas retrouvée, non plus que les mandements de M. de Soubise et du gouverneur de la Vanache, dont il est question à la fin de la dépêche. (Édit.)

[2] Nous n'avons point trouvé cette pièce; mais elle ne diffère pas sensiblement des réponses du Roi données plus haut. C'est ce que nous apprenons de la lettre ci-après de Pontchartrain à M. de Sceaux, en date du 1ᵉʳ mars. (Édit.)

princes, ducs et autres qui sont avec luy, nous nous en sommes retirez, et au mesme instant ils ont travaillé à veoir et considérer les dictes responses, et se sont encore assemblez ceste après-disnée pour ce subject. Nous croyons que demain ils nous pourront convier d'en converser avec eux. Cependant nous devons advertir Vostre Majesté qu'ils tesmoignent n'avoir aucune satisfaction des dictes responses, et monstrent se porter plus à rupture qu'ils n'avoient encore faict; en quoy nous croyons qu'ils sont principallement incitez par les discours et grands advantages que leur promet M. de Vendosme (qui arriva hier en ceste ville) par le moyen de ses trouppes, et mesme nous sommes advertis que, sur ce qu'ils ont eu quelque advis que Vostre Majesté avoit donné rendez-vous à toute son armée pour se trouver ensemble dans le 26 de ce mois, ils ont ce jourd'huy résolu d'en faire de mesme. Mon dict seigneur le Prince a ce matin parlé à aucun de nous sur le subject de la prolongation de la suspension d'armes, nous disant qu'il estoit impossible de pouvoir conclure ceste négociation que nous ne feussions bien près de Pasques [1], et que, de la continuer la guerre estant ouverte, il n'y avoit aucune apparence, parce qu'il estoit obligé d'envoyer tous ces princes chascun en leurs charges, pour pourveoir à ce qui seroit de leurs affaires; et depuis lors l'on nous a donné advis que, traictant en leur conseil de remettre leur armée ensemble, ils avoient résolu de ne nous rechercher plus d'aucune prolongation de la dicte suspension, quelque chose qui pust réussir de ceste conférence. Nous verrons demain ce que nous apprendront tant sur le subject des dictes responses et des autres affaires que nous avons à traicter, que sur les desseings et résolutions qu'ils prendrons, pour en tenir tousjours Vostre Majesté informée; à laquelle cependant nous prions Dieu donner, Sire, en parfaicte santé, très longue et très glorieuse vie.

De Loudun, le premier jour de mars 1616.

Vos très humbles, très obéissants et très fidèles subjects et serviteurs,

BRISSAC, DE NEUFVILLE, J. A. DE THOU, M. DE VIC, P. PHÉLIPEAUX.

[1] Pâques se trouvait cette année 1616 le 3 avril. (Édit.)

CLXI.

Man. Bibl. impér. Supplém. franç. 3193.

A M. de Sceaux[1], conseiller secrétaire du Roy et des commandemens et ordres de Sa Majesté.

Monsieur, nous vous renvoyons M. de Pontcarré plus chargé de nouvelles que de lettres d'importance. Il vous dira l'entière réception de M. de Vendosme, depuis laquelle nous avons recogneu les visages et actions de ces messieurs plus farouches et altérez que devant, de sorte que nous voudrions, pour le bien et le salut du royaume, qu'il feust encore à Vendosme. Nous verrons demain s'ils nous traicteront plus gracieusement et fructueusement. Certes, je ne m'y attends pas, et toutesfois je prie Dieu qu'il en succède autrement. Je vous envoye un petit paquet pour mon fils, que je vous prie luy adresser par la poste, et me continuer vostre amitié et bonne grace, priant Dieu, monsieur, qu'il vous conserve en la sienne très saincte.

De Loudun, 1er de mars au soir, 1516.

Votre affectionné serviteur et cousin,
DE NEUFVILLE.

J'ay receu vos deux lettres des 27 et 28 du mois passé[2].

CLXII.

Man. Bibl. impér. Supplém. franç. 3193.

M. de Pontchartrain, du 1er mars 1616.

A M. de Sceaux, conseiller du Roy en son conseil d'estat et secrétaire de ses commandemens, à Tours.

Monsieur, vous me faites trop de faveur de prendre la peine de

---

[1] Il était fils de Louis Potier, auquel il avait succédé, de son vivant, dans la charge de secrétaire d'état; mais il mourut avant son père, qui rentra par cette circonstance dans les fonctions qu'il lui avait cédées. (Édit.)

[2] Ces lettres auxquelles M. de Villeroy fait allusion sont sans doute des lettres

m'escrire si souvent et si particulièrement comme vous faites; ce porteur a faict bonne diligence, et vous, messieurs, l'avez faicte encore plus grande d'avoir si promptement veu ces affaires, desquelles nous ne nous attendions pas d'avoir si tost response. Aussy tost que nous l'avons eue, nous avons travaillé à veoir les projects que nous y avions faicts, pour veoir si nous estions beaucoup différens des intentions et volontez de Sa Majesté. Mais nous avons trouvé que c'estoit quasi la mesme chose, et les avons faict mettre au net en la forme que nous vous les envoyons, où vous pourrez recognoistre ce qu'il y a de changemens. Et dès ce matin nous les avons mis ès mains de monseigneur le Prince. Mais ce soir nous avons esté advertis qu'ils n'en demeurent pas contens et qu'ils se préparent à la guerre. Nous voyons bien que c'est contre le gré et le désir de monseigneur le Prince; mais il est à craindre qu'il ne soit emporté par la multitude des fous et enragez qui sont icy, dont le nombre n'est que trop grand; et vous diray que cela est pitoyable à veoir. De tous ceux qui désirent la guerre, M. de Vendosme parle le plus haut, et pouvons dire que, depuis hier qu'il arriva, il semble que tous ces gens cy aient changé de face et quasi de bonne intention. Ils protestent ne vouloir plus parler de prolonger la suspension d'armes, et qu'il leur est trop préjudiciable, veu le nombre de gens de guerre qu'ils ont sur pied, de pourveoir à aucunes de nos plainctes, mesme sur les promesses et asseurances qu'ils nous avoient données et plusieurs fois réitérées. Ils n'en tiennent plus compte, et nous disent pour toute résolution que la tresve sera plus tost finie que l'on n'y auroit préveu; [ils] nous veulent faire croire que toutes les contraventions sont veneues de la part du Roy, qu'ils en feront un cahier de plainctes pour estre publié partout. Voilà l'estat auquel nous sommes maintenant, et faut croire que, s'il réussissoit quelque chose de bon de ceste conférence, les depputez du Roy auroient eu de belle et grande patience. Il ne faut encore rien désespérer; mais croyez aussy que Leurs Majes-

particulières reproduisant des dépêches du Roi des 26 et 28 février; nous ne les avons point retrouvées. (Édit.)

tez ne doibvent rien négliger, et, s'il m'estoit permis, je vous prierois de considérer ce que ce porteur vous dira de bouche sur ce subject; et pleust à Dieu que Leurs Majestez y voulussent un peu penser et y avoir esgard. Je ne vous en diray pas davantage, je crois que nous ne tarderons guères à vous faire avoir encore de nos nouvelles. Cependant nous n'avons pas estimé devoir arrester icy davantage ce porteur, lequel (je m'assure) vous dira qu'il n'y aura pas trouvé grand contentement. Je vous baise très humblement les mains et demeure, monsieur, vostre très humble et affectionné serviteur.

A Loudun, ce 1er mars 1616, au soir.

P. PHÉLIPEAUX.

CLXIII.

Man. Pap. Conrart, in-4°, t. XI. Bibl. de l'Arsenal.

Extrait du journal d'Arnaud d'Andilly.

2 mars. — Les affaires estant en fort bons termes à la conférence, M. de Vendosme y arrive, lequel, avec les offres qu'il leur fit, s'efforça de porter les affaires à la guerre, et changea toute la face des affaires. Mais une visite de quatre heures que M. le Prince fit chez M. de Villeroy remit toutes choses en pareil train qu'auparavant. On tient que M. le Prince, M. du Mayne, M. de Bouillon sont portez à la paix, et le reste à la guerre, principalement ceux de la religion.

3 mars..... — Les affaires de la conférence estant en assez mauvais termes, M. le Prince y entra, ce qu'il n'avoit point faict auparavant, et en trois séances advança plus le traicté que l'on n'avoit faict en trois mois. La tresve prolongée jusqu'au 25 mars.

CLXIV.

Man. Bibl. impér. Supplém. franç. 3193.

M. de Pontchartrain, du 2 mars 1616, receue le dict jour.

A M. de Sceaux, conseiller du Roy en son conseil d'estat et secrétaire des commandemens de Sa Majesté.

Monsieur, ceste dépesche[1] estoit preste à estre mise ès mains de M. de Pontcarré, lorsque vostre courrier est arrivé; cela l'a faict retarder quelques heures, attendant s'il y auroit chose dont il peust remporter response. Mais, après avoir veu ce que vostre dict courrier nous a rapporté, nous n'avons pas estimé debvoir arrester plus longuement le dict sieur de Pontcarré. Je vous diray seulement que nous ne tirons ny raison ny justice de toutes les plainctes que l'on fait, encore qu'on nous l'eust promis et affirmé solennellement. Mais nous voyons que monseigneur le Prince ne veut pas offenser ceux qui font les désordres. Je vous en escris par mon autre lettre, et vous baise très humblement les mains, demeurant, monsieur, votre très humble et affectionné serviteur.

A Loudun, ce 2 mars, à huit heures du matin.

P. PHÉLIPEAUX.

CLXV.

Man. Bibl. impér. Supplém. franç. 3193.

M. de Pontchartrain, du 3 mars, receue le quatriesme du dict mois 1616.

A M. de Sceaux, conseiller du Roy en son conseil d'estat et secrétaire des commandemens de Sa Majesté, à Tours.

Monsieur, j'ay à respondre aux lettres qu'il vous a pleu m'escrire des premier et deuxiesme de ce mois, la dernière m'ayant esté rendue ce soir. Vous avez raison de croire désormais que l'on ne tient

---

[1] La dépêche du 1ᵉʳ mars. (Édit.)

pas icy grand compte des plainctes que nous faisons des contraventions qui se font à la suspension d'armes; et n'ay rien à dire sur ce que vous me mandez, que ceux qui y sont interessez sont résolus d'y pourveoir. Je m'estonne de la difficulté que l'on fait de sortir ces garnisons de l'isle Bouchart[1], veu qu'en effect ceux qui sont dans le chasteau de la part de Mme de la Trimouille sont maistres de la place, et peu s'en a fallu que l'on n'ayt faict couper la gorge aux dictes garnisons ou compagnies, qu'ils feront chasser quand ils voudront; et cependant pour peu de chose l'on mécontente ceux qui nous pourroient aider en ceste négociation, laquelle va tousjours en empirant, et de telle sorte que ce soir nous nous sommes séparez sans assignation pour nous reveoir. Cela est arrivé sur le faict de la reveue des cahiers de ceux de la religion prétendue refformée, après avoir recogneu leur froideur et leurs pointilles. Nous verrons demain au matin ce qu'il en sera devant que d'en faire lettres au Roy. Je vous asseure que nous avons affaire à d'estranges sortes de gens. Dieu nous soit en ayde, s'il luy plaist. Je vous baise très humblement les mains, et demeure, monsieur, vostre très humble et affectionné serviteur,

P. PHÉLIPEAUX.

A Loudun, ce 3 mars 1815, au soir.

CLXVI.

Man. Bibl. impér. Supplém. franç. 3193.

M. de Villeroy, du 3 mars, receue le 4 du dict mois 1616.

A M. de Sceaux, conseiller, secrétaire d'estat et des ordres du Roy.

Monsieur, nostre négociation tient de la basse dance[2]; quand nous avons faict deux pas en avant, il faut à nostre grand regret en faire

---

[1] Voir ci-dessus, page 369, le refus du Roi de faire sortir sa garnison de l'île Bouchard, dans la dépêche du 22 février. Les députés insistent encore sur la nécessité de satisfaire à la demande de Mme de la Trimouille, dans leur dépêche du 5 mars. (Voir plus haut.) (Édit.)

[2] On distinguait au moyen âge et plus

deux en arrière. Hier, tout alloit à souhait jusques après disner, que nous avons passé nostre journée en contentions mal fondées de leur part, tant sur les responses de leur cahier général que vous avez veues que sur les cahiers de ceux de la religion; lesquels en vérité ne sentent pas leur mal et moins le nostre. Je vous envoye un paquet pour M. Janin, qui est le vray subject du renvoy de ce courrier, comme vous m'avez escrit, en la vostre du premier [1], avoir esté celuy du dict président de l'avoir envoyé par deçà. J'ai receu aujourd'huy, c'est-à-dire ce soir, la vostre par le courrier Beaumont, lequel nous renvoyerons demain. Je pense aussy que l'abbé Daumales, qui a bien servi le Roy, s'en retournera. Je prie Dieu qu'il nous assiste tous de sa divine consolation au besoing que nous en avons tous, et sur tous, monsieur, vostre très affectionné serviteur et cousin,

DE NEUFVILLE.

De Loudun, le 3 de mars au soir.

CLXVII.

Man. Bibl. impér. Supplém. franç. 3193.

Receue le 5 par M. l'abbé Daumales.

A M. de Sceaux, conseiller et secrétaire d'estat du Roy et des ordres de Sa Majesté.

Monsieur, je vous escrivis hier au soir assez à la haste la réception de vostre lettre du 2, et du mémoire contenant quelque chiffre faisant mention d'un advis duquel je vous rends graces. Nous avons travaillé six heures aujourd'huy avec nos gens, où M. le Prince s'est trouvé, par le moyen duquel nous avons commencé à résoudre, ou, pour mieux dire, projeté quelque chose, ainsy que vous dira M. l'abbé Daumales, qui s'en retourne bien et véritablement instruit des affaires générales

---

tard, parmi les danses, la haute danse, la basse danse, la longue danse, la ronde danse et d'autres. (Édit.)

[1] Peut-être y a-t-il ici une lacune dans le manuscrit. Néanmoins la phrase, tout en restant fort entortillée, offre un sens, si l'on suppose que le pronom *celuy* représente le mot *subject* placé dans le membre précédent. (Édit.)

et particulières, et a faict telz offices pour le service du Roy que nous avons désiré, toutesfois quelquefois en vain, aussy bien que nous. Je vous prie néantmoins tesmoigner à la Royne le bon debvoir qu'il y a contribué, et luy faire donner bonne audience en le favorisant à la recommandation, monsieur, de vostre très affectionné cousin,

DE NEUFVILLE.

De Loudun, le 4 de mars au soir, 1616.

Le prince de Condé avait hâte de voir s'ouvrir la conférence de Loudun ; en même temps il tenait à honneur de ne rien commencer qu'en présence des députés des réformés, comme il s'était déjà engagé à plusieurs reprises à le faire. Pour concilier ce qui était dû au respect d'une convention approuvée par le Roi, aux intérêts des siens et à ceux de l'assemblée unie avec lui, il avait adressé à celle-ci la lettre suivante dans le cours du mois de janvier. Nous la plaçons ici à la date du 4 ou 5 mars, parce qu'elle ne fut rendue que ce jour à sa destination.

CLXVIII.

Proc.-verb. man. des assembl. protest. t. IV. Assembl. de la Rochelle.

Lettre du prince de Condé à l'assemblée protestante de la Rochelle.

Messieurs, je me veux persuader que la dépesche que je vous ay adressée par le sieur Parenteau, le 20 de ce mois[1], vous aura esté seurement rendue, luy ayant recommandé toute sorte de diligence en ce voyage, sur ce mesme que je recognoissois le temps fort brief pour faire trouver vos depputez au 10e du prochain en l'assemblée de Loudun ; mais il me fut impossible de le faire prolonger davantage, quelque instance que j'en peusse faire. J'attendray donc vos depputez avec beaucoup d'impatience, bien résolu toutesfois, comme je l'ay dict dès le commencement à MM. de Brissac et de Villeroy, de n'entrer poinct du tout en matière qu'ils ne soient premièrement arrivez, ne me voulant, en quelque sorte que ce soit, départir de

---

[1] Voir plus haut, page 155.

ce qui a esté conveneu et accordé entre vous et moy par vos depputez. Je receus hier, à mon retour de la Rochelle, la ratification des articles de nostre susdicte conférence; faicte par le Roy monseigneur, dont je vous envoye coppie avec l'ordonnance pour faire publier la suspension d'armes accordée par les dicts articles, comme je vous en supplie, affin que l'on n'estime pas que nous voulions apporter des longueurs et difficultez en l'exécution de ce qui a esté promis. On nous escrit de la cour que Leurs Majestez et la pluspart du conseil se montrent fort enclins à ceste négociation, jusques à disgrascier et chasser ceux qui, sous main, faisoient des pratiques pour la traverser, comme entre autres, depuis le commandement, ont suivy les sieurs de Chaumont, garde de la bibliothèque, du Perron, frère du cardinal, de Lorme Guron, et de nouveau Bulion. Aucuns disent que le P. Cotton[1] suivra aussy; si tout cela est à bon escient, nous en verrons bientost suivre d'autres. Nous partons dans deux jours pour nous acheminer à Loudun, ayant premièrement pourveu au logement de nostre armée. J'escris à M. le mareschal de Lesdiguières et à M. de Chastillon sur le mesme subject, et envoye deux commissions en blanc pour pourveoir, avec les depputez de Sa Majesté, à la forme de vivre et entretenement des gens de guerre qui peuvent estre dans les provinces de delà, conformément à ce qui est ordonné par les dicts articles, en remettant néantmoins la disposition à vos prudences, et selon que vous jugerez estre à propos. Je ne sçay si vous pourrez avoir lettres de vos depputez, d'autant que le sieur Desbordes est absent en quelque affaire, et le sieur de la Noaille est retourné tout mal à la Rochelle. Je ne manqueray de vous tenir advertis de ce qui se passera, comme aussy je vous supplie de me faire part de vos nouvelles aux occasions, et de croire que je seray toute ma vie, messieurs, vostre bien affectionné et plus asseuré à vous faire service.

A Fontenay, ce dernier de janvier 1616.

HENRY DE BOURBON.

[1] Ce célèbre jésuite avait été confesseur de Henri IV et l'était encore de Louis XIII. (Éd.)

Et en la suscription :

A messieurs, messieurs les depputez en l'assemblée générale de ceux de la religion convoquée par permission du Roy monseigneur en la dicte ville de Nismes.

Cette letre, destinée par le Prince à l'assemblée de Nîmes, fut remise le 4 mars suivant, par le ministre Chauffepied, aux mêmes députés réunis à la Rochelle, où ils avaient ouvert leurs séances le 3 mars 1616. Malgré la promesse faite par le Prince de leur donner de fréquents avis de la marche des affaires, ils exigèrent qu'un de leurs députés à Loudun vînt chaque semaine à la Rochelle et les instruisît de l'état des affaires; en même temps ils recommandèrent à leurs négociateurs les intérêts des églises de Béarn, que venaient de leur faire connaître les sieurs du Prat et de Lescun, envoyés à la Rochelle dans ce but par ces églises.

CLXIX.

Man. Bibl. impér. Fonds Dupuy, n° 450. — Supplém. franç. 3193.

Au Roy.

Sire, il y a deux ou trois jours que nous n'avons escrit à Vostre Majesté, parce que nous désirons la pouvoir esclaircir du procédé que tiendroient les commissaires de monseigneur le Prince, après qu'ils auroient veu les responses que nous leur baillasmes sur les articles qu'ils nous avoient présentés. Donc, pour rendre compte à Vostre Majesté de ce qui s'y est passé, nous luy dirons que jeudy dernier nous nous assemblasmes au logis de M. de Bouillon, pour conférer sur les dictes responses; mais nous trouvasmes si peu de disposition en ces messieurs là à ce qui estoit de l'accommodement, tant à cause de leur froideur que pour les puntilles qu'ils apportoient sur chascune des dictes responses, que, après avoir demeuré deux ou trois heures ensemble, nous nous séparasmes comme si nous n'eussions plus deu nous reveoir; néantmoins, dès le soir mesme, M. de Bouillon estant allé trouver mon dict seigneur le Prince et luy représenter le mauvais estat où nous en estions, il lui proposa de se trouver par après luy mesme aux dictes conférences, et que, en sa présence, l'on pourroit advancer les affaires qui se rendoient difficiles par la passion ou mauvaise intention des particuliers. Le lendemain, qui fut hier, mon dict seigneur le Prince assembla tous ces princes et seigneurs en son conseil, où, après avoir considéré les humeurs et les intentions des uns et des autres sur le succez de ces affaires, enfin il y résolut avec eux qu'il feroit continuer la conférence et qu'il s'y trouveroit en personne; et de fait, dès l'heure mesme, il nous envoya prier de nous trouver dès l'après-disnée chez mon dict sieur de Bouillon, où luy et tous ses commissaires et ses depputez de Nismes estoient présens. Là nous nous mismes à conférer sur les dictes responses, et ensuitte sur les articles de ceux de la religion prétendeue refformée, qui furent présentez à Poictiers de la part de l'assemblée de Grenoble; et y avons encore travaillé toute ceste matinée, en sorte que nous pouvons dire à Vostre Majesté que nous avons advancé et esbauché plus d'affaires en ces deux séances que nous n'aurions faict en huict jours auparavant, estant maintenant à peu près entièrement esclaircis de leurs intentions particulières sur le tout; tellement qu'il semble que ces affaires soient à présent en meilleur estat qu'elles n'ont encore esté. Et pouvons dire à Vostre Majesté que mon dict seigneur le Prince y a tesmoigné une grande et sincère affection à l'accommodement de tous ces désordres et au contentement de Vostre dicte Majesté. Mais nous nous voyons maintenant pressez par l'expiration qui approche de ceste suspension d'armes; nous ne doutons pas que Vostre Majesté ne trouve possible mauvais que on lui face instance de la prolonger, veu la déclaration qu'elle nous a faicte qu'elle ne le vouloit pas. Mais, comme nous sommes icy par le commandement de Vostre Majesté, pour veoir et recognoistre ce qui est de son service et ce qui peut estre utile à l'accommodement de ces affaires, nous luy représenterons que nous voyons maintenant ceste négociation en assez bon train, et nous espérons que quelques uns de nous pourront l'aller trouver dans peu de jours pour luy aller rendre compte particulier de l'estat d'icelle, et recebvoir ses commandemens sur les articles dont nous sommes demeurez en différend, et sur autres dont nous avons besoing d'estre esclaircis de sa volonté. Mais cependant nous voyons que tous ces princes se résolvent de se séparer mardy prochain, si dans lundy ils n'ont quelque asseurance de la prolongation de la dicte surséance; et si cela est, tout le travail que nous avons faict demeurera infructueux; car il n'y a pas d'apparence que l'on puisse achever ce traicté avec eux, s'ils se séparent. Et n'y a point de doubte que, au mesme temps qu'ils partiront d'icy, ils tiendront tout pour rompu; et de faict, nous recognoissons que ceux d'entre eux qui n'affectionnent pas la paix disent qu'il ne faut point de prolongation de tresve; mon dict seigneur le Prince nous en a parlé avec beaucoup de chaleur et d'affection, comme chose qu'il estime importer entièrement à la perfection de ceste œuvre, et nous a prié de luy en donner résolution dans lundy au plus tard; c'est pourquoy nous envoyons ce porteur exprès à Vostre Majesté, et la supplions très humblement de nous en faire sçavoir tout promptement son intention et volonté. Sur quoy nous luy dirons que nous croyons qu'elle leur peut encore accorder ceste prolongation pour dix ou douze jours, affin de ne perdre, à faute de ce, le fruict de la peine qu'elle a prise pour ceste affaire et de la bonne intention qu'elle y a tesmoignée. Nous représenterons icy que Mme de la Trimouille nous fait une grande instance pour faire sortir le reste de ces compagnies qui sont à l'isle Bouchart, et nous dict que c'est chose que Vostre Majesté luy a promise. Cela estant, elle peut escrire et ordonner à ceux qui commandent aux dictes compagnies de s'en retirer, leur faisant sçavoir les lieux où elle aura agréable qu'ils se retirent. Nous dirons aussy à Vostre Majesté que mon dict seigneur le Prince nous a faict de grandes plainctes de ce que les Suisses que Vostre Majesté fait venir de Poictiers pour aller à Nantes passent par les lieux qui luy ont esté laissez pour loger ses trouppes; nous ayant dict qu'il craint qu'ils ne soient taillez en pièces s'ils sont rencontrez, et dont il ne veut respondre, nous faisant instance de leur faire prendre un autre chemin; et de fait, il nous a baillé celuy dont nous envoyons la copie à Vostre Majesté. Cela nous a donné le subject d'envoyer vers eux pour leur mander qu'ils prennent le dict chemin, ou pour le moins qu'ils prennent garde à leur seureté, s'ils vont par ailleurs. Si nous eussions sceu l'intention de Vostre Majesté sur le subject du voyage des dicts Suisses, et le chemin qu'elle leur a ordonné de prendre, nous l'eussions faict sçavoir à mon dict seigneur le Prince, et nous y fussions conformez, pour servir en cela, selon l'intention de Vostre Majesté, comme nous ferons tousjours, à l'exécution de tous les commandemens dont il lui plaira nous honorer. Sur ce, nous prions Dieu, Sire, donner à Vostre Majesté en parfaicte santé très longue et heureuse vie.

De Loudun, ce 5ᵉ mars 1616.

Sire, depuis avoir escrit ceste lettre, monseigneur le Prince nous a envoyé quérir ceste après-disnée, pour travailler encore à ce qui estoit à veoir des cahiers de ceux de la religion prétendue refformée et de quelques articles qu'ils luy avoient mis en main. A nostre arrivée dans le logis de Mᵐᵉ la comtesse de Soissons, où il nous attendoit et estoit lors accompagné de la pluspart de ces princes, il nous a parlé de ceste prolongation de suspension d'armes, nous déclarant que, quelque soin et quelque peine que nous prissions pour l'accommodement des affaires, le tout seroit inutile, si nous ne l'asseurions dès lors de la dicte prolongation, parce que tous les dicts princes et seigneurs se préparoient pour partir mardy au matin, sans lesquelz il luy estoit impossible de passer outre; et sur ce que nous l'avons supplié de nous donner temps pour en advertir Vostre Majesté, et que dans peu de jours il en auroit la volonté, il nous a faict sçavoir qu'il ne pouvoit différer davantage pour la seureté et nécessité de ces affaires; et parce que nous recognoissions que de ceste résolution dépendoit quasi la continuation ou la rupture de ceste conférence, nous avons esté contraincts, l'ayant jugé très nécessaire pour le bien de vostre service, d'accorder la prolongation de la dicte suspension pour cinq jours, qui est jusques au vingtiesme de mars; attendant que nous sçachions si elle aura agréable de la prolonger pour plus longtemps, comme nous leur en avons donné quelque espérance. Nous en avons passé avec eux l'acte que nous envoyons à Vostre Majesté, laquelle nous supplions très humblement d'agréer ce que nous avons faict en cela, comme l'ayant jugé du tout nécessaire pour le bien de son service, et de commander que les gouverneurs des provinces en soient promptement advertis. Ensuitte de ceste affaire, nous avons travaillé avec mon dict seigneur le Prince et les dicts commissaires sur plusieurs autres dont nous avions à conférer, et sommes enfin conveneus avec luy que nous, de Brissac, de Villeroy et de Pontchartrain, partirons d'icy demain pour nous acheminer vers Vostre Majesté, affin de luy rendre compte de tout ce qui s'est passé depuis que nous sommes en ce lieu, et recevoir sur le tout ses commandemens. Nous espérons donc avoir l'honneur de la veoir lundy au soir, à Tours, où nous la supplions de vouloir attendre, et de retarder encore pour quelques jours son partement de la dicte ville, si elle avoit eu intention de le faire.

A Loudun, ce 5ᵉ mars au soir.

Vos très humbles, très obéissans et très fidèles subjects et serviteurs,
BRISSAC, DE NEUFVILLE, A. DE THOU, M. DE VIC, P. PHÉLIPEAUX.

CLXX.

Man. Bibl. impér. Supplém. franç. 3193.

Envoyé par MM. les depputez du Roy avec leur lettre du 5 mars 1616.

Monseigneur le Prince, désirant que le passage de Suisses qui vont de Poictiers à Nantes n'apporte aucune jalousie à ses troupes, pour n'altérer la conférence qui se tient à Loudun, est d'advis qu'ils prennent la route qui s'ensuit :

A sçavoir de retourner passer à Vouzailles, et de là, laissant Mirebeau à main gauche, aller passer la rivière de Vienne à Nouatre [1],

---

[1] Peut-être *Naintre*; c'est du moins, dans les cartes détaillées, le seul nom qui, sur cette direction, se rapproche de celui que donne le manuscrit. (Édit.)

pour après prendre le chemin qu'ils adviseront pour le passage de Loire, sans repasser aucunement la dicte rivière de Vienne, selon qu'il a esté accordé par les articles de la tresve arrestée à Fontenay le 20ᵉ janvier dernier.

Faict à Loudun, le troisiesme de mars 1616.

Signé HENRY DE BOURBON.

Et plus bas :

Par monseigneur, DE LA GRANGE.

CLXXI.

Man. Bibl. impér. Fonds Dupuy, n° 450. — Supplém. franç. 3193.

Acte de la prolongation de la tresve pour cinq jours, envoyé par MM. les depputez du Roy avec leur lettre du cinquiesme de mars 1616[1].

Les depputez envoyez par le Roy pour se trouver à la conférence qui se tient à Loudun pour la pacification des troubles ont accordé avec monseigneur le Prince que la suspension d'armes sera prolongée et continuée jusques au vingtiesme du présent mois de mars, inclusivement, pour estre observée aux mesmes conditions dont l'on est cy devant conveneu, sans que pendant le dict temps il se face aucune action, de part ny d'autre, au préjudice de la dicte suspension d'armes, et que toutes contraventions seront réparées à la première instance de celuy ou ceux qui en auront receu dommage.

Faict à Loudun, le 5ᵉ jour de mars 1616.

HENRY DE BOURBON.

BRISSAC, DE NEUFVILLE, J. A. DE THOU, M. DE VIC, P. PHÉLIPEAUX.

CLXXII.

Man. Bibl. impér. Fonds Dupuy, n° 450.

A la Royne, mère du Roy monseigneur. Du 5ᵉ mars 1616.

Madame, messieurs le mareschal de Brissac, de Villeroy et Pont-

---

[1] La trève, d'après la convention précédente, devait expirer le 1ᵉʳ mars. (Édit.)

chartrain, s'en allant par devant le Roy monseigneur et Vostre Majesté pour leur rendre compte de ce qui s'est passé en ceste conférence, pourront tesmoigner combien je suis désireux et soigneux qu'elle se termine en une bonne et durable paix. Je la supplie très humblement d'assister Sa Majesté de vos bons et sains conseils, et de croire que je ne désire rien tant passionnément que l'honneur de vos bonnes graces, et les occasions et moyens de rendre des preuves de ce mien désir par mon très humble service à Vostre Majesté, comme estant, Madame, vostre très humble et très obéissant serviteur et subject,

HENRY DE BOURBON.

De Loudun, le cinquiesme mars 1616.

CLXXIII.

Man. Bibl. impér. Fonds Dupuy, n° 450.

Au Roy mon souverain seigneur, du 5e mars 1616.

Sire, messieurs le mareschal de Brissac, de Villeroy et Pontchartrain pourront rendre tesmoignage à Vostre Majesté de l'affection que j'ay à la paix. Je supplie très humblement Vostre Majesté de la vouloir donner à vostre royaume, et me faire l'honneur de croire que je continueray en ce désir, et contribueray tout ce qui sera de moy pour assister Vostre Majesté en ce sainct et digne œuvre, aussy passionnément qu'en toute autre chose, à rendre le très humble service que je doibs à Vostre Majesté, comme celuy qui, plus que tout le reste du monde, suis et veux estre toute ma vie inviolablement, Sire, vostre très humble, très obéissant et très fidèle subject et serviteur,

HENRY DE BOURBON.

De Loudun, ce cinquiesme mars 1616.

CLXXIV.

Man. Bibl. impér. Supplém. franç. 3193.

De M. de Pontchartrain, du 5 de mars, receue le 7° 1616.
A M. de Sceaux, conseiller du Roy en son conseil d'estat et secrétaire des commandemens de Sa Majesté.

Monsieur, je ne vous feray que ce mot à la haste, puisque j'espère avoir cest heur de vous veoir lundy au soir, et aussy que vous verrez par la lettre que nous escrivons au Roy tout ce que je vous pourrois escrire. Faites en sorte que Sa Majesté agrée la continuation que nous avons faicte de la suspension d'armes pour cinq jours, comme l'ayant jugée nécessaire, quand bien l'on voudroit rompre, pour la réputation de ses affaires. Mais nous estimons qu'il la doibt tout d'un coup accorder jusques au 25 ou 30 de ce mois, quelque désordre qui en arrive. Je vous baise très humblement les mains, et demeure, monsieur, vostre très humble et affectionné serviteur,

P. PHÉLIPEAUX.

A Loudun, ce 5⁰ mars 1616, au soir.

CLXXV.

Man. Bibl. impér. Fonds Dupuy, n° 450.

Prolongation de la suspension d'armes jusques au vingt-cinquesme mars 1616.
Du sixiesme mars 1616.

De par le Roy,

Sa Majesté, ne voulant rien obmettre qui dépende d'elle pour la pacification des troubles de ce royaume, a trouvé bon de prolonger encore de dix jours la suspension d'armes cy devant accordée pour faciliter la conférence qui se fait à ceste fin à Loudun. C'est pourquoy Sa dicte Majesté a ordonné et ordonne que la dicte suspension d'armes et de toutes actions militaires par tout son royaume, pays et terres de son obéissance, sera prolongée et continuée jusqu'au vingt-cinquiesme du présent mois de mars; mandant à cest effect Sa dicte Majesté à tous gouverneurs et lieutenans généraux de ses provinces et villes, baillifs, sénéchaux, prévosts ou leurs lieutenans, capitaines, chefs et conducteurs de gens de guerre et autres, ses officiers et justiciers, que chascun d'eux, en droict soy, et comme à eux appartient, ils facent publier, garder et observer la présente ordonnance, la gardent et observent de leur part, et réparent et facent réparer toutes contraventions qui y pourront estre faictes.

Faict à Tours le 6e jour de mars 1616.

CLXXVI.

Extrait du journal d'Arnaud d'Andilly.

7 mars. — MM. de Nevers, de Brissac, Villeroy et Pontchartrain arrivent à Tours, ayant laissé MM. de Thou et de Vic.....

13 mars. — MM. de Nevers, de Brissac et de Pontchartrain retournent à la conférence chargez des volontez du Roy.

16 mars. — ..... Tresve continuée jusques à Pasques.
Tartas pris de nuit, par surprise, par M. de Gramont, et démantelé.

CLXXVII.

Man. Bibl. Sainte-Geneviève et Mazarine.

Lettre du Roy à MM. de Thou et de Vic; du 7e mars 1616.

Messieurs de Thou et de Vic, ayant entendu de mon cousin le mareschal de Brissac, et des sieurs de Villeroy et de Pontchartrain, que, affin qu'ils eussent le temps de me venir trouver, vous avez tous ensemble prolongé de cinq jours la suspension d'armes, j'ay agréé ce que vous avez faict en cela, et trouvé bon d'y en adjouter encore cinq autres pour leur donner moyen de retourner à Loudun, en sorte que la dicte suspension soit continuée jusques au 25ᵉ de ce mois, tant je désire de ne rien obmettre qui dépende de moy pour parvenir à une bonne paix. Vous en pouvez donc passer l'acte avec mon cousin le prince de Condé, en vertu du pouvoir qui vous est donné par ceste lettre, et vous en retirerez un signé de luy, que vous m'envoyerez au plus tost, ainsy qu'il fut faict dernièrement pour l'autre prolongation, affin que je puisse incontinent advertir de ma volonté les gouverneurs et mes lieutenans généraux par toutes les provinces, et leur mander de la faire observer, comme vous tiendrez la main que mon dict cousin donne ordre de son costé que ceux qui dépendent de luy y satisfacent, et mesme s'en rendent plus exacts et équitables observateurs qu'ils n'ont esté jusques à ceste heure, à laquelle je ne vous ferai plus longue response que pour prier Dieu, etc.

CLXXVIII.

Man. Bibl. impér. Supplém. franç. 3193.

MM. de Thou et de Vic, du 8 mars, receue le 9ᵉ du dict mois 1616.

Au Roy.

Sire, incontinent celle de Vostre Majesté receue, nous sommes allez trouver monseigneur le Prince, et luy avons faict entendre qu'elle agréoit la suspension d'armes des cinq jours desjà faicte, et qu'elle y en adjoutoit encore cinq autres, pour avoir lieu la dicte suspension jusques au 25ᵉ du présent, à ce que de sa part il en donne advis à ceux qui dépendent de luy, pour la faire observer, comme Vostre Majesté en advertira ses gouverneurs et lieutenans généraux à mesme effect; il espère que MM. les depputez qui sont maintenant près de Vostre Majesté apporteront à leur retour la continuation jusques à la fin du mois. Il fait grande instance pour le vice-baillif de Gien, auquel il dit que, nonobstant que Vostre Majesté en ayt escrit pour faire cesser les poursuittes, on ne laisse à Orléans de passer outre à luy confronter tesmoins. Il supplie donc très humblement Vostre

Majesté en faire une décharge, et en escrire mesme à vostre procureur général, pour faire surseoir les dictes poursuittes. Il a faict aussy plaincte pour un nommé La Coudraye, son domestique, lequel, allant à Nogent le Rotrou pendant la tresve, a esté arresté par le vice-baillif de Chartres, et mené ès prisons du dict lieu. C'est pourquoy il supplie très humblement Vostre Majesté commander qu'il soit mis en liberté. Mme de la Trimouille, qui est icy par permission de Vostre Majesté, la supplie aussy très humblement vouloir effectuer la grace qu'elle luy a faicte estant à Tours, et faire desloger ce peu de garnison qui reste à l'Isle-Bouchard, où elle fait de grands désordres. Nous dirons, pour fin de la présente, que la continuation de la tresve a esté icy receue avec réjouissance publique et tesmoignage asseuré qu'elle engendrera la paix, à quoy monseigneur le Prince, ensemble les princes et autres qui sont près de luy se montrent fort disposez; en cest endroit, nous supplions très humblement la bonté divine, Sire, accroistre en nous ses sainctes bénédictions, et donner à Vostre Majesté, en parfaicte santé, très longue et très heureuse vie,

Vos très humbles, très obéissans et très obligez serviteurs et subjects,

J. A. DE THOU, M. DE VIC.

A Loudun, ce 8ᵉ de mars 1616, au soir.

CLXXIX.

Man. Bibl. impér. Supplém. franç. 3193.

MM. de Thou et de Vic, du 8 mars, receue le 9ᵉ du dict mois 1616.

A M. de Sceaux, conseiller du Roy en son conseil d'estat et secrétaire des commandemens de Sa Majesté, en cour.

Monsieur, outre celle que nous escrivons à Sa Majesté, vous recevrez celle cy par les mains du beau-père de la Coudraye, que monseigneur le Prince supplie très humblement Sa Majesté vouloir commander estre mis en liberté. Il a désiré estre porteur de la présente pour recevoir de vous les dépesches nécessaires et solliciter la délivrance requise. Nous n'adjousterons rien à celle de Sa Majesté, sinon pour vous supplier avoir l'affaire de Mme de la Trimouille pour recommandée. En telles choses (comme vous sçavez, monsieur), la grace qui oblige par la prompte expédition se perd par la longueur et remise. Et n'estant celle cy à autre fin, nous supplions très humblement nostre Seigneur vous donner, monsieur, parfaicte santé, heureuse et longue vie.

Vos très humbles et très affectionnez serviteurs,

A. DE THOU, M. DE VIC.

De Loudun, ce 8 mars 1816.

CLXXX.

Man. Bibl. impér. Supplém. franc. 3193.

Acte de la prolongation de la tresve jusques au 25° de mars 1616, envoyé par MM. de Thou et de Vic, avec la lettre du 8 mars 1616.

Les sieurs de Thou et de Vic, commissaires depputez par le Roy vers monseigneur le Prince en la ville de Loudun pour le traicté et négociation de la paix de son royaume, ont, soubs le bon plaisir de Sa Majesté et suivant le pouvoir qu'il luy a pleu leur donner par ses lettres de cachet du septiesme du présent mois, signées Louis et contresignées Potier, prolongé avec mon dict seigneur le Prince la tresve et surséance d'armes, cy devant accordées à Fontenay dès le 20° janvier dernier passé, jusques au vingt-cinquiesme du présent mois inclusivement, y compris les cinq jours de prolongation accordez par acte du cinquiesme de ce dict mois, que Sa Majesté a agréez par sa dicte lettre, pour estre la dicte trefve inviolablement observée de part et d'autre jusques au dict 25°, et les contraventions qui y pourroient estre faictes incontinent réparées ; recevant les articles sur ce arrestez dès le dict jour 20° janvier.

Faict à Loudun, ce huictiesme jour de mars mil six cens seize.

HENRY DE BOURBON.

J. A. DE THOU, M. DE VIC.

CLXXXI.

Man. Bibl. Sainte-Geneviève et Mazarine.

Lettre du Roy aux capitaines estans à l'Isle-Bouchart, du 10° mars 1616.

Vous qui commandez aux deux compagnies du régiment de Navarre qui sont en l'Isle-Bouchard, ne faillez, incontinent la présente receue, à les en déloger et faire acheminer en ma ville de Saumur, où je veux et entends qu'elles demeurent, pour servir en tout ce que leur ordonnera pour mon service le sieur Duplessis [1], gouverneur d'icelle; mais surtout prenez garde à les faire vivre de sorte que mes subjects n'en reçoivent aucune oppression.

Escrit à Tours, le 10° jour de mars 1616.

CLXXXII.

Man. Bibl. Sainte-Geneviève.

Lettre du Roy à MM. de Thou et de Vic, depputez du Roy à Loudun,
du 10° mars 1616.

Messieurs de Thou et de Vic, je receus hier une lettre du jour précédent et l'acte que vous avez passé avec mon cousin le prince de Condé pour la prolongation de la suspension d'armes jusques au 25° de ce mois, et vous escris celle cy pour vous asseurer que je l'ay eu agréable, et ay envoyé par toutes les provinces de mon royaume les dépesches nécessaires pour faire observer ce qui est porté par iceluy, et aussy pour vous advertir que mon cousin le mareschal de Brissac et les sieurs de Villeroy et de Pontchartrain ne pourront estre à Loudun que dimanche ou lundy, parce que je veux en leur présence bien considérer et examiner toutes les affaires pour lesquelles ils me sont venus trouver, et les renvoyer avec entière instruction et résolution sur icelles, ayant ces trois jours cy [2] receu les

---

[1] Duplessis-Mornay. (Édit.)

[2] Il est évident, d'après ce passage, que Conférence de Loudun.

MM. de Brissac, de Villeroy et de Pontchartrain avaient remporté avec eux à

vingt-neuf articles que mon dict cousin avoit baillez avec les responses que je vous avois envoyées, et le cahier de l'assemblée de Grenoble que j'avois respondu à Poictiers, et m'estant faict représenter toutes les difficultez qui s'y rencontrent, pour juger ce que je puis accorder et le résouldre et déclarer comme j'ay faict, tellement que j'espère de veoir ensuitte le règlement du conseil; cependant je vous envoie la dépesche que désire ma cousine la duchesse de Thouars[1], pour sortir de l'Isle-Bouchard les deux compagnies qui y sont, sur l'asseurance qu'elle m'a donnée, et que vous pouvez encore prendre d'elle, que ceste place demeurera en mon obéissance; ayant bien voulu que vous la luy bailliez, affin qu'elle mesme la face tenir à ceux qui les commandent; et, parce qu'il est à propos que, pour aller à Saumur, où j'ay trouvé bon de les envoyer, elles ne passent point en lieu où elles puissent donner du soupçon. Je vous envoie aussy un mémoire du chemin qu'elles doibvent tenir, que vous leur pourrez faire bailler par mesme moyen. Au reste, j'ay faict escrire à Chartres pour ce domestique de mon dict cousin nommé La Coudraye, que vous me mandez avoir esté arresté en allant à Nogent et à Orléans par le vice-baillif de Gien, comme mon dict cousin l'a désiré, de quoy vous le pouvez asseurer, et je n'ay autre response à vous faire pour ceste heure, sinon que je seray bien aise d'estre adverty par vous de ce qui se passera par de là.

CLXXXIII.

Man. Bibl. impér. Supplém. franç. 3193.

Mémoire touchant Bourg-l'Archambeau, dont a été baillé une copie à M. de Pontchartrain le 11 mars 1616[2].

La maison du Bourg-Archambaud est en Poictou, à deux lieues

Tours les vingt-neuf articles, pour examiner de nouveau avec le Roi les réponses à faire. (Édit.)

[1] La duchesse de Thouars était Mme de la Trimouille (voir les dépêches précédentes, pag. 431 et suiv.); la vicomté de Thouars avait été érigée en duché en 1563, et en pairie en 1595. (Édit.)

[2] Ce renseignement fut sans doute communiqué à M. de Pontchartrain pendant son séjour à Tours, afin qu'il pût s'en servir pour éclairer la cour. (Édit.)

de Montmorillon, à une de Sainct-Savin, à cinq de Lussac Laage et à sept de la Souterrane; le seigneur du lieu est ouvertement déclaré pour le parti de M. le Prince, duquel il a asseurance, où le traicté de paix ne réussira, de luy donner jusques à cinq cens hommes de pied et nombre de cavalerie pour loger dans la dicte maison, pour de là faire la guerre aux provinces et places circonvoisines.

Le dict sieur a entreprinse sur Montmorillon qui se doibt exécuter par la porte qui est le long de l'eau, ou celle qui respond au logis de M. Thomas, seneschal du dict Montmorillon, lesquelles portes sont néantmoins murées, mais doivent estre pétardées, et, suivant l'intelligence qu'il a avec quelques particuliers habitans, donner et poser l'escalade à la muraille qui est le long des jardins.

Pour l'entreprinse qui est sur Sainct-Savin, l'on n'en fait la particularité, sinon qu'asseurément elle doibt estre exécutée si la guerre est.

Et ne sont les dictes entreprinses dressées sur les dictes places que pour faciliter le traicté des intelligences et pratiques (ainsy que l'on l'a faict entendre) que l'on a sur Poictiers.

Se saisissant de la maison de Bourg-Archambaud, qui est très bonne, forte et spacieuse, on rompt les desseings et entreprinses du dict sieur sur les dictes places, lesquelles ne se pourroient garantir qu'avec garnisons, tant pour s'opposer aux courses de l'ennemi que pour empescher à l'advenir toutes surprinses et pratiques.

Ne désirant M. le Prince, où la guerre sera, que de se saisir de beaucoup de places par les provinces, pour d'autant divertir les forces de Sa Majesté.

CLXXXIV.

Man. Bibl. impér. Supplém. franç. 3193.

Lettre de MM. de Thou et de Vic, du 12 mars 1616, à M. de Villeroy, conseiller du Roy en son conseil d'estat.

Monsieur, nous espérions l'honneur de vous revoir ce jourd'huy en ceste ville; mais la lettre qu'il a pleu au Roy nous escrire du 10 de ce mois (laquelle ne nous a esté rendue qu'à midy) nous a faict cognoistre que vous avez esté retenu près de Leurs Majestez pour des considérations importantes à leur service, et que ne pouviez estre en ce lieu plus tost que lundy prochain, ce qui nous a occasionné de dépescher ce porteur exprès pour vous donner advis, monsieur, que depuis deux ou trois jours les affaires et les personnes se sont brouillées par deçà sur divers subjects, comme vous verrez cy après.

Monseigneur le Prince partit jeudy dernier de ceste ville, comme Mme la comtesse de Soissons, pour aller à Fontevrault, contre l'advis des principaux qui sont près de luy, lesquelz avoient jà rompu le mesme voyage dès le jour précédent. Pendant ceste absence, MM. les princes et autres officiers de la couronne se sont assemblez premièrement deux à deux, puis en plus grand nombre, et ont enfin déclaré tous ensemble avoir appris avec certitude que Monseigneur et M. de Bouillon, avec lesquelz ils disent qu'on a communiqué et traicté en particulier, se promettent et ont donné asseurance de faire seuls la paix, et en avoir l'honneur et le proffit ensemble[1]; qu'outre les contentemens qui ont esté promis à mon dict seigneur le Prince, lesquelz ils n'envient point pour sa qualité, il a esté aussy promis à M. de Bouillon l'entretenement de deux compagnies de gendarmes, l'une pour luy et l'autre pour son fils, trois cens hommes de garnison nouvelle, avec quelques autres gratifications; qu'ils ne luy cèdent ny en affection ny en moyens de servir Leurs Majestez et l'estat, et ne peuvent supporter ceste grande différence qu'on fait d'eux tous avec le dict seigneur; qu'ils ont les hommes, les villes et les moyens, dans ceste province et plusieurs autres, pour faire cognoistre que le repos qu'ils désirent à ce royaume dépend plus d'eux que des autres, qui n'y ont aucun pouvoir que celuy de leur soubmission volontaire, et qu'ils sont prestz de le déclarer à tous deux en pleine assemblée, s'asseurant qu'aux délibérations qu'il faudra prendre en leurs conseils,

---

[1] Cette opinion est restée celle de la plupart des seigneurs ligués, et en particulier des réformés, comme on peut s'en assurer par les Mémoires du duc de Rohan. (Édit.)

des quatre parts des opinions, les trois du moins seront pour eux contre les autres; qu'ils ne peuvent souffrir non plus la démission que veut faire monseigneur le Prince du gouvernement de Guyenne, et que sa qualité luy en peut aussy bien faire tenir deux, comme d'autres, qui n'en approchent pas, en tiennent trois et quatre. Ils asseurent d'ailleurs que Mme la princesse la mère se plaint grandement de ceste résolution, et a prié très instamment les seigneurs qui sont icy de le divertir de ce desseing. Un gentilhomme nouvellement venu en ceste ville nous a asseurez luy avoir dict que chascun s'étonnoit de ce qu'il vouloit quitter les lions de Guyenne pour les moutons de Berry; à quoy il avoit répondu que cela n'estoit pas [1]. Ce qui est encore, à nostre jugement, considérable, monsieur, est qu'on nous a asseurez que les princes catholiques qui sont icy se sont joints avec les autres en ce commun mécontentement, et disent ouvertement qu'ils pensent debvoir avoir part à l'honneur de la paix comme les premiers, et ne demandent autre gratification en leur particulier que le bien faire, pourveu que tous soient traictez également. Pour se lier plus estroitement avec ceux de la religion prétendue refformée, ils offrent de signer les articles qu'ils ont refusé de signer avec mon dict seigneur le Prince [2].

Il est d'ailleurs survenu une chose presque de néant qui les a mis comme en alarme, c'est l'arrivée d'une cordonnière qui s'advoue à la Royne mère, laquelle a dict avoir eu commandement de sa bouche de faire ses recommandations à monseigneur le Prince, à M. du Mayne et à M. de Bouillon, ensemble à MM^{mes} la comtesse de Soissons, de Longueville et de la Trimouille; de quoy ceste pauvre femme s'est pensé prévaloir en bien servant et le disant aux uns et autres. Ce triage a donné occasion aux princes, princesses, seigneurs et dames non nommées, qu'on avoit voulu tesmoigner de la faveur à ceux et celles dont

---

[1] Cela fut cependant, et le prince, après la signature de la paix, prit possession de son nouveau gouvernement. (Édit.)

[2] Ces articles avaient été arrêtés au camp de Sansay en Poitou, entre M. le Prince et les réformés, le 27 novembre 1615. Ils ne sont signés que de lui et des députés de l'assemblée de Nîmes. (Édit.)

Sa Majesté s'estoit soubvenue, comme aussy de la défaveur et de la haine de ceux et celles qu'on avoit volontairement oubliez. Nous avons tasché d'éluder ceste mauvaise jalousie sur la qualité de la personne; mais l'action ayant esté faicte publique, les non nommez se tiennent pour offensez.

Il y eut avant hier un commencement de prise, en un conseil qui fut tenu de ceux de la religion prétendue refformée, entre MM. de Bouillon et de Rohan (l'ambassadeur de la Grande Bretagne estoit en ce conseil), car ce dernier parla un peu librement comme l'on dit, et croit on qu'il a envoyé quérir son frère[1] pour continuer ce qu'il a commencé.

Vous jugerez, monsieur, par vostre prudence, si ce que dessus est de quelque considération, comme nous le croyons, ayant appris d'aucuns des principaux que cela estoit prest d'éclater; c'est pourquoy nous les avons conjurez de différer jusques à vostre retour, ce que nous tascherons d'obtenir, joinct que mon dict seigneur le Prince n'est encore revenu de son voyage. Sur quoy, attendant ce qu'il vous plaira nous ordonner, nous supplions le Créateur vous ramener bientost, monsieur, avec autant de santé et de contentement que vous en souhaitent vos très humbles et très affectionnés serviteurs,

J. A. DE THOU, M. DE VIC.

De Loudun, ce 12e mars, à sept heures du soir.

CLXXXV.

Man. Bibl. impér. Supplém. franç. 3193.

Addition à la lettre.

Monsieur, depuis ceste lettre escrite, nous avons appris de bon lieu qu'on a faict changer le désir que M. de Longueville pouvoit avoir de quitter son gouvernement pour la Normandie (dont il nous a parlé

---

[1] M. de Soubise. (Édit.)

à tous deux ensemble fort ouvertement en présence de M. de Rohan), et dit on qu'il n'y est aucunement disposé, si ce n'est à condition que Monsieur, frère du Roy, prenne la Picardie, afin que si, venant en aage plus advancé, il demandoit l'un, il fust occasionné de remettre l'autre, et que par mesme moyen la lieutenance de la dicte province, voire mesme la citadelle d'Amiens, fussent baillées à M. de Luynes pour oster le moyen à celuy duquel ils se sont plaincts, et de bouche et par escrit, de se prévaloir en ce changement contre luy ny contre ses amis. M. de Candalle[1] arriva hier au soir en poste, et fut aussytost visité de ses nouveaux frères, lesquelz s'assemblèrent tous après cela chez M. de Sully, où ils tinrent un long conseil sur ce subject que dessus.

CLXXXVI.

Man. Bibl. impér. Supplém. franç. 3193.

Annexé par MM. de Thou et de Vic avec la lettre du 12 mars 1616.

Dernier mémoire[2].

Monsieur, nous avons donné advis à M. de Bouillon par le sieur Justel du contenu en nostre lettre, affin qu'il y donnast l'ordre qu'il adviseroit, et en communiquast avec monseigneur le Prince s'il venoit ce soir, comme il est arrivé; ce qui a esté faict, et m'ont mandé tous deux, présentement qu'il est près de neuf heures du soir, qu'ils avoient sceu ce que nous avions appris, et que, pourveu que vous, monsieur, fissiez effectuer ce dont vous avez conféré ensemble, malgré les brouillons, tout ira au contentement de Leurs Majestez; ce que j'ay voulu adjouster à nostre lettre, ensemble que, depuis quatre heures, il s'est tenu un conseil chez M. de Sully, où étoient tous ceux de la religion prétendue refformée, et m'a l'on voulu dire qu'il y avoit

---

[1] Voir plus haut, Assemblée de Nîmes. (Édit.)

[2] Cette expression de *dernier* mémoire et plusieurs autres indices en supposent un premier que nous n'avons pas trouvé (Édit.)

des personnes de la part des princes catholiques, ce que je ne puis croire.

De Loudun, ce 12 mars, à 9 heures du soir.

CLXXXVII.

Man. Bibl. impér. Supplém. franç. 3193.

M. de Vic, du 12 mars, receue à Tours le 13 du dict mois 1616.

A M. de Sceaux, conseiller du Roy en son conseil d'estat et secrétaire des commandemens de Sa Majesté.

Monsieur, nous envoyons ce porteur (en espérance qu'il trouvera encore monsieur de Villeroy à Tours) pour luy donner advis que depuis le partement de monseigneur le Prince, qui alla jeudy dernier à Frontevrault avec Mme la comtesse de Soissons, il s'est découvert une partie faicte entre le dict seigneur et M. de Bouillon. Sur ce, tous les autres se sont persuadez que ces deux seuls se promettent de faire la paix, et en tirer l'honneur et le proffit, et qu'en ceste qualité on a traicté particulièrement avec eux, et promis à l'un cecy et à l'autre cela; de quoy ils se sentent tellement offensez qu'ils ont résolu de leur en faire reproche en pleine assemblée, et leur faire cognoistre qu'ils ne pouvoient aucune chose en ceste province sans ce qu'ils leur ont soumis volontairement, et qu'ayant en leur pouvoir les villes, les hommes et les moyens, ils les retireront quand ils voudront, et feront cognoistre leur foiblesse, s'ils pensent passer outre sans leur consentement. Aucuns d'entre eux se sont ouverts jusques là qu'ils supplieront le Roy que toutes choses soient remises comme elles estoient en six cens six, sans demander autre chose qu'à servir Leurs Majestez en leurs charges et à qui mieux fera; à quoy nous les avons grandement exhortez; et donné espérance que, s'ils viennent à ceste soumission et servent aussy bien et fidèlement qu'ils parlent, le Roy les chérira et favorisera selon leur affection et mérite. Nous tascherons cependant de tenir ceste jalousie en estat jusques à l'arrivée de MM. les depputez, et apprendrons cependant tout ce qui se pourra de plus important pour le service du Roy. M. de Candalle arriva hier l'après-disnée en poste, et fut aussy tost visité de ses nouveaux frères. M. de Vendosme ny tous les autres princes et ducs, fors monseigneur le Prince, ne sont partis de ceste ville. C'est tout ce que nous vous pouvons dire, monsieur, pour response à vostre lettre du 10, qui ne nous a esté rendue que ce jourd'huy à midy. Croyez nous, s'il vous plaist, vos très affectionnez serviteurs,

M. DE VIC.

CLXXXVIII.

Man. Bibl. impér. Fonds Dupuy, n° 450.

Lettre de la Royne à monseigneur le Prince, du 13 mars 1616.

Mon nepveu, les sieurs mareschal de Brissac, de Villeroy et de Pontchartrain, me rendant compte de ce qui s'est passé par de là, m'ont particulièrement représenté la bonne intention que vous leur avez faict paroistre à l'accommodement de ces affaires, et au service du Roy monsieur mon fils et bien de son royaume; ce qui me fait espérer que nous verrons bientost un bon succez de ceste conférence, y apportant de nostre part la bonne disposition qui y peut estre nécessaire. Nous renvoyons les dicts sieurs vers vous pour cest effect; lesquelz vous diront aussy l'estat asseuré que vous debvez faire de l'amitié et bienveillance du Roy mon dict seigneur et fils, et de la mienne. Sur ce, je prie Dieu, mon nepveu, qu'il vous conserve en santé.

CLXXXIX.

Man. Bibl. impér. Fonds Dupuy, n° 450.

Lettre du Roy à M. le Prince, du 14 mars 1616.

Mon cousin, j'ay receu par les mains des sieurs mareschal de Brissac, de Villeroy et de Pontchartrain, les lettres que vous m'avez escrites, et m'ont particulièrement tesmoigné l'affection que vous portez à l'accommodement de ces affaires; ce qui me fait espérer d'en avoir bientost une bonne issue, puisque, de ma part, je m'y veux entièrement résoudre, pour le bien et repos de mon royaume et de mes subjects. Les dicts sieurs s'en retournent vers vous, pour mettre fin à ce bon œuvre, bien informez de mes intentions; et lesquelz vous représenteront aussy le ressentiment que j'ay eu de l'affection particulière que vous faites paroistre en mon endroit, et les assurances que vous debvez prendre de ma bienveillance envers vous. Je m'en remets sur eux, et prie Dieu, mon cousin, etc.

CXC.

Man. Bibl. impér. Supplém. franç. 3193.

M. de Pontchartrain, du 13 mars, arrivée à Tours le 14 du dict mois 1616.

A M. de Sceaux, conseiller du Roy en son conseil d'estat
et secrétaire de ses commandemens.

Monsieur, nous estions, M. de Villeroy et moy, dans son carrosse, prests à sortir les portes de Tours, lorsque l'homme de M. de Vic nous a rencontrez, et, estant sur ses chevaux de poste, il a présenté à mon dict sieur de Villeroy les lettres que vous trouverez cy encloses et une autre à moy. Nous nous sommes arrestez assez longtemps, considérant le contenu aux dictes lettres, et opinant si nous debvions retourner pour veoir le Roy et la Royne sur le subject d'icelles. Mais enfin, après y avoir bien pensé, nous nous sommes résolus de continuer nostre voyage, ne voyant rien dans les dictes lettres qui le dust faire rompre, veu mesme qu'il eust esté malaisé que nous feussions partis aujourd'huy de Tours si nous feussions retournez, ce que, possible, Leurs Majestez n'eussent eu agréable. Et néantmoins, après que ces messieurs ont eu veu et considéré les dictes lettres, ils ont jugé qu'il estoit bien à propos de les vous envoyer, affin que vous puissiez informer Leurs Majestez du contenu en icelles; attendant que, après que nous serons arrivez à Loudun et recogneu ce qui s'y passe, nous vous en puissions mander de plus certaines nouvelles.

Toute la peine où nous sommes maintenant est de sçavoir comment nous passerons la rivière à Chinon, car les ponts sont rompus, et les eaux tellement débordées, que l'on nous fait ces passages extresmement difficiles et dangereux pour les chariots et carrosses. Nous espérons néantmoins que Dieu nous fera la grace de nous en échapper. Je vous baise très humblement les mains, et vous supplie de me croire tousjours, monsieur, vostre très humble et affectionné serviteur,

P. PHÉLIPEAUX.

A Azay, ce dimanche au soir, 13 mars 1616.

CXCI.

Man. Bibl. impér. Supplém. franç. 3193.

M. de Villeroy, du 13 mars, receue à Tours le 14 du dict mois 1616.
A M. de Sceaux, conseiller et secrétaire d'estat et des ordres du Roy.

Monsieur, nous vous envoyons les lettres de MM. de Thou et de Vic que nous avons receues estant M. de Pontchartrain et moy en carrosse aux portes de la ville, où les ayant à demy leues, nous n'avons estimé debvoir rebrousser chemin ny nous arrester pour le subject d'icelles, comme vous jugerez mieux que nous par la lecture, espérant que ceste rumeur, si elle n'est fainte (comme je n'ay pas opinion qu'elle soit), augmentera plus tost qu'elle ne diminuera en l'ame de M. le Prince, et peut-estre de M. de Bouillon, le désir de la paix, pour en advancer la conclusion. A quoy nous pourrons veoir plus clair à nostre arrivée à Loudun, où nous faisons estat de nous rendre demain, si les rivières qui sont débordées nous le permettent, au passage de la Vienne à Chinon. Je prie Dieu, monsieur, qu'il vous conserve en santé.

D'Azay, le 13 de mars au soir 1616.

Vostre très affectionné serviteur et cousin,
DE NEUFVILLE.

CXCII.

Man. Bibl. impér. Supplém. franç. 3193.

De M. de Vic, du 14 mars 1616, receue le 16 du dict mois.

A M. de Sceaux, conseiller du Roy en son conseil d'estat et secrétaire des commandemens de Sa Majesté, en cour.

Monsieur, vostre lettre du 13 m'a esté rendue à midy par celuy que j'avois dépesché à M. de Villeroy, lequel nous a escrit d'Azay vous avoir envoyé nostre dépesche pour la faire veoir à Leurs Majestez. Si, outre la lettre principale qui est escrite de ma main, vous avez veu les deux mémoires que j'y adjoustay l'un après l'autre, selon que les advis nous estoient donnez, vous aurez appris tout ce qui estoit survenu jusques à neuf heures du soir du 12 de ce mois. Depuis le retour de monseigneur le Prince qui alla descendre chez M. de Bouillon, on a tasché d'alentir les violences qui estoient proposées par plusieurs des plus grands, et y a fallu apporter beaucoup d'artifices. Je me doute que nos advis n'auront pas esté tenus de grande considération, et je souhaite que le succez les face trouver telz. Mais nous sçavons que cela a cuidé produire beaucoup de nouveautez préjudiciables au service du Roy; car, outre les trois derniers venus qui vouloient porter les affaires au pis, il s'est trouvé deux des dames qui n'avoient pas moins d'aigreur que les autres. Monseigneur le Prince a esté enfermé deux heures ce matin chez M. de Sully, seul, pour raccommoder ce qui avoit esté gasté. MM. de Vendosme, de Rohan et de Candalle y sont allez depuis, et je l'ay visité après cela, qui m'a donné bonne espérance, pourveu qu'on se conduise d'autre façon qu'on n'a faict au premier voyage; car véritablement sa partie est plus forte, et néantmoins bien disposée. On a dépesché ce matin Desbordes Mercier à la Rochelle, qui est le plus violent des quatre depputez; qui m'a faict craindre qu'il y allast pour brouiller, ne l'ayant peu persuader qu'il attendist l'arrivée de messieurs nos depputez. Mais le dict seigneur m'a asseuré qu'il n'en falloit rien craindre pour ce voyage. Nous irons au devant des dicts sieurs depputez, pour les advertir de tout ce que nous avons appris. Et supplie cependant le Créateur vous conserver, monsieur, selon le souhait de vostre plus humble et très affectionné serviteur,

M. DE VIC.

De Loudun, ce 14e jour de mars 1616, à une heure après midy.

Je vous supplie très affectueusement, monsieur, favoriser ce porteur, que je cognois de longue main, de l'expédition de la coadjutorerie de l'abbaye de Pebrac, qui est de peu de valeur, à laquelle l'oncle associe son nepveu, qui est frère du dict porteur, lequel a servi le Roy en plusieurs affaires qui m'ont passé par les mains.

CXCIII.

Man. Bibl. impér. Suppl. franç. 3193.

Lettre de M. de Vic à M. de Sceaux [1].

Monsieur, j'ay prié ce porteur différer son partement jusques à ce jourd'huy matin, affin qu'il vous portast l'advis de l'arrivée de messieurs les depputez, lesquelz nous allasmes recebvoir à une lieue d'icy; et fûs advisé qu'ils iroient tous ensemble descendre chez monseigneur le Prince, que nous trouvasmes seul en son logis, lequel nous asseura derechef qu'il estoit en la mesme volonté qu'on l'avoit laissé, quelque traverse qu'on y eust voulu donner, et qu'il espéroit que les paisibles l'emporteroient par dessus les brouillons. Il receut et leut les lettres de Leurs Majestez, puis accompagna les dicts sieurs depputez jusques à la porte de son logis. Il retint M. de Nevers, et les autres dicts depputez s'assemblèrent chez M. le mareschal de Brissac, où ils advisèrent de conférer ce matin ensemble, pour s'instruire du passé, et veoir ce qu'il faudra faire cy après; car sans doute mon dict seigneur nous pressera de travailler l'après-disnée. Voulant me rendre

[1] Cette lettre, dont la feuille a été coupée par en bas, ne présente point, par suite, de signature; elle est tout entière écrite de la main de M. de Vic. (Édit.)

présentement chez M. de Villeroy, j'ay trouvé que mon dict seigneur le Prince y estoit avant sept heures. M. de Bouillon garda hier le lit plus de sa choie d'esprit que de maladie du corps, quoique cestuy cy soit incommodé grandement du travail de l'autre.

De Loudun, ce 15 mars 1616, après huict heures du matin.

CXCIV.

Man. Bibl. impér. Supplém. franç. 3193.

M. de Villeroy, du 15 mars 1616, receue le 16.

A M. de Sceaux, conseiller du Roy en son conseil d'estat et secrétaire de ses commandemens et ordonnances.

Monsieur, nous avons trouvé ces messieurs plus émeus et discordans que nous ne les avions laissez, comme vous avez appris des lettres de MM. de Thou et de Vic que nous vous avons envoyées; et combien qu'il semble que l'orage soit passé, toutefois il dégouttera encore quelques jours. De quoy nous avons commencé de nous ressentir en nostre première conférence teneue ceste après-disnée, où nous les avons trouvez plus farouches et difficiles que devant, n'ayant receu aucun contentement des derniers commandemens que nous avons rapportez. Peut-estre s'adouciront-ils après avoir dormy; mais asseurément nous nous roidirons en exécution des ordres qui nous ont esté déclarez et prescrits. J'ay receu vostre lettre par le sieur Tenon, et vous escris la présente par M. de Lisle Ro... vous présentant mes très affectionnées recommandations, et priant Dieu, monsieur, qu'il vous conserve en santé.

De Loudun, le 15 de mars 1616.

Vostre affectionné serviteur et cousin,
DE NEUFVILLE.

Ils pressent desjà que nous prolongions la tresve; de quoy nous nous défendrons pour deux ou trois jours, s'il est possible, pour avoir plus de loisir de recognoistre leurs fins devant de nous engager.

CXCV.

Man. Bibl. impér. Fonds Dupuy, n° 450. — Supplém. franç. 3193.

MM. les depputez du Roy à Loudun, du 15 mars 1616, receue le 16.

Au Roy.

Sire, nous arrivasmes hier au soir en ceste ville, et allasmes descendre au logis de monseigneur le Prince pour luy faire la révérence, sans luy parler d'aucune affaire, ce que nous remismes à aujourd'huy. Nous ne laissasmes d'apprendre et recognoistre la brouillerie qui a esté parmy ces gens cy, et dont Vostre Majesté pourra avoir esté informée par les lettres de MM. de Thou et de Vic. Monseigneur le Prince a travaillé tant qu'il a peu à assoupir cela, de telle sorte que ceste division ne paraît plus; mais nous nous apercevons bien qu'elle a altéré les esprits de plusieurs d'entre eux, qui se portent beaucoup plus froidement en ces affaires qu'ils ne faisoient; et de fait, nous estant assemblez après disner pour commencer à prendre quelque résolution sur nos affaires, nous n'y avons trouvé que des aigreurs telles que nous n'avons peu convenir d'aucune chose, que de ce dont nous avons estimé nous debvoir relascher; de quoy Vostre Majesté pourra sçavoir les particularitez par le mémoire que nous en envoyons à M. de Sceaux. Ils demeurent tousjours fermes à cest article qui fait mention de l'observation du premier article du cahier du tiers estat, nous ayant déclaré ne se pouvoir contenter de la response que nous y avons faicte, à laquelle néantmoins nous nous sommes arrestez; ils font aussy une instance très grande pour le rasement de la citadelle d'Amiens, et sur quoy ils semblent vouloir rejeter toutes sortes d'ouvertures. Nous pouvons tesmoigner à Vostre Majesté que monseigneur le Prince fait toujours paroistre une très bonne intention à l'accommodement de ces affaires; nous verrons demain s'ils y auront plus de disposition que aujourd'huy, et en ferons sçavoir des nouvelles à Vostre Majesté; cependant nous luy dirons qu'ils ont desjà commencé à nous faire instance de la prolongation de la surséance d'armes, à quoy nous avons différé encore de respondre. Nous prions Dieu, Sire, donner à Vostre Majesté très heureuse et très longue vie.

De Loudun, ce 15° mars 1616, au soir,

Vos très humbles, très obéissans et très fidèles subjects et serviteurs,

DE BRISSAC, DE NEUFVILLE, J. A. DE THOU, M. DE VIC, P. PHÉLIPEAUX.

CXCVI.

Man. Bibl. impér. Fonds Dupuy, n° 450.

Du 15° jour de mars 1616, à Loudun.

[Mémoire de ce qui s'est passé à la conférence de Loudun le 15 mars 1616, envoyé par les députés au Roi, avec leur lettre dudit jour.]

Les depputez du Roy s'estant assemblez ceste après-disnée en conférence avec monseigneur le Prince, assisté de ceux qu'il a cy devant establis pour commissaires, l'on a commencé par les articles généraux sur lesquelz toutes les responses ont esté leues.

Sur le deuxiesme article, qui concerne le premier article du tiers estat[1], les dicts depputez sont demeurez fermes en la response qu'ils en ont cy devant faicte[2], si mieux M. le Prince ne vouloit accepter celle qui est contenue en un billet que la Royne mère mit ces jours passez ès mains des dicts depputez[3]; mais monseigneur le Prince déclara que ceux qui estoient joints avec luy ne se pouvoient contenter de l'une ny de l'autre.

Sur le troisiesme article, qui concerne la révocation des surséances données au conseil pour l'exécution des arrestz du parlement de Paris[4], il y a eu de grandes disputes entre les dicts depputez et M. le Prince, lequel ne pouvoit prendre en bonne part ce que les dicts depputez représentoient, ny pouvoir respondre autrement qu'ils

---

[1] Voir sur cet article la note déjà citée page 375. (Édit.)

[2] Voir cette réponse page 377. (Édit.)

[3] Nous n'avons point trouvé cette pièce. (Édit.)

[4] Voir page 449. (Édit.)

avoient faict, jusques à ce qu'ils eussent veu les dicts arrestez, disant que c'estoit une défaite que l'on luy vouloit donner; mais qu'il ne pouvoit, en sorte quelconque, se départir de la dicte révocation. Et après avoir longuement contesté sur ce subject, enfin il s'est relasché de ce qui touche la déclaration qui a esté envoyée à Rome; et, pour le regard de l'arrest du conseil qui porte surséance de ceux du parlement, il demande tousjours que la dicte surséance soit levée, consentant néantmoins qu'il soit dict que ceux du parlement demeureront sans exécution; et voilà tout ce que nous en avons peu tirer, et avec beaucoup de peine.

Quant à celuy du rasement de la citadelle d'Amiens, les dicts depputez l'y ont recogneu encore plus ferme que auparavant, et estiment que c'est un des effects de la brouillerie qui a esté entre ces princes et seigneurs, par le moyen de laquelle ceux qui ne désirent pas l'accommodement des affaires ont dissuadé ceux qui poursuivent le dict rasement d'attendre à aucune ouverture qui ait esté proposée sur ce subject, tellement qu'il est à craindre que cest article ne donne beaucoup de traverses en ces affaires.

Pour le regard de l'article qui est pour la révocation de la déclaration qui fut faicte à Poictiers contre mon dict seigneur le Prince[1] sur la prise d'armes, il désire absolument que la response en soit telle que les dicts depputez l'ont portée à Leurs Majestez[2]; et sur ce qu'ils luy ont représenté qu'ils ne conseilleroient jamais de faire en cela chose qui peust diminuer l'auctorité que le Roy a sur les princes du sang mesmes, quand ils s'oublient de leur debvoir, il a consenty que l'on y adjoustast ces mots : qu'ils demeureront néantmoins subjects à la justice du Roy, selon les formes anciennes et accoustumées au royaume; par le moyen de quoy ils ont estimé qu'il n'y avoit pas grand inconvénient de luy accorder la dicte response en l'estat qu'elle est.

---

[1] Voir page 230. (Édit.)

[2] MM. de Brissac, de Villeroy et de Pontchartrain, en allant à Tours, avaient emporté avec eux les projets de réponse, dont quelques-uns avaient été modifiés à Loudun. (Édit.)

Conférence de Loudun.

Il y a eu encore quelques mots changez en aucuns des dicts articles, qui sont de peu de considération.

Mais ayant voulu travailler à ce qui est des responses au cahier cy devant présenté par ceux de la religion prétendue refformée[1], ils y ont trouvé encore plus d'aigreur qu'au reste; et ayant commencé par l'article qui parle de la liberté de la tenue des conseils, ceux de la dicte religion ont entièrement rejeté ce qui en avoit esté projeté en présence de Leurs Majestez, à cause du narré de la response qu'ils disent leur estre honteuse et préjudiciable. Et après avoir longuement disputé sur ce subject, ils ont désiré qu'il y feust mis seulement qu'ils en useroient comme ils avoient faict du temps du feu Roy, et non autrement. Sur cela les dicts depputez ont estimé debvoir plus tost acquiescer que rompre; et néantmoins, parce qu'ils ont recogneu tant d'aigreur parmi eux, ils se sont séparez avec intention de leur bailler par escrit les responses aux dicts cahiers, qui ont esté changées ou accommodées, sur tout les dicts cahiers de ceux de la dicte religion, selon les volontez et intentions de Leurs dictes Majestez, affin qu'ils y facent telle considération qu'ils y adviseront. Voilà à quoy sont maintenant ces affaires.

CXCVII.

Man. Bibl. impér. Supplém. franç. 3193.

M. de Pontchartrain, du 16 mars 1616, receue le mesme jour au soir.

A M. de Sceaux, conseiller du Roy en son conseil d'estat et secrétaire des commandemens de Sa Majesté, à Tours.

Monsieur, j'ai receu par les mains de M. Thénon la lettre qu'il vous a pleu m'escrire du 14ᵉ au soir. Vous aviez veu et faict veoir à la Royne ce que MM. de Thou et de Vic avoient escrit à M. de Villeroy. Nous en avons icy ressenti les effects, car, soit pour faire les

---

[1] Les six principaux articles de ce cahier concernent, 1° l'indépendance de la couronne; 2° une recherche plus profonde des auteurs de l'assassinat de Henri IV; 3° la non-réception du concile de Trente et les confirmation et renouvellement des

bons valets et les zélez à leur union, ou bien qu'ils soient trop bien informez de tout ce qui se dit, qui se fait et qui se passe par et auprès de Leurs Majestez, nous les avons trouvez si froids et si aigres, que nous ne sçavons où nous en sommes, et si nous sommes en rupture ou en continuation. Vous en verrez quelques particularitez par la dépesche cy enclose. Ce n'est pas traicter, ce que nous faisons; car ils sont tellement advertis des commandemens que nous avons jusques au moindre particulier, qu'ils n'ont qu'à nous dire : nous voulons cela ainsi, ou nous ne le voulons pas. Nous attendons ces arrests mentionnés au 11ᵉ article, encore que nous ayons desjà la volonté de monseigneur le Prince sur cela.

Nous n'en voyons point qui soient demeurez plus fermes en affection de la paix que monseigneur le Prince ; tous les autres branlent au manche : c'est ce que vous aurez pour ceste heure de moy, qui vous baise très humblement les mains, et vous prie de me conserver en vos bonnes graces et me croire tousjours, monsieur, vostre très humble et affectionné serviteur,

P. PHÉLIPEAUX.

A Loudun, ce 16 mars 1616.

CXCVIII.

Man. Bibl. impér. Supplém. franç. 3193.

M. de Pontchartrain, du 16 mars, receue le 17 du dict mois 1616.

A M. de Sceaux, conseiller du Roy en son conseil d'état et secrétaire des commandemens de Sa Majesté, à Tours.

Monsieur, ce porteur que vous cognoissez, estant venu icy pour quelques affaires particulières, a veu M. de Vendosme et a eu quel-

---

édits en faveur des réformés ; 4° l'exclusion des ecclésiastiques de tout jugement concernant les protestants ; 5° la protection de la ville et souveraineté de Sedan ; 6° la prière d'accueillir avec faveur les réclamations de Mᵍʳ le Prince, concernant la réforme de l'état. Ces six articles figurent parmi les vingt-cinq qui composent le cahier, aux numéros 1, 2, 3, 4, 20 et 25. Ils sont les seuls qui aient été imprimés. On les trouve dans le Mercure français, pour l'année 1615. (Édit.)

ques paroles avec luy qu'il vous fera entendre; lesquelles encore que M. de Villeroy ny moy n'ayons négligées, néantmoins nous n'y apportons pas beaucoup d'asseurance. Vous le pourrez entendre et nous en mander vostre advis; et cependant nous verrons quelle humeur mon dict seigneur de Vendosme pourroit avoir pour passer plus avant dans ceste affaire. Vous en pourrez faire sçavoir quelque chose à Leurs Majestez, pour sentir leurs intentions sur ce subject. Du reste, de nos affaires de deçà, je ne vous en escris rien par celle cy, parce que je vous ai faict une autre lettre ce matin, et que possible, ce soir ou demain au matin, nous aurons subject de vous faire plus ample dépesche. Je vous baise très humblement les mains, et demeure, monsieur, vostre très humble et affectionné serviteur,

P. PHÉLIPEAUX.

A Loudun, ce 16e mars 1616.

CXCIX.

Man. Bibl. impér. Fonds Dupuy, n° 450. — Supplém. franç. 3193.

MM. les depputez du Roy à Loudun, du 17 mars, receue à Tours le 18 du dict mois 1616.

Au Roy.

Sire, nous continuons à travailler à ces affaires et à y apporter tout l'advancement qui nous est possible; mais nous y trouvons tousjours de nouvelles difficultez, qui apportent de la longueur à la conclusion de ce traicté. Nous sommes continuellement à disputer *sur la responce du deuxiesme article qui fait mention du premier article du tiers estat,* monseigneur le prince de Condé nous ayant absolument déclaré qu'il ne pouvoit se contenter de la response que nous y avions faicte; et nous a faict bailler un formulaire de response de laquelle il dict qu'il se contentera, et qui offensera moins le pape que celle que nous luy avons donnée. Vostre Majesté la fera veoir pour nous en mander sa volonté; mais nous luy dirons que, si elle ne l'a agréable, nous sommes empeschez comment nous pourrons sortir de ceste affaire; et si elle l'agrée, nous avons espérance que, en ce faisant, il pourra accepter celle que nous avons *faicte sur l'article subséquent,* qui fait mention de la révocation des arrests du conseil qui portent surséance de ceux du parlement sur la seureté de la personne des roys et l'indépendance de la couronne, en la forme qu'elle est. Autrement, nous nous y trouverons pareillement empeschez, si Vostre Majesté n'avoit agréable l'expédient que mon dict seigneur le Prince y a aussy proposé, et lequel nous vous avons faict sçavoir par nostre précédente dépesche. Nous *avons aussy l'article du rasement de la citadelle d'Amiens,* auquel mon dict seigneur le Prince insiste fermement. Il y a pareillement l'article pour la *confection de la chambre de l'édict de Paris*[1], duquel nous n'avons peu encore convenir, et dont néantmoins ceux de la religion prétendue refformée, et spécialement mon dict seigneur le Prince, font grand bruit. Nous en escrivons particulièrement à M. le chancelier, affin qu'il nous en face sçavoir les intentions de Vostre Majesté et son advis. Quant au surplus des cahiers de ceux de la dicte religion prétendue refformée, nous avons conféré ensemble sur les responses que nous leur avions faictes, et croyons que nous nous en pourrons accommoder, en sorte que Vostre Majesté le pourra agréer. Mais il y a un article sur lequel nous n'avons peu faire aucune response, qui est *ce qu'ils demandent pour les frais de leur assemblée,* disant que pareilles assemblées ont tousjours esté payées par le feu Roy, et depuis par Vostre Majesté. Et sur ce que nous y avons voulu apporter un reffus absolu, ils nous en ont faict très grande instance, et comme de chose qu'ils disent estre du tout nécessaire pour advancer la résolution de ces affaires, et que ceux de la dicte religion ne se sépareront point sans cela. Et sur ce subject là, M. de Sully nous a dict qu'il ne croyoit pas que Vostre Majesté en fust quitte pour cinquante mil escus. Toutefois, nous avons opinion qu'ils en rabattront, et proposent d'agréer que ce qui leur sera ordonné sur ce subject soit mis au

---

[1] Cet article n'est pas compris parmi ceux que les députés envoyèrent au Roi de la part de M. le Prince, en date du 26 février, à moins qu'il ne fasse partie des garanties mentionnées en l'article 7. On en trouvera le détail ci-après, dans une dépêche de M. de Pontchartrain au chancelier, du 18 mars. (Édit.)

nom de mon dict seigneur le Prince, si nous estimons qu'il soit plus avantageux pour vostre service que soubs le nom de la dicte assemblée. Mon dict seigneur le Prince fait aussy une très grande *instance en faveur de ceux de la Rochelle, à ce qu'il plaise à Vostre Majesté les gratiffier* en sa recommandation. Il demande beaucoup pour eux; mais, si Vostre Majesté avoit pour agréable de leur accorder jusques à dix mil escus payables en cinq années, nous essayerions de l'en faire contenter. Nous avons pensé debvoir advertir Vostre Majesté de ce que dessus, affin d'en avoir, comme sur toutes autres occurrences, ses volontez et intentions. Nous recognoissons que ces affaires vont tousjours peu à peu s'accommodant, et espérons que dans peu de jours nous y verrons une certitude entière; et sur ceste créance, monseigneur le Prince nous ayant faict très grande instance de *prolonger la suspension d'armes*, nous avons estimé ne l'en debvoir esconduire, et en avons arresté ensemble l'acte que nous envoyons à Vostre Majesté, lequel nous la supplions très humblement d'agréer, comme l'ayant faict pour le bien de son service et l'advancement du succez de ceste conférence, laquelle sans cela estoit pour se rompre, ces princes montrans se vouloir retirer. Mais cependant nous dirons à Vostre Majesté que tous ces dicts princes sont entrez aujourd'huy en une *très grande allarme* d'un advis qu'ils ont eu que M. le mareschal de Boisdaulphin assembloit les forces de Vostre Majesté et s'acheminoit avec icelles vers Ancenis, pour charger celles de M. de Vendosme, au préjudice de la tresve. Ceste allarme est si grande, qu'ils se préparent tous à monter à cheval pour s'y aller opposer, et la rumeur en est telle entre eux, qu'ils ne parlent de rien moins que de nous retenir en cas qu'il arrivast des contraventions signalées à la dicte suspension. A tout cela nous ne leur avons peu faire autre response, sinon que nous ne croyions pas que mon dict sieur de Boisdaulphin eust commandement de Vostre Majesté de faire chose quelconque au préjudice de la dicte suspension; comme aussy n'en avons-nous eu aucun advis de Vostre Majesté, laquelle nous supplions de *nous informer de ce qui s'est passé,* affin que, suivant cela, nous en puissions parler lorsqu'ils nous feront leurs plainctes, ou bien, en cas qu'elle fist quelque commandement au préjudice de la dicte suspension, nous advertir de nous retirer avant qu'il arrive contravention. Cependant nous avons aussy dépesché un gentilhomme vers mon dict sieur le mareschal de Boisdaulphin, tant pour luy faire sçavoir la dicte prolongation de la suspension que pour le prier de ne rien entreprendre qui nous puisse mettre en peine, ny rompre ou altérer ceste négociation, laquelle nous nous efforcerons de finir, autant que nous pourrons, au contentement de Vostre Majesté et à l'advantage de son service. Ces princes ont aussy eu une autre allarme de l'arrivée de *M. d'Espernon à Xainctes avec quantité de troupes,* par le moyen desquelles il publie de vouloir entreprendre sur les leurs. Et sur ce, ils ont désiré que nous escrivissions à Vostre Majesté, la suppliant de faire au plus tost sçavoir à mon dict sieur d'Espernon la dicte prolongation de la suspension, et qu'il luy deffende de rien entreprendre au préjudice d'icelle; à quoy Vostre Majesté pourveoira, s'il luy plaist. Ensuitte de ce, nous dirons à Vostre Majesté que M. de Bouillon nous *a proposé qu'ils désiroient mettre leurs forces ensemble,* soubs prétexte de les faire vivre plus commodément; mais, sur ce que nous avons recogneu qu'il pouvoit y avoir du desseing en ceste proposition, nous luy avons respondu que Vostre Majesté ne pourroit souffrir qu'ils missent leurs forces ensemble, qu'elle ne fist en mesme temps le semblable, pour estre preste à s'opposer à toutes les entreprises qu'elles pourroient faire; sur quoy il ne nous a rien répliqué. Maintenant nous représenterons à Vostre Majesté qu'une des choses principales qui sera à faire, si Dieu nous fait la grace d'avoir bonne issue de ceste conférence, ce sera de *pourveoir au plus tost au désarmement des troupes de part et d'autre,* et de pouvoir recouvrer les deniers qui seront nécessaires pour cest effect. De quoy ayant conféré avec M. de Sully, et l'ayant prié de nous y aider, il nous a dict qu'il le feroit volontiers; et sur cela il est d'advis qu'il plaise à Vostre Majesté de nous envoyer icy un de ses *intendans des finances,* pour adviser les impositions extraordinaires que l'on pourroit mettre sur quelques fermes du costé de deçà, pour aider à cest effect, et dit que, quand cela sera réglé, l'on pourroit trouver quelques particuliers qui, y voyant leurs asseurances et du proffit, pourroient faire des advances, et à quoy il s'employera avec affection. Vostre Majesté advisera si elle aura agréable d'envoyer icy un des dicts intendans des finances; *il propose le président de Chevry* comme plus portatif. Au surplus, nous debvions faire sçavoir à Vostre Majesté que mon dict seigneur le Prince a résolu, quand nous serons d'accord de tous nos articles, tant généraux que particuliers, et de ceux de la religion prétendue refformée, de *les envoyer à la Rochelle* pour avoir l'advis de ce costé là devant que de rien résouldre. Ce voyage durera encore cinq ou six jours, pendant lequel temps il dit que nous pourrons travailler à dresser l'édict en la forme qu'il devra estre, et à résouldre l'ordre, les moyens et le temps du licenciement des troupes de part et d'autre, prétendant que, en mesme temps qu'il *licenciera les siennes, Vostre Majesté fera le semblable* de celles qui ont esté levées extraordinairement pour son service. Nous supplions très humblement Vostre Majesté de nous renvoyer en toute diligence ce courrier avec ses volontez et intentions sur tous les points de ceste lettre; car, cependant, ils retardent à faire partir ceux qu'ils veulent envoyer à la Rochelle, qui attendent nos responses finales sur iceux. Sur ce, nous prions Dieu, Sire, donner à Vostre Majesté, en parfaite santé, très longue et heureuse vie.

A Loudun, ce 17 de mars 1616, au soir.

Vos très humbles, très obéissans serviteurs et subjects,

BRISSAC, DE NEUFVILLE, A. DE THOU, M. DE VIC, P. PHÉLIPEAUX.

CC.

Man. Bibl. impér. Fonds Dupuy, n° 450. — Supplém. franç. 3193.

Prolongation de la tresve envoyée par MM. les depputez du Roy à Loudun avec les lettres du 17 mars 1616.

Les depputez envoyez par le Roy pour se trouver de sa part à la conférence qui se tient à Loudun pour la pacification des troubles, recognoissant combien il est nécessaire, pour parvenir à une bonne conclusion de la dicte conférence et des traictez qui ont esté faicts, de prolonger encore la suspension d'armes, ont accordé avec monseigneur le prince de Condé que la dicte suspension d'armes sera encore continuée et prolongée jusques au jour de Pasques prochain inclusivement, pour estre observée par tout le royaume, aux mesmes conditions dont l'on est cy devant convenu, et sans que, pendant le dict temps, il se face aucune action de part ny d'autre au préjudice de la dicte suspension d'armes, et que toutes contraventions seront réparées à la première instance de celuy ou ceux qui en auroient receu dommage.

Fait à Loudun, le dix septiesme jour de mars mil six cens seize, etc.

HENRY DE BOURBON.

BRISSAC, DE NEUFVILLE, J. A. DE THOU, M. DE VIC, PHÉLIPEAUX.

CCI.

Man. Bibl. Sainte-Geneviève.

Ordonnance pour la prolongation de la suspension d'armes jusques à Pasques.

Sa Majesté, voulant continuer d'apporter tout ce qui sera requis et dépendra d'elle pour parvenir à une bonne conclusion de la conférence qui se tient à Loudun pour la pacification des troubles de ce royaume, a trouvé bon que la suspension d'armes cy devant accordée, pour faciliter la dicte conférence à l'effect susdict, soit encore prolongée pour neuf jours, et à ceste fin Sa dicte Majesté a ordonné et ordonne que la dicte suspension d'armes et de toutes actions militaires, pour tout son royaume et les pays et terres de son obéissance, sera continuée et aura lieu jusques au jour de Pasques inclusivement[1], mandant, etc.

---

[1] Nous avons déjà dit que Pâques tombait cette année le 3 avril. (Édit.)

CCII.

Man. Bibl. impér. Supplém. franç. 3193.

M. de Villeroy, du 17 mars, receue à Tours le 18 du dict mois 1616.

Monsieur, nous poussons nostre fardeau devant nous tant que nous pouvons, combattus de diverses rencontres qui naissent journellement à nostre grand regret. Nostre lettre au Roy vous en apprendra les particularitez, et nous attendrons de vous les intentions de Leurs Majestés pour y obéir; mais, si vous permettez que l'on face quelque exploit de guerre au préjudice de la tresve, vous renverserez tout nostre ménage, et si on voudra icy nous en rendre responsables. Je vous prie d'y penser pour vos amis, et donner ordre que nous ne soyons surpris d'un tel accident en servant le Roy. Nous avons esté entraisnez et persuadez de prolonger encore la tresve, affin de retenir icy ces messieurs, et voyant les choses en assez bons termes. Ils ont l'alarme icy d'une certaine confabulation que l'on dict s'estre faicte à Paris avec Mme la mareschale d'Ancre et le commandeur de Sillery; je vous prie me faire part de ce que vous en sçavez, j'en useray comme je doibs, et suis tousjours, monsieur, vostre très affectionné serviteur et cousin,

DE NEUFVILLE.

De Loudun, le 17e de mars au soir 1616.

CCIII

Man. Bibl. imp. Fonds Dupuy, n° 450. — Bibl. Sainte-Geneviève et Mazarine.

Lettre du Roy du 17 mars 1616.

A mon cousin le comte de Brissac, mareschal de France, chevalier de mes ordres, mon lieutenant général au gouvernement de ma province de Bretagne, et à MM. de Villeroy, de Thou, de Vic et de Pontchartrain, conseillers en mon conseil d'estat[1].

Messieurs, vostre lettre du 15 de ce mois ne m'a esté présentée

---

[1] Cette suscription ne se trouve que dans le manuscrit de la Biblioth. impér. (Édit.)

que ce matin, et comme auparavant j'avois appris par celles de vous[1], MM. de Thou et de Vic, ce qui s'estoit passé en l'absence de vous trois, qui estes depuis peu partis d'auprès de moy, je vois par celle cy le retardement et les difficultez que cela apporte aux affaires; à quoy je cognois que vous essayez de remédier avec toute l'industrie et affection qu'il vous est possible; de sorte que je n'ay rien à vous mander sur ce subject, sinon que vous continuiez, et me faciez sçavoir tous les jours ce qui réussira de vostre travail, voulant différer à vous déclarer ma volonté sur le contenu au mémoire que vous m'avez envoyé, jusques à ce que je voye comment ira le surplus. J'attendray donc de vos nouvelles, et ce pendant je prie Dieu qu'il vous ayt, messieurs, en sa saincte garde.

Escrit à Tours, le 17e jour de mars 1616.

Signé LOUIS, et plus bas POTIER.

CCIV.

Man. Bibl. impér. Supplém. franç. 3193.

M. de Pontchartrain, du 18 mars, receue à Tours le dict jour 1616.

A M. de Sceaux, conseiller du Roy en son conseil d'estat et secrétaire des commandemens de Sa Majesté, à Tours.

Monsieur, vous nous faites ceste faveur de nous rendre souvent participans de vos lettres. La dernière que j'ay receue des vostres est datée d'hier au soir. Nous ne vous escrivons pas du tout si souvent, mais aussy est-ce plus amplement. Nous sommes attendans la responce que vous nous ferez sur nostre dépesche du 15e; mais il est bien nécessaire que nous sçachions bientost les intentions du Roy sur tous les points de celle que vous rendra ce porteur, car, à faute de cela, tout est en demeure. Et si je vous diray que, si l'on désire

---

[1] Ce *vous* se trouve dans les deux manuscrits. Nous l'avons conservé par ce motif, malgré ce qu'il a d'étrange. Il s'explique d'ailleurs par cette circonstance que la lettre est adressée aux cinq députés, et que le Roi dit *vous*, *MM. de Thou et de Vic*, comme plus bas il dit aux trois autres : *vous trois, qui estes depuis peu*, etc. (Édit.)

un accommodement à ces affaires, il se faut résouldre d'accorder ces points et d'avaller cela comme une médecine. Et souvenez-vous, s'il vous plaist, encore une fois, que la promptitude y est nécessaire, et que nous avons promis d'en avoir la response dès demain au soir, encore que nous ayons bien creu que cela ne se pouvoit faire. Et ce sera beaucoup si vous le pouvez dépescher demain au soir, affin que nous l'ayons samedy matin. Ce pendant je vous baise très humblement les mains, et demeure, monsieur, vostre très humble et affectionné serviteur,

P. PHÉLIPEAUX.

A Loudun, ce 18ᵉ mars 1616, à 7 heures du matin.

CCV.

Man. Bibl. impér. Fonds Dupuy, n° 450.

Lettre de M. de Pontchartrain à M. le chancelier[1], du 18 mars 1616.

Monseigneur, ces messieurs m'ayant chargé de vous informer particulièrement de ce qui s'est passé en nostre conférence sur la confection de la chambre de l'édict de Paris[2], je vous diray que nous proposasmes hier à monseigneur le Prince, accompagné et assisté de

---

[1] Le chancelier était encore Nicolas Brulart de Sillery. Il ne conserva cette dignité que jusqu'au mois de mai suivant. Il est curieux de voir, dans la lettre de de Thou déjà citée, l'opinion de celui-ci sur le rôle joué par le chancelier dans ces temps de trouble. (Édit.)

[2] Les chambres de l'édit, distribuées dans tous les parlements du royaume, avaient été établies par l'édit de Nantes, en faveur des protestants; elles étaient mi-parties composées de catholiques et de protestants. Les appréhensions dont le prince de Condé est ici l'organe n'étaient pas sans fondement. On peut s'en assurer par la citation suivante, empruntée au président Hainaut, à l'année 1669, où l'édit du 21 janvier les supprima :

« Dans le parlement de Paris, dit le président, où la chambre de l'édict devoit estre de six conseillers refformés et de dix catholiques, on n'y avoit laissé qu'un seul refformé, et les cinq autres avoient esté distribués dans les enquestes, sans pouvoir monter à la grand'chambre. La chambre n'en avoit pas moins conservé le nom de chambre de l'édict, quoiqu'il n'y eust qu'un seul refformé, pour faire souvenir qu'elle avoit esté créée en leur faveur. » (Édit.)

ces commissaires, ce que vous nous aviez baillé pour faire la dicte chambre de premier abord. Il nous rejetta entièrement la dicte chambre, comme y ayant des personnes que ceux de la religion prétendue refformée ne pouvoient ou ne vouloient aucunement accepter, et commença par M. le président Séguier[1], dont il disoit qu'il ne vouloit aucunement ouyr parler, et dit qu'il n'y avoit que le président Lejay[2] qui y peust servir à son contentement. Depuis, sur ce que nous luy répondismes absolument qu'il ne falloit pas qu'il l'espérast, il dit que l'on y mist donc M. Dozambray, qui suit le dict sieur président Séguier. Nous demeurasmes fermes à ne pouvoir rien changer en leur ordre accoustumé, que l'on ne feroit point cest affront au dict sieur président Séguier de le déclarer indigne ou incapable de servir en la dicte chambre. Il nous avoit du commencement faict instance que les présidens servissent deux ans comme les conseillers; mais sur ce que nous luy remonstrasmes qu'il falloit donc que M. le président de Believre continuast encore un an, ou que, pour le moins, cela commençast à M. le président Séguier, il se relascha qu'ils ne serviroient qu'un an, ainsy qu'ils avoient accoustumé. Pour le regard des conseillers, il dit qu'il falloit absolument changer présentement la moitié des conseillers, parce qu'il y en avoit beaucoup entre ceux qui y sont entrez l'année dernière qui y avoient esté mis contre le gré de la religion prétendue refformée, quoiqu'ils y eussent esté appelez, mais que l'on ne les avoit aucunement creus; et on nommoit quatre ou cinq de ceste qualité qu'il insistoit estre ostez, et demandoit mesme que l'on fist la chambre toute nouvelle; et, en ce cas, il y proposoit des gens que je m'asseure que vous n'eussiez pas agréez. Enfin donc il condescendit à n'en changer que la moitié, disant que c'est suivant l'ordre qui a tousjours esté pratiqué et qu'il faut désormais pratiquer pour cela. Encore en vouloit-il aussy oster Violle et Ollier, etc. pour la remplir de huict autres. Je vous

---

[1] Pierre Séguier, président à mortier, depuis chancelier en 1635. (Édit.)

[2] On a vu plus haut combien le président Lejay était opposé à la cour. C'est cette opposition qui lui conciliait la faveur du Prince et des réformés. (Édit.)

envoie une liste de dix ou douze, sur lesquelz il désire que l'on choisisse, et non d'autres; et encore m'a-il appris en particulier qu'il désiroit qu'en sa considération Sanguin de la 3°, Scaron et Lecoingneux y feussent préférez. Je sçay bien que tout cela ne vous agréera pas; mais je suis contrainct de vous mander nuement comme les choses se passent, et vous diray qu'ils ont cela tellement à cœur, que c'est un des principaux articles pour lesquelz ils font icy attendre leurs gens avant que les envoyer à la Rochelle. C'est pourquoy nous vous supplions de nous envoyer tout court ce qui sera de vostre résolution. Quant aux autres affaires que nous avons icy à négocier, vous en pourrez estre particulièrement informé par la dépesche du Roy, et y recognoistrez tousjours à quelles gens nous avons à faire. Je ne vous ennuyeray donc icy de vous en faire redicte, et finiray la présente après vous avoir très humblement baisé les mains et supplié de me continuer l'honneur de vos bonnes graces, et me croire tousjours, etc.

De Loudun, le 18 mars 1616.

CCVI.

Man. Bibl. impér. Supplém. franç. 3193.

Lettre de MM. les depputez de Loudun, du 18, receue le 19 mars 1616.

Sire, nous avons tout présentement receu la lettre qu'il a pleu à Vostre Majesté nous escrire d'hier au soir. En mesme temps elle aura receu celle que nous luy avons envoyée de mesme date par un courrier que nous avons faict partir ce matin, par où nous avons adverty Vostre dicte Majesté de ce qui s'est passé de deçà, et de ce que nous avons faict depuis nostre lettre du 15°. Sur quoy nous attendons les volontez et les commandemens de Vostre Majesté, et estimons que le plus tost qu'elle aura agréable de nous renvoyer le dict courrier avec response sur tous les points de nos dictes lettres, ce sera le meilleur, parce que, maintenant que nous sommes sur la finalle résolution des affaires, le retardement ne provient que du temps qui se passe pour avoir les commandemens de Vostre Majesté. Nous la supplions donc de nous en honorer au plus tost, si jà elle n'y a pourveu auparavant la réception de la présente, à laquelle nous adjousterons que nous avons de grandes plainctes des contraventions qui se font à la suspension d'armes de la part de vos serviteurs, auxquelles nous avons peine de respondre. Nous envoyons icy des lettres qui ont esté escrites à M. de Luxembourg, par lesquelles Vostre Majesté verra plusieurs désordres qui se commettent du costé de la Champagne, auxquelz l'on nous fait instance de faire pourveoir. C'est pourquoy nous supplions Vostre Majesté d'en escrire promptement où il est nécessaire pour cest effect, et de commander aussy que la dernière prolongation de surséance que nous avons accordée jusques à Pasques soit au plus tost envoyée par les provinces. Sur ce, nous prions Dieu qu'il donne à Vostre Majesté, Sire, en parfaicte santé, très longue et très heureuse vie.

De Loudun, ce 18º mars 1616, au soir.

Vos très humbles, très obéissans et très fidèles subjects et serviteurs,

BRISSAC, DE NEUFVILLE, DE THOU, M. DE VIC, P. PHÉLIPEAUX.

CCVII.

Man. Bibl. impér. Supplém. franç. 3193.

M. de Pontchartrain à M. de Sceaux, du 18 mars, receuc le 19.

Monsieur, tout présentement je viens de recevoir le paquet qu'il vous a pleu m'adresser avec vos lettres datées d'hier au soir; je crois que vous aurez eu aujourd'huy d'assez bonne heure nostre courrier avec une dépesche bien ample, sur laquelle nous avons besoing de sçavoir promptement les volontez du Roy, j'entends sur tous les points y contenus, car il ne tient plus qu'à cela que leurs gens ne voisent[1] faire leur voyage de la Rochelle, qui est un des derniers actes de la comédie, parce que au retour nous sçaurons indubitablement si nous avons paix ou guerre, et non plus tost. Bien vous dirons-nous

---

[1] Vois, vieux mot, je vais; voise, aille. (*Dictionnaire de Trévoux.*) (Édit.)

qu'il semble que les choses commencent à s'y disposer. Mais j'ay recogneu par vostre dernière lettre que vous n'avez pas bien compris le contenu au mémoire que je vous avois envoyé avec nostre dépesche du 15ᵉ ; car je ne vous y parlois point du tout de la response que monseigneur le Prince nous avoit cy devant baillée pour estre mise sur le 11ᵉ (2ᵉ) article des 29 dont vous m'envoyez la copie, mais de celle que nous luy avions baillée dont je vous envoye présentement la copie, et d'une autre que nous luy proposasmes le mesme jour [1], qui est conforme à un billet que la Royne mit entre nos mains pour estre suivy ; mais mon dict seigneur le Prince ne se contenta en sorte quelconque de l'une ny de l'autre response, et encore moins de la dernière que de la première.

Vous avez la copie de la demande de l'article suivant, et de la première response que nous y fismes, qui est sur le subject de la révocation des arrests du conseil [2]. Nous ne sommes pas moins empeschez de ceste affaire là que de l'autre, car mon dict seigneur le Prince insiste toujours à ceste révocation, et tout ce que nous avons peu obtenir de luy est de se départir de plus parler de ceste déclaration qui a esté envoyée à Rome, et de se contenter que, sur l'article, l'on mist la response que j'ay faict escrire en suitte de celle de l'article précédent [3]. Nous en escrivons encore particulièrement au Roy par nostre dernière lettre, où nous luy mandons ce que nous recognoissons tousjours en l'intention de monseigneur le Prince sur ce subject [4].

Je vous envoye aussy la copie de la demande et de la response au 27ᵉ article, qui faict mention de la déclaration faite à Poictiers [5] ; mais il n'est pas grand besoin de s'en mettre en peine, puisque

---

[1] Pour ces deux projets de réponse du Prince et des députés, voir plus bas. (Édit.)

[2] Voir l'article 4 au détail des articles. Cet article est devenu le quatrième par suite de l'intercalation postérieure du second. (Édit.)

[3] Voir page 395 l'article 4, et page 410 les réponses aux articles 3, 4 et 5, et la note à la réponse à l'article 3. (Édit.)

[4] Voir lettre des députés du 17 mars, page 460. (Édit.)

[5] Cet article est, non le vingt-septième

nous l'avons accordée, en y adjoustant ces deux ou trois mots que vous verrez en apostille par une croix[1].

Vous recevrez aussy icy la copie de la response que l'on avoit trouvé bon par delà que nous fissions à ceux de la religion prétendue refformée sur la tenue de leurs conseils de provinces, affin que vous voyiez quel en estoit le préambule que nous avons esté contraincts d'oster[2].

Quant à ce qui est du sieur Rouault, je crois que ce ne sont que paroles et discours qui s'en vont avec le vent; car, depuis qu'il est party d'icy, je n'ay veu aucune suitte ni apparence à tous les discours qu'il m'avoit tenus de la part de ce personnage.

Nous avons de divers endroits des plaintes de contraventions: vous en trouverez icy de Champagne[3], dont l'on demande réparation; il sera bien nécessaire que vous en escriviez au plus tost; nous en avons d'autres d'ailleurs encore plus importantes; mais nous aimons autant que d'autres en portent les nouvelles que nous de les mander. Il nous suffira d'en avoir icy de grands bruits qui, possible, altéreront nos affaires. Je vous supplie de me conserver en vos bonnes graces, et de me croire tousjours, monsieur, vostre très humble et affectionné serviteur,

P. PHÉLIPEAUX.

A Loudun, ce 18e de mars 1616, au soir.

---

mais le vingt-neuvième dans le manuscrit de la Bibliothèque impériale, et le vingt-huitième dans celui de la bibliothèque Sainte-Geneviève. (Édit.)

[1] Nous n'avons point l'original des articles et des réponses proposées; il est à présumer que cette apostille aura passé dans le texte des deux manuscrits. (Voir cet article et le projet de réponse, avec le nota qui l'accompagne, pages 406, 416.) (Édit.)

[2] Voir plus bas les pièces qui concernent le cahier des réformés. (Édit.)

[3] Il y avait annexé à cette lettre un rapport ou une dépêche où se trouvaient ce détail et quelques autres. Il est probable que c'est la lettre des députés du 18 mars, page 470; on verra qu'il est question de désordres en Champagne. (Édit.)

CCVIII.

Man. Bibl. impér. Supplém. franç. 3193.

Lettre de M. de Villeroy, receue le 19 mars 1616[1].

Monsieur, vous avez appris, par la dépesche que nous vous envoyasmes hier par courrier exprez, l'advancement que nous avons donné à nostre négociation; sur quoy nous attendons après les volontez et commandemens de Leurs Majestez, que nous ne pouvons recevoir trop tost pour le bien des affaires du Roy et le soulagement du peuple, comme pour obvier à plusieurs accidens auxquels l'estat présent du royaume est subject. Il faut aussy faire provision d'argent, et disposer les choses de façon que nous puissions, promptement et sans remise, effectuer ce que nous avons convenu et accordé; autrement nous languirons entre la paix et la guerre, à la honte de Leurs Majestés et à la ruyne de tous, et à nostre confusion. Et puisque nous avons mis les affaires en l'estat qu'elles sont, j'estime que Leurs Majestés prendront bon conseil d'en veoir la fin et la conclusion devant que de s'esloigner. Mais, si vous n'arrestez le cours des contraventions à la tresve dont nous sommes icy responsables, l'on nous fera icy force querelles. Tenez main donc, s'il vous plaist, que l'on y pourvoye, et me continuez vostre amitié et bonne grace, que je salue des recommandations très affectionnées, monsieur, de vostre affectionné serviteur et cousin,

DE NEUFVILLE.

CCIX.

Man. Bibl. impér. Supplém. franç. 3193.

Monsieur, nous sommes attendans le retour du courrier que nous

---

[1] Cette lettre ne porte pas d'autre date que cette note écrite, lors de la réception, à côté de l'adresse; elle doit être par conséquent du 18 mars, les lettres arrivant de Loudun à Tours du jour au lendemain. (Édit.)

vous avons depesché. Je crois que le plus tost qu'il viendra sera le meilleur, puisque nous demeurons les bras croisez en attendant son retour; et, s'il ne rapporte de quoy contenter ceux à qui nous avons à faire, je crains que ce sera tousjours à recommencer. Je n'ay rien à vous escrire, sinon que j'ay receu ce soir vostre lettre datée d'hyer au soir. Adieu, je demeure, monsieur, vostre très humble et affectionné serviteur,

P. PHÉLIPEAUX.

A Loudun, 19e mars au soir.

CCX.

Man. Bibl. impér. Fonds Dupuy, n° 450. — Supplém franç. 3193.

Lettre des depputez au Roy, du 19 mars 1616, au soir.

Sire, nous attendons tousjours le retour du courrier que nous avons dépesché à Vostre Majesté, pour faire sçavoir ses résolutions à monseigneur le Prince sur tous les points contenus en nos lettres. Il tesmoigne désirer grandement d'en estre promptement informé pour dépescher ces gens qui doibvent aller à la Rochelle, lesquelz n'attendent qu'après cela. Ce voyage durera encore huict ou neuf jours, pendant lesquelz nous demeurerons tousjours en suspens de l'événement de ces affaires. A quoy néantmoins nous voyons qu'ils y tesmoignent de jour à autre de plus en plus une grande disposition, et recognoissons que les espérances que les uns et les autres ont aux gratifications de Vostre Majesté, qu'ils demandent assez excessives, aydent beaucoup à ceste bonne inclination. Et toutefois nous dirons à Vostre Majesté que nous avons eu aujourd'huy advis que mon dict seigneur le Prince assemble toutes ses troupes en un corps, et leur a fait donner leur rendez-vous vers Doné et Gounort[1]. Nous écrivismes par nostre précédente dépesche à Vostre Majesté que M. de Bouillon nous avoit dit qu'ils avoient quelque intention de ce faire pour trou-

---

[1] Doné, à quatre lieues ; Gonor, à neuf lieues environ à l'ouest de Saumur. (Édit.)

ver moyen de les faire vivre plus facilement et avec quelque ordre. Nous ne sçavons si c'est pour ce subject qu'ils les mettent ensemble, ou bien, comme aucuns disent, pour les avoir toutes préparées lorsque l'on en voudra faire le licenciement et les faire paroistre pour se mettre en plus de considération touchant les deniers qu'ils prétendent pour cest effect. Mais, en tout cas, parce qu'ils en pourroient mal user quand ils seront ensemble, nous estimons que Vostre Majesté y peut pourveoir, se résolvant d'en faire le semblable des siennes. Sur quoy nous nous remettons à ce que, par l'advis de son conseil, y sera jugé plus expédient pour le mieux de son service. Et sur ce, nous prions Dieu donner à Vostre Majesté, Sire, en parfaicte santé, très longue et très heureuse vie.

A Loudun, ce 19e de mars au soir.

Vos très humbles, très obéissans et très fidèles serviteurs et subjects,

BRISSAC, DE NEUFVILLE, A. DE THOU, M. DE VIC, P. PHÉLIPEAUX.

CCXI.

Man. Bibl. Sainte-Geneviève et Mazarine.

Lettre du Roy à MM. les depputez à Loudun, du 19 mars 1616 [1].

Messieurs! je feray demain response à vostre dépesche du 17e de ce mois, et ensemble à celle du 15e, ayant jugé la dernière si importante que j'ay voulu me donner le loisir d'y penser tout ce jourd'huy. Cependant je vous renvoye ce courrier pour vous déclarer qu'il est bien difficile que j'espère la paix, voyant que ceux avec qui vous traictez mettent tous les jours en avant quelque nouvelle demande, et qu'ils insistent aux premières, en sorte qu'il semble qu'ils veuillent ne se relascher de chose quelconque et tirer les affaires en longueur.

---

[1] Cette lettre porte dans le manuscrit de la bibliothèque Sainte-Geneviève la date du 9 mars; mais il est évident qu'elle est du 19; elle est en effet postérieure à celle des députés du 17, et elle annonce la lettre suivante, qui est du 20. Le manuscrit de la bibliothèque Mazarine la donne du 19. (Édit.)

Et ce qui augmente ma deffiance, c'est que l'on m'a donné advis que l'on fait en Allemagne des levées de gens de guerre pour mon cousin le prince de Condé, et qu'il a donné de nouvelles commissions à aucun de mes subjects, avec ce qui nous a esté dict qu'il vouloit mettre ses forces ensemble. (A quoy vous avez bien répondu.) C'est pourquoy je désire que vous reconnoissiez ce qui en est pour me le mander au plus tost, et excitiez mon dict cousin à traicter ouvertement avec vous, et surmonter les difficultez que je crois bien qu'il y rencontre, affin qu'il n'en faille plus faire à diverses fois; car cela me déplaist et donne de la peine. Je vous veux aussy advertir que j'envoye présentement par toutes les provinces de mon royaume les dépesches nécessaires pour la prolongation de la suspension d'armes jusques au jour de Pasques inclusivement, comme vous l'avez accordé, l'ayant agréé pour les raisons qui vous y ont meus, encore que j'en aye, comme vous sçavez, plusieurs grandes de n'y consentir pas volontiers. Et sur ce que vous me mandez des appréhensions que l'on a pensé par de là qu'il s'y face quelque contravention, je mande expressément à tous les gouverneurs et mes lieutenans généraux, et particulièrement à mon cousin le duc d'Épernon, qu'ils soient soigneux de l'empescher, vous asseurant que mon cousin le mareschal de Boisdaufin n'a eu nul commandement d'entreprendre sur les troupes du duc de Vendosme, ny de faire autre chose quelconque contre ce qui a esté accordé. Et vous pouvez bien croire que, si j'avois autre volonté, je ne vous lairois où vous estes et vous en tiendrois adverty; mais si les autres observoient la dicte suspension aussy bien de leur costé, et qu'ils n'en abusassent non plus que mes serviteurs du leur, j'aurois moins de regret à la prolonger et meilleure espérance de l'issue d'icelle. Toutefois, j'attendray à en juger que j'aye encore de vos nouvelles; mais faites m'en sçavoir promptement, et soyez certains que je connois bien que vous faites tout ce qui vous est possible pour mon contentement et le bien de mon service, et que tant s'en faut que je vous impute ce qui ne succède pas bien, qu'au contraire je plains la peine que je vois que vous en avez, et vous en sçay le gré

CCXII.

Man. Bibl. impér. Supplém. franç. 3193.

Les depputez au Roy, du 20° de mars, au soir.

Sire, nous avons receu la lettre dont il vous a pleu nous honorer, datée d'hier au soir, par laquelle Vostre Majesté nous remet à celle qu'elle nous envoyera demain pour estre esclaircis de ses volontez et intentions sur tous les poincts contenus aux depesches que nous luy avons cy devant faictes. Ce retardement tient monseigneur le Prince en attente, et est cause que ceux qui doibvent aller à la Rochelle diffèrent tousjours leur partement pour avoir nos responses auparavant que de s'acheminer. Nous sommes bien déplaisans de veoir que Vostre Majesté ne soit pas contente des longueurs et nouvelles difficultez et demandes que l'on apporte en ce traicté. Nous la supplions de croire que nous y apportons le soin, vigillence et fidélité que nous pouvons, et, s'il se passe en cela quelque chose qui ne luy soit agréable, qu'elle nous face, s'il luy plaist, sçavoir clairement ses volontez et intentions, et nous les effectuerons ponctuellement et au mieux qu'il nous sera possible. Nous avons aussy recogneu qu'elle eust désiré que la suspension d'armes n'eust point esté prolongée; mais il falloit en user ainsy ou rompre. Nous avons veu monseigneur le prince de Condé, à qui nous avons parlé des levées que l'on a mandé à Vostre Majesté de faire en Allemagne soubz son nom; sur quoy il nous a protesté cela estre entièrement faux, nous disant que, s'il estoit vray, il le nous advoueroit librement, comme chose qu'il estime pouvoir faire jusqu'à ce que la paix soit résolue. Nous luy avons aussy parlé dès ce matin de ce rendez-vous qu'il a donné à ses troupes pour les mettre ensemble, et sur cela luy et M. le mareschal de Bouillon nous ont asseuré que ce qu'ils en faisoient estoit pour les préparer au licenciement et les y disposer plus facilement, et mesme nous ont dit qu'ils envoyeroient un gentilhomme exprès vers Vostre Majesté pour l'en éclaircir, affin qu'elle n'en prist aucun ombrage. Vostre Majesté peut néantmoins, s'il luy plaist, faire le semblable de son costé; mais nous sommes obligez de luy dire que nous recognoissons mon dict seigneur le Prince entièrement porté a désirer la paix; et sçavons certainement qu'il prend soin et peine pour y disposer ceux qui y sont les moins affectionnez, et fait paroistre par ses actions et par ses paroles qu'il l'espère et l'attend. Vostre Majesté nous honorera, s'il luy plaist, de ses commandemens; auxquels nous apporterons tousjours la fidélité et obéissance que nous debvons; et sur ce, nous prions Dieu, Sire, donner à Vostre Majesté, en parfaicte santé, très longue et très heureuse vie.

De Loudun, ce 20e de mars 1616 au soir.

Vos très humbles, très obéissans et très fidèles subjects et serviteurs,

BRISSAC, DE NEUFVILLE, J. A. DE THOU, M. DE VIC, P. PHÉLIPEAUX.

CCXIII.

Man. Bibl. impér. Supplém. franç. 3193.

M. de Villeroy, du 20 mars 1616, receue à Tours le dict jour.

A M. de Sceaux.

Monsieur, je vous remercie des advis que vous m'avez donnez par vostre lettre du 18e, qui nous feust rendeue hier par la voye de la poste. Nous attendons maintenant les commandemens de Leurs Majestés sur les nostres envoyées par le dernier courrier que nous avons dépesché, affin de faire partir d'icy ces gens qui doivent aller à la Rochelle. Devant le retour des dicts, nous ne finirons nostre traicté, quoi que nous puissions dire et protester. Le faict d'Amiens [1] aussy

---

[1] Pendant que le prince de Condé et ses amis étaient réunis en conférence à Coucy, de graves événements venaient de s'accomplir à Amiens. Cette cité était sous le gouvernement du duc de Longueville, tandis que la citadelle relevait de l'autorité du maréchal d'Ancre. Un soldat italien, de ceux qui la gardaient,

nous trouble grandement, et crains qu'il renverse tout. Je réponds plus particulièrement à M. le président Janin. Quant à nous icy, nous suivrons ponctuellement les commandemens que nous recepvrons ; mais la Royne a pris bon conseil de s'estre arrestée à Tours, soit pour la paix ou pour la guerre ; car son œil et son soin favoriseront beaucoup l'une et l'autre. Ceste résolution est un coup de partie qui aura une grande suitte. Je prie Dieu qu'il détourne de dessus nous les périls dont nous sommes menacez, et qu'il vous conserve, monsieur, en parfaicte santé.

De Loudun, le 20 de mars au matin 1616.

Vostre très affectionné serviteur et cousin,
DE NEUFVILLE.

ayant été jugé précipitamment et pendu pour avoir blessé un bourgeois, un de ses camarades, dans le but de le venger, tua Prouville, sergent-major de la ville, et s'enfuit en Flandre avec le sieur Hautelocque, son commandant. Au bruit de cette fuite, qui laissait la citadelle à sa merci, le duc de Longueville se hâta d'arriver à Amiens ; mais la reine y avait envoyé M. de Nérestan, avec ordre d'y commander et de défendre la citadelle ; et le duc de Longueville se retira à Corbie, laissant ceux de la citadelle maîtres de la ville sans avoir eu besoin de livrer combat. On trouve dans le journal d'Arnaud d'Andilly (1ᵉʳ août 1615) le récit de la ruse employée par M. de Nérestan pour forcer M. de Longueville à la retraite. C'est par suite de cette situation, pleine de péril pour la ville d'Amiens, que le prince de Condé réclamait instamment le rasement de la citadelle. C'est cette affaire à laquelle Villeroy fait allusion ici. Cette demande ne fut pas accordée ; mais il est facile de voir, par les écrits publiés alors pour appuyer la demande du prince (*Mercure français*, t. IV, 1615, p. 56 et suiv.), combien l'esprit de parti faisait taire le patriotisme dans un moment où Amiens était encore une place de la frontière. Néanmoins il faut reconnaître la justesse de plusieurs des observations alléguées, principalement l'insistance répétée qu'aucune forteresse ne fût confiée à la garde d'autres que de sujets nés français, allusion au maréchal d'Ancre, Italien. M. de Nérestan, dont il est ici question, est Claude de Nérestan ou Nérestang, fils de Philibert de Nérestan, et, comme son père, grand maître de l'ordre de Saint-Lazare et de Notre-Dame-du-Mont-Carmel. Henri IV récompensa par des honneurs la fidélité de cette famille, qui n'avait jamais porté les armes contre ses rois. C'est sans doute cette fidélité qui valut à M. de Nérestan la mission de confiance que lui donne ici Marie de Médicis. Il était l'un des capitaines des gardes du corps, et avait obtenu cet emploi par la protection du maréchal d'Ancre. Il mourut en 1639, le 2 août, au siége de Turin. (Édit.)

CCXIV.

Man. Bibl. impér. Supplém. franç. 3193.

M. de Villeroy, du 20 mars, receue le 21 du dict mois 1616.

A M. de Sceaux.

Monsieur, je crois que nostre demeure et poursuitte icy est et sera très préjudiciable au Roy et à la Royne, si nous ne voulons, pouvons et ne devons accorder ce que l'on nous demande, pour faire cesser le subject ou prétexte des querelles particulières qui troublent et troubleront tousjours nostre court. Au moyen de quoy commandez-nous de nous retirer, après avoir faict nos déclarations et protestations par vous prescriptes, et telles qu'elles nous sont ordonnées. Car aussy bien nous ne pouvons avoir la paix sans pourveoir à ce premier point, et [1] ..... abuseront Leurs Majestez à nostre honte, si l'on fait espérer autre chose de nostre légation et commission : ce que je vous escriptz pour response à vostre lettre du 19 [2], que nous avons receue après le sermon; et, comme l'on a sceu sa venue incontinent, monseigneur le Prince a envoyé vers nous pour sçavoir si c'estoit la response aux articles que nous vous avons envoyez, et, comme il a sceu par nous que ce n'estoit qu'une remise à demain, il a monstré d'en estre marry; car je vous asseure qu'il veut la paix avec passion; mais il ne peut disposer de luy comme il désireroit, ny ceux qui le secondent ou tiennent en ceste affection. Il jure qu'il ne fait aucune levée en Allemagne; il me l'a dict en secret, et crois qu'il m'a dict vray. S'ils traitent dehors, c'est en Angleterre, comme j'ai découvert icy; dites-le à la Royne mère du Roy de ma part, je vous prie, et qu'elle ne laisse traisner ceste négociation; car elle en recevra plus de mal pour le service du Roy que d'advantage. Je prie Dieu, monsieur, qu'il vous conserve en santé.

---

[1] Le mot manque dans le manuscrit. (Édit.)

[2] Il est évident qu'il n'est point question Conférence de Loudun. ici d'une lettre de M. de Sceaux, mais de la dépêche même du Roi du 19, que nous avons donnée plus haut. (Édit.)

Faites veoir, s'il vous plaist, à M. Janin, la présente devant que d'en parler à la Royne, affin de vous y conduire par son advis.

Vostre très affectionné serviteur et cousin,
DE NEUFVILLE.

De Loudun, le 20 de mars au soir 1616.

CCXV.

Man. Bibl. impér. Supplém. franç. 3193.

M. de Villeroy, du 20 mars, receue le 21 du dict mois 1616.

A M. de Sceaux.

Monsieur, le trompette du Roy nous a tousjours accompagné et assisté, depuis nostre voyage à Fontenay jusques à présent, avec soin et despence. Il va maintenant en court pour affaires particulières auxquelles je vous prie de le favoriser, car il le mérite, estant homme de bien et serviteur du Roy très fidelle comme il est. Il a promis à M. le mareschal de Brissac et à ses collègues de retourner ici après qu'il aura parachevé ses dictes affaires, dont je vous prie que l'on luy donne le moyen, en le faisant rembourser de tous ses frais, si desjà il n'y a esté satisfaict; et soit considéré que toutes sortes de vivres sont en ces voyages plus chers qu'ailleurs. Je vous le recommande donc de tout mon cœur, comme je suis en vostre bonne grace, monsieur, vostre très affectionné serviteur et cousin,

DE NEUFVILLE.

De Loudun, le 20 de mars au soir 1616.

CCXVI.

Man. Bibl. impér. Supplém. franç. 3193.

M. de Pontchartrain, du 20 mars, receue le 21 du dict mois 1616.

A M. de Sceaux.

Monsieur, si j'eusse creu que vous eussiez faict veoir à la Royne les lettres que je vous escris, je les considérerois davantage devant que de les vous envoyer, car je vous jure que je n'ay pas seulement loisir de les relire. Nous attendrons donc les commandemens qui nous seront apportez demain au matin, pour y obéir, et ne doutez point que, pourveu qu'on parle clairement, nous les représenterons bien nettement, et si nous passons icy quelque chose plus que l'on ne voudroit, comme nous avons faict la continuation de la suspension, nous le faisons pour ce que nous recognoissons qu'il y va du service de Leurs Majestez, et pour empescher la rupture. Je ne vous celeray pas que ceste dernière dépesche [1] a mis en mauvaise humeur et bien dégousté les depputez du Roy, qui croient qu'on leur rend de mauvais offices. Quant à moy, j'essayeray tousjours de bien faire et de bien servir, et prendray tout le reste en patience. Je vous conjure de m'honorer tousjours de vos bonnes graces, et me croire, monsieur, vostre très humble et affectionné serviteur,

P. PHÉLIPEAUX.

A Loudun, ce 20ᵉ mars au soir 1616.

CCXVII.

Man. Bibl. Sainte-Geneviève.

Lettre du Roy à MM. les depputez à Loudun, du 20 mars 1616.

Messieurs, j'ay considéré hier et aujourd'huy vostre dépesche du 17ᵉ de ce mois. Mais plus j'y pense, et plus j'entre en soupçon que ceux avec qui vous traictez ayent desseing, en baillant, comme ils font, leurs demandes les unes après les autres, et ne se relaschant sur aucune, de m'engager peu à peu à faire plus que je ne voudrois ou devrois, et me contraindre à la fin de rompre avec désavantage. Outre que, quand il n'y auroit autre mal, le seul retardement est, comme vous le sçavez, de très grand préjudice à mes subjects. C'est pourquoy je désire veoir tout ensemble et au plus tost ce que l'on prétend obtenir de moy, et estre asseuré qu'il ne demeurera rien derrière,

[1] Celle du 19 ci-dessus, p. 476. (Édit.)

affin que, sur cela, je prenne ma résolution entière et certaine, et qu'après il n'y faille plus retourner. Faites donc entendre à mon cousin le prince de Condé ce que je vous commande présentement, et les advis que vous avez veu par ma dernière qui m'ont esté donnez, qu'il fait faire de nouvelles levées de gens de guerre, tant dedans que dehors mon royaume; et me rendez promptement response par ce courrier que je vous envoye exprès pour vous porter celle cy, voulant attendre que je voye clair en ces affaires, et vous déclarer ma volonté sur icelles; mais, si je recognois que la paix soit véritablement désirée, vous le sçaurez aussy tost, et elle sera telle que chascun aura subject d'en demeurer content. Au surplus, j'ay receu vostre dernière du 18e; mais, comme il n'y a rien de nouveau que les plaintes qui vous ont esté faictes des habitans de Langres et de quelques autres de mes serviteurs qui sont de ce costé là, il ne me reste qu'à vous asseurer que j'y pourveoiray, priant Dieu, etc.

CCXVIII.

Man. Bibl. impér. Supplém. franç. 3193.

M. de Vic, du 21 mars, receue le dict jour 1616.

A M. de Sceaux.

Monsieur, je vous supplie donner adresse asseurée à la lettre que j'escris à M. de Caumartin, qui m'a escrit de Nantes s'en debvoir retourner à Rennes. Ces messieurs ouïrent mal volontiers hier le contenu en vostre dépesche du jour précédent [1], car ceste remise luy a esté grandement suspecte, principalement aux quatre des premiers qui sont le plus disposés à la paix, parce qu'ils ont peine de rompre les brigues des mal affectionnés; mesme sur un advis qu'ils ont eu depuis peu d'heures par un des gardes de M. de la Force [2], que mes-

---

[1] Dépêche du Roi du 19 mars. (Éd.)

[2] Jacques Nompar de Caumont, duc de la Force, pair de France, fut très-attaché à Henri IV; il prit le parti des réformés sous le règne de Louis XIII, avec lequel il se réconcilia plus tard et qui le fit maréchal de France en 1622. Mort en 1652, âgé de quatre-vingt-dix-sept ans. (Édit.)

sieurs de Gondrin[1] et Gramont[2] estoient entrez dans le Béarn prests à donner bataille contre la teneur de la tresve, dont ils sont grandement en peine. Nous en avions sceu quelque chose que nous avons dissimulée.

On attend donc la response de Leurs Majestez avec impatience; et je suis tousjours, monsieur, vostre très humble serviteur,

M. DE VIC.

De Loudun, ce 21e jour de mars, à huict heures du matin, 1616.

CCXIX.

Man. Bibl. impér. Fonds Dupuy, n° 450. — Supplém. franç. 3193.

MM. les depputez du Roy, du 21 mars, receue le 22 du dict mois, 1616.

Au Roy.

Sire, monseigneur le prince de Condé nous a ce matin envoyé prier d'aller chez luy; ce que nous avons faict, et l'avons trouvé accompagné de tous ces princes, ducs, seigneurs et depputez. Et là il nous a faict deux grandes plaintes, l'une de ce que M. de Retz, au préjudice de la suspension d'armes, a chargé et défaict trois ou quatre compagnies des troupes de M. de Vendosme, ayant tué quelques uns, et pris tous les capitaines et soldats prisonniers, et emmené tous leurs chevaux, armes et bagages; sur quoy il nous a pressez d'en faire faire réparation, faisant délivrer et mettre en liberté les hommes et chevaux, et rendre tous les bagages qui leur ont esté pris; et pour le regard de ceux qui ont esté tuez, en faire faire telle justice qui sera jugée raisonnable. L'autre plainte est sur l'advis qu'ils ont eu que,

---

[1] Antoine Arnaud de Pardaillan et de Gondrin, marquis de Montespan et d'Antin, etc. fit toujours la guerre aux Huguenots jusqu'à l'abjuration de Henri IV. Il resta fidèle à Louis XIII, qui le nomma chevalier de ses ordres en 1619. Mort en 1624. (Édit.)

[2] Antoine de Gramont, onzième du nom, comte de Gramont, de Louvigny, etc. servit fidèlement Louis XIII contre les réformés. Il contraignit les Espagnols à lever le siége de Bayonne en 1636. Fait duc en 1643 par Louis XIV; mort en 1644. (Édit).

au préjudice de la dicte suspension d'armes, MM. de Gondrin, de Gramont et de Poyannes[1], et mesme M. le comte de Carmain[2], se sont assemblez avec toutes les troupes qu'ils ont peu mettre de leurs amis, tant de pied que de cheval, qu'ils font monter à un grand nombre. En quoy ils disent qu'ils sont aussy assistez des forces de M. de Roquelaure[3], et qu'avec cela ils ont mis du canon en campagne, sont allez assiéger Aire, et de là dans le Béarn, où il estoit à craindre qu'il n'arrivast quelque accident considérable. Sur quoy mon dict seigneur le Prince nous a aussi priez de faire promptement pourveoir, et mesme, parce qu'il croit que ceste dernière affaire est de très grande importance, y envoyant de sa part un gentilhomme exprès, il a désiré que, en attendant que Vostre Majesté y envoyast ses commandemens, nous y dépeschassions quelqu'un avec nos lettres adressantes aux susnommez, pour les exhorter et prier de faire observer la dicte suspension d'armes, se retirer, et faire réparer les contraventions qui y pourroient avoir esté faictes; ce que nous avons estimé leur debvoir accorder, ayant envoyé en ces quartiers là un des nostres exprès pour ce subject. Et suivant l'instance que mon dict seigneur le Prince nous a faicte, nous faisons aussy ceste dépesche à Vostre Majesté, pour la supplier de faire pourveoir de costé et d'autre sur les dictes contraventions, en sorte qu'il n'aye subjet d'en faire plainte, envoyant à ceste fin au plus tost et en toute diligence ses commandemens à ceux qu'elle jugera y debvoir pourveoir. Ils ont eu icy l'alarme très grande sur cela, laquelle a esté augmentée et fomentée par ceux qui désirent

---

[1] Ces trois officiers appartenaient aux troupes royales. Ant. Arnaud de Pardaillan et de Gondrin, marquis de Montespan et d'Autun, etc. était lieutenant général au gouvernement de Guyenne, et gouverneur d'Agenois et de Condomois. (Édit.)

[2] Les comtes de Carmain descendaient de la famille de Foix par les femmes. Cette alliance datait du commencement du xve siècle. (Édit.)

[3] Antoine Roquelaure, seigneur de Roquelaure en Armagnac, de Goudoux, etc. s'attacha de bonne heure à Henri IV, qui le fit grand maître de sa garde-robe et chevalier du Saint-Esprit. En 1615, Louis XIII l'éleva à la dignité de maréchal de France. Il réduisit à l'obéissance plusieurs places des réformés. Mort en 1625, âgé de quatre-vingt-deux ans. (Édit.)

traverser et rompre ceste négociation. Mais nous pouvons dire à Vostre Majesté avec vérité que mon dict seigneur le Prince s'y est comporté fort doucement et prudemment, et avec tesmoignage de la confiance qu'il veut prendre sur l'ordre que Vostre Majesté y donnera pour y pourveoir, ayant avec soin apaisé ceux qui en parloient plus haut. Nous sommes au surplus attendans les commandemens de Vostre Majesté sur nos dépesches précédentes, pour les effectuer et y obéir avec la fidélité et affection qu'elle doit attendre, Sire, de vos très humbles, très obéissans et très fidèles subjects et serviteurs,

BRISSAC, DE NEUFVILLE, J. A. DE THOU, M. DEVIC, P. PHÉLIPEAUX.

A Loudun, ce 21e de mars 1616.

CCXX.

Man. Bibl. imp. Suppl. franç. 3193.

M. de Pontchartrain à M. de Sceaux.

Monsieur[1], comme nous fermions ceste dépesche[2], vostre courrier est arrivé. Je vois bien que, si Dieu ne nous ayde, nous romprons bientost tout, car l'on est en deffiance de delà, on l'est aussy de deçà; et ce qui l'augmente est de veoir qu'il y a quatre jours que nous sommes attendant les volontez du Roy pour leur rendre response. De penser avoir toutes leurs demandes ensemble, c'est remettre encore les choses à longs jours. Un de ces jours, ils demanderont prolongation de la tresve; on la refusera, et ainsy tout ira mal. Il semble que le Roy nous pouvoit mander nuement ses intentions, affin que nous y puissions obéir. La vérité est que, quand nous romprons, si cela arrive, ils seront bien trompez, car ils ne s'y attendent pas, et vous

---

[1] Ce billet, dont la date et la signature ont été coupés ou n'ont jamais existé, est reconnaissable à l'écriture comme étant de la main de M. de Ponchartrain, et une autre main a écrit derrière : *Envoyé par M. de Pontchartrain avec la lettre du 21 mars 1616.* (Édit.)

[2] La dépesche ci-dessus du 21, commençant par ces mots : *Monseigneur le prince de Condé nous a ce matin*, etc. (Édit.)

diray encore que monseigneur le Prince se porte à cet accommodement avec autant de soin et de passion que je puis faire. Dieu conduise tout à bien.

CCXXI.

Man. Bibl. impér. Supplém. franç. 3193.

M. de Pontchartrain, du 21 mars, receue le 22 du dict mois 1616.

A M. de Sceaux.

Monsieur, vous verrez, par la lettre que nous escrivons au Roy[1], la grande reumeur qui a esté aujourd'huy parmy ces messieurs, et le subject d'icelle. Il y en avoit qui prenoient cela d'un ton fort haut, et qui eussent bien voulu esmouvoir du désordre. Mais certes monseigneur le Prince s'y est conduit avec une grande preudence et modération, tesmoignant combien il est plutost porté à adoucir ces aigreurs et appaiser les choses que autrement, ayant mesme en toute leur assemblée faict cesser les plaintes, et monstré se vouloir contenter qu'elles fussent représentées à Leurs Majestés qui y feront pourveoir ; et vous asseure que ce procédé n'estoit pas agréé de beaucoup qui estoient de la compagnie, qui eussent voulu esmouvoir les uns et les autres. Je crois qu'il est nécessaire que Sa Majesté escrive au plus tost d'un costé et de l'autre, et sera bien à propos, vous escrivant en Bretagne, et exhortant les uns et les autres de se contenir, sans rien entreprendre au préjudice de la suspension d'armes, qu'ils prennent garde aussy à leur conservation, affin que l'on n'essaye de prendre revanche à leurs dépens. Nous attendons d'heure à autre le courrier que vous nous aurez envoyé avec les résolutions de Leurs Majestez, car tout demeure là dessus. Je vous baise très humblement les mains, et demeure, monsieur, vostre très humble et affectionné serviteur,

P. PHÉLIPEAUX.

A Loudun, ce 21ᵉ mars 1616, à une heure après midy.

[1] La dépêche du 21 ci-dessus. (Édit.)

CCXXII.

Man. Bibl. impér. Supplém. franç. 3193.

MM. les depputez du Roy à Loudun, du 21 mars, receue à Tours le 23 du dict mois 1616.

A la Royne.

Madame, après avoir veu la dépesche qu'il a pleu au Roy nous faire, nous avons estimé debvoir prier M. de Pontchartrain d'aller par delà, pour luy représenter et à vous l'estat des affaires de deçà, luy rendre compte de ce que nous y avons faict, et recebvoir vos commandemens sur ce qui reste à faire. Nous nous en remettrons entièrement sur luy, et prions Dieu donner à Vostre Majesté, madame, en parfaicte santé, très longue et heureuse vie.

De Loudun, ce 21ᵉ mars 1616.

Vos très humbles, très fidèles et très affectionnez serviteurs et subjects,

BRISSAC, DE NEUFVILLE, J. A. DE THOU, M. DE VIC.

CCXXIII.

Man. Bibl. Sainte-Geneviève et Mazarine.

Lettre du Roy à MM. les depputez assemblez à Loudun, du 21 mars 1616.

De Tours.

Messieurs, j'ay receu ce soir vostre lettre du 20ᵉ de ce mois, qui me représente le désir que vous avez d'avoir promptement ma responce sur vos précédentes; mais j'attendray encore à vous la faire que j'aye receu la vostre sur ma dernière, que je vous escrivis hier au soir. Et cependant ayant eu advis ce matin que le duc de Retz a défaict quelques carabins du duc de Vendosme, je vous renvoye ce courrier pour vous advertir de ce qui en est, affin que, si l'on vous en fait plainte, comme je n'en doubte point, vous en sçachiez la vérité, et ayez de quoy y respondre. Je ne m'arresteray à vous dire que, par les articles du 20 du mois passé, par lesquelz il fut accordé que le duc de Vendosme seroit compris en la surséance d'armes, il fut aussy convenu qu'il feroit sortir et déloger de ma province de Bretagne toutes les troupes, tant de cheval que de pied, qu'il pouvoit avoir faict entrer et approcher d'icelle; car c'est chose que vous sçavez assez. Mais vous debvez estre advertis que, les dictes troupes s'advançant comme elles ont faict depuis quelques jours dans ma dicte province, tous mes serviteurs en sont entrez en soupçon, et ont creu, comme il y a grande apparence, que ce ne pouvoit estre qu'à desseing d'entreprendre sur quelques unes de nos villes, et spécialement sur Guérande ou Redon, ou bien de passer la rivière de la Villaine à la Roche Bernard, pour aller jusques à Blavet[1] et s'y fortifier; veu mesme que l'on sçait, il y a quelque temps, y avoir à l'embouchure de la dicte rivière, et près le dict lieu de la Roche Bernard, un vaisseau de deux ou trois cens tonneaux, commandé par un nommé Lasalle Bourdonnois, advoué du dict duc, lequel a receu plusieurs commandemens de s'en retirer, et non seulement n'y a voulu obéir, mais a retenu prisonniers ceux qui les luy ont portez, et nommément un huissier de ma cour de parlement de Rennes, qu'il garde encore, au mépris de mon auctorité; et estant là inutile en apparence, il est aysé à juger qu'il n'y est que pour favoriser ce passage, ou quelque autre entreprise; joinct qu'au mesme temps il y en a trois autres qui se sont tenus sur la coste de Blavet; de quoy ayant eu cy devant advis, je

---

[1] Blavet, plus connu sous le nom de Port-Louis, est situé au nord-ouest, sur la côte du Morbihan, à l'embouchure de la rivière de Blavet. Au commencement du règne de Louis XIII, les princes mécontents fortifièrent cette place. Sur la demande du parlement et des états de Bretagne, le Roi en fit raser les fortifications, mais il les fit reconstruire plus tard, lorsque son autorité fut raffermie et qu'il connut l'importance de cette ville. Le traité de Sainte-Menehould porte, dans son article 4, textuellement ce qui suit : « Le « fort de Blavet, dont on s'est saisi depuis « ces derniers mouvemens, et que l'on a « commencé à rebastir et à fortifier, sera « entièrement démoli, rasé, et remis au « mesme estat qu'il estoit auparavant la « dicte saisie et surprise, sans que cy après « il y ayt aucun capitaine ny garnison, et « le seront pareillement toutes autres nouvelles fortifications faictes en la province « de Bretagne par qui que ce soit, pendant et à l'occasion du présent mouvement. » (Édit.)

mande au comte de Brissac[1], qui a quelques gens de guerre ensemble, d'aller du costé de la dicte ville de Redon, border la rivière et empescher le passage et les entreprises des autres; luy ordonnant s'il voyoit qu'ils voulussent passer outre, de les faire sommer de s'en abstenir et demeurer dans les termes de ce qui a esté accordé, et si, après cela ils continuoient, employer la force pour les en empescher. Ce qui ayant esté sceu par le dict duc de Retz, qui est auprès de ma ville de Nantes et de celle de Guérande, avec quelques gens de pied que j'y ay envoyez il n'y a pas longtemps, il a estimé debvoir de son costé tenir la main à la conservation des dictes places, et empescher toutes entreprises suivant mes intentions. Et parce qu'il avoit aussy eu advis que ceux du duc de Vendosme se vouloient saisir du Croisil ou de Sainct Lazare, il s'est logé aux lieux qu'il a jugé plus à propos, pour ensemble courir tous les lieux et fermer le chemin de la Roche Bernard, où estant, ces carabins, qui estoient environ deux cens en quatre troupes et s'advançaient devant les autres troupes du dict duc de Vendosme, voulant passer outre et s'aller loger en un village que luy mesme avoit pris pour son logement, en ont esté empeschez par luy et les siens, et, y ayant eu combat entre les uns et les autres, il est demeuré vingt ou trente des dicts carabins sur la place, et le reste a esté pris, mais mis incontinent en liberté après avoir promis de ne servir à l'advenir; et les autres troupes se sont retirées; de sorte qu'il n'y a en cela aucune contravention à ce qui avoit esté accordé, sinon de la part de ceux du dict duc de Vendosme, qui ne devroient, durant la suspension d'armes, entreprendre d'executer de tels desseings. Et quand ils soutiendroient ne l'avoir pas faict, contre toutes les apparences qui y sont, si ne peuvent-ils pas s'excuser d'avoir esté chercher et rencontrer les troupes du dict de Retz, et d'estre entrez si avant dans la dicte province[2], d'où s'ils ne se retirent, il en

---

[1] Fils du maréchal, député du Roi à la conférence. (Édit.)

[2] On lit dans le Mercure français, année 1616, p. 45 : « Ses carabins (du duc de « Vendôme) et quelques cavaliers, voulant « s'étendre et aller courir vers les terres du « duc de Retz, qui avoit armé pour le Roy, « furent chargez et très maltraitez. » (Édit.)

pourra arriver d'autres accidens, encore que j'aye mandé qu'on les évite autant qu'il est possible. Mais ce qui confirme l'opinion que chascun en a, c'est qu'environ ce mesme temps l'un de ces trois vaisseaux qui n'estoient pas loin de Blavet s'en estoit approché, et, par effect, y est demeuré eschoué, et s'est trouvé chargé de trois cens hommes et trente canons; et que ceux qui sont affectionnez au dict duc de Vendosme ont faict des entreprises en d'autres endroicts de la province, comme vous verrez par la lettre et le mémoire que je vous envoye. A quoy je n'adjousteray rien davantage, sinon que, comme je me promets d'avoir demain vostre response, j'espère aussy vous faire, avant que le jour passe, celle que vous attendez, qui vous informera pleinement de mes volontez; et celle cy vous asseurera que, comme je vous ay desjà mandé, je sçais bien que vous n'obmettrez rien qui dépende de vous pour mon contentement et le bien de mon service en vostre négociation. Et qu'encore que les difficultez et longueurs qui s'y rencontrent me mettent en peine de deffiance, je ne suis pas moins satisfaict de ce qui dépend de vous, cognoissant avec quelle fidélité, affection et preudence vous m'y servez. Je prie Dieu, etc.

CCXXIV.

Man. Bibl. de l'Arsenal. Pap. Conrart, in-4°, t. XI.

Extrait du journal d'Arnaud d'Andilly.

22 mars. — M. de Pontchartrain arrive de Loudun à la cour, touchant quelques points en difficulté. Retourne le vendredy 25. Aussy tost M. le Prince envoya les dicts articles à la Rochelle, en l'assemblée de ceux de la religion qui l'avoient là transportée de Nismes.

CCXXV.

Man. Bibl. impér. Supplém. franç. 3193.

M. de Villeroy, du 22 mars, receuc le dict jour 1616.

A M. de Sceaux.

Monsieur, M. de Pontchartrain vous va dire ce que nous avons faict et pouvons faire. Tenez main, s'il vous plaist, qu'il nous rapporte promptement les volontez de Leurs Majestez, nous les suivrons au pied de la lettre, car il est temps de se résoudre. Si c'est pour bien faire, ce ne peut estre trop tost; si c'est pour faire le contraire, nous ne debvons nous abuser nous mesmes longuement. Je voudrois veoir icy ceux qui y font entendre et veulent que l'on croye que l'on nous trompe; peut estre changeroient-ils de langage. Le mal ne procède de nostre négociation ny de nos conseils; je crains plutost que ce soit de les avoir méprisez. Je ne dis cela par présomption, mais par affection et douleur, jetant les yeux sur Leurs Majestez et nostre misérable patrie, qui deviendra bientost la proie des estrangers, si nous ne finissons nos discussions et n'employons l'auctorité et preudence royale pour les dissiper et appaiser. Le dict sieur Pontchartrain vous dira le surplus, et je prieray Dieu, monsieur, qu'il vous conserve en santé.

De Loudun, le 22ᵉ de mars au soir 1616.

Votre affectionné serviteur et cousin,
DE NEUFVILLE.

C'est ma response à vostre lettre du 20.

CCXXVI.

Man. Bibl. impér. Supplém. franç. 3193.

MM. les depputez du Roy, du 22 mars, receue le 23 du dict mois 1616.

Au Roy.

Sire, le sieur de Pontchartrain estant party ce matin d'icy pour aller trouver Vostre Majesté, monseigneur le Prince a receu advis du sieur de Boisse Pardaillan de la prise de la haute ville de Tartas[1]. A la mesme heure, il a envoyé vers nous M. de Sully pour s'en plaindre et en demander justice et réparation, comme d'une infraction faicte à la cessation d'armes et à la foy publique. Nous avons blasmé l'action

---

[1] Actuellement chef-lieu de canton dans le département des Landes, sur la route de Mont-de-Marsan à Dax. (Édit.)

estant telle qu'il nous l'a représentée, et avons asseuré que Vostre Majesté la trouveroit mauvaise et y donneroit bientost l'ordre qu'il convient à son service et à leur satisfaction. Et comme ils nous ont remonstré que, s'il n'y estoit pourveu promptement, il falloit craindre que le dict sieur de Boisse n'en prist revanche, s'estant mis aux champs au bruit de la dicte prise avec trois ou quatre mil hommes, tant pour reprendre la dicte place que pour secourir celle d'Aire[1], assiégée, ainsy qu'il dit, par MM. de Gramont, de Poyannes, de Lauzun et de Gondrin, à force ouverte, nous avons supplié mon dict seigneur le Prince de commander au dict de Boisse de retirer ses forces en leurs garnisons, sans entreprendre de se faire raison des dictes infractions par voye de fait; cependant mon dict seigneur requerra Vostre Majesté d'y pourvéoir par autre voye, ce qu'il a trouvé bon. Mais il a désiré, en attendant les commandemens de Vostre Majesté au dict sieur mareschal de Roquelaure sur cela, de l'advertir par courrier exprès de la susdicte plainte, et l'admonester d'y apporter les remèdes nécessaires, de quoy nous l'avons contenté; tellement que nous avons pris advis d'en escrire au dict sieur mareschal la lettre de laquelle Vostre Majesté aura icy un duplicata que nous avons accompagné d'adressantes aux dicts sieurs de Gramont, de Gondrin, de Poyannes et de Lauzun, chose dont nous avons estimé ne le debvoir esconduire, pour n'accroistre son mécontentement ny sa plainte. Mais, si la dicte prise est suivie de semblables attentats, comme il semble que en divers lieux l'on s'y prépare, et mesme en Bretagne, ces désordres renverseront du tout ceste conférence et négociation, si elle dure encore quelques jours sans résolution; comme elle a faict jusques à présent, nonobstant nos continuelles poursuittes et diligences; au moyen de quoy Vostre Majesté y fera telle considération

---

[1] Ancien évêché, sur l'Adour, aujourd'hui chef-lieu de canton du département des Landes, à cinq lieues est de Saint-Sever. (Édit.)

[2] François Nompar de Caumont, comte de Lauzun, etc. chevalier des ordres du Roi. Il était beau-frère du comte de Gramont, dont il avait épousé la sœur, Catherine de Gramont. (Édit.).

que requiert le bien de son service, et nous commandera ses volontez auxquelles nous obéirons promptement, comme sont obligez de faire[1], Sire, vos très humbles et très obéissans subjects et serviteurs,

BRISSAC, DE NEUFVILLE, J. A. DE THOU, M. DE VIC.

De Loudun, le 22e jour de mars 1616.

CCXXVII.

Man. Bibl. impér. Supplém. franç. 3193.

Envoyée par MM. les depputez du Roy avec leur lettre du 22 mars 1616.

Les depputez du Roi à M. le maréchal de Roquelaure[2].

Monsieur, nous vous dépeschasmes hier un courrier[3] pour vous faire sçavoir la plainte que monseigneur le Prince nous avoit faicte d'une entreprise faicte sur la ville d'Aire par MM. de Gramont, de Poyannes et autres, et de quoy ils avoient mis le canon aux champs pour forcer le chasteau au préjudice de la tresve qu'il dict estre

---

[1] On lit, à l'occasion de la prise de Tartas, dans les procès-verbaux manuscrits de l'Assemblée de la Rochelle : « Sur l'ad- « vis donné à la compagnie que, durant et « au préjudice de la tresve, on s'estoit, par « surprise, emparé du chasteau de Tartas, « après avoir poignardé le frère du sieur « de la Garie, gouverneur, la compagnie « a trouvé bon d'en escrire à M. le Prince, « à M. de Rohan et aux depputez qu'elle a « à la conférence, affin d'en avoir répara- « tion et restitution, premier que de con- « clure aucun traicté. Et cependant a remis « à la prudence des depputez de la province « de rechercher les autres remèdes plus « prompts et présens. » (Procès-verbal de la séance du 19 mars 1616.) « La compa- « gnie, sur les advis qu'elle a eu du rase- « ment du chasteau de Tartas et remue- « mens qui sont en la basse Guyenne, a « permis à M. de Favas de s'y en aller pour « assister M. de la Force, si besoing est. » (Procès-verbal de la séance du 31 mars 1616.) (Édit.)

[2] Cette adresse, qui n'est pas donnée par le manuscrit, est justifiée, 1° par celle ci-après, de Villeroy, du 22 mars; 2° par la dépêche ci-dessus du même jour; 3° par ces mots écrits derrière la présente : ... *Envoyée par MM. les depputez du Roy avec la leur du 22 mars 1616.* Cette lettre, dans le manuscrit de Versailles, est le duplicata même annoncé par les députés et par M. de Villeroy. (Édit.)

[3] Nous n'avons point trouvé la dépêche portée par ce courrier. On peut soupçon- ner, d'après les détails dans lesquels entrent ici les députés, qu'ils ne lui avaient donné, vu l'urgence, qu'une commission verbale. (Édit.)

observée exactement par ceux de son party; à quoy il adjoustoit que M. de Gondrin estoit en mesme temps entré en Béarn avec d'autres forces pour après les joindre aux premières, pour ensemble faire la guerre au dict pays, sans avoir égard à la dicte tresve. Maintenant nous dépeschons vers vous cestuy-cy sur l'advis qu'il nous a faict dire encore en ce matin, de M. de Boisse Pardaillan, de la prise de la haute ville de Tartas, faicte par les habitans de la basse; en laquelle il dit avoir esté usé de toutes sortes de violences et hostilités, jusques à en avoir tué aucuns de ceux qui gardoient la place, et l'avoir pillée et depuis gardée; de quoy pareillement il insiste grandement qu'il soit faict justice et réparation, et restitution prompte, pour estre la dicte ville du nombre de celles qui ont esté baillées en garde à ceux de la religion prétendue refformée pour leur seureté. Ce qu'estant véritable, nous avons jugé raisonnable aussy de luy en donner contentement. Mais, comme nous estimons que pour ce faire comme il convient il sera nécessaire que vous preniez la peine de vous transporter vous mesme sur les lieux, à cause des aigreurs qui sont entre les habitans des dictes villes, nous vous prions de faire ce service au Roy, si la commodité des affaires de Sa Majesté vous le permet, pour pourveoir à ce faict comme il convient, et comme la loy des édicts y oblige le Roy et ses serviteurs, et par mesme moyen composer par vostre prudence et présence les différends et animositez qu'ont les dicts habitans contre leur gouverneur, affin que, rentrant dedans la place, il s'abstienne de les maltraicter, comme nous avons sceu qu'il a faict cy devant, et mesme durant la dicte cessation d'armes, et que c'est ce qui a contraint les dicts habitans à favoriser ceste exécution. Mais il n'est pas raisonnable que de tels exploits entrepris par animosité, haines ou vengeances particulières, sans ordre et commandement de Leurs Majestez, renversent leurs bons desseings pour la pacification des troubles du royaume, pour laquelle nous séjournons icy, et avons accordé et prolongé plusieurs fois la dicte cessation, ainsy qu'il adviendroit si une telle contravention n'estoit punie et réparée promptement, comme elle doibt estre. Au moyen de quoy nous vous prions derechef d'y donner l'ordre qui dépend de vous, et nous renvoyer promptement ce courrier, nous faisant sçavoir ce qui en sera succedé, et mesme les particularitez de cest exploit, avec la vérité des comportemens du dict gouverneur envers les dicts habitans, devant et depuis la dicte cessation. Et sur ce que monseigneur le Prince nous a faict dire que le sieur de Boisse Pardaillan s'est mis aux champs sur ceste occasion avec trois ou quatre mil hommes, tant pour avoir raison et revensche de cest attentat et deffendre la dicte ville d'Aire, nous l'avons supplié de luy deffendre d'user de telles sortes de représailles, soubs quelque prétexte que ce soit, mais attendre de la justice du Roy et de vostre prudence la satisfaction qu'il prétend; de quoy il nous a asseuré qu'il donnera tel ordre, qu'il se contiendra dedans le respect qui est deu à Leurs Majestez et justice, et à l'asseurance que nous leur avons donnée de vostre diligence en cas semblables, dont nous avons aussy advertis Leurs dictes Majestez par un courrier exprez, affin qu'elles vous commandent sur cecy leurs volontez. Et nous vous dirons que nous continuons à poursuivre si vivement nostre négociation, que nous espérons d'en veoir bientost la fin en une sorte ou autre, dont nous vous donnerons incontinent advis, ainsy que vous ferez, s'il vous plaist, à mes dicts sieurs de Gramont et de Poyannes, et autres que vous jugerez à propos, voire mesme aux habitans des dictes villes de Tartas et Aire, de ce que contient la présente, pour les retenir dans les bornes de la dicte cessation d'armes, pour n'interrompre nostre poursuitte, que Dieu fera, s'il luy plaist, réussir à sa gloire et au contentement de Leurs Majestez, pour rendre à la France la tranquillité publique que luy souhaitent et procurent de tout leur pouvoir, suivant les volontez et commandemens de Leurs Majestez, monsieur, vos, etc.

De Loudun, le 22 mars 1616.

CCXXVIII.

Man. Bibl. impér. Supplém. franç. 3193.

MM. les depputez du Roy, du 22 mars, receue le 23 du dict mois 1616.

Au Roy.

Ce courrier est arrivé avec la lettre de Vostre Majesté du 21e, comme nous voulions faire partir celle que la présente accompagne [1]. Nous avons veu ce qu'il vous a pleu nous faire sçavoir de l'exploit faict par M. de Retz sur quelques compagnies de M. de Vendosme, dont Vostre Majesté aura sceu par nos précédentes que desjà M. le Prince nous avoit faict plainte et demandé réparation. Et nous leur avons remonstré que les gens du duc de Vendosme avoient les premiers contrevenu aux articles de la cessation d'armes, pour estre entrez en Bretagne au mépris d'icelle; ils se sont excusez et déchargez sur le reffus qu'auroit faict le sieur Descures de leur départir les provinces dont nous avions convenu par la dicte cessation; tellement qu'ils prétendent leur estre loisible, après le dict reffus, de s'étendre en Bretagne comme ailleurs, sans contrevenir à la dicte tresve. Et néantmoins, nous nous ayderons encore des raisons contenues en la lettre susdicte de Vostre Majesté pour modérer, autant qu'il nous sera possible, le ressentiment qu'ils montrent avoir de ce qui s'est passé; de quoy s'ils s'aperçoivent que Vostre Majesté ne soit disposée de leur faire quelque raison, il est à craindre qu'ils s'efforcent de la prendre d'eux mesmes sur le dict duc de Retz et ce qui luy appartient [2]. Encore avons-nous subject de nous deffier de leur volonté pour ce regard, quelque contenance que Vostre Majesté face de vou-

---

[1] La dépêche ci-dessus, également du 22, adressée au Roi. (Édit.)

[2] Le duché de Retz ou Rais était situé sur la rive gauche de la Loire et se prolongeait jusqu'à la mer. Il était donc exposé aux attaques de l'armée des princes établie entre la Loire et la Vilaine. Le duc de Retz, dont il est ici question, est Henri de Gondy, deuxième fils d'Albert de Gondy; il était pair de France et chevalier des ordres du Roi. Mort en 1659, à l'âge de soixante-neuf ans. (Édit.)

loir en prendre cognoissance et de leur, en faire justice. C'est pourquoy il sera bien à propos que Vostre Majesté face advertir promptement le dict duc de Retz qu'il prenne garde à luy et à ses places; joint que nous avons sceu qu'ils entendent changer le premier rendez-vous général de leur armée, qu'ils avoient assigné à Doné et à Gonnort, au clos de Retz. Davantage nous leur avons desjà faict plainte, par la bouche de M. le mareschal de Brissac, de la saisie de l'isle de Verdelot, rocher de Primel, et des attentats du vaisseau de Lasalle Bourdonnois; à quoy nous adjousterons maintenant la retenue de l'huissier de vostre cour de parlement faicte par le dict Lasalle, avec peu d'espoir, toutefois, d'en tirer réparation; car mon dict sieur de Vendosme advoue Rouseray qui s'est logé en la dicte isle, et prétend pouvoir, sans enfreindre la tresve, mettre dans la dicte isle qui luy appartient en propre, comme dépendante de la seigneurie de Lamballe, un sien domestique pour la garder, tel qu'est le dict Rouseray. Nous allons ainsy employant, ou pour mieux dire perdant le temps à recevoir et former les dictes plaintes sans proffit de part et d'autre, jusques à ce que Vostre Majesté nous ayt faict sçavoir ses dernières volontez, de quoy nous sommes les plus déplaisans. Néantmoins, nous les attendrons avec la patience et révérence que nous debvons à vos commandemens, pour y obéir très fidellement et ponctuellement, comme sont obligez de faire, Sire, vos très humbles et très obéissans subjects et serviteurs,

BRISSAC, DE NEUFVILLE, J. A. DE THOU, M. DE VIC.

De Loudun, ce 22ᵉ de mars 1616.

CCXXIX.

Man. Bibl. impér. Supplém. franç. 3193.

M. de Villeroy, du 22 mars, receue le 23 du dict mois 1616.

A M. de Sceaux.

Monsieur, nous estions pressez de vous envoyer un courrier avec nostre première lettre fondée sur la prise de Tartas, quand cestuy est arrivé, ainsy que vous apprendrez par les deux lettres que nous adressons au Roy, avec lesquelles vous trouverez le duplicata de celle que nous avons escrite sur le mesme subject à M. de Roquelaure. Toutes ces plaintes sont inutiles; car, de part et d'autre, l'on se contente de se mettre en debvoir de les excuser sans les réparer, et toutefois nous sommes obligez de montrer que nous les improuvons, et poursuivons qu'il en soit faict justice, comme il me semble que vous debvez faire de vostre costé, mais surtout les prévenir par tous bons moyens, si voulez nous donner loisir, non de achever nostre traicté, mais seulement de nous retirer brayes sauves; aussy bien ne servirons-nous plus de rien icy, y demeurant plus longuement, si M. de Pontchartrain ne relève par son retour nos courages. Je prie Dieu, monsieur, qu'il vous conserve en santé.

De Loudun, le 22 de mars au soir 1616.

Vostre très affectionné serviteur et cousin,
DE NEUFVILLE.

CCXXX.

Man. Bibl. impér. Supplém. franç. 3193.

M. le prince de Condé, du 22 mars, receue le 24 du dict mois 1616.

Au Roy.

Sire, sur ce que j'ay entendu par MM. les commissaires depputez de la part de Vostre Majesté, qu'elle désiroit estre éclaircie du subject pour lequel je faisois rassembler nos troupes, j'ay creu estre de mon debvoir de dépescher exprez M. le baron de Thianges, affin que par luy Vostre Majesté en puisse estre pleinement informée. Et, comme je jure et proteste, Sire, n'avoir autre but et intention que d'observer inviolablement tout ce qui a esté arresté, je supplie très humblement Vostre Majesté qu'il luy plaise de faire pourveoir et commander à ses lieutenans généraux et gouverneurs que de leur part il n'y soit contrevenu, ainsy qu'il a esté faict de nouveau, et en vient des plaintes de toutes parts, lesquelles j'ay chargé le dict sieur de Thianges représenter à Vostre Majesté; à quoy me remettant, je la supplieray en toute humilité me vouloir tant honorer de croire que personne du monde n'est plus que moy, Sire, vostre très humble, très obéissant et très fidèle subject et serviteur,

HENRY DE BOURBON[1].

A Loudun, ce 22e de mars 1616.

CCXXXI.

Man. Bibl. impér. Supplém. franç. 3193.

M. le prince de Condé, du 22 mars, receue le 23 du dict mois 1616.

A la Royne.

Madame, ayant appris par MM. les commissaires depputez de la part du Roy monseigneur comme l'on prenoit quelque ombrage du rassemblement de nos troupes, j'ay estimé estre de mon debvoir d'en esclaircir promptement Sa Majesté, dépeschant exprès à ceste fin M. le baron de Thianges, par lequel Vos Majestez pourront, s'il leur plaist, estre pleinement informez du subject qui nous a esmeus de ce faire. Mais, outre cela, il a charge de représenter les plaintes qui viennent de toutes parts des infractions de la tresve, comme de nouveau en Bretagne sur les troupes de M. de Vendosme, et en Béarn contre M. de la Force; à quoy je supplie très humblement Vos Majestez, madame, avoir agréable de faire pourvoir, et en envoyer les commandemens nécessaires aux gouverneurs des provinces, affin que ces désordres ne puissent empescher un si bon et sainct œuvre pour lequel nous sommes icy assemblez; protestant devant Dieu et Vostre Majesté, madame, que, de ma part, j'y apporte toute la franchise et sincère affection que doibt un bon et fidèle subject envers son prince, et que je n'y manqueray jamais, non plus qu'au respect et obéissance que je doibs aux commandemens de Vostre Majesté, de laquelle je

---

[1] Cette lettre porte en la suscription : *Au Roy mon souverain seigneur.* Une autre main a noté sur l'adresse qu'elle a été reçue le 24. Cette lettre et la suivante sont écrites par un secrétaire et signées du Prince. (Édit.)

demeureray toute ma vie, madame, vostre très humble et très obéissant serviteur et subject,

HENRY DE BOURBON [1].

A Loudun, ce 22ᵉ de mars 1616.

CCXXXII.

Man. Bibl. Sainte-Geneviève et Mazarine.

Lettre du Roy à MM. les depputez de Loudun, du 24 mars 1616 [2].

Messieurs, le sieur de Pontchartrain arriva hier au soir, et, ayant entendu de luy le subject de son voyage, je pensois le dépescher dans aujourd'huy, parce que je juge bien qu'il ne peut estre trop tost de retour par de là. Mais depuis j'ay advisé de le retenir encore pour demain, affin de prendre entière résolution sur ce qu'il m'a représenté; et, pour ne vous laisser en peine de ce retardement, je vous envoie ce courrier pour vous advertir qu'il tend à bonne fin, et que, comme je m'asseure que ceux avec qui vous traictez sont bien disposez à la paix, je feray paroistre que je la désire aussy. Attendez donc bonne response par luy, et vous asseurez que vous l'aurez vendredi. Cependant, aussitost que j'ay receu vos deux lettres d'hier, j'ay dépesché un courrier en Guyenne pour faire cesser et réparer toutes les contraventions dont l'on vous a faict plainte, ayant mandé au mareschal de Roquelaure et aux sieurs de Gramont, Gondrin, Poyannes et de Lauzun de séparer leurs forces et ne rien entreprendre contre la cessation d'armes; et demain je feray partir le sieur Renard, maistre des requestes ordinaire de mon hostel, avec commission expresse pour informer de ce qui s'est passé à Tartas, mon intention

---

[1] Cette lettre porte la suscription : *A la Royne, mère du Roy mon souverain seigneur*. Une autre main a noté sur l'adresse qu'elle a été reçue le 23. (Édit.)

[2] Cette lettre est datée du 14 mars dans les manuscrits des bibliothèques Sainte-Geneviève et Mazarine. Elle est nécessairement du 24, puisqu'elle fait allusion à des faits racontés dans les dépêches du 22, arrivées le 23 à Tours, et coïncide avec la présence en cette ville de M. de Pontchartrain, parti de Loudun le 22. (Édit.)

estant que la justice en soit faicte, et que la place soit remise en l'estat qu'elle estoit auparavant. Et outre ce que je vous escrivis avant hier que j'avois mandé au duc de Retz, je luy dépesche encore présentement un courrier exprez, pour luy ordonner de faire rendre les armes et chevaux de ces carabins qu'il deffit le 18e de ce mois, et de s'abstenir de toutes entreprises contraires à la dicte surséance. Mais aussy les troupes du duc de Vendosme ne se doibvent-elles tant advancer qu'elles se rencontrent avec les miennes, ce que je trouve bon que vous disiez à mon cousin le prince de Condé, en attendant le retour du dict sieur de Pontchartrain, qui vous fera plus particulièrement entendre combien sont expresses les dépesches que j'ay faictes sur le subject des dictes plaintes, et vous informera de mes volontez sur tous les points qui restent à résoudre. Je prie Dieu, etc.

CCXXXIII.

Man. Bibl. Sainte-Geneviève et Mazarine.

Lettre du Roy à M. le prince de Condé, du 24e jour de mars 1616.

Mon cousin, ayant l'opinion que vous pouvez désirer de vos intentions, j'ay adjousté foy à ce que m'a représenté de vostre part le baron de Thianges de l'occasion qui vous meut à remettre vos troupes ensemble, et vous veux bien déclarer que ce n'est à autre effect que je fais le semblable des miennes; et pour ce qui est des contraventions dont il m'a parlé, j'y avois pourveu, dès auparavant, sur l'advis que m'en avoient donné mes depputez, ainsy qu'ils vous auront pu dire, et que vous entendrez plus particulièrement dudict sieur de Thianges, auquel me remettant, je ne vous feray plus longue response par luy, pour prier Dieu, etc.

CCXXXIV.

Man. Bibl. Sainte-Geneviève et Mazarine.

Lettre à M. le prince de Condé, du 24 mars 1616[1].

Mon neveu, le Roy monsieur mon fils et moy ayant entendu du sieur de Thianges pour quelle occasion vous remettez vos troupes ensemble, nous ne l'avons pris en mauvaise part; aussy pouvez-vous croire que c'est à mesme intention que mon dict sieur et fils fait le semblable des siennes. Et, pour les plaintes qu'il nous a représentées des contraventions qui ont esté faictes en quelques endroits à la surséance d'armes, nous y avons pourveu avant son arrivée, tant pour la Bretagne que pour la Guyenne, ainsy que les depputez de mon dict sieur et fils vous auront pu dire, et qu'il vous rapportera plus particulièrement, voulant que, par toutes les provinces de ce royaume, ce qui a esté accordé soit observé de la part de mon dict sieur et fils, comme je veux croire que vous ferez en sorte qu'il le sera de la vostre, affin que rien ne puisse traverser le succez que je désire et espère de ce traicté, lequel il importe d'achever promptement. C'est pourquoy je vous prie d'en advancer la fin autant qu'il vous sera possible, suivant la bonne disposition que je sçay que faites paroistre à la paix, et qui m'a esté encore confirmée par le dict sieur de Thianges, duquel vous sçaurez que je n'y en ai pas moins, et que vous pouvez faire estat asseuré de la bonne volonté et entière affection de, etc.

CCXXXV.

Man. Bibl. Sainte-Geneviève et Mazarine.

Lettre à MM. les depputez du Roy à Loudun, du 24 mars 1616[2].

Messieurs, le voyage que le sieur de Pontchartrain a fait icy a esté agréable au Roy monsieur mon fils et à moy, et à propos pour

---

[1] Cette lettre est de la reine mère. (Édit.) — [2] Cette lettre est de la reine mère. (Édit.)

la résolution des difficultez qui nous arrestoient, sur lesquelles et sur tout ce qu'il nous a représenté mon dict seigneur et fils luy ayant déclaré ses volontez et donné ses commandemens, nous le renvoyons présentement pour vous en informer, et continuer d'y travailler avec vous à ce que vous avez commencé et ne pouvez achever trop tost; et estant asseuré qu'il vous sçaura bien faire entendre les intentions de mon dict seigneur et fils, comme il a faict à nous l'estat des affaires, et que vous aurez créance en ce qu'il vous dira de sa part et de la mienne, je m'en remettray à luy, priant Dieu qu'il vous ayt, etc.

CCXXXVI.

Man. Bibl. impér. Fonds Dupuy, n° 450. — Supplém. franç. 3193.

MM. les depputez du Roy, du 26 mars, receue le 27 du dict mois 1616.

Au Roy.

Sire, le sieur de Pontchartrain se rendit hier en ceste ville, lequel nous rapporta ce qui est des volontez et intentions de Vostre Majesté sur le progrès des affaires que nous traictons de deçà. Monseigneur le Prince, qui attendoit avec impatience son retour, ne manqua de se rendre dès le soir chez monsieur de Villeroy, où nous estions pour entendre le dict sieur de Pontchartrain, et désira dès lors estre informé de ce qu'il avoit rapporté de son voyage, dont nous luy fismes sçavoir ce que nous estimions estre du service de Vostre Majesté; et ce matin, nous estant assemblez en son logis, avons conféré ensemble, en telle sorte que nous voyons les choses s'acheminer peu à peu à la conclusion que Vostre Majesté nous a tousjours tesmoigné désirer. Nous y avons esté encore longuement en contention sur ce premier article du tiers estat; mais enfin nous croyons qu'ils se résouldront de se contenter d'y faire mettre qu'il sera pourveu sur cest article lorsque l'on respondra les cahiers généraux avec l'advis des princes du sang, autres princes, ducs, pairs, officiers de la couronne, principaux de vostre conseil; et ceux qui seront depputez par les parlemens. Pour le moins nous ont-ils faict dire que ce seroit l'expédient qu'ils suivroient, et auquel mon dict seigneur le Prince s'est porté avec affection, contre le désir et intention de plusieurs des siens, sur la prière particulière qui luy a esté faicte, de la part de Vostre Majesté, de se relascher de l'instance qu'ils faisoient d'avoir autre response; en quoy il a esté assisté de monsieur le mareschal de Bouillon, quand il a sceu qu'il y alloit du contentement de Vostre Majesté, à laquelle nous dirons que nous avons estimé ne debvoir pas insister au désir que mon dict seigneur le Prince a eu que l'on y nommast les depputez des parlemens avec les autres, parce qu'il en falloit sortir de ceste façon, et que cela ne leur apporte pour le présent aucune auctorité en l'affaire. Nous envoyerons à Vostre Majesté une copie de la dicte response, quand mon dict seigneur le Prince nous aura déclaré l'avoir acceptée, n'ayant encore pour le présent que des advis particuliers de la résolution qui en a esté prise parmy les dicts princes et autres qui sont joints avec luy. Cependant leurs depputez sont partis aujourd'huy pour aller à la Rochelle, d'où ils ne peuvent estre de retour que le jour ou le lendemain de Pasques[1]; ce qui nous a occasionné (sur l'instance que nous a faicte mon dict seigneur le Prince) de prolonger encore la suspension d'armes jusques au 15e du mois prochain, et à quoy nous nous sommes d'autant plus facilement laissez porter, que, outre ce que le dict sieur de Pontchartrain nous a rapporté de la part de Vostre Majesté qu'elle l'auroit agréable, nous reconnoissons maintenant toutes choses se porter tellement à l'accommodement, que nous estimons que ce sera la dernière prolongation qui précédera la signature de nos articles; laquelle nous supplions Vostre Majesté d'agréer, et de commander qu'elle soit au plus tost envoyée par toutes les provinces, pour y estre publiée. Cependant messieurs de Bouillon et de Sully nous ont encore faict instance aujourd'huy d'escrire à Vostre Majesté qu'il luy plaise *faire travailler au recouvrement des deniers pour le licenciement de leurs troupes, affin qu'elles ne demeurent plus longuement à la charge du*

---

[1] Nous avons déjà vu que Pâques tombait cette année le 3 avril. (Édit.)

peuple. Ils nous ont aussy proposé et prié de faire qu'il plaise à Vostre Majesté d'envoyer icy le sieur président de Chevry[1], intendant de vos finances, *avec pouvoir pour traicter, convenir et arrester des moyens qui se pourront trouver pour servir à cest effect; sur vos fermes et receptes, et d'establir quelques levées et impositions extraordinaires sur les rivières et passages pour ce subject, ainsy qu'il sera jugé plus expédient;* et ont estimé que Vostre Majesté pourroit aussy joindre avec luy en ceste commission le sieur de Flesselles[2], pour estre grandement expérimenté en ces affaires. Elle prendra sur cela résolution qu'elle jugera estre du bien de son service; mais nous estimons que cest envoy ne pourroit estre que bien à propos, mesmement s'ils viennent bientost, car désormais l'on ne sçauroit travailler trop promptement à ceste affaire pour le soulagement de vos subjects. Il est aussy très grand besoing de faire voir avec monsieur de la Chastre[3] ce qui sera nécessaire pour son contentement, affin de faire mettre la tour de Bourges entre les mains d'un exempt de vos gardes, ou de tel autre de vos serviteurs qu'il plaira à Vostre Majesté de choisir, attendant l'entier accomplissement de ceste négociation. Vostre Majesté en pourroit pareillement faire de mesme avec le sieur de Ballon[4] pour ce qui est du chasteau de Chinon : ce sont les choses que nous estimons à présent les plus nécessaires pour décharger bientost vos subjects des oppressions qu'ils reçoibvent continuellement de ces mouvemens; nous continuerons

---

[1] Charles Duret de Chevry, l'un des intendants des finances; il devait cette charge à la protection de la maréchale d'Ancre, à qui il donna, dit le journal d'Arnaud d'Andilly, 7 avril 1615, 40,000 écus. (Édit.)

[2] Flesselles, secrétaire du conseil des finances. (Édit.)

[3] Louis de la Châtre, baron de la Maison-Fort, etc. chevalier des ordres du Roi, capitaine de cent hommes d'armes des ordonnances, servit le roi Henri IV dans ses guerres, succéda à son père au gouvernement de Berry, dont il se démit en 1616, reçut la même année le bâton de maréchal de France, et mourut en octobre 1630. (Édit.)

[4] M. de Ballon dut remettre au Roi la ville et château de Chinon, qui furent donnés au prince de Condé, ainsi que la ville et la tour de Bourges, et le gouvernement de plusieurs autres places du Berry. (Voir les instructions de Richelieu aux ambassadeurs du Roi, et le Mercure français, année 1616.) (Édit.)

d'informer Vostre-Majesté de ce qui se passera en ceste nostre négociation, en laquelle, comme en toutes autres occasions, nous nous efforcerons de rendre tousjours à Vostre Majesté le très humble service que luy doibvent, Sire, vos très humbles, très obéissans et très fidèles subjects et serviteurs,

BRISSAC, DE NEUFVILLE, J. A. DE THOU, M. DE VIC, P. PHÉLIPEAUX.

De Loudun, ce 26e de mars 1616, au soir.

CCXXXVII.

Man. Bibl. impér. Fonds Dupuy, n° 450. — Supplém. franç. 3193.

Prolongation de la suspension d'armes envoyée à MM. les depputez du Roy avec la lettre du 26 mars, jusques au 25e jour d'avril du dict mois.

Les depputez envoyez par le Roy pour se trouver de sa part en la conférence qui se tient à Loudun pour la pacification des troubles ont accordé avec monseigneur le prince de Condé que la suspension d'armes, qui avoit esté prolongée jusques au jour de Pasques prochain, sera derechef continuée et prolongée jusques au 25e jour du mois d'avril prochain inclusivement, pour estre observée par tout ce royaume, aux mesmes conditions dont l'on est cy devant convenu; et sans que, pendant le dict temps, il se face aucune action de part ny d'autre au préjudice de la dicte suspension d'armes, et que toutes contraventions seront réparées à la première instance de celuy ou ceux qui en auront receu dommage.

Fait à Loudun, le 26e jour de mars 1616.

HENRY DE BOURBON.

BRISSAC, DE NEUFVILLE, J. A. DE THOU, M. DE VIC, PHÉLIPEAUX.

CCXXXVIII.

Man. Bibl. impér. Fonds Dupuy, n° 450.

Lettre de M. de Poyannes, du 26 mars 1616, à messeigneurs les depputez pour le Roy en l'assemblée de Loudun [1].

Messeigneurs, j'ai receu celle qu'il vous a pleu m'escrire sur le point que j'estois à rendre compte au Roy des actions qui regardent le subject d'icelle, me sentant fort honoré de vous pouvoir faire [cognoistre] par celle-cy tout ce qui s'est passé de deçà, et vous donner tesmoignage asseuré de la bonne volonté et affection que les sieurs de Gondrin, de Gramont et moy avons eue en cela mesme au service de Sa Majesté, et combien nous avons esté observateurs de ses commandemens à l'entretenement de la tresve; car nous n'avons rien entrepris de nostre part, ains avons esté contraincts de recourir aux remèdes nécessaires pour conserver l'auctorité du Roy, en une extrémité si grande, que le sieur de Vallier, ne s'estant pas contenté de se saisir, avec l'assistance du sieur de la Force, d'une place nommée Aire qui est dans mon gouvernement, ny d'avoir faict, de son auctorité privée et sans l'adveu de personne, une grande et excessive imposition sur mon dict gouvernement, se mit à la campagne avec cinq ou six cens chevaux, pour venir ruyner ce pays qui ne l'estoit que trop par les actions précédentes, et avec résolution d'incommoder ceste ville, et pour cest effect se seroit approché jusques à deux lieues, pour lequel repousser et empescher ses desseings, je fus contrainct de prier le sieur de Gramont de nous joindre ensemble; ce qu'ayant faict, nous aurions réduit le dict sieur de Vallier à se retirer dans le Béarn, lequel nous aurions costoyé quelques jours, pour l'empescher de se retirer dans le dict fort d'Aire, ny de pouvoir sortir avec ses

---

[1] Cette lettre répond à une dépêche des députés du Roi, rappelée par eux dans celle du 28 à MM. de Gramont et de Poyannes. Il y a lieu de croire que cette réponse de M. de Poyannes ne leur était pas encore parvenue le 28. (Édit.)

forces sur les advenues de ceste ville; à raison de quoy le dict sieur de Vallier, parcourant la lizière du Béarn pour sortir, et nous l'empeschant, nous serions trouvez près ce lieu d'Aire, où nous nous serions logez par commodité, et sans aucun desseing, comme estant la ville ouverte de tous costez; mais, lorsque nous croyions le moins que le dict sieur de Vallier fust espaulé du Béarn, nous fusmes attaquez au dict lieu d'Aire par le sieur de la Force, avec toutes les forces du dict pays de Béarn, qui n'estoient pas moins que cinq mil hommes de pied et six cens chevaux, avec quelques pièces de campagne, lesquelz, nous ayant pressez de toutes parts et rendu plusieurs combats en divers jours, feurent enfin, par le sieur de Gondrin qui nous joignit en ce temps là et nous, repoussez et chassez avec perte de trois cens des leurs; lequel exploit seul nous fournit à l'instant l'occasion de remettre le dict fort d'Aire en l'obéissance de Sa Majesté, ce qui eust esté bien difficile de faire par un autre moyen. En quoy le dict sieur de Gramont rendit une singulière preuve de sa valeur et de son affection au service du Roy. Et aussy tost nous nous serions retirez sans rien entreprendre sur ceux qui, passant par dessus toutes considérations, ont faict les dicts efforts sur l'auctorité de Sa Majesté. Je veux croire, messeigneurs, que vous ne prendrez argument d'action, pour ce qui nous regarde, que d'avoir bien et fidèlement servy le Roy en une action si importante, conservé et asseuré les places auxquelles nous avons l'honneur de commander, garanty les subjects des maux et oppressions qui les joignoient, et osté aux dicts sieurs de la Force et de Vallier le moyen d'exécuter de plus grands desseings, comme l'importance de la place d'Aire, le grand nombre de leurs gens et leurs précédens efforts nous en fournissent assez de conjectures; et sy les advis qui nous en sont encore donnez à présent sortent effect, ceste frontière ne jouira pas facilement, par leur moyen, de l'effect de leur tresve, laquelle j'auray un particulier soin de faire entretenir, en ce qui sera de moy, et de rendre en toutes occasions le tesmoignage que je doibs de ma fidélité à Sa Majesté et à vous, de mon très humble service, comme celuy qui se donnera tousjours l'honneur d'estre, messeigneurs, vostre très-humble et plus obéissant serviteur,

POYANNES.

A Dacqs, le 26 mars 1616.

CCXXXIX.

Man. Supplém. franç. 3193.

M. de Nevers, du 27 mars, receue le 28 du dict mois 1616.

A M. de Sceaux.

Monsieur, j'ay appris du sieur Marescot, qui revint hier de Tours, que, lorsqu'il vous parla du marquis d'Alègre[1], vous croyiez qu'il n'avoit encore licencié ses troupes, ce qui me fait vous escrire ce mot pour vous asseurer qu'il m'a mandé n'en avoir aucunes sur pied, les ayant licenciées selon que je luy fis cognoistre estre l'intention du Roy pour le soulagement de son peuple, de sorte que, n'ayant plus besoing que d'un adveu de Sa Majesté, j'estime que vous luy ferez obtenir promptement, ce que je vous supplie de faire, et de croire que je suis, monsieur, vostre très affectionné à vous faire service,

NEVERS.

De Loudun, ce 27 mars 1616.

CCXL.

Man. Supplém. franç. 3193.

M. de Villeroy, du 27 mars, receue à Tours le 29 du dict mois 1616.

A M. de Sceaux.

Monsieur, je vous mercie très affectueusement du bon office que vous avez faict à 57[2] sur les bruits qui ont couru où vous estes, lesquelz ont passé véritablement jusques icy. Mais, s'ils m'ont émeu,

---

[1] Christophe, marquis d'Alègre, onzième du nom, baron de Saint-Just, etc. Divers événements de sa vie et des motifs de reconnaissance qui en furent la suite l'avaient attaché au duc de Mayenne. (Édit.)

[2] Ce chiffre et quelques autres qui se

comme il est difficile qu'il advienne autrement, toutesfois ils ne m'ont abattu ny changé de courage. Sy je ne contente tout le monde, du moins ne commettray-je point d'infidélité. Je puis faillir et pécher par infirmité, mais non par malice et déloyauté, ny par faute d'affection, de quoy je vous prie de respondre au besoing, et asseure que vous serez trouvé bien véritable. Cependant je demeure bien obligé à 12 de ce qu'il vous en a dict, à quoy j'adjouste entière foy et créance; car ma conscience m'asseure avec la bonté et justice du dict 12, en la bonne grace duquel je vous prie de me maintenir. Vous apprendrez de la lettre que nous vous envoyons pour le Roy que les journées qui s'entresuivent ne se ressemblent pas, car hier la paix en estoit arrestée, et maintenant elle est bien esbranlée, à cause des armes et exploits de MM. de Gramont et de Poyannes contre la ville d'Aire et le Béarn, à la suitte de la prise de la haute ville de Tartas et du rasement d'une certaine masure que l'on dict avoir esté mise par terre par les habitans de la basse ville. Cecy asseurément ne plaist point à 14, ny à 21 et à 32; partant j'espère qu'ils y pourvoyront. Cependant nous patientons et y pourvoyons le mieux que nous pouvons. Je vous recommande les lettres que je vous envoye, comme je fais à vos bonnes graces, monsieur, vostre très affectionné serviteur et cousin,

DE NEUFVILLE.

De Loudun, le 27ᵉ de mars au soir 1616.

CCXLI.

Proc.-verb. man. des assembl. protestantes. Bibl. Mazarine. J. 1504. H. Assembl. de la Rochelle. — Recueil de pièces man. Papiers Conrart. Bibl. de l'Arsenal, n° 2821.

Lettre du prince de Condé à l'assemblée de la Rochelle.

Messieurs, je pensois renvoyer plus tost vers vous monsieur de la

trouvent dans cette lettre sont des expressions secrètes et conventionnelles, qui désignent certaines personnes influentes; n'en ayant pas trouvé la clef, nous ne pouvons éclaircir ce mystère, qui reste fermé pour nous. (Édit.)

Haye; mais le désir que j'ay eu qu'il vist le cours des affaires pour en estre mieux informé m'a faict retarder jusques à présent qu'il s'en va rendre près de vous pour y continuer sa charge et depputation, suivant le pouvoir que je luy en ay cy devant donné, vous suppliant le recevoir et traicter dignement en ma considération, et selon ce qui est deu à ma qualité et naissance, pour tesmoigner de tant plus la bonne union et correspondance qui est entre nous. Vous aurez, je m'asseure, pu apprendre de messieurs vos depputez de quelle façon ils ont esté receus et traitez auprez de moy, ce que je pratiqueray tousjours à l'endroict de ceux qui viendront de la part d'une telle et sy notable assemblée. Le dict sieur de la Haye s'en va fort suffisamment instruit de ce qui se passe en ceste conférence et de mes particulières intentions, mesme sur le subject de la dernière lettre qui m'a esté rendue de vostre part par M. de Favas. Sur quoy je vous supplie luy vouloir adjouster toute créance, comme à moy mesme, avec asseurance que je ne me départiray jamais de la ferme résolution que j'ay prise de conserver, à mon possible, le bien et conservation de vos esglises, sous l'obéissance du Roy mon seigneur, recognoissant combien il importe au bien de son service et tranquillité [de l'estat], demeurant cependant tousjours, comme je le suis véritablement, messieurs, vostre très affectionné serviteur,

HENRY DE BOURBON.

A Loudun, ce 27 mars 1616.

Et en la suscription : A messieurs, messieurs de l'assemblée généralle de ceux de la religion à la Rochelle.

A la suite de ses dernières relations avec le prince de Condé, l'assemblée avait continué à maintenir l'ordre parmi les réformés, à leur conserver les armes à la main, à recommander à ses députés à la conférence les affaires qui l'intéressaient en général, ou intéressaient en particulier ses coreligionnaires et ses alliés. Sa correspondance avec le Prince et avec les commissaires envoyés pour participer aux négociations était incessante, et le tenait au courant des faits et des pourparlers. Les circonstances qui l'agitent pendant ce laps de temps sont les infractions à la trêve, et principalement la prise de Tartas, les prétendus préparatifs de guerre de ses adversaires, et les réponses peu satisfaisantes faites aux premières demandes du Prince et des siennes. Un acte aussi se produit, audacieux et peu propre à porter la conciliation dans les esprits. Ce fait est la résolution, résolution exécutée, de faire brûler, sur la place de la Rochelle, par la main du bourreau, l'arrêt du parlement de Toulouse rendu contre M. de Candalle. On voit par les dépêches suivantes que le prince de Condé n'est pas sans quelque embarras de la part de ses alliés, soit pour excuser auprès de la cour leurs résolutions passionnées, soit pour leur faire accepter les délais nécessaires, et les calmer sur les réponses à leurs demandes, qui ne sont pas encore tout à fait telles qu'ils désirent. Telles sont, en particulier, celles qui concernent les droits de la couronne et le concile de Trente, comme l'atteste l'extrait suivant du procès-verbal de la séance du 31 mars 1616 :

« La compagnie, suivant sa délibération du jour d'hier, ayant examiné
« les réponses sur les articles des demandes tant de M. le Prince que
« d'elle, touchant l'indépendance de la couronne du Roy et réception du
« concile de Trente, a depputé vers monsieur le Prince les sieurs Dolchain,
« de la Colombière et Maleray, avec lettres et instructions, pour luy faire
« entendre le peu de contentement qu'elle a èsdictes responses, en atten-
« dant qu'elle luy face porter ses sentimens sur les autres, aprez les avoir
« examinées. »

CCXLII.

Man. Bibl. impér. Supplém. franç. 3193.

Les depputez au Roy.

Sire, nous escrivismes, il y a deux jours, à Vostre Majesté, luy rendant compte de ce que nous avons faict et convenu avec monseigneur le Prince depuis le retour du sieur de Pontchartrain, et luy faisions aussy sçavoir comme les depputez que mon dict seigneur le Prince avoit à envoyer à la Rochelle s'y estoient dès lors acheminez; tellement que nous sommes à présent attendans leur retour qui ne peut estre plus tost que le lendemain de la feste, et nous travaillons maintenant à veoir et considérer quelle forme l'on pourra donner à l'édict et aux articles qui seront à signer. Mais il seroit aussy grandement besoing de pourveoir à ce qu'il conviendra pour le licenciement des troupes, pour raison de quoy il est nécessaire de recouvrer promptement quelque argent comptant, et sur ce subject nous avons mandé à Vostre Majesté que, s'il luy plaist envoyer icy un intendant de ses finances, avec pouvoir et commission, il recognoistra quelz moyens l'on pourra prendre pour en tirer quelque secours en ceste occasion si urgente.

Cependant nous représenterons à Vostre Majesté que mon dict seigneur le Prince et tous ces autres princes et seigneurs sont entrez en une très grande allarme sur les nouvelles qu'ils ont eues des grandes contraventions qui se font à l'observation de la suspension d'armes à leur préjudice dans la Guyenne et dans la Bretagne, sans qu'il leur paroisse, comme ils disent, aucun effect des commandemens que nous leur avons promis que Vostre Majesté feroit pour faire cesser et réparer les dictes contraventions. Les advis qu'ils ont eus du costé de Guyenne, et dont ils sont grandement esmeus, sont la prise de Tartas et que les habitans rasent le chasteau, la prise à vive force, et après un siége de plusieurs jours, de la ville et du fort d'Aire, avec plusieurs combats considérables, et qu'ensuitte de ce toutes les troupes qui estoient au dict lieu, et lesquelles estoient commandées par les sieurs de Gramont, de Poyannes et autres, qu'ils disent estre en très grand nombre, se tiennent encore ensemble, pour entrer à main armée dans le Béarn, et y entreprendre contre le sieur de la Force, qui, sur cela, a envoyé à tous ses amis, de tous costez, pour estre assisté puissamment. Sur quoy nous leur avons dict que cela ne pouvoit estre, et que nous avions des lettres de M. de Roquelaure qui nous mandoit que, après la reddition qui s'estoit faicte de la dicte place d'Aire, chascun s'estoit retiré; de sorte qu'il n'y avoit maintenant aucunes troupes qui tinssent la campagne. Mais, adjoustant plus de foy aux advis qu'ils avoient de leur costé que à ce que nous leur représentions, ils tinrent hier deux divers conseils sur ce subject, dans lesquelz ils projetèrent d'envoyer M. de Rohan passer par la Rochelle, pour oster l'émotion en laquelle estoit leur assemblée de ces mesmes nouvelles, et de là continuer son voyage du costé de Guyenne, en intention, en cas qu'il en fust besoing, de prendre quatre cens chevaux des troupes de mon dict seigneur le Prince pour les mener au secours du dict sieur de la Force; ou, s'il avoit advis que les troupes de Vostre Majesté se fussent retirées, s'employer avec auctorité pour faire retirer les leurs et pourveoir à ce que la suspension d'armes fust mieux observée. Vers le soir, bien tard, luy et M. de Sully nous vinrent trouver au logis de M. de Villeroy, où nous estions assemblez, pour nous dire ceste résolution, et nous prier de l'agréer et consentir, comme estant à bonne intention, et dont ils nous donnoient leur foy et leur parolle. Sur quoy nous leur respondismes que nous prévoyions beaucoup d'inconvéniens de ce voyage pour diverses considérations, mesme pour l'allarme et ombrage que Vostre Majesté et toutes les provinces circonvoisines en prendroient, lequel on interpréteroit à une espèce de rupture de ceste conférence; et aussy que, s'il partoit de ceste façon, les autres princes et seigneurs qui estoient icy voudroient faire le semblable sur les premiers advis qu'ils auroient; c'est pourquoy nous priions avec instance mon dict sieur de Rohan de rompre ce voyage, sur l'asseurance que nous luy donnions que Vostre Majesté pourveoiroit avec tel soing à ces affaires, que chascun se contiendroit en son debvoir et que toutes les contraventions seroient réparées. Tout cela ne le contenta pas pour lors, et demeuroit tousjours en opinion de vouloir partir ce jourd'huy; ce qui fut cause que dès hier, à la nuict, nous envoyasmes vers mon dict seigneur le Prince et monsieur le mareschal de Bouillon, pour leur représenter ce qui estoit de nos sentimens sur ce subject, et combien ce voyage pourroit apporter de préjudice. Nous avons encore faict le semblable ce matin en un conseil qu'ils ont derechef tenu pour ceste mesme affaire, les priant de faire pour le moins différer le dict voyage jusques à ce que nous en eussions donné advis à Vostre Majesté et receu sur iceluy ses commandemens. A quoy nous estimons qu'ils se porteront. C'est donc le principal subject de ceste depesche, pour laquelle nous représenterons à Vostre Majesté que nous prévoyons tant d'inconvéniens de la prolongation de ces désordres et infractions, qu'il est à craindre que, après que nous aurons bien travaillé icy, ceux qui désirent le trouble ne se servent facilement de ces occasions pour faire avorter le fruict de nos labeurs et des bonnes intentions de Vostre Majesté; estimant qu'il est très nécessaire qu'incontinent la présente receue, et sans aucune dilation, Vostre Majesté dépesche en toute diligence en Bretagne et en Guyenne quelques personnes qui puissent parler de sa part, pour faire deffenses bien expresses à ceux qui font ces contraventions de les continuer, et commandement aux uns et aux autres de se retirer et réparer ce qui s'est fait, et dont ils nous puissent faire sçavoir les responses des lieux là où ils seront, affin d'en pouvoir rendre icy quelque raison. Car, si mon dict seigneur le Prince et ceux qui sont près de luy ne voyent par effect que l'on prenne soing de ces affaires, il nous sera impossible d'empescher que les uns et les autres n'y veuillent aller pour estre de la partie, et dont il ne peut arriver que un entier désordre. C'est pourquoy nous supplions très humblement Vostre Majesté d'y pourvoir promptement. Au surplus, Sire, il y a quelques jours que nous eusmes une plaincte de mon dict seigneur le Prince de ce que le vice-séneschal de Lymosin avoit pris sept ou huit carabins du vicomte de Chasteauneuf, auxquelz M. d'Espernon vouloit faire faire leur procès, et nous pria d'en escrire sur les lieux pour les faire relascher, ou pour le moins retarder leur jugement, jusques à ce que l'on recogneust quelle fin prendroit ceste conférence, à la charge de réparer tous les dommages qu'ils pourroient avoir faict pendant icelle. Nous en escrivismes lors à mon dict sieur d'Espernon, au dict vice-séneschal, et au siége présidial de Limoges où se debvoit faire le dict jugement. Ces derniers, ayant eu quelque égard à nos lettres, n'ont voulu passer outre sans en avoir commandement de Vostre Majesté; mais mon dict sieur d'Espernon ne laisse de presser ceste affaire, et croyons qu'il en pourra avoir escrit à Vostre dicte Majesté, dont mon dict seigneur le Prince ayant eu advis, nous a réitéré la mesme instance qu'il nous fit lors. Nous supplions très humblement Vostre dicte Majesté de commander que ce jugement soit sursis, et que les dicts prisonniers soient relaschez, en satisfaisant à toutes plainctes. C'est ce que nous escrivons pour le présent à Vostre Majesté, à laquelle nous prions Dieu donner, Sire, en parfaicte santé, très longue et très heureuse vie.

De Loudun, ce 28 mars 1616.

Vos très humbles, très obéissans et très fidèles subjects et serviteurs,

BRISSAC, DE NEUFVILLE, J. A. DE THOU, M. DE VIC, P. PHÉLIPEAUX.

CCXLIII.

Man. Bibl. impér. Supplém. franç. 3193.

Les depputez au Roy.

Sire, madame la comtesse de Soissons nous a faict plaincte de ce que, au préjudice du commandement qu'il a pleu à Vostre Majesté faire en sa faveur, à ceux qui estoient en garnison dans Clermont en Beauvoisis, de sortir de la dicte place et la laisser en la garde des habitans, non seulement les dictes garnisons y sont tousjours demeurées, qui y commettent de grandes oppressions sur ce pauvre peuple, mais aussy l'on a puis naguères faict sortir trois petites pièces de canon qui estoient de tout temps en ceste place comme appartenant au seigneur d'icelle, et on les a faict conduire à Amyens; ce qu'elle croit avoir esté faict contre la volonté et intention de Vostre Majesté; veu mesme l'asseurance qu'il luy avoit pleu luy faire donner qu'elle avoit pourveu à faire sortir les dictes garnisons. C'est pourquoy elle nous a priez et faict instance à ce que nous escrivissions à Vostre Majesté, et la suppliassions, comme nous faisons par celle cy, de vouloir faire commandement exprez aux dictes garnisons de sortir de la dicte place, ainsy qu'elle a jà tesmoigné estre son intention; et quant aux dictes pièces, attendu qu'elles ne peuvent servir que à la deffense d'une place, les faire rendre à ma dicte dame la comtesse, laquelle prend icy tel soing de ce qui est des affaires pour lesquelles nous sommes employez par Vostre Majesté, qu'elle se rend digne non seulement de cesté grace, mais de toutes autres. Sur ce, nous prions Dieu, Sire, donner à Vostre Majesté, en parfaicte santé, très longue et très heureuse vie.

De Loudun, ce 28ᵉ de mars 1616.

Vos très humbles, très obéissans et très fidèles subjects et serviteurs,

BRISSAC, DE NEUFVILLE, J. A. DE THOU, M. DE VIC, P. PHÉLIPEAUX.

CCXLIV.

Man. Bibl. impér. Supplém. franç. 3193.

Pontchartrain à de Sceaux.

Monsieur, ce porteur est envoyé par madame la comtesse de Soissons pour la sollicitation de ces affaires de Clermont en Beauvoisis, affin que la garnison en sorte. Elle demande aussy que le canon que l'on en a emmené luy soit rendu; il vous mettra en main la lettre que nous en escrivons au Roy, et ne doute point que vous ne luy rendrez la bonne assistance que la dicte dame désire. La présente n'estant pour autre subject, je ne la feray plus longue, que pour vous supplier de me croire tousjours, monsieur, vostre très humble et très affectionné serviteur,

P. PHÉLIPEAUX.

A Loudun, ce 28ᵉ jour de mars 1616.

CCXLV.

Man. Bibl. impér. Supplém. franç. 3193.

M. de Pontchartrain, du 28 mars, receue à Tours le 29 du dict mois 1616.

A. M. de Sceaux.

Monsieur, nous n'aurions pas eu grand subject de vous escrire, n'estoit les contraventions qui se font en diverses provinces à la suspension d'armes; vous verrez ce que nous en mandons au Roy. Et à la vérité, il est nécessaire que Sa Majesté y pourvoye promptement par l'envoy de quelques uns sur les lieux. Mais il faut faire partir ceux que l'on envoyera sans aucun retardement, et non pas comme l'on fait ordinairement à la cour, là où l'on tiendra un homme huict, dix et douze jours, sans estre dépesché; car autrement nous prévoyons que tout ce que nous avons faict avec beaucoup de peine sera gasté en une matinée. Cela a desjà pensé arriver, et avons eu beaucoup de peine à l'empescher. C'est pourquoy nous vous prions que vous faciez résouldre le partement de quelques uns pour Guyenne et Bretagne, et que ceux qui auront ce commandement pour Guyenne nous voyent en passant. Nous vous prions aussy que ceux qui ont charge de faire les dépesches pour la prolongation de la suspension d'armes l'envoient promptement par les provinces. M. de Girard, mon commis, prendra vos commandemens pour ce qui est de mon département. Au surplus, M. de Brissac est en telz termes, que, si vous ne nous aydez à le retenir, il nous échappera, et cela ira grandement mal pour ces affaires cy[1]. J'ay receu les lettres qu'il vous a pleu m'escrire, avec la sauvegarde de M. de Sully et le passeport de M. de Bouillon; nous vous demandons une petite lettre close du Roy à M. d'Espernon pour accompagner le dict passeport. Si vous ostez les appréhensions que l'on a de deçà, nous vous ferons la paix; mais aydez nous, s'il vous plaist, et me confirmez en vos bonnes graces, comme estant, monsieur, vostre très humble et affectionné serviteur,

P. PHÉLIPEAUX.

A Loudun, ce 28 mars 1616.

[1] L'explication de cette disposition du maréchal de Brissac se trouve dans la lettre ci après des députés au Roi, du 28 mars. (Édit.)

CCXLVI.

Man. Bibl. impér. Supplém. franç. 3193.

M. de Villeroy, du 28 mars, receue à Tours le 29 du dict mois 1616.

A M. de Sceaux.

Monsieur, je vous escrivis hier au soir, et ay mis ce matin mon paquet à la poste, incertain encore du renvoy de ce courrier, lequel, en tout cas, la fera courre avec luy, de sorte que j'espère que vous la recevrez en mesme temps que celles qu'il vous porte pour le Roy, ce qui m'excusera d'étendre davantage celle cy, ayant faict response pour l'autre à la lettre du 26, et donné advis de l'estat de nos affaires. Je vous supplieray seulement de donner seure et prompte adresse au petit paquet de M. le président Janin et aux recommandations très affectionnées que présente à vos bonnes graces, monsieur, vostre très affectionné serviteur et cousin,

DE NEUFVILLE.

De Loudun, le 28ᵉ de mars à midi 1616.

CCXLVII.

Man. Bibl. impér. Fonds Dupuy, n° 450.

Lettre des depputez du Roy à M. de Roquelaure, du 28 mars 1616, à Loudun.

Monsieur, nous avons receu, par le courrier que nous avions dépesché par de là, les lettres que vous nous avez escrites du 24 de ce mois. Nous eussions bien désiré que vous eussiez laissé aller nostre dict courrier jusques vers MM. de Gramont et de Poyannes, tant pour leur rendre nos lettres que pour nous rapporter au vray l'estat des affaires de ces quartiers là, et comment chascun y vit, affin de pouvoir rendre raison icy des diverses plainctes que l'on faict sur ce subject; car cela trouble tous les princes qui sont icy, et, s'il n'y est remédié, il en pourra arriver de grands désordres; et de faict, sur les bruits qui sont venus icy de Tartas, du razement que les habitans font du chasteau, et de la prise de la ville et fort d'Aire, et que de là les dicts sieurs de Gramont et de Poyannes font estat d'entrer dans le Béarn à main armée, nonobstant quelque commandement qu'ils en ayent du Roy, et au préjudice de la suspension d'armes, M. de Rohan vouloit partir d'icy pour y aller, et mener avec luy quatre ou cinq cens chevaux des meilleures troupes de monseigneur le prince de Condé, en intention, ce disoit-il, de faire retirer toutes les troupes de ceux de son party, s'il trouvoit que celles du Roy eussent faict le semblable de leur costé ; mais aussy, s'il les trouvoit armez et assemblez, de se joindre, avec tout ce qu'il pourroit amasser d'ailleurs, à M. de la Force pour l'assister. Nous avons tant faict que nous avons rompu ce voyage là, considérant bien combien il eust pu apporter de préjudice aux affaires du Roy et à la continuation de ceste négociation. Mais nous vous prions affectueusement de vous employer avec soin à l'endroict des dicts sieurs de Gramont et de Poyannes et des autres qui se trouvent en campagne, pour les faire retirer chascun en leurs garnisons ou en leurs maisons, et faire aussy advertir les dicts sieurs de la Force, de Boisse et autres du party contraire, affin qu'ils facent le semblable de leur part, sans permettre que l'on passe plus outre, ny souffrir les contraventions qui se commettent, lesquelles il sera à propos de réparer autant que faire se pourra ; et de faict, il sera bon aussy que vous advertissiez ceux de Tartas qu'ils se donnent de garde de ne rien desmolir au chasteau, car aussy bien il le faudroit cy après restablir, possible en meilleur estat qu'il n'est ; et, s'il vous plaist nous faire informer par la voye ordinaire de la poste, ou par le premier courrier qui passera, de l'estat auquel est vostre province, spécialement en ces quartiers limitrophes du Béarn, vous nous obligerez grandement ; car nous avons bien de la peine à respondre aux plainctes que nous recevons de ce qui se fait par les serviteurs du Roy contre la dicte suspension d'armes, laquelle nous vous advertirons avoir encore esté continuée jusques au quinziesme avril prochain inclusivement. Ce que vous ferez, s'il vous plaist, sçavoir à tous ces messieurs qui sont dans vostre gouvernement, mesme à M. de Gourdin, qui se plaint de n'avoir eu aucun advis de toutes les continuations qui ont esté faictes de la dicte suspension. Nous espérons qu'il en pourra à la fin réussir quelque bon accommodement, dont nous ne manquerons à vous faire tenir promptement adverty, et cependant nous prions Dieu, etc.

CCXLVIII.

Man. Bibl. impér. Fonds Dupuy, n° 450.

Lettre des depputez du Roy à M. de Gramont, semblable à M. de Poyannes, du 28 mars 1616.

Monsieur, nous vous avons escrit ces jours passez, vous priant de faire observer, en tant qu'à vous est, la suspension d'armes qui vous a esté accordée entre le Roy et monsieur le prince de Condé, et que nous vous dirons par celle cy avoir esté continuée jusques au 15e jour d'avril prochain inclusivement. Nous ne sçavons si vous avez receu nos lettres[1], mais nous vous dirons que l'advis qui est venu icy de la prise que vous et le sieur de Poyannes avez facte de la ville et du fort d'Aire, et qu'ensuitte de cela vous teniez encore [vos] troupes ensemble pour entrer dans le Béarn à main armée, et de plusieurs autres contraventions, ont mis telle rumeur parmy ces princes que cela a pensé faire séparer ceste conférence en désordre, dont il fust arrivé un très grand préjudice au service du Roy et au repos de cest estat. Et avons eu beaucoup de peine d'empescher que M. de Rohan ne soit party pour y aller avec quatre ou cinq cens des meilleurs chevaux de l'armée de monseigneur le prince de Condé, comme il avoit esté résolu en son conseil. C'est pourquoy nous vous prions que, si vous estiez encore en campagne avec vos troupes, vous ayez à les faire retirer, et tenir la main à l'observation de la dicte suspension d'armes, comme y allant du service du Roy et

[1] Voir plus haut, page 509, la réponse de M. de Poyannes à une dépêche précédente. (Édit.)

de la foy publique. Nous travaillons tousjours icy à l'accommodement des affaires générales, où nous ne trouvons pas peu de difficultez. Néantmoins nous y voyons quelque avancement, et osons espérer que Dieu bénira nostre labeur, au contentement des gens de bien. C'est tout ce que nous pouvons pour le présent vous en escrire par celle cy, que nous finirons, priant Dieu, etc.

CCXLIX.

Man. Bibl. impér. Supplém. franç. 3193.

M. de Pontchartrain, du 28 mars, receue le 29 du dict mois 1616.

A M. de Sceaux.

Monsieur, ce porteur est envoyé par de là, par M. de Chasteauneuf, pour prendre les lettres que le Roy voudra escrire en Limosin, pour retarder le jugement que M. d'Espernon veut faire faire de ces carabins qui ont esté pris par le vice-séneschal de Limosin. Il s'attend que l'on en escrira aux officiers du siége présidial et au dict vice-séneschal. C'est chose que monseigneur le Prince nous recommande avec affection. Je vous baise très humblement les mains, et demeure, monsieur, vostre très humble et affectionné serviteur,

P. PHÉLIPEAUX.

A Loudun, ce 28 mars 1616.

CCL.

Man. Bibl. Sainte-Geneviève et Mazarine.

Lettre du Roy à MM. les depputez, du 28 mars 1616.

Messieurs, je receus hier, sortant du sermon, vostre lettre du 26e de ce mois, et eus à plaisir d'y veoir que, sans vous despartir de ce que je vous avois ordonné, vous soyez tombez d'accord avec mon cousin le prince de Condé d'une response sur l'article qui concerne le premier du tiers estat. J'attends la copie que vous m'en debvez envoyer, et ce pendant je vous veux asseurer par celle cy que j'eus agréable l'expédient que vous avez pris pour sortir des difficultez et contentions où vous avez esté si longuement pour ce subject, et que je suis très content de la facilité que vous me tesmoignez que mon dict cousin y a apportée, et de la bonne volonté qu'il fait paroistre en tout ce qui peut advancer la paix, laquelle j'espère maintenant sur ce que vous m'en mandez. C'est pourquoy je trouve bon que vous ayez encore prolongé la suspension d'armes jusques au 15e d'avril, et envoyeray par toutes les provinces de mon royaume les despesches accoustumées pour la faire publier et observer. Je feray aussy haster toutes les choses nécessaires pour effectuer ce qui aura esté accordé de ma part et soulager au plus tost mon pauvre peuple, me résolvant d'envoyer dès demain vers le sieur de la Chastre, et mander au sieur de Baillon de me venir trouver, et despescher en mesme temps le président Chevry et le secrétaire Flesselles pour se rendre auprès de vous; et parce que je juge que mes troupes ne se peuvent acheminer au rendez-vous que je leur ai faict donner sans que mes subjects y reçoibvent beaucoup de dommages, je me contenterois de ne faire point assembler mon armée, si mon dict cousin le prince de Condé s'abstenoit de son costé de faire le semblable, ainsy que j'estime qu'il pourroit faire. Toutesfois je n'entends que vous l'en pressiez comme de chose que je veuille absolument; mais si, pour la raison que je vous représente, vous en pouvez convenir avec luy, j'en seray bien ayse, affin de soulager d'autant mes subjects. Au reste, ceux de la ville de Nantes me font de si grandes plainctes des gens de guerre du duc de Vendosme, qu'ils me mandent s'estre approchez jusques à une lieue d'icelle, que je seray contraint d'envoyer de mes forces de ce costé là. Je ne sçay ce qui en arrivera, si le dict duc n'en fait esloigner les siennes. Faites donc en sorte qu'il y donne ordre, et m'advertissez de ce que vous en espérez. Je prie Dieu, etc.

CCLI.

Man. Bibl. impér. Supplém. franç. 3193.

MM. les depputez du Roy à Loudun, du 28 mars, receue à Tours le 29 du dict mois 1616.

A la Royne.

Du 28 mars 1616.

Madame, nous voyons M. le mareschal de Brissac si attéré de ce qui se passe en Bretagne au préjudice de son auctorité[1], que nous avons assez de peine de l'empescher d'y aller, comme il tesmoigne le désirer. Il fait plaincte des entreprises que fait M. de Retz dans sa charge, et porte avec un grand déplaisir de veoir que M. de la Salle, capitaine d'une des compagnies du régiment des gardes du Roy, face tousjours instance d'entrer à Blavet, nonobstant ce que le dict sieur mareschal représenta dernièrement à Vostre Majesté, que son fils, qui en estoit capitaine particulier, y avoit pourveu[2], en sorte qu'il n'en pouvoit mésarriver, et que Vostre Majesté luy tesmoigna d'en demeurer contente, et qu'elle commanderoit au dict sieur de la Salle de s'en revenir, et qu'au contraire le Roy luy a escrit, du 18e de ce mois, qu'il continue à faire ses efforts de se mettre dans la dicte place : dont il se plaint grandement. Nous sommes obligez de représenter à Vostre Majesté combien sa présence est nécessaire de deçà pour la conclusion de ces affaires, et le préjudice que ce seroit s'il en partoit pour aller en la dicte province; et néantmoins nous craignons qu'il soit mal aysé de le retenir, si Vostre Majesté n'y fait pourveoir et ne fait commander promptement au dict sieur de la Salle de s'en revenir, ou pour le moins de se désister de ceste affaire. A quoy nous supplions Vostre Majesté de donner ordre, comme estant chose qui importe au service du Roy et à celuy de

---

[1] Voir plus haut, page 492, ce que nous avons dit dans la note sur le maréchal de Brissac. (Édit.)

[2] Voir plus haut, page 490, la dépêche du roi du 21 mars, et la note sur Blavet à la suite de ladite lettre. (Édit.)

Vostre Majesté, à laquelle nous prions Dieu, madame, donner en parfaicte santé très longue et très heureuse vie.

De Loudun, ce 28e jour de mars 1616.

Vos très humbles, très obéissans, très fidèles serviteurs et subjects,

DE NEUFVILLE, J. A. DE THOU, M. DE VIC, P. PHÉLIPEAUX.

CCLII.

Man. Bibl. impér. Supplém. franç. 3193.

M. de Villeroy, du 29 mars, receue à Tours le 30 du dict mois 1616.

A M. de Sceaux.

Monsieur, je crois avoir oublié vous envoyer ce mémoire de la Rochelle [1], duquel mes précédentes ont faict mention jà à M. Janin. Si l'on trouve bon de retirer de ce greffier les actes de l'assemblée, on nous promet de les nous faire tomber aux mains pour deux cens pistolles; jugez si la marchandise est trop chère, et ne la prenez pas. J'ay receu vostre lettre du 28; je suis trop obligé à M. Janin d'avoir pris la peine de rompre la teste à la Royne de ce qui me concerne, mais c'est sa coustume et son bon naturel que de bien faire à tous, et surtout protéger et deffendre la vérité et l'innocence. Je vous rends grace derechef aussy du soin que vous avez de moy. Nous passons doublement ceste semaine, peu en faut, car nous avons tous les jours quelque fusée à démesler avec ces messieurs; mais il faut avoir courage et patience. Véritablement la conduite de monseigneur le Prince à la paix nous console grandement. M. de Tenon vous dira le surplus; il va par de là, ce dit-il, pour ses affaires; mais je ne doubte point qu'il ne vous parle aussy de celles de M. de Nevers, lequel, en vérité, sert si bien le Roy, que nous sommes obligez de vous recommander ce qui le concerne, encore que j'estime cest office superflu en vostre endroit, pour l'affection particulière que vous luy portez. Je prie Dieu, monsieur, qu'il vous conserve en santé.

De Loudun, le 29e de mars au soir 1616.

DE NEUFVILLE.

[1] Voir la pièce suivante. (Édit.)

CCLIII.

Man. Bibl. impér. Supplém. franç. 3193.

Envoyé par M. de Villeroy avec sa lettre du 29 mars 1616.

Mémoire de ce qui s'est peu sçavoir de véritable de l'assemblée de la Rochelle.

Premièrement, la dicte assemblée, après plusieurs sollicitations des plus affectionnez à la guerre, a ordonné que l'arrest donné au parlement de Toulouse contre la déclaration du sieur de Candalle seroit bruslé par la main du bourreau[1].

Ce qui fut exécuté le samedy 19 mars, en la place du chasteau de la dicte ville, en laquelle il y avoit bonne provision de bois pour ce faire, et force peuple à veoir ceste belle exécution, que on avoit faict sçavoir à son de trompe et cry public par tous les cantons et carrefours du dict lieu.

Tellement que la plus part des depputez de la dicte assemblée font grand troffée de ce bel œuvre, avec la plus part du menu peuple des mutins; mais les plus advisez en sont fort mal contens, d'autant

[1] M. de Candalle, ayant embrassé la religion réformée, se mit à la disposition de l'assemblée de Nîmes, et fut élu général des églises des Cévennes. Le parlement de Toulouse rendit contre lui un arrêt qui fut brûlé dans plusieurs villes du Languedoc. Alors l'assemblée de la Rochelle, qui avait succédé à celle de Nîmes, demanda (séance du 22 mars 1616) que toutes les affaires concernant les protestants du Languedoc fussent jugées à l'avenir par le grand conseil, le parlement de Toulouse ne pouvant qu'être très-animé contre eux, à cause du peu de cas qu'ils avaient fait de son arrêt. Les procès-verbaux manuscrits mentionnent de la manière suivante le fait qui concerne l'arrêt du parlement de Toulouse : « L'assemblée, « considérant l'injure faicte à toutes les es-« glises refformées de ce royaume par le « parlement de Toulouse ayant, contre les « édicts, donné arrest contre la déclara-« tion de M. le comte de Candalle touchant « sa conversion à la vraye religion, et icelle « faict brusler publiquement par la main « du bourreau, affin de faire cognoistre à « un chascun le juste ressentiment qu'elle « en doibt avoir, a esté d'advis que le dict « arrest soit bruslé par l'exécuteur de la « haute justice, et qu'à ceste fin il en soit « parlé à MM. les maire et capitaine de « ceste ville, et encore de faire advertir « M. le Prince de la présente résolution. » (Séance du 5 mars 1616.) La pièce suivante fait connaître une des suites de cette mesure. (Édit.)

que ceste entreprise est trop haute, comme ils disent, et ont peur qu'elle leur couste bien cher, veu que la dicte cour avoit un juste subject de donner le dict arrest contre la dicte déclaration qui estoit faicte directement contre l'édict de Nantes, ce que la plus part de ceux de la dicte assemblée ont fort bien représenté aux plus outrecuydez, lesquelz n'ont surpassé les plus sages que de cinq voix.

Du despuys, il ne s'est rien traicté que d'affaires particulières, pour le faict de leur religion et police d'icelle, d'autant qu'ils ont appris que monseigneur le Prince ne leur donne aucune espérance de les assister comme de coustume. [Ils] commencent à se mescontenter fort de luy, et mesme aucuns en mesdisent à outrance, et le publient et tiennent pour espicurien.

Qui est le subject que les plus eschauffez à la guerre commencent à se refroidir et à désirer la paix, pourveu, disent-ils, qu'il n'y ayt point de tromperie comme de coustume, estant tout certain que si mon dict seigneur le Prince et MM. du Mayne et de Longueville[1], qu'ils feront ce qu'on voudra; et, pour davantage les désunir, seroit à propos que le Roy fist un édict qui confirmast celuy de Nantes, et les prenant en sa protection, ils luy seront fidèles serviteurs et mesme jusqu'à faire la guerre à ceux de leurs confrères qui ne se voudroient ranger à leur debvoir.

La dicte assemblée reçoit journellement nouvelles de Loudun, ayant huict hommes gagez pour cest effect qui ne font que aller et venir; mais ils n'apportent jamais nouvelles agréables aux mutins, et ne peuvent les uns avec les autres prendre de dernière résolution, tant la plus part sont confus au subject de ce que dessus, outre qu'ils veulent attendre ceux qu'ils doibvent envoyer au dict Loudun, sur le subject de la résolution qu'ils croyent de la paix. Mais on nous a asseuré que leur conclusion ne pouvoit estre que bonne, parce que la meilleure part tendent au repos, se voyant délaissez des dessus dicts.

[1] Il y a évidemment ici une lacune que nous ne saurions combler, le manuscrit de cette pièce étant la pièce même envoyée par M. de Villeroy à M. de Sceaux. (Édit.)

On pourra veoir tout ce qui s'est faict en la dicte assemblée depuis le commencement jusques à présent, par le moyen du greffier d'icelle, qui est pauvre et nécessiteux, lequel, moyennant une honneste gratiffication, donnera copie du tout, au moins à ce que l'on a pu juger par ses paroles.

Les susdicts mutins attendent leur corne-guerre ordinaire avec certains seigneurs qu'ils croyent mal contens, lesquelz on tient qu'ils leur ont envoyé des mémoires tendant encore au trouble; mais on juge qu'ils ne gagneront rien.

CCLIV.

Proc.-verb. man. des assemb. protestantes. Assemb. de la Rochelle. Bibl. Mazarine.
Proc.-verb. Papiers Conrart. Bibl. de l'Arsenal.

Extrait du procès-verbal de la séance du 22 mars.

Les provinces du gouvernement de Languedoc ayant requis la compagnie de peser les animositez de la cour de parlement de Toulouse contre ceux de la religion, qui augmenteront, comme il est vraisemblable, lorsqu'elle entendra qu'on a faict brusler son arrest donné contre la déclaration de M. de Candalle, ce qui mettra leurs biens et leurs vies au hasard, s'il n'y est pourveu de bonne heure, en obtenant lettres d'évocation au grand conseil ou ailleurs, pour tous ceux qui font profession de la religion refformée esdictes provinces, affin qu'ils ne puissent estre tirés par devant le dict parlement, la compagnie a trouvé bon de s'y employer aux occasions autant que faire se pourra.

CCLV.

Man Supplém. franç. 3193.

— M. de Pontchartrain, du 29 mars, receue à Tours le 30 du dict mois au soir 1616.

A M. de Sceaux.

Monsieur, nous vous escrivismes hier, et n'avons pas pour ceste heure grandes nouvelles à vous mander, sinon pour accuser la réception des dépesches que le courrier que vous nous avez envoyé nous a apportées; nous le retiendrons encore icy demain tout le jour, pour veoir s'il ne surviendra rien qui mérite de vous estre escrit promptement. Cependant M. Thénon sera le porteur de ceste lettre, et est capable mesme de représenter de bouche à la Royne ce qu'il veoit des occurrences de deçà, si vous jugez à propos de l'introduire, comme il le mérite par l'affection qu'il y apporte. Les rumeurs où tous ces princes estoient hier, à cause de ces mouvemens de Guyenne, sont grandement apaisées. Nous sommes, à la vérité (en apparence), grandement au bon train de la paix; mais (en effect) nous y voyons bien encore des difficultez. Les demandes des particuliers sont si exorbitantes et déraisonnables [1], que nous n'y voyons du tout aucune apparence, et néantmoins nous voyons ces particuliers là avoir plus de pouvoir pour tout rompre que de moyens de bien faire. En effect, cela me fait appréhender l'issue de ceste négociation autant que jamais. Je laisse à M. de Villeroy d'en faire sçavoir les particularitez. Je confesse que j'ay du crèvecœur, quand je lis ces demandes; je ne sçais comment je les pourrois escrire. Dieu vous veuille continuer son assistance; je demeure, monsieur, vostre très humble et affectionné serviteur,

P. PHÉLIPEAUX.

A Loudun, ce 29 mars 1616.

Monsieur, je n'ay point jusques icy envoyé la copie de la response qui a esté faicte sur cest article, qui fait mention du premier des cahiers du tiers estat, parce que nous en avions baillé de deux ou trois sortes à monseigneur le Prince, et ne nous y a point faict de response par escrit. Mais je vous envoye la copie de celle que luy mesme nous a dict avoir acceptée, et qui a esté résolue de recebvoir dans son conseil. Je vous envoye aussy la copie de la response à l'article suivant, telle que nous luy avons baillée, qui est semblable à

---

[1] Richelieu, dans ses Instructions aux ambassadeurs du Roi, page 216, dit qu'il en coûta plus de six millions pour les satisfaire. (Édit.)

celle que nous résolusmes à Tours, excepté qu'il y a un mot vers la fin de changé, ayant esté contrainct de le faire pour le contentement de mon dict seigneur le Prince[1].

CCLVI.

Man. Bibl. impér. Fonds Dupuy. — Supplém. franç. 3193.

MM. les depputez du Roy à Loudun, du 29 mars au soir, receue à Tours le 30 du dict mois 1616, au soir.

Au Roy.

Sire, nous receusmes hier les lettres qu'il a pleu à Vostre Majesté nous escrire, auxquelles nous n'avons rien à respondre, sinon que, sur ce qui est des troupes que monseigneur le Prince faisoit estat de mettre ensemble à un rendez-vous, M. le mareschal de Bouillon nous a asseurez qu'ils en avoient rompu la résolution, et qu'ils les laissoient dans leurs mesmes logemens. Nous essayerons de nous en informer plus particulièrement, pour en donner advis plus certain à Vostre Majesté; et quant à ce qu'elle nous commande de faire plaincte à monseigneur le Prince de celles de M. de Vendosme qui sont près de la ville de Nantes, et qu'elle sera contraincte de faire acheminer de delà les siennes, dont la rencontre pourra apporter du désordre et de l'altération, nous luy en avons parlé en présence de mon dict sieur de Vendosme, qui nous a faict response que, s'il plaist à Vostre Majesté leur ordonner logement ailleurs où elles puissent vivre, l'on les y fera volontiers aller; mais qu'il est contrainct de les tenir où il peut, n'ayant peu obtenir aucun département de la part de Vostre Majesté. Voilà quelle est sa response, et qu'il nous a priez de faire sçavoir à Vostre Majesté, affin qu'il luy plaise d'y pourveoir. Nous n'avons pour le présent rien de particulier à luy escrire; c'est pourquoy nous ne ferons celle cy plus longue, que pour prier Dieu

---

[1] Voir, pour l'explication de ce post-scriptum, la note 3, page 472, et les articles auxquels elle renvoie. (Édit.)

donner à Vostre Majesté, Sire, en parfaicte santé, très longue et très heureuse vie.

De Loudun, ce 29 mars 1616, au soir.

Vos très humbles, très obéissans et très fidèles subjects et serviteurs,

BRISSAC, DE NEUFVILLE, J. A. DE THOU, M. DE VIC, P. PHÉLIPEAUX.

CCLVII.

Man. Bibl. Sainte-Geneviève et Mazarine.

Lettre du Roy à MM. les depputez de Sa Majesté à Loudun, du 29 mars 1616.

Messieurs, je vous envoye le président de Chevry, et, avec, le secrétaire Flesselles, comme vous l'avez désiré, avec le pouvoir nécessaire pour l'effect qui est attendu d'eux, auquel je suis asseuré qu'ils s'employeront avec affection et diligence; et comme je leur ay ordonné de prendre et suivre vos advis en l'exécution de leur commission, j'entends aussy que vous les y assistiez de ce qui dépendra de vous; et devez sçavoir que les habitans de ma ville de Nantes ont envoyé encore vers moy depuis hier, pour m'advertir qu'ils sont environnez de toutes parts et comme assiégez des troupes du duc de Vendosme, qui s'approchent d'eux de plus en plus, et ne laissent presque point entrer de vivres dans la dicte ville, de sorte qu'elle est réduite en grande nécessité, me suppliant d'y donner ordre; ce que je suis bien résolu de faire, car ne puis ny ne veux abandonner les dicts habitans. Mais auparavant j'ay voulu encore vous mander de faire entendre ce qui en est à mon cousin le prince de Condé, et le presser d'y pourveoir, affin que, s'il est possible, il ne se passe rien à ceste occasion que l'on puisse dire estre contre la suspension d'armes. Insistez y donc, et m'en rendez au plus tost response, ainsy que je vous manday dès hier; et que vous dira plus particulièrement le dict président de Chevry, qui vous fera aussy entendre quelques autres plainctes que j'ay receues, dont me remettant à luy, je ne vous feray plus longue lettre pour ceste heure, que pour prier Dieu, etc.

CCLVIII.

Man. Bibl. Sainte-Geneviève et Mazarine.

Lettre du Roy à MM. les depputez de Sa Majesté à Loudun, du 29 mars 1616.

Messieurs, j'ay beaucoup de déplaisir quand j'entends qu'il s'est faict quelque contravention à la suspension d'armes; mais il ne faut pas trouver étrange si quelques uns de mes subjects, après avoir longuement enduré les extorsions que les gens de guerre exercent sous prétexte d'icelle, perdent enfin patience et le respect qu'ils doibvent à mes commandemens, et se résolvent de se deffendre ainsy qu'ont faict en Poictou, depuis peu, la garnison et les habitans de la terre du baron de Palluau, duquel j'ay receu présentement advis que, les régimens de Saugeon et Saincte-Hermine s'estant logez bien près de luy, il leur manda qu'ils eussent à se retirer de ses terres, où il ne les pourroit souffrir commettre à sa veue les violences qu'ils font partout où ils vont; et qu'ils firent response qu'en despit de luy ils s'approcheroient encore davantage de sa maison, et de faict s'advancèrent à une paroisse qui n'en est pas à demie lieue, où ils se barricadèrent là, deffians et outrageans; en sorte qu'il fut contrainct de sortir et les charger, ce qui luy succéda de telle façon qu'il les contraignit de se retirer, et en demeura quelque peu de morts et plusieurs prisonniers. Mais il remit aussitost les dicts prisonniers en liberté, sans leur faire autre dommage que de restituer à ses partisans les meubles et les bestiaux qu'ils leur avoient volez, protestant ne vouloir aucunement enfreindre la tresve, mais seulement se garantir de ceste oppression. En quoy il ne peut estre accusé d'entreprise, mais bien ceux qui l'ont esté agacer et attaquer de si près; et je désire que vous faciez entendre ce qui en est à mon cousin le prince de Condé, l'asseurant, comme il est véritable, que je retiens autant qu'il m'est possible et continueray de retenir les miens, ayant faict envoyer avec soin et diligence par toutes les provinces de mon royaume les dépesches nécessaires pour la prolongation d'icelle jusques au 15e du mois prochain, et commandé qu'elle soit exactement observée. Mais, à la vérité, plus elle dure, et moins volontiers mes subjects en supportent les grandes incommoditez qu'ils en reçoibvent. C'est pourquoy il est besoin d'advancer les affaires le plus que vous pourrez, comme je m'asseure que vous exhortez mon dict cousin à faire de son costé, et que du vostre vous n'y perdrez point de temps. Cependant vous sçavez comme les troupes du duc de Vendosme se sont approchées de Nantes, depuis que j'ay mandé de ces derniers jours au duc de Retz et au comte de Brissac de s'abstenir de rien entreprendre au préjudice de la dicte suspension d'armes. Je me promets que vous y ferez pourveoir suivant ce que je vous en ay escrit hier et aujourd'huy, et, sur ceste espérance, je leur réitère très expressément les mesmes commandemens, et le fais aussy aux dicts habitans de la dicte ville sur la nouvelle instance que vous m'en faites par vostre dernière du 28e de ce mois, que j'ay receue à ce matin, bien que j'eusse desjà satisfaict à la première. Et pour ce qui est de Guyenne, il est certain que, comme vous avez bien dict à ceux qui vous en ont parlé, les affaires n'y sont pas aux termes que l'on leur mande de delà, le mal n'ayant esté tel qu'on le faict; mais, à ceste heure, il doibt estre cessé au moyen des commandemens que j'ai faicts et envoyez en toute diligence; et, s'il y restoit quelque chose à adjouster, il sera accomply par ce porteur, à qui j'ay ordonné d'aller en poste, affin qu'il se rende plus tost sur les lieux, et de passer par Loudun, et vous veoir en passant pour vous communiquer sa charge, prendre vos advis sur l'exécution d'icelle, et vous donner plus de moyen de faire cognoistre à mon cousin le prince de Condé le soing que je prends de pourveoir aux plainctes qu'il vous fait, et l'occasion qu'ont ceux qui désirent la réparation des contraventions qu'ils prétendent estre faictes, de s'en adresser et attendre à moy, sans la rechercher par autre voye ny aller sur les lieux pour la faire. Sur quoy je vous asseureray que vous m'avez faict service agréable d'avoir faict rompre le voyage du duc de Rohan à la Rochelle et en Guyenne; car, estant fondé sur un tel subject, il n'eust peu estre que préjudiciable. Au reste, je donneray ordre que la procédure qui se fait contre les carabins du vicomte de Chasteauneuf arrestez par le vice-sénéschal du Limousin sera sursise, et les personnes relaschez, comme mon dict cousin le désire. Mais sçachez que je suis prié par les catholiques de Berry de ne rien accorder en ce traicté au préjudice de la religion catholique ny autre, et ne permettre qu'il soit changé aucune chose en ce que le feu Roy mon très honoré seigneur et père et moy leur avons concédé; ains ordonné que, si les ministres ont quelque chose à demander, ils se retireront devers moy, comme ils ont pratiqué jusques à présent, à quoy je désire que vous ayez l'esgard qu'il appartient, et c'est tout ce que j'adjousteray à la lettre que je vous ay escrite ce matin par le président de Chevry et le secrétaire Flesselles. N'ayant autre response à faire à vostre dernière, je prie Dieu, etc.

CCLIX.

Man. Bibl. Sainte-Geneviève et Mazarine.

Lettre [de la Royne] à MM. les depputez du Roy à Loudun, du 29 mars 1616.

Messieurs, le Roy monsieur mon fils et moy jugeons bien que la présence de mon cousin le mareschal de Brissac est nécessaire où vous estes, et ne voulons qu'il en parte maintenant, pour quelque occasion que ce soit. Aussy luy ordonnons nous, autant qu'il nous est possible, d'y demeurer avec contentement, et n'avons eu autre intention en tout ce qui s'est passé pour les affaires de Bretagne, ainsy que luy mandons plus particulièrement. C'est pourquoy je ne feray plus longue response à la vostre que vous m'avez escrite le 28e de ce mois, touchant le déplaisir que vous avez recogneu en luy, que pour vous asseurer que nous en faisons cesser les causes. Je prie Dieu, etc.[1]

---

[1] Quelques mots de cette lettre ont exigé de très-légères corrections pour régulariser la construction des phrases. Le sens, qui n'était pas douteux, en est devenu plus clair. (Édit.)

CCLX.

Man. Supplém. franç. 3193.

M. de Pontchartrain, le dernier mars, receue à Tours le dict jour 1616.

A M. de Sceaux.

Monsieur, M. le président de Chevry est arrivé, qui m'a rendu les lettres qu'il vous a pleu m'escrire. Je suis bien aise du bon ordre que l'on a mis par de là pour pacifier les choses en Guyenne et en Bretagne; cela nous tiendra icy en quelque repos. Mais néantmoins l'on nous dit que M. de Montbazon[1] est allé à Nantes avec charge ou intention de charger les troupes qu'il trouvera trop proches de la ville; cela ne s'accorderoit pas et ne seroit pas bien. Souvenez vous, s'il vous plaist, de faire résoudre ce qui est escrit au Roy sur ce subject par nostre dernière dépesche. Enfin ils disent que vous leur donniez logis et département: ils iront; mais sans cela ils sont contraincts de se loger eux mesmes. Je vous prie, essayons de maintenir le repos et d'achever l'œuvre que nous avons eu tant de peine de mener jusques au point où elle est. M. de Brissac n'est nullement content, spécialement sur ce qui est du faict de M. de la Salle et de Blavet; je ne sais enfin à quoy il se résouldra. Nous n'avons pas maintenant subject d'escrire au Roy. Il n'y a plus que les intérests particuliers qui nous embarrassent et avec raison. M. de Villeroy en escrit particulièrement, et moy je vous baise icy très humblement les mains, et vous supplie me conserver en vos bonnes graces, comme estant, monsieur, vostre très humble et affectionné serviteur,

P. PHÉLIPEAUX.

A Loudun, ce dernier de mars 1616.

---

[1] Hercule de Rohan, duc de Montbazon, etc. chevalier des ordres du Roi, grand veneur, servit les rois Henri III, Henri IV et Louis XIII. Il avait été investi du gouvernement de la Bretagne pendant la révolte du duc de Vendôme; selon le parti, on reconnaissait dans cette province l'autorité de ce prince ou celle du duc. (Édit.

CCLXI.

Man. Supplém. franç. 3193.

M. de Villeroy, du dernier de mars, receue à Tours le dict jour 1616.

A M. de Sceaux.

Monsieur, nous ne parlons icy maintenant que de prier Dieu affin qu'il luy plaise bénir nos labeurs à sa gloire, à l'advantage du service du Roy et au contentement des gens de bien. J'ay receu vos lettres escrites hier au soir. Il y a longtemps que l'on tient icy M. de Manicamp pour résolu de faire ce que vous m'avez escrit qu'il a faict à la Fère[1]. Si Dieu ne nous donne, par la paix ou par la guerre, la force et vertu nécessaires pour relever l'auctorité du Roy et remettre la foy des François envers leur souverain en leur ancienne voie et réputation, il faut s'attendre de veoir bien tost par terre ceste monarchie; ce sera tout ce que je vous escriray par la présente, après

---

[1] En 1596, Henri IV avait donné à César, depuis duc de Vendôme, le gouvernement de la Fère. En même temps que Gabrielle d'Estrées avait obtenu cette faveur pour son fils, elle en avait fait donner la lieutenance à M. de Manicamp, son parent. Il n'est donc pas surprenant que l'on redoutât à la cour l'usage que ferait de son autorité dans cette ville ce seigneur, à la fois parent et officier du duc de Vendôme. Il était gouverneur de Colmar et de la Fère. La circonstance à laquelle fait allusion la lettre est racontée de la manière suivante par le journal d'Arnaud d'Andilly, à la date du 26 mars: « M. de Manicamp, gouverneur de la Fère « pour M. de Vendosme, ayant eu quelque « huit jours auparavant commandement « sur commandement de M. de Vendosme, « enfin, le vendredy 25, fit entrer la nuit « dans la citadelle deux cens hommes des « garnisons de MM. les Princes. Le lendemain, comme le lieutenant de M. de la « Serre estoit allé hors la ville en dévotion « au mont Calvaire, et que ses enfans eurent mené à la chasse le lieutenant de « M. de Villegaigane, il fit sortir par force « les soldats des dictes deux compagnies, « lesquelles ne devoient estre que de cinquante hommes chascune. M. le marquis « de Cœuvres, ayant sceu cela à quatre « heures du soir, à Paris, le lendemain dimanche 27, partit à l'heure mesme pour « aller à la Fère. » Ce seigneur de la Serre était Jean-Jacques de Montesquiou; il fut depuis lieutenant-colonel du régiment de Vaubécourt. (Édit.)

vous avoir prié de m'aimer tousjours et de vous servir en toute occasion, monsieur, de vostre très affectionné serviteur et cousin,

DE NEUFVILLE.

De Loudun, le dernier de mars, à midi.

CCLXII.

Proc.-verb. man. des assemb. protestantes. Assemb. de la Rochelle. Bibl. Mazarine
Proc.-verb. Papiers Conrart, t. II. Bibl. de l'Arsenal.

Lettre du prince de Condé à l'assemblée de la Rochelle.

Messieurs, je ne doute nullement que toutes ces contraventions à la tresve ne vous donnent grande occasion de plaincte et d'accuser la mauvaise foy dont on use en cest endroict, comme aussy de juger ainsy que je fais que, si cela continue, la guerre ouverte ne seroit pas si préjudiciable; c'est ce qui nous doibt tous ensemble faire de tant plus insister à veoir bientost une résolution finalle en ces affaires, affin de nous préparer à ce que nous avons à faire en tous événemens pour nostre commune conservation et seureté. Car d'attendre que toutes ces infractions soient entièrement réparées avant que passer outre, il seroit à craindre que ceste longueur apportast beaucoup d'incommoditez; et ce qui nous presse le plus cependant est la subsistance et entretien de nos troupes, qu'il est du tout impossible de retenir davantage en ces quartiers, veu la ruyne et désolation du pauvre peuple. Non que, pour cela, j'estime qu'on se doibve aucunement despartir de la poursuitte et réparation des dictes infractions, à quoy j'insiste de tout mon pouvoir, ayant, comme vous sçavez, dès la première nouvelle que j'en eus, dépesché M. le baron de Thianges vers Leurs Majestez, qui depputèrent aussy tost M. Renard, maistre des requestes, pour se transporter sur les lieux, et envoyèrent en diligence vers M. le comte de Gramont et autres, pour faire retirer leurs troupes, avec deffense de plus rien entreprendre de semblable au préjudice de la tresve; comme de faict les nouvelles que nous avons de delà ne portent point qu'ils ayent rien faict davantage depuis la prise d'Aire. Vous avez sceu comme, sur le bruit de leur acheminement en Béarn, nous avons faict partir M. le marquis de Chasteauneuf avec la cavalerie qui est en Xaintonge, et que M. le duc de Rohan doibt aller après, s'il en est besoing, qui est tout l'ordre qui s'y pouvoit donner; pour ce qui est de moy, je vous protesteray derechef, comme M. de la Haye vous en aura asseurez de ma part, que je ne m'esloigneray jamais de ce qui sera jugé nécessaire au bien de l'estat et nostre commune conservation, non plus que de la ferme résolution que j'ay prise de demeurer toute ma vie, messieurs, vostre très affectionné serviteur,

HENRY DE BOURBON.

A Loudun, ce dernier mars 1616.

Et au-dessus :

A messieurs, messieurs de l'assemblée généralle de ceux de la religion estant de présent à la Rochelle.

CCLXIII.

Man. Bibl. impér. Suppl. franç. 3193.

M. de Pontchartrain, du dernier mars, receue le 3 avril 1616.

A. M. de Sceaux.

Monsieur, j'ay ce matin accusé la réception des lettres qu'il vous a pleu m'escrire par M. le président de Chevry. Maintenant je vous diray que j'ay receu celles dont vous avez chargé M. Regnart, et celles que vous m'escrivistes hier au soir. La vérité est que vous estes grandement soigneux de nous faire sçavoir de vos nouvelles, dont nous vous avons tous de l'obligation. Je n'ay rien à y répondre, sinon qu'elles sont arrivées bien à propos, pour faire veoir icy le soing que vous prenez de pourveoir aux désordres de Guyenne et de Bretagne. J'ay proposé ce que vous m'avez mandé de raser le fort d'Aire, et en ay conféré avec ces messieurs, qui n'ont pas esté d'advis qu'il se fallust tant haster; aussy sçavons nous que M. de Chasteauneuf n'a pas chargé de passer en Guyenne, si les troupes de part et d'autre se sont retirées, comme nous nous asseurons que cela sera, si le Roy en a escrit de bonne encre, ainsy que vous le nous mandez. Je n'ay rien de particulier à vous mander, sinon que j'ay eu advis que M. de Manicamp a envoyé un courrier à M. de Vendosme, qui est arrivé ce matin, luy mandant la nouvelle que vous avez escrite à M. de Villeroy, et luy disant qu'il l'a faict suivant l'ordre qu'on avoit de luy. Je vous laisse à juger du reste. A Dieu. Je vous baise très humblement les mains et demeure, monsieur, vostre très humble et affectionné serviteur,

P. PHÉLIPEAUX.

A Loudun, ce dernier mars 1616, au soir.

CCLXIV.

Man. Supplém. franç. 3193.

M. de Villeroy, du 2 avril, receue le 3 du dict mois 1616.

A M. de Sceaux.

Monsieur, j'ay receu ce matin vostre lettre du dernier du mois passé. Nous chomons icy maintenant, attendant nouvelles de la Rochelle, que l'on nous promet à lundy ou mardy. Après cela, nous rentrerons en besogne, et sçaurez bien tost ce que nous en debvons espérer. J'avois commencé la présente que monseigneur le Prince est arrivé en ma chambre, pour me dire qu'il a sceu que l'on fortifie de nouveau Blavet, que c'est contrevenir à la tresve, et mesmé au traicté de Saincte-Ménehould; partant qu'il supplie Sa Majesté d'y pourveoir. Il approuve bien que Sa Majesté y ayt faict entrer des forces pour le conserver et obvier aux surprises; mais il luy semble que l'on doibt en surseoir la fortification, comme il s'est obligé de faire à Tonne-Charente et aux autres lieux qu'il a pris depuis la guerre. Je n'ay veu M. le mareschal de Brissac depuis que le dict Prince m'a tenu ce langage, duquel j'ay bien opinion qu'il ne sera content. Vous en direz un mot à la Royne, s'il vous plaist, et si elle entend que la dicte place soit fortifiée; nous le mandant, nous gagnerons le temps jusques à la résolution de nostre traicté; et plus tost le diray je à monseigneur le Prince, comme d'une chose que Sa Majesté affectionne en particulier; car il portera, à mon advis, grand respect au désir et vouloir de Sa Majesté, ainsy qu'il continue à tesmoigner en toutes occasions. Je vous souhaite, pour fin de la présente, les bonnes festes, accompagnées d'une bonne et juste paix, pour la gloire de Dieu, le contentement de Leurs Majestez et le bien de tous, en vous conservant, monsieur, en parfaicte santé.

De Loudun, le 2 avril 1616.

Vostre très affectionné serviteur et cousin,
DE NEUFVILLE.

CCLXV.

Man. Supplém. franç. 3193.

MM. Duret et de Flesselles, du 3 avril, receue à Tours le dict jour 1616.

A. M. de Sceaux.

Monsieur, enfin nous avons entendu M. de Sully. Ses propositions nous peuvent servir à l'advenir; mais, jusques icy, il ne nous donne point de secours présent. Aussy nous[1] ne nous y attendons plus, et travaillons de nous mesmes, pour faire en sorte que rien ne demeure en arrière de nostre costé, et que, lorsque l'on viendra à la conclusion de la paix, nous ayons de quoy licencier les troupes de deçà, qui causeroient la ruyne entière du peuple, si elles demeuroient plus longtemps sur pied. Tous ces messieurs du party contraire s'assembleront lundy ou mardy, pour faire recognoistre entre eux ce qui leur est deu pour l'armement et l'entretenement de leurs troupes, affin que chascun se puisse plus aisément accommoder, lorsque sa somme luy sera particulièrement arrestée. Nous donnerons advis au

---

[1] Ce *nous* est écrit et ensuite raturé dans le manuscrit. Nous le rétablissons, parce qu'il est nécessaire à la construction de la phrase. (Édit.)

Roy de ce à quoy tout ce pourra monter. Et, après avoir receu son commandement, nous travaillerons. Avec cela, si nous vous pouvons rendre très humble service, ce sera un honneur et faveur ensemble que recebvront, monsieur, vos très humbles et obéissans serviteurs,

DURET[1], DE FLESSELLES.

A Loudun, ce jour de Pasques 1616[2].

CCLXVI.

Man. Supplém. franç. 3193.

M. de Villeroy, du 4 avril, receue le 5 du dict mois 1616.

A M. de Sceaux.

Monsieur, nous attendons les depputez de la Rochelle, et des nouvelles de M. le président Janin, et des vostres sur toutes nos lettres dernières. Les dicts depputez doibvent arriver icy aujourd'huy. Ils ont changé les premiers, c'est à dire Rouvré et Berteville, et nous envoyent des plus mutins. Quant à nous, après les avoir oyz en la forme que nous debvons faire pour le service du Roy, si nous ne recevons autre ordre de Leurs Majestez entre cy et là, nous faisons estat de prendre congé de la compagnie, s'ils font les obstinez et les rétifs, car leur procédé est insupportable, et recognois que plusieurs qui sont icy jugent et ressentent de mesme. Je vous envoye un petit mot de lettre pour M. Begot, pour soulager M. de Guise de lire une mauvaise escriture. M. le Prince et tous ces messieurs, mesme Mme de Longueville avec M. son fils ..... par icy désabvouent les gens qui ravagent au comté d'Eu, et en doibvent escrire, ainsy que je mande au dict sieur Begot; et vous prie excuser mon silence envers mon dict sieur de Guise. Quant au faict de la Fère[3], nous tenons icy que M. de Vendosme en est l'aucteur, et que M. le marquis de Cœuvres est de l'intelligence, ores[4] que il paroisse qu'il s'entende mal avec le

---

[1] Duret de Chevry. (Édit.)
[2] 3 avril. (Édit.).
[3] Voir la note ci-dessus page 538, à une lettre de Villeroy du 31 mars 1616. (Édit.)
[4] Quoique, encore que. (Édit.)

dict sieur duc. Le monde regorge de duplicités et infidélités, dont il ne sera jamais deschargé que par la paix et une bonne justice. Je me recommande très affectueusement à vostre bonne grace, et prie Dieu, monsieur, qu'il vous conserve en santé.

De Loudun, le 4 avril à midy 1616.

Vostre très affectionné serviteur et cousin,
DE NEUFVILLE.

CCLXVII.

Man. Supplém. franç. 3193.

M. de Villeroy, du 4 avril, receue le 5 du dict mois 1616.

A M. de Sceaux.

Monsieur, puisque vous avez jà pris la peine de parler à la Royne mère du Roy des bénéfices que possède M. de Lagny, dont je vous suis obligé, je vous prie avoir agréable de supplier encore Sa Majesté qu'elle commande que l'on en face pour Rome les brevets et expéditions nécessaires, non par son decez, car il se porte bien encore, mais par sa résignation aux conditions portées par ses procurations qui vous seront présentées avec ceste lettre, le dict sieur de Lagny ayant voulu et désiré faire les dictes résignations devant que s'exposer à la taille pour la pierre, comme il est conseillé et résolu de faire à ce printemps. Je veux espérer que Sa Majesté sera contente m'accorder la dicte grace, puisqu'il luy a pléu agréer la réserve en cas de vacation que vous m'avez procurée, et seray bien ayse que ceste expédition soit faicte sans bruit, si faire se peut. Je vous supplie donc d'adjouster ceste faveur et obligation à la première, et me faire sçavoir en amy et confiance comme tout aura passé. Je n'emploieray la présente à autre effect que pour saluer vos bonnes grâces des recommandations très affectionnées, monsieur, de vostre très affectionné serviteur et cousin,

DE NEUFVILLE.

De Loudun, le 4 avril 1616.

CCLXVIII.

Man. Bibl. Sainte-Geneviève et Mazarine.

Le Roy à M. de Villeroy, du 4 avril 1616.

Monsieur de Villeroy, j'ai veu et considéré les articles qui vous ont esté baillez par mon cousin le prince de Condé, contenant les demandes particulières que font le mareschal de Bouillon, ducs de Piney, de Rohan et de Sully, comte de Candalle et marquis de Rosny, et les sieurs de Soubize, de Boisse Pardaillan et de Montbarot; et, par l'advis des princes et autres principaux de mon conseil qui sont près de moy, j'y ai faict les responses que vous verrez en la marge des dicts articles, qui sont, pour la plus part, les mesmes que vous m'avez envoyez et que mon cousin a approuvez [1]; de sorte que j'estime que vous en pourrez aisément faire contenter ceux qui les présentent, comme il y a bien de quoy. Néantmoins, si vous jugez nécessaire d'y adjouster quelque chose, je remets à vous de faire en cela comme en tout ce que vous cognoistrez estre plus à propos pour le bien de mon service, et vous asseure que j'auray agréable ce que vous me manderez avoir consenty et arresté; et affin que, si vous pensez ne le devoir faire seul, vous en puissiez conférer avec vos collègues, et qu'ils soient informez de ma volonté, je leur escrit sur ce subject la lettre que je vous adresse avec celle cy, laquelle je ne feray plus longue que pour vous asseurer que vous me ferez plaisir de conclure ce traicté le plus tost que vous pourrez, et comme je ne doubte point que vous ne le désiriez, et prie Dieu, etc.

---

[1] Nous avons rejeté à la fin du recueil, comme dans le manuscrit de la Bibliothèque impériale, tous ces articles et réponses, sur lesquels il a été statué à la fin de la négociation. Le lecteur les y trouvera à la place qu'ils occupent parmi les demandes des princes et seigneurs unis au prince de Condé. (Édit.)

CCLXIX.

Man. Bibl. Sainte-Geneviève et Mazarine.

Le Roy à MM. les depputez à Loudun, du 4 avril 1616.

Messieurs, suivant ce que je déclaray il y a quelque temps, que je désirois veoir ensemble toutes les demandes que mon cousin le prince de Condé et ceux qui l'assistent avoient à me faire, affin de ne perdre plus de temps, les articles que vous trouverez avec ceste lettre m'ont esté envoyez, et, les ayant veus et considérez, j'ay faict, par l'advis des princes et autres principaux de mon conseil, les responses que vous verrez escrites en la marge d'iceux, et vous les adresse, affin que vous faciez en sorte que mon dict cousin et ceux qui les présentent en demeurent contens, comme ils en ont subject, car elles contiennent tout ce que j'ay estimé pouvoir faire pour eux en ceste occasion. Néantmoins, si vous jugez y debvoir encore adjouster quelque chose, je trouveray bon que vous le faciez, et vous en donne le pouvoir, sçachant que vous en userez avec toute la considération et prudence que je puis désirer, et mesnagerez mon auctorité et mes finances le mieux qu'il vous sera possible. Je m'en remets donc entièrement à vous, désirant que vous advanciez le plus que vous pourrez la conclusion de vostre traicté, et priant Dieu, etc.

CCLXX.

Man. Bibl. impér. Fonds Dupuy, n° 450. — Supplém. franç. 3193.

Les depputez au Roy.

Sire, il y a quelques jours que nous n'avons escrit à Vostre Majesté, parce que nous n'avions subject qui le méritast, estant tousjours demeurez en attente de ce que ces depputez que monseigneur le prince de Condé avoit envoyez à la Rochelle luy rapporteroient pour l'entière conclusion de ces affaires. Maintenant nous dirons à Vostre Majesté que les dicts depputez ne sont point revenus, et ceux de ceste assemblée les ont retenus, et en ont envoyé d'autres à mon dict seigneur le Prince, lesquelz, à ce que nous avons appris particulièrement, ne luy ont pas apporté le contentement qu'il espéroit d'eux, ains, par la suscitation de quelques particuliers, ont pris en icelle d'assez mauvaises résolutions, et ont fait des difficultez sur tout ce qui leur avoit esté porté et proposé ; mais ce que mon dict seigneur le Prince a désiré que nous en sceussions, et ce que nous en pouvons dire à Vostre Majesté, est qu'il nous a priez ce matin de l'aller trouver au logis de Mme la comtesse de Soissons, où il nous attendoit avec ses commissaires accoustumez ; et y estant arrivez, il nous a dict qu'il avoit eu des nouvelles de la Rochelle, et que ces gens là apportoient plus de longueur aux affaires qu'il n'eust désiré, et que, pour advancer ceste besogne et leur y faire prendre la prompte résolution qui estoit nécessaire, il nous prioit d'accommoder encore en quelque chose les responses que nous leur avions cy devant baillées sur quelques articles de leurs cahiers, par le moyen de quoy il espéroit venir facilement à bout de la dicte assemblée ; et ayant voulu conférer avec nous sur l'accommodement des dictes responses, nous luy avons dict qu'il nous baillast par escrit ce qu'il prétendoit, et que nous en advertirions Vostre Majesté, sans le commandement de laquelle nous ne pouvions toucher à ce que nous avions jà respondu ; sur cela il a faict mettre par escrit le mémoire[1] duquel nous envoyons copie à Vostre dicte Majesté, et l'ayant mis entre nos mains, nous luy avons dict expressément que nous le supplions de nous faire sçavoir si c'estoit tout ce que l'on avoit à désirer de nous, affin de ne perdre plus le temps à recebvoir et respondre tousjours sur de nouvelles difficultez ; sur quoy mon dict seigneur le Prince nous a respondu qu'il ne nous feroit plus instance d'aucune chose pour ceux de la dicte religion. Nous envoyons donc à Vostre Majesté le dict mémoire, dans lequel elle ne trouvera pas chose de grande considération, et néantmoins elle nous commandera, s'il luy plaist, promptement sur iceluy ce qui

---

[1] Voir plus loin aux pièces qui concernent les réformés. (Édit.)

est de sa volonté, pour la leur faire sçavoir. Mon dict seigneur le Prince nous a voulu faire instance de la prolongation de la suspension d'armes; sur quoy nous luy avons dict absolument que nous n'en avions aucun pouvoir de Vostre Majesté, mais que, s'il le trouvoit à propos, nous irions vers elle pour en sçavoir sa volonté. Nous estimons, puisqu'il faut encore qu'ils retournent derechef à la Rochelle, où mon dict seigneur le Prince fait estat de depescher M. de Sully pour mettre ces gens là en meilleur train, que nous pourrons prendre ce temps pour aller vers Vostre dicte Majesté, luy représenter l'estat de ses affaires, recebvoir l'honneur de ses commandemens pour la perfection de ceste œuvre. Ce pendant nous la supplions très humblement de nous renvoyer tout incontinent ce courrier, avec sa response, contenant son intention sur le dict mémoire. Sur ce nous prions Dieu, Sire, donner à Vostre Majesté, en parfaicte santé, très longue et très heureuse vie.

De Loudun, ce cinquiesme jour d'avril 1616, au soir.

Vos très humbles, très obéissans et très fidèles subjects et serviteurs,

BRISSAC, DE NEUFVILLE, J. A. DE THOU, M. DE VIC, P. PHÉLIPEAUX.

Sire[1], monseigneur le Prince et M. de Vendosme sont venus encore à nouvelles plainctes d'un arrest qui a esté donné à Rennes contre ceux qui conduisent les troupes de mon dict sieur de Vendosme; ils vous supplient de commander que l'exécution de cest arrest soit sursis, et que M. le comte de Brissac n'entreprenne rien

---

[1] Ce post-scriptum est de la main de Pontchartrain; la lettre est écrite par un secrétaire. Le parlement de Rennes avait donné deux arrêts contre le duc de Vendôme : le premier, le 17 mars 1614, après l'évasion du prince retenu prisonnier au Louvre, et sur les lettres du Roi en date du 12 du même mois; le deuxième, du 26 janvier 1616, enjoignant aux habitants des villes et bourgades d'assister les prévôts des maréchaux et vice-sénéchaux, et de leur prêter main-forte, pour courir sus aux troupes du prince à son de tocsin. Un troisième arrêt, du mois de février ou mars 1616, fut donné contre les chefs des troupes du même duc de Vendôme; c'est ce dernier auquel il est fait allusion dans ce post-scriptum. (Édit.)

sur les dictes troupes, affin qu'il n'en arrive du désordre de part et d'autre; et, au surplus, qu'il plaise à Vostre Majesté leur faire donner département pour leur logement, en tel lieu qu'il luy plaira, et qu'on les y fera acheminer, sinon qu'elle ayt agréable qu'elles puissent demeurer où elles sont à présent.

CCLXXI.

Man. Supplém. franç. 3193.

M. de Pontchartrain, du 5 avril, receue le 6 du dict mois 1616.

A M. de Sceaux.

Monsieur, j'ay receu les lettres qu'il vous a pleu m'escrire des trois et quatriesme de ce mois. Je vous confesse qu'il n'y a que trop d'infidélité parmy la France, et tant que je suis confus quand j'y pense seulement. Vous en avez des mémoires et des advis de divers endroicts; mais nous en voyons icy des effects qui nous effrayent; Dieu y veuille mettre la main. Nous recognoissons assez combien la paix nous est nécessaire, et combien il est préjudiciable d'apporter tant de longueur à la résouldre; mais l'advancement n'en dépend pas de nous, ainsy que vous pourrez voir par la lettre que nous escrivons au Roy. Enfin nous sommes sur la crise de l'affaire; il faut que bientost elle se résolve à bien ou à mal. M. le Prince et M. de Vendosme nous ont faict une grande plaincte d'un arrest recentement donné à Rennes contre les troupes du dict sieur de Vendosme, pour lesquelles il a tousjours demandé lieu pour retraicte et logement, et néantmoins de tous costez on menace de les charger, et jusques icy on leur a deffendu de rien entreprendre. Ils prient que l'on face des dépesches à la dicte cour pour surseoir l'exécution de leur arrest, et à M. le comte de Brissac, qui a faict faire des sommations de sortir de la province, de se contenir, et qu'autrement il arrivera du malheur. Ces messieurs les depputez ont esté d'advis que je vous envoyasse la copie du dict arrest, et vous priasse de tenir la main que les dictes lettres fussent escrites. Je vous baise très humblement les mains, etvous prie de me croire tousjours, Monsieur, vostre très humble et affectionné serviteur,

P. PHÉLIPEAUX.

A Loudun, ce 5 avril 1616, au soir.

Monsieur, M. de Villeroy a esté chargé de tant d'affaires et de visites qu'il n'a eu le loisir d'escrire à personne, à cause mesme que le partement de ce courrier est pressé; il vous prie, s'il y a moyen, de le renvoyer dès demain. La résolution de ce qu'il porte n'est pas de grande conséquence, et le faisons plus tost par mine qu'autrement, estant néantmoins bien ayses que l'on en ordonne par delà; mais la diligence y est requise. Je croy que vous entendrez bien les deux mémoires; l'un contient simplement les changemens que l'on désire en nos responses, et l'autre contient les demandes et nos responses, où j'ay marqué et cotté les dicts changemens désirez.

CCLXXII.

Proc.-verb. man. des assemb. protestantes, t. IV. Bibl. Mazarine. — Proc.-verb. Papiers Conrart, t. II, in-4°. Bibl. de l'Arsenal.

Lettre du prince de Condé à l'assemblée de la Rochelle.

Messieurs, ayant eu vos lettres par MM. Dolchain, de la Colombière et Maleray, vos depputez, et après qu'ils ont esté ouïs en plein conseil sur ce qu'ils avoient à représenter de vostre part, j'ay estimé, veu mesme la charge qu'ils m'ont dict avoir de retourner promptement, ne les debvoir retenir davantage, affin qu'à leur retour vous puissiez estre éclaircis des justes raisons que j'ay eues d'accepter, sous vostre gré et consentement néantmoins, les responses faictes sur les articles dont vous les avez chargez de parler, et en proposer vos sentimens que je les ay priez de mettre par escrit, pour y respondre [1].

[1] MM. Dolchain, de la Colombière et Maleray, en remettant à l'assemblée les lettres ci-dessus du prince de Condé, lui présentèrent en même temps celles de MM. de Rohan, de Bouillon, de Sully, de la Trimouille et de Candalle, toutes ten-

Car, outre ce qui vous en peut avoir esté rapporté par MM. de Rouvray et de Bertheville, et depuis par M. de la Haye, qui ont tousjours assisté à ce qui s'est passé, je vous diray encore une fois qu'en mon particulier j'y ay apporté tout le soin et affection qui se pouvoit en chose de telle importance, ayant bien du déplaisir, aussy bien que vous, de n'en avoir peu obtenir plus de satisfaction ; mais vous sçavez qu'il est quelquefois à propos de se relascher en ce qu'on pourroit autrement justement prétendre. Je désire fort avoir aussy en bref vos advis et sentimens sur les autres articles, selon que me le faites espérer par vos lettres; car je ne vous sçaurois céler que je n'estime rien plus préjudiciable maintenant que les longueurs et les remises, l'estat des affaires estant tel qu'il requiert nécessairement une prompte et certaine résolution; à quoy je vous supplieray derechef de vous disposer, selon que le dict sieur de la Haye vous fera plus particulièrement entendre de ma part, avec l'asseurance que vous devez prendre de mes droites et saines intentions, en tout ce qui concerne la continuation de nostre bonne union et correspondance; de quoy me remettant à luy, je n'y insisteray davantage, et vous supplieray seulement de me vouloir tousjours croire, messieurs, vostre très affectionné serviteur,

HENRY DE BOURBON.

A Loudun, ce 5 avril 1616.

Et au-dessus :

A messieurs, messieurs les depputez généraux de l'assemblée de la religion estant de présent à la Rochelle.

dant au même objet, c'est-à-dire à la nécessité de faciliter la conclusion de la paix.

(Procès-verbaux manuscrits, t. IV, etc.)
(Édit.)

CCLXXIII.

Man. Supplém. franç. 3193.

MM. les depputez du Roy, du 6 avril, receue le 7 du dict mois 1616.

Au Roy[1].

Sire, monseigneur le prince de Condé nous a présentement faict advertir qu'il a eu advis que M. le comte de la Suze est party de la Rochelle où il estoit, en intention d'aller vers Paris, et que l'on croit que c'est avec desseing de faire appeler M. de Vitry[2] pour se battre contre luy, comme prétendant en avoir esté offensé. Nous avons estimé en informer Vostre Majesté, affin de pourveoir à ceste affaire et empescher qu'il n'en arrive inconvénient. C'est le principal subject de ceste lettre, pour fin de laquelle nous prions Dieu donner à Vostre Majesté, Sire, en parfaicte santé, très longue et très heureuse vie.

De Loudun, ce 6 avril 1616.

Vos très humbles, très fidèles et très affectueux subjects et serviteurs,

BRISSAC, DE NEUFVILLE, J. A. DE THOU, M. DE VIC, P. PHÉLIPEAUX.

---

[1] Cette lettre est de l'écriture de Pontchartrain. (Édit.)

[2] On lit dans le journal d'Arnaud d'Andilly, 13 avril 1616 : « M. Desmarets (Ph. Hureau, seigneur des Marais, mort en 1620) est venu à Paris. On dit que c'estoit pour appeler M. de Vitry de la part du comte de la Suze, qui prétendoit que M. de Vitry avoit chargé Novion, au préjudice de la parole qu'il luy avoit donnée, que, lorsque la tresve expireroit, ils s'entr'advertiroient l'un l'autre avant que de commettre aucun acte d'hostilité. M. de Vitry dit qu'il luy avoit seulement mandé qu'il le tenoit si galant homme, qu'il s'asseuroit qu'il se trouveroit à la teste de ses troupes. M. Desmarets trouva que ce jour là M. de Vitry avoit des gardes que l'on luy avoit envoyées de la cour, sur ce que l'on avoit sceu que M. le comte de la Suze estoit party brusquement de Loudun. Ce prétendu desseing de M. Desmarets d'appeler M. de Vitry fut trouvé tellement mauvais à Paris, que l'on vouloit l'arrester pour le mettre en la Bastille, sur ce qu'on disoit qu'il n'estoit point tolérable que celuy qui estoit tenu pour serviteur du Roy vinst appeler M. de Vitry, serviteur du Roy, pour un qui portoit les armes contre le Roy. » (Édit.)

CCLXXIV.

Man. Bibl. Sainte-Geneviève et Mazarine.

Lettre du Roy à MM. les depputez de Sa Majesté à Loudun, du 6 avril 1616

Messieurs les depputez, j'ay receu ce matin vostre lettre du cinquiesme de ce mois, et après l'avoir considérée, et les demandes que vous fait de nouveau mon cousin le prince de Condé en faveur de ceux qui sont assemblez à la Rochelle, je juge qu'elles ne sont pas de si grande importance qu'elles méritent le voyage qu'il y veut faire faire par le duc de Sully, ny le retardement qu'il apporte encore à vostre traicté, et pour lequel il vous a proposé une autre prolongation de tresve, de sorte que j'estime que les depputez que vous me mandez en estre venus luy ont apporté quelque autre chose qu'il tient cachée, parce qu'il cognoist luy mesme que, s'il la déclaroit, elle serait cause d'une rupture qu'il désire esviter; en quoy je loue sa bonne intention. Mais je découvre que celle des dicts assemblez à la Rochelle est si mauvaise, que, s'il s'arreste à toutes leurs demandes et en veut toujours procurer l'effect, il n'y aura point de fin en ce traicté, ou elle sera très dommageable à mon royaume. Et d'ailleurs mes subjects sont tous si las et désespérez des maux qu'ils ont soufferts durant ceste tresve et à l'occasion d'icelle, qu'ils ne la peuvent plus supporter, ny moy la prolonger. Et quand j'en aurois la volonté, je doute qu'ils en eussent la patience, car je suis adverty qu'en beaucoup de lieux ils disent qu'ils aiment mieux la guerre et prendre les armes pour se deffendre, plus tost que de se laisser ruyner de ceste façon. C'est pourquoy je désire que vous faciez cognoistre à mon dict cousin que je ne puis plus différer, et qu'il est nécessaire que présentement il face en sorte que ceux de la religion prétendue refformée qui se sont joincts avec luy se contentent de ce que j'ay desjà faict pour eux à son instance, et des responses que je fais encore maintenant sur le 8e article[1] que vous m'avez envoyé,

---

[1] Voir, à la fin du volume, les pièces relatives aux demandes des réformés. L'article

et que vous aurez avec ceste lettre, et trouverez conforme à leurs demandes, sinon en ce que vous mesme luy avez déclaré qu'ils ne debvoient attendre; ou bien, s'il ne peut les ranger à la raison, il ne s'arreste à eux davantage, et ne laisse de traicter et conclure, et ceux qui y seront disposez avec luy, sur ce que je luy ay jà accordé, dont je ne veux rétracter aucune chose, faisant de plus en plus estat de sa bonne volonté. Mais elle demeureroit sans effect, et j'aurois occasion d'en douter, s'il vous remettoit au voyage du dict duc de Sully, et s'attachoit plus avant aux intérests des aucteurs de ces demandes, dont il peut juger les desseings, et auxquelz il avoit promis quelque assistance. Il y a plus que satisfaict par ce qu'il a obtenu de moy, qui ne leur puis ny doibs accorder davantage, et ne luy seroit pas séant de le procurer et de se laisser tellement aller aux passions déréglées de quelques uns, qu'il manquast, en occasion si importante, à prendre et suivre de luy mesme une bonne résolution. Vous le devez donc exhorter à ce qui est en cela de son debvoir et advantage et du bien de ce royaume, luy représentant, comme vous sçavez bien faire, les maux qui arriveront, la part qu'il y aura, et combien j'ay faict pour les esviter, et le pressant et conjurant, par toutes ces raisons, et les autres que vous y pourrez adjouster, de monstrer en ceste rencontre le courage et la fermeté qui y est requise, et la bonne disposition dont il m'a tousjours faict asseurer; et si, après cela, vous ne pouvez tirer de résolution de luy, et que vous voyiez qu'il veuille mettre les affaires en longueur, ma volonté est que vous preniez congé et vous en reveniez me trouver aussy tost, remettant à vous toutefois de le faire soubs prétexte de faire encore un voyage vers moy, pour retourner par de là, comme vous me le proposez, ou de rompre ouvertement. Mais, en effect, mon intention est de veoir promptement une conclusion en ce traicté, ou de n'y plus attendre. C'est à vous de la mesnager comme vous jugerez à propos. Cependant, je me prépareray à tout événement, et donneray ordre

visé ici concerne la nomination de deux députés des réformés à accréditer auprès du Roi. (Édit.)

aux levées des gens de guerre dont je puis avoir besoing, tant françois qu'estrangers, et vous asseureray que je suis très content du service que vous m'aurez rendu en ceste négociation, et connois bien que, si elle ne réussit aussy heureusement que je l'ay souhaité et espéré, il n'aura pas tenu à vous, qui y aurez apporté toute la prudence, fidélité et affection que vous deviez. Au reste, pour continuer à ne rien obmettre de ma part de ce qui peut estre désiré de moy avec quelque raison, je dépescheray dès ce soir en Bretagne, pour faire surseoir l'exécution de l'arrest de ma cour de parlement de Rennes dont le duc de Vendosme vous a faict plaincte, et manderay derechef au comte de Brissac qu'il s'abstienne de faire aucune chose au préjudice de la surséance d'armes; mais, ne la voulant continuer, elle sera expirée avant que j'eusse faict donner département aux troupes du dict duc de Vendosme. C'est pourquoy je les auray pour ce temps là où elles sont. Vray est que ceux qui les conduisent feroient bien de s'esloigner de Nantes et retirer vers Ancenis, où ils estoient premièrement, et d'où l'on ne peut pas dire qu'on les ayt contraincts de partir. Je prie Dieu, etc.

CCLXXV.

Man. Bibl. impér. Supplém. franç. 3193.

M. de Villeroy, du 6⁰ jour d'avril, receue le 7 du dict mois 1616.

A M. de Sceaux.

Monsieur, nous parlons de vous aller veoir durant le voyage qu'il faut, à nostre grand regret, que M. de Sully face à la Rochelle; car, en son absence, nous serons inutiles icy, et pourrons revenir après mieux instruits des intentions de Leurs Majestez sur les articles et mémoires généraux et particuliers dont nous avons jà conféré et sommes quasi tombés d'accord. Ces messieurs à qui nous avons affaire ne doubtent plus de la paix, du moins en parlent-ils en ces termes, comme nous vous dirons quand nous vous reverrons. Quoy attendant, vous sçaurez que j'ay receu vos lettres des troisiesme et quatriesme de ce mois, que ces messieurs assurent que l'on ne faict en Allemagne, Lorraine ny ailleurs, aucunes nouvelles levées de gens de guerre pour eux, quoy que de Lorraine l'on vous ayt mandé; et certes je crois que l'advis est faux, et que M. le Prince n'a maintenant autre visée que d'achever le traicté et se deffaire des gens qui luy sont à charge; ce que vous pouvez dire hardiment où besoin sera. J'ay veu aujourd'huy M. de Nérestan[1] à une lieue d'icy, qui nous a apporté une nouvelle qui a fort réjouy les serviteurs du Roy, non pour la chose en soy, mais pour le prix que mérite M. le mareschal d'Ancre du conseil qu'il a pris[2]. Je vous envoie une lettre[3] que l'ambassadeur d'Angleterre m'a ce soir prié vous adresser, affin qu'il vous plaise la présenter au Roy et recebvoir sur icelle ses commandemens, en me tenant, s'il vous plaist, adverty de l'ordre que vous y avez donné. Je salue vos bonnes graces de mes très affectionnées recommandations, et prie Dieu, monsieur, qu'il vous conserve en santé.

De Loudun, le 6e d'avril au soir 1616.

Vostre très affectionné serviteur et cousin,
DE NEUFVILLE.

CCLXXVI.

Man. Papiers Conrart, in-4°, t. XI. Bibl. de l'Arsenal.

Extrait du journal d'Arnaud d'Andilly.

29 ou 30 mars. — ... On dit que la Royne fut fort en colère contre M. de Villeroy de ce qu'au lieu de traicter le point de Picardie le premier, il l'avoit réservé pour le dernier. Cest article de la citadelle d'Amiens a tenu la paix fort longtemps en incertitude, car

---

[1] Voir plus haut, page 480. (Édit.)

[2] « M. le mareschal d'Ancre arrive à « Paris, loge en sa maison proche le Louvre, « dit à tout le monde qu'il ne tiendroit « point à la citadelle d'Amiens que la paix « ne se fist, et qu'il estoit tant obligé au « Roy, à la Royne et à la France, qu'il bailleroit non seulement ses biens, mais sa vie. » (Journ. d'Arnaud d'Andilly, 27 mars 1616.) (Édit.)

[3] Cette lettre ne se trouve pas parmi les lettres reçues par de Sceaux. (Édit.)

M. de Longueville s'opiniastroit à la faire raser ou à l'oster au moins au mareschal d'Ancre; et la Royne luy offroit le gouvernement de Picardie avec le chasteau de Caen, Dieppe et le Pont de l'Arche; ce que Mme de Longueville sa mère, M. le Prince, M. du Mayne et M. de Bouillon luy conseilloient d'accepter; mais il ne le leur vouloit point accorder, disant que pour l'amour d'eux il quitteroit tout ce qui ne regardoit que son bien et mesme sa vie, mais qu'il n'y avoit rien au monde qui luy pust faire faire quelque chose contre son honneur ainsy qu'estoit cela, veu qu'il y alloit de la parole qu'il avoit donnée aux Picards. On a dict qu'il avoit une fois demandé que l'on mist dans la dicte citadelle ou M. de la Curée, ou M. de Montigny, ou M. de Praslin. Depuis on disoit que le Roy vouloit mettre M. de Luynes, ce qu'on dit que M. de Longueville consentit; et que sur cela M. du Mayne respondit : Je pense que vous estes fou d'aimer mieux le simple gouvernement de la Picardie que la Normandie avec les places que l'on vous y offre. A quoy M. de Longueville ayant répliqué qu'il estoit fort homme de bien, M. du Mayne répondit : Je ne doute point que vous ne soyez fort homme de bien, et ce que j'en ai dict n'a nullement esté pour vous offenser, mais pour ce que j'affectionne vostre bien plus que vous mesme. Et ainsi cela se passa. M. de Bouillon et M. le Prince tesmoignèrent aussy à M. de Longueville improuver extresmement le conseil qu'il prenoit sur ce subject. On dit que M. du Mayne fut dix jours sans veoir M. et Mme de Longueville. Je ne scay si ce fut devant ou après cecy.

CCLXXVII.

Man. Bibl. impér. Supplém. franç. 3193.

M. de Villeroy, du 7 avril, receue à Tours le 8 du dict mois 1616.

A M. de Sceaux.

Monsieur, nous espérons avoir le bien de vous veoir samedy à midy, car nous debvons partir demain pour aller à vous, et vous rendre compte de notre conduite, et recebvoir aussy les derniers commandemens de Leurs Majestez, devant que de rompre ou conclure nostre négociation, ayant jugé ce faire de telle conséquence que nous avons lieu d'estre obligez d'en user ainsy. J'ay receu vostre dernière, par laquelle et celles que mes amis m'ont escrites j'ay sceu la peine que vous avez prise pour mon fils et pour moy en ces deux dernières occasions qui se sont rencontrées ; de quoy je vous rends toutes sortes de graces en attendant que je m'en acquitte non en présence seulement, mais par effects dignes de ceste faveur que vous nous avez départie. Quant à nous, nous vous portons la paix en paroles, desquelles l'on veut que nous répondions, et ne doute point qu'elle ne soit suivie d'une bonne conclusion, si nous y contribuons le temps requis et nécessaire, ainsy que nous vous dirons ; vray est que, si ce propos ne doibt estre agréé, nous en sommes les plus déplaisans, comme le sera, quand n'aura moyen de vous servir, monsieur, vostre très affectionné serviteur et cousin,

DE NEUFVILLE.

A Loudun, le 7 d'avril, au soir.

Depuis la séance du 8 avril, dans laquelle lui avait été remise la lettre, en date du 5, du prince de Condé, jusqu'à la séance du 12, où lui fut présentée par M. le duc de Sully une autre dépêche du 8, l'assemblée s'était occupée des réclamations du pays de Béarn, réclamations qui touchaient à la politique ; elle avait insisté sur le rétablissement de Tartas, et les indemnités à accorder aux habitants, et, ce qui eût été plus grave, si, cette fois, l'autorisation des commissaires du Roi n'eût précédé, elle avait reçu dans son sein l'ambassadeur du roi d'Angleterre. Ces faits n'étaient point encore accomplis à la date du 8. Néanmoins, l'esprit inquiet des députés de la Rochelle n'avait pas échappé au Prince, et, tout en ménageant leurs susceptibilités, il tendait, avec les princes et seigneurs ses alliés, à les amener à se montrer moins difficiles sur les conditions de l'accord. C'est dans ce but que M. de Sully se rendit à la Rochelle, porteur de la lettre ci-après ; les pièces qui la suivent font connaître les sentiments et les résolutions de l'assemblée dans ces circonstances.

CCLXXVIII.

.Proc.-verb. man. des assemb. protestantes, t. IV. Bibl. Mazarine. — Proc.-verb. Papiers Conrart, t. II. Bibl. de l'Arsenal.

Lettre du prince de Condé à l'assemblée de la Rochelle.

Messieurs, ayant jugé, avec MM. les princes, officiers de la couronne et seigneurs qui m'assistent, ne pouvoir faire meilleure eslection pour envoyer vers vous que de la personne de M. le duc de Sully, affin de vous faire entendre par sa bouche ce qui se passe sur l'occasion des affaires présentes, tant pour vostre bien particulier que pour nostre commun intérest et contentement, je l'ay supplié d'en vouloir prendre la peine, comme celuy que je sçais qui s'en sçaura très dignement acquitter. Je remets donc le tout à sa suffisance, et à la créance qu'il vous donnera de ma part, qui, en toutes occasions, vous tesmoignera le désir que j'ay de vous servir en général et en particulier, et demeurer pour jamais, messieurs, vostre très affectionné serviteur,

HENRY DE BOURBON.

A Loudun, ce 8 avril 1616.

Et en la suscription :

A messieurs, messieurs de l'assemblée génèralle de ceux de la religion establie à la Rochelle.

Les pays et souveraineté de Béarn avaient envoyé pour députés à la conférence de Loudun les sieurs Duprat et de Lescun. Ces messieurs, protestant de l'intention de se tenir fidèlement unis à la réunion des églises, se présentèrent à l'assemblée de la Rochelle le 5 mars 1616, lui firent connaître le cahier de leur réclamation, et sollicitèrent son appui auprès de la conférence; cet appui leur fut accordé. Ce que demandait le pays de Béarn, c'était le droit d'assister par ses députés aux assemblées des protestants du royaume et de faire partie de l'union des églises, sans qu'on en tirât pour conséquence que le Béarn dût être politiquement réuni au royaume, et perdre ses lois particulières, dont la conservation avait été stipulée dans l'acte de son accession à la France. La réponse au vingt-quatrième article du cahier n'ayant pas paru satisfaisante, MM. de la Fourcade, pour le duc de la Force, et de Lescun, pour le Béarn, en référèrent à l'assemblée, qui appuya leur réclamation auprès de la conférence, dans les termes de la délibération suivante.

CCLXXIX.

Proc.-verb. man. des assemb. protestantes, t. IV. Assemb. de la Rochelle. Bibl. Mazarine.
Proc.-verb. Papiers Conrart, t. II. Bibl. de l'Arsenal.

Extrait du procès-verbal de la séance du 8 avril 1616 de l'assemblée de la Rochelle.

Procédant par l'assemblée à l'examen des responses faictes sur le cahier général de ses demandes, et délibérant sur la response faicte au vingt-quatriesme article, concernant l'union des esglises refformées du pays et souveraineté de Béarn avec celles du royaume, se sont présentez le sieur de la Fourcade, depputé de M. de la Force près l'assemblée, et de Lescun, depputé extraordinaire du dict pays et souveraineté, le sieur Duprat estant lors à Loudun, qu'ils ont remonstré que, par la cognoissance qu'ils ont eue de la response faicte à l'article qui les concerne, ils voient qu'ils sont manifestement grevez, d'autant que, soubs prétexte de l'union d'entre les dictes esglises, on semble vouloir tendre à unir le dict pays et souveraineté au royaume de France, et soubs mesmes loix, qui seroit changer l'estat soubs lequel le dict pays a subsisté depuis plusieurs années fort heureusement, et la piété entière des esglises refformées qui y sont, au grand mescontentement de tous les habitans du dict pays, et préjudice notable du dict sieur de la Force, suppliant l'assemblée d'y avoir esgard, et de faire instance à ce que les mots préjudiciables qui sont en la dicte response soient ostez, et qu'il ne soit rien innové en l'estat du dict pays. Sur quoy la compagnie a trouvé bon d'insister pour faire oster de la dicte response les mots qui préjudicient, et à ce qu'il ne soit rien innové en l'estat du dict pays et souveraineté, soit en ce qui regarde la religion, soit en ce qui concerne les finances, et mesme à ce qu'il soit dict, conformément à ce qui a esté arresté ès estats généraux du dict pays, que les évesques et autres ecclésiastiques ne pourront entrer au conseil d'iceluy.

CCLXXX.

Man. Bibl. impér. Supplém. franç. 3193.

M. le prince de Condé, du 8 avril, receue à Tours le 10 du dict mois 1616.

A la Royne.

Madame, s'en allant Mme la comtesse [1] en cour, je l'ay suppliée de représenter bien particulièrement au Roy monseigneur et à Vostre Majesté tout ce qui s'est passé en nostre conférence, et comme je n'y ay apporté autre desseing que de procurer de tout mon pouvoir le bien du service de Sa Majesté et affermissement de son estat, comme je m'y ressens si estroitement obligé, que ce désir ne me passera jamais qu'avec la vie. J'ay aussy prié M. de Courtenay d'aller de delà exprès pour en assurer Vos Majestez, vous suppliant très humblement, madame, luy vouloir donner créance, et que pareillement je rechercheray toute ma vie les moyens de rendre à Vostre Majesté toutes sortes de services, avec la très humble obéissance que je doibs à ses commandemens, pour luy tesmoigner par mes actions combien je suis véritablement, madame, vostre très humble et très obéissant serviteur et subject,

HENRY DE BOURBON [2].

A Loudun, ce 8 avril 1616.

Et en la suscription :

A la Royne, mère du Roy mon souverain seigneur.

---

[1] C'est la comtesse de Soissons dont il est question dans cette lettre et dans la suivante. (Édit.)

[2] Cette souscription et la signature sont autographes dans le manuscrit. (Édit.)

CCLXXXI.

Man. Bibl. impér. Supplém. franç. 3193.

M. le prince de Condé, du 8 avril, receue le 9 du dict mois 1616.

Au Roy.

Sire, Vostre Majesté pourra estre fort particulièrement informée par Mme la comtesse de tout ce qui s'est passé en nostre conférence, et de quelle façon je me suis tousjours porté à procurer le bien de son service, repos et tranquillité de son estat, qui est le seul but de toutes mes actions. J'envoie aussy M. de Courtenay pour en asseurer Vostre Majesté, et que je n'auray jamais d'autre intention que de luy rendre la très humble subjection et fidèle obéissance à ses commandemens, à quoy je suis obligé par ma naissance, vous suppliant très humblement le vouloir croire de ma part, et que je demeureray toute ma vie, Sire, vostre très humble, très obéissant et très fidèle subject et serviteur,

HENRY DE BOURBON[1].

A Loudun, ce 8 avril 1616.

Et en la suscription :

Au Roy mon souverain seigneur.

CCLXXXII.

Man. Bibl. Sainte-Geneviève et Mazarine.

Lettre du Roy à MM. de Thou et de Vic, du[2] .. avril 1616.

Messieurs de Thou et de Vic, ayant esté asseuré par vos collègues, qui sont arrivez icy ce matin, de la bonne disposition de mon cousin le prince de Condé et de l'acheminement des affaires à la paix, j'ay

---

[1] Comme dans la pièce précédente, cette souscription et la signature sont autographes dans le manuscrit. (Édit.)

[2] La date de cette lettre n'est point donnée par le manuscrit, mais elle doit être de Tours et du 9 avril, jour de l'arrivée dans cette ville de MM. de Brissac, de Villeroy et de Pontchartrain. (Édit.)

trouvé bon, quoiqu'auparavant j'eusse résolu de ne plus prolonger la surséance d'armes, de la continuer jusques au vingt-cinq de ce mois, pour avoir le temps de licencier les gens de guerre et exécuter les choses accordées; et parce que ma volonté est que vous en passiez l'acte avec mon dict cousin, je vous escris ceste lettre, et la vous envoye par ce courrier exprès pour vous en advertir, désirant que vous me le renvoyiez en toute diligence avec le dict acte, affin que je dépesche à la mesme heure par toutes les provinces de mon royaume pour ceste prolongation, comme vous tiendrez la main que mon dict cousin face à l'endroit de ceux qui luy obéissent, et d'autant que je prends entière confiance en ce que mes depputez m'ont rapporté de sa part, et désire soulager mon peuple le plus tost qu'il me sera possible. S'il est vray, comme l'on m'a dict, que mon dict cousin veuille dès à présent licencier les reistres, je feray aussy licencier les gens de cheval que j'ay faict lever à l'occasion de ce mouvement, et luy feray tousjours les deux cens mille livres que j'ay entendu luy estre nécessaires pour cest effect, me résolvant de renvoyer le président de Chevry par delà, tant pour faire porter et délivrer ceste somme que pour advancer les moyens de pourveoir au demeurant, ainsy qu'il vous dira alors plus particulièrement. Mais j'attends de vos nouvelles. C'est pourquoy je désire que vous m'en mandiez promptement sur ce subject, comme vous ferez aussy sur tout autre que vous jugerez le mériter. Cependant, je prie Dieu, etc.

CCLXXXIII.

Man. Papiers Conrart, in-4°, t. XI. Bibl. de l'Arsenal.

Extrait du journal d'Arnaud d'Andilly.

9 avril. — MM. de Villeroy, de Nevers, de Brissac et de Pontchartrain arrivent de Loudun à Tours, avec asseurance de paix. Et arrivèrent aussy M. et Mme la comtesse de Soissons.

En mesme temps qu'ils estoient partis, M. le Prince avoit envoyé M. de Sully à la Rochelle, pour dire à l'assemblée de ceux de la religion qu'il les prioit de trouver bon ce que le Roy leur accordoit, qui estoit très juste, sinon qu'il ne laisseroit pas de faire la paix.

CCLXXXIV.

Man. Bibl. impér. Supplém. franç. 3193.

M. de Vic, du 10 avril, receue à Tours le 11 du dict mois 1616.

A M. de Sceaux.

Monsieur, vostre courrier est arrivé assez matin pour faire signer à monseigneur le Prince la prolongation de la tresve, de laquelle nous vous envoyons l'acte en bonne forme, affin qu'il plaise au Roy dépescher incontinent de toutes parts pour la faire observer exactement; et parce que mon dict seigneur avoit faict partie d'aller disner à la campagne, et qu'il n'a voulu nous résoudre sur le licenciement des reistres qu'après avoir tenu conseil avec tous les princes et seigneurs qui l'assistent, et qu'il nous avoit donné espérance de revenir de bonne heure pour tenir le dict conseil, nous avons différé de renvoyer ce courrier pour le désir que nous avions qu'il rapportast response sur les deux points mentionnez en la dépesche de Sa Majesté; mais, après avoir attendu le retour de mon dict seigneur le Prince jusques à six heures, j'ay esté trouver M. le mareschal de Bouillon pour sçavoir si nous pouvions espérer le dict licenciement suivant le désir de Sa Majesté, et s'ils s'en pourroient retourner par mer et vendre leurs chevaux; sur quoy j'ay recogneu qu'il est malaisé de les licencier plus tost que le reste de leurs troupes. Joinct que, sur l'advis qu'ils ont eu que M. le marquis de la Valette a deffaict dans leurs quartiers quelques carabins et aucuns des gardes de mon dict sieur de Bouillon, qui avoient avec eux quarante ou cinquante chevaux destinés pour mener le canon qu'ils ont laissé à Pons, suivant la permission de Sa Majesté, et qu'on les a menacez de faire pis, comme ils disent, ils ont résolu d'envoyer M. de Soubize à Tonne-Charente, où il fait estat d'assembler jusques à huit cens chevaux et tout ce qu'il pourra de gens de pied, pour s'opposer aux forces de M. d'Espernon et empescher le siége de la dicte place, qu'ils croient debvoir estre assiégée par le dict seigneur d'Espernon [1]. Pour faire le nombre de la cavalerie susmentionnée, les reistres qui sont à Pons doibvent marcher, et possible une autre compagnie qui se trouvera plus proche du dict rendez-vous. Ainsy je voy peu d'apparence d'espérer le dict licenciement, du moins de les renvoyer par mer; car, y ayant disposé mon dict sieur de Bouillon pour leur persuader, s'il pouvoit, il a mandé en ma présence le baron Doye qui les commande, et leur sergent major, auxquelz l'ayant proposé, ils ont respondu qu'il leur seroit impossible, parce que chasque cheval leur cousterait vingt escus de passage, comme le dict baron dit l'avoir esprouvé depuis peu de jours. Sur quoy, je leur ay remonstré qu'ils pouvoient vendre leurs chevaux et accourcir leur voyage, et ils m'ont répliqué qu'ils le feroient volontiers, s'ils pouvoient estre vendus ce qu'ils valent, mais qu'ils ne les pouvoient vendre au gré des acheteurs. Voilà, monsieur, ce que j'ay peu apprendre de certain, bien qu'en sortant de chez le dict sieur de Bouillon, monsieur le Prince y soit survenu, estant jà nuit, auquel j'ay faict instance du dict licenciement; ce qu'il m'a refusé entièrement, si son conseil général ne l'approuvoit; et l'ayant supplié de l'assembler dès ce soir, affin d'en pouvoir rendre raison incontinent à Sa Majesté, il me l'a promis, s'il les pouvoit assembler, avec l'instance que luy a aussy faicte mon dict sieur de Bouillon. Craignant toutesfois que cela ne puisse estre que demain matin, j'ay estimé, avec l'advis de M. de Thou, de vous renvoyer ce courrier avec la dicte prolongation, attendant d'avoir demain la response du surplus que nous vous envoyerons incontinent. Sa Majesté jugera, s'il luy plaist, par sa prudence, s'il ne seroit pas à propos de dépescher incontinent à M. d'Espernon pour retenir ses troupes et ne les envoyer vers Tonne-Charente, de peur que

---

[1] M. d'Épernon était gouverneur de Saintonge et d'Aunis, et chargé, par conséquent, de faire respecter l'autorité du Roi à Tonne-Charente et dans la Saintonge. (Édit.)

le voisinage avec celles qui s'y doibvent rendre n'y cause quelque désordre. Le seigneur susmentionné m'a protesté qu'il ne falloit craindre aucunement que cest acheminement du dict sieur de Soubize fist aucune entreprise, sinon en se deffendant. Nous escrirons demain à Sa Majesté ce que mon dict seigneur le Prince nous aura faict entendre, et je supplieray cependant le Créateur vous donner, monsieur, autant de santé et contentement que vous en désire vostre bien humble et plus affectionné serviteur,

M. DE VIC.

De Loudun, ce dimanche, au soir, 10 avril 1616.

9 heures du soir. — M. de Thou, auquel j'ay communiqué vostre lettre, vous baise les mains, comme je fais en mon particulier, et vous mercie bien humblement de la lettre de M. de Caumartin, auquel je vous supplie, monsieur, d'en faire tenir une autre qui sera avec la présente.

La pièce suivante fait connaître encore une infraction à la tresve du même duc d'Épernon.

CCLXXXV.

Proc.-verb. man.

Extrait du procès-verbal de la séance du 8 avril 1616 de l'assemblée de la Rochelle.

On a receu lettres de M. de Saujon, du 7 de ce mois, portant advis des entreprises de M. d'Espernon, et comme il s'estoit mis en debvoir de deffaire les troupes de M. de Seignon, s'il ne se fust jeté dans le bourg de Saujon, priant la compagnie de donner ordre à faire réparer les infractions à la tresvè, et à la conservation du dict bourg de Saujon et autres places de la province que le dict sieur d'Espernon semble vouloir attaquer. La compagnie a jugé nécessaire de donner promptement advis des dictes infractions à M. le Prince, et cependant d'escrire au dict sieur de Saujon, affin que, pour sa conservation et celle du dict sieur de Seignon, il les retiene pour quelques jours en son bourg; trouve aussy bon d'escrire au colloque des isles [1] qu'il assiste où besoing seroit le dict sieur de Saujon, et cependant de communiquer à MM. les maires et capitaines de ceste ville, pour adviser aux remèdes plus prompts et expédiens.

CCLXXXVI.

Proc.-verb. man. des assemb. protestantes, t. IV, la Rochelle. Bibliothèque Mazarine.
Proc.-verb. Papiers Conrart, t. II. Bibl. de l'Arsenal.

Lettre du prince de Condé à l'assemblée de la Rochelle.

Messieurs, je ressens avec vous beaucoup de desplaisir des mauvaises procédures dont l'on use envers nous de toutes parts. Mais je vous diray que ce qui est arrivé en Xaintonge [2] m'est beaucoup plus sensible que tout le reste, y remarquant une correspondance toute certaine avec tout ce qui s'est passé en Guyenne. J'en fais une très grande plaincte à Leurs Majestez, par un gentilhomme que je dépesche exprès ce matin, avec prière très affectionnée à Mme la comtesse d'y insister vivement. Cependant, affin d'estre parez à tous événemens, et repousser les violences, M. de Soubize, mon cousin, est ordonné avec la meilleure part de nostre cavalerie et infanterie pour s'y acheminer; et mesme que, si on n'y pourveoit d'ailleurs et promptement, il les empeschera bien de passer outre à l'exécution de leurs mauvais desseings. Mais il est besoing qu'il soit assisté pour subvenir aux frais qui se pourront offrir. Vous sçavez maintenant de ce qu'il peut y avoir de fonds ès receptes de Pons et Royan [3] dont il luy faudra faire fournir quelque somme pour cest effect, affin qu'à deffaut de commodité les affaires ne demeurassent; mandant aux

---

[1] Saujon, à cinq lieues ouest de Saintes, dans la Charente-Inférieure. Le colloque des îles était l'assemblée d'où ressortissaient les îles de Rhé, d'Oléron, la Rochelle, etc. (Édit.)

[2] Voir, pour ce qui concerne Tonne-Charente, Pons, etc. la lettre précédente de M. de Vic en cour. (Édit.)

[3] Dès le commencement du mois de mars, l'attention de l'assemblée avait été appelée sur la ville de Royan, à l'embouchure de la Gironde, et sur les besoins de sa garnison; elle avait fait comparaître devant elle le receveur du lieu, reçu de lui le reliquat des sommes mises à sa disposition, autorisé les habitants du mar-

commissaires que vous avez envoyez sur les lieux d'y pourveoir. J'ay d'ailleurs envoyé en cour pour avoir la depesche nécessaire de la reddition des places de Tartas et Aire ès mains du sieur des Marais, lieutenant de mes gardes, selon ce qu'il a esté convenu, affin que l'exécution en puisse estre avant la conclusion de nostre traicté. C'est tout ce qui a esté jugé se pouvoir maintenant faire sur ces occurrences, vous suppliant croire que je n'espargneray rien de ce qui pourra dépendre de moy pour nostre commune asseurance et conservation, et qu'en vostre particulier je demeureray tousjours, messieurs, vostre très affectionné serviteur,

HENRY DE BOURBON.

A Loudun, ce 10' avril 1616.

Et en la suscription :

A messieurs, messieurs de l'assemblée génerale de ceux de la religion estant de présent à la Rochelle.

CCLXXXVII.

Man. Bibl. impér. Supplém. franç. 3193.

Envoyé par M. de Vic avec la lettre du 10 avril 1616.

Acte de prolongation de la suspension d'armes jusqu'au 25 avril[1].

Les sieurs de Thou et de Vic, conseillers, depputez par le Roy vers monseigneur le Prince, en la ville de Loudun, pour le traicté et négociation de la paix de son royaume, ont, soubs le bon plaisir de

quisat à mettre leur pays en état de défense, et prescrit quelques mesures pour assurer les libres mouvements du commerce maritime, entravé par l'état d'hostilité et de méfiance. Pons, ville de la Charente-Inférieure, était sous le gouvernement de M. de Mons. Dès le 22 mars 1616, l'assemblée avait ordonné d'acquitter les dépenses faites par lui pour réparations de la place, et par M. de Bretauville pour la solde de sa compagnie; elle avait, de plus, envoyé des commissaires pour examiner l'état de la caisse du receveur. C'est à la connaissance que l'assemblée avait acquise de cette situation que le prince de Condé fait allusion pour réclamer son secours en faveur de M. de Soubize. (Procès-verbaux, *passim*.) (Édit.)

[1] Cette pièce, dans le manuscrit de Versailles, est l'original même. (Édit.)

Sa Majesté, et suivant le pouvoir qu'il luy a pleu leur donner par ses lettres de cachet du neuf du présent mois, signées Louis, et plus bas Potier[1], prolongé avec mon dict seigneur le Prince la tresve et surséance d'armes cy devant accordée à Fontenay dès le vingtiesme janvier dernier passé jusqu'au vingt-cinquiesme jour du présent mois d'avril inclusivement, pour estre la dicte tresve inviolablement observée de part et d'autre par tout le royaume et autres pays de l'obéissance de Sa Majesté, et les contraventions qui y pourroient estre faites incontinent réparées, suivant les articles sur ce arrestez dès le dict jour vingtiesme janvier.

Faict à Loudun, le dixiesme jour d'avril mil six cent seize.

HENRY DE BOURBON.

J. A. DE THOU, M. DE VIC.

CCLXXXVIII.

Man. Bibl. impér. Supplém. franç. 3193.

MM. de Vic et de Thou, du 11 avril, receue à Tours le 12 du dit mois 1616.

Sire, nous avons renvoyé la nuit passée le courrier qu'il avoit pleu à Vostre Majesté nous dépescher, avec l'acte de la prolongation de la tresve, affin qu'il plaise à Vostre Majesté d'en commander l'observation en vos provinces. Quant à l'objet[2] de vostre dépesche, qui estoit le licenciement des troupes estrangères, nous ne l'avons peu obtenir de monseigneur le Prince, quelque instance que nous luy en ayons faicte (bien qu'il le désirast en son particulier), qu'il ne l'eust faict résouldre par les princes et seigneurs qui l'assistent, lesquelz, à nostre très humble supplication, il assembla dès hier à huict heures du soir, d'où ils se séparèrent fort tard. Pour estre asseurez de la résolution qui y avoit esté prise, nous sommes allez ce matin trouver monseigneur le Prince à son resveil, qui nous a dict avoir advisé

---

[1] Cette lettre est la dépêche du Roi en date du 9, ci-dessus, page 562. (Édit.)

[2] Nous supposons qu'il doit y avoir ici *l'objet*. Une partie du mot, qui est au bord de la feuille, a disparu par l'usure du papier en cet endroit. (Édit.)

Conférence de Loudun.

ensemble de dépescher ce jourd'huy un gentilhomme à Vostre Majesté, pour la supplier très humblement d'en envoyer un autre vers M. d'Espernon, pour luy commander l'observation exacte de la dicte tresve, affin qu'ils n'ayent à craindre aucune chose de ceste part, de laquelle il leur vient tous les jours nouvelles plainctes, sur lesquelles il nous a faict bailler un mémoire (qui sera avec la présente)[1] par le depputé de ceux de la religion prétendue refformée qui est icy, et nous a chargez de supplier très humblement Vostre Majesté y pourveoir comme elle jugera plus à propos pour le bien de son service; et c'est pourquoy, Sire, il s'excuse de licencier aucunes de ses troupes qu'il ne soit asseuré que M. d'Espernon doibve faire le semblable de celles qu'il a maintenant ensemble ou départies en garnisons çà et là. Il nous a aussy asseurez que s'il plaist à Vostre Majesté renvoyer MM. vos depputez pour estre icy vendredy prochain, qu'il conviendra avec eux de tous les points qu'il faudra employer en l'édict qu'il en faut dresser pour le signer incontinent après et faire le licenciement de toutes ses troupes, et que cela ne sera point retardé par l'absence de M. de Sully, s'asseurant, quoy qu'il rapporte de son voyage, que Vostre Majesté pourra donner la paix à tous ses subjects. Mon dict seigneur le Prince nous a aussy promis de dépescher aujourd'huy de toutes parts pour l'observation de la dicte tresve, mesme à M. de Boisse Pardaillan, suivant l'instance que nous lui en avons faicte; qui est tout ce que nous avons peu apprendre de luy, pour response aux commandemens qu'il a pleu à Vostre Majesté nous faire par sa dicte dépesche, dont nous avons creu la debvoir advertir; comme aussy que M. et Mme de Longueville sont allez à Monstreuil le Bellay, M. et Mme de la Trimouille à Thouars, où M. de Bouillon la doibt visiter. Nous croyons aussy que mon dict seigneur le Prince ira à la Roche des Aubiers, et qu'il y pourra mener M. de Mayenne. M. de Rohan ne bougera d'icy; mais M. de Soubize est commandé pour s'acheminer en Xaintonge et s'opposer aux desseings de mon

---

[1] Voir, à la fin du volume, les pièces concernant les réformés. (Édit.)

dict sieur d'Espernon. Sur quoy, nous supplions le Créateur, Sire, conserver Vostre Majesté en très parfaicte santé, très heureuse et longue vie.

De Loudun, ce onziesme jour d'avril 1616.

Vos très humbles, très obéissans et très obligez subjects et serviteurs,

DE THOU, M. DE VIC.

CCLXXXIX.

Man. Bibl. impér. Supplém. franç. 3193.

M. de Vic, du 11 avril, receue à Tours le 12 du dict mois 1616.

A M. de Sceaux.

Monsieur, je feis hier response à celle qu'il vous avoit pleu m'escrire par le courrier que nous vous avons renvoyé la nuit passée, et vous verrez par la depesche de Sa Majesté ce que nous avons peu apprendre de monseigneur le Prince, lequel nous avons prins avant qu'il feust esveillé, pour le trouver plus libre des passions qui le travaillent tout le long du jour. Il avoit soupé hier chez M. de Boisguérin, gouverneur de ceste ville, qui avoit faict tout son possible pour s'excuser de recebvoir cest honneur, et est party présentement pour aller à la Roche des Aubiers et s'exempter de la tyrannie en laquelle on le tient quand il est icy. C'est pourquoy il faut renvoyer selon son désir au plus tost MM. les depputez, pour achever de mettre la dernière main à ce bon œuvre, qu'il désire en vérité autant ou plus que nul autre, comme il nous a protesté ce matin. Nous avons retiré le project de l'édict[1], avec un monde d'importunités, sans avoir eu moyen de le lire, et l'adressons à M. de Villeroy, comme il m'en a chargé à son partement, qui me fait vous prier, monsieur, de luy envoyer le dict paquet incontinent, et me croire tousjours, monsieur, vostre très affectionné serviteur,

M. DE VIC.

De Loudun, ce onziesme jour d'avril, à deux heures après midy.

---

[1] Nous n'avons pas trouvé ce projet d'édit, qui, du reste, à peu de chose près, doit être semblable à l'édit lui-même qu'on trouvera à la fin des pièces. (Édit.)

CCXC.

Man. Bibl. Sainte-Geneviève et Mazarine.

Lettre [de la Royne] à M. le duc de Nevers, du 12 avril 1616.

Mon nepveu, bien que je m'asseure que vous ne manquerez de vous trouver à Loudun, comme vous me l'avez promis, au jour que les depputez du Roy monsieur mon fils y doibvent retourner, je vous escris ceste lettre pour vous y convier encore, jugeant combien vostre présence y est nécessaire pour la perfection de l'œuvre que vous avez commencé, et me promettant que vous continuerez volontiers d'y apporter vostre auctorité et prudence pour le bien public de ce royaume et le contentement de mon dict seigneur et fils et de moy; je vous prie donc de n'y pas faillir, et mesme, s'il vous est possible, de passer par icy en y retournant, car, si en pouvez prendre la peine, ce me sera grand contentement de vous veoir et communiquer encore avec vous des affaires qui restent à résoudre, ainsy que vous dira plus particulièrement le sieur de Langeron, auquel je m'en remets, priant Dieu, etc.

CCXCI.

Man. Bibl. Sainte-Geneviève et Mazarine.

Lettre [du Roy] à M. le prince de Condé, du 12 avril 1616.

Mon cousin, sur l'advis qui m'a esté donné de l'emprisonnement du sieur de Lestelle[1] et des procédures qui se font contre luy, j'ay jugé à propos de renvoyer vers vous le sieur Vignier[2], pour vous faire

---

[1] Voir, pour quelques détails de plus, une lettre ci-après de M. de Vic, du 17 avril. (Édit.)

[2] Vignier (Nicolas) appartenait à la religion réformée et exerçait à Blois les fonctions de pasteur. Il était député à l'assemblée des protestants. Il a laissé quelques ouvrages sur des questions controversées. On croit qu'il s'est fait catholique à la fin de sa vie. Il avait figuré, de la part de la régente, dans la négociation de Sainte-Ménehould. (Édit.)

entendre ce que je luy ai dict sur ce subject; et parce que je sçay qu'il s'en sçaura bien acquitter, je m'en remets entièrement à luy, et ne feray ceste lettre plus longue que pour vous prier de croire ce qu'il vous représentera de ma part, et faire qu'il ne se passe rien au contraire, vous asseurant de la continuation de ma bonne volonté, et priant Dieu, etc.

CCXCII.

Proc.-verb. man. des assemb. protestantes, t. IV, la Rochelle. Bibl. Mazarine.
Proc.-verb. Papiers Conrart, t. II. Bibl. de l'Arsenal.

Extraits du procès-verbal de la séance du 12 avril 1616 de l'assemblée de la Rochelle.

Sur l'advis donné à la compagnie que M. l'ambassadeur d'Angleterre désiroit venir en icelle pour luy représenter choses importantes au bien des esglises et de l'estat, ayant appris des sieurs de la Haye et Desbordes que le dict sieur ambassadeur estoit venu en ceste ville non seulement à la requeste de M. le Prince, mais aussy du gré et consentement de MM. les commissaires du Roy, elle a jugé à propos de luy envoyer les mesmes qui l'ont esté saluer de sa part[1] pour le conduire et amener en icelle.

M. l'ambassadeur du Roy de la Grande Bretagne estant venu en l'assemblée, après quelques complimens, luy a dict qu'il s'estoit entremis de la part du Roy son maistre pour la pacification des troubles de ce royaume; qu'il sçavoit que M. le Prince se vouloit conformer aux résolutions et bons advis d'icelle assemblée, et entretenir inviolablement l'union qu'il avoit avec les esglises, l'ayant prié d'engager sur ce subject sa foy à l'assemblée, et qu'il falloit croire que la parole qu'il donnoit pour le dict seigneur Prince l'obligeoit très estroitement, quand autre chose il n'y auroit que la considération du Roy de la Grande Bretagne, son maistre; mais aussy qu'il s'asseuroit que l'assemblée, de sa part, considéreroit diligemment combien il

---

[1] L'ambassadeur était arrivé le 11 à la Rochelle, et l'assemblée avait désigné quelques-uns de ses membres pour aller le recevoir, ainsi que M. de Sully. (Édit.)

importoit, pour le service du Roy et bien de l'estat, de mettre une fin aux misères présentes et futures, selon que M. le duc de Sully luy feroit entendre particulièrement, auquel il se remettoit pour asseurer, quant à luy, l'assemblée de l'affection du Roy son maistre, lorsque le temps et les occasions le requerroient.

A quoy, par M. de Blet, a esté respondu que l'assemblée prenoit à grand honneur le soing qu'il avoit eu de la visiter pour un si bon subject; qu'elle seroit tousjours très soigneuse d'embrasser les moyens qui se présenteroient pour le bien de l'estat et service du Roy, et, quant aux offres de la part du Roy de la Grande Bretagne, qu'elle l'en remercioit très humblement, et luy offroit aussy de sa part tout ce qu'elle pouvoit, sans offense du Roy son prince naturel.

CCXCIII.

Proc.-verb. man. des assemb. protestantes, t. IV, la Rochelle. Bibl. Mazarine.
Proc.-verb. Papiers Conrart, t. II. Bibl. de l'Arsenal.

Extrait du procès-verbal de la séance du 12 avril 1616 de l'assemblée de la Rochelle.

M. le duc de Sully, estant venu en l'assemblée, y a présenté lettres de monsieur le Prince, dessous insérées [1], et faict entendre que le subject de son voyage estoit pour veoir la compagnie de la part du dict Prince et autres princes et seigneurs d'une et d'autre religion qui l'assistent, et ce, pour sçavoir sa résolution sur les présentes occurrences, résolus les uns et les autres de suivre ce qui seroit arresté par la dicte assemblée, quoy que ce soit, et luy en son particulier, qui sera tousjours très disposé d'employer ses biens et sa vie pour cest effect. Que néantmoins il estimoit estre obligé de représenter à la dicte assemblée

---

[1] Dans la séance du 13, le duc de Sully avait renouvelé ses remontrances et demandé à la compagnie de donner son avis sur sa proposition, ajoutant qu'il croyait expédient d'accepter les conditions de la paix, en attendant une nouvelle occasion d'améliorer leurs affaires. Dans la séance du lendemain 14 avril, l'assemblée délibéra, commé le fait connaître l'extrait suivant. (Édit.)

l'estat de ce royaume, qui estoit tel qu'il y avoit en iceluy de grandes divisions; que plusieurs, se servant des présens troubles, travailloient à former en l'estat un tiers party qui produiroit de grands maux; qu'il ne se peut trouver un plus prompt remède qu'en la pacification des présens mouvemens, le seul moyen de garantir le Roy et l'estat de plusieurs inconvéniens; et pourtant qu'il estoit très nécessaire que l'assemblée prinst promptement sa résolution, d'autant que les moindres délayemens sont grandement préjudiciables et ostent les moyens d'y pourveoir à l'advenir; qu'il n'y avoit apparence pour ceste fois d'avoir plus favorable response sur nos cahiers, M. le Prince y ayant faict tout ce qu'il a peu, et se réservant, lorsqu'il sera près du Roy, à s'y employer plus utilement. Auxquelz propos a esté respondu par M. de Blet que l'assemblée avoit eu plusieurs tesmoignages de la bonne volonté de M. le Prince, qui l'obligeoient à son très humble service, et qu'elle le remercioit du soing qu'il avoit eu d'avoir envoyé vers elle le dict sieur duc de Sully; qu'elle le remercioit aussy de sa peine, offres et protestations, et l'asseuroit de son service, et qu'on luy fera sçavoir la résolution de l'assemblée après qu'on aura délibéré sur sa proposition.

CCXCIV.

Proc.-verb. man. des assemb. protestantes, t. IV. Bibl. Mazarine.
Papiers Conrart, in-folio, t. II. Bibl. de l'Arsenal.

Assemblée de la Rochelle. — Extrait du procès-verbal de la séance du 14 avril 1616.

L'assemblée, délibérant sur la proposition de M. le duc de Sully, envoyé vers elle par monsieur le Prince et autres princes, officiers de la couronne et seigneurs, tant d'une que d'autre religion, qui l'assistent, et encore sur ce qui luy a esté représenté par l'ambassadeur du Roy de la Grande Bretagne, venu vers elle du consentement de MM. les commissaires du Roy en la conférence, et encore par ses depputez en icelle; considérant qu'elle ne s'est jointe à monsieur le Prince qu'en ayant esté requise par luy pour le service du Roy et bien de l'estat, l'unique but de la dicte jonction, et sous ces conditions qu'il seroit supplié de rechercher toutes les voyes de paix avant que de nous jeter en l'extrémité des armes, ayant à ces mesmes fins aussy depputé vers Sa Majesté pour la supplier très humblement et très instamment de vouloir donner la paix à son peuple et d'entrer ès considérations nécessaires à cest effect; qu'aujourd'huy, par le jugement du dict sieur Prince et autres princes, officiers de la couronne et seigneurs susmentionnez, il se trouve estre nécessaire, pour le bien du service du Roy et de l'estat, et pour divertir plusieurs grands malheurs qui menacent le royaume, d'apaiser les troubles qui s'y font, moyen que l'assemblée a recogneu estre obligée d'embrasser avec autant d'affection qu'elle l'a tousjours désiré et procuré partout; sans s'arrester à ce que, par les responses faictes aux cahiers de ses demandes, ne se trouve le contentement espéré et nécessaire pour le bien des esglises; et en attendant qu'il plaise à Dieu inspirer Sa Majesté, par la recognoissance des services et de la fidélité de ses très humbles subjects faisant profession de la religion refformée, à leur accorder choses plus favorables, lesquelz n'auront jamais autre objet que son très-humble service, auquel et au bien de l'estat ils donneront tousjours très volontiers, comme ils ont faict en la présente occasion, leurs intérests,

A résolu de recebvoir et embrasser, en tant qu'en elle est, la paix qu'il plaist à Sa Majesté offrir à monsieur le Prince, suivant le traicté de la dicte conférence, asseurée que sa dicte Majesté ne trouvera point mauvais que ses dicts subjects se pourveoient vers elle par les formes ordinaires, pour obtenir, sur leurs très humbles supplications, les responses nécessaires à leur liberté et seureté.

Ont esté nommez, pour faire les instructions des depputez qui iront en la conférence, les sieurs de Rouvray, de Bertreville, Desbordes, Chauffepied, Bonnencontre et Moniald, ensemble pour faire les lettres à monsieur le Prince et aux grands de nostre religion.

Du 15 avril 1616.

CCXCV.

Man. Bibl. impér. Supplém. franç. 3193.

M. de Vic, du 15 avril, receue le 16 du dict mois 1616.

A M. de Sceaux.

Monsieur, l'absence de monseigneur le Prince et de six autres des principaux qui l'assistent a donné subject à M. de Thou et à moy d'aller veoir ceste belle et grande maison de Brissac[1], qui n'est pas véritablement moindre en effect qu'en réputation. N'estans venus de ce voyage que ceste après disnée, nous n'avons trouvé en ceste ville que M. de Bouillon, lequel est revenu de Thouars depuis deux jours, et MM. de Rohan et de Candalle, qui n'en ont bougé, non plus que MM^{mes} de Rohan et de Sully; car tous les autres princes, princesses ou ducs, sont à la campagne, qui çà qui là, et m'a l'on dict qu'ils ne doibvent estre de retour que le dix-septiesme ou dix-huictiesme du présent.

J'ay trouvé à mon retour vostre lettre du 11 avec la dépesche de MM. de Villeroy et de Pontchartrain, auxquelz je n'escris point, puisqu'ils nous asseurent se debvoir rendre en ceste ville dimanche prochain, qui me fait croire qu'ils seront acheminez avant que la présente vous puisse estre renduc. Et néantmoins j'ay estimé vous debvoir donner advis de l'absence de mon dict seigneur le Prince, et que M. de Soubize s'achemine à grandes journées vers Tonne-Charente, où il doit assembler tout ce qu'il pourra de cavalerie et infanterie, mesme les reistres, pour s'opposer, comme il dit, aux desseings de M. d'Espernon. C'est pourquoy je me réjouis de la dépesche que le Roy a faicte au dict seigneur sur ce subject. Nous avons communiqué à mon dict sieur de Bouillon la copie de la dicte dépesche, laquelle il eust désiré estre un peu plus précise, et portée par un

---

[1] Brissac était, comme Loudun, dans le Saumurois, mais à l'autre extrémité. Aujourd'hui, il fait partie du département de Maine-et-Loire, à quatre lieues sud-est d'Angers. (Édit.)

gentilhomme ou autre qu'un courrier qui l'eust peu animer, tant il craint que, n'y estant pas defféré comme il seroit besoing, il s'ensuive quelque désordre. Car, comme je vous ay jà escrit qu'on fait passer les troupes de M. de Vendosme deçà la rivière de Loire, pour esviter, comme l'on dict, les plainctes de la Bretagne, je prévoy aussy que c'est avec résolution de faire marcher tout ce qu'ils ont de gens de guerre contre le dict seigneur d'Espernon, s'il s'advance tant soit peu sur leurs logemens. Mon dict sieur de Bouillon nous a dict aussy avoir veu M. Vignier, qui luy a communiqué le subject de son voyage, duquel il dit qu'on se pouvoit bien passer, parce que l'instance qu'on fait pour le prisonnier luy est autant de conviction; et que, pour en esloigner le chastiment qu'on en vouloit faire sur les lieux, il avoit proposé et faict résouldre qu'il seroit mené icy soubs prétexte de l'y faire juger; mais qu'en effect c'estoit pour, en signant la paix, luy faire donner la liberté qu'il ne mériteroit point autrement, à leur dire. Les maladies croissent icy de jour à autre, au grand déplaisir de ceux qui sont contraincts d'y demeurer. Dieu nous en garantira, s'il luy plaist, comme je l'en supplie, ensemble vous donner, monsieur, en très parfaicte santé, très heureuse et très longue vie. Vostre bien humble et plus affectionné serviteur,

M. DE VIC.

De Loudun, ce quinziesme jour d'avril 1616, au soir.

Le pouvoir qui suit, dont la teneur s'explique suffisamment par l'état des choses, est fourni par le procès-verbal de la séance de l'assemblée de la Rochelle du 31 mai 1616. Il y est ajouté comme pièce nécessaire à l'appui de la délibération dudit jour, portant distribution des fonds accordés par le Roi, et ordre à tous les receveurs protestants des lieux habités par les réformés de venir rendre compte de leur gestion par-devant les commissaires désignés par l'assemblée pour chaque province.

CCXCVI.

Proc.-verb. man. des assemb. protestantes, t. IV, la Rochelle. Bibl. Mazarine.
Proc.-verb. Papiers Conrart, t. II. Bibl. de l'Arsenal.

Pouvoir donné par le prince de Condé à l'assemblée de la Rochelle.

Sur ce qui a esté représenté au conseil du Roy establij près la personne de monseigneur le Prince, où assistoient plusieurs princes, ducs, pairs, officiers de la couronne, seigneurs et gens de son conseil, de la part de l'assemblée générale de ceux de la religion, qu'ils auroient, pendant ces mouvemens, donné aux conseils des provinces des pouvoirs portant création d'offices nécessaires en icelles, comme aussy que plusieurs comptables auroient rendu et rendent par devant eux ou leurs depputez leurs comptes dont ils requièrent d'estre advouez et auctorisez; sur quoy mon dict seigneur, y voulant pourveoir selon qu'il est besoing, auroit, de l'advis des dicts princes, seigneurs et gens de son conseil, déclaré et déclare les pouvoirs donnez par la dicte assemblée, pendant ces mouvemens, pour la dicte création d'offices et les comptes rendus par devant eux, bons et valables, et, en tant que besoing est ou seroit, il a le tout approuvé et advoué, comme ayant esté faict pour le service du Roy, sous l'auctorité de mon dict seigneur; ordonne que les comptes qui n'ont encore esté exigez seront rendus par devant la dicte assemblée, ou ceux qu'elle commettra, les commettant et auctorisant pour cest effect, en tant que besoing est ou seroit.

Faict au conseil tenu à Loudun, le 16 avril 1616.

Signé HENRY DE BOURBON.

Et plus bas:
BONNET.
Au conseil; et scellé des armes du dict seigneur.

CCXCVII.

Man. Bibl. impér. Supplém. franç. 3193.

M. de Vic, du 16 avril, receue le 17 du dict mois 1616.

A M. de Sceaux.

Monsieur, l'absence de monseigneur le Prince a contrainct M. Vignier de passer plus outre qu'il n'avoit creu à son partement de Tours. Il vous dira le bon succès du voyage qu'il a faict, et je me contenteray de vous dire que, si l'on eust mené en ce lieu le prisonnier dont est question[1], comme il avoit esté proposé, je n'eusse manqué de vous en donner advis, et eussions cependant tasché de faire surseoir le jugement, encore que le subject ne le mérite, comme vous apprendrez par le dict sieur Vignier, sur un discours qu'il fit à mon dict seigneur le Prince arrivant en ceste ville, dont j'ay esté asseuré d'ailleurs et de quelques autres particularités, qui tesmoignent qu'il mérite plus tost chastiement que grace. Mais il sera d'autant plus obligé à la bonté du Roy, qui sçaura mieux considérer la confiance qu'il en peust prendre pour l'advenir.

Je vous escrivis hier nostre retour en ceste ville, où mon dict seigneur le Prince s'est rendu ce soir contre nostre espérance, estant parti ce matin de Brissac, qui est une trop grande journée pour un carrosse. Je croy que cela sera cause que tous les autres princes et seigneurs s'y rendront bientost. M. de Sully m'a mandé qu'il y seroit lundy, qui me fait désirer que MM. nos depputez y puissent arriver demain, comme j'en prie Dieu, ensemble qu'il vous conserve, monsieur, avec autant de santé et contentement que vous en désire vostre bien humble et plus affectionné serviteur,

M. DE VIC.

De Loudun, ce 16 avril 1616, à neuf heures du soir.

---

[1] Ce prisonnier est le sieur de Lestelle. (Voir la lettre du Roi, en date du 12 avril, plus haut, page 572.) (Édit.)

Je vous supplie, monsieur, me faire sçavoir des nouvelles de M. de Caumartin, puisque je n'ay point de ses lettres.

M. Vignier m'a rendu vostre lettre du 11 depuis une heure, à laquelle je ne vois pas que j'aye à faire autre response.

CCXCVIII.

Man. Bibl. Sainte-Geneviève et Mazarine.

Lettre de la Royne à Mme de la Trimouille, du 17 avril 1616.

Ma cousine, vous sçaurez de ce porteur que je l'ay volontiers entendu, et des depputez du Roy monsieur mon fils que nous avons vostre contentement et celuy de mon cousin le duc de Thouars en particulière recommandation, vous portant toute la bonne volonté que vous pouvez désirer, comme vous verrez par les effects en toute occasion, et particulièrement en ceste cy, en laquelle je m'asseure aussy que vous continuerez à faire paroistre ceux de vostre affection au bien et repos de ce royaume; et parce que je me remets à ce que les dicts depputez vous diront de la part de mon dict sieur et fils et de la mienne, je ne vous feray maintenant plus longue lettre que pour prier Dieu, etc.

CCXCIX.

Man. Bibl. Sainte-Geneviève et Mazarine.

Lettre du Roy à M. le Prince de Condé, du 18 avril 1616.

Mon cousin, j'ay esté bien ayse de veoir ma cousine la comtesse de Soissons, et, comme elle m'a faict entendre ce qui s'est passé à la conférence, elle vous asseurera aussy, outre ce que vous en dira le sieur de Courtenay, que j'ay volontiers entendu, que je ne doubte point de vostre bonne volonté, et suis content des tesmoignages que vous en rendez, me promettant que vous continuerez jusques à la perfection du bon œuvre qui est desjà bien advancé, et contribuerez tout ce qui deppend de vous pour le faire réussir promptement au bien et repos de mes subjects, à quoy je vous exhorte avec affection, affin que bientost je vous revoye auprès de moy, comme je le désire, et que vous le debvez souhaiter; priant Dieu, etc.

CCC.

Man. Bibl. Sainte-Geneviève et Mazarine.

Lettre du Roy à M. le Prince, du dict jour 18 avril 1616.

Mon cousin, je ne puis encore renvoyer par delà, comme je le pensois, mon cousin le mareschal de Brissac et le sieur de Villeroy, parce que celuy cy s'est trouvé [malade][1], mais non tant que je n'espère qu'il pourra partir demain. Cependant j'ay donné charge au sieur de Pontchartrain de s'acheminer devant, pour vous faire entendre la cause de ce retardement, et, comme je me promets qu'il ne sera que d'un jour, en attendant, commencer à travailler avec mes autres depputez qui sont demeurez sur le lieu, affin de ne perdre le temps qui est si cher à mon peuple, de qui les plainctes me font désirer que les troupes qui les ruynent soient au plus tost licenciées, comme vous sçaurez plus particulièrement du dict sieur de Pontchartrain, que je désire que vous croyiez en ce qu'il vous dira de ma part, et surtout en l'asseurance qu'il vous donnera de ma bonne volonté; priant Dieu, etc.

CCCI.

Man. Papiers Conrart, in-4°, t. XI. Bibl. de l'Arsenal.

Extraits du journal d'Arnaud d'Andilly.

18 avril. — Le Roy part de Tours et vient coucher à Amboise, à cause de la maladie qui estoit à Tours. . . . .
. . . .
19. — On dit que la Royne mère part et va coucher à Blois.

---

[1] Nous avons ajouté ici le mot *malade*, parce qu'il y a évidemment en cet endroit un mot passé dans les deux manuscrits. Ce mot est sans doute *indisposé* ou *malade*, comme on le voit par la lettre de MM. de Thou et de Vic au Roi, du 18 avril. (Édit.)

On laisse M. le chancelier, M. le président Jeannin et autres messieurs du conseil à Tours, pour traicter les affaires; et M. de Guise avoit sept des compagnies du régiment des gardes, qui entroient en garde devant son logis, comme estant lieutenant général des armées du Roy.

M. le Prince, fort malade à Loudun, d'une grande fièvre continue avec pourpre et grands redoublemens. Le Roy luy envoya M. Petit, médecin, et autres, avec plusieurs préservatifs; et envoyoit tous les jours des courriers sçavoir des nouvelles de sa santé. On dit que M. le Prince tesmoigna se sentir fort obligé à Leurs Majestez du grand soing qu'elles avoient de luy.

Mme la comtesse de Soissons, voyant la maladie de M. le Prince, et craignant que, s'il venoit à faillir, on se saisist de M. le comte, l'envoya se promener à Fontevrault, et de là à un chasteau fort nommé Brézé, près de Saumur.

CCCII.

Man. Bibl. impér. Supplém. franç. 3193.

MM. de Thou et de Vic, du 18 avril, receue à Tours le 20 du dict mois 1616.

Au Roy.

Sire, l'indisposition de M. de Villeroy, qui a retardé son retour par deçà jusques à présent, et le doubte auquel est monseigneur le Prince de sa prompte guérison, l'a occasionné, avec l'advis des princes et seigneurs qui sont près de luy, de nous mander ce matin, par M. le mareschal de Bouillon, qu'il s'estoit résolu d'envoyer un gentilhomme exprès à Vostre Majesté, pour luy tesmoigner le desplaisir qu'il a de la maladie du dict sieur de Villeroy, et qu'estant par ce moyen la conclusion de la paix retardée (à son grand regret), il la supplie très humblement prolonger la tresve jusques au dixiesme du prochain[1]. A quoy il s'asseure que Vostre Majesté sera d'autant plus disposée

---

[1] Cet objet avait été évidemment traité de vive voix par les députés présents à Tours, puisque la réponse ci-après du Roi est de la même date que cette lettre. (Édit.)

qu'elle veoit (la grace à Dieu) toutes choses résolues et accordées à son contentement, mesme du costé de la Rochelle, d'où il a entière certitude que Vostre Majesté en aura toute sorte d'obéissance. Le dict seigneur de Bouillon nous a dict aussy, par forme de discours, que mon dict seigneur le Prince estimeroit estre à propos qu'il pleust à Vostre Majesté envoyer à M. d'Espernon un homme de créance, pour licencier toutes les troupes qu'il a tant en Xaintonge, Angoulmois que Limousin, et qu'il y envoyeroit un autre de sa part, affin de faire, au mesme instant, licencier celles que M. de Soubize a assemblées ez environs de Tonne-Charente, et que, par ce moyen, vos subjects soient entièrement deschargez des mauvais traictemens qu'ils reçoibvent par tous les gens de guerre, et de la crainte d'en avoir cy après d'autres; sur toutes lesquelles propositions nous attendrons l'honneur de vos commandemens, Sire, et supplierons cependant le Créateur conserver Vostre Majesté et l'accroistre en toutes sortes de graces et bénédictions, selon le souhaict de vos très humbles, très obéissans et très obligez serviteurs et subjects,

J. A. DE THOU, M. DE VIC.

De Loudun, le 18 avril 1616, à midy.

CCCIII.

Man. Bibl. Sainte-Geneviève et Mazarine.

Lettre du Roy à MM. les depputez à Loudun, du 18 avril 1616.

Messieurs, voulant prévenir et retrancher toutes causes de difficultez et retardement à la résolution des affaires que vous traictez, j'ay jugé à propos de vous faire sçavoir (avant que m'esloigner, comme je suis prest de faire, jusques à Blois) ma volonté touchant la prolongation de la suspension d'armes, dont il a jà esté parlé à quelques uns d'entre vous. C'est pourquoy je vous déclare que je trouveray bon que vous la prolongiez encore de [1] ... jours, si vous voyez qu'il

---

[1] Ici une lacune se trouve dans les manuscrits, à l'endroit où devrait être écrit le nombre; sans doute le Roi laisse aux députés le droit de le fixer selon les besoins de la négociation. (Édit.)

en soit besoing et que l'effect que vous en espérez le mérite; et vous donne pouvoir de le faire en vertu de ceste lettre, désirant néantmoins que vous hastiez et advanciez la dicte résolution et le licenciement des gens de guerre le plus qu'il vous sera possible, comme vous sçavez qu'il est nécessaire; et, m'en remettant à vostre prudence, je prie Dieu, etc.

CCCIV.

Man. Bibl. Sainte-Geneviève et Mazarine.

Ordonnance au sieur de Réaux pour la décharge de la garde de la ville et chasteau de Chinon, baillée à M. de Villeroy le 19 avril 1616.

Le Roy ordonne au sieur de Réaux, lieutenant en l'une des quatre compagnies des gardes du corps et commis par Sa Majesté à la garde de la ville et chasteau de Chinon, jusques à ce qu'elle en ayt autrement disposé, de remettre la dicte ville et chasteau entre les mains de qui et quand il luy sera mandé par les depputez de Sa Majesté à la conférence qui se fait à Loudun pour la pacification des troubles de ce royaume, sans aucune remise ny retardement, voulant qu'il demeure valablement deschargé de la garde de la dicte place par ce qui luy en sera escrit par les dicts depputez. Et la présente ordonnance, qu'elle a pour ce signée de sa main, faicte à, etc.[1]

---

[1] Le château de Chinon fut remis au prince de Condé, qui le confia à la garde du comte de Rochefort, l'un de ses officiers. Il rentra dans les mains du Roi en octobre 1616, au commencement de la captivité du Prince, par suite d'un arrangement fait avec ledit Rochefort, où on lit cet article: « Sa dicte Majesté fera, s'il luy « plaist, payer le dict sieur de Rochefort « de douze mil escus qu'il luy a pleu de « luy donner par le traicté de Loudun, et « qui ont esté employez dans le compte de « l'espargne en comptant. » A la marge, on lit: « Accordé suivant le traicté de Lou- « dun. » Toute la pièce, contenant un certain nombre d'articles, est signée Louis, et plus bas Mangot. (Pap. Conrart, bibl. de l'Arsenal, in-4°, t. V, p. 1215.) (Édit.)

CCCV.

Man. Bibl. impér. Supplém. franç. 3193.

M. de Vic, du 18 avril, receue à Tours le 20 du dict mois 1616.

A M. de Sceaux.

Monsieur, j'ay receu ce matin les deux lettres qu'il vous a pleu m'escrire, des 16 et 17 du présent, que j'ay aussy tost communiquées à M. de Thou, auquel j'avois faict prendre résolution que nous irions l'après disnée au devant de MM. les depputez, pour les instruire, avant leur arrivée, de ce que nous avons appris important le service de Leurs Majestez. Nous avons grand desplaisir de la maladie de M. de Villeroy, tant pour son particulier que pour le retardement qu'elle cause à la conclusion de la paix tant désirée par tous les gens de bien, car la dilation d'un seul jour accroist grandement et les ruynes et le désespoir du pauvre peuple.

Le sieur Ce...my, qui a porté vos dictes lettres (avec quelques autres advis que nous ne sçavons point), a donné subject à monseigneur le Prince (quoiqu'il ayt eu la fiesvre ceste nuict) d'assembler tous les grands qui sont près de luy, où il a résolu de nous faire sçavoir par M. de Bouillon ce que vous apprendrez par la dépesche que nous faisons au Roy à sa prière, qui contient deux chefs : l'un pour la prolongation de la tresve jusques au dixiesme du prochain, qu'il croit estre sans difficulté, attendu que la conclusion de la paix dans le vingt-cinquiesme du présent n'est retardée par son défaut; l'autre concerne le licenciement des troupes de M. d'Espernon, à quoy je me deffie qu'ils s'arresteront grandement, pour estre asseurez, comme ils disent, qu'il fait estat de demeurer armé, soit paix, soit guerre; et m'a esté impossible de leur oster ceste créance, quoique j'estime leur avoir déduit plusieurs raisons au contraire.

Mon dict seigneur le Prince et tous les grands qui l'assistent prennent un grand ombrage, comme mon dict sieur de Bouillon nous a faict entendre, que, s'acheminant Leurs Majestez à Amboise et plus outre, comme ils le croient, M. de Guise demeure à Tours avec des forces, et disent que, si le conseil du Roy y demeure pour le bien de son service, les gens de guerre n'y sont aucunement nécessaires. Nous avons remonstré à mon dict sieur de Bouillon ce que nous [avons] estimé estre à propos pour leur oster les deffiances qu'ils prennent de toutes choses; mais, comme ils sont nourris en cela, il suffit, si je ne me trompe, de ne leur donner aucun subject de juste crainte que le Roy ayt à présent autre desseing que de conclure la paix, à quoy toute sorte de diligence est très nécessaire.

Ces messieurs sont très bien advertis de tout ce qui se passe en cour et qui a esté faict depuis peu de jours à Paris, où ils croient que les volontez du peuple sont portées à la faction par les artifices d'aucuns particuliers désireux de se venger s'ils peuvent. C'est pourquoy je me suis apperceu qu'on doubte si la cour sera si favorablement receue en la dicte ville avec la seule espérance de paix, qu'elle le sera avec l'asseurance et l'effect d'icelle, bien qu'on croie[1] que ceux qui y causent ces changemens ne la désirent pas véritablement. Encore que ces choses soient, possible, de peu de considération envers plusieurs, si ay-je estimé vous en debvoir advertir, du moins pour en estre instruit. Mon dict seigneur le Prince a eu desjà deux accès de fiesvre, et s'est néantmoins levé ce matin, après avoir esté saigné. J'ay appris qu'on fait estat d'envoyer querir un médecin à Poictiers, s'il survient quelque autre accès de fiesvre. Si M. de Pontchartrain n'est party, comme je veux croire, je vous supplie, monsieur, luy faire part de la présente et me croire tous deux vostre plus humble et très affectionné serviteur,

M. DE VIC.

De Loudun, ce 18 avril 1616, à midy.

M. de Sully est attendu d'heure à autre.

---

[1] Le manuscrit, à la suite du mot *croie*, porte à la marge *icy*, qui a été légèrement gratté depuis. (Édit.)

CCCVI.

Man. Bibl. impér. Supplém. franç. 3193.

M. de Vic, du 20 avril 1616, receue le 21.

A M. de Sceaux.

Monsieur, je receus hier au soir, à huict heures, la vostre du 19 de ce mois, dont je vous remercie très affectueusement, car nous estions en peine et de la santé et du partement de M. de Villeroy, duquel vostre diligence nous a esclaircy. Vous sçavez, monsieur, combien il importe en ces occasions de sçavoir ce qui est ou ce qui n'est point; c'est pourquoy je vous supplie, de toute mon affection, continuer à nous donner advis de jour à autre de ce qui se passera où vous estes, comme nous ferons de ce [qui] surviendra en ce lieu. Monseigneur le Prince a eu la fiesvre jusques à minuit, ce qu'il impute aux visites de plusieurs personnes qu'il eust hier, et nous aussy, pour le désir que nous avons de sa guérison. M. de Sully arriva hier de la Rochelle, qui m'a confirmé ce matin ce que vous aurez veu par sa lettre que je vous envoyay avant-hier[1]. J'y adjousterois plusieurs particularitez qu'il m'a dictes, n'estoit que ce porteur est prest de monter à cheval. Il me suffira de vous envoyer un mémoire[2] en forme de lettre, que j'ay receu ce jourd'huy par homme exprès de Fontenay (qui a esté retenu sur les chemins); il est escrit de la main d'un qui a de la créance dans le lieu d'où il nous escrit les nouvelles; c'est pourquoy je vous prie d'y adjouster foy, et vous garantir de l'importunité que fera l'assemblée, encore que celuy pour lequel elle veut parler soit mieux méritant que nul autre. Mais j'estime qu'il sera plus à propos, si l'on veut gratiffier celuy qui est dans la place, de le faire sans aucune recommandation de l'assemblée. Nous avons travaillé toute la matinée à veoir le project de l'édict qu'a rapporté

---

[1] Nous n'avons pas trouvé cette lettre. (Édit.)

[2] Voyez ci-après. (Édit.)

M. de Pontchartrain, qui arriva hier de bonne heure, et auquel ensemble à M. de Thou j'ay communiqué la vostre dernière. Dieu vous conserve, monsieur, selon le souhaict de vostre très affectionné serviteur,

M. DE VIC.

De Loudun, à la haste, ce mercredy vingtiesme jour d'avril 1616 à deux heures après midy.

M. du Noiset est arrivé depuis deux heures, comme on nous a dict.

Je vous supplie, monsieur, me mander si M. de Caumartin est arrivé à Tours.

M. de Pontchartrain vous escrit ce qu'il a appris de ceux auxquelz il a parlé.

CCCVII.

Man. Bibl. impér. Supplém. franç. 3193.

Receue le 20 avril 1616, à midy, pour envoyer à M. de Sceaux [1]; envoyée par M. de Vic avec sa lettre du 20 [2].

Lettre sans signature adressée à M. de Vic, de Fontenay, en haste, le 18 avril 1616.

Monsieur, estant en ceste ville pour quelques miens affaires, et ayant trouvé ceste commodité à propos, j'ay creu vous debvoir donner advis de ce qui est arrivé depuis mes dernières du 15 de ce mois, six heures du matin.

Vendredy dernier, sur l'advis du decez de M. de la Boulaye, M. de Loudrière, retiré pour lors en sa maison de Maroeil, pour l'affliction de la mort du dict de la Boulaye, son frère utérin, envoye vers l'assemblée à la Rochelle le sieur de la Valade, ministre de ceste ville, pour la supplier de vouloir bien s'employer et entremettre, pour leur

---

[1] Ceci est de l'écriture de M. de Vic. (Édit.)

[2] Ceci a été écrit à l'arrivée à Tours. (Édit.)

intérest, à ce que le gouvernement de ceste ville [1] demeurast au fils du dict sieur de la Boulaye, son nepveu, soubs la garde du sieur baron de Champdolent. Le dict sieur de la Valade ouy, et de ce adverty M. le duc de Sully, aussy tost il se transporta luy mesme en la dicte assemblée, la priant aussy de vouloir conserver le dict gouvernement au fils, mais sous la garde des sieurs d'Artiganauve et Sainct F..... le premier desquelz commande dans la ville, et l'autre au chasteau. Hautefontayne pour M. de Rohan fit la mesme requeste. Sur quoy les amis du dict sieur de Loudrière, ayant pris croyance que l'un et l'autre des dicts seigneurs, ducs de Sully et de Rohan, y avoient quelques desseings particuliers, firent proposer qu'il sembloit plus expédient d'en donner la charge au dict sieur de Loudrière. On met l'affaire en délibération, et, ayant opiné par testes, ils demeurent partys [2]. Le lendemain, qui fut hier matin, on opine derechef par provinces, où par la pluralité, et de beaucoup, des dictes provinces, quoique le dict seigneur de Sully y eust tout employé, fut arresté que le dict sieur de Loudrière, absent, seroit prié de prendre l'administration de la place, jusques à ce que autrement en ayt esté ordonné; suivant quoy le dict sieur de Loudrière s'est tout présentement emparé du chasteau qui commande à tout.

Il y a apparence de beaucoup de difficultez en ceste affaire. Néantmoins, pour beaucoup de considérations, l'intérest du service du Roy semble favoriser la cause du dict sieur de Loudrière; il est en la place, dans laquelle sans doubte il s'opiniastrera, tant à cause de l'élection de la dicte assemblée que particulièrement pour raison de ceux qui luy contestent, sçavoir les dicts seigneurs ducs de Sully et de Rohan, avec lesquelz il est fort mal. Il a l'acclamation et les bonnes volontez de tout le peuple de ceste ville, tant de l'une que de l'autre religion; il fera roidir l'assemblée qui l'a nommé, et qui semble obligée à le garantir, et le fera aisément, ayant la plus part

---

[1] La ville dont il est ici question est Fontenay-en-Poitou. (Édit.)

[2] Terme de barreau qui veut dire *partagés*. (Édit.)

des depputez en particulier, mesmement les plus puissans, à sa dévotion. Il y a plusieurs autres raisons; mais, entre autres, (pressé de finir) celle-cy, sçavoir qu'estant grandement considérable à cause de sa charge de séneschal de la Rochelle, à laquelle appartient l'élection du maire de la dicte ville, ceste gratiffication le pourra porter (à quoy il a desjà depuis peu faict cognoistre fort incliner) à mesnager à l'advenir en telles occasions le service de Sa Majesté, chose de grande conséquence, d'autant qu'y ayant en la dicte ville, depuis quelques années, deux partys opposez et contraires, sçavoir celuy des pacifiques et serviteurs du Roy et celuy des partisans de quelques grands, l'expérience a faict cognoistre que celuy des deux partys qui a le maire de son costé emporte tousjours le dessus sur l'autre; d'où vient que, le maire estant porté aux remuemens, toute la ville y penche et y est nécessairement emportée. Le contraire peut advenir tout de mesme par un maire pacifique. C'est, monsieur, vostre plus humble et plus obéissant serviteur.

A Fontenay, en haste, ce dix-huitiesme avril.

Les extraits suivants des procès-verbaux compléteront la dépêche ci-dessus.

CCCVIII.

Proc.-verb. man. des assemblées protestantes, t. IV, la Rochelle. Bibl. Mazarine. — Papiers Conrart, t. II. Bibl. de l'Arsenal.

Extraits des procès-verbaux de plusieurs séances de l'assemblée de la Rochelle, concernant le gouvernement de Fontenay-le-Comte.

Séance du 15 avril. — M. le duc de Sully, estant venu en l'assemblée, luy a faict entendre le decez de M. de la Boulaye, et l'a requise de faire pourveoir le fils du deffunt du gouvernement de Fontenay-le-Comte; qu'autrement il insisteroit pour son fils, le marquis de Rosny, en vertu d'un brevet qu'il a de la première place vacante, pour le récompenser de la citadelle de Mantes. Luy a esté faict responce que la compagnie y adviseroit.

Séance du 16 avril. — La compagnie, après avoir longtemps délibéré sur le subject du gouvernement de Fontenay, ayant remis à une autre fois, affin d'esviter aux inconvéniens qui cependant pourroient advenir, a depputé le sieur baron de la Cressonnière avec lettres vers M. le duc de Sully et M. de Loudrière estant à Fontenay, affin qu'il ne fust altéré aucune chose en la place, jusques à ce qu'autrement par elle en ayt esté ordonné.

Séance du 19 avril. — Sur l'advis du decez de M. de la Boulaye, en son vivant gouverneur de la ville et chasteau de Fontenay-le-Comte, et qu'il étoit expédient de pourveoir au dict gouvernement de la place, qui est l'une de celles qui ont esté données pour seureté aux esglises, la compagnie, ayant entendu M. le duc de Sully sur ce subject et les depputez de la province de Poictou, ouy aussy le sieur de la Vallade, pasteur du dict lieu, pour le sieur de Loudrière, et ayant rendu lettres de sa part, tous unanimement prians l'assemblée de vouloir conserver le gouvernement de la dicte place au fils du dict feu sieur de la Boulaye, a, suivant les articles de sa jonction avec monsieur le Prince, et sans tirer à conséquence, nommé pour gouverneur à la dicte place M. de la Boulaye, fils du dict deffunct, sous l'administration de M. de Loudrière, son oncle[1], et supplie monsieur le Prince de faire expédier au dict sieur de la Boulaye les provisions nécessaires, et au dict sieur de Loudrière la commission pour administrer le dict gouvernement durant le bas aage du dict sieur de la Boulaye.

CCCIX.

Proc.-verb. man. des assemblées protestantes, t. IV, la Rochelle. Bibl. Mazarine.
Pap. Conrart, t. II. Bibl. de l'Arsenal.

Extraits des procès-verbaux de plusieurs séances de l'assemblée de la Rochelle.

Séance du 16 avril 1616. — La compagnie a trouvé bon d'insister à

---

[1] Le journal d'Arnaud d'Andilly, milieu d'avril, en annonçant cette mort, ajoute : « Avec pouvoir à Mme de la Bou- laye de commander durant son bas aage. » (Édit.)

ce que les commissaires de la religion qu'on envoyera aux provinces soient au nombre de huict.

La compagnie, ayant advisé de nommer au Roy quatorze personnes d'entre lesquelles elle supplie Sa Majesté choisir les commissaires qu'elle envoyera pour examiner l'édict dans les provinces, a résolu de faire la dicte nomination indifféremment tant des depputez en la dicte assemblée que d'autres hors d'icelle; et y procédant, la pluralité des voix des provinces est tombée sur MM. le vidame de Chartres, de Montbarot, de Blainville, de Luzignan, de Rouvray, de Bertreville, de Bessay, de Venevelle, de Sainct-Privat, des Bordes, de Bonnencontre, conseiller en la chambre de Castres, de Vulson, conseiller au parlement de Grenoble, Lecoq et de Sainct-Marc, conseillers au parlement de Paris; laquelle nomination elle donne charge à ses depputez de présenter à MM. les commissaires de Sa Majesté, suivant la promesse qui a esté faicte par les dicts sieurs commissaires à ses depputez, et confirmée à l'assemblée par M. le duc de Sully.

Séance du 17 avril 1616. — A esté résolu de rejetter absolument la response faicte sur l'article du cahier parlant des termes de la religion prétendue refformée.

La compagnie a trouvé bon de mettre aux instructions la proposition de ceux du haut et du bas Languedoc, demandant une évocation de leurs causes au grand conseil ou ailleurs, affin d'esviter la mauvaise affection du parlement de Toulouse.

En exécution de la résolution prise par l'assemblée de recevoir la paix qu'elle a tousjours recherchée et désirée, elle a, pour adviser aux conditions d'icelle, en ce qui la concerne, ordonné que les sieurs de Rouvray, de Bertreville et des Bordes, cy devant employez en la conférence de Loudun, retourneront en la dicte conférence, pour, avec les sieurs de Champeaux et de la Nouaille, qui y sont de présent, et les sieurs Chauffepied, Huron, de la Milletière, Maniald et Desperandieu, qu'elle a de nouveau nommez pour le mesme effect, proposer en la dicte conférence ce qui est des intentions de la dicte assemblée, insister sur les dictes propositions, conclure, et, si besoing est, signer le traicté de paix, le tout suivant et conformément aux instructions dressées en icelle et mises ès mains des dicts depputez [1].

Séance du 18 avril 1616. — Sur l'advis donné à l'assemblée que M. de Montmorency, contre et au préjudice de la tresve, avoit entrepris sur la ville de Sainct-Aman dont il a esté repoussé, et qu'il tient la campagne et lève des hommes de toutes parts, la compagnie a trouvé bon d'en donner advis à M. le Prince, affin qu'il y pourveoie selon sa prudence.

La compagnie a jugé à propos d'escrire aux provinces pour les advertir de l'acheminement des affaires à la paix; mais de telle sorte toutesfois qu'elles prennent tousjours diligemment garde à leur conservation.

Séance du 20 avril 1616. — La compagnie a trouvé bon de supplier très humblement le Roy d'accorder aux esglises que MM. Tobie de Brassay et François Jolly, conseillers et secrétaires de Sa Majesté, et audienciers de la chancellerie de Bordeaux, qui font profession de la religion refformée, feront privativement, et par préférence aux autres secrétaires audienciers et controolleurs de la dicte chancellerie, résidence et service actuel, chascun pour six mois, pour la chambre de Nérac, pour y dépescher et signer les actes et expéditions de la chancellerie en la dicte chambre, attendu que le conseiller qui garde les sceaux de la dicte chancellerie est tousjours catholique romain, du corps du parlement; et vaccation advenant des offices des dicts de Brassay et Jolly par mort ou résignation, qu'il sera envoyé en la dicte chancellerie de Bordeaux qui face profession de la dicte religion refformée, pour dépescher et signer les expéditions de la dicte chancellerie de la dicte chambre de Guyenne, et qu'à cest effect les depputez généraux en soient chargez.

---

[1] Les députés ainsi désignés partirent pour Loudun le lendemain 18 avril 1616. (Édit.)

CCCX.

Proc.-verb. man. des assemblées protestantes, t. IV, la Rochelle. Bibl. Mazarine.
Papiers Conrart, t. II. Bibl. de l'Arsenal.

Lettre escrite par l'assemblée générale tenant à la Rochelle, à monseigneur le Prince, en avril 1616.

Monseigneur, nous vous avons une singulière obligation de la continuation des asseurances qu'il vous plaist nous donner tous les jours de vostre affection, et particulièrement de ce qu'il vous a pleu nous faire entendre par le sieur de la Haye, et depuis par M. le duc de Sully, qu'après avoir insisté de tout vostre pouvoir pour avoir entière satisfaction sur tout ce qui avoit esté trouvé à propos de requérir pour le général de l'estat et pour la seureté de nos esglises, et en avoir tiré les meilleures responses qu'il vous a esté possible, vous nous faisiez la faveur de vouloir entendre les résolutions que nous prendrions pour la conclusion ou la rupture du traicté, faveur qui nous oblige de plus en plus à vous rendre très humble service, et vous remercier très humblement d'avoir voulu suspendre vostre dernière résolution jusques à ce que vous eussiez entendu nostre advis sur une si grande et si importante délibération, laquelle bien que d'une part en la rupture nous chargeast d'une extresme envie, si nous nous portions à la continuation de la guerre, si est-ce qu'elle nous présentoit d'autre part l'honneur et la gloire de la conclusion de la paix, tant nécessaire et tant désirée de tous les bons François, et que nous avons tousjours affectionnée et pourchassée par dessus toutes choses. Vous pouvant asseurer avec vérité que, lorsque vous nous envoyastes convier de nous joindre à vos conseils et délibérations, encore que nous n'eussions que trop de subjects de nous plaindre du peu de contentement que nous avons de ceux qui avoient lors assiégé les oreilles de Leurs Majestez, si est-ce que nous eussions mieux aimé supporter avec patience toutes sortes d'incommoditez que de mettre les armes dans le royaume pour nostre seule considération, et en ce faisant estre cause des désordres, confusions et ravages que la licence des guerres civiles attraisne nécessairement après soy. Mais, ayant trouvé la guerre desjà embrasée au milieu de la France, et jugeant bien des justes occasions que vous aviez de vous plaindre de l'administration des affaires, de l'auctorité que vostre naissance et qualité vous donnoient de relever les intérests du public, et de l'assistance que vous aviez, en la poursuitte des mesmes desseings, des princes, ducs, pairs de France et principaux officiers de la couronne recogneus de tout temps très affectionnez au service du Roy et bien de l'estat, nous estimasmes estre obligez, par toutes sortes de debvoirs, de joindre nos désirs, nos conseils et nos résolutions avec les vostres, premièrement par très humbles supplications que nous envoyasmes faire, par trois diverses fois, à Sa Majesté, et puis par la jonction expresse que nous fismes avec vous et les dicts seigneurs, princes, pairs et officiers de la couronne, avec protestation que nous n'entendrions jamais nous départir en aucune sorte de la très humble subjection, fidélité et obéissance que nous debvions à Sa Majesté, ny de l'affection que nous avions à la paix et tranquillité publique, à laquelle nous vous suppliasmes rapporter vos conseils et vos armes.

Nous ne vous cellerons point, monseigneur, que nous nous estions proposé et avions très ardemment désiré de rapporter du traicté de paix des advantages plus signalez pour le général du royaume et celuy de nos esglises; mais, puisque vous, monseigneur, et les dicts princes et seigneurs joincts avec vous, qui y avez le principal intérest et la principalle vocation légitime, avez jugé que vous ne pouviez ny debviez, pour le présent, insister davantage sur ce qui regarde le commun et général de l'estat, espérant que, lorsque vous aurez repris auprès du Roy les places que vostre naissance et leurs dignitez vous ont acquises, vous pourrez avec plus d'auctorité et de facilité procurer le restablissement de toutes choses en leur entier, et obtention de tout ce qui est nécessaire pour le bien du royaume, qui ne se pourroit présentement obtenir sans continuer le malheur des armes, qui porteroient en un jour plus de ruyne au peuple, de diminution à l'auctorité royalle et de corruption aux esprits de toutes sortes de personnes, que la continuation de la guerre ne pourroit apporter de refformation, et que l'estat présent des affaires du royaume, qui nous a esté représenté tant par M. l'ambassadeur du sérénissime Roy de la Grande Bretagne que par mon dict sieur le duc de Sully et par nos depputez qui ont esté de nostre part en la conférence, ne peut souffrir aucun temporisement, ains nous oblige d'entrer promptement en une dernière résolution, nous avons arresté que ce qui regarde les intérests de nos esglises, quoique restreint par nous à fort peu de demandes et fondé en toute sorte de justice, ne nous devoit empescher de porter, avec toute nostre affection et une très entière franchise, nostre libre et volontaire consentement à la conclusion de la paix, dans la douceur de laquelle nous espérons trouver en nos provinces l'excuse légitime de ne leur rapporter ce qu'elles s'estoient promis de satisfaction et de justice, et nous promettons tant de la bonté de Sa Majesté, qu'ayant, par ceste dernière action, recogneu que tout ce que nous avons faict n'a esté que pour le bien de son service, elle prendra parfaicte confiance de nostre très humble affection et fidélité, pour nous traicter à l'advenir plus favorablement sur ce que le malheur du temps et les divisions apparentes ne luy ont permis de nous concéder présentement. A quoy nous nous asseurons aussy, monseigneur, qu'estant près de Sa Majesté, vous tiendrez la main et employerez vostre auctorité pour luy faire recognoistre que nostre conservation est totalement nécessaire pour son service, et ne se peut esbrescher sans esbranler le fondement du repos public, et qu'en nous maintenant dans la seureté et la justice de ses concessions, il nous trouvera tousjours prests à luy rendre toutes les preuves de très humbles et très fidèles subjects et serviteurs. Ce que nous vous supplions très humblement, monseigneur, de faire, et nous conserver à jamais l'affection de laquelle vous nous avez faict cest honneur de nous asseurer, et particulièrement de nous assister pour avoir, avant la conclusion du traicté, les seuretez nécessaires pour l'exécution de ce peu qui nous a esté présentement accordé, notamment en ce qui regarde la subsistance de l'assemblée en ceste ville, jusques à l'entière exécution des choses promises, laquelle comme nous estimons du tout nécessaire pour nostre conservation, aussy jugeons-nous qu'elle sera recogneue utile pour le service du Roy et le bien de l'estat. Nous vous supplions aussy très humblement, monseigneur, nous départir la continuation de vostre favorable assistance, pour essayer présentement de nous faire avoir, s'il se peut, de plus favorables responses sur quelques unes de nos demandes, ainsy que MM. de Rouvray, de Bertreville, des Bordes, de Champeaux, Chauffepied, Huron, la Milletière, Maniald, Desperandieu et de la Nouaille vous feront plus particulièrement entendre. Lesquelz nous vous supplions favoriser et croire en ce qu'ils vous représenteront de nostre part, et prendre entière asseurance que nous demeurerons à jamais, en général et en particulier, monseigneur, vos très humbles et très obéissans serviteurs...

A la Rochelle, ce 19 avril 1616[1].

CCCXI.

Man. Bibl. impér. Supplém. franç. 3193.

M. de Pontchartrain, du 20 avril 1616, receue le 21.

A M. de Sceaux.

Monsieur, je me rendis hier en ce lieu, où je trouvai monseigneur le Prince dans le lit, malade de fiesvre, de laquelle ce matin il se portoit un peu mieux, et de telle sorte qu'il n'y a aucun danger en sa maladie, mais quelque doubte qu'elle ne soit de durée. Il me tesmoigna désirer de conclure bientost ces affaires; mais cependant la prolongation de la suspension est nécessaire. Je luy ay dict que la

[1] Cette lettre a pour but de recommander au prince de Condé la mission des députés partis la veille pour se rendre auprès de lui. (Édit.)

Royne mère trouvoit bon qu'elle feust faicte, mais pour peu de temps, croyant que les articles seroient signez dans peu de jours; il me feit cognoistre qu'il le désiroit ainsy, et néantmoins estime nécessaire qu'elle soit continuée jusques au dixiesme du mois prochain, affin qu'il n'y faille plus retourner. Je croyois que vous nous deussiez envoyer aujourd'huy la lettre du Roy, nécessaire pour nous donner pouvoir sur ce subject; mais vous avez escrit à M. de Vic, et ne nous en avez rien envoyé. J'ay veu ce matin M. de Bouillon, avec lequel j'ay parlé du licenciement des troupes; il monstre y estre très bien disposé, et n'attend que de l'argent pour cest effect. Bien est vray qu'ils désirent que, pour le licenciement de celles du Roy, l'on commence par celles qui sont près, et soubs l'auctorité de monseigneur d'Espernon; mais, en effect, il est bien disposé de licencier quand l'argent sera icy; il est d'advis que l'on envoye icy le sieur de la Court dont l'on a parlé, pour la conduicte de leurs estrangers, lequel ils accompagneront d'un de leur part; il est d'advis aussy que l'on envoye deux commissaires des guerres, et deux ou trois commis des vivres, pour envoyer avec les troupes estrangères que l'on licenciera, lesquelles l'on accompagnera icy d'autres de la même qualité, pour aller devant faire dresser des estapes et mettre le taux aux vivres, affin qu'ils en puissent trouver à leur retour, en payant raisonnablement; il désire aussy que l'on envoye icy M. Fougère, frère de M. d'Escures, avec sa carte et les intentions de Leurs Majestez, pour adviser du chemin que les uns et les autres auront à prendre. En effect, il dit qu'il ne tiendra qu'à nous que cela s'effectue dans deux ou trois jours, et qu'il ira luy mesme dans leurs quartiers pour les licencier et les faire partir; il n'est empesché que de leurs malades, qu'il ne sçait comment les faire emporter; mais il dit qu'il y pourveoira. Vous parlerez, s'il vous plaist, avec M. le président Janin, de tout cecy, affin qu'il voye ce que nous avons à faire. Je n'escris point à M. de Villeroy, parce que l'on nous affirme qu'il est party pour revenir. M. de Sully arriva hier au soir avec toute bonne résolution de la Rochelle, et les depputez en doibvent arriver aujourd'huy.

Adieu, je vous baise très humblement les mains, et demeure, monsieur, vostre très humble et affectionné serviteur,

P. PHÉLIPEAUX.

A Loudun, ce 20 avril 1616, à deux heures après midy.

M. de Vic vous envoye des nouvelles de la Rochelle qu'il a eues[1].

CCCXII.

Man. Bibl. impér. Supplém. franç. 3193.

M. de Villeroy, du 20 avril 1616, receue le 22 au matin.

A M. de Sceaux.

Monsieur, M. de la Varenne a si bien faict, que M. de Balon doibt demain au matin délivrer ce chasteau[2] au sieur des Réaux; mais, comme la place est de grande garde, et qu'il n'a amené avec luy que vingt de ses compagnons, qui ne sont armez que de pistolets, il craint, s'il doibt la garder quelques jours, qu'il n'ayt de quoy y satisfaire, quelque soing et vigilance qu'il y contribue. J'ay prié le dict sieur de Balon de luy prester, par inventaire, vingt à trente mousquets ou harquebuses. Il m'a promis de le faire, et ay permis au dict des Réaux de retenir cinq ou six Suisses qu'il a trouvez au dict chasteau soudoyez par le dict Balon, affin d'en estre fortifié et assisté, en attendant qu'il livre la place à monseigneur le Prince, ou à celuy qu'il commettra. Mais, pour faire cela, il est besoin de pourveoir au payement des Suisses, suivant la solde qu'il leur a accordée, comme aux archers qu'il a amenez icy, qui, pour estre à cheval, feront de la despense, de laquelle l'on pouvoit se descharger, si l'on eust envoyé icy vingt ou vingt-cinq soldats des compagnies de gardes à pied, ou des Suisses que le Roy paye. Vous en ferez comme vous jugerez estre pour le mieux; mais d'autant que nous ne sçavons pas

---

[1] Ci-dessus. (Édit.) — [2] Voir, pour les faits, plusieurs dépêches ci-dessus. (Édit.)

certainement quand il faudra consigner la place à mon dict seigneur (ce ne pourra estre qu'après nos articles signez), il faudra que le dict des Réaux soit assisté d'argent et de gens pour la bien conserver, affin qu'il n'en mésadvienne, cependant qu'il en sera dépositaire; à quoy il vous plaira doncques de faire pourveoir. Nous avons appris icy, par un gentilhomme, que M. de Nevers avoit envoyé à Loudun, que la maladie de monseigneur le Prince est fort diminuée, de quoy je loue Dieu, lequel je prie vous conserver, monsieur, en parfaicte santé.

De Chinon, le 20ᵉ d'avril au soir.

Vostre très affectionné serviteur et cousin,
DE NEUFVILLE.

CCCXIII.

Man. Bibl. impér. Supplém. franç. 3193.

MM. les depputez de Loudun, du 21 avril 1616, receue le 22.

Au Roy.

Sire, MM. de Brissac et de Villeroy se sont rendus aujourd'huy en ceste ville, où, incontinent après leur arrivée, nous sommes allez tous ensemble visiter monseigneur le prince de Condé, lequel se trouve tousjours indisposé de sa fiesvre, dont il a eu aujourd'huy (qui est son sixiesme jour) quelque redoublement, après avoir esté saigné pour la seconde fois. Néantmoins, les médecins ne voyent aucun mauvais accident en sa maladie, et au contraire ils y recognoissent toute apparence d'une briesve guérison, et ce que nous y craignons de plus est que cela ne prolonge encore de quelques jours la conclusion de nos affaires et la signature de nos articles. Nous ne délaisserons pas pourtant de travailler continuellement à dresser l'édict, et à veoir les moyens qu'il faudra tenir pour le licenciement des troupes; à quoy nous recognoissons tous ces messieurs icy bien disposez, et espérons que, quand l'argent sera arrivé, nous le ferons employer bien tost après à cest effet. Il sera bien à propos aussi que

Vostre Majesté nous envoye, s'il luy plaist, icy le sieur Fougère, frère de M. Descures, avec sa carte, pour résouldre sur icelle les chemins que auront à tenir les troupes qui seront licenciées. Demain nous nous devons assembler pour veoir ce qui sera à faire pour signer promptement nos dicts articles, ou s'il restera encore quelque difficulté à résouldre. Et après cela nous pourrons mander à Vostre Majesté quel temps se pourra encore passer, attendant la conclusion de ceste affaire. Cependant nous avons esté obligez de consentir et accorder encore la prolongation de la suspension d'armes jusques au cinquiesme de may prochain inclusivement. Nous nous promettons que ce sera la dernière prolongation, et supplions très humblement Vostre Majesté la vouloir agréer, et de commander que les dépesches en soient promptement envoyées par toutes les provinces de son royaume, affin qu'il n'y ait manquement à l'observation d'icelle. Sur ce, nous prions Dieu, Sire, donner à Vostre Majesté, en parfaicte santé, très longue et très heureuse vie.

De Loudun, ce 21 avril 1616.

Sire, nous estant informez ce matin de la disposition de monseigneur le Prince, l'on nous a mandé que sa fiesvre continuoit tousjours, et avoit eu quelque redoublement. Ce matin il a du repos, et les médecins continuent tousjours en la bonne opinion qu'ils ont de sa prompte guérison [1].

Vos très humbles, très obéissans, très fidèles subjects et serviteurs,

BRISSAC, DE NEUFVILLE, J. A. DE THOU, M. DE VIC, P. PHÉLIPEAUX.

CCCXIV.

Man. Bibl. impér. Fonds Dupuy, n° 450. — Man. Bibl. impér. Supplém. franç. 3193.

M. de Villeroy, du 21 avril 1616.

A M. de Sceaux.

Monsieur, nous avons trouvé monseigneur le Prince moins mal,

[1] Cette addition est de la main de Pontchartrain. (Édit.)

Dieu mercy, qu'il n'avoit esté depuis sa maladie; toutesfois toujours avec la fiesvre, de laquelle je crains qu'il ne se defface si tost que le royaume en a besoin, pour profiter en cest ouvrage; car sans luy je préveois que tout cheminera bien lentement. Nous avons continué la tresve jusques au cinq de may, dedans lequel temps l'on nous promet que les articles de la paix seront signez et les gens de guerre licenciez; ce que nous solliciterons de tout nostre pouvoir. Monseigneur le Prince a révocqué M. de Soubize et les gens de guerre qu'il avoit menez en Xaintonge, de sorte qu'il n'y aura point de guerre de ce costé là, si les serviteurs du Roy la veulent esviter, de quoy nous avons donné advis à mon dict sieur d'Espernon, vers lequel ces messieurs qui sont où vous estes pouvoient bien faire dépescher M. de Vignier, sans luy donner la peine de venir à nous y prendre son instruction. Mais c'est la coustume de ce temps que de rejeter sur son voisin le blasme d'une dépesche que l'on croit ne debvoir estre agréable; de quoy se soucient bien peu les bien intentionnés et gens de bien. Je remets le surplus à M. de Pontchartrain pour accuser la reception de vostre lettre du 20, et prie Dieu, monsieur, qu'il vous conserve en santé.

De Loudun, le 21e d'avril au soir 1616.

Vostre très affectionné serviteur et cousin,
DE NEUFVILLE.

CCCXV.

Man. Bibl. impér. Supplém. franç. 3193.

Prolongation de la surséance d'armes.

Les depputez envoyez par le Roy en la conférence de Loudun, sur l'instance faicte par monseigneur le prince de Condé pour la prolongation de la surséance d'armes, affin de donner loisir de signer les articles accordez pour la pacification des troubles, et de pouvoir licencier tous les gens de guerre qui sont de part et d'autre à la campagne, ont, soubs le bon plaisir de Sa Majesté, accordé et convenu que la dicte suspension d'armes et d : tous actes militaires, par tout le royaume, pays et terres de l'obéissance de Sa Majesté, sera prolongée et continuée jusques au cinquieme jour du mois de may prochain, pour estre observée aux mesmes conditions portées par les précédens actes de la dicte suspension d'a mes.

Faict à Loudun, ce 21e jour d'avril 1616.

' HENRY DE BOURBON.

BRISSAC, DE NEUFVILLE, J. A. DE THOU, M. DE VIC, P. PHÉLIPEAUX.

CCCXVI.

Man. Bibl. imp. Supplém. franç. 3193.

M. de Pontchartrain, du 22 avril 1616, receue le mesme jour.

A M. de Sceaux.

Monsieur, je receus hier au soir la lettre qu'il vous a pleu m'escrire. Je crois que, bien tost après qu'elle fut partie de vos mains, vous en aurez receu une des miennes. Mais je ne sçay pas quelles nouvelles M. le chancelier et vous espériez que je vous feisse sçavoir par mon arrivée, veu que moi seul je n'avois charge de traicter aucune chose, et tout ce que je vous pouvois dire estoit d'avoir veu et salué une partie de ces messieurs, que je voy tous assez bien disposez pour achever ce qui a esté commencé, mais tous avec intention d'avoir leur compte particulier, et faisant cognoistre que sans cela les affaires ne peuvent bien aller. Vous vous souviendrez, s'il vous plaist, que, lorsque vous me disiez que, dans deux ou trois jours après que nous serions arrivez, tout pouvoit estre signé et arresté, et que je vous répondis qu'il pouvoit encore arriver tant d'accidens et de difficultez non prévus, que je craignois bien que les jours ne tournassent aux semaines, voilà la maladie de monseigneur le Prince qui nous est un de ces accidens non prévus. Ce que nous pourrons faire pendant ce mal est de disposer les autres affaires, en sorte que, s'il est possible, il n'y ayt plus de difficultez;

mais je y en crains encore. Nous avons esté contraincts de prolonger la suspension d'armes jusques au cinquiesme du mois prochain; ils la vouloient au dixiesme, et ont faict très grande instance; mais nous sommes demeurez fermes. Mandez nous, au nom du Roy, que vous agréez ce que nous avons faict. Je vous baise très humblement les mains, et demeure tousjours, monsieur, vostre très affectionné serviteur,

P. PHÉLIPEAUX.

A Loudun, ce 22 avril 1616.

CCCXVII.

Man. Bibl. impér. Supplém. franç. 3193.

M. de Pontchartrain, du 22 avril 1616, receue le mesme jour.

A M. de Sceaux.

Monsieur, outre ce que je vous ay escrit par mon autre lettre, ces messieurs ont désiré que je vous feisse ce mot, pour vous prier de prendre l'advis de MM. le chancelier et président Janin sur un incident qui peut arriver lors de la signature de nos articles : c'est que sans doubte Mme la comtesse de Soissons et M. de Nevers, ayant tousjours assisté à ceste conférence, par le commandement de Leurs Majestez, désireront signer les dicts articles comme présens, à quoy nous ne voyons pas grande difficulté. Mais nous doubtons que, ensuitte de cela, Mme la princesse de Condé, qui a aussy tousjours esté icy, et possible M. le comte de Soissons, ne veuillent aussy signer les dicts articles comme présens. Nous désirons sçavoir si on le trouvera bon, ou si on estimera à propos que nous y résistions. Cela n'est pas un fait de conséquence ; mais néantmoins nous n'en voudrions estre blasmez [1]. C'est pourquoy vous ferez plaisir à nous tous de nous mander sur ce l'advis de mon dict sieur le chancelier et de mon

---

[1] On peut voir à la fin du récit de Pontchartrain, à l'occasion des prétentions de l'ambassadeur d'Angleterre, que cette question d'étiquette eut infiniment plus de conséquence qu'on ne l'auroit prévu. (Édit.)

dict sieur le président Janin: Je voudrois que nous feussions desjà en ceste peine. Ce sera quand il plaira à Dieu. Ce pendant je demeure tousjours, monsieur, vostre très humble et affectionné serviteur,

P. PHÉLIPEAUX.

A Loudun, ce 22 avril 1616.

Monsieur, nous craignons que l'on n'oublie à la cour d'envoyer icy quelque gentilhomme pour visiter monseigneur le Prince de la part de Leurs Majestez; faictes en, s'il vous plaist, souvenir.

CCCXVIII.

Man. Bibl. Sainte-Geneviève et Mazarine.

Lettre du Roy à MM. les depputez à Loudun, du 22 avril 1616.

Messieurs, je trouve bon que vous ayez prolongé la surséance d'armes jusques au cinquiesme du mois prochain, comme vous me le mandez par vostre lettre du vingt et uniesme du présent, et que je le vois par l'acte que vous m'avez envoyé, et feray faire et tenir promptement par toutes les provinces de mon royaume les depesches nécessaires pour la faire observer encore ce temps là. Mais il est nécessaire qu'avant qu'il soit passé vous mettiez fin à toutes les affaires qui vous restent, et faciez en sorte que mon peuple puisse estre déchargé des gens de guerre. Pour à quoy servir, je vous envoye les sieurs de la Cour et Fougère avec les cartes, et leur ai donné charge de faire ce que vous leur ordonnerez. Cependant je désire que vous me faciez sçavoir tous les jours ce que vous advancerez, affin que sur cela je règle le séjour que j'aurai à faire en ce lieu, et aussy comment se portera mon cousin le prince de Condé, en attendant que j'envoye quelqu'un exprès, comme je feray au premier jour, pour le visiter de ma part et me rapporter de ses nouvelles; car j'en suis en peine, priant Dieu luy redonner la santé, et vous avoir, etc.

CCCXIX.

Man. Bibl. Sainte-Geneviève et Mazarine.

Lettre du Roy à M. de Réaux, du 23 avril 1616.

Monsieur de Réaux, ayant esté adverty que le nombre de soldats que vous aurez dans mon chasteau de Chinon n'est pas suffisant pour le bien garder, je trouve bon qu'en attendant que j'y donne autre ordre, comme je feray si je vois que vous ayez à y demeurer long-temps, vous preniez tel nombre des habitans que vous jugerez nécessaire, et qu'ils vous pourront fournir journellement pour vous y ayder; à quoy je m'asseure qu'ils ne manqueront, suivant leur affection à mon service et le commandement que je leur ay faict, lorsque je vous ay envoyé sur le lieu, de se conformer à ce que vous leur ordonnerez de ma part; mais, s'ils en faisoient quelque difficulté, vous pourrez, pour les rendre capables de ma volonté, leur montrer ceste lettre, laquelle n'estant que pour ce subject, je ne la feray plus longue que pour prier Dieu, etc.

CCCXX.

Man. Bibl. Sainte Geneviève et Mazarine.

Lettre du Roy à M. de Réaux, du dict jour [23] et mois [avril] 1616.

Monsieur de Réaux, désirant que vous ayez le nombre d'hommes nécessaires pour bien garder et conserver mon chasteau de Chinon, j'ay commandé à mes depputez qui sont à Loudun de vous ordonner ce dont ils estimeront que vous aurez besoing pour cest effect. C'est pourquoy je veux que vous vous conformiez à ce qu'ils vous en manderont, et mesme renvoyer les soldats de mes gardes, dont la dépense est grande, parce qu'ils sont à cheval, et en preniez ou receviez d'autres à pied, s'ils le jugent à propos, et au nombre qu'ils vous prescriront; ce que m'asseurant que vous ne manquerez d'effectuer, quand vous sçaurez ma volonté, je vous escris ceste lettre pour vous en advertir, et, comme elle n'est que pour ce subject, je ne la feray plus longue que pour prier Dieu, etc.

CCCXXI.

Man. Bibl. Sainte-Geneviève et Mazarine.

Lettre du capitaine Cadet à M. d'Espernon [1].

Monseigneur, ayant eu commandement de mon dict seigneur le Prince de me rendre au rendez-vous de son armée, pour là, avec nos compagnons, prendre congé de luy; n'y pouvant obéir, partant d'icy, sans passer par vos gouvernemens, j'ay jugé vous debvoir supplier, comme je fais très humblement, me vouloir donner passage par iceux, par où il vous plaira, pour me retirer en Poictou à nostre rendez-vous; ce qu'attendant de vous, je demeureray, monseigneur, vostre très humble serviteur,

CADET.

CCCXXII.

Man. Bibl. impér. Fonds Dupuy, n° 450.

Response de M. d'Espernon à la lettre du capitaine Cadet, du 24 avril 1616.

Capitaine Cadet, j'ay veu, par la lettre que vous m'avez escrite, le commandement que vous avez de monsieur le Prince de conduire vostre troupe au rendez-vous qu'il vous a donné, et la demande que vous me faites de vostre passage en mon gouvernement, où je vous assisteray en tant que le service du Roy me le permettra. Et à cest effect je vous envoyeray dès demain un gentilhomme d'honneur, de qualité, et bon serviteur de Sa Majesté, qui vous conduira hors des limites de mon dict gouvernement, dans lequel vivant bien,

---

[1] Cette lettre, dont nous n'avons que la copie, est sans date. Nous l'avons classée avec la réponse, qui autorise à croire qu'elle est du 23. (Édit.)

comme je l'espère, vous aurez tout subject de me croire, capitaine Cadet, etc.[1].

A Xaintes, ce 24 avril 1616.

CCCXXIII.

Man. Bibl. impér. Fonds Dupuy, n° 450. — Supplém. franç. 3193.

MM. les depputez de Loudun, du 23 avril, receue le 25 du dict mois 1616.

Au Roy.

Sire, nous escrivismes il y a deux jours à Vostre Majesté l'estat auquel estoient les affaires de deçà, comme aussy ce que nous recognoissions de la santé de monseigneur le Prince. Maintenant nous dirons à Vostre Majesté que mon dict seigneur le Prince est tousjours en assez mauvais estat, et tel que nous ne sommes pas sans crainte de l'événement de sa maladie, encore que les médecins nous en donnent tousjours bonne espérance. Mais la fiesvre ne le quitte point, et n'a point eu de crise parfaicte, bien a il eu un flux de ventre qui l'affoiblit grandement; et aucuns ont eu opinion qu'il avoit quelque apparence de pourpre. Dieu le conservera, s'il luy plaist, pour le bien de la France et le service de Vostre Majesté. Cependant ceste maladie retarde grandement la conclusion de nos affaires, et donne plus de moyens à ceux qui n'y trouvent pas leur contentement d'y donner quelques traverses. Nous ne délaissons pas néantmoins de travailler tousjours. Hier nous nous assemblasmes pour revoir tous les articles qui ont esté respondus, tant ceux qui sont généraux que

---

[1] Le fait suivant montre avec quelle sévérité le duc d'Épernon maintenait l'autorité du Roi dans ses gouvernements, et explique pourquoi on ne négligeait point de prendre avec lui les précautions desquelles ne pense pas pouvoir se dispenser le capitaine Cadet dans sa lettre ci-dessus transcrite :

« 2 avril. — M. d'Espernon, estant en « Limosin, fit charger quatre vingts cui-« rassiers, qui conduisoient l'attirail de « deux canons que M. de Bouillon vouloit « mettre à Turenne. Il y en eut trente de « tuez. Depuis, il fit pendre, à deux fois, « quatorze soldats qui levoient la taille et « n'avoient point de commission expresse « de M. le Prince. » (Journal d'Arnaud d'Andilly.) (Édit.)

Conférence de Loudun.

ceux qui concernent vos subjects de la religion prétendue refformée, affin de commencer à projeter la forme de l'édict et de ce qui sera à signer entre nous, pour mettre vostre royaume en paix. Il se trouva parmi nous, en nostre conférence, des depputez nouvellement venus de la Rochelle, lesquelz nous proposèrent encore plusieurs demandes et instances de la part de leur assemblée, que nous rejetasmes entièrement. Entre les dictes demandes, il y en avait une, qu'il leur fust permis de tenir leur assemblée sur pied, et la faire subsister, ou pour le moins un abrégé d'icelle, jusques à ce que les inexécutions et contraventions qui estoient à réparer sur leurs édicts et les choses qui leur estoient accordées sur leurs articles feussent effectuées; sur laquelle les dicts depputez nous déclarèrent hautement qu'ils avoient charge d'insister, et que, à faute de leur estre accordée, il leur estoit ordonné de se retirer sans passer outre à aucunes autres affaires, nous priant de leur faire sçavoir ce qu'ils en debvroient attendre. Sur quoy nous estant retirez à part, et ayant considéré combien ceste subsistance d'assemblée seroit préjudiciable à l'auctorité et service de Vostre Majesté, et aussy que nous n'avions sur ce aucun commandement d'elle, nous résolusmes de leur déclarer absolument que c'estoit chose que nous ne leur pouvions en sorte quelconque accorder, et qu'ils feissent ce qu'ils voudroient; et ainsy nous nous séparasmes, sans en vouloir pour lors faire paroistre le mécontentement que nous avions de ceste procédure [1], pour ne donner déplaisir et fascherie à mon dict seigneur le Prince, lequel s'en fust esmeu pour la grande affection qu'il a de veoir la paix résolue, estimant aussy qu'il seroit bon de les laisser songer la nuict sur ce qu'ils avoient à faire; et de faict, ce jourd'huy, nous avons appris qu'ils ont changé de langage, s'estant contentez d'escrire nostre response par un courrier exprès à la Rochelle, sans nous en rien faire sçavoir; et nous estant rassemblez, nous avons trouvé les esprits un peu esmeus sur ce subject, mais pourtant les uns et les autres résolus de continuer à advancer la conclusion de nos affaires; et de faict, nous

[1] On dirait aujourd'hui *de ce procédé.* (Édit.)

nous sommes séparez en deux classes, en l'une desquelles nous avons travaillé avec MM. de Mayenne, de Sully, de Bouillon et de Courtenay, en présence de Mme la comtesse de Soissons, aux formes et moyens que l'on tiendroit pour le licenciement des gens de guerre de tous costez, où a esté dressé un project duquel nous envoyons copie à Vostre Majesté, affin qu'elle nous face sur iceluy sçavoir son intention. En l'autre classe nous avons travaillé, avec plusieurs qu'ils ont depputez, à veoir un project que nous avons dressé de l'édict de pacification, ce qui est grandement advancé, et n'estoit la maladie de mon dict seigneur le Prince, nous espérerions d'en veoir bientost l'issue. Mais ceste mauvaise rencontre nous trouble et retarde; à quoy ayde aussy le peu de satisfaction qu'aucuns craignent de recebvoir sur ce qu'ils ont espéré pour leurs intérests particuliers. Nous avons prié ma dicte dame la comtesse de prendre soing, avec quelque auctorité, de la conduite de ces affaires, et de tenir pour cest effect chascun en debvoir pendant la maladie de mon dict seigneur le Prince, du succès de laquelle nous donnerons soigneusement advis à Vostre Majesté, à laquelle cependant nous prions Dieu, Sire, donner, en parfaicte santé, très longue et très heureuse vie.

De Loudun, ce 23 avril 1616, au soir.

Sire[1], nous adjousterons icy que monseigneur le Prince a eu ceste nuict beaucoup meilleure qu'il n'avoit eu les précédentes; il a dormy cinq heures, et sa fiesvre s'est grandement diminuée, tellement que l'on en espère bien. Nous pensions envoyer à Vostre Majesté le project que nous avions faict pour le licenciement des troupes; mais il s'y est encore trouvé tant de choses qui n'avoient pas esté bien considérées, que l'on a résolu de s'assembler encore pour le revoir auparavant que l'envoyer, ce que nous ferons avec nostre première dépesche. Du 24 avril au matin.

Vos très humbles, très obéissans, très fidèles subjects et serviteurs,

BRISSAC, DE NEUFVILLE, J. A. DE THOU, M. DE VIC, P. PHÉLIPEAUX.

---

[1] Ceci est ajouté de la main de Pontchartrain. La lettre ne partit que le 24. (Édit.)

CCCXXIV.

Man. Bibl. impér. Supplém. franç. 3193.
M. de Pontchartrain, du 24 avril, receue le 25 du dict mois 1616.
A M. de Sceaux.

Monsieur, la lettre qu'il vous a pleu m'escrire du 22 me fut rendue hier au soir par M. Fougère avec celle du Roy, en confirmation de la prolongation que nous avons faicte de la suspension d'armes. Nous avons plus désiré avoir la dicte lettre pour nostre décharge que pour la faire veoir, tellement qu'il ne faut pas que vous vous mettiez en peine pour la date. Vous apprendrez, par la lettre que nous escrivons au Roy, l'estat de nos affaires. Il n'est point besoing de nous recommander de haster nos affaires; nous avons cela assez à cœur, et vous asseure que nous recebvons icy bien peu de contentement. Représentez-vous qu'il y a cinq cent trente trois malades de compte faict. Vous nous mandez que M. le président de Chevry vient; nous l'attendons en bonne dévotion; mais je crains que, s'il n'a guère d'argent, il n'advance guère; car nous avons affaire à des gens qui sont deffians comme huguenots. Ils se disposent bien de licencier leurs reistres, mais ils prétendent qu'en mesme temps on leur baillera aussy de quoy licencier leurs autres troupes, et qu'ils verront pareillement licencier celles du Roy dont ils peuvent prendre ombrage. La maladie de monseigneur le Prince nous défavorise grandement; faites en sorte, au nom de Dieu, que le Roy et la Royne envoyent quelques gentilshommes qualifiez pour le visiter de leur part; cela est grandement considéré icy. Il n'y avoit nulle apparence que M. de Vignolles feist cest office, veu qu'on sçavoit bien qu'il n'avoit pas veu Leurs Majestez depuis M. Vignier, et aussy qu'il ne venoit pas pour cela, et qu'il alloit plus outre; tellement que cela eust esté ridicule. Je vous baise très humblement les mains et demeure, monsieur, vostre très humble et affectionné serviteur,

P. PHÉLIPEAUX.

A Loudun, ce 24 avril 1616.

CCCXXV.

Man. Bibl. impér. Supplém. franç. 3193.

M. de Villeroy, du 24 avril, receue le 25 du dict mois 1616.

A M. de Sceaux.

Monsieur, monseigneur le Prince a eu la nuict dernière meilleure que les précédentes, de façon que nous espérons que Dieu le nous conservera au besoing qu'en a le service de Leurs Majestez et le royaume. Nous ne laissons pas de travailler et advancer nostre besogne, comme nous escrivons au Roy, jaçoit[1] qu'elle soit tousjours traversée de ceux qui ne rencontrent pas en ce que nous traictons le contentement qu'ils désirent. Mme la comtesse de Soissons nous y assiste de tout son pouvoir. Hier nous feismes une assez bonne journée. S'ils continuent deux jours, j'espère que le troisiesme nous signerons nostre accord, sans qu'il soit besoing de retirer une lettre de monseigneur le Prince, qui tesmoigne la résolution d'iceluy, ainsy que vous proposez par vostre lettre du 21 que j'ay receue par M. de Vignolles, que nous avons retenu icy encore aujourd'huy, pour pouvoir porter à M. d'Espernon la résolution que nous debvons prendre aujourd'huy pour le licenciement des gens de guerre, tant de leur armée que des provinces et garnisons. Ce nous sera doresnavant une grande peine d'estre plus esloignez de vous que nous n'estions; car en ces négociations l'éclaircissement des volontez du Roy fortifie grandement les négocians; mais Dieu nous assistera et consolera, s'il luy plaist. Pressez Leurs Majestez d'envoyer visiter mon dict seigneur le Prince, car son affection au repos du royaume et au service de Leurs Majestez, dont il continue à faire toute sorte de déclarations et protestations, mérite que l'on le caresse et favorise, et, quand telle visite se feroit par deux personnes dépeschées, l'une par le Roy et l'autre par la Royne sa mère, je la jugerois à propos. Je me recom-

---

[1] Vieux mot qui signifie *encore que, quoique*. (Édit.)

mande très affectueusement à vostre bonne grâce, et prie Dieu, monsieur, qu'il vous conserve en santé.

De Loudun, le 24 avril au matin 1616.

Vostre très affectionné serviteur et cousin,
DE NEUFVILLE.

J'ay aussy receu vostre lettre du 22.

CCCXXVI.

Man. Bibl. impér. Supplém. franç. 3193.

Lettre de M. J. Phélipeaux à M. de Sceaux.

[Blois][1], le 23 avril 1616.

Monsieur, je feis hier au soir veoir à la Royne la lettre que vous avez daigné me faire du jour précédent, affin qu'elle sceust ce que vous mandiez de Loudun et du lieu où vous estes. La plus mauvaise nouvelle est celle de la continue de la maladie de monseigneur le Prince, qui importe à l'estat et aux affaires présentes. Vous aurez appris, par la depesche de MM. Louis Brante[2] et Rubantel, que nous avons esté icy plus advisez en ceste occasion que vous ne croyez, ayant, en la mission vers mon dict seigneur le Prince, précédé l'advis que vous nous en donniez. Il ne se présentera subject que je ne vous escrive comme vous me le commandez. J'ay ainsy commencé; mais si je ne vous mande que des niaiseries de Soulongne, vous les aurez, s'il vous plaist, en bonne part, car nous n'avons rien de sérieux qui ne vienne de vostre costé. La Royne ma maistresse fust hier à Villesavin[3], et avec elle bonne compagnie. Il m'estoit advis qu'on me fian-

---

[1] Cette lettre doit avoir été écrite de Blois, la Reine mère ayant quitté Tours le 19 et le Roi le 18. Néanmoins, le conseil était resté dans cette dernière ville, et, par conséquent, le chancelier et M. de Sceaux. (Édit.)

[2] Brante était l'un des deux frères d'Albert de Luynes, dont la faveur encore obscure allait devenir si puissante. L'autre était l'évêque Cadenet, dont les artificieuses paroles décidèrent Louis XIII au meurtre du maréchal d'Ancre. Henri IV, content des services de leur père, les avait admis dans la familiarité de son fils, qui, parvenu au trône, conserva avec eux la même intimité. (Édit.)

[3] A quatre lieues de Blois, sur le Beuvron. Les géographes, qui vantent la ma-

çoit encore; mais, au bout de cela, il n'y avoit point de femme pour moy. Quand vous voudrez nous donner congé d'aller à Paris, nous la trouverons là. Excusez mes impertinences, et me faictes l'honneur de me croire, monsieur, vostre très humble et obéissant serviteur,

J. PHÉLIPEAUX [1].

Ce porteur vous peut dire des nouvelles de la mort du premier président à Grenoble. Donnez vostre advis pour tenir ceste place; MM. Fr... et le président Faure y prétendent.

.... le 23 avril au matin.

CCCXXVII.

Man. Bibl. impér. Supplém. franç. 3193.

M. de Pontchartrain, du 24 dudict mois, receue le 25 dudict mois 1616.

A M. de Sceaux.

Monsieur, je vous ay écrit ce matin par un homme que nous vous avons dépesché exprès, et n'ay rien maintenant à vous dire, sinon que MM. de Brante et de Rubantel, qui sont venus visiter monseigneur le Prince de la part de Leurs Majestez, ont apporté une grande joye et consolation à monseigneur le Prince, qui ne se pouvoit lasser de dire luy mesme aux uns et aux autres le ressentiment qu'il avoit de l'honneur qu'il recebvoit de Leurs Majestez, faisant veoir les lettres qui luy avoient esté apportées, dont tous les princes et seigneurs se sont aussy resjouis, et ont tesmoigné participer à ceste grace. En effet, ceste action a apporté quelque amendement à sa maladie; et si, après le retour par delà de ces messieurs, laissant couler un jour, l'on y en vouloit envoyer encore quelque autre, et plus qualifié s'il se

---

gnificence du château, en attribuent la construction à Villandry, secrétaire des finances de François Ier, qui le fit bâtir en 1537. (Édit.)

[1] Ce Phélipeaux est Jean Phélipeaux, seigneur de Villesavin, secrétaire des commandements de la reine Marie de Médicis. Il était frère puîné de Paul Phélipeaux, qui figure dans cette négociation; il fut plus tard conseiller d'état, et porta le titre de comte de Buzançois. Mort en 1660. (Édit.)

pouvoit, cela serviroit tousjours. Par la dépesche que l'on a envoyée ce matin, l'on donnoit espérance d'un project que l'on avoit résolu pour le licenciement; mais je crois que l'on n'envoyera point du tout le dict project, parce qu'il y avoit encore trop de choses à changer; mais l'on travaille pour en venir à l'effect, et vous en ferons bientost sçavoir des nouvelles. Je vous baise très humblement les mains, et vous supplie de me croire tousjours, monsieur, vostre très humble et affectionné serviteur,

P. PHÉLIPEAUX.

A Loudun, ce 24 avril 1616 au soir.

CCCXXVIII.

Man. Bibl. Sainte-Geneviève et Mazarine.

Lettre du Roy à MM. les depputez de Sa Majesté à Loudun, du 25 avril 1616[1].

Messieurs, j'ay esté très ayse de veoir, par vostre dernière lettre apportée par ce courrier, que mon cousin le prince de Condé ayt [eu] la nuict d'entre le 23e et le 24e meilleure que les précédentes, et que sa fiesvre soit diminuée, en sorte que les médecins ne doubtent plus qu'il n'en guérisse. Je prie Dieu que ce soit bientost, désirant sa convalescence autant que luy mesme sçauroit faire, et la jugeant de grande utilité pour le bien de mon royaume, ainsy que j'ay donné charge à Brante de luy dire de ma part, et que je m'asseure qu'il vous aura faict entendre. J'espère qu'il reviendra ce soir et m'en rapportera des nouvelles, ce qui soulagera mon esprit, car j'en suis tousjours en peine. C'est pourquoy je vous supplie de m'en mander le plus souvent et le plus particulièrement que vous pourrez, comme aussy de vostre négociation, car je me réjouis d'en attendre icy l'issue, pourveu qu'elle soit prompte, comme je me le promets, puisque vous avez tant advancé les affaires, et mesme la résolution de ce qui concerne le licenciement des gens de guerre, ainsy que

[1] Cette lettre doit être datée de Blois. (Édit.)

vous me le mandez, vous asseurant que vous me faites plaisir de n'y perdre point de temps, et de vous estre séparez en deux classes pour avoir plus tost faict. Je sçay bon gré à ma cousine la comtesse de Soissons du soing qu'elle en prend, et de la diligence et affection que vous me tesmoignez qu'elle y apporte. Je vous pourray escrire plus amplement sur ce qui est du licenciement, quand j'auray veu le project que vous en aurez faict, et que j'attends par le dict Brante. Mais, pour ceste heure, je ne vous feray plus longue response que pour vous asseurer que j'approuve celle que vous avez faicte aux dictes propositions[1] de ces depputez nouvellement venus de la Rochelle, et ne doubte point qu'en toutes autres occasions vous ne faciez avec la mesme résolution et preudence ce qui sera requis pour la conservation de mon auctorité et dignité, et pour surmonter les difficultez et traverses que vous recevez de ceux qui désirent faire la paix, priant Dieu qu'il la face bientost réussir au bien et repos de mes subjects, et qu'il vous ayt, messieurs, etc.

CCCXXIX.

Man. Bibl. impér. Supplém. franç. 3193.

M. de Villeroy, du 26 avril, receue à Blois le 27 du dict mois 1616.

A. M. de Sceaux.

Monsieur, j'ay receu vos deux dernières lettres. Nous avons mandé au sieur des Réaux qu'il ne retienne que huict ou dix archers des gardes du Roy avec les Suisses, et tel nombre de soldats qu'il jugera propre et nécessaire pour garder son chasteau, et qu'il se décharge des autres archers de la dicte garde, pour faire moindre despense, sinon qu'il escrive à M. de Guise de luy envoyer des soldats des compagnies du régiment de la garde, s'il cognoist n'en pouvoir trouver au pays qui lui soient fidèles; car je prévois, à mon grand regret, que la maladie de monseigneur le Prince sera longue; durant laquelle je

---

[1] Voir plus loin les pièces concernant les réformés. (Édit.)

veois ces messieurs si discordans que je crains, quelque bons propos qu'ils nous tiennent, qu'ils ne concluent rien, ni effectuent le licenciement de leurs gens de guerre. Toutesfois nous les solliciterons et importunerons tant que nous pourrons, affin d'en avoir la raison au plus tost. Nous avons icy les sieurs de la Cour et Fougère, que nous renvoierons, s'il est possible, avec ceste résolution. M. de Chevry, qui arriva hier à midy, nous y aydera fort, et sera adverty de tout. Quant à la maladie de monseigneur le Prince, elle continue; il a passé la nuict avec plus d'inquiétude que la passée, à cause qu'il prit hier de la rhubarbe, et toutesfois les médecins ny recognoissent aucun empirement. Il entrera dedans le onziesme à midy, dont on attend quelque améliorement. Cependant dictes, s'il vous plaist, à M. Janin, que l'on pourveoie à Bourges; car je crains que mon dict seigneur le Prince veuille voir la place entre les mains du Roy devant que désarmer. Je vous escris ce mot à la haste par un gentilhomme de M. de Praslin, auquel je vous prie faire offre pour moy de service, monsieur, de vostre très affectionné serviteur et cousin,

DE NEUFVILLE.

De Loudun, 26 avril au matin, à six heures, 1616.

Je vous prie de faire part à M. Janin de la présente, et de mon service, n'ayant loisir de luy escrire; mais ce sera pour aujourd'huy, dedans lequel nous espérons advancer quelque chose.

CCCXXX.

Man. Bibl. impér. Supplém. franç. 3193.

Ordonnance qui a servy pour le président Le Jay, du 25 avril 1616 [1].

Le Roy ordonne au sieur de Luynes, capitaine et gouverneur de ses ville et chasteau d'Amboise, de remettre en liberté le sieur Le Jay, président en la cour de parlement de Paris, qui a esté cy-devant laissé

---

[1] Voir plus haut, p. 469, en note. (Édit.)

en sa garde dans le chasteau, lors et au mesme temps que les depputez de Sa Majesté à la conférence de Loudun le luy manderont sans aucune remise, voulant qu'il en soit valablement déchargé par la lettre qu'ils luy escriront pour ce subject, et la présente ordonnance qu'elle a pour ce signée de sa main.

Faict, etc.

CCCXXXI.

Man. Bibl. Sainte-Geneviève et Mazarine.

M. de Pontchartrain, du 27 avril, receue à Tours[1] le 28 du dict mois 1616.

A M. de Sceaux.

Monsieur, je receus hier la lettre qu'il vous a pleu m'escrire du 25 de ce mois. Je ne manqueray d'informer Leurs Majestez, à toutes occasions, de la santé de monseigneur le Prince, lequel avoit eu hier la nuict précédente assez mauvaise, et telle que nous en estions en peine. M. de Villeroy en escrivit à M. le président Janin, et moy à mon frère, par l'occasion d'un particulier qui s'en retournoit, qui ne me donna loisir de vous escrire. Sur le soir, mon dict seigneur le Prince se porta mieux, et M. Brunyer, médecin, qui a esté mandé pour aller assister M. d'Uzès, partit le soir, et s'en est allé toute la nuict, qui m'a promis de vous en porter toutes particulières nouvelles; car je n'ay eu aucun moyen ny commodité de vous pouvoir escrire par luy. Ce matin, M. de la Cour part, qui vous dira que ceste nuict mon dict seigneur le Prince s'est mieux porté qu'il n'avoit faict; il a eu du repos et grande diminution de sa fiesvre, et mesme ses médecins font estat de le promener dans sa chambre; c'est la nuict du 11e, ce qui fait mieux espérer de sa guérison que l'on n'avoit encore faict. Je vous répéteray icy que ceste maladie porte un grand préjudice et retardement à la conclusion de nos affaires, dont il nous déplaist beaucoup; mais souvenez-vous que Leurs Majestez feront un

---

[1] Le manuscrit porte Tours, quoique la cour fût à Blois, parce que le conseil était resté dans cette première ville. (Édit.)

très grand préjudice à leur service, si elles s'esloignent plus loin que Blois, jusques à ce qu'elles sçachent au vray et par effects quel succez prendra ceste maladie et nostre traicté. Nous sommes obligez de le vous représenter, et en direz, s'il vous plaist, ce que vous jugerez en estre à propos à Leurs Majestez. Je vous baise très humblement les mains, et vous prie de me croire tousjours, monsieur, vostre très humble et affectionné serviteur,

P. PHÉLIPEAUX.

A Loudun, ce 27 avril 1616.

CCCXXXII.

Man. Bibl. impér. Suppl. franç. 3193.

M. de Villeroy, du 27 avril, receue à Blois le 28 du dict mois 1616.

A. M. de Sceaux.

Monsieur, monseigneur le Prince a bien reposé la nuict passée, qui estoit l'onziesme jour de sa maladie, de sorte que ses médecins espèrent chasser la fiesvre dedans le quatorziesme. Lors nous pourrons avec plus de courage et d'espoir reprendre les erres de nostre négociation, et la poursuivre jusques au bout; car, durant son mal, l'on ne nous a entretenu que de paroles et de remises, quoy que nous ayons pu faire et dire. Je vous ay escrit hier au matin par un des gens de M. de Praslin, respondant à vostre lettre du 24. Depuis j'ay receu la vostre du 26 par le gentilhomme de M. le mareschal de Brissac, qui vous avoit porté les miennes du dict 24. Il n'a esté possible de faire résoudre ces messieurs de signer nostre accord durant l'incertitude de la maladie de mon dict seigneur le Prince, quoy qu'ayons pu faire. Nous verrons, après son améliorement, si nous pourrons en avoir la raison; et croyez que nous y travaillons, comme nous sommes obligez de faire, tant pour le service et contentement de Leurs Majestez que pour nous délivrer d'icy, où il fait très dangereux et fascheux. J'ay veu ce que vous m'avez escrit touchant M. le président Le Jay. Puisque la volonté de Leurs Majestez n'est pas qu'il sorte d'Amboise que la paix ne soit signée icy[1], nous la suivrons, comme vous direz, s'il vous plaist, à Leurs dictes Majestez, et ferons tousjours et en toutes occasions à leurs commandemens par préférence à toutes autres considérations. Attendant, je prie Dieu, monsieur, qu'il vous conserve en santé.

De Loudun, le 27 avril, à 7 heures du matin, 1616.

Vostre très affectionné serviteur et cousin,
DE NEUFVILLE.

CCCXXXIII.

Man. Bibl. impér. Supplém. franç. 3193.

MM. les depputez du Roy à Loudun, du 27 avril, receue à Blois, le 28 du dict mois 1616.

Au Roy.

Sire, le sieur de la Cour s'en retourne présentement vers Vostre Majesté, pour recebvoir la commission qu'il vous plaira luy faire expédier pour la conduite des gens de guerre estrangers de l'armée de monseigneur le Prince qui seront licenciez. Nous avons résolu icy la forme du licenciement de toutes les troupes dont il a esté dressé un project que le dict sieur de la Cour pourra faire veoir à Vostre Majesté, avec un mémoire du chemin que nous avons estimé que pourront tenir les dictes troupes[2]. Quant à ce qui est de la santé de mon dict seigneur le Prince, Vostre Majesté en aura peu estre informée par le sieur Brunyer, médecin, qui partit hier au soir pour

---

[1] Pour expliquer la contradiction qui existe entre cette phrase et l'ordonnance du Roi du 25 avril, qui précède, portant l'ordre de la mise en liberté du président Le Jay, il faut remarquer que cette lettre de M. de Villeroy est du 27, à sept heures du matin, époque à laquelle on pouvait bien ne pas connaître encore, à Loudun, le changement qui s'était opéré dans les résolutions de la cour, l'ordonnance étant adressée au gouverneur d'Amboise, et le Roi se trouvant, non plus à Tours, à une journée de Loudun, mais à Blois, d'où les lettres n'arrivaient que le second jour, quand elles étaient parties de bonne heure. (Édit.)

[2] Nous n'avons pas trouvé ce mémoire. (Édit.)

s'en aller à Blois, et n'y pouvons rien adjouster icy, sinon qu'il a eu ceste nuict, qui est celle du 11e de sa maladie, assez bonne, ayant reposé, et sa fiesvre estant grandement diminuée, ce qui donne meilleure espérance que l'on n'avoit eue de sa guérison. Mais nous dirons tousjours à Vostre Majesté que ceste longueur de maladie cause aussy de la longueur en la conclusion de nos affaires, à quoy néantmoins nous ne délaissons pas de travailler autant qu'il nous est possible. Sur ce, nous prions Dieu, Sire, donner à Vostre Majesté, en parfaicte santé, très longue et très heureuse vie.

De Loudun, ce 27 avril 1616, au matin.

Vos très humbles, très obéissans subjects et serviteurs,

BRISSAC, DE NEUFVILLE, J. A. DE THOU, M. DE VIC, P. PHÉLIPEAUX.

CCCXXXIV.

Man. Bibl. Sainte-Geneviève et Mazarine.

Project proposé du licenciement des troupes de monseigneur le Prince, qui fut baillé par M. de Bouillon le 24e d'avril 1616 [1].

Ce qui a esté respondu par le Roy.

Sera faict un estat auquel seront spécifiées toutes les troupes dont est composée l'armée de monseigneur le Prince.

Cest estat est attendu du Roy, et doibt ce pendant avoir esté veu de MM. les depputez de Sa Majesté qui auront ordonné dessus ce qu'il convient.

Cela doibt avoir esté faict.

[On] ordonnera distinctement les troupes qui se debvront retirer en corps, à ce qu'il leur soit donné des commissaires pour les accompagner jusqu'à ce qu'elles soient hors de France.

---

[1] C'est le titre du manuscrit de la bibliothèque Mazarine; dans celui de la bibliothèque Sainte-Geneviève, cette pièce porte : *Project de la forme du licenciement des troupes de M. le prince de Condé.* (Édit.)

Le dict chemin est réglé.

Le lieutenant du grand prévost est ordonné avec six archers, un fourrier de l'armée et deux soldats.

Les payemens se doibvent faire partie près Chastellerault, et le reste à la frontière seulement.

Est à propos que les dicts quartiers soient esloignez les uns des autres; mais aussy faut-il qu'ils soient au delà des rivières de Vienne et Loire, c'est à dire avant que les dictes troupes les passent pour se retirer.

Ne pourront estre plus de dix ou douze ensemble; le reste est bon.

On conviendra avec les commissaires du Roy du chemin et journées que les dictes troupes auront à faire.

Il sera ordonné quelques clercs de vivres qui s'advanceront sur le dict chemin pour leur faire préparer des munitions, à sçavoir, foin, aveine, pain et vin, auxquelz sera mis taxe raisonnable.

On donnera un quartier aux dictes troupes sur le chemin qu'elles doibvent tenir, où se feront les payemens de ce qui leur est deu.

Quant aux autres troupes qui ne marcheront point en corps, tant de cavalerie que d'infanterie, il en sera aussy faict un estat, et leur sera donné divers quartiers ez quelz leur sera envoyé l'argent qu'on leur veut donner; après lequel receu, chascune des dictes troupes seront licenciées, et aura on esgard que les dicts quartiers soient esloignez les uns des autres, affin que les dicts soldats puissent prendre divers chemins pour se retirer.

Les dictes troupes se retireront dix à douze, et jusques à vingt; et à chascune troupe sera donné, autant que faire se pourra, quelque caporal ou sergent qui portera le passeport des mestres de camp ou capitaines de cavalerie, pour, en exhibant le dict passeport, estre favorisez et asseurez de leur retraicte.

Ceste ordonnance sera faicte, et servira aussy pour empescher les voleries, et faire que les dictes gens de-guerre ne séjournent par les chemins.

Il sera à propos qu'il plaise au Roy faire une publication ensuitte des articles de paix, portant deffenses à toutes personnes de ne meffaire aux dicts soldats, ains de leur prester toute assistance. Le mesme sera mandé aux prévosts et vicebaillifs de se tenir sur les chemins, pour empescher les désordres et respondre qu'il n'arrive inconvénient.

Sera escrit.

On se souviendra d'escrire à l'Empereur pour lever le ban qui a esté publié contre les soldats estrangers, de mesme à l'Archiduc et à M. de Lorraine, et à M. de Liége; mesme pour favoriser leur passage.

CCCXXXV.

Man. Bibl. impér. Supplém. franç. 3193.

M. le prince de Condé, du 28 avril, receue le 29 du dict mois 1616.

A la Royne.

Madame[1], l'effort que je fais d'escrire de ma main sera un tesmoignage de l'affection que j'ay à la très humble supplication, laquelle je luy réitère, de vouloir accorder à M. de Vendosme la gratiffication de la place de Dinan, que je demande pour luy en Bretagne, m'y estant entièrement engagé. Ceste faveur, madame, apportera la conclusion de nostre traicté et la perfection de toutes

---

[1] Cette lettre est tout entière autographe. (Édit.)

les obligations que Vostre Majesté y a acquises sur moy; et le contentement qui m'en arrivera hastera bien fort ma guérison, que j'attends avec impatience, non tant pour mon regard que pour me rendre tant plus tost près du Roy mon seigneur et Vostre Majesté, affin d'y jouir de l'honneur qu'elles me font espérer de leurs bonnes graces, et leur rendre, très particulièrement à vous, madame, l'obéissance et le très humble service que je doibs, ainsy que j'ay commandé au sieur du Nozet de représenter à Vostre Majesté, laquelle je supplie de luy vouloir bien adjouster foy sur le subject du dict seigneur de Vendosme, comme à moy mesme, qui suis, madame, vostre très humble et très obéissant serviteur et subject,

HENRY DE BOURBON.

A Loudun, ce 28 avril 1616.

CCCXXXVI.

Man. Bibl. impér. Supplém. franç. 3193.

M. de Pontchartrain, du 28 avril, receue le 29 du dict mois 1616.

A M. de Sceaux.

Monsieur, je vous escrivis hier par M. de la Cour, qui vous aura faict rapport de la santé de monseigneur le Prince. Hier au soir, il eut un redoublement de fiesvre. Il a eu ceste nuict des inquiétudes, et néantmoins il a dormy avec interruption une heure ou deux heures à la fois. Ce matin, il a eu diminution de fiesvre, et on luy a faict prendre quelque breuvage pour le rafraischir et fortifier; maintenant il essaye de reposer. Voilà ce que je vous en puis mander, avec le désespoir que j'ay de veoir la longueur qui est en nos affaires. Dieu nous face la grace de nous y donner une fin. Je vous baise très humblement les mains, et vous supplie me conserver la faveur de vos bonnes graces, comme estant, monsieur, vostre très humble et affectionné serviteur,

P. PHÉLIPEAUX.

A Loudun, ce 28 avril 1616, au matin.

CCCXXXVII.

Man. Bibl. impér. Supplém. franç. 3193.

M. de Villeroy, du 28 avril, receue le 29 du dict mois 1616.

A M. de Sceaux.

Monsieur, la fiesvre de M. le Prince est diminuée comme tous ses redoublemens; toutesfois ils durent tousjours. Il a esté un peu purgé ce matin; je dis un peu, parce que l'on m'a dict que le breuvage a esté fort gracieux; aussy en a il ressenty du soulagement, tant y a qu'il ne peut vacquer ny employer son esprit aux affaires publiques, et pour lesquelles nous voyant inutiles, nous languissons et séchons sur les pieds. Nous nous en plaignons, crions et importunons; mais en vain, ayant affaire à gens qui n'ont pas si grande haste que nous, et ne trouvent icy de quoy contenter leurs appétits. Ils nous avoient promis d'arrester l'édict cest après disner, et toutefois il est cinq heures, sans que nous ayons d'eux aucunes nouvelles de se montrer ny autres. Certes, je ne feus jamais si affligé de négociation qui ayt passé par mes mains, que je le suis de celle-cy. Si faudra il qu'ils se déboutonnent et déclarent du tout dedans ce mois; car il ne faut plus prolonger la tresve, mais publier la paix, et congédier les gens de guerre. Renvoyez nous La Cour, et dictes à M. Janin qu'il arreste la récompense de Bourges, affin que le Roy dispose de la place. M. de Vendosme fait un grand bruict pour Dinan, dont je l'ay esconduit, comme il m'a esté ordonné; il croit, pour le moins il le dict, que j'ai pouvoir de l'accorder, et, quand je jure le contraire, il dit que je fais le fin et le bon mesnager des volontez et libéralitez du Roy. Je croy que nous ne sortirons jamais des mains de ces gens; il y en a tant aussy à contenter que ce n'est jamais faict. Mme la comtesse de Soissons et M. de Nevers continuent à faire ce qu'ils peuvent pour advancer les affaires, très las d'estre icy où tout regorge de maladies. La première parle tousjours de la garnison de Clermont, mais sobrement, et toutesfois avec quelque regret. Il me semble que l'on pourroit la contenter en cela, les affaires restant aux termes où elles sont. Dites-en un mot à M. de Nerestan[1], s'il est par de là, en luy baillant la lettre cy jointe. Monsieur, je prie Dieu qu'il vous conserve en santé.

De Loudun, le 28 avril, à cinq heures du soir, 1616.

Vostre très affectionné serviteur et cousin,
DE NEUFVILLE.

CCCXXXVIII.

Man. Bibl. impér. Supplém. franç. 3193.

M. de Pontchartrain, du 28 avril, receue le 29 du dict mois 1616.

A M. de Sceaux.

Monsieur, je vous ay escrit ce matin de la santé de monseigneur le Prince, et, comme il avoit eu la nuict passée quelques inquiétudes en son repos[2], a ce matin diminution de fiesvre, et avoit pris quelque breuvage. Maintenant je vous diray qu'il se porte beaucoup mieux, et que ceste médecine luy a fait grand bien. Il est en beaucoup meilleur estat qu'il n'avoit esté; c'est tout ce que je vous en puis dire. Mais j'adjousteray à cela et sur le subject de ce que vous m'escrivistes il y a deux jours de la part de la Royne mère, si nous vous escrivions toutes les heures du jour sur le subject de la dicte maladie, nous vous donnerions souvent des alarmes bien inutiles; car il aura une heure ou deux bonnes, puis d'autres mauvaises, tantost un accident, et tantost un autre. Il me semble qu'il suffit à peu près quand tous les jours nous en mandons des nouvelles, si ce n'est en cas d'accident remarquable. Néantmoins je ne manqueray d'en faire mon debvoir autant qu'il me sera possible. Au surplus, nous avons affaire à des gens qui ne se hastent guères et nous laissent longtems en repos, et, quelque instance que nous facions de travailler, nous n'advanceons quasi rien. Dieu nous le pardonne, et nous face la grace

---

[1] Voir plus haut, p. 480. (Édit.)
[2] Il y a ici quelque chose d'irrégulier dans la phrase; nous la donnons telle qu'elle est dans le manuscrit. (Édit.)

de sortir bientost d'icy. Je vous asseure que je y vis avec beaucoup de déplaisir. Je vous baise très humblement les mains, et demeure, monsieur, vostre très humble et affectionné serviteur,

P. PHÉLIPEAUX.

A Loudun, ce 28 avril 1616, au soir.

CCCXXXIX.

Man. Bibl. Sainte-Geneviève et Mazarine.

Lettre du Roy à MM. les depputez à Loudun, du 28 avril 1616[1].

Messieurs, j'ay veu, par vostre lettre du 27 de ce mois et les mémoires qui m'ont esté présentez par le sieur de la Cour et le commissaire Fougère, ce que vous avez advancé et projecté pour le licenciement des gens de guerre, tant françois qu'estrangers, et l'ordre et chemin qui sont à tenir en la conduite et payement des deniers jusqu'à la frontière de mon royaume, dont je demeure bien content, et n'y trouve rien à changer pour leur regard, ny mesme pour les autres, sinon qu'il me semble que, s'ils se retiroient vingt à vingt, les troupes seroient trop grandes et pourroient faire du mal, de sorte qu'il est plus à propos qu'elles ne passent pas le nombre de dix ou douze hommes, ainsy que je vous manderay plus particulièrement par le dict La Cour, que je vous envoyeray demain ou samedy, avec la commission dont il a besoing pour faire ceste conduite, et les clercs des vivres ou archers du grand prévost qui sont demandez. Cependant j'ay sceu que mon cousin le prince de Condé se porte beaucoup mieux, et en ay eu tel contentement, que je veux envoyer dès demain quelqu'un de mes principaux et plus considérés officiers vers luy, pour le luy déclarer de ma part et me rapporter encore de ses nouvelles plus certaines. Je prie Dieu qu'elles soient aussy bonnes que luy mesme le peut désirer, et qu'il vous ayt, etc.

[1] Cette lettre doit être datée de Blois. (Édit.)

CCCXL.

Man. Bibl. Sainte-Geneviève.

Lettre à MM. les depputez du Roy, à Loudun, le 29 avril 1616[1].

Messieurs, je vous renvoye le sieur de la Cour avec la commission, qui luy est nécessaire, le lieutenant du grand prévost qui en a aussy une, et mesme six archers et un fourrier de l'armée pour faire toutes les fonctions requises en l'exécution d'icelles. Je l'ay faict instruire de mes volontez sur tout ce qu'il m'a représenté et que j'ay jugé estre à faire, et remets à vous de l'informer plus particulièrement et luy ordonner ce que vous cognoistrez estre plus à propos pour mon service et le soulagement de mes subjects en ceste occasion. Luy ayant commandé de suivre l'ordre qu'il recebvra de vous, je luy ay aussy faict bailler plusieurs lettres pour les capitaines, gouverneurs et habitans des villes où il aura à passer; et leur en envoyeray d'autres par advance aussy tost que je sçauray les articles avoir esté signez, affin qu'ils facent tousjours provision de vivres. Mais, outre celles qui sont pour ma province de Champagne, il sera bon que mon cousin le duc de Nevers escrive aux dicts lieux, où il jugera en estre besoing, dont toutesfois je ne luy mande rien, pour ce que je suis certain qu'il en aura assez de soing, et, comme le plus grand souci que j'aye aujourd'huy est de sçavoir des nouvelles de la santé de mon cousin le prince de Condé, j'en suis tousjours attendant, ayant donné charge au marquis de Courtanvau de vous dire des miennes; priant Dieu, etc.

CCCXLI.

Man. Bibl. Sainte-Geneviève et Mazarine.

Mémoire baillé au sieur de la Cour, s'en allant conduire les reistres, le 29 avril 1616:

Le sieur de la Cour, ayde des mareschaux des camps et armées.

[1] Cette lettre doit être datée de Blois. (Édit.)

du Roy, ayant esté ordonné par Sa Majesté pour conduire jusques à la frontière de ce royaume et y licencier les reistres et autres gens de guerre estrangers qui ont suivy monseigneur le prince de Condé durant ceste guerre et s'en retournant à présent en Allemagne, doibt avoir soing de les mener le plus diligemment qu'il pourra, et leur faire tenir le chemin porté par le mémoire dont les depputez du Roy sont convenus avec ceux de mon dict sieur le prince de Condé et que Sa Majesté luy a faict bailler signé de sa main.

Il doibt aussy prendre garde que le lieutenant du grand prévost, et les six archers qui sont convenus pour aller avec luy, facent leur debvoir de donner bon ordre à la police, mettant un prix raisonnable aux vivres, empeschant que les subjects soient pillez et maltraictez, et, sy aucuns commettoient des extorsions et violences contre eux, les faisant punir comme il appartiendra.

Le tout conformément à sa commission, laquelle il suivra et exécutera entièrement, affin qu'il n'y ayt faute de vivres aux dicts lieux où passeront les dicts gens de guerre; il advertira de bonne heure les gouverneurs et lieutenans généraux de Sa Majesté, comme aussy les capitaines, gouverneurs et habitans des villes pour lesquelz il a des lettres, et tous autres qu'il jugera à propos, leur faisant sçavoir les commandemens qu'il a de Sa Majesté, pour le bien et soulagement de ses subjects, et leur demander ce qui sera requis de leur part pour l'exécution d'iceux.

Tiendra la main à ce que les payemens des dicts gens de guerre ne se facent que comme il a esté accordé, à sçavoir la moitié près Chastellerault, et le reste à la frontière seulement[1].

Prendra garde aussy que les dicts gens de guerre ne donnent aucun subject de défiance aux gouverneurs et habitans des villes dans où près desquelles ils passeront, et ne perdent temps par les chemins.

Et parce qu'ils ont à passer la rivière de Vienne sur le pont de

---

[1] Ce paragraphe est omis dans le manuscrit de la bibliothèque Sainte-Geneviève.

Chastellerault, il doibt, auparavant qu'ils y arrivent, advertir le sieur de la Rochebeaucour, luy faire rendre la lettre que le Roy luy a escrite sur ce subject, et mesme le veoir le plus tost qu'il pourra, pour adviser avec luy le temps et la forme du dict passage, se souvenant de les faire tourner à main gauche au bout du pont et prendre le chemin qui est entre la rivière et les murailles de la ville, sans entrer dedans, et de dire au dict sieur de la Rochebeaucour qu'il a ordre de Sa Majesté d'en user ainsy.

Au surplus, il y fera tout ce que les dicts depputez de Sa Majesté luy ordonneront, et luy donnera souvent advis du progrès de son voyage, et de ce qu'il apprendra important à son service, ne manquant de faire cognoistre et ressentir par effect, en toutes occasions, à ses subjects, le soing qu'elle a de leur soulagement, et la charge expresse qu'elle luy a donnée d'y avoir esgard.

A toutes lesquelles choses Sa Majesté s'asseure qu'il satisfera avec tant de fidélité, affection et diligence, qu'elle en demeurera contente, luy plus estimé d'elle, et son peuple soulagé comme elle le désire.

Faict à Blois, etc.

CCCXLII.

Man. Bibl. Sainte-Geneviève et Mazarine.

Lettre de la Royne à M. le mareschal de Boisdauphin, du 29 avril 1616[1].

Mon cousin, le Roy monsieur mon fils et moy avons esté bien ayse d'avoir de vos nouvelles, par le retour du sieur de la Brosse, qui m'a rendu vostre lettre du 26ᵉ de ce mois, et d'entendre de luy ce qu'il nous a représenté de vostre part, de laquelle vous debvez estre asseuré que toutes choses nous sont agréables, mesmement ce que vous proposez pour le service de mon dict sieur et fils, qui est tousjours en ce lieu, et moy aussy, attendant l'issue de la conférence

---

[1] Cette lettre doit être datée de Blois. (Édit.)

de Loudun, que j'estime que nous aurions à présent, n'estoit la maladie de mon cousin le prince de Condé; mais elle l'a tellement retardé et traversé, ayant esté grande et dangereuse, comme vous aurez sceu, que nous ne pouvons encore juger asseurément quand nous en sortirons. Toutesfois, comme les dernières nouvelles nous asseurent qu'il se porte beaucoup mieux, elles nous promettent aussy que les articles seront signez dans deux ou trois jours, pourveu qu'il n'arrive d'autre accident. Vous ne manquerez d'estre adverty des premiers de ce qui en succédera. Et ce pendant vous le serez par mon nepveu le duc de Guise [1] de l'intention de mon dict sieur et fils sur la plaincte que vous faictes touchant les départemens qui ont esté donnez aux commissaires des guerres pour le licenciement des troupes, qui est qu'il en soit usé comme par le passé et ne se face rien à vostre préjudice. Je prie Dieu, etc.

CCCXLIII.

Man. Bibl. Sainte-Geneviève et Mazarine.

Lettre de la Royne mère à M. le prince de Condé, du 29 avril 1616 [2].

Mon neveu [3], j'ai telle joye d'estre asseurée que vous vous portez mieux, et veoir que ayez peu escrire vostre lettre du 28e de ce mois, qu'il faut que je commence à y respondre par les graces et louanges que je rends à Dieu de vostre convalescence, le priant de vous la donner bientost parfaicte, affin que le Roy monsieur mon fils et moy ayons le contentement de vous reveoir. Je suis marrie que nous ne vous pouvons donner celuy que vous désirez, pour mon neveu le duc de Vendosme, touchant le gouvernement de Dinan; mais je sçay que, si vous estiez informé de l'importance dont est ceste

---

[1] Ce duc de Guise était fils de Henri de Guise, tué à Blois, et de Marguerite de Bourbon-Vendôme. (Édit.)

[2] Cette lettre doit être datée de Blois. (Édit.)

[3] Henri Ier de Condé, père de celui dont il est question ici, était cousin germain de Henri IV. Par conséquent, Marie de Médicis pouvait se considérer comme tante de son fils à la mode de Bretagne. (Édit.)

place à la province de Bretagne, et du mescontentement qui en seroit occasionné en ce pays si nous en disposions en ceste sorte, vous ne l'auriez pas désirée. C'est pourquoy je vous prie vous contenter que, pour ceste heure, les choses demeurent en l'estat qu'elles ont esté cy devant, et, quand la paix sera faicte, mon dict sieur et fils pourveoira avec vostre advis au désir du dict duc, et je vous promets d'y apporter telle facilité et bonne volonté qu'il aura occasion de demeurer content, et vous de cognoistre combien vos prières et recommandations sont bien receues et peuvent en l'endroit de mon dict sieur fils et de moy, qui vous veux faire paroistre en toutes occasions que je suis, etc.

CCCXLIV.

Man. Bibl. impér. Supplém. franç. 3193.

M. de Pontchartrain, du 29 avril, receue le 30 du dict mois 1616.

A M. de Sceaux.

Monsieur, je vous escrivis hier au soir par le courrier de M. de Villeroy comment monseigneur le Prince se portoit beaucoup mieux qu'il n'avoit faict le matin. Maintenant je vous diray que ceste nuict luy a esté fort bonne. Il a très bien dormy, s'est réveillé sur le minuit pour aller à la selle, puis s'est rendormy jusques au matin, qu'il s'est trouvé grandement soulagé, et avec si peu de fiesvre que l'on croit qu'il est en voye d'entière guérison. C'est ce que je vous en puis escrire pour le présent, et le pourrez ainsy dire à la Royne. Nous allons veoir si nous pourrons advancer les affaires. Adieu; je demeure, monsieur, vostre très humble et affectionné serviteur,

P. PHÉLIPEAUX.

A Loudun, ce 29 avril 1616, au matin.

CCCXLV.

Man. Bibl. impér. Suppl. franç. 3193.

M. le duc de Nevers à M. de Sceaux, du 29 avril 1616.

Monsieur, encore qu'il se présente à tous momens de fâcheuses rencontres en nostre traicté, si veux-je néantmoins croire que dans trois jours nous y verrons une fin, et que la signature s'en fera; et d'autant que vous pourrez avoir besoing de personnes pour en envoyer les dépesches par les provinces, je vous supplie, cela estant, de vouloir charger ce porteur, qui est à moi et que j'affectionne, de celle du parlement de Rouen, le remettant toutefois à ce que vostre prudence jugera pour le plus à propos; ce qui me fera finir, après vous avoir asseuré que je suis, monsieur, vostre très affectionné à vous faire service,

NEVERS.

De Loudun, le 29 avril 1616.

CCCXLVI.

Man. Bibl. impér. Supplém. franç. 3193.

M. de Villeroy, du 29 avril, receue le 30 du dict mois 1616.

A M. de Sceaux.

Monsieur, la dépesche [1] que nous vous faisons vous donnera un nouvel ennuy, la voyant si contraire à nos dernières espérances changées en un moment. Vous en sçaurez les causes par icelle, qui ne debvront vous agréer ny contenter. Peut estre que ces brouillons, qui sont fomentez de divers endroits, se raviseront demain, car plusieurs personnes de qualité et de mérite n'approuvent leurs procédez. S'ils ne le font et demeurent obstinez, je veux espérer qu'ils seront abandonnez; sinon il faudra que nous nous retirions à Chinon, y

---

[1] Cette dépêche est la lettre qui suit, des députés, en date du 29. (Édit.)

attendre l'ordre qui nous sera donné de vostre part. J'ay receu aujourd'huy vos deux lettres du 28e du mois; je vous remercie de tant de soing que vous avez de faire veoir à Leurs Majestez ce que nous vous mandons. Au reste, je vous prie dire à M. le président Janin qu'ils ne se mettent en peine par delà du rendez-vous que ces messieurs ont donné à leurs gens de guerre, car ils n'ont envie ny pouvoir de faire mal à personne; ils n'attendent que la signature de la paix pour se retirer et séparer du tout; et sans ces assemblées à la Rochelle, sans doubte nous signerions nos articles et nostre édict dès demain dimanche[1]; en tout cas, nous ne prolongerons la tresve. Il faut publier la paix sans différer, ou rompre tous traictez. Je prie Dieu qu'il nous donne à tous un meilleur conseil, et qu'il vous conserve, monsieur, en parfaicte santé.

De Loudun, le 29 avril au soir 1616.

Vostre très affectionné serviteur et cousin,
DE NEUFVILLE.

CCCXLVII.

Man. Bibl. impér. Fonds Dupuy, n° 450. — Supplém. franç. 3193.

MM. les depputez du Roy, du 29 avril, receue le 30 du dict mois 1616.

Au Roy.

Sire, nous avons escrit ces jours passez à Vostre Majesté le soing que nous prenions continuellement de parvenir à la conclusion de vos affaires et de faire signer le traicté de paix. Pour cest effect nous nous sommes assemblez ce matin avec les commissaires nommez par monseigneur le Prince pour conférer avec nous, en intention de mettre la dernière main à l'édict qui doit estre faict pour la pacification des troubles, et convenir de tous les articles qu'il y faudroit coucher, comme aussy en quelle forme ils y debvroient estre employez, ensemble des articles particuliers et autres articles dont nous debvons

---

[1] Ce dimanche n'était pas le lendemain 30, mais le surlendemain 1er mai. (Édit.)

estre entièrement d'accord pour signer l'acte de la paix; à quoy nous avons travaillé toute la matinée, et y avons grandement advancé. Nous avions pris heure ensemble de nous trouver incontinent après disner chez Mme la comtesse de Soissons, pour achever entièrement ceste œuvre, et rendre les choses en estat de pouvoir estre signées, et faire chanter le *Te Deum* dimanche matin; mais, comme nous entrions chez ma dicte dame la comtesse, y est arrivé le ministre Chauffepied, qui est celuy qui fut dépesché il y a quelques jours à ceste assemblée de la Rochelle par leurs depputez qui sont icy, sur le refus que nous leur fismes de leur accorder la demande qu'ils nous faisoient de la subsistance de leur assemblée ou d'un abrégé d'icelle, accompagné de tous les dicts depputez, lesquelz, ayant pris en un lieu à part MM. de Bouillon et de Sully, et autres de leur religion qui s'y sont trouvez, pour faire rapport de ce qu'il avoit à leur dire de la part de la dicte assemblée, et, après avoir esté environ une heure en particulier, ils nous ont enfin faict prier de leur donner le reste de l'après disnée pour conférer ensemble sur ce qui estoit de leurs affaires particulières, nous remettant à demain au matin pour achever de résoudre les nostres. Cependant nous avons appris que le dict Chauffepied leur a rapporté que la dicte assemblée de la Rochelle ne peut trouver bon que l'on passe outre en ces affaires, qu'ils ne soient asseurez de la dicte subsistance, ou pour la dicte assemblée, ou pour un abrégé d'icelle. Ils ne nous en ont point encore parlé, et voyons bien que plusieurs d'entre eux blasment ceste résolution, et essayent de la leur faire passer icy, et travailler à ce qu'on ne délaisse pas de conclure la paix; tellement que nous ne sçavons pas encore s'ils nous mettront en avant ceste difficulté ou non. Nous avons néantmoins creu en debvoir donner advis à Vostre Majesté, et luy dire que nous estimons ceste affaire si importante à la manutention de vostre auctorité et au bien de vostre service, qu'il n'y a aucune apparence ni raison d'en écouter la proposition, et, si nous voyions qu'ils s'y voulussent arrester, nous croirions estre obligez de nous retirer plus tost que de leur en donner aucune espérance. Toutesfois nous avons à attendre sur cela ce qu'ils auront à nous dire, et ce pendant nous désirerions grandement d'estre sur ce honnorez des commandemens de Vostre Majesté, affin de ne manquer en rien à ce qui peut estre de ses intentions et de son service. Monseigneur le Prince est maintenant au quatorziesme jour de sa maladie; il se porte assez bien, et y a toute apparence d'une entière et prompte guérison. On le laisse en repos jusques à demain, pour ne rien altérer en sa santé qui va tousjours en méliorant. Nous prions Dieu, Sire, donner à Vostre Majesté, en parfaicte santé, très longue et très heureuse vie.

De Loudun, ce 29 avril 1616.

Vos très humbles, très obéissans et très fidèles subjects et serviteurs,

BRISSAC, DE NEUFVILLE, J. A. DE THOU, M. DE VIC, P. PHÉLIPEAUX.

Sire [1], depuis ceste lettre escrite, la comtesse de Soissons, accompagnée de MM. de Sully et de Courtenay, est venue chez M. de Villeroy, luy a représenté le déplaisir qu'elle avoit de ceste occurrence, luy a faict instance d'ayder à y trouver quelque expédient, et luy a dict que demain au matin tous ces princes et seigneurs se debvront assembler chez elle pour adviser à ce qu'ils auront à faire, tellement que nous voilà encore reculez. La dicte dame et le dict sieur de Sully ont faict quelque proposition et ouverture à M. de Villeroy, qu'il fera sçavoir à Vostre Majesté par la voye de M. le président Janin.

CCCXLVIII.

Man. Bibl. impér. Supplém. franç. 3193.

M. de Pontchartrain, du 29 avril, receue le 30 du dict mois 1616.

A M. de Sceaux.

Monsieur, je crois qu'il y a quelque constellation qui est contraire à la conclusion de nos affaires. Nous avions tant prié et pressé, qu'en-

---

[1] La lettre est de la main d'un secrétaire; ce post-scriptum, de celle de Pontchartrain. (Édit.)

fin on s'estoit résolu (ainsy qu'on nous le faisoit cognoistre) d'achever. Pour cela, nous nous estions assemblez dès ce matin pour résoudre nostre édict, nos articles particuliers, et tout ce qui restoit à résoudre pour signer la paix, ce que l'on prétendoit se debvoir faire dimanche au matin ; car ils me donnoient la journée de demain pour faire escrire et mettre au net deux copies de tout ce qui avoit esté résolu ; à quoy il y avoit à travailler pour trois ou quatre personnes jour et nuit. Nous avons donc employé bravement le temps jusques après midy, et nous estions donné rendez-vous, pour incontinent après le disner, chez madame la comtesse, affin d'achever ; à quoy nous n'avons manqué de nous trouver. Mais il est survenu une traverse à laquelle nous ne nous attendions pas. Vous vous souvenez bien qu'il y a sept ou huit jours nous escrivismes au Roy que, en une conférence que nous eusmes, tous ces depputez de la Rochelle nous vinrent faire une déclaration publique que, si nous ne leur accordions la permission de faire subsister leur assemblée, ou pour le moins un abrégé d'icelle, jusques au temps que l'édict de pacification seroit vérifié aux parlemens, et jusques à ce que les commissaires qui seroient envoyez par les présentes pour faire pourveoir aux inexécutions de leur édict, effectuer ce qui leur avoit esté et estoit encore promis, et réparer les contraventions[1], ils avoient charge de se retirer sans passer outre, et qu'ils désiroient sçavoir ce que nous avions à leur respondre ; sur cela nous leur dismes, par la bouche de M. le mareschal de Brissac, que, résolument, c'estoit chose qu'on ne leur pouvoit accorder, et qu'il ne falloit pas qu'ils s'y attendissent. Sur cela ils se retirèrent et nous aussy, un peu irritez les uns contre les autres ; néantmoins ils furent blasmez de leur procédure, et nous fut dict que cela ne nous empescheroit point de conclure la paix. Ils envoyèrent sur l'heure mesme un d'entre eux (qui est le ministre Chauffepied) à la Rochelle, pour leur porter ceste nouvelle ; d'où il

---

[1] Évidemment, la phrase manque ici de complément ; mais elle est telle qu'elle est sortie de la rapide rédaction de Pontchartrain, telle que la donne le manuscrit autographe de Versailles. (Édit.)

est revenu aujourd'huy, et, comme nous entrions tous chez Mme la comtesse, le dict ministre, accompagné de tous les dicts depputez, est entré, ont pris en une chambre à part M. de Bouillon, M. de Sully et quelques autres, et, après avoir esté environ une heure environ ensemble, pendant que nous attendions tousjours quelle seroit l'issue de ceste conférence, enfin ils nous ont faict prier de leur donner le reste de la journée, et de remettre les affaires au lendemain matin, tellement que j'ay grande crainte qu'ils ne nous donneront que trop de loisir pour faire escrire tous nos édicts, articles ou mémoires. Cependant nous avons appris que, ceste assemblée suscitée tousjours par quelques particuliers à qui le trouble est plus avantageux que la paix, et aussy sur l'opinion qu'on leur avoit donnée que monseigneur le Prince ne pouvoit réchapper de sa maladie, que, sa mort arrivant, la guerre recommenceroit indubitablement, et que, cela estant, ou quoy qu'il en peust succéder, il valloit mieux qu'ils fussent assemblez que désunis, ils se sont résolus de ne s'accorder au licenciement, et n'adhérer à ce traicté de paix, si on ne les asseure de ceste subsistance. Or jugez maintenant de quelle importance est ceste affaire à l'auctorité du Roy, et ce que nous avons à faire, si on se veut arrester à cela ; et souvenez-vous, s'il vous plaist, que, si vous leur accordez ceste subsistance pour trois semaines ou un mois, vous ne leur refuserez pas des prolongations, car jamais leurs édicts ne seront exécutez[1], et ainsy voilà les estats tout formez ; tellement que, lorsque nous pensions estre prests à finir, nous voilà arrestez. Néantmoins ne donnez pas encore l'alarme par delà ; car nous sçavons qu'il y en a d'entre eux mesmes qui travaillent pour essayer de les faire départir de ceste résolution, recognoissant bien qu'elle seroit pour tout rompre. Nous vous en manderons bientost des nouvelles. Vous verrez par la lettre que nous escrivons au Roy l'estat de la

---

[1] L'auteur de la lettre veut sans doute faire entendre par là que les réformés prétexteront toujours d'une prétendue non-exécution des édits pour maintenir leur assemblée. Autrement, le sens littéral de la phrase annonceroit une impardonnable mauvaise foi de la part des députés du Roi. (Édit.)

santé de monseigneur le Prince, dont je vous ai particulièrement escrit ce matin. Je crois qu'il sera bientost guéry. Je vous baise très humblement les mains, et demeure, monsieur, vostre très humble et affectionné serviteur,

P. PHÉLIPEAUX.

A Loudun, ce 29 avril 1616.

CCCXLIX.

Man. Bibl impér. Supplém. franç. 3193.

M. de Pontchartrain, du 30 avril, receue le dict jour 1616.

A M. de Sceaux.

Monsieur, j'adjousteray ce mot à la lettre que je vous fis hier au soir cy enclose, pour vous dire que ce matin monseigneur le Prince se trouve du tout sans fiesvre, et en tel estat qu'on le croit entièrement guéry. Nous ne sçavons plus à quoy nous en sommes pour nos affaires. Ceux de la religion prétendue refformée nous ont faict sçavoir qu'ils ne pouvoient passer outre sans estre asseurez de la subsistance de leur assemblée. Jugez à quoy cela va. Je vous confesse que je suis en si mauvaise humeur, que je n'ai pas le courage d'escrire. Je vous baise très humblement les mains, et vous prie de me croire tousjours, monsieur, vostre très humble et affectionné serviteur,

P. PHÉLIPEAUX.

A Loudun, ce 30 avril 1616, au matin.

CCCL.

Man. Bibl. impér. Supplém. franç. 3193.

Lettre de M. de Montmorency à MM. les depputez pour le Roy en la conférence du Loudun, du 29 avril 1616.

Messieurs, j'ay reçeu l'advis qu'il vous a pleu me donner par ce courrier de l'advancement de vostre négociation pour la résolution des articles, et l'espérance que vous avez qu'ils seront bientost signez et la paix publiée. Touchant ce que vous me mandez de faire publier la prolongation de la tresve dans l'étendue de mon gouvernement, c'est chose qui n'a point esté jugée nécessaire, n'y ayant aucune altération au repos dont elle a joui durant les derniers mouvemens; attendu qu'à l'instante prière des depputez de la religion prétendue refformée, les affaires de Lombers[1] se sont accommodées par la douceur, de telle sorte que j'ay subject d'estre content, ayant par conséquent licencié la plupart des troupes que j'avois mises sur pied pour cest effect. Attendant donc l'entière résolution de toutes choses, je ne la feray plus longue que pour vous supplier bien humblement de croire que je tiendray la main de tout mon pouvoir à l'exécution de ce qu'il plaira à Sa Majesté m'ordonner là dessus, et vous asseurer qu'en toutes autres occurrences qui me seront offertes de vous rendre du service, je vous feray veoir par les effects que je suis, messieurs, vostre très affectionné serviteur,

MONTMORENCY.

De Telle[2], ce 29 avril 1616.

CCCLI.

Man. Bibl. Sainte-Geneviève et Mazarine.

Lettre du Roy à M. de Villeroy, du 30 avril 1616[3].

Monsieur de Villeroy, ayant veu, par les lettres que vous avez escrites au président Janin le 28e de ce mois, que mon cousin le prince de Condé continue de désirer que mon cousin le duc de Longueville entre au gouvernement de Normandie et laisse celuy de Picardie à la Royne madame ma mère, affin de faire cesser les brouilleries

---

[1] A trois lieues sud d'Albi. « Le chasteau de Lombez, en Albigeois, surpris par le « vicomte de Panat, huguenot. La ville « estoit tenue par ceux de la religion, et le « chasteau par le Roy. On a dit depuis que « ce vicomte n'estoit entré que dans la ville, « laquelle est huguenote. » (Journal d'Arnaud d'Andilly, 30 mars 1616.)

[2] La lecture de ce mot est incertaine. (Édit.)

[3] Cette lettre doit être datée de Blois. (Édit.)

qui ont esté cy devant et pourroient encore naistre dans la cour et y revenir avec plus de confiance, je vous escris celle cy pour vous déclarer que, encore que j'estimasse avoir assez faict pour le contentement du dict duc, de consentir que mon cousin le mareschal d'Ancre quittast les charges qu'il a en Picardie[1] pour faciliter la paix que je désire donner à mes subjects, je trouve bon que vous accordiez de ma part l'échange des dicts gouvernemens, aux conditions qui vous ont esté proposées, à sçavoir, en donnant au dict duc les capitaineries et gouvernemens de Caen et du Pont de l'Arche, et la somme de cent mil escus, si vous ne pouvez le faire contenter à moins, ce que je remets à vostre prudence de ménager le mieux que vous pourrez. Mais je désire que ce soit sans aucune retardation; car il importe surtout que vous acheviez promptement. Je prie Dieu qu'il vous ayt, monsieur de Villeroy, en sa sainte et digne garde, etc.

CCCLII.

Man. Bibl. impér. Supplém. franç. 3193.

M. de Pontchartrain, du 1er may, receue à Blois le 11 du dict mois 1616.

A M. de Sceaux.

Monsieur, la lettre que vous m'avez escrite par M. de la Cour n'est point encore venue jusques à moy; mais je viens de recevoir celle qu'il vous a pleu de m'escrire hier par le courrier de M. de Villeroy. Monseigneur le Prince se porte tousjours de mieux en mieux, et n'a plus qu'à reprendre ses forces; car, à cela près, il est sans maladie. Nous avons travaillé hier et aujourd'huy grandement, et espère que, si on nous tient promesse, nous pourrons signer demain ou après demain. Cela m'empeschera de vous faire icy plus longue lettre que

---

[1] Le 6 avril, M. de Nérestan, étant près de Chinon, avait fait savoir à M. de Villeroy que le maréchal d'Ancre venait de remettre entre les mains du Roi toute l'autorité dont il jouissait en ce moment en Picardie. (Voir le procès-verbal à l'Appendice.) (Édit.).

pour vous baiser humblement les mains, demeurant, monsieur, vostre très humble et affectionné serviteur,

P. PHÉLIPEAUX.

A Loudun, ce 1er de may 1616.

Ceux de la Rochelle nous embarrassent tousjours.

CCCLIII.

Man. Bibl. imp. Fonds Dupuy, n° 450. — Bibl. Sainte-Geneviève et Mazarine.

Lettre du Roy à MM. les depputez à Loudun, du 1er may 1616[1].

A mon cousin le mareschal de Brissac, et à MM. de Villeroy, de Thou, de Vic et de Pontchartrain, conseillers en mon conseil d'estat[2].

Messieurs, j'ai veu, par vostre lettre du 29e du mois passé, la diligence que vous avez faicte pour parvenir à la conclusion des affaires que vous traictez, et comme vous en pensiez estre proches quand le ministre Chauffepied est revenu de la ville de la Rochelle et a rapporté, de la part de ceux qui y sont assemblez, qu'ils ne peuvent estre d'accord de passer outre, qu'ils ne soient asseurez que leur assemblée, ou au moins un abrégé d'icelle, puisse subsister jusques à ce que l'édict qui se doibt faire maintenant soit vérifié en mon parlement de Paris, le désarmement entièrement faict, et tout ce qui leur est accordé, exécuté; chose qui est si hors de raison que je ne puis croire que ceux à qui le dict Chauffepied l'a fait entendre consentent que la proposition vous en soit faicte, et moins encore que mon cousin le prince de Condé et les principaux dont il est assisté y veuillent participer ny adhérer. Mais, quoy que ce soit, j'estime qu'elle est de telle conséquence pour mon auctorité et le bien de mon royaume, que vous debvez plus tost rompre que de l'accorder en quelque manière que ce soit; car ce ne seroit pas donner la paix à mes

---

[1] Manuscrit de la bibliothèque Sainte-Geneviève. (Édit.)

[2] Ce second titre est celui du manuscrit de la Bibliothèque impériale. (Édit.)

subjects que de la faire à ceste condition. Vous en sçavez tous si bien les raisons qu'il n'est pas besoing que je les vous amentevoye, et je m'asseure aussy que vous n'aurez manqué de les représenter avec soing à mon cousin le prince de Condé, si sa santé luy peut permettre d'ouir parler d'affaires, et pareillement à ma cousine la comtesse de Soissons, et aux autres princes et seigneurs qui se sont montrez affectionnez au bien et repos de mes subjects, affin que tous ensemble achèvent ce bon œuvre, encore que les dicts assemblez à la Rochelle facent reffus d'y entendre, n'estant raisonnable que eux seuls puissent empescher la résolution d'une paix tant désirée de tous les gens de bien; et, si tous ces moyens viennent à défaillir, ce que je ne puis croire, pour l'opinion que j'ay de la bonne intention des dessus dicts, vous ne pouvez plus demeurer au lieu où vous estes qu'avec honte et au trop grand mépris de mon auctorité; sur quoy j'attendray ce qui aura succédé depuis, dont je désire que vous me fassiez sçavoir au plus tost des nouvelles, comme aussy de la santé de mon cousin le prince de Condé, à qui je la souhaite aussy bonne et entière qu'à moy mesme, qui prie Dieu vous avoir, messieurs, en sa saincte et digne garde.

Escrit à Blois, le 1ᵉʳ jour de may 1616.

Signé LOUIS, et plus bas Potier.

CCCLIV.

Proc.-verb. man. des assembl. protest. t. IV, la Rochelle. Bibl. Mazarine.
Papiers Conrart, t. II, in-4°. Bibl. de l'Arsenal.

Extraits des procès-verbaux des séances de l'assemblée de la Rochelle, des 25 avril et 2 mai 1616.

Séance du 25 avril 1616. — La compagnie, délibérant sur les lettres de ses depputez à la séance du 23ᵉ de ce mois, et rapport du sieur Chauffepied, envoyé de leur part, qui a faict entendre qu'en exposant leur charge à MM. les commissaires du Roy, et procédant sur l'article de leurs instructions concernant la subsistance de l'assemblée jusqu'à la vérification de l'édict et exécution des choses promises, les dicts sieurs commissaires leur avoient dict qu'ils n'avoient accordé le dict article et ne le passeroient point, et que, sur ce reffus, il avoit esté envoyé exprès pour sçavoir la volonté de la compagnie; considérant que la dicte subsistance lui a esté asseurée par M. le duc de Sully, que d'ailleurs la dicte subsistance luy est très nécessaire, et qu'en sa considération elle s'est relaschée de beaucoup, espérant par ce moyen asseurer les choses promises; qu'elle importe au service du Roy pour la plus facile pacification des troubles de ce royaume, et que desjà elle a résolu, sur les mémoires de la plupart des provinces, de ne se séparer point qu'après avoir eu réponses favorables sur les articles qu'elle a jugez nécessaires pour la seureté et liberté des esglises, et veoir l'exécution des dictes réponses; après avoir concerté par voix et par provinces, a trouvé bon de charger ses dicts depputez qui sont à la conférence d'insister et s'affermir sur la dicte demande, et de supplier M. le Prince de vouloir faire accorder la dicte subsistance, puisqu'elle leur importe tant; trouve aussy bon à ceste mesme fin d'en escrire à tous nos grands.

Séance du lundi 2 may 1616. — La compagnie, délibérant sur la lettre aujourd'huy receue de ses depputez à la conférence du 30e avril dernier, et rapport qui luy a esté faict par les sieurs Huron et de la Nouaille envoyez par eux, a esté d'advis que ses dicts depputez signent le traicté de paix moyennant promesse par écrit de la subsistance de l'assemblée pour le temps et espace de six semaines, et que, durant le dict temps, on désarme de toutes parts, que les commissaires soient envoyez dans les provinces, que Tartas soit restituée, que l'édict soit vérifié au parlement de Paris, et par après aux autres parlemens.

CCCLV.

Man. Bibl. Sainte-Geneviève.

Ce que les grands de la religion prétendue refformée signèrent aux depputez de l'assemblée généralle, avant qu'iceulx depputez signassent l'édict du 2 may 1616[1].

Sur le rapport qui nous a esté faict par le sieur Chauffepied de l'intention de l'assemblée généralle à ce que, suivant les instructions qui nous avoient esté données de sa part, nous continuassions, et envers les depputez du Roy et envers monseigneur le Prince, nos très humbles supplications et instances pour avoir, avant la signature du traicté de paix, un brevet de Sa Majesté auctorisant et permettant la continuation et subsistance de nostre dicte assemblée généralle jusques à la vérification de l'édict dans les parlemens, le désarmement des gens de guerre, la restitution réelle de Tartas en l'estat qu'il estoit et l'envoy et exécution des commissaires d'une et d'autre religion dans toutes les provinces; nous avons, après avoir pris l'advis de tous nos grands de la religion assemblez ensemble, et requis très instamment leur faveur et adjonction à cela, réitéré nos supplications et instances envers monseigneur le Prince, nous adressant dans son conseil à Mme la comtesse, comme chef d'iceluy en son absence, à ce qu'il luy plaise nous faire obtenir le susdict brevet avant la signature du traicté de paix.

Faisant en cela, à l'espérance et asseurance qu'il nous en avoit tousjours donnée[2]. Sur quoy ma dicte dame, ayant pris l'advis de M. l'ambassadeur du roy de la grande Bretagne, de tous les princes,

---

[1] Ce titre n'a pas toute la clarté désirable. Il résulte de la contexture de cette pièce que c'est une décharge donnée par les princes et seigneurs protestants, MM. de Sully, de Courtenay, etc. au ministre Chauffepied et aux autres députés de l'assemblée de la Rochelle, pour couvrir leur responsabilité devant cette assemblée et les justifier d'avoir signé la paix. (Édit.)

[2] Phrase incomplète. Cette pièce, quoique d'une belle écriture, est copiée avec négligence. Nous la donnons telle qu'elle est dans le manuscrit, sans avoir cru devoir corriger les constructions vicieuses, ni pu suppléer les mots omis. (Édit.)

seigneurs et officiers de la couronne, d'une et d'autre religion, suivant la réquisition séparée que nous luy en avons faicte, qui estoient dans le dict conseil, nous a dict qu'elle avoit déjà faict toutes sortes d'instances, avec M. le duc de Sully, pour obtenir des dicts sieurs commissaires de Sa Majesté ce que nous désirons, et quoyque c'eust esté, à son grand regret, inutilement; que néantmoins elle avoit pris résolution, sur ce que nous tenions de luy représenter dans le conseil, de s'en retourner derechef vers les dicts sieurs commissaires, pour, avec le dict sieur ambassadeur et MM. de Nevers, du Mayne et de Vendosme, réitérer avec nous et en nostre présence les instances et prières sur ce subject. Ce qu'ayant esté exécuté sur le champ, avec toute sorte de tesmoignages d'affection de la dicte dame et de tous les dicts princes et seigneurs qui l'accompagnoient, et n'ayant rien produit que quelques expéditions comme d'une souffrance de nostre dicte assemblée pour le temps de six semaines, pendant quoy l'on feroit faire la vérification de l'édict au parlement de Paris et la restitution de Tartas, avec une déclaration fixe des dicts sieurs commissaires de vouloir, sans aucune prolongation de tresve, estre éclaircis dans le lendemain pour tout délay de la signature du dict traicté, ou se retirer et protester de la rupture de la paix contre nous; estant en ces perplexitez, nous avons derechef assemblé tous messieurs nos grands, pour nous apprendre en ceste occurence leurs sentimens, les suppliant très humblement de nous les vouloir dire franchement, et ce qu'ils estimoient en leurs consciences que nous pouvions et debvions faire, leur ayant à ce subject faict veoir nos instructions et la lettre de l'assemblée que le sieur Chauffepied nous avoit apportée, lequel leur a faict particulièrement entendre tout ce qui s'estoit agité dans icelle là dessus. Sur quoy, tous d'une voix nous ont dict que nous ne debvions refuser les dicts expédiens, parce que, faisant autrement, les choses estoient si advancées à la conclusion de la paix, et la nécessité y estoit telle, et pour le public et pour le particulier, qu'il y avoit grande apparence, voire infaillible, que nous demeurerions seuls, et qu'alors nous serions contraints de suivre, et qu'estant ainsy trainez, nous désauthoriserions entièrement nostre assemblée, nous jetterions nos affaires au plus grand mespris qu'elles eussent point encore esté, nos esglises en une irréconciliable ...... et perdrions entièrement ce que .... de la paix, qui nous conseilloit par tout.....[1] un amour très grand; qu'entre nous cela formeroit de plus grandes divisions que jamais, attireroit un blasme à l'assemblée de se vouloir perpétuer; que, par nos instructions et lettres dernières, ils ne voyoient pas qu'il nous feust rien expressément ordonné pour la rupture de la paix. Au contraire, il paraissoit par là, et par le rapport du dict sieur Chauffepied, une inclination et désir d'icelle, que nous avions amplement satisfaict aux instances sur ce subject dont nous estions chargez; qu'à la cour il paroissoit évidemment que l'on vouloit, à l'advenir, conduire les affaires par d'autres conseils; que le Roy se vouloit rapprocher [de] ceux desquelz nous avions tout subject de prendre confiance; que partant, voyant les maux innombrables qui arriveroient de la rupture de la paix à l'estat, et particulièrement à nos esglises, qui, par ce moyen, en seroient recogneues la cause, ils ne pouvoient avoir autre advis que celuy qu'ils nous donnoient; nous sommant et adjurant de le suivre.

Nous soubsignez[2] certifions ce que dessus contenir vérité, et l'avons approuvé et ratifié.

A Loudun, ce 2 may 1616.

---

[1] Ce que nous figurons ici par des lacunes sont des mots omis que nous n'avons pu rectifier.

[2] Cette pièce doit être signée, dans l'original, par le duc de Sully, M. de Courtenay et les autres seigneurs protestants liés au parti du prince de Condé et présents à Loudun. (Édit.)

CCCLVI.

Man. Bibl. imp. Suppl. franç. 3193.

M. de Pontchartrain, du 2 may, receue à Blois le 3 du dict mois 1616.

A M. de Sceaux.

Monsieur, je receus hier la lettre dont vous aviez chargé M. de la Cour. Il n'est plus besoing que je vous escrive de la santé de monseigneur le Prince, puisqu'elle va tousjours en améliorant, et qu'il n'a plus besoing que de recouvrer ses forces. Nous travaillons autant que nous pouvons à mettre une dernière fin aux affaires. L'on nous donne espérance que dans aujourd'huy ou demain tout sera signé. Dieu nous en face la grâce! Je y appréhende encore quelque nouvel obstacle; vous en sçaurez bientost des nouvelles; ce pendant je vous baise très humblement les mains, et demeure, monsieur, vostre très humble et affectionné serviteur,

P. PHÉLIPEAUX.

A Loudun, le 2ᵉ de may 1616.

Monsieur, je ne doute point que, quand nos articles seront signez, l'on ne se dispose bientost après de partir d'où vous estes pour s'en aller; néantmoins je vous diray qu'il est du tout nécessaire que nous ayons une ratification de ce que nous aurons faict, pour bailler à monseigneur le Prince auparavant que l'on s'éloigne. Cela ne retardera pas de deux ou trois jours. Mais, si on se vouloit donner patience jusques à sept ou huit jours, Leurs Majestez auroient ce contentement de veoir par delà quelques uns de ces princes et grands, pour leur rendre les submissions et obéissance qu'ils doibvent.

CCCLVII.

Man. Bibl. impér. Supplém. franç. 3193.

M. de Villeroy, du 3 may, receue à Blois le 4 du dict mois 1616.

A M. de Sceaux.

Monsieur, nous avons plus de peine maintenant à faire entrer dans le port nostre vaisseau que nous n'en avons eu à le conduire en pleine mer, devant que nous ayons découvert la terre. Ces messieurs travaillent plus que devant à tirer de nous des graces pour les particuliers et pour gagner sur nous quelque advantage dedans le public, soit qu'ils ayent crainte, estant descendus en terre ferme, que nous ferons peu de compte d'eux, ou qu'ils entendent profiter du désir et du besoing qu'ils recognoissent que nous avons de gagner le port du repos que nous poursuivons; mais j'espère qu'ils n'y profiteront rien, quand nous debvrions laisser nostre ouvrage imparfait, comme je crains que nous y soyons contraints, s'ils demeurent opiniastres et aheurtez à ce qu'ils demandent de toutes parts, comme s'ils jouoient à despouiller le Roy et ne debvoient jamais rien espérer de Leurs Majestez. Voicy M. le Prince qui m'avoit demandé, pour le payement de sa compagnie de chevau-légers, les deniers qu'il disoit estre entre les mains du trésorier de l'extraordinaire, qui insiste maintenant que je les face bons, c'est-à-dire que l'on luy en donne assignation ailleurs au cas que celle là manque. Je sais bien que cecy ne mérite pas que nous rompions la paix; mais il en surviendra tous les jours de semblables qui, assemblées, font une somme insupportable. Excusez mon ennuy, et, pour empescher que vous n'y preniez part, je vous annonceray que l'on nous promet de signer les articles de la paix aujourd'huy. Si ainsy est, vous les aurez bientost entre les mains pour les ratifier. Je vous prie de dire à la Royne mère du Roy et à M. le président Janin que je vois M. de Bouillon disposé d'aller avec M. de Mayenne trouver Leurs Majestez de la part de monseigneur le Prince, après la publication de la paix, pour leur porter les asseurances de la foy dudict sieur le Prince et de la leur, si je leur dis que Leurs dictes Majestez l'auront agréable. Autrement l'on n'y envoyera que M. de Mayenne. Mais j'estime que la Royne sera soulagée de veoir M. de Bouillon, et qu'il est nécessaire qu'elle le voie devant qu'il s'éloigne et s'achemine en ses maisons. Tenez ceste ouverture secrète; elle m'a esté faicte ce matin.

Adieu; c'est de Loudun, le 3 may, à 10 heures du matin, 1616.

Vostre très affectionné serviteur et cousin,
DE NEUFVILLE.

CCCLVIII.

Man. Bibl. impér. Supplém. franç. 3193.

M. de Pontchartrain, du 3 may, receue à Blois le 3 du dict mois 1616.

A M. de Sceaux.

Monsieur, je vous escris ce mot à la haste par M. Hillerin[1], qui vous dira comme toutes choses se sont passées. Nous avons enfin faict signer; ce n'a pas esté sans des peines extresmes. Monseigneur le Prince s'y est porté avec affection et courage; Mme la comtesse de Soissons et M. de Nevers en méritent des remerciemens par lettres de Leurs Majestez; et mesme ces messieurs sont d'advis que, dans les lettres que le Roy escrira aux parlemens pour leur donner advis de ceste paix, il y face mention du soing et de l'affection que la dicte dame et le dict sieur de Nevers ont apportez à ceste affaire: ils méritent ceste grace, de laquelle ils se sentiront grandement honorez. Je vous asseure que je suis si las que je n'en puis revenir. Dieu rous face jouir longuement et heureusement de ceste paix. Demain nous vous dépescherons un courrier avec les dépesches sur lesquelles nous aurons besoin de vos ratifications. Vous aurez icy la minute de l'acte que l'on estime debvoir estre présentement publié par les provinces. Le Roy le fera, s'il luy plaist, publier aussytost qu'il l'aura receu en

[1] L'un des principaux secrétaires qui avaient accompagné les commissaires à la conférence. (Édit.)

sa cour, et chanter le *Te Deum*. Nous avons faict icy le dernier, et demain nous ferons faire la mesme publication au nom du Roy. Excusez moy si je ne vous faiz plus longue lettre; je ne sçay ce que je faiz. Adieu, je suis, monsieur, vostre très humble et affectionné serviteur,

P. PHÉLIPEAUX.

A Loudun, ce 3 may 1616, à neuf heures du soir.

Je suis bien ayse que vous ayez eu du plaisir en vostre voyage de Villesavin.

CCCLIX.

Proc.-verb. man. des assembl. protest. t. IV, la Rochelle. Bibl. Mazarine.
Papiers Conrart, t. II. Bibl. de l'Arsenal.

Promesse baillée par monseigneur le prince de Condé, Mme la comtesse de Soissons et autres estant à Loudun pour la séparation de l'assemblée qui estoit à la Rochelle.

Nous soubsignez promettons au Roy et à messieurs les depputez en la conférence de Loudun que les depputez de la religion prétendue refformée qui seront assemblez à la Rochelle, en vertu de la permission qui leur en a esté donnée à nostre instance, pour y nommer les depputez qui auront à résider près Sa Majesté, feront la dicte nomination auparavant le quinziesme de juin, et que, dans le dict jour, ils se sépareront et retireront chascun en leur province, sans qu'ils puissent par après demeurer en corps, ny en abrégé d'assemblée, pour quelque cause, raison ou prétexte que ce puisse estre, nonobstant les instances qu'ils en auroient faictes; et où ils feroient reffus et longueur de se retirer et séparer, nous promettons de satisfaire au commandement que Sa Majesté nous fera pour les y faire obéir, ce à quoy nous nous sommes obligez, ayant reconneu que, sans ceste promesse, les dicts depputez de Sa Majesté n'eussent accordé le susdict terme.

Faict à Loudun, le 3e jour de may 1616.

Signé : HENRY DE BOURBON, ANNE DE MONTAFFIÉ[1], HENRY DE LA TOUR, HENRY DE LA TRIMOUILLE.

---

[1] Comtesse de Soissons.

CCCLX.

<small>Proc.-verb. man. des assembl. protest. t. IV, la Rochelle. Bibl. Mazarine.
Papiers Conrart, t. II, Bibl. de l'Arsenal.</small>

Brevet accordé par les depputez du Roy en la conférence de Loudun à ceux de la religion prétendue refformée, pour la subsistance de leur assemblée de la Rochelle jusques au quinziesme juin 1616.

Sur l'instance et prière de monseigneur le Prince, de Mme la comtesse de Soissons et autres princes et seigneurs joincts avec luy, d accorder aux depputez de la religion prétendue refformée, qui sont de présent assemblez à la Rochelle, de pouvoir demeurer ensemble au dict lieu jusqu'au 15e jour de juin prochain, pendant lequel temps il plaise au Roy faire vérifier l'édict de pacification et articles secrets, faire restituer Tartas et acheminer les commissaires dans les provinces pour l'exécution des choses qui ont esté promises, nous avons, au nom de Sa Majesté et en vertu du pouvoir à nous donné, permis aux dessus nommez de la religion prétendue refformée, de present assemblez à la Rochelle, de demeurer au dict lieu jusques au 15 juin prochain, sans qu'après le dict jour ils puissent plus demeurer ensemble, pour quelque cause et occasion que ce soit, ou que, pendant tout ce temps de leur subsistance, ils puissent faire aucunes nouvelles demandes à Sa Majesté, laquelle, cependant, fera vérifier l'édict de paix et articles secrets au parlement de Paris, restituer Tartas et acheminer les commissaires dans les provinces, affin de proceder à l'exécution des choses promises; en tesmoing de quoy nous avons signé la présente.

A Loudun, le 3e jour de may 1616.

Signé : BRISSAC, DE NEUFVILLE, DE THOU, DE VIC, PHÉLIPEAUX.

CCCLXI.

Man. Bibl. impér. Supplém. franç. 3193.

MM. les depputez du Roy à Loudun, du 3 may, receue à Blois le 4 du dict mois 1616.

Au Roy.

Sire, enfin Dieu nous a faict la grâce de terminer les affaires pour lesquelles Vostre Majesté nous a envoyez en ce lieu, et avons ce jourd'huy signé les articles généraux desquels nous estions convenus ensemble, comme aussy l'acte que nous avons estimé debvoir estre mis au bas de l'édict de pacification et des articles particuliers dont nous sommes demeurez d'accord, et qu'il faudra que Vostre Majesté face, s'il luy plaist, expédier pour envoyer à vos parlemens. Cependant nous dépeschons ce porteur vers Vostre Majesté pour luy porter le dict édict et articles particuliers, avec les dicts articles généraux, sur lesquelz nous la supplions très humblement faire faire promptement ses ratiffications, et les nous envoyer aussytost, pour mettre le tout entre les mains de monseigneur le prince de Condé, lequel nous debvons tesmoigner à Vostre Majesté avoir voulu faire un effort à sa santé pour ne tarder plus longuement la signature de tout ce que dessus. Vostre Majesté commandera aussy, s'il luy plaist, de faire dépescher promptement par toutes ses provinces pour faire publier l'acte de paix, affin que tous ses peuples commencent à jouir de la consolation qu'ils en ont dès longtemps espérée; et, en attendant, nous travaillerons tousjours à ce qui est du licenciement des troupes, et à faire cognoistre à tous ces princes et seigneurs les graces qu'il a pleu à Vostre Majesté leur accorder en particulier, dont ils nous pressent continuellement. Et s'il plaisoit à Vostre Majesté retarder encore quelques jours à Blois, nous espérerions luy mener quelques uns des dictes princes et principaux seigneurs, pour luy aller rendre les submissions et obéissances auxquelles ils sont obligez, en quoy ils tesmoignent avoir particulière inclination. Nous prions Dieu, Sire, qu'il luy plaise conserver Vostre Majesté en santé, et luy donner très longue et heureuse vie.

De Loudun, ce 3 mai 1616.

Vos très humbles et très obéissans subjects et serviteurs,

BRISSAC, DE NEUFVILLE, J. A. DE THOU, M. DE VIC, PHÉLIPEAUX.

Sire, nous pensions envoyer à Vostre Majesté présentement la copie de l'édict, les articles et actes que nous avons signez, mais il s'est trouvé tant de difficultez, que cela n'a peu estre parachevé qu'à la nuit, ainsi que vous dira le sieur Hillerin. Demain nous dépescherons un courrier exprès pour les porter à Vostre Majesté, affin d'en avoir promptement les ratiffications. Ce pendant nous vous envoyons la copie de l'acte que nous estimons debvoir estre promptement publié dans vostre cour et par toutes vos provinces.

CCCLXII.

Man. Pap. Conrart, in-4°, t. XI. Bibl. de l'Arsenal.

Extrait du journal d'Arnaud d'Andilly.

3 may. — La paix signée à Loudun, à 9 heures du soir. A trois heures après midy, tout avoit esté rompu, sur ce que M. de Longueville disoit que, le Roy lui ayant donné le choix de la Normandie ou de la Picardie, il optoit la Picardie et estoit prest de signer. M. de Villeroy dit qu'il n'avoit point charge d'accorder cela. Sur quoy M. le Prince et M. de Longueville répliquèrent qu'il les trompoit donc, leur ayant tousjours donné ceste asseurance. Et ensuite il y eut grande division. Enfin Mme la comtesse de Soissons, M. de Nevers et autres firent tant qu'ils firent signer M. le Prince, et ensuitte MM. du Mayne et de Longueville, et puis les autres, qui faisoient fort les fascheux.

M. de Chevry fut envoyé à Loudun pour donner ordre au licenciement des troupes de MM. les princes, et M. de Maupeou travailla à Tours au licenciement de celles du Roy.

M. de Vignolles fut envoyé à Xaintes vers M. d'Espernon (très mal content), affin de le faire désarmer; à quoy il se résolut avec grande peine. Enfin il en donna parole. Quelque temps auparavant, M. de Soubise s'estoit avancé vers luy avec troupes; mais il s'en revint, ayant appris que M. d'Espernon s'estoit mis en estat de le bien recebvoir, ayant assemblé, compris les vieux régimens estant en garnison dans son gouvernement, quatre mil hommes de pied et cinq à six cens chevaux.

CCCLXIII.

Proc.-verb. man. des assembl. protest. t. IV, la Rochelle. Bibl. Mazarine.
Papiers Conrart, t. II. Bibl. de l'Arsenal.

Extrait du procès-verbal de la séance du 6 mai de l'assemblée de la Rochelle.

Séance du 6 may 1616. — Le dict jour sont venus de Loudun les sieurs Chauffepié et Manialdˌ qui ont apporté lettres des autres depputez à la conférence et de M. le Prince dessous insérées, lesquelles lues, et d'iceux entendu que la paix avoit esté signée de mardy dernier, et ce qui s'est passé de particulier en leur depputation, la compagnie a remis à délibérer sur leur négociation au retour des autres depputez qui sont à Loudun; pour lequel effect elle a trouvé bon de leur escrire qu'ils reviennent tous au plutost, fors deux d'entre eux qui demeureront pour retirer les expéditions nécessaires, et iceux à leur discrétion, moyennant que ceux du règlement retournent.

CCCLXIV.

Proc.-verb. man. des assembl. protest. t. IV, la Rochelle. Bibl. Mazarine.
Papiers Conrart, t. II. Bibl. de l'Arsenal.

Lettre du prince de Condé aux depputez assemblez à la Rochelle.

Messieurs, vous sçaurez, par le retour des sieurs Chauffepié et Manialdˌ vos depputez, comme, grace à Dieu, nostre conférence s'est enfin terminée par la paix, dont nous signasmes hier les articles, et vous représenteront toutes les particularitez de ce qui s'y est passé, si bien qu'il seroit inutile de vous en dire davantage. J'adjousteray seulement pour ce regard, ainsy que vos dicts depputez vous le pourront tesmoigner, que j'ay apporté en ceste occasion tout ce qui a esté de mon pouvoir pour vostre bien et conservation, selon les advis qui m'en ont esté donnez de vostre part, n'ayant point eu de plus [grand] déplaisir en ma maladie que l'empeschement que cela me donnoit de ne pouvoir vaquer assiduellement aux affaires comme auparavant; mais je loue Dieu qu'elles soient terminées; car, à la vérité, la paix estoit tellement nécessaire à cest estat, que je ne vois pas qu'on eust peu davantage subsister de part et d'autre. Il faut doresnavant pourveoir à l'exécution des choses promises, à quoy je ne manqueray de tenir la main de tout mon pouvoir, affin de vous tesmoigner qu'en ce qui vous concerne je ne veux nullement me départir de l'affection et entière volonté que je vous ay promises. Vous sçaurez des dicts sieurs vos depputez l'estat de ma santé, et comme, graces à Dieu, je l'ay recouverte à mesme temps que celle de l'estat. Dont je m'asseure que vous aurez du contentement. Aussy vous supplieray je de croire que je ne m'éloigneray jamais de la résolution que j'ay prise de demeurer tousjours, messieurs, vostre affectionné serviteur.

HENRY DE BOURBON.

A Loudun, ce 4 may 1616.

  Et en la suscription :

A messieurs, messieurs les depputez généraux des esglises de ce royaume assemblez par permission du Roy mon seigneur à la Rochelle.

CCCLXV.

Man. Bibl. impér. Supplém. franç. 3193.

M. de Pontchartrain, du 4 may, receue à Blois le 5 du dict mois 1616.

A M. de Sceaux.

Monsieur, ceste depesche n'ayant pu tenir dans un paquet, je l'ay mise dans un sac, et en ay faict faire un inventaire comme font les procureurs; vous y trouverez l'édict de pacification et les articles particuliers dont nous sommes convenus, ensemble les réponses aux premiers articles qui nous avoient esté présentez par monseigneur le Prince. Sur tout cela, il nous faut promptement avoir les ratifications du Roy au bas des signatures, pour les bailler à monseigneur le Prince. Vous trouverez aussy les responses que nous avons faictes sur les cahiers de ceux de la religion prétendue refformée qui avoient esté présentez et respondus à Poictiers, et les articles que monseigneur le Prince nous a présentez en faveur de ceux de la religion prétendue refformée et les responses que nous y avons faictes; sur quoy il nous faudra pareillement les ratifications. Et affin que vous ayez toute l'intelligence des responses que nous avons faictes sur ces cahiers de ceux de la dicte religion prétendue refformée qui avoient esté présentez et respondus à Poictiers, je vous en envoye aussy la copie. Je vous envoye pareillement les déclarations et approbations de tous ces princes et seigneurs de tout ce qui a esté traicté, convenu et accordé, ce que l'on a advisé de mettre ainsy à part, à cause des difficultez qui se fussent rencontrées pour leurs préséances en leurs signatures, pour n'avoir point la peine que l'on eut à Saincte-Menehoult, d'en faire autant de copies comme il y avoit de particuliers, princes ou seigneurs, lesquelles néantmoins ont esté jugées nécessaires, parce qu'ils n'ont traicté que comme joincts et unis, et non comme ayant suivy. Il sera à propos que vous nous les renvoyiez pour les garder avec le principal de ces expéditions; et pour, au commencement, soulager la peine de vos commis, j'ay faict escrire des formules des ratifications du Roy qu'il faudra faire faire, affin qu'il n'y ayt qu'à les faire transcrire, après que Sa Majesté aura veu et ouy lire ce qui est contenu dans les dicts édicts, articles et responses; j'entends si vous le trouvez bien. Je vous envoye aussy les formulaires de trois brevets dont nous sommes convenus, en la forme qu'ils sont, avec ceux de la religion prétendue refformée, lesquelz vous ferez aussy, s'il vous plaist, expédier, et nous les renvoyerez avec le reste, car nous sommes obligez de rendre tout ensemble. — Monsieur, je sçay bien que l'on trouvera beaucoup de choses à redire en toutes ces affaires là; mais souvenez-vous, s'il vous plaist, que nous y avons faict tout ce que nous avons peu, et non pas ce que nous avons voulu, et, si Dieu me faict la grace de me délivrer de ce pays, je penseray estre aussy heureux que ceux qui ont esté longtemps dans le fond d'un cachot, auxquelz on fait veoir le jour, les mettant en liberté. Il y a bien d'autres choses que vous ne voyez pas encore, mais vous en sçavez des nouvelles; et mesme l'on est contraint de passer par de là ce que vous en avez veu et baillé par mémoire. Deux choses nous pressent grandement pour le contentement de ces gens cy, l'une la reddition de Tartas, et l'autre le rétablissement des reffugiez de Poictiers et satisfaction à monseigneur le Prince par l'évesque. Pour le premier, j'ay escrit à M. le président Janin qu'il feist que l'on escrivist promptement à M. de Roquelaure d'y aller et d'y mener ses troupes qui sont six fois plus fortes qu'il ne faut, s'il a ce qu'il dict; mais il l'en faut presser. L'autre, il faudroit escrire à l'évesque d'aller trouver le Roy à la cour, et donner charge à quelqu'un de porter la lettre, qui fust capable de persuader les habitans de recevoir et admettre ceux qui en sont reffugiez. L'on croit que M. de Vic y seroit propre, non pour faire le dict rétablissement, car il faut que ce soit un prince ou un grand pour la difficulté qui s'y trouvera, mais pour y disposer les uns et les autres. Ceste commission ne luy sera pas agréable, et néantmoins c'est chose tellement affectionnée par monseigneur le Prince, que de là dépend son principal contentement. Je suis si embarrassé de toutes ces affaires et des importunitez que nous recevrons continuellement, que je n'ay pas l'esprit capable d'aucun discours. C'est pourquoy il vaut mieux que je finisse après vous avoir très humblement baisé les mains, vous priant de me croire tousjours, monsieur, vostre très humble et affectionné serviteur,

P. PHÉLIPEAUX.

A Loudun, ce 4 may 1616.

CCCLXVI.

Man. Bibl. impér. Supplém. franç. 3193.

M. de Villeroy, du [4 may], receue à Blois le 5 may 1616.

A M. de Sceaux.

Monsieur, le sieur Hillerin vous apporte les nouvelles premières de la signature de nostre accord, et vous en recebvrez les articles et autres expéditions par un courrier, lequel je vous prie de nous renvoyer au plus tost avec les ratifications nécessaires, affin que nous parachevions nostre ouvrage et puissions nous retirer de ce lieu. Je prie Dieu que ce soit au contentement de Leurs Majestez et à l'advantage de leur service. Mais je puis vous asseurer que monseigneur le Prince a, par son auctorité, surmonté des obstacles fascheux que nos religionnaires et ceux qui les favorisent avoient inventez; à quoy Mme la comtesse a faict aussy des efforts dignes d'elle, et pareillement MM. de Mayenne et de Bouillon; tant y a que chascun a signé, jusques à M. de Vendosme, qui seul se plaint de n'avoir esté assisté comme il espéroit. M. de Nevers a faict aussy des diligences non pareilles pour gagner et obtenir les signatures le jour de sa nativité, qui fut hier, feste de Saincte-Croix, qu'il feit un festin, non commun, à toute la compagnie, sans en excepter un seul, en ce compris mesme les depputez des assemblées à la Rochelle; et toutesfois ils ne se rendirent guère plus traictables après le disner. Tant y a qu'ils ont signé avec les autres, et, pourvu que Dieu nous face la grace de bien user de ce repos, j'espère qu'il sera utile à tous, et principalement à Leurs Majestez, à ceux qui affectionnent leur service, ainsy que fait et fera tousjours l'amitié, monsieur, de vostre très affectionné serviteur et cousin,

DE NEUFVILLE.

CCCLXVII.

Man. Bibl. impér. Supplém. franç. 3193.

M. de Villeroy, du 4 may, receue à Blois le 5 du dict mois 1616.

A M. de Sceaux.

Monsieur, les religionnaires continuent à s'opposer, fortifiez de M. de Sully, à l'establissement des pères capucins en ceste ville, sans avoir esgard aux lettres et brevets de Sa Majesté, dont monseigneur le Prince est mal content. Mais, à cause de son indisposition, il ne peut y pourveoir, et d'autant plus que M. de Sully l'empesche. C'est pour quoy ces bonnes gens demandent un nouveau commandement au dict sieur de Sully et aux dicts habitans, par lequel il leur soit ordonné que ils reçoibvent les dicts religieux, nonobstant toutes oppositions, pour le regard auxquelles Sa Majesté défend d'avoir égard, attendu que c'est un œuvre pie. Davantage vous direz à la Royne que MM. de Mayenne, de Bouillon, de Sully et de la Trimouille parlent de partir dimanche pour aller saluer Leurs Majestez de la part de mon dict seigneur le Prince, lequel envoie devant M. Dufort, qui suivra de près ce porteur. Enfin chascun s'esbat icy à complaire et servir maintenant Leurs Majestez, de quoy nous pouvons espérer du bien pour tous. Adieu en haste.

De Loudun, le 4e, à 10 heures du soir, de may 1616.

Vostre très affectionné serviteur et cousin,
DE NEUFVILLE.

CCCLXVIII.

Man. Bibl. impér. Supplém. franç. 3193.

MM. les depputez du Roy à Loudun, du 4 may, receue à Blois le 5 du dict mois 1616.

Au Roy.

Sire, Vostre Majesté recebvra icy les articles généraux par nous respondus, ensemble le projet de l'édict de pacification, et des articles particuliers, desquelz nous sommes convenus, et que nous avons accordez, en vertu du pouvoir qu'il a pleu à Vostre Majesté nous donner, à monseigneur le Prince; comme aussy les responses que nous avons nouvellement faictes sur les cahiers que ceux de la religion prétendue refformée présentèrent à Vostre Majesté à Poictiers, et sur d'autres qui ont esté présentez icy par mon dict seigneur le Prince pour eux, affin qu'il vous plaise faire mettre sur iceux les ratifications de Vostre Majesté, pour les délivrer ez mains de monseigneur le Prince, comme nous sommes obligez de faire. Il y a aussy quelques brevets qui concernent ceux de la dicte religion prétendue refformée, dont nous envoyons les minutes à M. de Sceaux, affin qu'il vous plaise luy commander de nous les envoyer aussy. Nous attendrons donc le retour de celuy qui rapportera les dictes dépesches pour l'entière conclusion de ces affaires. Cependant nous travaillerons tousjours à ce qui sera du licenciement de ces gens de guerre et autres affaires plus pressées; et sur ce nous prions Dieu, Sire, donner à Vostre Majesté, en parfaite santé, très longue et très heureuse vie.

De Loudun, ce 4 may 1616.

Vos très humbles, très obéissans et très fidèles serviteurs et subjects,

BRISSAC, DE NEUFVILLE, J. A. DE THOU, M. DE VIC, P. PHÉLIPEAUX.

CCCLXIX.

Man. Bibl. impér. Supplém. franç. 3193.

MM. les depputez du Roy, du 5 may, receue le 6 du dict mois 1616.

A M. de Sceaux.

Monsieur, ce porteur s'en va, par le commandement de M. le duc de Mayenne, à Soissons, et en ces quartiers de delà, pour faire licencier et retirer les gens de guerre qui sont à la campagne, et ceux aussy qui sont en garnison, affin de délivrer les subjets du Roy de toute oppression; il désire estre assisté de l'auctorité et des commandemens du Roy pour cest effect, comme aussy avoir ez mains les dépesches nécessaires pour faire publier dans Soissons et dans ses autres villes la paix. Nous vous escrivons celle cy pour vous prier de luy faire bailler les dictes dépesches, et de prendre soing à ce qu'il soit promptement expédié; et n'estant celle cy pour autre subject, nous prions Dieu, monsieur, qu'il vous conserve en parfaite santé.

De Loudun, ce 5 may 1616.

Vos affectionnez serviteurs,

BRISSAC, DE NEUFVILLE, J. A. DE THOU, M. DE VIC, P. PHÉLIPEAUX.

CCCLXX.

Man. Bibl. Sainte-Geneviève et Mazarine.

M. le prince de Condé, du 5 may, receue le 6 du dict mois 1616.

Au Roy.

Sire, Vostre Majesté aura peu estre informée par messieurs ses commissaires en ceste conférence comme il a esté promis, et mesme passé pour article en l'édict, que les maisons et places de M. le duc de Luxembourg luy seroient rendues en l'estat qu'elles ont esté prises. Cependant il y a eu présentement advis qu'on travaille à la démolition de la place de Ronnay[1], à la suscitation des habitans de Troyes et autres villes voisines; à quoy je supplie très humblement Vostre Majesté de vouloir commander à un exempt de vos gardes, ou tel autre qu'il vous plaira, de se transporter sur le lieu, affin qu'il fasse sçavoir au sieur Dandelot vostre volonté, et qu'il soit réparé de l'injure qu'il a receue au préjudice de la foy promise, mesme que les dommages qui pourroient avoir [esté] receus en la dicte démolition par les habitans de la ville de Troyes, comme il est fort raisonnable, puisqu'ils en sont les auteurs[2]; à quoy me promettant qu'il

---

[1] Le sieur Dandelot, lieutenant du Roi du côté de Langres et du Bassigny, avait assiégé, vers la fin du mois de décembre 1615, et pris sur le duc de Luxembourg la ville de Rosnay, à deux lieues nord de Brienne en Champagne. (Édit.)

[2] Pour que cette phrase eût un sens, il faudrait, à la place de *mesme que les dommages*, *mesme des dommages*, et à la place de *qui pourroient* (au pluriel), *qu'il pourroit* (au singulier) avoir receus. Nous donnons, d'ailleurs, le texte tel qu'il est. (Édit.)

plaira à Vostre Majesté d'avoir esgard, ainsy que je l'en supplie très humblement derechef, je n'en diray davantage, et demeureray cependant tousjours, Sire, vostre très humble et très obéissant et très fidèle subject et serviteur,

HENRY DE BOURBON.

A Loudun, ce 5 may 1616.

CCCLXXI.

Man. Bibl. impér. Supplém. franç. 3193.

Lettre de la Royne mère à Mme la comtesse de Soissons, du 5 may 1616.

Ma cousine, j'ay différé jusques à ceste heure de respondre à vos lettres du 14e du mois passé, parce que nous n'avons point d'advis de la mort du premier président de Grenoble, et qu'un sien parent, qui est venu sur le subject de sa maladie, asseure qu'il est encore vivant, et supplie le Roy monsieur mon fils de ne disposer de sa charge; mais, ayant depuis receu vostre dernière qui est du 3e du présent, et qui faict mention non seulement de ceste affaire, mais aussy de la signature des articles qui ont esté accordez pour remettre ce royaume en paix, et de ce que vous y avez contribué, je vous escris celle cy pour vous asseurer que j'en ay bonne cognoissance, et que, outre de ce que vous avez mérité du public en ceste occasion, mon dict sieur fils et moy vous en sçavons grand gré et aurons à jamais souvenance, ainsy que nous vous déclarerons plus expressément quand nous vous reverrons; ce que je souhaite qu'il soit bien tost, tant parce que les affaires seront pour lors achevées entièrement que pour le contentement que ce me sera de vous entretenir. Ce pendant nous nous en allons reposer à Paris et vous y attendre, où j'espère que vous nous suivrez de près, priant Dieu que ce soit en bonne santé, et qu'il vous ayt, etc.[1]

---

[1] Cette lettre doit être datée de Blois. (Édit.)

CCCLXXII.

Man. Bibl. Sainte-Geneviève et Mazarine.

Lettre à MM. les depputez du Roy à Loudun, du 5 may 1616[1].

Messieurs, je loue Dieu qu'il ait pleu à sa divine bonté exaucer les prières que je luy ay faictes pour la paix de mon royaume, et bénir le soing et travail que vous y avez apporté, en quoy vous m'avez si dignement servi et le public, que j'en auray à jamais souvenance. Je receus hier au matin la nouvelle de la signature des articles, et veis par vostre lettre du 3e de ce mois combien mon cousin le prince de Condé avoit pris de peine, mesme au mépris de sa santé, pour la faire effectuer ce jour-là; dont je luy feray paroistre le gré que je luy en sçay; et cependant j'auray à plaisir que vous le luy déclariez de ma part. Dès aussy tost que j'eus vostre lettre, je dépeschay par toutes les provinces de mon royaume pour la faire publier, non seulement l'ordonnance dont vous avez receu la copie, mais aussy celle dont faisoit mention le mémoire que m'apporta dernièrement le sieur de la Cour pour la seureté des gens de guerre qui seront licenciez et l'ordre qu'ils ont à tenir à leur retour; et aujourd'huy j'ay receu avec vostre dernière, escrite hier au soir, les articles généraux que vous avez respondus et le projet de l'édict de pacification avec les particuliers, accordez par vous de ma part à mon cousin le prince de Condé, comme aussy les responses que vous avez nouvellement faictes aux cahiers qui me furent présentez à Poictiers au nom de mes subjects faisant profession de la religion prétendue refformée, et à ceux qui vous ont esté depuis baillez pour eux par mon dict cousin le prince de Condé; tous lesquelz articles et responses ayant faict lire en la présence de la Royne madame ma mère, des princes et autres principaux de mon conseil qui sont auprès de moy, je les ay agréez et approuvez, et les vous renvoye avec les ratifications que j'ay faict

---

[1] Cette lettre doit être datée de Blois. (Édit.)

adjouster et signées de ma main, telles que vous les avez jugées à propos, et pareillement les trois brevets pour ceux de la dicte religion, dont vous avez envoyé la minute, affin que rien ne vous manque de ce que vous avez promis et qui peut estre nécessaire pour la conclusion des affaires auxquelles vous avez si bien commencé. Continuez jusques à la consommation entière de ce bon œuvre, parce que l'une des principales parties d'iceluy est le licenciement des gens de guerre. Vous me ferez plaisir de l'advancer le plus qu'il vous sera possible, et désire que vous en faciez de mesme du reste, affin de vous rendre bientost auprès de moy, qui faiz estat de partir samedy[1] d'icy pour estre mercredy à Paris ou à Fontainebleau. Ce pendant je me promets d'avoir encore de vos nouvelles, et prie Dieu qu'il vous ayt, etc.

CCCLXXIII.

Man. Bibl. Sainte-Geneviève et Mazarine.

Lettre de la Royne mère à M. de Nevers, du 5 may 1616[2].

Mon neveu, ayant sceu avec quelle peine et affection vous vous estes employé ces derniers jours pour conduire à la perfection le bon œuvre pour lequel vous travaillez il y a longtemps, après avoir loué Dieu de ce qu'il a pleu à sa divine bonté, bénissant vostre labeur et exauçant les vœux des gens de bien, remettre ce royaume en paix, je vous ay voulu escrire ceste lettre pour vous déclarer que le Roy monsieur mon fils et moy vous en sçavons très bon gré et en conserverons à jamais la mémoire, et, comme nous avons voulu mander en divers lieux ce que vous avez mérité du public en ceste occasion, nous vous ferons paroistre aussy combien vous vous estes acquis de part en la bienveillance de mon dict sieur et fils, et de moy qui prie Dieu, etc.

---

[1] Ce samedi était le 7 mai (Édit.) — [2] Cette lettre doit être datée de Blois. (Édit.)

CCCLXXIV.

Man. Bibl. impér. Supplém. franç. 3193.

M. de Pontchartrain, du 5 may, receue le 6 du dict mois 1616.

A M. de Sceaux.

Monsieur, je viens de recevoir la lettre qu'il vous a pleu m'escrire par un courrier. Je prie Dieu qu'il nous face la grace, et à moy en particulier, que le service que nous avons rendu icy soit agréable au Roy, à la Royne et au public. Pour le moins y ay je apporté tout ce que mon sens, mon peu d'expérience et de jugement, et mes forces m'ont pu fournir pour leur service. Nous attendons maintenant nos ratifications et les brevets dont je vous ay envoyé les mémoires, car l'on commence à nous en presser, et, si nous les pouvions avoir demain au soir, ce seroit un grand bien. Après cela, il nous restera encore assez d'affaires. S'il eust pleu à Leurs Majestez donner trois ou quatre jours de temps pour attendre ces princes et seigneurs qui se préparoient pour les aller saluer, elles eussent faict beaucoup pour leur service; car chascun parloit d'y aller à l'envy les uns des autres; et, quand ils ont sceu ce soudain départ, ils se regardent l'un l'autre, ne sachant à quoy se résouldre. Messieurs mes codepputez, qui taschoient aussy à presser leur partement de ce lieu pour avoir ce contentement, maintenant parlent d'aller à moindres journées, et de prendre le chemin que tiennent les enfans quand ils vont à l'escole. Il semble qu'ils désirent que j'aille un peu plus promptement, pour aller tousjours essuyer les premières importunitez que l'on aura de ces affaires, et rendre quelque compte de ce qui se sera passé. Quant à moy, je m'offre à tout ce que l'on désire de moy et acquiesce à tout. Mais, quoy que je face, il sera mal aysé que je vous voye plus tost que à Paris; car ce sera tout ce que je pourray faire de partir dimanche ou lundy, et delà en avant les journées d'une personne qui mène train et bagage sont réglées. Tout ce qui commence à m'affliger, c'est que, lorsque je debvois espérer seulement douze ou quinze jours de repos, je vois[1] entrer en nouvelles affaires qui ne me donneront le loisir de respirer. Néantmoins, si je puis arriver auprès de Leurs Majestez, j'essayeray d'obtenir quelques jours de repos. Je vous prie, tenez la main que l'on envoye diligemment par les provinces la publication de la paix, car il est à craindre que à ceste fin de suspension d'armes, si on n'est adverty, il n'y ait quelques coups ruez. Je vous baise humblement les mains et vous supplie me conserver en vos bonnes graces, et me croire tousjours, monsieur, vostre très humble et affectionné serviteur,

P. PHÉLIPEAUX.

A Loudun, ce 5 may 1616.

Monsieur, nous ne sçavons pas icy quelle difficulté l'on a faicte de faire chanter le *Te Deum*. Ces messieurs en sont estonnez comme d'une chose qui ne méritoit point de doubtes; toutesfois nous nous en rapportons à ce que l'on en juge par delà pour le mieux. Je vous prie derechef de faire dépescher toutes nos ratifications et expéditions et les nous renvoyer. Je remets à vous de parafer tous les feuillets et articles, si vous l'estimez à propos. Il y a ceste partie de XIII sous 5 deniers aux articles particuliers que je crains qu'il ne fauldra corriger et y mettre XV sous 2 deniers. Si cela est, nous le vous escrirons par une autre lettre, et toutesfois on essaye encore à s'en deffendre.

CCCLXXV.

Man. Bibl. impér. Supplém. franç. 3193.

M. de Villeroy, du 5 may, receue le 6 du dict mois 1616.

A M. de Sceaux.

Monsieur, je suis très ayse du contentement que Leurs Majestez ont receu de la signature de nostre accord. Croyez que nous n'avons obtenu ceste victoire sans sueur et peine, ny sans bourse délier; mais quoi?

---

[1] *Je vois* pour *je vais*, vieux mot, du même verbe que *voise*, pour aille. (Glossaire de Du Cange (Édit.)

il a fallu en passer par là ou par les fenestres; dont si nous usons comme nous debvons, nous ne nous repentirons point. Nous avons receu vos lettres du 4. Après que vous aurez ratifié nostre ouvrage, nous prendrons résolution de nous retirer, et, comme le plus vieil et estropié du corps et de l'esprit de nostre légation, je iray plus lentement que les autres, et M. de Pontchartrain fera les devans, pour vous rendre compte de toutes choses, ainsy que fera M. de Chevery en matière financiale. Quant à vostre *Te Deum,* il en a esté usé diversement, de sorte que je remets à vos prudences d'en faire ainsy que vous jugerez estre pour le mieux. Nous en avons icy faict nostre petit debvoir, duquel si Leurs Majestez sont satisfaictes, nous nous donnerons peu de peine et de soucy du reste; mais je vous conjure de me continuer tousjours vostre amitié, et faire en tout temps pareil estat de celle, monsieur, de vostre très affectionné serviteur et cousin,

DE NEUFVILLE.

De Loudun, le 5ᵉ de may, à 7 heures du soir, 1616.

CCCLXXVI.

Man. Bibl. impér. Supplém. franc. 3193.

MM. les depputez du Roy, du 5 may, receue le 6 du dict mois 1616.

Au Roy.

Sire, entre les choses desquelles nous sommes convenus en ceste conférence, nous avons accordé à M. de Luxembourg que sa maison de Rosnay luy seroit rendue, sans qu'il y fust faict autre démolition que des fortifications qui y auroient esté faictes pendant ces mouvemens, et non d'autres. Et néantmoins il est adverty par diverses personnes qui luy ont esté dépeschées exprès que, au préjudice de la foy et de la parole que nous luy avons sur ce donnée, et de la suspension d'armes, Vostre Majesté a commandé à M. Dandelot de faire entièrement démolir la dicte place; à quoy mesme il a commencé à faire travailler. De quoy le dict sieur de Luxembourg fait de grandes plainctes et exclamations, et prétend que aux despens du pays ce qui aura esté ainsy démoly au préjudice du traicté sera réparé et remis en l'estat qu'il doibt estre. Monseigneur le Prince nous en a aussy faict plaincte. C'est pourquoy nous supplions très humblement Vostre Majesté d'escrire promptement et commander au dict sieur Dandelot de faire cesser la dicte démolition et donner ordre que ce qui a esté par nous promis pour ce regard soit effectué. Sur ce, nous prions Dieu, Sire, donner à Vostre Majesté, en parfaicte santé, très longue et très heureuse vie.

A Loudun, ce 5 may 1616.

Vos très humbles, très obéissans et très fidèles subjects et serviteurs,

BRISSAC, DE NEUFVILLE, J. A. DE THOU, M. DE VIC, P. PHÉLIPEAUX.

CCCLXXVII.

Man. Bibl. impér. Supplém. franç. 3193.

MM. les depputez du Roy, du 5 may, receue le 6 du dict mois 1616.

A M. de Sceaux.

Monsieur, monseigneur le Prince dépesche ce gentilhomme pour la délivrance de M. le marquis de Bonnivet[1], suivant ce qu'il a esté promis. Nous vous prions de luy faire bailler, pour cest effect, les dépesches et commandemens du Roy dont il pourra avoir besoing, affin qu'il jouisse au plus tost de ceste grace; et n'estant celle cy pour autre subject, nous prions Dieu, monsieur, qu'il vous conserve en parfaicte santé.

De Loudun, ce 5 may 1616.

Vos affectionnez serviteurs,

BRISSAC, DE NEUFVILLE, J. A. DE THOU, M. DE VIC, P. PHÉLIPEAUX.

---

[1] Henri-Marc-Alphonse-Vincent Gouffier, seigneur de Crèvecœur, marquis de Bonnivet, s'était attaché au parti des princes. Envoyé en 1615 par le prince de Condé en Angleterre, pour y solliciter des secours du roi de la Grande-Bretagne, il fut arrêté à son retour et mis à la Bastille, d'où il ne sortit qu'à la paix de Loudun. Né en 1586, mort en 1645. On lit dans le journal d'Arnaud d'Andilly, 28 mars 1616 : « Le maréchal d'Ancre fait mettre à « la Bastille le marquis de Bonnivet, qui

CCCLXXVIII.

Man. Bibl. impér. Supplém. franç. 3193.

MM. les depputez du Roy, du 6 may, receue le 8 du dict mois 1616.

A M. de Sceaux.

Monsieur, M. de Rambures a depuis naguère arresté prisonnier et mis dans la citadelle de Dourlans le sieur évesque de Boulogne. Ceste action s'est passée depuis la suspension d'armes et mesme depuis peu de jours en çà. Monseigneur le Prince s'en est plainct à nous, et maintenant il nous fait instance à ce que, suivant nostre traicté, on le mette en liberté, à quoy nous estimons qu'il n'y a aucune difficulté. C'est pourquoy nous vous prions de faire délivrer à ce porteur les lettres et commandemens de Sa Majesté qui sont nécessaires pour cest effect; et n'estant celle-cy pour autre subject, nous prions Dieu, monsieur, qu'il vous conserve en santé.

De Loudun, ce 6 may 1616.

Vos affectionnez serviteurs,

BRISSAC, DE NEUFVILLE, J. A. DE THOU, M. DE VIC, P. PHÉLIPEAUX.

CCCLXXIX.

Proc.-verb. man. des assembl. protest. t. IV, la Rochelle. Bibl. Mazarine.
Papiers Conrart, t. II. Bibl. de l'Arsenal.

Brevet des quarante-cinq mil livres d'augmentation pour les places de seureté.

Aujourd'huy, 5ᵉ du mois de may 1616, le Roy estant à Blois, sur ce qui luy a esté remonstré par ses subjects de la religion prétendue refformée qu'il y a des places qui leur ont esté baillées en garde, de la seureté desquelles ils ne peuvent respondre pour le peu de garnisons qui y ont esté ordonnées par l'estat du comptant qui a esté

« avoit esté prisonnier à Calais, longtemps
« auparavant, pour avoir esté en Angle-
« terre pour M. le Prince, contre le service
« du Roy. »

expédié pour les dictes places, Sa Majesté, voulant en cela donner tout le contentement qui luy est possible à ses dicts subjects, leur a accordé que, sur les deniers qu'elle employe pour le payement des pensions affectées à ceux de la dicte religion, et qui sont payez par les mains de M. Isaac du Candal, suivant les estats qui luy en sont expédiez en chascune année, il en soit pris la somme de quarante cinq mil livres par an, qui sera diminuée et défalquée sur tous ceux qui y sont employés au sol la livre, pour estre les dictes quarante cinq mil livres affectées à l'augmentation des garnisons qui seront jugées nécessaires dans les dictes places qui sont en leur garde, selon l'estat qui en sera faict et dressé par Sa Majesté, laquelle m'a commandé, en tesmoignage de ce, leur en expédier le présent brevet qu'elle a voulu signer de sa propre main, et estre contresigné par moy, son conseiller et secrétaire d'estat et de ses commandemens.

Signé LOUIS, et plus bas POTIER.

CCCLXXX.

Proc.-verb. man. des assembl. protest. t. IV, la Rochelle. Bibl. Mazarine.
Papiers Conrart, t. II. Bibl. de l'Arsenal.

Brevet des quarante-cinq mil livres d'augmentation pour les pasteurs.

Aujourd'huy, 5ᵉ jour de may 1616, le Roy estant à Blois, désirant, autant qu'il luy est possible, gratifier et favorablement traiter ses subjects faisant partie de la religion prétendue refformée, et leur faire sentir les effects de sa bienveillance, encore que Sa Majesté ne soit obligée leur augmenter et accroistre la somme de six vingt quinze mil livres qui leur a esté octroyée par le roy Henry le Grand, de très glorieuse mémoire, par son brevet du 3 avril 1598, pour employer en certaines affaires secrètes qui les concernent, veu mesme que, par autre brevet du 1ᵉʳ octobre 1611, Sa Majesté a accreu la dicte somme de quarante cinq mil livres par forme de gratification, Sa dicte Majesté néantmoins, pour les considérations susdictes, et de l'advis de la Royne sa mère, a encore de nouveau, et outre les deux sommes cy dessus spécifiées, accordé à ceux de la religion prétendue refformée la somme de quarante cinq mil livres par an, et ce pour trois ans prochains et consécutifs, pour employer à leurs affaires secrettes, à commencer du premier jour de juillet prochain, lesquelles quarante cinq mil livres elle veut et ordonne leur estre assignées avec les autres sommes susdites, et icelles estre employées dans l'estat général de ses finances, en vertu du présent brevet qu'elle a voulu signer de sa propre main et estre contresigné par moy, son conseiller et secrétaire d'estat et de ses commandemens.

Signé LOUIS, et plus bas POTIER.

CCCLXXXI.

Proc.-verb. man. des assembl. protest. t. IV, la Rochelle. Bibl. Mazarine.
Papiers Conrart, t. II. Bibl. de l'Arsenal.

Brevet du Roy portant permission à ceux de la religion prétendue refformée, qui ont esté cy-devant depputez en l'assemblée de Grenoble, de se rassembler à la Rochelle pour la nomination des depputez généraux.

Aujourd'huy, 5ᵉ jour de may 1616, le Roy estant à Blois, voulant donner moyen à ses subjects faisant profession de la religion prétendue refformée de luy nommer ceux qui auront à résider près Sa Majesté pour la poursuite et sollicitation de leurs affaires, au lieu des autres qui y estoient cy devant, Sa dicte Majesté a permis et eu pour agréable que ceux d'entre eux qui avoient cy devant esté depputez par les provinces de ce royaume, pour se trouver en leur assemblée de Grenoble pour cet effect, se puissent à présent assembler à la Rochelle et y faire nomination de deux d'entre eux, sans que la dicte nomination puisse estre tirée à conséquence à l'advenir; et icelle ayant esté faicte, envoyée à Sa Majesté et par elle acceptée, elle veut et entend qu'ils se séparent incontinent après, et que chacun d'eux se retire en sa province. En tesmoignage de quoy elle m'a commandé leur expédier le présent brevet, qu'elle a voulu signer de sa main et estre contresigné par moy, son conseiller et secrétaire d'estat et de ses commandemens.

Signé LOUIS, et plus bas POTIER.

CCCLXXXII.

Proc.-verb. man. des assembl. protest. t. IV, la Rochelle. Bibl. Mazarine.
Papiers Conrart, t. II. Bibl. de l'Arsenal.

Extrait des procès-verbaux des séances des 10, 12 et 13 mai 1616, de l'assemblée de la Rochelle.

La compagnie ayant esgard à ce qui luy a esté représenté par M. de Favas touchant la place de Castetz, et considérant qu'elle ne peut avoir pour le présent de remplacement de Caumont, a résolu d'accepter la dicte place de Castetz pour place de seureté au lieu de Caumont.

Séance du 10 may 1616. — La compagnie a receu lettres des consuls de Clairac du 5e de ce mois, de M. de Boesse du 6e, faisant plaincte des désordres faicts en plusieurs lieux sur ceux de la religion par les troupes de M. de Roquelaure, et veu celles qui ont esté escrites par les habitans de la Monjoye au conseil de la province de la basse Guyenne, avec un acte faict au dict lieu, certifiant les excès et insolences y commises, et comme on y a démolly les murailles de la ville et une tour qui servoit de citadelle, rompu la porte du temple où se faisoit l'exercice de la religion, brisé la chaire du pasteur et les bancs et autres telles choses, sur quoy la compagnie a jugé expédient d'en donner advis à M. le Prince par gentilhomme exprès, lequel, si besoing est et le dict sieur Prince en estant d'advis, aille trouver Sa Majesté pour en faire plaincte et demander réparation; et à ceste fin a esté nommé M. de Blainville. A aussy trouvé bon d'escrire au conseil de la basse Guyenne et au dict sieur de Boesse, affin que si, nonobstant la paix, le dict sieur de Roquelaure ne désarme point et continue telles procédures, ils se mettent en estat de repousser la force par la force.

Le sieur de Chanteclerc, ayant représenté le droict et préférence qu'il a sur l'office de conseiller au parlement, dont le sieur Bergier est décheu, quittant la religion, et requis la compagnie de luy vouloir conserver ce droict et l'assister, affin qu'il en puisse estre pourveu, ayant considéré la naissance et les mérites du dict sieur de Chanteclerc, elle a trouvé bon d'en escrire en sa faveur à M. le Prince, affin qu'il luy plaise le préférer et faire préférer à tout autre en la provision du dict office.

Séance du 12 may 1616. — Le dict jour, sont retournez de Loudun tous les depputez qui avoient esté envoyez par l'assemblée à la conférence, qui ont rapporté : le brevet pour la nomination de deux depputez près Sa Majesté, en date du 5ᵉ de ce mois, signé Louis et plus bas Potier; le brevet des quarante cinq mil livres d'augmentation pour les garnisons, du mesme jour et signé de mesme; celuy des quarante cinq mil livres d'augmentation pour les pasteurs, de mesme jour et signé de mesme; celuy concernant la continuation de la garde des places de seureté pour six ans, du 12 septembre 1615; celuy pour la subsistance de l'assemblée jusques au 15ᵉ jour de juin prochain, du 3ᵉ jour de ce mois, signé Brissac, de Neufville, de Thou, de Vic et Phélipeaux, commissaires du Roy;

Une promesse de M. le duc de Sully de la somme de quatre vingt dix mil livres pour le deffray de l'assemblée, plus deux autres signées de MM. de Rohan, de Bouillon, de Sully, de la Trémoille, de Soubize et de Candalle, du 2ᵉ de ce mois;

Item toutes les responses aux cahiers, signées, lesquelles veues, et entendu le rapport des dicts depputez, l'assemblée a loué et remercié Dieu de ce qu'il a rendu la paix à ses esglises et à l'estat.

Séance du 13 may 1616. — La compagnie ayant appris qu'il a pleu à Sa Majesté donner pour le deffray de l'assemblée la somme de quatre vingt dix mil livres, de laquelle M. le duc de Sully a faict sa propre dette et donné sa promesse, a commis le sieur Maleray pour aller recevoir la dicte somme de mon dict sieur de Sully et luy rendre la dicte promesse.

CCCLXXXIII.

Proc.-verb. man. des assembl. protest. t. IV, la Rochelle. Bibl. Mazarine. — Papiers Conrart, t. II. Bibl. de l'Arsenal.

Séance du 18 mai 1616 de l'assemblée de la Rochelle.

Le sieur de la Haye, depputé de M. le Prince, revenu de Chinon, a rendeu les lettres du dict seigneur dessous inserées, sur lesquelles la compagnie délibérant a ordonné que le dict sieur de la Haye continuera d'assister en icelle tant qu'elle subsistera, et y aura voix délibérative en toutes affaires ez quelles on opinera par testes, mais, en celles ez quelles on opinera par provinces, ne le pourra faire ny se joindre à une province, fors en celles qui concerneront sa jonction avec mon dict seigneur le Prince.

Suit la teneur de la dicte lettre.

Messieurs, je vous renvoye M. de la Haye pour continuer d'assister en vostre assemblée, ensemble pour vous tesmoigner le désir que j'ay de demeurer en bonne union avec vous, non seulement pour le présent, mais aussy pour l'advenir, vous suppliant de croire qu'en toutes occurences j'apporteray franchement et véritablement tout ce qui sera nécessaire, et de mon pouvoir, pour vostre conservation, comme estant très utile au service du Roy mon seigneur, et au bien et repos de l'estat. A quoy vous avez tousjours contribué tant de debvoir, fidélité et affection, que j'en auray le ressentiment qui vous est deu à tous en général et à chascun de vous en particulier. Sans la maladie qu'il a pleu à Dieu me visiter, je me fusse efforcé, suivant ma bonne volonté en vostre endroit, et ce que le dict sieur de la Haye que j'ay tousjours recogneu fort affectionné envers vous m'en avoit escrit, de vous procurer tous les contentemens que j'eusse peu, et fusse allé en personne vous voir et remercier des obligations que je vous ay, ce que je suis contrainct de remettre au dict sieur de la Haye et de vous confirmer plus particulièrement les mesmes asseurances de ma part, selon la charge que je luy en ay donnée et la créance que je sais qu'avez en luy, demeurant en ceste vérité tousjours, comme je suis asseurément, messieurs, vostre très affectionné serviteur,

HENRY DE BOURBON.

A Chinon, ce 13 may 1616.

Et au-dessus :

A messieurs, messieurs de l'assemblée de ceux de la religion de ce royaume estant de présent, par permission du Roy monseigneur, en sa ville de la Rochelle.

CCCLXXXIV.

Man. Papiers Conrart, in-4°, t. XI. Bibl. de l'Arsenal.

Extrait du journal d'Arnaud d'Andilly.

20 may. — MM. du Mayne, de Bouillon et de la Trémoille arrivent à Paris; virent Leurs Majestez en mesme temps, de qui ils furent bien receus. Ils entrèrent en carrosse dans Paris, suivant ce que le Roy leur avoit mandé, sur ce qu'ils l'avoient supplié de leur faire sçavoir sa volonté sur ce subject. M. de Bouillon alla loger chez M. de Laverdin, à la place Royale, duquel il a acheté cent dix mil écus la terre de Négrepelisse que M. de Sully avoit marchandée, ce qui causa de la brouillerie entre eux.

21. — M. de Brantas revient d'un voyage que le Roy luy avoit envoyé faire vers M. de Longueville.

22. — ..... Résolu que M. de Longueville demeureroit en Picardie, comme il y estoit auparavant; que M. de Montbazon y prendroit la ville et citadelle d'Amiens et la lieutenance du Roy, comme y avoit le mareschal d'Ancre, auquel devoient estre Péronne, Montdidier et Roye, et que le dict mareschal prendroit la lieutenance de

Normandie, avec Caen et le Pont de l'Arche, et cent mil escus
tant. On dit qu'il sera aussy remboursé des fortifications et a[utres]
par luy faictes dans la citadelle d'Amiens.

CCCLXXXV.

Proc.-verb. man. des assembl. protest. t. IV, la Rochelle. Bibl. Mazarine. — Papiers Conrart, t. II. Bibl. de l'Arsenal.

Assemblée de la Rochelle. Extrait de procès-verbal.

Séance du 25 may 1616. — Les depputez généraux sont char[gés de]
retirer de monseigneur le Prince une copie signée de l'édict, t[el qu'il]
a esté arresté à Loudun, et ce pendant que la copie qui a esté [arrê]-
tée par les depputez de la conférence soit signée d'eux et m[ise ès]
mains des secrétaires.

Séance du 26 may 1616. — Le sieur du Cruzel, revenu de [chez]
M. le Prince, a rendu lettres du dict seigneur dessous insér[ées, et]
rapporté les expéditions qu'on avoit requis du dict seigneur, [dont il]
a esté remercié.

Suit la dicte lettre.

Messieurs, j'ay appris par la vostre et par la bouche du si[eur du]
Cruzel ce que vous luy aviez commis pour me dire de vostre p[art, et]
vous supplie de croire que j'apporteray tout ce qui sera de mo[n pou]-
voir et auctorité pour faire réparer les excès et violences c[ommises]
tant en la basse Guyenne que Saintonge, et que les habit[ans de]
Tartas soient restablis en leurs biens, et auray en recomma[ndation]
les autres choses qu'il m'a faict entendre que vous désirie[z. Vous]
m'avez faict un singulier plaisir d'avoir eu soing d'envoyer [sçavoir]
l'estat de ma santé, et d'avoir receu le sieur de la Haye parm[y vous]
qui vous confirmera de ma part mon entière affection envers [vostre]
compagnie. Je croirois faire tort au dict sieur du Cruzel de v[ous]

dire davantage, à la suffisance duquel me remettant, je supplieray le Créateur, messieurs, vous tenir en sa sainte et digne garde.

A Chinon, ce 25 may 1616.

Vostre très-affectionné serviteur,
HENRY DE BOURBON.

Et en la suscription :

A messieurs, messieurs de l'assemblée générale de ceux de la religion.

APPENDICE.

I.

LETTRE DE JACQ.-AUG. DE THOU À JEAN DE THUMERY, SEIGNEUR DE BOISSISE, SUR LA CONFÉRENCE DE LOUDUN.

Julioduni. Pridie non. maias MDCXVI.

Nunquam quemquam consilii tui pœnituit. Ego sane plus tibi in rebus meis quam mihi semper tribui, et quamdiu vivam tribuam. Est enim insita in te radicitus generosa probitas, cum recto judicio conjuncta, et ab omni fuco aliena, quæ, cogitationes omnes tuas ad honestatem et commune bonum dirigens, errasse te in consiliis dandis non sinit. Igitur tuo suasu iter Burdigalense suscepi, infirma valetudine, et animo plane, ut ille ait, amisso atque prostrato, in quo jam totos novem menses consumpsimus. Etsi autem per id tempus minime intermissum inter nos literarum fuit officium, cum tamen non solum ad itineris finem, sed etiam ad immanium motuum, qui per omne regnum interim sunt grassati, ventum sit, exitum, placuit repetitam a principio rem retexere, et pleniorem absentiæ nostræ rationem tibi reddere.

Consilii de matrimonio, quod turbis postea semel atque iterum exortis causam dedit, quis auctor et architectus fuerit, nosti et exarato ad te carmine ante biennium amplius perscripsi. Is, præter animi sententiam, videns quod ad regni tranquillitatem et religionis in regno constituendæ, ut existimabat, rationem procuraverat, ad ejus periculum et perturbationem vergere, rei inchoatæ pœnitentia subeunte, cum eam emendare minime integrum esset, protelare institerat; inde in aula calumniosa a malevolis traductus ad scopulos impegerat; ad quos ne bis naufragium facere cogeretur, non jam inhibere cursum, sicuti occeperat, sed ventorum, qui tunc misere aulam perflabant, arbitrio navem ferendam aulica dissimulatione permisit; interim hoc unum satagens, ut tam fœdam tempestatem per pacem, cujus, quia consilii ferum bellum trahentis ab initio causa exstiterat, se debitorem sentiebat, occasione data sedaret. Quod et strenue postea fecit. Eum propterea deinceps Debitorem[1] appellabimus. Sicuti et veterem ejus ante dissolutam adfinitatem amicum, Vulpem[2]; quo nomine eum ab optimo et integerrimi judicii pontifice Clemente VIII indigetatum esse ii sciunt qui, cum ille oratoris regii munere fungeretur, Romæ cum eo versabantur.

At turbarum in aula incentores, concepto semel in Condæum odio et contemptu, cum litigatione ab Autolyco[3] in Hispaniam susceptæ rei decus et gratiam Debitori præripere cuperent, profectionem regi regnoque damnosam, verbis ad adulationem compositis, quantum in ipsis erat, urgebant. Quid enim inter ea moliturum Condæum, nec amicis nec opibus propriis satis firmum? Is ad Pictavium, injuria gravi accepta, ut aiebant, in regni comitiis postea existimationem omnem decoxerat, vixque turpi fuga cum Bullionio carcerem paratum anteverterat.

Addebant nullum magnæ molis motum in Gallia excitari posse nisi conciliata religiosorum nostrorum factione; optime autem consultum (qua de re triumphabat Ecsinus[4] aulicus tanquam a se ingeniose adornata), ut Gratianopoli conventus eorum tunc temporis haberetur, ubi Dignierius regiis partibus addictus pollebat, et, ne quid illi in regni perniciem novare possent, impediturus erat. Id autem agebat Ecsinus per strigem appositam quam regia largitate corruperat, cui, ne quid dissimulem, et ipse insigni plagio participare dicebatur. Ob id insolescenti et inutiles Condæi conatus fore affirmanti, dum adhuc Lu-

---

[1] C'est Villeroy.
[2] Le chevalier de Sillery.
[3] Le commandeur de Sillery.
[4] Bullion.

tetiæ essemus, ego contradicebam, et ex levibus scintillis grassanti incendio mature obviam eundum esse, multis rationibus, quas tute melius nosti, demonstrabam; sic autem differebam, siquidem res, cujus causa tantopere profectio urgebatur, ita decreta esset, ut differri sine contractæ adfinitatis periculo non posset, ac confieri minore periculo posse, si sponsa in Hispaniam destinata cum valido et honorifico ad limitem comitatu deducatur, qui reginam, tradita illa, ex pacto acceptam, nobilitate ex singulis provinciis, per quas incedendum erat, in itinere adjuncta, in aulam adduceret, alioquin Aquitaniam, quæ nunc esset, adventu regis procul dubio turbaturum et absentia regis res in Belgico limite et Campania, quæ jam calebat, majore incendio exarsuras, utrique incommodo optime consultum iri, si rex ad urbem maneret, neque profectione sua longinquas provincias ac suspectas commoveret, et proximas præsentia sua in officio contineret. Ad extremum indignabundo animo subiveram, quod de Dignierio tanta asseveratione spondebat, non solido fundamento niti, quippe muliebri ingenio nihil mutabilius; proinde non facere prudenter et e publica re, qui per regnum hos ramusculos spargerent et prurientes aures hujusmodi sermonibus implerent, id ex eventu constiturum, nec homines gratiæ aulicæ pro tempore servientes, qui tanti negotii periculum in se reciperent, satis idoneos promissæ securitatis fidejussores fore. Tandem post Debitorem summa malignitate ab incendiariis Cuciaco, quo ad ineundas conciliationis rationes missus fuerat, revocatum, omnis spes præcisa, et majore impudentia ipse Debitor, cui post reditum de profectione jam captum inter ipsos consilium, tanquam res integræ adhuc essent, propositum fuerat, ad probandum illud adactus est.

Ita confusis rebus nos in viam malis avibus dedimus et Cæsarodunum Turonum venimus, ubi et religiosorum nostrorum, qui Gratianopoli convenerant, delegati sunt auditi. Persuasum in aula fuerat, iis, quos dixi, auctoribus, illos, quamquam a Condæo sollicitarentur, minime se commodaturos.

Cum contrarium appareret, et petitionibus ipsorum, et Condæi supplicationum ratio haberetur, inter alia comprehensum esset, impostores ad artes suas revoluti, id paucorum seditiosorum astu factum dicere, qui injussu regis ex Allobrogibus migraverint, et Nemausum in Septimania sedem transtulerint. Id irrita eorum decreta facere, nec proinde Condæum cum illis societatem inire posse, qui jam nullam conveniendi potestatem habeant; et plerosque, qui majorem partem efficiant, ab iis dissensuros et defecturos. Quod propter Dignierium dicebatur, a quo strigis illius instigatu et suggestione literæ et crebri nuntii in aulam quotidie veniebant, qui ab Ecsino prius instructi mira afferebant et ad perniciem currentes incitabant.

Eis animis et consiliis Pictavium venimus, quo sequi jussi delegati. Ibi prima de petitionibus ipsorum consultatio fuit. Cum iniqua in plerisque peterent, vix æqua tulerunt, suspecto et rejecto ab eis Ecsino, qui tandem, qua fronte erat, conventui, in ædibus meis habito, interfuit. Tandem, me referente, postulata eorum coram rege reginaque discussa sunt, et eodem die factum diploma contra eos qui in armis esse dicebantur, in quo cum nominatim propter consanguinitatis regiæ reverentiam ab initio Condæi mentio expressa non esset, annitentibus, qui res ad extrema consilia adducere cupiebant, et bellum quam pacem ut rebus suis exitiosam malebant, denuo res in arcano deliberata, et in eo expressum Condæi nomen, mandatumque Moncassino datum, homini Condæo infesto, ut illud sine mora aut ulla exceptione in senatu publicandum curaret.

Quid deinde in eo negotio actum sit, tu melius nosti, qui Lutetiæ remansisti. Hoc certe actum constat, ut simul et majestas regia et senatus auctoritas publico ludibrio non sine scelere sit exposita, cum fungus et blennus ille, qui deliberationi præfuerat, contra decretum magno sententiarum æstu jactatum ad publicationem sine exceptione. subscribendam, Curtinum relatorem minis a Moncassino territum adegisset, et suppositum S. C. cum literis, quibus senatus se a publicatione propter regiæ consanguinitatis quam dixi sententiam excusabat, eodem fasciculo per summam imprudentiam in aulam misisset.

Laudatur tamen in aula tunc factionibus scissa, quod vel cum impudentissimo plagio senatui illudere, et ut aulicis mancipiis turpiter ancillaretur, in legem corneliam committere minime dubitasset, quod nos anxios postea diu tenuit, cum scelerate factum ex necessitate retractandum esset et ad tegendam turpitudinem velamentum frustra quæreretur.

Hæc cum animo providerem, antequam delegati dimitterentur, petita venia in Petrocorios discessi, ad visendum sororium meum Burdelliæ vicecomitem, provinciæ illius comitem, ut me, quantum possim. a turbidis consiliis semoverem; ibi dum essem, multa inciderunt, quæ profectionis tanta contentione institutæ cursum pæne interruperunt, morbus sponsæ ita in aula deploratus ut jam de Christina sorore in locum ejus substituenda cogitaretur, Sanpauli comitis, qui paulo ante in Aquitaniam venerat, suspectæ cum Roano et aliis illarum partium ducibus coitiones. Is communicato cum Longavillano familiæ suæ principe atque adeo cum Condæo consilio, sine impedimento, quod summa imprudentia ab incendiariis aulicis factum arguebatur, Fronsacum et inde Caumontium, suæ ditionis arces munitissimas, quibus Duranium et Garumnam quasi compedibus tenere creditur, excesserat, et Montispanio, Lauzunio, Grammorano, primariis provinciæ regulis sibi adjunctis, per Forcæum Bearni proregem uxoris suæ gentilem cum Roano pactis etiam subscriptis egerat, ut transitum regis conjunctis viribus impedirent. Denudatæ et eodem tempore filii cum parente simultates et molitiones [1].

Tandem sponsa convaluit, et Sanpaulus mutavit, et filius dimissa nobilitate, quam ad regem excipiendum per Santones et Engolismensem principatum numerosum ceperat, cum patre reconciliatus. Audaces de profectione consilii, cujus præcipuus incitator fuerat, periculum quamdiu ad rempublicam pertinuit, obfirmato animo contempserat parens, quod simul atque ad se privatim spectans animadvertit, ad animum cum acerrimo sensu sevocavit, et cum Debitore nostro, cum adhuc rex Pictaviis esset, multis et enixis verbis egit,

---

[1] Le duc d'Épernon et son fils.

ut regi reginæque auctor esset non ulterius progrediendi, in eaque urbe eousque manendi dum sponsa ad limitem cum idoneis copiis deduceretur, et regina per easdem copias et majores, si opus esset, ad regem abduceretur. Alioqui providere ut rex in Aquitania summis difficultatibus conflictaretur.

Cum autem hoc rerum statu sibi non integrum esse quod rogaretur facere ostenderet Debitor, et ad regiam existimationem pertinere diceret, ut ultra pergeretur, ille spe frustratus tantum animo pavorem concipit, ut, cum rex Engolisma, quo interim venerat, discederet, in morbum inauditum inciderit, cum febre, et animi et corporis viribus repente collapsus, ita ut nec loqui nec cibum capere posset, aut velle videretur. Itaque tota Aquitania sub id sparsus rumor, quasi ille in vivis esse desiisset, quo ex se multi gaudio exultare, plerique contristari, quasi eo sublato majorum religio, cujus se vindicem apud Patres Jesuitas præcipue profitebatur, summopere periclitaretur, plures judicium suspendere, ex rerum successu augurium capturi.

Antequam Pictavio discederem consulto Debitore post varios ultro citroque de republica sermones, ille cui animum renudare summa semper fuit religio, postremo prensata manu cum eum urgerem, me in occulto monere, durarem et sponsorum utrinque traditionem, cujus causa profectio instituta fuerat, patienter exspectarem. Nam, hoc facto, quam belli periculum nunc contemneretur, mutatis rebus, tam pacis præcipuum hinc studium in aula futurum. Quod pro excusatione cum pro tempore acciperem, ex eventu serio dictum esse animadverti.

Jamque Burdigalam tota aula convenerat, adhuc morbo patre oppresso, quem semper ego ex pavore illo conceptum credidi, plures affectatum putabant, ut, si rei eventus non responderet, ab ingentibus promissis, quæ profectionem suadens Lutetiæ fecerat, per eum absolveretur. Sponsalitiis fiducialiter peractis decimo quarto postquam Burdigalam ventum est die, sponsa Guisio cum armato comitatu deducente ad limitem profecta est, et traditio ix novemb. utrimque facta, ac regina ad regem adducta xi kal. X^{br}. denuo celebratis nuptiis cum rege urbem quarto post die (vii kal. X^{br}.) triumphali pompa ingressa est; quo die nuptiæ in speciem consummatæ sunt; quo et Nivernius, qui jam post transitum a Condæo Ligerim de pace ad reginam scripserat, in aulam venit, et Britannicus legatus ante eum, qui stat m post regis ex urbe Parisiensi discessum ea de re mandata se a rege suo habere ad Debitorem nostrum scripserat, et profectionem suam ad aulam ut præmaturam ex Debitoris consilio huc usque suspenderat.

Ibi cum circum jam cuncta bello arderent, post crebras altercationes, quia nondum negotii per tot difficultates fatali cæcitate præcipitati pœnitentia nos serio ceperat, vix tandem permissum Britannico legato et Nivernio, ut Condæum adirent, et supplicationes ejus regi non ingratas fore confirmarent. Is Pontium in Santonibus cum aliis principibus et primariis viris ac belli ducibus cum ipso conjunctis venerat, in eoque consessu supplicationes perscriptæ, et ad regem postea perlatæ.

Inter hæc dum adhuc Burdigalæ essemus, post transitum Condæi ego quiritare, et cum emissariis nocturnis atque Ecsino præcipue de turbulentis consiliis palam et aperte expostulare : nam publica calamitas mihi omnem aulicæ dissimulationis fucum ex animo excusserat, ita ut ab amicis sæpius admonerer consultius me facturum si parcius de pace verba injicerem. Cum pacem tanta contentione urgerem, et condicta die et hora in hortos sub ædibus meis satis spatiosos Ecsinum seduxissem, hac cum eo præcipue ratione me agere memini : quod nisi quam primum reconciliationis conditiones proponerentur, providerem fore, ut Condæus transito Ligeri cum protestantibus fœdus iceret. Quo facto, spissius futurum negotium tot capitum corpore adjuncto. Hoc autem facturum Condæum procul dubio esse, quippe qui ut se a contemptu vindicet, nullam potentiæ firmandæ conditionem sit omissurus. Jam eos sollicitatos pro illo partes suas interposuisse; cum vero ipsum nunc videant tot copiis in Aquitania bellicosissima provincia subnixum, ecquem dubitare, quin cum eo non solum consilia, sed et vires conjungant?

Sub id ab homine ignoto breves literæ Bullionis ipsius manu

scriptæ ex castris ad Gervasii-Fanum mihi redditæ sunt, quibus se summo pacis desiderio teneri significabat; quas e vestigio ad Debitorem, qui in contiguis ædibus hospitium habebat, detuli, veritus ne id aliunde emanaret, et inde mihi in aula periculum conflaretur; nam, ut scis, jampridem hic ad calumnias expositus sum. Ille eas postridie, cum ex febricula in lecto decumberem, obsignatas per amanuensem ad me remisit, neque de iis, cum me postea vidit, præterea verbum ullum fecit : tantum Janinus, cui literas ostenderat, eas se vidisse mihi dixit, et occasionem non negligendam sibi videri ostendit. Inter, hæc Lemures illi nocturni, quos dixi, passim jactabant, multos imprudentissime de pace quasi Condæi rem gerentes loqui, cum Condæus ipse eam minime peteret. Atqui probrosum esse regi pacem petere, quam petentibus dare debeat. Itaque silere omnes metu defixi, ego solus moræ omnis, ut damnosæ, impatiens, ut prius, quiritare eas horum, qui in publica calamitate salutis suæ arcem ponant, artes esse; tantum convenire inter omnes debere, pacem regi regnoque non solum utilem, sed necessariam esse; hoc constituto, non defuturos qui videant ne quid regiæ majestatis decus in hoc pacis negotio detrimenti accipiat. Hoc rescito, suspecti filii parens me in reginæ ædibus familiariter a tergo prensat, et paci, a qua alienus vulgo putabatur, æquum se fore mihi significat, adductis in eam rem multis speciosis argumentis, et adjuncto ad finem carmine sollemni, modo ne quid religioni et regiæ dignitati in ea tractanda præjudiciatur.

Ad quæ ego, qui quid ipse vellet intelligerem, statim respondi memorem me dictorum in tempore futurum, et de egregia ejus erga publicam tranquillitatem voluntate, quando et ibi opus esset fidem facturum.

Jamque omnia ad discessum parabantur, confusis in Aquitania rebus et fremente nobilitate, quæ adventu regis bellum in provincia antea quieta excitatum, et discessione ejusdem cunctos ad prædam et internecionem misere expositos querebatur. Regem, quando eousque incolumis venisset, tanta gratulatione a populis ubique exceptum, hoc illis vicissim debere, ut, antequam inde discedat, bellum aut armis aut pace finiatur.

Et ego ita sentiebam, et a cunctis urbis ordinibus in eam rem preces cum obtestationibus nequicquam adjunctæ. Quidam etiam addebant, rege jam alieno tempore provinciam deserente, actum de ea esset, et urbem ipsam omni ope destitutam Condæo advenienti procul dubio portas aperturam.

Parum hæc apud animos, seu metu, seu tædio præoccupatos, valuerunt, et tam festinanter Burdigala discessum quam imprudenter Lutetia profectum fuerat, paucis ante Natalem diebus, quem saltem vel religionis causa exspectandum esse plerique clamitabant. A non. VIII octob. quo rex ad urbem venit, ad XII kal. januar. quo inde discessum, quid inter turbas, strepitus et aulica nugamenta sit actum, si quæris, dicam Moncassino ob operam Lutetiæ egregie navatam, insigni illo decreti plagio, attributam diplomate auctoritatem, ut supra succinctos quæsitores esset, et per Aquitaniam, quod antea semel virili conatu tentatum fuerat, summam ejus præfecturam exerceret. Aquitania ad duas primarias secundum Parisiensem curias pertinet, Tolosanam et Burdigalensem. In hac, ubi rex erat, intercedentibus provinciæ præfectis, id illi præfracte negatum quod in Tolosana eidem benigne concessum fuit, annitente Masurerio nuper primario præside creato, qui, quicquid contra Condæum quocunque modo factum esset, tanquam contra perduellem et religionariis (sic protestantes nostri passim vocabantur) faventem, recte factum existimabat. Id in Conseranis Auxitanis, convenis locum, nec ne sit deinceps habiturum, exitus declarabit, tunc vero turbatis rebus et animis præfectorum alio intentis diploma Tolosæ recitatum est, et ad triennium ut obtineret a senatu illo decretum fuit.

Incidit et res inauditæ audaciæ ac temeritatis Burdigalæ in regis conspectu patrata. Contra quemdam ex infima nobilitate sceleribus coopertum, qui diu protelata per gratiam causa in carceribus desederat, acta tandem probatoria examinata sunt; cumque in eo esset ut sententia mortis contra eum ferretur, cardinalis Surdisius a Themino rogatus, ut aiebat, apud regem partes suas interposuit, ut vitæ gratia ei fieret. Id cum sibi a rege concessum gloriaretur, senatus intercessit et ad regem reginamque supplex adivit, reque exposita impetravit ut lege in reum ageretur; qui cum postridie damnatus esset, ac, ne in civitate tumultus interveniret, in carcere supplicio eum afficiendum senatus decrevisset, Surdisius nihil regis reginæque mandata contraria moratus, assumptis, quos in via nancisci potuit, e nobilitate amicis plerisque eorum ignavis, prælata cruce ad carcerem venit, et jusso aperire commentariensi, homine probo et ipsi familiari, cum cunctaretur, portæ vi refractæ, et ipse commentariensis ad primum occursum ante Surdisii pedes interfectus est, et tot criminum convictus reus debitam legibus pœnam effugit.

Id cum ad auctoritatem regiam quæ passim ab iis, qui in armis erant, lacerabatur, summopere pertineret, initio in aula frementibus cunctis et vindictam de tam audaci facinore sumendam esse per urbem clamitantibus, Vulpes more suo primus et ipse inclamare et nihil regia majestate et sua dignitate in ea re indignum se facturum asseveranter dicere. Itaque Surdisius coactus urbe excedere, dein post paucos dies cum senatus contra ipsum tanquam contra contumacem decretum fecisset, intercedente pontificio legato primus impetus repressus; cautumque ne trinundino, sicuti in usu est, ad tubæ clangorem publico præconio per urbem citaretur, sed ad valvas ædium episcopalium per curiæ apparitorem sine strepitu denuntiatio fieret. Cum pergeret senatus et contra legatus instaret, Vulpes, contra quam jactaverat, ulteriorem rei cognitionem senatui interdixit, et legato a strenuis regiæ majestatis antagonistis humiliter significatum fuit id reverentiæ pontificis a rege dari, qui tam necessario tempore, cum exemplo maxime opus erat, injuriam dissimulare maluerit, quam committere ut potiorem suæ dignitatis quam pontificis nominis rationem habuisse videatur. Igitur pontifex cognitionem rei sibi sumpsit, et ad aliquot menses severitatem induit, interdicta primum Surdisio sacrorum celebratione, quam multam temporariam ex plenitudine potestatis mox remisit. Et nunc ille de rege et magistratibus trium-

APPENDICE. 691

phans in eo est, cum hæc scribo, ut urbem suam ovans ingrediatur, paratus, si occasio se offerat, pari facinore pontificiam auctoritatem asserere, regiam pedibus conculcare.

— Quid ultra quæris? Nihil recti, nihil sinceri, nihil ordinati. Hic inter nos, tanquam in nocturna pugna hostem petituri, in amicos incurrebamus; cuncta perverse per dissimulationem et per tumultum agebantur; Vulpes ad familiares sibi artes confugiens, quicquid regi regnoque per ludificationes suas peribat, id se lucri fecisse arbitrabatur.

Crebra interim Debitoris cum Canidia [1], etiam intempestivis horis colloquia mutationem voluntatum mox secuturam præsagiebant, et verbis mihi ab ipso Pictavis datis, quæ pro excusatione tunc acceperam, jam fidem faciebant. Id curiose observabam. Ego minime omnium, ut scis, curiosus, quanquam in proximis Debitoris ædibus diversarer, raro et nisi ex occasione ad ipsum itabam. Verum amici in illo tædio, potius quam otio, ad me domi sedentem frequentes ventitabant, et nolenti et aures pæne ad illos rumores, quos præ fastidio insuper habebam, claudenti, hæc in horas narrabant; Surdisius ipse cardinalis me crebro invisebat, et, quanquam longe diversos ad rempublicam sensus afferret, multa libertate et familiaritate propter adfinitatem nostram mecum confabulabatur. Is auctor fuerat ut Bennearnum mitteretur, et Grammontano abrogata Forcæo auctoritate summum imperium in provincia attribueretur. Id Faber Caumartinus negotii avide sibi sumpsit, tanquam rem aulæ gratam facturus, ob id a Surdisio rogato ad reginam introductus. Cum is discessurus ad me officiose venisset, et quid ipsi imperatum esset, aperuisset, sententiamque super ea re meam rogasset, ego, qui scirem re deliberata serum fore consilium, non multum contra pugnavi; tantum prædixi irritam fore profectionem; nam plus odii Grammontano cum Forcæo qui favore apud populares polleat, quam eidem Grammontano cum popularibus benevolentiæ ad expellendum Bearno Forcæum intercedere.

[1] La maréchale d'Ancre.

Nec felicior Vici ad Montalbanum in Cadurcis profectio fuit ut urbem illam inter protestantes præpotentem a factione Nemausensium separaret, et utrique sæpius prædixi tempestivam magis esse de pace mentionem, et caput petendum atque adeo cum Condæo nulla mora agendum, antequam cum Nemausensibus fœdere perscripto conveniat.

Id ego aiebam integris adhuc Condæi cum illis rebus. Nam a Ligeris transitu usque ad capita Sanzæi in Pictonibus perscripta mensis intercidit, et medio tempore hoc dicebam et Ecsino, post primum quod dixi cum illo de ea re colloquium, in aula forte obvio ad omnia momenta inculcabam; sed surdo fabula narrabatur.

Actum et de primario præside in illo senatu constituendo, conclamata Andr. Nemundi, qui eam dignitatem obtinebat, salute. Et ad famam jam tum facta tui a Vulpe mentio, ut virtutis in summis deligendis magistratibus rationem in aula aliquam haberi cunctaret, dein Ollerii, et illius postremo in quem favoris fors cecidit. Verum id ad futurum. Nam tunc Nemundus adhuc in vivis erat, cujus de morte postquam allatum est, interim rex Pictavium venerat, scrupulus de religione, tui ratione, per calumniam statim injectus; interrogatusque ea de re Vicus excanduit et has malevolorum esse artes respondit; nihilominus gratuita benignitate, sic enim jactatur re præterita, is quem dixi ea dignitate ornatus est, Vulpe Canidiæ voluntati, cujus suggestione id fieri dicebatur, minime resistere ac contradicere auso.

Hæc ergo interim Burdigalæ agebantur. Ex diverticulo jam in viam redeo. Natalem rex ac reginæ ad Albaterram celebrarunt, et inde Fulcandi-Rupem venerunt, quo legatum et Nivernium obvios habuerunt, et cum iis Tr. Damasium Tiangium, qui Condæi et principum et procerum aliorum, qui cum eo erant nomine, sumpta arma excusaret, et ab rege suppliciter pacem peteret. Quod non facturum Condæum Lemures sibi persuaserunt, quippe qui pacis petitionem metus et infirmitatis confessionem maligne interpretabantur, eaque ratione aulam quantum in ipsis erat ad bellum persequendum magis incendebant. Nec deerant qui potentiæ avidi per arma illius augendæ occasionem captabant. Sed temeritatis festinatæ jam pœnitentia subire cœperat, et, post crebra Debitoris nostris et Canidiæ aulicæ colloquia, minus pronis auribus turbida consilia accipiebantur.

Itaque remissus Tiangius cum multa bene affecti erga pacis negotium animi significatione, spe facta, ut, cum rex Pictavium venisset, serio de ea consultaret.

Ego Burdigala triduo post regem profectus, non eodem itinere, quo alii, copiis armatis et angustia hospitiorum infesto, sed per Santones, magna fiducia et securitate, cum iis, qui se mihi comites addiderant, in Pictones descendi. Lussano duce Blaviam primo die venimus; ab eo biduum laute et peramanter in arce excepti, a cujus ingressu ante aliquot dies Nivernius exclusus fuerat a præsidiariis, quemquam sine expresso ipsius Lussani mandato admittere vetitis, quod postea ille per me apud Nivernium excusavit, sibi dolere dictitans quod a Nivernio Burdigalæ de profectione sua ac consilio admonitus non esset. Inde, acceptis a Jarnacio et Montio literis, Pontum profunda jam nocte accessi, et cum omnibus meis admissus sum, ac postridie Mediolanum Santonum veni in Natalis pervigilio.

Ibi primum de fœdere inter Condæum et protestantes ante mensem Sanzæi inito, quod in aula dissimulabatur, et per astum a Lemuribus eludebatur, cognovi, traditis a Perna, urbis præfecto, quæ jam passim volitabant scripto comprehensa, capitibus.

Celebrato apud episcopum Natali, Joannis Angeliaci fanum accessi, diffugientibus passim per pagos rusticis, et effusis ad portas urbium oppidanis, quasi a rege missus et de pace acturus venirem; neque petitis salvi-comitatus, quas a Nivernio habebam, literis. Hic stipatores a Bullionio præmissos nactus, in viam statim postridie cum toto comitatu me dedi, et per Fortium facto itinere, nam corruptis pluvia itineribus eodem die non potui Niortium, v kal. januar. veni, a Parabero, urbis præfecto, viro strenuo et cordato, obviis ulnis exceptus. Is se ad paucos, qui fœderi, Dignierii exemplo, minime subscripserant, sicuti Plessius Salmuriæ, Brassarus Eraldi-Castri, Constantius Maranæ-Arcis præfecti, aggregaverat, et regias partes aperte tuebatur. Eo Bullionius confestim ad Symphoriani-Fanum advolavit, tanquam

Paraberi amicus, non quod urbs, a cujus ingressu Condæus semper exclusus fuit, alioqui illi pateret, ad quam regis summa fiducia veniebant, Condæani nonnulli tanquam amici admittebantur. Inter nos serii et varii de aula nostra et republica sermones ultro citroque per bihorium fuere, quorum hæc summa fuit : pacem regno et Condæo necessariam esse, magnaque invidia et publico odio conflagraturum eum apud cunctos ordines quisquis eam detractaverit. Cœna nos in arce excepit Paraberus, cui Subizius Roani frater cum Bolaio, Rainvilla et aliis legionum tribunis interfuerunt. Postridie et prandium apud eumdem sumpsimus. Comitatum ab hospitibus petentibus nobis, ex Bullionis verbis capta occasio expeditionis a Guisio susceptæ, de qua fama apud nos usque pervolavit, in aula certe magnam concitaverat exspectationem.

Cum igitur ab hospite nostro, quocum secretos ad reginam perferendos sermones habueram, post prandium discederem, amice ab eo rogatus sum, ut postridie in arcem suam ad Eligii-Fanum diverterem, in ea me paratum commode hospitium reperturum, et quid ad eam instaurandam et hortis præsertim ornandam fecisset non ægre inspecturum. Libenter assentiente me, intervenit Bullionius et sibi quoque hospitium parari in ea jussit; nam hortos amœnissimos visendi se desiderio teneri. Id cum alta voce dixisset, ut a nobili quodam a Guisio ad Paraberum misso exaudiretur, re per eum cognita; Guisius copias summa celeritate ac silentio instruit.

Ego interim eadem qua Bullionius rheda vectus Maxentii-Fanum cum eo veni; varii et inter eundum de republica habiti sermones, interdum non sine aliqua altercatione, quod rebus, quæ nondum tunc mutaverant, sic stantibus, quemadmodum in pace utrique tam necessaria tractanda varias difficultates suborituras nemo nostrum ambigeret, ita de ratione earum explicandarum non æque inter nos conveniret. Ibi salutavi Condæum, circa quem, ut erant tunc tempora, non minor frequentia erat quam in aula regia, et cum quærerent amici ecquid frequentia ista afficerer, placere mihi eam respondi, sed placituram magis si in comitatu regis esset, quod brevi futurum sperarem. Salutavi et Meduanium et Longovillam conventu Suessionensi, et ad Menehildis-Fanum tibi mihique familiares redditos. Adivi et Sullium, qui cum diu ante deliberasset, et in aula elusus esset, sub id ad partes Condæi se applicaverat, et ipsum cum suis intra urbem admiserat. Primo congressu Condæus ex abrupto de revocanda annui tributi, quod magistratus ex nova ac regno detrimentosa institutione, toto regno pendunt, pensatione mentionem injecit, quam se petiturum constanter asseverabat et impetraturum pari fiducia aiebat. Cum hoc rerum statu, in tanta regiorum vectigalium angustia et morum corruptione, rem alioqui optandam et omnium ordinum votis expetitam obtineri vix posse dicerem, illi nunquam nisi hac lege se de pace conventurum respondit, et sane inter capita generalia quæ vocant, id ab eo propositum fuit, quod quanta contentione initio speciose petitum, tanta prævaricatione postea impudenter omissum fuit.

Apud Sullium in arce cum pransurus essem, Condæus cum Bullionio, Roano, Subizio intervenit, et mensæ, quæ mihi tantum parata erat, cum iisdem assedit, moxque a Nivernio Thenonus ab epistolis venit, cum omnes, quasi jam de collatione cum regiis convenisset, securius propterea agerent, qui protestantium ratione conveniri non potuisse retulit, quod illi conventus legitimi et a rege approbati nomen sibi tribuerent, qui contra regis voluntatem Gratianopoli in Septimaniam privata auctoritate translatus fuerat, ac proinde legitimus haberi non posset, eoque minus, quod plerique se ab eo separassent, verum is nodus a Josia Merrero Bordio, viro in agendo admodum accurato ac solerti, statim solutus fuit, cum diceret protestantes, qui cum Condæo fœdus icissent, contentos fore, si conventus Nemausensis, qua in urbe tunc erat, nomine designaretur.

Dum deliberant, ab iis petito commeatu, me sine strepitu subduxi et Eligii-Fanum sub noctem veni, idque in causa fuit cur Bullionius eodem non venerit, quod collationis in aula recusandæ hunc colorem, pollentibus adhuc in ea qui pacem nolebant, quæsitum crederet, ideoque contrario itinere statim ad exercitum profectus est.

Ea nocte Guisius, Bullionium ad Eligii-Fanum venisse credens, et rescito Condæum cum aliis principibus ac proceribus secure agere, cum toto exercitu intensis tenebris advolavit, præmissis inde qui ad Eligii-Fanum, quod in via occurrebat, de Bullionii adventu cognoscerent, inde qui Vallum-Pontem trans Maxentii-Fanum, per quem Condæo cum suis ad exercitum tendenti transeundum erat, a tergo circumducto milite occuparent. Quod si succedebat, quod futurum sibi Guisius et per Contiam sororem in aula persuaserat, actum de hostibus putabatur, Bullionio primario belli duce intercepto et Condæo cum ceteris principibus et proceribus ad Maxentii-Fanum minime loco firmum obsesso sine spe auxiliorum, quippe intercluso ad Vallum-Pontem transitu. Verum Bullionius jam omisso Eligii-Fano ad exercitum se contulerat, et Condæus cognito regiorum adventu cum Longovillano pontem medium in tempore superaverat et præsidio firmaverat, ita ut Guisii conatus irritus fuerit, cum totis XL horis in equis armatis fuisset, et suos inedia et vigilia inutiliter in itu et reditu fatigasset. Meduanius cum Sullio in urbe remansit, obsidionem, si Guisius animum obfirmaret, sustinere certus. Sed Bullionio, Condæo et Longovillano elapsis et auxiliares copias e propinquo adducturis, incertam tentare obsidionem minime Guisio visum fuit.

Ego ad Eligii-Fanum inter hæc somno oppressus ad armorum fragorem totis agris personantem non evigilans, uxore, quæ sciret absente Bullionio me minime peti et Guisium nihil contra nos moliturum, per arcem discursante et ne excitarer prohibente, postridie colico dolore vexatus, quem patientia mihi familiarem reddidi. Dum quorsum Guisii conata evaderent, exploratur, in arce cum toto comitatu meo substiti, rescitoque ipsum eodem, quo venerat itinere, re infecta reverti, kal. januarii per Pamprolium veni Lusinianum et altero post die Pictavium.

Rex et regina cum tota aula non nisi biduo post diverso itinere venerunt. Reginæ ad primum occursum percontanti an ad Guisianæ expeditionis strepitum ad Eligii-Fanum noctem insomnem habuissem, cum de ea nihil nisi mane rescivisse me respondissem, de Parabero statim injectus sermo, et mandata ab eo accepta diligenter exposui ipsumque in regis fide permansurum confirmavi. Jamque festinatæ profectionis pœnitentia animum subibat, et in auctoris renudatum odium, ex secretæ factionis suspicione auctum, cujus causa primum Salvaterra cubicularius aula pulsus; dein et Ulmus medicus filius, addita patibuli ignominiosa pœna, ni pareret. Denuntiatio huic a Barbino mane facta, homine Canidiæ addicto.

Britannicus legatus et Nivernius sub id ad Condæum et fœderatos calente jam negotio remissi. Quibus reversis, Debitor cum Brissaco equitum tribuno ad eumdem statim missi, de induciis et loco ac tempore conventus acturi, qui ad Eligii-Fanum cum Condæum convenire sperarent, inde Niortium, et Niortio Fontenaium a Condæo evocati sunt, annitente Parabero, qui de exitu veritus, alioquovis loco potius quam apud se conventum haberi malebat. Dum abesset Debitor, ita inter Canidiam et ipsum convenerat, a Villaserinio sub vesperam Autolyco denuntiatum ut aula quam primum facesseret, Hispaniensis legationis alium, quam rebatur, exitum sentiens, ille, ultra quam dici potest, improviso casu perculsus fuit, et colloquium enixis precibus poposcit, quod ipsi perfracte negatum est, et qui eum, cum abiret, honorifico comitatu prosecuti fuerant, cum indignatione accepti, quidam etiam male multati, Vulpe fratre nihilominus in aula manere, et munus suum tunc exercere jusso, cujus gratia antea alternans, semper ab eo tempore labare cepit. Ecsinus propter adfinitatis et consiliorum conjunctionem eodem frigore ictus, facta tamen spe honestioris missionis, quæ cum tempore evanuit. Inde jactatum in aula a Gurono, suspectæ factionis emissario, dicterium, Deus nos a matutina Barbini et serotina Villaserinii salutatione servet. Cujus ipse experimentum fecit, postridie quum hæc diceret, mane a Barbino salutatus et domum se conferre jussus. Aula ob tam repentinam mutationem paulum commota, et popularibus morbis ob exercitus viciniam in urbe passim grassantibus, pronuntiatum iter Cæsarodunum, intendente se subito frigore. Quod vehementia tanta sæviit, ut etiam sarmenta vitium plerisque locis depastum sit, spe opimioris vendemiæ jam tum præcisa.

Debitor Fontenaio ad Eraldi-Castrum venienti occurrit, rerum quæ per absentiam suam acciderant ignarus videri volens, idque summa asseveratione Vulpi confirmavit, solita officia cum eo, ut antea, exercens, et ille aulica dissimulatione credere præ se ferebat, ad famam pertinere arbitratus, ne inter se diffidere et alter alteri perniciem machinari vulgo crederentur, verum ob non obscuras inter eos simultatum causas, vix cuiquam persuaderi poterat, ipsos, dum amici videri volebant, bona fide inter se agere.

Ego die uno discessurum regem cum comitatu, quem per Santones adduxeram, anteverteram, in quatriduo illo plus molestiæ expertus quam toto itinere feceram, semel atque iterum serotinum frigus ad profundam usque noctem inter nives magno valetudinis incommodo perpessus, unde colicus dolor jam assuetudine melior, dein exasperatus recruduit, ex quo postquam Cæsarodunum veni, fere semper decubui.

Jamque conventus ad Juliodunum indicti tempus instabat, eoque appetente ad Brissacum et Debitorem adjuncti qui cum Condæo agerent, ego, Mericus, Vicus et Ponchartrinius; ego ad scenam, ne qui contumeliose a Vulpe habitus toto illo itinere fueram, incuria nova per præteritionem afficerer; Vicus, ne suspectus esset prorsus Espernonio conventus, in quo hominem amicum haberet; Ponchartrinius, ut qui revocandi Debitoris et abrumpendæ reconciliationis ad Cuciacum administer fuerat, ei sarciendæ nunc mutata aulæ facie inserviret. Id mihi domi in lecto decumbenti per hominem a Vulpe missum significatum, in se minime sui arbitrii gratiam ejus demerente, cui tam injurioso contemptu hactenus illuserat. Cum discessurus essem, mihi in arcano a regina mandatum ut Bullionium, qui cum mihi necessitudinem familiarem intercedere ex Debitore resciverat, ad pacis negotium, ad quod se propensum ostendebat, quantum possem inclinarem, eique de egregia regis reginæque voluntate ac benevolentia plenam fidem facerem; idem a Canidia, quæ in conclavi reginæ proximo diversabatur, et mihi horam per Barbinum suum condixerat, repetitum. Et ipsa se vadem promissorum reginæ erga Bullionium fore religiose affirmavit. Inter sermocinandum injecta Dolæi mentio, quem illa a suspicione consilii de Condæo et Bullionio in custodiam mittendis, quantum poterat, purgabat, invidia in eos qui rem Condæo detulerant rejecta. Id agitatum fuerat sub tempus, quo senatus solemnem de republica consultationem instituerat, et Autolycus, sicuti supra demonstratum, in Hispaniam profectus aberat. Audax et juxta turbidum illud coram regina habitum consilium ad motus, qui mox secuti sunt, summum incitamentum fuit, quum Condæus aliique principes et proceres qui cum eo sentiebant in aula se minime tutos existimarent, et aula abesse perinde acciperent ac si regno exulare juberentur. Hujus consilii quis auctor fuisset, etsi non dicebat Canidia, tamen cum maritum, Dolæum et Ecsinum numero eximebat, alios qui aderant designare videbatur, quos festinato indicio gratiam Condæi captasse, et odium, quo digni erant, in insontes transferre voluisse aiebat. Postremo ab ea additum, omnino velle et intelligere reginam, ut Dolæi inter postulata Condæi mentio omitteretur, isque sibi plane satis putaret factum, quod Autolycus et Ecsinus domum essent relegati, idque ut Bullionio insinuarem, quippe ita reginam jubere, me enixe rogavit. Sed secuta statim miseri et utrique parti ob ingenii violentiam et rusticitatem hominis invisi mors, contentioni inde procul dubio exoriturae finem imposuit.

Jamque Juliodunum cuncti veneramus intenso admodum frigore, nemine obviam prodeunte, quod vel regis a quo mittebamur respectu fieri oportuit, quod Condæus, qui tunc forte urbe aberat, excusavit et culpam in Sullium, summum provinciæ præsidem, qui aderat, rejecit; Sullius vero pro excusatione se minime monitum dicebat, alioqui non defuturum officio, addebatque quum metatores regii ad urbem ante nos venissent, ut hospitia regis delegatis sumerent, Condæum intercessisse, idque per suos metatores fieri debere contendisse, quippe urbem in sua potestate esse. Sane id re factum ut hospitia nobis valde incommoda sint sparsim assignata, et angustis adeo vicis ad Brissacum et Debitorem, quo fere conveniebamus, longiore circuitu per asperam hiemem pedibus ire cogeremur. Post aliquot dierum moram plerumque affectatam, ut per inducias grassari in agro militi et coactoribus nuper impositis impunitius liceret, tandem principium collationi in ædibus comitissæ Suessionensis factum.

Ea a rege Lutetia evocata fuerat, sicuti et Longovillana parens, ut conventui interessent, et illa quidem, ut Condæum, qui ejus evocandæ auctor fuerat, ad pacis consilia inflecteret; hæc ut filii ingenium moderaretur. Id honoris toto eo tempore habitum fuit comitissæ a Condæo, ut ab utraque parte de pace delegati in ipsius ædibus convenirent.

Omitto hic de diplomatis regii, quod ante omnia lectum est, defectu acrem contentionem, quod ampliari tandem placuit. Proposita proxima sessione capita, quæ singula antequam scriptis mandarentur, inter delegatos discuti petebant Condæani. Nos vero contradicebamus, ac tandem post acerbam contentionem, ut ea scripto simul proponerentur et ad ea post disceptationem scripto responderetur, impetravimus. XXIX omnino proposita, quæ ad pauciora postea contracta sunt. Ante omnia positum ut in eos, qui facto et conscientia Henrici Magni parricidio participaverant, denuo anquireretur, eaque de re diploma ad curiam dirigeretur. Idem antea protestantes Pictavii petierant; eoque Condæi petitio odiosior visa, multa ex ea occasione hinc acerbe dicta, et acerbius a nobis accepta, quod ea petitione tam enixa eorum qui circa regem erant negligentia et segnities atque adeo prævaricatio suggillari videretur, et paulo ante litteræ procuratoris regis ad Vulpem interceptæ fuerant, quibus fidem fieri aiebant, dissimulanter in eo negotio agi. In accusatione Comanæ illius feminæ, quam scis, a regina Margarita in jus deductæ, qui diserte nominabantur, reginæ persuaserant ipsam per illorum latus artificiose peti, idque in causa fuerat ut propterea minus sedulo procurator regius judicium obierit, et similes delationes ab eo tempore aut perfunctorie acceptæ sunt, aut Vulpis astu omnino elusæ, qua de re Condæus graviter conquerebatur, et proceres qui cum eo erant, ac præsertim Sullius stomachose expostulabat. Tandem convenit, multum se excruciante Debitore, ut id omitteretur, ut de ea re articulus tantum edicto insereretur, qui ita conceptus est, ut segnities illa, cujus invidiam quisque a se deprecabatur, in judices ipsos minime culpæ affines rejiceretur. Quod animo jam provideo prolatandi per intercessionem negotii materiam in senatu præbebit.

Eodem capite petebatur, ut quod senatus valde opportune decreverat, cum de destestando parricida sumptum supplicium, ut decretum concilii Constantiensis in eos, qui contra principum sacrosanctas personas sæviunt, factum denuo sanciretur et Sorbonici collegii ibidem de eo renovando decreto publicaretur; idque regni episcopis ut per suas quisque diœceses diligenter curarent, injungeretur. Id cum senatus ab initio decrevisset, episcopus Parisiensis intercesserat, quod senatum et Sorbonam in episcopos nihil juris habere diceret, et præpotentes in aula adstipulatores habuerat. Itaque quamvis recenti tam diri casus sensu et ardentibus ultione animis, ab eo tempore per totum sexennium decreta senatus et Sorbonæ irrita fuerunt, quæ tunc renovari petiit Condæus a bene affectis et sollicitis de regia salute hominibus monitus, quod quanquam ægre, ut cætera ad rempublicam spectabant, concessum nunquam tamen Debitor adduci potuit, ut rex in edicto loquens injungendi verbo, quod usurpari semper antea consueverat, uteretur, sed pertinaciter sufficere debere dixit ut rex se ad episcopos ea de re scripturum declararet; et ita factum, non sine melius sentientium murmure, qui auctoritatem regis sensim per ignaviam et præposteram dissimulationem deteri indignabantur. Major in primo articulo petitionum popularis ordinis, ab aula rejecto et a Condæo reposito, contentio fuit, in eoque toto conventus tempore præcipue laboravimus. Dum de eo altercamur, non solum cum Condæanis, sed intra privatos parietes in Brissaci ædibus, ego, qui viderem factionum æstu præoccupatos animos, tacitus æstuabam, qui, cum ea de re tuto conferre possem, quoquo me verterem nescius, si quidem res mihi cum quatuor collegis erat, quorum tres concorditer articulum oppugnabant; quartus flagitioso silentio rem transigebat;

ac Debitor quidem id astu protestantium fieri aiebat, qui regem, non solum cum pontifice, sed et cum sacro ordine ac nobilitate, qui primarii ordines ambo se articulo tam generose opposuerint, vellent committere, in eoque multa esse, quæ salva conscientia ferri non possint. Addebat Brissacus Anglia advectum articulum et in gratiam regis Anglicani fabricatum esse, nihil regem Galliamque ipso indigere; id cum toties inculcari audiebam, etsi initio dissimulabam, quam me intus commotum censes! Tandem præ indignatione taciturnitatem abrupi, et de articulo ipso me minime pugnare velle dixi; sed operæ pretium ducere, ut de eo uti. et a quibus factus et propositus sit, et postea examinatus, cuncti cognoscant; sic enim fore, ut deposito omni pravo adfectu ac præjudicio, citra odium ac invidiam sincerius sententia feratur. Igitur scire omnes debere non Anglia allatum illum, sed in Gallia atque adeo in ipsa urbe natum, atque ab hominibus minime suspectis conditum, cum comitiorum causa in publicis ædibus postulata conficerentur; conventui interfuisse Gulielmum de Landum, Gastonem Griacum et Claudium Præstræum, senatores Parisienses integræ famæ, et Præstræum tandem articulum de quo agitur, ita uti legitur, concepisse, in arcano coram regina, cum Vulpe, et ipso, qui aderat, Debitore, ac Petro Janino postea recitatum et adprobatum, id nec ne verum esset, a Debitore coram Brissaco, cum illud quæsivissem, et ille non abnueret, verum id magno errore factum diceret, ego sermonem persequens : ergo non is ab Anglis et in Anglorum gratiam excogitatur, inquam, sicuti ad invidiam jactatur; verum apud nos natus et discussus atque adprobatus fuit; quod cum vero verius sit, superest ut videamus an quod a talibus viris, extra omnem suspicionem in religionis causa positis, factum est, tanto consensu explodi debeat; nam, quod dicitur, popularem ordinem adversus duos primarios præponderare non debere merito dubitari, an vere dici possit, quippe constare nobilitatem per pensationes factiosas, in eam opinionem vix tandem ad extremum raptam fuisse, cum initio major et melior pars regis, qui de eo statueret, arbitrio integrum negotium relinquendum censuisset; cum vero plerique ex iis qui ita censuerant abessent, captata occasione a præside illud denuo in deliberationem adductum ac tandem ambitiose decretum fuisse, ut ea in re tanquam ad religionem spectante, se sacro ordini adjungerent, atque inter viros graves et bene de religione ac republica sentientes merito ambigi, an non id potius ad rempublicam quam ad religionem pertineat; proinde etiam atque etiam videndum esse, cum semel in medium articulus propositus sit et adprobatus, quod nollem factum, et postea prævalente factionum æstu tot adversarios habuerit, nunc autem a Condæo, regis gentili, reponatur, publicæ securitatis ac regiæ dignitatis magis intersit, cum potius tanquam erroneum et religioni detrimentosum injuriose rejici, quam tanquam a viris bonis profectum, ut regiæ incolumitati prospiceretur amplius considerandi, id ut de facto constet, me dicere, alioqui de articulo ipso nolle pugnare, sicut antea prædixi; ac optasse sæpius, quando tam animose a multis improbatur, jure ne an injuria aliorum et posteritatis judicium erit, ut nunquam is propositus fuisset: quippe, cum ad ejus mentionem tot turbæ sint exortæ, etsi nunc rejiciatur, manifeste periculo sacrosancta regis persona exponatur. Hæc dicentem me collegæ respicere et primum obmutescere; et, post longum silentium, tandem a Debitore additum, quemadmodum nihil quod ad securitatem vitæ regis faciat omitti debet, ita non temere committendum, ut vinculum illud sinceræ regis cum pontifice amicitiæ, quod non solum ad religionem, sed etiam ad regni tranquillitatem pertineat, ex ulla occasione solvatur. Id diversis vicibus inter nos agitatum, et semel præsenti Nivernio, qui præoccupatum domo animum ad rem attulerat, nam sibi scrupulum a theologis injectum palam dicebat, ac tandem persuasum, multa in articulo contineri quæ ad religionem potius quam rempublicam spectarent, in quibus ipsorum judicio standum sit. Hæc inter, Debitor semel atque iterum in aulam cum Nivernio et Brissaco profectus est, ut secretis petitionibus Condæi ac principum et procerum, qui cum eo erant, responsa a rege commoda afferret, ac præcipue ut cum bona pontificii legati gratia, quo inconsulto nihil in eo negotio agebatur, de responso ad articulum apponendo conveniret : nam id consilii Debitori erat, ut eum aut temperamento verborum aut adhibitis circumlocutionum ambagibus dilueret. Qua in re, ut ipse jactat, mire ingenio valet, aut remittentibus cum tempore animis, omnino eluderet; quod et felici quo pollet astu apud obnoxios et jam privatis emolumentis large promissis distributisque inescatos ac corruptos obtinuerat ; regis causa interim per turpissimam dissimulationem deserta; cum ea de re cum Vico, me et colico dolore aucto decumbentem invisente, cum stomacho expostulavi et invitum me facere dixi, ut adfectatis de religione scrupulis in regis causa tam dissimulanter prævaricarer, inde si quidem regi periculum creari idque nobis aliquando exprobratum iri maluisse ab initio, ut mentio ejus facta non fuisset; nunc cum facta sit, restare, ut totum id ad regem remittatur, ne, dum de regis jure disceptamus per importunas disceptationes nostras et cavillationes, jus regi suum pereat. Sermonem ad se delatum avide arripuit Debitor, et rem gratam regi aulæque universæ me facturum significavit, si id a Condæo et consiliariis ea in re suis impetrarem; itaque sedulo cum[1]..... Sancurio, Rouveræo et Josia Mercero Dordio, qui inter protestantes auctoritate pollebant, sedulo egi, commonstrato, si ultra pertenderent, periculo, illi qui me nossent a parente, et tradita a majoribus domestica disciplina ita institutum, ut regia dignitate nihil antiquius haberem, quod ab altero vix æquis auribus nec citra suspicionem accepissent, a me tanquam ex animo et serio dictum in bonam partem interpretati sunt, persuadere sibi facile passi Camarinam, quam expurgare non poterant, minime movendam, et rem integram in meliora tempora servandam. Et ita postridie coram Condæo rogati sententiam ambo censuerunt, aliosque in suam sententiam pertraxerunt. Qua re triumphabundus Debitor exultavit, et me postea coram regina et Ubaldino cardinali laudavit, quod in re perdifficili explicanda gnavam admodum operam navassem. Idem et in articulo proxime sequenti, de tollenda decretorum ea de re in senatu superioribus annis factorum suspensione, dici oportuit et potuit. Sed

[1] En blanc dans le manuscrit.

Debitor, qui verborum ambagibus, more suo, illum jam obscuraverat, stari scripto maluit quam regis voluntati articulum relinquere; quem responso suo elusum putabat. Quarto quintoque articulis qui ad jura Ecclesiæ Gallicanæ spectant, quæ sic ut a majoribus accepta sunt, illibata servari petebat Condæus et révocationem publicationis concilii Tridentini in consessu paucorum ex sacro ordine, spreta regis auctoritate ac sine expresso ipsius mandato factæ, utcumque satisfactum: cum et sarta ea se servaturum rex promitteret, et publicationem injussu suo factam sibi abunde displicuisse testaretur; neque proinde locum habuisse aut habituram eam, donec de re tota statuisset, responso declarasset. Confirmata item edicta et concessiones in gratiam protestantium a regibus prædecessoribus factæ; eoque articulo mentio breviculorum in eam rem addita; quæ sine diplomate regio sigillo firmato ac promulgatione concessa, cum ad promulgationem ventum erit, procul dubio dubitandi et intercedendi occasionem præbebunt. Quod postea sequitur de præfecturis, muneribus publicis, dignitatibus, honoribus et quæ vocant officiis unicuique conservandis, ac si qui iis expulsi fuerint, restituendis, quanquam ambitiose adjunctum a Sullio jactabatur, quia per se æquum justumque videbatur, dubitationi locum minime reliquit. Curtinæorum postulatum, quod ordine octavum est, toties, ut scis, Henrico Magno superstite in regis consistorio atque adeo ex occasione in senatu agitatum, ad extremum sine responso elusum fuit; quod adversarios ipsos haberet, qui illud propter unius ex illa familia, qui Condæo aderat, reverentiam proposuerant; quippe nemo erat, excepto Condæo, qui non prava spe imminutum consanguineorum principum, potius quam nova agnatione auctum numerum cuperet. Ad IX caput de auctoritate curiarum supremarum instauranda, contemptim a nostro Debitore responsum; quem scis nihil magis sedulo cavere ne illæ pristinam dignitatem recipiant et jacentem regis majestatem erigant, et contra externas artes in aula nostra quotidie invalescentes tueantur : quantum enim illis auctoritatis accedit, tantum sibi decedere et perversis consiliis jamdudum procedentibus, tantum ex eo impedimenti et remoræ afferri arbitratur.

Conférence de Loudun.

Privatum odium in causa fuit cur Nicolaus Jaius s. præses, vi militari, Lutetiæ in domo sua injuriose captus, et Ambosiæ sub custodia relictus, quem Condæus libertati restitui ante omnia poscebat, minime liberatus sit : nam alioqui insigni peccatum imprudentia a malevolis, cum hominem tali dignitate, qui libertatem regi nec alii debere cupiebat, eam debere Condæo cogerunt; et ita Janinus a me persuasus sentiebat; sed rationi aulicas aures, cum id repetitis vicibus urgeret, semper occlusas reperit. Id eodem articulo petitum nec concessum, in revocando, quod proxime petebatur, consistorii decreto, quo postulata curiæ injuriose non rejecta tantum, sed irrita et nulla, verbis etiam contumeliosis additis, pronuntiata sunt. Ex actis item curiæ extrahi ac supprimi, et paulum aberat lacerari et incendio aboleri jussa, æstuatum a Debitore, qui in parte ei suffragatus fuerat, nam ab iis id factum qui postulatis designabantur, ut eos in propria causa judices sedisse nemo ignoraret. Tu vero, qui aderas, cum temperatioribus verbis censeres, et tamen tempori et iræ magnatum, qui pro tempore pollebant, cedendum; scis non omnes proceres qui præsentes erant sententiam rogatos : Guisium, dico, Vindocinum, Brissacum et Sovreum et alios. Et astu Vulpis, post dictam a Debitore in aurem sententiam, ut a nemine exaudiretur, omnes per tumultum surrexisse. Echinum vero et Dolæum, qui petebantur, condendi decreti auctores fuisse; Janino initio restitante, qui more suo statim mutavit, et ipse, illorum suggestione, decretum perscripsit; cum vero iidem urgerent ut scidam ex actis curiæ extractam in potestate haberent, et Tilius, curiæ protonotarius, jam inde ablatam secum domum tulisset, intercessit senatus, et scidam a Tilio repræsentari et rursum in scrinium inferri jussit, et tumultuarii illius decreti, quod actis curiæ inserere jubebatur, executionem deliberatione protelata generose elusit. Id ita habere omnes memineramus, et Brissacus in sententia dicenda cum aliis præteritus minime oblitus fuerat, itaque ægre audiente Debitore minime invitum se facere dixit, ut non obstante decreto ambitioso, quando illud nos recte nec rite factum esset, postulatorum curiæ rationem habendam censeret, ad ea, quæ in jure partibus dicendo versantur, postulata restringi; initio petebat Debitor, ut quantum in ipso esset senatus auctoritatem in actum cogeret. Hic me non continui, et senatus auctoritatem, non solum ad jus privatum, sed etiam ad publicum, porrigi ostendi; qua in re, si, quod adversarii clamabant, ille ea abuteretur, clausulam addi posse, qua curiæ jurisdictio ad ea quæ ex antiqua ipsius ordinatione et constitutionibus regiis ei competebant, prout rite et recte ea usus esset, nec ultra porrigeretur. In quo tamen verbis aliquandiu coram Condæo cum responsum legeretur, altercatum fuit.

Ad caput quod sequitur, ordine xi, de tempore præfiniendo, quo ad iii regni ordinum postulata responderetur, et pragmatica super iis a rege confecta ad regni curias mitteretur, responsum, non stetisse per regem ac ipsius consiliarios, quominus maturius ea in re publicæ exspectationi sit satisfactum, tumultus exortos, et regis necessariam in Aquitaniam profectionem moræ causam dedisse, et tamen ante profectionem in parte de iis decretum, et intra iiii proximos menses quod restat, plene confectum iri. Ad xii, ut soli natione et origine Franci, ad præfecturas, dignitates ac præcipue munitionum in limite custodiam, exclusis extraneis, admittantur, quod ex Blœsensium comitiorum constitutione, quæ superius eadem de re facta confirmat, petitum est, responsum id quidem ita constitutum esse et in posterum locum haberi; neque tamen ita servatum, ut non extraneis propter insignia merita, magno regni bono et ornamento, ad primarias regni dignitates ac præfecturas aditus patuerit. Quod, quare a Condæo petitum, et a nobis responsum sit, minime ignoras. Et, capite sequenti, satis ostenditur quo postulatum an munitiones arcis Ambianensis, ab ea parte quæ urbem spectat, ad majorem regni et civium securitatem solo æquentur. Id magnarum turbarum materiam præbuit et præbebit, quippe cum præpostero astu, cujusnam non dicam, ne tollat rubra supercilia, totum id remanserit, etiam post solutum conventum, indecisum postulatum illud præfracte a nobis rejectum, eaque in re nos sapientissimi regis qui arcem construxerat judicio et auctoritate tuebamur; et cum jam singuli conditionibus Debitori in aulam proficiscenti in arcano propositis sibi prospexissent, a Condæo et comitissa rei componendæ ratio inita fuerat; a qua se Longovillani parens minime alienam ostendebat, ut Nionisum filius e Picardia decedens, Neustriam duplo ampliorem provinciam, compensationis titulo, acciperet; adjunctis, ad firmandam in ea potentiam, qui mos pravus hodie viget, arce Cadomensi, Ponte-Arcuensi et Diepa, quæ non nisi immani ære lui poterant, ad avaritiam præfectorum qui ea loca tenebant satiandam nullo sufficiente pretio. Hæc ita primum acta cum Longovillano aliquæ patientes aures habuit filius; ceterum, minime unquam assensus est; quippe qui ad decus, quod illi vita semper carius fuit, pertinere diceret, ne ex provincia, in qua pater et avus tam sanctam sui memoriam in animis popularium impressam reliquissent, ab eo expelleretur quem turbarum auctorem nominaverat, et cui cedere turpe existimabat. Itaque constantiam in prima petitione ad extremum servavit, ad voluntatem regis sive reginæ, enixam de arce integra retinenda, non nihil mitigatus, sed addito semper ne e provincia exire cogeretur. Nobilitas in ea totius regni præcipua est, quæ per hos motus aulicam gratiam Longovillani benevolentiæ posthabuerat, eoque magis generosus adolescens sibi elaborandum putabat ne eam ad injurias et ultionem expositam deserere videretur, instantibus primariis amicis, qui in arcano jam cum Canidiæ viro convenerant, ut conditionem acciperet, cum ille semper honestatem et decus suum reponeret, unus ex iis honestatem ibi residere dixit, unde majus emolumentum reportaretur. Ad quæ verba ille subito : Atqui tempus nuper vidi, inquit, quo te qui tantopere mei emolumentum, honestate posthabita, amplectendum suades, eo fortuna redegerat, ut, utroque pæne amisso, in summis angustiis conflictareris, ego, qui alterum semper contempsi, alterum mihi eripi nunquam patiar. Quibus verbis aliisque non sine acerbitate prolatis, eos, qui mediam viam insistebant, et inter arma gratiam in aula captabant, ita a se alienavit, ut, præ æmulatione, alios, qui cum primis non sentiebant, ad se protinus traxerit, et jam tum in duas partes se fœderatorum factio sciderit; quod negotio inchoato novas difficultates subinde attulit, quamvis ipse nihil minus in animo haberet, quam ut illud in longum extraheretur : dolere sibi, dictitans, quod rustici a militis sævitia ac licentia tot incommoda ac vexationes acciperent. Inter hæc, Canidia ex aula ad Lutetiam se contulit, et comperto, maritum dum in Ambianensi arce retinenda animum obfirmat, magna se regemque ac reginam invidia onerari, ad artes suas confugit, et literis in aulam a viro per Nerestanum missis passim, in urbe primum, dein et in aula ac postremo Julioduni sub oppidi mœnia misso Nerestano disseminandum curavit virum arce et vicaria potestate omni cedere et per eum non stare, quominus cum Longovillano convenire possit. Id cum ad nos retulisset Debitor, manus in cœlum tollens Vicus, Deum se laudare dixit, quod consilium tam regi utile et sibi honorificum Canidiæ vir cepisset. Cui ego, qui prope adstabam, aurem vellens : Suspende, quæso, inquam, judicium quousque exitus plenam verbis tam magnificis fidem fecerit. Dubitationem meam postridie mutata conditio firmavit, et de Neustria rursus injecta mentio, Diepa exempta, pro qua c aureorum cɔ in summa ærarii inopia promissa. Ita illusum, pro tempore, regi ac nobis, minime omnium Longovillano, qui in vestigio manens, cum ab omnibus desereretur, nunquam se ipse deseruit. Vafritie illum grassari aiebant adversarii, qui ex ingenio suo alios metiri consueverunt, aliudque in ore habere atque adeo nihil minus velle quam quod diceret. Quod cum ille per amicos rescivisset : Atqui facile est, inquit, iis qui hoc dicunt me vanitatis arguere, quippe concesso quod palam atque ab iis ipsis qui me insimulant. Inter publica postulata fuit repetitum id ab eo, cum quo clandestinum fœdus, me inconsulto, inierunt, possum impetrare, magnoque me beneficio obstringent, si impetrabunt. Et quia contraria regis voluntas de arce opponitur, de arce integra servanda assentior. Modo ea fido ac minime suspecto tradatur, et ille qui se provincia excedere paratum ostendit, nullam in ea munitionem retineat, quod se vicariam administrationem cum arce retinere cupit, et hoc illi per me licebit modo Perona cedat, quam peculiari titulo, cum Desiderii-Monte et Roia, in provincia tenet; ad id nullo sumptu, nulla pecunia aut compensatione opus esse, cum ea quæ petuntur, æquitate summa petantur et in ejus potestate sint, cum quo agitur. Inter has exprobrationes et altercationum æstus, extracta res ad extremum conventum, nullas conditiones admittent Longovillano. Sic autem existimabant adversarii, juvenem dissimulatione, ut aiebant grassantem, cum quisque rebus suis consuluisset et res in eo essent, a publicis pacis conditionibus subscribendum esset antequam subscriberet, conditiones antea rejectas tandem accepturum, et quod consilio non fecerat, necessitate facturum. Qua in re homines qui se alios astutia superare credebant, ab astutia sua mire sunt decepti : nam Longovillanus, toto conventus spatio, summa securitate tempus elabi sivit, et cum rebus compositis subscribendum fuit, contra spem illorum, ultro sine tergiversatione se obtulit, nisi reverentia Condæo debita eum retinuisset, ante alios omnes subscribere paratus, nunquam futurum, dictitans, ut privati sui emolumenti ratione publicæ pacificationis negotium retardaretur; subjecitque publicam suam querimoniam, quam propterea illi inter publica postulata proponendam censuerant, ex eventu, ad privatam, se deserto, redactam esse; verum abunde sibi virium et amicorum superesse, ut contra hominem conditione imparem, ac solo favore nixum, jus suum tueri possit. Hæc ita inter eos jactabantur. Verum ad reliqua capita redeo.

Proxime actum de turmis cataphractorum equitum, quod præcipuum militiæ robur apud nos semper fuit, ad morem antiquum instaurandis, et peculiari tributo ad id destinato in alios usus minime intervertendo. Item, de prætorianis additum, in Espernonii odium, ut legionis tribuni instituendi et primariorum legionum ducum jus sit penes regem solum, membrorum cujusque cohortis ordinatione penes singulos legionis duces remanente. Major in consiliis ordinandis, quod XVI capite proponebatur, difficultas fuit, quæ semper agitabitur et nunquam terminabitur; quippe, cum ad ea tempora deventum sit in quibus plus singulorum offensæ quam publicæ gratiæ tribuitur. Id antea, cum Debitor Cuciacum ad Condæum missus fuerat, agitatum fuit, ac jam tum præscriptæ leges; sed calentibus animis et alio intentis, omissa consultatio, quanquam de ea convenisset, uno excepto, quod Condæus peteret ut decretis ipse subscriberet, et per ipsius absentiam tres antiquiores togati consiliarii; quod præcise negatum tunc fuerat, et postea tamen, cum denuo id in conventu petitum, a Debitore concessum est; remanente in ceteris integre negotio; de quo, post pacificationem, ex Condæi et aliorum principum ac regni procerum sententia in aula statueretur. De delectu eorum qui ad legationes ordinarias ad reges ac principes externos obeundas mitterentur, quod additum est ad ostentationem factum cuncti interpretati sunt; ne quod publicam rem ac regis regnique dignitatem spectabat omnino neglectum fuisse videretur; sicuti quod de pensionibus immodicis ac iis præsertim quæ vel indignis vel omnino incognitis personis in fraudem, emendicato nomine, attributæ fuerant, revocandis aut moderandis, adjunctum est, nam in tanta tamque insatiabili furentis avaritiæ improbitate, nemo erat, ne quidem Condæus ipse, qui se sustinendæ invidiæ adversus flagitatores importunos parem arbitraretur, et is qui solus poterat, utrique parti invisus, neutros in aula et in conventu adstipulatores habebat. Quod proxime sequitur, de venalitate omni tollenda, atque adeo de annua pensitatione pro muneribus publicis et officiis omnino abroganda, tam quæ ordinem judiciarium quam quæ ærarium respiciunt; quod jam Condæo, ad Maxentii-Fanum prædixeram, in parte pro iis pro quibus annuatim pensio solvitur, statim convenit ut locum non haberet, quandiu contractus ea de re factus duraret. In reliquis, hoc est, in provinciarum et locorum munitorum præfecturis, in militaribus et palatinis officiis, a rege, Cæsaroduni, responsum fuerat ut locum haberet; qui contra fecisset, indignus omni dignitate et honore in posterum atque adeo infamis haberetur. Cum tamen edictum conditum fuit, qui utrinque initio tam enixe petebant, cum alterum locum habere non posse cernerent, pro altero non admodum pugnabant, vixque tandem precibus et pudore ab illis ipsis impetrare potui, ut saltem in dignitatibus, præfecturis et officiis quæ pensitationi annuæ minime sunt subjecta, et quæ nihilominus magno regis regnique deshonestamento ac periculo quotidie promercalia prostant, prohibitio valeret; quæ verbis admodum languidis concepta est, demta quam Cæsaroduni appositam dixi sanctione. Revocatæ item gratiæ exspectativæ, quas in curia Romana vocant, et quæ inde originem habuerunt, et concessiones quæ votum captandæ mortis inducunt. Additum erat ut nemini liceret dignitates et officia ejerare; quod durius visum et regis beneficentiæ derogare; ac proinde rejectum est. Quod autem de populi levamento ob damna, his motibus accepta, et parte præstationis annuæ remittenda proxime peculiari articulo adjectum erat, pro ludibrio habitum fuit; quippe ab iis propositum qui pauperiem ipsi fecerant et causam calamitati publicæ dederant, et qui, cum hoc tam magnifice ad ostentationem petebant, eadem charta immanes summas ad privata commoda a nobis exigebant, quæ, exhausto regis ærario, non aliunde quam ex populi oppressione corradi poterant : itaque id risu exceptum et expunctum. Quod de fœderibus cum principibus exteris ac rebuspublicis ad decus ac tutamen regni, a felicis recordationis parente regis renovatis, postea sequitur, tanquam a protestantibus additum, contemplatione regis Magnæ Britanniæ, ordinum Belgii fœderatorum et Germaniæ principum ac civitatum, in malam partem acceptum est; nam id curæ regi semper fuisse et esse nunc ac deinceps fore responsum est, proindeque superfluum videri ut id inter edicti publicandi capita reponatur. Sane Debitor noster magnopere ob eam causam in occulto ringebatur, fidem suam suggillari putans, quasi in alteram partem, quam scis, nimis propenderet, et æquilibrium ad regni majestatem et prærogativam tuendam necessarium, ob recentem adfinitatem tanto studio et animi contentione ab se procuratam, obnixius minime servaret. Eamdem ob causam, capite sequenti petitum ut rex auctoritatem suam interponeret, quo pacificationis Astensis inter Hispanos et Sabaudum per oratores suos initæ conditiones bona fide implerentur et executioni demandarentur, sicuti Sabaudo rex se facturum receperat. Ad quod responsum Betunium, Sullii fratrem, ea de causa propediem in Italiam cum plenis regis mandatis profecturum esse. Petitum et ut cum Helvetiorum civitate antiqua fœderatio, non minus honesta quam utilis, religiose servaretur, et annua ad id destinata pecunia non interverteretur, dareturque opera ut æqua ejus inter bene-meritos dispensatio esset, et Bernatum primario totius civitatis secundum Tigurinos pago, ea in re, quod antea factum non fuerat, deinceps satisfieret. Id, ut scis, antequam Lutetia discederetur, agitatum fuerat, culpa in eos, qui nunc in aula non sunt, contumeliose et arroganter a Bernatum delegatis jam tum rejecta. Ad Sedani et Raucuriæ principatum, qui in patrocinio regio a Francisci I temporibus fuit, tuendum, quod mox petebatur, byssinis verbis responsum fuit, non sine occulta æmulorum invidia, et seorsum renovatum quod articulo non continebatur de prærogativa in sedendi ordine, jam tum ab ipso Francisco concessum privilegium. Quatuor quæ supersunt ultima capita aut publicam Condæi personam aut privatim ipsum spectant, ut, senatus-consultum Burdegalæ, ante Vienium, tunc odio in aula ardente, contra ipsum factum, ut injuriosum, ex archivis curiæ extractum, aboleatur. Quod sine contradictione concessum. Magis in declaratione Pictavii, septembri ultimo, regis nomine, ad cunctas regni curias directa, laboratum fuit, sicuti jam supra demonstratum est; nam petebatur ut illa revocaretur tanquam calumniosa et falsitatis plena, et contra leges et ritus in regno antea servatos, sine exemplo, facta, nec non decreta juxta eam condita, ex curiarum archivis aliisque tribunalibus ubique extraherentur et abolerentur, speciatim ut de decreti XVIII septembris, sub nomine curiæ Parisiensis, contra curiæ ipsius mentem publicati, falsitate et suppositione inquireretur, et in auctores tanti criminis legibus ageretur. Qui his verbis designaretur, nemo ignorabat, nec tanti erat, si res tantum ex ejus persona æstimaretur, quin justæ Condæi iræ ad noxam protinus dedi potuerit; sed quoniam quod in eo peccatum erat publica auctoritate nitebatur, ad regis decus et exemplum pertinere visum, ne rex eos, qui rei operam navaverant, vel in manifesto crimine desereret. Itaque vix tandem, post longas ac sæpius protelatas altercationes, via inita qua simul et Condæi ac consanguineorum principum dignitati consultum fuit, effectumque ne eos qui falsi arcessebantur, rex deserere dici posset, quod ex edicto videre licet. Prospectum item uti Condæo de injuriosa ad Pictavium ante biennium repulsa, ab episcopo qui turbis causam dedisse arguebatur, honorifice satisfieret; quod seorsum promissum, nec edicto comprehensum; postremo additum ut qui ob eam causam urbe ignominiose pulsi fuerant, famæ, honoribus ac dignitati, bonis, laribus (ii, ut scis, præcipue magistratus erant) sine mora restituerentur; acta judiciaria contra eos facta abolerentur; quicquid ad decus et dignitatem Condæi labefactandam in iis spectare posset, ex præsidialis curiæ et publicarum ædium archivis eximeretur. Secundum hæc condictum edictum, LIII capitibus absolutum, quod in ultima Debitoris in aulam profectione, varie mutatum et interpolatum est, dum abesset Condæus inde cum principibus, nos diversi alio excurrimus, Ronius Rupellam, et dissidentes, sicuti aiebat, delegatorum animos componeret, et eodem legatus Anglicanus profectus est, ita suadente Bullionio, qui Ronio contradictorem quærebat, multum, fremente me, qui, licet legato amicus, tamen exemplum metuebam, et id olim nobis exprobrari posse, animo jam tum providebam. Itaque, cum id concessione Debitoris fieri viderem, in consessu nostro privato protestatus sum, me nequaquam consentiente aut adprobante, Anglicani profectionem susceptam, et ut collegæ id meminissent rogavi; nec factum improbavit Brissacus. Jam tum æstus intendebat, et cum Condæus, natura vehemens, parum sibi temperaret, Rupefortio in Andibus, qui interim excurrerat, rediens, maligna febre correptus est; quæ nos anxios diu tenuit, usque ad XIII diem, quo remittere cepit morbus; nec de nihilo interim laborabatur, nam scissis animis, si quid humanitus contigisset, quicquid actum erat, irritum remanebat et pars, illo superstite, firmior, multum debilitabatur, et altera superior evadebat. Tandem, cum convaluisset, postquam de primatis cujusque principum et procerum, qui cum Condæo erant, petitionibus et gratiis a rege promissis idonee a nobis cautum est, ipse in lecto nondum bene confirmata valetudine subscripsit; nec

Longovillanus, cujus negotium indecisum remanebat, propterea subscribere detrectavit; sed eadem die sedulam suam misit; nam seorsum principes qui aderant, ut scis, ob dignitatum prærogativas subscripsere, sicuti ad Menehildis-Fanum factum meministi. Id actum v nonas maias, qui dies Inventionis Sanctæ Crucis sacer est, et Nivernio Natalis, itaque et is, qui negotio quasi sequester semper intervenerat, nos lautissimo excepit convivio, cum adhuc incertum esset an eo die edicto subscriberetur : nam multi adhuc hærebant, et Condæus non nisi post prandium subscripsit. Quo facto, cuncti ab eo commeatum petiimus, ipse quo liberiore ac puriore aere frueretur, ex consilio medicorum, Chinonem cogitat. Ergo Debitorem sequi et in viam me dare certus has obsigno. Quid autem de negotii successu, exploratis ac pertentatis eorum ex quibus fortunæ nostræ pendent ingeniis et voluntatibus augurii, faciam, si quæris, id vero chartæ illini periculorum duco, et in illud tempus differendum censeo, cum te coram complecti dabitur. Interim, vale.

Julioduni, pridie nonas maias, quo die Chinonem petebamus.

II.

ÉDIT DE PACIFICATION.

Man. Bibl. impér. Fonds Dupuy, n° 450. — Bibl. Mazarine. — Impr. Mercure franç. t. IV.

Les présens articles[1] ont esté veus, arrestez et respondus par les depputez envoyez par le Roy en la conférence de Loudun pour la pacification des troubles, lesquelz ils feront ratifier et approuver par Sa Majesté.

Faict à Loudun, le 3ᵉ jour de may 1616.

Signé BRISSAC, DE NEUFVILLE, DE THOU, DE VIC, PHÉLIPEAUX, HENRY DE BOURBON, DE JAUCOURT, PUCHOT, BERTEVILLE, JOSIAS MERCYER, DE CHAMPEAUX, MILLETIERS, CHAUFFEPIED, HURON, ESPÉRANDIEU, MANIALE et DE LA NOYALLE.

[1] Il faut entendre par *les présents articles* les articles relatés dans l'édit de pacification ci-après. Le texte de cet édit avait été préparé à Loudun, et suivi de quel-

Édict[1].

Le projet qui a esté faict, convenu et accordé entre les depputez du Roy et M. le prince de Condé et autres princes, ducs, etc. de l'édict de pacification et articles pour estre envoyez au parlement, lequel a depuis esté ratifié par Sa Majesté, et le dict édict expédié et envoyé en tous les parlemens.

Louis, par la grâce de Dieu, roi de France et de Navarre, à tous présens et à venir, salut. Considérant les grands maux et calamitez advenus par les troubles et guerres, desquelz nostre royaume a esté depuis quelque temps et est encore de présent affligé, et prévoyant la désolation qui pourroit cy après advenir, si, par la grace et miséricorde de Nostre Seigneur, les dicts troubles n'estoient promptement pacifiez, nous, pour à iceux mettre fin, remédier aux afflictions qui en procèdent, remettre et faire vivre nos subjets en paix et union, repos et concorde, comme tousjours a esté nostre intention, après avoir sur ce pris l'advis de la Royne nostre très honorée dame et mère, des princes, ducs, pairs, officiers de nostre couronne et autres seigneurs et nobles personnages de nostre conseil estant près de nous, avons, par cettuy nostre édict perpétuel et irrévocable, dict, statué et ordonné, disons, statuons et ordonnons ce qui ensuit :

ARTICLE PREMIER.

Que la mémoire de toutes choses passées d'une part et d'autre en cettuy nostre royaume, depuis le premier jour de juillet dernier que les présens troubles et mouvemens de guerre ont commencé, et à l'occasion d'iceux, jusqu'à la publication qui sera faicte dans les provinces, par nos gouverneurs et lieutenans généraux en icelles, de l'acte de la paix, demeurera esteinte et assoupie comme de chose non advenue, et ne sera loisible ny permis à nos procureurs géné-

ques mots placés ici en avant de l'édit. L'auteur du manuscrit de la Bibliothèque impériale a jugé avec raison qu'il n'était pas nécessaire de répéter deux fois les articles, et que, transcrivant le texte de l'édit, il était inutile d'en transcrire le projet. (Édit.)

[1] Connu sous le nom d'*Édit de Blois*. (Édit.)

raux ny autres personnes publiques ny privées quelconques, en quelque temps ny pour quelque cause que ce soit, en faire mention, procès ny poursuittes en aucune cour ny jurisdiction.

ART. 2.

Deffendons à tous nos subjects, de quelque estat et qualité qu'ils soient, d'en renouveler la mémoire, s'attaquer, injurier ny provoquer l'un l'autre par reproche de ce qui s'est passé, en contester ou quereller, ny s'outrager, s'offenser de faict ou de parole; mais leur ordonnons se contenir et vivre paisiblement ensemble comme frères, amis et concitoyens, sur peine aux contrevenans d'estre punis comme infracteurs de paix et perturbateurs du repos public.

ART. 3.

Ordonnons que la religion catholique, apostolique et romaine sera présentement remise et restablie en tous les lieux et endroicts où l'exercice d'icelle pouvoit avoir esté intermis à l'occasion des présens mouvemens; deffendons à toutes personnes, de quelque estat, qualité et condition qu'ils soient, sur les peines que dessus, de ne troubler, molester ny inquietter les ecclésiastiques en la célébration du service divin, jouissance et perception de leurs deniers, fruits et reveneus de leurs bénéfices, et en tous les autres droicts et debvoirs qui leur appartiennent, mesme leur laisser la libre demeure et habitation dans leurs maisons auxquelles ils souloient demeurer auparavant ces mouvemens; voulons que tous ceux qui, durant iceux, se sont emparez des esglises, biens et revenus des dicts ecclésiastiques, et qui les détiennent et occupent, leur en dellaissent l'entière possession et paisible jouissance, avec telz droicts, libertez et seuretez qu'ils avoient auparavant.

ART. 4.

Combien que, par le soing et prudent advis de la Royne nostre très honorée dame et mère, nous ayons cy devant commandé et ordonné très expressément, de bouche et par escrit, à nostre cour de parlement et à nostre procureur général, de faire toutes poursuittes et recherches de ceux qui ont participé au détestable parricide du feu Roy nostre très honoré seigneur et père (que Dieu absolve), nous ayant esté néantmoins représenté que, contre nostre intention, aucuns de nos officiers sont réputez avoir usé de nonchalance et négligence en la dicte recherche, nous ordonnons derechef et très expressément enjoignons à nostre dicte cour de parlement de Paris et à nostre dict procureur général de recevoir tous advis, mémoires et renseignemens qui leur seront apportez sur ce subject, pour faire la recherche, poursuitte et punition de cet exécrable crime, leur mandant de faire en cet endroict ce qui est du deu de leur charge pour l'exacte exécution de ceste nostre volonté. Et affin de destourner les esprits de nos subjects de penser à l'advenir à ces damnables actes et impiétez, nous escrirons à tous les évesques de nostre royaume de faire publier chascun en leurs diocèses le décret du concile de Constance qui fait mention de la seureté de la vie des rois et princes souverains.

ART. 5.

Et encore que la surséance de l'exécution des arrests de nostre cour de parlement de Paris, portée par l'arrest de nostre conseil du sixième de janvier mil six cent quinze, et les déclarations que nous avons envoyées hors nostre royaume, ayent esté par nous ordonnées en la présence de la Royne nostre très honorée dame et mère, des princes, ducs, pairs de France, officiers de nostre couronne et autres principaux seigneurs de nostre conseil estant près de nostre personne, avec grande cognoissance de cause, meure délibération, et pour bonnes et importantes considérations et raisons, affin de conserver et entretenir, suivant l'exemple et la prudence du feu Roy nostre très honoré seigneur et père, pour le bien et grandeur de nostre royaume, toute bonne correspondance, paix, amitié et intelligence avec nostre très saint père le pape et le saint siége apostolique, sans pour cela avoir faict aucune déclaration préjudiciable ny désavantageuse en sorte quelconque à nostre auctorité royale ny à nostre puissance souveraine et à l'indépendance de nostre couronne, dont, par le prudent conseil de nostre dicte très honorée dame et mère, nous avons tousjours esté et serons plus jaloux et soigneux protecteurs que tous autres, ainsy que le requiert et nous y oblige nostre intérest; néantmoins nous ordonnons que la dicte surséance, portée par l'arrest de nostre dict conseil du six janvier mil six cent quinze, soit levée, pourveu et à la charge aussy que ce qui reste à exécuter de l'arrest ou délibération de nostre dicte cour de parlement du deuxiesme du dict mois de janvier, y mentionné, demeurera sans exécution.

ART. 6.

Et bien que nous ayons eu soing de commander à ceux de nostre dict conseil de travailler à la response qu'il nous convient faire aux cahiers qui nous ont esté présentez par les estats généraux de nostre royaume, et que mesme ils y aient desjà beaucoup advancé, en ayant faict le rapport d'une partie en nostre présence; néanmoins, pour tesmoigner à tous les ordres d'iceluy le désir que nous avons d'y pourveoir promptement, et satisfaire, autant qu'il nous sera possible, à leur contentement, nous voulons et entendons qu'il soit cy après travaillé incessamment à la response des dicts cahiers, en sorte qu'elle soit expédiée dans trois mois après l'expédition des présentes.

ART. 7.

Voulons aussy que le premier article du cahier du tiers estat nous soit lors représenté pour estre par nous pourveu sur le contenu en icelluy, avec l'advis des princes de nostre sang, autres princes, ducs, pairs de France, officiers de nostre couronne, principaux de nostre conseil, et aucuns de nos cours de parlemens qui y seront par eux envoyez, selon le commandement que nous leur ferons d'y depputer pour délibérer sur le dict article.

ART. 8.

Déclarons, suivant les anciennes lois du royaume, renouvelées par l'ordonnance faicte sur les remonstrances des estats de Blois, en l'année 1576, qu'aucuns estrangers ne seront, à l'advenir, admis ès offices de nostre couronne, ny ès gouvernemens de nos provinces et places fortes, charges et dignitez militaires, offices de judicature et des finances, dignitez et prélatures ecclésiastiques et autres fonctions publicques, sinon que, en considération de leurs signalez et recommandables services, et de leurs qualitez et mérites pour la réputation de nos affaires et grandeur de nostre couronne, il y soit par nous desrogé, ainsy qu'il a esté faict souvent par les roys nos prédécesseurs, que l'on a veu par expérience en avoir esté utilement servis.

ART. 9.

Voulons et entendons, comme nous avons tousjours faict, que les cours souveraines de nostre royaume soient maintenues et conservées en la libre et entière fonction de leurs charges, et en l'autorité et jurisdiction qui leur a esté donnée par les roys nos prédécesseurs.

ART. 10.

Pour pourveoir aux remonstrances qui ont esté faictes par nostre cour de parlement de Paris, en ce qui concerne la jurisdiction à eux attribuée tant par leur establissement qu'ordonnances des roys nos prédécesseurs, sera faict une conférence suivant ce qui a esté cy devant proposé des principaux de nostre conseil et de nostre dicte cour de parlement, nonobstant l'arrest de nostre dict conseil du 23 may dernier, lequel demeurera sans effect.

ART. 11.

Voulons et ordonnons que tous ceux qui ont esté pourveus par les roys nos prédécesseurs, ou par nous, de charges, offices, estats et dignitez, et qui en ont esté dépossédez, ou qui sont en quelque sorte que ce soit troublez en la fonction et exercice d'iceux, contre les lois du royaume, y soient remis et restablis pour en jouir par eux suivant et conformément aux provisions et pouvoirs qui leur en ont esté expédiez, s'en acquittant de leur part comme ils sont tenus de faire par leurs provisions et les sermens par eux prestez et suivant nos édicts et ordonnances.

ART. 12.

N'entendons que désormais ces charges de nostre maison, des Roynes nos mère et femme, gouvernemens de nos provinces et villes, lieutenances génerailes des dictes provinces, capitaineries de places et chasteaux, et toutes charges militaires et autres qui n'entrent point en nos parties casuelles, soient vénalles, ce que nous interdisons et deffendons à tous généralement quelconques.

ART. 13.

Et affin que nous ayons plus de moyens de récompenser la vertu et les mérites de ceux qui nous auront bien et fidèlement servis, nous déclarons que nous n'entendons donner à l'advenir aucunes survivances ny réserves d'aucuns estats et offices, charges et dignitez, soit de nostre couronne ou de nostre maison, ou autres, comme aussy des gouvernemens des provinces et villes, lieutenances génerailes et capitaineries de places, voulant que, si par importunité ou surprise aucunes lettres ou provisions en estoient cy après expédiées, elles soient révoquées sans que l'on y ayt aucun esgard.

ART. 14.

Voulons et entendons que les édicts de pacification, déclarations et articles secrets, vérifiez en nos cours de parlement, comme aussy les brevets et responses de cahiers faicts par le feu Roy nostre très honoré seigneur et père et nous, en faveur de nos subjects de la religion prétendue refformée, soient observez et exécutez, et qu'ils en jouissent selon leur forme et teneur.

ART. 15.

Et d'autant que maistre Pierre Berger, conseiller en nostre cour de parlement de Paris, qui estoit pourveu d'un des six offices qui par le trentiesme[1] article du dict édict furent affectez à ceux de la dicte religion prétendue refformée, a faict profession de la religion catholique, nous avons créé et érigé, créons et érigeons de nouveau un office de conseiller en nostre dicte cour de parlement de Paris, aux mesmes gaiges, droicts, priviléges, auctoritez et fonctions que les autres, et lequel office (ainsy que dict est) par nous présentement créé nous affectons à ceux de la dicte religion prétendue refformée, au lieu de celuy que tient ledict Berger, et dont nous ferons pourveoir un personnage de la dicte religion prétendue refformée, suffisant et capable, suivant la forme portée par le cinquantiesme[2] des articles particuliers accordés à Nantes à ceux de la dicte religion.

ART. 16.

Voulons et entendons que l'exercice de la dicte religion prétendue refformée soit remis et restabli aux lieux où il pourroit avoir esté discontinué ou interrompu depuis le dict premier jour de juillet, et à l'occasion des présens mouvemens, ainsy et en la mesme forme qu'il y estoit auparavant.

ART. 17.

Et affin qu'il ne soit doubté de la droite intention de nostre très cher cousin le prince de Condé et de ceux qui se sont joincts avec luy, nous déclarons que nous réputons et tenons nostre dict cousin le prince de Condé pour nostre bon parent et fidèle subject et serviteur, comme aussy les autres princes, ducs, pairs, officiers de nostre cou-

---

[1] Cet article est celui par lequel fut établie la chambre de l'édit. (Édit.)

[2] Cet article dérogeait à l'ordonnance qui exigeait la majorité des deux tiers pour la réception au parlement des officiers judiciaires, et statuait que la majorité simple suffirait pour les charges réservées aux protestants. (Édit.)

ronne, seigneurs et gentilshommes, villes, communautés et autres, tant catholiques que de la religion prétendue refformée, de quelque qualité et condition qu'ils soient, qui l'ont assisté et se sont joincts et unis avec luy, soit avant ou durant la suspension d'armes, y compris mesme les depputez de la dicte religion prétendue refformée naguères assemblez à Nismes, et de présent en nostre ville de la Rochelle, pour nos bons et loyaux subjects et serviteurs; et après avoir entendu la déclaration à nous faicte par nostre dict cousin le prince de Condé, nous croyons et estimons que ce qui a esté faict par luy et les susnommez a esté à bonne fin et intention et pour nostre service.

ART. 18.

Nostre dict cousin le prince de Condé et les autres princes, ducs, pairs, officiers de nostre couronne et seigneurs, tant catholiques que de la dicte religion prétendue refformée, qui l'ont assisté et se sont joincts et unis avec luy, soit avant ou durant la suspension d'armes, y compris mesme les depputez de la dicte religion prétendue refformée cy devant assemblez à Nismes, se désisteront et départiront dès à présent de tous traitez, négociations, unions, intelligences, jonctions, associations, qu'ils pourroient avoir, tant dedans que dehors nostre royaume, avec quelques princes, potentats et autres personnes quelconques, et pour quelque cause et occasion que ce soit, et y renonceront sans pouvoir cy après les continuer ny renouveler, ce que nous leur deffendons très expressément, comme aussy de faire aucunes cotisations et levées de deniers sans nostre permission, fortifications, enrollement d'hommes, congrégations et assemblées autres que celles qui sont permises par nous ou nos édicts et par les lois et estats de nostre royaume; le tout sur peine d'estre punis rigoureusement comme contempteurs et infracteurs de nos ordonnances.

ART. 19.

Voulons et entendons que nostre dict cousin et tous les dicts princes et autres susnommez et spécifiez demeurent entièrement quittes et déchargez de tout ce qui s'est faict et passé depuis le premier jour de juillet dernier [1], à l'occasion des dicts mouvemens, jusques au jour de la publication, qui sera faicte dans les provinces et par les gouverneurs et lieutenans généraux d'icelles, de l'acte de la paix qui y sera envoyé, sans que cy après ils en puissent estre recherchez ni inquiettez pour quelque cause et prétexte que ce puisse estre, soit pour la prise des armes, port d'icelles, enrollemens et conduites de gens de guerre, establissemens et entretenement des garnisons, entreprises, siéges et prises de villes, places, chasteaux et maisons fortes, par assaut, composition ou autrement, fortifications, desmantellemens et démollitions d'icelles, pillages et bruslement de fauxbourgs et villages, esglises et maisons, commandez et advouez par les chefs, selon l'ordre et la nécessité de la guerre, équipage et conduite d'artillerie, prise ou fonte d'icelle et de boulets, confection de poudres et de salpestres, armemens de vaisseaux sur la mer et rivières, congez donnez aux capitaines de marine, prises et butins faicts en conséquence desdicts congez sur ceux du parti contraire, prise de courriers et messagers, de leurs paquets et lettres, mesme durant la tresve, emprisonnement d'officiers ou autres personnes, establissement de conseils généraux ou particuliers, tant pour la direction des finances que pour autres affaires de la guerre, jugemens et exécutions d'iceux, tant civils que criminels, de police ou règlement, translation de chambres de justice, de généralitez, d'élections et greniers à sel, exécutions de mort faictes par droict de guerre par les prévosts des mareschaux, leurs lieutenans ou autres, commis et establis ès armées ou par commandemens des chefs, les formes de la justice non gardées, jugemens et déclarations de rançon, amendes et butins, impositions de nouveaux droits et debvoirs, continuation des anciens ou augmentation d'iceux, levées de pionniers, estapes, munitions de guerre et magasins de vivres et fourrages, corvées d'hommes pour fortifier ou

---

[1] Au commencement de juillet 1615, il n'y avait encore, de la part du prince de Condé, qu'une opposition qui provoquait des pourparlers dans le but d'un accommodement, mais aucun acte factieux et rebelle. (Édit.)

abattre places fortes et chasteaux, prise de chevaux, de navires, de bateaux chargez de marchandises et biens sur mer ou sur les rivières, prise et vente de biens meubles, bagues et joyaux et argenterie appartenant tant aux ecclésiastiques qu'aux particuliers, dons d'iceux, baux à ferme des immeubles, coupes et ventes des bois taillis ou de haute futaye à nous appartenant ou à autres, assemblées et tenues de conseils, establissement de bureaux et pancartes, introduction d'estrangers, infractions ou contraventions faictes à la suspension d'armes, de part et d'autre, dont la réparation n'aura esté faicte, et tout ce qui aura esté faict, géré, négocié, dict ou escrit ès livres, déclarations et expéditions d'affaires, voyages, intelligences, traitez, associations et négociations faictes par quelques personnes que ce soit, en quelque lieu et pour quelque effect que ce puisse estre, tant dedans que dehors le royaume, comme aussy toutes prises et levées de nos deniers ou des particuliers, de quelque nature que ce soit, et à quelques sommes qu'ils puissent monter, soit en nos receptes ou hors d'icelles, tant du domaine, décimes, aydes, tailles, taillon, vente de sel, prix d'icelluy, tant des marchands que de la gabelle, imposts et octrois mis sur icelluy, traictes et impositions mises sur les bleds, vins, vivres et denrées, et sur toutes autres sortes de marchandises entrant et sortant des villes et autres lieux, prise de deniers des déposts, consignations d'amendes, butins et rançons, et biens meubles, saisies d'arrivages, rentes et revenus appartenant à quelques personnes que ce soit, fruits de bénéfices, subsides, subventions, contributions, emprunts sur les villes et bourgs, et toutes autres prises et levées de deniers publics ou particuliers faictes, les formes accoustumées non gardées, par quelque personne que ce soit, et génerallement tous actes d'hostilité, désordres et excès faits et commis par la licence et nécessité de la guerre, et toutes autres choses quelconques (ores qu'elles ne soient plus particulièrement cy exprimées) faictes et exécutées pendant lesdicts troubles, et qui se sont ensuivis à l'occasion d'iceux, en quelque sorte et manière que ce soit, et par qui que ce soit qu'elles ayent esté faictes, avec pouvoir, charge, commandement ou adveu de nostre dict cousin, ou des princes, ducs, pairs et officiers de nostre couronne, chefs d'armées ou commandans dans les provinces, qui se sont joincts et unis avec luy; deffendons à toutes personnes, quelles qu'elles soient, d'en faire aucune mention, recherche, procès ny poursuitte en quelque temps que ce soit, en aucune cour ou juridiction, en général ou en particulier, soit contre nostre dict cousin et tous autres auctorisez et advouez de luy, et qui ont esté employez par luy, entendant qu'ils en demeureront entièrement quittes et déchargez, comme nous les en quittons et déchargeons par ces présentes, soit que les choses susdites ayent esté faictes par les commissions, lettres et mandemens de nostre dict cousin ou des autres susnommez, imposant sur ce silence perpétuel à nos procureurs généraux et leurs substituts présens et à venir, et à toutes nos cours de parlement, juges, officiers et tous autres, sans qu'il soit besoing aux particuliers d'obtenir de nous, pour ce qui les concerne, autres lettres que ces présentes.

ART. 20.

Demeureront pareillement quittes et déchargez tous ceux qui ont esté commis par nostre dict cousin le prince de Condé pour la direction des finances et deniers publics, ensemble nos officiers tant de nos généralitez que des élections et greniers à sel, et tous autres qui ont exécuté les commissions et ordonnances de nostre dict cousin, et se sont entremis, par son commandement et en vertu de ses commissions, des levées desdicts deniers et autres expéditions et actes de jurisdiction sur ce faicts ès villes qui se sont joinctes et unies avec luy, sans qu'ils en puissent estre ores et à l'advenir inquiettez, poursuivis ny recherchez en façon que ce soit; voulons que tout ce qui a esté par eux exécuté ayt pareil effect comme s'il avoit esté faict en vertu de nos commissions.

ART. 21.

Voulons aussy que tous nos receveurs généraux et particuliers, fermiers ou autres comptables, lesquelz font leur demeure et résidence ès villes et lieux tenus par nostre dict cousin, mesme les collecteurs des paroisses et communautez, et tous ceux qui ont esté par luy commis et establis, ou par les autres princes, ducs, pairs et officiers de la couronne, et autres joincts et unis avec luy, et ayant pouvoir de luy à la levée et distribution des dicts deniers, demeurent quittes et déchargez envers nous de tout ce qui aura esté payé par eux à quelques personnes et pour quelques causes que ce soit, en vertu de leurs ordonnances, mandemens et quittances, comme aussy de tous deniers qui auront esté pris par force et violence, dans nos receptes ou hors d'icelles, des mains de nos receveurs, fermiers et autres comptables qui les auroient transportez ailleurs, sans qu'eux, leurs cautions et vérificateurs présens et à venir en puissent estre recherchez et inquiettez en quelque façon que ce soit, voulant que tout ce qui aura esté par eux payé soit passé et alloué en tous estats, comptes et comptereaux, en rapportant par eux pour toutes décharges les ordonnances ou quittances de nostre dict cousin ou d'autres auctorisez et advouez de luy, et les actes et procès-verbaux de force et contraincte bien et deuement certifiez, pourveu néantmoins qu'ils en baillent estat certifié d'eux, et facent paroistre les dictes quittances et procès-verbaux au bureau des trésoriers de France de leur généralité, dont ils prendront actes dans un mois après la publication des présentes, lequel temps passé, ils ny seront plus receus ny admis, et cependant toutes contrainctes qui pourroient estre faictes par les trésoriers de France et receveurs généraux contre les dicts receveurs particuliers pour le regard des dicts deniers seront sursises.

ART. 22.

Validons et auctorisons pour cest effect tous comptes et comptereaux qui auront esté desjà rendus par les dicts receveurs, fermiers ou commis, soit par devant nostre dict cousin ou autres par luy commis pour les ouyr et arrester, ensemble les ordonnances, mandemens et acquis de l'emploi des dicts deniers et payemens faicts en vertu d'iceux, et quittances de nostre dict cousin ou autres auctorisez de luy, et qui se sont joincts et unis avec luy, encore que l'ordre de nos finances n'ayt esté gardé, sans qu'il leur soit besoing d'obtenir d'autres lettres de validation ny desclaration de nous que les présentes ; lesquelz comptes ou comptereaux, avec les dictes ordonnances, mandemens, acquits et quittances, les dicts comptables seront tenus porter ou envoyer dans quatre mois en nos chambres des comptes au ressort desquelles les dictes levées et receptes de deniers auront esté faictes, sans qu'ores ny à l'advenir les dicts comptes puissent estre subjects à révision ny correction, ny les dicts comptables tenus à aucune comparition pour cest effect, sinon en cas d'omission de recepte ou faux employ, ny rendre autre nouveau compte que ceux qu'ils auront, comme dict est, rendus à nostre dict cousin ou à ceux qui auront esté ordonnez par luy pour les ouyr, nonobstant toutes défectuositez et manquemens de formalitez qui s'y pourroient trouver, imposant sur ce silence perpétuel à nos procureurs généraux de nos dictes chambres présens et à venir.

ART. 23.

Et pour le regard de ceux qui n'auront encore rendu leurs comptes, nous les en avons déchargez et déchargeons, attendu le peu de temps de leur maniement. Pourra néantmoins nostre dict cousin les faire compter par estat par devant luy ou autres qui seront à ce par luy ordonnez pour cest effect, lequel estat ou copie collationnée d'iceluy ils mettront dans six mois ès mains de nos receveurs des finances, chascun en sa généralité, pour servir et valoir, tant à nos dicts receveurs généraux et particuliers qu'autres officiers comptables, pour la justification des reprises de leurs comptes, sans que les dicts receveurs généraux soient tenus de la validité ou invalidité des acquits, validant pour cest effect, ainsy que dessus, toutes ordonnances, mandemens, acquits et quittances de nostre dict cousin et des autres princes, ducs, pairs, officiers de nostre couronne et autres joincts et unis avec luy et auctorisez de luy.

ART. 24.

Voulons et entendons que les susdicts articles ayent aussy lieu pour les maire, eschevins, pairs, bourgeois et habitans de nostre ville de la Rochelle, et qu'ils demeurent déchargez de tout ce qui a esté faict par eux, géré et négocié, durant les présens mouvemens et jusques à présent, tant en la dicte ville que dans le pays d'Aulnis, soit pour levées et assemblées de gens de guerre, prise de places fortes, chasteaux et maisons dans le dict gouvernement et confins d'iceluy, establissement de garnisons, armement de vaisseaux, prise et rétention de navires, commissions et congez donnez pour cest effect, et génerallement de tous autres actes d'hostilité, comme aussy de toutes impositions et levées de deniers, tant en la dicte ville que hors d'icelle, mesme du subside par eux imposé à Rochefort sur Charante, prises de deniers publics, tant ordinaires qu'extraordinaires, de quelque nature qu'ils soient, et particulièrement des deniers de nos tailles, taillons, aydes et creues, desquelles M. Jehan Royer, receveur des tailles de la dicte ville, auroit esté contrainct de vuider ses mains, ensemble des deniers qu'ils ont reçus de M. Jacques Raizin, receveur du domaine d'icelle, qui nous ont esté cy devant adjugez et confisquez par sentence du juge des traites de la dicte ville, du 11e jour de juillet 1614, dont ils demeureront déchargez, nonobstant tous dons qui en pourroient avoir esté par nous auparavant faicts à quelques personnes que ce soit, et sans que les dicts Royer et Raizin en puissent estre recherchez à présent ny à l'advenir; voulant que les quittances qu'ils rapporteront des dicts maire et eschevins, ou autres par eux commis pour les recevoir, soient receues en la chambre des comptes, et par eux les dicts deniers passez et allouez en vertu d'icelles, sans difficulté; et cependant ils mettront dans les bureaux des trésoriers de France à Poictiers, dans un mois, estat des deniers qu'ils auront ainsy payez, pour servir à la décharge du receveur général, pour justification de la recepte de ses comptes; et pour le regard de ce qui a esté receu par le receveur ordinaire des deniers communs et patrimoniaux de la dicte ville, ou autres commis par eux pour recevoir les dicts deniers cy dessus spécifiez, ils seront déchargez, rendant compte des dicts deniers ainsy receus par devant les dicts maire et eschevins, comme ils ont accoustumé-faire des autres deniers de leurs charges.

ART. 25.

Les commissaires et controlleurs des guerres, payeurs et autres qui ont esté commis et ordonnez par nostre dict cousin, gouverneurs des provinces ou commandans en icelles, au faict des monstres et payemens des gens de guerre, tant de cheval que de pied, qui estoient à sa suitte ou soubz son auctorité, et de ceux qui estoient joincts et unis avec luy, durant les présens troubles, demeureront pareillement déchargez de tout ce qui regarde la certification des acquits et payemens d'iceux, selon les roolles qu'ils en auront signez et expédiez, encore que les formes n'y ayent esté gardées et observées.

ART. 26.

Comme pareillement ceux qui ont esté establis durant les présens mouvemens pour exercer les charges de commissaires et gardes des vivres et munitions des armées conduittes par nostre dict cousin et autres princes, ducs, pairs et officiers de nostre couronne, et seigneurs tant catholiques que de la religion prétendue refformée, joincts et unis avec luy, demeureront déchargez de leur administration et de tout ce qui s'est passé, faict ou exécuté par eux esdictes charges, de l'ordonnance de nostre dict cousin ou des princes et seigneurs, pour toutes sortes de munitions, vivres, chevaux, harnois et autres choses levées et exigées soubz leurs noms, sans qu'ils soient responsables du faict de leurs commis, clercs et autres officiers par eux employez, le tout en rapportant par eux dans quatre mois déclaration et certification de nostre dict cousin, ou des chefs et gouverneurs, comme ils auront bien et fidèlement servi en l'exercice de leurs charges, en vertu de quoy nous les dispensons pareillement d'en rendre aucun compte en nos chambres des comptes.

ART. 27.

Et pour ce que les veuves et héritiers de ceux qui sont morts au service ou à la suitte de nostre dict cousin, ou ont esté employez par luy, pourroient estre poursuivis et recherchez pour raison des choses faictes durant les dicts présens troubles et mouvemens, et à l'occasion d'iceux, par leurs maris ou ceux desquelz ils sont héritiers, nous voulons et entendons qu'ils jouissent de la mesme décharge que les deffunts pourroient faire suivant les articles précédens.

ART. 28.

Ne pourra estre tenu nostre dict cousin, ny les autres princes et seigneurs qui l'ont assisté et se sont joincts et unis avec luy, ensemble les comptables par eux commis ou auctorisez, de payer ou faire valoir en leurs noms, à qui que ce soit, ce dont, pour la nécessité des affaires durant les dicts présens mouvemens et à l'occasion d'iceux, ils auront baillé leurs mandemens, lettres, rescriptions, assignations ou promesses.

ART. 29.

Et, pour plus grande asseurance et effect de nostre intention, nous voulons et ordonnons que tous édicts, lettres patentes, déclarations faictes et publiées, arrests, sentences, jugemens et décrets donnez sur icelles en nostre conseil, cours de parlement et autres cours souveraines, et en tous autres lieux et jurisdictions de nostre royaume et pays de nostre obéissance, tant contre nostre dict cousin que contre les autres princes, ducs, pairs et officiers de nostre couronne, seigneurs, gentilshommes, officiers, corps de villes, communautez et particuliers, de quelque qualité et condition qu'ils soient, tant catholiques que de la religion prétendue refformée, qui se sont joincts et unis avec luy et l'ont suivi, assisté et secouru, presté ayde et faveur en quelque sorte et manière que ce soit, pendant et à l'occasion des dicts présens troubles et mouvemens, comme aussy toutes poursuittes qui pourroient avoir esté faictes contre les depputez de la dicte religion prétendue refformée cy devant assemblez à Nismes, et autres pour s'estre trouvez ès assemblées tenues à Nismes et à la Rochelle, assemblées provincialles et aux conseils des provinces, demeurent nuls et de nul effect et valeur, et comme telz soient rayez et tirez des registres de nostre dict conseil, cours de parlement et autres jurisdictions, ensemble toutes informations, procès-verbaux, prises de corps décernées et procédures commencées, et autres actes de justice faicts pour raison des choses advenues durant et à l'occasion des dicts mouvemens; deffendons à nos procureurs généraux, leurs substituts, et à tous autres particuliers, d'en faire aucune instance ny poursuitte à l'advenir.

ART. 30.

La déclaration faicte à Poictiers au mois de septembre dernier demeure nulle et de nul effect, comme si jamais elle n'estoit advenue, et sera ostée des registres du parlement de Paris, sans qu'elle puisse porter préjudice, ny l'exemple d'icelle estre tiré à conséquence à l'advenir, en ce qui regarde l'honneur et dignité des princes de nostre sang, lesquelz néantmoins demeureront subjects à nostre justice, selon les formes anciennes et accoustumées en ce royaume pour leur regard. Et quant à l'enregistrement de la dicte déclaration, nous entendons qu'en quelque sorte qu'il ayt esté faict en nostre cour de parlement de Paris, il soit tiré des registres d'icelle; et pareillement que la dicte déclaration et les arrestz, sentences et jugemens intervenus sur icelle en toutes nos autres cours de parlement et jurisdictions inférieures, soient aussy ostez et tirez des registres d'icelles.

ART. 31.

Comme aussy nous voulons que, s'il avoit esté donné quelque arrest en nostre cour de parlement de Bordeaux, au mois de[1] ..... 1614, ou faict quelque arresté qui se trouvast dans les registres de la dicte cour, contre nostre dict cousin le prince de Condé, il soit osté et tiré des dicts registres.

ART. 32.

Toutes places, villes et communautez qui se sont joinctes et unies à nostre dict cousin le prince de Condé, et lesquelles, à l'occasion des présens mouvemens, pourroient estre troublées en la libre et entière jouissance de tous leurs anciens droits, priviléges, franchises, libertez, dons, concessions et octrois, y seront remises et restablies à pur et à plain, voulant qu'elles en jouissent en la mesme forme et manière qu'elles ont bien et deuement faict jusques au 1er jour de juillet dernier; comme pareillement nous voulons et ordonnons que toutes instances, jurisdictions, bureaux de receptes générales et particulières qui auroient, depuis le dict temps et à l'occasion des dicts mouvemens, esté ostez et mis ailleurs, y seront remis et restablis en la mesme forme qu'ils estoient auparavant, et notamment la chambre de l'édict de Guyenne à Nérac[2], cassant et révoquant tous nouveaux establissemens d'élections qui pourroient avoir esté faicts pendant ces dicts mouvemens et à l'occasion d'iceux.

ART. 33.

Que les habitans de nostre ville de Poictiers, tant ecclésiastiques, officiers qu'autres, de quelque qualité et condition qu'ils soient, lesquelz, à cause de ce qui est advenu le 23e du mois de juin 1614 et jours suivans et depuis, se sont retirez de la dicte ville, seront, incontinent après la publication du présent édict, remis et restablis en

---

[1] Cette lacune est dans les manuscrits. Nous avons déjà dit que le Roi doutait de l'existence de cet arrêt. On voit qu'ici même la forme de cet article 31 est dubitative. (Édit.)

[2] Cette phrase veut dire : « et notamment la chambre où ressortisent les affaires des réformés de Guyenne sera rétablie à Nérac, etc. » Cette chambre, établie à Nérac sous Henri IV, en avait été ôtée sous Louis XIII, pendant les troubles. (Édit.)

icelle et en la possession et fonction de leurs charges, dignitez, bénéfices et offices, tant militaires que de judicature, de la police, des finances et gaiges, ensemble tous autres qui, pour mesme subject, ont esté dépossédez de quelques charges; et toutes lettres, actes, procédures et informations faictes à l'encontre d'eux par quelques commissaires que ce puisse estre, et qui pourroient, en quelque façon que ce soit, toucher nostre dict cousin le prince de Condé, ensemble l'honneur des dicts habitans, de la fidélité et innocence desquelz nous nous tenons bien et deuement informez, soient cassées et révoquées comme nulles et de nul effect et valeur, et ostées des registres tant du siége présidial que de la maison de ville, et de tous les autres lieux; et sont tous les dessus nommez mis en nostre protection, de nos gouverneurs et officiers dans la province, et de ceux de la dicte ville.

ART. 34.

Toutes procédures, informations, recherches faictes, sentences et jugemens donnez à l'encontre d'iceux, depuis le 23 juin 1614, tant pour ce qui regarde la navigation de la rivière du Clain, construction de la rue neufve de Poictiers, que pour les eaux et forests, demeureront nuls et de nul effect et valeur, et les parties remises pour ce regard en l'estat qu'elles estoient auparavant, et les arrests de nostre conseil suivis.

ART. 35.

Voulons aussy que nostre dict cousin et les dicts princes, ducs, pairs, officiers de nostre couronne et seigneurs, ensemble tous gentilshommes, officiers, ecclésiastiques et autres, tant catholiques que de la religion prétendue refformée, qui l'ont assisté et suivi, se sont joincts et unis avec luy, tant avant que durant la suspension d'armes, soient restablis, maintenus et conservez en la libre et entière jouissance de leurs gouvernemens, estats, charges, offices, bénéfices et dignitez, ensemble des gaiges, droits et revenus qui en écherront cy après, dont ils jouissoient avant le mois de juillet dernier, et auxquelz ils pourroient avoir été troublez à l'occasion des présens mouvemens, sans qu'ils soient tenus ny astreints à prendre autres provisions ou confirmations de nous que les présentes, ny à faire aucun remboursement ou récompense à ceux lesquelz, pendant leur absence, s'en sont faict pourveoir et les ont exercées, et ce nonobstant toutes déclarations, arrests et jugemens donnez contre eux, lesquelz, comme nuls et de nul effect, demeureront cassez et révoquez, comme nous les cassons et révoquons, et ordonnons qu'ils soient tirez des registres tant de nos cours souveraines qu'autres jurisdictions inférieures.

ART. 36.

Voulons et entendons que toutes personnes, tant d'une part que d'autre, soient remises, comme nous les remettons et restablissons, en la jouissance de tous et chascuns leurs biens meubles et immeubles, héritages, rentes et revenus, droits et debvoirs, noms, raisons et actions, en quelque part qu'ils se trouvent, dont ils pourroient avoir esté dépossédez, troublez ou empeschez à cause des présens troubles et mouvemens, nonobstant tous dons qui en pourroient avoir esté faicts à leur préjudice, ou de ceux auxquelz ils appartenoient, leurs veuves, enfans et héritiers, lesquelz dons, confiscations et toutes autres dispositions d'iceux et toutes obligations et promesses sur ce faictes nous voulons demeurer nuls, ensemble toutes procédures, jugemens, sentences, arrests, saisies et ventes faicts en exécution d'iceux, et génerallement tout ce qui s'en est ensuivi.

ART. 37.

Entendons aussy que le présent édict ayt lieu pour nostre très cher frère naturel le duc de Vendosme et tous ceux qui l'ont suivi et assisté, soit avant où depuis qu'il s'est joinct et uni avec nostre dict cousin le prince de Condé, et qu'ils soient compris en la décharge génerale portée par le présent édict pour tout ce qui s'est passé pendant les présens troubles et à l'occasion d'iceux, et pour cest effect nous avons cassé et révoqué, cassons et révoquons tous jugemens, sentences et arrests qui pourroient avoir esté donnez tant contre luy que contre ceux qui l'ont suivi, soit en nos cours de parlement et autres lieux, et spécialement l'arrest de nostre cour de parlement de Rennes, du 26 mars dernier, donné contre les sieurs Dalegre, Sainct Denis, Maillot, Pierrepont, Laroche Giffart, de Camores, de Charnacé et Labarre Chivray, et celuy de nostre cour de parlement de Rouen, du 11 mars dernier, donné contre le sieur de la Ballivière et autres y nommez, lesquelz nous avons entièrement déchargez, ensemble les veuves, enfans et héritiers de ceux qui ont esté exécutez, de toutes les condamnations portées par iceluy, lesquelz jugemens, sentences et arrests nous voulons estre tirez des registres tant de nos dictes cours de parlement de Rennes et Rouen qu'autres lieux et juridictions inférieures, et imposons sur ce silence perpétuel à nos procureurs généraux, leurs substituts, présens et à venir.

ART. 38.

Comme aussy nous révoquons tous les arrestz donnez en nostre cour de parlement de Rennes contre nostre dict frère naturel le duc de Vendosme et ceux qui l'ont suivi depuis le premier jour de janvier 1614 jusques à présent, tant à l'occasion des dicts présens mouvemens qu'au préjudice du traicté de Saincte Ménehould et de l'édict qui fut faict en conséquence d'iceluy en sa faveur; comme aussy tout ce qui s'est faict et passé ès derniers estats de nostre province de Bretagne, tenus en nostre ville de Nantes, en la dicte année 1614, au préjudice des charges qu'il a au dict pays.

ART. 39[1].

L'édict faict sur le traicté de Saincte-Ménehould, au mois de juillet

---

[1] Voir dans le Mercure français, année 1614, la déclaration du Roi donnée à Saint-Germain-en-Laye dans les premiers jours de juillet et enregistrée au parlement de Paris le 4 de ce mois, et aussi le traité de Sainte-Ménehould, plus bas. (Édit.)

1614, sera suivi et observé en toutes ses parties, et toutes procédures, sentences, jugemens et arrests donnés au préjudice d'iceluy demeurent nuls et comme non advenus; comme pareillement seront révoquez l'arrest de condamnation donné en l'an 1615, en nostre parlement de Rennes, contre le sieur de Camores, et le jugement donné prévostallement par le séneschal de Sainct Sever en Guyenne contre le sieur d'Estignoly et ceux qui l'ont assisté pour l'entreprise du dict Sainct Sever en l'année 1614, lesquelz seront tirez des registres de nostre dicte cour de parlement de Rennes et siége de Sainct Sever, et de tous autres lieux et jurisdictions, voulant les condamnez estre remis en leur bonne renommée, honneurs et biens, pour en jouir comme auparavant, et que toutes marques, vestiges et monumens des dictes exécutions soient ostez.

ART. 40,

Toutes sentences, jugemens et arrests donnez pendant les présens mouvemens contre les absens et non deffendus d'une part et d'autre, soit en justice civile ou criminelle, en toutes nos cours et jurisdictions, mesme les poursuittes faictes en exécution d'arrests ou sentences donnez auparavant les présens troubles, seront nuls et de nul effect et valeur; et seront les parties remises au premier estat et ainsy qu'elles estoient le dict premier jour de juillet. Et pour le regard des exécutions de mort qui ont esté faictes de part et d'autre à l'occasion des dicts présens mouvemens, nous voulons que la mémoire de ceux qui ont esté condamnez et exécutez soit restablie et restituée; et les veuves, enfans ou héritiers, déchargez de toutes amendes et confiscations qui pourroient avoir esté adjugées, ensemble de tous intérests civils ou dépens, et que toutes marques et monumens des dictes exécutions soient ostez, ce que nous voulons spécialement avoir lieu pour la condamnation et exécution de mort intervenue en la personne de Jacques de Normanaille, sieur des Hebertz; comme en semblable nous voulons que toutes poursuittes faictes à l'occasion des dicts troubles contre . . . . . .[1], vice baillif de Gien, et ceux qui l'ont délivré, demeurent nulles et de nul effect.

ART. 41.

Le temps qui a couru depuis le premier de juillet jusques à présent ne pourra servir pour acquérir aucune péremption d'instance, ny prescription coustumière, légale ou conventionnelle, contre ceux qui ont suivi nostre dict cousin et qui se seront joincts et unis avec luy; et néantmoins toutes sentences, jugemens, arrests et procédures, et tous autres actes de justice, faicts et donnez tant en nos cours souveraines qu'en toutes autres justices et jurisdictions inférieures, entre personnes de mesme party et entre tous autres qui auront volontairement contesté et subi jurisdiction, ne seront subjects à aucune révocation, ains demeureront en leur force et vertu, sauf la voye de droit où le cas écherra, comme aussy tous jugemens qui auront esté donnez par le conseil establi par nostre dict cousin entre gens de mesme party et dont l'exécution s'en sera ensuivie; tiendront mesme les jugemens criminelz donnez sur les duelz qui se sont faicts tant par notre dict cousin qu'aux armées et provinces, sauf les interests des parties civiles.

ART. 42.

Tous mémoires, libelles diffamatoires, lettres, escrits et livrets injurieux et scandaleux demeureront supprimez, et sont faictes deffenses très expresses à tous libraires et imprimeurs d'en imprimer ny exposer en vente cy après, et à toutes personnes d'en escrire et composer sur peine de la vie, enjoignant à tous nos juges et officiers de faire leur debvoir à la recherche et punition des auteurs d'iceux, ensemble des contrevenans aux dictes deffenses; et néantmoins, pour entièrement esteindre la mémoire des choses passées, voulons que ceux qui pourroient estre poursuivis et recherchez à l'occasion de tous escrits faicts

---

[1]. Le nom est resté en blanc dans tous les manuscrits. (Édit.)

et mis en vente depuis l'édict de Saincte Ménehould, en estre déchargez; comme aussy ceux qui pourroient estre détenus prisonniers pour ce subject.

ART. 43.

Voulons et ordonnons que poursuittes et punitions soient faictes des crimes et délits commis entre personnes de mesme party pendant les présens mouvemens, comme aussy de ceux qui sont atteints et convaincus d'incendies et assassinats de sang froid, violences, ravissemens et forcemens de femmes et filles, et sacriléges.

ART. 44.

Toutes personnes estant de contraire party, tant d'une part que d'autre, qui ont esté pris durant les présens mouvemens et à cause d'iceux, où sont détenus prisonniers en quelque lieu que ce soit, mesme ès galères, ou qui ont esté eslargis à leur caution juratoire ou d'autruy, seront remis en leur pleine et entière liberté, sans pouvoir estre détenus, poursuivis ny condamnez en aucune peine, tant corporelle, infamante que pécuniaire, de quoy nous les avons déchargez et déchargeons par ces présentes; et quant aux prisonniers de guerre, il en sera usé comme s'ensuit : c'est asçavoir que toutes personnes de contraire party, tant d'une part que d'autre, qui ont esté pris durant les présens mouvemens et à cause d'iceux, ont estez jugez de bonne prise, et en vertu des dicts jugemens ont payé rançon, ne pourront intenter aucune action pour ce subject, ny prétendre aucune restitution de deniers contre qui que ce soit; tous ceux aussy qui ont esté pris et jugez de bonne prise, qui en vertu des dicts jugemens ont composé et convenu de leur rançon à prix et sommes certaines et limitées, qui sont encore détenus prisonniers, se sont obligez ou baillé caution pour le payement des dictes sommes certaines et limitées, pourront estre poursuivis pour ce regard et contraincts au payement d'icelles sommes; et quant à tous autres qui n'ont convenu ny composé de leur rançon à prix et sommes limitées, soit qu'ils soient encore détenus prisonniers ou mis en liberté soubz leur caution juratoire ou d'autruy de se représenter, ne pourront nullement estre poursuivis pour aucun payement de rançon, comme par ces présentes nous les avons déchargez et déchargeons de l'un et l'autre, sans qu'ores ny à l'advenir ils en puissent estre recherchez, molestez ny inquiettez en quelque sorte et manière que ce soit.

ART. 45.

Seront restituez de part et d'autre tous titres, papiers et enseignemens qui pourroient avoir esté pris dans les maisons et chasteaux des particuliers, sans qu'ils puissent estre retenus pour quelque cause et prétexte que ce puisse estre.

ART. 46.

Toutes prises qui auront esté faictes par mer durant le présent mouvement en vertu des congez et adveux donnez par les chefs de part et d'autre sur ceux du party contraire, et qui auront esté jugées par les juges de l'admirauté ou autres officiers à ce commis, demeureront assoupies soubz le bénéfice du présent édict, sans qu'il en puisse estre faict aucune poursuitte, ny les capitaines et leurs cautions, bourgeois et avitailleurs, et les dicts juges et officiers, recherchez et molestez en quelque façon que ce soit; comme aussy nous voulons que tous ceux qui auront obtenu congé de nostre dict cousin pour aller sur mer, et qui avec iceux seront jà partis, soient déchargez de toutes les prises qu'ils ont faictes ou pourroient faire en vertu d'iceux pendant le temps de trois mois après la date des présentes, tout ainsy qu'ils feroient s'ils avoient eu congé de nous ou de nostre cousin l'admiral, dont les jugemens se feront par les officiers ordinaires de nostre admirauté ou autres à qui la cognoissance en appartient.

ART. 47.

Nostre dict cousin le prince de Condé fera remettre, incontinent après la publication de la paix dans les provinces, les villes et places de Chasteau-Thierry, Épernay, Tonne-Charante, Damaian, et généralement toutes les autres villes, places et chasteaux que luy ou ceux qui sont assistez par luy et se sont joincts avec luy, tant catholiques que ceux de la religion prétendue refformée, ont pris pendant les mouvemens, et ce entre les mains de ceux qui les avoient en garde, sans aucuns en excepter; comme aussy seront remis et restituez de part et d'autre toutes autres places, maisons et chasteaux appartenant soit aux ecclésiastiques ou aux gentilshommes particuliers, entre les mains des seigneurs propriétaires d'iceux, ou de ceux qui en jouissoient auparavant les dicts mouvemens; et pour le regard de Tartas, attendu qu'il a esté surpris sur le sieur de la Harye pendant la suspension d'armes, il sera présentement remis en ses mains, et devant que l'on procède à la restitution des autres.

ART. 48.

Comme ensemble nous voulons et entendons que les villes et chasteaux de Craon, Creil et Clermont en Beauvoisis soient remis incontinent entre les mains de nostre dict cousin le prince de Condé, en l'estat qu'elles sont, et aussy les villes de Brienne, Rosnay et Montbrun entre les mains de nostre cousin le duc de Luxembourg, à qui elles appartiennent, à la charge néantmoins de faire démollir les fortifications qui y pourroient avoir esté faictes pendant les mouvemens, si aucunes y en a.

ART. 49.

Nos officiers, tant catholiques que de la religion prétendue refformée, qui ont demeuré ès villes qui ont suivi et assisté nostre dict cousin, et qui, à l'occasion de ce ou ensuitte du présent mouvement, n'ont pu payer le droit annuel de leurs offices, dans le temps, pour ce prétexte, aux bureaux qui en avoient esté establis, ou en leur défaut leurs veuves, enfans ou héritiers, seront receus à payer le dict droit un mois après la publication du présent édict, et en ce faisant jouiront du bénéfice du dict droit.

ART. 50.

Et d'autant que, pour subvenir aux grandes sommes de deniers qu'il nous convient recouvrer tant pour le licenciement des gens de guerre qui sont sur pied de part et d'autre que autres affaires de la guerre, seront, les cinquante solz sur minot de sel qui avoient esté ostez en l'année 1610, remis et réimposez ainsy qu'ils estoient du vivant du feu Roy nostre très honoré seigneur et père.

ART. 51.

Pour pareilles considérations, seront restablis les 40 solz qui se souloient lever sur chascun quintal de sel en l'estendue de la ferme de Lyonnois, dicte à la part du royaume.

ART. 52.

Comme aussy, pour subvenir aux dictes despenses, nous avons ordonné quelques droits estre imposez et levez sur les marchandises dont on trafique sur quelques unes des rivières de cestuy nostre royaume, affin de soulager d'autant le peuple de la campagne et de nos bonnes villes.

ART. 53.

Les articles secrets qui auront par nous esté accordez, et qui ne se trouveront insérez en ce présent édict, seront entretenus de point en point et inviolablement observez; et sur l'extrait d'iceux ou de l'un des dicts articles, signé par l'un de nos secrétaires d'estat, toutes lettres nécessaires seront expédiées.

ART. 54.

Et affin qu'il soit promptement pourveu à l'observation de nostre présent édict, mandons à nos amés et féaux conseillers les gens tenant nos cours de parlement qu'incontinent après iceluy receu, et toutes choses cessantes, ils ayent à le faire publier et enregistrer en nos dictes cours, selon sa forme et teneur, purement et simplement, sans user d'aucunes modifications ny restrictions, ny attendre autre jussion et commandement de nous; et à nos procureurs en requérir et poursuivre incontinent et sans délay la publication, laquelle nous enjoignons aux gouverneurs et nos lieutenans généraux de nos provinces de faire pareillement faire, chascun en l'étendue de sa charge, et par tous lieux et endroits à ce faire accoustumez, et ce au premier commandement qu'ils en recevront de nostre part, et sans attendre que la dicte publication ayt esté faicte dans nos dictes cours de parlement, à ce que nul n'en prétende cause d'ignorance, et que plus promptement toutes voyes d'hostilité, levées de deniers, payemens et contributions escheus et à escheoir, prises, démollitions et fortifications de villes, places et chasteaux, cessent; déclarant dès à présent icelles levées de deniers, fortifications, démollitions, contributions, prises de biens meubles, et autres actes d'hostilité qui se feront après la publication ainsy faicte par les provinces, subjectes à restitution, punition et réparation; à quoy nous voulons estre procédé contre les contrevenans, sçavoir est : contre ceux qui useront d'armes, forces et violences en la contravention et infraction de cestuy nostre présent édict, empeschant l'effect et exécution d'iceluy, de peine de mort, sans espoir de grace ny rémission; et quant aux autres contraventions qui ne seront faictes par voye d'armes, forces et violences, seront punies par autres peines corporelles, bannissemens, amendes honorables et autres, suivant la gravité et exigence des cas, à l'arbitre et modération de nos juges et officiers, auxquelz nous en avons attribué et attribuons la cognoissance, chargeant en cest endroit leur honneur et conscience d'y procéder avec la justice et égalité qui y appartient, sans exception ou différence de personnes.

Si donnons en mandement aux dictes gens tenant nos dictes cours de parlement, chambres de nos comptes, cours de nos aydes, baillifs, séneschaux, prévosts et autres nos justiciers et officiers qu'il appartiendra, ou à leurs lieutenans, qu'ils facent lire, publier et enregistrer cestuy nostre présent édict et ordonnance en leurs cours et jurisdictions, et icelluy entretenir, garder et absoudre de point en point, et du contenu en faire jouir et user pleinement et paisiblement tous ceux qu'il appartiendra, cessant et faisant cesser tous troubles et empeschemens au contraire, car tel est nostre plaisir; et affin que ce soit chose ferme et stable à tousjours, nous avons faict mettre nostre scel à nostre dict présent édict, sauf en autre chose nostre droit et l'autruy en toutes. . . . .

Donné à Blois, au mois de may, en l'an de grace mil six cens seize, et de nostre règne le sixiesme.

<blockquote>Ainsy signé, LOUIS, et à costé, Visa : et au-dessous, par le Roy estant en son conseil, DE LOMÉNIE. Et scellé du grand sceau de cire verte, sur lacs de soie rouge et verte.</blockquote>

Ratification.

Nous, Louis, par la grace de Dieu, Roy de France et de Navarre, ayant faict lire en nostre présence les articles qui ont esté présentez par nostre très cher cousin le prince de Condé, et autres princes, officiers de la couronne et seigneurs qui estoient joincts et unis avec luy, tant catholiques que de la religion prétendue refformée, y compris mesme les depputez de ceux de la dicte religion cy devant assemblez à Nismes, à nostre cher cousin le comte de Brissac, mareschal de France, et à nos amés et féaux conseillers en nostre conseil d'estat les sieurs de Villeroy, de Thou, de Vic et de Pontchartrain, par nous depputez en la conférence qui s'est tenue à Loudun pour la pacification des troubles, ensemble les responses par luy faictes sur iceux, le tout cy dessus transcrit, avons les dictes responses agréées, ratifiées et approuvées, agréons, ratifions et approuvons par ces présentes, voulons et entendons que le contenu en icelles soit suivi, observé et entretenu de point en point, selon sa forme et teneur; car tel est nostre plaisir.

Donné à Blois, le sixiesme jour de may 1616.

Signé LOUIS, et plus bas POTIER[1].

III.

ARTICLES PARTICULIERS ACCORDEZ, PAR LES DEPPUTEZ ENVOYEZ PAR LE ROY EN LA CONFÉRENCE DE LOUDUN, À M. LE PRINCE DE CONDÉ ET AUTRES JOINCTS AVEC LUY, POUR PARVENIR À LA PACIFICATION DES TROUBLES, DEPUIS VEUS, APPROUVEZ ET RATIFIEZ PAR SA MAJESTÉ.

Impr. Mercure franç. t. IV, p. 129, 1616. — Man. Bibl. impér. Fonds Brienne, 200. — Anc. fonds franç. 9772.

ARTICLE PREMIER.

Le Roy veut et entend, à l'exemple des roys ses prédécesseurs, que l'Esglise gallicane soit conservée en ses droits, franchises, libertez et prérogatives.

ART. 2.

Ce qui a esté faict par le clergé sur la publication du concile de Trente[2] n'a esté approuvé par Sa Majesté; aussy n'a il eu aucune suitte, et ne permettra point qu'il y soit encore rien faict cy après sans ou contre son auctorité.

ART. 3.

Encore que dans l'édict il soit porté que toutes places qui ont esté prises de part et d'autre durant les mouvemens seront restituées

---

[1] Cette ratification est donnée par le manuscrit de la bibliothèque Mazarine comme devant être mise « au dessoubz « des articles présentez par monseigneur « le Prince aux depputez du Roy en fa- « veur de ceux de la religion prétendue « refformée, et par eux respondus. » Il est évident, au contraire, que cette ratification se rapporte à la totalité de l'édit. (Édit.)

[2] Voir plus haut la note sur ce sujet. (Édit.)

et restablies entre les mains et en l'estat qu'elles estoient auparavant iceux, néantmoins il a esté convenu que le chasteau de Leytourre sera mis entre les mains d'un exempt des gardes du corps du Roy, ou autre, de la religion prétendue refformée, qui sera choisi par Sa Majesté pour le garder, jusques à ce que le différend qui est entre les sieurs de Fonterailles et d'Angelin pour raison de la capitainerie du dict chasteau soit jugé par Sa Majesté[1].

ART. 4.

L'article vingt sept[2] de l'édict de Nantes sur la pacification des troubles, concernant l'admission indifférente de ceux qui font ou feront profession de la religion prétendue refformée à tous estats, dignitez, offices et charges publiques quelconques, royalles, seigneurialles ou des villes, sera suivi et observé, et en ce faisant, les sieurs de Villemereau, conseiller en la cour de parlement, et Le Maistre, maistre en la chambre des comptes, seront admis en la fonction de leurs charges comme ils estoient auparavant qu'ils eussent faict profession de la dicte religion prétendue refformée.

---

[1] « Lectoure, principale ville d'Armagnac, pour sa forteresse, est une des places de seureté de ceux de la religion refformée. Le sieur de Fonterailles, gouverneur de la ville, étoit pour le duc de Rohan, et d'Angelin, capitaine du chasteau (que l'on tient estre un des forts de Gascogne), professoit de demeurer soubs l'obéissance du Roy. Sur ce différend, le duc de Rohan s'achemina à Lectoure, où Fonterailles luy ayant donné entrée en la ville, il contraignit d'Angelin de sortir du chasteau et y mit Fonterailles qui prétendoit en estre capitaine. Cest exploit, rapporté à Bordeaux, troubla fort la cour du Roy qui y estoit, pour l'importance de ceste place. » (*Mercure françois*, 1615.) Ce fait est de la fin de 1615. Malgré les dispositions de l'article 3, le sieur de Fonterailles sut se conserver en possession du gouvernement de Lectoure jusqu'en 1620. (Édit.)

[2] Article 27 de l'édit de Nantes : « Affin de réunir d'autant mieux les volontez de nos subjects, comme est nostre intention, et oster toutes plaintes à l'advenir, déclarons tous ceux qui font ou feront profession de la dicte religion prétendue refformée capables de tenir et exercer tous estats, dignitez, offices et charges publiques quelconques, royalles, seigneurialles ou des villes de nostre dict royaume, pays, terres et seigneuries de nostre obéissance, nonobstant tous sermens à ce contraires, et d'estre indifféremment admis et receus en iceux ; et se contenteront

ART. 5.

Les ministres de la religion prétendue refformée jouiront de la grace et des exemptions à eux concédées par les lettres patentes du Roy du quinziesme jour de décembre mil six cens douze[1].

ART. 6.

Les sieurs Durant, Loys et Gaussin seront restablis en la ville de Metz ainsy qu'ils estoient par cy devant.

ART. 7.

Les habitans de la ville de Milhau[2] et des villes, bourgs et commu-

« nos cours de parlement et autres juges « d'informer et enquérir sur la vie, mœurs, « religion et honneste conversation de ceux « qui sont ou qui seront pourveus d'offices, « tant d'une religion que d'autre, sans « prendre d'eux autre serment que de « bien et fidèlement servir le Roy en l'exer- « cice de leurs charges, et garder les or- « donnances, comme il a esté observé de « tout temps. Avenant aussy vacation des « dicts estats, charges et offices, pour le « regard de ceux qui seront en nostre dis- « position, il y sera par nous pourveu in- « différemment et sans distinction de per- « sonnes capables, comme chose qui regarde « l'union de nos subjects. Entendons aussy « que ceux de la religion prétendue ref- « formée puissent estre admis et receus en « tous conseils, délibérations, assemblées « et fonctions qui dépendent des choses « dessus dictes, sans que, par raison de la « dicte religion, ils en puissent estre re- « jetés ou empeschés d'en jouir. » (Édit.)

[1] Ces lettres patentes furent enregistrées au parlement le 2 janvier 1613. Elles eurent pour but de calmer les inquiétudes des protestants qui commençaient à s'entendre, à se réunir et à menacer de prendre les armes; elles sont rapportées *in extenso* dans le tome II de l'Histoire de l'édit de Nantes, p. 28 des pièces publiées à la fin du volume. (Édit.)

[2] « Vers le 10 ou le 12 janvier (1615), « l'on eut avis de quelques rumeurs sur- « venues vers le haut Languedoc parmi « ceux de la religion prétendue refformée, « pour deux accidens qui arrivèrent, l'un « à Belestat, près le comté de Foix, où « Mme Daudoux, qui en est dame, avoit « prié un sien neveu, frère de M. de Mire- « poix, nommé le sieur Saincte Foix, de « réprimer les entreprises qu'elle préten- « doit qu'aucuns de ses subjects faisant pro- « fession de la religion prétendue refformée

nautez du comté de Foix, qui se trouvèrent à la prise du chasteau de Camerade[1], comme aussy quelques particuliers de la ville de Nismes, jouiront de l'effect des abolitions qui leur ont cy devant [esté] octroyées

« faisoient contre elle et son auctorité, par
« la trop grande liberté qu'ils prenoient de
« faire prescher; il y alla, et, n'ayant ren-
« contré ce qu'il cherchoit, il entra dans
« leur temple, chargea quelques uns de
« coups de baston ou autrement, et d'au-
« tres de menaces et paroles, fit abattre le
« temple, rompre une cloche, et autres in-
« solences. D'ailleurs, à Milhau en Rouer-
« gue, un jésuite qui avoit presché les
« avents et qui peut estre avoit tenu en
« chaire quelques paroles qui avoient of-
« fensé un de leurs ministres, ayant ren-
« contré celuy cy la veille de Noël en la
« rue, ils entrèrent en quelque dispute,
« ensuitte de laquelle quelques menus ha-
« bitans estant entrés en menaces et injures
« contre le dict jésuite et contre le prieur
« du lieu, ce fut à eux de chercher promp-
« tement le couvert. Les autres les suivent
« en intention de les offenser; les conseils
« y accourent, qui travaillent à empescher
« le tumulte, et ramènent le dict jésuite et
« le prieur en leur maison; mais ils ne
« purent arrester ny réfréner l'insolence de
« ceste populace, tellement qu'ils furent
« contraints de faire fermer les portes de
« l'esglise. La nuit, l'on pensa aller à la
« messe de minuit et faire sortir de bon
« matin les dicts jésuite et prieur et autres
« ecclésiastiques hors la ville, et les con-
« duire jusqu'en lieu de seureté; mais il
« arriva que, pendant qu'ils estoient dehors,
« aucuns de ces mutins rompirent les portes
« de l'esglise et y commirent de grandes
« et horribles insolences, battirent, excé-
« dèrent les habitans catholiques qu'ils y

« trouvèrent, comme ils avoient aussy faict
« la nuit à ceux qui s'estoient acheminés
« pensant venir à leurs dévotions en la
« dicte esglise. Aussytost que l'on eut ces
« nouvelles, on dépescha une commission
« à la chambre de Castres pour depputer
« deux conseillers, l'un catholique, l'autre
« de la religion prétendue refformée, pour
« aller en l'un et l'autre lieu s'informer de
« ces excès, et faire et parfaire le procès
« aux délinquans et coupables. » (*Mémoires de Pontchartrain*, t. II, pag. 68, édit. Petitot.) L'assemblée de Grenoble, en 1615, par sa délibération du 4 août, recommanda les habitants de Milhau à la clémence du Roi. (Édit.)

[1] L'extrait suivant du procès-verbal manuscrit de l'assemblée de Grenoble en 1615 indique la cause de cette partie de l'article 7 : « Sur la plaincte faicte par la
« province du haut Languedoc et haute
« Guyenne des rigoureuses poursuittes qui
« se font en la chambre de Castres contre
« les consuls et autres notables habitans du
« comté de Foix pour la prise et reprise
« du chasteau de Camerade, advenue le
« 29 avril dernier, la compagnie, embras-
« sant ceste affaire comme de très grande
« importance, a ordonné aux depputez
« qu'elle envoyera en cour de faire ins-
« tance vigoureuse envers Sa Majesté pour
« la cessation des dictes poursuittes, et a
« esté trouvé bon que M. le mareschal de
« Lesdiguières soit prié d'intercéder envers
« le Roy pour les dicts consuls et habitans
« du dict pays de Foix. » (Bibl. Mazarine, man. n° 1504.)

pour aucuns crimes et excès[1] y mentionnez, sans qu'il soit besoing d'autre vérification que l'enregistrement qui sera faict des présens articles, et sans que le dict enregistrement puisse préjudicier aux intérests civils des parties, pour lesquelz ils s'y pourvoiront ainsy que de raison; et, pour le regard de la ville de Milhau, les catholiques, tant ecclésiastiques que autres, y pourront faire leur demeure et résidence, et continuer le service divin en toute seureté, le Roy les mettant en la garde de ceux de la religion prétendue refformée qui en demeureront responsables.

ART. 8.

La dame Daudoux et le sieur Saincte Foy, ensemble ceux qui les ont assistez, demeureront entièrement déchargez de tout ce qui leur peut estre imputé à cause de ce qui se passa à Belestat en l'année 1615, ce qui sera esteint, aboli et supprimé, et sans que, pour l'entretenement de la grace et décharge qui en a esté ou sera expédiee, ils soient tenus de se mettre en estat, dont ils sont dispensez et déchargez, à la charge aussy de l'intérest civil s'il y eschet, et que les habitans qui font profession de la religion prétendue refformée y pourront faire leur demeure en toute liberté et seureté, et y faire l'exercice de leur religion, selon qu'il leur est permis par les édicts, lesquelz demeureront en la garde des catholiques.

ART. 9.

Le sieur d'Aradon sera restabli dans le gouvernement de la ville de

---

[1] Ceci fait allusion aux troubles de Nîmes arrivés en 1613, par suite de l'animosité des réformés contre le ministre du Ferrier, qui, resté fidèle au Roi et ayant embrassé le catholicisme, avait été nommé conseiller au présidial de Nîmes. Il fut obligé de se dérober par la fuite à la colère du peuple. Ce fait devint la cause de la translation du bailliage de Nîmes à Beaucaire. Cet article rappelle et confirme les abolitions précédemment données aux auteurs de ces désordres sur l'instance des depputez de la ville de Nîmes. (Édit.)

Vannes[1], lequel restablissement sera faict par le gouverneur et le lieutenant général de la province.

ART. 10.

La déclaration qui a esté expédiée en faveur du sieur de Born, au préjudice de la charge de grand maistre de l'artillerie[2], sera révoquée, et la dicte charge remise en mesme auctorité et fonction dont ont joui les grands maistres qui l'ont cy devant exercée.

ART. 11.

Les sieurs marquis de Bonnivet et de Friaise seront délivrez et mis en liberté, et seront toutes informations et procédures à l'encontre d'eux, commencées à cause et ensuitte des présens troubles, nulles et de nul effect et valeur[3].

ART. 12.

M. Nicolas Cugnoys, receveur général des dismes en Bourgogne, demeurera déchargé, ensemble ses cautions, certificateurs, de la somme de vingt et un mil livres qu'il avoit esté contraint payer et fournir à M. le duc de Mayenne, tant des deniers de la dicte recepte des décimes que de la consignation qu'il estoit poursuivi faire au Chastelet de Paris de la somme de cinq mil quatre cens livres, pour le prix de la vente du dict office, ou des années restant à exercer d'iceluy, sans que pour ce le dict Cugnoys soit tenu de rapporter aucun

---

[1] Le 15 juillet 1614, lorsque le Roi et le parlement de Bretagne avaient défendu d'ouvrir au duc de Vendôme les villes de cette province, le sieur d'Aradon avait, malgré les habitants, reçu le prince rebelle dans la ville de Vannes, où il commandait. A la suite de cette trahison, il avait perdu ce gouvernement. (Édit.)

[2] Voir plus loin à l'article du duc de Sully. (Édit.)

[3] Pour le marquis de Bonnivet, voir plus haut, p. 670. Le sieur de Friaise, gentilhomme de la maison du prince de Condé, avait été pris au mois d'août 1615, près de Chartres, portant les commissions de son maître pour lever des gens de guerre. Amené à la Conciergerie, à Paris, il y resta jusqu'à la paix de Loudun. (Édit.)

procès verbal de la dicte contrainte, dont il est dispensé, attendu la déclaration que le dict sieur duc de Mayenne a faicte d'avoir receu la somme de vingt un mil livres du dict Cugnoys, et icelle employée aux affaires de la guerre, dont le dict Cugnoys demeurera valablement déchargé envers le receveur général du clergé de France, celuy des consignations du dict Chastelet, et tous autres, en vertu de la quittance du dict sieur duc de Mayenne de la dicte somme de vingt et un mil livres, qui servira aussy de décharge aux dicts receveurs.

ART. 13.

La commission qui a esté expédiée pour le rasement du chasteau de Tigny en Anjou sera révoquée, si jà elle ne l'a esté.

ART. 14.

M. le duc de Vendosme, ensemble tous ses domestiques, ceux de sa compagnie de gens d'armes, et ceux de sa compagnie de chevaux légers, qui a esté soubz le titre de M. le duc de Mercœur, son fils, et qui a esté commandée par le sieur de la Barre Chivray, ensemble les sieurs marquis d'Œssen, d'Aradon, baron de Quervenau, baron de Vieux Chasteau, et les veuves et enfans du sieur Doervaux et du sieur de Camores, auront évocation de tous les procès et différends, tant civils que criminelz, qu'ils ont ou pourront avoir en deffendant en la cour de parlement de Rennes, et iceux procès seront envoyez au grand conseil, et ce pour un an, dont seront expédiées les lettres de révocation pour ce nécessaires, soubz le contrescel desquelles sera attaché l'estat tant des dicts domestiques que des dictes compagnies[1].

---

[1] Voir ci-dessus la note sur l'article 9. Les sieurs de Camores et de la Barre-Chivray sont désignés dans l'arrêt du parlement de Bretagne rendu au commencement de 1616 contre les officiers du duc de Vendôme. Le sieur de Camores avait de plus, en 1614, été condamné à mort par le parlement de Rennes, pour sa participation aux mouvements qui avaient accompagné le traité de Sainte-Ménehould. Voir, pour ce dernier fait, les articles plus bas accordés à M. de Vendôme. (Édit.)

ART. 15.

Le Roy accorde à monseigneur le prince de Condé, tant pour luy que les autres princes et seigneurs, tant catholiques que de la religion prétendue refformée, qui se sont joincts et unis avec luy, la somme de quinze cens mil livres, tant pour le payement des levées, entretenement et licenciement des gens de guerre que autres frais et dépenses de la dicte guerre.

Le présent édict[1], cy devant transcrit, ensemble les articles particuliers qui sont ensuitte d'iceluy, ont esté veus, arrestez, convenus et accordez, par les depputez envoyez par le Roy en la conférence tenue à Loudun pour la pacification des troubles, à monseigneur le prince de Condé et aux princes, seigneurs et autres joincts et unis avec luy, en vertu du pouvoir qui leur a esté baillé par Sa Majesté pour cest effect[2], lesquelz édict et articles ont esté envoyez à Sa Majesté pour estre par elle expédiez en la forme qu'il convient pour porter en ses cours de parlement; et moyennant ce, a esté dès maintenant arresté que toutes voies et actes d'hostilité, levées et impositions de deniers par établissement de bureaux ou autrement, payemens et contributions escheues et à escheoir, autres que celles qui se lèvent par les commissions et officiers ordinaires de Sa Majesté, prises, démollitions et fortifications de villes, places et chasteaux, et toutes autres actions militaires, cesseront; tous prisonniers arrestez pour payement de contributions et levées seront mis en liberté, et toutes promesses et obligations que l'on auroit exigées sur ce subject rendues comme de nul effect et valeur; de quoy sera dressé acte et ordonnance du Roy, qui sera envoyée par toutes les provinces pour y estre publiée et observée, et, suivant icelle, toutes troupes, tant de

---

[1] Tout ce qui suit se rapporte à la totalité de l'édit, aussi bien aux cinquante-quatre articles qui précèdent qu'à ces quinze articles particuliers. (Édit.)

[2] Voir plus haut la teneur de ce pouvoir. (Édit.)

chevaux que de pied, mises sus à l'occasion des présens mouvemens, estre congédiées et licenciées ainsy qu'il a esté convenu.

Faict et arresté à Loudun, le troisiesme jour de may 1616.

<small>Signé DÉ BRISSAC, DE NEUFVILLE, DE THOU, DE VIC, PHÉLIPEAUX, HENRI DE BOURBON, DE JAUCOURT, PUCHOT, BERTHEVILLE, ROUVRAY, JOSIAS MERCIER, DE CHAMPEAUX, MILLETIERS, CHAUFFEPIED, MANIALE, HURON, SPÉRANDIEU, DE LA NOAILLE.</small>

Nous, Louis, par la grace de Dieu, Roy de France et de Navarre, ayant faict lire en nostre présence l'édict cy dessus transcript, ensemble les articles particuliers qui sont ensuitte d'iceluy, lesquelz ont esté convenus, arrestez et accordez par nostre cher et bien amé cousin le comte le Brissac, mareschal de France, et nos amez et féaux conseillers en nostre conseil d'estat les sieurs de Villeroy, de Thou, de Vic et de Pontchartrain, par nous depputez et envoyez en la conférence qui s'est faicte à Loudun pour la pacification des troubles, à nostre très cher et très amé cousin le prince de Condé et autres princes, officiers de la couronne, seigneurs et autres qui estoient joincts et unis avec luy, en vertu du pouvoir que nous leur avions donné pour cest effect, avons agréé, ratifié et approuvé, agréons, ratifions et approuvons ce qui a esté sur ce faict, convenu et arresté par nos dicts depputez, voulons que le dict édict et articles soient au plus tost expédiez en bonne et deue forme, selon qu'ils sont cy dessus transcrits, pour estre incontinent après portez à nos cours de parlement, et y estre vérifiez et enregistrez, et iceux observez par tous endroits de nostre royaume; car tel est nostre plaisir.

Donné à Blois, le cinquiesme jour de may 1616.

Signé LOUIS, et plus bas POTIER.

IV.

COPIE DE L'ACTE QUI FUT BAILLÉ PAR CHASCUN DE CES PRINCES ET SEIGNEURS, CONTENANT L'APPROBATION DE TOUT CE QUI A ESTÉ CONVENU ET ACCORDÉ.

Man. Bibl. impér. Fonds Dupuy, n° 450.

Il est à noter qu'à cause de la différence des rangs qui estoient entre ces princes, ducs, pairs, officiers de la couronne et seigneurs qui estoient joincts avec M. le Prince, il fut résolu, pour oster toutes jalousies de préséance, qu'ils ne signeroient point ces traictez et articles avec mon dict seigneur le Prince, mais que chascun d'eux bailleroit un acte d'approbation d'iceux à part, ce qui fut faict et fut dressé en la forme qui ensuit :

Nous, etc..... ayant ouy la lecture des articles généraux convenus et accordez, par les depputez envoyez par le Roy en la conférence de Loudun, à M. le prince de Condé et autres princes, ducs, pairs, officiers de la couronne et autres joincts et unis avec luy, sur lesquelz ont esté dressez l'édict de pacification et autres articles particuliers pour estre envoyez au parlement, au bas desquelz les dicts depputez et mon dict sieur le Prince ont arresté et signé l'acte de l'accord, traicté et convention qui en a esté faict, daté du jour d'huy, troisiesme jour de may 1616, déclarons que nous approuvons et acceptons, en tant qu'à nous est, le dict édict et articles généraux et particuliers, promettant le tout observer et obéir de point en point selon la forme et teneur, tout ainsy que si nous y avions soubsigné; pour asseurance de quoy nous avons signé le présent acte, et iceluy faict contresigner par nostre secrétaire ordinaire à Loudun, et faict apposer le cachet de nos armes, le dict jour 3e de may 1616.

Mémoire de ceux qui ont baillé de pareils actes.

M. de Vendosme.
M. de Mayenne.
M. de Longueville.
M. de Luxembourg.
M. de Sully.
M. de Rohan.
M. de Soubize.
M. de Bouillon.
M. de Candalle.
M. de la Trémoille.
M. le marquis de Rosny.
M. de la Force, par procuration.

V.

LETTRES CLOSES.

Le vendredy 27 may 1616, les gens du Roy présentèrent à la cour des lettres patentes, en forme d'édict, sur la pacification des troubles, et articles secrets avec les lettres closes dont la teneur suit :

A nos amez et féaux conseillers, avocats et procureurs généraux en nostre cour de parlement de Paris.

Nos amez et féaux, nous envoyons à nostre cour de parlement les édicts et articles particuliers par nous accordez au traicté de la conférence qui s'est tenue en nostre ville de Loudun pour la pacification des troubles dont nostre royaume estoit affligé, pour y estre leus, publiez et enregistrez, exécutez, gardez et observez inviolablement, selon leur forme et teneur. A ces causes, nous vous mandons et ordonnons que, incontinent la présente receue, toutes autres affaires cessant et postposées, vous ayez à requérir, demander et poursuivre pour nous la dicte lecture, publication et enregistrement, et que iceux nos dicts édicts et articles particuliers soient, comme dict est, exécutez, gardez et observez inviolablement, selon leur forme et teneur, sans qu'il y soit usé d'aucune remise ny difficulté, restriction ny modification. Si n'y faites faute sur tant que désirez le bien de nos affaires et service, et le repos et tranquillité de nostre estat et de nos peuples et subjects ; car tel est nostre plaisir.

Donné à Paris, ce 18 may 1616.

A ces lettres étoient joints l'édict de Blois et les articles particuliers accordés par les députés envoyés par le Roi en la conférence de Loudun à monseigneur le prince de Condé et autres joints avec lui, pour parvenir à la pacification des troubles. Ils furent enregistrés au parlement, sauf les articles 5, 14, 15 et 53 de l'édit, sur lesquels fut retenu qu'ils étoient enregistrés sans tirer à conséquence. La cour des aides les reçut le 8 juin, la cour des comptes le 28 juin. (*Mémoires de Math. Molé*, t. Ier, p. 115-117.)

VI.

ARTICLE ACCORDÉ PAR LES DEPPUTEZ DU ROY À M. LE PRINCE DE CONDÉ POUR LA LEVÉE DES DENIERS DU QUARTIER DE JANVIER, FÉVRIER ET MARS, DONT IL A BAILLÉ LES QUITTANCES AUX GOUVERNEURS DES VILLES, POUR LE PAYEMENT DES GARNISONS [1].

ARTICLE ACCORDÉ PAR LES DEPPUTEZ DU ROY EN LA CONFÉRENCE DE LOUDUN À M. LE PRINCE ET AUTRES JOINCTS AVEC LUY, LORS DE LA SIGNATURE DE LA PAIX [2].

Reste accordé que les quittances qui ont esté baillées par ceux qui ont esté commis ou establis par M. le Prince ou autres commandant les provinces, ou par leurs ordonnances, aux gouverneurs des villes et capitaines de gens de guerre estant en garnison en icelles, pour l'entretenement de leurs garnisons, pourront estre poursuivies sur les paroisses qui sont dans l'étendue des élections dont le lieu de l'establissement d'icelles recognoissoit mon dict seigneur le Prince, et auxquelles il n'aura donné décharge particulière pour ce qui est du quartier de janvier, février et mars, seulement pourveu que les dictes quittances n'excèdent la somme imposée par le Roy sur les dictes paroisses pour les tailles du dict quartier, et néantmoins ne pourront presser le payement des dictes quittances que dans les deux quartiers suivans également; et pour le regard de ce qui est du quartier d'avril, ils n'y pourront rien prétendre, sans que néantmoins ce qui a esté receu soit subject à aucune restitution, n'entendant aussy que les décharges qui ont esté données par mon dict seigneur le Prince puissent préjudicier à la levée des deniers ordinaires du Roy.

Signé BRISSAC, DE NEUFVILLE, DE THOU, DE VIC et PHÉLIPEAUX.

Il est à noter qu'entre les depputez envoyez par le Roy à Loudun et monseigneur le prince de Condé et autres princes, etc. et depputez cy devant assemblez à Nismes, l'on y traicta des affaires et instances de ceux de la religion prétendue refformée, et y furent revus et de nouveau res-

---

[1] « Cestuy-cy est escrit de la main de « Pontchartrain. » (Note du manuscrit.)

[2] Ces deux titres se rapportent évidemment à la même pièce, qui est la suivante. Ce dernier est sans doute celui que porte la pièce originale. (Édit.)

pondus tous les cahiers qui avoient esté vus et respondus à Poictiers, présentez par l'assemblée qui estoit lors à Grenoble, comme aussi y furent vus d'autres cahiers présentez de la part de ceux de la dicte religion; mais tout cela est dans un registre particulier faict pour les affaires de ceux de la dicte religion, et n'en a esté rien mis dans cestuy cy [1].

VII.

RESPONSES AUX CAHIERS PRÉSENTEZ AU ROY PAR CEUX DE LA RELIGION PRÉTENDUE REFFORMÉE, À TOURS ET À POICTIERS, PAR LES DEPPUTEZ VENUS DE GRENOBLE, LESQUELZ ONT ÉTÉ RECEUS EN LA CONFÉRENCE DE LOUDUN [2].

Man. Bibl. Sainte-Geneviève.

ART. 1 ET 2.

Les premier et deuxiesme articles sont compris dans les articles généraux présentez par M. le Prince [3].

ART. 3.

Le Roy n'a entendu au serment qui se fait à son sacre comprendre ceux de la religion prétendue refformée vivant en son royaume soubz le bénéfice des dicts édicts [4].

ART. 4.

Les ecclésiastiques ont accoustumé de se retirer lorsqu'il se traicte au conseil du Roy des affaires des supplians qui concernent l'observance des édicts et autres graces à eux accordées, et où le corps des ecclésiastiques peut avoir intérest. Il en sera usé ainsy à l'advenir; et

---

[1] Voir ci-après les articles accordés aux protestants. (Édit.)

[2] Voir ci-dessus la démarche de l'assemblée de Grenoble près du Roi. (Édit.)

[3] L'article du tiers état et les recherches sur la mort de Henri IV. (Édit.)

[4] Voir plus bas sur ce sujet la déclaration faite à Paris le 22 mai 1616. (Édit.)

quant à ceux de Béarn, il y sera respondu cy après sur l'article qui en fait mention[1].

ART. 5.

Le Roy enverra des commissaires catholiques et de la religion prétendue refformée sur les lieux, et après en avoir communiqué avec les gouverneurs des provinces et villes, veoir et considérer la commodité des lieux où l'on demande les dictes approches estre faictes, pour y pourveoir et en ordonner le plus honorablement et raisonnablement que faire se pourra, comme aussy pour pourveoir aux inexécutions et contraventions de l'édict, si aucunes y en a, et sera convenu au plus tost des dicts commissaires[2].

ART. 6.

Le Roy ne peut accorder aux supplians autre qualité que celle qui leur a esté donnée par les édicts; ordonne Sa Majesté qu'en tous actes publics il sera usé des termes portés par iceux. Et néantmoins, pour esviter aux contestations et difficultez qui peuvent survenir sur les attestations des ministres, Sa Majesté trouve bon que les dictes attestations soient faictes en la forme cy dessoubz prescrite : « Je (tel « ministre), de l'esglise establie (en tel lieu), suivant l'édict, certifie « que (tel) est un des membres de la dicte esglise ; » ensuitte de quoy les notaires souscriront : « Par devant nous, notaires, etc..... a

---

[1] Les réformés demandaient que les ecclésiastiques qui étaient du conseil du Roi, et les autres qui étaient notoirement suspects aux réformés, s'abstinssent du jugement et de la connaissance des affaires des réformés qui s'y traiteraient; ils demandaient aussi que les ecclésiastiques de Béarn ne fussent point admis au conseil du pays, comme les évêques d'Oleron et de Lescar et un chanoine du même lieu avaient tâché depuis peu de s'y introduire. (Édit.)

[2] Lorsque l'exercice de la religion protestante était autorisé dans une ville, le temple était toujours placé en dehors et souvent à une distance considérable. Ainsi le culte protestant à Paris fut célébré d'abord à Grigny, à cinq lieues de cette capitale, dans la maison de Desbordes-Mercier; il fut ensuite, en 1601, transféré à Ablon, plus rapproché d'une lieue, et enfin autorisé à Charenton, en 1606. Ce sont ces rapprochements et les lieux où on les opérait qui s'appelaient *approches*. (Édit.)

« comparu (un tel), ministre cy dessus dénommé, demeurant à.....
« lequel a recogneu avoir escrit et signé ce que dessus, et contenir
« vérité. Faict et approuvé. » Comme aussy Sa dicte Majesté a agréable
que les advocats et procureurs, parlans et plaidans, useront de ces
mots de qualité de l'édict[1].

ART. 7.

Les supplians useront du contenu en cest article comme du temps
du feu Roy [et non autrement], et toutes poursuittes encommencées
contre eux sur ce subject cesseront[2].

ART. 8.

Lorsque ceux de la religion prétendue refformée seront assemblez
légitimement, le Roy se contentera que pour ceste fois, et sans tirer
à conséquence, [ils] nomment deux depputez seulement, voulant
que par après et pour l'advenir il en soit usé ainsy qu'il est accoustumé[3].

ART. 9.

Le Roy a agréable de composer dès à présent la chambre de l'édict
qui aura à servir à la Sainct Martin prochain pour un an, ainsy qu'il
est accoustumé, et y nommer à présent, comme fera tousjours cy

---

[1] Cette réponse est dirigée contre l'insistance que faisaient les réformés pour que l'on n'usât plus dans les actes officiels des mots *prétendue réformée*. (Édit.)

[2] L'article auquel il est fait allusion est sans doute l'article 34 des articles particuliers accordés par le roi Henri IV aux réformés le 2 mai 1598. Cet article, en permettant la tenue des synodes nationaux et provinciaux, exige cependant que ces synodes ne se réunissent qu'avec la permission du Roi. Le *non autrement* de la réponse confirme cette disposition. (Édit.)

[3] En 1605, Henri IV avait obtenu que le nombre des députés réformés envoyés près de lui fût porté à six dans la proposition qui lui serait faite par le synode, afin qu'il en pût choisir deux qui lui conviendraient plus particulièrement. Les réformés insistèrent dans plusieurs occasions pour recouvrer le droit de nommer directement les deux députés chargés de défendre leurs intérêts. Ils ne réussirent point, et plus tard le nombre de ces députés se réduisit à un, désigné par le Roi, et dont la charge devint perpétuelle. (Éd.)

après, des personnes paisibles, équitables et modérées, et qui y serviront deux ans alternativement, changeant, d'année en année, la moitié de ceux qui auront servi, excepté pour le regard du président qui changera tous les ans[1].

ART. 10.

Accordé qu'il sera faict édict de création du dict office de conseiller, pour tenir lieu à celuy du dict Berger, lequel Sa Majesté fera vérifier dedans quatre mois[2].

ART. 11.

La response faicte à Poictiers demeurera.

ART. 12.

Outre les trente mil livres que le Roy leur a accordées à Poictiers, Sa Majesté leur accorde encore quinze mil livres, pour faire en tout quarante cinq mil livres, et ce pour trois ans prochains[3].

ART. 13.

La dicte prolongation leur est accordée pour six ans, ainsy qu'il est porté par la response faicte à Poictiers.

ART. 14.

Le Roy leur accorde la place de Castelz, pour estre cy après en leur garde au lieu de Caumont, et, pour Montendre, Sa Majesté ne le peut, pour les considérations qui ont esté cy devant représentées[4].

---

[1] Voir plus haut la note de la chambre de l'édit. (Édit.)

[2] Un des six conseillers réformés au parlement de Paris, nommé Berger, s'étant fait catholique, les réformés demandaient qu'il fût remplacé par un des leurs dans cette sixième charge qui leur était affectée. (Édit.)

[3] Voir ci-après les modifications qui furent apportées à cette réponse à l'article 12. (Édit.)

[4] Certaines places de sûreté, par con-

APPENDICE.

ART. 15.

Sa Majesté trouve bon qu'ils jouissent tant des places qui leur ont esté données en garde pour leur seureté que de celles de mariage[1], comme ils ont faict du vivant du feu Roy, et pour cest effect leur sera expédié un estat signé des dictes places de seureté, semblable à celuy qui leur avoit esté baillé par le feu Roy, duquel Caumont sera osté, et leur sera aussy baillée une copie collationnée de l'estat qui fut faict des places de mariage, signé des sieurs Decaze, Constant et la Mothe.

ART. 16.

Sera faict un pareil estat que celuy qui fut expédié en l'année mil cinq cent quatre vingt dix huit, lequel sera envoyé à M. le mareschal de Lesdiguières, ainsy qu'il fut faict en la dicte année, pour après leur estre délivré suivant le brevet[2].

ART. 17.

Le brevet sera suivi[3].

ART. 18.

Le Roy accorde qu'il soit pris jusques à quarante cinq mil livres des deniers des pensionnaires du petit estat, dont le retranchement sera faict sur chascun de ceux qui y sont dénommez, au sol la livre,

---

version ou par héritage, étaient tombées entre les mains de gouverneurs catholiques. De ce nombre étaient Caumont et Montendre, objet des réclamations des réformés. (Édit.)

[1] Les places dites de mariage étaient des places ou des châteaux unis à des places de sûreté plus fortes et placées sous leur protection. (Édit.)

[2] Cet état était celui des villes de sûreté. (Édit.)

[3] Ce brevet est du 30 avril 1598. Il confirme, à quelques exceptions près, les réformés dans la possession de leurs places de sûreté, et leur assure une somme de 540,000 livres pour l'entretien de leurs garnisons; il contient encore quelques autres garanties. (Édit.)

Conférence de Loudun.

pour estre employez à l'augmentation de leurs garnisons, suivant l'estat que Sa Majesté en fera avec ceux de la religion prétendue refformée[1].

ART. 19.

La nomination et provision des gouverneurs des places dépend entièrement de l'auctorité du Roy, qui y pourvoiera tousjours de personnes de la qualité requise[2].

ART. 20.

Les réparations nécessaires ès villes et places qui ont esté baillées à ceux de la religion prétendue refformée pour leur seureté seront faictes des deniers provenant d'octroys qui leur ont esté ou seront accordez par le Roy pour cest effect.

ART. 21.

La response faicte à Poictiers demeurera.

ART. 22.

Accordé.

ART. 23.

Les difficultez survenues en l'exécution des dicts concordats ont esté traictées entre M. le cardinal Philonardo, de la part de Sa Saincteté, et M. le mareschal de Lesdiguières, de la part de Sa Majesté, dont ils sont demeurez d'accord, ce que Sa Majesté donnera ordre de faire observer dans six mois du jour de la publication du présent accord,

---

[1] Il est à remarquer que, dans tous leurs cahiers, les réformés réclament l'augmentation de la somme qui leur est accordée pour l'entretien de leurs garnisons. (Édit.)

[2] Les réformés ne manquaient jamais de témoigner le désir que la nomination des gouverneurs des places de sûreté leur appartînt. (Édit.)

et spécialement en ce qui est du faict de la dame de Schelandre, a quoy elle fera pourveoir dans trois mois, et, à faute de ce, y sera pourveu suivant le traicté de Nismes et les édicts, au contentement des supplians [1].

[1] La situation particulière du comtat Venaissin et de la ville d'Avignon, territoire appartenant au pape et enclavé dans le royaume, avait rendu nécessaire un traité entre les catholiques et les protestants de cette province, traité fait à Nîmes en 1577. Le quarante-quatrième des articles secrets annexés à l'édit de Poitiers (Henri III) de cette même année réclame du souverain pontife la réintégration, dans la jouissance de leurs biens, des réformés du comtat, et promet que, dans le cas où cette restitution ne leur serait pas faite, il les indemnisera, par *représailles*, sur les propriétés que pourraient posséder en France quelques catholiques du comtat Venaissin, sujets du pape. L'affaire de la dame de Schelandre est précisément une affaire de ce genre, comme on peut le voir par l'article 28 du cahier de l'assemblée de Saumur de 1611 (*Histoire de l'édit de Nantes*, t. II, aux pièces justificatives). Depuis, dans le même but, avait été conclu, en 1613, entre le maréchal de Lesdiguières, gouverneur du Dauphiné, et le cardinal Philonardo, un concordat dont l'assemblée de Grenoble, dans ses cahiers présentés à Poitiers, réclamait l'exécution. Elle demandait qu'on ne tînt point compte des restrictions apportées à ce concordat par une bulle du pape, en date de septembre de la même année, et que l'on ne pût pas dire, comme il le voulait, que les protestants étaient seulement tolérés. L'assemblée demandait encore qu'on fît aux réformés du comtat quelques restitutions de biens, et qu'on accordât des indemnités à ceux qui avaient été lésés dans leurs intérêts; elle voulait de plus que le pape fît les frais de l'arbitrage relatif à ces indemnités. Nous trouvons la plainte de la dame de Schelandre introduite de la manière suivante par l'assemblée de Grenoble : « Sur la remonstrance et plaincte « faicte en l'assemblée par le sieur Sche- « landre pour la dame de Schelandre, sa « mère, portant que s'estant d'elle faict « adjuger certaine terre sise au comté « de Venisse, en payement de grandes « sommes de deniers deues à leur maison « par les habitans du comté de la Mark, « de laquelle terre elle auroit pris posses- « sion et payé les ventes et honneurs au « pape; que néantmoins elle en auroit esté « dépossédée en hayne de la religion, au « préjudice des concordats faicts à Nismes, « en 1577, entre ceux de la religion et les « catholiques romains du dict comté de « Venisse, et n'a peu depuis rentrer en « la possession de la dicte terre, quelque « diligente poursuite qu'elle en ayt faicte « et arrest qu'elle ayt peu obtenir, im- « plorant l'ayde de l'assemblée, soit pour « luy faire avoir du Roy lettres de marque, « ou autrement. La compagnie, suivant ce « qui avoit esté arresté en l'assemblée gé- « néralle de Saumur, a resolu d'embrasser « l'affaire de la dicte dame et de l'employer « par les premières demandes qu'elle en- « verra en cour, et, pour y trouver quel- « que bon expédient, sont chargés les « sieurs de Rouvray et de Genouille d'en

ART. 24.

Attendu que l'intention de Sa Majesté est de réunir son pays de Béarn au royaume de France, Sa Majesté se contente que les depputez de la dicte religion prétendue refformée du dict pays de Béarn se puissent trouver avec ceux de France en toutes les assemblées ecclésiastiques et politiques qui seront permises par Sa dicte Majesté, et cesseront toutes poursuittes qui ont esté encommencées pour ce subject[1].

ART. 25.

Les déclarations et autres dépesches faictes pour ce regard par le feu Roy estant veues, Sa Majesté en ordonnera pour le bien et repos du pays.

ART. 26.

La response faicte à Poictiers tiendra.

« communiquer avec le mareschal de Les-« diguières. » (Proc.-verb. man. etc. de la bibl. Mazarine, J. H. 1504.) On lit dans le même recueil, sous la date du 25 juillet 1615 : « Les sieurs de Rouvray et de Ge-« nouille ont rapporté à la compagnie l'ad-« vis de M. le mareschal de Lesdiguières « en l'affaire de la dame de Schelandre, « suivant lequel elle a, comme autrefois, « résoleu d'embrasser l'affaire de la dicte « dame, et de supplier très humblement « Sa Majesté, attendu le tout manifeste « desny de justice par les officiers du comté « de Venisse, de luy vouloir octroyer ses « lettres de représailles, et que la cognois-« sance de ce qui adviendra en conséquence « soit attribuée à sa cour de parlement de « Paris, d'où sont émanez les arrests en « vertu desquelz a esté faicte l'adjudication « de la terre dont est question. » (Édit.)

[1] Quoique Henri IV eût, en 1599, rétabli le culte catholique dans le Béarn, les réformés de cette province préféraient néanmoins la situation qui leur était faite, et les priviléges dont ils jouissaient, à ce qu'ils eussent obtenu de l'application de l'édit de Nantes à leurs églises. C'est pourquoi, lorsque leurs députés se réunissaient à ceux des autres provinces, ils avaient soin de maintenir leur indépendance. Mais la cour redoutait, même avec cette réserve, l'union politique de cette province avec les autres églises du royaume, et le Roi ne l'avait pas encore permise avant le traité de Loudun. (Édit.)

APPENDICE.

ART. 27.

Y est satisfaict par la response qui est faicte aux articles généraux.

Cahier qui faict mention des places de seureté.

Il y a esté respondu sur les articles 13, 14, 15, 16 et 17.

Cahier concernant l'approche des lieux de la religion prétendue refformée.

Il y a esté respondu sur le 5ᵉ article.

Sur les articles premiers.

1. Accordé.
2. Accordé.
3. Accordé.
4. La response faicte à Poictiers tiendra.
5. L'arrest du conseil sera exécuté nonobstant l'opposition et sans préjudice d'icelle, et pour le regard des nouvelles fortifications mentionnées en cest article, Sa Majesté s'informera quelles elles sont, pour y pourveoir suivant l'édict.
6. Jussion sera expédiée pour faire recevoir le dict Congnier suivant l'édict.
7. La dicte jussion a esté expédiée.
8. Leur sera permis de tenir escoles publiques au lieu Sainct Maurice lès Charenton, suivant l'article 28 des particuliers, et, en ce faisant, les deffenses faictes par le lieutenant civil sont levées et ostées.
9. Leur sera ordonné un lieu commode au lieu de celuy mentionné dans le dict arrest pour faire le dict establissement.
10. Ceste affaire sera veue par les commissaires du conseil du Roy qui seront ordonnez pour les affaires de ceux de la religion prétendue refformée, pour, sur l'advis, y estre pourveu.
11. La response faicte à Poictiers tiendra.

12. Ceste affaire sera veue [par] les commissaires du conseil du Roy, pour, sur leur advis, y estre pourveu.

13. La response faicte à Poictiers demeurera.

14. Baillant le nom et mémoire de ceux qui sont pourveus des dictes places, leur sera pourveu.

15. La response faicte à Poictiers tiendra.

16. L'édict et articles secrets seront suivis.

17, 18, 19, 20, 21 et 22. La response faicte à Poictiers tiendra.

23. Après que les sieurs de Vierse et de Candalle auront esté ouys, le Roy en ordonnera.

VIII.

ARTICLES[1] QUI FURENT PRÉSENTEZ AUX DEPPUTEZ DU ROY EN LA CONFÉRENCE DE LOUDUN, PAR MONSEIGNEUR LE PRINCE DE CONDÉ ET AUTRES PRINCES ET SEIGNEURS, EN FAVEUR DE CEUX DE LA RELIGION PRÉTENDUE REFFORMÉE.

Man. Bibl. Sainte-Geneviève.

ARTICLE PREMIER.

D'autant que, dans le cahier général présenté à Poictiers, n'ont esté compris que les affaires plus urgentes et nécessaires, tirées des mémoires des provinces, ainsy qu'il est porté par la préface du dict cahier, et qu'il fut à l'instant dressé un autre cahier des demandes moins urgentes, quoyque très importantes, et le cahier des plaintes particulières, le Roy est très humblement suplié vouloir ordonner des commissions, choisies d'entre les conseillers de son conseil d'estat, qui ayent pouvoir et auctorité de répondre définitivement les dicts cahiers, ce que Sa Majesté leur commandera, s'il luy plaist, de faire avant la séparation de la conférence.

Réponse. — Le Roy choisira entre ceux de son conseil des commissaires équi-

---

[1] Ces articles et ceux qui suivent ont été présentés aux commissaires de Sa Majesté, et les réponses de ceux-ci proposées dans le cours de la négociation. Nous avons néanmoins jugé à propos de les reporter à la fin des pièces, parce que c'est à la date du 5 mai qu'ils ont reçu la sanction définitive par la signature de l'édit et des autres articles. (Édit.)

tables qui auront charge de veoir leurs demandes, et, suivant la résolution qu'ils y auront prise, toutes expéditions seront faictes pour l'exécution d'icelles, et, dès à présent, sont nommez pour cest effect les cinq plus anciens conseillers de Sa Majesté de robe longue, assavoir MM. de Chasteauneuf, de Pontcarré, de Thou, de Vic et de Boissise.

ART. 2.

Sa Majesté est aussy suppliée d'approuver tout ce qui a esté faict par l'assemblée, tant à Grenoble qu'à Nismes et à la Rochelle, et notamment la translation d'icelle du dict lieu de Grenoble, comme le tout ayant esté faict pour le service de Sa Majesté, bien et repos de son estat. Et que si, pour ce regard, il y avoit quelque poursuitte faicte ou encommencée contre les dicts depputez, arrests ou jugemens donnez, que le tout soit annulé et tiré des registres, comme aussy que tout ce qui a esté faict ès provinces par les conseils d'icelles soit approuvé, et qu'il ne s'en puisse faire aucune recherche contre ceux qui y ont assisté, et notamment en ce qui concerne le traicté faict en Guyenne avec M. le comte de Sainct-Pol[1].

Réponse. — En faisant le traicté de paix, sera pourveu sur cest article.

ART. 3.

Que tout ce qui a esté faict en la haute et basse Guyenne et autres provinces de ce royaume, et en la souveraineté de Béarn, depuis le commencement de ces derniers mouvemens, par tous les seigneurs, gentilshommes et autres de la dicte religion, et notamment par MM. les ducs de Bouillon, de Rohan et Sully, de la Trémoille, de Candalle et Soubize, de la Force, marquis de Rosny, comte de la Suze et autres, et par la ville de la Rochelle et autres villes et communautez qui ont assisté et suivi mon dict seigneur le Prince, soit aussy déclaré avoir esté faict pour le service du Roy, bien et repos de l'estat, sans qu'il

---

[1] Au mois de septembre 1615, M. le comte de Saint-Pol avait fait un traité d'union avec M. le Prince et les réformés, et promis de remettre à ceux-ci la ville de Fronsac; mais il se sépara d'eux presque aussitôt et vint rejoindre le Roi à Bordeaux. (Édit.)

s'en puisse, à l'advenir, faire aucune recherche contre les dicts seigneurs et autres qui les ont assistez, sur quoy Sa Majesté est suppliée imposer silence perpétuel à ses procureurs généraux et leurs substituts, en la forme portée par les 76ᵉ et 77ᵉ articles de l'édict[1].

Réponse. — Idem.

ART. 4.

Que toutes déclarations expédiées contre ceux de la dicte religion qui ont suivi et assisté mon dict seigneur le Prince soient révoquées et annulées, et tirées des greffes des cours souveraines et subalternes.

Réponse. — Idem.

ART. 5.

Que tous ceux de la dicte religion soient maintenus ès charges, offices, dignitez, estats et pensions qu'ils avoient auparavant ces derniers mouvemens; et où aucuns d'iceux en auroient esté privez, y soient restablis actuellement.

Réponse. — Cest article est compris dans les articles généraux présentez par monseigneur le Prince[2].

ART. 6.

Notamment que M. de Candalle soit maintenu en ses charges, gouvernemens et dignitez, et que, pour la seureté de sa personne, il luy soit donné quelques unes des places des dicts gouvernemens de Xaintonges et Angoumois.

Réponse. — Idem, et ne peut à présent estre baillé aucune place à M. de Candalle.

---

[1] Ces articles sont les soixante-seizième et soixante-dix-septième de l'édit de Nantes, lesquels faisaient pour les troubles antérieurs à 1591 ce que le prince de Condé demande ici que l'on fasse pour les troubles antérieurs à 1616. Voir sur ces troubles la correspondance qui précède les notes, l'introduction, les mémoires de Pontchartrain et ceux du duc de Rohan. (Édit.)

[2] Article 11. Cet article répond aux demandes ci-après 5, 6, 7 et 8. (Édit.)

ART. 7.

Que M. de la Force soit maintenu en la charge de gouverneur et lieutenant général du Roy en son royaume de Navarre, pays et souveraineté de Béarn, et M. le marquis de la Force, son fils, et ses autres enfans, en leurs charges, dignitez, offices et pensions.

Réponse. — Idem. Compris dans les articles généraux.

ART. 8.

Que M. de Fonterailles soit maintenu en sa charge de gouverneur et séneschal d'Armagnac, et les poursuittes faictes contre luy par le parlement de Toulouse, esteintes, cassées et annullées.

Réponse. — Idem.

ART. 9.

Qu'il plaise à Sa Majesté confirmer à M. de Favas[1] le gouvernement du duché d'Albret dont jouissoit M. de Favas, son père.

Réponse. — Le Roy ne peut à présent disposer de la charge mentionnée en cest article.

ART. 10.

Que le sieur de Calonges soit maintenu et establi au gouvernement du Mas d'Agénois, et le chasteau du dict Mas remis en l'estat qu'il estoit auparavant ces mouvemens[2].

Réponse. — Le sieur de Calonges jouira du bénéfice de l'édict qui sera faict.

ART. 11.

Que, suivant la requeste présentée à Sa Majesté par le cahier de

---

[1] M. de Favas, gouverneur de Casteljaloux, avait défendu cette place contre l'armée royale pendant le voyage du Roi à Bordeaux. (Édit.)

[2] Le sieur de Calonges, gouverneur du château du Mas-d'Agénois, avait demandé et obtenu du duc de Rohan des soldats pour attaquer la ville; mais la ville s'était défendue et avait repoussé le sieur de Calonges. Décembre 1615. (Édit.)

l'assemblée à Saumur, il luy plaise donner récompense au sieur de Montbarrot des charges de gouverneur de Rennes et lieutenant du Roy ès éveschez de Rennes, Sainct Malo et Dol, qui luy furent ostées en hayne de la religion, en 1603, après une détention suivie de la démission contraincte de ses dictes charges; et déclaration très ample de son innocence, et promesse de la dicte récompense qui est demeurée sans effect jusques au jour[1].

Réponse. — En sera parlé au Roy.

ART. 12.

Que toutes les villes et communautez de la dicte religion soient maintenues en tous leurs priviléges, immunitez, franchises, prérogatives; et si aucunes d'elles, à l'occasion des présens mouvemens, en avoient esté privées, qu'elles y soient restablies et réintégrées.

Réponse. — En faisant le traicté, y sera pourveu.

ART. 13.

Notamment, que la translation de la chambre de Guyenne à Agen[2] soit révoquée, et la dicte chambre restablie à Nérac, comme elle estoit auparavant ces mouvemens, et que, pour la refformation de la dicte chambre et soulagement des subjects de Sa Majesté, il soit faict un bon et ample règlement suivant les mémoires qui en seront représentez par les depputez.

Réponse. — Toutes choses seront remises en mesme estat qu'elles estoient auparavant ces mouvemens, mesme la chambre de Nérac, pour laquelle le Roy apportera les règlemens convenables.

ART. 14.

Que la translation du siége de la séneschaussée de Leytourre en la ville d'Aix, et celle du siége de Figeac en la ville de Cahors, soient

---

[1] Voir plus loin les articles particuliers qui concernent le sieur de Montbarrot. (Éd.)

[2] Cette translation avait eu lieu à la suite des troubles auxquels avaient pris part les habitants de Nérac qui étaient protestants. (Édit.)

révoquées, et les choses remises en leur premier estat; comme aussy toutes autres translations des siéges de justice, élections et tabliers[1], faictes à l'occasion de ces mouvemens ou en hayne de la religion, soient révoquées ou annullées.

Réponse. — Idem.

ART. 15.

Qu'il plaise à Sa Majesté ouyr et traicter favorablement les maire, eschevins, pairs, bourgeois et habitans de la ville de la Rochelle, sur les très humbles supplications qui seront par eux représentées à Sa Majesté.

Réponse. — Le Roy recevra tousjours favorablement les requestes et supplications qui luy seront faictes par les maire, eschevins, pairs, bourgeois et habitans de la ville de la Rochelle.

ART. 16.

Qu'il soit enjoint expressément à toutes les cours souveraines et subalternes de ce royaume de faire exactement observer l'article 27 de l'édict[2], portant l'admission indifférente de ceux de la religion en tous estats, dignitez, offices et charges publiques, avec déclaration expresse que l'intention de Sa Majesté est qu'il ne soit apporté aucun empeschement à recevoir en toutes les dictes charges ceux de la dicte religion qui se trouveront bien et deuement pourveus des dicts estats, dignitez, offices et charges, mesme de celles des officiers des dictes cours souveraines et subalternes, soit présidens, conseillers, maistres des comptes généraux, des aydes et des monnoies, trésoriers de France, lieutenans généraux, advocats et procureurs de Sa Majesté, leurs substituts, et notamment pourveoir à ce qu'il ne soit

---

[1] On appelait *tablier*, en Bretagne et dans quelques autres lieux, les bureaux de recette des droits du Roi. Les translations dont il est parlé dans cet article avaient eu la même cause que celle que nous venons de signaler dans l'article précédent. On a déjà vu plus haut ce qui concerne le château de Lectoure. (Édit.)

[2] Voir plus haut, page 746, cet article transcrit dans toute sa teneur. (Édit.)

faict, ordonné aucun empeschement aux sieurs Villemereau, conseiller au parlement de Paris, et Le Maistre, maistre des comptes, de jouir de leurs charges tout ainsy qu'ils faisoient auparavant que s'estre rangez à la profession[1] de la religion.

Réponse. — L'édict sera observé, et en seront délivrées toutes expéditions nécessaires.

ART. 17.

Pareillement, qu'il soit deffendu à tous les officiers des seigneurs de ce royaume de refuser les provisions de ceux de la dicte religion qui auront la démission des offices aux offices de justices seigneurialles en bonne et deue forme, s'il n'y a autre empeschement que celuy de leur religion, ny obliger les pourveus des dicts offices de ne les résigner à gens de la religion, comme il a esté faict plusieurs fois et se continue journellement par le sieur de Montelon, tuteur de Mlle de Montpensier[2], pour les offices du duché de Chastellerault, et comme il est pratiqué en d'autres lieux.

Réponse. — Sera escrit à ceux qui ont charge des affaires de Mlle de Montpensier pour Chastellerault sur le contenu en cest article.

ART. 18.

Qu'il plaise à Sa Majesté faire cesser toutes poursuittes qui se font au conseil d'icelle ou ailleurs, au préjudice des édicts, contre ceux qui ont, durant les guerres précédentes, levé et receu les revenus et deniers des biens ecclésiastiques par l'auctorité des généraux de ceux de la dicte religion, et notamment celles qui ont esté commencées contre les consuls de la ville de Nérac pour les deniers appelez le bassin de purgatoire, levez il y a plus de quarante ans par monsei-

---

[1] Le manuscrit porte, à tort sans doute, *perfection*. Ce mot pourrait néanmoins être expliqué par la haute opinion que les protestants ont de la réforme. (Édit.)

[2] Marie de Bourbon, fille de Henri de Bourbon, duc de Montpensier. Elle épousa, en 1626, Gaston (Jean-Baptiste de France), duc d'Orléans. (Édit.)

gneur le prince de Condé, et comte de Montgommery, en la dicte ville de Nérac, qui sont consentis par les neuf articles de l'édict du mois de mars 1562, le sixiesme de l'édict du mois de mars 1568, le dix neuviesme de l'édict du mois d'aoust 1570, le troisiesme de l'édict de l'an 1576 et le cinquante cinquiesme article de l'édict de l'an 1577[1].

Réponse. — Le procès intenté sur ce subject sera jugé au plus tost au conseil de Sa Majesté, ou par les commissaires.

ART. 19.

Que l'exercice de la religion soit establi en tous lieux où il estoit establi avant ces derniers mouvemens, et notamment au Mas d'Agénois, Gironde, Mucidan et autres lieux où il estoit ou devoit estre establi et continué suivant les édicts, dont il a esté chassé par la violence des seigneurs, comme à Sainct Bartomin, Saint Cyprian, Belnet et autres semblables.

Réponse. — Y sera pourveu en faisant l'édict, et en seront toutes expéditions nécessaires faictes et délivrées.

ART. 20.

Que, suivant les 79e et 80e articles de l'édict, les comptes qui ont esté ou seront rendus, par devant ceux qui ont esté commis par les chefs de ceux de la dicte religion ou par l'assemblée des esglises, des deniers levez par commission des dicts chefs, tant par terre que par mer ou sur rivières, seront apportez en la chambre des comptes, et sans qu'ils soient subjects à aucune révision.

Réponse. — Y sera pourveu en dressant l'édict.

ART. 21.

Qu'il soit permis à ceux de la dicte religion de continuer les réparations et fortifications par eux commencées ès places laissées en

---

[1] Le manuscrit porte à tort 1576. (Édit.)

leur garde, et pour cest effect qu'il plaise à Sa Majesté leur donner les moyens de satisfaire aux frais convenables, et notamment pour les places de la ville et fort de Jargeau, Sainct Maixent, Tonneins, Nérac, Saincte Foy et Clérac.

Réponse. — Les réparations nécessaires pour la clôture des villes seront achevées, sans qu'ils y puissent faire des fortifications qui y apportent ombrage.

ART. 22.

Que les fortifications qui de nouveau ont esté faictes en quelques maisons de la ville de Clermont de Lodève, au préjudice de la seureté de ceux de la dicte religion, soient rasées et remises en leur premier estat.

Réponse. — Toutes choses seront remises en l'estat qu'elles estoient auparavant ces mouvemens, et tout ce qui aura esté innové sera réparé.

ART. 23.

Qu'il soit deffendu à toutes personnes, de quelque qualité qu'elles soient, d'entreprendre aucune démollition des fortifications des dictes places de seureté, ny de bastir contre les murailles d'icelles, et que ce qui a esté entrepris au préjudice soit réparé, et notamment ce qui a esté innové par le gardien des cordeliers de Casteljaloux.

Réponse. — Tout ce qui a esté faict de nouveau contre les ordonnances et l'usage sera réparé.

ART. 24.

Que les survivances et provisions des dictes places de seureté données depuis la mort du feu Roy, contre la forme des édicts et brevests, soient révoquées et annullées.

Réponse. — Les brevests et provisions des survivances qui ont esté accordées des dictes places de seureté seront rapportées dans trois mois, pour en estre ordonné par Sa Majesté.

APPENDICE.

ART. 25.

Que les villes d'Espernay en Brie, Tonney Charente en Xaintonge, soient laissées en leur garde pour la seureté des dictes esglises, et que l'exercice de la religion soit continué ès dictes villes.

Réponse. — Les dictes villes et places seront remises en l'estat qu'elles estoient auparavant les mouvemens.

ART. 26.

Qu'il plaise à Sa Majesté admettre la résignation faicte par le sieur Darenière à M. de Chastillon du gouvernement d'Aigues Mortes.

Réponse. — Y a esté satisfaict.

ART. 27.

Que le sieur baron de la Harye soit establi en la jouissance de la ville basse de Tartas, suivant les provisions qu'il en a de Sa Majesté, du gouvernement de la dicte ville et chasteau de Tartas.

Réponse. — Le baron de la Harye en jouira comme a faict son prédécesseur, du vivant du feu Roy.

ART. 28.

Que le sieur Pichart soit establi au chasteau de Gironde, et les grains, meubles et autres choses qu'il avoit au dict chasteau luy soient rendus et restitués.

Réponse. — Les commissaires qui iront sur les lieux auront charge de s'informer du contenu en cest article pour y pourveoir.

ART. 29.

Qu'il plaise à Sa Majesté ordonner le remboursement de la somme de six mil livres qui a esté empruntée par les esglises de la province d'Orléans et Berry, pour employer à l'entretenement des gens de guerre qui ont esté mis en la ville et fauxbourg de Gergeau[1], durant

---

[1] Ou Jargeau, à quatre lieues sud-est d'Orléans, sur la Loire. (Édit.)

ces derniers mouvemens, pour se garantir des entreprises et menaces continuelles de la ville d'Orléans.

Réponse. — En sera parlé au Roy.

ART. 30.

Que les informations et poursuittes criminelles faictes contre le prévost des mareschaux de Gien, en hayne de la religion et de l'assistance que l'on prétend avoir esté par luy donnée à monseigneur le Prince au passage de la rivière de Loire, soient cassées et annullées, et qu'il soit remis en pleine liberté [1].

Réponse. — Le dict prévost des mareschaux est en pleine liberté.

ART. 31.

Que la provision donnée au mois de septembre dernier, à l'occasion des présens mouvemens, au sieur de Montcassin, pour exercer pour trois ans la charge de grand prévost de Guyenne, soit recogneue comme donnée par surprise, au préjudice de la suppression du dict office, faicte en l'an 1563, ou du moins que les vice baillifs et séneschaux de la religion de la dicte province ne soient tenus de recognoistre ny defférer au dict sieur de Montcassin.

Réponse. — Le sieur de Montcassin sera ouy pour savoir en quel estat est ceste affaire.

ART. 32.

Que toutes poursuittes faictes, arrests et jugemens donnez par défauts, contumaces et forclusions, contre ceux de la religion, depuis le mois d'aoust dernier, ou contre les depputez de l'assemblée durant leur séjour en icelle, soient déclarez nuls, et que, sans y avoir aucun esgard, les parties soient remises en l'estat qu'elles estoient auparavant les dictes poursuittes, arrests et jugemens, et que le temps de l'absence des dicts depputez en la dicte assemblée ne puisse courir

---

[1] Voir plus haut, en note. (Édit.)

contre eux, ny estre compté soit pour la péremption des instances, ou prescriptions légalles ou conventionnelles.

Réponse. — Y sera pourveu faisaut l'édict.

ART. 33.

Que si l'effect du payement du droit annuel a lieu pour la présente année pour ceux qui ont payé aux bureaux qui ont esté ouverts, que ceux de la dicte religion demeurant ès villes où les dicts bureaux n'ont esté establis, et notamment les depputez de l'assemblée qui, à cause de leur absence, n'ont peu payer le dict droit, soient receus, un mois après le traicté conclu, à faire le dict payement, et jouir du mesme privilége que s'ils l'avoient payé dans le temps ordonné, ou, en leur défaut, leurs veuves et héritiers.

Réponse. — Accordé.

ART. 34.

Que les deniers qui sont déus aux pasteurs et gouverneurs pour les quartiers de juillet et octobre de l'année dernière leur soient payez, et qu'il en soit faict fonds ès mains du receveur commis à la recepte et distribution des dicts deniers, et que, pour la présente année, il soit baillé de bonnes et valables assignations, sans aucunes non valeurs, suivant les termes cy après.

Réponse. — L'assignation des pasteurs n'a point esté révoquée, et quant à celles des gouverneurs, elles leur seront continuées jusques au jour qu'ils se sont joincts avec monseigneur le Prince.

ART. 35.

Que, suivant ce qui a esté très humblement remonstré à Sa Majesté aù cahier présenté à Poictiers, il luy plaise permettre aux dictes esglises de commettre, pour la recepte et distribution des dicts deniers, telles personnes qu'elles aviseront bon estre, affin que la dicte recepte se puisse faire à moindres frais, et que les deffenses faictes au sieur de Candalle de payer à certaines personnes soient levées.

Réponse. — Y a esté respondu sur le 22ᵉ article ou cahier particulier de Grenoble.

ART. 36.

Que les frais faicts par la dicte assemblée, tant en son séjour que depputation de voyages nécessaires, soient remboursez par Sa Majesté actuellement, devant la séparation d'icelle.

Réponse. — En sera escrit au Roy pour sçavoir son intention.

ART. 37.

Que, pour l'exécution des choses qui seront accordées, il plaise à Sa Majesté establir deux commissaires en chaque province, l'un catholique, agréé par la dicte province ou assemblée, et l'autre de la religion, nommé par icelle, et jusques à l'entière exécution de tout ce qui a esté accordé la dicte assemblée subsiste, et qu'il soit pourveu à l'entretenement d'icelle sur les plus clairs deniers des plus prochaines receptes, et jusqu'après la séparation d'icelle en chaque province, suivant l'ordre accoustumé, pour faire entendre aux provinces ce qui aura esté ordonné par Sa Majesté sur les supplications à elle faictes par la dicte assemblée.

Réponse. — Néant.

IX.

AUTRES ARTICLES PRÉSENTEZ ENSUITTE DES PRÉCÉDENS, LE 16ᵉ JOUR DE MARS 1616.

Man. Bibl. Sainte-Geneviève.

ARTICLE PREMIER.

Le Roy est très humblement supplié ordonner à MM. du parlement de Toulouse de mettre hors du registre du parlement l'arrest par lequel ils ont faict brusler la déclaration de M. de Candalle sur son changement de religion, attendu que c'est notoirement contre la liberté de conscience accordée à ceux de la dicte religion et contre l'honneur du dict de Candalle.

Réponse. — Sera mandé que l'arrest soit rapporté pour y estre pourveu.

ART. 2.

Que ceux de la dicte religion de Languedoc soient dechargez de l'imposition faicte, nonobstant leurs oppositions, par les estats derniers du dict pays, ou que leur quotité leur soit laissée pour estre employée à munir les villes des dicts de la religion.

Réponse. — Sera escrit à M. de Montmorency pour sçavoir que c'est, et luy sera mandé d'y pourveoir[1].

ART. 3.

Qu'il plaise au Roy dispenser les particuliers dénommez dans les abolitions que Sa Majesté a accordées à ceux de Nismes, Milhau et Camerade, de se présenter et mettre en estat pour l'entretenement des dictes lettres d'abolition.

Réponse. — C'est contre les ordonnances, et néantmoins sera escrit à la chambre de Castres de les faire jouir des dictes abolitions.

ART. 4.

Que le sieur de Calonges soit remis au gouvernement du Mas d'Agénois, suivant les provisions, et le chasteau, qui a esté démolli durant ces mouvemens, restabli en l'estat qu'il estoit.

Réponse. — Y a esté respondu sur le dixiesme article des précédens.

ART. 5.

Qu'il plaise aussy au Roy accorder à ceux de Montauban une évocation génerallé de toutes leurs causes en la chambre de Nérac, ou du moins l'option de déclins d'icelle, et ce tant à cause de la proximité

---

[1] Le maréchal de Montmorency était gouverneur du Languedoc. (Édit.)

et commodité plus grande du dict Nérac qu'aussy pour la hayne que le parlement de Toulouse porte ouvertement contre la dicte ville de Montauban.

Réponse. — Y a une chambre my partie establie à Castres pour leur rendre justice, et néantmoins, s'il y a quelques faicts particuliers où ils ayent intérest, les présentant, y sera pourveu.

ART. 6.

Que le lieu d'Oignon, qui appartient au sieur Daubigny, soit accordé aux esglises pour lieu de seureté, et joinct à Mailezay.

Réponse. — La response faicte sur le cahier de Grenoble sera suivie.

ART. 7.

Sa Majesté est aussy très humblement suppliée de restablir dans la ville de Bergerac le siége présidial qui y avoit esté establi par l'édict du roy Henry II dès l'an mil cinq cens cinquante deux, et dont ils avoient joui quelques années, et qui, leur ayant esté osté en hayne de la religion, auroit esté derechef remis par édict du roy Henry IV, de l'an 1592 [1].

Réponse. — Les édicts de création du dict siége seront veus pour en estre ordonné.

ART. 8.

Qu'il sera escrit au gourverneur de Xaintes à ce qu'il mette en liberté un nommé La Morlière, lequel, dès le mois d'octobre dernier, a esté emprisonné, sans forme de justice, dans la citadelle, en hayne de la religion, et l'a si cruellement traicté qu'il en est perclus de ses membres.

Réponse. — Il en sera escrit pour y estre pourveu.

---

[1] On connaît la part active que prit la ville de Bergerac aux troubles occasionnés par la réforme. C'est à cette ardeur, souvent compromettante, qu'elle dut de perdre et de recoûvrer plusieurs fois son siége présidial. Elle se rendit en 1620 à Louis XIII, qui en fit raser les fortifications. (Édit.)

ART. 9.

Qu'il plaise à la Royne mère restablir en sa charge un nommé de la Salle, qui estoit de ses gardes et en fut mis hors pour cause seulement de la religion.

Réponse. — En sera parlé à la Royne.

ART. 10.

Qu'il plaise accorder à la translation des hommes couchez sur l'estat pour la ville de Castres, au lieu de Carmain et du Mas Sainct Epineilles, ainsy qu'il en fut très humblement supplié par le cahier présenté à Poictiers.

Réponse. — L'estat des places de seureté sera suivi.

Les précédens articles ont esté veus et respondus par nous depputez envoyez par le Roy en la conférence de Loudun, suivant le pouvoir à nous donné par Sa Majesté, et soubz son bon plaisir. Ce que nous promettons de faire agréer et ratifier par le dict seigneur Roy; et pour tesmoignage de ce, nous avons signé ces présentes.

A Loudun, le troisiesme jour de may mil six cens seize.

Nous, Louis, etc. ayant faict lire en nostre présence les articles proposez par nostre très cher cousin le prince de Condé à nostre cousin le comte de Brissac, mareschal de France, et à nos amez et féaux conseillers en nostre conseil d'estat les sieurs de Villeroy, de Thou, de Vic et de Pontchartrain, depputez par nous envoyez en la conférence de Loudun pour la pacification des troubles, ensemble les responses par eux faictes sur les dicts articles, le tout cy dessus transcrit, avons les dictes responses agréées, ratifiées et approuvées, agréons, ratifions et approuvons, promettant icelles faire accomplir, effectuer et observer de point en point selon leur forme et teneur; car tel est nostre plaisir.

Donné à Blois, le 5e jour de may 1616.

Signé LOUIS, et plus bas POTIER.

X.

ARTICLE 16 DU CAHIER PRÉSENTÉ AU ROY PAR L'ASSEMBLÉE ESTANT À GRENOBLE, ET RESPONDU À POITIERS ET À TOURS, DURANT LA CONFÉRENCE DE LOUDUN. 1616.

Man. Bibl. Sainte-Geneviève.

Et d'autant qu'ensuitte du brevet[1] du dernier avril mil cinq cens nonante huict, outre l'estat général des garnisons des dictes places, laissées en leur garde, pour lesquelles Sa Majesté avoit accordé la somme de cinq cens quarante mil livres, il fut le troisiesme may ensuivant dressé un estat à part de celles que Sa Majesté vouloit estre entretenues ès places que tiennent les esglises du Dauphiné, avant la fin du mois de mars précédent, et néantmoins, d'autant que le fonds du dict entretenement a tousjours esté pris sur la recepte généralle de la dicte province du Dauphiné, l'estat d'icelles a esté faict par chascun an, confusément avec celuy des autres villes, chasteaux et mortes payes[2] du dict pays, ès quelles y a garnisons establies, qu'il plaise à Vostre Majesté ordonner qu'en l'estat des garnisons du Dauphiné qui se fera l'année prochaine, celles de Grenoble, Barraux, Dye, Nyons, Montlimard, Luiron, Ambrun, Brianson, Piemore, Gap et Azilles, mentionnées au dict estat du troisiesme may mil cinq cens nonante huit, seront couchées en chapitre séparé, comme places de seureté, laissées aux dictes esglises, pour l'intérest notable qu'ont les supplians en ceste distinction, affin qu'elles soient gardées soubz l'obéissance de Vostre Majesté, à l'effect pour lequel elles leur ont esté commises.

Réponse. — Sera faict un pareil estat que celuy qui fut expédié en l'année mil cinq cens nonante huit, lequel sera envoyé à M. le mareschal de Lesdiguières, ainsy qu'il fut faict en la dicte année, pour après leur estre délibéré[3] suivant le brevet.

---

[1] Ce brevet est annexé à l'édit de Nantes. (Édit.)

[2] Les mortes payes étaient des troupes entretenues pour la garde ordinaire d'une place, qui n'en sortaient point. (Édit.)

[3] C'est-à-dire *délivré.* (Édit.)

XI.

MODIFICATIONS FAICTES PAR LA COUR DE PARLEMENT DE PARIS AUX ARTICLES DE L'ÉDICT DE LOUDUN CONCERNANT CEUX DE LA RELIGION PRÉTENDUE REFFORMÉE, OUTRE LES AUTRES MODIFICATIONS DE L'ARREST DU MOIS DE MAY 1616[1].

Man. Bibl. Sainte-Geneviève.

La cour, outre les modifications mentionnées en l'arrest, ordonne que Sa Majesté sera très humblement suppliée d'apporter la mesme considération pour les ministres de la religion prétendue refformée que pour les officiers et bénéficiers mentionnez en l'article 8, affin que nul ne soit désormais receu à exercer le ministère de la dicte religion prétendue refformée. . . . . . .[2], comme aussy les procédures dont est faict mention en l'article 29 pourront estre tirées du greffe de la cour. Pareillement, le Roy sera très humblement [supplié] d'accorder aux officiers qui n'ont peu payer le droit annuel pendant ces mouvemens dans le temps préfix, d'accorder semblable grace que celle qui est mentionnée par l'article 49 du dict édict; et pour le regard de l'article 4ᵉ des articles particuliers, le Roy sera très humblement supplié d'entretenir et garder ce qui a esté observé par le deffunt Roy Henry IV, puis la vérification de l'édict de Nantes, et l'establissement des chambres; et pour l'article cinquiesme, les lettres mentionnées en iceluy veues et présentées à la cour, y sera délibéré.

---

[1] Voir plus haut la note sur l'enregistrement de l'édit au parlement. (Édit.)

[2] Il y a ici évidemment une lacune, dans laquelle, sans doute, faisant allusion à l'article 8 de l'édit, le parlement témoignait le désir qu'aucun étranger ne fût admis à exercer le ministère évangélique protestant. (Édit.)

XII.

RATIFICATION[1] QU'IL FAUDRA METTRE SOUBZ LA COPIE DE L'ÉDICT ET ARTICLES.

Man. Bibl. Sainte-Geneviève et Mazarine.

Nous, Louis, par la grace de Dieu, Roy de France et de Navarre, ayant faict lire en nostre présence[2] l'édict cy dessus transcrit, ensemble les articles particuliers qui sont ensuitte d'iceluy, lesquelz ont esté convenus, arrestez et accordez par nostre cher et bien aimé cousin le comte de Brissac, mareschal de France, et nos amez et féaux conseillers en nostre conseil d'estat les sieurs de Villeroy, de Thou, de Vic et de Pontchartrain, par nous depputez et envoyez en la conférence qui s'est faicte à Loudun pour la pacification des troubles, sur les cahiers qui nous furent présentez de la part de nos subjects de la religion prétendue refformée, lors assemblez à Grenoble, et qui furent par nous respondus à Poictiers, lesquelz nous avons eu agréable estre receus par nos depputez en la dicte conférence, nous avons les dictes responses, ainsy qu'elles sont cy dessus transcrites, approuvées, agréées et ratifiées, approuvons, agréons et ratifions par ces présentes, voulons et entendons que le contenu en icelles soit suivi, observé et entretenu de point en point, selon sa forme et teneur; car tel est nostre plaisir.

Donné à, etc.

XIII.

DÉCLARATION TOUCHANT LE SERMENT DU SACRE, 22 MAY 1616[3].

Man. Bibl. Sainte-Geneviève.

Louis, etc. à tous ceux, etc. Combien que depuis nostre advénement à ceste couronne nous ayons assez clairement faict cognoistre

---

[1] Cette ratification se rapporte exclusivement aux articles accordés aux réformés. (Édit.)

[2] Variante : « les réponses faictes par

« notre cher et bien aimé cousin, etc. » (Man. de la bibl. Mazarine.) (Édit.)

[3] La réclamation des réformés à laquelle répond cette déclaration remonte aux États

le soing que nous avons tousjours de maintenir tous nos subjects en amitié, union et concorde les uns avec les autres, et mesme ceux qui font profession de la religion prétendue refformée en la seureté et liberté qu'ils peuvent désirer, tant pour leurs consciences que pour leurs personnes, biens, charges et dignitez, soubz l'observation des édicts de pacification, articles secrets, déclarations, brevets et autres graces et concessions qui leur ont esté octroyées par le feu Roy nostre très honoré seigneur et père, que Dieu absolve, et depuis par nous confirmées; pour raison de quoy nous avons faict expédier en leur faveur plusieurs déclarations fort expresses, tant lors de nostre advénement à la couronne et à l'entrée de nostre majorité qu'en diverses autres occurrences, sur lesquelles nous avons estimé qu'ils pourroient désirer estre esclaircis de nos bonnes et sincères intentions en leur endroit; néantmoins, sur ce qu'il nous a esté représenté que aucuns d'entre eux demeurent encore en quelque soupçon et jalousie sur ce que, lorsque les Estats généraux de nostre royaume estoient dernièrement convoquez et assemblez en nostre bonne ville de Paris, il fut mis en délibération et résolu en quelques chambres d'iceux que nous serions suppliez vouloir conserver la religion catholique, apostolique et romaine, suivant le serment par nous presté à nostre sacre,

généraux ouverts en 1614 et aux séances de février 1615. On lit dans les mémoires du temps : « Un autre article se mit encore « en avant, qui est que le serment que le « Roy faict à son sacre pour l'extirpation « des hérésies soit renouvellé et observé. « Ceux de la religion prétendue refformée « s'en plaignent, et demandent que ce soit « au moins soubz l'observation de leurs « édicts. Le clergé ne laisse pas d'employer « cest article dans ses cahiers, la noblesse « le suit, ceux de la religion protestent « contre et s'en plaignent à leurs esglises. « L'on feit vers la fin du mois une déclaration pour les contenter, portant que le « Roy entend leur maintenir l'observation « de leurs édicts et brevets pour leur seu- « reté, mais tout cela ne les contenta pas. » (*Mémoires de Pontchartrain.*) C'est pourquoi ils revinrent à la charge et obtinrent la déclaration ci-dessus. Voici la teneur de ce serment : « Je tascherai à mon pouvoir, « en bonne foy, de chasser de ma juridic- « tion et terres de ma subjection tous héré- « tiques dénommez par l'esglise. » On doit convenir que les appréhensions des réformés n'étaient pas sans fondement, et qu'ils avaient raison d'exiger un acte officiel qui garantît de nouveau leurs droits. (Édit.)

encore que ceux qui y estoient depputez nous ayent depuis assez faict cognoistre que ce qu'ils en ont faict a esté plus tost par abondance d'affection qu'ils ont à la dicte religion catholique que par aucune mauvaise volonté qu'ils portent contre ceux de la dicte religion prétendue refformée, recognoissant eux mesmes combien l'observation des édicts de pacification faicts en leur faveur est nécessaire pour le bien, repos et tranquillité de ce royaume; néantmoins, désirant de nouveau esclaircir nos dicts subjects de la religion prétendue refformée de nostre bienveillance en leur endroit, et affin de ne leur laisser aucun scrupule sur les propositions faictes en la dicte assemblée des Estats; pour ces causes, et autres bonnes considérations à ce nous mouvant, de l'advis de la Royne nostre très honorée dame et mère, des princes, officiers de nostre couronne et principaux de nostre conseil estant près de nous, avons dict et déclaré, disons et déclarons *que nous n'avons entendu au serment qui s'est faict à nostre sacre y comprendre nos dicts subjects de la religion prétendue refformée, vivans en nostre royaume soubz le bénéfice des dicts édicts, articles secrets et déclarations faictes en leur faveur,* lesquelz nous voulons estre tousjours suivis et observez inviolablement, sans y estre contrevenu, et d'autant que besoing seroit, les avons de nouveau confirmez et confirmons, enjoignons à tous nos officiers de poursuivre et faire punir ceux qui y contreviendroient comme effractaires et perturbateurs du repos public. Si donnons en mandement à nos amez et féaux conseillers les gens tenant nos cours de parlement, baillifs, séneschaux, juges, ou leurs lieutenans, et à tous nos justiciers et officiers qu'il appartiendra, que nos présentes ils facent lire, publier et enregistrer le contenu en icelles, garder inviolablement; car tel est nostre plaisir.

Donné à Paris, le 22 may 1616.

Les articles qui suivent ont été conservés par les manuscrits de la Bibliothèque impériale et de la bibliothèque Mazarine. C'est principalement en faisant allusion aux sommes données en cette occasion aux princes et seigneurs qui firent acheter leur soumission, que Richelieu rapporte que la paix de Loudun coûta six millions à Louis XIII.

XIV.

ARTICLES SECRETS ET PARTICULIERS SUR LESQUELZ LES SIEURS MARESCHAL DE BRISSAC, DE VILLEROY ET DE PONTCHARTRAIN ONT À SÇAVOIR LA VOLONTÉ DU ROY ET DE LA ROYNE SA MÈRE, AUPARAVANT QUE DE RETOURNER À LA CONFÉRENCE QUI SE TIENT À LOUDUN POUR LA PACIFICATION DES TROUBLES [1].

Man. Bibl. impér. et Mazarine.

Premièrement, monseigneur le Prince demande luy estre accordé :

Le gouvernement de Berry;

La capitainerie de la ville et tour de Bourges;

Les domaines d'Issoudun, Viarzon et Chinon;

Le gouvernement du chasteau de Chinon;

Le bailliage de Berry;

Les arrérages de ses pensions et de l'augmentation qui luy fut promise à Saincte Ménehould;

Ce qui reste du don de deux cens mil escus, dont il ne reste à payer que soixante et tant de mil escus;

Cent cinquante mil escus en trois années pour les frais de la guerre;

Que sa pension ne sera point retranchée, ny celle de M. le comte de Soissons;

Le Roy aura agréable l'eschange du gouvernement de Guyenne avec celuy de Berry, y compris la capitainerie de la grosse tour, la charge de bailly, et les domaines d'Issoudun, Viarzon et Chinon; et quant au gouvernement de Chinon, Sa Majesté en résoudra cy après.

Accordé.

Accordé.

Accordé cent mil escus.

Le Roy ne peut accorder par traicté ces pensions, mais mon dict seigneur le Prince et M. le comte y seront traictez si favora-

[1] Le manuscrit ne donne ces articles que sous forme de propositions au Roi avec ses réponses. Ils n'ont probablement point été modifiés d'une manière importante dans la rédaction définitive. Voir, plus haut, l'époque où ces trois commissaires se rendirent à Tours, d'accord avec les autres membres de la conférence. (Édit.)

Jusques à trente mil livres de pension pour Mme sa mère, qui sont dix mil livres d'augmentation;

Quatre mil livres d'augmentation de pension pour Mme sa sœur[1];

Les arrérages des pensions des dictes princesses;

Que la dot de ma dicte dame sa sœur soit payée;

Que Craon soit remis en ses mains, en l'estat qu'il est, sans garnison;

Ériger en pairie la terre de Chasteauroux, et abonner les habitans de la dicte ville pour les tailles à une certaine somme;

Que sa compagnie de gens d'armes et celle de chevaux légers soient entretenues sans retranchement;

Que ce qui est deu à la compagnie des chevaux légers soit payé;

Deux quartiers de celle des gens d'armes;

Entretenir pour garnison à Bourges, Chinon et le Bourgdieu, trois cens hommes ou au moins deux cens;

Trois brevets de conseillers d'estat pour les sieurs de Rochefort, de Fiebrun et Lommeau;

---

blement qu'ils auront subject de contentement.

Le Roy trouve bon que ceste grace soit accordée, mais par brevet à part.

Le Roy trouve bon que ceste grace soit accordée.

Accordé.

Accordé.

Accordé.

Accordé la dicte érection, mais non l'abonnement pour la conséquence.

Accordé comme elles ont esté par le passé depuis la mort du feu Roy.

Prendre le payement sur la somme qui sera accordée pour le payement de leurs troupes.

Ne se peut.

Accordé six vingts hommes d'entretenement pour les distribuer comme il voudra.

Accordé.

---

[1] Éléonore de Bourbon, mariée en 1606 à Philippe-Guillaume de Nassau, prince d'Orange. (Édit.)

Faire quelque gratification au dict sieur de Rochefort.

Il jouira de son gouvernement en la mesme forme qu'il a faict du vivant du feu Roy, et, si quelque chose a esté ordonné contre sa personne sur la réquisition des estats, sera révoqué.

Il jouira de la dicte charge comme il a faict du vivant du feu Roy.

Accordé.

Est demandé pour M. de Vendosme :

La jouissance paisible de sa charge de gouverneur de Bretagne, et que pour cest effect tout ce qui a esté ordonné tant au conseil qu'aux estats de Bretagne, en l'année 1614, à son préjudice, soit révoqué[1];

Le restablissement en sa charge de gouverneur de la ville et chasteau de Nantes, et où Sa Majesté ne l'agréeroit, le contenter d'ailleurs par quelqu'autre place dans son gouvernement;

Le restablissement du sieur d'Aradon ès gouvernemens des villes de Vannes et Oray, et du sieur de Camores au gouvernement d'Annebon[2];

---

[1] Le Roi ayant écrit au parlement de Bretagne, à la date du 12 mars 1614, pour qu'il s'opposât aux entreprises du duc de Vendôme, cette cour fit la publication suivante : « Deffenses à toutes personnes « de s'assembler en armes sans commis- « sion du Roy, mesme à ceux de la compa- « gnie du seigneur duc de Vendosme s'as- « sembler soubz l'enseigne du dict duc, « sur peine d'estre desclarez criminelz de « lèze majesté. Enjoint à tous seigneurs, « gentilshommes et autres subjects du « Roy, de se rendre promptement près les « lieutenans du Roy en ceste province, en « armes et équipages, pour servir le Roy « soubz leur commandement. Faict en « parlement, à Rennes, le 17 mars 1614. » (Édit.)

[2] M. de Camores était capitaine et gouverneur d'Hennebon, en Bretagne. Déjà l'article 10 du traité de Sainte-Ménehould avait stipulé que cette place serait réparée et lui serait rendue. (Voir, pour le traité de Sainte-Ménehould, *Mercure français*, t. III, p. 431, année 1614.) Néanmoins les états de Bretagne, à la suite de nouvelles inquiétudes, demandèrent postérieurement la destitution du sieur de Camores et la destruction d'une partie des fortifications d'Hennebon. (Édit.)

Que le procureur général du parlement de Rennes ayt à remettre ès mains des dicts sieurs les lettres de leur restablissement, lesquelles il a retenues;

Accordé.

Faire oster des registres du parlement de Rennes l'arrest de mort donné contre le sieur de Camores à cause des mouvemens de Saincte Ménehould;

Jouira de l'effect de la déclaration qui fut accordée à M. de Vendosme et des lettres particulières qui luy furent expédiées.

Que le sieur de Sourdéac ne recognoisse en la lieutenance génerale de Bretagne que M. le mareschal de Brissac ou son fils, et non tous les deux.

M. le comte de Brissac ayant esté pourveu, receu et presté serment en ceste charge, jouira du contenu en ses lettres.

Pour M. de Rohan et ses amis:

Que ses pensions et de Mme sa mère et Mlles ses sœurs leur soient continuées ainsy qu'avant ces mouvemens, et qu'ils soient payez de ce qui leur en est deu;

Ils jouiront de leurs pensions comme les autres pensionnaires.

Le payement du don de cent mil livres qui luy a esté cy devant faict;

La provision du gouvernement de Poictou en cas que M. de Sully luy en baille sa démission, sinon que le brevet de survivance qu'il en a luy soit confirmé;

Accordé.

Le sieur de Rohan rendant cy après tesmoignage de son affection à Sa Majesté, elle y advisera.

Le restablissement des pensions du sieur d'Aubigny et du sieur de Villette son gendre, et payement de ce qui leur en est deu;

Seront traictez comme les autres pensionnaires.

Quelque récompense en argent pour le sieur de Montbarrot.

Pour M. de Soubize :

L'entretenement de sa pension et payement de ce qui luy est deu, et augmentation d'icelle jusques à dix mil livres.

Pour M. de Mayenne :

Accordé.

Que le traicté de feu M. son père soit entièrement effectué en ce qui reste à exécuter d'iceluy, ensemble les choses qui luy ont esté promises en particulier;

Accordé pour trois cens pour un an.

Que pour la seureté de ses places et de sa personne luy soient entretenus six cens hommes de pied pour demeurer en garnison en ses places, outre ce qui y est desjà entretenu.

Pour M. de Sully et le marquis de Rosny :

Accordé.

L'exécution du brevet accordé au dict sieur de Sully le 26 janvier 1611;

S'il a esté faict quelque chose contre la fonction de l'auctorité de sa charge, il sera restabli.

Que le sieur de Rosny soit restabli en toutes ses charges et fonctions[1], libre d'icelles, et que ce qui a esté faict à son préjudice depuis les premiers mouvemens en faveur du sieur de Born soit révoqué.

[1] Il y a certainement ici quelque chose de passé. Nous transcrivons exactement le manuscrit. (Édit.)

Pour M. de Courtenay :

Un brevet de conseiller d'estat ;
Augmentation de six mil livres de pension.

Pour M. de Luxembourg :

Soixante mil livres une fois payées pour tous ses frais ;

Ces places luy seront rendues et les nouvelles fortifications ostées et abattues.

Le restablissement de sa pension et payement de tout ce qui luy est deu, et que ses places qui luy ont esté prises luy soient remises en l'estat qu'elles sont ;

Accordé ceste abolition.

Une abolition de toutes les poursuittes criminelles faictes à l'encontre de luy par un nommé Lebeau de Mussy, pour Barrin, maistre des requestes, et Chouppelain, huissier de la cour de parlement.

Pour M. d'Araucourt :

Restablissement de sa charge de gouverneur de Clermont ;
Trente mil livres pour la récompense de la compagnie de la Royne, et douze cens escus de pension.

Pour M. de Pardaillan :

Restablissement en ses estats et pensions, et la première place de seureté vacante, suivant le brevet qui luy en a esté donné en partant de Bourg.

APPENDICE. 793

Pour M. de la Boulaye :

Restablissement de sa pension et récompense de la sous-lieutenance de la compagnie de la Royne.

Pour M. de Favas :

Les provisions du gouvernement d'Albret qu'avoit feu son père, continuation de sa pension et payement de ce qui est deu d'icelle.

Pour M. de Chambret :

Augmentation de sa pension de trois mil livres.

Pour M. de la Chapelle :

Une pension de trois mil livres.

Pour M. de Thianges :

Restablissement dans Savigny avec augmentation de vingt soldats ;
Une des lieutenancés du Roy en Bourgogne ;
Dix mil livres de pension ;
Des provisions de mareschal de camp ;
La continuation de son évocation de toutes ses causes au grand conseil ;
Promesse de la première abbaye vacante jusques à douze mil livres de revenu.

Pour M. de Longueville :

..............................[1].

Pour M. de la Trémoille :

Augmentation de pension;
Vingt mil escus.

Pour M. de la Force :

Restablir luy et ses enfans en toutes leurs charges, estats et pensions.

Pour M. de Bouillon :

Luy seront expédiées en bonne forme.

Les expéditions du renouvellement de la protection de Sedan et Raucourt, en la forme dont sera baillé mémoire et aux conditions portées par iceluy;

Le traicté de Saincte Ménehould sera suivi.

L'entretenement de sa compagnie de cent hommes d'armes et de celle de M. le prince de Sedan;

Accordé, sans faire fortifications qui puissent porter ombrage.

Permission de faire enclore et enfermer le fauxbourg de Castillon et en accroistre la ville, et de faire ce qui sera nécessaire pour cest effect;

L'entretenement de soixante soldats au dict Castillon, outre ceux qui y sont jà entretenus par l'estat du Roy;

Accordé la pension, et non les

Six mil livres de pension à M. de

---

[1] Cette lacune est dans le manuscrit. (Édit.)

arrérages, et pour la vie seulement.

Bouillon la Marck[1] en faveur de la transaction passée entre eux par la volonté et consentement du feu Roy, à sa décharge de pareille somme qu'il est obligé, en exécution de la dicte transaction, de luy payer tous les ans, au deffaut du Roy, en son propre nom, ou luy faire payer par Sa Majesté; que les expéditions nécessaires en soient expédiées, et le dict sieur de la Marck employé en l'estat du Roy, et qu'il luy soit payé deux années d'arrérages qui en sont deues;

Qu'il plaise au Roy eschanger les droits de souveraineté que Sa Majesté a au village de Torcy, à la charge de bailler en eschange d'autres terres de pareille nature et valeur, et ce avec le consentement de M. le duc de Nevers, pour ce qui regarde la propriété du fonds, et la justice qui luy appartient.

Pour M. de Rouvray :

L'ambassade de Hollande et le brevet dès à présent.

Pour M. Desbordes Mercier :

L'estat de conseiller qui sera créé pour ceux de la religion prétendue refformée.

---

[1] Henri Robert de la Marck, père de Charlotte de la Marck, première femme du maréchal de Bouillon. (Édit.)

Pour ceux de la religion prétendue reffornée[1] :

Un brevet par lequel le Roy trouvera bon qu'ils luy nomment trois personnes dont Sa Majesté [choisira] l'une, pour estre pourveues des gouvernemens des places de seureté, lorsqu'ils vaqueront, et ce durant six ans;

Un autre brevet par lequel leurs conseils de provinces seront tolérez ainsy que du temps du feu Roy, sans qu'ils en puissent plus estre recherchez, à la charge de n'en abuser; lesquelz deux brevets seront mis ès mains de monseigneur le Prince pour n'estre veus;

Leur accorder la nomination de deux depputez seulement pour résider en cour;

Accorder l'adjonction de Béarn pour se pouvoir trouver en toutes assemblées de France.

Pour ceux de la Rochelle :

Outre la décharge de tout ce qu'ils ont faict durant ces présens mouvemens, une augmentation de trente mil livres..... pour six années, pour employer à leurs fortifications.

---

[1] Les réponses à ces demandes des réformés se trouvent données soit dans l'édict, soit dans les articles accordés à ceux de la religion. C'est sans doute par cette raison qu'elles ne sont point exprimées ici. (Édit.)

APPENDICE.   797

Accordé le restablissement, et
non le payement du passé.

Autres :

Le restablissement des sieurs de
la Rainaille, Monille et Brinet, Bricquemont et autres, capitaines et officiers des régimens français entretenus par le Roy en Hollande, et payement de ce qui leur est deu d'appointemens;

Accorder trois millions de livres pour les frais de la guerre.

MM. de Guise, de Nevers, le chancelier et président Janin présens.

Nous avons donné pouvoir aux sieurs mareschal de Brissac, de Villeroy et de Pontchartrain d'accorder ce qui est escrit à costé de chascun des articles cy dessus.

Faict à Tours, le douziesme jour de mars[1] 1616.

Signé LOUIS et MARYE.

XV.

ARTICLES DE GRATIFICATIONS PARTICULIÈRES ACCORDÉES DE LA PART DU ROY À MONSEIGNEUR LE PRINCE DE CONDÉ ET AUX PRINCES ET SEIGNEURS JOINCTS ET UNIS AVEC LUY, PAR MM. LES DEPPUTEZ DE SA MAJESTÉ EN LA CONFÉRENCE DE LOUDUN, POUR LA PACIFICATION DES TROUBLES, EN VERTU DU POUVOIR À EUX DONNÉ PAR SA MAJESTÉ[2].

Man. Bibl. impér. Fonds Dupuy, n° 450. — Bibl. Mazarine. — Archives de l'Empire, carton K, 110[3].

Premièrement. Ce qui a esté accordé à monseigneur le prince de Condé :

Monseigneur le prince de Condé ayant supplié de trouver bon qu'il

---

[1] Malgré cette date, nous avons placé ces articles après les articles généraux, suivant en cela la disposition du manuscrit de la Bibliothèque impériale, et nous fondant sur ce qu'ils appartiennent au résultat de la négociation, en tant qu'ayant été sanctionnés par le Roi. (Édit.)

[2] Ces pièces sont la rédaction plus développée des grâces sollicitées par le prince de Condé et ses amis, et seulement indiquées plus haut. (Édit.)

[3] Le titre dans ce dernier manuscrit est : « Copie des articles secrets accordez à Mgr le « Prince par le traicté de Loudun. » (Édit.)

remette en la disposition de Sa Majesté le gouvernement du duché de Guyenne qu'il possède et dont il est pourveu de présent pour l'en décharger et en pourveoir telle autre personne qu'il luy plaira, et au lieu d'iceluy luy accorder celuy du duché de Berry, avec la capitainerie de la ville et de la tour de Bourges, l'estat de bailly du dict pays de Berry, et la jouissance des domaines d'Issoudun et de Viarzon qui seront à ceste fin retirez par Sa Majesté pour luy estre délivrez, et pareillement le domaine de Chinon avec le gouvernement de la dicte ville et la capitainerie du chasteau d'icelle, affin que le dict sieur Prince puisse plus commodément demeurer près de Sa Majesté, pour, en toutes occurrences, la servir, ainsy qu'il proteste faire avec affection et toute sincérité, Sa dicte Majesté, secondant en cela le bon désir du dict sieur Prince, et voulant luy faciliter tous moyens de le mettre à exécution, a accordé et accorde l'eschange des dicts gouvernemens de Guyenne contre ceux de Berry et Chinon, avec la jouissance des dicts domaines, et le dict office de bailly de Berry, au moyen de quoy elle veut et entend que, de sa part, il soit mis en possession des choses susdictes en la forme et manière accoustumées, sans aucune exception ny réservation.

Sa Majesté accorde, pour garder ces dictes places avec le Bourgdieu, l'entretenement de deux cens hommes.

Et que les pensions, avec l'augmentation qui luy fut accordée à Saincte Ménehould, ne seront à l'advenir retranchées, mais sera payé des arrérages d'icelles ce que l'on vérifiera luy estre deu.

Pareillement, il sera payé des restes du don de 200,000 livres qui luy a esté cy devant faict, après deue vérification d'iceux.

Plus, Sa Majesté luy fait don et présent de 300,000 livres, pour en estre payé en trois années à compter du premier jour de janvier de la prochaine que l'on comptera 1617.

Accordé, en faveur de recommandations du dict sieur Prince, une augmentation de dix mil livres par chascun an, en forme de pension, à Mme la princesse de Condé, sa mère, pour, avec celle de vingt mil livres dont elle jouit de présent, faire en tout trente mil livres par an.

Item, à Mme la princesse d'Orange, sa sœur, Sa Majesté luy a donné quatre mil livres tournois par chascun an, outre six mil dont elle jouit.

- Sa Majesté entend aussy que les arrérages des premières pensions des dictes princesses leur soient payez;

Et que ce qui reste à fournir du dot accordé par le feu Roy à ma dicte dame la princesse d'Orange en faveur de mariage soit aussy payé à la dicte dame;

Plus, que la compagnie de gens d'armes du dict sieur Prince et celle de chevaux légers seront à l'advenir payées et entretenues en la forme qu'elles ont esté devant ces mouvemens derniers, sans retranchement, et pour ce qui leur est deu du passé, celle des ordonnances en sera assignée, et celle des chevaux légers payez des deniers affectez à la solde d'icelle.

Plus, Sa Majesté accorde que le chasteau de Craon, appartenant au dict sieur Prince, luy sera rendu et mis en ses mains, en l'estat qu'il est de présent, mais sans y mettre ny entretenir garnison[1];

Que la terre et seigneurie de Chasteauroux sera érigée en duché et pairie, et les habitans du dict Chasteauroux abonnez à une certaine somme pour les tailles[2].

Davantage, Sa dicte Majesté a faict don au sieur de Rochefort, en considération des services qu'il luy a faicts auprès de la personne de monseigneur le Prince, de la somme de trente six mil livres tournois[3];

---

[1] La ville de Craon, en Anjou, avait beaucoup souffert pendant les guerres de religion, principalement en 1562. Les partis qui la divisaient et les ressentiments qui s'y étaient conservés inspiraient de la crainte. (Édit.)

[2] La seigneurie de Châteauroux appartenait déjà à la maison de Condé. M. le Prince s'y était retiré après ses démêlés avec la cour, en 1614. (Édit.)

[3] En 1615, le sieur de Rochefort avait maltraité de coups de bâton Marcillac, gentilhomme du Roi, et avait été avoué en cela par le prince de Condé son maître. Cette querelle émut les États généraux alors assemblés, et le parlement commença des poursuites contre Rochefort. Néanmoins, après des démarches et des excuses du prince de Condé envers le Roi, des lettres d'abolition supprimèrent la procédure, et les deux parties eurent ordre de rentrer dans le silence. (Édit.)

Et aux sieurs de Fiebrun et Lommeau chascun un brevet de conseiller d'estat.

Articles présentez de la part de M. le duc de Mayenne.

ARTICLE PREMIER.

Le Roy accorde au dict sieur duc de Mayenne, en considération de ses services et du tesmoignage qu'il a rendu de son affection à son contentement en la présente conférence de Loudun, l'entretenement de cinq cens hommes de guerre à pied, soubz la charge de cinq capitaines, pour estre départis en villes de Soissons, Noyon, Chauny et Coucy, pour trois ans seulement, à commencer de la date de la response faicte aux présens articles.	Qu'il soit entretenu par Sa Majesté six compagnies de gens de pied de cent hommes chascune, pour les donner à telz capitaines qu'il jugera capables de servir Sa Majesté, et tenir garnison dedans les villes et places de son gouvernement, et les départir selon qu'il sera nécessaire pour la conservation d'icelles, pour le bien et service de Sa Majesté, et dont la solde et entretenement commencera au premier d'avril prochain, auquel temps il fera vuider toutes les autres compagnies de gens de guerre qui y sont à présent.

ART. 2.

Sera satisfaict à ce qui reste à payer en vertu et exécution du dict traicté.	Qu'il plaira à Sa Majesté confirmer le traicté faict par le feu Roy Henri le Grand avec feu M. de Mayenne[1], et que ce qui en dépendra et restera à exécuter sera accompli et entretenu, mesme pour les assignations qui avoient esté données pour l'acquit de ses dettes, et autres particu-

---

[1] Ce traité est du mois de janvier 1596. (Édit.)

APPENDICE. 801

lières qui n'ont esté aquittées, qu'il y sera pourveu, et d'année en année sera donné pareille assignation qu'ès précédentes, et que celle qui avoit esté ordonnée l'année dernière luy sera délivrée, et si elle a esté divertie, qu'elle sera remplacée.

ART. 3.

Le dict comptant sera expédié, et le dict sieur duc asseuré du payement de la dicte somme, lequel sera faict en deux ans, à commencer du jour de la response faicte aux dicts présens articles.

Qu'il sera expédié un comptant de 300,000 livres de don qu'il a pleu à Leurs Majestez luy accorder, dont il sera payé comptant, sans qu'il soit besoing d'expédier aucun acquit pour estre vérifié en la chambre des comptes, pour ce qu'il y auroit trop de difficultez et longueurs, et conséquences pour autres.

ART. 4.

Accordé.

Qu'il sera payé des vingt mil escus à luy donnez l'année 1614, dont l'acquit a esté vérifié, sur lesquelz il a esté payé de quatre mil escus, et l'assignation sur la Bretagne employée sur l'estat à luy délivré, et, si elle a esté divertie, sera remplacée[1].

ART. 5.

Accordé.

Que ce qui reste à luy payer de sa pension de l'année passée luy soit

---

[1] Voir ci-après la pièce signée du duc de Mayenne. (Édit.)

Conférence de Loudun.

Les dictes compagnies de gens d'armes et de chevaux légers seront entretenues et payées comme les autres de semblable qualité accordées, et pour le regard des chevaux légers, depuis la mort du feu Roy.

Le dict sieur duc ne peut à présent jouir du gouvernement de la dicte ville de Paris, conjointement avec celuy de l'Isle de France, estant rempli de personne qui en est pourvue de longue main et qui y sert fidèlement Sa Majesté[1].

Accordé.

payé par le trésorier des pensions, ainsy qu'aux autres princes; pour ce qui luy est deu de l'année 1614, luy sera donné assignation.

ART. 6.

Que sa compagnie de gens d'armes et une de cent chevaux légers seront entretenues et payées.

ART. 7.

Qu'il jouira dès à présent du gouvernement de Paris, conjointement avec celuy de l'Isle de France.

ART. 8.

Qu'il sera conservé en la jouissance de la charge de grand chambellan, avec tous les droits, honneurs et profits ordinaires et accoustumez qui en dépendent.

Ce qui a esté respondu sur le mémoire présenté par M. de Vendosme.

M. le duc de Vendosme se doit contenter d'estre restabli et con-

---

[1] Le maréchal de Brissac, nommé en 1594, par le duc de Mayenne, gouverneur de Paris au nom de la ligue, avait livré cette ville à Henri IV, qui l'avait confirmé dans ce gouvernement; il en était encore en possession à l'époque de la conférence de Loudun. (Édit.)

servé en son gouvernement, comme le Roy entend qu'il le soit, et mesme que, dès ceste année, il tienne les estats généraux ordinaires de la province, quand l'on les assemblera, qui sera à l'accoustumé au mois de septembre ou octobre, et, si ès précédentes assemblées il s'est faict quelque délibération contre sa personne, Sa Majesté la fera changer ou supprimer, comme elle fera aussy révoquer les arrests de la cour de parlement de Rennes et de celle de Rouen qui se trouveront avoir esté donnez contre luy, pour qui Sa Majesté ne peut à présent faire davantage. Néantmoins, pour faire veoir à monseigneur le Prince combien elle defferre à la prière qu'il luy a faicte d'avoir esgard aux prétentions qu'a le dict duc sur la capitainerie et gouvernement particulier des ville et chasteau de Nantes, elle aura agréable de luy faire don de cent mil escus, s'il veut remettre entre ses mains les dicts capitainerie et gouvernement.

Articles présentez au Roy de la part de M. le duc de Bouillon.

ARTICLE PREMIER.

L'expédition du renouvellement de la protection de Sédan.

La dicte expédition a esté commandée et depuis délivrée au dict duc, des mains duquel il faut retirer l'acte de la promesse et présentation de son affection au service de Sa Majesté.

ART. 2.

Un brevet de six mil livres de pension pour M. le duc de Bouillon la Marck, en la décharge du dict sieur.

Accordé pour la vie durant du dict sieur de Bouillon la Marck.

ART. 3.

Un autre brevet touchant sa préséance.

Le dict brevet sera expédié conformément aux précédens confirmez par le feu Roy dernier décédé.

ART. 4.

La dicte augmentation sera expédiée.

L'expédition de l'augmentation des vingt archers en la compagnie de son prévost.

ART. 5.

Accordé.

Un brevet par lequel Sa Majesté déclare que sur les quarante cinq mil livres qu'elle donne d'augmentation pour les garnisons des places de seureté, que son intention est qu'il soit pris l'entretenement de soixante soldats d'augmentation pour la garnison de Castillon.

ART. 6.

La dicte permission est accordée sans autre fortification [1].

Une permission de faire enclore le fauxbourg de Castillon dans la ville, et le faire fermer de murailles et fossez.

ART. 7.

Vérification faicte des sommes de deniers à quoy monte le dict payement, il y sera pourveu [2].

Le payement de tout ce qui est deu à mon dict sieur, tant de ses estats et appointemens que de sa compagnie et de celle de M. le prince de Sédan, que pour la protection de Sédan et d'autres assignations dont

---

[1] Variante : « Pourra faire le dict encloz « sans fortifications. » (Man. de la bibl. Sainte-Geneviève.) (Édit.)

[2] Variante : « Sera faict estat des sommes « de deniers à quoy monte le dict payement « pour y estre pourveu. » (Man. de la bibl. Sainte-Geneviève.) (Édit.)

APPENDICE. 805

il n'a esté payé, ensemble de la pension de capitaine du chasteau de Sédan, et ce qui est deu pour la compagnie de mon dict sieur.

ART. 8.

La dicte commission sera expédiée et adressée à deux trésoriers de France de la dicte généralité.

Une commission au sieur de...[1] de trésorier de France à Chaalons, pour l'échange du village de Torcy.

ART. 9.

Les dictes compagnies seront entretenues comme elles ont tousjours esté.

L'entretenement de la compagnie de cent hommes d'armes de mon dict sieur, et de celle de M. le prince de Sédan, aussy de cent hommes d'armes, et de la compagnie de son prévost.

ART. 10.

Accordé.

La confirmation des priviléges de Sédan.

Articles présentez au Roy de la part de M. de la Trimoille[2].

ARTICLE PREMIER.

Le Roy ne fait payer aucuns arrérages des pensions de ces temps là.

Premièrement, on aura esgard qu'il estoit deu à M. de la Trimoille les arrérages de la pension de huict mil escus qu'il avoit pleu au feu Roy accorder par brevet du 4 aoust 1597,

---

[1] Le nom manque dans tous les manuscrits.

[2] Voir plus bas les pièces sur lesquelles se fondent les réclamations de M. de la Trimoille par rapport à la pairie de Thouars. (Édit.)

expédié par M. de Villeroy, de laquelle somme rien n'a esté payé que la moitié, et rien toute l'année dernière (1604) dont il mourut, et par ce monteront tous les dicts arrérages à trente-deux mil escus.

ART. 2.

Plus au payement du don que le feu Roy, par lettres patentes du 5 mars 1593, fit à feu M. de la Trimoille, de quinze mil escus pour cause de la non jouissance de ses terres pour service.

Pareillement, Sa Majesté n'est obligée de faire maintenant acquitter les dicts dons faicts par le feu Roy son père au commencement de son règne; mais Sa Majesté est contente, pour faire paroistre sa bonne volonté au dict duc et luy donner plus de moyen de la bien servir, luy accorder soixante mil livres, pour en estre payé en trois années, à compter du premier janvier prochain 1617.

ART. 3.

Et l'augmentation de la pension de M. de la Trimoille jusqu'à dix mil escus, ou telle somme qu'il plaira au Roy.

Sa Majesté luy accorde vingt quatre mil livres de pension par chascun an, y compris celle dont il jouit à présent sur l'espargne.

ART. 4.

Que les priviléges accordez par les feux roys, et dont a jouy la maison de Laval[2] jusques à la minorité de ses seigneurs, soient confirmez sui-

Faisant apparoir[1] des dicts priviléges dont la confirmation est demandée, Sa Majesté ordonnera qu'il y soit pourveu.

---

[1] *Faire apparoir*, en termes de palais, a le même sens que *présenter*. (Édit.)

[2] François de la Trimoille, bisaïeul de celui dont il est ici question, avait épousé, en 1521, Anne de Laval, fille de Guy, comte de Laval, quinzième du nom. (Éd.)

vant et conformément aux titres de la dicte maison.

ART. 5.

Que la pairie de Thouars jouisse des droits de pairie de ce royaume.

Faisant sçavoir pourquoy la dite pairie ne jouit des mesmes priviléges que les autres, pour y faire considération devant que d'en ordonner.

ART. 6.

Sa Majesté accorde au dict duc une compagnie de cent hommes d'armes, pour estre entretenue comme les autres de sa qualité.

S'il y a compagnie de gens d'armes entretenues à ceux de la condition du dict sieur, il en soit entretenu une.

N. B. M. de la Trimoille avoit faict bailler à M. de Pontchartrain les pièces cy après inscrites au feuillet[1].

Articles présentez par M. de Luxembourg.

ARTICLE PREMIER.

Le Roy n'entend estre chargé des frais des dictes levées; et néantmoins accorde au dict sieur de Luxembourg, sur l'asseurance qu'il luy a donnée de sa fidélité, la somme de cinquante mil livres, payable en trois ans, à commencer le premier jour de janvier 1617.

Pour les frais de levée et entretenement de gens de guerre qu'il luy a convenu faire pendant ceste guerre, deux cens mil livres.

ART. 2.

La dicte dette estant vérifiée au

Qu'il luy soit payé comptant la

[1] Le manuscrit de la Bibliothèque impériale donne ces pièces transcrites après toutes les autres; nous avons jugé à propos de leur conserver cette place : elles sont à la fin du volume. (Édit.)

conseil du Roy, Sa Majesté ordonnera qu'elle soit assignée.	somme de douze mil sept cens et tant de livres qui estoient deues de reste à feu M. le duc de Luxembourg, son père, de ses voyages d'Italie, comme l'on luy a accordé et promis, il y a deux ans, à la paix de Saincte-Ménehould, laquelle dette a esté vérifiée par le conseil.
	ART. 3.
La dicte compagnie sera payée comme les autres.	Que sa compagnie de gens d'armes soit entretenue.
	ART. 4.
Quand il vaquera un gouvernement propre pour le dict sieur de Luxembourg, Sa Majesté aura agréable de luy tesmoigner sa bonne volonté.	Que le premier gouvernement vacant luy soit donné, et pour cest effect luy soit donné brevet.
	ART. 5.
La dicte pension luy sera continuée, mais sans aucune augmentation.	Que sa pension luy soit continuée et augmentée jusques à trente mil livres, luy payant ce qui est deu du passé.
	ART. 6.
La dicte place luy sera rendue après que les fortifications faictes en icelle durant ceste guerre seront démollies, mais Sa Majesté n'entend y entretenir garnison.	Que la place de Rosnay luy soit rendue en l'estat qu'elle est, et qu'il luy soit entretenu cent hommes de pied dedans.

APPENDICE.

ART. 7.

Qu'il soit récompensé des dégasts qui ont esté faicts dedans le chasteau de Brienne par ceux de la garnison qui a esté mise par le sieur Dandelot, ou bien qu'il luy soit permis de rechercher celuy qui commandoit dans le dict chasteau, lequel a faict brusler la pluspart des bastimens du dict chasteau, qui peut monter à douze mil livres.

La récompense de telz dégasts seroit de trop grande conséquence, et pareillement la recherche et vengeance contre ceux qui les ont commis.

ART. 8.

Que l'on entretienne cent hommes de pied dans sa ville d'Aigremont, place frontière, et qu'il y soit recogneu pour souverain, comme estant de ceste nature, et pour cest effect qu'on luy donne les mesmes reconfirmations pour les souverainetez de Sédan et Raucourt, que M. de Bouillon demande.

Le dict duc jouira de la dicte terre d'Aigremont ainsy qu'en jouissoient ceux desquelz il l'a acquise, et n'entend Sa Majesté y entretenir garnison, non plus qu'elle a faict auparavant la guerre.

ART. 9.

Que l'on face avoir un brevet particulier de Sa Majesté, portant abolition des ajournemens personnelz et autres procédures criminelles qui ont esté faictes contre le dict seigneur de Luxembourg, tant en la cour de parlement de Paris, avec injonction aux gens du Roy de cesser toutes procé-

Le dict brevet luy est accordé.

Conférence de Loudun.

dures, et promesses de faire apporter à Sa dicte Majesté, lorsqu'elle sera à Paris, toutes les informations et autres actes qui ont esté faicts à la requeste des gens de Sa dicte Majesté, que de Jehan le Beau, sieur de Massy, maistre des requestes, et Chouplain, huissier en la cour.

Premiers articles présentez par M. de Rohan.

ARTICLE PREMIER.

Sa Majesté accorde que la pension dont jouit le dict duc sera augmentée jusques à quarante-cinq mil livres.	Premièrement, que sa pension luy sera augmentée jusques à la somme de cinquante mil livres.

ART. 2.

Accordé pour le regard des arrérages escheus auparavant la guerre.	Plus, qu'il sera payé des arrérages qui luy peuvent estre deus de toutes les pensions qu'il avait cy devant.

ART. 3.

Accordé.	Plus, que madame de Rohan et mesdemoiselles ses filles seront continuées en leurs pensions, et payées de tous les arrérages qui leur sont deus.

ART. 4.

Accordé.	Plus, que la compagnie de cent hommes d'armes du dict sieur de Rohan sera payée comme les autres de semblable qualité, suivant l'estat

qui en sera dressé, et selon que le fonds du taillon le pourra porter; et que les provisions qui luy ont esté expédiées pour la dicte compagnie, il y a plus de vingt-cinq ans, seront augmentées jusques au nombre de cent hommes d'armes.

ART. 5.

Le Roy trouve bon que le dict eschange soit faict, en donnant par le dict duc récompense convenable.

Plus, qu'il sera procédé à l'accomplissement de l'eschange de la forest de Grave, et que toutes expéditions nécessaires en seront délivrées après les formalitez observées.

ART. 6.

Accordé; et sera pris garde que le payement en doit estre faict en trois ans, à quoy Sa Majesté entend qu'il soit satisfaict.

Plus, que ledit sieur de Rohan sera payé du don de cent mil livres qui lui a esté faict par le Roy sur les deniers tant ordinaires qu'extraordinaires de l'espargne, et ce le plus tost que faire se pourra.

ART. 7.

Faisant apparoir des dicts dons, il y sera pourveu par Sa Majesté.

Plus, que tous les autres dons obtenus de Sa Majesté par le sieur de Rohan luy seront aussy payez et exécutez suivant la vérification qui en a esté faicte en la chambre des comptes.

Seconds articles de M. de Rohan.

ARTICLE PREMIER.

Le Roy n'entend pas séparer le dict gouvernement de Guyenne.

Premièrement, qu'il plaise pourvoir le dict sieur de Ro[han] titre de gouverneur en chef [de sa] Majesté, de quelques sénéch[aussées] en Guyenne, si tant est qu[e le] Prince quitte le dict gouver[nement.]

ART. 2.

Le Roy a confirmé le dict brevet au dict duc de Rohan, et entend que l'expédition y soit faicte au cas que le dict duc de Sully y consente.

Plus, en cas que le dict si[eur] de Rohan puisse avoir la dé[mission] du gouvernement de Poitou [du] duc de Sully, suivant le br[evet qui] luy en a esté expédié, que la condition de survivance so[it] entre le dict duc de Roha[n et le] sieur marquis de Rosny so[n] frère, comme elle est à prése[nt entre] le dict sieur de Sully et le d[ict duc] de Rohan.

ART. 3.

Le Roy n'entend augmenter la dicte garnison, pour n'accroistre la dépense d'icelle.

Plus, une augmentation [de] compagnies en la garnison d[e Saint-] Jehan d'Angely, ou, à tout le [moins] qu'il soit accordé une co[mpagnie] pour le dict sieur de Roha[n, d'au-] tant qu'il n'en a aucune [à luy] sous luy dans la dicte garnis[on.]

APPENDICE.

Le Roy accorde au dict sieur de Rohan cent mil livres, outre les autres cent mil livres dont Sa Majesté luy a cy devant faict don, pour pareillement en estre payé en trois années, à commencer du premier janvier 1617.

ART. 4.

Plus, qu'outre les cent mil livres qui ont esté cy devant données au dict sieur de Rohan, il luy soit encore accordé par Sa Majesté autres cent mil livres pour luy ayder à récompenser le gouvernement de Béarn dont il doit traicter avec M. de la Force, et, au cas que le dict traicté n'ayt lieu, les dictes cent mil livres serviront pour récompenser le gouvernement de Poitou.

ART. 5.

La dicte augmentation ne peut estre accordée pour la conséquence.

Plus, qu'il soit accordé au sieur de Rohan une augmentation d'appointemens, à cause de sa charge de gouverneur de Sainct Jehan, jusques à trois mil six cens livres, suivant la promesse qui luy en a esté cy devant faicte par Sa Majesté.

ART. 6.

Idem.

Plus, qu'il soit accordé au sieur Duboys de Largroeu, lieutenant au gouvernement de Sainct Jehan, par forme d'augmentation, jusques à deux mil quatre cens livres, suivant ce qui a esté promis à mon dict sieur de Rohan.

ART. 7.

Faut ouyr celui qui a esté pour-

Plus, que le sieur Desgalois, serveu de la dicte charge devant que d'en ordonner.

gent major au gouvernement de Sainct Jehan, soit confirmé et maintenu en la dicte charge.

Premiers articles présentez par M. de Sully.

ARTICLE PREMIER.

Accordé.

Premièrement, le parfaict payement en l'année présente et en la prochaine des trois cens mil livres qui ont esté promises au dict duc de Sully, pour récompense de ses charges de superintendant des finances et capitaine du chasteau de la Bastille de Paris, suivant les brevets, lettres patentes et arrestz qui luy ont esté expédiez.

ART. 2.

Accordé.

Plus, la libre et entière jouissance et fonction de toutes ses charges, tant de gouverneur de Poitou que de grand maistre de l'artillerie, grand voyer de France, capitaine héréditaire des canaux et superintendant des bastimens du Roy, le tout suivant ses provisions, édicts, déclarations, lettres patentes, brevets et autres titres à luy octroyez par Sa Majesté.

ART. 3.

Accordé pour les arrérages escheus jusques au jour qu'il s'est uni avec M. le Prince.

Plus, que le dict sieur duc de Sully sera payé entièrement de tous ses estats, gages, pensions, appointemens et garnisons, tant par comptant que par estat public, le tout suivant les lettres patentes, brevets et estats sur ce expédiez, avec le remplacement de tous les arrérages qui luy peuvent estre deus des dicts gages, pensions, appointemens et garnisons.

ART. 4.

Fera apparoir les dictz dons pour y estre pourveu.

Plus, qu'il sera restabli aux dons qu'il avoit obtenus du feu Roy, lesquelz luy ont esté ostez et transférez à d'autres, et que toutes choses seront remises, pour ce qui concerne le dict sieur duc de Sully, en l'estat qu'elles estoient.

ART. 5.

La dicte garnison de Sainct Maixent sera entretenue telle qu'elle a esté ordonnée et establie par le commandement du Roy pour l'année dernière.

Plus, la continuation de la garnison de Sainct Maixent, comme elle est en l'année présente, suivant les estats qui en ont esté expediez par le Roy au commencement de l'année dernière.

ART. 6.

Les dictes survivances sont accordées au nom du comte d'Orval, son second fils.

Plus, qu'il soit expédié au dict sieur duc de Sully un brevet pour la démission de ses charges de grand voyer de France et superintendant des bastimens du Roy, en faveur du comte d'Orval, son fils, à condition de survivance.

ART. 7.

Accordé.

Plus, que, suivant ce qui a esté accordé cy devant à mon dict sieur le duc de Sully, le sieur de Roquetaillade rentre en la libre possession du gouvernement d'Essargues, et qu'à cette fin le sieur de Versolles en sortira, sans que le dict sieur de Roquetaillade soit tenu à aucune récompense, et que toutes expéditions que le dict sieur de Versolles pourroit avoir obtenues pour cet effect soient révoquées.

Seconds articles présentez par M. de Sully.

ARTICLE PREMIER.

Il y sera pourveu par l'advis de six personnages que le dict sieur de Sully a requis, en son troisième mémoire, estre ordonnez pour cognoistre de la justice de ses demandes.

Premièrement, que mon dict sieur de Sully aura la libre jouissance et entière fonction de la charge de capitaine lieutenant de deux cens hommes d'armes des ordonnances de France sous le titre de la Royne, avec l'entretenement d'icelle, tel qu'il avoit du temps du feu Roy, et qu'il a tousjours eu depuis le temps que la dicte charge a esté baillée à un autre.

ART. 2.

Remis à la volonté du Roy.

Plus, à la restitution de deux canons et de deux couleuvrines qui estoient à Sully et à Jargeau, que mon dict sieur de Sully auroit prestez pour le siége de Vatan, lesquelles pièces ne luy ont depuis esté rendues, quelques instances et poursuites qu'il en ait pu faire.

ART. 3.

Le Roy n'entend augmenter la garnison du dict Sainct Maixent; au contraire, il veut qu'elle soit réduite comme elle estoit au commencement de la guerre.

Plus, que mon dict sieur de Sully aura une compagnie de gens de pied entretenue sous son nom, pour l'augmentation de la garnison de Sainct Maixent, affin de la rendre pareille à celle de Niort.

ART. 4.

Il y a plus d'un an que le Roy a créé quelques nouveaux offices en la grande voirie, et les deniers en provenant sont jà affectez et employez à autres dépenses.

Plus, qu'il ne soit créé aucuns nouveaux offices en la charge de la grande voirie, ou pour le moins que les deniers qui viendront de la dicte création soient pareillement affectez au remboursement de ce qui pourra estre deu à mon dict sieur le duc de Sully.

Articles présentez aux depputez du Roy pour ce qui concerne M. le duc de Sully.

Toutes les demandes et prétentions de M. le duc de Sully sont fondées en de si bons titres et accompagnées de tant de justice et de raison, la conservation de son honneur et l'observation d'un des plus justes articles des demandes géneralles de M. le Prince tellement attachées à la concession de ce que le dict sieur duc de Sully pourroit maintenant requérir, qu'il ne veut nullement, par aucun de ses interests, retarder tant soit peu l'apparence d'un bon acheminement à la paix, après laquelle il remet de faire ces réquisitions au Roy et à la Royne sa mère, prenant telle confiance en leur prudence, justice, bonté, en sa loyauté[1] tant éprouvée et en l'utilité des services qu'il a rendus, que Leurs Majestez ne luy dénieront point d'approuver et faire suivre le conseil de six de leurs plus anciens conseillers d'estat, non suspects au dict duc de Sully, lesquelz je supplie leurs dictes Majestez de vouloir ordonner pour cognoistre de la justice de ses demandes, pour luy estre absolument rendue selon leur advis, qui est tout ce que le dict sieur duc de Sully requiert à présent du Roy et de la Royne sa mère.

Le Roy, agréant ce que requiert le dict duc de Sully par ce troisiesme mémoire, trouve bon qu'après la paix faicte il face ces demandes à Sa Majesté, et qu'alors la justice d'icelles soit cognue par six de ses plus anciens conseillers d'estat non suspects au dict duc, par advis desquelz elle y pourvoira, et partant n'est besoing de faire à présent autre considération sur le premier et second mémoire[2].

Premiers articles présentez par M. le marquis de Rosny[3].

ARTICLE PREMIER.

Le Roy n'est obligé à la récompense du dict gouvernement; et toutefois, quand il en vaquera une, Sa Majesté aura agréable de se souvenir[4] du dict marquis.

Premièrement, qu'il plaise au Roy restituer au dict sieur marquis de Rosny le gouvernement de Chastelraut, suivant ce qui luy avoit esté promis, ou luy donner récompense pour iceluy.

---

[1] Le manuscrit porte *royauté* écrit d'une manière très-distincte. Il est néanmoins évident qu'il faut lire *loyauté*, en rapportant cette qualité au duc de Sully. (Édit.)

[2] Le premier et le second mémoire sont les premiers et seconds articles rapportés ci-dessus. (Édit.)

[3] Ce titre est ainsi conçu dans le manuscrit de la bibliothèque Sainte-Geneviève: « Articles desquelz M. le Prince a « parlé à M. de Villeroy en faveur de M. le « marquis de Rosny, et pour lesquelz M. de « Villeroy a promis d'écrire en cour. » (Édit.)

[4] Variante: « se souvenir de la promesse qu'il prétend luy avoir esté faicte par le feu Roy. » (Man. de la bibl. Sainte-Geneviève.) (Édit.)

ART. 2.

Plus, restablir la citadelle de Mantes, qui a esté démolie [par prévention[1]] à cause des présens mouvemens, ou bien donner au dict sieur marquis récompense pour icelle, soit en places, ou telle autre chose qu'il plaira à Sa Majesté.

Il a esté cy devant convenu avec le sieur duc de Sully de la démolition de la dicte citadelle[2], ordonnée et commencée devant les premiers mouvemens, et non à cause d'iceux, le dict marquis demeurant tousjours gouverneur de la dicte ville de Mantes.

ART. 3.

Plus, qu'il plaise à Sa Majesté de trouver bon que le dict sieur marquis, suivant la fonction de sa charge, puisse remettre dans Mantes les armes, pièces d'artillerie et autres munitions de guerre qui y estoient lors de la démolition de la dicte citadelle, et qui en ont esté tirez au commencement des présens mouvemens.

Les dictes pièces d'artillerie, armes et munitions de guerre[3] estoient inutiles en la dicte ville; partant Sa Majesté a commandé qu'elles fussent transportées ailleurs pour son service, où elle veut qu'elles demeurent.

ART. 4.

Plus, que Sa Majesté ait agréable de bailler au dict sieur marquis de Rosny le gouvernement de Poitou, à condition de survivance de M. le duc de Sully son père, pour l'exercer en l'absence l'un de l'autre.

Le Roy a cy devant accordé un brevet au sieur duc de Rohan, pour estre pourveu du dict gouvernement par la démission du dict duc de Sully; le dict marquis ne peut estre pourveu de la dicte survivance[4].

[1] Man. des bibl. Sainte-Geneviève et Mazarine. (Édit.)

[2] Variante : « laquelle a aussy esté com-« mencée par luy, en vertu de la com-« mission de Sa Majesté, et demeure « tousjours gouverneur d'icelle. » (Man. de la biblioth. Sainte-Geneviève.) (Édit.)

[3] Variante : « Seront plus seurement « ailleurs où le Roy a ordonné, qu'en la « dicte ville de Mantes. » (Man. de la bibl. Sainte-Geneviève.) (Édit.)

[4] Variante : « Le Roy ayant cy devant

Seconds articles presentez par M. le marquis de Rosny [1].

ARTICLE PREMIER.

Le Roy ordonne que la dicte déclaration soit révoquée en la forme qu'elle doit estre [3].

Premièrement, qu'il sera faict révocation, par lettres deuement vérifiées où besoing sera, de la déclaration faicte en faveur du sieur de Born, lequel n'aura ni ne pourra prendre doresnavant ni avoir autre fonction que celle qui luy est attribuée par les édictz et ordonnances vérifiées, et par les lettres de provision du grand maistre de l'artillerie aussy vérifiées [2].

ART. 2.

Accordé [4].

Plus, qu'il sera expédié une commission de cent hommes d'armes au dict sieur marquis de Rosny, conformément à ce qui est accordé aux autres officiers de la couronne.

« accordé un brevet à M. de Rohan de la « survivance du dict gouvernement de « Poitou, n'en peut gratifier le dict mar-« quis de Rosny. » (Man. de la bibl. Sainte-Geneviève.) (Édit.)

[1] Titre du manuscrit de Sainte-Geneviève : « Autres articles dont M. le Prince « a traicté avec M. de Villeroy en faveur de « M. le marquis de Rosny. » (Édit.)

[2] La charge de grand maistre de l'artillerie, déclarée à cette occasion charge de la couronne, était passée entre les mains de Sully, par démission d'Antoine d'Estrées, en 1599. La lieutenance générale en appartenait à Jean de Durfort, seigneur de Born, dont l'autorité avait été accrue depuis la disgrâce de Sully. Le marquis de Rosny réclame ici parce que la survivance de cette charge lui appartenait. (Édit.)

[3] Variante : « Accordé, sauf à recog-« noistre les services et mérites du dict « sieur de Born par autre récompense. » (Man. de la bibl. Sainte-Geneviève.) (Éd.)

[4] Le manuscrit de la bibliothèque Sainte-Geneviève ajoute : « Mais, s'il se peut faire « qu'il se contente d'une de cinquante, il « sera à propos pour éviter la conséquence, « attendu qu'il n'est officier de la cou-

Sa Majesté lui accorde huit mil livres d'augmentation, pour faire en tout vingt mil livres [1].

ART. 3.

Plus, que le dict sieur marquis de Rosny sera traicté au faict de ses pensions comme les autres officiers de la couronne.

Sera payé des dicts arrérages comme les autres.

ART. 4.

Plus, qu'il sera payé entièrement des arrérages de ses pensions, estats et appointemens qui lui ont esté retranchez, laquelle pension ne monte qu'à douze mil livres.

ART. 5.

L'auctorité et pouvoir qui est attribué par les ordonnances au grand maistre de l'artillerie sur les officiers dépendans de sa charge luy sera conservé.

Plus, que les controlleurs, trésoriers, gardes généraux et provinciaux, et génerallement tous les autres officiers de l'artillerie et des fortifications, de quelque qualité et condition qu'ils soient, obéiront aux commandemens et ordonnances du dict sieur marquis de Rosny, lorsqu'il sera question du service du Roy, conformément à ses provisions deuement vérifiées et aux lettres expresses que Sa Majesté fit expédier en l'année dernière à ceste fin, nonobstant tout ce que

« ronne qu'à survivance, et que celles de « ceux qui ne sont en chef ne sont que de « cent. » (Édit.)

[1] Variante : « Ne se peut pour la con-« séquence, d'autant que le dict sieur « duc de Sully touche la pension de vingt « quatre mil livres qui luy est attribuée « comme officier de la couronne, et que « cette gratification pourroit estre tirée à « conséquence par ceux qui ont pareille « survivance. » (Man. de la bibl. Sainte-Geneviève.) (Édit.)

les dicts officiers pourroient alléguer au contraire.

Articles présentez par M. de Soubize.

ARTICLE PREMIER.

Que sa pension de vingt quatre mil livres soit augmentée jusques à trente six mil livres, et les arrérages entièrement payez, nonobstant tous retranchemens faicts par le passé.

Accordé jusques à trente mil livres, et sera payé des arrérages escheus devant la guerre, comme sont les autres pensionnaires de Sa Majesté [1].

ART. 2.

Plus, que sa compagnie de chevaux légers soit entretenue, ou bien qu'il lui soit accordé une compagnie de gens d'armes, en la place de laquelle du moins les chefs seront doresnavant payez.

Sa Majesté luy accorde une compagnie de cinquante hommes d'armes, pour estre entretenue comme les autres de pareille qualité [2].

ART. 3.

Plus, que le gouvernement de Tonnay-Charente, demandé au lieu de celuy de Montandre, soit donné au dict sieur de Soubize.

Sa dicte Majesté entend que la dicte place et maison soit rendue à Mme de Mortemart, à qui elle appartient [3].

[1] Variante : « Le dict sieur de Soubize a « occasion de se contenter de la pension « de vingt-quatre mil livres qu'il a ; néant-« moins, si MM. les depputez du Roy ne « peuvent faire autrement, Sa Majesté trou-« vera bon qu'ils luy en accordent l'augmen-« tation jusques à trente mil livres. » (Man. de la bibl. Sainte-Geneviève.) (Édit.)

[2] Variante : « Le Roy aura pour agréable « de luy accorder une compagnie de cin-« quante hommes d'armes, pour estre en-« tretenue comme les autres accordées à « ceux de pareille qualité. » (Man. de la bibl. Sainte-Geneviève.) (Édit.)

[3] Variante : « Le Roy ne peut accorder « le dict gouvernement, voulant que la « place soit rendue à qui elle appartient. » (Man. de la bibl. Sainte-Geneviève.) (Éd.)

ART. 4.

Accordé cinquante mil livres, payables en trois années, à commencer le premier jour de janvier 1617 [1].

Plus, qu'il soit donné par Sa Majesté au dict sieur de Soubize soixante mil livres, pour employer à l'acquit de ses dettes, et qu'à ceste fin toutes lettres luy seront expédiées, tant pour cest article que les précédens.

Articles présentez par M. de Candalle.

ARTICLE PREMIER.

L'édict y a pourveu.

Premièrement, qu'il soit maintenu en tous ses honneurs, charges et dignitez, tant pour ceux dont il est pourveu en titre que de ceux qui luy ont esté accordez à condition de survivance, et d'exercice en l'absence l'un de l'autre.

ART. 2.

Idem.

Plus, qu'il soit maintenu en tous ses estats, gages et pensions.

ART. 3.

Il se contentera des pensions qui luy ont esté cy devant accordées.

Plus, qu'il plaise au Roy augmenter ses pensions jusques à trente six mil livres.

ART. 4.

Luy sera accordé et délivré une commission de capitaine de gens d'armes.

Plus, qu'il plaise au Roy accorder au dict sieur de Candalle des lettres de provision de capitaine de cent

[1] Variante : « Sa Majesté est chargée de « tant d'autres despenses qu'elle ne peut « accorder la dicte somme. » (Man. de la bibl. Sainte-Geneviève.) (Édit.)

hommes d'armes, comme gouverneur de province, à cause de sa qualité, et la faire payer et entretenir ainsy que toutes les autres.

ART. 5.

Par l'édict de pacification qui a esté présentement résolu, le Roy a deffendu la vente et récompense des villes et places de son royaume, et partant ne peut accorder cette demande. Neantmoins, sur l'instance faicte en sa faveur par M. le Prince, Sa Majesté accorde au sieur de Candalle la somme de cinquante mil livres, pour en estre payé en trois années consécutives, pour luy ayder à payer ses dettes.

Plus, qu'il plaise au Roy luy accorder l'une des principalles places de celles qui sont en Xaintonge et Angoulmoys, pour sa seureté, ou bien la somme de vingt cinq mil livres, pour en récompenser un autre de la religion.

Articles présentez de la part de M. de la Force.

ARTICLE PREMIER.

Le dict sieur de la Force se contentera que son fils jouisse de la provision que le Roy luy a accordée en la forme qu'elle a esté expédiée.

Premièrement, il représente qu'au moyen des appuis et supports qu'on a donnez au comte de Grammont dans son gouvernement, l'ayant pourveu d'iceluy, il y a faict de si fortes brigues et menées qu'il est impossible au dict sieur de la Force s'absenter d'iceluy que l'estat ne périsse, et partant, ne fust ce que pour luy donner moyen de venir à la cour et rendre au Roy les très humbles submissions et obéissances qu'il luy doit, il luy importe grandement que Sa Majesté, par une déclaration bien expresse, permette au marquis de la Force son fils, jà pourveu du dict gouvernement à la survivance de son père, d'exercer doresnavant la dicte charge en l'absence du père, joinct que le dict sieur de la Force a subject de craindre qu'on veuille à l'advenir empescher l'effect de la dicte survivance, en tant qu'on a toleré tous ces armemens qui ont esté faicts en Béarn sur ce subject avant ces derniers mouvemens.

ART. 2.

Accordé.

Que sa compagnie de gens d'armes soit entretenue comme le sont celles des autres gouverneurs des provinces, et comme l'on luy a cy devant promis.

ART. 3.

Les dictes despenses n'ont esté faictes par le commandement du Roy, partant Sa Majesté n'entend payer la dicte despense.

Supplie qu'il soit faict instance bien particulière à ce qu'il soit réparé des soixante mil livres qu'il a despensées, et dont il s'est engagé, pour résister à l'armée qu'on a envoyée contre luy pour le déposséder de son gouvernement et y installer le dict comte de Grammont, qui en estoit pourveu, jusques là mesme qu'on l'a attaqué pendant la tresve plus vigoureusement qu'en la guerre, et contraint par ce moyen de demeurer armé.

ART. 4.

Le Roy escrira la dicte lettre.

Qu'il soit intercédé à ce que le Roy, par une lettre, commande au sieur de Monpoulan, fils du dict sieur de la Force, de se rendre près de Sa Majesté, pour luy continuer le service qu'il luy a rendu cy devant et jusques à ce qu'en haine de ces derniers mouvemens on le congédia.

ART. 5.

Il a esté pourveu par la déclaration faicte pour le Béarn.

Qu'outre l'article qui sera couché ès articles de paix pour maintenir le dict sieur de la Force et ses enfans en leurs estats, honneurs, pensions et bénéfices, nonobstant les provisions accordées au dict comte de Grammont que Sa Majesté révoque, qu'il soit expédié une déclaration au grand sceau de Navarre, pour le mesme effect, pour la faire vérifier en cours de parlement de Navarre et Béarn, par laquelle tout ce qui a esté faict et ordonné par le dict sieur de la Force, au faict des armes, justice et finances, sera approuvé et confirmé comme faict pour le service du Roy.

Articles présentez par le sieur de Montbarrot.

Dès l'année 1582, le roy Henry troisième[1] honora le sieur de Mont-

---
Le manuscrit porte par erreur *quatrième*, Henri III n'étant mort qu'en 1589. (Édit.)

barrot de la charge de gouverneur de la ville de Rennes, et depuis le roy Henry le Grand, de très glorieuse mémoire, de son lieutenant en la dicte ville et évesché d'icelle, son conseiller d'estat et capitaine de cinquante hommes d'armes des ordonnances de Sa Majesté, et mareschal de camp en ses armées, avec plusieurs estats et appointemens qu'il avoit tous acquis par le mérite de ses fidèles et recommandables services, rendus tant en l'estendue de son gouvernement qu'ès armées de Sa Majesté, et en toutes les occasions qui se sont présentées pour son service en la province de Bretagne, pendant les guerres de la Ligue, en la continuation desquelz services il a tellement consommé son bien, qu'il ne luy reste à présent, sinon les ruines de sa maison et les papiers faisant mention des dicts estats, charges, pensions et appointemens, desquelz ayant esté privé, et détenu prisonnier trois ans et plus sans aucune cause, comme il est justifié par lettres patentes qui rendent preuve asseurée et suffisante de son innocence, et considéré que ces disgraces, pertes, prison, ont comblé sa maison de ruine et désolation, en laquelle luy faudroit consommer le reste de ses jours, s'il ne luy estoit favorablement pourveu,

Il est très juste et très raisonnable qu'il soit remis et restabli en ses dicts estats et charges, avec les mesmes honneurs, droicts et appointemens dont il jouissoit à cause d'iceux estats et charges ;

Faisant apparoir qu'il ait esté employé du temps du feu Roy en l'estat pour cette pension, Sa Majesté aura agréable de la luy confirmer.

Qu'il luy soit pourveu de pension du moins pareille à celle dont il a esté dépossédé ;

Que raison luy soit faicte du long temps qu'il a esté privé de la jouissance des dicts appointemens et pension, luy ordonnant et faisant recevoir telle portion des arrérages qui sera estimée juste;

Et que l'on ait esgard à le dédommager de partie des pertes et grandes despenses par luy faictes et cy devant mentionnées, et des dommages procédez de sa longue détention.

Articles présentez par M. de Boisse Pardaillan.

ARTICLE PREMIER.

Le dict sieur de Boisse sera conservé mestre de camp du régiment de Navarre, comme il estoit auparavant la guerre, si mieux il n'aime d'en estre récompensé par Sa Majesté, auquel cas il luy sera ac-

M. de Boisse Pardaillan, depuis ces derniers mouvemens, a esté expolié de sa charge de mestre de camp au régiment de Navarre, pour récompense de laquelle il demande vingt

cordé jusques à trente ou quarante mil livres[1].

Ils seront conservez en leurs pensions, et payez des arrérages d'icelles escheus auparavant la guerre.

Le dict brevet sera effectué lorsque l'occasion s'en présentera.

Accordé..... Le dict Perigal sera pourveu de la première compagnie qui viendra à vaquer au dict régiment.

Le Roy ne veut entrer au payement des dicts frais pour la conséquence.

mil escus qu'il en a refusé par plusieurs fois.

ART. 2.

Que tant le dict sieur que messieurs ses enfans et les sieurs Perigal et de Saingal[2] Doradous soient payez de tous les arrérages de leurs pensions et estats, et restablis en icelles.

ART. 3.

Que, suivant les brevets expédiez aux dicts sieurs de Boisse et de Perigal en date du 15 septembre 1611, le dict sieur de Boisse soit pourveu du premier gouvernement des places de seureté qui viendra à vaquer.

ART. 4.

Et pour le dict sieur de Perigal, que commission luy sera donnée pour une compagnie de creue au régiment de Navarre.

ART. 5.

Pour les frais de la levée et armement de trois mil hommes de pied et deux cens chevaux, vingt-cinq mil escus[3].

[1] Variante : « Il sera conservé en sa « charge de mestre de camp, comme il es- « toit auparavant la guerre, et néantmoins, « s'il se contentoit de trente ou quarante « mil livres de récompense, Sa Majesté « auroit agréable de la luy donner. » (Man. de la biblioth. Sainte-Geneviève.) (Édit.)

[2] Le manuscrit de la bibliothèque Sainte-Geneviève donne *Savignac* au lieu de *Saingal*. (Édit.)

[3] « Vingt mil escus. » (Man. de la bibl. Sainte-Geneviève.) (Édit.)

Pour ceux de la Rochelle.

Le Roy a accordé aux maires et eschevins, pairs, bourgeois et habitans de la ville de la Rochelle, à la prière et supplication qui luy a esté faicte par M. le prince de Condé, la somme de quarante cinq mil livres pour en estre payez ou assignez en trois années prochaines, employer aux réparations et fortifications de la dicte ville, dont, attendant que les dépesches leur en soient délivrées par Sa Majesté, nous avons eu commandement de leur en donner la présente asseurance.

Faict à Loudun, le 3ᵉ jour de may 1616.

Les articles cy dessus transcrits ont esté respondus, par commandement du Roy, par nous soubsignez, depputez de Sa Majesté en la conférence tenue à Loudun pour la pacification des troubles; en vertu du pouvoir à nous donné par Sa dicte Majesté; nous avons, pour le bien de la paix, accordé de sa part que toutes dépesches et expéditions nécessaires seront faictes suivant les dictes responses.

Faict au dict lieu de Loudun, le 3ᵉ jour de may 1616.

Nous, Louis, par la grace de Dieu, Roy de France et de Navarre, ayant faict lire en nostre présence les articles cy dessus transcrits, avec les responses sur iceux, lesquelles ont esté faictes en nostre nom par nostre cher et bien amé cousin le comte de Brissac, mareschal de France, et nos amez et féaux conseillers en nostre conseil d'estat les sieurs de Villeroy, de Thou, de Vic et de Pontchartrain, par nous depputez et envoyez en la conférence qui s'est faicte à Loudun pour la pacification des troubles, à nostre très cher et très amé cousin le prince de Condé, et aux princes, officiers de la couronne et autres seigneurs joincts et unis avec luy, en vertu du pouvoir que nous leur avons donné pour cest effect, avons aggréé, ratifié et approuvé, aggréons, ratifions et approuvons les dictes responses et tout ce que nos dicts depputez ont accordé par icelles, suivant lesquelles nous voulons, ordonnons et nous plaist que toutes dépesches et expéditions requises et nécessaires soient faictes et délivrées ; car tel est nostre plaisir.

Donné à ... le... jour de...[1] 1616.

Nous, Henry de Lorraine, duc de Mayenne et d'Aiguillon, confessons que M. de Sceaux, conseiller du Roy en son conseil d'estat et secrétaire de ses commandemens, nous a cejourd'huy délivré un acquit patent de la somme de soixante mil livres, suivant qu'il est porté par le quatriesme des articles à nous accordez par messieurs les depputez de Sa Majesté en la conférence faicte à Loudun le 3 du présent mois de may, l'original desquelz articles nous promettons mettre ès mains du dict sieur de Sceaux pour le rendre aux dicts sieurs depputez, lorsque les autres expéditions qui nous doivent être données suivant les dicts articles nous seront délivrées.

En foy de quoy nous avons signé la présente, et icelle faict contre-signer par nostre secrétaire ordinaire, à Paris, le 25ᵉ jour de may 1616.

Signé HENRY DE LORRAINE.

Et plus bas : Par monseigneur,

COGNORS [2].

Les princes eurent toujours des conseillers, conseillers temporaires ou permanents, appelés pour une circonstance ou habituellement consultés sur toutes les affaires. Mais le conseil du Roi ne devint une institution et ne reçut une forme déterminée que sous la troisième race. Ce fut Philippe le Bel qui divisa la *cour du Roi* en trois conseils : le grand conseil ou conseil étroit, le parlement et la chambre des comptes. La première de ces divisions fut le conseil du Roi. A la suite des États généraux de 1357, il fut

---

[1] Les manuscrits ne donnent ni le jour, ni le mois, ni le lieu ; mais l'on ne saurait douter que le lieu ne fût Blois, le mois celui de mai, le jour un jour rapproché du 6 ou le 6 lui-même. (Édit.)

[2] Voir plus haut, page 801, l'article à de ceux qui concernent le duc de Mayenne. (Édit.)

réformé dans le sens de leurs réclamations par l'ordonnance du 3 mars. Plus tard, les questions qu'il était appelé à résoudre s'étant multipliées, Charles VIII en modifia l'organisation en créant dans son sein un tribunal formé de dix-sept membres, chargés de juger les procès évoqués par l'autorité royale et de résoudre les appels en règlement de juges. Dans ce nouveau partage, la solution des questions politiques fut réservée au conseil d'état. Sous Louis XII, l'institution du grand conseil fut confirmée et développée. Au lieu de dix-sept juges, Louis XII en institua vingt, en déclarant le conseil semestre. Dix juges devaient siéger alternativement sous la présidence du chancelier [1].

Le conseil d'état, devenu conseil privé, reçut de Henri II la détermination de ses attributions et les règles de ses séances ; ses membres obtinrent de siéger au parlement, et le grand conseil reçut l'attribution de prononcer sur la compétence des divers tribunaux. Quelques autres réformes, introduites par Henri III, eurent peu d'importance ; c'est toutefois sous ce règne que le nom de conseil d'état fut donné à cette institution.

Henri IV, confiant dans ses lumières et dans l'énergie persévérante de sa volonté, aidé des conseils de Sully et de ceux d'autres hommes éclairés et dévoués à leur pays, négligea l'organisation d'un conseil où se traitaient les affaires courantes et qu'il n'avait pas l'intention de consulter sur ses grands projets de réforme. Il le transmit à Louis XIII dans l'état où Henri III l'avait laissé.

Les États généraux de 1614 ne réclamèrent point contre l'organisation du conseil. Les vices qu'elle pouvait renfermer n'étaient pas de ceux qui frappaient alors les intérêts du tiers état ou ceux des deux autres chambres. C'était surtout le prince de Condé qui demandait une réforme. Membre de ce conseil, il ne trouvait pas qu'il y exerçât une assez grande autorité, et réclamait des dispositions qui lui ménageassent une place en harmonie avec son rang et sa naissance. Aussi voyons-nous, par l'extrait suivant du Journal d'Arnaud d'Andilly, que c'est dans une conversation entre la Reine mère et ce Prince que cette question fut introduite pour la première fois, en 1615. On voit que l'on s'en occupa depuis, et qu'elle fut traitée à la conférence

---

[1] *Histoire de l'administration monarchique en France*, par M. Chéruel, t. Ier, p. 136. — Voir cet ouvrage et surtout les extraits des mémoires d'Olivier d'Ormesson à la fin du premier volume. (Édit.)

de Loudun; mais ce ne fut qu'au mois d'août 1616 que l'on put produire, arrêté dans ses divers articles, le projet que nous donnons plus loin.

XVI.

EXTRAITS DU JOURNAL D'ARNAUD D'ANDILLY.

Man. Journal d'Arnaud d'Andilly. — Pap. Conrart, coll. in-4°, t. XI. Bibl. de l'Arsenal.

30 avril 1615. — M. le Prince voit la Royne en présence de Mme la comtesse de Soissons qui s'en est rendue la médiatrice. Luy dit : que, quelques mauvais rapports qu'on luy eust faict de luy, il n'avoit jamais eu autre intention que de servir le Roy et elle; qu'il ne mettoit point de différence entre les personnes de Leurs Majestez, etc. que, quant à ce qu'on estoit entré en ombrage de ce qu'il se mettoit bien avec messieurs du parlement, c'estoit à tort, parce qu'en cela il n'avoit esté porté d'autre désir que de ce qu'il estimoit que cette compagnie fust fort affectionnée au service du Roy; que, pour le regard du conseil, il n'y venoit point à cause de l'extresme confusion qui y estoit, et qu'il supplioit Sa Majesté de le dispenser d'y aller jusqu'à ce que l'on y eust mis un autre ordre, etc.

On dit qu'il insista sur deux points, l'un de refformer le conseil, en telle sorte qu'il n'y entrast que fort peu de personnes (qui seroit rejeter sur Leurs Majestez la haine de ceux qu'on mécontenteroit), et l'autre de donner contentement à messieurs du parlement sur les choses qu'ils demandent (qui seroit s'acquérir une entière créance parmi eux et se faire recognoistre tout puissant).

La Royne luy respondit : qu'elle l'avoit tousjours aymé, et faisoit cas de luy selon que son rang le méritoit; qu'elle désiroit qu'il eust part dans les affaires et que rien ne se fist sans son avis; que, quant à ce qui estoit du conseil, elle estoit bien ayse qu'il y vinst; que néantmoins, puisqu'il estoit d'avis de le régler, l'on rapporteroit cependant ce qui s'y estoit résolu, et qu'au plus tost on travailleroit à régler le dict conseil. Et sur cela, ayant appelé MM. le chancelier de Villeroy et Jeannin, qui estoient un peu à l'écart, leur dit comme M. le Prince estimoit qu'il estoit besoing de régler le conseil, et qu'elle le trouvoit bon, et qu'il y falloit travailler. Ils répondirent tous qu'ouy, et chascun d'eux salua M. le Prince. M. de Bullion se voulant aussy avancer, il lui tourna le dos.

21 mai 1615. — M. de Loménie père [1] leut au conseil les règlemens faicts sur le subjet de l'ordre et des affaires qui se doivent traicter au conseil du Roy.

9 août 1616. — Après plusieurs propositions faictes pour régler les conseils, enfin il fut résolu que les mardy et jeudy au matin, à huit heures, on tiendroit dans le Louvre un conseil des finances tout semblable à celuy qui avoit accoustumé d'estre tenu auparavant, et auquel mesme confusion est demeurée (et ce jour fut tenu le premier des dicts conseils) et où M. le Prince se trouveroit (comme il a tousjours faict) et signeroit les arrests.

10 août. — Quant au conseil de la direction, il fut ordonné qu'il se tiendroit les mercredy et vendredy, et qu'il n'y auroit que M. le Prince, M. Jeannin, M. Barbin et les quatre intendans. Et ce jour fut tenu le premier des dits conseils, auquel ces sept personnages assistèrent.

M. le Prince et M. de Bouillon vouloient que la Royne prescrivist l'ordre de règlement des conseils, affin de rejeter sur elle la haine de tous ceux qui en seroient exclus, ce qu'elle vouloit éviter; elle envoya M. Barbin, qui prit heure pour se trouver chez M. le Prince sur ce subjet, où M. de Bouillon se rendit. Et là, M. de Bouillon voulant faire parler M. Barbin, il dit qu'il n'avoit autre charge de la Royne, sinon de faire tout ce qu'ils voudroient, et qu'elle trouveroit tous bons avis, pourveu qu'elle peust dire qu'elle l'avoit faict avec leur conseil.

---

[1] Ant. de Loménie, comte de Brienne, secrétaire d'état des rois Henri IV et Louis XIII. C'est à lui qu'est due la collection des manuscrits de Brienne. (Édit.

Quant au samedy, ce jour fut destiné pour lire le matin la semaine en un conseil de direction; après, la faire arrester à la Royne ; et le reste du jour devoit estre employé au conseil des dépesches, c'est à dire pour les affaires d'estat, auquel assistoient les princes et officiers de la couronne.

Les pièces suivantes sont le développement de ce que le lecteur vient de lire dans les extraits du Journal d'Arnaud. Elles sont le projet même de réforme communiqué aux princes et rédigé en partie sur leurs réclamations ; elles portent en marge les observations qu'ils crurent devoir faire. La première énumère les diverses matières en les rapportant à chaque conseil selon sa compétence, la seconde est le projet de règlement; toutes deux élaborées à Loudun.

XVII.

L'ORDRE QUE LE ROY VEUT EST RETENU EN SES CONSEILS.

Man. Bibl. impér. Fonds Dupuy, n° 450.

Le conseil des affaires où se lisent les dépesches de dedans et dehors le royaume se tiendra en présence du Roy et de la Royne, avec les princes et autres seigneurs de son conseil qu'il plaira à Sa Majesté y ordonner, aux lieu et place qui seront ordonnez[1].

Au dict conseil seront leues toutes les dépesches, et délibéré des responses et de ce qui sera à faire sur le contenu et à l'occasion d'icelles. Seront leues aussy les responses et les instructions qui seront baillées aux ambassadeurs et autres qui seront envoyez vers les princes estrangers et ailleurs[2].

Au dict conseil sera aussy traicté de l'estat des garnisons et des gens de guerre, tant de cheval que de pied, et génerallement les

---

[1] En marge on lit : « Tous les matins « assis, et il n'y aura autres personnes que « ceux que le Roy choisira et nommera pour « assister au dict conseil, lesquelz seront « dès à présent nommez par forme de « brevets. »

[2] En marge : « Où toutes affaires concernant le dedans et le dehors du royaume « seront délibérées et résolues, avec tout ce « qui concerne les gens de guerre, tant de « cheval que de pied. »

affaires de plus grande importance, comme il plaira à Sa Majesté l'ordonner[1].

Pour le conseil d'estat et finances et pour le conseil privé.

Pour establir un meilleur ordre au conseil du Roy, Sa Majesté veut et ordonne qu'il y ait un certain nombre de personnages choisis, de qualité, prud'homie, expérience et capacité, qui serviront quatre mois seulement, comme il a esté autrefois pratiqué, et n'entreront au dict conseil aucuns autres, sinon ceux qui seront ordonnez par Sa Majesté[2].

Les conseillers qui seront ordonnez pour servir aux dicts conseils seront tenus de s'y trouver sans y faillir, sinon pour légitimes excuses, dont ils feront advertir monsieur le chancelier. Les princes du sang, cardinaux, autres princes, ducs, pairs et officiers de la couronne, secrétaires d'estat, ceux du conseil de la direction[3], conseillers et intendans des finances, auront entrée, séance et voix délibérative aux dicts conseils.

Les gouverneurs et lieutenans généraux des provinces entreront aussy aux dicts conseils, y auront séance et voix délibérative, quand il sera question du faict de leurs charges.

Nul ne rapportera aucune requeste ou instance s'il n'a premièrement esté commis.

Nul n'opinera aux dicts conseils et n'y demeurera quand il sera traicté d'affaires qui le touchent ou à ses parens et spéciaux amis.

Nul n'assistera au jugement d'aucun duquel il ait esté récusé pour cause jugée valable par le conseil.

Chascun opinera et sera assis au dict conseil selon l'ancienneté de son serment, cédant le siége et la place à son ancien, excepté les princes du sang, cardinaux, autres princes, ducs, pairs, officiers de la

---

[1] En marge : « Notamment l'estat des « fortifications avec l'advis des gouver- « neurs. »

[2] En marge : « Sera meilleur que tous « soient ordinaires. »

[3] « Non ceux de la direction. » (Man.)

couronne, lesquelz tiendront le mesme rang qu'ils ont faict jusques à présent aux dicts conseils.

Et quand le Roy et la Royne ne seront présens, il ne sera rien résolu que par la pluralité des opinions[1], ni mesme en leur présence, quand il sera question du faict et intérest des particuliers; et l'arrest, comme il aura esté arresté, sera leu en conseil suivant et signé, et incontinent délivré aux parties, sans qu'il puisse estre révoqué ni rétracté, ni l'exécution sursise par requeste ou remonstrances, sinon par les moyens de droit, comme il est accoustumé[2].

Les arrêts aussy donnez aux cours souveraines ne pourront estre cassez ni sursis, sinon par les voies de droit qui sont permises par les ordonnances[3].

Le Roy a ordonné qu'au conseil d'estat, et non ailleurs, soient traictées et résolues les affaires qui ensuivent, savoir :

Les requestes, cahiers, articles et remonstrances des provinces envoyez et présentez à Sa Majesté, tant par les gouverneurs, lieutenans généraux, cours de parlement et autres officiers de Sa Majesté, que par les villes et communautez, qui concerneront l'estat, repos et seureté des dictes provinces, villes et communautez[4];

L'observation et entretenement, ou les contraventions qui seront faictes aux édicts et ordonnances de Sa Majesté, en ce qui concerne l'estat et le repos public;

Les requestes concernant les affaires du clergé, soit pour leur

---

[1] En marge : « Sans qu'il puisse estre faict aucune signature des arrests ailleurs qu'en la présence du conseil, et qu'ils aient esté auparavant délibérez en iceluy. »

[2] En marge : « Seront dépeschez nouveaux brevets pour ceux qui devront venir au dict conseil. »

[3] En marge : « Les dicts conseils seront tenus au logis du Roy et non ailleurs, sinon que le dict conseil commette quelques uns pour traicter à part les affaires dont sera faict après rapport au dict conseil, devant que d'en délivrer aucune expédition. »

[4] En marge : « Que les seigneurs portant les armes, qui avoient entrée et voix délibérative au dict conseil du temps du feu Roy, puissent continuer à y entrer et à s'y asseoir comme ils faisoient. »

décharge ou autres choses qui concernent le public et l'intérest de Sa Majesté;

Les différends qui surviendront à cause des suppressions et remboursemens d'offices pour l'intérest de Sa Majesté;

Les adjudications des fermes au plus offrant et dernier enchérisseur;

Les adjudications des grands ponts et autres grands ouvrages publics au rabais et moins disant;

Les requestes et différends concernant l'exécution des baux faits pour les fermes de Sa Majesté, ensemble pour les partis faicts pour le rachat du domaine, rentes et aydes de Sa Majesté;

Les rabais, diminutions et remises qui seront demandez sur les tailles, sur la subvention des villes et sur les fermes;

Les baux et marchez pour le renouvellement et rafraischissement des vivres et munitions des places frontières;

Les requestes présentées par les villes et communautez pour levée de deniers;

Les taxes des commissaires et autres qui seront faictes par les intendans des finances.

<blockquote>Le Roy veut et ordonne qu'en son conseil establi pour la direction des finances les affaires qui ensuivent soient délibérées, traictées et résolues.</blockquote>

Le brevet de la taille, la commission de la creue extraordinaire, les estats de finances de chascune généralité, les estats des fermes et les conditions qui doivent estre insérées ès baux qui en sont faicts, puis l'estat général des finances, et génerallement tout ce qui dépendra de l'observation et entretenement des dicts estats.

Les rooles des semaines auxquelz sont employées toutes les despenses qui se font pendant le courant de l'année y seront aussy arrestez tous les samedys, selon qu'il a esté faict du passé.

Sera pareillement rapporté au dict conseil, en fin de chascun quartier, un estat de toute la recepte et despense faicte par le trésorier de l'espargne.

Comme aussy y seront veus et examinez, à la fin de chascun quartier, les estats des garnisons, de la gendarmerie, de la maison du Roy, de la chambre aux deniers, escurie, argenterie, artillerie, fortifications, et de tous autres comptables prenant assignation à l'espargne, pour cognoistre du debvoir qu'ils auront rendu en leur charge, et pourvoir au manquement des assignations qui leur auront esté données.

Tous articles et contracts de baux à ferme ou partis seront veus et arrestez au dict conseil, et néantmoins l'adjudication et délivrance d'iceux remise au conseil d'estat, ainsy qu'il est accoustumé.

Les pouvoirs, instructions et commissions de ceux qui seront envoyez par Sa Majesté dans les provinces pour prendre quelque cognoissance du faict des finances.

Aucune levée de deniers ne pourra estre faicte pour le Roy, qui n'ait esté délibérée et résolue au dict conseil.

Les lettres escrites par les trésoriers de France, portant advis considérable et important au faict des finances de Sa Majesté, y seront aussi leues, et délibéré sur la response qui y devra estre faicte [1].

Le mesme sera faict des requestes qui seront présentées pour faire employer gages, en attribuer de nouveaux ou augmenter les anciens, comme aussy pour employer rentes ou autres charges dans les estats de Sa Majesté [2].

Ce que le Roy veut et ordonne pour le conseil privé.

Sa Majesté veut et entend que les requestes présentées par les parties, afin d'évoquer des parlemens et autres cours souveraines suivant les ordonnances, ensemble toutes requestes pour règlement de juges, à cause de la contention de juridiction entre les parlemens,

---

[1] En marge : « Qu'il soit faict un résultat tous les trois mois, par le secrétaire du dict conseil, de tous les arrests qui auront esté délibérez et signez devant le dict quartier, et d'iceluy baillé copie à ceux du dict conseil qui le demanderont. »

[2] En marge : « Seront donnez nouveaux brevets du Roy à ceux qui serviront au dict conseil de la direction. »

chambre de l'édict et grand conseil, soient rapportées au dict conseil par les maistres des requestes estant en quartier.

Les requestes contre les arrests donnez au dict conseil ès cas qui sont permis par le règlement sur ce faict.

Les oppositions formées au sceau à l'expédition des lettres d'offices ou autres, qui sont renvoyées par monsieur le chancelier au dict conseil.

Que tous différends qui pourroient être au dict conseil [au sujet] des éveschez, abbayes et autres bénéfices estant à la nomination du Roy, seront renvoyez au grand conseil, encore qu'il soit question du titre prétendu, à cause du brevet et nomination de Sa Majesté, enjoignant au dict grand conseil de juger les dicts procès selon le droit de nomination de Sa Majesté et comme jusques à présent en a esté usé [1].

Les requestes qui seront présentées au dict conseil seront signées par les parties ou par leur procureur; et s'il se trouve, après qu'une requeste aura esté respondue, que la partie qui en aura esté déboutée présente autre requeste sans faire mention de la première, sera condamnée en l'amende de cent livres envers la partie, et, s'il n'y a partie, l'amende sera néantmoins payée, les deux tiers aux pauvres et l'autre tiers aux huissiers du conseil, pour en faire les poursuites et les diligences.

Les maistres des requestes serviront leurs quartiers et feront leurs charges suivant les édicts et ordonnances, rapporteront toutes requestes et les instances aux dicts conseils ès quelz ils seront commis.

---

[1] Cet article est sans doute un de ceux que proposaient les adversaires de la cour, jaloux de conserver au Roi les droits qui se rattachaient aux libertés de l'Église gallicane. Nous l'avons conservé, quoiqu'il soit barré dans le manuscrit, parce qu'il nous a paru que la proposition de cet article par les uns et le refus qui l'accueillit d'abord de la part du Roi sont également caractéristiques. Après le mot *renvoyez*, on lit, mais rayé, *par M. le chancelier au dict conseil*. (Édit.)

XVIII.

PROJET DE RÈGLEMENT DES CONSEILS DU ROY QUI FUT TRAICTÉ PAR LES DEPPUTEZ DU ROY À LOUDUN, ET DONT ILS CONVINDRENT AVEC MONSEIGNEUR LE PRINCE [1].

Man. Bibl. impér. Fonds Dupuy, n° 450.

Le Roy, désirant establir un bon ordre pour la conduite de ses affaires et pour l'administration de la justice, a voulu commencer par la refformation de ses conseils, tant par la diminution du nombre de ceux qui y sont entrez du temps du dict feu Roy, pendant les guerres et depuis son décès, et par le choix de ceux qui y seront employez, que par le règlement des matières dont il sera traicté en chascun des dicts conseils.

Et principalement, en déchargeant le conseil d'estat et des finances et le conseil privé de toutes les matières qui gisent en juridiction contentieuse, qui seront renvoyées aux parlement, grand conseil, cours des aydes et autres juges ordinaires, où les procès pourront estre jugez plus commodément pour le soulagement des subjects du Roy.

Et pour effectuer ce que dessus, il sera faict un bon règlement des choses qui doivent estre traictées au conseil d'estat et finances, et au conseil privé de Sa Majesté; et sera faict un roole de tous les procès qui seront pendans et indécis ès dicts conseils, lesquelz veus et examinez sommairement seront renvoyez promptement comme il est dict cy dessus.

Le présent règlement estant arresté, il en sera baillé copie signée du Roy, et contre-signée par un secrétaire d'estat, à tous ceux du dict conseil qui le demanderont.

La multitude des causes qui ont esté et sont encore au conseil du

---

[1] Avant 1789, les attributions du conseil d'état étaient beaucoup plus étendues qu'elles ne le sont aujourd'hui. La division du conseil du Roi en plusieurs conseils, telle qu'elle était sous Louis XIII, résulte des pièces suivantes. (Édit.)

Roy est provenue des diverses occasions qui se peuvent représenter en peu de mots [1].

Premièrement, à cause des troubles et des articles qui ont esté accordez par le feu Roy à plusieurs princes, seigneurs, gouverneurs de places, villes et communautez, la cognoissance desquelles, et de tous les différends qui pourroient survenir à l'occasion d'iceux, a esté réservée au conseil de Sa Majesté.

Les édicts et déclarations faictes pour ceux de la religion prétendue refformée ont esté cause de retenir et juger plusieurs procès et différends au conseil du Roy.

En tous les baux à ferme qui ont esté faicts du temps du feu Roy pour les gabelles, aydes, et générallement en tous les traictez qui ont esté faicts pour les affaires et finances de Sa Majesté, il y a tousjours eu réserve de tous les différends qui surviendront pour l'exécution des dicts baux et traictez, pour estre jugez au conseil du Roy.

Et parce qu'une des choses qui est plus requise pour la refformation des dicts conseils et le soulagement de tous ses subjets est de les décharger de toutes les affaires qui doivent estre traictées ailleurs, Sa Majesté veut et entend que la cognoissance de tous différends qui pourroient survenir en exécution des édicts et déclarations de Sa dicte Majesté, qui souloient estre traictez en son conseil, soit renvoyée aux cours de parlement, ou autres cours, où les édicts ont esté vérifiez, pour estre jugez et terminez conformément à ce qui est porté par les dicts édits.

Que toutes les causes qui pourroient estre entre les fermiers du Roy, et entre les dicts fermiers et soubzfermiers ou autres, pour raison des baux à ferme ou traictez faicts pour les affaires et finances de Sa Majesté, soient renvoyées aux cours des aydes, pour y estre jugées et décidées suivant le contenu des dicts baux et traictez, sinon qu'il fust question des droits du Roy qui pourroient estre contestez,

---

[1] En marge de cet alinéa on lit : « Que les mareschaux feront leurs charges, soit pour le département des concussions, « pour les monstres (revues) ou autres « choses concernant le taillon, en la forme « ancienne. »

desniez, perdus ou diminuez par la collusion où mauvaise conduite des dicts fermiers ou soubzfermiers, auquel cas il est besoin d'en retenir la cognoissance, et en a esté tousjours ainsi usé pour le faict des finances de Sa Majesté.

Comme aussy toutes les matières qui gisent en juridiction contentieuse seront renvoyées aux cours de parlement, grand conseil, cours des aydes et autres juges ordinaires auxquels la cognoissance en appartient.

Par ce moyen, les conseils de Sa Majesté estant déchargez de la plupart des procès qui s'y traictoient, il ne sera pas besoin de tenir tant de conseils, et suffira de tenir le conseil d'estat et des finances le mardy et jeudy, le matin ou l'après disnée, au choix que le Roy et la Royne en feront; le conseil privé pour les parties se tiendra le mercredy et vendredy après disnée, et celuy qui sera pour la direction des finances se tiendra les samedys après disnée, et oultre tous les dicts conseils, il y a celuy des affaires de Sa Majesté qui se tient près sa personne.

L'ordre que le Roy veut estre tenu en ses conseils, et les matières dont on traictera en chascun d'iceux.

Conseil des affaires.

Le conseil des affaires se tiendra les matins, aux lieu et heure qui seront ordonnez, en présence du Roy et de la Royne sa mère, avec les princes du sang, autres princes et officiers de la couronne, et autres qu'il plaira à Leurs Majestez y appeler, où ils seront assis, et n'y entrera autres personnes que ceux que le Roy choisira et nommera pour y assister, dont sera faict un roole particulier.

Au dict conseil seront leues toutes les dépesches, et délibéré des responses et de ce qui sera à faire sur le contenu et à l'occasion d'icelles. Seront aussy leues les responses et les instructions qui seront baillées aux ambassadeurs et autres qui seront envoyez vers les princes estrangers et ailleurs, ensemble celles des gouverneurs des provinces et autres qui concernent les affaires d'estat.

Au dict conseil sera aussy traicté de ce qui concerne l'entretenement ou retranchement de guerre, tant de cheval que de pied, de l'estat des garnisons, ensemble celuy des fortifications, avec l'advis des gouverneurs de provinces, et génerallement toutes les autres affaires de plus grande importance, comme il plaira à Sa Majesté l'ordonner.

Conseil d'estat et des finances.

Sa Majesté veut et ordonne qu'au dict conseil les princes du sang, cardinaux, autres princes, ducs, pairs et officiers de la couronne, secrétaires d'estat et intendans des finances aient entrée, séance et voix délibérative au dict conseil.

Qu'oultre ce l'on choisisse jusques à douze des plus anciens du dict conseil de robe longue, y compris deux ecclésiastiques, pour y estre cy après ordinaires [1], et lesquelz seront tenus s'y trouver sans faillir, sinon par légitimes excuses, dont ils feront advertir monsieur le chancelier, et en cas qu'aucuns d'entre eux fussent employez en autres charges ou fonctions, ou vinssent à decedder, l'on en mettra d'autres en leurs places que l'on choisira des plus anciens de ceux qui sont à présent du dict conseil, et sera fait un roole des dicts douze qui seront retenus.

Que les gouverneurs des provinces pourront aussy avoir entrée, séance et voix délibérative au dict conseil, comme aussi les lieutenans généraux des dictes provinces, quand il sera question du faict de leurs charges.

Nuls autres n'entreront au dict conseil s'ils n'y sont expressément mandez ou appelez.

Nul ne rapportera aucune instance au dict conseil s'il n'a premièrement esté commis.

Nul n'opinera au dict conseil et n'y demeurera quand il sera parlé

---

[1] Ce mot est écrit en abrégé dans le manuscrit; néanmoins on ne peut s'y tromper. Malgré la singulière construction de cette phrase, il est facile d'en saisir le sens; elle veut dire que ces douze conseillers de robe longue seront les conseillers *ordinaires*, ceux pour lesquels ce sera un devoir de siéger. (Édit.)

d'affaires qui le touchent ou à ses parens et spéciaux amis; et, si aucun du dict conseil avoit charge ou intendance, par permission du Roy, des affaires des princes ou grands, il s'abstiendra pareillement d'y assister quand on parlera de leurs affaires.

Nul n'assistera au jugement d'aucun duquel il ait esté récusé pour cause jugée valable par le conseil.

Chascun opinera et sera assis au dict conseil selon l'ancienneté de son serment, cédant le siége et la place à son ancien, excepté les princes du sang, cardinaux, autres princes, ducs, pairs et officiers de la couronne, lesquelz tiendront le mesme rang qu'ils ont faict jusques à présent au dict conseil.

Et quand le Roy et la Royne sa mère ne seront présens, il n'y sera rien résolu que par la pluralité des opinions[1], ni mesme en leur présence, quand il sera question du faict et intérest des particuliers; et l'arrest, comme il aura esté arresté, sera leu au conseil suivant, où il sera signé et incontinent délivré aux parties, sans qu'il puisse estre révoqué ni rétracté, ni l'exécution sursise par requeste ou remonstrances, sinon par les moyens de droit et suivant les ordonnances; comme aussy les arrests donnez aux cours souveraines n'y pourront estre cassez ni sursis, sinon par les voies de droit qui sont permises par les ordonnances.

Les dicts arrests ne pourront estre signez ailleurs que dans les dicts conseils où ils auront esté délibérez et arrestez, et seront désormais signez par M. le prince de Condé, lorsqu'il y aura esté présent, par M. le chancelier et par les deux plus anciens de robe longue qui seront audict conseil, soit que le Roy ou la Royne soient presens ou absens; et quand mon dict seigneur le Prince ne se trouvera à la délibération, les dicts arrests seront tousjours signez de mon dict sieur le chancelier et des dicts deux plus anciens conseillers, oultre le rapporteur.

Sera faict un résultat tous les trois mois par le secrétaire du con-

---

[1] Ceci prouverait qu'avant cette réforme il y avait dans le conseil, même en l'absence du Roi et de sa mère, certaines voix prépondérantes. (Édit.)

seil, et signé de luy, de tous les arrests qui auront esté faicts, arrestez et signez pendant son quartier.

Le dict secrétaire du conseil sera aussy tenu de faire un registre de tous les arrests du dict conseil, qui sera paraphé par luy; et, sortant du quartier, sera tenu le mettre entre les mains de son successeur, affin que le dict registre demeure tousjours où sera le dict conseil, pour y avoir recours quand besoing sera.

Les affaires qui seront traictées au dict conseil d'estat et finances.

Les requestes, cahiers, articles et remonstrances des provinces envoyez et présentez à Sa Majesté, tant par les gouverneurs, lieutenans généraux, cours de parlement et autres officiers de Sa dicte Majesté, que par les villes et communautez, qui concernent l'estat, repos et seureté des dictes provinces, villes et communautez;

L'observation et entretenement, ou les contraventions qui seront faictes aux édicts et ordonnances de Sa Majesté, en ce qui concerne l'estat et le repos public;

Les requestes concernant les affaires du clergé, soit pour leur décharge ou autres choses qui concernent le public et intérest de Sa Majesté;

Les différends qui surviendront à cause des suppressions et remboursemens d'offices pour l'intérest de Sa Majesté;

Les adjudications des fermes au plus offrant et dernier enchérisseur.

Les adjudications des grands ponts et autres grands ouvrages publics au rabais et moins disant;

Les requestes et différends concernant l'exécution des baux faicts pour fermes de Sa Majesté, ensemble pour les partis faicts pour le rachat du domaine, rentes et aydes de Sa Majesté;

Les rabais, diminutions et remises qui seront demandez sur les tailles, sur la subvention des villes et sur les fermes;

Les baux et marchez pour le renouvellement et rafraischissement des vivres et munitions des places frontières;

Les requestes présentées par les villes et communautez pour levée de deniers;

Les taxes des commissaires et autres qui seront faictes par les intendans des finances.

Conseil pour la direction des finances.

Le dict conseil se tiendra tous les samedys après disnée en présence de Leurs Majestez et de ceux qu'elles y voudront appeler, dont sera faict roole particulier, et y seront traictées les affaires qui ensuivent :

Le brevet de la taille, la commission de la creue extraordinaire, les estats de finances de chascune généralité, les estats des fermes et les conditions qui doivent estre insérées ès baux qui en sont faicts, puis l'estat général des finances, et généralement tout ce qui dépendra de l'observation et entretenement des dicts estats.

Les rooles ou estats de semaines auxquelz sont employées toutes les despenses qui se font pendant le courant de l'année y seront aussy arrestez, selon qu'il a esté faict par le passé, et seront signez de Leurs Majestez et de ceux qui ont accoustumé de les signer, et non d'autres.

Sera pareillement rapporté au dict conseil, en fin de chascun quartier, un estat de toute la recepte et despense faicte par le trésorier de l'espargne.

Comme aussy y seront veus et examinez, à la fin de chascun quartier, les estats des garnisons, de la gendarmerie, de la maison du Roy, de la chambre aux deniers, escurie, argenterie, artillerie, fortifications, et de tous autres comptables prenant assignation à l'espargne, pour cognoistre du devoir qu'ils auront rendu en leurs charges, et pourvoir au manquement des assignations qui leur auront esté données.

Tous articles et contracts de baux à ferme ou partis seront veus et arrestez audict conseil, et néantmoins l'adjudication d'iceux remise au conseil d'estat, ainsi qu'il est accoustumé.

Les pouvoirs, instructions et commissions de ceux qui seront envoyez par Sa Majesté dans les provinces pour prendre quelque cognoissance du faict des finances.

Aucune levée de deniers ne pourra estre faicte pour le Roy qu'elle n'ait esté délibérée et résolue au dict conseil.

Les lettres escrites par les trésoriers de France, portant advis considérable et important au faict des finances de Sa Majesté, y seront aussy leues, et délibéré sur la response qui y devra estre faicte.

Le mesme sera faict des requestes qui seront présentées pour faire employer gages, en attribuer de nouveaux ou augmenter les anciens, comme aussy pour employer rentes ou autres charges dans les estats de Sa Majesté.

Sera pareillement faict résultat, en fin de chascun quartier, de tous les arrests et résolutions qui auront esté arrestez au dict conseil.

Conseil privé pour les parties.

Au dict conseil seront traictées les affaires qui ensuivent :

Les requestes présentées par les parties affin d'évoquer des parlemens et autres cours souveraines, suivant les ordonnances, ensemble toutes requestes pour règlement de juges, à cause de la contention de juridiction entre les parlemens, chambre de l'édict et grand conseil, seront rapportées au dict conseil par les maistres des requestes estant en quartier.

Ne s'accorderont cy après aucunes évocations que précisément suivant les ordonnances, et lesquelles seront rapportées et jugées au dict conseil, et dont seront expédiez arrests sur lesquelz seront délivrées les commissions nécessaires, sans qu'elles se puissent accorder en autre forme.

Comme aussy dans le dict conseil ne se fera aucune cassation d'arrests, tant d'iceluy conseil que des cours souveraines, que par les voies de droit et suivant les ordonnances, et en seront les requestes présentées et rapportées au dict conseil.

Les oppositions formées au sceau à l'expédition des lettres d'offices ou autres, qui sont renvoyées par mon dict sieur le chancelier pour estre jugées au dict conseil.

Que tous différends qui pourroient estre au dict conseil pour les éveschez, abbayes et autres bénéfices estant à la nomination du Roy, seront renvoyez au grand conseil, encore qu'il soit question du titre prétendu, à cause du brevet et nomination de Sa Majesté, enjoignant au grand conseil de juger les dicts procès selon le droit de nomination de Sa Majesté et comme jusques à présent en a esté usé.

Les requestes qui seront présentées au dict conseil seront signées par les parties ou par leurs procureurs, et, à faute de ce, ne pourront estre rapportées, et s'il se trouve, après qu'une requeste aura esté respondue, que la partie qui en aura esté déboutée présente autre requeste sans faire mention de la première, sera condamnée en l'amende de cent livres envers la partie; et, s'il n'y a partie, l'amende sera néantmoins payée, les deux tiers aux pauvres, et l'autre tiers aux huissiers pour en faire les poursuites et diligences.

Les arrests du dict conseil privé seront signez par M. le chancelier et par les deux plus anciens conseillers qui y auront assisté, oultre le rapporteur.

Les maistres des requestes serviront leurs quartiers et feront leur charge suivant les édicts et ordonnances, pourront rapporter toutes requestes et les instances aux dicts conseils esquelz ils seront commis.

Tous lesquelz conseils seront désormais tousjours tenus au logis du Roy, et non ailleurs, sinon que, dans les dicts conseils, l'on commist quelques uns pour traicter après de quelques affaires dont en ce cas sera faict rapport en iceux conseils devant qu'en délivrer aucune expédition.

Le Roy veut et ordonne le présent règlement estre désormais gardé, observé et entretenu inviolablement, et, affin que chascun en prenne soing, Sa Majesté veut qu'il en soit délivré des copies à tous ceux qui auront entrée dans les dicts conseils qui les demanderont.

Faict à . . . . . le . . . . . jour de . . . . . [1] mil six cens seize.

---

[1] Le lieu et la date ne sont point indiqués dans le manuscrit. Il ne faut pas oublier, pour les fixer d'une manière approximative, que ces divers articles furent arrêtés pendant la conférence de Loudun, et qu'ils n'étaient d'ailleurs qu'un projet.

En comparant les renseignements donnés par Arnaud d'Andilly, et surtout par Olivier d'Ormesson, sur les divers changements que subit le conseil, il est facile de voir que les réformes qui y furent introduites en 1622, 1624, 1626, 1628 et 1630, sont la suite, le développement et quelquefois la correction des mesures obtenues par le traité de Loudun. Les pièces que nous venons de donner, d'après le manuscrit de la Bibliothèque impériale, occupent donc une certaine place dans l'histoire du conseil d'état, en marquent une phase, et à ce titre méritent d'être conservées.

Le prince de Condé mit à profit la position que lui donnaient ces réformes, obtenues par son influence. Mais il ne tarda pas à faire naître des ombrages dans l'esprit de la Reine et de quelques autres membres du conseil [1].

---

[1] Extrait du journal d'Arnaud d'Andilly : « *9 aoust 1616.* — Cest ordre (l'ordre mis dans le conseil) s'exécutant, M. le « Prince se rendit si assidu à tous les con- « seils et y prenoit tant d'auctorité, que la « Royne en entra en jalousie. En effect, il « faisoit le surintendant des finances et ar- « restoit de sa main les roolles de l'espar- « gne et autres estats. Là dessus, M. de « Sully se jeta à la traverse, et vit la Royne, « M. Mangot, M. Barbin, affin de rentrer « aux affaires..... »

Olivier d'Ormesson, cité par M. Chéruel, confirme ces faits en ces termes : « Ce con- « seil (en 1616) estoit fort célèbre; les « conseillers d'estat et les maistres des re- « questes y apportoient les grandes affaires, « et [cet ordre] fut introduit par M. le chan- « celier, lequel, pour empescher que M. le « Prince qui se rendoit ordinaire n'y prist « trop d'auctorité, conseilla le Roy et la « Royne de s'y trouver, et à leur suite « tous les princes et grands seigneurs pre- « nóient à faveur d'y assister. La maison de « Guise y prenant place en excluoit tous les « autres princes, fors les princes du sang. « Mais, depuis que M. le Prince fut ar- « resté prisonnier, qui fut le 1ᵉʳ septembre « 1616, le Roy et la Royne mère ny les « princes n'y sont plus venus. » (Édit.)

TABLE DES MATIÈRES.

		Pages.
Préface		I
Introduction		IX

DOCUMENTS PROTESTANTS.

Introduction 1

Assemblée de Grenoble.

I.	Brevet par lequel le Roy change le lieu de Jargeau à celui de Grenoble pour la tenue de l'assemblée généralle de ceux de la religion prétendue refformée, au 15 juillet 1615	3
	Liste des députés par province	4
	Extrait du procès-verbal de la séance du 17 juillet 1615	7
II.	Formulaire de l'union générale des esglises refformées du royaume	8
	Sermens	9
	Indications historiques	13
III.	Instruction envoyée à M. le maréchal de Lesdiguières, etc. Paris, 16 juillet 1615	14
IV.	Lettre du Roy à M. le maréchal de Lesdiguières, etc.	23
V.	Lettre du Roy à M. Frère, etc.	24
VI.	Lettres du Roy aux depputez de ceux de la religion prétendue refformée assemblez à Grenoble	24
VII.	Mémoire baillé à M. de Créquy allant à Grenoble, etc. 14 août 1615	25
VIII.	Lettre du Roy aux depputez de la religion prétendue refformée. 16 juillet 1615	31
IX.	Lettre du Prince de Condé, etc. 29 juillet 1615	33
X.	Harangue du sieur de la Haye, envoyé par M. le Prince en l'assemblée, etc. 10 août 1615	34
XI.	Lettre du prince de Condé aux maire et échevins de la Rochelle	35
XII.	Extrait du procès-verbal de la séance du 10 août 1615	36
XIII.	Première lettre de l'assemblée de Grenoble, présentée au Roy en luy présentant le cahier de ses plaintes	37
XIV.	Extrait du cahier de l'assemblée des esglises refformées de France, etc.	38

TABLE DES MATIÈRES.

		Pages.
XV.	Extrait du journal historique, etc. (Journal d'Arnaud d'Andilly).	44
XVI.	Mémoires et instructions de l'assemblée générale des esglises refformées de France, etc. baillez à MM. de Champeaux, etc. depputez par la dicte assemblée vers le Roy. 12 août 1615.	46
XVII.	Extrait du procès-verbal de la séance du 15 août.	60
XVIII.	Lettre du prince de Condé aux députés assemblés, etc. à Grenoble.	62
XIX.	Extrait du procès-verbal de la séance du 17 août 1615.	64
XX.	Lettre escrite par ceux de la religion prétendue refformée, etc. en août 1615, au Roy.	65
XXI.	Lettre de l'assemblée de Grenoble à la Royne. 21 août.	67
XXI bis.	Instructions pour M. de Sainct-Brisson, envoyé au Roy.	159
XXII.	Instructions pour M. de Loudrière, envoyé par devers MM. de Rohan, Soubize, etc. 24 août 1615.	68
XXIII.	Lettre escrite aux provinces. 24 août.	69
XXIV.	Lettre du prince de Condé à l'assemblée.	72
XXV.	Articles proposez par M. de la Haye à MM. de l'assemblée, etc.	74
XXVI.	Lettre du prince de Condé apportée par M. de Cagny. 11 septembre.	76
XXVII.	Propositions faictes à l'assemblée de Grenoble, dans sa séance du 13 septembre, de la part du roy d'Angleterre, etc.	78
XXVIII.	Lettre du Roy. 11 septembre 1615.	80
XXIX.	Lettre de la Royne.	81
XXX.	Brevet de la continuation de la garde des places de seureté pour six ans. 12 septembre 1615.	82
XXXI.	Extrait du procès-verbal de la séance du 19 septembre.	83
XXXII.	Advis du mareschal de Lesdiguières à l'assemblée de Grenoble. 21 septembre 1615.	84
XXXIII.	Mémoire qui fut baillé à Poictiers à M. Frère retournant à Grenoble, etc.	90
XXXIV.	Actes de l'assemblée du conseil de la province du haut Languedoc et haute Guienne, tenue en la ville de Montauban les 23 et 24 septembre 1615.	93

Assemblée de Nîmes.

XXXV.	Lettres du Roy. 19 septembre 1615.	97
XXXVI.	Lettres de la Royne.	99
XXXVII.	Lettres du Roy. Bordeaux, 12 octobre.	101
XXXVIII.	Lettres de la Royne.	103
XXXIX.	Semonce faicte à l'assemblée, etc. par le sieur de la Haye. 15 octobre 1615.	103
XL.	Instruction baillée par l'assemblée générale, etc. aux sieurs Desbordes, de Cruzel, etc. envoyez vers monseigneur le Prince. 22 octobre.	105
XLI.	Lettre de l'assemblée à M. de Bouillon. 31 octobre.	110
XLII.	Lettre de l'assemblée à monseigneur le Prince.	110
XLIII.	Lettre de l'assemblée à M. de Longueville.	111

TABLE DES MATIÈRES.

		Pages.
XLIV.	Lettre de l'assemblée à M. le duc de Mayenne.	112
XLV.	Lettre de l'assemblée à M. de Luxembourg.	113
XLVI.	Lettre de l'assemblée aux esglises refformées.	114
XLVII.	Mémoire donné à M. de Maliane, envoyé à l'assemblée qui est à présent à Nismes, par M. de Ventadour.	119
XLVIII.	Copie de la lettre de l'assemblée qui est à présent à Nismés, escrite à M. de Ventadour.	121
XLIX.	Instruction donnée à M. de Maliane, etc.	122
L.	Extrait des actes d'un colloque mixte tenu à Montauban.	125
LI.	Extrait du procès-verbal de la séance du 10 novembre 1615.	128
LII.	Déclaration du Roy sur la prise des armes par aucuns de ses subjects de la religion prétendue refformée, etc.	129
LIII.	Extrait du procès-verbal de la séance du lundy 14 décembre 1615.	136
LIV.	Lettre de M. le prince de Condé à l'assemblée de Nismes.	137
LV.	Extrait du procès-verbal de la séance du 14 décembre 1615.	139
LVI.	Actes du colloque politique d'Albigeois, etc.	139
LVII.	Acte du conseil du colloque d'Albigeois, etc.	141
LVIII.	Extrait du procès-verbal de la séance du 17 décembre 1615.	142
LIX.	Extrait du procès-verbal de la séance du 9 janvier 1616.	143
LX.	Lettre du prince de Condé à l'assemblée de Nismes.	144
LXI.	Extrait du procès-verbal de la séance du 11 janvier 1616.	146
LXII.	Extrait du procès-verbal de la séance du 12 janvier 1616.	147
LXIII.	Teneur du pouvoir de M. de la Haye, etc.	147
LXIV.	Articles accordez entre monseigneur le Prince et l'assemblée.	149
LXV.	Extrait du procès-verbal de la séance du 15 janvier 1616.	153
LXVI.	Lettre du prince de Condé. 22 décembre 1615.	154
LXVII.	Lettre de monseigneur le Prince. 20 janvier 1616.	155
LXVIII.	Extrait du procès-verbal de la séance du 1ᵉʳ février 1616.	157
LXIX.	Extrait des procès-verbaux de l'assemblée des protestans à Nismes.	157

[DOCUMENTS RELATIFS À LA PRISE D'ARMES DU PRINCE DE CONDÉ ET DE SES PARTISANS.

	Introduction.	161
LXX.	Lettre du mareschal de Bouillon au président Janin. Sédan, 9 juin 1615.	163
LXXI.	Response d'un ancien conseiller d'estat, etc. à la lettre du mareschal de Bouillon. 26 juin 1615.	166
LXXII.	Lettre du Roy à M. le prince de Condé, estant en l'assemblée de Coucy. 26 juillet 1615.	179
LXXIII.	Response de M. le prince de Condé à la lettre du Roy. 27 juillet 1615.	180
LXXIV.	Lettre du Roy au parlement contre le prince de Condé. 30 juillet.	184
LXXV.	Lettre du Roy au gouverneur de Rethel. 31 juillet.	188
LXXVI.	Lettre du Roy au mareschal d'Ancre. 31 juillet.	189

854   TABLE DES MATIÈRES.
                                                                        Pages.
LXXVII.   Manifeste ou déclaration faicte par M. le prince de Condé, etc. 194
LXXVIII.   Lettre du prince de Condé au Roy, accompagnant le manifeste 215
LXXIX.   Lettre du prince de Condé à la Royne, remise par le sieur de Marcognet. 216
LXXX.   Lettre du prince de Condé au duc de Guise. 9 aout 1615. 218
LXXXI.   Lettre du Prince de Condé à MM. de la cour de parlement 220
LXXXII.   Deux extraits du journal d'Arnaud d'Andilly 221
LXXXIII.   Lettre du Roy au sieur de Chouane, président du présidial de Char-
            tres, etc. 21 aout 222
LXXXIV.   Appel aux gouverneurs de provinces, etc. 223
LXXXV.   Extrait du journal d'Arnaud d'Andilly 224
LXXXVI.   Lettre du sieur de Manicamp au mareschal d'Ancre 226
LXXXVII.   Commission donnée par M. le Prince pour recevoir les deniers, etc. 227
LXXXVIII.   Déclaration du Roy contre M. le prince de Condé, etc. 230
LXXXIX.   Arrest du parlement contre M. le prince de Condé, etc. 18 septembre. . 238
XC.   Extrait des registres de la cour de parlement de Normandie. 240
XCI.   Extrait du registre des délibérations du parlement de Bretagne. 25 sep-
            tembre. 242
XCII.   Arrest du parlement de Béarn. 26 septembre 243
XCIII.   Déclaration de M. le prince de Condé faicte au camp de Méry, 14 octobre. 245
XCIV.   Déclaration du Roy portant réunion de l'armée royale soubz le comman-
            dement du duc de Guise. 250
XCV.   Lettre du Roy à M. de Vendosme 253

LETTRES, DÉPÊCHES, ARTICLES, RÉPONSES, ETC. ÉCHANGÉS PENDANT LA CONFÉRENCE
DE LOUDUN, POUR LA PACIFICATION DES TROUBLES. 1616.

XCVI.   Lettre de M. le prince de Condé à la Royne. 20 décembre 1615 255
XCVII.   Lettre de M. le prince de Condé au Roy 257
XCVIII.   Lettre des depputez refformez assemblez à Nismes, au Roy 259
XCIX.   Harangue dernière des depputez de l'assemblée de Nismes au Roy, etc.
            3 janvier 1616 263
C.   Extrait du journal d'Arnaud d'Andilly. 4 janvier 266
CI.   Lettre du Roy à M. le prince de Condé, etc. 1ᵉʳ janvier 266
CII.   Lettre de la Royne à M. le prince de Condé, etc. 1ᵉʳ janvier 269
CIII.   Mémoire ou articles présentez par M. de Thianges de la part de M. le
            Prince pour parvenir à une conférence, avec les responses sur iceux.
            1ᵉʳ janvier 1616. 269
CIV.   Mémoire dont estoit chargé M. de Nevers pour en traicter avec Leurs Ma-
            jestez de la part de M. le Prince, lorsqu'il revint les trouver à Poic-
            tiers, le 7 janvier 1616, avec les responses. 274
CV.   Pouvoir baillé à MM. de Brissac et de Villeroy, pour aller traicter du
            temps, du lieu et seureté de la conférence qui estoit à faire 277
CVI.   Extrait du journal d'Arnaud d'Andilly. 15 janvier 1616 278

TABLE DES MATIÈRES.

		Pages.
CVII.	Mémoire que présenta M. de Villeroy pour luy servir d'instruction allant en ce traicté vers M. le Prince, avec les responses qui luy furent faictes par Sa Majesté. 11 janvier 1616...	279
CVIII.	Lettre du Roy à M. le Prince, remise par MM. de Brissac et de Villeroy.	288
CIX.	Lettre de la Royne à M. le Prince, etc.	288
CX.	Lettre au Roy et à la Royne, par MM. de Brissac et de Villeroy, sur leur arrivée à Niort et sur ce qui s'y passa.	289
CXI.	Propositions faictes entre MM. de Brissac et de Villeroy, envoyez par le Roy, et MM. de Sully, de Courtenay, Thianges et Desbordes, envoyez par M. le Prince, pour parvenir à une conférence, à Niort, le 16 janvier 1616.	292
CXII.	Lettre au Roy de MM. de Brissac, etc. Fontenay, 17 janvier 1616.	294
CXIII.	Lettre du Roy à MM. de Brissac et de Villeroy, en response de la leur, du 17 janvier 1616.	295
CXIV.	Lettres de MM. de Brissac et de Villeroy au Roy et à la Royne.	297
CXV.	Articles accordez, soubs le bon plaisir du Roy, entre MM. de Brissac, etc. affin de parvenir à une conférence. Chastellerault, 23 janvier 1616.	300
CXVI.	Ordonnance du Roy pour la surséance d'armes, pour estre publiée par tout le royaume.	304
CXVII.	Lettre du mareschal de Brissac, etc. au prince de Condé.	305
CXVIII.	Estat des lieux ordonnez pour la garnison des troupes de l'armée.	307
CXIX.	Estat des départemens donnez à la cavalerie que M. le Prince fait venir ès environs de Loudun.	309
CXX.	Estat des villes où il y a garnison, qui sont au delà de la rivière de Vienne.	310
CXXI.	Extrait du département général pour le logement des troupes de l'armée du Roy, etc.	311
CXXII.	Lettre de M. le prince de Condé au duc de Rohan.	313
CXXIII.	Noms des depputez de l'un et l'autre parti à la conférence de Loudun.	315
CXXIV.	Extrait du journal d'Arnaud d'Andilly.	320
CXXV.	Arrests du parlement de Rennes. 6, 9, 12 et 27 février.	322
CXXVI.	Lettre du duc de Vendosme au Roy. Fin de janvier 1616.	325
CXXVII.	Pouvoir des commissaires depputez par le Roy pour la conférence de Loudun. 8 février 1616.	327
CXXVIII.	Instruction baillée par le Roy aux depputez à la conférence de Loudun.	329
CXXIX.	Extrait du journal d'Arnaud d'Andilly.	334
CXXX.	Lettre des commissaires depputez par le Roy en la conférence de Loudun à Sa Majesté, du 15 février 1616.	335
CXXXI.	Autre lettre des mêmes au même, du 16 février.	338
CXXXII.	Autre lettre des mêmes au même, du 17 février.	340
CXXXIII.	Articles baillez par monseigneur le Prince à MM. les depputez, le 17 février 1616, etc. avec les responses du Roy.	343

TABLE DES MATIÈRES.

Pages.

CXXXIV.	Lettre du Roy à ses depputez estans à Loudun. 17 février 1616.	344
CXXXV.	Lettre de la Royne mère à M. de Nevers. 17 février 1616.	348
CXXXVI.	Lettre des depputez au Roy. 18 février 1616.	349
CXXXVII.	Sommation faicte au nom du Roy...., au duc de Vendosme, etc.	352
CXXXVIII.	Lettre du Roy à MM. les depputez, etc. 18 février 1616.	353
CXXXIX.	Autre lettre du même au même. 19 février 1616.	357
CXL.	Mémoire baillé par le mareschal de Brissac, etc. au sieur Chasteau-Regnault. Loudun, 20 février 1616.	359
CXLI.	Lettre des depputez au Roy. 20 février 1616.	361
CXLII.	Lettre des mêmes au même. 21 février 1616.	364
CXLIII.	Lettre du Roy à MM. les depputez, etc. 22 février 1616.	367
CXLIV.	Lettre du même aux mêmes. 22 février 1616.	367
CXLV.	Articles accordez entre les depputez du Roy et M. le Prince pour la prolongation de la suspension d'armes, etc.	370
CXLVI.	Ordonnance du Roy pour faire publier la suspension d'armes, etc.	373
CXLVII.	Extrait du journal d'Arnaud d'Andilly.	373
CXLVIII.	Lettre du Roy aux depputez, etc. 23 février 1616.	374
CXLIX.	Articles proposez le 22 février 1616, de la part de M. le Prince, avec la réponse.	375
CL.	Mémoire envoyé par les commissaires de M. le Prince de la response qu'ils désiroient estre mise sur le deuxiesme article, etc.	378
CLI.	Articles portés à Loudun par le lieutenant des gardes de M. le Prince, le 23 février, avec le projet de réponse.	379
CLII.	Lettre des depputez au Roy. 24 février 1616.	381
CLIII.	Lettre du Roy à MM. les depputez assemblez à Loudun. 26 février 1616.	385
CLIV.	Lettre du même aux mêmes. 28 février.	387
CLV.	Lettre du même aux mêmes. 28 février.	388
CLVI.	Projet de response, proposé au Roy, aux articles présentez par M. le prince de Condé.	389
CLVII.	Articles proposez par M. le prince de Condé aux depputez envoyez par le Roy, etc. ou cahier présenté au Roy par M. le Prince, etc. pour la refformation de l'estat, avec les responses du Roy à Loudun.	394
CLVIII.	Notes sur l'effet de la présentation des réponses ci-dessus.	417
CLIX.	Lettre du Roy à MM. les depputez à Loudun. 1er mars 1616.	418
CLX.	Lettre des commissaires au Roy. 1er mars 1616.	419
CLXI.	Villeroy à M. de Sceaux. 1er mars.	421
CLXII.	Pontchartrain au même. 1er mars.	421
CLXIII.	Extrait du journal d'Arnaud d'Andilly.	423
CLXIV.	Pontchartrain à M. de Sceaux.	424
CLXV.	Le même au même. 3 mars.	424
CLXVI.	Villeroy à M. de Sceaux. 3 mars.	425
CLXVII.	Le même au même. 4 mars.	426

TABLE DES MATIÈRES.

		Pages.
CLXVIII.	Lettre du prince de Condé à l'assemblée protestante de la Rochelle, du 31 janvier 1616.	427
CLXIX.	Lettre des depputez au Roy. 5 mars.	429
CLXX.	Les depputez au Roy. 3 mars. Envoyée avec celle du 5 mars.	433
CLXXI.	Acte de la prolongation de la trêve pour cinq jours, etc. 5 mars.	434
CLXXII.	Lettre du prince de Condé à la Royne. 5 mars.	434
CLXXIII.	Lettre du prince de Condé au Roy. 5 mars.	435
CLXXIV.	Lettre de Pontchartrain à M. de Sceaux. 5 mars.	436
CLXXV.	Prolongation de la suspension d'armes jusqu'au 25 mars. 6 mars.	436
CLXXVI.	Extrait du journal d'Arnaud d'Andilly.	437
CLXXVII.	Lettre du Roy à MM. de Thou et de Vic. 7 mars.	437
CLXXVIII.	Lettre de MM. de Thou et de Vic au Roy. 8 mars.	438
CLXXIX.	Lettre des mêmes à M. de Sceaux. 8 mars.	439
CLXXX.	Acte de la prolongation de la trêve jusqu'au 25 mars. 8 mars.	440
CLXXXI.	Lettre du Roy aux capitaines estans à l'Isle-Bouchard. 10 mars.	441
CLXXXII.	Lettre du même à MM. de Thou et de Vic. 10 mars.	441
CLXXXIII.	Mémoire touchant Bourg-l'Archambault, etc. 11 mars.	442
CLXXXIV.	Lettre de MM. de Thou et de Vic à M. de Villeroy. 12 mars.	443
CLXXXV.	Addition à la lettre.	446
CLXXXVI.	Mémoire annexé à la lettre précédente.	447
CLXXXVII.	Lettre de M. de Vic à M. de Sceaux. 12 mars.	448
CLXXXVIII.	Lettre de la Royne à M. le prince de Condé. 13 mars.	449
CLXXXIX.	Lettre du Roy au même. 14 mars.	449
CXC.	Lettre de Pontchartrain à M. de Sceaux. 13 mars.	450
CXCI.	Lettre de M. de Villeroy au même. 13 mars.	451
CXCII.	Lettre de M. de Vic au même. 14 mars.	452
CXCIII.	Lettre du même au même. 15 mars.	453
CXCIV.	Lettre de M. de Villeroy au même. 15 mars.	454
CXCV.	Lettre des depputez au Roy. 15 mars.	455
CXCVI.	Mémoire de ce qui s'est passé en la conférence de Loudun le 15 mars 1616, envoyé par les depputez au Roy avec leur lettre du dict jour.	456
CXCVII.	Lettre de Pontchartrain à M. de Sceaux. 16 mars.	458
CXCVIII.	Lettre du même au même. 16 mars.	459
CXCIX.	Lettre des depputez au Roy. 17 mars.	460
CC.	Prolongation de la trêve. 17 mars.	464
CCI.	Ordonnance pour la prolongation de la suspension d'armes jusques à Pasques.	465
CCII.	Lettre de Villeroy à M. de Sceaux. 17 mars.	466
CCIII.	Lettre du Roy aux depputez. 17 mars.	466
CCIV.	Lettre de Pontchartrain à M. de Sceaux. 18 mars.	467
CCV.	Lettre de Pontchartrain au chancelier. 18 mars.	468

Conférence de Loudun. 108

TABLE DES MATIÈRES.

Pages.

CCVI.	Lettre des depputez au Roy. 18 mars.	470
CCVII.	Lettre de Pontchartrain à M. de Sceaux. 18 mars.	471
CCVIII.	Lettre de Villeroy au même probablement. 18 mars.	474
CCIX.	Billet de Pontchartrain au même. 19 mars.	474
CCX.	Lettre des depputez au Roy. 19 mars.	475
CCXI.	Lettre du Roy aux depputez. 19 mars.	476
CCXII.	Lettre des depputez au Roy. 20 mars.	478
CCXIII.	Lettre de Villeroy à M. de Sceaux. 20 mars.	479
CCXIV.	Lettre du même au même. 20 mars au soir.	481
CCXV.	Lettre du même au même. 20 mars au soir.	482
CCXVI.	Lettre de Pontchartrain au même. 20 mars au soir.	482
CCXVII.	Lettre du Roy aux depputez. 20 mars.	483
CCXVIII.	Lettre de Méry de Vic à M. de Sceaux. 21 mars.	484
CCXIX.	Lettre des depputez au Roy. 21 mars.	485
CCXX.	Lettre de Pontchartrain à M. de Sceaux. 21 mars.	487
CCXXI.	Lettre du même au même. 21 mars.	488
CCXXII.	Lettre des depputez à la Royne. 21 mars.	489
CCXXIII.	⁎Lettre du Roy à MM. les depputez assemblez à Loudun. 21 mars.	489
CCXXIV.	Extrait du journal d'Arnaud d'Andilly.	492
CCXXV.	Lettre de Villeroy à M. de Sceaux. 22 mars.	492
CCXXVI.	Lettre des depputez au Roy. 22 mars.	493
CCXXVII.	Lettre des depputez du Roy à M. le maréchal de Roquelaure. 22 mars.	495
CCXXVIII.	Lettre des depputez (moins Pontchartrain) au Roy. 22 mars.	498
CCXXIX.	Lettre de Villeroy à M. de Sceaux. 22 mars.	499
CCXXX.	Lettre du prince de Condé au Roy. 22 mars.	500
CCXXXI.	Lettre du prince de Condé à la Royne. 22 mars.	501
CCXXXII.	Lettre du Roy aux depputez. 24 mars.	502
CCXXXIII.	Lettre du Roy au prince de Condé. 24 mars.	503
CCXXXIV.	Lettre de la Royne mère au prince de Condé. 24 mars.	504
CCXXXV.	Lettre du Roy aux depputez. 24 mars.	504
CCXXXVI.	Lettre des depputez au Roy. 26 mars.	505
CCXXXVII.	Prolongation de la suspension d'armes jusqu'au 25 avril. 26 mars.	508
CCXXXVIII.	Lettre de M. de Poyannes aux depputez. 26 mars.	509
CCXXXIX.	Lettre du duc de Nevers à de M. Sceaux. 27 mars.	511
CCXL.	Lettre de Villeroy à M. de Sceaux. 27 mars.	511
CCXLI.	Lettre du prince de Condé à l'assemblée de la Rochelle. 27 mars.	512
CCXLII.	Lettre des depputez au Roy. 28 mars.	514
CCXLIII.	Lettre des depputez au Roy. 28 mars.	518
CCXLIV.	Lettre de Pontchartrain à M. de Sceaux. 28 mars.	519
CCXLV.	Lettre du même au même. 28 mars.	519
CCXLVI.	Lettre de Villeroy à M. de Sceaux. 28 mars.	521

TABLE DES MATIÈRES.

		Pages.
CCXLVII.	Lettre des depputez du Roy à M. de Roquelaure. 28 mars	521
CCXLVIII.	Lettre des depputez du Roy à M. de Gramont; semblable à M. de Poyannes. 28 mars	523
CCXLIX.	Lettre de Pontchartrain à M. de Sceaux. 28 mars	524
CCL.	Lettre du Roy aux depputez. 28 mars	524
CCLI.	Lettre des depputez à la Royne. 28 mars	526
CCLII.	Lettre de Villeroy à M. de Sceaux. 29 mars	527
CCLIII.	Mémoire de ce qui s'est peu sçavoir de véritable de l'assemblée de la Rochelle	528
CCLIV.	Extrait du procès-verbal de la séance du 22 mars de l'assemblée de la Rochelle	530
CCLV.	Lettre de Pontchartrain à M. de Sceaux. 29 mars	530
CCLVI.	Lettre des depputez au Roy. 29 mars au soir	532
CCLVII.	Lettre du Roy aux depputez. 29 mars	533
CCLVIII.	Lettre du Roy aux depputez. 29 mars	534
CCLIX.	Lettre de la Royne aux depputez. 29 mars	536
CCLX.	Lettre de Pontchartrain à M. de Sceaux. 31 mars	537
CCLXI.	Lettre de Villeroy au même. 31 mars	538
CCLXII.	Lettre du prince de Condé à l'assemblée de la Rochelle. 31 mars	539
CCLXIII.	Lettre de Pontchartrain à M. de Sceaux. 31 mars au soir	540
CCLXIV.	Lettre de Villeroy à M. de Sceaux. 2 avril	541
CCLXV.	Lettre de MM. Duret et de Flesselles à M. de Sceaux. 3 avril	542
CCLXVI.	Lettre de Villeroy à M. de Sceaux. 4 avril	543
CCLXVII.	Lettre du même au même. 4 avril	544
CCLXVIII.	Lettre du Roy à M. de Villeroy. 4 avril	545
CCLXIX.	Lettre du Roy aux depputez. 4 avril	546
CCLXX.	Lettre des depputez au Roy. 5 avril	546
CCLXXI.	Lettre de Pontchartrain à M. de Sceaux. 5 avril	549
CCLXXII.	Lettre du prince de Condé à l'assemblée de la Rochelle. 5 avril	550
CCLXXIII.	Lettre des depputez au Roy. 6 avril	552
CCLXXIV.	Lettre du Roy au depputez. 6 avril	553
CCLXXV.	Lettre de Villeroy à M. de Sceaux. 6 avril	555
CCLXXVI.	Extrait du journal d'Arnaud d'Andilly	556
CCLXXVII.	Lettre de Villeroy à M. de Sceaux. 7 avril	557
CCLXXVIII.	Lettre du prince de Condé à l'assemblée de la Rochelle. 8 avril	559
CCLXXIX.	Extrait du procès-verbal de la séance du 8 avril de l'assemblée de la Rochelle	560
CCLXXX.	Lettre du prince de Condé à la Royne. 8 avril	561
CCLXXXI.	Lettre du prince de Condé au Roy. 8 avril	562
CCLXXXII.	Lettre du Roy à MM. de Thou et de Vic. 8 ou 9 avril	562
CCLXXXIII.	Extrait du journal d'Arnaud d'Andilly	563
CCLXXXIV.	Lettre de M. de Vic à M. de Sceaux. 10 avril	564

TABLE DES MATIÈRES.

Pages.

CCLXXXV.	Extrait du procès-verbal de la séance du 8 avril de l'assemblée de la Rochelle.	566
CCLXXXVI.	Lettre du prince de Condé à l'assemblée de la Rochelle.	567
CCLXXXVII.	Acte de prolongation de la suspension d'armes jusqu'au 25 avril.	568
CCLXXXVIII.	Lettre de MM. de Vic et de Thou au Roy. 11 avril.	569
CCLXXXIX.	Lettre de M. de Vic à M. de Sceaux. 11 avril.	571
CCXC.	Lettre de la Royne au duc de Nevers. 12 avril.	572
CCXCI.	Lettre du Roy au prince de Condé. 12 avril.	572
CCXCII.	Extrait du procès-verbal de la séance du 12 avril de l'assemblée de la Rochelle.	573
CCXCIII.	Autre extrait du procès-verbal de la séance du 12 avril.	574
CCXCIV.	Extrait du procès-verbal de la séance du 14 avril.	575
CCXCV.	Lettre de M. de Vic à M. de Sceaux. 15 avril.	577
CCXCVI.	Pouvoir donné par le prince de Condé à l'assemblée de la Rochelle. 16 avril.	579
CCXCVII.	Lettre de M. de Vic à M. de Sceaux. 16 avril.	580
CCXCVIII.	Lettre de la Royne à Mme de la Trimouille. 17 avril.	581
CCXCIX.	Lettre du Roy au prince de Condé. 18 avril.	581
CCC.	Lettre du même au même. 18 avril.	582
CCCI.	Extraits du journal d'Arnaud d'Andilly.	582
CCCII.	Lettre de MM. de Thou et de Vic au Roy. 18 avril.	583
CCCIII.	Lettre du Roy aux depputez. 18 avril.	584
CCCIV.	Ordonnance au sieur de Réaux pour la décharge de la garde de la ville et chasteau de Chinon, etc.	585
CCCV.	Lettre de M. de Vic à M. de Sceaux. 18 avril.	586
CCCVI.	Lettre de M. de Vic à M. de Sceaux. 20 avril.	588
CCCVII.	Lettre sans signature à M. de Vic. De Fontenay, 18 avril.	589
CCCVIII.	Extraits des procès-verbaux des séances des 15, 16 et 19 avril de l'assemblée de la Rochelle.	591
CCCIX.	Extraits des procès-verbaux des séances des 16, 17, 18 et 20 avril de la même assemblée.	592
CCCX.	Lettre de l'assemblée de la Rochelle au prince de Condé. 19 avril.	595
CCCXI.	Lettre de Pontchartrain à M. de Sceaux. 20 avril.	598
CCCXII.	Lettre de Villeroy à M. de Sceaux. 20 avril.	600
CCCXIII.	Lettre des depputez au Roy. 21 avril.	601
CCCXIV.	Lettre de Villeroy à M. de Sceaux. 21 avril.	601
CCCXV.	Prolongation de la surséance d'armes. 21 avril.	603
CCCXVI.	Lettre de Pontchartrain à M. de Sceaux. 22 avril.	604
CCCXVII.	Lettre du même au même. 22 avril.	605
CCCXVIII.	Lettre du Roy aux depputez. 22 avril.	606
CCCXIX.	Lettre du Roy à M. de Réaux. 23 avril.	607
CCCXX.	Lettre du même au même. 23 avril.	607

TABLE DES MATIÈRES. 861

		Pages
CCCXXI.	Lettre du capitaine Cadet au duc d'Épernon	608
CCCXXII.	Réponse du duc d'Épernon au capitaine Cadet. 24 avril	608
CCCXXIII.	Lettre des depputez au Roy. 23 avril	609
CCCXXIV.	Lettre de Pontchartrain à M. de Sceaux. 24 avril	612
CCCXXV.	Lettre de Villeroy à M. de Sceaux. 24 avril	613
CCCXXVI.	Lettre de M. J. Phélipeaux à M. de Sceaux. 23 avril	614
CCCXXVII.	Lettre de Pontchartrain à M. de Sceaux. 24 avril	615
CCCXXVIII.	Lettre du Roy aux depputez. 25 avril	616
CCCXXIX.	Lettre de Villeroy à M. de Sceaux. 26 avril	617
CCCXXX.	Ordonnance qui a servy pour le président Le Jay. 25 avril	618
CCCXXXI.	Lettre de Pontchartrain à M. de Sceaux. 27 avril	619
CCCXXXII.	Lettre de Villeroy à M. de Sceaux. 27 avril	620
CCCXXXIII.	Lettre des depputez au Roy. 27 avril	621
CCCXXXIV.	Project proposé du licenciement des troupes de monseigneur le Prince, qui fut baillé par M. de Bouillon le 24 avril, avec les réponses du Roi	622
CCCXXXV.	Lettre du prince de Condé à la Royne. 28 avril	624
CCCXXXVI.	Lettre de Pontchartrain à M. de Sceaux. 28 avril	625
CCCXXXVII.	Lettre de Villeroy à M. de Sceaux. 28 avril	626
CCCXXXVIII.	Lettre de Pontchartrain à M. de Sceaux. 28 avril	627
CCCXXXIX.	Lettre du Roy aux depputez. 28 avril	628
CCCXL.	Lettre à MM. les depputez du Roy. 29 avril	629
CCCXLI.	Mémoire baillé au sieur de la Cour, s'en allant conduire les reistres. 29 avril	629
CCCXLII.	Lettre de la Royne au mareschal de Boisdauphin. 29 avril	631
CCCXLIII.	Lettre de la même au prince de Condé. 29 avril	632
CCCXLIV.	Lettre de Pontchartrain à M. de Sceaux. 29 avril	633
CCCXLV.	Lettre du duc de Nevers à M. de Sceaux. 29 avril	634
CCCXLVI.	Lettre de M. de Villeroy à M. de Sceaux. 29 avril	634
CCCXLVII.	Lettre des depputez au Roy. 29 avril	635
CCCXLVIII.	Lettre de Pontchartrain à M. de Sceaux. 29 avril	637
CCCXLIX.	Lettre de Pontchartrain à M. de Sceaux. 30 avril	640
CCCL.	Lettre de M. de Montmorency aux depputez. 29 avril	640
CCCLI.	Lettre du Roy à M. de Villeroy. 30 avril	641
CCCLII.	Lettre de M. de Pontchartrain à M. de Sceaux. 1ᵉʳ mai	642
CCCLIII.	Lettre du Roy aux depputez. 1ᵉʳ mai	643
CCCLIV.	Extraits du procès-verbal de la séance du 25 avril de l'assemblée de la Rochelle, et de celle du 2 mai	644
CCCLV.	Ce que les grands de la religion prétendue refformée signèrent aux depputez de l'assemblée générale, avant qu'iceulx depputez signassent l'édict. 2 mai	646
CCCLVI.	Lettre de Pontchartrain à M. de Sceaux. 2 mai	649

TABLE DES MATIÈRES.

		Pages.
CCCLVII.	Lettre de Villeroy à M. de Sceaux. 3 mai.	650
CCCLVIII.	Lettre de Pontchartrain à M. de Sceaux. 3 mai.	651
CCCLIX.	Promesse baillée par M. le prince de Condé, etc. pour la séparation de l'assemblée qui estoit à la Rochelle.	652
CCCLX.	Brevet accordé par les depputez du Roy à ceux de la religion prétendue refformée pour la subsistance de leur assemblée de la Rochelle jusqu'au 15 juin. 3 mai.	653
CCCLXI.	Lettre des depputez au Roy. 3 mai.	654
CCCLXII.	Extrait du journal d'Arnaud d'Andilly.	655
CCCLXIII.	Extrait du procès-verbal de la séance du 6 mai de l'essemblée de la Rochelle.	656
CCCLXIV.	Lettre du prince de Condé aux depputez assemblez à la Rochelle. 4 mai 1616.	656
CCCLXV.	Lettre de Pontchartrain à M. de Sceaux. 4 mai.	657
CCCLXVI.	Lettre de Villeroy à M. de Sceaux. 4 mai.	660
CCCLXVII.	Lettre du même au même. 4 mai.	661
CCCLXVIII.	Lettre des depputez au Roy. 4 mai.	661
CCCLXIX.	Lettre des mêmes à M. de Sceaux. 5 mai.	663
CCCLXX.	Lettre du prince de Condé au Roy. 5 mai.	663
CCCLXXI.	Lettre de la Royne mère à Mme la comtesse de Soissons. 5 mai.	664
CCCLXXII.	Lettre des depputez au Roy. 5 mai.	665
CCCLXXIII.	Lettre de la Royne mère à M. de Nevers. 5 mai.	666
CCCLXXIV.	Lettre de Pontchartrain à M. de Sceaux. 5 mai.	667
CCCLXXV.	Lettre de Villeroy à M. de Sceaux. 5 mai.	668
CCCLXXVI.	Lettre des depputez au Roy. 5 mai.	669
CCCLXXVII.	Lettre des depputez à M. de Sceaux. 5 mai.	670
CCCLXXVIII.	Lettre des mêmes au même. 6 mai.	671
CCCLXXIX.	Brevet des quarante-cinq mil livres d'augmentation pour les places de seureté. 5 mars.	671
CCCLXXX.	Brevet des quarante-cinq mil livres d'augmentation pour les pasteurs. 5 mai.	672
CCCLXXXI.	Brevet du Roy portant permission à ceux de la religion prétendue refformée, etc. de se rassembler à la Rochelle pour la nomination des depputez généraux. 5 mai.	673
CCCLXXXII.	Extraits des procès-verbaux des séances des 10, 12 et 13 mai 1616 de l'assemblée de la Rochelle.	674
CCCLXXXIII.	Extrait du procès-verbal de la séance du 18 mai, et lettre du prince de Condé à l'assemblée, du 13 mai.	676
CCCLXXXIV.	Extrait du journal d'Arnaud d'Andilly.	677
CCCLXXXV.	Extraits des séances des 25 et 26 mai de l'assemblée de la Rochelle, et lettre du prince de Condé à ladicte assemblée, du 25 mai.	678

TABLE DES MATIÈRES. 863

APPENDICE.

Pages.

I. Lettre de Jacq. Aug. de Thou à Jean de Thumery, seigneur de Boissise, sur la conférence de Loudun. Texte latin. 6 mai...... 681
II. Édit de pacification. 3 mâi...... 715
    Ratification. 6 mai...... 744
III. Articles particuliers accordez par les depputez à M. le prince de Condé et autres joincts avec luy, etc. 3 mai. Ratifiés le 5...... 745
IV. Actes individuels d'approbation des princes. 3 mai...... 754
V. Lettres closes...... 755
VI. Article accordé par les depputez du Roy à M. le prince de Condé pour la levée des deniers du quartier de janvier, février et mars, etc...... 756
VII. Responses aux cahiers présentez au Roy par ceux de la religion prétendue refformée, à Tours et à Poictiers, par les depputez venus de Grenoble, lesquelz ont été receus en la conférence de Loudun...... 757
    Cahier qui fait mention des places de seureté...... 765
    Cahier concernant l'approche des lieux de la religion prétendue refformée. 765
    Sur les articles premiers...... 765
VIII. Articles qui furent présentez aux depputez du Roy en la conférence de Loudun par monseigneur le prince de Condé et autres princes et seigneurs, en faveur de ceux de la religion prétendue refformée...... 766
IX. Autres articles présentez ensuitte des précédens le 16⁰ jour de mars 1616, respondus par les depputez le 3 mai, et approuvez par le Roy le 5 mai.. 778
X. Article 16 du cahier présenté au Roy par l'assemblée estant à Grenoble, et respondu à Poitiers et à Tours, durant la conférence de Loudun...... 782
XI. Modifications faictes par la cour de parlement de Paris aux articles de l'édict de Loudun, concernant ceux de la religion prétendue refformée, outre les autres modifications de l'arrest de mai 1616...... 783
XII. Ratification qu'il faudra mettre soubz la copie de l'édict et articles...... 784
XIII. Déclaration touchant le serment du sacre. Paris, 22 mai 1616...... 784
XIV. Articles secrets et particuliers sur lesquelz les sieurs mareschal de Brissac, de Villeroy et de Pontchartrain ont à sçavoir la volonté du Roy et de la Royne sa mère, auparavant que de retourner à la conférence qui se tient à Loudun pour la pacification des troubles; articles en faveur de :
    1° Monseigneur le prince de Condé...... 787
    2° M. le duc de Vendosme...... 789
    3° M. le duc de Rohan et ses amis...... 790
    4° M. le duc de Soubize...... 791
    5° M. le duc de Mayenne...... 791
    6° M. de Courtenay...... 792
    7° M. de Luxembourg...... 792

TABLE DES MATIÈRES.

		Pages.
8°	M. d'Araucourt	792
9°	M. de Pardaillan	792
10°	M. de la Boulaye	793
11°	M. de Favas	793
12°	M. de Chambret	793
13°	M. de la Chapelle	793
14°	M. de Thianges	793
15°	M. de Longueville	794
16°	M. de la Trimoille	794
17°	M. de la Force	794
18°	M. de Bouillon	794
19°	M. de Rouvray	795
20°	M. Desbordes-Mercier	795
21°	Ceux de la religion prétendue refformée	796
22°	Ceux de la Rochelle	796
23°	Autres	797

xv. Articles de gratifications particulières accordées de la part du Roy à monseile prince de Condé et aux princes et seigneurs jointes et unis avec luy, par MM. les depputez de Sa Majesté en la conférence de Loudun, pour la pacification des troubles, en vertu du pouvoir à eux donné par Sa Majesté; à savoir :

1°	Ce qui a esté accordé à monseigneur le prince de Condé	797
2°	Articles présentez de la part de M. le duc de Mayenne	800
3°	Ce qui a esté respondu sur le mémoire présenté par M. de Vendosme.	802
4°	Articles présentez au Roy de la part de M. le duc de Bouillon	803
5°	Articles présentez au Roy de la part de M. de la Trimoille	805
6°	Articles présentez par M. de Luxembourg	807
7°	Premiers articles présentez par M. de Rohan	810
8°	Seconds articles de M. de Rohan	812
9°	Premiers articles présentez par M. de Sully	814
10°	Seconds articles présentez par M. de Sully	816
11°	Articles présentez aux depputez du Roy pour ce qui concerne M. le duc de Sully	817
12°	Premiers articles présentez par M. le marquis de Rosny	818
13°	Seconds articles présentez par M. le marquis de Rosny	820
14°	Articles présentez par M. de Soubize	822
15°	Articles présentez par M. de Candalle	823
16°	Articles présentez de la part de M. de la Force	824
17°	Articles présentez par le sieur de Montbarrot	826
18°	Articles présentez par M. de Boisse Pardaillan	828
19°	Pour ceux de la Rochelle	830

Réformes des conseils du Roy. Introduction. 831

TABLE DES MATIÈRES.

		Pages.
XVI.	Extraits du journal d'Arnaud d'Andilly.	833
XVII.	L'ordre que le Roy veut être retenu en ses conseils.	835
	Pour le conseil d'estat et finances et pour le conseil privé.	836
	Le Roy a ordonné qu'au conseil d'estat, et non ailleurs, soient traictées et résolues les affaires qui ensuivent.	837
	Le Roy veut et ordonne qu'en son conseil establi pour la direction de finances les affaires qui ensuivent soient délibérées, traictées et résolues.	838
	Ce que le Roy veut et ordonne pour le conseil privé.	839
XVIII.	Projet de règlement des conseils du roy qui fut traicté par les depputez du Roy à Loudun, et dont ils convindrent avec monseigneur le Prince.	841
	L'ordre que le Roy veut estre tenu en ses conseils, et les matières dont on traictera en chascun d'iceux :	
	Conseil des affaires.	843
	Conseil d'estat et des finances.	844
	Les affaires qui seront traictées au dict conseil d'estat et finances.	846
	Conseil pour la direction des finances.	847
	Conseil privé pour les parties.	848
Table des matières.		851

www.ingramcontent.com/pod-product-compliance
Lightning Source LLC
Chambersburg PA
CBHW070801020526
44116CB00030B/953